Die Naturwunder der Erde

Ein Bildlexikon von A bis Z

Verlag Das Beste Stuttgart · Zürich · Wien

Die Naturwunder der Erde

ist die vollständig überarbeitete deutsche Ausgabe des Buches *Dictionnaire Illustré des Merveilles Naturelles du Monde,* das bei Sélection du Reader's Digest, Paris, erschienen ist.

Schutzumschlag:
Foto Vorderseite:
Monument Valley (USA)
Foto Rückseite: Iguaçufälle (Brasilien/Argentinien)

An dem hier vorliegenden Werk haben mitgearbeitet:
Dr. Wolfgang Flügel · Dr. Peter Göbel
Marie-Christine Aubin · Étienne Audebaud · Viviane Balland · Philippe Bardy · Prof. Dr. René Battistini · Dr. Alain Beauvilain · André Berelowitch · Edmond Bernus · Dr. Jacques Besançon · Micheline Billaut · Jean-Pierre Blanck · Monique Blanck · Prof. Daniel Bléneau · Prof. Dr. Jean Cabot · Michel Cabouret · Prof. Dr. Gabriel Camps · Henriette Camps-Fabrer · Marie-Paule Canapa · Claude Chantefort · André Charpentier · Jean-Pierre Charre · Jeannette Claraz · Gérard Couvreur · Dr. Odile Daniel · Jean-François Deneux · Prof. Dr. Jean Dresch · Prof. Dr. Jean-Jacques Dufaure · François Durand-Dastes · Dr. Lucien Faugères · Prof. Dr. Paul Fénelon · Monique Fort · Dr. Marceau Gast · Iris Gimenez · Élisabeth Glachant · Prof. Dr. Alain Godard · Eva Golluscio de Montoya · Édouard Gosseaume · Prof. Dr. Paul Guichonnet · R.-P. Gupta · Antoinette Hallaire · Georges Harend · Prof. Dr. Alain Huetz de Lemps · Michèle Joordevant · Prof. Dr. Monzon Keita · Yannick Lageat · Prof. Dr. Claude Laugénie · Dr. Claude Lechevalier · Philippe Leclerc · Prof. Dr. Yves Leloup · Brigitte Logeart · Prof. Dr. Monique Mainguet · Prof. Dr. Claude Manzagol · Sylvie Marchand · Claude Martinez · Marie-Thérèse Ménager · Pierre Minvielle · Prof. Dr. Jean-Claude Morvan · Pierre Oliva · François Pesneaud · Prof. Dr. Michel Petit · Jean-Pierre Peulvast · Pierre Piffaretti · Jean Piwnik · Roland Pourtier · Michel Prager · Jean Radvanyi · Dr. Annie Reffay · Alain Reynaud · Alain Schifres · Prof. Dr. Michel Sivignon · Élisabeth Soppelsa-Cremieu · Laurent Stieltjes · Maurice Taieb · Jean-Pierre Tihay · Prof. Dr. J. L. F. Tricart · Prof. Dr. Pierre Trolliet · Alain Vanneph · Dr. Jacques Varet · Prof. Dr. Paul Veyret · Dr. Huguette Vivian · Dr. Robert Vivian.

Die der deutschen Bearbeitung zugrunde liegenden Übersetzungen der Textstellen, die aus der französischen Ausgabe übernommen wurden, fertigten an: Dorothee Flügel · Ursula Krauskopf · Marie-Ellen Liebmann · Sybille A. Illfeld · Martine Roy · Margarete Venjakob · Werner Vetter.

2. revidierte Auflage 1990
© 1990, 1979 Verlag Das Beste GmbH, Stuttgart

Alle Rechte, insbesondere die der Übersetzung, Verfilmung, Funk- und Fernsehbearbeitung – auch von Teilen des Buches –, im In- und Ausland vorbehalten.

Printed in Italy
ISBN 3 87070 356 3

Inhalt

Kartenteil
Seite 6–24

Kartenübersicht	6– 7
Europa	8– 9
Eurasien	10–11
Südostasien	12–13
Australien	14–15
Nordamerika	16–17
Mittelamerika	18–19
Südamerika	20–21
Nordafrika	22–23
Südafrika	24

Die Naturwunder der Erde von A–Z
Seite 25–421

Erklärung wichtiger Fachausdrücke 422–435

Register 436–447

Bildnachweis 448

Die Naturwunder der Erde

Übersicht nach Kontinenten

Afrika

Nil 268 · Tanganjikasee 363 · Tchadsee (Tschadsee) 371
Algerien Abiod, Wadi el- 25 · Ahaggarmassiv 31 · Anou-Boussouil-Höhle 49 · Arak, Wadi 55 · Beni-Abbès 76 · Hammam-Meskoutine 157 · Kantara, El- 178 · Melah, Salzfelsen des Wadi el- 239 · Tassili der Ajjer 368
Äthiopien Dallol 104 · Omo, Tal des 280 · Sof Omar, Höhle von 347
Benin Tanogoufälle 366
Burkina Faso Komoéfälle 194
Dschibuti Assalsee 64
Gabun Ogowe, Stromschnellen des 275
Guinea Fouta Djalon 134 · Mandingues, Monts 223
Kamerun Mandaragebirge 222
Kanarische Inseln Fuego, Montañas del 138 · Teide, Pico de 372
Kenia Elgon, Mount 118 · Kenya, Mount 184 · Leviathanhöhle 211 · Mengai 241 · Rift Valley (Ostafrikanischer Graben) 318
Kongo Kongo 196 · Lune, Monts de la 213
Lesotho Maletsunyanefälle 220
Madagaskar Andringitragebirge 44 · Ankaranaplateau 46 · Diégo-Suarez 109 · Mandrakafall 224 · Tritrivasee 386
Malawi Njassasee (Malawisee) 271
Mali Mandingues, Monts 223
Marokko Amesfrane, Felsendom von 40 · Chikerhöhle 92 · Dadès, Wadi 103 · Quarante Sources (Oum-er-Rbia) 309 · Tafraoutmassiv 362 · Todra, Schluchten des 381 · Ziz, Wadi 420
Mauretanien Amojjar, Wadi 41
Mauritius Terres de Couleurs 374 · Trou aux Cerfs 390
Mosambik Njassasee (Malawisee) 271
Namibia Great Fish River 148
Niger Aïr 32 · Bilma, Grand Erg de 81
Nigeria Mandaragebirge 222
Ruanda Kiwusee 191
Sambia Victoriafälle 402
Simbabwe Balancing Rocks 71 · Sinoia Caves 342 · Victoriafälle 402
Südafrika Augrabiesfälle 65 · Cangohöhlen 89 · Desolation, Valley of 106 · Drakensberge 112 · Golden-Gate-Highland-Nationalpark 146 · Kimberley, Diamantminen von 189
Tansania Kilimandscharo 186 · Ngorongoro 265 · Njassasee (Malawisee) 271
Tschad Bilma, Grand Erg de 81 · Emi Kussi 119 · Ennedi 120 · Soboroum, Wadi 346 · Trou au Natron 389
Tunesien Blanc, Kap 83 · Djerid, Schott-el- 110 · Jugurtha, Tafel des 176 · Matmata, Monts de 231 · Nefta 261
Uganda Elgon, Mount 118 · Ruwenzori 326
Zaire Kiwusee 191 · Kongo 196 · Lofoi 212 · Nyiragongo 272 · Ruwenzori 326
Zentralafrikanische Republik Matakilfälle 231 · Pipi, Naturbrücke des 297

Amerika

Anden 42 · Grönland 152
Argentinien Aconcagua 27 · Cielo, Campo del 94 · Fitzroymassiv 132 · Luna, Valle de la 213 · Patagonien und Feuerland 288 · Plata, Rio de la 298 · Puente del Inca 306 · Valle Encantado (Nahuel-Huapi-Nationalpark) 393
Belize Yucatán 417
Bolivien Illampu 169 · Illimani 170 · La Paz 206 · Titicacasee 378
Brasilien Amazonas 39 · Aparados da Serra 51 · Iguaçufälle 169 · Itabirito, Pico de 172 · Ribeira, Grotten des Rio da 318 · Rio de Janeiro 320
Chile Caldera, Tafoni von 89 · Fitzroymassiv 132 · Hoorn, Kap 168 · Patagonien und Feuerland 288 · Portada, La 302 · Todos los Santos, Lago 380 · Tronador, Monte 386
Costa Rica Irazú 171
Ecuador Cotopaxi 99
Guatemala Agua 30 · Cobán, Karst von 95 · Yucatán 417
Guyana Guayana, Bergland von 155 · Kaieteurfall 177
Kanada Cathedral Grove 91 · Columbia Icefield 97 · Fraser River 136 · Great Lakes (Große Seen) 150 · Helmcken Falls 162 · Mackenziedelta 217 · Niagarafälle 266 · Percé, Steilküste von 291 · Rabbitkettle, Heiße Quellen des 310 · Red Deer, Badlands des 314 · Rocky Mountains (Nordamerikanische Kordilleren) 321 · Saguenay River, Fjord des 328 · St. John River 330 · Spectrum Range 350 · Tweedsmuir Provincial Park 391
Mexiko Acapulco de Juárez 27 · Cobre, Barranca del 96 · Golondrinas, Sima de las 146 · Paricutín 287 · Pátzcuaro, Lago de 290 · Popocatépetl 301 · Toluca, Nevado de 383 · Yucatán 417
Nicaragua Ometepe, Isla de 279
Peru Apurímac, Río 53 · Bosque de Rocas 86 · Cordillera Blanca 99 · Majes, Río 219 · Misti, El 249 · Tinajani, Canyon von 377 · Titicacasee 378
Uruguay Plata, Río de la 298
USA Acadia-Nationalpark 26 · Arches-Nationalpark 58 · Badlands 68 · Black Canyon of the Gunnison 82 · Blue Ridge 83 · Bryce-Canyon-Nationalpark 87 · Carlsbad Caverns 90 · Chimney Rock 93 · Crater Lake 100 · Craters of the Moon 101 · Death Valley 105 · Devils Tower 108 · Everglades 126 · Grand Canyon 147 · Grand Teton 148 · Great Lakes (Große Seen) 150 · Great Salt Lake 151 · Jewel Cave 175 · Malaspinagletscher 219 · Mammoth Cave 220 · McKinley, Mount 236 · Mesa-Verde-Nationalpark 243 · Meteor Crater 245 · Mississippi-Missouri 247 · Monument Valley 253 · Muldrowgletscher 258 · Nabesnagletscher 260 · Niagarafälle 266 · Petrified Forest und Painted Desert 292 · Rainbow Bridge 312 · Rainier, Mount 313 · Rocky Mountains (Nordamerikanische Kordilleren) 321 · St. John River 330 · San-Andreas-Verwerfung 334 · Snake River 345 · Stone Mountain 355 · White Sands 412 · Wind Cave 412 · Yellowstone-Nationalpark 414 · Yosemite-Nationalpark 416
Venezuela Angelfall (Salto Angel) 45 · Casiquiare, Río 91 · Guayana, Bergland von 155 · Sarisariñamaplateau 338

Asien

Himalaja 164 · Mekong 237
Afghanistan Ajdartal 34 · Band-i-Amir 73 · Pamir 284 · Tang-i-Gharu-Schlucht 364 · Zardalou (Tafelberg) 419
Bangladesch Gangesdelta 140
China Amur 41 · Everest, Mount 125 · Guilin (Kweilin) 156 · Jangtsekiang (Chang Jiang) 173 · Pamir 284 · Qinghai (Tsinghai), Salzsee von 309 · Sanmenschlucht 335 · Shanxi (Schansi) 340 · Tien Shan 375 · Turfansenke 391 · Yichang 414 · Yünnan, Steinerner Wald von 418
Indien Gangesdelta 140 · Karakorummassiv 179 · Kaschmir, Tal von 180 · Narmada 261 · Nilgiriberge 270 · Sivasamudram 343 · Westghats 410
Indonesien Krakatau 201 · Merapi 242 · Papandajan 286 · Tengger 373 · Tobasee 379
Irak Arab, Schatt-el- 54
Iran Arab, Schatt-el- 54 · Ghar Parau 143 · Kaspisches Meer 182 · Lut, südliche 215 · Nischapur, Türkisminen von 271 · Sahand, Kuh-e- 329

Israel Bahr Lut (Totes Meer) 68 · Negev 262
Japan Asama 62 · Beppu 79 · Fuji-san (Fudschijama) 138 · Mashusee 229 · Matsushima 233
Jordanien Bahr Lut (Totes Meer) 68
Libanon Afqa 28 · Jeitahöhle 174 · Orontesquelle 282
Mongolische Volksrepublik Amur 41
Nepal Annapurna 47 · Everest, Mount 125
Pakistan Karakorummassiv 179 · Nanga Parbat 260
Philippinen Mayon 235
Türkei Ararat 56 · Pamukkale 285 · Pinargözuhöhle 296 · Ürgüp 392
UdSSR Amur 41 · Aralsee 56 · Baikalsee 70 · Kamtschatka, Halbinsel 177 · Karakum 180 · Kaspisches Meer 182 · Kaukasus 183 · Kolchis 192 · Kommunismus, Pik 194 · Lena 210 · Ob und Irtysch 274 · Pamir 284 · Tien Shan 375
Vietnam Ha-Long-Bucht 157 · Lai-Chau 205

Australien und Ozeanien

Australien Ayers Rock 66 · Eyresee 128 · Jenolan Caves 175 · Olga, Mount 277 · Port Campbell 303 · Simpsonwüste 341
Französisch-Polynesien Bora-Bora 84 · Mooréa 254
Hawaii Mauna Loa 234
Neukaledonien Hienghène 163 · Saint-Vincent-Bucht 332
Neuseeland Franz-Josef-Gletscher 135 · Milford Sound 246 · Sutherlandfälle 361 · Tasmangletscher 367 · Waimangu 407 · Waiotapu und Whakarewarewa 408 · White Island 411
Tahiti Vaihiriasee 393

Europa

Alpen 37 · Donau 111 · Rhein 316
Albanien Drin, Schwarzer 114
Belgien Han, Grotten von 159 · Semoistal 339
Bulgarien Belogradčik 75 · Iskâr 171 · Ledenikahöhle 209 · Melnik 240 · Pobiti kamǎni (Steinerner Wald) 299
Dänemark Holmsland Klit 167 · Møns Klint 250 · Råbjerg Mile 311
DDR Harz 160 · Rügen 325 · Sächsische Schweiz (Elbsandsteingebirge) 327
Bundesrepublik Deutschland Externsteine 127 · Harz 160 · Helgoland 161 · Königssee 198 · Laacher See 204 · Zugspitze 420

Finnland Ålandinseln 35 · Finnische Seenplatte 130 · Saanatunturi 327
Frankreich Aven-Armand 66 · Étretat 124 · Montblanc 251 · Penhir, Pointe de 291 · Pierre-Saint-Martin, Höhlensystem 293 · Pilat, Düne von 295 · Pont d'Arc 301 · Puys, Chaîne des 307 · Semoistal 339 · Vaucluse, Fontaine de 396 · Verdon, Grand Canyon du 398
Griechenland Meteoraklöster 244 · Olymp 278 · Santorin 336
Großbritannien Ben Nevis und Glen More 78 · Fingalhöhle 130 · Giant's Causeway 143 · Morar, Loch 256 · Old Man of Hoy 276 · Tors von Dartmoor 385
Republik Irland Benbulbin 75 · Killarney, Seen von 187
Island Dettifoss 108 · Strokkur 357 · Surtsey 359 · Vatnajökull 395
Italien Apuanische Alpen 51 · Etna (Ätna) 122 · Frasassi, Grotten von 135 · Langkofelgruppe 205 · Larderello 208 · Maggiore, Lago 218 · Matterhorn 233 · Montblanc 251 · Nettuno, Grotta di 264 · Orso, Capo d' 283 · Stromboli 358 · Venedig, Lagune von 397 · Vesuv 400
Jugoslawien Drin, Schwarzer 114 · Kotor, Bucht von 199 · Neretvaschluchten 264 · Postojna, Grotten von (Adelsberger Grotten) 304 · Rak und Zirknitzer See 313
Niederlande Waddenzee 406
Norwegen Geirangerfjord 141 · Jostedalsbre 176 · Mardalsfoss 225 · Moskenesøy 257 · Sognefjord 347 · Vøringfoss 405
Österreich Dachstein 103 · Eisriesenwelt 116 · Frauenmauer- und Langsteinhöhle 137 · Großglockner 154 · Lurgrotte 214 · Salzkammergut 332 · Zugspitze 420
Portugal Arrábida, Serra da 61 · Berlengainseln 80 · Praia da Rocha 305
Rumänien Apuşenigebirge 53 · Bucegi 88 · Scǎrişoara, Höhle von 339
Schweden Kinnekulle 190 · Stockholm, Schärenhof von 354 · Stora Sjöfallet 356
Schweiz Aareschlucht 25 · Aletschgletscher, Großer 35 · Eiger, Mönch und Jungfrau 115 · Gießbachfälle 145 · Höllochgrotten 167 · Maggiore, Lago 218 · Montblanc 251 · Staubbachfall 352 · Vierwaldstätter See 404
Spanien Ciudad Encantada 95 · Formentor, Kap 133 · Marismas del Guadalquivir 227 · Mascún, Barranco de 228 · Ordesatal 281 · Torcal, Sierra del 385
Tschechoslowakei Aggteleker Tropfsteinhöhle 29 · Prachower Felsen 305 · Slowakisches Paradies 344 · Soos, Naturschutzgebiet von 349
UdSSR Elbrus 118 · Kaspisches Meer 182 · Kaukasus 183 · Krim, Halbinsel 202 · Optimistischeskajahöhle 280 · Wolga 413
Ungarn Aggteleker Tropfsteinhöhle 29 · Balaton (Plattensee) 72

Polargebiete

Antarktis Adélieland 28 · Antarktis 49 · Erebus, Mount 121 · Rossbarriere 324
Arktis 59
Grönland 152
Norwegen Spitzbergen 351

Erklärung der Bildsymbole

Jedem Eintrag des Bildlexikons ist ein Bildsymbol vorangestellt, das auf einen Blick darüber informiert, um welche Art von Naturwunder es sich im einzelnen handelt:

 Schlucht Grabenbruch, Verwerfung
 Quelle
 Felsen, Einzelberg
 See
 Gebirge, hoher Berg
 Geysir
 Kliffküste
 Höhle
 Meeresbucht, Meeresarm
 Wüste, Dünen
 Insel
 Vulkan
 Wasserfall
 Gletscher, Inlandeis
 Fluß, Flußmündung

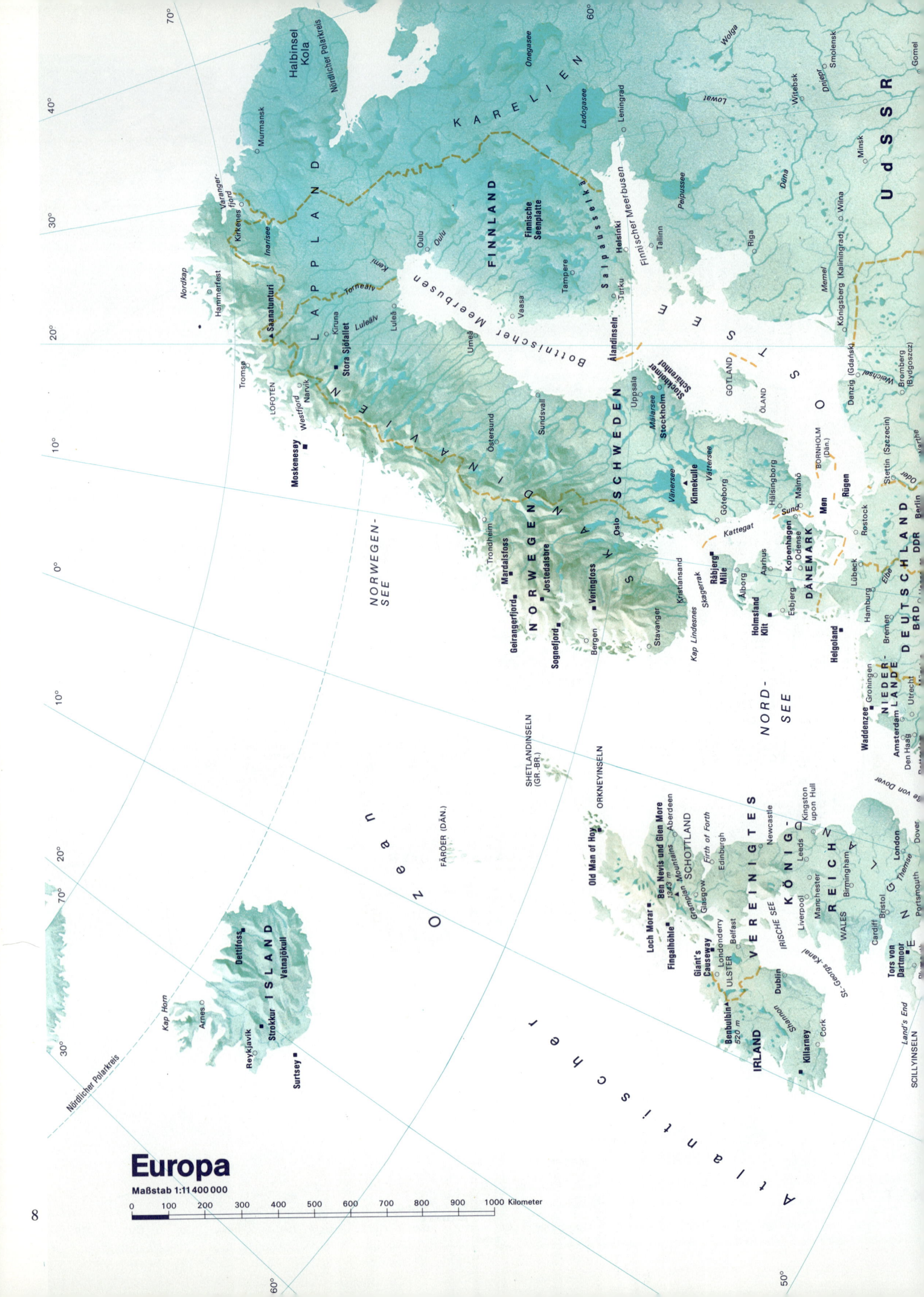

Europa

Maßstab 1:11 400 000

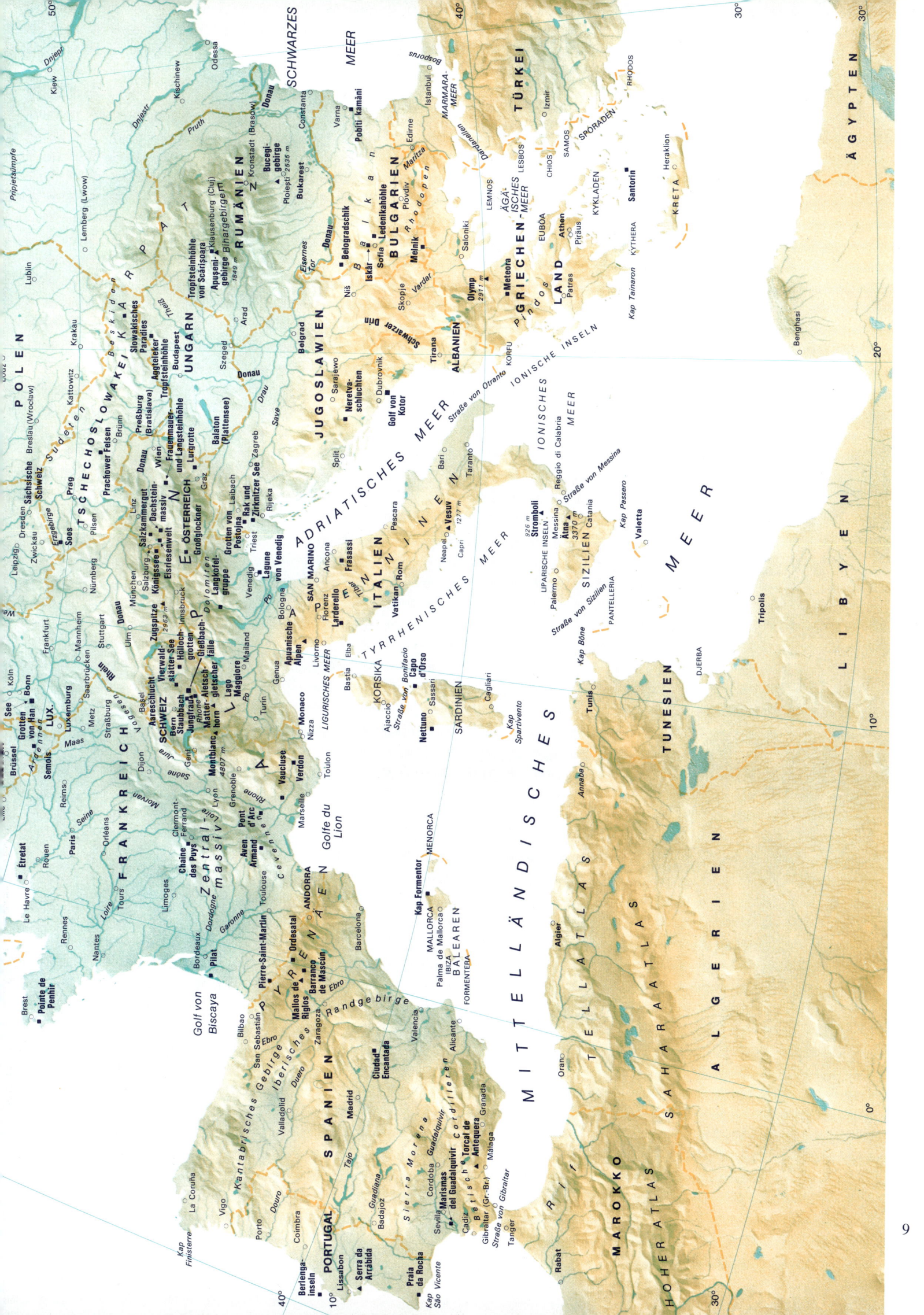

Mittelamerika

Maßstab 1:11 500 000

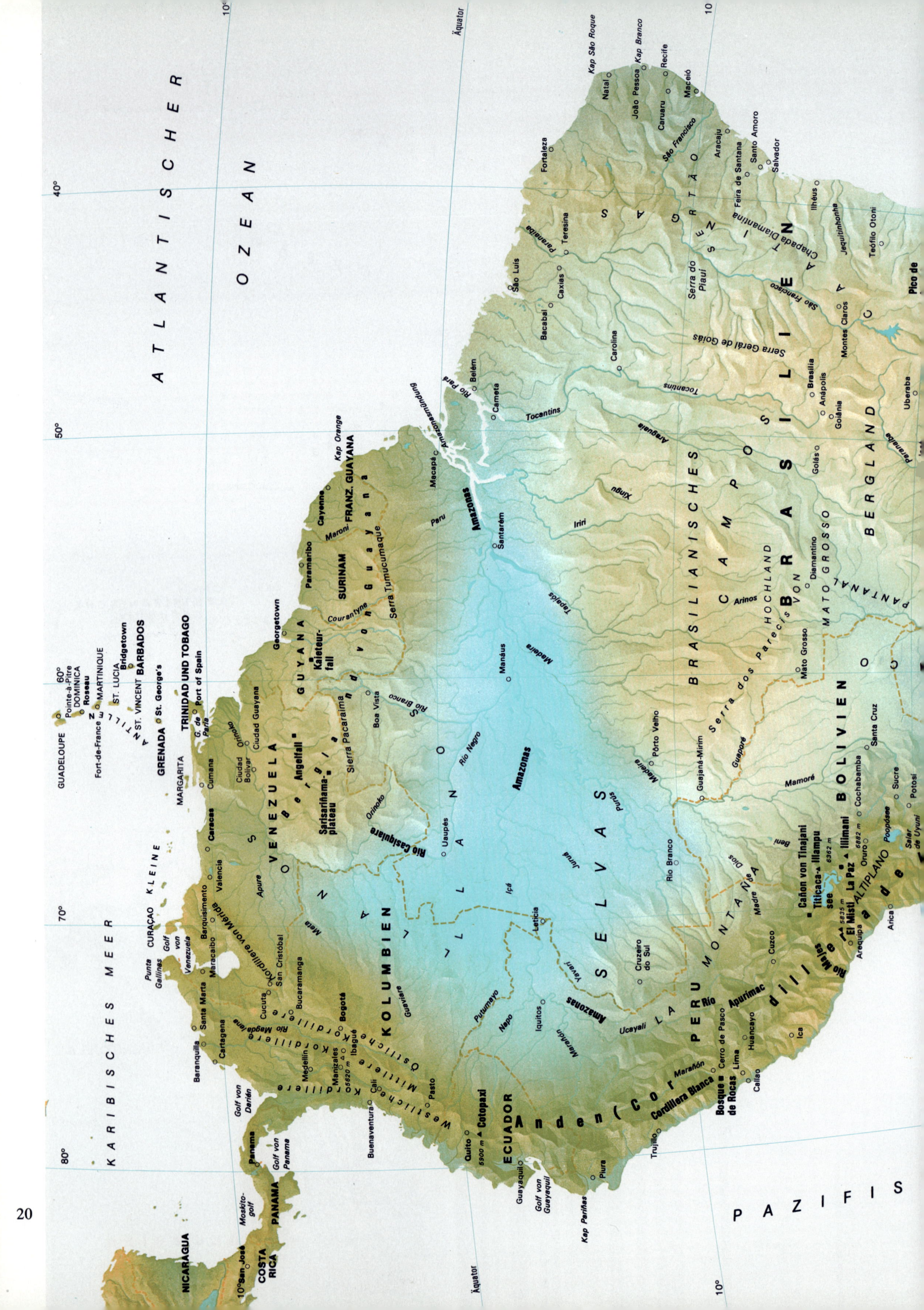

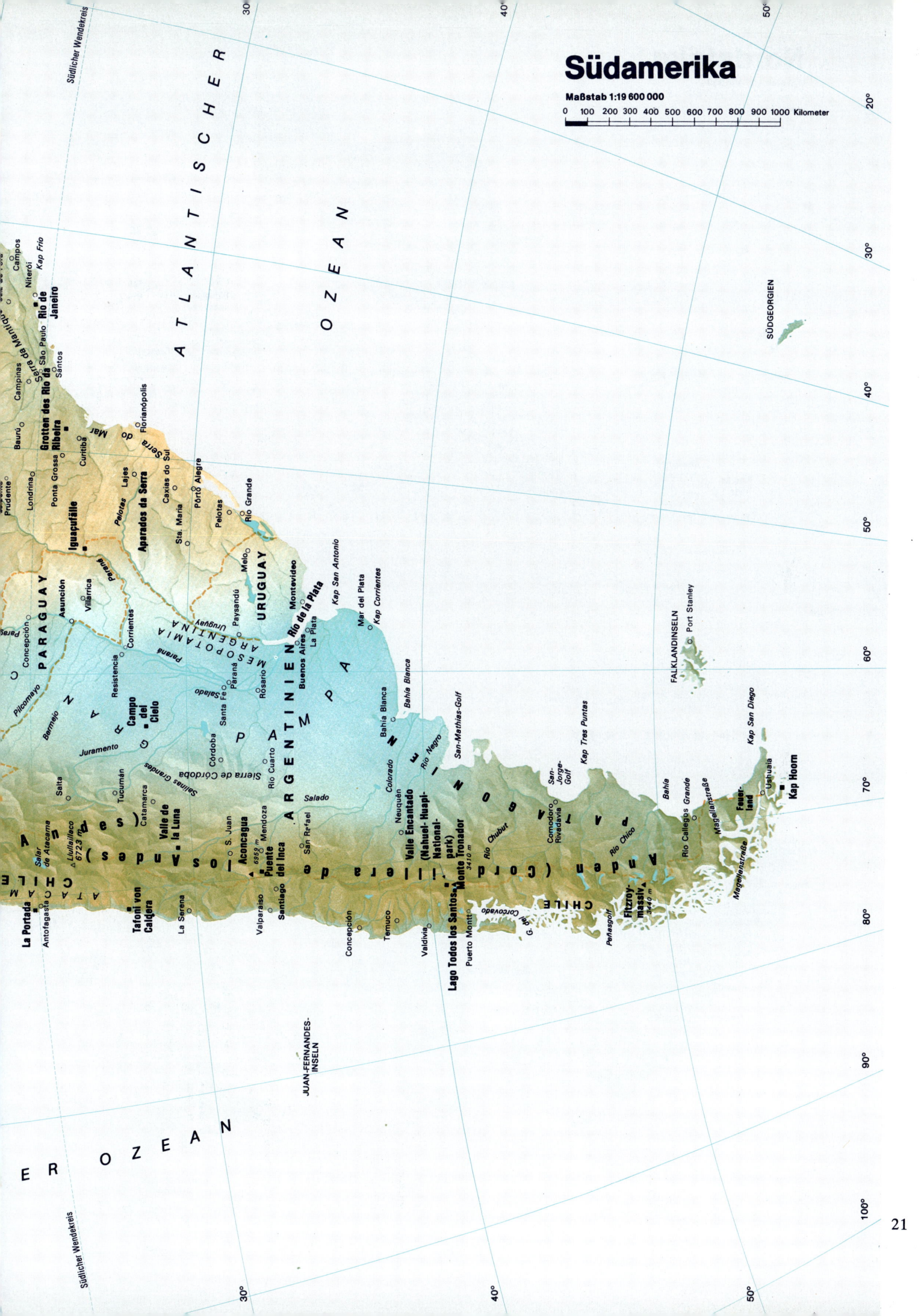

A

Aareschlucht

Europa, Schweiz
46° 44′ n. Br., 8° 12′ ö. L.

Die Aareschlucht ist der turbulenteste Abschnitt im Oberlauf eines von Gletscherbächen gespeisten Gebirgsflusses, der sich gewaltsam einen Weg durch die Alpen gebahnt hat. In einen quer zur Stromrichtung verlaufenden Felsriegel haben die reißenden Wassermassen eine 50 m tiefe Klamm eingeschnitten, die an manchen Stellen so schmal ist, daß ein Kind darüberspringen könnte.

Die Aare entströmt dem vom Oberaarhorn (3638 m) kommenden Oberaargletscher als reißender Gebirgsbach. Im unteren Teil ihres Oberlaufs entstand eine gewaltige Schlucht, deren Einzigartigkeit sie zu einer der bedeutendsten touristischen Attraktionen des Berner Oberlandes werden ließ.

Als tosender Wildbach ergießt sich die Aare in das wilde obere Haslital und überwindet in zahlreichen Gefällstufen die harten Granitschwellen des Aaremassivs. Danach verläßt sie die aus kristallinen Gesteinen aufgebaute Zone der Zentralalpen und tritt in den von gefalteten Sedimentgesteinen geprägten nördlichen Teil der Schweizer Alpen ein. Im weiten Talbecken von Innertkirchen kommen die reißenden

Aareschlucht *In einer wildromantischen Landschaft tost die reißende Aare durch eine enge Schlucht, die sie seit dem Ende der letzten Eiszeit in das Gestein eingeschnitten hat.*

Wassermassen für kurze Zeit zur Ruhe. Doch bevor die Aare den Brienzer See erreicht, muß sie als letztes Hindernis die widerstandsfähige Kalkbarriere des Kirchets zwischen Innertkirchen und Meiringen durchbrechen.

Dieser Felsriegel wurde während der Eiszeit von mächtigen Gletscherströmen überflossen, die sich bis in das Alpenvorland erstreckten. Dabei wurde die Oberfläche des Kirchets abgerundet und entlang von Gesteinsklüften rillenförmig ausgeschliffen. Aufgrund ihrer starken Erosionskraft konnten die Wildwasser der nacheiszeitlichen Aare eine dieser vorgeformten Rillen zu einer 1,4 km langen Klamm ausweiten und vertiefen. In diesem Abschnitt ist das von 40 bis 50 m hohen Steilwänden überragte Flußbett an manchen Stellen nicht einmal 1 m breit. Nur von schwindelerregenden Pfaden und am Fels klebenden Galerien aus kann man die Schlucht besichtigen, denn die Straße von Meiringen nach Innertkirchen verläuft ein Stück abseits über den Kamm des Kirchets.

Abiod, Wadi el-

Afrika, Algerien
35° 15′–34° 40′ n. Br., 6° 40′–6° ö. L.

Eine kontrastreiche Tallandschaft am Nordrand der Sahara, fruchtbar und wüstenhaft zugleich, mit unwirtlichen Felsschluchten, immergrünen Korkeichenhainen und blühenden Flußoasen unter schattenspendenden Dattelpalmen.

Das wilde, bizarr geformte Massiv des Djebel Aurès am Südrand der Hochebene von Constantine ist ein schwer zugänglicher Gebirgsteil des Sahara-Atlas. In die-

Wadi el-Abiod *Mitten durch das Massiv des Djebel Aurès windet sich ein tief eingeschnittener Canyon, auf dessen schwer zugänglichen Felsvorsprüngen die Terrassenhäuser der Berberdörfer zum Schutz gegen feindliche Angriffe erbaut wurden.*

sem zerklüfteten Gebiet trafen die arabischen Eroberer im 7. Jahrhundert auf den erbitterten Widerstand eines der rebellischsten Berberstämme. Von Nordosten nach Südwesten durchschneidet die mächtigen Gebirgsketten des Djebel Aurès ein steilwandiger, stellenweise schluchtartiger Canyon, der zu beiden Seiten von hohen Gipfeln überragt wird. Dies ist das Wadi el-Abiod, dessen Entstehungsgeschichte bis in das ausgehende Tertiär und das frühe Quartär zurückreicht. Damals wurde das Tal des Wadis ganzjährig von reißenden Wassermassen durchflossen. Ihre starke Erosionstätigkeit hatte zur Folge, daß das Flußbett in seiner heutigen Form allmählich in das sich auffaltende Gebirge eingeschnitten wurde. In unserer Zeit führt das Wadi nur noch selten Wasser, da sich im Laufe geologischer Zeiträume das einstige Feuchtklima in ein Trockenklima gewandelt hat. Ein weiteres Einschneiden des Tales ist deshalb nur noch nach vereinzelten Starkregen möglich, wenn sich das ausgetrocknete Wadi plötzlich in einen tosenden Wildbach verwandelt.

Der obere Teil des Wadi el-Abiod liegt im Bereich der algerischen Mittelmeerlandschaft, wo im Winter noch ausreichende Niederschläge fallen. Sorgfältig bebaute Felder umgeben die alten Berbersiedlungen mit ihren typischen Gemeinschaftsscheunen *(guellaa)*, deren übereinanderliegende Kammern im Verteidigungsfall als Festung dienten. Sie krönen wie Raubvogelnester die steilen Felsen des Ras Louha, während immergrüne Korkeichen an den Hängen des Djebel Azreg emporwachsen, über dessen Graten sich die Silhouetten riesiger, mehrere hundert Jahre alter Zedern vom blauen Himmel abheben.

Wenige Kilometer talabwärts von Feniat-Bâali geht das Wadi in die berühmte Schlucht von Tighanimine über. Eine in den Fels gehauene Inschrift berichtet, daß hier schon 145 v. Chr. von einer syrischen Abteilung der 6. römischen Legion eine Straße angelegt wurde.

Am Ausgang der Schlucht, in der Nähe des Dorfes Rassira, ändert sich das Landschaftsbild unvermittelt. Hier öffnet sich das Wadi zur Sahara hin. Ungehindert dringen von Süden her Staub- und Sandstürme aus der Wüste in den mittleren und unteren Abschnitt des Wadis ein. Durch die mitgeführten Sandkörner werden die nackten Gesteine des Djebel Aurès pausenlos bearbeitet und wie mit einem Sandstrahlgebläse blank poliert. Starke Temperaturunterschiede zwischen Tag und Nacht sorgen dafür, daß die kahlen Bergwände immer stärker verwittern und abbröckeln. An ihrem Fuß entstehen riesige Schutthalden, die die steilen Felsen allmählich unter sich begraben. Trotzdem bieten diese einen phantastischen Anblick, vor allem wenn man das Spiel von Licht und Schatten auf dem Gestein beobachtet, in dem die Rottöne des Djebel Ahmar Khaddou (Rote Wange) vorherrschen.

Weiter talabwärts liegt Rhoufi, eine unvergeßliche Flußoase. Sie wird von über 200 m hohen Felskanzeln überragt, deren mächtige Wände den gewundenen Lauf des Wadis einengen. Unter den Dattelpalmen, in deren Schatten Feigen-, Granatapfel- und Aprikosenbäume gedeihen, verläuft ein weitverzweigtes Kanalnetz, über welches das kühle Grundwasser des Wadis in die gepflegten Bewässerungsgärten geleitet wird.

Weiter südlich erreicht man Baniane, eine der letzten Siedlungen am Südrand des Djebel Aurès. Ihre *Guellaa* symbolisieren noch heute den einstigen Widerstand der Bergbewohner gegen die fremden Eroberer. Ein kurzes Stück weiter talab liegt unvermittelt die Sahara mit den Oasen M'Chounèche, Biskra und Les Zibans vor den Augen des Betrachters.

Acadia-Nationalpark

Amerika, USA
44° 18′ n. Br., 65° 15′ w. L.

 Ein dicht bewaldeter, von vorgelagerten Inseln gesäumter Küstenabschnitt am Atlantik. An seinen rundlichen Granitfelsen, die von den Gletschern der Eiszeit geformt wurden, nagt seit Urzeiten die Brandung des Ozeans.

Der 1916 gegründete Acadia-Nationalpark liegt an der Nordostküste der USA im Bundesstaat Maine. Er bedeckt auf einer Fläche von etwa 170 km² neben mehreren kleineren Eilanden einen Großteil der zerklüfteten Inseln Mount Desert und Isle au Haut sowie die Südspitze der Halbinsel Schoodic.

Seinen Namen erhielt der Nationalpark nach dem früheren französischen Akadien, zu dem sein heutiges Gebiet bis 1713 gehörte. Akadien, schon sehr früh (1604) von Franzosen besiedelt, geriet häufig in Konflikt mit seinen englischen Nachbarn und wurde aufgrund des Vertrages von Utrecht 1713 an England abgetreten.

Der Granituntergrund des Parks ist sowohl kulturgeschichtlich als auch geologisch von großem Interesse. Man hat hier Spuren menschlicher Besiedlung gefunden, die auf die Steinzeit zurückgehen. Vor mehreren hundert Millionen Jahren, im Mesozoikum, war dieses Gebiet vom Meer bedeckt; später wurde es über den Meeresspiegel gehoben und damit der Erosion ausgesetzt. Das neu entstandene Festland wurde zu einer flachwelligen Landschaft eingeebnet. Während der vor etwa 15 Millionen Jahren beginnenden Eiszeiten des Pleistozäns lag ein 1,6 km dicker Eispanzer über dem ganzen Gebiet. Die eigentümlichen Formen des Reliefs, glattgeschliffene und abgerundete Felsen, sanfte Hügel, Fjorde und Seen, entstanden durch die Einwirkung dieser Eismassen.

Acadia-Nationalpark *Vom Gipfel des Cadillac (466 m) aus genießt man eine herrliche Sicht über die Insel Mount Desert und den Park, dessen Vegetation vor allem aus Kiefern- und Birkenwäldern besteht. Der Blick von hier ist besonders schön und eindrucksvoll in der Morgendämmerung.*

Acapulco de Juárez

Amerika, Mexiko
16° 51′ n. Br., 99° 55′ w. L.

 Wo die steil abfallende Gebirgskette der Südlichen Sierra Madre bis an den Pazifischen Ozean heranreicht, liegt die von Lagunen und grandiosen Felsstufen umringte Bucht von Acapulco.

Zwischen Himmel und Ozean entfaltet Acapulco das Panorama seiner tiefen, von Bergen eingefaßten Traumbucht. Üppiger Pflanzenwuchs, herrliche Strände und ein tiefblaues Meer machen diesen Ort zu einem Kleinod an der fast durchweg flachen und sandigen Pazifikküste Mexikos.

Die Bucht entstand im ausgehenden Tertiär, als die gesamte Gebirgskette der Sierra Madre durch den Druck tektonischer Bewegungen gefaltet und über den Meeresspiegel herausgehoben wurde. Wie eine Girlande säumen daher die Täler und Schluchten des jungen Festlandsockels ihre 20 km lange Küste. Ihr westlichster Punkt ist der Sandstrand von Pie de la Cuesta und ihr östlichster der von Revolcadero, die sich beide zwischen einem Mangrovenwald und einer Lagune erstrecken. Die Höhenunterschiede sind gewaltig. Der Gebirgsteil, der sich nur 3 km hinter den Stränden erhebt, erreicht eine Höhe von 1000 m, während der Meeresboden im Pazifikgraben auf 5000 m abfällt.

Auf dem westlichen Ausläufer der Sierra erstreckt sich in der Mitte der Bucht treppenförmig die Stadt Acapulco mit ihren dicht nebeneinandergebauten Wohnhäusern im Vordergrund und ihren Elendsvierteln im Hintergrund. Darüber erheben sich steile, meist kahle Felshänge, die nur an vereinzelten Stellen eine spärliche Trockenvegetation aufweisen. Unterhalb der Stadt, in unmittelbarer Meeresnähe, gedeiht dank hoher Luftfeuchtigkeit eine üppige tropische Vegetation. Hier entstanden an beiden Seiten der Bucht ausgedehnte Villenviertel mit Schwimmbecken und gepflegten Gärten sowie da und dort riesige Hotelhochhäuser.

Vor dem grandiosen Amphitheater der Bucht von Acapulco liegt die Insel La Roqueta, ein Naturwunder, das sich zu einem beliebten Touristenziel entwickelt hat. Eine ihrer Hauptattraktionen ist der Sprung der *Clavadores*, jener waghalsigen jungen Männer, die allabendlich das „Sonnenopfer" darbringen. Sie stürzen sich zwischen senkrechten, am Fuß weniger als 5 m voneinander entfernten Felswänden 20 m tief ins Meer. Trotz hochentwickelter „Tourismusindustrie" gibt es bis zum heutigen Tag aber noch Strände wie in Puerto Marqués, wo die Natur ihre ursprüngliche Schönheit gegen die Eingriffe des Menschen behaupten konnte.

Acapulco *An den felsigen Vorposten der von Bergen umrahmten Bucht brechen sich die schaumgekrönten Wogen des Pazifiks und umspülen die geschützten Sandstrände dieses internationalen Touristenzentrums.*

Aconcagua

Amerika, Argentinien
32° 39′ s. Br., 70° 01′ w. L.

 Nicht einmal eine geschlossene Firnkappe umhüllt das fast 7000 m hohe „Dach Amerikas". Der wenige Schnee, der in diesem trockenen Teil der Anden fällt, kann sich auf dem ungeschützten Gipfel nicht behaupten. Er wird von den pausenlos tobenden Orkanen einfach weggefegt.

Der Aconcagua ist mit 6959 m der höchste Berg des gesamten amerikanischen Kontinents. Er besitzt zwei Gipfel, die durch einen Grat miteinander verbunden sind. Weitere Bergriesen in unmittelbarer Nähe sind der Cerro Cuerno und der Cerro Catedrál. 70 km südlich erhebt sich der 6800 m hohe Kegel des Vulkans Tupungato. Ewigen Schnee gibt es nur an den Flanken des Aconcagua, die vor den beständig wehenden Höhenorkanen aus westlichen Richtungen geschützt sind. Auf der Nordseite liegt die Schneegrenze bei 5000 m. Die niederschlagsreichere Südflanke ist bis 4600 m hinab von fünf kleineren Gletschern bedeckt.

Die Anden bestehen in diesem Gebiet aus drei parallel verlaufenden Gebirgsketten. Auf chilenischem Gebiet bildet die Küstenkordillere die Grenze zur pazifischen Küstenebene. Im Osten überragt die Vorkordillere die Bewässerungsoasen der argentinischen Cuyoregion, einer sandigen Gebirgsfußebene. Zwischen diesen beiden Ketten erhebt sich als höchster Teil der Anden die Hauptkordillere mit den beiden alles überragenden Gipfeln des Aconcagua und des Cerro Mercedario (6770 m).

Wegen des sehr trockenen Klimas bezeichnet man das Gebiet um den Aconcagua auch als die ariden Anden. Die mit Geschwindigkeiten von 250 km/h wehenden Höhenwestwinde, die den Gipfelschnee davonblasen, bringen nur im Winter Niederschläge. Die im Niederschlagsschatten liegende Ostflanke des Bergs zeichnet sich deshalb durch noch größere Kargheit aus. Über dieser bizarren, wüstenähnlichen Gebirgslandschaft liegt, bedingt durch die Trockenheit und die große Höhe, ein strahlend helles Licht.

Man nahm lange Zeit fälschlicherweise an, daß der Aconcagua ein erloschener Vulkan sei, denn sein oberer Teil besteht aus einem bis zu 3000 m mächtigen alttertiären Andesitmassiv. Dieses vulkanische Gesteinspaket wurde jedoch während der Auffaltung der Anden durch gewaltige tektonische Kräfte als Decke über einen aus Jura- und Kreidesedimenten bestehenden Sockel geschoben.

Der ewige Schnee nährt mehrere große Flüsse, welche die Trockengebiete der chilenischen und der argentinischen Gebirgsfußebenen bewässern. Im Norden entspringen die wichtigsten linken Nebenflüsse des Río Mendoza, vor allem der Río de los Horcones, dessen beide Oberläufe den Fuß des Aconcagua wie eine Zange umschließen. Andere Berge wie der Cerro Cuerno (5462 m), der Cerro Almacenes (5078 m) und der Cerro Santa María (4966 m) mit ihren Gletschern speisen

Aconcagua *In eisiger Luft und gleißendem Licht erhebt sich der Aconcagua. Obwohl dieser Berg in den Subtropen liegt, wirken seine zerklüfteten, schnee- und eisbedeckten Flanken wie eine Polarlandschaft.*

ebenfalls dieses Gewässernetz. Die größten Schnee- und Eismassen befinden sich am Südhang des Aconcagua. Hier entspringt der Fluß gleichen Namens, der die ebenfalls Aconcagua heißende chilenische Provinz durchfließt. Sein Lauf ist von vielen Bewässerungsoasen begleitet.

Der Aconcagua hat seit jeher zahlreiche Bergsteiger angelockt. Den ersten Versuch, ihn zu besteigen, unternahm Paul Guessfeld im Februar und März 1883, doch mußte er in 6600 m Höhe aufgeben. 1896 versuchte eine von Fitzgerald geleitete Expedition den Gipfel zu erreichen; auch sie scheiterte. Erst im Januar 1897 gelang es dem Bergführer M. Zurbriggen und noch im selben Jahr der Expedition von Vines, den Berg zu bezwingen. Die Route, die Zurbriggen einschlug, befindet sich an der schneeärmeren Nordflanke. Der Südgipfel mit seiner Steilwand wurde erst 1953 bezwungen.

Heute kann man die Anden bequem auf einer Straße durchqueren, die Buenos Aires mit Valparaiso verbindet. Nach der Stadt Mendoza verläßt sie die Felsfußebene und überquert zunächst die Gebirgskette der Vorkordillere. Danach beginnt die eindrucksvolle Fahrt durch die höchste Andenzone. Als höchsten Paß überwindet man bei 3842 m den Paso de la Cumbre, bevor die Straße zur chilenischen Küstenebene hinunterführt.

Adélieland

Antarktis
0–60° s. Br., 135° 20′–142° 30′ ö. L.

Adélieland ist das sturmreichste Gebiet des kältesten und einsamsten Kontinents der Erde. Seine einzigen Bewohner sind die allen Unbilden des Klimas trotzenden Meeresvögel, vertraute Begleiter der Wissenschaftler, die den zahlreichen Geheimnissen des noch wenig erforschten Erdteils nachspüren.

Das antarktische Festland ist in sieben Einflußzonen – nicht Besitzzonen – aufgeteilt, an denen die Länder Großbritannien, Australien, Neuseeland, Norwegen, Frankreich und die USA beteiligt sind. Da Argentinien und Chile als Anliegerstaaten des Südpolargebietes seit 1940 ebenfalls Ansprüche geltend machen, kommt es zu Überschneidungen einzelner Interessengebiete. Alle an der antarktischen Forschung beteiligten Nationen (Argentinien, Australien, Belgien, Chile, Frankreich, Großbritannien, Japan, Neuseeland, Norwegen, Südafrikanische Union, UdSSR, USA) unterzeichneten 1959 den Internationalen Antarktischen Vertrag. Die Partner verpflichteten sich zu einer ausschließlich friedlichen Nutzung des Kontinents.

Frankreich erhielt Adélieland als Einflußzone zugesprochen. Dieses Gebiet wurde 1840 von Dumont d'Urville entdeckt, der es nach seiner Frau benannte. Im Sommer 1949/50 errichtete P. E. Vicot die französische Forschungsstation Port Martin. Von hier leitete er im Verlauf von drei aufeinanderfolgenden Überwinterungen und zwei Sommeraufenthalten mehrere wissenschaftliche Expeditionen. Von 1955 bis 1959 setzten französische Forscher die begonnenen Arbeiten fort und führten auf verschiedenen Gebieten der Geophysik systematische Untersuchungen durch. Seit 1959 ist die 1956 zum Kap Geologie verlegte Forschungsstation ganzjährig von Wissenschaftlern besetzt.

Zwischen dem Geographischen Südpol und der Adélieküste erstrecken sich unter dem Inlandeis das Polarbecken und das Wilkesbecken. Durch das Gewicht des mehrere Kilometer mächtigen Eispanzers wird die Erdkruste an dieser Stelle – ähnlich wie ein beladenes Schiff – tief in den flüssigen Erdmantel hineingedrückt, so

Adélieland *Das Inlandeis schiebt sich als schwimmende Schelfeistafel mehrere Kilometer weit ins Meer vor. An den Rändern brechen oft größere Stücke ab, die als Eisschollen oder Eisberge in das offene Meer treiben.*

daß ihre heutige Oberfläche unter dem Meeresspiegel liegt. In Adélieland bewegt sich das Inlandeis jährlich nur um einige Meter, während sich an seinem äußeren Rand einzelne Fjordgletscher im selben Zeitraum um mehrere hundert Meter vorschieben. Die mittlere Jahrestemperatur in Meereshöhe liegt unter –11°C. Eine außergewöhnliche Artenarmut der Pflanzen- und Tierwelt ist die Folge. Am verbreitetsten sind verschiedene Vogelarten, unter ihnen besonders der Adéliepinguin.

Die Erforschung des antarktischen Kontinents, zur Zeit der ersten Expeditionen von den Vertragspartnern auf nationaler Ebene betrieben, wird immer mehr zum Gegenstand internationaler Zusammenarbeit. Nur so können die enormen Mittel aufgebracht werden, die zur Untersuchung glaziologischer, meteorologischer, geophysikalischer und erdmagnetischer Phänomene erforderlich sind.

Adelsberger Grotten

siehe Postojna, Grotten von

Afqa

Asien, Libanon
34° 04′ n. Br., 35° 52′ ö. L.

Eine geheimnisvolle Grotte, die bereits in einer Sage des Altertums erwähnt wird. Selbst den Höhlenforschern, die dem unterirdischen Verlauf des Nahr Ibrahim nachspüren, ist sie bis heute rätselhaft geblieben.

Vom Küstenort Djebeil, dem antiken Byblos, führt eine Straße durch das Tal des Nahr Ibrahim auf die Höhen des Libanon. Hier liegt die Grotte von Afqa, die seit langem als eine der größten Touristenattraktionen des Landes gilt. Nach einer von Lukian überlieferten Sage fand in dieser Höhle Adonis, der Geliebte der Göttin

Aggteleker Tropfsteinhöhle

Europa, Ungarn/Tschechoslowakei
48° 29′ n. Br., 20° 31′ ö. L.

Ein unterirdischer Irrgarten mit zehn Eingängen, über dem an der Oberfläche eine Staatsgrenze verläuft. Es sind die weitverzweigten Gänge und weiträumigen Hallen der faszinierenden Aggteleker Höhle.

Die Aggteleker Tropfsteinhöhle ist ein 22 km langes System unterirdischer Hallen und Gänge, das von Aggtelek in Ungarn bis Plešivec in der Tschechoslowakei reicht. Sie umfaßt zwei große, durch den unterirdischen Fluß Styx miteinander verbundene Grotten: die Baradlahöhle in Ungarn und die Domicahöhle in der Tschechoslowakei.

Es gibt zahlreiche Eingänge zu diesem Höhlensystem, von denen nur die wichtigsten genannt werden sollen. Auf tschechoslowakischem Staatsgebiet liegen der natürliche Eingang der Domicahöhle und die Certova Diera, das „Teufelsloch", das die westliche Begrenzung des unterirdischen Systems bildet, sowie zwei weitere Eingänge, die für Touristen angelegt wurden. Auf der ungarischen Seite öffnen sich in der Nähe von Aggtelek am Fuß einer Felswand der Haupteingang der Baradlahöhle, die bereits den steinzeitlichen Menschen bekannt war, und nicht weit davon entfernt der früher verschüttete und von Höhlenforschern wieder freigelegte Deneverageingang. Durch einen künstlichen Zugang im Baradlatal kann man in den westlichen Teil des Höhlensystems hinabsteigen.

Heute sind sowohl auf der tschechischen wie auf der ungarischen Seite bestimmte Abschnitte der Höhle für den Tourismus erschlossen. Mehrere Rundgänge von unterschiedlicher Länge und Dauer führen den Besucher in die am reichsten mit Stalaktiten und Stalagmiten geschmückten Teile der Höhle. Einer ihrer höchsten Stalagmiten ist der Astronomische Turm (20 m). Er wurde von der Baradlahöhle

Aggteleker Tropfsteinhöhle *Eine steinerne Märchenlandschaft tief unter der Erdoberfläche, wo geheimnisvolle Tropfsteinbildungen – mächtige Stalagmiten und zierliche Stalaktiten – im Schein einer künstlichen Beleuchtung die Phantasie des Besuchers anregen.*

Afqa *Aus der Flanke eines steilen Kalkfelsens strömt ein unterirdischer Fluß. Im Frühling, wenn heftige Regengüsse roten Ton in die Klüfte des Kalkgesteins schwemmen, färbt er sich blutrot. Auf dieser Verfärbung beruht die Legende vom Blut des Adonis.*

Aphrodite, den Tod. Der Kriegsgott Ares hatte das Liebespaar in der Grotte entdeckt, sich in einen wütenden Eber verwandelt und seinen Nebenbuhler getötet.

Am Ausgang der Grotte entspringt der Nahr Ibrahim, ein Fluß, der in der Antike den Namen des Adonis trug. Das Wasser dieser Karstquelle galt nach der Sage als das Blut des Halbgottes, das als Mahnmal seiner Ermordung in alle Ewigkeit weiterfließt. Die Ruinen eines Tempels unterhalb der Grotte zeugen noch heute von der einstigen Verehrung des Adonis.

Die Umgebung der Grotte ist von großer landschaftlicher Schönheit. Am Fuß eines steilen Kalkfelsens entströmt dem ovalen Eingang der riesigen Höhle ein stattlicher Wasserlauf, der unmittelbar nach seinem Austritt mehrere Kaskaden bildet. Nördlich des Grotteneingangs entspringt im Geröll ein erster Nebenfluß, der in Wirklichkeit ein Überlauf des unterirdischen Höhlenbaches ist.

Die Grotte von Afqa mit ihren unzähligen Gängen wird seit mehreren Jahren von Höhlenforschern untersucht. Mit einer Länge von über 3600 m ist dieses Höhlensystem das drittgrößte des Libanons. Da die Gänge ein wahres Labyrinth bilden, erweist sich ihre Erforschung als äußerst schwierig. Die Grotte besitzt ein sehr schwer zugängliches, vom Höhlenbach durchflossenes Hauptstockwerk mit zahlreichen Nebengängen von geringerem Querschnitt. Diese werden nur noch von Hochwässern erreicht, so daß sie sich immer mehr mit Lehm füllen. Trotz intensiver Bemühungen weiß man noch nicht, woher die unterirdischen Wasser des Nahr Ibrahim kommen.

aus entdeckt. Um ihn zu sehen, muß man den großen Rundgang wählen, eine wahre Expedition von mehreren Stunden Dauer, in deren Verlauf man außerdem ein halbes Dutzend großartiger Hallen mit phantastischen Sinterbildungen bewundern kann.

Auf dem kurzen Rundgang von Aggtelek geht man vom Haupteingang der Baradlahöhle bis zum Völgyeingang im Baradlatal. Über eine Treppe gelangt man zu archäologischen Ausgrabungen und folgt dann dem Acheron, einem kleinen unterirdischen Wasserlauf, um die „Schildkröte", den „Adler" und die zwei „Fasane", die interessantesten Tropfsteinbildungen der Höhle, zu besichtigen. Danach steigt man in das darüberliegende Stockwerk hinauf und begibt sich in die unheimliche „Schwarze Halle", die „Konzerthalle" und schließlich in die „Tigerhalle", wo die Umrisse einer Kalzitablagerung an die Gestalt eines Raubtiers erinnern. Zum Schluß betritt man die „Säulenhalle", in der sich ein wahrer Wald von Stalagmiten erhebt. Von einer Aussichtsplattform überblickt man eine unvergeßlich schöne Sinterlandschaft. Durch das „Labyrinth" erreicht man den künstlichen Ausgang im Baradlatal.

Agua

Amerika, Guatemala
14° 28' n. Br., 90° 45' w. L.

 Im Jahr 1541 fiel einem Ausbruch des Vulkans Agua eine ganze Stadt zum Opfer. Aus dem engen Krater quoll jedoch weder ein glühender Lavastrom noch ein heißer Aschenregen. Statt dessen wälzte sich eine gewaltige Schlammlawine zu Tal.

Nach einem überlieferten Augenzeugenbericht hatte es während der drei Tage vor der Katastrophe ununterbrochen und ungewöhnlich heftig geregnet, vor allem in der Nacht zum 11. September 1541. Um 2 Uhr morgens begann die Erde so stark zu beben, daß man nicht mehr aufrecht stehen konnte. Die Stöße waren begleitet von einem furchterregenden Grollen, das aus dem Erdinnern drang. Kurz danach ergoß sich vom Gipfel des Berges ein mächtiger Schlammstrom, der riesige Felsblöcke und große Bäume aus dem Boden riß und vor sich herschob. Er brach mit elementarer Gewalt über die unglückliche Stadt Ciudad Vieja herein und zerstörte fast alle Gebäude, wobei die meisten ihrer Bewohner unter den Trümmern begraben wurden. Dies war der einzige bekanntgewordene Ausbruch des Vulkans Agua, des „Wasservulkans", in geschichtlicher Zeit. Offenbar verdankt er seinen Namen dem Wasserstrom, der Ciudad Vieja, die von dem Konquistador Alvarado gegründete erste Hauptstadt Guatemalas, dem Erdboden gleichmachte.

Der Agua, 30 km nordwestlich von Guatemala-City gelegen, gehört zu jener langen Kette von Vulkanen, die sich entlang der gesamten amerikanischen Pazifikküste erstreckt. Die beiden ihm am nächsten liegenden Vulkane, der Fuego und der Acatenango, sind in jüngster Zeit beide noch tätig gewesen. Zusammen mit dem Agua bilden sie ein Dreieck, auf dessen Grundlinie das Städtchen Antigua liegt. Der Ort wurde auf den Trümmern des zerstörten Ciudad Vieja neu gegründet.

Die besondere landschaftliche Schönheit des Aguas beruht nicht nur auf seiner großen Höhe (3753 m), sondern vor allem auf seiner Lage. Im Gegensatz zu den meisten anderen Vulkanen besteht er nicht aus einer Gruppe aneinandergelehnter Kegel, sondern nur aus einem einzigen, freistehenden Kegel von ungewöhnlicher Regelmäßigkeit.

Der Vulkan besitzt für seine Größe einen erstaunlich kleinen Krater: eine ellipsenförmige Mulde mit flachem, graswachsenem Boden, deren größter Durchmesser weniger als 200 m beträgt. Die Kraterwände sind etwa 100 m hoch, außer im Nordnordosten, wo sie bis auf 12 m abfallen. Durch diese Schwachstelle ergoß sich die zerstörerische Schlammlawine von 1541 über die unglückliche Stadt. Man sieht heute noch den *Barranco* (Schlucht), durch den sie sich zu Tal wälzte. Als die Erde bebte, durchbrachen die Wassermassen, welche sich nach den langen und heftigen Niederschlägen im Krater angesammelt hatten, die dünne Kraterwand. Lockere Aschenschichten an den Hängen des Vulkankegels, die von früheren Ausbrüchen stammten, wurden von den Fluten mit in die Tiefe gerissen. So kam es in Ciudad Vieja zu der Katastrophe. In jedem Fall handelte es sich dabei nicht um einen echten Vulkanausbruch.

Der Kegel des Aguas ist ein Schicht- oder Stratovulkan, der aus mehreren aufeinanderfolgenden Lagen von Bimsstein, Lapilli, Aschen und Schlacken besteht. Das vorherrschende Gestein ist ein Andesit.

Die Vegetation an seinen gleichmäßig abfallenden Hängen bildet mehrere Höhenstufen: Am Fuß des Berges gedeiht Zuckerrohr, etwas höher Kaffee, und noch

Agua *Die Gipfelregion dieses ebenmäßig geformten Vulkans (im Vordergrund) ragt bis in die Hochgebirgszone hinein. Hier besteht das Pflanzenkleid nur noch aus Heidesträuchern und einzelnen verkrüppelten Nadelhölzern.*

weiter oben, bis in 2600 m, wird als letzte Nutzpflanze Mais angebaut. Darüber folgt vor allem tropischer Bergnebelwald, der rund 750 m unterhalb des Gipfels in etwa 3000 m Höhe endet. Er wird abgelöst von ausgedehnten Zwergstrauchheiden, in denen noch vereinzelte Nadelhölzer gedeihen.

Ahaggarmassiv

Afrika, Algerien
21°–27° n. Br., 3°–9° ö. L.

Ein einsames Hochland inmitten der Wüste, dessen tiefe Wadis wenigen tausend Tuareghirten ein entbehrungsreiches Dasein ermöglichen. Spärliche Wüstensteppen in den Gipfelregionen sind die Weideplätze ihrer Viehherden.

Im Herzen der Sahara liegt das etwa 550 000 km² große Ahaggargebirge. Sein zentraler Teil, das Hochland von Atakor, erreicht mit dem Gipfel des Tarat eine Höhe von 3003 m. Zu den Außenrändern hin flacht sich das Bergland allmählich auf 500 bis 800 m ab. Die geringsten Höhen erreicht es im Westen, wo es fast unmerklich in die Ebene der Tanesruft mit ihren trostlosen Sand-, Kies- und Geröllwüsten übergeht. Im Norden, Osten und Süden wird das Ahaggarmassiv von den Tassiliberglländern halbkreisförmig umschlossen. Hier überragen deren sehr steile und markante Außenränder seine nur sanft gewellte Hochfläche wie ein riesiger Wall.

Die Entstehungsgeschichte dieses Wüstengebirges inmitten der Sahara reicht bis in die Erdfrühzeit zurück. Das Fundament des afrikanischen Kontinents wird von einem kristallinen Gesteinssockel gebildet, den die Geologen als Grundgebirge bezeichnen. Seine mehrere Milliarden Jahre alten Gneise und Granite stammen aus dem Präkambrium. In späteren Epochen der Erdgeschichte wurde das Grundgebirge von zunehmend jüngeren Sedimentschichten überlagert. Diese Gesteinslagen bilden das Deckgebirge. In der ausgehenden Kreidezeit und während des darauffolgenden Tertiärs wurde das kristalline Grundgebirge mitsamt dem auflagernden Deckgebirge im Gebiet des heutigen Ahaggars durch gewaltige tektonische Kräfte aus dem Erdinnern gehoben. Es entstand ein ausgedehntes Hochland. Erst jetzt konnte die Oberflächengestalt des Ahaggarmassivs allmählich ihre heutige Form annehmen.

Bekannte Geologen und Geographen konnten bereits im vorigen Jahrhundert nachweisen, daß die Festländer der Erde einer ständig wirkenden Abtragung unterworfen sind. Je höher dabei ein Gebirge über den Meeresspiegel aufragt, um so schneller wird es im Verlauf geologischer Zeiträume durch die Erosion wieder eingeebnet. Dieses einfache geophysikalische

Ahaggar *Vulkanische Basalt- und Phonolithkuppen, die aus dem Erdinnern aufgedrungen sind, überragen die Hochfläche des Ahaggarmassivs um mehrere hundert Meter. Ihre bizarren Formen drücken diesem Teil der Sahara ihren Stempel auf.*

Gesetz erklärt die Entstehung der heute sichtbaren Oberflächenformen im Ahaggargebiet. Seine kreidezeitliche Hebung hatte zur Folge, daß das aus Sedimenten bestehende Deckgebirge vollkommen abgetragen wurde. Das darunterliegende Grundgebirge wurde auf diese Weise freigelegt. Nur an den weniger stark gehobenen Rändern des Ahaggars, wo die Abtragung weniger rasch verlaufen konnte, blieben Reste der Deckschichten erhalten. Sie bilden heute die Tassiliberglländer. Ihre unterschiedlichen Gesteinsserien sind treppenförmig übereinander angeordnet, wobei jede einzelne Schicht eine Stufe bildet. Als ausgedehnte Schichtstufenlandschaften umringen sie heute das Ahaggarmassiv.

Die Entstehungsgeschichte des Ahaggars war mit der Freilegung des Grundgebirgssockels jedoch noch nicht abgeschlossen. Die noch immer andauernden Hebungsvorgänge führten zu starken

Die Hebung alter Gebirgsrümpfe

Das Tertiär ist ein geologisches Zeitalter, das durch weltweite Gebirgsbildungsvorgänge gekennzeichnet ist. Es entstanden die großen alpidischen Faltengebirge Eurasiens und Amerikas. Vor der alpidischen Gebirgsbildung hatte es bereits mehrere ältere Faltungsphasen gegeben (Kaledonisches Gebirge, Variskisches Gebirge). Die alten Faltengebirge waren jedoch vor Beginn des Tertiärs bereits völlig abgetragen worden. Von ihnen waren nur weite, leicht gewellte Rumpfflächen übriggeblieben. Darüber hatten sich häufig diskordant auflagernde Sedimentschichten abgelagert. Die tektonischen Kräfte, die im Tertiär zur Bildung der alpidischen Faltengebirge führten, waren so gewaltig, daß sie auch auf die alten Gebirgsrümpfe übergriffen. Dadurch wurden diese ebenfalls gehoben.

Die Hebungsvorgänge, die die alten Gebirgsrümpfe erfaßten, wirkten sich regional unterschiedlich aus. Manche Gebirgsrümpfe wurden großräumig aufgewölbt (z. B. Ardennen), manche zerbrachen entlang von Verwerfungen in mehrere einzelne Schollen, die unterschiedlich stark gehoben wurden (z. B. Schwarzwald und Vogesen). Wieder andere wurden nach der Heraushebung von vulkanischen Erscheinungen überformt (z. B. Auvergne, Tibesti). Häufig sind mehrere Auswirkungen der Hebungsvorgänge miteinander verbunden (z. B. Ahaggarmassiv).

Eine wichtige Folge der Hebung von Gebirgsrümpfen ist die Wiederbelebung der Erosion. Die einstmals träge auf den alten Rumpfflächen dahinfließenden Flüsse begannen, sich in den Untergrund einzuschneiden. Es entwickelte sich ein charakteristisches Relief. Frühere Mäander wurden von den Flüssen beibehalten und in das unter ihnen aufsteigende Gebirge eingetieft (z. B. Rhein und Mosel im Rheinischen Schiefergebirge). Die Erosion präparierte Strukturen des Untergrundes heraus, die zuvor durch die Einebnung ehemaliger Gebirge verwischt worden waren.

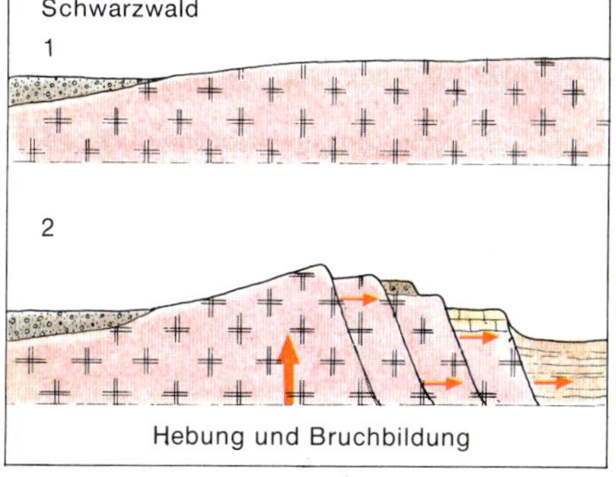

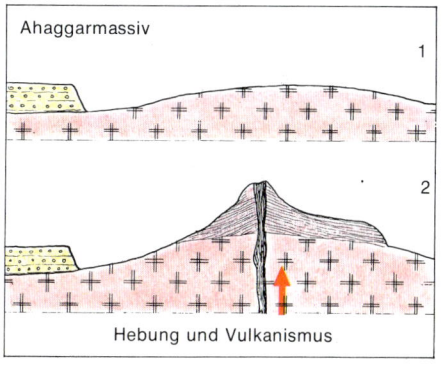

Ahaggar *Eine ausgedörrte, trostlose Wüstenlandschaft, die durch extreme Abtragung in ein endloses Hügelmeer verwandelt wurde. Harte vulkanische Kuppen und Quarzstöcke, die den Kräften der Erosion standhielten, blieben als Zeugen einer einstmals höher gelegenen Landoberfläche zurück.*

Spannungen innerhalb des kompakten Gesteinsverbandes. Es entstanden zahlreiche Spalten und Risse, durch die mehr als 1000 °C heißes, flüssiges Magma aus der Tiefe empordrang. Mächtige Basaltergüsse breiteten sich deckenförmig über das Grundgebirge aus. Gegen Ende des Tertiärs wurden die Basaltdecken an zahlreichen Stellen von kleineren Magmaströmen durchstoßen, die sich in engen Schloten einen Weg nach oben suchten. Diese empordringenden Gesteinsschmelzen gelangten jedoch nicht mehr an die Erdoberfläche. Sie erkalteten und erstarrten bereits innerhalb der Schlote zu einem ungewöhnlich harten vulkanischen Gestein. Die oberen Lagen der älteren vulkanischen Deckenergüsse wurden inzwischen so weit abgetragen, daß die widerstandsfähigeren Schlotfüllungen freigelegt wurden. Sie überragen heute die Reste der Basaltdecken als kuppenförmige Phonolithstiele. Auf diese Weise entstand unter den extremen Bedingungen der Wüstenverwitterung die bizarre, von vulkanischen Erscheinungen bestimmte Oberflächengestalt des zentralen Ahaggarmassivs.

Im Gegensatz zu diesem abwechslungsreichen Relief hinterlassen die Randebenen des Ahaggars einen recht eintönigen Eindruck. Hier fehlen die vulkanischen Ablagerungen. Das an die Erdoberfläche tretende Grundgebirge bildet deshalb ein fast ebenes Hochland ohne abwechslungsreiche Gebirgsformen. Um so stärker ist der Kontrast, der an den Außenrändern der Hochflächen durch die mächtigen Tassilistufen hervorgerufen wird.

Das Ahaggarmassiv erhält wegen seiner Höhenlage etwas mehr Niederschläge als die umliegenden Gebiete. Im Winter wird diese Gegend manchmal von Tiefdruckausläufern erreicht, deren Fronten vom Mittelmeerraum mitunter weit genug nach Süden vorstoßen und sich an den Wüstengebirgen abregnen. Im Sommer gelangen südwestliche Winde aus den feuchten Tropen bis in die Breitenlage des Ahaggars und führen hier zu einer zweiten Regenzeit. Aufgrund der jährlichen Regenmengen erhebt sich die Landschaft des Ahaggargebirges aus der Vollwüste in tieferen Lagen bis zur Wüstensteppe in der Gipfelregion. In den höchsten Zonen kommen sogar noch einige mittelmeerische Baumarten vor: Akazien, Feigen, Ölbaum, Oleander und Pistaziensträucher, meist jedoch in Kümmerformen.

Vom Ahaggar geht strahlenförmig ein tief eingeschnittenes Talnetz aus, dessen Wadis größtenteils in früheren Feuchtzeiten (Pluvialzeiten) entstanden sind. Heute führen sie nur während der Regenzeiten für kurze Zeit Wasser. Die Wadis durchbrechen an den Außensäumen des Ahaggars die Tassilischichtstufen, deren Ränder während der Zeit der Talbildung stark zerschnitten und zerlappt wurden. Nach Norden gerichtet ist das Wadi Igharghar, nach Nordwesten zu den Tidikeltoasen verläuft das Wadi el-Djaret. In südlicher Richtung wird das Hochland durch die Wadis Tamanrasset und Azaouak während der Regenzeiten entwässert.

Das Gebiet des Ahaggars wird von wenigen tausend Tuareg bewohnt. Sie sind vorwiegend Hirtennomaden. Nur in den Tälern der Wadis und in den wenigen Oasen des Hochlands lebt eine seßhafte Bevölkerung. Dort wird mit Hilfe von Zieh- und Hebelbrunnen sowie ausgedehnten Kanalsystemen ein spärlicher Bewässerungsfeldbau betrieben.

Aïr

Afrika, Republik Niger
17°–20° n. Br., 7°–10° ö. L.

Eine kontrastreiche Landschaft mit Felsbastionen und schattigen Tälern, terrassenförmig angelegten Feldern und einzelnen Wüstenflächen – ein Gebiet, wo seßhafte Bauern neben nomadisierenden Viehzüchtern leben.

Dem Reisenden, der die Sahara durchquert und den nördlichen Landesteil der Republik Niger erreicht, erscheint der Aïr wie ein kühles Paradies, vor allem im September. Die Niederschläge der kurzen sommerlichen Regenzeit haben dann die

Vegetation zu neuem Leben erweckt. Dies mag auch der Afrikareisende Heinrich Barth im Jahr 1850 empfunden haben, als er in der Ferne die bis zu 1900 m hohen Monts des Bagzans erblickte und in sein Tagebuch schrieb, daß der Aïr in vieler Hinsicht als die „Saharischen Alpen" angesehen werden kann.

Bei einer nordsüdlichen Längenausdehnung von etwa 400 km und einer Breite von 200 km ist der Aïr in mehrere treppenförmig übereinander angeordnete Höhenstufen gegliedert: Eine aus kristallinen Schiefern aufgebaute alte Rumpffläche bildet in einer Höhenlage zwischen 800 und 1000 m das untere Stockwerk. Es wird durch Gebirgsstöcke gleichen Alters überragt, die aus harten Graniten bestehen. Sie boten den Kräften der Abtragung im Verlauf von Jahrmillionen besonders großen Widerstand. Diesen eigenartigen, an Bastionen erinnernden Gebirgszügen sind als letztes Stockwerk jüngere Vulkankegel und -kuppen aufgesetzt, die bis zu 2300 m Höhe erreichen.

Zu ihnen gehören von Norden nach Süden gestaffelt der Adrar Bous, der Mont Gréboun, die Monts Tamgak, Monts Agalak und Monts des Bagzans sowie das Massif de Tarouadji. Ihre Steilhänge grenzen im Osten an die Ebene des Ténéré, eine Sandwüste, deren Dünenmeer von den Karawanen fast ohne anzuhalten durchquert

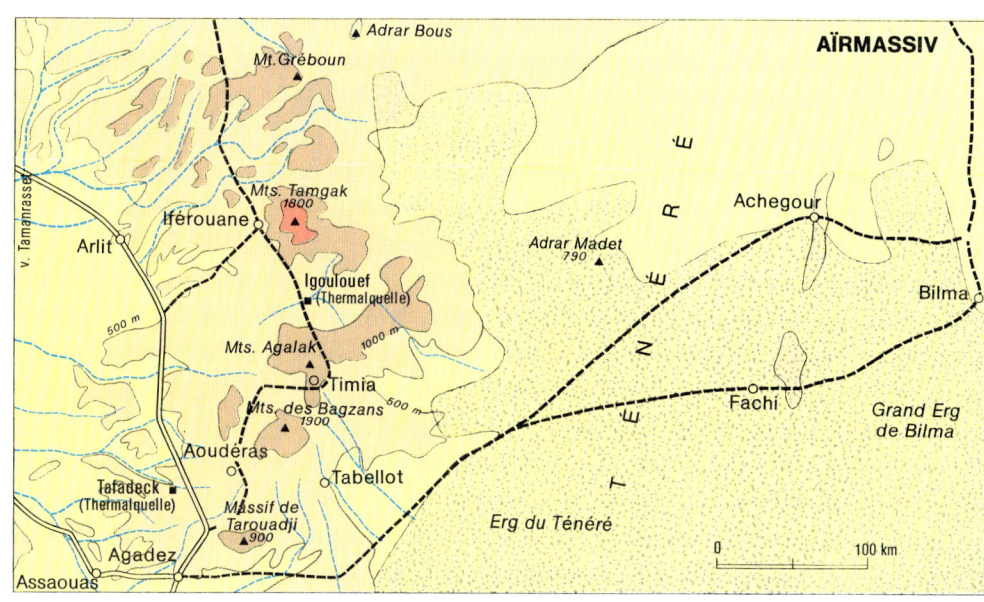

Aïr *Im Vordergrund eine weitgehend vegetationslose Wüstenlandschaft: Sanddünen, Kies und Steinblöcke, die der mit Quarzkörnern beladene Wind aus der Ténéréwüste wie ein Sandstrahlgebläse blankpoliert hat. Dahinter heben sich die hohen, massigen Quarzitkuppen mit ihrer steppenartigen Gebirgsvegetation scharf vom blauen Himmel ab.*

wird, als Ziel den Brunnen von Achegour oder die Oasen Fachi und Bilma vor Augen.

An der Südwest- und Westseite des Aïr entspringen zahlreiche Wadis. Während einer kurzen sommerlichen Regenzeit bringen tropische Südwestwinde den höheren Gebirgszügen häufigere Niederschläge, so daß die ausgetrockneten Bachbetten dann und wann für kurze Zeit plötzlich von reißenden Wildwassern durchtost werden. Ein großer Teil dieser Wassermassen versickert jedoch in den mächtigen Geröllagen des Untergrundes, wo er als Grundwasser vor schneller Verdunstung geschützt ist. Diese ganzjährig zur Verfügung stehenden Wasservorräte sind die Lebensgrundlage seßhafter Oasenbauern. Ihre Zitrus-, Palmen- und Ölbaumhaine befinden sich neben terrassenförmig angelegten Feldern ohne Ausnahme in den Tälern der Wadis.

In ständigem Vor und Zurück ziehen Ochsen große Wassersäcke aus den Brunnen, deren Inhalt sich in den ausgehöhlten Stamm einer Palme ergießt. Von dort fließt das Wasser durch ein Netz größerer und kleinerer Kanäle zu den bebauten Feldern und den Fruchthainen, die nacheinander bewässert werden.

Die weiter talabwärts gelegenen wasserärmeren Abschnitte der Wadis und die Berghänge des Aïr werden von Wanderhirten genutzt. Ihre Schaf-, Ziegen- und Kamelherden weiden die spärlichen Gräser der steppenähnlichen Gebirgsvegetation ab. An den Außenrändern der Bergzüge gehen die bewohnten Täler unvermit-

telt in siedlungsfeindliche Steinwüsten über – von grobem Gesteinsschutt übersäte Flächen oder ausgedehnte, von Wüstenlack überzogene Steinpflaster, welche das grelle Sonnenlicht reflektieren.

Der Aïr ist voller Kontraste: hier die unendliche Weite der Wüste, dort die steilen Hänge der Gebirgsstöcke, hier üppiger Pflanzenwuchs, dort steinige Dürrezonen, hier das Murmeln fließenden Wassers, dort die erdrückende Hitze, in der alles Leben erstirbt. Zahlreiche Thermal- und Mineralquellen als Zeugen der vulkanischen Vergangenheit des Gebirges runden dieses vielfältige Bild ab. Ihre Heilkraft ist Nomaden und Oasenbauern von alters her wohlbekannt.

Das Massiv des Aïr befindet sich im Gebiet der Tuareg; doch obwohl alle seine Bewohner dem gleichen Kulturkreis angehören, ist ihre Lebensweise sehr unterschiedlich. In den Tälern der Wadis erstrecken sich die Strohhüttensiedlungen der seßhaften Oasenbauern. Hier und da tauchen auch größere Dörfer auf, wie z.B. Timia und Tabellot. In jeder Ortschaft widmet sich ein Teil der Männer dem Handel, Bindeglied zwischen den tropischen Hirseanbaugebieten im Süden und den Oasen Fachi und Bilma, deren Tauschobjekte im wesentlichen Salz und Datteln sind. Im Gegensatz zur seßhaften Bevölkerung schlagen die Hirtennomaden ihre eiförmigen Zelte – über Holzbögen gespannte, rotgefärbte Schaf- und Ziegenhäute – überall dort auf, wo sie gutes Weideland für ihre Viehherden vorfinden. Kurz nach der sommerlichen Regenzeit, wenn die Vegetation zu neuem Leben erwacht ist, finden sich die nomadisierenden Tuareg im Aïr ein. Sobald die Dürre wieder die Oberhand über die abgeweideten Flächen gewinnt, ziehen sie weiter. Größere Wasser- und Futtervorräte werden von Lastkamelen transportiert.

Die Tuareg, ein einstmals kriegerisches Berbervolk, wanderten in zwei Wellen während des 8. Jahrhunderts von Norden her in den Aïr ein. Vorhistorische Funde deuten jedoch darauf hin, daß das Gebiet bereits während der letzten Pluvialzeit vor mehr als 10 000 Jahren besiedelt war.

Das riesige, teilweise sehr schwer zugängliche Aïrmassiv ist eine eigene Welt, die nur schrittweise erforscht werden kann. In diesem wunderbaren, weitgehend unberührten Stück Natur erweisen sich die herkömmlichen wissenschaftlichen Methoden oft als unzulänglich. Der Aïr ist nicht nur eine Fundgrube für Zeugnisse untergegangener Kulturen oder ein Gebiet mit begehrten Bodenschätzen (Zinn und Uran), deren Erkundung und Ausbeutung man bereits ins Auge gefaßt hat, sondern eine lebendige Welt, die ihren Weg in die Zukunft sucht.

Ajdartal

Asien, Afghanistan
35° 50′ n. Br., 67° 45′ ö. L.

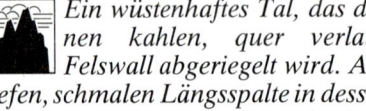

Ein wüstenhaftes Tal, das durch einen kahlen, quer verlaufenden Felswall abgeriegelt wird. Aus einer tiefen, schmalen Längsspalte in dessen Mitte dringt das Rauschen unterirdischen Wassers empor, das den Kalkriegel im Laufe von Jahrtausenden aufgebaut hat und ständig weiter anwachsen läßt.

Sinterkegel An den Austrittstellen von Thermalquellen werden Kalkablagerungen ausgefällt, die im Laufe von Jahrtausenden zu kegelförmigen Travertingebilden anwachsen.

Das Ajdartal liegt im Herzen Afghanistans. Es mündet nördlich des Kuh-i-Baba in ein breites, von Westen nach Osten verlaufendes Hochtal. Man erreicht es von Bamian aus über eine 5 km lange Piste. Wenn man die bewässerten Anbauflächen des Hochtals hinter sich gelassen hat, gelangt man in eine unwirtliche Felslandschaft, deren Relief – tief zerfurchte und mit Erdpyramiden übersäte Hänge – in den regenarmen Sommern durch das Fehlen einer geschlossenen Pflanzendecke noch stärker hervortritt. Nur da und dort gleicht eine dünne Lößschicht diese Unebenheiten ein klein wenig aus.

Plötzlich steht man vor einer quer zum Tal verlaufenden, 250 m langen, 80 m hohen und etwa 10 m dicken Mauer. An ihrem Fuß bedecken schwammartige, Halophyten genannte Salzpflanzen den Boden, deren weiße Farbe vom Ocker des umliegenden Gesteins absticht. Dieser Wall ist aus zahlreichen 25 bis 30 cm mächtigen Kalksteinschichten aufgebaut. In seiner Mitte klafft eine 40 cm breite und sehr tiefe Längsspalte, die oft fälschlicherweise als Erdbebenriß angesehen wird.

Der gewaltige Felsriegel verdankt seine Entstehung heißen Springquellen, von denen die meisten noch heute aus der Tiefe emporsprudeln. Im Erdinnern sind die Thermalwässer hohem Druck ausgesetzt. Sie enthalten in diesem Zustand sehr große Mengen von gelöstem Kohlendioxid. Je höher aber ihr Kohlendioxidgehalt ist, um so mehr gelösten Kalk (Kalziumkarbonat) können sie in der Tiefe aufnehmen. Sobald das kalkhaltige Wasser die Erdoberfläche erreicht, nimmt sein innerer Druck plötzlich ab. Es entweicht ein großer Teil seines Kohlendioxidgehalts. Damit kann auch weniger Kalk in gelöster Form mitgeführt werden. So kommt es, daß die Kalküberschüsse an Ort und Stelle als dünne Haut abgelagert werden. Auf diese Weise wachsen im Laufe von geologischen Zeiträumen kegelförmige Kalksteingebilde im Umkreis von Thermalquellen empor. Sie werden von den Geologen Sinterkegel genannt, die entstandenen Kalkgesteine heißen Travertine.

Im Ajdartal sind die Sinterkegel zahlreicher benachbarter Thermalquellen seit

Ajdartal *Unter einem wolkenlosen Himmel erhebt sich vor einer bizarren Bergkulisse der gewaltige Sinterwall, der von einer schmalen und tiefen Längsspalte durchzogen ist.*

dem Pleistozän zusammengewachsen und bilden heute eine durchgehende Travertinmauer, die ständig weiter anwächst. Die Tätigkeit von Blaualgen beschleunigt diesen Vorgang. Durch die Assimilation der Pflanzen wird dem 10 °C warmen Quellwasser, das über sie hinwegrinnt, zusätzlich Kohlendioxid entzogen. Eine verstärkte Kalkausfällung ist die Folge.

Ålandinseln

Europa, Finnland
60°–60° 30' n. Br., 19° 30'–21° 30' ö. L.

Wie ein großer Irrgarten versperren die Ålandinseln den Zugang zum Bottnischen Meerbusen. Aus der Vogelschau betrachtet, gleichen sie einer Handvoll Kieselsteinen, die wahllos ins Meer gestreut wurden.

Wenn man den Südzipfel des Bottnischen Meerbusens überfliegt, erkennt man schon aus mittlerer Höhe den ausgedehnten Ålandarchipel (auf finnisch Ahvenanmaa). Seine zahllosen Inseln und winzigen Eilande bilden den Ostteil einer Landbrücke zwischen Finnland und Schweden. Auf der Überfahrt von Turku (Åbo) nach Stockholm kann man die Inseln aus nächster Nähe betrachten. Ein Gewirr von mehr als 6000 glattgeschliffenen Granitbuckeln, von dichten Nadelwäldern überwuchert, ragt aus einem scheinbar willkürlich angelegten Labyrinth enger Kanäle auf. Jenseits des Südkvark, einer schmalen, offenen Meerenge nahe der schwedischen Küste, findet die Landbrücke der Ålandinseln ihre Fortsetzung im Skärgard genannten Schärenhof von Stockholm.

Ålandinseln *Die Ålandinseln mit ihren einsamen Kiefernwäldern sind die Spitzen riesiger Granitbuckel, deren Sockel nach der letzten Eiszeit von der Ostsee überflutet wurden.*

Der geologische Untergrund Schwedens und Finnlands gehört ebenso wie der Boden des Ostseebeckens zu einem der ältesten Teile der Erdoberfläche. Dieser im Präkambrium vor mehr als einer Milliarde Jahren entstandene Urkontinent wird von den Geologen Baltischer Schild genannt. Er wurde während der Eiszeiten des Pleistozäns von riesigen, nach Süden vordringenden Gletschern ausgefurcht und überschliffen. Am Ende der letzten Vereisung, vor etwa 7000 Jahren, füllte sich beim Rückzug der Gletscher die Baltische Senke, eine Vertiefung des alten Kontinents, mit Schmelzwasser. Es entstand ein gewaltiger Binnensee, der durch Landsenkungen vor 6000 Jahren eine Verbindung zur Nordsee erhielt und die Gestalt der heutigen Ostsee annahm.

Das eigenartige aus Buckeln und Furchen bestehende Relief, das wir heute in Finnland und Schweden sehen, ist das Ergebnis der Gletscherarbeit. Die harten Granitfelsen der Ålandinseln wurden dabei langsamer abgetragen als die übrigen Gesteine der Baltischen Senke. Deshalb ragen ihre Spitzen heute als Schären genannte Eilande über den Meeresspiegel der Ostsee empor.

Im Sommer werden die landschaftlich sehr reizvollen Buchten und Gestade der Inselgruppe von zahlreichen Touristen und Wochenendurlaubern aus Schweden und Finnland besucht. Sie suchen Ruhe und Erholung in einsamen Ferienhäusern oder auf idyllisch gelegenen Campingplätzen.

Aletschgletscher, Großer

Europa, Schweiz
46° 32'–46° 23' n. Br., 8°–8° 08' ö. L.

Eine gewaltige Eismasse, eingebettet in ein grandioses Hochgebirgstal, die zum Rhonetal hin eine mächtige Gletscherzunge bildet und einen reißenden Wildbach speist. Obwohl der Aletschgletscher seit etwa einem Jahrhundert zurückschmilzt, bleibt er doch der unbestrittene König der Alpen.

Der Große Aletschgletscher im Schweizer Kanton Wallis ist mit einer Fläche von 115 km² die größte Eismasse der Alpen. Auch seine Länge von 22 km zwischen dem Jungfraujoch (3454 m) und der Gletscherstirn in etwa 1600 m Höhe bleibt an anderen Stellen der Alpen unerreicht.

Oberhalb der Schneegrenze liegt das Nährgebiet des Gletschers. Hier fällt während des Jahres mehr Schnee, als im Sommer tauen kann. Drei große Firnfelder entsenden aus diesem Bereich ihre Eisströme: das Ewigschneefeld, der Jungfraufirn und der Große Aletschfirn. Sie vereinigen sich am Konkordiaplatz in knapp 3000 m Höhe. Dort erreicht der Aletschgletscher eine Eismächtigkeit von 800 m. Nach Messungen von Glaziologen beträgt seine Fließgeschwindigkeit im Jahr zwischen 150 und 200 m.

Vom Konkordiaplatz aus stößt eine 1800 m breite und 16 km lange Gletscherzunge bogenförmig nach Süden vor. Sie ist eingebettet in ein U-förmiges, tief eingeschnittenes Tal, dessen Entstehung auf die Erosion des Eises zurückgeht. Von der rechten Seite erhält die Gletscherzunge Verstärkung durch den Mitteltalgletscher, der aus einem Seitental einmündet. Sein Nährgebiet befindet sich in einem lehnstuhlförmigen Kar zwischen Dreieckhorn (3811 m) und Aletschhorn (4195 m). Ein weiterer Eisstrom, der Oberaletschgletscher, vereinigte sich früher ebenfalls mit dem Hauptgletscher. Heute endet er bereits etwa 400 m oberhalb des Haupttals, weil seine Eismassen sehr stark zurückgeschmolzen sind.

Auf der linken Seite des Großen Aletschgletschers haben die Eismassen ein kleines Nebental abgeriegelt und einen See aufgestaut. Es ist der Märjelensee, dessen Wassermassen des öfteren die Eisbarriere durchbrachen und verheerende Überschwemmungen verursachten. Inzwischen hat man ihn durch den Bau eines künstlichen Stollens reguliert, so daß er zum Fiescher Bach abfließen kann.

Seit der zweiten Hälfte des 19. Jahrhunderts wird das Klima stetig wärmer. Als Folge ziehen sich die Gletscher des gesamten Alpenraumes stark zurück. Die Oberfläche des Großen Aletschgletschers verringerte sich z. B. seit 1927 um 23 km². Durch die Abnahme der Eismächtigkeit kamen im Lauf der Zeit an den Rändern seiner Gletscherzunge zwei mächtige Seitenmoränen zum Vorschein. Ebenso auffallende Veränderungen fanden an der Gletscherstirn statt. Seit 1892 sind die Eismassen unaufhaltsam zurückgewichen, bisher um etwa 1000 m.

Mit seinen riesigen Mengen gefrorenen Süßwassers speist der Aletschgletscher einen Gletscherbach, die Massa. Im allgemeinen fließt mehr Wasser ab, als im Einzugsgebiet Niederschlag fällt, was darauf hinweist, daß der Gletscher im Sommer beträchtlich abschmilzt. Die Massa entzieht dem Aletscheinzugsgebiet pro Quadratkilometer 70 bis 85 l Wasser in der Sekunde. Im Vergleich zu anderen Wasserläufen der Alpen ist dies eine riesige Menge. In vier Monaten fließen 90 % der Wassermassen ab, die der Gletscherbach pro Jahr insgesamt führt. Eine Untersuchung des Abflußregimes ergab extreme Schwankungen. Danach trocknet die Massa im Winter praktisch aus (Abflußmenge: 0,29 m³/s im Februar), während sie sich im Sommer in einen reißenden Wildbach verwandelt. Die Abflußmenge im Juli erreicht mit 46 m³/s beinahe das Hundertsechzigfache des Februarwertes. Ein Wasserkraftwerk unterhalb des Gletschers nutzt die riesige Energie der Massa.

Der Aletschgletscher gehört zu den bedeutendsten Touristenzielen der Schweiz. Die höchste Erhebung seines Einzugsgebiets ist das Aletschhorn (4195 m), das gemeinsam mit vielen benachbarten Gipfeln zahlreiche Bergsteiger und Kletterer anlockt. Im Frühling gleiten unzählige Skifahrer über die weiten, verschneiten Hänge des Gletschers. Von der Kleinen Scheidegg erreicht man das Aletschgebiet mit der berühmten Jungfraubahn. Die Bergstation befindet sich in 3454 m Höhe auf dem Jungfraujoch. Von dort hat man einen herrlichen Rundblick über das Firnfeld des Gletschers. Der Zugang zur Gletscherzunge ist nur vom Rhonetal her möglich. Von den Endpunkten mehrerer Sessellifte erreicht man sie nach kurzem Fußmarsch.

Aletschgletscher *Gespeist vom Firn zahlreicher Kare, gleitet der Gletscher am Fuß dunkler Felsen talabwärts, wo er sich in ein Chaos von blauen Eistürmen und -zacken auflöst. Der Öffnung seines Gletschertores entströmen im Sommer die milchig-trüben Schmelzwassermassen eines reißenden Gebirgsflusses.*

Alpen

Europa
43° 50'–48° 20' n. Br., 5°–16° 03' ö. L.

Das höchste Gebirge Europas scheint sich wie eine unüberwindliche Trennwand zwischen zwei bedeutenden Kulturräumen des Kontinents zu erheben. Einige seiner weiten, lieblichen Täler zählen jedoch zu den ältesten Verkehrswegen der Geschichte.

Die Alpen erstrecken sich in einem langgezogenen Bogen vom Golf von Genua (Cadibonapaß) bis Wien über mehr als 1200 km. Ihre durchschnittliche Breite beträgt 120 bis 150 km, in Höhe des Gardasees sogar 250 km. Als Klimascheide zwischen dem Mittelmeergebiet im Süden und dem von atlantischen Luftmassen geprägten Mitteleuropa im Norden trennen die Alpen zugleich auch die germanische von der romanischen Welt.

Ihre Grenzlage zwischen diesen beiden kulturell und wirtschaftlich hochentwickelten Großräumen machte die Alpen zu einem der am frühesten und dichtesten besiedelten Hochgebirge der Erde. Denn obwohl sie wie eine gewaltige Mauer im südlichen Mitteleuropa aufragen, sind sie doch verhältnismäßig leicht passierbar. Einer frühen Erschließung und Besiedlung standen keine unüberwindlichen Hindernisse entgegen. Zahlreiche Völker fanden in den Alpen Zuflucht, und schon sehr früh wurden ihre Pässe und Übergänge als Verkehrswege benutzt, so daß man das Gebirge bald in seiner ganzen Mannigfaltigkeit kennenlernte.

Alpen *Über Wildbächen, deren Wasser sich an rundlichen Blöcken aus kristallinem Gestein bricht, ragen schroffe Bergspitzen in den blauen Himmel. Schnee an den Hängen bildet einen herrlichen Kontrast zu den grünen Matten, Lärchen- und Fichtenwäldern des Gran-Paradiso-Nationalparks.*

Die Westalpen mit ihren zahlreichen Viertausendern sind der höchste Teil der Gebirgskette. Ihre bekanntesten Massive sind das Berner Oberland, die Walliser Alpen und der Montblanc, mit 4807 m das „Dach" Europas. Die Grenze zu den niedrigeren Ostalpen bildet die Linie Bodensee – Rheintal – Splügen – Comer See.

Kern des gesamten Gebirgskörpers sind die Zentralalpen mit ihren sehr alten und widerstandsfähigen kristallinen Gesteinen, hauptsächlich Gneisen und Graniten. Nach außen schließen sich mehrere parallel zur Alpenlängsachse verlaufende, aus Sedimenten bestehende Gebirgsketten an. Ihre Gesteine wurden im Zuge der tertiären Gebirgsbildung stark gefaltet und als zusammenhängende Decken über weite Strecken an ihren heutigen Standort geschoben. Im einzelnen handelt es sich je-

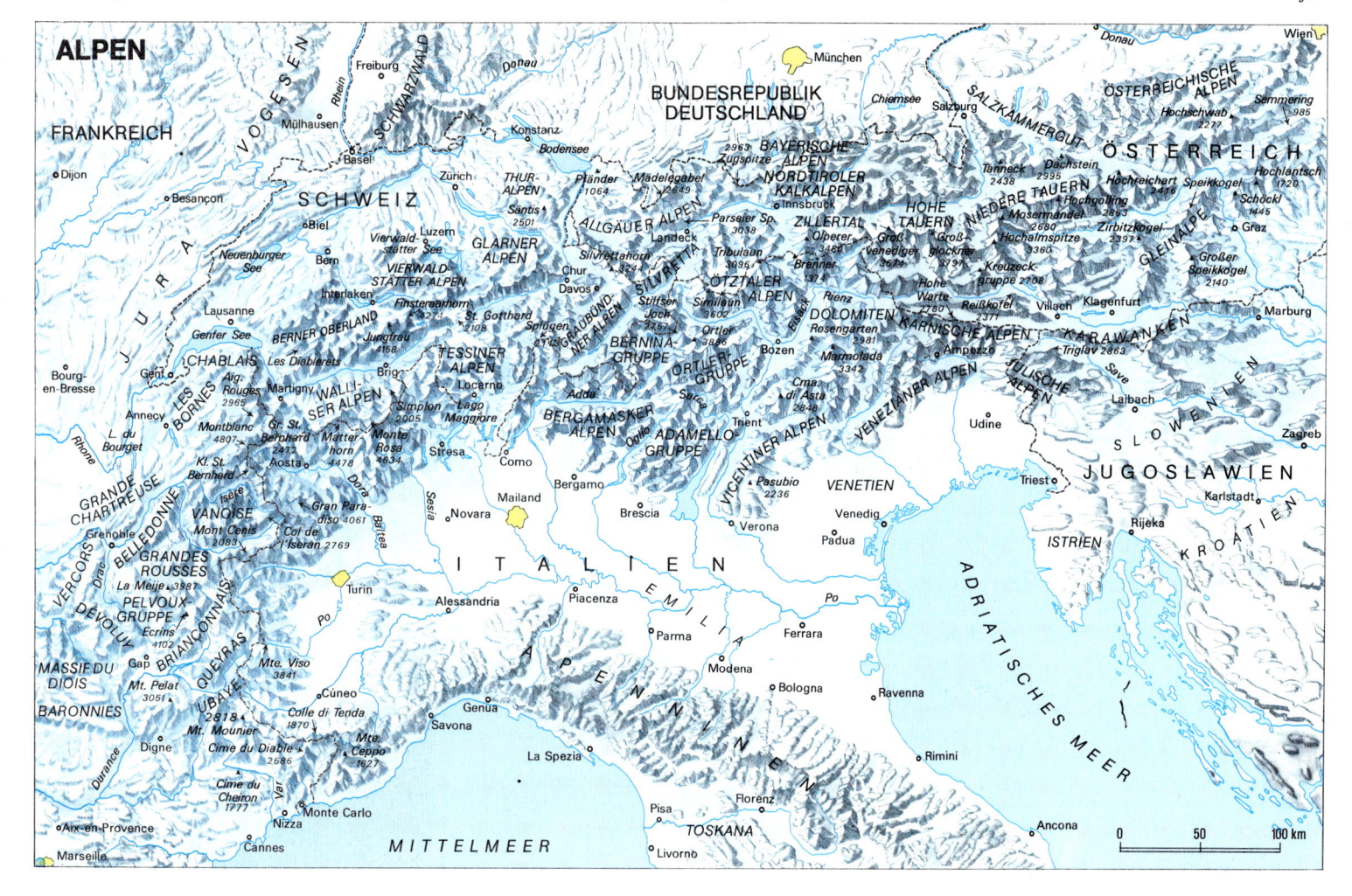

Alpen *Die mächtige Berninagruppe, ein typisches Gebirgsmassiv der Zentralalpen, erhebt sich mehr als 2000 m über das Oberengadin. Die steilwandigen Spitzen und Grate ihrer annähernd 4000 m hohen Gipfel überragen ein ausgedehntes Firngebiet, Ausgangspunkt mehrerer Gletscher.*

doch um sehr komplizierte und nur schwierig zu erforschende Vorgänge, die von der Wissenschaft zum Teil noch nicht gänzlich geklärt werden konnten.

Die kristalline Zone der Alpen beginnt nördlich von Nizza mit der Kette der Meeralpen, die in der Cima d'Argentera eine Höhe von 3297 m erreichen. Nach Norden setzen sich die kristallinen Massive bis zum Montblanc fort. Danach biegt die Alpenkette in westöstliche Richtung um. Die Zone der Zentralalpen verläuft nun weiter über die Walliser Alpen, das Berner Oberland, das Gotthardmassiv und die Berninagruppe, um nur die bekanntesten Namen aus der Schweiz zu nennen. In Österreich umfaßt sie die Silvrettagruppe, die Ötztaler und Zillertaler Alpen sowie die Hohen und die Niederen Tauern und in Italien die Ortler- und Adamellogruppe.

Als höchste Teile des Gebirges sind die kristallinen Massive die Zentren der alpinen Vergletscherung. In ihren Gipfelregionen, den Nährgebieten der Gletscher, kann im Jahresverlauf weniger Firnschnee auftauen, als Schnee fällt. Unterhalb der Schneegrenze, in den Zehrgebieten der Gletscher, kehrt sich dieses Verhältnis um. Die hier abtauenden Gletscherzungen sind wahre Wasserreservoire, von denen zahlreiche Bergbäche und Flüsse über Hänge und durch enge Schluchten herabfließen, um den Rhein, die Rhone, den Po und die Donau zu speisen.

Die Sedimentmassive zu beiden Seiten des kristallinen Alpenhauptkammes bestehen zum größten Teil aus Kalk und Dolomit. Die Beschaffenheit dieser Gesteine fördert die Entstehung sehr schroffer, bizarrer Felslandschaften. Das bekannteste und schönste Beispiel der Alpensüdseite sind die Dolomiten, die nach dem hier vorkommenden Mineral benannt wurden. Auf der Nordseite gehört das 2963 m hohe Zugspitzmassiv zu den eindrucksvollsten Abschnitten der Kalkalpen.

Die am Rand liegenden Kalkgebirge sind mit einer durchschnittlichen Höhe von 2000 m niedriger als die Zentralalpen und aufgrund der reichlichen Niederschläge meist dicht bewaldet. Der wirtschaftende Mensch hat diesen Reichtum der Alpenwelt jedoch stellenweise stark dezimiert. Im großen und ganzen blieben aber die Grenzen der einzelnen Vegetationshöhenstufen unverändert. Unterhalb der je nach Längen- und Breitengrad zwischen 2500 und 3450 m verlaufenden Schneegrenze erstreckt sich bis 2300 m, teilweise auch bis 1600 m hinab die alpine Stufe mit ausgedehnten Almen und Matten. Darunter schließt sich dann die Nadelwaldzone an. Noch weiter unten folgen die Laubwälder und als letzte Stufe die landwirtschaftlichen Anbaugebiete.

Eine Besonderheit der Alpen sind ihre breiten, flachsohligen Längstäler, die von alters her gute Verkehrswege und die wichtigsten Ansatzpunkte der Besiedlung darstellten. Sie folgen in ihrem Verlauf tektonisch vorgeformten Tiefenlinien, die durch die Gletscher der pleistozänen Eiszeiten zusätzlich ausgeformt wurden. Besonders zu erwähnen sind das Tal der Isère, das Aostatal, das Wallis und das Tessin sowie die Täler von Rhein, Inn, Etsch und Drau.

Die Alpen zählen heute dank ihrer landschaftlichen Schönheit zu den größten Freizeit- und Erholungsgebieten Europas, ja sogar der ganzen Welt. Ein engmaschiges Netz von Seilbahnen und Liften erschließt im Winter die schönsten Hänge für den Skiläufer, während die herrliche Bergwelt im Sommer zu ausgedehnten Wander- und Klettertouren einlädt. Die Ufer der kristallklaren Alpenseen sind mit allen Einrichtungen ausgestattet, die dem Badegast einen abwechslungsreichen Ferienaufenthalt ermöglichen.

Für die Fremdenverkehrsgemeinden ergeben sich jedoch bei ständig steigenden Besucherzahlen immer drängendere Naturschutzprobleme. Verwaiste Almen, abgeholzte Wälder, zunehmende Gewässerverschmutzung und zersiedelte Tallandschaften machen deutlich, daß es großer Anstrengungen bedarf, um das Naturparadies der Alpen zu erhalten.

Amazonas

Amerika, Brasilien
1° 27'–3° 50' s. Br., 48° 29'–75° 15' w. L.

Fast so groß wie Australien ist das Einzugsgebiet dieses Stroms, der an manchen Stellen eine Breite von 30 km erreicht. Er führt dem Atlantik mehr Wasser zu als jeder andere der großen Ströme. Träge wälzt er sich durch den Urwald, tritt häufig über die Ufer, verzweigt sich in unzählige Wasserläufe. Ist dieser mächtige Strom überhaupt ein Strom oder vielmehr ein Meeresarm?

Der spanische Seefahrer Pinzón und der Italiener Vespucci entdeckten in den Jahren 1499 bis 1500 als erste Europäer die Amazonasmündung. Orellana, ebenfalls ein Spanier, brach 1541 von Quito auf und fuhr auf dem Río Coca und dem Río Napo bis zum Amazonas, dann ins Herz des brasilianischen Urwalds und erreichte schließlich den Atlantik. Der Name des Flusses leitet sich vom indianischen *Amaçunu* her, was ungefähr soviel bedeutet wie Wasserwolkenlärm – ein Hinweis auf den Oberlauf der Flüsse.

In den Jahren 1637/38 fuhr der Portugiese Pedro Teixeira den Fluß hinauf, und kurz danach setzte eine Kolonisierung ein, die den Indianern zum Verhängnis wurde. Von nun an war der Amazonas die wichtigste Verkehrsader dieses unermeßlich großen Gebiets, das auch heute noch den Namen Amazonien trägt. Der Strom wurde bald in Europa bekannt und versetzte die Hydrologen in großes Erstaunen. Mit einer Länge von rund 6500 km steht der Amazonas nach dem Nil unter den großen Flüssen der Erde an zweiter Stelle. Sein Einzugsgebiet von rund 7 Millionen km² ist ungefähr so groß wie Australien. Auch ist der Amazonas der wasserreichste Strom der Erde.

Der Amazonas entsteht durch die Vereinigung der beiden Quellflüsse Ucayali und Marañón südlich der Stadt Iquitos und fließt dann in östlicher Richtung zum Atlantischen Ozean. Er entwässert eine riesige Beckenlandschaft, die beinahe das gesamte Gebiet zwischen 5° nördlicher und 10° südlicher Breite einnimmt; er ist ein typischer Tropenfluß.

Das Amazonastiefland ist weitgehend von dichtem, immergrünem tropischem Regenwald bedeckt. Man nennt ihn vielfach auch die Grüne Hölle Brasiliens. Der Strom selbst und der Urwald, der bis unmittelbar an seine Ufer reicht, stellen die beiden wesentlichsten geographischen Merkmale Amazoniens dar. In diesem Gebiet herrscht feuchtheißes tropisches Urwaldklima mit einer ständigen Temperatur von 26 bis 28 °C; sie ist nur außergewöhnlich geringen jahreszeitlichen Schwankungen unterworfen. Die Niederschläge sind ziemlich gleichmäßig über das ganze Jahr verteilt. Überall liegt die Anzahl der Regentage im Jahresmittel über 200. Im Amazonastiefland fallen im Schnitt 2000 bis 3000 mm Regen. Größere Schwankungen machen sich nur dort bemerkbar, wo jahreszeitlich bedingte Niederschläge auftreten. Das innere Becken gehört zur feuchttropischen Klimazone, in der die monatliche Niederschlagsmenge verhältnismäßig konstant ist. Im östlichen Teil herrscht wechselfeuchttropisches Klima vor. Das bedeutet, daß in den Monaten Juli bis September eine Trockenzeit auftritt. Diese macht sich in der Wasserführung des Amazonas und seiner Nebenflüsse deutlich bemerkbar.

Die hydrologische Untersuchung des Stromsystems begann mit Wasserstandsmeldungen an verschiedenen Stellen. Bis 1963 unterschätzte man die Abflußmenge des Amazonas und war sehr überrascht, als die ersten genauen Zahlen vorlagen. Diese Messungen stellen einen Meilenstein in der Erforschung des Amazonas dar. Die erste, die man im Juli 1963 bei Óbidos durchführte, ergab 216 000 m³/s. Bei weiteren Messungen im November ermittelte man

Amazonas *Unter einem Himmel mit fernem, flachem Horizont strömt der Amazonas breit wie ein Meeresarm nach Osten. Häufig gabelt er sich in viele Arme, die bei Hochwasser ineinanderfließen. Dazwischen entstehen immer wieder Schwemmlandinseln.*

AMAZONASTAL

Urwald · Igapó · Várzeasee · Überschwemmbarer Campo · Barranco · Hauptarm des Flusses · Gürtel schwimmenden Grases · Galeriewald · Várzeasee · Überschwemmbarer Campo · Galeriewald · Paraná-Seitenarm · Galeriewald · Várzeasee · Igapó · Urwald

Hochwasserspiegel
Niedrigwasserspiegel

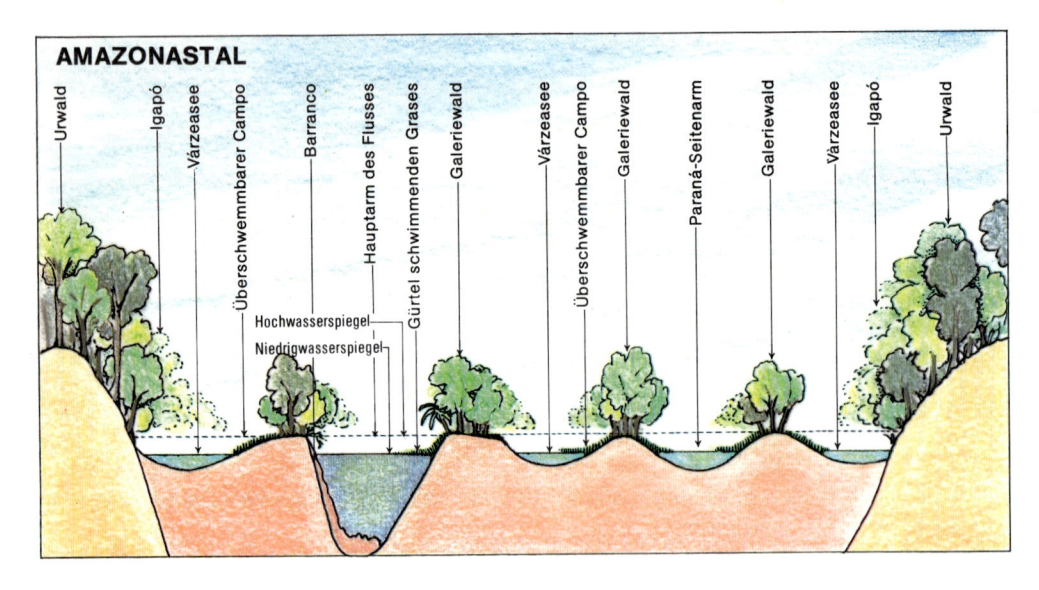

für den Trockenwetterabfluß 72 000 m³/s. Insgesamt wird die Abflußmenge bei Hochwasser auf 350 000 m³/s geschätzt. Der Amazonas führt also 15 bis 20 % des gesamten Flußwassers der Erde.

Die durchschnittliche Wassermenge, die jährlich aus dem Einzugsgebiet abfließt, beläuft sich auf 28 bis 30 l/s pro km². Dies entspricht 43 bis 44 % der Gesamtniederschlagsmenge von 2000 bis 3000 mm. Der Rest verdunstet bei den hohen Temperaturen.

Das Abflußregime ändert sich zwar nicht von einem Jahr zum anderen, wohl aber zu den verschiedenen Jahreszeiten. Durch die großen Niederschlagsmengen sowie durch die manchmal gleichzeitig Hochwasser führenden Nebenflüsse schwillt der Amazonas mächtig an. Auf seiner ganzen Länge spiegeln sich die jeweiligen Klimate des Beckens wider. So herrscht beispielsweise im Gebiet der südlichen Nebenflüsse (Juruá, Madeira, Tapajós, Xingu) tropisches Regenklima mit einer Hochwasserperiode von Februar bis April und einer Niedrigwasserperiode von August bis Oktober; die nördlichen Nebenflüsse wie der Rio Negro liegen in der wechselfeucht-tropischen Klimazone und erreichen ihren höchsten Wasserstand im Juni, den niedrigsten im November/Dezember. In Manáus ist der Amazonas den gleichen klimatischen Bedingungen unterworfen wie der Rio Negro. Von Óbidos bis zur Flußmündung, die aus drei Hauptarmen besteht, überwiegt das tropische Regenklima.

Das Gefälle des Amazonas ist überaus gering. Fast auf seinem ganzen Lauf bilden sich viele Verzweigungen und kleinere Arme, die *Paranás*. Er speist die Seen der Überschwemmungsgebiete, *Várzeaseen* genannt, und dringt in die *Igapós* ein – Zonen, deren Wälder überschwemmt werden. Diese *Igapós* ziehen sich an den Flußufern hin und gehen allmählich in die *Terra firme*, in festes Land, über, das nie vom Hochwasser erreicht wird.

Man unterscheidet zwischen Schwarzwasserflüssen, die durch Humusstoffe dunkel gefärbtes Wasser führen (Rio Negro), und den Weißwasserflüssen mit trübem, mineralhaltigem Wasser. Die Schwarzwasserflüsse finden sich vor allem in den nördlichen Überschwemmungsgebieten, die Weißwasserflüsse (Rio Solimões, Juruá, Madeira) kommen aus den Anden und führen Verwitterungsmaterial mit. Daneben gibt es noch die Klarwasserflüsse, wie zum Beispiel den Tapajós und den Xingu.

Der Amazonas, diese wichtige Verkehrsader, ist schiffbar bis Iquitos in Nordostperu. Seit alters befuhren die Eingeborenen mit ihren Fischerbooten die zahlreichen Arme des Flußsystems. Im 17. Jahrhundert kamen die flachen, mit Rudern versehenen Kanus der Kastaniensucher und Kautschuksammler dazu, die sich durch die Sumpfvegetation ihren Weg bahnten. Die Erntezeit richtet sich nach dem Wasserstand des Flusses. In der Trockenzeit, wenn die *Várzea* nicht überflutet ist, wird der Milchsaft von Kautschuk liefernden Pflanzen abgezapft; in der Regenzeit sammeln die Einheimischen die wohlschmeckenden Paranüsse unter den Bäumen, die über die Hochwasser führenden Kanäle leicht zu erreichen sind. Die Samen dieser Früchte enthalten knapp 70 % Fett. Sie liefern ein Öl, das in der Seifen- und Arzneimittelindustrie eine Rolle spielt.

Die wirtschaftliche Erschließung des Amazonastieflands ist voll im Gang. Sie begann in den 70er Jahren mit dem Bau der 5600 km langen Transamazônica, einer schnurgeraden Piste quer durch den Urwald. Entlang dieser Straße wurden Kleinbauern aus dem armen Nordosten Brasiliens angesiedelt. Diese brennen seither den Regenwald nieder, um Ackerland zu gewinnen. Ohnehin schrumpft das undurchdringliche Waldkleid Amazoniens seit einigen Jahren in beängstigendem Tempo von den Rändern her. Ein beispielloser Kahlschlag findet statt, dem jährlich eine Urwaldfläche fast doppelt so groß wie die Schweiz zum Opfer fällt. Die gerodeten Flächen dienen als Weideland für riesige Rinderherden oder als Holzplantagen für schnellwüchsige Baumarten. Trotz internationaler Proteste geht der Raubbau unvermindert weiter.

Amesfrane, Felsendom von

Afrika, Marokko
32° n. Br., 6° w. L.

Der graue, ockerfarbene Amesfrane mit seinen kannelierten Säulen, die sich mehrere hundert Meter über das Wadi erheben, wirkt wie ein von Riesenhand erbauter Felsendom.

In einer bewaldeten Gebirgslandschaft des Hohen Atlas taucht hinter einer Wegbiegung ein imposanter Felsen auf. Da seine Umrisse an eine Kirche mit einem Glockenturm erinnern, gaben ihm die ersten Reisenden, die in dieses Gebiet kamen, den Beinamen Dom. Auf das Dach des Doms gelangt man über einen schmalen Pfad. Zur Spitze des Glockenturms führt jedoch kein Weg mehr, so daß der Aufstieg nicht nur mühsam, sondern zudem sehr gefährlich ist. Oft findet der Fuß am glatten Fels keinen Halt mehr. Darum hat man an diesen Stellen gebündelte Äste über den Abgrund gelegt. Wenn man diese Brücken betritt, biegen sich die Äste so stark durch, daß man jeden Augenblick abzustürzen glaubt. Doch der Blick von der Höhe lohnt die Anstrengung. Man schaut über eine eindrucksvolle Landschaft, die bis zu den

Amesfrane *Eine ungeheure Masse von Gesteinsschichten, die aufgrund der unterschiedlichen Widerstandsfähigkeit des Konglomeratgesteins und der Tonschichten gegenüber Frost und Abspülung unzählige Auskragungen bilden. Die monumentale Größe des Felsendoms wird noch unterstrichen durch die verschiedene Färbung der Simsbänder und Vertiefungen.*

Steilhängen des hohen Ahançal, auf alten Karten „Unüberwindliche Klippen" genannt, reicht.

Die Sicht von hier aus ist überwältigend. Die 1870 m hohe Spitze mit einer fast senkrechten Wand von 500 m Höhe erhebt sich 700 m über das Wadi. In 1700 m Höhe befindet sich eine Stufe, die das Dach des Kirchenschiffes bildet. Der Felsendom setzt sich aus unterschiedlich starken, mehr oder weniger vorspringenden Schichten zusammen, die durch waagerechte Rillen voneinander getrennt sind. Die Auskragungen sind grau, die Vertiefungen ockerfarben. Dazwischen zeichnet sich da und dort ein dunklerer Fleck ab. Es sind die Stellen, wo sich erst vor kurzem ein Steinblock aus der Wand gelöst hat. Lange, senkrechte Risse weisen darauf hin, daß hier bald mächtige Steinsäulen aus der Wand treten werden.

Anhand dieses Felsens läßt sich die geologische Entwicklung des mittleren Hohen Atlas rekonstruieren. Während der Hohe Atlas im Miozän und Pliozän gefaltet und gehoben wurde, lagerten Wildbäche in einem Becken Geröll und Schlamm ab, die sich später zu Konglomerat verfestigten. In einer weiteren tektonischen Phase haben sich die Flüsse der heutigen Wadis in die Konglomeratmassen und die umliegenden Gebirge eingeschnitten. Da, wo die Geröllablagerungen noch nicht verfestigt waren, wurden sie abgetragen. Nur die Konglomeratmassen am Grund des Beckens, die tief unter der Erdoberfläche lagen und stark verhärtet waren, blieben erhalten. Aus ihnen besteht der Amesfrane.

Am schönsten erscheint er von der Piste aus, die südwestlich des Staudamms bei Bin-el-Ouidane von Ouaouizarht nach Zawyat-Ahançal führt. In Haarnadelkurven steigt sie auf der anderen Seite des Wadis in die Höhe. Außer im Winter nach einer Regenperiode ist sie stets befahrbar. Im Frühling sticht das Ocker des Doms von den verschneiten Hängen des Hochgebirges ab.

Um den Amesfrane zu besteigen, muß man in der Nähe der Brücke, die das Wadi überspannt, die Piste verlassen und sich einem Führer anvertrauen.

Amojjar, Wadi

Afrika, Mauretanien
20° 20′ n. Br., 12° 40′ w. L.

Mächtige Sandsteinfelsen säumen den oberen Abschnitt des Wadi Amojjar, einer Landschaft mit ausgewogenen Formen.

Wenn man auf der Piste von Atar über Chinguetti in Richtung Ouadane reist, muß man den Passe d'Amojjar, eine beachtliche Anhöhe, überwinden, um von der Atarniederung zum Bergland von Grand Dhar zu gelangen.

Wadi Amojjar *Gesäumt von kleinen Büschen, windet sich die Piste durch die Schutthalden am Fuß der Steilwände. Sie werden von horizontal gelagerten Sandsteinbänken gebildet, die sich auf Hügeln und Plateaus erheben. Die Schutthalden bestehen aus dem Verwitterungsmaterial des Sandsteins, das von den Felswänden herunterfällt und unter den Bedingungen des Wüstenklimas an Ort und Stelle liegenbleibt.*

Das vielgestaltige Relief der Niederung beruht auf der unterschiedlichen Verwitterung und Abtragung der Kalk- und Sandsteinschichten, zwischen denen Tonsteinbänke lagern. Der Steilhang ist in den Mantel des Sockels, der aus dem Erdaltertum stammt, eingeschnitten. Dieser Mantel besteht aus harten Kalkbänken und im obersten Teil aus Sandsteinen. In diese sind weichere Sandsteine und bis zu 100 m mächtige Tonsteinschichten eingelagert. Der Steilhang wurde ausgewaschen wie die Stirn einer Schichtstufe. Anderswo haben Brüche oder Klüfte in den Sandsteinen die Entstehung von Tälern begünstigt; diese laufen parallel zur Hauptrichtung des Dhars.

So sieht der obere Teil des Wadi Amojjar aus. Im Jahre 1945 wurde hier eine Piste durchgelegt. Eindrucksvoll wirkt das Wadi durch die horizontal gelagerten Sandsteinbänke mit ihren bizarren, senkrechten Klüften. Diese Sandsteinbänke stehen in merkwürdigem Gegensatz zu den sanft abfallenden Böschungen aus weichem Gestein. Es sind die durch Verwitterung abgesprengten Trümmer, die sich am Fuß der Steilwände ansammeln. Man erkennt hier ehemalige Wasserrinnen, und die verhältnismäßig dichte Vegetation läßt auf Wasser im Untergrund schließen. Hier wachsen vor allem Akazien und Palmen. Die Regenarmut in diesem Gebiet ist eines der typischen Merkmale des Wüstenrands: Die durchschnittlichen Niederschlagsmengen betragen in Atar rund 100 mm im Jahr und in Chinguetti ungefähr 60 mm jährlich. In trockenen Jahren ist es noch wesentlich weniger.

Amur

Asien
UdSSR/VR China/Mongolische Volksrepublik
53° 08′–53° 18′ n. Br., 121° 30′–140° 44′ ö. L.

Der Amur, der einzige große Schifffahrtsweg der Sowjetunion zum Pazifik, schwillt oft bedrohlich an. Nachdem er die Schluchten der Hochplateaus durchflossen hat, passiert er eine Enge, breitet sich dann in der Ebene weit aus und verliert sich schließlich als endlose Wasserfläche am Horizont.

„Unter uns erstreckt sich der Amur. Er wirkt wie ein riesiger, langgezogener See, wie ein Meer ohne Ufer; in keiner Weise gleicht er einem Fluß. Verschwommen erkennt man in der Ferne einige Inseln, die am Horizont dahinzutreiben scheinen." So sah Wladimir Arsenjew den Amur, als er am 24. Juni 1908 von Chabarowsk aufbrach, um das Sichote-Alin-Massiv zu erforschen. Der 4510 km lange Amur – seine Quellflüsse eingerechnet – ist der achtgrößte Fluß der Erde und der längste Sibiriens. Die Chinesen nennen ihn Heilongjiang – Schwarzer Drachenfluß.

Die Schilka, einer seiner Quellflüsse, entspringt in Transbaikalien, der Argun im Großen Chingan. Nach ihrer Vereinigung ist der Amur noch ein reißender Gebirgsfluß, der sich im Großen Chingan durch tiefe Schluchten zwängt. Er hat hier ein starkes Gefälle, sein Bett ist voller Felsblöcke, und Nadelwälder säumen seine Ufer. Dann ändert sich die Landschaft allmählich: Die Berge werden niedriger, Laubbäume lösen die Nadelbäume ab. Bei Blagoweschtschensk treten die Steilufer zurück. Nun wird der Amur breiter und windet sich langsam und majestätisch durch die Aufschüttungsebene der Nebenflüsse Seja und Bureja. Nach der Einmündung der Bureja durchbricht der Amur canyonartig den Kleinen Chingan und das Burejagebirge und erreicht schließlich die weite Ebene des Sungaris, eines rechten

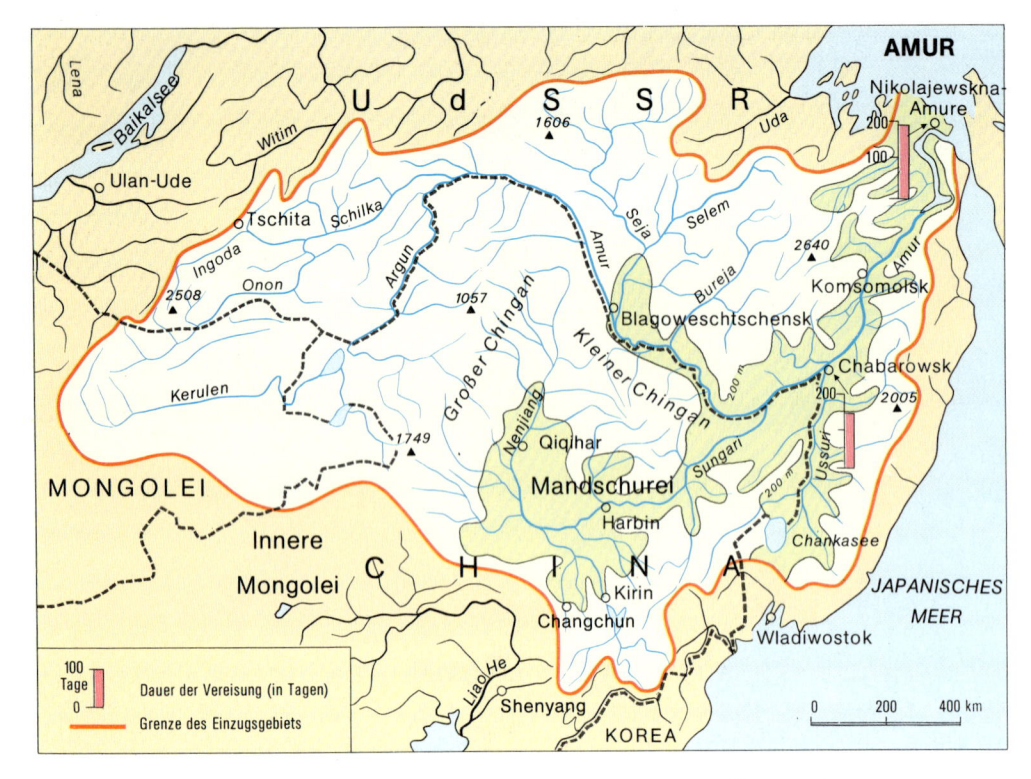

Nebenflusses, der große Wassermengen aus der Mandschurei mit sich führt. Ab Chabarowsk wird der Amur noch breiter. Schon 1000 km vor der Mündung liegt sein Bett nur noch 70 m über dem Meeresspiegel. In dieser sumpfigen Ebene mit äußerst geringem Gefälle mäandriert der Fluß. Er umspült zahlreiche Inseln, vor allem nach der Einmündung des Ussuris. Nach einer letzten, nach Norden gerichteten Schleife ergießt er sich ins Ochotskische Meer.

Der Amur ist der wichtigste Verkehrsweg in diesem Teil der östlichen Sowjetunion. Er fließt nicht von Süden nach Norden wie alle anderen großen Flüsse Sibiriens, sondern von Westen nach Osten, und bildet daher einen wichtigen Zugang zum Pazifik. Im Winter führt er nur wenig Wasser, da zwischen November und März kaum Niederschläge fallen. Und weil es im gesamten Einzugsgebiet des Amurs sehr wenig schneit, spielt auch das Schmelzwasser im Frühling keine große Rolle. Entscheidend jedoch ist der Monsunregen, der im Juli und August den Fluß stark anschwellen läßt. Er erreicht dann Hochwasserhöhen von 10 bis 15 m im Oberlauf und von 6 bis 7 m im Unterlauf. Zur gleichen Zeit führen auch der Ussuri und der Sungari Hochwasser. Dort, wo sie nach ihrer Mündung in den Amur zusammentreffen, tritt der Fluß bis zu 60 m über die Ufer. Arsenjew berichtet, daß die Orotschen, unter denen er gelebt hat, in der überschwemmten Taiga vergeblich nach einer Anhöhe ausspähten, wo sie sich vor den Fluten in Sicherheit bringen konnten.

Seit Beginn des 20. Jahrhunderts errichtet man Deiche, um solche Katastrophen zu verhindern. Dank dieser Maßnahmen verwandelt sich das Amurtal allmählich in ein wichtiges Anbaugebiet.

Erwähnenswert ist auch der Fischreichtum des Stroms. Man hat festgestellt, daß es im Amur rund 100 Fischarten gibt. Am einträglichsten ist der Lachsfang. Die Lachse wandern vom Pazifik stromaufwärts, und gegen Ende des Sommers und zu Beginn des Herbstes laichen sie hier.

Die Hauptbedeutung des Amurs liegt jedoch in seiner Funktion als Schiffahrtsweg. Er ist auf seinem gesamten Lauf schiffbar. Allerdings ist er nicht ungefährlich wegen des hohen Wellengangs, der Untiefen und der schon erwähnten jahreszeitlich bedingten Überschwemmungen. Ein wesentliches Hindernis stellen auch die Eisdecken dar, die den Fluß von November bis April blockieren. Dennoch wird auf dem Amur viel Erdöl von Sachalin und Holz aus der Taiga nach Westen sowie Getreide, Maschinen und Fertigprodukte aus Westsibirien und dem europäischen Teil der Sowjetunion in den Fernen Osten befördert. Auch stellt er in diesen noch sehr dünn besiedelten Gebieten die einzige Verbindung zu den kleinen, in der Taiga verstreuten Ortschaften her.

1969 kam es an der chinesisch-sowjetischen Grenze zu kriegerischen Auseinandersetzungen, bei denen es um die Inseln im Amur und im Ussuri ging. China weigerte sich, den Amur weiterhin ausschließlich als sowjetischen Fluß anzuerkennen.

Anden

Amerika
10° n. Br. –55° s. Br., 64°–81° w. L.

Vom Karibischen Meer im Norden bis zu den unzähligen Inseln an der Südspitze des Kontinents ziehen sich die parallel verlaufenden Gebirgszüge der Anden. Dazwischen liegen Hochebenen und tiefe Längstäler. Die Anden bestehen vorwiegend aus kristallinen Schiefern und Graniten. Aufgrund ihrer gewaltigen Höhe und einer nordsüdlichen Längserstreckung von mehr als 7000 km sind sie neben den nordamerikanischen Kordilleren die größte Klimascheide der Erde.

Das rund 7500 km lange Kettengebirge der Anden, das sich an der Westküste Südamerikas entlangzieht, bildet eine mächtige, kaum passierbare Barriere. In der Hoffnung, das Goldland Eldorado zu finden, brach der Konquistador Diego de Almagro im Jahre 1535 auf, um das Hochland von Bolivien und Jujuy zu erforschen. Er war der erste Europäer, der in diese Massive

Anden *Der Lago Crucero, ein kleiner See in der Ostkordillere, liegt im Hochland von Peru. Die Gipfel der ihn umgebenden Berge sind das ganze Jahr über verschneit.*

eindrang, ihre Hochplateaus überquerte und den großen Längstälern folgte. Doch statt des Goldes entdeckte er die Wüste Atacama, verfallene Inkastädte und weiter südlich den Indianerstamm der Araukaner.

Im Norden beschreiben die Anden einen halbkreisförmigen Bogen und verbreitern sich dann im Hochland von Peru und Bolivien. In ihrem argentinisch-chilenischen Abschnitt werden sie wieder schmaler und verlaufen geradlinig meridional, das heißt nordsüdlich gerichtet, ehe sie sich auf der Höhe von Kap Hoorn in unzählige Inseln und Inselchen auflösen.

Die Anden entstanden durch eine Reihe tiefgreifender geologischer Veränderungen. Im Mesozoikum füllten sich die damaligen Andenbecken mit Flußablagerungen, die ein mehrere tausend Meter mächtiges Schichtpaket formten. Danach folgten einige Faltungsphasen, in deren Verlauf das Gestein aufgeschmolzen und umgewandelt wurde. Starke Verwitterung führte schließlich zu erheblichen Einebnungen und zur Bildung ausgedehnter Abtragungsflächen.

Anden *Ein Blick aus der Vogelperspektive auf einen Teil der Anden im Bereich der peruanischen Westkordillere, wo der Marañón entspringt. In der Mitte des Bildes ein typischer Gletschersee.*

Zu Beginn des Pliozäns verliehen gebirgsbildende Vorgänge dem Gebirgssystem sein heutiges stark zergliedertes Relief. Im Quartär entstanden dann durch Vulkanismus die schönsten Gipfel der Gebirgskette. Gleichzeitig schufen im Süden eiszeitliche Gletscher die Oberflächenformen.

In diesem riesigen Gebirgsraum findet man die unterschiedlichsten Landschaften. Nordwestargentinien hat Anteil am Altiplano, einer weiten, abflußlosen Beckenlandschaft auf rund 4000 m Höhe. In riesigen Mulden wird durch die seltenen Regengüsse das Salz in die vegetationsarmen Flächen gespült.

Die Puna, das Hochland in den zentralen Anden, ist im Osten und Westen von mächtigen Massiven, meist vulkanischen Ursprungs, gesäumt (Ojos del Salado, 6880 m; Llullhaillaco, 6723 m). Diese sind durch ausgedehnte Senken und senkrecht verlaufende tektonische Gräben voneinander getrennt und von tiefen Schluchten durchzogen, über die man auf das Hochland von Bolivien gelangt.

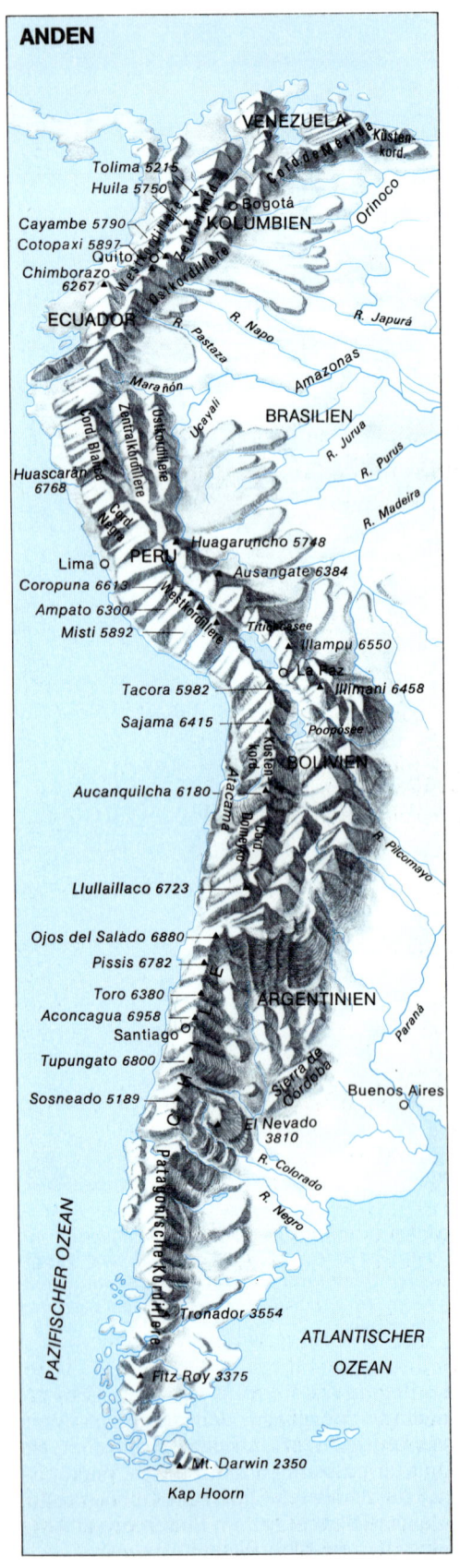

Die „heiße" Wüste im Norden Chiles geht auf dem Altiplano in eine „kalte" Wüste über. Dort wachsen vor allem spärliche Grasbüschel und Kakteen. Die Osthänge dagegen sind wesentlich feuchter. Zwischen 600 und 900 m gedeiht ein dichter Lorbeerwald, der mit zunehmender Höhe lichter wird und von 2700 m an ganz verschwindet.

Ab dem 27. Breitengrad verengen sich die Anden. Zwischen dem Toro und dem Tronador trägt die Zentralkordillere die höchsten Gipfel des Gebiets: den Tupungato mit 6800 m und den höchsten Berg Amerikas, den Aconcagua, mit 6958 m. Die Gebirgsflanken erhalten nur geringe Niederschläge, doch die Gipfel sind im allgemeinen mit Schnee und Eis bedeckt. Ihr Schmelzwasser bringt Mittelchile und dem Gebirgsrand bei Mendoza das für die Landwirtschaft notwendige Wasser. Die Schneegrenze, die auf der Höhe von Mendoza bei 4500 m liegt, sinkt in Richtung Süden, während gleichzeitig die Niederschlagsmengen zunehmen.

Ab dem 42. Breitengrad in Patagonien verleihen das gemäßigte ozeanische Klima und das von eiszeitlichen Gletschern überformte Relief den Anden ein ganz anderes Aussehen: Der Gebirgszug, der hier die 4000-Meter-Grenze nicht mehr übersteigt, ist nach Süden zu immer stärker von Gletschern durchsetzt. Den niederschlagsreichen Westabhang bedecken immergrüne Wälder mit zahlreichen Baumarten. Im Süden überwiegen Nadelhölzer, im Norden Zypressen und die Südbuche, der sogenannte *Nothofagus*. Der trockenere Osthang gliedert sich in mehrere Vegetationsstufen. Am Fuß breiten sich Dornstrauchhalbwüsten aus; auf sie folgt eine Zwergstrauchzone und darüber, ab etwa 1000 m, schließen sich sommergrüne Wälder an.

Die Gletscher des Quartärs haben die Gebirge an der Pazifikküste geformt, tiefe Fjorde ins Land gegraben und Moränenwälle aufgeschüttet, hinter denen sich riesige Seen aufstauten, z. B. der Lago Buenos Aires und der Lago Argentino. Der herrliche Nahuel-Huapi-Nationalpark bei San Carlos de Bariloche zieht zu allen Jahreszeiten Touristen, Angler und Skifahrer an.

Abgesehen von einigen Touristenzentren, Sägewerken und Bergwerksorten gibt es in diesem Gebiet kaum Siedlungen. Die besonders schwer zugänglichen südlichen Anden sind nur schwach bevölkert. Sehr früh dagegen haben sich die Menschen in den Längstälern und fruchtbaren Teilen der Felsfußebenen Nordwestargentiniens niedergelassen, wo das Wasser und der aus den Anden herausgespülte Lehm fruchtbare Böden geschaffen haben.

Andringitragebirge

Afrika, Madagaskar
22° 21' s. Br., 46° 07' ö. L.

Das eindrucksvolle Gebirgsmassiv im Süden Madagaskars ist vor allem aus kristallinen Schiefern und paläozoischen Gneisen aufgebaut. Die intensive Verwitterung unter tropischen Klimabedingungen und die Erosionsarbeit zahlloser Bäche und Flüsse haben den Gesteinen im Laufe von Jahrmillionen ihre heutigen Oberflächenformen verliehen.

Der höchste Gipfel des Andringitragebirges ist der Pic Boby mit 2656 m. Die von Norden nach Süden streichende Bergkette liegt etwas nördlich des südlichen Wendekreises und ungefähr 100 km vom Indischen Ozean entfernt. Ihre Länge beträgt 62 km, ihre Breite durchschnittlich 3 km, in der Mitte jedoch 10 km. Sie läuft an beiden Enden schmal aus und flacht im Süden mit dem Ivohibepaß völlig ab, steigt dann aber wieder zu einer 2069 m hohen Bergspitze an. Im Norden dagegen löst sie sich in eine Reihe riesiger Dome auf.

Das Andringitragebirge bildet den größten und eindrucksvollsten Abschnitt des Steilabfalls, der das östliche Hochland abgrenzt.

In den Formen des Andringitragebirges spiegelt sich die Struktur des geologischen Untergrunds wider. An dem aus Syenit oder Granit bestehenden Kamm, dessen Relief sich von Norden nach Süden stark wandelt, hat die Verwitterung härtere Gesteinsbänke herauspräpariert. Diese sind nur an einigen Stellen in Längs- oder Radialbrüche gegliedert. Interessant sind vor allem die Einzelformen.

Man unterscheidet zwischen folgenden Reliefeinheiten: den großen, bis zu 500 m hoch aufragenden monolithischen Blöcken im Norden, den Gebirgsstöcken in der Mitte und dem Kamm im Süden mit dem Pic d'Ivohibe. Wenn man sich dem Andringitragebirge von Osten her nähert, wirkt es völlig anders als von Westen gesehen. Der östliche Teil rechtfertigt den Namen, den das gesamte Gebirge trägt: Andringitra bedeutet nämlich Steinwüste. Es setzt sich aus gedrungenen, stark zerschnittenen Gebirgsstöcken zusammen. An der Ostseite dieser hohen Gebirgsbarriere lädt der beständig wehende Südostpassat seine Feuchtigkeit ab (jährliche Niederschlagsmenge über 2000 mm). In die oft mehrere hundert Meter hohen vegetationslosen Steilwände der Dome und Felsbastionen hat das Oberflächenwasser metertiefe Rinnen gegraben, die dem Gebirge ein seltsames Aussehen verleihen. An den Bruchstellen und Übergängen zu anderen Gesteinen finden sich eine große Anzahl beckenförmiger Vertiefungen. Der westliche Teil des Andringitragebirges dagegen besteht aus einem langgestreckten Höhenrücken, dessen Flanken ganz oder teilweise von dichten Wäldern bedeckt sind.

Andringitragebirge *Im Süden Madagaskars erhebt sich das Andringitragebirge. Einst bestand es aus zahlreichen Kuppeln, die durch enge Schluchten voneinander getrennt waren. Heute wird das Gestein von unzähligen Spalten durchzogen, die durch die Verwitterung und durch die Erosionsarbeit des Oberflächenwassers aus dem nackten Fels herausmodelliert wurden.*

Während sich die feuchten Luftmassen des Südostpassats an der Ostseite des Andringitragebirges abregnen und hier zu hohen Niederschlägen führen, liegt die Westseite im Regenschatten und hat daher nur Savannencharakter. Auf den tropischen Regenwald im Osten des Gebiets mit seinen zahlreichen Orchideenarten folgt weiter oben ein dichter Wald, an dessen Bäumen dicke Flechten hängen. Oberhalb der 2000-Meter-Grenze erstreckt sich eine Moosdecke mit baumartigen Heidekrautgewächsen und 3 bis 5 m hohen Baumheiden. Die zentrale Steinwüste schließlich überzieht ein Teppich von silbernen Sandimmortellen, die im September blühen.

Angelfall (Salto Angel)

Amerika, Venezuela
5° 57′ n. Br., 62° 30′ w. L.

Der bis dahin träg dahinfließende Río Carrao stürzt plötzlich in schmalen, schneeweißen Streifen über den Rand eines Tafelbergs fast senkrecht in die Tiefe und setzt dann seinen Lauf am Grund eines Canyons fort.

Der 978 m hohe Wasserfall am Nordrand des Auyantepui, eines Tafelbergs im Bergland von Guayana, ist der höchste bekannte Wasserfall der Erde. Er wurde nach dem amerikanischen Ingenieur und Pilot Jim Angel benannt, der ihn 1935 vom Flugzeug aus entdeckte.

Den Angelfall kann man mit dem Motorboot erreichen. Die Fahrt führt über den Río Carrao, einen rechten Nebenfluß des Río Caroni. Man kann den Angelfall aber auch vom Flugzeug oder vom Hubschrauber aus beobachten. Ein solcher Flug ist ein unvergeßliches Erlebnis. Die Maschine dringt im Tiefflug in die Schlucht ein, deren Wände sie jeden Augenblick zu streifen droht, und fliegt dann dicht an den glitzernden Wassermassen vorbei.

Der Fluß führt nur verhältnismäßig wenig Wasser. Der Angelfall selbst stürzt in leuchtendweißen Kaskaden hinab in die Tiefe, wo er im Dunkelgrün des Urwalds in Wolken von Gischt verschwindet – ein Bild von faszinierender Schönheit.

Der Río Carrao entwässert in seinem Oberlauf die höchsten Teile des Auyantepui, eines 700 km² umfassenden Sandsteinmassivs, dessen Hauptachse in nordwestlicher Richtung verläuft. Das Sedimentgebirge läßt sich in zwei Schichtserien gliedern. Die untere, *Miembro Canaima* genannt, besteht aus sieben Pelit- und Sandsteinlagen in wechselnder Folge, die obere oder *Miembro Guaiquinima* aus drei Schichten, in denen der Sandstein vorherrscht. Die als *Miembro Canaima* be-

Angelfall *Von einer fast 1000 m hohen Sandsteinwand stürzt der Río Carrao über nebelverhangene Felsen hinab in die Tiefe.*

zeichnete Schichtenfolge reicht bis zu dem gleichnamigen Wasserfall. Flußaufwärts beginnt die obere Serie, die in zwei oder drei größeren Terrassen an den Stufenrändern vorspringt. Auf der Höhe des Angelfalls vereinigen sich die unteren und oberen Bänke zu einer kompakten, fast 1000 m mächtigen Masse. Daraus erklärt sich die ungeheure Fallhöhe des oberen Río Carrao, der zuvor in einer nur schwach geneigten Synklinale ruhig dahinfließt. Auf den Wasserfall folgt ein Canyon mit senkrechten Felswänden, aus deren zahlreichen Grotten kleine Quellen hervorsprudeln. Die ausgezackten Ränder des Canyons sowie die vielen, bis zu 20 m hohen Steintürme wirken wie ein Trümmerrelief. Durch Spalten drang das Oberflächenwasser tief in den Sandstein ein. Auf diese Weise ist eine Landschaft entstanden, die in mancher Hinsicht an eine Karsthochfläche erinnert. Den Boden des Canyons mit feuchtheißem Klima überzieht ein tropischer Regenwald, in dem viele Orchideen gedeihen. Oberhalb von 2000 m, wo es kühler ist und wo sogar Fröste auftreten können, erstreckt sich Grasland. An den Steilwänden des Canyons wachsen Sträucher. Im Regenwald stößt man entlang der Flüsse da und dort auf Hütten. Diese wurden von Prospektoren erbaut, die in den Flußablagerungen nach Gold und Diamanten suchten.

Ankaranaplateau

Afrika, Madagaskar
12° 58′ s. Br., 49° 09′ ö. L.

Das oberflächlich abfließende Regenwasser hat dieses steil aufragende Massiv in eine für Menschen nicht begehbare Landschaft verwandelt. Undurchdringliches Dickicht wechselt mit messerscharfen Graten und Spitzen, losen Steinblöcken und mächtigen Felsbastionen, wie sie nur unter tropischen Klimabedingungen entstehen können.

Im Norden Madagaskars, zwischen Anivorano Nord und Ambilobe, erstreckt sich ein großes, leicht nach Osten abgedachtes Kalkplateau. Im Westen, wo es durch Bruchlinien begrenzt wird, bildet es die nordsüdlich verlaufende, 25 km lange Ankaranamauer. Das Plateau umschließt im Osten Sandsteinmassen und im Westen die quartären Basaltdecken des Ambregebirges.

Das Ankaranaplateau, das bei der Auffaltung des Ambregebirges in einzelne Schollen zerbrach, erreicht maximal eine Höhe von 300 m. Sein oberer Teil besteht aus Jurakalk, der Unterbau aus älterem kristallinem Kalk. Da das Klima im Nord-

Ankaranaplateau *In der Nähe der Westküste Madagaskars erhebt sich am Rand der Savanne eine mächtige Kalksteinwand, die in eine Landschaft mit unzähligen steinernen Türmen, Zapfen und Stümpfen übergeht. Bis heute ist dieses schwer zugängliche Gebiet noch weitgehend unerforscht.*

westen der Insel sehr feucht ist, bietet die Gesteinsoberfläche der Erosion besonders gute Angriffsmöglichkeiten. Die Verkarstung ist hier stark ausgeprägt.

Auch an der 200 bis 280 m hohen Felswand hat das oberflächlich abfließende Regenwasser tiefe Rinnen in das Gestein gegraben, Schichtfugen freigelegt und Vorhänge aus Stalaktiten geschaffen, die von Gesteinsterrassen herabhängen. Das Regenwasser tritt am Fuß des Steilabfalls zutage. Es hat riesige Höhlen ausgewaschen, deren Eingänge Tropfsteine schmücken.

Im Süden löst sich der Steilabfall in riesige Felsklötze auf, einen Turmkarst mit spitzen, hohen Formen. In der Mitte dagegen ist die kristalline Kalkmasse in Felsbastionen gegliedert, die tiefe Klüfte, sogenannte Karren, voneinander trennen. Diese sind zum Teil tektonischen Ursprungs; andere wiederum entstanden durch den Einsturz alter Karsthöhlen, die sich entlang der Bruchlinien gebildet hatten. Jede dieser Bastionen weist zahlreiche Einsturzdolinen auf. An ihren Steilwänden wachsen Sträucher, während der Boden mit Felsblöcken übersät ist.

Auf der von Osten nach Westen von ihrer Deckschicht befreiten kristallinen Kalksteinmasse tauchen nach und nach die zerklüfteten Formen des Tsingy auf. Dies ist ein gigantisches, nicht begehbares Karrenfeld mit scharfen Graten, spitzen Türmen, „Wackelsteinen" und mehrere Meter vorspringenden Gesteinsplatten – alles zernagt vom Oberflächenwasser, das in jede glatte Fläche tiefe Rillen einfräst. Im Endstadium der Entwicklung sind die an den vielen Schichtfugen sehr stark ausgewaschenen Blöcke unterspült. Sie verlieren dann das Gleichgewicht und kippen um.

Das unwegsame Relief und das natürliche Pflanzenkleid – ein undurchdringliches Dickicht aus dornigen Trockenpflanzen – stellen für den Steilabfall des Ankaranaplateaus einen sicheren Schutz vor dem Zugriff des Menschen dar. Da diese großartige Karstlandschaft, die zu den eindrucksvollsten der Erde gehört, nicht begehbar ist, kann man sie nur vom Hubschrauber aus bewundern.

Annapurna

Asien, Nepal
28° 34′ n. Br., 83° 50′ ö. L.

Seit Jahrmillionen trotzt das Annapurnamassiv dem Ansturm der Monsunwinde, die gegen seine Südflanke prallen. Der Annapurna I war der erste Achttausender, der von kühnen Bergsteigern bezwungen wurde.

Über der von einer üppigen Flora bedeckten Vorbergzone des Himalajas schimmert durch einen leichten Dunstschleier die Annapurnakette. Die Gipfel dieser imposanten, von glitzernden Firnfeldern überzogenen Gebirgsgruppe galten lange Zeit als unbezwingbar.

Das Annapurnamassiv wird im Westen von dem Fluß Kali Gandaki und im Norden von der Marsyandi Khola, einer Schlucht, begrenzt. Obwohl das Massiv nur knapp 35 km vom Pokharabecken trennen, erweist sich sein Zugang als außerordentlich schwierig. Grund hierfür sind vor allem steile Flanken, schwindelerregend tiefe, unpassierbare Schluchten, wie Miristi Khola, Modi Khola, Seti Khola und Madi Khola, sowie der ständig nebelverhangene, undurchdringliche Dschungel.

Die Annapurnakette wird von mehreren Bergriesen gekrönt. Fast alle übersteigen die Siebentausendergrenze: der Annapurna Süd mit 7195 m, der Annapurna I mit 8078 m, der Nilgiri mit 7223 m, der Gangapurna mit 7454 m, der Annapurna III mit 7577 m, der Annapurna II mit 7937 m, und auch der Lamjung Himal mit 6995 m liegt nur sehr knapp unter der Siebentausendergrenze.

Die asymmetrische Gestalt des Annapurna I ist typisch für die von der Gesteinsstruktur bestimmten Gipfelformen des Himalajas. Die mächtigen Wände an seiner Südflanke entsprechen der Stirnseite einer über 4000 m hohen Flexur, die sich im wesentlichen aus den metamorphen Kalkgesteinen der tibetischen Sedimentgesteinsserien aufbaut. Diese treten als breite grünliche, gelbe oder graue Streifen an die Oberfläche.

Das höchste Gebirge der Erde entstand im Tertiär. Damals wurden diese Schichtgesteine gefaltet und im Zuge der gewaltigen tektonischen Bewegungen der Erdkruste nach Süden gegen die Gesteine der Vorbergzone geschoben. Trotz der extremen Höhe dieser von Frost und Wind verwitterten Stirnseite und der starken Monsunregen im Sommer können sich hier keine langen Talgletscher entwickeln, da die Hänge viel zu steil sind.

Die Nordhänge dagegen sind viel weniger steil, denn sie lehnen sich an härtere Kalk- und Sandsteinschichten an, die auf der Rückseite der Flexur in einem Winkel von 30 bis 45° nach Norden geneigt sind. Obwohl nur ein Teil der feuchten Luftmassen die Rückseite des Hauptkamms erreicht, genügen die Schneemengen, um die Hanggletscher zu speisen. Da diese jedoch von vielen Spalten durchzogen sind, ist die Besteigung des Annapurna äußerst gefährlich. Heute ist das Gebiet jedoch bei weitem nicht so stark vergletschert wie im Eiszeitalter. Damals reichten die Gletscher bis zu dem 2000 m hoch gelegenen Ghasa am Ende des Kali-Gandaki-Tals und zweifellos auch bis zum 3000 m hohen Khulgar in der Modi Khola.

Vor den Schluchten liegt auf nur 800 m Höhe das Pokharabecken. Wahrscheinlich entstand es sowohl durch die Abtragung weicherer Schiefergesteine, die hier innerhalb einer riesigen Antiklinalen an die Oberfläche kommen, als auch durch eine lokale Senkung der Erdkruste am Fuß des Hochgebirges; sie folgte auf die späte Heraushebung der südlichen Randkette. In dieser breiten Wanne haben sich in den Kaltzeiten des Quartärs Sedimente abgelagert. Sie wurden von Gletscherschmelzwassern der Südflanke des Annapurnagebirges hierher verfrachtet. Die Seti Khola, der „Wildbach mit den weißen Wassern", lieferte den größten Teil des Gesteinsmaterials, das heute den Beckenboden mit einer über 150 m mächtigen Schicht bedeckt.

Annapurna

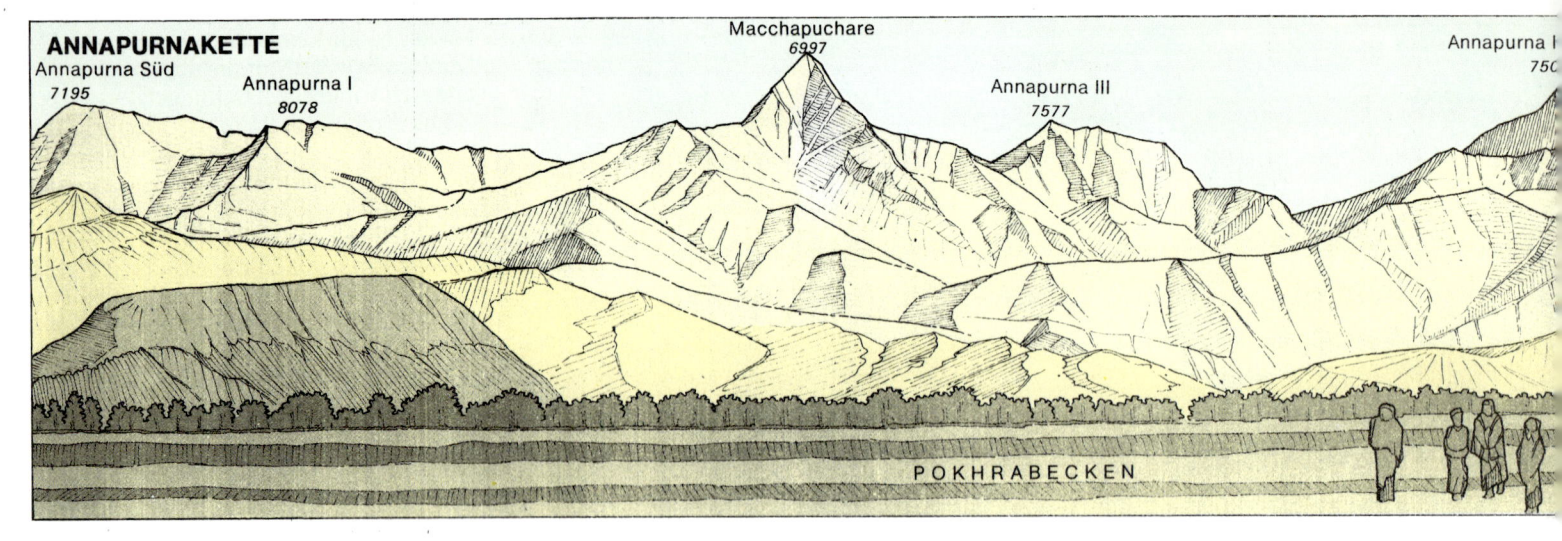

ANNAPURNAKETTE
Annapurna Süd 7195 — Annapurna I 8078 — Macchapuchare 6997 — Annapurna III 7577 — Annapurna I 750(?)
POKHRABECKEN

Die riesigen Massen von Schwemmaterial riegelten Nebenflüsse ab, so daß in den Seitentälern zahlreiche Seen entstanden sind, wie zum Beispiel der Phewasee bei Pokhara, der größte unter ihnen.

Erst in jüngerer Zeit wurde das Annapurnamassiv erforscht. Unter der Führung von M. Herzog gelang es einer französischen Expedition am 3. Juni 1950, den Annapurna I zu bezwingen. Zum Aufstieg brauchte sie nur zwölf Tage. Sie wählte eine kurze Route, die häufig von Eislawinen überrollt wird. Der Abstieg verlief äußerst dramatisch, da plötzlich die ersten Monsunstürme einsetzten. Die Bergsteiger mußten in mehr als 7000 m Höhe biwakieren und trugen schwere Erfrierungen davon. Großes Aufsehen erregte die Besteigung des Annapurna I durch eine englische Expedition, die unter der Leitung von C. Bonington erstmals seine mächtige Südflanke bezwang.

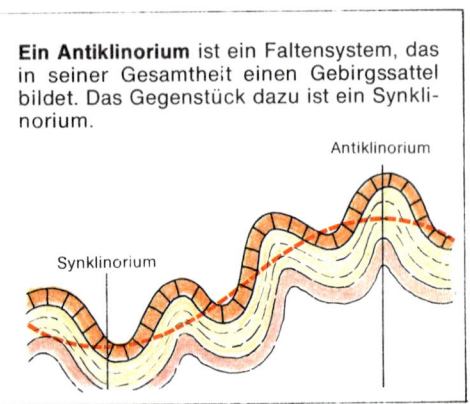

Annapurna Im Wasser des Phewasees spiegeln sich die landwirtschaftlich genutzten ockerfarbenen Terrassen der Siwalikketten. In der Ferne erhebt sich fast unwirklich die Himalajakette mit ihren prägnanten Gipfeln und Spitzen.

Ein Antiklinorium ist ein Faltensystem, das in seiner Gesamtheit einen Gebirgssattel bildet. Das Gegenstück dazu ist ein Synklinorium.

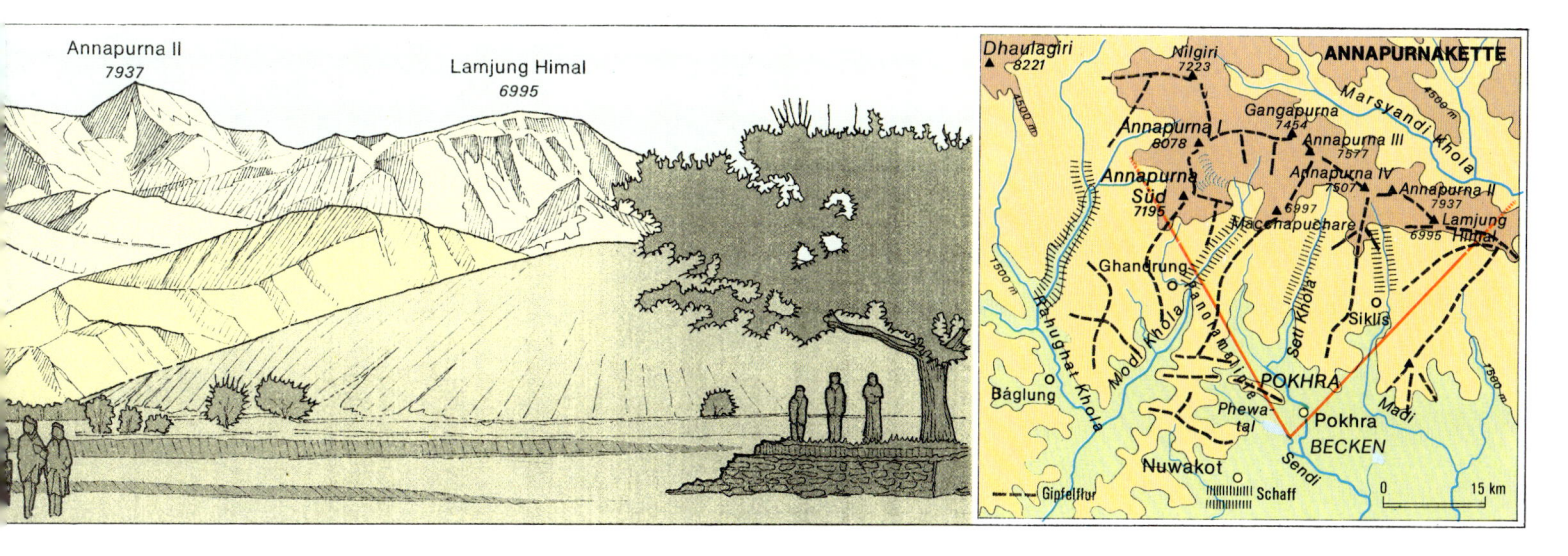

Anou-Boussouil-Höhle

Afrika, Algerien
36° 27′ n. Br., 4° 12′ ö. L.

Der Eingang der Anou-Boussouil-Höhle ist in die Flanke eines Gebirges eingegraben. Die Höhle selbst verdankt ihre Entstehung tektonischen Vorgängen, ihre äußere Form jedoch größtenteils der Arbeit des Schmelzwassers und des Torrente – eines reißenden Wildbachs.

Die Anou-Boussouil-Höhle, auf deutsch „Großer Abgrund", liegt im Djurdjuragebirge im Norden Algeriens. Ihr Eingang befindet sich an der Nordflanke des Terga M'Ta Roumi unter einem Karrenfeld nahe dem Gipfel.

Im Gegensatz zu den meisten anderen Höhlen im Djurdjuragebirge wächst die Anou-Boussouil-Höhle auch heute noch. Ein Fluß, der von den Niederschlägen im

Anou-Boussouil-Höhle *Durch diese Öffnung im algerischen Djurdjuragebirge fließt das Wasser eines Wildbachs und das Schmelzwasser von den Berghängen in die Tiefe. Im Labyrinth zahlreicher Höhlengänge sucht und findet es seinen Weg nach unten.*

Terga M'Ta Roumi gespeist wird, ergießt sich in die Tiefe. Während der Sommermonate trocknet das Bett des Wildbachs aus, doch in der Höhle rieselt das Wasser weiter. Dieses unterirdische Wasser, das die Höhle immer mehr erweitert und auch im Sommer für niedrige Temperaturen im Innern sorgt, ist Schmelzwasser aus den Karren, das im Boden versickert. Zur Zeit der Schneeschmelze strömt ein Wildbach in das Schlundloch. In der Höhle selbst entsteht dann ein Wasserfall. Weil der Höhlenfluß periodisch anschwillt und ständig Kalkstein durch kalziumfreies Wasser gelöst wird, sind die Formen der Höhle jung. Im Bett des Wildbachs finden sich zahlreiche Strudeltöpfe.

Mehrere große, hintereinanderliegende Schächte weisen auf den tektonischen Ursprung der Höhle hin. Diese Einbrüche durchziehen eine mächtige, in der Jurazeit entstandene Kalksteinschicht, die durch Faltung fast senkrecht gestellt wurde.

1933 begann man die Höhle zu erkunden. Zwischen 1936 und 1947 stießen einige Höhlenforscher tief in den Abgrund vor. Zunächst entdeckten sie eine zerklüftete Zone, von der ein großer Stollen ausgeht. Ein 65 m tiefer Schacht verbindet diesen Abschnitt mit dem zweiten Teil der Höhle. Hier führt eine Folge von Schächten zur sogenannten Gewölbehalle. Danach schließt ein Siphon in einer Höhe von 505 m die Höhle ab.

Die Anou-Boussouil-Höhle galt lange Zeit als die tiefste Höhle Afrikas. Erst vor kurzem hat ihr die in Marokko gelegene Höhle Kef Toghobeit diesen Platz streitig gemacht.

Antarktis

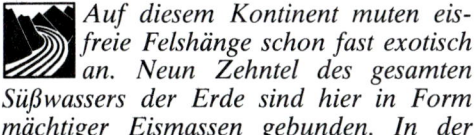

Auf diesem Kontinent muten eisfreie Felshänge schon fast exotisch an. Neun Zehntel des gesamten Süßwassers der Erde sind hier in Form mächtiger Eismassen gebunden. In der Antarktis liegen die größten Gletscher der Erde, und von ihrem Inlandeisschild lösen sich gewaltige Eisberge.

Die Antarktis ist eine riesige, fast kreisförmige Landmasse mit wenig gegliederten Küsten. Ihr größter Durchmesser – zwischen Grahamland und dem westlichen Adélieland – beträgt 5500 km. Sie wird von einer kuppelförmigen Eisdecke überwölbt, deren Scheitel im Pol der Unzugänglichkeit eine Höhe von 4268 m erreicht. Dieser Pol ist der vom Meer am weitesten entfernte Punkt.

Mit einer Festlandsfläche von rund 12,5 Millionen km² ist die Antarktis größer als China oder die Vereinigten Staaten. Nur 200 000 km² liegen nicht unter ewigem Eis begraben.

Die mittlere Jahrestemperatur beträgt am Südpol −50,3 °C. Im August, also im Südwinter, sinkt sie auf −79,8 °C, im Südsommer kann sie dort −14,7 °C erreichen. Die Niederschlagsmengen lassen sich nur schwer ermitteln, weil Driftschnee von den Meßgeräten mit aufgenommen wird, doch bewegen sie sich wohl um 140 mm im Jahr. Winde und Schneestürme treten sehr häufig auf. Nicht selten fegen sie mit einer Geschwindigkeit von 150 km/h daher.

Ost- und Westantarktis werden von den Meereseinschnitten des Rossmeers und des Weddellmeers voneinander abgegrenzt. Sie zeigen einen sehr unterschied-

Antarktis *Über der weißen Fläche des Inlandeises, das an dieser Stelle bis ins Meer vorstößt, erhebt sich am Horizont das Gebirge; im Vordergrund Packeisschollen.*

lichen Aufbau. Die größere Ostantarktis – noch stärker vereist als die Westantarktis – ist ein uralter Schild aus Gneisen, Graniten und ungeschichteten Schiefern. Die wichtigsten Regionen der Ostantarktis sind Königin-Maud-Land, das Amerikahochland, Wilkesland, Adélie- und Victorialand.

Ganz anders verhält es sich bei der Westantarktis. Der Gesteinsuntergrund besteht hier vor allem aus Sedimenten, die von Lava durchdrungen sind.

Am Rand der ostantarktischen Kappe wird die Königin-Maud-Kette von einem großen Gletscher begrenzt, der zum Rossmeer hinabfließt. Die Eismassen der nördlichen Ellsworthkette hingegen stoßen zum Filchnerschelfeismeer vor.

Zu den mächtigen Gletschern gehört der Lambertgletscher, der am Ameryschelfeis endet. Der Beardmoregletscher gilt als der größte Gletscher der Erde. Auch der in Victorialand gelegene Rennickgletscher ist ein mächtiger Eisstrom.

Über ein Drittel der Küste der Antarktis ist von einem riesigen Schelfeisgürtel gesäumt. Diese schwimmenden Eistafeln stellen die meerwärtige Fortsetzung des Inlandeises dar. Ihre Oberfläche ist meist eben, manchmal aber auch flachwellig. Das Schelfeis entsteht durch die Anhäufung von Schneemassen auf dem Meereis. Dort verwandeln sie sich allmählich in Eis. Da an den Küsten im Gegensatz zum fast ariden Landesinnern sehr viel Schnee fällt, ist der Schelfeisgürtel im Durchschnitt 200 m dick. Dies kann man aus den Tafeleisber-

Die Entstehung von Eisbergen

Eisberge sind Eisschollen von unterschiedlicher Form und Größe, die von der Inlandeismasse oder einem Gletscher abbrechen und in die Weltmeere hinaustreiben. Da die Dichte des Eises bei 0,9 g/cm³ liegt, ragt der Eisberg nur mit durchschnittlich etwa einem Neuntel seiner Gesamtmasse aus dem Wasser heraus. Die größten und eindrucksvollsten Eisberge sind diejenigen, die sich von den antarktischen Schelfeisflächen ablösen. Es handelt sich um Tafeleisberge mit einer Länge von mehreren hundert Metern bis zu etlichen Kilometern. Die größten können sogar Hunderte von Kilometern lang sein. Die mittlere Mächtigkeit dieser Eisberge beträgt mehrere hundert Meter.

Aufgrund ihrer riesigen Ausmaße haben solche Eisberge oft ein langes Leben, auch wenn sie durch Abtauen und die Einwirkung der Wellen im Lauf der Zeit zerbrechen. Nicht selten begegnet man ihren Überresten in sehr niedrigen Breiten. Den Rekord hält ein Eisberg, der nahe dem 26. südlichen Breitengrad beobachtet wurde.

gen schließen, die sich von ihm lösen und im allgemeinen diese Mächtigkeit aufweisen. Zum Inlandeis hin wird das Schelfeis immer dicker.

Die Eisberge können gigantische Ausmaße erreichen. Die größten sind 30 bis 40 km lang. Der längste, den man je gesehen hat, besaß sogar eine Länge von 335 km und eine Breite von 97 km.

Das Schelfeis bedeckt 1,46 Millionen km². Dadurch vergrößert sich die Oberfläche der Antarktis auf 13,97 Millionen km². Das Ross-Schelfeis umfaßt 538 000 km² und das Filchnerschelfeis 483 000 km². Die anderen Schelfeisflächen sind nicht so groß. In der Westantarktis liegen das Getz- und das Larsenschelfeis, in der Ostantarktis das Amery-, das Ost- und das Shackletonschelfeis.

Von Februar, wenn das Meer zuzufrieren beginnt, bis Ende Dezember bleibt der Kontinent von Packeis umschlossen, das im Südwinter (Juli/August) am dichtesten ist. Im Sommer sind die Bewegungen des Packeises am stärksten, im Winter am schwächsten. Es treibt von Osten nach Westen (außer im Weddellmeer, wo es sich in umgekehrter Richtung bewegt). Das läßt sich auf Meeresströmungen und Winde zurückführen.

Mit etwa 25 Millionen km³ gefrorenen Wassers besitzt die Antarktis mehr als 90 % des gesamten Süßwasservorrats der Erde. Diese riesige Eismasse beeinflußt das Klima auf der ganzen Südhalbkugel.

Der Wettlauf um die Eroberung des Südpols im Jahr 1911 endete mit einem Sieg und einer Tragödie. Während Amundsen am 14. Dezember 1911 genau am Pol sein Zelt aufschlug, an dessen Mast die norwegische Fahne flatterte, befanden sich der Engländer Scott und seine vier Begleiter noch auf dem Weg durch die Eiswüste. Als sie schließlich am 18. Januar 1912 den Pol erreichten, fanden sie in Amundsens Zelt die Nachricht vom Sieg des Norwegers. Alle fünf Männer kamen auf dem Rückweg im Schneesturm ums Leben.

Roald Amundsen war am 20. Oktober 1911 von seinem Basislager in der Walbucht der Rosseisbarriere aufgebrochen. Im Gegensatz zu Scott, der Motorschlitten benutzte, verwendete er für den Transport seiner Ausrüstung Schlittenhunde. Nachdem er mühsam einen 3000 m hohen Gletscher bezwungen hatte, erreichte er am 14. Dezember den Südpol.

Aparados da Serra

Amerika, Brasilien
29° 30′ s. Br., 50° 32′ w. L.

Ein uralter Massiv mit zerfurchten Felswänden und vielen Höhlen. Das Wasser, das in die Klüfte und Spalten dieses äußerst harten Gesteins eingedrungen ist, hat hier merkwürdige, phantastische Formen geschaffen.

Aparados da Serra *Wie eine riesige, zinnengekrönte Ruine überragt die zerklüftete Kalksteinmasse das von Dornsträuchern bedeckte Geröll. Eine Höhle bildet den Eingang zu einem Netz von Stollen, die tief in dieses tropische Karstmassiv hineinführen.*

Das Städtchen Bom Jesus da Lapa („Der gute Jesus von der Grotte") im Innern des brasilianischen Bundesstaats Bahia ist ein alter Wallfahrtsort. Das Städtchen liegt am Fuß eines Kalksteinmassivs in einer niederschlagsarmen Gegend. Dieses Massiv besteht aus kompakten, fast horizontal übereinandergelagerten Sedimentschichten, deren Alter man auf ungefähr 700 Millionen Jahre schätzt. Schon vor Beginn des Erdaltertums wurden diese Sedimentgesteine, die ältesten Brasiliens, abgelagert. Es handelt sich um einen feinen, kristallinen Kalkstein, der der Abtragung besonders großen Widerstand entgegensetzt. Die merkwürdigen Formen des Massivs, das vermutlich den Indianern als Kultstätte gedient hatte, ehe es zur Wallfahrtsstätte wurde, ist auf chemische Verwitterung zurückzuführen.

Regenwasser enthält immer eine gewisse Menge Kohlensäure. Sobald es das Kalkgestein berührt, bildet sich aus Kalziumkarbonat und Kohlensäure Kalziumhydrogenkarbonat. Dies ist leichter löslich als Kalziumkarbonat und kann vom abfließenden Wasser weggeführt werden.

Das Wasser dringt nur entlang der Klüfte in das Gestein ein, ohne die glatte Oberfläche anzugreifen. Es erweitert diese Risse zu einige Meter breiten und Dutzende von Metern tiefen Spalten und Schluchten mit fast senkrechten Wänden. Da Sonnenstrahlen nur selten bis zum Grund dringen, ist die Verdunstung äußerst gering. An den Wänden haben einige Epiphyten und bestimmte Baumarten mit stark entwickelten Wurzeln Fuß gefaßt, doch im übrigen bestimmt nackter Fels das Landschaftsbild. Zwischen den Spalten verlaufen scharfe Grate, und die Wände sind von Rinnen, durch die Regenwasser abfließt, zerfurcht. Am Fuß des Massivs, wo das Kalkgestein an den Granit- oder Gneissockel grenzt, liegen zahlreiche Höhlen. Solche pittoresken Lösungsformen, auch Karst genannt, entwickeln sich vor allem in reinem Kalkstein und in tropischem Klima, wo der Frost sie nicht zerstören kann, wie dies in unseren Breiten oft der Fall ist.

Apuanische Alpen

Europa, Italien
43° 54′–44° 15′ n. Br., 10°–10° 30′ ö. L.

In der stark zerklüfteten Gipfelregion der Apuanischen Alpen scheint ewiger Schnee zu liegen. Doch wenn man näher kommt, erkennt man, daß diese „Firnfelder" mächtige Steinbrüche sind, in denen weißer Marmor gewonnen wird – der weltberühmte weiße Marmor von Carrara und Massa.

Die Apuanischen Alpen liegen in der nordwestlichen Toskana zwischen den Flüssen Serchio und Magra. Man gab ihnen diesen Namen wegen ihrer großen Ähnlichkeit mit den Alpen, obwohl sie eigentlich ein Teil des nördlichen Apennins sind.

Sogar dem eiligen Reisenden, der zwischen La Spezia und Pisa auf der Autobahn am Fuß des Gebirges entlangfährt, fällt ihr besonderer Charakter auf. Am eindrucksvollsten wirken die Apuanischen Alpen von der Küstenebene am Tyrrhenischen Meer, der Versilia, aus gesehen. Bereits wenige Kilometer vom Meer entfernt, steigt das steile Gebirge mit seinen schroffen Bergspitzen abrupt auf fast 2000 m an. Teilweise ist es kahl und weiß, denn nicht nur die Gipfel bestehen aus weißem Marmor, sondern auch die Hänge sind an vielen Stellen mit den Gesteinstrümmern der Marmorbrüche bedeckt.

Das ausgeprägte heutige Relief der Apuanischen Alpen hängt nicht nur mit

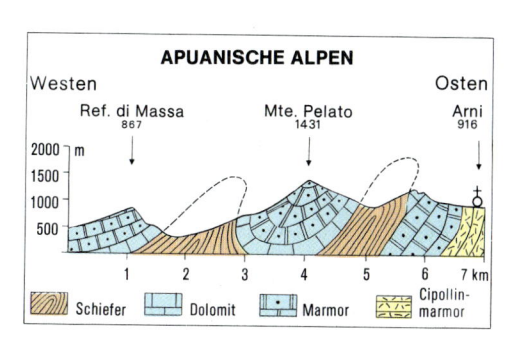

Apuanische Alpen

Apuanische Alpen *An den Flanken der Berggipfel in den Apuanischen Alpen klaffen die breiten Gruben der Marmorbrüche, die von weitem wie Schneefelder aussehen.*

dem geologischen Aufbau des Gebirges zusammen. Es waren zusätzlich noch klimatische Voraussetzungen für eine starke Abtragung gegeben: Den Kern des Gebirges bilden weiche Schiefer, die im Tertiär zu einem mächtigen Faltengebirge aufgetürmt wurden. Die Mulden zwischen den einzelnen Schieferfalten waren mit harten Marmor- und Kalkgesteinen gefüllt. Außerdem fielen schon während der letzten Periode der Würmeiszeit reichliche Niederschläge, als Gletscher die Täler aushobelten und später ihre Moränen zurückließen. Die aus weichem Gestein bestehenden Faltensättel (Antiklinalen), d. h. die am höchsten gehobenen Teile des Gebirges, wurden abgetragen. Der harte Marmor in den Gebirgsmulden (Synklinalen) blieb erhalten und bildet heute die Gipfelregion. Dieses Phänomen bezeichnet man als Reliefumkehr.

Weil sich die Marmorbrüche in den Hochlagen befinden, ist dieses unwegsame Gebirge auch sehr gut erschlossen. Von den benachbarten Städten Carrara und Pietrasanta auf der Seite der Versilia sowie von Castelnuovo di Garfagnana im Osten führen Fahrstraßen bis zu den Steinbrüchen an den Flanken der Gipfel hinauf. Von hier oben erschließt sich dem Besucher die ganze Schönheit der Apuanischen Alpen. Man erkennt, daß sie nicht nur im Relief, sondern auch in den Höhenstufen der Vegetation teilweise an die Alpen erinnern.

Wenn man Zeit hat, das gesamte Massiv bis zur Garfagnana genannten Tallandschaft des Serchio im Osten zu durchqueren, kann man noch die Grotta del Vento, die „Windgrotte", in Fornovolasco besichtigen. Hier haben sich in den mächtigen Marmormassen Karsthöhlen gebildet. Da an den beiden einander gegenüberliegenden Eingängen der Windgrotte unterschiedliche Luftdruckverhältnisse herrschen, entsteht ein Luftzug, der ihr diesen Namen eingetragen hat.

Interessant ist jedoch vor allem der Marmorabbau. In manchen Steinbrüchen wird mit Dynamit gesprengt. Aus dem Abbaustoß schneiden die Steinbrecher riesige Blöcke, die dann ins Tal hinuntergeschafft und in den Sägewerken zerkleinert werden. Das Bearbeiten erfolgt mit Hilfe von Sand: Lange, über Rollen laufende Stahlseile reiben nassen Quarzsand in das Gestein, das auf diese Weise zersägt wird.

Apurímac, Río

Amerika, Peru
15° 25'–12° 45' s. Br., 72°–74° w. L.

Ein von den Inka als Gottheit verehrter Fluß, der sich am Grund tiefer Schluchten verbirgt, ehe er in den Marañón, einen der Quellflüsse des Amazonas, mündet.

Der Río Apurímac entspringt im mittleren Teil der Ostkordillere. Nachdem er 880 km in nördlicher Richtung zurückgelegt hat, vereinigt er sich mit dem Río Urubamba. Von da an heißt er Río Ucayali. Aus dem Zusammenfluß mit dem Marañón entsteht der Amazonas.

In seinem Oberlauf fließt der Río Apurímac zunächst nach Nordosten, dann nach Nordwesten. In diesem ersten Abschnitt hat er sich tief in die vulkanischen Hochebenen eingeschnitten. Ab Cuzco wendet sich der Fluß nach Westen. Er folgt der Furche, die die Westkordillere von der Ostkordillere trennt, und erreicht dann das Becken von Abancay. Hier finden sich verschiedene Gesteinsarten. Die Sedimente der Oberkreide setzen sich aus Peliten, Sandsteinen und Kalken zusammen, die in weiten Flächen zutage treten. In nordsüdlicher Richtung verlaufende Brüche haben diese Sedimentformationen in große, geneigte Schollen zerlegt. Außerdem wurden sie durch zahlreiche einzelne Diorit- und Granodioritintrusionen auseinandergeschoben. Der Río Apurímac durchfließt diese Zone in ostwestlicher Richtung bis zu seinem Zusammenfluß mit dem Río Pampas westlich von Abancay. Danach biegt er jäh nach Norden um und durchquert in einem Durchbruchstal die Ostkordillere. Weiter nördlich setzt er seinen Lauf in einer Synklinalen fort. Diese besteht im Sü-

◄ **Río Apurímac** *Zwischen den von hohen Bergspitzen gekrönten Gebirgszügen Perus beschreibt der Apurímac am Fuß eines kahlen Steilufers eine weitgeschwungene Schleife.*

den aus Peliten mit dazwischengeschobenen Sandstein- und Quarzitbänken aus dem oberen Paläozoikum, im Norden aus Sedimenten, die in der Kreidezeit und im Alttertiär entstanden sind. Nach dieser Synklinalen bildet er nach Osten hin ein Knie und durchquert einen Horst aus paläozoischen Gesteinen. Von hier bis zum nahen Zusammenfluß mit dem Río Urubamba fließt er wieder nordwärts.

Charakteristisch für den Río Apurímac sind sein tief eingeschnittenes Tal mit canyonartigen Schluchten. Diese Schluchten sind so tief, daß sie semiarides und sogar arides Klima besitzen, weil sie von den tropischen Konvektionsschauern nicht erreicht werden. Für die Inka war der schäumende, reißende Apurímac eine Gottheit, der sie am Ostufer des Flusses einen Tempel weihten.

Im Becken von Abancay verbreitert sich das Tal. Hier dehnen sich fruchtbare Schwemmlandböden aus, die dank der Bewässerung den Anbau verschiedener Kulturpflanzen zulassen.

Apuşenigebirge *Die steilen Bergflanken oberhalb der tiefen Bresche, die ein unsichtbarer Wasserlauf in das Kalkplateau eingeschnitten hat, sind mit Wald bedeckt, während die sanfteren Hänge im Innern des Transsylvanischen Massivs ein grüner Wiesenteppich überzieht.*

Apuşenigebirge

Europa, Rumänien
46° 30' n. Br., 22° 30' ö. L.

Die zerklüfteten Berge des Apuşenigebirges wirken wie eine von Feen und guten Geistern bevölkerte Märchenwelt. Das Wasser mancher Quellen und Wasserfälle ist so kalkhaltig, daß ständig Kalk abgeschieden wird, der seltsame Formen ausbildet.

Das Apuşenigebirge ist der höchste, formenreichste Teil der Westkarpaten. Dieses große, zerklüftete Kalkgebirge in Rumänien wird im Süden vom Mureş, im Norden vom Someşul Mic und Crişul Repede be-

Arab, Schatt-el-

Asien, Iran/Irak
30° 30′ n. Br., 48° ö. L.

Dort, wo sich Euphrat und Tigris vereinigen, dehnt sich Schwemmland mit weiten, morastigen Sümpfen und hohem Schilfröhricht aus.

Der Schatt-el-Arab bildet den gemeinsamen Mündungsstrom der beiden großen Zwillingsströme Mesopotamiens. Er ist ungefähr 190 km lang und beginnt bei der Stadt Qurna. Da sowohl dem Euphrat als auch dem Tigris durch Bewässerungsanlagen viel Wasser entzogen wird und da außerdem die Verdunstung in diesem Gebiet sehr hoch ist, sinkt die Abflußmenge beider Ströme kurz vor ihrem Zusammenfluß auf ein Minimum.

Die Gezeiten des Persischen Golfs machen sich auf der ganzen Länge des Laufs des Schatt-el-Arabs bemerkbar. Sie führen ihm beträchtliche Wassermengen zu. Und sie vor allem machten es möglich, daß der Hafen von Basra, der 130 km oberhalb der Mündung des Stroms in den Persischen Golf liegt, von großen Öltankern angelaufen werden kann.

Der Schatt-el-Arab ist der Hauptarm eines großen Deltas. Es wurde eingedeicht, damit der Abfluß reguliert werden konnte. Zu beiden Seiten des Stroms dehnen sich jedoch noch immer die weiten Sümpfe Niedermesopotamiens, die mehrere natürliche Seen einschließen, wie etwa den Hor-el-Hammar. Diese *Hors* – Seen mit jahreszeitlich schwankender Ausdehnung – werden erstaunlicherweise durch die lehmig-tonigen Sedimente der beiden Ströme nicht aufgefüllt. Dabei führt der Tigris jährlich 52 Millionen t heran, der Euphrat 21 Millionen. Dies kann man als Beweis dafür werten, daß sich Mesopotamien am Fuß des ständig sich hebenden Sagrosgebirges auch heute noch senkt. Die Hypothese, wonach der Persische Golf durch die Hebung des Landes immer mehr eingeengt wird, trifft also nicht ganz zu. Zwar kann man beobachten, daß sich an den Seiten des Golfs Sedimente vor allem aus dem Sagrosgebirge ablagern und daß sich das Delta selbst jedes Jahr weiter ins Meer hinausschiebt, doch halten sich vermutlich die Senkung des Landes und die Ablagerung ungefähr die Waage.

Man hat beobachtet, daß sich das Sumpfland immer weiter ausdehnt. Dies hängt jedoch nicht allein mit der Tektonik zusammen. Auch klimatische Veränderungen und Naturkatastrophen spielen eine Rolle. So haben schwere Überschwemmungen die Ausweitung der Sümpfe stark gefördert, während durch die Regulierungsarbeiten in den letzten 20 Jahren einige Teile des Landes trockengelegt wurden.

Schatt-el-Arab *Ein Stück flußaufwärts haben sich Euphrat und Tigris vereint und strömen nun nach Süden. An den Ufern wachsen Palmen, in deren Schatten die Früchte subtropischer Länder gedeihen.*

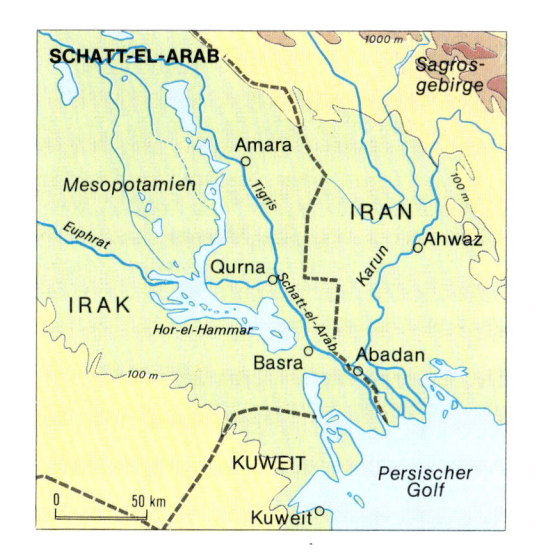

In den Sümpfen und Seen beiderseits des Schatt-el-Arab entstand eine Schlamm- und Schilfkultur, die in sehr frühe Zeiten zurückreicht. Zu den sumerischen Stämmen, die sich schon um 5000 v. Chr. hier niedergelassen hatten, gesellten sich im 5. Jahrhundert n. Chr. die Mandäer, eine Täufersekte aus dem Jordantal, im 8. Jahrhundert siedelten sich Araber an, und schließlich setzten sich die Abkömmlinge schwarzer Sklaven und auch Beduinen hier fest.

Über 70 000 Menschen leben in der mündungsnahen Überschwemmungszone von ihren Büffelherden und der Gewinnung des *Qassab*, einer Riesenschilfart, die 5 bis 6 m hoch wird und zugleich Baumaterial für Hütten und Brennmaterial liefert. Hier kann man sich nur mit Booten fortbewegen, vorausgesetzt, daß kein starker Wind weht, der das Wasser des Persischen Golfs in den Schatt-el-Arab treibt: Dort steigt dann der Wasserstand rasch an, und die Boote müssen an Land gezogen werden. Während des Golfkriegs (1980–1988) war dieses unwegsame Sumpfgebiet schwer umkämpft. Zehntausende von Soldaten ließen ihr Leben zwischen Schilfinseln, Wassergräben und Palmenhainen. Inzwischen ist wieder Ruhe eingekehrt, vermutlich aber nicht für lange Zeit, weil großangelegte Kolonisierungsmaßnahmen vorbereitet werden.

Arak, Wadi

Afrika, Algerien
25° 20′ n. Br., 3° 46′ ö. L.

Das Wadi Arak scheint die blaue Mauer, die plötzlich die Wüste abriegelt, lediglich zu durchbrechen, um den Reisenden in eine einsame Steinwelt zu locken. Nur an wenigen Stellen gedeihen ein paar Pflanzen.

Nachdem man die rötlichen Sandflächen von In-Salah hinter sich gelassen hat, zweigt man von der Hauptstraße auf einen alten Karawanenpfad ab, der nach Süden führt. Viele sandalenförmige Zeichen – vermutlich Beschwörungssymbole – und eine Inschrift weisen darauf hin, daß es sich hier wirklich um einen Karawanenpfad handelt. In einen Felsen wurde die Inschrift eingegraben: „O Leute, hört nicht auf zu arbeiten! Siebenmal bin ich als Kameltreiber hier vorbeigezogen und siebenmal mit sieben Dienern wieder zurückgekommen."

Nach der Wasserstelle von Tadjemout, 265 km von In-Salah entfernt, nimmt der Boden nach Süden zu eine immer dunklere Tönung an, die von Blaugrau bis Violett reicht. Nun nähert man sich dem Gebiet der Tuareg, das zwischen dem Mouydirgebirge im Osten und dem Adrar-n-Ahnet-Gebirge im Westen liegt.

Etwa 300 km südlich von In-Salah steht man plötzlich vor mächtigen bläulichen Felswänden, deren Gipfel bei Arak eine Höhe von rund 1000 m erreichen. Hier beginnt die gewaltige Schlucht des Wadi Arak. Das Tal, in dessen Sohle der von Süden nach Norden fließende Arak tiefe Rinnen gegraben hat, ist in silurische Sandsteine eingeschnitten und durchquert den Sockel aus kristallinen Schiefern. Die Felswände, die das Tal begrenzen, sind sehr steil, weil der Wind die Abtragung

Wadi Arak *Nicht weit vom Ahaggarmassiv entfernt ragen Felstürme über dem Wadi Arak in den Himmel. Zu ihren Füßen erstreckt sich zwischen sonnendurchglühtem Gesteinsschutt ein Geröllfeld und ein langgezogenes, teilweise grünes Wadi.*

durch das oberflächlich abfließende Wasser noch verstärkt. Die Wände treten immer näher zusammen. An der engsten Stelle liegt am Fuß eines Felsvorsprungs ein kleiner Teich, der nie austrocknet. In ihm leben einige Fische, zum Beispiel Barben und Welse. Ein dichter, grüner Gürtel aus Schilf und Rohrkolbengewächsen, deren breite, lange Blätter die Bewohner zum Bau ihrer Hütten verwenden, umgibt den Teich. An diesem einsamen Ort leben kleine Tiere, wie etwa Vipern, Ratten und Springmäuse. Über den dunklen, gezackten Anhöhen, die in den blauen Himmel ragen, kreisen einige Greifvögel. Ein Agamemännchen – das ist eine Echse – mit rotem Kopf und blauem Körper läuft flink über die warmen Felsen. Spielerisch läßt sich ein Steinschmätzer immer einige Meter von Menschen entfernt nieder, als erwarte er ein paar Brosamen. In diesem trockenen Gebiet, wo jährlich nur 60 bis 75 mm Regen fallen, wirkt Wasser wie ein Geschenk des Himmels.

Vor mehreren tausend Jahren haben an den Hängen und in den Höhlungen Menschen gelebt. Man fand hier einige Pfeilspitzen aus der Altsteinzeit sowie jungsteinzeitliche Werkzeuge. Hügelgräber aus dem 1. Jahrtausend n. Chr. verraten, daß hier Menschen gelebt haben, die noch keine Moslems waren. Heute begegnet man in den Arakschluchten nur noch wenigen Menschen. Einige nomadisierende Familien halten sich meistens im südlich gelegenen Tefedest oder im Norden in der Nähe von In-Salah auf. Seit etwa 15 Jahren

Aralsee

Asien, UdSSR
43° 30'–46° 50' n. Br., 58° 10'–62° ö. L.

Sein klares, tiefblaues Wasser füllt ein von großen Trockengebieten umgebenes Becken. Er ist einer der größten Seen der Erde. In der Eiszeit bestand eine Verbindung zwischen dem Aralsee und dem Kaspischen Meer.

Zwei Sowjetrepubliken, Kasachstan im Norden und Usbekistan im Süden, haben teil am Aralsee. Auf allen Seiten von weiten Trockengebieten umgeben, stellt er ein typisches Beispiel für einen sogenannten Endsee dar. Er liegt 54 m über dem Meeresspiegel, ist 428 km lang und 284 km breit. Insgesamt nimmt er eine Fläche von 45000 km² ein. Sein Becken ist sehr flach. Die durchschnittliche Tiefe beträgt nur 16,4 m. Während im östlichen Teil weniger als 10 % des Seebodens über 30 m tief sind, maß man im Westen, am Rand des Ust-Urt-Plateaus, in einer schmalen, von Norden nach Süden verlaufenden Rinne bis zu 68 m Tiefe.

Die Ufer des Aralsees, an denen überall arides Klima herrscht, sind von unterschiedlicher Gestalt. Das Nordufer bildet die südliche Grenze des sandig-tonigen Tafellands von Turgai. Es erhebt sich 200 bis 300 m über den Meeresspiegel und ist in weite Buchten gegliedert. Am Westufer wird der See von hohen Klippen überragt, an deren Fuß ständig die Brandung nagt. An der flachen Ostküste dringt der See in ein Dünengebiet mit niedrigen Rücken ein. Eine Anzahl langer, schmaler Buchten mit zahlreichen Inselchen hat sich dort gebildet. Im Süden und Osten ergießen sich die schlammigen Fluten des Amu-Darja und des Syr-Darja in den See. Diese beiden Flüsse haben hier breite Deltas aufgeschüttet, die jedes Jahr beträchtlich wachsen.

Der Wasserstand des Aralsees war im Lauf der Erdgeschichte starken Schwankungen unterworfen. Während des Pleistozäns lag der Wasserspiegel des Sees 4 m höher als heute. Zu der Zeit standen das Kaspische Meer und der Aralsee miteinander in Verbindung. Von 1860 bis 1880 enthielt der See ziemlich wenig Wasser, während von 1880 bis 1915 der Seespiegel wieder um 2 m stieg. Seit einiger Zeit schrumpft der Aralsee mit beängstigender Geschwindigkeit. Die Ursache: Aus den beiden Zuflüssen Syr-Darja und Amu-Darja werden große Wassermengen in ein weitverzweigtes Kanalsystem abgeleitet. Dieses speist die ausgedehnten Baumwollkulturen Usbekistans und Südkasachstans.

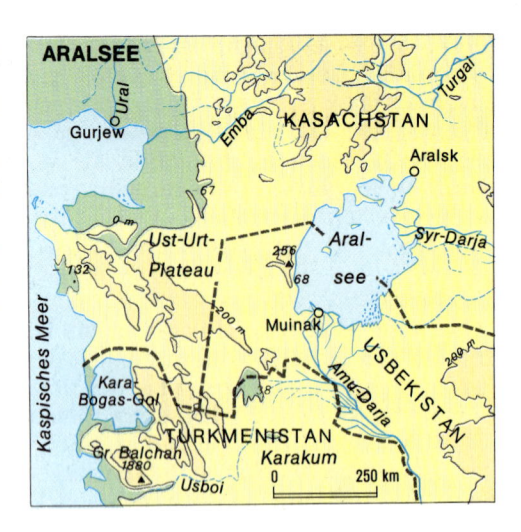

Die Oberfläche des Sees wird jeden Tag von sogenannten Schaukelwellen bewegt. Sie entstehen infolge unterschiedlichen Luftdrucks. Im Nordosten hat man Amplituden von 0,2 bis 1 m gemessen. Bei Stürmen werden sogar noch höhere Werte erreicht. Außerdem bildet sich oft eine im Uhrzeigersinn kreisende Wasserströmung, die durch den Wind und vor allem durch die zufließenden Wassermassen des Amu-Darja und des Syr-Darja hervorgerufen wird.

Das Wasser des Aralsees ist schwach salzig. Der durchschnittliche Salzgehalt beträgt 11 bis 14‰. Im Sommer erwärmt es sich an der Oberfläche auf 26 bis 30 °C, doch am Grund bleibt es sehr kalt. Im Winter friert der See zu. Meist hält sich im Norden die Eisdecke vier bis fünf Monate lang.

Die Tierwelt ist verhältnismäßig artenarm. Es finden sich hier vor allem Süßwassertiere. Karpfen, Barsche, Brachsen, Hechte, doch auch Lachse, Welse und Karauschen werden gefangen. Am Grund leben Moostierchen, Schnecken, Muscheln und Krebse. Das Plankton besteht überwiegend aus bestimmten Arten von Ruderfußkrebsen und Dreikantmuscheln.

Weil der Boden um den Aralsee sehr karg ist und der Fischfang eine geringe Rolle spielt, ist das Land hier nur dünn besiedelt. Aralsk, die größte Stadt, hat ungefähr 30000 Einwohner. Wie Muinak im Süden ist es ein Fischerhafen mit Konservenfabriken und kleinen Hüttenbetrieben. Zwischen diesen beiden Städten hat sich ein lebhafter Seehandel entwickelt.

Eine andere wichtige Einnahmequelle ist die Produktion von Kochsalz und Glaubersalz, das in der chemischen und pharmazeutischen Industrie Verwendung findet. Bei Aralsk hat man vor einiger Zeit eine kleine Eisenerzlagerstätte entdeckt. Hier soll ein Eisenhüttenkombinat entstehen und gleichzeitig eine Stadt gebaut werden, in der eines Tages 300000 Menschen leben sollen.

Ararat

Asien, Türkei
39° 42' n. Br., 44° 18' ö. L.

Wie die Bibel berichtet, landete hier die Arche Noah. Dieser alte Vulkan, der sich als mächtiger Kegel über eine ausgedörrte Steppenlandschaft erhebt, galt lange Zeit als tabu und erfüllte die Menschen mit heiliger Scheu.

Der Ararat heißt bei den Türken Ağrı Dağ, die Armenier nennen ihn Masis und die Perser Kuh-i-Nur (Berg Noahs). Nach dem Alten Testament soll hier Noah, der Vater der neuen Menschheit, mit seiner Arche gelandet sein.

Der Ararat erhebt sich als mächtiges zweigipfliges Einzelmassiv auf dem Ostanatolischen Hochland. Der 5165 m hohe Kegel des stark vergletscherten Großen Ararats bildet einen weithin sichtbaren Orientierungspunkt. Er überragt die in 4200 m Höhe liegende Schneegrenze um beinahe 1000 m. Vom Kleinen Ararat (3925 m) ist er durch einen 2600 m hohen Sattel getrennt. Wenn man sich dem Berg aus westlicher Richtung nähert, wirken seine gigantischen Dimensionen geradezu überwältigend. Die Hänge des ebenmäßigen Kegels überragen hier ihre Umgebung um rund 3000 m. Noch gewaltiger wirkt der Ararat, wenn man ihn von der nördlich angrenzenden Niederung des Araks, der sogenannten Araratebene, aus betrachtet. Sie liegt etwa 800 m hoch, so daß der Berg von hier aus gemessen eine relative Höhe von fast 4400 m erreicht.

In der Umgebung des Ararats laufen mehrere Bruch- oder Verwerfungslinien der Erdkruste zusammen, so daß diese Gegend einem geologischen Knotenpunkt gleicht. Es handelt sich um ein Gebiet sehr junger Hebung und Gebirgsbildung. Starke Krustenbewegungen, durch die Horste und Gräben entstanden, erklären das Nebeneinander von hohen Plateaus und tiefen Senken wie der des Araks. Diese Bewegungen dauern heute noch an, wie die schweren Erdbeben beweisen, die von Zeit zu Zeit in der Osttürkei auftreten. Die Erdbebenherde liegen vor allem an den großen Bruchlinien, wo sich die Schollen gegeneinander verschieben.

Die beiden Kegel des Ararats lagern auf einem Horst, d. h. auf einer durch tektonische Kräfte gehobenen Scholle der Erdoberfläche. Seine regelmäßige Gestalt zeugt vom vulkanischen Ursprung des Massivs. Es handelt sich um einen inzwischen erloschenen Schicht- oder Stratovulkan, der erst im Pliozän und frühen Pleistozän, also in geologisch junger Zeit, entstanden ist. Zunächst wurden vulkanische Aschen und Tuffe ausgeworfen, über die sich anschließend Lava ergoß. Die Vorgänge wiederholten sich danach noch mehrmals in abwechselnder Reihenfolge, so daß der Ararat allmählich seine heutige kegelförmige Gestalt annahm.

Die ausgeworfenen Lockermassen (Asche, Tuffe) sowie die dunklen Andesit- und Basaltlaven quollen aus mehreren Kratern und Radialspalten hervor. Während am Großen Ararat die Tuff- und Ascheschichten nur geringe Mächtigkeiten erreichen, treten sie beim Kleinen Ararat stärker in Erscheinung. Sein Kegel ist deshalb regelmäßiger geformt und wegen der geringen Festigkeit des Materials auch stärker durch Verwitterungs- und Abtragungserscheinungen angegriffen. Zahlreiche Barrancos, von abfließendem Niederschlagswasser gebildete Erosionsrinnen, zerschneiden strahlenförmig die Hänge.

Der Ararat befindet sich in einer Übergangszone zwischen kontinentalem Trockenklima und subtropischem Winterregenklima. Verhältnismäßig geringe Niederschläge und hohe Sommertemperaturen bewirken, daß die Schneegrenze nur bis auf 4200 m herunterreicht. Der Gipfel des Großen Ararats wird jedoch von einer mächtigen, etwa 10 km² großen Eiskappe bedeckt. Der vermutlich nur sehr flache Krater ist völlig mit Eis gefüllt. Etwa zehn Gletscherzungen, zwischen 1 und 2,5 km lang, strömen mehr oder weniger tief in das Zehrgebiet hinab. Die größten sind der Mihtepe, der Parrotgletscher, der in 3600 m Höhe endet, und schließlich der Abischgletscher.

Die Erstbesteigung des Ararats erfolgte 1829 durch F. Parrot. Damals gehörte der Berg zu Rußland. 1845 bestieg der Geologe Hermann Abisch den Berg über die Ostflanke, und 1850 erreichte eine Expedition von russischen Wissenschaftlern, die mit Hilfe der Triangulationsmethode Transkaukasien vermaßen, den Gipfel. Viele andere Besteigungen mißlangen jedoch. Sie scheiterten immer wieder an den enormen Höhenunterschieden und der Unwegsamkeit des Geländes, dessen Begehung ohne entsprechendes Training für den Ortsunkundigen sehr gefährlich ist. Zu den extremen Temperaturen, die den menschlichen Organismus stark belasten, kommt noch die große Trockenheit hinzu, denn alles Wasser versickert sofort in den porösen Asche- und Schlackenböden. Heute bieten sich in der etwa 30 km entfernten Grenzstadt Doğubayazit einheimische Bergführer an, mit deren Hilfe der Große Ararat in etwa drei bis vier Tagen bestiegen werden kann.

Aufgrund des akuten Wassermangels sind die Berghänge nur an wenigen Stellen mit kümmerlichen Wacholdersträuchern und Gräsern bewachsen. Bis auf vereinzelte Birken, die am Kleinen Ararat noch in etwa 2200 m Höhe anzutreffen sind, ist auch dieser Gipfel völlig kahl. Eine Besiedlung ist erst unterhalb von 1800 m am Fuß des Berges möglich. Hier tritt das im oberen Teil versickernde Niederschlagswasser in mehreren Quellen wieder zutage, deren Schüttung für einen kargen Anbau bei künstlicher Bewässerung ausreicht.

Ararat *Der von einem kristallinen Sockel getragene Kegel aus erkalteten Lavaschichten und vulkanischen Aschen und Tuffen ragt nahe der türkisch-iranisch-russischen Grenze in den Himmel.*

Arches-Nationalpark

Amerika, USA
39° 30′ n. Br., 109° 20′ w. L.

Ein Felsenlabyrinth phantastisch geformter Bögen, Pfeiler und monumentaler Skulpturen aus rötlichem Sandstein, dessen Bindemittel im Lauf der Jahrtausende durch die Einwirkung von Frost, Regen und Wind zerstört worden ist: der Arches-Nationalpark.

Im Südosten des Bundesstaates Utah liegt zwischen 1200 und 1700 m Höhe eine eigenartige, 296 km² große Landschaft, die seit 1929 unter Naturschutz steht. 1971 wurde sie zum Nationalpark erklärt.

Seinen Namen verdankt der Arches-Nationalpark den fast 90 grandiosen steinernen Bögen, die ebenso wie zahlreiche Fenster, Nadeln, Türme, Anhöhen und Kuppen durch Verwitterung und Erosion aus den Felsen des Entradasandsteins herauspräpariert worden sind. Diese roten Sandsteine sind ein Teil der mächtigen, flachlagernden Sedimentschichten, aus denen die wüstenhafte Landschaft des Coloradoplateaus aufgebaut ist. Sie entstanden vor etwa 170 Millionen Jahren im Mesozoikum. Vom Wind angewehte Flugsande türmten sich zu einer etwa 100 m mächtigen Schichtenfolge auf und verwandelten sich im Lauf der Zeit in Sandstein. Als dann Eisenoxide einsickerten – ein Bindemittel, dem das Gestein seine heutige rote Farbe verdankt –, verkitteten die Schichten.

Der Sandstein besteht vorwiegend aus harten Quarzkörnern, die nur sehr langsam verwittern. Das Bindemittel jedoch, ein verhältnismäßig weiches Material, ist gegen Wasser, Wind und starke Temperaturschwankungen zwischen Tag und Nacht äußerst empfindlich. Die herrlichen Gesteinsformen im Arches-Nationalpark be-

Arches-Nationalpark *Ein zerbrechlicher, dünner Sandsteinbogen verbindet die bizarren, stark verwitterten Gesteinsmassen. Im Vordergrund die Trümmer eingestürzter Bögen, zwischen denen eine dürftige Zwergstrauchvegetation Schutz vor den trockenen Winden der Halbwüste gefunden hat.*

ruhen also auf der ungleichmäßigen Zerstörung und Abtragung der Gesteinsbestandteile. An verschiedenen Bögen kann man die einzelnen Stadien der Verwitterung beobachten. Die allmähliche Auflösung des Bindemittels geht im übrigen sehr langsam vor sich. Es hat Jahrtausende gedauert, bis das Gestein die bizarren Formen annahm, die heute so viele Besucher anziehen.

Zu den interessantesten Gebilden gehören der 89 m lange und über 30 m hohe *Landscape Arch* im sogenannten *Devil's Garden* (Teufelsgarten) und das 20 m hohe *South Window*.

Arktis

Diese Welt des Treibeises und der Eisberge, der Fjorde und Gletscher ist keineswegs starr und bewegungslos. Flüsse und Gletscherzungen, die den Gebirgsgürtel Grönlands durchbrechen oder von eisbedeckten Inseln herabfließen, streben unaufhaltsam dem offenen Meer zu.

Das stellenweise mehr als 4000 m tiefe Nordpolarmeer erstreckt sich über rund 14 Millionen km² und umspült die Küsten Nordeuropas, Sibiriens, Alaskas, Kanadas und Grönlands. Es ist ein verhältnismäßig wenig befahrenes Meer, da das Treibeis, welches seine Oberfläche zum Teil ständig bedeckt, die Schiffahrt in hohem Maße behindert und gefährdet. In den offenen Meeresteilen treiben Eisberge oder riesige schwimmende Eisinseln, von denen eine Berühmtheit erlangte, als die Amerikaner in den sechziger Jahren auf ihr eine wissenschaftliche Beobachtungsstation errichteten.

An der Meeresoberfläche ist das Wasser auch im Sommer sehr kalt; die Temperaturen liegen nahe dem Gefrierpunkt. Dieses Phänomen ist vor allem auf die kalte Luft, aber auch auf die ins Meer hineinragenden Gletschermassen an den Küsten zurückzuführen, die das Wasser sehr stark abkühlen. Die Gletscher bedecken etwa ein Viertel der arktischen Landgebiete. Im Eiszeitalter säumten vier riesige Eiskappen das Nordpolarmeer, von denen sich lediglich eine bis heute erhalten hat, nämlich die in Grönland. Andernorts findet man nur noch weniger ausgedehnte Eisbedeckungen oder Gruppen von kleineren Gletschern.

Die Eismassen der arktischen Festlandsteile und Inseln zeichnen sich durch sehr niedrige Temperaturen aus: -1 bis $-27\,°C$. Es handelt sich um sogenannte kalte Gletscher, deren Temperaturen nach Süden, zum Polarkreis hin, ansteigen. Sie bilden einen Eismantel von 2,2 Millionen km² Oberfläche, was etwa 14 % aller vergletscherten Flächen der Erde entspricht. 83 % davon entfallen allein auf Grönland, 10 % auf die kanadisch-arktischen Inseln, 5 % auf die eurasischen Inseln und 2 % auf verschiedene andere arktische Inseln. Von der Masse her gesehen liegen 96 % des arktischen Eises, dessen Volumen sich auf insgesamt 2,6 Millionen km³ beläuft, in Grönland.

Vier große Inseln des kanadisch-arktischen Archipels, der dem Inlandeispanzer Grönlands gegenüberliegt, besitzen ausgedehnte Eiskappen. Es sind die 10 900 km² große Bylotinsel, deren Oberfläche zu mehr als 50 % mit Gletschern bedeckt ist, die Devoninsel, die eine bis in 1890 m Höhe aufragende mächtige Eiskuppel von 15 000 km² trägt, die Axel-Heiberg-Insel, von der fast ein Drittel (12 650 km²) vereist ist (auf ihr befinden sich zwei große Eiskappen, das McGill Icefield und das Schei Icefield, deren Ausläufer bis zum Meer hinabreichen), und schließlich die Ellesmereinsel. Letztere ist von Grönland durch eine 40 km breite Meeresstraße, die Nares Strait, getrennt. Ihre zahlreichen Fjorde werden von Gletschern ausgefüllt, die von drei gewaltigen Eiskappen (vereiste Gesamtfläche 82 000 km²) herabfließen. Die Ellesmereinsel säumt ein bekannter Eisschelf (Eismassen, die sich auf dem Meer und nicht auf dem festen Land bilden), der 80 km lange und etwa 20 km breite Ward-Hunt-Eisschelf, von dem die berühmten Eisinseln „kalben".

Im sowjetischen Teil der Arktis kann man zwischen der Festlandarktis mit kleinen Gletschern am Nordende des Uralgebirges und in Sibirien und der Inselarktis unterscheiden, wo sich die größten Eismassen befinden. Die Inselgruppe Franz-Josef-Land am 81. nördlichen Breitengrad bedecken 17 000 km² Eis, verteilt auf niedrige Basaltplateaus in Form von Gletscherkuppen. Die Doppelinsel Nowaja Semlja zwischen der Barents- und der Karasee trägt einen Eispanzer von 15 000 km²; die größte Eiskappe nährt mehr als 20 Gletscher, deren Ausläufer bis zum Meer vorstoßen. Der bekannteste unter ihnen ist der Shakalskigletscher. Die unbewohnte Inselgruppe Nordland (Sewernaja Semlja) zwischen dem 78. und dem 81. nördlichen Breitengrad besteht aus vier größeren Inseln mit je einer oder mehreren Eiskappen.

Das zwischen Skandinavien und dem Nordpol gelegene Spitzbergen mit seinen drei Hauptinseln (Westspitzbergen, Nordostland, Edgeinsel) ist zu 95 % eisbedeckt (etwa 58 000 km²).

Arktis *Als Ausläufer des von den Nunatakkern durchbrochenen Inlandeisschilds schieben sich die Gletscherzungen langsam zum Ozean vor, wo sie auf der Meeresoberfläche schwimmen, sich spalten und zerbrechen. Donnernd lösen sich Eisberge ab und driften in die offene See. Der Gletscher hat gekalbt, sagen die Eskimo.*

In Skandinavien konzentrieren sich die arktischen Gletscher auf Nordnorwegen (das Svartisenplateau mit einem Gletscher von 475 km² wird vom Polarkreis geschnitten) und auf Nordschweden (fast 30 km² umschließen den Kebnekajse, den höchsten Berg Schwedens), doch die größten Gletscher liegen außerhalb des arktischen Bereichs in Südnorwegen. (Vereiste Gesamtfläche in Skandinavien: 3800 km².)

Auf der Insel Jan Mayen, einem einsamen Eiland im Nordatlantik, finden wir wieder einen anderen Gletschertyp: den Vulkangletscher. Von einem 2277 m hohen Vulkan in der Mitte der Insel strömen etwa 15 Gletscher herab. Im letzten Jahrhundert reichten sieben davon bis zum Meer, 1938 war es nur noch einer. Inzwischen münden wieder drei Gletscher in die See.

Die gewaltigsten Vulkangletscher liegen in Island, wo sich fünf große Eiskappen über die Insel verteilen: im äußersten Nordwesten der Drangajökull (200 km²), im Westen der Langjökull (1000 km²), im Zentrum der Hofsjökull (980 km²), im Süden der Mýrdalsjökull (682 km²) und im Südosten der gigantische Vatnajökull (8250 km², Mächtigkeit des Eises 800 bis 1000 m), unter dessen Eispanzer bei Vulkanausbrüchen und durch den periodischen Ausbruch subglazialer Seen riesige Mengen Schmelzwasser frei werden. Die Isländer nennen diese Erscheinung *jökullaup*, zu deutsch Gletscherlauf.

Wie für die Gletscher der Erde insgesamt spielten auch für die arktischen Eismassen die Klimaschwankungen der vergangenen Jahrhunderte eine große Rolle. Die Erwärmung während der ersten Jahr-

Das Meereis

Da das Meerwasser salzhaltig ist, gefriert es erst bei durchschnittlich −2,2 °C. Wegen des unterschiedlichen Salzgehalts schwankt in den arktischen Meeren jedoch sein Gefrierpunkt. Meist frieren zuerst die geschützten Buchten zu und erst später auch die offene See, wobei die Eisdecke manchmal alte Treibeisschollen umschließt.

Zunächst nimmt das Wasser an der Meeresoberfläche eine ölige Beschaffenheit an: Die Eiskristalle haben sich senkrecht nebeneinander gestellt und bilden das Schlammeis. In der nächsten Phase gefrieren sie zu manchmal kreisrunden Scheiben zusammen, deren Ränder sich unter der Einwirkung der Wellen und des Windes aufbiegen: Es ist das Teller- oder Pfannkucheneis, das sich schließlich zu einer geschlossenen, durchschnittlich 2,5 bis 3 m dicken Packeisdecke verbindet. Sobald die Eiskruste mehr als 15 cm stark ist, kann man sie gefahrlos betreten und befahren.

Im Frühling zerbricht das Packeis an seinen Außenrändern durch Strömungen und Wellen in große Schollen, die durch eisfreie Kanäle voneinander getrennt sind. Diese Überreste einer Packeisdecke nennt man Treibeis. Stürme können die Eisschollen aneinanderpressen und übereinanderschieben, wodurch Eishügel mit skurrilen Formen entstehen.

Packeisfelder bilden sich in den südlichen Teilen der Arktis nur im Winter. Weiter nördlich bedecken sie ständig die Meeresoberfläche. Um die Schiffahrt rechtzeitig vor dem gefährlichen Treibeis zu warnen, werden die arktischen Meeresgebiete von Schiffen und Flugzeugen überwacht.

---

zehnte dieses Jahrhunderts führte zu einem Anstieg der mittleren Luft- und Wassertemperaturen. Dadurch wichen nicht nur die Gletscher zurück, sondern auch die Packeisflächen verringerten sich und wurden dünner. Fische und Vögel zogen immer weiter nach Norden, was in bestimmten Gegenden der Arktis die Wirtschaft und die Lebensweise der Menschen weitgehend veränderte.

Um die Eroberung des Nordpols entbrannte ein wahrer Kampf, in dessen Endphase sich zwei Männer, beide Amerikaner, den Sieg streitig machten. Es waren die beiden Polarforscher Peary und Cook.

Als Vorbereitung für seine Expedition dienten Robert E. Peary mehrere Forschungsreisen durch Grönland, die er zwischen 1886 und 1901 durchführte. Ursprünglich wollte er von hier aus zum Nordpol aufbrechen. Später änderte er seinen Plan und wählte als Ausgangspunkt den Norden der Ellesmereinsel (weiter vom Pol entfernt, jedoch leichter zugänglich), den er genau erforschte. Bis 1909 legte er hier umfangreiche Vorratslager an. Diese Vorräte deponierte er auf dem Marsch zum Pol in regelmäßigen Abständen, um auf dem Rückweg über ausreichende Reserven zu verfügen. Am 6. April 1909 erreichte er den Nordpol.

Kurz bevor Peary 1909 in die Vereinigten Staaten zurückkehrte, behauptete Frederick A. Cook, der an Pearys Grönlandreise von 1891 und an der belgischen Südpolarexpedition (1898/99) teilgenommen hatte, daß er ein Jahr vor Peary von Staelworth aus den Pol erreicht habe. Demnach wäre der Nordpol bereits am 21. April 1908 erobert worden. Doch es gibt keinen schlüssigen Beweis, daß Cook tatsächlich als erster zum Nordpol gelangt war. Andererseits hat man seine Behauptung auch nie widerlegen können.

Heute gilt Peary offiziell als Eroberer des Nordpols. Es war nicht nur ein großes Abenteuer, ein großer Sieg des Menschen (sei es Cooks oder Pearys) über die Natur, sondern auch ein Markstein in der Erforschung unseres Planeten.

Arrábida, Serra da

Europa, Portugal
38° 40′ n. Br., 9° 20′ w. L.

Am leicht geneigten Nordhang des Bergmassivs, wo früher Wildschweine und Wölfe zu Hause waren, erstrecken sich heute ausgedehnte Felder und fruchtbare Gärten. Nur seine dem Meer zugewandte Südseite mit ihrem lebhaften Relief hat ihre ursprüngliche wilde Schönheit bis heute bewahrt.

Die Serra da Arrábida ist ein ostwestlich verlaufender Kalkrücken von etwa 35 km Länge und 6 km Breite, der von Kap Espichel bis Palmela reicht. Sie bildet die südliche Gebirgsumrahmung einer weiträumi-

Serra da Arrábida *Bei Setúbal reichen die steilen weißen Klippen der Serra bis zu dem sanft nach Norden einfallenden Plateau empor, das eine spärliche Macchie aus Myrten, Zistrosen und Mastixsträuchern überzieht.*

gen Synklinale aus Jurakalken, die sich unter der Tejomündung hindurch nach Norden fortsetzt. In der nordwestlich von Lissabon gelegenen Serra de Sintra tauchen die Kalkschichten wieder auf.

Dieses stark herausgehobene und von Klüften durchsetzte kleine Massiv hat zwei Gesichter: Der sanft abfallende Nordhang ist durch kleinere Stufen und Schluchten gegliedert. Dieses Gebiet, früher dem Adel als Jagdrevier vorbehalten, war lange Zeit von Wäldern bedeckt, in denen Wölfe und Wildschweine in freier Wildbahn vorkamen. Als im 18. Jahrhundert die Schon- und Schutzbestimmungen aufgehoben wurden, entstanden sehr bald zahlreiche Siedlungen, und es entwickelte sich eine intensive und vielseitige Landwirtschaft, die hohe Erträge abwirft.

Die Südflanke dagegen wird von einem fast 500 m hohen Steilhang eingenommen, der in einer stark gegliederten Küste mit zahlreichen Meeresgrotten ausläuft. Sie bildet den schönsten Teil der ganzen Serra da Arrábida. Die Farbtöne ihres Pflanzenkleides und der Felsen erinnern an die Gestade des Mittelmeergebietes. Erdbeerbäume, Mastixsträucher und Myrten, überragt von Kiefern und Zypressen, bedecken die roten Trümmergesteine der Jurazeit, die mächtigen weißen Kalklagen und die gelblichen Konglomerate aus dem Miozän, die sich über dem leuchtendblauen Ozean erheben. Die Felswände fallen so unvermittelt zum Meer ab, daß am Fuß des Kliffs nicht einmal Platz für einen Strand ist.

Asama

Asien, Japan
36° 20′ n. Br., 138° 20′ ö. L.

Die Japaner, die noch immer nicht die Glutwolke von 1783 vergessen haben, die mehr als 1000 Menschenleben forderte, überwachen Tag und Nacht den unruhigen Schlaf dieses mächtigen feuerspeienden Berges, der sich in allerjüngster geologischer Vergangenheit auf den Überresten längst erloschener Vulkane aufgebaut hat. Er ist nur 140 km von der Hauptstadt Tokio entfernt.

„Mitten in einer Rauchwolke erhob sich wie ein hoher Pfeiler eine Säule aus vulkanischem Material, die gleich darauf über dem Dorf Kambara zusammenstürzte... Von Karijado aus gesehen, wirkte die Rauchwolke wie eine Gewitterwand, die sich vom Asama bis zum Fluß Agatsuma ausbreitete; es war, als liege Nebel über dem Wasser." So beschreiben alte japanische Chroniken den verheerenden Ausbruch des Asama im Jahr 1783. Dieser Bergriese gehört noch heute zu den aktivsten und gefährlichsten, gleichzeitig aber auch zu den am besten erforschten Vulkanen der Erde.

Der Asama oder auch Asamajama (so nennen ihn die Japaner) ist die höchste Erhebung einer ostwestlich streichenden Vulkankette auf der Insel Honschu (Hondo). Sein geologischer Bauplan ist recht kompliziert: ein Schichtvulkan mit zwei ineinandergeschachtelten Kraterringen, der sich auf einem älteren Schildvulkan erhebt. Dieser wiederum bedeckt die Überreste eines noch älteren Schichtvulkans.

Die Entstehungsgeschichte des Asama konnte von japanischen Wissenschaftlern sehr genau rekonstruiert werden. Auf einem Hochplateau aus miozänen und pliozänen Sedimenten baute sich im Pleistozän ein Schichtvulkan auf, der rund 3000 m Höhe erreichte. Sein Kegel besteht aus abwechselnden Schichten von Tuffen, Brekzien, Laven und Aschen. Während einer Periode, in der keine vulkanischen Gesteine gefördert wurden, bröckelten die Wände des Kraterkessels durch die Verwitterung so stark ab, daß schließlich die östliche Kraterwand einstürzte. Nur der westliche Teil, der heute bis in eine Höhe von 2405 m aufragt, ist erhalten geblieben. Nachdem sich das Ausbruchszentrum 2 km nach Osten verlagert hatte, überdeckten dünnflüssige Lavaergüsse den eingestürzten Teil. Es entstand ein neuer Vulkan auf den Ruinen des alten. Dabei handelte es sich um einen Schildvulkan, weil keine Lockermassen gefördert wurden.

Über dieser zweiten Vulkangeneration wuchs dann der heutige Asama mit seinen zwei konzentrischen Kraterringen empor. Die Höhe des inneren Kegels beträgt 2542 m. Seine eruptive Tätigkeit, die im frühen Holozän begann, dauert bis heute an. Das Eruptionszentrum scheint identisch mit dem des älteren Schildvulkans zu sein.

Der Asama ist ein Vulkan mit abwechselnden Phasen von reinen Lavaergüssen und Explosivausbrüchen, bei denen Bomben, Lapilli, Aschen, manchmal auch dazitischer und andesitischer Bimsstein ausgeworfen werden. Der Ausbruch von 1821 war begleitet von einem Aschenregen, während sich 1531 ein mächtiger Schlammstrom gebildet hatte, der nach einer indonesischen Bezeichnung von den Geologen auch *Lahar* genannt wird. Der verheerende Ausbruch des Jahres 1783 begann mit einem Aschen- und Bimsstein-

Der Feuergürtel des Pazifiks

Die Karte zeigt die wichtigsten Vulkane der Erde. Wie man sieht, liegen die meisten rund um den Pazifik. Die Kette der Vulkane, die von den chilenischen, peruanischen und zentralamerikanischen Kordilleren über die Pazifikküste Nordamerikas und Alaskas bis zu den Vulkanen im westlichen Pazifik reicht, bildet eine fast ununterbrochene Linie, die den Stillen Ozean umringt.

Diese Randzonen des Pazifiks kennzeichnet eine starke seismische und vulkanische Tätigkeit, weshalb man sie den „Feuergürtel" des Pazifiks nennt. Nach jüngsten Erkenntnissen beruht der Vulkanismus im pazifischen Raum auf der Ausdehnung des Ozeanbodens nach zwei Seiten. Wie auf einem Rollteppich driften die ozeanischen Krustenteile auseinander und schieben sich unter die Schollen der angrenzenden Kontinente. Durch dieses Sich-untereinander- und -übereinander-Schieben werden die Kontinentalschollen starken Spannungen ausgesetzt. Es entstehen Bruchzonen, in denen schlagartig riesige Energiemengen freigesetzt werden können. Es kommt dabei zu Erdbeben und zu Vulkanausbrüchen.

Wenn eine ozeanische „Platte" auf eine Festlandsscholle prallt, wie dies z. B. in Südamerika der Fall ist, wird das kontinentale Krustenmaterial zu einem Gebirge (Anden) aufgefaltet. Beim Zusammenpressen zweier ozeanischer Krustenteile können vulkanische Inselbögen wie Japan oder Indonesien emporgedrückt werden.

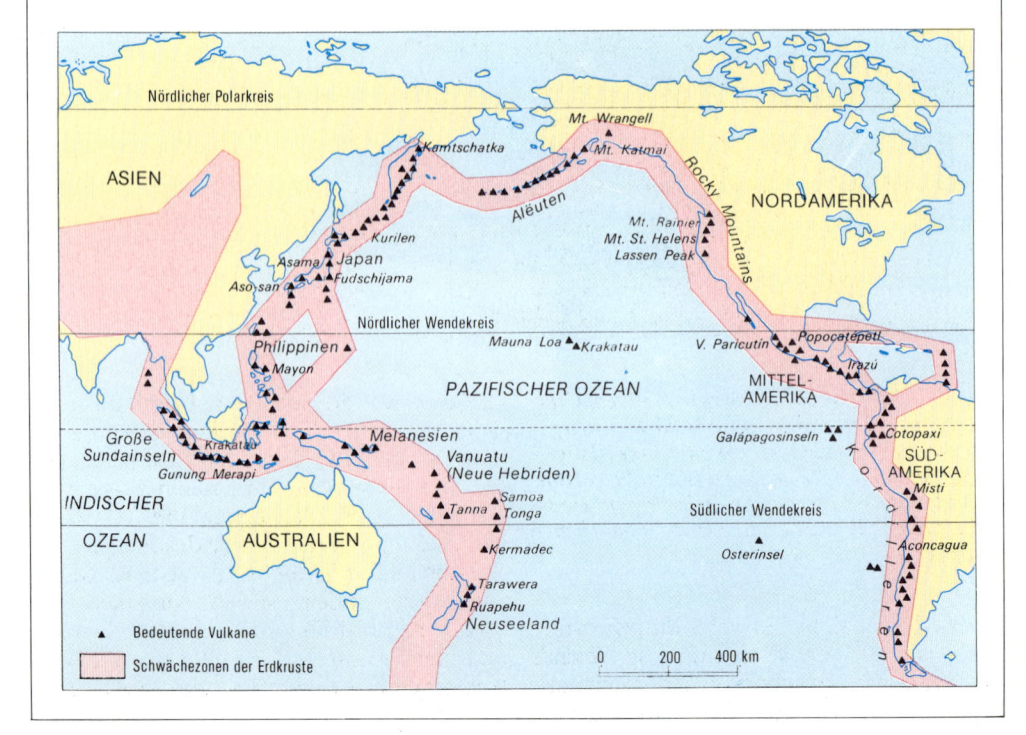

Asama *Der Vulkan, in dessen Flanken Glutwolken und Monsunregengüsse tiefe Furchen gerissen haben, erhebt sich inmitten einer Hügellandschaft im Herzen der japanischen Insel Honschu (Hondo). Man rechnet jederzeit mit einem katastrophalen Ausbruch dieses gefährlichen Feuerberges.*

regen. Ihm folgte ein sehr dünnflüssiger und daher rasch fließender, gasreicher Strom aus andesitischer Lava, der sich nach Nordnordosten ergoß. Fast zur gleichen Zeit wurde die Ortschaft Kambara unter einer riesigen Glutwolke begraben, die sich aus Aschen und Bimsstein zusammensetzte. Die ausgeworfenen Gesteinsmassen rissen eine 1 bis 2 km breite und fast 10 km lange Rinne in die Flanke des Berges, wobei ein heißer Wirbelwind entstand. Dieser außergewöhnlich heftige Ausbruch, der mehr als 1300 Todesopfer forderte, endete mit dem Ausstoß eines über 6 km langen, glühenden Lavastroms des berühmten ,,Oni-oshidashi".

Seit 1909 steht der Asama unter ständiger wissenschaftlicher Beobachtung, denn sogar das schwächste Erdbeben kann Vorbote eines Ausbruchs sein. Andere Anzeichen für eine bevorstehende Katastrophe sind auch eine Aufwölbung des Kraters oder das Einstürzen des Kraterrands. Deshalb registriert ein Netz von Seismographen, Tiltmetern und anderen Meßinstrumenten ununterbrochen alle Veränderungen, die im Innern und an der Oberfläche des Vulkans vor sich gehen.

Assalsee

Afrika, Dschibuti
11° 41′ n. Br., 42° 25′ ö. L.

Der Assalsee, der in einem abgelegenen Wüstengebiet Ostafrikas liegt, gehört zu den ungewöhnlichsten Gewässern der Erde. Seine Fluten enthalten zehnmal mehr Salz als das Wasser der Ozeane.

Der Assalsee liegt 173 m unter dem Meeresspiegel und ist nach dem Toten Meer (–397 m) und dem Tiberiassee in Galiläa (–212 m) die drittiefste Depressionszone der Erde. Er bedeckt eine Fläche von 54 km², und seine durchschnittliche Tiefe beträgt 20 m (maximal 40 m). Mit einem Salzgehalt von 34,8 % ist der Assalsee, dem sich im Nordwesten eine halbmondförmige Salztonebene von 57 km² anschließt, das wohl salzigste Gewässer der Erde. Seine Ränder säumt ein Streifen mit durchscheinendem, in Form charakteristischer Zwillingskristalle abgesondertem Gips, der entweder als Kruste die Steilufer überzieht oder 20 bis 30 m hohe Hügel bildet. Außerdem entwickeln sich auf dem Seeboden und vor allem auch am Südost- und Nordostufer, wo kalkhaltige Quellen austreten, honiggelbe Kalzium- und Aragonitkristalle, die bis zu 15 cm lang werden. Stellenweise bilden sie regelrechte Riffe, die bis an die Wasseroberfläche reichen.

In der abflußlosen Assalsenke dehnte sich noch vor 10000 Jahren, als das Klima erheblich feuchter war, ein riesiger Süßwassersee aus. Sein Wasserspiegel lag in 80 m Meereshöhe. Er veränderte sich bis etwa 5000 v. Chr. nur wenig. Aber mit zunehmender Trockenheit sank sein Wasserspiegel sehr rasch, und durch die beständig zunehmende Verdunstung erhöhte sich die Konzentration mineralischer Salze. Die Salztonebene entstand erst in geologisch jüngerer Zeit (jüngeres Holozän), als das Wasser infolge der erhöhten Verdunstung an weniger tiefen Stellen mit gelösten Salzen übersättigt war.

Das Steinsalz lagerte sich wegen seiner hohen Löslichkeit erst sehr spät ab. Seine Ausfällung hält heute noch an, vor allem in der großen Salztonebene, wo es eine Mächtigkeit von 20 bis 80 m erreicht. Es bildet jedoch keinen massiven Block, sondern besteht aus 10 bis 30 cm dicken, mit Soleschichten abwechselnden Lagen. An der Oberfläche wächst das Salz ununterbrochen weiter. Bei jedem Hochwasser wird es überschwemmt, und eine neue, wenige Zentimeter dicke Salzschicht lagert sich ab.

Die Steinsalzablagerungen im See selbst setzen sich aus kubischen Kristallen mit einer Kantenlänge bis zu 1 cm zusammen. Wo Wellen gegen das Ufer schlagen, werden einzelne Kristalle oft aus dem Gesteinsverband gelöst und am Strand hin und her gerollt. Da sich Kanten und Ecken als erstes abschleifen, nehmen die Würfelkristalle eine rundliche Form an, ohne jedoch ihre geometrische Grundform vollständig zu verlieren. Die Größe dieser Kügelchen schwankt zwischen einigen Mil-

Assalsee *Ein weißes Band markiert die stark zerlappte Küstenlinie dieses Salzsees, wie auf diesem Luftbild eindrucksvoll zu sehen ist. Es handelt sich um Salz- und Gipskrusten, die stellenweise zu ansehnlichen Schichten angewachsen sind und infolge der hohen Verdunstung aus dem Wasser ausgefällt werden.*

limetern und mehreren Zentimetern. Solange die Wellen die Kügelchen hin und her bewegen, liegen diese einzeln an den Seeufern. Wenn jedoch, und sei es nur wenige Tage, kein Wellengang herrscht, verkleben die Kügelchen miteinander und bilden steinharte Krusten. Auf diese Weise entstehen bis zu 50 cm dicke Salzplatten.

Zur Zeit scheint sich der Wasserstand des Sees nicht zu verändern, denn Quellen und Wadis führen ihm so viel Wasser zu, daß die jährliche Verdunstung gerade ausgeglichen wird. In den Trockenzeiten versiegen die Wüstenflüsse zwar völlig, aber während der kurzen sommerlichen Regenzeit schwellen die Wasserläufe der Wadis schlagartig an, und ihre schlammbeladenen Fluten ergießen sich in den See und über die Salztonebene, die dann bis zu 40 cm unter Wasser steht. Es dauert Monate, bis diese Wassermengen verdunstet sind.

Die starke Verdunstung in der Assalsenke beruht auf den hohen Lufttemperaturen, der verhältnismäßig geringen Luftfeuchtigkeit und den starken Winden. Im Winter weht der Nordostmonsun, der sich an den dunklen, durch die intensive Sonneneinstrahlung aufgeheizten Lavagesteinen der Gebirgsumrahmung erwärmt, mehrere Wochen hindurch. Im Sommer verfrachtet der Khamsin, ein heißer Wind, von der Küste Staub und Sand ins Landesinnere. Gleichzeitig sorgen seine feuchteren Luftmassen für geringe Niederschläge (130 mm/Jahr). Die tägliche Verdunstung beträgt durchschnittlich 15,8 mm und im Juni sogar 19,9 mm, was für den See einen Wasserverlust von 8,5 m^3/s bedeutet. Die Verdunstung auf der Salztonebene, deren Fläche fast ebenso groß ist wie die des Sees, läßt diese Menge auf das Doppelte ansteigen.

Salzgehalte ausgewählter Meere und Seen

	Salzgehalt in %
Totes Meer	27 bis 31
Großer Salzsee	25
Rotes Meer	3,6 bis 4,2
Mittelmeer	3,6 bis 3,9
Ozeane	3,5
Schwarzes Meer	1,8 bis 2,5
Aralsee	1,1 bis 1,4
Kaspisches Meer	0,1 bis 1,4

Ätna

siehe Etna

Augrabiesfälle *Am Rand eines kristallinen Plateaus spaltet sich der Oranje in mehrere Arme auf und stürzt über einen Felsabbruch in die Tiefe. Donnernd ergießen sich seine Wasser in eine enge Schlucht.*

Augrabiesfälle

Afrika, Republik Südafrika
28° 37' s. Br., 20° 20' ö. L.

Der fast 190 m hohe Wasserfall hat an seinem Fuß einen Trichter ausgewaschen, von dem aus sich die tosenden Fluten unter ohrenbetäubendem Lärm in eine enge Schlucht ergießen.

Die Augrabiesfälle liegen im Gordoniadistrikt im Nordwesten der Kapprovinz, 127 km stromabwärts der Stadt Upington. Die freie Fallhöhe von 146 m, die der Oranje hier, 480 km vor seiner Mündung, überwinden muß, ist weit größer als diejenige der Victoriafälle. Hinzugerechnet werden noch weitere 43 m, die der Fluß in mehreren Kaskaden hinabstürzt. Am Fuß der Wasserfälle hat der Fluß ein 42 m tiefes Strudelloch ausgewaschen. Ihm schließt sich eine 11 km lange, enge Schlucht an, die

Aven Armand

genau entlang einer Bruchlinie verläuft. Diese Verwerfung inmitten einer Zone kompakter Granite hat die Abflußrichtung des Oranje entscheidend beeinflußt. Flußaufwärts spaltet er sich in zahlreiche verzweigte Arme auf, die kleine Inseln aus rosafarbenem Granit umspülen. Der Hauptfall mit einer Breite von 150 m liegt am Eingang der Schlucht, doch darüber hinaus stürzen die Wasser des Flusses auch durch Seitenkanäle auf einer Breite von 3 km in die Tiefe.

Während der Hochwasserperioden im Sommer soll der Oranje nach Schätzungen von Wissenschaftlern noch mehr Wasser führen als der Sambesi (etwa 14 000 m³/s). Da dann auch die Seitenkanäle ungeheuer anschwellen, kann man die Schlucht in dieser Zeit nicht betreten.

1778 drang als erster Europäer Hendrik Wikar zu den Fällen vor. Da sein Reisetagebuch jedoch erst mehr als 100 Jahre später an die Öffentlichkeit gelangte, galt lange Zeit der englische Missionar Thompson, der im Jahr 1824 auf sie hinwies, als ihr Entdecker. Zu Ehren Georgs IV. gab er ihnen den Namen Cataract of King George (König-Georg-Fälle). Heute benennt man sie nach dem Hottentottenwort *Aukoerebis*, „Ort des großen Lärms". Die nächste Ortschaft ist das 38 km entfernte Kakamas. Von hier aus gelangt man auf einer Teerstraße, die erst in den 50er Jahren in dieser wüstenhaften Gegend angelegt wurde, zu den Wasserfällen. 1966 wurde das Gebiet zum Nationalpark erklärt.

Flußverwilderung Wasserläufe, die sehr viel Geröll mit sich führen (z.B. im Hochgebirge) und deren Wasserführung durch Schneeschmelzperioden oder durch ausgeprägte Regen- und Trockenzeiten sehr unregelmäßig ist, spalten sich in zahlreiche Einzelgerinne auf, die sich im Flußbett immer wieder vereinen und teilen.

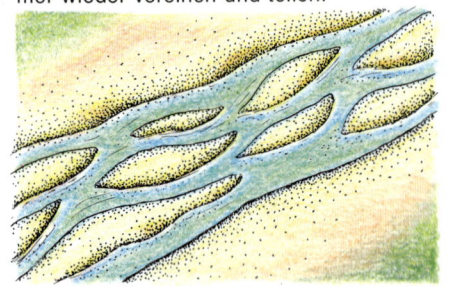

Aven Armand

Europa, Frankreich
44° 14′ n. Br., 3° 21′ ö. L.

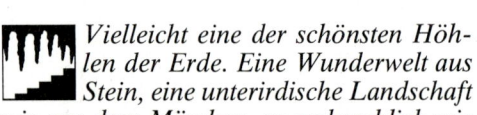

Vielleicht eine der schönsten Höhlen der Erde. Eine Wunderwelt aus Stein, eine unterirdische Landschaft wie aus dem Märchen, so zerbrechlich wie Glas und überzogen von versteinertem Laubwerk, das in dieser Umgebung fast gespenstisch wirkt.

Im September 1897 stieg Louis Armand, Hauptassistent des Höhlenforschers E. Martel, in den Schacht hinab, der von den Einheimischen „Aven de Bertras" genannt wurde. In der riesigen unterirdischen Halle angelangt, entfuhr ihm unwillkürlich ein Ausruf der Begeisterung. Durch das Telefon, das ihn mit der Außenwelt verband, meldete er, daß er sich in der schönsten Höhle der Welt befinde. Als dann kurz darauf auch Martel in der Halle eintraf, konnte er die Feststellung seines Assistenten nur bestätigen.

Der natürliche Eingang des Aven Armand ist ein 75 m tiefer Schacht, der auf der Hochfläche des Causse Méjean beginnt und an der Decke einer 100 m langen, 55 m breiten und durchschnittlich 40 m hohen unterirdischen Halle mündet. Am unteren Ende der Halle, deren Boden eine Neigung von 45° aufweist, beginnt ein weiterer senkrechter Schacht, der 210 m unter der Erdoberfläche von einem herabgefallenen Felsblock abgeschlossen wird.

Der schönste Teil der Höhle ist die Große Halle. Ihr Boden wird von einem wahren Wald aus Stalagmiten bedeckt, die wie übereinandergestapelte Teller aussehen. Rund 400 Kalzitsäulen stehen hier eng aneinandergedrängt. Einige Stalagmitengruppen, die anscheinend nur mit Mühe das Gleichgewicht halten, sind bis zu 30 m hoch. Um ihre Höhe zu messen, verwendete man Warmluftballons, denn sie sind so zierlich, daß man keine Leitern anzulegen wagte. Die dicht nebeneinander aufragenden Stalagmiten, deren Aussehen an die Stämme von Pappeln erinnert, bieten einen überwältigenden Anblick.

Dieses unterirdische Wunder liegt auf der Gemarkung Hures-la-Parade, im Südwesten des Departements Lozère. Zu der Höhle gelangt man über eine kleine Landstraße, die von der N 586 abzweigt. Ein Schrägaufzug bringt die Besucher durch einen etwa 200 m langen künstlichen Stollen zu einer Aussichtsplattform in der Großen Halle. Von hier aus führt eine durch Geländer gesicherte Treppe quer durch den „Stalagmitenwald". Die mehrfarbige Beleuchtung verstärkt noch den Eindruck dieser großartigen unterirdischen Märchenwelt.

Aven Armand *In der 40 m hohen Großen Halle bildet eine Vielzahl von schlanken, glänzenden Stalagmiten einen kristallenen Wald, den geschickt angebrachte Lampen in eine Traumlandschaft verwandeln.*

Ayers Rock

Australien
25° 20′ s. Br., 131° ö. L.

Am schönsten ist der Ayers Rock bei Sonnenuntergang. Wie eine riesige Wegmarke ragt er mitten aus einer wüstenartigen Ebene empor. Rund um diesen Sandsteinfelsen, an dem der Zahn der Zeit seine Spuren hinterlassen hat, ist der Boden mit unzähligen zerbrochenen Gesteinsplatten übersät.

Die australischen Wüstengebiete bei Alice Springs wurden verhältnismäßig spät erkundet, und noch heute gehören sie zu den am spärlichsten besiedelten Gegenden der Erde. Dies ist nicht verwunderlich, denn bei weniger als 300 mm Jahresniederschlag und einer Jahresmitteltemperatur von 22°C (Januar 28°, Juli 12°) sind die Lebensbedingungen ausgesprochen ungünstig. Die Goldgräberei, die früher die ersten Siedler angelockt hatte, ist inzwischen längst wieder aufgegeben worden. Der Forschungsreisende W. C. Gosse, der den Ayers Rock 1872 entdeckte, benannte ihn nach Sir Henry Ayers, einer bekannten Persönlichkeit Südaustraliens. Doch der Felsen geriet für längere Zeit in Vergessenheit, und erst nach dem Zweiten Weltkrieg, als der Flugverkehr zunahm, begann man damit, Exkursionen zu diesem Naturwunder durchzuführen.

Man erreicht den Ayers Rock vom nordöstlich gelegenen Alice Springs entweder per Flugzeug oder über eine 400 km lange Piste. Er liegt völlig isoliert mitten in einer weiten Schwemmlandebene, die allmählich zur nahe gelegenen Salzpfanne des Lake Amadeus hin abfällt. Der nächste Inselberg, der Mount Olga, befindet sich etwa 40 km weiter westlich. Wenn man von Alice Springs kommt, sieht man den Ayers Rock bereits aus einer Entfernung von mehr als 100 km.

Die Australier behaupten, der Ayers Rock sei der größte Felsblock der Erde. Mit einer absoluten Höhe von 860 m erhebt er sich 350 m über die Ebene. Sein Umfang beträgt etwa 8 km. Er besteht aus rötlicher Arkose, einem feldspathaltigen Sandstein, der im jüngsten Präkambrium abgelagert wurde. Die Arkoseschichten stehen fast senkrecht; sie streichen von Nordwesten nach Südosten. Dieser Bauplan des Felsens wurde von der Verwitterung deutlich herauspräpariert. Die Hänge sehen daher gerieft aus, und auch die Gipfelfläche zeigt bis zu 2 m tiefe Rinnen. Die steile Stellung der Schichten ist schon sehr alt. Sie entstand spätestens im frühen Paläozoikum, wahrscheinlich aber schon früher. Jünger ist lediglich die Herausmodellierung des heutigen Inselberges durch die Kräfte der Erosion.

Wie andere Inselberge ist auch der Ayers Rock aus einer einst viel größeren Gesteinsmasse durch die Erosion herausgeschnitten worden. Von einem alten Gebirge, das im Laufe geologischer Zeiträume abgetragen wurde, blieben nur die höchsten Erhebungen stehen. Diese überragen heute als Inselberge weithin sichtbar die ausgedehnte Rumpfflächenlandschaft ihrer Umgebung.

Das Geröll und die Schuttkegel rund um den Ayers Rock tragen eine spärliche Vegetation, bestehend aus einer Akazienart, dem sogenannten Känguruhdorn, und einem harten, stacheligen Igelgras. Doch der Berg selbst ist völlig kahl; denn infolge der mechanischen Verwitterung, vor allem der auf starken Temperaturunterschieden zwischen Tag und Nacht beruhenden Insolationsverwitterung, blättert der Sandstein ständig ab. Die Schuppen, die sich von der Gesteinsmasse lösen, gleiten über die Steilhänge in die Tiefe und bilden an deren Fuß eine Schutthalde. So ist zum Beispiel auf der Nordseite des Berges eine 2 m dicke und 200 m lange Schuppe abgeglitten, aber noch nicht zerbrochen, sondern senkrecht stehen geblieben. Man nennt sie den Känguruhschwanz.

Stellenweise haben Regen und Wind die härteren Sandsteinschichten herauspräpariert. Dabei entstanden da, wo der weichere Sandstein in Sand zerfiel, kleine Hohlräume und sogar Höhlen. In einem Abschnitt an der Nordflanke verwitterte der Sandstein in einer Weise, daß Windungen entstanden, deren Form an die eines menschlichen Gehirns erinnert. Die Australier nennen diesen Teil des Berges *the brain* (das Gehirn).

Die zahlreichen Höhlen des Ayers Rock wurden schon sehr früh von den Eingeborenen als Wohnstätten benutzt. Ihre Wände schmücken Ritzzeichnungen oder Felsmalereien. Deshalb ist dieser Berg nicht nur geologisch, sondern auch kulturhistorisch hochinteressant.

Ayers Rock *Dieser mächtige Felsen, der sich 350 m hoch über die australische Ebene erhebt, wirkt wie ein schlafender Elefant. Zu Fuß benötigt man zwei Stunden, um ihn zu umrunden.*

B

Badlands

Amerika, USA
43° 40′–43° 50′ n. Br., 102°–102° 40′ w. L.

Eine vollkommen unfruchtbare, aber faszinierende Landschaft, in der kurze, heftige Regengüsse aus dem verschiedenfarbigen Gestein bizarre Formen herausgearbeitet haben.

Die Badlands im Bundesstaat South Dakota werden im Norden vom Cheyenne River und im Süden vom White River begrenzt. Die ersten Europäer, die sich in diese Gegend wagten, waren französische Waldläufer aus Kanada. Sie nannten das Gebiet „Terres Mauvaises" (Schlechte

Badlands *Aus den weichen, nur von dünnen verfestigten Bändern durchzogenen Tonen und Mergeln haben starke Regengüsse zerfurchte Türme und Kuppen, Terrassen und steile Spitzen herausgewaschen. Dieses Naturwunder in South Dakota wurde 1939 zum National Monument erklärt und unter Landschaftsschutz gestellt.*

Böden), was dem englischen *bad lands* entspricht.

Es handelt sich um ein Plateau aus oligozänen Tonen und Mergeln, das durch die Bodenerosion tief zerschnitten wurde. Wie zahlreiche Fossilienfunde beweisen, begann seine Entwicklung vor etwa 80 Millionen Jahren, als sich in einem flachen Meer tonige Sedimente ablagerten. Danach wurden diese Schichten über den Meeresspiegel gehoben, wo sie sich im Lauf der Zeit mit einer üppigen Pflanzendecke überzogen. Gleichzeitig schnitten sich Bäche in die weichen Sedimente ein und formten breite Täler.

Als sich dann das Feuchtklima allmählich in ein Trockenklima wandelte, verarmte die Vegetation zu einem spärlichen Grasbewuchs. Nun setzte eine verstärkte Abtragung ein. Die kümmerliche Pflanzendecke war nicht mehr in der Lage, den Boden vor den verheerenden Folgen jener kurzen, wolkenbruchartigen Starkregen zu schützen, die für halbaride Klimate charakteristisch sind. Der Boden läßt nur wenig Wasser einsickern, so daß der größte Teil der Niederschläge sofort an der Erdoberfläche abfließt. Die Wassermassen schneiden dabei tiefe Kerben in die steilen Hänge.

Diese Vorgänge erklären das außerordentlich zerklüftete Relief der Badlands, wo man noch heute den Verlauf alter, inzwischen ausgetrockneter Täler und gewundener Schluchten erkennt. Durch widerstandsfähige Schichten in den sehr feinen Tonen und Mergeln entstanden bei der Erosion ausgezackte Kämme, schartige Felstürme, Kegel und Säulen. Ihre unterschiedliche Färbung sorgt für ein abwechslungsreiches Bild.

Bahr Lut (Totes Meer)

Asien, Israel/Jordanien
31° 04′–31° 46′ n. Br., 35° 21′–35° 36′ ö. L.

Das Tote Meer trägt seinen Namen nicht zu Unrecht, denn der Salzgehalt dieses riesigen Wasserspeichers inmitten einer unwirtlichen Wüstenlandschaft ist so hoch, daß alles Leben an den Ufern und im See selbst abgestorben ist.

Wenn man von Jerusalem nach Osten fährt, so fällt das Gelände treppenförmig zum Toten Meer hin ab. Kaum 20 km von der Heiligen Stadt entfernt, befindet sich ein Schild, das den Reisenden darauf aufmerksam macht, daß er sich an dieser Stelle auf der Höhe des Mittelmeerspiegels befindet. Der Höhenunterschied zu den

Totes Meer *In den flachen Uferbereichen des südlichen Toten Meeres führen Niederschlagsarmut und extrem hohe Temperaturen zur Verdampfung seines salzhaltigen Wassers. Die Verdunstungsrate ist so groß, daß die Wogen des Sees im Laufe der Jahrhunderte bizarre Gebilde aus kristallisierten Salzen aufgebaut haben.*

Hochflächen des Judäischen Berglandes beträgt 800 m. Aber die Straße führt noch weiter steil hinab bis auf rund 400 m unter das Meeresniveau. Hier breitet sich das Tote Meer aus, das im Norden an beiden Seiten von Steilufern begrenzt wird. Die Felsen ragen bis zu 600 m senkrecht über den Seespiegel auf. Diese braunen und okkerfarbenen Steilhänge, durchfurcht von tiefen Erosionsrinnen, die nördlich vorgelagerte Jordanebene, das tiefe Blau des Sees und des Himmels und – mit Ausnahme weniger Oasen – das Fehlen jeglicher Vegetation, das alles ergibt eine Landschaft, die von einzigartigen Kontrasten geprägt wird.

Das Tote Meer ist etwa 18 km breit. Seine nordsüdliche Längserstreckung schwankt je nach Jahreszeit zwischen 75 und 79 km. Es füllt einen Teil des Jordangrabens aus, der wiederum ein Teilstück des riesigen Syrisch-Ostafrikanischen Grabensystems ist, das sich von Beira in Mosambik über rund 6000 km bis zum Südlibanon erstreckt. Die tiefste Stelle des gesamten Grabensystems ist der Seespiegel des Toten Meeres (397 m u. d. M.). Dieser Teil des Jordangrabens ist gleichzeitig die tiefste Depression der Erdoberfläche. Die Entstehung der Schwächezone geht auf tektonische Bewegungen innerhalb der Erdkruste zurück, die erst im Miozän, d. h. in geologisch junger Zeit, einsetzten und bis heute andauern. Häufige Erdbeben und postvulkanische Erscheinungen (z. B. Thermalquellen) sind Beweise dafür, daß die Erdkruste noch nicht zur Ruhe gekommen ist. Der Jordangraben sinkt so rasch ein, daß man die Niveauverschiebungen in historischer Zeit sogar anhand von Messungen genau bestimmen konnte.

Da der Jordangraben durch das Judäische Bergland vom Mittelmeer getrennt ist und zusätzlich noch unter dem Meeresspiegel liegt, sind die Niederschläge in diesem Gebiet außerordentlich gering; im Norden betragen sie pro Jahr bloß 100 mm, im Süden sogar nur 50 mm. Etwa 80 % der jährlichen Wasserzufuhr werden daher vom Jordan geliefert, der aus dem Norden kommt und von den Schmelzwassern des Hermons gespeist wird. Der Rest stammt aus mehreren kleinen Wadis und aus heißen Quellen, deren Thermalwässer sich ebenfalls in den See ergießen. Die Wasserarmut des Jordangrabens wird zusätzlich durch extrem hohe Temperaturen verstärkt, deren tägliches Maximum in den Sommermonaten 40 °C regelmäßig überschreitet. Selbst die Mittagstemperatur im Januar erreicht im Durchschnitt 20 °C. Entsprechend stark ist die Verdunstung, durch die die jährliche Wasserzufuhr von etwa 1200 Millionen m^3 auf die Dauer ausgeglichen wird. Dies führte zu einer Konzentration von Salzen im Wasserkörper des Toten Meeres, dessen Salzgehalt zwischen 27 und 31 % beträgt. Es ist eine der salzhaltigsten Wasserflächen der Erde. Die spezifische Schwere des Salzwassers ist größer als die des menschlichen Körpers. Lebewesen können bei einer so hohen Salzkonzentration nicht existieren.

Das Tote Meer besteht aus zwei Becken, die durch eine schmale Landzunge, die Halbinsel El-Lisan, voneinander getrennt sind. Das größere Seebecken im Norden besitzt eine Wassertiefe bis zu 400 m, während der kleinere Südteil des Toten Meeres maximal 9 m tief ist. Dieser Bereich ist wahrscheinlich erst in historischer Zeit eingesunken. Hier ist der Salzgehalt des Wassers am größten. Die Halbinsel El-Lisan besteht aus Mergeln, die in einem pleistozänen See abgelagert wurden, der viel ausgedehnter war als das gegenwärtige Tote Meer. Er füllte den Jordangraben bis zu einer Höhe von 160 m u. d. M. aus, so daß sein Wasserspiegel 240 m über dem heutigen Seenjveau lag.

Die Ufer des Toten Meeres sind gänzlich menschenleer. Trotz der Lebensfeindlichkeit dieser unwirtlichen Gegend müssen aber einige Oasen bereits vor mehr als 2000 Jahren bewohnt gewesen sein, denn seit 1947 wurden in Höhlen am Gebirgsabfall zum Toten Meer, in der Nähe der Oase Kumran, zahlreiche aufsehenerregende archäologische Funde gemacht. Dabei handelt es sich vor allem um Handschriften – die meisten auf Lederrollen und in hebräischer Sprache –, die während des jüdischen Krieges (66 bis 70 n. Chr.) in den Höhlen verborgen wurden. Sie sind bekannt geworden unter dem Namen „Schriftrollen des Toten Meeres". Die Handschriften gehörten zur Bibliothek einer jüdischen Religionsgemeinschaft, die dem Orden der Essener zugerechnet wird. Die Sekte bestand seit dem 2. Jahrhundert v. Chr.

Trotz ihrer extremen Siedlungsfeindlichkeit ist die Uferzone des Toten Meeres wirtschaftlich nicht ganz unbedeutend. Bei Sodom im israelischen Teil des Jordangrabens wurde 1953 ein chemisches Werk errichtet, das auf einem über 100 km^2 großen Areal mit Hilfe von Verdunstungsbecken riesige Salzmengen aus dem Seewasser gewinnt und aufbereitet. Außerdem wird das Salzwasser des Toten Meeres seit einigen Jahren für therapeutische Zwecke genutzt. Deshalb bauten die Israeli das Südwestufer zwischen Neve Zohar und En Boqeq zu einem modernen Kurzentrum aus.

Baikalsee

Asien, UdSSR
51° 28'–55° 46' n. Br., 103° 43'–110° ö. L.

Der riesige Baikalsee im Herzen Asiens ist einer der ältesten Seen der Erde. Seine riesigen Wassermassen, die denen der Ostsee entsprechen, machen ihn zu einem der größten Süßwasserspeicher der Erde. Gleichzeitig ist er eines der fischreichsten Binnengewässer Sibiriens.

Ob man sich dem Baikalsee auf der Straße von Irkutsk nähert, die über ein von lichten Birken-, Lärchen- und Kiefernwäldern bedecktes Plateau führt, oder ihn vom Südwestufer, von der Transsibirischen Eisenbahn aus, erblickt – immer beeindruckt er den Betrachter durch seine riesige Ausdehnung. Bald spiegelglatt und silbrig glänzend, dann wieder von heftigen Stürmen gepeitscht, ab Januar zugefroren und noch im Mai mit großen Eisschollen bedeckt, bietet der Baikalsee bei jedem Wetter einen unvergeßlichen Anblick.

Die Größe dieses riesigen Süßwassersees entspricht den unendlichen Weiten Sibiriens. Mit einer Fläche von 31 500 km² ist er größer als das Staatsgebiet Belgiens.

Baikalsee *Die Angara entwässert den Baikalsee. Sie durchfließt die sibirische Taiga in mehreren Stromschnellen und führt die blauen Wasser des Sees dem Jenissei zu.*

Seine Länge beträgt 636 km, seine durchschnittliche Breite 48 km (maximal 80 km). Er ist der tiefste See der Erde, noch tiefer als der Tanganjikasee in Ostafrika. Die drei Wannen, die er füllt, bilden ein von Südwest nach Nordost verlaufendes, leicht S-förmig geschwungenes Band. Die mittlere Wanne ist die größte. Hier erreicht er eine Tiefe von mehr als 1500 m, an einer Stelle sogar 1620 m. Das kaum kleinere südwestlich gelegene Becken ist teilweise über 1400 m tief. Da der Baikalsee nur 455 m hoch liegt, reicht ein großer Teil seines Grundes weit unter den Meeresspiegel. Durch die hohen Berge, die ihn einfassen, ergeben sich auf engstem Raum Höhenunterschiede von teilweise mehr als 3000 m.

Der Baikalsee ist einer der größten Süßwasserspeicher der Erde. Die etwa 23 000 km³ Wasser, die er enthält, entsprechen in etwa dem Volumen der von der Fläche her wesentlich größeren Ostsee.

Die enormen Tiefen, die steil abfallenden Ufer (flach ist nur das Delta der Selenga, des wichtigsten Zuflusses im Südosten) und die kaum gegliederte Küste erklären sich durch den tektonischen Ursprung des Sees. Als die großen Kettengebirge Asiens aufgefaltet wurden, zerbrach die im Norden vorgelagerte Sibirische Kontinentaltafel entlang von Verwerfungen in treppenförmig angeordnete Schollen. Es entstanden mehrere tektonische Gräben. Drei dieser Senkungsfelder bilden die tiefe Bruchzone, die heute vom Baikalsee ausgefüllt ist. Gleichzeitig wurden die Gebirgsränder mehrfach emporgedrückt.

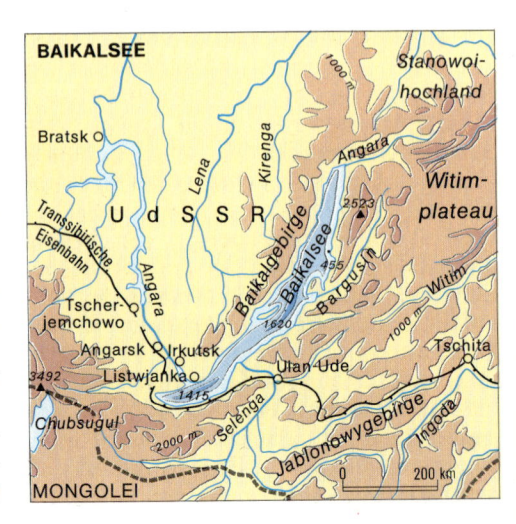

Diese tektonischen Bewegungen begannen im Tertiär, so daß der Baikalsee wohl einer der ältesten Seen der Erde ist. Sie setzten sich im Quartär fort und dauern noch immer an. Deutliche Anzeichen hierfür sind zahlreiche Erdbeben, von denen das Gebiet des Baikalsees sehr häufig heimgesucht wird. Seit Beginn des letzten Jahrhunderts fanden hier etwa 30 schwere Beben statt. Die anhaltenden tektonischen Bewegungen prägen auch das Landschaftsbild. So findet man z.B. Reste von mehr oder weniger geneigten quartären Uferterrassen bis fast 300 m über dem heutigen Wasserspiegel des Sees. Diese jungen Bewegungen der Erdkruste sind wahrscheinlich auch der Grund dafür, daß sich die nordöstliche Umrandung des Sees, in die sich Wasserläufe mit zahlreichen Schnellen eingeschnitten haben, weiterhin hebt, während sich das gegenüberliegende Seeufer, wo die Flüsse Trichtermündungen bilden, immer weiter absenkt. Die auffallend asymmetrische Form des Einzugsbeckens, das zum größten Teil südlich des Grabens liegt, ist gewiß darauf zurückzuführen, daß die Fließrichtungen der entwässernden Flüsse durch tektonische Verschiebungen von Grund auf verändert wurden.

Die riesigen Wassermassen des Baikalsees schwächen das kontinentale Klima, das in Sibirien herrscht, rund um den See sehr stark ab. Deshalb sind die jahreszeitlichen Temperaturschwankungen an seinen Ufern im Durchschnitt bedeutend geringer als im übrigen Sibirien. Zwischen Januar und Juli betragen sie am Seeufer etwa 28 °C gegenüber 45 °C in Ulan-Ude. Die langsame Abkühlung des Wassers im Herbst und seine allmähliche Wiedererwärmung vom Frühjahr bis zum Sommer hängen nicht nur mit der großen Tiefe des Baikalsees zusammen, sondern auch mit der Durchmischung des Seewassers. Sobald das Oberflächenwasser +4 °C, d.h. die Temperatur der maximalen Dichte des Wassers, erreicht, sinkt es nach unten ab und drängt leichteres Tiefenwasser nach oben. Infolge einer Ausgleichsströmung wird zweimal im Jahr, im Mai/Juni und im Oktober/November, eine 200 bis 300 m hohe Wasserschicht gut durchgemischt. Auf diese Weise gelangt der im Oberflächenwasser gelöste Sauerstoff in große Tiefen.

Die Pflanzen- und Tierwelt des Baikalsees ist außerordentlich interessant. Viele der hier vorkommenden Lebewesen gibt es sonst nirgends auf der Erde. Diese Endemismus genannte Erscheinung hat ihre Ursache in einer extrem langen Evolution, die ihrerseits die Folge einer sehr frühen natürlichen Isolierung des Grabens ist.

Für die schwer zugänglichen Gebirgsregionen, zwischen denen er eingebettet liegt, stellt der See einen wichtigen Verkehrsweg dar. Außerdem bildet er aufgrund seines ungeheuren Fassungsvermögens einen riesigen natürlichen Wasserspeicher. Die Angara, die ihm entströmt, führt stets genügend Wasser, um zahlreiche Kraftwerke an ihrem Lauf zu betreiben. Ihre durchschnittliche Abflußmenge von 1700 m³/s ist sehr konstant, denn die jahreszeitlichen Pegelschwankungen des Sees betragen höchstens 1 m.

An den Ufern des Baikalsees haben sich bedeutende Industrien entwickelt, die jedoch eine Reihe von Problemen aufwerfen. So leiten zum Beispiel mehrere Papierfabriken ihre gesamten Abwässer in den See. Durch die übermäßige Abholzung der Hänge werden die Böden abgeschwemmt, was zu einer extremen Materialablagerung an den Mündungen der Wasserläufe führt. All dies bedeutet eine große Gefahr für das empfindliche ökologische Gleichgewicht des Sees. Inzwischen hat man einen riesigen Nationalpark geschaffen, um die natürlichen Schätze dieses herrlichen Binnengewässers vor der Zerstörung zu bewahren.

Balancing Rocks

Afrika, Simbabwe
17° 50′ s. Br., 31° 03′ ö. L.

Wenn man sie antippt, schwingen sie so stark hin und her, daß man jeden Moment glaubt, sie fallen um. Sie stehen jedoch schon seit Tausenden von Jahren da, allen Gesetzen der Schwerkraft zum Trotz.

Etwa 10 km südlich von Harare, der Hauptstadt Simbabwes, liegt ein Naturschutzgebiet, das in Reiseprospekten unter der Bezeichnung Balancing Rocks von

Balancing Rocks *Diese Granitblöcke im rhodesischen Hochland, eine Laune der Natur, stehen auf einem Sockel aus kristallinen Gesteinen und lassen sich ohne Mühe in schwingende Bewegung versetzen.*

Epworth aufgeführt ist. Es handelt sich um eine Ansammlung von Wackelsteinen: übereinandergetürmte, wie von Menschenhand behauene Felsblöcke mit so kleiner Auflagefläche, daß man glaubt, sie durch bloßes Antippen herunterstoßen zu können. Die Balancing Rocks von Epworth sind nicht die einzigen Wackelsteine in Simbabwe. Eine ähnliche, nicht weniger berühmte Gruppe befindet sich im Matopos-Nationalpark bei Bulawayo.

Simbabwe ist ein Hochland von etwa 900 bis 1200 m Höhe. Der überwiegende Teil seines Untergrunds wird von einem mächtigen Schild aus Granit und Gneis eingenommen, der vermutlich vor 3,5 Milliarden Jahren entstand. Er wird damit von einigen der ältesten bekannten Formationen der Erdkruste aufgebaut. Auf dem von einer geschlossenen Vegetationsdecke überzogenen Hochland erheben sich zahlreiche runde Inselberge aus Granit.

Die Entstehung der Balancing Rocks beruht sowohl auf der Gesteinsstruktur als auch auf einer durch das Klima bedingten intensiven Verwitterung. Als die Gesteinsmasse erkaltete und kristallisierte, bildeten sich unzählige Klüfte in ihr, die sie wie ein engmaschiges Netz durchziehen. Durch sie drang Regenwasser ein und zersetzte das Gestein. Die Verwitterung konnte am schnellsten in den Bereichen ablaufen, in denen der Granit von sehr breiten Klüften durchzogen war. Dort, wo der Abstand zwischen den Klüften größer war, blieben abgerundete Blöcke festen Gesteins erhalten. Sie gelangten als Wakkelsteine an die Erdoberfläche, als Regenwasser den Verwitterungsmantel um sie herum abspülte.

Die Eingeborenen im Gebiet von Epworth betrachteten früher die Balancing Rocks als eine Art Heiligtum. Inzwischen hat die Stätte ihren Nimbus jedoch weitgehend eingebüßt. Respektlose Ausflügler klettern auf den Wackelsteinen herum, um festzustellen, ob die Blöcke unter ihrem Gewicht nicht vielleicht doch umstürzen.

Balaton (Plattensee)

Europa, Ungarn
46° 50′–47° n. Br., 17° 10′–18° 10′ ö. L.

Eingebettet zwischen Obstgärten und jahrtausendealten Weinkulturen, umgeben von einer Kette romantischer Badeorte liegt die weite, blaue Wasserfläche des Plattensees zu Füßen alter Vulkane.

Das opalfarben schimmernde „Ungarische Meer" bedeckt eine Fläche von 591 km² und ist damit der größte Binnensee Mitteleuropas und gleichzeitig das bedeutendste Fremdenverkehrsgebiet Ungarns. Der Balaton oder Plattensee erfüllt eine ausgedehnte Senke am Rande des Bakonywaldes, eines südwest-nordöstlich streichenden Gebirgszuges von rund 500 m Höhe.

Der Balaton ist 78 km lang, 1,5 bis 14 km breit und auffallend flach. Abgesehen von einer sehr fischreichen, 11 m tiefen Stelle bei Tihany beträgt seine mittlere Tiefe weniger als 3 m. Von der vulkanischen Halbinsel Tihany mit ihren zahlreichen heißen Quellen kann man mit Fähren ans andere Ufer des hier nur 1,5 km breiten Sees übersetzen.

Dank des milden, sonnigen Klimas und zahlreicher Mineral- und Thermalquellen haben sich die kleinen Wein- und Fischerdörfer rund um den Plattensee zu beliebten Bade- und Kurorten entwickelt, in denen auch Sportfreunde auf ihre Kosten kommen. Im Sommer steigt das Thermometer an 60 bis 70 Tagen über 25 °C, und das Seewasser erwärmt sich in dieser Zeit auf 26 bis 28 °C. Der durch eine hohe sommerliche Verdunstung bedingte Wasserverlust des Sees wird durch den Zufluß der Zala und anderer Wasserläufe ausgeglichen. Wenn sich bei bestimmten Wetterlagen an den Hängen des Bakonywaldes feuchte Luftmassen stauen, entladen sich häufig heftige Gewitterschauer über dem See, der sich dann in ein entfesseltes, smaragdgrünes Binnenmeer verwandelt. Im Winter

Balaton *Über den erloschenen Vulkanbergen am Südwestufer des Balatons zieht eine düstere Gewitterfront auf. Der eben noch friedlich daliegende See nimmt plötzlich eine unheimlich wirkende, smaragdgrüne Färbung an und verwandelt sich in ein aufgewühltes Binnenmeer. Derartige Wetterumschwünge bedeuten Gefahr für die zahllosen Boote der Touristen.*

überzieht den Balaton eine durchschnittlich 20 bis 25 cm dicke Eisdecke.

Die beiden Uferzonen des Sees gehören zwei gegensätzlichen Landschaften an. Am flachen Südufer folgt ein Badeort auf den anderen. Die Strände hier sind ideal für Kinder, denn man kann mehrere hundert Meter weit über den sandigen Grund in den See hinauswaten, bevor das Wasser tief wird. Das Nordufer dagegen fällt sofort steil ab. Hier reihen sich entlang des Bakonywaldes zahlreiche berühmte Kurorte (z. B. Balatonfüred) aneinander. Mit seinen ausgedehnten Wäldern zählt dieses Gebiet zu den schönsten Landschaften Ungarns. Die Berghänge werden von Obstplantagen und fast 2000 Jahre alten Rebterrassen gesäumt. Aus dem Badacsony genannten Anbaugebiet stammen weltberühmte Qualitätsweine, wie z. B. der goldblitzende Graue Mönch. Eine Sehenswürdigkeit für geologisch Interessierte sind drei erloschene Vulkane am Südzipfel des Sees, unter ihnen der sargförmige Kegelstumpf des Badacsony. Seine mächtigen Basalte bilden stellenweise sehenswerte Säulen, die sich bei der Abkühlung der Lava gebildet haben.

Unzählige Fischarten, darunter der berühmte *Fogas* oder Zander, Welse und riesige Karpfen, machen den See zu einem Paradies für Fischer. Die mit Paprika gewürzte schmackhafte Fischsuppe, die man hier zubereitet, ist eine besonders geschätzte Spezialität. Man versäume nicht, das bekannte Vogelschutzgebiet (Kis-Balaton) an der Mündung der Zala zu besuchen, wo noch sehr seltene Stelzvogelarten vorkommen.

Band-i-Amir

Asien, Afghanistan
34° 49′ n. Br., 67° 12′ ö. L.

Mitten in der Halbwüste tauchen wie eine Fata Morgana plötzlich mehrere Seen auf. Überlaufendes Wasser, das in kleinen Kaskaden über ihre natürlichen Staudämme rieselt, breitet sich über den Boden aus und läßt in der Höhe einer kahlen Felslandschaft eigenartige amphibische Gärten entstehen.

Nach einer afghanischen Sage verdankt die Seenkette von Band-i-Amir ihre Entstehung Ali, dem Vetter und Nachfolger Mohammeds. Aus Zorn über einen Tyrannen, der ihn ins Gefängnis werfen wollte, stieß Ali mit einem mächtigen Fußtritt gewaltige

Band-i-Amir *Die sanft abfallenden Hänge dieses Gebirges in Afghanistan enden plötzlich in senkrechten Steilabfällen. Die Felswände, an deren Fuß Karstquellen zutage treten, sind durch die rückschreitende Erosion des austretenden Wassers entstanden. Rund um die Seen wachsen wie in einer Oase strauchartige Pflanzen, Gräser und Algen.*

Felsblöcke vom Gipfel des Berges in die Tiefe, die dort zum Band-i-Haïbat, dem „Damm des Zorns", wurden. Dann trennte er mit einem Säbelhieb einen Felsen ab, der den „Säbeldamm" bildete. Die Sklaven, die Ali von dem Tyrannen befreite, erbauten den „Sklavendamm". Als die Dorfbewohner weiter unten sahen, daß der Fluß nicht mehr strömte, erfaßte sie panische Angst. Da zeichnete Ali mit den Fingern seiner geöffneten Hand fünf Kanäle in den Boden, so daß sich das lebensspendende Wasser durch den „Damm des Zorns" ergießen konnte.

Wenn man von der Stadt Bamian aus durch ein staubiges, wüstenhaftes Bergland westwärts fährt, erblickt man nach 60 km plötzlich mehrere tiefblaue oder türkisfarbene Seen, die in etwa 2900 m Höhe liegen. Sie sind in einer schmalen Senke treppenförmig übereinander angeordnet. Der kleinste ist nur 100 m, der größte 7 km lang. Einige von ihnen sind also nicht mehr als Teiche mit kristallklarem Wasser, an deren Ufern sich weißglitzernde Salzkrusten abgelagert haben.

Die drei größten Seen werden durch natürliche Travertin- oder Kalksinterdämme von 5 bis 10 m Höhe und 1 bis 3 m Dicke aufgestaut. Ihr Wasser reicht bis an die Dammkrone, von der es in Kaskaden herabrieselt. Zwischen den Seen erstreckt sich ein leicht abfallendes amphibisches Gelände. Hier verzweigt sich das Wasser in mehrere mäandrierende Bachläufe, die häufig kleinere Tümpel durchfließen. Wegen ihrer eigentümlichen Vegetation – dunkelgrüne Moospolster, Buschwerk, Salzgräser

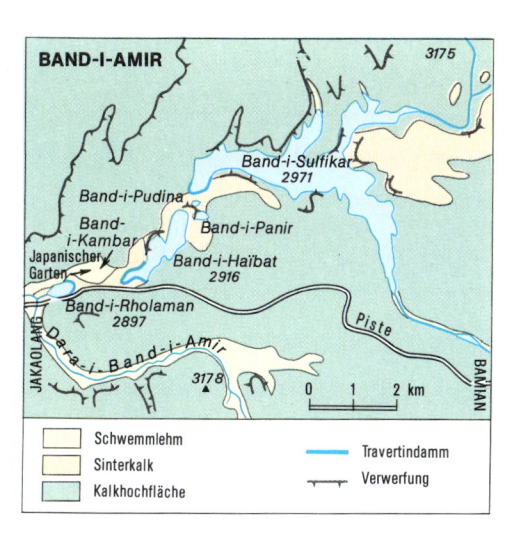

Band-i-Amir *Wie ein Wall umrahmen steile Felswände die ruhigen, klaren Wasser dieses Sees in Afghanistan. Im Vordergrund eine von der Erosion herauspräparierte Kalksteinsäule. Im Mittelgrund erkennt man deutlich die Oberkante eines auf natürliche Weise entstandenen Travertindammes, der den See aufstaut. Auf der Dammkrone hat sich eine eigenartige Vegetation angesiedelt.*

und verschiedene Algen – bezeichnen die Afghanen diese Landschaft als „japanischen Garten".

Ähnliche Pflanzenformationen findet man auch auf den Travertindämmen. Sie spielen bei deren Entstehung und damit auch für die Entwicklung der Seen eine wichtige Rolle. Die Sinterkalke dieser Dämme wurden nicht an Thermalquellen ausgeschieden wie in anderen Teilen Afghanistans, vor allem im Ajdartal. Hier sind es vielmehr die Oberflächenwasser, die das Kalziumkarbonat, den Baustoff der Dämme, liefern. Das Kalziumkarbonat stammt von den benachbarten Hochflächen, wo es durch kohlendioxidhaltiges Regenwasser aus kreidezeitlichen Kalken herausgelöst wurde. An den Ausflüssen der Seen wird es als Sinterkalk wieder ausgefällt. Zahlreiche feine Wasseradern überrieseln und benetzen hier pausenlos die auf den Dämmen angesiedelte Vegetation, so daß die Pflanzen beim Assimilieren dem Wasser die für sie lebensnotwendige Kohlensäure entziehen. Besonders die unzähligen Algen überziehen sich dabei allmählich mit einer Kalkkruste, und in den tiefer liegenden, durch ihr Eigengewicht allmählich zusammengepreßten Sinterkalkschichten erkennt man noch deutlich die von ihnen gebildeten Gesteinsstrukturen. Immer wieder entwickeln sich neue Algenteppiche, wachsen Pflanzen nach, und der Damm wird ständig höher. Wenn er an einer schwachen Stelle bricht, entleert sich der See, und die auf ihm wachsenden Pflanzen sterben ab. Die Reste des Dammes bleiben als Sinterruinen stehen. Aber die mit Kalziumkarbonat angereicherten Wasser versiegen in einem solchen Fall keineswegs. Sie überfließen vielmehr den ebenen Boden des ehemaligen Sees in enggewundenen Bachläufen, an deren Rändern sich eine junge Vegetationsdecke ansiedelt. Es entsteht ein „japanischer Garten".

Belogradčik, Felsen von

Europa, Bulgarien
43° 37′ n. Br., 22° 40′ ö. L.

Vor der imposanten Kulisse stolzer Schlösser und Burgen kann man ein Schauspiel in rotem Stein beobachten. Es ist, als führe die Natur hier eine große Oper mit unzähligen Rittern, Mönchen und tapferen Soldaten auf.

Die bulgarische Stadt Belogradčik liegt in einer Senke im Vorland des Westbalkans, angelehnt an einen steilen Felsriegel. Sie wird überragt von einer natürlichen Festung mit mächtigen roten Sandsteintürmen, die im letzten Jahrhundert von den Türken zu einer Zitadelle ausgebaut wurde. Das langgestreckte Viereck der mauerbewehrten Anlage geht in die berühmten Felsen von Belogradčik über, auf die man von der Festung aus einen besonders schönen Blick hat. Auf einem Gebiet von 50 km² ragen hier bis zu 200 m hohe, eigenartig geformte Felsgebilde empor.

Kein Wunder, daß diese bizarren Formen die Phantasie der Bewohner angeregt haben. In der Zitadelle selbst erinnert sie ein Felsen, dessen oberer Teil einem Männerkopf mit energischem Profil gleicht, an den heldenhaften Haiduken Velčo. Nicht weit von ihm entfernt steht der „Kukkuck", der bei Wind seltsame Geräusche von sich gibt. Auf einer Wiese am Fuß der Zitadelle liegt ein riesiger Felsklotz, den die Einheimischen „Adam und Eva im Zwiegespräch" nennen. Rund um ihn erheben sich riesige „Pilze" und der sogenannte „Bär", ein Felsen, dessen Gestalt diesem Tier frappierend ähnelt.

Die Straße nach Belogradčik führt durch eine Schlucht von zauberhafter Schönheit. Bei jeder Kehre erblickt man durch das Laubwerk der Bäume phantastische, manchmal über 100 m hohe Türme, Säulen und Obelisken, rot leuchtend in der Sonne, violett im Schatten. Eine Gruppe von riesigen steinernen „Mönchen" mit zurückgeschlagenen Kapuzen überragt die zusammengesunkene Figur der „Nonne" und ihren Liebhaber, den „Ritter", dessen Pferd sich hoch aufbäumt. Im Mondlicht wirken diese wilden, von Legenden umrankten Felsen noch geheimnisvoller.

Die Entstehung dieser Landschaft hingegen ist durchaus nicht rätselhaft. Während der tertiären Auffaltung des Balkans wurden vorgelagerte Sedimenttafeln ebenfalls gehoben. Durch die dabei auftretenden hohen Drücke wurden die Triassandsteine in der Umgebung von Belogradčik sehr stark beansprucht. Es entstand ein dichtes Kluftnetz. Entlang dieser Bruchlinien fand die nach der Hebungsphase einsetzende Erosion besonders wenig Widerstand. Außerdem wurden unterschiedlich harte Gesteinspartien unterschiedlich schnell abgetragen. Auf diese Weise wurden die heutigen Phantasieformen der Sandsteinfelsen herauspräpariert.

◄ **Belogradčik** *Die zerfurchten und von Steinblöcken gekrönten roten Sandsteinfelsen erinnern an eine Gruppe alter Damen in langen Kleidern. Diese die Phantasie der Menschen anregende Landschaft ist der Schauplatz vieler Legenden.*

Benbulbin *Ein kahler Tafelberg, über dessen Gipfelplateau pausenlos die Stürme des Atlantiks hinwegfegen. Seine zunächst sanft ansteigenden Hänge aus weicherem Gestein gehen weiter oben in fast senkrechte Steilabfälle über. Durch Verkarstung und Erosion entstanden in den Kalken tiefe Rinnen, die von den Geologen als Karren bezeichnet werden.*

Benbulbin

Europa, Republik Irland
54° 22′ n. Br., 8° 29′ w. L.

Ein vom Regen des Ozeans gepeitschtes steinernes Schiff und Zufluchtsstätte legendärer Heldengestalten im Land des Dichters W. B. Yeats. Seit jeher hat der von Torfmooren gekrönte Berg mit seinen zerfurchten Steilhängen Poeten und Schriftsteller inspiriert.

Der 527 m hohe Tafelberg Benbulbin erhebt sich über die Küstenniederung nordöstlich der Sligobucht. Er sieht aus wie ein dem Atlantik zugewandtes steinernes Schiff und hat seit jeher die Phantasie der Iren beflügelt. Der Sage nach wohnen in ihm geheimnisvolle Gestalten, deren Taten Yeats (1865 bis 1939) in seinen Versen besungen hat. Der Nobelpreisträger hat ganz in der Nähe dieses „kahlköpfigen" Berges, auf dem Friedhof von Drumcliff, seine letzte Ruhestätte gefunden.

Der Benbulbin liegt am westlichen Ende der Dartry Mountains. Dieser durch tektonische Vorgänge herausgehobene massige Felsklotz besteht aus karbonischen Sedimenten. Sie liegen hier in einer Höhe, wie dies sonst in Irland nur selten der Fall ist. Die steil abfallenden Hänge des Berges wurden von eiszeitlichen Gletschern überformt, die den Benbulbin bis zur Oberkante einschlossen. Als nach dem Abschmelzen des Eises der Druck nachließ, brachen entlang von Klüften große Teile der Felshänge ab und glitten in die Tiefe; der feste Gesteinsverband war dadurch gelockert worden, daß eingedrungenes Regenwasser gefroren war und sein Volumen vergrößert hatte. Die eindrucksvollsten dieser Bergrutsche kann man in den Tälern von Glencar und Glenade beobachten. Ein kleinerer befindet sich an der Nordwestflanke des Benbulbins. An diesem Hang sind auch die unterschiedlichen Gesteinsschichten deutlich sichtbar, die zur Entwicklung der besonderen Gestalt des Berges beigetragen haben. Der schichtstufenförmige obere Steilhang besteht aus 300 m mächtigen karbonischen Kalkschichten, die der Erosion besonders großen Widerstand entgegensetzen. Darunter lagern weichere Schiefer, die durch ihre Struktur das Abgleiten von Erdrutschen erleichterten. Sie bilden den unteren Teil der Bergflanke, die sanft zur Ebene hin abfällt.

Besonders an seiner Nordwestseite ist der Benbulbin von tiefen, nebeneinanderliegenden Rinnen überzogen. Da diese Flanke unablässig den ozeanischen Starkregen ausgesetzt ist, entstanden sie sowohl durch Lösung des Kalks als auch durch die Erosion des abfließenden Niederschlagswassers. Deshalb kann man den Berg am leichtesten über die geschütztere und weniger zerklüftete Südwest- oder Nordostflanke besteigen. Seinen flachen Gipfel bedecken Torfmoore mit windzerzausten Zwergstrauchheiden und grobem Gesteinsschutt, der durch den Spaltenfrost im Pleistozän vom festen Felsverband abgesprengt wurde. In den Spalten und Nischen des oberen Steilhangs findet man, ebenfalls als Überbleibsel aus den Kaltzeiten, verschiedene arktisch-alpine Pflanzenarten.

Beni-Abbès

Afrika, Algerien
30° 07′ n. Br., 2° 10′ w. L.

Eine mauerbewehrte Oasenstadt im Herzen der Sahara, deren Palmenhaine von den Sanddünen des Westlichen Großen Ergs fast erdrückt zu werden scheinen. Wie ein gewaltiger Schutzwall lenken jedoch die Höhenrücken der Hammada die nordöstlichen Sandwinde in eine andere Richtung.

Beni-Abbès ist ein typischer Oasenort der Sahara, 240 km südlich von Béchar. Östlich davon, bis zu den Wüstenstädten El-Goléa und Ghardaïa, erstrecken sich die riesigen Sandflächen des 45 000 km² umfassenden Westlichen Großen Ergs. Im Westen beginnt die monotone Hammada du Guir, eine trostlose Schutt- und Steinwüste, durch die heute eine Straße nach Mauretanien führt. Die rund 4000 Einwohner zählende, mit Befestigungsanlagen umgebene Oase liegt im Trockental des Wadi Saoura, das den Ort im Winter mit Wasser versorgt. Die Grundwasservorräte, die sich dann ansammeln, reichen gerade für die sengend heißen Sommermonate aus. Außer Beni-Abbès bewässert der Wüstenfluß eine ganze Reihe weiterer Oasen, unter ihnen die berühmten Palmenhaine von Touat. Die an seinen Ufern entlangführende „Straße der Palmen" wurde bereits in der Antike von Karawanen benutzt.

Am eindrucksvollsten bietet sich dem Besucher diese großartige Landschaft von den etwas höher gelegenen Teilen der Hammadaplatte dar. Über dem Dunkelgrün der Palmenhaine, die die Talsohle und die unteren Flußterrassen der Saoura einnehmen, heben sich am stark unterspülten Ufer einer Flußwindung auf einer 50 m hohen Klippe die weißen Mauern der Befestigungsanlagen ab. Den Hintergrund bilden die ockerfarbenen Dünen des Ergs, dessen Sandmassen die nördlichsten Gebäude der Stadt umsäumen.

Die Dünen des Westlichen Großen Ergs steigen bis auf 673 m über den Meeresspiegel an. Sie erreichen nicht selten relative Höhen von weit mehr als 100 m. Es sind keine Einzeldünen, sondern einander kreuz und quer überschneidende Verbände von Längs- und Sicheldünen (*Barchane*), die von den Geologen wegen ihrer Anordnung auch als Gitterdünen bezeichnet werden. Von Beni-Abbès aus gesehen, wirkt daher der Westliche Große Erg wie eine unüberwindliche Schranke. Dennoch ist eine gewisse einheitliche Ausrichtung des Dünenmeeres erkennbar: Die Längsachsen der *Barchane* verlaufen in der Regel von Nordosten nach Südwesten. Etwas weiter im Inneren löst sich der Erg in fast parallel zueinander verlaufende Längsdünen auf. Diese sind getrennt durch sogenannte *Gassi*, das sind schmale Korridore, in denen der felsige Untergrund aus paläozoischen Gesteinen freiliegt.

Wie konnte dieses Sandgebirge entstehen? Zunächst muß man zwischen der bloßen Anhäufung von Sand und deren Ursachen und der eigentlichen Dünenbildung unterscheiden. Letztere beruht auf den in subtropischen Wüsten beständig wehenden Winden, die wesentlich zur Gestaltung des Reliefs beitragen. Dem subtropischen Hochdruckgürtel im südlichen Mittelmeerraum steht die äquatoriale Tiefdruckrinne Zentralafrikas gegenüber. Der Luftdruckausgleich zwischen beiden Zonen erfolgt über konstant wehende, nach Süden gerichtete Luftströme. Diese werden durch die von der Erdrotation abhängige Corioliskraft auf der Nordhalbkugel nach rechts abgelenkt. Dadurch entsteht der in der nördlichen Sahara vorherrschende Nordostpassat, der das ganze Jahr über gleichmäßig weht. Er ist sowohl für den Aufbau und die Abfolge der Dünenketten als auch

Beni-Abbès *Die Dünen des Großen Westlichen Ergs bei Beni-Abbès, die an erstarrte Wellen eines Meeres erinnern, reichen bis an die Höhenrücken der westlich angrenzenden Hammada. Sie drohen den grünen Palmenstreifen entlang der im Sand der Südsahara versickernden Saoura unter sich zu begraben.*

für die Bildung der in ausgeprägten *Ergs* häufig vorkommenden sandfreien Korridore zwischen ihnen verantwortlich. Dabei ist seine erodierende Wirkung – das Ausblasen der *Gassi* – ebenso groß wie sein Beitrag zum Aufbau der Dünen.

Die besonders große Höhe und Mächtigkeit der Dünen in der Gegend von Beni-Abbès hängt damit zusammen, daß die Sandmassen nicht bis zum Wadi Saoura vorstoßen können. Sie liegen östlich des Flusses fest, weil ihnen die nahe gelegenen Höhen der Hammada du Guir den Weg versperren. Da diese von Nordwesten nach Südosten, also quer zur Richtung des Passats, verlaufen, zwingen sie die Luftströme zum Aufsteigen. Folglich können auch am Wüstenboden keine Dünenkorridore ausgeblasen werden, was jedoch eine Voraussetzung für das Wandern von Dünen wäre. Ganz im Gegenteil wird hier ausschließlich Sand abgelagert. Erst weiter im Norden, hinter Igli, wo die Berge nach Westen zurückweichen, findet man bereits am Rand des Ergs eine größere Anzahl von *Gassi*.

Im großen und ganzen sind die Grenzen eines Dünenfeldes – Sicheldünen, Längsdünen und *Gassi* – über größere Zeiträume hinweg festgelegt. Dies wird durch die Existenz alter Brunnen bewiesen. Trotz ihrer Nähe zu mächtigen Wanderdünen wurden sie bis heute nicht verschüttet. Wenn ein *Erg* erst einmal seine Gestalt angenommen hat, vermag der Wind ihn als Ganzes nicht mehr fortzubewegen. Die Dünenberge bestehen aus gewaltigen, im Untergrund verfestigten Sandmassen, und der Wind kann lediglich die dünne Schicht loser Sandkörner an der Oberfläche davontragen. Der darunterliegende Sand wird durch Grundwasser zusammengehalten. Erst wenn der Grundwasserspiegel sinkt, kann der Wind größere Sandmengen wegwehen, wodurch die Oberfläche des *Ergs* umgeformt wird. Dies ist auch der Fall, wenn die Luftströme

Das Wandern der Dünen

Dünen sind durch den Wind aufgeschüttete Sandablagerungen. Sie treten in Gebieten auf, in denen Sandkörner als Verwitterungsrückstände von Gestein lose am Boden liegen, besonders in Wüsten mit weiten Sandflächen, in denen beständige, starke Winde wehen.

Die vom Wind aufgewehten Einzeldünen der Sahara erreichen manchmal relative Höhen von 200 m. Solange keine Pflanzendecke auf ihnen Fuß faßt, werden sie ständig von neuem umgeformt und weiterbewegt. Sie wandern. Dabei können sie sogar Hindernisse überwinden. Meist handelt es sich um Sicheldünen, auch Barchane genannt, deren Längsachse quer zur vorherrschenden Windrichtung verläuft. Ihre in Windrichtung geöffnete Sichelform kommt dadurch zustande, daß an ihren seitlichen Enden der lockere Sand schneller vorwärts wandern kann als in ihrer kompakten Mitte. Sie legen je nach Größe und Windstärke 20 bis 30 m im Jahr zurück. Durch Auflösung von Barchanen können sich Reihendünen bilden, deren Längsachse parallel zur Windrichtung verläuft. Oft bilden sich auch Dünenfelder, in denen mehrere Barchane im Verband dahinziehen wie ein Entenschwarm.

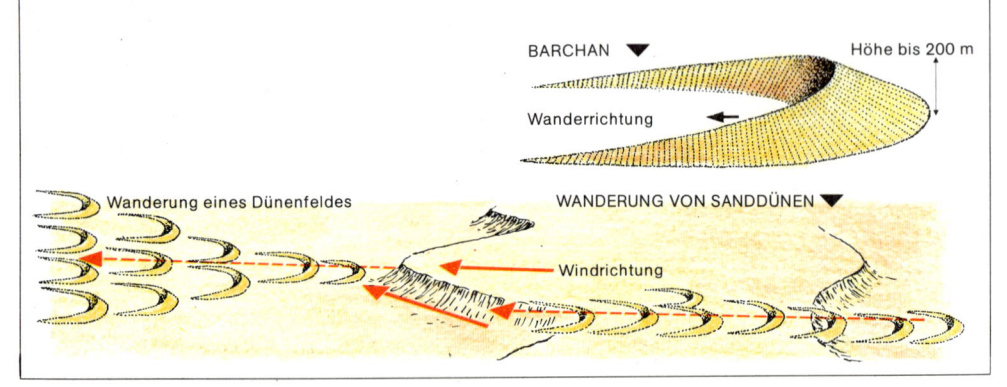

ihre Richtung ändern, zum Beispiel beim Auftreffen auf ein neues Hindernis, welches durch Veränderungen der Vegetation entstanden sein kann.

In geologischen Zeiträumen gemessen, ist der Erg in seiner heutigen Gestalt erst in allerjüngster Vergangenheit entstanden. Alte Höhlenzeichnungen beweisen, daß große Teile der Sahara noch vor 3000 Jahren fruchtbar gewesen sind. Tatsächlich ruhen im Westen die Dünen des *Ergs* auf einer mit Kalk überzogenen Flußterrasse, die die Saoura während der letzten Pluvialzeit bis vor etwa 10000 Jahren hier aufgeschüttet hat. Diese Ablagerungen, die vom Wind abgeschliffene Schotter enthalten, lassen darauf schließen, daß der Westliche Große Erg sich erst im frühen bis mittleren Holozän zu bilden begann, als die Austrocknung der einstmals feuchten Sahara allmählich weiter fortschritt und die Vegetation schrittweise verschwand.

Woher kommt das Material, aus dem sich der Erg aufbaut? Der Sand wurde nicht vom Wind angeweht, wie andernorts der Löß, und die Theorie, daß es sich um den Sandboden eines ehemaligen Saharameeres handelt, hat man schon vor längerer Zeit widerlegt. Es handelt sich vielmehr um mächtige Flußablagerungen aus dem Pleistozän, die sich in weiten, flachen Wannen anhäuften. In der Tat liegt der Erg in einer ausgedehnten Senke zwischen den Atlasketten und der Aufwölbung der zentralen Sahara (Tademaït-Ahaggar). Hier endeten die damaligen Flüsse, die in den pleistozänen Pluvialzeiten große Wassermengen führten und sich tief in die Sedimenttafeln der Hammadaplatten einschnitten. Dort nahmen sie genügend Abtragungsmaterial auf, das sie in den Senken der Sahara wieder ablagerten.

Im Pleistozän gab es insgesamt vier Pluvialzeiten, die unseren Eiszeiten entsprachen. Sie waren charakterisiert durch ein kühleres Klima und höhere Niederschläge. Zwischen diesen Feuchtperioden lagen längere Trockenperioden, in denen die feinkörnigen Sandablagerungen in den Senken der Sahara von den Passatwinden zu *Ergs* aufgetürmt wurden. Jeweils in den darauffolgenden Feuchtzeiten wurden sie durch Oberflächenwasser und Flußerosion wieder zerstört.

Der letzte Übergang von einer Pluvialzeit zu einer Periode mit extremem Wüstenklima vollzog sich erst seit etwa 8000 v. Chr. Unter den Augen unserer Vorfahren ergriff die Wüste allmählich Besitz von einstmals fruchtbaren Feldern und grünen Weiden, so daß die frühere Bevölkerung die zentralen Teile der Sahara schließlich verlassen mußte.

Ben Nevis und Glen More

Europa, Großbritannien
56° 48′ n. Br., 5° 01′ w. L.

Wie Perlen an einer Schnur reihen sich in der Ferne die kristallklaren, sagenumwobenen Lochs des Glen More vor den Augen des Betrachters auf, der den mächtigen Ben Nevis bestiegen hat. Der Berggipfel ist die Ruine eines vor Urzeiten erloschenen Feuerberges, der die Schottischen Hochlande wie eine riesige Festung beherrscht.

Scharen von Spaziergängern und Bergwanderern ziehen im Sommer von Fort William auf den Ben Nevis, der mit 1344 m die höchste Erhebung der Britischen Inseln ist. Da der Berg sehr verkehrsgünstig gelegen und leicht zu besteigen ist, erfreut er sich sehr großer Beliebtheit. Seine massige Silhouette beherrscht das Landschaftsbild der Schottischen Hochlande im Gebiet des Loch Lochy. Der Rundblick, den man von seinem Gipfel aus genießt, ist unvergleichlich. Im Westen reicht das einzigartige Panorama von den scharfen Graten der Cuillin Hills (Insel Skye) bis zur Insel Jura. Dazwischen liegt der steile Westabfall der Schottischen Hochlande, ein Labyrinth von glitzernden Fjorden und stark gegliederten Inseln und Halbinseln. Gegen Norden und Nordosten erstreckt sich die tiefe Grabensenke des Glen More mit ihren zahlreichen aneinandergereihten, langgestreckten Seen (*Lochs*) und weit ins Land greifenden Meeresarmen (*Firths*). Nach Süden hin schließlich schweift der Blick über die nahen Kämme und Täler des herrlichen Mamore Forest.

In dieser Gegend sind die typischen Oberflächenformen des alten Kaledonischen Gebirgsrumpfes besonders deutlich zu erkennen. Er besteht aus präkambrischen Gneisen und Glimmerschiefern, die während der kaledonischen Gebirgsbildung im ausgehenden Silur aufgefaltet wurden. Zwischen diese Gesteine drangen große, aus der Tiefe emporsteigende Granitmassen ein. In der Folgezeit wurde dieses Kaledonische Gebirge zu einer ausgedehnten Rumpffläche eingeebnet, die sich später im Verlauf tertiärer Krustenbewegungen noch einmal gehoben hat. Dabei entstanden markante Verwerfungslinien, entlang deren das Gebiet in einzelne Schollen zerbrach. An diesen Schwächezonen bildeten sich Vulkane, deren Lavaergüsse weite Teile der Highlands bedeckten. Nun setzte erneute Erosion ein, und es entstanden die heutigen Oberflächenformen der Schottischen Hochlande. Neben den Flüssen waren es besonders die Gletscher der pleistozänen Eiszeiten, die das Relief in geologisch junger Zeit entscheidend überformten.

Die geologischen Ereignisse, die zur

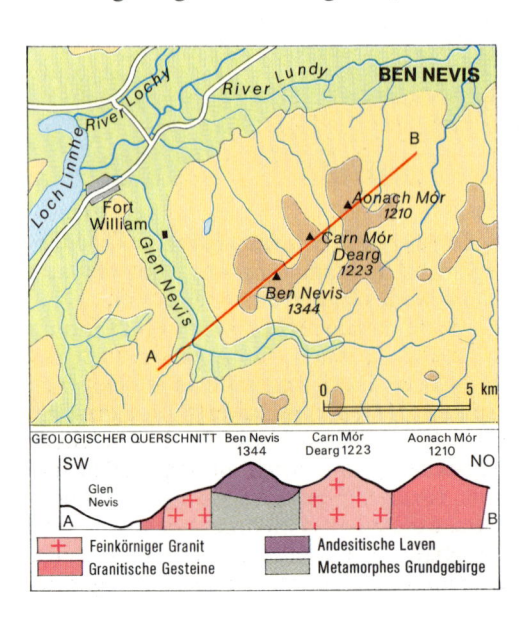

Ben Nevis *Über baumbestandenen Schluchten und Hängen erheben sich die kahlen Flanken des massigen Ben Nevis, den unablässig die starken Weststürme des Atlantiks umtosen. Diese und die ungewöhnlich ergiebigen Niederschläge lassen an den oberen Berghängen keinen höheren Pflanzenwuchs mehr zu. Für Bergwanderer ist die Gegend ein Paradies.*

Entstehung des Ben Nevis führten, reichen bis in das Tertiär zurück. Der Berg gehörte zu ebenjenen Vulkanen, die damals den Kaledonischen Gebirgsrumpf aus Gneisen und Glimmerschiefern durchbrachen. Der Mächtigkeit des durch Erosion freigelegten Unterbaus nach zu urteilen, muß es sich um einen riesigen Feuerberg gehandelt haben. Die Gipfelpartie des Ben Nevis besteht aus grauvioletten andesitischen Laven, die sich durch eine besondere Widerständigkeit gegenüber der Erosion auszeichnen. Ihre Mächtigkeit beträgt mehr als 600 m. Aufgrund ihrer Festigkeit konnten sie sich gegen die Abtragung besser behaupten als die Gesteine ihrer Umgebung. Sie wurden von der Erosion deshalb als Härtling herausmodelliert, der alle benachbarten Berge deutlich überragt.

Die pleistozänen Gletscher haben die Grundformen der Schottischen Hochlande nicht entscheidend verändert. Allerdings wurden die voreiszeitlichen Täler verbreitert und vor allem stärker eingetieft, so daß sie im Querschnitt die Form eines U annahmen. Ein schönes Beispiel dafür ist das großartige Glen Nevis am Fuße des Ben Nevis: ein altes Gletschertal mit großen, vom Eis rundgeschliffenen Felsblöcken, auf denen sich Rotfichten angesiedelt haben. Am Ben Nevis selbst haben die Gletscher an der Nordostflanke tiefe Kare ausgehobelt, wodurch der Berg eine stark asymmetrische Form annahm. Die gewaltigen Schneemassen, welche die vorwiegend aus Südwesten wehenden Stürme auf dem gedrungenen Gipfel abluden, häuften sich an der windgeschützten Leeseite an und nährten mehrere Gletscher, die sich bis in die geologisch jüngste Zeit behaupten konnten. Sie verschwanden erst vor weniger als 10 000 Jahren.

Auch heute herrscht am Ben Nevis noch ein feuchtkühles Klima. Die durchschnittliche jährliche Niederschlagsmenge beträgt mehr als 4000 mm, während die mittlere Julitemperatur nur einen Wert um 5 °C erreicht. Aufgrund dieser Klimaverhältnisse bleibt der Schnee, der sich vor allem gegen Ende des Winters anhäuft, in größeren Firnflecken oft bis in den Sommer hinein liegen, zumindest in den schattigen Karen und Schluchten über 1150 bis 1200 m Höhe. Erst 300 m höher liegt die klimatische Schneegrenze, über der sich echte Gletscher bilden könnten. Sie wird jedoch vom Gipfel des Ben Nevis nicht erreicht.

Die tief eingeschnittene, schnurgerade Talfurche des Glen More trennt den mächtigen Gesteinsblock des Ben Nevis vom nördlichen Teil der Schottischen Hochlande. Sie wird von einer langgestreckten Seenkette ausgefüllt. Ihre auffällige Form zeugt von einem größeren tektonischen Ereignis in geologisch älterer Zeit, auf das Perioden fluvialer und glazialer Erosion folgten.

Es handelt sich um eine riesige Grabensenke – die größte in den Highlands –, die das Gebiet in seiner gesamten Breite durchzieht. Sie ist etwa 90 km lang und verläuft in nordost-südwestlicher Richtung vom Moray Firth bis zum Loch Linnhe. Ihre Entstehung hängt mit starken Krustenbewegungen während des Paläozoikums zusammen. Dabei wurden sowohl das Grundgebirge der Hochlande als auch die auflagernden Sedimentdecken aus altem rotem Sandstein entlang zahlreicher variskisch streichender Verwerfungslinien in einzelne Schollen zerlegt. Dem Verlauf einer dieser Bruchlinien folgt die Talfurche des Glen More. Obwohl sich diese nicht in den tertiären Laven der Insel Mull fortsetzt, sondern in den älteren, tiefer liegenden Formationen endet, treten im Bereich der Insel häufiger Erdbeben auf. Dies beweist, daß hier noch immer Bewegungen der Erdkruste stattfinden. Durch die Bruchzone des Glen More wurde eine alte granitische Tiefengesteinsmasse in zwei Teile gespalten. Beide Hälften wurden anschließend mehr als 100 km weit horizontal gegeneinander versetzt. Dieser Vorgang wird als Blattverschiebung bezeichnet. Da der Gesteinskörper entlang der Verschiebungsfläche gewaltigen Druckbelastungen ausgesetzt war, zerbrach an dieser Stelle der anstehende Fels in kleine Schuttstücke. Es entstand eine sogenannte Rüschelzone, deren Breite mehr als 1 km beträgt. In das zertrümmerte Gesteinsmaterial schnitten Flüsse schon sehr bald tiefe Talfurchen ein. Während der wiederholten Vereisungen im Pleistozän wurde die Rüschelzone durch die Gletscher vollends ausgeräumt. Das Glen More verwandelte sich in eine Folge von Gletscherwannen, die heute von Seen erfüllt sind und die gleichzeitig einen bequemen Verkehrsweg durch die Schottischen Hochlande von einem Meer zum anderen darstellen. Der berühmteste der Seen ist der Loch Ness, von dem immer wieder behauptet wird, daß er die Heimat eines vorzeitlichen Seeungeheuers sei.

Beppu

Asien, Japan
33° 45′ n. Br., 131° 40′ ö. L.

Naturerscheinungen, die wie Dantes Visionen von der Hölle wirken: Aus der Erde schießt ein blutroter Wasserstrahl oder quillt heißer, grauer Schlamm, dessen riesige Blasen an die Schädel der Verdammten erinnern. In diesem Gebiet, über dem der Rauch unzähliger Fumarolen hängt, sprudeln Tausende von heißen Quellen.

Der mittlere Teil der Insel Kiuschu ist eine der ausgedehntesten Vulkanlandschaften Japans. Heute findet man hier allerdings nur noch nachvulkanische Erscheinungen wie Geysire, heiße Quellen, Fumarolen und Solfataren. Rund um die Stadt Beppu liegen mehr als 2000 Thermalquellen mit Temperaturen bis zu 100 °C, die täglich über 2000 m³ Wasser ausschütten. Besonders eigenartig wirkt diese Landschaft, wenn man sich ihr von der Inlandsee her nähert. Beppu ist eine Stadt mit etwa 130 000 Einwohnern, die sich zwischen einer weiten Bucht und einer Reihe kegelförmiger Vulkankuppen auf einer Schwemmlandebene ausbreitet. Rund um sie steigen unzählige Dampfwolken in den Himmel, die jedoch nicht von Industrieanlagen stammen, wie man zunächst annehmen könnte, sondern von zahlreichen Fumarolen ausgehaucht werden.

Beppu *Ein Geysir auf der Insel Kiuschu. Das in die Luft geschleuderte kochende Wasser aus dem Erdinnern fällt zurück in das trichterförmige Sammelbecken am Boden, wo sich gelbe Schwefelkristalle absetzen.*

Die meisten heißen Quellen liegen südlich von Beppu, aber die spektakulärsten nachvulkanischen Erscheinungen kann man im Westen und im Norden beobachten. Es sind die *Jigoku* oder „Höllen". Ihnen entströmen heiße Dämpfe, Gase und unterschiedlich gefärbtes Thermalwasser, das durch aufsteigende, oft explodierende Gase zum Sieden gebracht wird. Da die Farbe der mehr oder weniger schlammigen Wasser sowie die Zusammensetzung und die Menge der emporschießenden Gase variieren, bietet jede dieser „Höllen" einen anderen Anblick. In der größten Quelle verleihen z.B. weißliche Partikel dem Wasser einen himmelblauen Schimmer. Dagegen ist der Topf einer Quelle bei Shibaseki mit blutrotem Wasser gefüllt, was auf eine Unterwasseroxidation von Eisen zurückzuführen ist. Im grauen, blubbernden Schlamm eines bekannten Brodelloches bilden sich durch die aufsteigenden Gase an der Oberfläche dicke Blasen. Sie erinnern an kahle Schädel von Menschen, die vergeblich der Hölle zu entrinnen versuchen. Daher sein Name „Hölle der Bonzen". Zu den weiteren Sehenswürdigkeiten gehört ein Geysir, dessen Was-

Beppu *Das aus den Tiefen der Erde aufsteigende Schwefelgas bildet an der Oberfläche des kochenden Schlamms dicke Blasen, die an der Luft zerplatzen.*

serstrahl alle 17 Minuten unter Druck in die Höhe schießt.

Beppu ist nicht nur wegen seiner „Höllen" berühmt, sondern gleichzeitig auch ein bekanntes Thermalbad. In der Umgebung liegen mehrere weitere große Badeorte. Es gibt so viele heiße Quellen in diesem Gebiet, daß Haushalte, öffentliche Gebäude und ganze Industriezweige mit Thermalwasser versorgt werden können.

Berlengainseln

Europa, Portugal
39° 28′ n. Br., 9° 29′ w. L.

Berlenga – eine Gruppe roter Felsinseln von besonderem Reiz. Auf engstem Raum zusammengedrängt, findet man hier schwindelerregende Granitwände und enge Schluchten, Grotten, malerische Klippen und Buchten, ja sogar einen „Fjord".

Die Berlengas sind eine Gruppe winziger Eilande im östlichen Atlantik, gegenüber der Küste von Estremadura. Die Hauptinsel liegt 10,5 km vor Kap Carvoeiro, dem westlichsten Punkt der Península de Peniche. Sie ist nur 1,4 km lang und mißt an der breitesten Stelle nicht mehr als 800 m. Ihr höchster Punkt liegt 88 m über den Wogen des Atlantiks.

Die Inselgruppe der Berlengas besteht aus rötlichem Granit, der aus den blaugrünen Fluten des Atlantiks emporsteigt. Die Felsen gehören zur Iberischen Masse und haben als Vorposten dieses alten Festlandkerns den Wogen des Ozeans über Hunderte von Jahrmillionen standgehalten. Das Gestein ist an mehreren Stellen von markanten Grabenbrüchen durchzogen, an deren Verlauf sich tief eingeschnittene Täler mit fast senkrechten Wänden orientieren. An den in unzählige kleine Buchten und Einschnitte gegliederten Küsten findet man Höhlen und Meerestunnels von überraschender Schönheit. Einer dieser Tunnels im Südwesten der Hauptinsel mündet in einen fjordartigen, halbkreisförmigen Meeresarm, der entlang einer Verwerfungslinie vorgedrungen ist und von etwa 60 m hohen, senkrechten Kliffs umschlossen wird. Dies ist eine der schönsten Stellen auf Berlenga. Das Klima der Inseln ist im Sommer ausgesprochen trocken, und die kargen Böden weisen nur eine sehr spärliche Vegetation auf.

Im Meer jedoch gibt es Langusten und zahlreiche Fischarten in Hülle und Fülle. Aus diesem Grund haben sich in den geschützten Buchten einige Fischer angesiedelt. Während der Sommermonate finden sich hier auch viele Sporttaucher ein, die mit Schnorcheln und Harpunen auf Fischfang gehen.

Bilma, Grand Erg de

Afrika, Niger/Tschad
14°–21° n. Br., 8°–14° ö. L.

Ein mächtiger Wind, der aus Nordosten kommt, überquert die Sahara. Er führt Milliarden von Sandkörnern mit sich und häuft sie auf den unendlich vielen Dünenketten des Ergs an.

Im Maghreb bezeichnet man mit dem Wort *Erg* ein Wanderdünengebiet, in dem kaum eine Pflanze gedeiht. Wenn auch das Wort *Erg* in der geographischen Literatur die übliche Bezeichnung für die großen Dünengebiete in der nördlichen Sahara ist, gibt es doch außerdem noch einige andere Namen der Einheimischen dafür. So sagen die Libyer beispielsweise *Ramla*, die Tuareg *Edeyen* für diese Gegenden. In der südlichen Sahara, wo die Dünen nicht mehr wandern, werden sie *Goz* genannt.

Der Grand Erg de Bilma gehört zum mittleren Teil der Sahara. Er wird im Süden vom Tschadsee begrenzt, im Norden vom Hochland von Tibesti, das im Pic Toussidé, einem Vulkan, einen seiner markantesten Punkte besitzt.

Der Erg erstreckt sich von Nordosten nach Südwesten und verbreitet sich fächerförmig über die Trockengebiete von Niger. Er liegt im Gebiet der Passatwinde der

Grand Erg de Bilma *Der stark wehende Nordostpassat wird nur durch einige vertrocknete Sträucher ein wenig gebremst. Hier typische Windrippeln im rötlichen Sand.*

Nordhalbkugel. Die Passate wehen hier in acht von zwölf Monaten beständig von Nordosten nach Südwesten. Die Sandteilchen werden mit den Passatwinden transportiert. Satellitenbilder ermöglichen es, diese Ströme genau zu verfolgen. Sie nehmen in Ägypten in der Höhe der Kattaradepression ihren Ursprung, fegen dann durch das Land, erst in nordöstlicher, dann in südwestlicher Richtung, machen einen großen Bogen in der Höhe des Wendekreises und spalten sich, wenn sie auf das Hochland von Tibesti stoßen, in zwei Ströme: Der nördliche Ausläufer wendet sich nach Norden um das Hochland von Tibesti herum, während der südliche in Richtung Tschadsee weiterläuft, ehe er

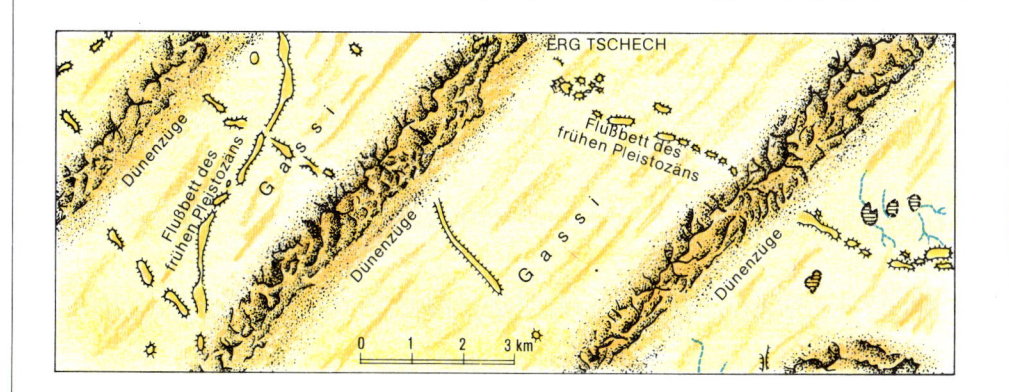

blockieren. Dort gibt es Oghroud – pyramidenförmige Dünen –, die sich 200 m über die Dünentäler erheben. Manchmal wird das Dünenrelief ganz unübersichtlich. Man kann dann kein Ordnungsprinzip mehr erkennen.

Große Sandwüsten treten in fast allen Kontinenten auf. Ihre Oberfläche ist gewaltig. Sie bedecken ungefähr 45 % von Asien, 34 % von Afrika, 20 % von Australien und 0,3 % von Amerika.

Die Ergs sind Sanddünenmeere. Nur die oberste Schicht wird ständig durch den Wind umgelagert. Wenn es häufiger regnet, entwickelt sich eine Pflanzendecke. Die Wanderdüne wird befestigt, und die Siuf (Sing. Sif) – das sind die beweglichen Kämme von Wanderdünen – verschwinden.

Das Dünenrelief setzt sich aus verschiedenen Formen zusammen. Die einfachsten sind parallele Ketten (Strich- oder Längsdünen), die durch Streifen (Gassi) voneinander getrennt sind. In den netzartigen Ergs ist das Muster durch querverlaufende Dünenzüge gekennzeichnet, die die Gassi

nach Norden zum Südwestfuß des Tibestimassivs umkehrt, wo er dann mit dem Nordwestausläufer zusammentrifft und dem Grand Erg de Bilma ständig riesige Sandmassen zuführt. Man könnte fast sagen, daß der Grand Erg de Bilma diesen beiden mächtigen, mit Sand beladenen Luftströmungen seine Existenz verdankt.

Die Dünen innerhalb des Ergs sind sehr verschieden. In der äußeren Zone überwiegen *Barchane*: bewegliche, sichelförmige Dünen. Im Zentrum des Ergs liegt eine mächtige, zu Dünen geformte Sanddecke. Der aus festen Gesteinen bestehende Untergrund tritt nur in der Falaise d'Achegour, in den Anhöhen um Fachi und in der Stufe des Termitmassivs an die Oberfläche. Wie Inseln im Sandmeer wirken diese von Norden nach Süden ausgerichteten Erhebungen.

Im Norden beginnt der Erg mit der Ghourdkette. Sie besteht aus pyramidenförmigen Dünen mit leicht beweglichen Nebenkämmen, die sich sternförmig nach allen Seiten ausbreiten. Diese Ketten sind durch sogenannte *Gassi*-Streifen, die zwischen den Dünen liegen, voneinander getrennt. Sie bilden oft den einzig möglichen Weg für Karawanen. Weiter nach Südwesten werden die *Ghourds* durch periodische Dünenwellen abgelöst. Sie machen den Hauptteil der westlichen Hälfte des Ergs aus. Die Wellen können 180 km lang werden und erreichen eine mittlere Breite von 1100 m. Sie lassen sich bis in die Steppe hinein verfolgen. Die Dünen sind bald längs, bald quer zur vorherrschenden Windrichtung angeordnet. Gelegentlich bilden sie auch rechteckige Muster. An der Oberfläche der Dünen hat der Wind zahlreiche Rippeln mit vielen geometrischen Formen geschaffen.

Im Grenzbereich des Ergs ist der Sand in eintönigen Hügeln mit flachen Hängen aufgeschüttet. Dort hat die Bevölkerung des nigerischen Sahel ausgedehnte Hirse- und Sorghumfelder angelegt. Mißernten sind in diesem Gebiet jedoch häufig, da die geringen Niederschläge in manchen Jahren völlig ausbleiben.

Black Canyon of the Gunnison

Amerika, USA
38° 32′ n. Br., 107° 42′ w. L.

Unermüdlich haben die Wildwasser des Gunnison River über zwei Millionen Jahre lang die Sedimenttafel des Coloradoplateaus bearbeitet: Das Ergebnis ist eine gewaltige Schlucht, die aussieht wie ein tiefer Riß in der Erdoberfläche. Vom engen Talgrund dringt das gleichförmige Rauschen des ungestüm dahintosenden Flusses empor.

Black Canyon *Das zarte Grün des sanft gewellten Coloradoplateaus endet unvermittelt an zwei dunklen, schwindelerregenden Felswänden, die beinahe senkrecht über 700 m in die Tiefe führen. Sie treten weiter unten so dicht zusammen, daß man nicht einmal den Fluß sehen kann, der diesen einzigartigen Canyon geschaffen hat. Man hört lediglich das entfernte Rauschen seiner wild dahintosenden Wasser.*

Abgesehen von einem kleineren Streifzug der Spanier, denen im 16. Jahrhundert ein Teil des heutigen Bundesstaates Colorado gehörte, erkundete man diese unwirtliche Gegend erst Mitte des 18. Jahrhunderts. Damals gab es im westlichen Colorado noch kriegerische Indianer, und das Betreten ihrer Stammesgebiete war ein gefährliches Unterfangen. Eine erste offizielle Expedition wagte sich im Jahre 1853 bis zum Black Canyon vor. Der Fluß, der diese einzigartige Schlucht durchfließt, wurde später nach J. Gunnison, dem Expeditionsführer, benannt.

Der Black Canyon des Gunnison River liegt im Nordostteil des ausgedehnten Coloradoplateaus, am Westfuß der Rocky Mountains. Mit einer Länge von 16 km und einer Tiefe von fast 800 m gehört er zweifellos zu den großen landschaftlichen Sehenswürdigkeiten des nordamerikanischen Westens.

Die Entwicklungsgeschichte des Black Canyons begann an der Wende vom Tertiär zum Quartär vor rund zwei Millionen Jahren. Der Gunnison River muß zu dieser Zeit bereits existiert haben. Damals setzte, als sich das Felsengebirge auffaltete, eine starke Hebung des Coloradoplateaus ein. Die Erosion wurde dadurch neu belebt, und der Gunnison tiefte sich antezedent in seine sich allmählich hebende Unterlage ein. Dabei wurden mehrere horizontal lagernde Sedimentschichten aus verschiedenen Erdzeitaltern angeschnitten. Die jüngsten, zuoberst liegenden Gesteine stammen aus dem Mesozoikum; darunter folgen paläozoische und präkambrische Schichten und – zuunterst – das ebenfalls angeschnittene kristalline Grundgebirge. Durch die hohen Temperaturunterschiede zwischen Tag und Nacht sind die Gesteinsschichten an den Talflanken sehr stark verwittert. Felsbrocken, die sich aus dem Gesteinsverband gelöst haben, stürzten in die Tiefe und bilden im Talgrund mächtige Schutthalden.

Einen unvergeßlichen Blick auf den Canyon gewinnt man von einer der zahlreichen Aussichtsplattformen, die oben an den senkrechten Talwänden errichtet wurden. Die vom Gunnison angeschnittenen Gesteine sind von Flechten überzogen und sehen deshalb sehr dunkel aus. In den unteren Teilen der Schlucht, die ständig im Schatten liegen, wird dieser Effekt noch verstärkt, so daß der Name des Canyons sehr treffend ist.

Blanc, Kap

Afrika, Tunesien
37° 20′ n. Br., 9° 51′ ö. L.

Die beiden weißen Kalkklippen dieses ins Mittelmeer ragenden Felsvorsprungs sind das Ergebnis der Meeresabrasion. Wie zwei steinerne Posten bewachen sie eine einsame kleine Bucht.

Den schönsten Blick auf Kap Blanc an der Nordspitze Tunesiens hat man vom Meer aus. Auf dem Landweg erreicht man diesen nördlichsten Punkt Afrikas, der sich 102 m über die blauen Fluten des Mittelmeers erhebt, auf einer gut ausgebauten Küstenstraße, die vom etwa 12 km entfernten Biserta hierherführt.

Die Landzunge von Kap Blanc wird von zwei parallelen Höhenrücken gebildet, zwischen denen eine schmale, langgestreckte Bucht mit einem kleinen Sandstrand liegt. Das eigentliche Kap Blanc ist der 400 m lange und etwa 50 m breite westliche Höhenzug. Am höchsten sind die inneren, einander zugewandten Steilwände der Höhenrücken, die fast senkrecht zu der etwa 100 m tiefer liegenden Bucht abfallen. Die äußeren, zum Meer hingewandten Klippen sind nicht so hoch, etwa 50 m im Westen und nur 25 m im Osten.

Die Entstehung dieses asymmetrischen Reliefs geht auf eine besondere Form der Erosion zurück. Ursprünglich bildeten beide Höhenrücken eine zusammenhängende Aufwölbung, eine Antiklinale, die im oberen Teil aus harten Kalken bestand. Diese wurden von weicherem Gestein unterlagert. Der Scheitel dieses Sattels wurde wegen seiner Höhenlage sehr schnell abgetragen, so daß an dieser Stelle die weicheren Schichten des Untergrundes freigelegt wurden. In diese schnitt sich kurz darauf ein von Süden nach Norden fließender Wasserlauf ein und räumte sie völlig aus. Es entstand die bereits beschriebene schmale Bucht, die von den Steilwänden der Sattelreste eingegrenzt wird. Die meerwärts einfallenden Steilwände des ehemaligen geologischen Sattels wurden durch die Brandung der See geschaffen.

Das Kap Blanc verdankt seinen Namen dem Weiß seiner Klippen. Die Kalke, die im Hinterland von Biserta mit einem grauen Verwitterungsmantel überzogen sind, haben im Küstenbereich die helle Farbe bewahrt.

Blue Ridge

Amerika, USA
35°–39° n. Br., 78°–83° w. L.

In diesem Teil der Appalachen, der ständig in einen bläulichen Dunstschleier gehüllt ist, haben Wasser und Wind überraschende Formen geschaffen. Ein Felsen, der an einen Greisenkopf erinnert, und eine 65 m hohe natürliche Brücke sind nur zwei der vielen landschaftlichen Besonderheiten dieser Gebirgskette.

Die Appalachen sind das felsige Rückgrat des nordamerikanischen Ostens. Dieser Rumpf eines alten Faltengebirges ist rund 3400 km lang und erstreckt sich von Neufundland und der Halbinsel Gaspé in Kanada bis nach Alabama im Süden der USA. Lange Zeit waren die Gebirgsketten für die nach Westen drängenden Siedler ein Hindernis, das sie nur unter großen Anstrengungen zu überwinden vermochten. Die von Nordosten nach Südwesten streichenden Appalachen bestehen aus mehreren parallelen Kämmen. Die östliche Kette trägt den Namen Blue Ridge oder Blaue Kette, da fast ständig ein bläulicher Dunst-

---

Das Relief der Appalachen

Die Appalachenketten erreichen alle in etwa die gleiche Höhe. Es sind sogenannte Schichtkämme aus harten Gesteinen. Dazwischen sind parallel zu ihnen verlaufende Längstäler eingeschnitten, und zwar ausnahmslos in weicheres Material.

Dieses Relief entwickelte sich in mehreren Phasen. Zunächst wurden altpaläozoische Sedimentpakete an der Wende zwischen Perm und Trias aufgefaltet und durch Erosion bis zum Beginn des Tertiärs vollständig eingerumpft. Anschließend hob sich der alte Gebirgsrumpf im Gefolge tektonischer Ereignisse von neuem. Die wieder einsetzende Erosion führte zur Entstehung der heutigen Oberflächenformen.

Die wiederbelebte Erosion schritt auswählend nach der Härte der Gesteine vor. Weicheres Material wurde rasch zu Tälern ausgeräumt, während härtere Gesteinsschichten der Abtragung länger standhalten konnten und – bei zunehmender Schichtneigung – zu Schichtrippen) herauspräpariert wurden.

Schichtrippenlandschaften gibt es nicht nur in den Appalachen, sondern an vielen Stellen der Erde, z.B. auf der marokkanischen Meseta, in Bolivien am Fuß der Anden, in den belgischen Ardennen, in der Bretagne oder im Weserbergland. Nirgendwo erreichen sie jedoch eine so lehrbuchhafte Ausprägung wie in den Appalachen.

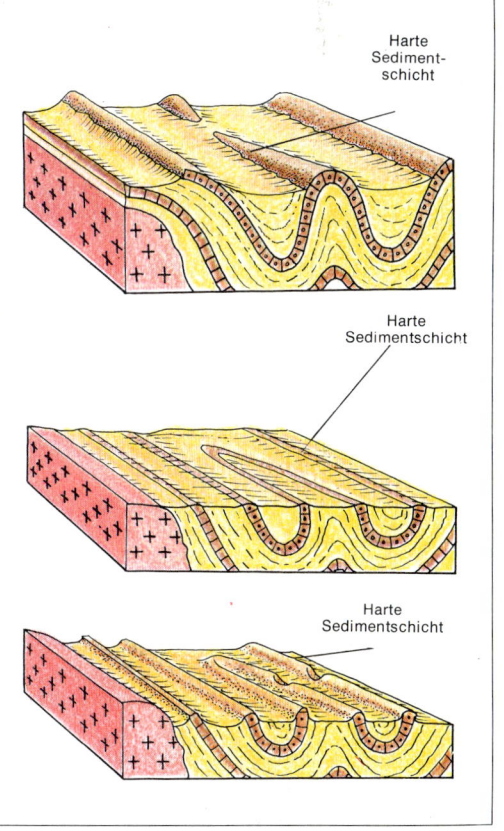

Harte Sedimentschicht

Harte Sedimentschicht

Harte Sedimentschicht

Blue Ridge *Ein von Westen her allmählich ansteigendes Hochplateau, das an einem mächtigen, nach Osten gekehrten Steilabfall urplötzlich abreißt. Die stark geneigten Hänge jenseits der Kammlinie sind von zahllosen Erosionsrinnen zerfurcht, in deren Schatten der Schnee länger liegenbleibt als in der Umgebung.*

schleier über ihren Gipfeln liegt. Sie begleitet den Gebirgskörper jedoch nur auf einer Länge von rund 1000 km zwischen den amerikanischen Bundesstaaten Georgia und Pennsylvania.

Vom Atlantik aus gesehen, ist die Blue Ridge das erste Gebirge des Kontinents. Viele ihrer Gipfel erreichen Höhen von mehr als 1800 m. Dieser Teil der Appalachen gehört zu den niederschlagsreichsten Gebieten der Vereinigten Staaten. In vorwiegend von Laubmischwäldern bedeckten Bergen liegen zahlreiche Naturschutzgebiete, Wildreservate und Nationalparks.

Der Kammlinie folgt eine berühmte Höhenstraße: der Blue Ridge Parkway. Er verläuft in rund 900 m Höhe und ist mehrere hundert Kilometer lang. Von den vielen Naturschönheiten, an denen diese Straße vorbeiführt, verdienen einige besondere Aufmerksamkeit. Wenn man vom südlichen Endpunkt des Parkways nach Norden fährt, erblickt man zunächst den Grandfather Mountain. Dies ist ein Felsen in Form eines Greisenkopfes, den die Erosion geschaffen hat. Zwischen Roanoke und Lexington liegt dann die Natural Bridge, ein 65 m hoher, natürlicher Brückenbogen, der den Cedar Creek überspannt. Vermutlich war er einst die Decke eines unterirdischen Gangs, durch den der Fluß strömte. Er ist so mächtig, daß man eine große Straße über ihn führen konnte. Im Norden endet der Blue Ridge Parkway im Naturpark von Shenandoah, der für seine reichhaltige Fauna und Flora bekannt ist.

Bora-Bora

Ozeanien, Französisch-Polynesien
16° 30′ s. Br., 151° 45′ w. L.

Ein kleines, steil aufragendes Felseiland, das von einem breiten Korallengürtel vor den mächtigen Wogen des Ozeans geschützt wird. Der Reiz von Bora-Bora liegt in seiner Landschaft mit ihren ausgeprägten Kontrasten. Hier findet man steile Berge neben schwach geneigten Höhenrücken, tiefe Schluchten und ausgedehnte Ebenen, Klippen und flache Sandstrände, an denen ungezählte Kokospalmen wachsen.

Bereits der französische Weltumsegler A. Gerbault, der Anfang der 20er Jahre mit seinem Boot in die Lagune von Bora-Bora einlief, war von der Schönheit dieser polynesischen Insel und der Liebenswürdigkeit ihrer Bewohner tief beeindruckt. Nach seinem Tod wurde er auf Bora-Bora beigesetzt.

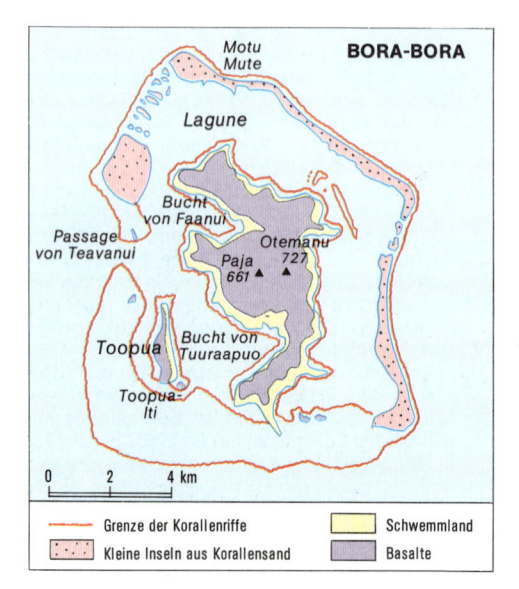

Die Insel liegt etwa 200 km nordwestlich von Tahiti und gehört zu den Gesellschaftsinseln. Aufgrund ihrer landschaftlichen Schönheit wird sie auch als die „Perle der Inseln unter dem Winde" bezeichnet, denn alle interessanten Relieftypen der Inseln Polynesiens sind hier vereint. Schwarze Bergmassive ragen wie Mahnmale in den Himmel. Rostfarben gestreifte Steilhänge mit tiefen, von immergrünem Regenwald bewachsenen Schluchten wechseln mit eintönigen Hochflächen, die nur mit Sträuchern und Farnen bedeckt sind. An den Meeresufern erheben sich schwarze Basaltklippen mit vorgelagerten, palmenbestandenen Sandstränden, die in die tiefblaue Lagune übergehen. Mächtige Wogen branden ununterbrochen gegen die bis knapp unter den Meeresspiegel reichende Barriere eines aus Korallen aufgebauten Wallriffs, das die Insel ringförmig umgibt.

Bora-Bora ist nicht sehr groß. Die Hauptinsel mißt von Norden nach Süden etwa 8 km, von Osten nach Westen ca. 5 km. Ihre Gesamtfläche beträgt nicht mehr als 40 km². Eine Reihe von Buchten greift tief ins Land hinein. Die beiden höchsten Gipfel der Insel ragen nicht weiter als 800 m über den Meeresspiegel auf. Dagegen erreicht der mächtigste Berg Tahitis, der Orohena, eine Höhe von 2237 m. Dafür sind die Gipfel von Bora-Bora jedoch besonders malerisch, denn zu Füßen ihrer steilen Hänge liegen Sandstrände unterschiedlicher Breite. Diese bildeten sich hinter dem Korallenriff der Insel, das ihr wie ein Wall vorgelagert ist und sie vor der Brandung des Ozeans schützt. Zwischen dem Riff und der Insel liegt eine der bei hohem Wasserstand schönsten Lagunen des Pazifiks. Sie kann bis zu 2 km breit werden. Im Norden und Osten bildet das Riff eine Kette kleiner Inselchen, die aus Sand und Korallentrümmern aufgebaut sind. Im Westen, auf der geschützten Seite „unter dem Wind", hat sich eine tiefe Lücke im Riff erhalten, durch die man von hoher See in die Lagune einfahren kann. Es ist die Passage von Teavanui.

Bora-Bora gehört zu den Inseln vulkanischen Ursprungs, die die höchsten Punkte einer nordwest-südöstlich im Ozean verlaufenden, größtenteils unter dem Meeresspiegel liegenden Schwelle darstellen. Der Kern der Insel ist das Überbleibsel eines Vulkans, der wahrscheinlich im jüngeren Tertiär tätig war. Unter der Einwirkung des feuchtwarmen ozeanischen Klimas der Tropen verwitterte das Gestein sehr schnell. Nach dem Ende der vulkanischen Tätigkeit senkte sich der Meeresboden infolge des auflastenden Gewichtes der Insel. Durch das beständige Absinken Bora-Bo-

Bora-Bora *Jenseits der durchsichtig blauen, von Palmen gesäumten Lagune erheben sich die Felsen der kleinen Insel Bora-Bora, die fern der großen Kontinente mitten im Pazifik liegt.*

Die Korallenriffe

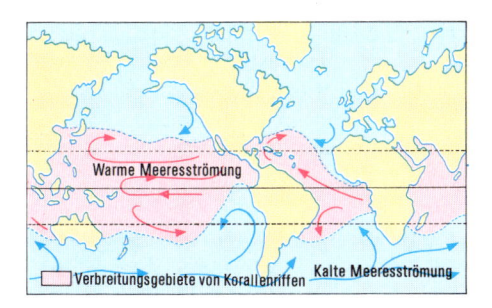

Saumriffe verlaufen parallel zur Küste und wachsen ins Meer hinaus. Die selteneren Wallriffe liegen weiter vor der Küste. Sie bilden sich aus einem Saumriff, wenn die Insel langsam im Meer versinkt oder der Meeresspiegel ansteigt. Die Endstufe dieser Riffentwicklung ist das Atoll, bei dem in der Lagune keine Insel liegt.

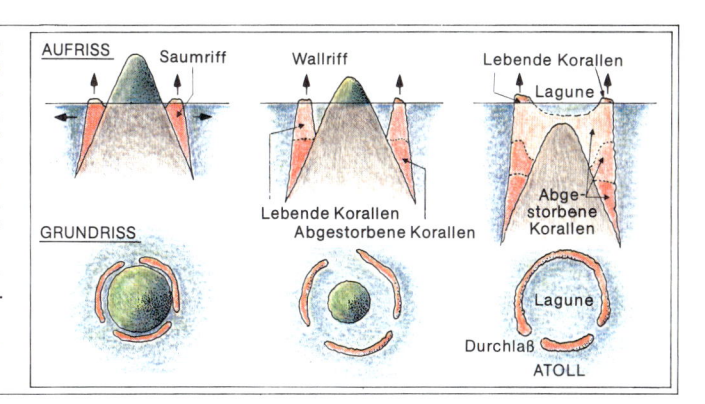

Korallenriffe sind ungeschichtete Kalksteinablagerungen im Meer. Sie bestehen vor allem aus den Kalkskeletten koloniebildender Korallen und aus Ablagerungen von Kalkalgen. Korallen können nur in warmen Meeren mit einer Mindesttemperatur von 20 °C leben.

Der Kalkabsatz ist abhängig von der Korallenart, ihrer Lage im Riff und von bestimmten Enzymen. Die Lebensfähigkeit der Korallen wird durch die Wassertemperatur und durch die Lichtintensität in den verschiedenen Wassertiefen bestimmt. Deshalb wachsen Korallen ausschließlich in kalkhaltigem und sauerstoffreichem, bewegtem Wasser bis in einer Tiefe von höchstens 100 m. Sie vertragen weder trübes Wasser an Flußmündungen noch Süßwasser. Ideale Lebensbedingungen finden sie in tropischen Meeren. Sie wachsen an den Rändern der Kontinentalsockel und rund um Inseln.

Nach der Form der Korallenbauten unterscheidet man zwischen Küsten- oder Saumriffen, Wall- oder Barriereriffen sowie Kranzriffen oder Atollen. Sie sind die Lebensräume verschiedener Pflanzen- (skelettbildende Kalkalgen) und Tierarten (Weichtiere, Seeigel, Seesterne, Krustentiere, Fische).

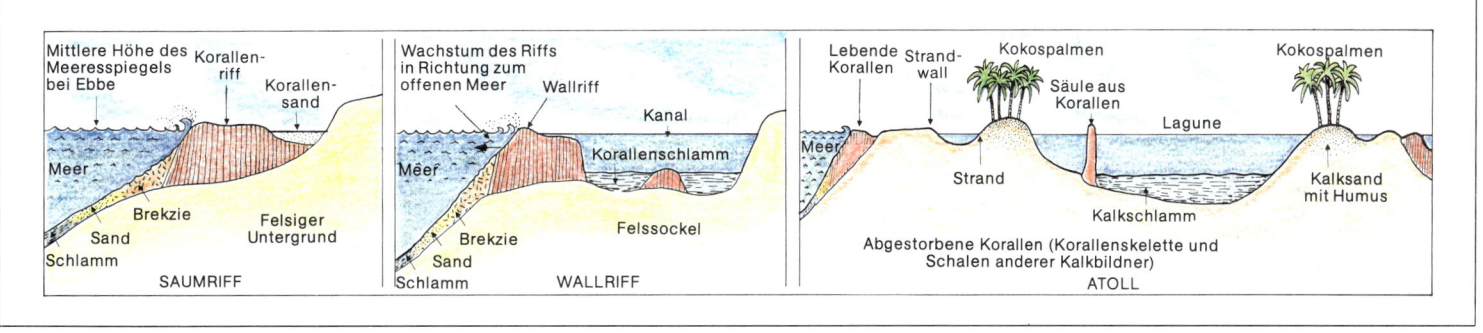

ras wurde das ehemalige Saumriff entlang der Ufer zu einem Wallriff. Es entstand die Lagune.

Die beiden Berge der Insel bestehen aus widerständigen magmatischen Gesteinen, die zur Nordwand des ehemaligen Hauptkraters gehören. Dieser sank im Quartär unter den Meeresspiegel ab und füllte sich mit Wasser. Er bildet heute eine der zahlreichen Buchten in der Lagune von Bora-Bora. Die beiden Felseilande, die nur wenige Meter aus ihr herausragen, dürften die abgesunkenen Überreste des westlichen Kraterrands sein. Die Buchten der Lagune sind so tief, daß auch große Schiffe hier ankern können.

Der Vulkan entstand durch das Übereinanderfließen dünnflüssiger, basischer Lavaströme. Es bildete sich zunächst ein untermeerischer Schildvulkan, der zunehmend an Höhe gewann und im Laufe der Zeit allmählich aus den Fluten des Ozeans auftauchte. Seine nicht sehr mächtigen Lavaschichten breiten sich vom Mittelpunkt der Insel flach nach allen Seiten aus. Die Basalte sind von unterschiedlicher Textur. Sie können schlackig, kompakt oder blasig sein. Da das aufdringende Magma sehr wenig Gase enthielt, waren die Ausbrüche selten explosiver Natur. Deshalb fehlen sowohl ausgeworfene Tuffe als auch Brekzien.

Eine der ersten Beschreibungen der Insel stammt von dem englischen Weltumsegler James Cook, der 1769 hier vor Anker ging. Ende des 19. Jahrhunderts wurde Bora-Bora französische Kolonie. Seit 1958 gehört die Insel zu Französisch-Polynesien, welches damals den Status eines Überseegebietes im Rahmen der Französischen Gemeinschaft erhielt. Wegen seines sicheren, durch das Korallenriff geschützten Hafens war Bora-Bora während des Zweiten Weltkriegs ein amerikanischer Flottenstützpunkt. Etwa fünf Jahre lang war hier eine rund 5000 Mann starke Garnison stationiert. Die Schönheit der Insel lockt heute zahlreiche Touristen an, die über Tahiti einreisen.

Bosque de Rocas

Amerika, Peru
11° s. Br., 76° 20' w. L.

Ein heilloses Gewirr aus bizarr geformten Felstrümmern, das aus glutflüssigen Lavaströmen entstand, abkühlte, über mehrere Jahrtausende von klirrendem Frost zermürbt wurde und dabei das Aussehen eines versteinerten Waldes annahm.

Auf der Pampa de Junín, dem nördlichsten Teil des Altiplano in den peruanischen Anden, liegt ein kleines Plateau, das aus Lavaströmen entstand. Am Rand dieser Hochfläche und an den Hängen ihrer Täler hat sich ein phantastisches Relief entwickelt. Es besteht aus mächtigen, senkrecht geriffelten und von riesigen Wackelsteinen gekrönten Türmen. Die Pfeiler sind von *Tafoni* übersät, die wie Bienenwaben an der Gesteinsoberfläche angeordnet sind. Diesen Formen verdanken die Vulkanfelsen von Huachón die Bezeichnung „Steinerner Wald".

Die Lavaströme lagern über einem niedrigen Rücken, der aus gefaltetem Kalkstein des jüngeren Mesozoikums und aus ebenfalls gefalteten Peliten und Konglomeraten des älteren Tertiärs besteht. Ihr Ausströmen erfolgte während des Übergangs vom Tertiär zum Quartär, als der Vulkanismus dieses Gebietes allmählich abklang. Es handelt sich um Gesteinsmaterial, das sich vor allem aus Feldspat, Glimmer und Quarz zusammensetzt und eine porphyrische Struktur besitzt. Das Gestein ist sehr porös und verwittert deshalb außerordentlich schnell. Die physikalische Verwitterung (Frostverwitterung) war an der Prägung des Reliefs aus Türmen und Säulen im Steinernen Wald besonders stark beteiligt.

Die Oberflächenformen des Bosque de Rocas entstanden vor allem während der Kaltzeiten des Pleistozäns. In diesen Perioden des Quartärs lag das Plateau unter einem mächtigen Eismantel, an dessen Rändern, im Periglazialbereich, besonders intensive Frostverwitterung herrschte. Gefrierendes und wieder auftauendes Schmelzwasser in den Klüften zerstörte den Gesteinsverband und besorgte den Abtransport des Verwitterungsschutts. Obwohl das Gebiet mehr als 4000 m über dem Meeresspiegel liegt, ist die Frostverwitterung heute nur auf die winterliche Jahreszeit beschränkt. Da aber die nötige Feuchtigkeit fehlt, ist die gegenwärtige Reliefentwicklung relativ gering. Die Skulpturen des Steinernen Waldes sind Reliktformen eines alten Reliefs, das überwiegend in einer Zeit mit kälterem und feuchterem Klima entstand.

Bosque de Rocas *Eine bizarre Landschaft mit steinernen Türmen, Pfeilern und Säulen. Sie entstanden durch Frostverwitterung, die entlang der Abkühlungsklüfte des Vulkangesteins wirkte.*

Bryce-Canyon-Nationalpark

Amerika, USA
37° 35' n. Br., 112° 13' w. L.

Der Fels scheint zum Leben zu erwachen. Je nach Witterung wechselt seine Farbe von Goldgelb bis Dunkelrot. Einmal zeigt er eine glatte, dann wieder eine sehr zerklüftete Oberfläche. Dabei glitzern im Sonnenlicht Metalloxide an seiner Oberfläche wie kostbare Edelsteine.

Der einzigartige Bryce Canyon wurde 1928 zum Nationalpark erhoben. Er liegt im Südwesten des amerikanischen Bundesstaates Utah, am Rand des Paunsauguntplateaus. Seine Gesamtfläche beträgt 146 km². Er ist nach Ebenezer Bryce benannt, der einer der ersten Siedler in diesem Gebiet war.

Der Canyon wurde nicht etwa von einem Fluß geschaffen, sondern ist ein halbmondförmiger Erosionseinschnitt in die mächtige Klippe, an der das Paunsauguntplateau steil abbricht. Die Pink Cliffs kündigen dem Besucher an, daß er in Kürze den Bryce Canyon erreichen wird. Auf einem Fußpfad gelangt man in diese märchenhafte Felslandschaft. Über eine Fläche von etwa 2 km Länge und mehr als 0,5 km Breite erstrecken sich die stufenförmig ansteigenden Felsformationen. Sie bestehen aus Pfeilern, Säulen und zerklüfteten Blöcken, aus denen von der Erosion menschliche Gesichtsformen herausmodelliert wurden. Die Farbskala des Reliefs reicht von Orange bis Dunkelrot.

Betrachtet man die geologische Entwicklungsgeschichte des Canyons, so bildet er zusammen mit dem Grand Canyon und dem Zion Canyon eine geomorphologische Einheit. Alle drei Canyons entstanden nacheinander, wobei der Bryce Canyon der jüngste ist. Die einzelnen Entwicklungsphasen des Reliefs lassen sich an den Gesteinsstufen erkennen. Sie entsprechen unterschiedlichen, übereinanderliegenden Sedimentschichten, die von der Erosion herauspräpariert wurden. Das Alter der Gesteine nimmt von Westen (Präkambrium) nach Osten (Tertiär) ab. Im Tertiär war das Gebiet um den Bryce Canyon ein Sedimentplateau, das vorwiegend aus limnischen Kalken bestand. Durch rückschreitende Erosion in diesen weichen Kalken wurde das ehemalige Plateau bis zum heutigen Niveau abgetragen. Das zerklüftete Relief ist in den Überresten der alten, verwitterten Deckschicht des Plateaus angelegt. Die Spitzen der Pfeiler und Säulen geben ungefähr sein altes Höhenniveau an.

Eine wichtige Rolle spielte die thermische Verwitterung, die sogenannte Insolationsverwitterung. Die Temperaturschwankungen zwischen Tag und Nacht bewirkten vor allem in den Klüften des Gesteins einen häufigen Wechsel von Ausdehnung und Zusammenziehung. Dadurch wurde der Gesteinsverband gelockert und zerfiel. Das Verwitterungsmaterial wurde vom Wind abgetragen und sammelte sich zum Teil am Fuß der Klippen. Danach

Bryce Canyon *Bis zu den fernen Gipfeln des Plateaus von Utah erstreckt sich, über 600 m hoch ansteigend, eine Folge von stark zerklüfteten Gesteinstreppen. Die von Wind, Regen und Frost herausgearbeiteten Pfeiler und Säulen sind die Überreste einer alten Deckschicht, die im Tertiär und im Quartär abgetragen wurde.*

setzte die Arbeit des fließenden Wassers ein. Es spülte die Blöcke aus dem Verwitterungsschutt frei. Der abtransportierte Schutt wurde während des Transports zerkleinert und in größerer Entfernung als Schwemmkegel abgelagert.

Das große Gefälle der Hänge und ihre Erosion verhindern meist die Ansiedlung von Pflanzen. Ist dennoch Vegetation vorhanden, so ist sie schütter und niedrig. Die Pflanzen sind den beträchtlichen Temperaturunterschieden und der Trockenheit angepaßt.

Eindrucksvoll ist der ständige Farbwechsel des Gesteins je nach Wetter und Sonnenstand. Er läßt das Relief noch zerklüfteter erscheinen und betont die Formen dieser bizarren Felsgebilde. Man könnte meinen, der Fels würde sich im Lauf des Tages bewegen und seine Gestalt verändern. Infolge der Lichtbrechung nehmen die verschiedenen Metalloxide, die die Felswände wie Häute überziehen, immer wieder andere Farbtöne an. Dieses Wechselspiel von Licht und Schatten verwandelt den Bryce Canyon in ein gigantisches Kaleidoskop.

Bucegi

Europa, Rumänien
45° 20′ n. Br., 25° 20′ ö. L.

Jahrtausendelang haben Flüsse, Gletscher und Erdbeben in diesem Teil der Karpaten die weichen Gesteine bearbeitet. Sie formten ein Relief, das sich durch eine Vielzahl von mächtigen Felsblöcken und tiefen Schluchten mit steilen Wänden auszeichnet.

Dieses bis zu 1500 m hohe Gebirgsmassiv liegt etwa 130 km nordwestlich von Bukarest und überragt mit seinen Steilwänden das Tal der Prahova, das die Stadt Brașov (Kronstadt) mit dem Rumänischen Tiefland verbindet. Es bedeckt eine Fläche von rund 300 km².

Das Bucegigebirge ist eines der zahlreichen kleineren Massive am Rand des Südkarpatenbogens. Sein Relief, seine Strukturformen und sein geologischer Aufbau sind höchst interessant. Es ist ebenso wie die übrigen Teile der Karpaten ein sehr junges Gebirge. Seine Auffaltung erfolgte hauptsächlich im jüngeren Tertiär. Erdbeben in diesen Gebieten beweisen, daß die Gebirgsbildung auch heute noch nicht abgeschlossen ist.

Bei den aufgefalteten Gesteinsschichten handelt es sich um *Flysch*. Dies sind sehr weiche Schichten mit unterschiedlicher Fazies. Sandsteine, Konglomerate, Mergel, Schiefer und Kalke wurden durch die Auffaltung weit emporgehoben. Der höchste Gipfel des Bucegigebirges, der Omul, erreicht eine Höhe von 2507 m.

Die relativ schnell ablaufende Gebirgsbildung führte zu zahlreichen Flußanzapfungen und zur Bildung epigenetischer und antezedenter Durchbruchstäler. Auf ihrem Weg zur Randsenke der Vorkarpatenzone haben sich die Flüsse und Wildbäche tief in die weiche Flyschserie eingeschnitten. Aus diesem Grund fließen die meisten von ihnen in ihren Oberläufen durch wilde Schluchten, deren Felswände eng zusammenrücken. Zu den schönsten zählen die Schlucht der Prahova bei Busteni und die der Dîmbovița bei Rucăr. Verschiedentlich stürzen größere Felsmassen des weichen Gesteins von den Wänden in die Tiefe. Die Wildbäche werden dadurch zeitweilig aufgestaut, und es entstehen temporäre Seen.

Besteht der Untergrund aus Kalkgestein, so findet man häufig Karsterscheinungen wie Schlucklöcher und Karstquellen. Die Ialomița wird z. B. überwiegend von unterirdischen, durch großartige Höhlen strömenden Flüssen gespeist. Sie mußte sich tief in das Gestein einschneiden, um das Gebirge zu verlassen. Von ihren fünf Schluchten ist eine schöner als die andere.

Auch die Gletscher des Pleistozäns haben ihre Spuren hinterlassen. Besonders

Bucegi *Mitten in den Südkarpaten liegt das Bucegigebirge, das aus Kalk-, Konglomerat- und Kalksandsteinschichten aufgebaut ist. Durch ihre unterschiedliche Widerständigkeit gegenüber der Verwitterung haben sich im Gestein die seltsamsten Formen entwickelt. Die Vorderseite des abgebildeten Blocks zum Beispiel erinnert an das Gesicht einer Sphinx.*

eindrucksvoll sind die herrlich geformten Kare. Sie liegen in den höheren Regionen des Gebirges und wurden von den Eismassen ausgeschliffen. Die voreiszeitlichen Flußtäler wurden stark übertieft und nahmen U-förmige Querschnitte an. Man nennt diese von Gletschern geschaffenen Talformen Trogtäler.

Als Folge der unterschiedlichen Widerständigkeit einzelner Gesteinsserien gegenüber der Verwitterung entstanden weitere Naturschönheiten. Zu ihnen zählen Felsblöcke, an deren Oberfläche die Verwitterung die eigenartigsten Formen geschaffen hat. Durch die Einwirkungen des Klimas im Zusammenspiel mit der äolischen Abtragung wurde an einer Stelle ein Block aus Sandsteinkonglomeraten herauspräpariert, der auf einer Seite aussieht wie das Gesicht einer Sphinx. Anderswo liegen Felstrümmer, die an der Basis schmäler sind als in der Höhe. Die Rumänen nennen sie „alte Großmütter". In der Tat erinnern ihre Umrisse an eine Gruppe alter Frauen mit gebeugten Rücken.

Das Bucegigebirge verdankt seinen landschaftlichen Reiz nicht zuletzt auch einer reichhaltigen Flora und Fauna, die unter Naturschutz gestellt wurde. Heute ist dieses Gebiet ein beliebtes Urlaubsziel vieler Touristen, die hier Ruhe und Erholung suchen. Mit dem Bau mehrerer Skilifte hat man dafür gesorgt, daß die Fremdenverkehrssaison auch auf die Wintermonate ausgedehnt werden konnte.

C

Caldera, Tafoni von

Amerika, Chile
27° 04' s. Br., 70° 50' w. L.

Die bizarren Felsgebilde wirken, als hätte man den Panzer eines riesenhaften Insekts fein säuberlich ausgeschabt und durchlöchert.

Die Tafoni von Caldera im Wüstengebiet Chiles stellen eine der merkwürdigsten morphologischen Sehenswürdigkeiten an der Pazifikküste dar.

Wenn man auf der Panamericana fährt, entdeckt man 15 km nördlich von Caldera plötzlich eine felsige Anhöhe, die von riesigen Hohlräumen durchzogen ist. Diese Gebilde wirken wie phantastische Ungeheuer aus Stein. Das Gestein, aus dem sie bestehen, ein Quarzdiorit, ist von gewaltigen natürlichen Höhlungen durchlöchert, die mehrere Meter hoch sind und bizarre Formen und Umrisse aufweisen. Das überhängende Vordach zeigt unregelmäßige Schnörkel und Krümmungen. Die Außenwände selbst sind ebenfalls mit Nischen, Höhlungen und wabenartigen Verwitterungsformen übersät, die mit einer eisenhaltigen Kruste überzogen sind. Wenn man mit einem Hammer auf die Kruste schlägt, klingt sie wie ein Amboß. Im Inneren der größeren Höhlen wird der Fels durch chemische Zersetzung weiter ausgehöhlt. Der verwitterte Diorit löst sich in Platten ab; der Boden ist mit feinen Gesteinsschuppen bestreut.

Auf Korsika nennt man diese Höhlungen *Tafoni,* was soviel wie Loch oder Hohlraum bedeutet. Die korsischen *Tafoni* haben allerdings nicht solche Ausmaße wie die chilenischen. Der Nebel an der Küste, der mit dem kalten Humboldtstrom zusammenhängt, und die starke Sonneneinwirkung in den subtropischen Breiten schaffen ideale Bedingungen für die Bildung dieser phantastischen Formen. Ähnliche Erscheinungen findet man nur noch in der Küstenwüste von Namibia.

Cangohöhlen

Afrika, Republik Südafrika
33° 23' s. Br., 22° 14' ö. L.

Die in der Kapprovinz gelegenen Cangohöhlen gehören zu den schönsten und größten Tropfsteinhöhlen der Erde.

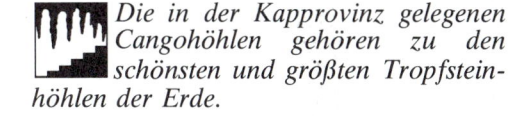

Die Cangohöhlen liegen 27 km nördlich von Oudtshoorn im Inneren des Kalksteinmassivs der Groot Swartberge. Eine

Caldera *Unter den Nebelschwaden der chilenischen Wüste wird der Fels löchrig wie ein steinerner Schwamm.*

Cango *Kannelierte Säulen, Gehänge aus funkelndem Kalkspat, der sich von den Wänden abhebt – im Lauf von Jahrtausenden bildete das vom Kalkgestein herabsickernde Wasser diese monumentalen Tropfsteine.*

Fahrstraße führt direkt zu dieser von der Natur geschaffenen unterirdischen Sehenswürdigkeit. Ein Teil der über 3200 m langen Cangohöhlen ist für den Fremdenverkehr erschlossen und wird alljährlich von Tausenden von Touristen besucht. Elektrische Beleuchtung und ausgebaute Wege ermöglichen es jedermann, die unterirdische Zauberwelt der Stalaktiten und

Carlsbad Caverns

Amerika, USA
32° 08′ n. Br., 104° 35′ w. L.

Die Carlsbad Caverns mit ihren übereinanderliegenden Hallen und ihren herrlichen Tropfsteinen gehören zu den eindrucksvollsten Naturwundern der Erde.

Von der Entdeckung der Carlsbad Caverns wird folgendes berichtet: „Als Jim White an einem Sommertag bei Einbruch der Dämmerung das Gebiet der südlichen Rocky Mountains durchstreifte, sah er plötzlich am Fuß der Guadalupe Mountains eine dunkle Wolke vor sich aufsteigen. Offenbar kam sie aus der Erde heraus. Hinter einem Stein verborgen, beobachtete White die Erscheinung. Es sah so aus, als ob sich die Wolke nicht von der Stelle bewegte. White trat näher heran. Zu seiner Überraschung entdeckte er, daß das, was er für eine Wolke gehalten hatte, in Wirklichkeit Fledermäuse waren. Unzählige Tiere flatterten aus einer Höhle heraus."

Carlsbad Caverns *Im Lauf der Zeit verwandelte das Sinterwasser durch seine Ablagerungen eine riesige Halle im Innern der Guadalupe Mountains in ein Märchenreich. Da und dort wachsen Stalaktiten und Stalagmiten zu mächtigen Kalzitsäulen zusammen.*

Zwei Expeditionen, die die National Geographic Society in den Jahren 1923 und 1924 durchführte, erforschten und vermaßen die Höhle. Zu der Zeit wurde auch der Vorschlag gemacht, die Carlsbad Caverns in die Reihe der Nationalparks aufzunehmen – ein Vorschlag, der Zustimmung fand, und so erklärte man die Höhle im Jahr 1930 zum ersten unterirdischen Nationalpark.

Die große Bedeutung der Höhle rechtfertigte diesen Beschluß. Als man ihre Länge zum erstenmal schätzte, hielt man sie für das längste Höhlensystem der Erde. Mit rund 40 km Länge steht sie heute jedoch erst an sechster Stelle unter den Höhlen der Vereinigten Staaten.

Einer der Abschnitte im Inneren der Höhle, *Big Room* – die Große Halle –, ist 1220 m lang, 190 m breit, und sein Gewölbe erreicht eine Höhe von 87 m. Damit ist *Big Room* einer der ausgedehntesten unterirdischen Hohlräume. Hier befindet sich auch ein 20 m hoher Stalagmit, *Giant Dome* genannt.

Die Carlsbad Caverns sind aber nicht nur wegen ihrer gewaltigen Ausmaße berühmt; sie sind einfach zauberhaft schön. Bekannt ist unter anderem *King's Palace* – der Königspalast – und *Queen's Chamber* – das Gemach der Königin. Hier bieten sich dem Auge des Beschauers unterirdische Wunderwerke. Sie regen die Phanta-

Stalagmiten in den weiten Gewölben zu bewundern.

Manche dieser Tropfsteine erreichen eine gewaltige Größe. Von einem 11 m hohen Pfeiler hängt, gleichsam wie ein in Falten gelegter Vorhang, strahlend weißer Kalkspat auf einen braunen Sockel hinab. Die Halle, in der sich dieser Tropfstein befindet, ist die größte des erschlossenen Teils der Höhlen. Sie ist 13 m hoch, 45 m lang und 30 m breit. Eine Unzahl von Kristallen scheint einem Pfeiler zuzustreben, der ‚Trommel' genannt wird. Einige Tropfsteine gleichen einer Kanzel, andere wiederum einer emporsprudelnden Quelle oder einem Baldachin. Etliche von ihnen tragen sehr bildhafte Namen, wie etwa ‚Kristallpalast', ‚Räume des Brautgemachs', ‚Blaues Zimmer'.

In den Cangohöhlen fand man auch Wandmalereien von Menschen, die in frühesten Zeiten hier gelebt hatten. Sie wurden von Wissenschaftlern inzwischen eingehend untersucht.

Die Höhlen wurden im Jahr 1780 von einem Farmer entdeckt, der einem verwundeten Tier nachspürte und dabei durch Zufall auf den Höhleneingang stieß.

Die Cangohöhlen sind heute Nationaldenkmal. Obwohl sie das bedeutendste Höhlensystem der Republik Südafrika sind, wurden sie bis heute noch nicht vollständig vermessen.

sie des Menschen an. Bald glaubt man eine Pflanze, bald ein Tier oder sogar eine menschliche Gestalt aus Stein zu erkennen.

Charakteristisch für diese Höhle ist, daß sie sich auf drei verschiedenen Ebenen erstreckt. Die oberste und älteste – dort ist auch *Bat Cave* – liegt 230 m tief, das zweite Stockwerk mit den großen Hallen (*Lunch Room, Big Room*) in 275 m Tiefe, das dritte 335 m unter der Erdoberfläche.

Die Form der Höhlen änderte sich, wenn da und dort Gestein einbrach. Manchmal stürzten beträchtliche Gesteinsmassen herab. Ein Überbleibsel eines solchen Einsturzes, der *Iceberg*, ist ein Felsblock, dessen Gewicht man auf 200 000 t schätzt. Im Augenblick werden die Carlsbad Caverns durch Sinter- und Lehmschichten zunehmend gefüllt. Bedeutende Kalzit- und Aragonitlager bilden die Basis riesiger Stalagmiten (*Giant Dome, Twin Dome, Totem*).

Damit Touristen die Höhle besuchen können, wurden Wege und Treppen gebaut. Für die notwendige und auch effektvolle Beleuchtung wurde gesorgt. Fahrstühle bringen die Besucher von einem Stockwerk zum anderen. Und so kommen jedes Jahr Hunderttausende von Menschen, um die Pracht tief im Innern der Erde zu bestaunen.

Casiquiare, Río

Amerika, Venezuela
2° 01′–3° 10′ n. Br., 66°–67° 30′ w. L.

Eine hochinteressante Erscheinung ist die Bifurkation. Man versteht darunter die Gabelung eines Flusses, dessen Wasser verschiedenen Flußsystemen zugeht. Der Río Casiquiare ist hierfür ein Musterbeispiel.

Der Río Casiquiare stellt die Verbindung zwischen dem Stromgebiet des Orinocos und dem des Amazonas her. Schon lange, ehe man herausfand, daß eine solche Verbindung besteht, vermutete man dies, doch erst im Jahre 1799 untersuchte Alexander von Humboldt dieses Phänomen.

Der Río Casiquiare ist ein Teilstrom des Orinocos. Dieser entspringt im Gebiet der Serra Parima und fließt dann am Südrand des Berglands von Guayana entlang. Bei La Esmeralda erreicht er eine Breite von 500 m. Seine Abflußmenge beträgt dort durchschnittlich 2500 m³/s.

Die Bifurkation des Orinocos beginnt 20 km westlich von La Esmeralda. An dieser Stelle ragt nördlich des Orinocos der Cerro Duida empor, und im Süden berührt der Strom eine ausgedehnte Rumpffläche. Durch eine breite Bresche im Südufer fließen bei Hochwasser 20 % des Wassers ab, das der Orinoco führt, bei niedrigem Wasserstand ungefähr 12 %. Dieser Abfluß ist der Beginn des Río Casiquiare. Er fließt nach Süden, und bald schon wird sein Bett enger. Von der Einmündung des Río Pamoni an wird es wieder breiter und erreicht beim Zusammenfluß mit dem Río Negro, einem Nebenfluß des Amazonas, eine Breite von 500 m. Auf einer Länge von ungefähr 400 km nimmt der Río Casiquiare zahlreiche Zuflüsse auf. Von ihnen erhält er doppelt soviel Wasser wie vom Orinoco.

Auf seinem Lauf durchquert der Río Casiquiare zwei verschiedene geologische Formationen. An erster Stelle steht die des frühen Präkambriums, die vorwiegend aus Glimmerschiefern und Gneisen mit Intrusionen aus magmatischen Gesteinen besteht. An zweiter Stelle ist die Roraimaformation aus dem Präkambrium zu erwähnen. Sie besteht aus Quarzkonglomeraten, weißen Quarziten und rosafarbenen, quarzitischen Sandsteinen. Die Sedimentgesteine kontinentalen Ursprungs der Roraimaformation überdecken die Gesteine des frühen Präkambriums. Als sich das Bergland von Guayana hob, zerbrach es in viele einzelne Blöcke, die sich gegeneinander verschoben. Das Gewässernetz spiegelt den besonderen Charakter des geographischen Untergrunds wider.

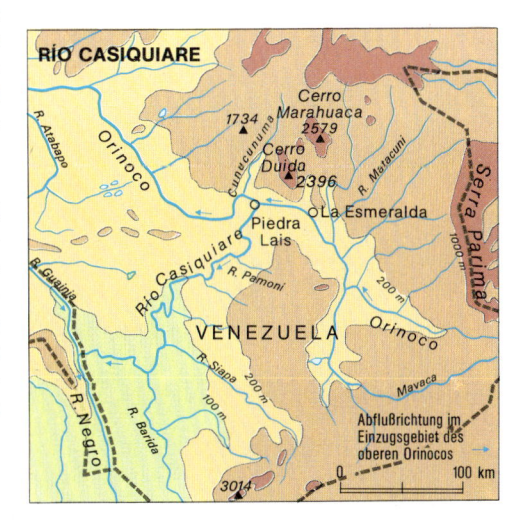

Später änderte die guayanische Tafel ihre Lage nicht mehr, doch wurde sie bis zum Pleistozän stark abgetragen. Die Sedimentschicht der Roraimaformation verschwand an ihrem Südrand vollständig. In den weniger widerstandsfähigen metamorphen Formationen des Sockels bildete sich eine Rumpffläche aus.

Diese Fläche dehnte sich im Lauf des Quartärs weiter aus. Die Wasserscheide zwischen dem Orinocotal und der Rumpffläche, in der der Río Casiquiare fließt, verschwand nach und nach, und nur einige Inselberge aus Granit zeugen noch von ihrer einstigen Existenz.

Von La Esmeralda an berührt das Südufer des Orinocos direkt diese Fläche. Die Wasserläufe, die vom Cerro Duida her kamen, schütteten große Schwemmfächer auf, die den Fluß nach Süden abdrängten. Da sich der Orinoco aber entlang einer Bruchlinie eingeschnitten hat, folgt er deren Lauf nach Westen.

Weil der Orinoco nach Norden durch höheres Gelände abgegrenzt ist, ergießen sich die Wassermassen bei Hochwasser nur nach Süden. Eine Folge von starken Hochwässern hat in den letzten Jahrtausenden einen Überlaufkanal gegraben, der sich oberhalb der Mündung des Río Cunucunuma wieder mit dem Orinoco vereinigt. Diese Verbindung kommt mit Hilfe zweier Wasserstraßen, dem Caño Seco und dem Caño Quiritaire, zustande, durch die ein Teil des Wassers des Casiquiares wieder dem Orinoco zufließt. Durch den Caño Seco fließt das Wasser manchmal in entgegengesetzter Richtung. Wenn der Río Cunucunuma Hochwasser führt, kehrt sich die Strömungsrichtung um, und die Wassermassen werden dem Río Casiquiare zugeleitet.

Die Verbindung zwischen dem Überlaufkanal des Orinocos und dem Río Pamoni entstand in einer zweiten Phase. Infolge rückschreitender Erosion dehnte sich einer der Quellflüsse dieses Stroms nach Norden aus. Die niedrige Schwelle, die die Talsohle des Überlaufkanals des Orinocos und des Nebenflusses des Pamonis noch trennte, wurde bei starkem Hochwasser des Orinocos überflutet. Das Wasser des Kanals ergoß sich in diesen Talweg und strömte dann durch das schon bestehende Gewässernetz. Der Río Casiquiare war damit entstanden.

Das unwirtliche Gebiet um den Casiquiare ist nur sehr dünn bevölkert. Verschiedene Bemühungen, hier Missionsstationen zu errichten, sind gescheitert. Und auch das Städtchen La Esmeralda zieht nur ein paar Forschungsreisende an.

Cathedral Grove

Amerika, Kanada
49° 11′ n. Br., 124° 49′ w. L.

Eindrucksvoll ragen Baumriesen hoch in den Himmel und bilden mit ihren Ästen und Zweigen ein Gewölbe, in dem alles gedämpft erscheint.

Als der Spanier Esteban José Martínez 1789 an Land ging, um die erste Siedlung am Nootka Sound zu gründen, glaubte er, er habe den nordamerikanischen Kontinent betreten; in Wirklichkeit aber war er auf Vancouver gelandet, der größten Insel vor der Westküste Nordamerikas.

Das Besondere an Vancouver Island sind die herrlichen, dichten Wälder. Milde Winter, starke Niederschläge und eine besonders hohe Luftfeuchtigkeit fördern das Wachstum der Bäume. Dazu kommen noch die günstigen Eigenschaften des Bodens.

Nur wenige Kilometer von der Küste entfernt, befindet man sich bereits mitten in diesen mächtigen Wäldern. Einer davon, Cathedral Grove, liegt an der Straße, die von Port Albani nach Parksville führt. Hier ist der Riesenlebensbaum, *Thuja plicata*, reich vertreten. Die Westliche Hemlocks-

Cathedral Grove *Über einem humusreichen Boden erheben sich die Stämme der Douglasien. Ein umgestürzter Baum, an dem die Witterung und Insekten arbeiten, zerfällt nach und nach.*

tanne, *Tsuga heterophylla*, und die Große Küstentanne, *Abies grandis*, wetteifern miteinander an Lebenskraft, während einige Gruppen von Laubbäumen, wie der Großblättrige Ahorn, *Acer macrophyllum*, der Vegetation eine besondere Note hinzufügen. Hin und wieder sieht man auch eine Sitkafichte, *Picea sitchensis*, mit ihren steifen, stechenden Nadeln.

Unbestritten der stattlichste Baum in dieser Gegend ist jedoch die Douglasie, *Pseudotsuga menziesii*. Sie kann 55 bis 60 m hoch werden. Ihre Stämme gleichen Pfeilern, die das mächtige Gewölbe eines Doms stützen. Die ältesten unter ihnen – sie sind 600 bis 700 Jahre alt – entgingen dem verheerenden Waldbrand, der vor drei Jahrhunderten hier wütete. Einer dieser uralten Waldriesen erreicht eine Höhe von 75 m und hat einen Durchmesser von 3 m. Wenn Sonnenstrahlen auf die erstaunlich langen Nadeln der Douglasie fallen, werfen sie seltsame bläuliche Schatten. Oft aber sind die Bäume von Nebelschwaden umhüllt.

In dieser feuchten Umgebung vermehren sich auch die Epiphyten. Meist sind dies Farne, die auf den Bäumen wachsen. Da und dort vermodern vom Blitz oder von Stürmen gefällte Riesen auf einem dicken Moosteppich. Im dunklen Unterholz wachsen die Keimlinge nur langsam heran, denn die Douglasie liebt das Licht. Nach Waldbränden wächst sie als erste wieder hoch.

Die Douglasie liefert ein hervorragendes Holz, wenn man sie zur Zeit ihres stärksten Wachstums fällt. Während sie heute in vielen Naturparks geschützt wird – es gibt über 300 in British Columbia –, wurde sie einst in großen Mengen geschlagen. Doch dank der planmäßigen Wiederaufforstung bleibt der Wald der größte Reichtum der Insel Vancouver.

Chikerhöhle

Afrika, Marokko
34° 10′ n. Br., 4° w. L.

Welchen Weg nehmen die Wasserläufe, die in den Tiefen der Chikerhöhle verschwinden? Man weiß noch verhältnismäßig wenig über das Höhlensystem, das die Nordabdachung des Mittleren Atlas in seiner ganzen Breite durchzieht.

Die Chikerhöhle südlich der Stadt Taza ist die älteste bekannte Höhle Marokkos. Die ersten wissenschaftlichen Untersuchungen wurden bereits im Jahr 1929 durchgeführt. Fünf Jahre später, 1934, setzte Norbert Casteret die Erforschung fort. Ihm schlos-

Chikerhöhle *Nachdem der Fluß aus der Karstquelle Ras-el-Oued wieder ausgetreten ist, springt er über Kalksteinstufen in kleinen Wasserfällen in die Tiefe.*

Die in der Höhle verschwundenen Wasserläufe treten durch ein Speiloch, das Ras-el-Oued, in der Nähe von Ras-el-Ma in 1000 m Höhe wieder aus und springen in sprudelnden Wasserfällen über Kalktuffstufen in die Tiefe.

7 km nördlich des Eingangs der Chikerhöhle beginnt die Höhle Ras-el-Ma, die nicht zugänglich ist. Wenn es auch wenig wahrscheinlich ist, daß man je eine Verbindung zwischen der Chikerhöhle und der Karstquelle Ras-el-Oued findet, so dürfte die Höhle dennoch ein Abschnitt des Hauptkanals sein, der die unterirdischen Wasserläufe des Massivs ableitet. Es ist bekannt, daß es noch mehrere andere Höhlen in diesem Massiv gibt.

Von großem Interesse ist auch der Karstschacht von Friouato. Er öffnet sich in einer Höhe von 1500 m im südlichen Teil des Djebel Bou Messaoud und etwa 3,5 km südlich der Chikerhöhle. Offensichtlich steht er mit ihr in Verbindung. Ein Zufluß im Inneren, oberhalb des großen Ganges, stellt höchstwahrscheinlich die Einmündung des Wassers des Friouato dar. Es muß allerdings erst noch bestätigt werden, daß es eine solche Verbindung gibt. Dieser Höhlenkomplex wäre eines der großen unterirdischen Systeme Nordafrikas.

Chimney Rock

Amerika, USA
41° 39' n. Br., 103° 20' w. L.

Alle Pioniere kannten dieses hoch aufragende, von der Natur geschaffene Wegzeichen. Es bedeutete für sie, daß sie einen Großteil ihres beschwerlichen Weges nach dem goldenen Westen schon hinter sich gebracht hatten.

Chimney Rock ist eine eindrucksvolle, von weitem sichtbare Felssäule, die mitten aus einer eintönigen, wüstenhaften Landschaft emporragt. Sie steht im Staat Nebraska, zwischen Scottsbluff und Bridgeport, ungefähr 100 m vom rechten Ufer des North Platte River entfernt.

Dieser Fluß ist berühmt in der Geschichte der Trecks nach Westen. Die Pioniere folgten ihm mit ihren Wagenkolonnen. Er war ein Teil des Oregon Trail, der von der Stadt Independence am Missouri über Fort Laramie, die Rocky Mountains, den Snake River und den Columbia River zum Pazifik führte.

Chimney Rock liegt ungefähr in der Mitte zwischen Independence und der Küste des Stillen Ozeans. Die 46 m hohe Felssäule steht auf einer rund 150 m hohen kegelförmigen Erhebung über dem Flach-

sen sich anschließend die Höhlenforscher des Französischen Alpenvereins in Marokko an. Sie wollten herausfinden, ob sich das Grundwasser der Höhle wasserwirtschaftlich nutzen ließe.

Die Chikerhöhle nimmt den Grund eines periodischen Sees ein, der in der Nähe der Straße von Taza nach Bab-Bou-Idir in einer Höhe von 1340 m liegt. Ein 10 m langer Schacht mündet in den See, an den sich zwei weitere Schächte anschließen. Sie wiederum sind durch einen unterirdischen See voneinander getrennt. Ein 700 m langer, gewundener Gang folgt auf diese hauptsächlich vertikal gegliederte Zone. Jenseits davon öffnet sich ein großer Gang mit sehenswerten Tropfsteinen. An ihn schließt sich ein weiterer Schacht an; er endet in einem Siphon. Die Gesamtlänge der Chikerhöhle beträgt über 5 km.

Chimney Rock *Wie ein steinerner Leuchtturm ragt die 46 m hohe Säule des Chimney Rock an den Ufern des North Platte River aus ihrem Schuttkleid empor.*

land. Dabei handelt es sich um einen sogenannten Härtling. Einst war er von weicheren Gesteinsschichten umgeben. Diese aber wurden im Lauf großer Zeiträume abgetragen, und nur die wie ein Pfahl wirkende Gestalt des Chimney Rock konnte den Kräften von Wind und Wasser Widerstand leisten. Möglicherweise gehörte der Chimney Rock zu einer früheren Fläche, die oberhalb des Niveaus der gegenwärtigen Erdoberfläche lag.

Im Tertiär war das Klima hier noch trockener als heute. Dies erklärt das Vorhandensein großer Schutthalden, die die Basis des Inselberges verdecken. Ein Teil des Schutts ist durch Frostverwitterung von den Felsen gesprengt worden.

Cielo, Campo del

Amerika, Argentinien
27° 50′ s. Br., 61° 45′ w. L.

Durch einen Meteorregen ist diese Landschaft entstanden. Sie wirkt fast wie eine Kulisse aus einem Science-fiction-Film. Soll man die seltsamen Gesteinsbrocken Mondgesteine nennen? Die Astronauten der Apolloexpeditionen brachten ähnliche Stücke mit.

Der Campo del Cielo (Himmelsfeld) liegt im südlichen Teil des Gran Chaco in der Nähe von Otumpa. Es handelt sich um eine mehrere Dutzend Quadratkilometer große Fläche, übersät mit Bruchstücken von Meteoriten, die vor ungefähr 6000 Jahren auf die Erde gefallen sind.

Dieses Gebiet hat immer wieder die Wißbegierde der Menschen erregt. Lange Zeit konnte man es sich nicht erklären, daß es hier viele Gesteinsblöcke mit hohem Eisengehalt gab, obgleich die nächsten Eisenlagerstätten Hunderte von Kilometern entfernt lagen.

Im Jahr 1783 erwähnen Miguel Rubín de Celis und Pedro Cervino den „Mesón de Fierro" in ihren Reiseaufzeichnungen.

Nachdem sie Santiago del Estero verlassen hatten, stießen sie, als sie sich nach Norden wandten, in einer Entfernung von etwa 100 km auf einen Block fast reinen Eisens. Er hatte eine eindrucksvolle Größe: 13 auf 8 Empans; 6 Empans stark (1 Empan = zwischen 23 und 25 cm). Ein ähnlicher, 5 t schwerer Block ist in der Universität von Nordeste de Resistencia, in der Provinz Chaco, ausgestellt. Darüber hinaus ist in manchen Kolonialchroniken die Rede von Rollsteinen mit hohem Eisengehalt, welche die Indianer „Dunkle Steine" nannten.

Der Campo del Cielo wird auch weiterhin den Forschern ein reiches Betätigungsfeld bieten. Sie haben zahlreiche Gemeinsamkeiten zwischen diesen Fragmenten und dem Mondgestein festgestellt, das die verschiedenen Apolloexpeditionen zur Erde brachten.

Ciudad Encantada

Europa, Spanien
40° 13′ n. Br., 2° 01′ w. L.

Das Wasser dringt in Klüfte, rieselt über Abhänge; das Gestein löst sich auf, bricht ein: Auf der abgeschliffenen, geborstenen Hochfläche in der Serranía de Cuenca erheben sich die Ruinen der „Verzauberten Stadt" mit ihren merkwürdig geformten Steinblöcken.

Im Nordosten des Hochlands von Neukastilien erstreckt sich die Serranía de Cuenca, die einen Teil des Iberischen Randgebirges darstellt. Im Innern dieses Berglandes, im Hochtal des Júcar, bietet sich dem Betrachter auf dem Plateau in 1400 m Höhe der Anblick einer seltsamen Felslandschaft mit vielen phantastischen Formen, bekannt unter dem Namen *Ciudad Encantada* – Verzauberte Stadt.

Die Bevölkerung der Umgebung hat den Felsbildungen hier phantasievolle Namen gegeben: die Römische Brücke, das Kloster, der Keller, das Theater, das Gefängnis. Doch außerdem gibt es auch tierähnliche Gebilde. Da tauchen ein Dinosaurier, ein Elefant, ein Bär, ein Krokodil oder ein Seehund auf.

Dieses Gebiet in der Serranía de Cuenca ist ein bedeutendes Beispiel für ein verkarstetes Kalksteingebirge. Das Regenwasser, angereichert mit Kohlensäure und organischen Säuren, sickerte durch die zahlreichen Brüche und Klüfte der Kalksteinmasse, zersetzte sie und bildete schließlich unterirdische Hohlräume. Außerdem sind die Plateaus des Júcarhochtals aus mächtigen Dolomitschichten aufgebaut, die in den Meeren des Mesozoikums abgelagert wurden und sowohl lösliche Kalziumkarbonate wie auch noch weniger widerstandsfähige Magnesiumkarbonate enthalten. In diesem sehr gegensätzlichen Material wirkte die Korrosion verschieden schnell und hinterließ im Relief ruinenartige Felsbildungen.

An den Hängen hat der Oberflächenabfluß ausgedehnte Karrenfelder gebildet, das heißt, die Oberfläche des Gesteins ist von Rillen und Rinnen durchzogen, die ein paar Zentimeter bis einige Meter tief sein können und durch scharfe oder abgeflachte Grate voneinander getrennt sind. In den oft bizarr anmutenden Mustern kann man da und dort einen geometrischen Aufbau erkennen. Zahlreiche Dolinen sind in die Erdoberfläche eingesenkt. Hier und da durchbohren Karstschächte die Oberfläche der Kalksteinplateaus.

Die Bevölkerung lebt in den Tälern. Die Mulden, in denen Lösungsrückstände liegen, und die ebenen Flächen werden für den extensiven Trockenfeldbau genutzt.

Cobán, Karst von

Amerika, Guatemala
15° 29′ n. Br., 90° 19′ w. L.

Es gibt etliche berühmte Karstgebiete auf der Erde. Das von Cobán ist wohl nur wenigen Eingeweihten geläufig, und doch birgt es tief in seinem Inneren viele Besonderheiten, die durch die Beleuchtungseffekte des einfallenden Tageslichts in besonderer Weise hervorgehoben werden.

Die Stadt Cobán, die Hauptstadt der Provinz Alta Verapaz, wurde am Rand eines ausgedehnten, in Rundhügel zerschnittenen Karstplateaus erbaut. Diese Rundhügel sind von Regenwald bewachsen. Daneben formen kleine Täler und Dolinen die Oberfläche der Erde. Das Innere der Hochfläche durchziehen zahlreiche, weit verzweigte Höhlensysteme und unterirdische Wasserläufe, die häufig noch gänzlich unerforscht sind. Der Karstwasserspiegel liegt ungefähr an der niedrigsten Stelle des Tropenwalds.

Eine Besonderheit in diesem Gebiet sind die *Ojos* (Augen). Dies sind Einbruchsdolinen, durch die man ins Erdinnere schauen kann. Da blickt man in Grotten mit herrlichen Tropfsteinen und auf unterirdische Wasserläufe. Leicht lassen sich so Untersuchungen von einem *Ojo* zum anderen durchführen. Für Wissenschaftler eine einmalige Gelegenheit, neue Erkenntnisse über den Karst zu gewinnen.

Dies trifft zum Beispiel auf den Río Pampus zu, dessen Lauf zwischen Cobán und San Cristóbal Verapaz in der gebirgigen Zone mehrmals verschwindet. Er tritt aus einer Höhle unterhalb des Plateaus von Las Pacayas aus. Durch drei *Ojos* kann man seinen von drei Wasserfällen unterbrochenen Lauf beobachten. Dann fließt er eine Strecke weit oberirdisch weiter. Später mündet er in eine Schlucht, wo er in Kaskaden weiterfließt. In 875 m Höhe verliert er sich an der Schwelle einer Höhle. Durch ein eindrucksvolles Speiloch taucht er 300 m tiefer wieder auf. Insgesamt hat man schon einige hundert Schächte sowie mehrere Grotten gefunden.

Besonders eindrucksvoll ist der Karst von Cobán entlang dem unterirdischen Lauf des Río Candelaria. Dieser prachtvolle, mehr als 12 km lange Fluß strömt an einer Reihe von Kalksteinhügeln vorbei beziehungsweise durchquert sie. Sein Weg ist

Ciudad Encantada *Zwischen den lichten Kiefernwäldern der Serranía de Cuenca hat die Korrosion imposante Kalksteinblöcke hinterlassen. Der Riesenpilz rechts besteht aus einer Steinsäule, auf der eine Platte aus hartem Gestein ruht.*

Cobre, Barranca del

Amerika, Mexiko
27° 13' n. Br., 107° 55' w. L.

Die dem Meer zuströmenden Flüsse Mexikos schneiden sich tief in Hochebenen und Berge ein, gliedern sie auf und schaffen so eine seltsame, fremde, fast unheimlich wirkende Landschaft. Ein Muster für eine derartige Erosionserscheinung ist die Barranca del Cobre in der Westlichen Sierra Madre.

Wenn man sich im Jeep ins Gebiet der Barrancas im Nordosten der Westlichen Sierra Madre bringen läßt, überquert man eine mit Kiefern und Zedern bestandene Hochfläche, das Zufluchtsgebiet der letzten Tarahumara-Indianer. Dort breitet sich ein phantastisches Panorama vor dem Reisenden aus: Hochflächen, die von unzähligen Canyons durchschnitten wurden, zerfurcht von den Zuflüssen des Río Fuerte und vor allem von den Barrancas des Tarveca, des

Cobre *Von der Höhe einer Terrasse fällt der Blick in die Tiefe. Spärliche Vegetation bedeckt die schroffen Abhänge, die von der Erosion noch nicht erfaßt worden sind.*

Cobán *Trotz der üppigen Vegetation kann man das Karstrelief in Form ausgeprägter Bodenerhebungen erkennen: markante Kalksteinhügel, die sich vom bewölkten Himmel abheben, und Einbruchsdolinen, teilweise von belaubten Zweigen verborgen. Die Bildung derartig eindrucksvoller Karstformen ist nur unter tropischen Klimabedingungen möglich. In höheren Breiten reicht die Lösungsfähigkeit des Niederschlagswassers nicht aus.*

gesäumt von tiefen Einbruchsdolinen. Oberhalb des aktiven Höhlensystems, zu dem der Río Candelaria gehört, gibt es mindestens noch zwei weitere, fossile Höhlenstockwerke, die sich von einem Hügel zum anderen fortsetzen, obwohl das Plateau an seiner Oberfläche inzwischen durch die Abtragung in viele einzelne Berge aufgelöst wurde. Im Inneren spiegelt sich das Licht im Wasser des Flusses. Eine große unterirdische Allee, etwa 30 m breit und 50 m hoch, führt zu riesigen Hallen mit herrlichen Tropfsteinen. Tzul Tacca, die größte dieser Hallen, hat einen Durchmesser von 200 m. Ihr Gewölbe erhebt sich 60 m über den unterirdischen Fluß. Oft durchbricht ein Fenster die Decke, ein Lichtstrahl fällt in die Höhle und beleuchtet die Tropfsteine. Manchmal haben sich von der Decke hängende Wurzeln in Stalaktiten verwandelt. Sie wirken fast wie eine Art erstarrter Dschungel.

Der Río Candelaria fließt mit dem Río San Simón zusammen. Auch dieser legt einen langen, bisher noch unbekannten Weg unter der Erde zurück. Es wird jedoch nicht mehr lange dauern, bis sich ein Höhlenforscherteam in die Tiefe vorwagt, um die Geheimnisse auch dieses Höhlensystems zu lüften.

Tajolaque, des Río Verde, des San Miguel und des Batopilas.

Diese Barrancas – ein spanisches Wort, das soviel wie Schlucht bedeutet – bilden eine von Erosionsrinnen durchzogene Landschaft. Die Barranca del Cobre verdankt ihren Namen alten Kupferminen, die in dieser Gegend ausgebeutet wurden. Vom Río Urique geschaffen, schneidet sie auf einer Länge von ungefähr 50 km eine gewaltige Bresche in die beinahe senkrechten Wände.

Am Grund der Schlucht verschwindet der Fels unter einer üppigen tropischen Vegetation, die in der Feuchtigkeit des Flusses und in der großen Hitze hier unten gut gedeiht. Aus dem tiefen Einschnitt der Barranca erklärt sich der klimatische Gegensatz: 1400 m tiefe, fast senkrechte Felswände trennen die Hochfläche vom Grund des Canyons.

Aus dem Klima läßt sich teilweise erklären, warum sich diese Wasserläufe so tief eingeschnitten haben. In den langen Trokkenzeiten verdorren viele Pflanzen. Dadurch wird die Erosion wirksamer, wenn in der Regenzeit die Flüsse nach heftigen Wolkenbrüchen mächtig anschwellen.

Doch noch bedeutsamer für die Entstehung der Barrancas ist ihre geographische Lage. Zwischen dem Columbia River in den Vereinigten Staaten und dem Gebiet von Mexiko erstreckt sich ein abflußloses Becken. Es wird im Westen begrenzt von dem hohen pazifischen Küstengebirge, im Osten von den Rocky Mountains. Beide Gebirge finden in der Westlichen und Östlichen Sierra Madre ihre Fortsetzung. Die wenigen an den inneren Abhängen der Gebirge entspringenden Flüsse, die sich in Durchbruchstälern einen Zugang zum Meer bewahren konnten, vermochten dies nur, indem sie die Bergketten mit Gewalt durchstießen – in Klammen, Schluchten und Canyons.

Columbia Icefield

Amerika, Kanada
52° 10′ n. Br., 117° 30′ w. L.

Zwischen hohen Berggipfeln liegt hier das größte Gletschergebiet der kanadischen Rocky Mountains. Es entsendet Gletscherzungen in die verschiedensten Richtungen.

In den kanadischen Rocky Mountains südlich des Banff-Nationalparks breitet das Columbia Icefield seine schimmernde

Columbia Icefield *Zwischen den Moränen und den zerfurchten Hängen der kanadischen Rockies (links der Athabasca, rechts der Snow Dome) schiebt sich ein mächtiger Gletscher, gespeist von den Firnmassen des Mount Columbia, langsam ins Tal.*

Oberfläche aus: Auf einem breiten Sattel zwischen den hohen Bergspitzen des Snow Dome, des Mount Athabasca und des Mount Columbia bildet es einen Teil der Wasserscheide des Kontinents.

Das Eis grub sich hier seit den Kaltzeiten des Pleistozäns in Gesteine ein, die im Tertiär in parallel verlaufende Faltenbündel gepreßt wurden. Diese verlaufen von Nordwesten nach Südosten.

Die Erosion hat schöne Strukturformen geschaffen. Majestätische Schichtkämme mit vertikalen Flanken erheben sich über dem Tal, in dem die Verbindungsstraße zwischen den Nationalparks von Banff und Jasper verläuft.

Das Columbia Icefield ist ein Überbleibsel der großen polaren Eiskappe des Pleistozäns und bedeckt eine Fläche von 337 km². Es ist ein riesiges Süßwasserreservoir.

Drei Hauptgletscher haben hier ihren Ursprung: der Athabasca-, der Saskatchewan- und der Columbiagletscher. Aus dem

Athabascagletscher geht der Athabasca River hervor, der über den Mackenzie das Nördliche Eismeer erreicht. Der Saskatchewangletscher speist den Saskatchewan River, der zur Hudsonbai fließt, und schließlich findet der Columbiagletscher seine Fortsetzung im Columbia River, der in den Pazifik strömt.

Der längste und mit Abstand am leichtesten zugängliche Gletscher ist der Athabascagletscher. Seine weite Biegung kann man vom Pic Wilcox aus bewundern. Bei einem Ausflug mit der Pistenraupe fährt man an seinem Eisgewölbe, den tiefen Gletscherspalten und Gletscherbrüchen entlang. Die Gletscherzunge, die an ihrem oberen Ende 300 m breit ist, wird allmählich schmäler und löst sich am Ende in einzelne Loben auf. Früher bedeckte die Gletscherzunge die Stelle, wo heute die Straße ist, aber seit einem Jahrhundert weicht die Stirn des Gletschers um etwa 30 m im Jahr zurück. Eine Schicht grauschimmernden Schutts und die hohen Wälle der Seitenmoränen zeugen von ihrer früheren Ausdehnung.

Der Athabasca River durchschneidet die älteren Moränen und den festen Fels, und in Wasserfällen fließt er über die grünen Matten ins Tal. An diese schließen sich allmählich Nadelwälder an. Ihre dunkle Pracht läßt den Schimmer der schnee- und eisbedeckten Gipfel noch leuchtender erscheinen.

Hier leben Braunbär, Mufflon und Elch. Sie lassen sich vom Lärm der Autos, die unzählige Touristen nach Banff oder Jasper bringen, kaum stören. Diese beiden Städte werden jedes Jahr von Millionen von Fremden besucht, die die herrliche Umgebung genießen und sich hier auch sportlich betätigen.

Cordillera Blanca

Amerika, Peru
8° 40′–10° s. Br., 77° 20′–77° 50′ w. L.

Der Kamm der Cordillera Blanca trägt einen dicken Eispanzer, der die Oberfläche des Gebirgszugs auch heute noch formt.

Nördlich von Lima teilt sich die Westkordillere der Anden in zwei parallele Ketten, zwischen denen das Santatal verläuft. Die westliche heißt Cordillera Negra, die östliche ist die Cordillera Blanca mit ihren eis- und schneebedeckten Gipfeln, denen sie ihren Namen „Weiße Kordillere" verdankt.

Die Cordillera Blanca erstreckt sich von Nordwesten nach Südosten. Über 30 Gipfel sind Sechstausender. Zu ihnen gehören nördlich des Huascarán die Nevados Huancarhuas, Pomabamba, Huandoy und die Nevados Huichajanga, Carhuacatac und Cujoc im Süden. Der Huascarán selbst, der höchste Berg der peruanischen Anden, erreicht sogar 6768 m.

Die Gletscher reichen in diesem Gebiet über 1000 m tief ins Tal hinab (am Huascarán sogar rund 2000 m) und weisen eine stark geneigte Oberfläche auf. Die Schneegrenze liegt zwischen 4900 und 5200 m. Zwischen den vergletscherten Gipfeln erstrecken sich quer zur Längsachse der Kordillere mehrere Täler. Die wichtigsten sind die Quebrada de Santa Cruz, die Quebrada de Llanganuco, die Quebrada Ulta und die Quebrada Honda. Ihre Flüsse werden von den Gletschern am Westhang der Cordillera Blanca gespeist.

In der Cordillera Blanca fallen die Niederschläge in der warmen Jahreszeit, das heißt in den Monaten Oktober bis März. Es schneit vor allem nachts, während tagsüber die Sonne eine so große Kraft besitzt, daß Eis und Schnee bis in 5600 m Höhe schmelzen. In der trockenen Jahreszeit zeichnen sich die verschneiten Grate scharf vom tiefblauen Himmel ab. Ab August hüllen sich die hohen Gipfel am Nachmittag in Wolken. Gewitter entladen sich, die oft von Schneefällen begleitet sind.

Der Untergrund der Cordillera Blanca besteht aus einem Batholith, der in der Tiefe vermutlich einen ziemlich breiten Sockel besitzt. Dieser Tiefengesteinskörper besteht zu einem großen Teil aus Granodiorit und Amphibolit. Es gibt auch granitische Zonen mit Kupfer-, Silber-, Zink- und Bleigängen. Die bedeutendsten Lagerstätten finden sich im Nordabschnitt. Am Rand des Batholiths haben sich metamorphe Gesteine, beispielsweise Glimmerschiefer, in unmittelbarer Nähe der Kontaktzone gebildet. Diese Gesteinsschichten treten im allgemeinen nur in geringer Breite (selten mehr als 100 m) zutage und gehen allmählich in reine Schiefer über. Am Osthang der Kette liegen vor allem Pelite und feinkörnige Sandsteine.

Die Cordillera Blanca wurde im Jungtertiär gefaltet und gehoben. Die Hebungsvorgänge reichten – wie Moränen zeigen, die von Verwerfungen durchsetzt sind – bis ins Quartär und sind vermutlich auch heute noch nicht abgeschlossen. Seit dem Pliozän hat sich die Cordillera Blanca entlang der Verwerfung, die sie im Westen begrenzt, um mehr als 2000 m gehoben.

Die Oberfläche der Cordillera Blanca wurde vor allem in der Eiszeit durch die Gletscher geformt. Besonders die Westflanke weist einen reichen Formenschatz auf. Hier findet man Moränen, Kare und Trogtäler. Bei den Moränen handelt es sich um Seitenmoränen, die sich in den Quebradas entlangziehen, und um halbkreisförmige Endmoränen, die Seen aufstauen. Am Ausgang der Quebrada Honda liegen parallel verlaufende Moränen. Oberhalb 4000 m findet sich die Staffel der jüngeren Moränen, bei denen sich alle ursprünglichen Merkmale erhalten haben.

Die eindrucksvollsten Formen der Glazialerosion sind die tiefen Trogtäler. Die größten liegen an Verwerfungen oder in Bruchzonen. Sie wurden durch die Arbeit der Gletscher noch vertieft. Dazu gehören die 3500 bis 4000 m hoch gelegenen Quebradas Santa Cruz, Llanganuco und Honda. Sie werden von Gletschern überragt, die sich bis auf 6000 m und noch höher erheben. Auf der Sohle dieser Trogtäler liegen große Rundhöckerfelder mit der typischen, vom Eis geschliffenen und polierten Gesteinsoberfläche. In der Talsohle liegen zahlreiche Findlinge.

Der ewige Schnee und die tief eingeschnittenen Täler, in die kaum je ein Sonnenstrahl dringt, haben die Menschen davon abgehalten, diese Gegend zu besiedeln. Nur im Santatal, wo dank des günstigen Klimas Palmen und Zitrusfrüchte gedeihen, gibt es einige größere Dörfer. Die riesigen Gletscher, zu denen ihre Bewohner emporblicken, bieten zwar einen grandiosen Anblick, bedeuten jedoch auch eine ständige Gefahr. Da viele Dörfer auf den Schwemmkegeln von Gletscherbächen erbaut wurden, kommt es nämlich immer wieder vor, daß Schlamm- und Eisströme sie unter sich begraben. Durch eine solche Katastrophe wurde 1970 die Stadt Yungay zerstört.

Batholith Tiefengesteinskörper von keil- oder kuppenartiger Form und granitischer Zusammensetzung, der in überlagernde Schichten eingedrungen ist und dabei eine dünne Schicht der ihn umgebenden Gesteine durch Kontaktmetamorphose in Hornfels umgewandelt hat. Seine untere Grenze verliert sich in den Tiefen der Erdkruste.

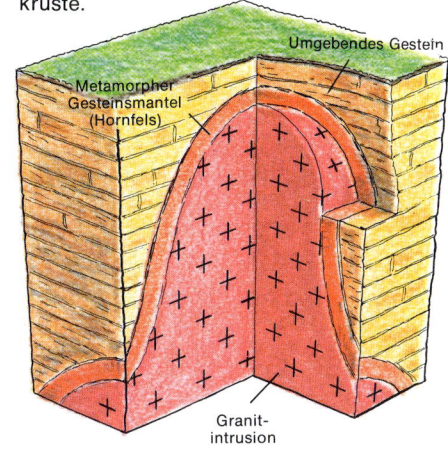

Cordillera Blanca *Über der Busch- und Punavegetation erheben sich die Vorberge der Kordillere. Der eis- und schneebedeckte Huascarán zeichnet sich vom tiefen Blau des Tropenhimmels ab.*

Cotopaxi

Amerika, Ecuador
0° 40′ s. Br., 78° 26′ w. L.

Eine große Gefahr bildet der Cotopaxi für die Menschen, die in seiner Umgebung wohnen – dann nämlich, wenn der ewige Schnee durch die Gluthitze des Vulkans in großen Mengen rasch schmilzt und gewaltige Schlammströme zu Tal stürzen.

Im 16. Jahrhundert kämpfte eine kleine spanische Truppe gegen die Indianer um den Besitz des Landes, des späteren Ecuadors. Als sich die Männer am Abend ausruhten, wurden sie durch ein entsetzliches Grollen aufgeschreckt: Der Cotopaxi war im Begriff auszubrechen. Von Schrecken erfüllt durch diese Erscheinung, die sie für den Ausdruck übernatürlicher Kräfte hielten, flohen die Indianer und überließen den Spaniern das Feld. So zumindest erzählte man sich von einem Ausbruch des Cotopaxi in jüngerer Zeit.

In der Provinz Ecuadors gelegen, die seinen Namen trägt, ist der Cotopaxi mit 5897 m der höchste aktive Vulkan der Erde. Er wurde 1872 zum erstenmal von W. Reiss und 1873 von A. Stübel bestiegen.

Sein vollkommener Kegel besteht eigentlich aus zwei ineinandergeschachtelten Vulkanen. Die Caldera des älteren Vulkans ist an verschiedenen Punkten im Norden und Südwesten in Resten noch erhalten. Eine Untersuchung hat gezeigt, daß die Caldera dieses Vulkans älter ist als die erloschenen Vulkane der Umgebung. Über dem alten Vulkan, das heißt oberhalb der Schneegrenze in etwa 4600 m Höhe, erhebt sich der jüngere Kegel, der Incaloma, der erst im Pleistozän entstanden ist. Beide zusammen nehmen eine Fläche von 380 km² ein.

Der Cotopaxi ist häufig tätig. Seine regelmäßig sich wiederholenden Ausbrüche gehen in Form von Explosionen vor sich. Lavaströme, Aschenregen und vor allem Schlammlawinen folgen ihnen. Die Lavergüsse gehen nur von dem oberen Krater aus. Leicht nach Westen versetzt, bedroht er die kleine Stadt Latacunga, die schon oft verwüstet worden ist.

Cotopaxi *Inmitten einer weiten Landschaft erhebt sich in der Ferne der vollkommene, von tiefen Schluchten zerfurchte Kegel des Cotopaxi mit seiner leuchtendweißen Kappe aus ewigem Schnee.*

Der Ausbruch im Jahre 1744 war zwar verheerend, forderte aber keine Opfer. Die Bewohner hatten sich rechtzeitig auf eine Anhöhe geflüchtet und konnten beobachten, wie sich eine mächtige Schlammlawine auf die Stadt zu wälzte, von ihr Besitz nahm und die Häuser unter sich begrub. Bei der Eruption im Jahre 1768 gingen besonders starke Aschen- und Bimssteinregen nieder. Bei dem Ausbruch von 1877 kamen sehr viele Menschen um. Die Explosionen waren in einem Umkreis von 350 km zu hören, und infolge des Aschen- und Bimssteinregens herrschte am hellen Mittag Dunkelheit. Die letzten großen Ausbrüche ereigneten sich in den Jahren 1904 und 1928, richteten aber weniger Schaden an.

Crater Lake

Amerika, USA
42° 56' n. Br., 122° 06' w. L.

In einer Landschaft aus Obsidian, Tuff und Bimsstein liegt der tiefste See der Vereinigten Staaten – im Einsturzkrater eines erloschenen Vulkans.

Der etwa 600 m tiefe Crater Lake in der Nähe von Klamath Falls in der Cascade Range im Südwesten des Staates Oregon füllt eine große Caldera. Seine geologische Geschichte reicht bis ins Pleistozän zurück.

Vor etlichen tausend Jahren wurde der Gipfel des Mount Mazama von einem gigantischen Vulkanausbruch zerstört. Es entstand ein fast runder, sehr tiefer Krater mit steilen Rändern. Gleichzeitig strömten aus unterirdischen Spalten große Lavamassen aus.

Nachdem sich die in der Tiefe unter dem Feuerberg liegende Magmakammer weitgehend geleert hatte, waren die Fundamente des Vulkans nicht mehr stark genug, den Kegel zu tragen. Es entstand ein tiefes Loch in der Erdkruste, das sich nach und nach mit Wasser füllte. Das ist der heutige See. Seinen Namen Crater Lake erhielt er jedoch nach dem Vulkankegel, Wizard Island genannt, im See selbst. Er ragt 240 m über die Wasserfläche empor. Der Krater des Crater Lake hat einen Durchmesser von ungefähr 10 km.

Crater Lake *Dieser im Staat Oregon gelegene Kratersee ist fast kreisrund und hat einen Durchmesser von rund 10 km. Die Höhe des Kraterrands bewegt sich zwischen 150 und 600 m. Der Krater entstand durch den Einbruch eines Vulkankegels. Über den Wasserspiegel erhebt sich Wizard Island – ein Vulkankegel, der erst nach der letzten Eiszeit entstanden ist.*

1902 wurden der See und seine Umgebung zum Crater-Lake-Nationalpark erklärt. Jedes Jahr kommen über eine halbe Million Touristen hierher und sind von diesem Naturwunder beeindruckt.

Craters of the Moon

Amerika, USA
43° 20′ n. Br., 113° 35′ w. L.

Im Staat Idaho gibt es eine der erstaunlichsten Landschaften der Erde. Sie verdankt ihre Entstehung dem Vulkanismus. Fremdartig wirkt die bläulich schimmernde Lava mit ihren Basaltgirlanden und ihren steilen Schächten.

Inmitten der grauen, blauen und braunen Basalte des Snake-River-Plateaus, die relativ alt und zum Teil schon abgetragen sind, stechen einige jüngere, schwarze Basaltmassive hervor: Hell's Half-Acre, die Lavafelder von Wapi und Shoshone und die bekanntesten von allen, die Craters of the Moon – die Mondkrater, eine riesige, von Lava bedeckte Landoberfläche. Tatsächlich gleicht dieses Gebiet, das von kleinen, runden Bergen und Kratern besetzt ist, der Oberfläche des Mondes. Es verdankt seine Entstehung vulkanischer Tätigkeit in jüngster Zeit.

Im Süden des Staates Idaho erstreckt sich von Nordwesten nach Südosten ein breiter Streifen junger vulkanischer Gesteine. An seinem nördlichen Ende ist er über 3 km und am südlichen ungefähr 1,5 km breit. In dieser Great-Rift-Zone liegen 55 Vulkankegel auf rund 80 km verteilt. Viele von ihnen tragen einprägsame Namen. So stößt man zum Beispiel, wenn man von Norden kommt, auf Silent Cone, Big Cinder Butte und Crescent Butte (Schweigender Kegel, Großer Aschenberg, Halbmondberg).

Ungefähr an der Grenze zwischen den Counties von Butte und Blaine ist die Achse des Great Rift um ein Stück nach Westen versetzt, ohne daß sie jedoch ihre Richtung ändert. Die Vulkankegel werden

Craters of the Moon *Über das weite Plateau im südlichen Idaho erheben sich Schlackenkegel, auf denen – abgesehen von ein paar Flechten auf den Blockschutthalden – nichts wächst.*

seltener. Tiefe Spalten kennzeichnen die Landschaft. Schließlich öffnen sich noch einmal mehr als 35 Krater auf der ganzen Länge des Great Rift, wie etwa Sunset Crater und Echo Crater.

Auf den Basalten der Craters of the Moon gedeihen Pflanzen nur sehr schlecht. Die Bodenpartikel gleiten auf der glänzenden Gesteinsoberfläche ab und sammeln sich in Spalten. In dem semiariden Klima dieses Gebietes können nur wenige Samen keimen. Auf den jüngsten Lavadecken entwickeln sich einige Flechten und kümmerliche Föhren, auf den ältesten Gras und einige Sträucher.

Die Geologen des United States Geological Survey untersuchten gegen Ende des letzten Jahrhunderts als erste dieses Gebiet. Sie kamen zu der irrtümlichen Auffassung, daß der Vulkanismus der Craters of the Moon erst ein paar hundert Jahre alt sei. In Wirklichkeit ist er älter. Anscheinend folgten vier Eruptionsphasen aufeinander, die letzten drei nahezu ohne Unterbrechung. Mit Hilfe der Radiokarbonmethode ermittelte man, daß sie um 2000 v. Chr. aufgetreten sein müssen. Es handelt sich offenbar um einen sehr jungen Vulkanismus, der erst gegen Ende des Pleistozäns einsetzte.

Die Craters of the Moon sind ein wahres Museum vulkanischer Formen. Hier sind alle typischen Erscheinungen von Spalteneruptionen vertreten. Sehr häufig drang die Lava durch etliche ungefähr 1 m breite Gänge. Heute sind die Spalten nur an den roten Lavastreifen zu erkennen, die das Gelände durchziehen. An anderen Stellen markieren Reihen von tiefen Schloten die Spalten. In einigen Fällen wieder war die Lavaförderung von Explosionen begleitet. Schlacken und vulkanische Bomben wurden zutage gefördert. Hier gibt es alle Arten von Kratern. Aus ihnen brachen 8 bis 25 m mächtige Lavaströme hervor und bedeckten viele Hektar Land. Dennoch sind es nicht die Vulkane, die die Touristen anziehen, sondern die Schächte, in denen sich bis in den Hochsommer hinein Eis hält. Das Wasser gefriert im Winter, und das Eis schmilzt auch in der warmen Jahreszeit nie ganz. Daher nimmt die Eismenge ständig zu. Die bis zu 200 m langen, durch die oberflächliche Erstarrung der Lavasteine entstandenen Lavatunnel dienen als Abflüsse für die neuen Lavaströme. Manche Tunnel sind mit blauen oder roten Lavastalaktiten und -stalagmiten geschmückt.

D

Dachstein

Europa, Österreich
47° 29' n. Br., 13° 36' ö. L.

Eine Bastion aus verkarsteten Kalksteinschichten beherrscht die Landschaft des Salzkammerguts. Ihre schroffen Zinnen zählen zu den mächtigsten Bergriesen der Nördlichen Kalkalpen.

Der Dachstein liegt im Grenzgebiet dreier österreichischer Bundesländer – im Westen auf der Salzburger Seite, im Norden in Oberösterreich und im Südosten auf steirischem Gebiet. Dieses wuchtige Gebirgsmassiv gehört zum rauhesten Abschnitt der Nördlichen Kalkalpen. Es besteht in seinem zentralen Teil aus einem kahlen Hochplateau, das im Süden von eindrucksvollen Gipfeln begrenzt wird. Seine ähnlich wie ein Pult geneigte Oberfläche steigt von Norden nach Süden steil an, bevor sie sich an die Fußregion der mächtigen Bergriesen anlehnt. Der Hohe Dachstein (2995 m) und der Torstein (2948 m) sind die höchsten Erhebungen der Gipfelregion.

Dachstein In den klaren Wassern des idyllisch gelegenen Gosausees spiegelt sich die gewaltige Kulisse des Dachsteinmassivs wider. Deutlich ist das nach Süden gegen die Gipfelregion ansteigende Hochplateau des Gebirgsstocks mit dem zu Tal strömenden Gosaugletscher zu erkennen.

Die Nördlichen Kalkalpen bestehen aus einem mächtigen Paket gefalteter Sedimente, die während der Gebirgsbildung im Tertiär an ihren heutigen Platz geschoben wurden. Allerdings sind die Diskussionen der Fachleute über den Ursprungsort und den Aufbau dieser „Überschiebungsdecken" noch nicht abgeschlossen. Kalke und Dolomite aus der Trias sind die vorherrschenden Gesteine des Sedimentpaketes. Aus ihrer Mächtigkeit von 1200 bis 1500 m erklären sich die Steilwände, die das Dachsteinmassiv ringsum begrenzen und ähnliche Höhenunterschiede erreichen.

Eine berühmte Erscheinung des Dachsteins ist seine außergewöhnlich starke Verkarstung. Hohe jährliche Niederschlagsmengen (3000 mm) und zahlreiche Gletscherbäche sorgen zusammen mit der starken Zerklüftung des Gesteinsuntergrundes dafür, daß das Wasser rasch einsickert und die Kalke schnell gelöst werden. Die Gesteinsoberflächen sind von tiefen, durch Lösungsvorgänge entstandenen Rillen – sogenannten Karren – durchzogen, zu denen sich zahlreiche Einsturzdolinen und Karsthöhlen gesellen. Die Eisbedeckung des Dachsteins beschränkt sich auf den südlichen Teil des Hochplateaus, das an dieser Stelle Höhen von mehr als 2400 m erreicht. Zahlreiche Rundhöcker und Moränen zeigen jedoch, daß der heutige Gosaugletscher während der pleistozänen Eiszeiten erheblich größer war. Er überdeckte einst die gesamte Hochfläche des Dachsteins.

Das Dachsteinmassiv ist ein Hauptanziehungspunkt des Fremdenverkehrs. Seine Steilwände im Süden und Südwesten sind ein Paradies für Kletterer. Von der Nordseite, von der Hallstätter Gegend her, erschließt eine Seilbahn auf den Krippenstein (2068 m) dieses hochalpine Kalksteingebiet für den Massentourismus. In den bekanntesten und schönsten Karsthöhlen des Dachsteins, der Rieseneishöhle und der Mammuthöhle, zählt man jährlich bis zu 125000 Besucher.

Dadès, Wadi

Afrika, Marokko
31° 32' n. Br., 5° 27' w. L.

Auf seinem Weg durch das Atlasgebirge hat der Fluß Dadès gewaltige Schluchten in den Fels geschnitten, in deren Tiefe er plötzlich zu verschwinden scheint.

Der Dadès fließt in einer Senke, die zwischen der Südflanke des Hohen Atlas und dem Djebel Sarhro südöstlich von Marrakesch verläuft. Bevor er jedoch das Atlasgebirge verläßt, durchbricht er in seinem Oberlauf vier unterschiedliche Gesteinsserien, in die er bis zu 500 m tiefe, enge Schluchten eingeschnitten hat. Diese Gesteins- und Schluchtenserien sind durch weite Beckenlandschaften, in denen Oasen liegen, voneinander getrennt.

Die erste Schlucht beginnt wenige Kilometer stromaufwärts von der Oase Boumalne. Da sie in relativ weichen Mergeln gebildet wurde, ist die Schlucht nicht so tief (200 bis 300 m) und auch weniger eng als die drei noch folgenden. Neben der klassischen Form der Klamm mit überhängenden Wänden hat das Wasser hier seltsame Felsgebilde aus dem Gestein herausgearbeitet. Grate und Höhlungen geben dieser Schlucht eine ständig wechselnde Szenerie.

Folgen wir dem Fluß weiter stromaufwärts, so gelangen wir durch ein weites Becken zur zweiten Schluchtenserie. Für die Touristen, die selten weiter stromaufwärts fahren, ist dies die eigentliche Schlucht des Dadès. Sie ist mehrere Kilometer lang und bis zu 400 m tief. Ihre Wände sind mit spärlich wachsendem Buschwerk bedeckt. Das Kalkgestein, in dem diese Serie angelegt ist, ist gegenüber der Verwitterung sehr widerstandsfähig. Der Dadès hat daher im Verlauf vieler Jahrhunderte eine außergewöhnlich enge Klamm in den Gebirgskörper eingesägt. Die ganze Breite des Talgrundes wird vom fließenden Wasser eingenommen. Daher mußte die Straße in die Felswände gesprengt werden.

Stromaufwärts queren wir wieder ein von Schichtstufen umgebenes Becken und gelangen in die dritte Schlucht. Hier hat sich der Fluß zwischen 400 und 500 m tief in ein Hochplateau eingeschnitten. Die Vegetation wird dürftiger. Nur noch vereinzelt wachsen Dornbüsche auf den vorspringenden Felssimsen der Talwände. Die Formen drängen einen Vergleich mit dem

Dadès *Eingeschnitten in den ockerfarbenen, teilweise auch rötlichen Kalkstein des Atlas, läßt die Schlucht des Dadès zwischen ihren Wänden nur ein schmales, mit Kies gefülltes Flußbett frei. In ihm fließt in vielen Windungen ein in der sommerlichen Trockenzeit nur wenig Wasser führender Wildbach.*

Grand Canyon in den USA auf, obwohl sie nicht deren majestätische Größe besitzen.

Weiter oberhalb liegt hinter einer Bekkenlandschaft die vierte Schlucht des Dadès. Sie hat eine mittlere Tiefe von rund 300 m. Von den anderen Klammen unterscheidet sie sich durch ihre große Länge. Zahlreiche Mäander sind typisch für diesen Teil des Wadis.

Der eigenartige Verlauf des Dadès durch weite Beckenlandschaften und enge Schluchten läßt sich nur durch die Kenntnis des geologischen Untergrundes verstehen. Die Kalkgesteine, durch die der Dadès fließt, wurden im Mesozoikum abgelagert. Sie sind unterschiedlich hart. Als im Tertiär dieser flache Rücken aus mesozoischen Gesteinen aufgefaltet wurde, setzte die Erosionstätigkeit des Dadès ein. Er schnitt sich antezedent in das allmählich unter ihm aufsteigende Gebirge ein. Infolge der unterschiedlichen Widerstandsfähigkeit des Kalkgesteins bildeten sich Schichtstufen und -rippen heraus. Geologischer Untergrund, tektonische Auffaltung und Erosion des Flusses haben den vielseitigen Formenschatz des Dadèstales geschaffen.

Ein Besuch des Tals empfiehlt sich besonders im Frühjahr und im Herbst. Dann gesellt sich zu den Farben und Formen der Felslandschaft noch das Grün der durch die Regenzeit zu neuem Leben erwachten Pflanzenwelt.

Dallol

Afrika, Äthiopien
14° 15′ n. Br., 40° 15′ ö. L.

Mehr als 100 m unter dem Meeresspiegel liegt die Oberfläche einer ausgetrockneten Lagune, die einst das Rote Meer hinterlassen hat. Anstelle des Wassers ist eine weißleuchtende Salzschicht getreten, die in der sengenden Hitze der Wüste beständig weiter anwächst.

Die in Äthiopien gelegene Salztonebene von Dallol erstreckt sich am Nordende des Danakiltieflandes, welches ein Teil des großen Ostafrikanischen Grabensystems ist. Ihre Oberfläche liegt 116 m unter dem Meeresspiegel. Damit gehört die Depression von Dallol zu den tiefsten Senkungsfeldern der Erde. Sie wird nur vom Toten Meer (−397 m), vom See Tiberias (−212 m), vom Assalsee (−173 m) und von der ägyptischen Kattarasenke (−137 m) übertroffen. Die langgestreckte Salztonebene verläuft parallel zur Küste des Roten Meeres, von dem sie durch die Dankali-

Dallol *Das Senkungsfeld der Salztonebene von Dallol ist eine Schwächezone der Erdkruste. An markanten Verwerfungslinien steigen zahlreiche heiße Quellen aus dem Erdinnern auf, die Salze und Mineralien aus der Tiefe fördern. Infolge der extremen Verdunstung bilden sich in ihrer Umgebung kleine Sinterkegel und -terrassen.*

schen Alpen getrennt wird. Diese erreichen durchschnittliche Höhen von etwa 1200 bis 1400 m. Die markante Westgrenze bildet der schroffe Bruchrand des Äthiopischen Hochlandes.

Die gesamte Depressionszone des Danakiltieflandes stand bis in die geologisch jüngste Vergangenheit wiederholt mit dem Roten Meer in Verbindung. Die Einsenkung des Ostafrikanischen Grabensystems begann im frühen Tertiär. Zeiten abwärts gerichteter Krustenbewegungen, die den Zugang zum Meer hin öffneten, wechselten sich des öfteren mit Hebungsphasen ab. Es kam zur Abschnürung des in den Graben vorgedrungenen Meeresarmes. Unter den Bedingungen eines Wüstenklimas dauerte es nicht lange, bis die ihres Zuflusses beraubte Lagune austrocknete. Als Rückstände blieben die im Meerwasser gelösten Salze und sonstigen Mineralstoffe übrig. Dadurch, daß sich diese Vorgänge häufig wiederholten, entstanden mehrere bis zu 1000 m mächtige Sedimentschichten.

Heute gehört die Salztonebene von Dallol zu den unwirtlichsten Wüsten der Erde. Sie ist durch extreme Trockenheit und hohe Temperaturen charakterisiert: Die jährlichen Niederschlagsmengen erreichen nicht einmal 100 mm, während die Jahresmitteltemperatur weit über 30°C liegt. Im tiefsten Teil der Depression sammelt sich während einer kürzeren Regenzeit das Wasser der wenigen von den Bergen herunterkommenden Wadis und bildet eine große Brackwasserlache. Durch die starke Verdunstung werden ständig neue Salze ausgeschieden, die sich mit den Ablagerungen der Flüsse vermischen.

Die Bewohner von Dallol haben ihre Lebensweise an die extremen Umweltbedingungen angepaßt. Sie gehören zum Volksstamm der Danakil, nach dem die Großlandschaft benannt ist. Als Nomaden halten sie Ziegen, Kamele, Rinder und Schafe, die die spärliche Grasvegetation der Senkenzone abweiden. Außerdem betreiben sie einen regen Karawanenhandel, vor allem mit Salz.

Death Valley

Amerika, USA
36° 30′ n. Br., 117° w. L.

Hohe Berge umfangen dieses sengend heiße Wüstental aus Sand und Salz, in dem man noch heute die Spuren des Goldrausches finden kann.

Die etwa 170 km von Las Vegas entfernte, an der Grenze zwischen Kalifornien und Nevada gelegene Wüstensenke des Death Valley (Tal des Todes) erhielt ihren heutigen Namen im Jahr 1849. Damals wollte eine westwärts ziehende Goldgräbergesellschaft den Weg nach Kalifornien abkürzen. Die Männer verirrten sich aber und konnten sich bis auf ein Mitglied unter großen Strapazen und mit letzter Kraft eben noch vor dem Verdursten retten.

Das Tal des Todes ist ein etwa 225 km langer und bis zu 26 km breiter, von gewaltigen Bergriesen umgebener Graben, in dem eine glühende Hitze herrscht. Die höchste bisher gemessene Temperatur betrug 56,7°C. Sie wurde noch an keiner anderen Stelle der Erde registriert. Im südlichen Teil liegen 1400 km² der Talsohle unter dem Meeresniveau. Hier befindet sich eine kleine Salzpfanne, das Bad Water, welches mit −86 m der tiefste Punkt der Vereinigten Staaten und ganz Nordamerikas ist. Trotz der extrem starken Verdunstung und der geringen Jahresniederschläge von kaum mehr als 40 mm trocknet die Salzpfanne niemals ganz aus.

Neben mehreren Salztonebenen, die sich in abflußlosen Becken durch Verdunstung des von periodisch fließenden Flüssen gelieferten Wassers bilden, sind für den Besucher die großen Wanderdünenfelder des Death Valley von Interesse. Die Sande der sichelförmigen *Barchane* wurden vom Wüstenwind im Laufe von Jahrtausenden zusammengetragen. Sie befinden sich in ständiger Um- und Neubildung, wobei ihr Standort in Anlehnung an die vorherrschende Windrichtung unablässig verändert wird.

Auf der westlichen Talseite verläuft die Westside Valley Road als Teil eines alten Maultierpfades. Dieser diente im vorigen Jahrhundert zum Abtransport des im Death Valley gewonnenen Borax, des „weißen Goldes der Wüste". Die abgebauten Mineralien wurden auch bei heißesten Temperaturen in riesigen, je 36 t fassenden und von 20 Maultieren gezogenen Wagen befördert. Der rege Bergbau ließ mehrere Siedlungen inmitten der Wüste entstehen, die wieder verödeten, als die Bodenschätze erschöpft waren. Diese Ghost Towns (Geisterstädte) sowie die Ruinen einer alten Boraxmine können noch heute besichtigt werden.

Das Death Valley ist – geologisch gesehen – ein tektonisch angelegter Graben, der Ende des Pliozäns oder Anfang des Pleistozäns eingebrochen ist. Das Tal wird entlang mächtiger Verwerfungslinien im Westen von der Panamint Range (Telescope Peak, 3368 m) und im Osten von der Amargosa Range (Grapevine Peak, 2664 m) flankiert. Beide Gebirgszüge sind von Norden nach Süden verlaufende Pultschollen, die während ihrer Hebung schräggestellt wurden, so daß sie nach Osten hin stärker aufgerichtet sind als nach Westen. Die deutlich ausgebildeten Verwerfungslinien an den Rändern des Death Valley sind teilweise durch jüngere Sedimentablagerungen verschüttet. Das geringe Alter des Tales und die Tatsache, daß die für seine Entstehung verantwortlichen Bewegungen der Erdkruste bis heute noch nicht abgeschlossen sind, lassen sich an manchen Basaltdecken nachweisen. Sie sind – obwohl erst in jüngster geologischer Vergangenheit im Tal des Todes abgelagert – von zahlreichen Verwerfungen durchsetzt, wie sie nur durch Krustenbewegungen zustande kommen können.

Im Pleistozän wurde das Tal des Todes von einem See, dem Lake Manly, ausgefüllt. Seine Länge betrug etwa 135 km. Neuere Untersuchungen haben gezeigt, daß der Grund dieses Sees bis zu 180 m unter den Meeresspiegel reichte. An den Hängen des Death Valley kann man noch

Death Valley *Gelegentliche Starkregen ließen an den Berghängen, die das Wüstental umringen, ausgedehnte Badlands entstehen. Die Bodenkrume wurde vollkommen abgetragen, weil eine schützende Pflanzendecke fehlte.*

heute mehrere fossile Strandterrassen nachweisen, die alle in verschiedenen Höhen liegen und von den Wogen ehemaliger Seen gebildet wurden. Diese Erscheinungen und die Tatsache, daß die oberen Sedimentschichten im Tal des Todes aus abwechselnden Ton- und Salzlagen bestehen, scheinen zu beweisen, daß der Lake Manly nur das letzte Glied einer ganzen Serie von Seen gewesen ist. Die einzelnen Seen entstanden jeweils in den pleistozänen Pluvialzeiten, während sie in den dazwischen liegenden Perioden mit wüstenhaftem Klima wieder verdunsteten.

Einen sehr schönen Blick über das Death Valley bietet sich den zahlreichen Besuchern von Zabriskie Point aus. Diese außergewöhnliche Landschaft wurde im Jahr 1933 unter Naturschutz gestellt und zum National Monument erklärt.

Desolation, Valley of

Afrika, Republik Südafrika
32° 15′ s. Br., 24° 30′ ö. L.

Ein von bizarren Felstürmen überragtes Tal in der Halbwüste der Großen Karru, einer riesigen Senkenzone der südafrikanischen Kapprovinz.

Zwischen der Großen Randstufe im Norden und den Kapketten im Süden breitet sich in 600 bis 900 m Höhe eine etwa 400 km lange Senkenzone aus. Es ist die Große Karru, die durch zahlreiche südwärts gerichtete Flüsse in einzelne Plateaus zerschnitten wird. Einer dieser Wasserläufe, der Sundays River, überwindet – vom südafrikanischen Binnenhochland kommend – die Große Randstufe, um bei Graaff-Reinet in die Karru einzutreten. Nur 16 km flußabwärts mündet von Osten her das Valley of Desolation (Tal der Ödnis) an einer Gefällstufe in das auffallend tiefer liegende Tal des Sundays River ein.

Die Erklärung für die unterschiedlichen Höhenlagen der beiden Talsohlen ist in den klimatischen Verhältnissen Südafrikas zu suchen. Das gesamte Gebiet der Karru liegt im Windschatten der Kapketten; infolgedessen fallen nur sehr geringe jährliche Niederschlagsmengen, so daß lediglich eine spärliche Halbwüstenvegetation gedeihen kann. Wasserläufe, deren Einzugsgebiete über diese Dürrezone nicht hinausreichen, sind die meiste Zeit des Jahres ausgetrocknet, während Flüsse, die aus dem besser beregneten Binnenhochland kommen, entsprechend mehr Wasser führen. Deshalb ist das Tal des Sundays River tiefer eingeschnitten als das Valley of Desolation.

Die Karru besteht aus Sedimentschichten, die zwischen dem Perm und der Trias

Valley of Desolation *In einer öden, wüstenartigen Beckenlandschaft, die von Bergrücken aus hartem Dolerit überragt wird, liegt das tief eingeschnittene Valley of Desolation. Die steilen Talhänge werden von wild zerklüfteten, turmartigen Säulen aus vulkanischem Gestein überragt. Im Hintergrund erkennt man das Tal des Sundays River.*

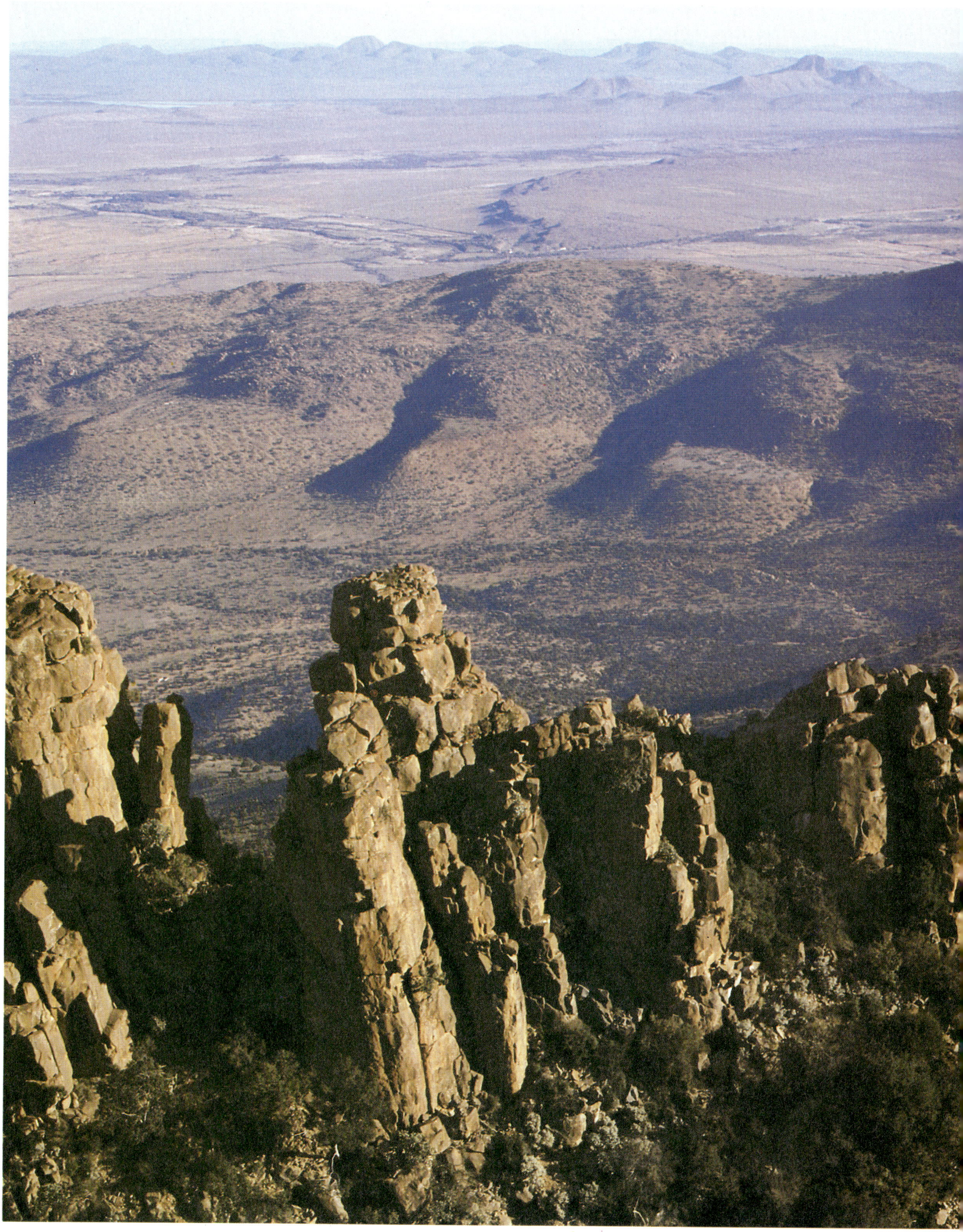

entstanden sind. An der Wende zum Jura wurden sie durch mächtige Lavadecken überlagert. Als das Gebiet anschließend durch gewaltige tektonische Kräfte gehoben wurde, setzte die Erosion ein. Das Valley of Desolation wurde in die Karruschichten eingeschnitten.

Dieses 300 m breite Tal, durch eine Verwerfungslinie vorgezeichnet, wird überragt von bis zu 130 m hohen Säulen aus vulkanischem Gestein, das der Abtragung größeren Widerstand entgegensetzte als die weicheren Sedimentgesteine der Karruschichten. Die stark verwitterten Ränder des Abgrundes mit ihrem bizarren Relief bieten einen phantastischen Anblick. Von dort oben hat man eine einzigartige Aussicht über die Umgebung des Tales. Man erkennt in der Ferne die Stadt Graaff-Reinet, die mächtige Steilwand der Großen Randstufe, den Sundays River und die Plateaus der Karru.

Dettifoss

Europa, Island
65° 49′ n. Br., 16° 25′ w. L.

Die tosenden Wildwasser eines reißenden Gletscherflusses, über und über mit weißen Schaumkronen bedeckt, stürzen aus einer Höhe von fast 50 m in die Tiefe und sammeln sich in einer Schlucht, deren Wände mit dichten Säulenreihen aus Basalt verziert sind.

Der Dettifoss ist der größte Wasserfall Islands und einer der eindrucksvollsten von Europa. Im Nordosten der Insel gelegen, gehört er zu einer Kette von mehreren großen Fällen des Jökulsá á Fjöllum. Dieser reißende Fluß strömt brodelnd und schäumend zwischen senkrechten, gerieften Felswänden dahin; nachdem das Wasser über 44 m in die Tiefe gestürzt ist, sammelt es sich am Grund einer 30 km langen Schlucht. Über diesem herrlichen Naturschauspiel steigen Milliarden von Wassertröpfchen in einer Wolke empor, die von weitem wie ein weiß leuchtendes Federbüschel aussieht.

Der Jökulsá á Fjöllum (isländisch *jökull* bedeutet Gletscher) ist mit 206 km der zweitlängste Fluß Islands. Er entströmt dem berühmten Vatnajökull, dem mächtigsten Gletscher Europas, dessen Eisrand sich etwa 140 km stromaufwärts von Dettifoss befindet. Der in das Europäische Nordmeer einmündende Fluß tost über mehrere treppenförmig aufeinanderfolgende Decken aus vulkanischen Gesteinen hinweg. Diese aus dem Pleistozän stammenden Basaltdecken sind in dem großen Zentralisländischen Graben übereinandergelagert, der eine 100 bis 200 km breite junge Vulkanzone zwischen älteren tertiären Vulkandecken im Osten und Westen der Insel darstellt. Im Norden Islands verläuft dieser Graben in nordsüdlicher Rich-

Dettifoss *Durch eine breite Bresche in den Basaltdecken Nordostislands stürzen die Wassermassen des Jökulsá á Fjöllum 44 m tief in eine Schlucht, bevor sie dem Axarfjord im Europäischen Nordmeer zufließen.*

tung, während er im Süden nach Südwesten umbiegt. Der von Verwerfungen begrenzte Graben entspricht in seinem Verlauf dem großen Grabenbruch, der das untermeerische, durch Vulkanismus entstandene Gebirge des Mittelatlantischen Rückens in eine westliche und eine östliche Hälfte unterteilt. Dort, wo die Ablagerungen des untermeerischen Vulkanismus die Wasseroberfläche erreichten, entstanden Vulkaninseln, unter ihnen auch Island.

Der Jökulsá á Fjöllum folgt auf seinem Weg nach Norden dem Ostrand eines riesigen Lavafeldes. Seine zahlreichen Stromschnellen und Wasserfälle verdanken ihre Entstehung der Tatsache, daß das Relief Islands noch sehr jung ist. An vielen Stellen ist die Formengebung durch den Vulkanismus bis heute noch nicht abgeschlossen. Verheerende Ausbrüche sind ein lebhafter Beweis dafür. Den Flüssen stand deshalb noch nicht genügend Zeit zur Verfügung, Gefällstufen, die in Wasserfällen und Katarakten überwunden werden, durch ihre Erosionsarbeit auszugleichen.

Die grau aussehenden Deckenbasalte des Pleistozäns haben bei ihrer Abkühlung an Volumen verloren. Sie bildeten während ihrer Schrumpfung senkrecht zur Erdoberfläche stehenden Prismen mit mehr oder weniger sechseckiger Schnittfläche; daher die senkrechten, säulenförmigen Vorsprünge an den Wänden der Schlucht unterhalb von Dettifoss. Sie werden durch die Frostverwitterung besonders deutlich herausgearbeitet. Regenwasser dringt in die Fugen zwischen den einzelnen Basaltsäulen ein. Durch häufiges Gefrieren und Auftauen wird der Gesteinsverband allmählich gelockert und auseinandergesprengt. Abgelöste Felstrümmer stürzen in die Tiefe, wo sie von den Wassermassen des Jökulsá á Fjöllum abtransportiert werden.

Der Besuch der grandiosen, einzigartigen Landschaft von Dettifoss gehört zu einer der markantesten Etappen einer Islandrundreise, vor allem während des kurzen nordischen Sommers.

Devils Tower

Amerika, USA
44° 31′ n. Br., 104° 57′ w. L.

Emporgestiegen aus den Tiefen der Erdrinde, ragt ein gewaltiges Bündel aus langen Phonolithsäulen zwischen lichten Fichtenwäldern in den Himmel von Wyoming.

Im Nordosten des amerikanischen Bundesstaates Wyoming erstreckt sich ein hügeliges Gebiet mit Weiden und eingestreuten lichten Wäldern. Diese sehr dünn besiedelte Gegend ist ein Paradies der Präriehunde, die hier besonders geschützt sind. Die geselligen, murmeltierähnlichen Nager hausen in ausgedehnten Erdhöhlen. Mit Hunden haben sie jedoch außer dem Namen und ihrem bellenden Warnruf nichts gemeinsam. Über den Ufern des Belle Fourche River erhebt sich ein 390 m hoher, gewaltiger Felsturm, den man bei klarem Wetter aus einer Entfernung von mehr als 150 km erkennen kann. Sein Name, Devils Tower oder Teufelsturm, stammt aus einer alten indianischen Legende.

Die senkrechten Wände dieses fast zylindrischen, im Grundriß leicht ovalen Felsklotzes mit abgeflachtem Gipfel setzen sich rundum aus langen, vertikalen Gesteinssäulen zusammen, die wie Orgelpfeifen aussehen. In einer indianischen Legende heißt es, daß die eigenartige Oberfläche des Berges von den Krallen eines riesigen Grizzlybären herrührt, der versuchte, einen Menschen auf dem Gipfel des Felsens mit seinen Pranken zu erreichen.

In Wirklichkeit handelt es sich um die Schlotfüllung eines ehemaligen Vulkans, die sich über einer Basis aus verschiedenen Sedimenten erhebt. Zuunterst liegen rote Sandsteinschichten der Trias, die von jurassischen Gips- und Schieferschichten überlagert werden. Ihr Alter beträgt 160 bis 230 Millionen Jahre.

Die Entstehungsgeschichte des Devils Tower begann im Tertiär. Damals drang ein glühender Schmelzfluß aus dem Erdinnern empor und durchschlug, von heftigen Gasexplosionen begleitet, die älteren Sedimentschichten. Es bildete sich ein Vulkan, den wir uns noch einige hundert Meter über dem heutigen Gipfel des Devils Tower denken müssen. Nachdem der Feuerberg erloschen war, wurde er im Laufe der Zeit abgetragen. Ebenso erging es einem Teil der Sedimentschichten in seiner Umgebung. Nur der äußerst harte Phonolithstock, der sich aus erkaltender Lava im Schlot des erlöschenden Vulkans bildete, blieb übrig. Der Devils Tower ist also ein Härtling.

Devils Tower *Deutlich erkennt man die langen Phonolithsäulen des Felsturms, die nach oben zusammenlaufen und am Fuß des Berges nach außen gebogen sind. Zwischen den Stämmen der Ponderosakiefern im Vordergrund schimmern die gewaltigen Gesteinsbrocken, die durch Frostverwitterung aus dem Felsverband gesprengt wurden und in die Tiefe gestürzt sind.*

Die außerordentlich regelmäßige Zerklüftung des Gesteins in Form fünfseitiger Säulen läßt sich über die gesamte Höhe des Felsens verfolgen. Die Säulen laufen nach oben bündelförmig zusammen, während sie unten flach nach außen gebogen sind. Sie entstanden während des Auskristallisierens der erkaltenden Phonolithlava. Die intensive Frostverwitterung, verursacht durch gefrierendes und wieder auftauendes Sickerwasser, welches entlang der Gesteinsklüfte von der Erdoberfläche her einsickert, sprengt unablässig Teile der Phonolithsäulen aus dem Gesteinsverband ab. Sobald sie sich gelockert haben, stürzen sie dann in die Tiefe und bilden eine mächtige Schutthalde, die den Fuß des Devils Tower umhüllt und teilweise von Wald überwuchert wird.

Diese geologische Erscheinung ist so eigenartig und eindrucksvoll, daß Präsident Roosevelt sie 1906 zum ersten National Monument der Vereinigten Staaten von Amerika erklären ließ. Der Devils Tower lockte seitdem zahlreiche Bergsteiger an, die jedes Jahr aus allen Ländern kommen, um ihn zu erklettern: Die Rekordzeit dafür liegt gegenwärtig bei eineinhalb Stunden.

Diégo-Suarez

Afrika, Madagaskar
12° 16′ s. Br., 49° 17′ ö. L.

Ein uralter Hafen für Piraten und ehemaliger Ankerplatz für Schiffe aus aller Welt – eine gut geschützte, formenreiche Bucht, wo der Indische Ozean tief ins Land eindringt.

Die Bucht oder genauer gesagt die Buchten von Diégo-Suarez, denn es handelt sich weniger um eine einzige große Rundung als um zahlreiche langgestreckte Meeresbuchten, dehnen sich sowohl von Norden nach Süden wie von Osten nach Westen über 20 km aus. Der Indische Ozean schlägt hier an die Halbinseln, welche die Buchten voneinander trennen. Die Ufer dieser Buchten sind so flach, daß sich an einigen Stellen sogar Salzsümpfe bilden. Auf einer Karte des Küstenlands kann man zahlreiche geschützte Häfen erkennen, und der Meeresboden, der im allgemeinen rund 20 m unter der Wasseroberfläche liegt (in der Einfahrt mißt man sogar mehr als 50 m), verleiht der Bucht eine bemerkenswerte Sicherheit. Sie ist nur an einer Stelle geöffnet, und zwar auch da nur ungefähr 1 km.

Im Westen überragen der Ankaray und die Tafel von Windsor Castle, beide über 300 m hoch, die Landschaft. Die Gestalt der Bucht läßt sich wohl auf ein altes Talnetz zurückführen, dessen Grundriß mehr oder weniger von Verwerfungen bestimmt war. Breite Täler verliefen zunächst von Norden nach Süden, später dann von Westen nach Osten.

Diégo-Suarez *Zwischen den schmalen, niedrigen Halbinseln strömt Wasser in den Naturhafen ein. Es umspült eine kleine Basaltkuppe und erfüllt ehemalige, vom Meer überflutete Täler.*

Eine allgemeine Senkung des Landes am Nordende der Insel oder der Anstieg des Meeresspiegels hat vermutlich zur Überflutung der Täler in Form breiter Rias geführt. Von einer Landsenkung wurde offenbar auch die weithin versumpfte Westküste betroffen, während an der Ostküste – in einer Art Schaukelbewegung – Dünen und Riffe weit über den Meeresspiegel gehoben wurden.

Die Bucht von Diégo-Suarez ist zwar nicht von so eindrucksvoller Schönheit wie die von Rio de Janeiro, besitzt aber dennoch einen großen Reiz. Dank ihrer außergewöhnlichen Größe, ihrer Tiefe und Geschütztheit – Eigenschaften, die der Portugiese Bartolomeii Diaz, der sie im Jahr 1500 entdeckte, wohl zu schätzen wußte – wurde sie rasch zu einem beliebten Ankerplatz für Schiffe aus aller Welt. Aber auch Piraten ließen sich Ende des 17. Jahrhunderts hier nieder. Heute ist Diégo-Suarez der drittgrößte Hafen Madagaskars. Kaffee, Holz und Fleisch werden hier ausgeführt, während Mehl, Wein, Zement, Erdölprodukte, Baumaterialien und Textilien importiert werden.

Djerid, Schott-el-

Afrika, Tunesien
35° 45′ n. Br., 8° 20′ w. L.

Djerid ist ein arabisches Wort und bedeutet Palmenland. Nach dem nördlichen Oasenrand hat das Gebiet seinen Namen erhalten.

Der Schott-el-Djerid im Süden Tunesiens ist der größte Salzsee Nordafrikas. An seinen Ufern kann man häufig das Phänomen der Fata Morgana beobachten. Besonders an heißen Sommertagen, wenn sich die Luft über der blendendweißen Salzfläche erhitzt, sieht man die Ränder des Schotts gehoben – eine spiegelnde Wasserfläche und Palmenhaine.

Der Schott-el-Djerid ist Teil eines Depressionsgebiets, das sich bis in den Westen Algeriens ausdehnt. Der Djerid selbst erstreckt sich 110 km von Westen nach Osten und findet seine Fortsetzung im Schott-el-Fedjadj, der rund 20 km westlich von Gabès endet. Er liegt zwischen dem Atlasgebirge und der Hochfläche der Sahara. Beim Schott-el-Djerid handelt es sich nicht um ein richtiges Tal, sondern um eine von Wind und Wasser gegrabene und durch Deflation weiter ausgetiefte Depression. Stürmische Winde greifen die durch die starke Verdunstung ausgetrocknete Bodenoberfläche an und tragen feinste Bodenpartikel ab. Diese Abtragung begann im Quartär, als das Klima immer trockener wurde. Sie erfolgte stufenweise in den Trockenphasen, während sich in den Regenzeiten am Rand Terrassen bildeten.

Im Winter strömt viel Wasser in die Mulde. Von Oktober bis März kann man die Piste, die Tozeur mit Kebili verbindet, nicht benützen. Im Frühjahr sinkt der Wasserspiegel infolge der Verdunstung nach und nach, und die Salzkonzentration wird höher. Schließlich entstehen Salzkristalle, und diese umschließen Tonteilchen. Im Sommer ist die Oberfläche des Schotts nicht glatt wie ein gespanntes Tuch, sondern weist verschiedene Mikroreliefstypen auf. Polygonale, 3 bis 5 cm dicke Platten mit aufgebogenen Rändern bilden eine verhältnismäßig feste Oberfläche. Im tieferen Teil läßt sich eine brüchige Struktur erkennen. Dachziegelartig schieben sich feine Salzplättchen übereinander. Salzsümpfe bilden sich in der Mitte und am nordwestlichen Rand des Djerids. Hier nisten im Frühling Flamingos. Gelegentlich sieht man da und dort wenige Quadratmeter große Teiche. Hier tritt Süßwasser in vielen Quellen an die Oberfläche.

Durch die Verdunstung, die zu den verschiedenen Jahreszeiten verschieden hoch

Schott-el-Djerid *Am Fuß winzig kleiner Kliffs aus Salz und Ton dehnt sich das mit Salzen gesättigte Wasser des Schotts aus.*

ist, verändert sich zwar die Oberfläche des Schotts, doch in der Tiefe treten keine nennenswerten Schwankungen auf. Der Untergrund ist das ganze Jahr über mit Wasser gefüllt.

Woher kommt dieses Wasser? In dem abflußlosen Becken sammelt sich das Wasser der Wadis an den Rändern, aber insgesamt ist das nur eine geringe Menge, denn die Niederschläge im Gebiet von Tozeur und Kebili betragen nur ungefähr 100 mm im Jahr. Diese Menge reicht nicht aus, das Becken mit Wasser zu füllen. Der Zufluß muß also im wesentlichen von unten her kommen. Er leitet sich von einer salzhaltigen artesischen Grundwasserschicht her. Diese Zufuhr ist relativ beständig. Folgen jedoch mehrere sehr trockene Jahre aufeinander, dann versiegen auch viele der Quellen am Grund des Sees, und es strömt nicht mehr soviel Wasser nach.

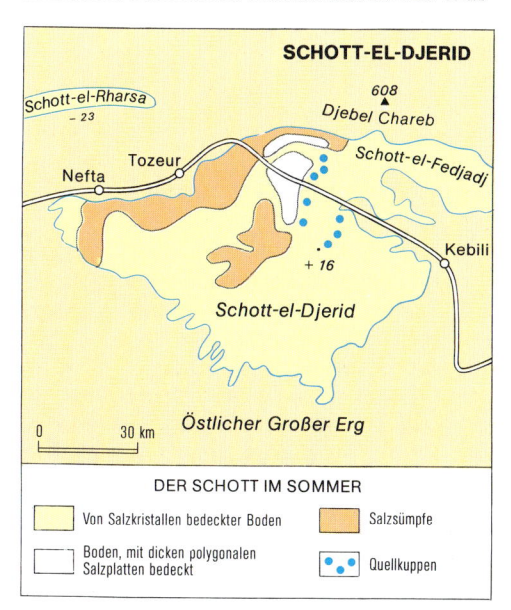

Donau

Europa
47° 57′–45° 09′ n. Br., 8° 29′–29° 40′ ö. L.

Auf ihrem 2860 km langen Lauf quer durch Europa weist die Donau zwei wesentliche Charakterzüge auf: Breit dahinströmend macht sie Ebenen fruchtbar, und kraftvoll schneidet sie sich in das harte Gestein von Bergländern ein.

Die Donau, nach der Wolga längster Fluß Europas, entwässert ein Zehntel des Kontinents und durchquert oder berührt acht Staaten. Ihr 817 000 km² großes, von hohen Gebirgen umgebenes Einzugsgebiet, wie etwa die Alpen, der Balkan, der Böhmerwald und die Karpaten, weist eine große Vielfalt auf. Der Fluß spiegelt auf der ganzen Länge seines Laufs diese Verschiedenheit wider.

Der heutige Lauf der Donau hängt mit den tektonischen Bewegungen der Erdkruste im Tertiär zusammen. Durch die Hebung der Alpen wurde ihr Oberlauf an die Südflanke der Schwäbischen Alb, an den Bayerischen Wald und den Böhmerwald gedrängt. Das Pannonische Becken war zu der Zeit noch mit Wasser gefüllt. Als dieses sich im Miozän zurückzog, verblieben der Mittel- und der Unterlauf der Donau endgültig in der inneren Bruchzone zwischen den Alpen und den Karpaten. Der Strom füllte das ungarische und slowakische Becken und die Walachei mit Sedimenten bis 3000 m Mächtigkeit an.

Parallel zu dieser Aufschüttung senkte sich das Land. An anderen Stellen setzten jedoch auch Hebungen ein. Daher mußte sich der Strom immer wieder in Bergmassive einschneiden. Auf diese Weise entstanden eine ganze Reihe Durchbruchstäler. Am bekanntesten ist der 130 km lange Durchbruch durch das Banater Gebirge mit dem Eisernen Tor. Von großer landschaftlicher Schönheit ist das Durch-

Donau *Die Donau ist größtenteils ein Tieflandfluß, dessen Wassermassen in windungsreichem Lauf träge dahinfließen. An manchen Stellen scheinen ihr jedoch mächtige Gebirgszüge den Weg zu versperren. Aber im Verlauf vieler Jahrtausende haben die Wassermassen der Donau tiefe Durchbrüche in die Gebirgshindernisse geschnitten, so z. B. am Eisernen Tor.*

bruchstal durch die Schwäbische Alb. Neben diesen Engtalstrecken gibt es Strecken mit kleineren oder größeren Beckenlandschaften, zum Beispiel dem Mährischen und dem Wiener Becken.

Im rumänischen Tiefland wird der Strom von Sümpfen, Seen und Altwassern begleitet. Bei der Stadt Tulcea, ungefähr 60 km vom Schwarzen Meer entfernt, beginnt das mächtige Delta der Donau. Hier teilt sich der Strom in drei Hauptarme – den Kilia-, den Sulina- und den Sankt-Georgs-Arm. Das Delta ist ein weites, 4300 km² großes Sumpfgebiet mit Schilfdickichten, in denen viele seltene Vögel nisten.

Die Strömungsgeschwindigkeit dieses Flusses variiert sehr stark. Während sie in den engen Durchbruchstälern 2,2 bis 4,7 m/s beträgt, sinkt sie in den Beckenlandschaften und im Tiefland auf 0,3 bis 1,1 m/s. Für die Schiffahrt sind solche Gefällsbrüche problematisch, während die Wasserkraftwerke davon profitieren.

Die durchschnittliche Abflußmenge beträgt 6430 m³/s im Delta. Sie ist abhängig von den Niederschlagsmengen des Einzugsgebiets und deren saisonaler Verteilung. Während in Bayern regenreiches atlantisches Klima vorherrscht, läßt sich das Gebirgsklima in Österreich als humid-nival bezeichnen. Ein nivales Tieflandklima trifft man in der Walachei an. Der Wasserstand der Donau unterliegt bis Ulm dem ozeanischen Einfluß und ist im Winter am höchsten. Die Alpenflüsse Lech, Isar, Inn, Enns und Ybbs machen die Donau stromabwärts jedoch weithin zu einem Alpenfluß. Sie reagiert empfindlich auf die Schneeschmelze. In Linz ist daher im Dezember die Abflußmenge sehr gering; am höchsten ist sie hingegen im Mai und Juni. Dieser alpine Einfluß bleibt bis Wien spürbar, wobei die Abflußmenge im Juni häufig noch durch sommerliche Wolkenbrüche erhöht werden kann. In Preßburg und Budapest sorgt die winterliche Schneeschmelze für den Höchststand in den Monaten Mai und Juni. Die Einmündungen der Theiß und der Save bewirken, daß das Hochwasser im Frühjahr auftritt und das Niedrigwasser von Juni bis Dezember. Vom Eisernen Tor an wird die Donau von einem dem russischen Steppenklima ähnlichen Klima beeinflußt. Der Abfluß ist daher im Sommer gering. In den strengen kontinentalen Wintern treibt auf der Donau jedes Jahr Eis, und hin und wieder friert sie an bestimmten Stellen ihres Laufs – vor allem in den schluchtartigen Engtälern – zu. Bei Tauwetter kommt es dann oberhalb der Eissperren zu großen Überschwemmungen.

Die Donau hat als Wasserstraße große Bedeutung. Sie ist von Ulm an schiffbar. Von Regensburg bis zum Delta verkehren auf ihr größere Lastkähne.

Drakensberge

Afrika, Republik Südafrika
30° 42'–27° 24' s. Br., 28°–29° 53' ö. L.

Die hohe Mauer, die das Innere Südafrikas vom Indischen Ozean bis zum Atlantik abtrennt, wird in ihrem östlichen Teil von den Drakensbergen gebildet, einer ungeheuren Zwingburg, auf deren Hochfläche ein rauhes Klima herrscht.

Die Drakensberge – Drachenberge – stellen den östlichen Teil der Großen Randstufe dar, die das Hochland im Inneren

Südafrikas fast durchgehend umgibt. Sie erstrecken sich zuerst in nordöstlicher, dann in südwestlicher Richtung vom Soutpansberg bis nach Barkly East im mittleren Kapland. Im Süden gipfeln sie im Thabana Ntlenyana, der eine Höhe von 3482 m erreicht. Die an der Grenze zwischen Lesotho und der Südafrikanischen Republik liegenden Berge Mont aux Sources, Cathedral Peak, Champagne Castle und Giant's Castle sind alle ebenfalls höher als 3000 m.

In den Drakensbergen bricht das südafrikanische Binnenhochland in großen Schichtstufen zur Küste hin ab. Diese Stufen haben sich gegen Ende der Kreidezeit und zu Beginn des Tertiärs gebildet. Sie bestehen aus fast horizontal lagernden Sandsteinsedimenten und sind vor allem im Süden von einer Basaltschicht bedeckt. Die Oberfläche der einzelnen Schichtstufen kann eine Höhe von 1800 bis 2000 m erreichen.

Weiter im Norden, wo die vulkanische Decke fehlt, liegen die höchsten Höhen der Schichtstufen beträchtlich tiefer. Ein Paß stellt die Verbindung zwischen Natal und dem inneren Hochplateau her. Die Stufe wird von der hier zutage tretenden Karru gebildet. Dies sind nach Süden geneigte, manchmal von Lagergängen aus Eruptivgestein durchzogene Schichten. Einer dieser Lagergänge bildet im Fluß Umgeni etwa 20 km nordwestlich von Pietermaritzburg eine 95 m hohe Stufe, die von einem Wasserfall übersprungen wird.

Die Schichtstufen gewinnen nördlich von Carolina in den Drakensbergen des Transvaals wieder an Höhe. Die gewaltige, beherrschende Flexur von Lowveld besteht aus den Quarziten des präkambrischen Systems von Transvaal. Inmitten der rauhen Kette ist der Canyon des Blyde River, eines rechten Nebenflusses des Olifants River, eingeschnitten in die massigen dolomitischen Kalksteine, die er auf einer Strecke von 600 m freilegt. Nördlich von Haenertsburg ist der Einschnitt im homogenen Granitgestein geringer, und der Flußlauf wird gewundener und tritt weniger in Erscheinung als im vorhergegangenen Abschnitt.

Das Aussehen der Drakensberge, die verschiedenen strukturellen Einheiten angehören, ist ziemlich unterschiedlich. Es handelt sich um ein bemerkenswertes Beispiel für eine durch eine große Flexur entstandene Randschwelle, deren Achse seit ihrer Entstehung in der Unterkreide wohl die gleiche Position eingenommen hat. Zu der Zeit brach das uralte Gondwanaland auseinander. Der südliche Abschnitt dieses wesentlichen Bestandteils von Australafrika ist wegen seiner Struktur, die den

Drakensberge *Die Berge fallen hier besonders schroff ab. Das Basutoland-Lavaplateau reicht an verschiedenen Stellen bis an den Rand des Hochlands.*

Drakensberge *Sie bestehen vorwiegend aus nahezu horizontal lagernden Sandsteinsedimenten. Im Norden, wo die auflagernde Basaltdecke fehlt, wurde ihre Oberfläche durch die vom Indischen Ozean herangeführten starken Regenfälle besonders stark zergliedert.*

Gebirgsstaat Lesotho mit einschließt, am interessantesten. Dieses Land ist ein Basalthochplateau und ein gigantisches Wasserreservoir.

Drin, Schwarzer

Europa, Albanien/Jugoslawien
41° 02'–41° 45' n. Br., 19° 37'–20° 43' ö. L.

Dieser verhältnismäßig wenig bekannte Fluß durchbricht in großartigen, steilwandigen Schluchten das Gebirge. Man könnte sie den Grand Canyon Albaniens nennen.

Der Drin ist der längste Fluß Albaniens. Er entsteht aus dem Zusammenfluß von Schwarzem und Weißem Drin.

Zu Beginn des Jahrhunderts war der größte Teil des Flußtals noch nahezu unbekannt. Es galt als eines der wildesten und unzugänglichsten Gebiete Europas. Nur ein paar Volkskundler und Geographen hatten es durchquert. Die Schluchten, durch die der Drin fließt, stellten für die Heere der Osmanen ein unüberwindliches Hindernis dar, und die Einheimischen konnten, geschützt durch diese natürlichen tiefen Einschnitte, in den Bergen Albaniens ein völlig sicheres Leben führen.

Der Schwarze Drin entspringt im Ohridsee in der Nähe der albanisch-jugoslawischen Grenze. In Jugoslawien fließt er durch eine 45 km lange Schlucht in verkarsteten Kalksteinformationen, bevor er in den Schuttkegel des Beckens von Debar eintritt. Hierauf durchquert er – nun auf albanischem Gebiet – die von Norden nach Süden verlaufenden Schluchten der Kalkgebirge. Die erste dieser Schluchten, die in Flysch und Eruptivgestein eingeschnitten ist, wird vom Velivari im Osten und vom Homesh im Westen überragt. Im Norden des Beckens von Peshkopi hat der Drin eine weitere tiefe Schlucht – die von Gjabrice – in ein von Kalk- und Eruptivgestein aufgebautes Gebirge geschnitten. Sie ist besonders gewaltig und gleicht fast schon einem Canyon. Im Osten zeichnet sich die Korabkette ab. Das halbe Jahr über ist sie von Schnee bedeckt. Mit ihren ausgezackten Graten, den von den Gletschern geformten Flanken und riesigen Karen stellt sie ein höchst eindrucksvolles Zeugnis eiszeitlicher Vergletscherung dar. Bei der Stadt Kukës, die für ihre Textilindustrie bekannt ist, vereinigt sich der Schwarze mit dem Weißen Drin. Der Weiße Drin entwässert das Gebiet von Kosovo und Metohija.

Nachdem sich der Drin nach Westen gewendet hat, durchquert er in einem etwa 50 km langen und 1000 m tiefen Tal die mittelalbanischen Gebirgsstöcke – eine letzte großartige Landschaft, ehe der Fluß in die zum großen Teil sumpfige Alluvialebene eintritt und dann in den Dringolf südlich von Ulcinj mündet.

Wenn Albanien heute auch aus seiner Isolierung herausgerissen worden ist, so sind doch viele Schluchten nach wie vor unpassierbar: Es gibt keine Brücke, keine Furt, oft nicht einmal einen Weg durch die wilden Gebirgstäler.

Eiger, Mönch und Jungfrau

Europa, Schweiz
46° 33′ n. Br., 8° ö. L.

Gewaltige Kräfte haben diesen Bergstock emporgehoben. Wie eine unüberwindbare Mauer überragen die berühmtesten Gipfel des Berner Oberlandes mit ihren eisbewehrten Steilhängen die grünen Matten der Voralpen.

Als Mittelpunkt der schweizerischen Alpen gehört das Berner Oberland nicht nur zu den höchsten Gebirgsgruppen des gesamten Alpenbogens, sondern – zusammen mit dem Montblanc-Massiv – gleichzeitig auch zu den berühmtesten. Es vereinigt alle Charakteristika des Hochgebirges auf sich: glitzernde und schroffe Bergspitzen, steile, schwindelerregende Felswände und ein weitverzweigtes Netz gewaltiger Gletscherzungen, die, wie die des großen Aletschgletschers, mehr als 20 km lang sein können. Am eindrucksvollsten wirkt das Oberland, wenn man sich ihm von Norden her nähert, denn die gigantischen Steilwände seiner gewaltigen Viertausender sind zum Thuner und Brienzer See hin ausgerichtet. Der höchste Punkt ist das Finsteraarhorn (4274 m), um das sich die Bergriesen des Aarmassivs gruppieren, namentlich die berühmten Gipfel von Eiger, Mönch und Jungfrau.

Mit 4158 m bildet die im Jahr 1811 von den beiden Schweizern R. und H. Meyer erstmals bestiegene Jungfrau die Westflanke dieser Dreiergruppe. Der 4099 m hohe Mönch, der lange Zeit als unbezwingbar galt, schließt sich am nordöstlichen Ende des Jungfraujochs an, das als schmaler Grat die Grenze zum Kanton Wallis bildet. Der Nordostgrat des Mönchs neigt sich zum Eigerjoch und erhebt sich

Eiger, Mönch und Jungfrau *Mehrere Gletscherströme bedecken die Steilhänge der drei Bergriesen des Berner Oberlandes. Links der Eiger mit seiner im Schatten liegenden Nordwand, in der Mitte der Mönch und rechts die Jungfrau.*

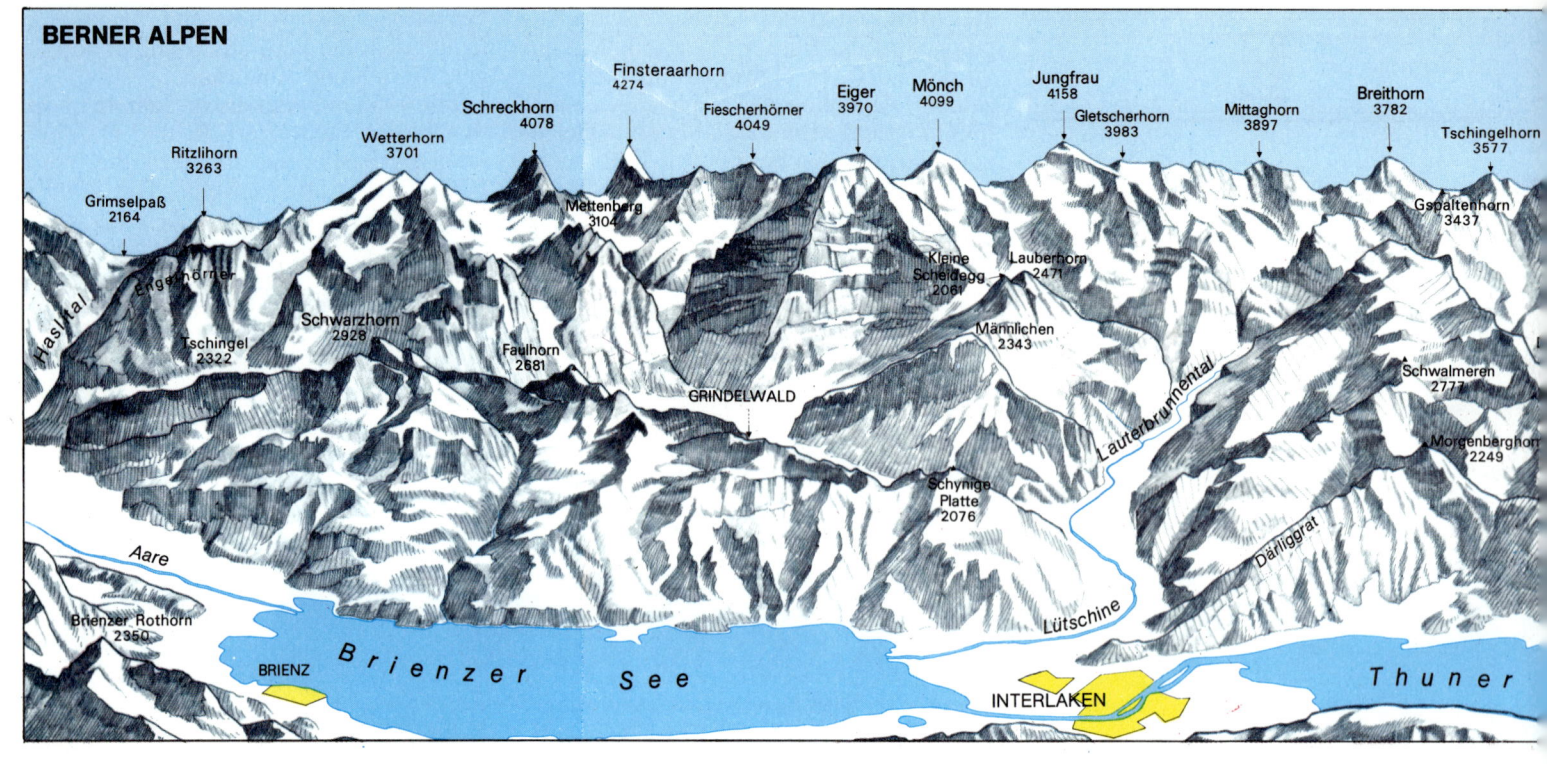

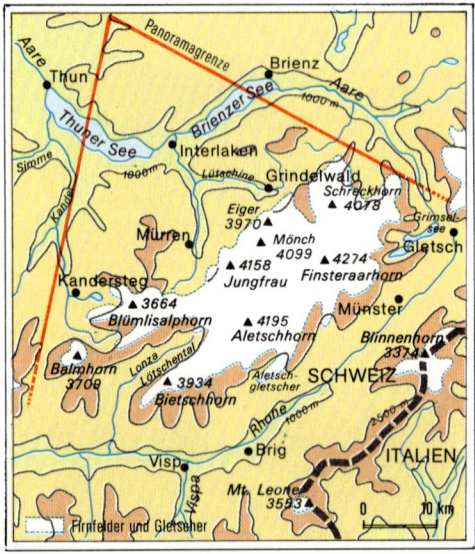

dann zum Eiger, der mit 3970 m die Reihe der drei Gipfel beendet.

Der Eiger ist ein Berg mit zwei Gesichtern. Seine Südflanke ist heute für den Bergsteiger eine leichte Route, während die Nordseite eine der gefürchtetsten der Alpen ist. Ihre dunklen, vereisten Kalke erheben sich in einem einzigen Schwung zu einer senkrechten Mauer von 1800 m Höhe, die von gefährlichen Steinschlagrinnen übersät ist.

Die Geschichte der Eigernordwand zeugt von tollkühnen wie von leichtsinnigen Durchsteigungsversuchen, zahlreichen tragischen Unfällen und gefährlichen Rettungsaktionen. Vom 21. bis 24. Juli 1938 gelang der Seilschaft A. Heckmair, L. Vörg, H. Harrer und F. Kasparek die Erstdurchsteigung. Die erste erfolgreiche Winterdurchsteigung wurde vom 6. bis 12. März 1961 von der Seilschaft T. Hiebeler, T. Kinshofer, W. Almberger und A. Manhard durchgeführt.

Die drei Gipfel Eiger, Mönch und Jungfrau liegen an der Berührungslinie zwischen der stark herausgehobenen kristallinen Zentralachse der Alpen und einer nördlich anschließenden, niedrigeren Sedimentzone. Während die starre Gneis- und Granitmasse der Zentralalpen ungefaltet blieb, wurden die weicheren Sedimentschichten des Perms, der Trias und des Juras im Verlauf der tertiären Gebirgsbildung gegen den kristallinen Block in verwickelte Falten geworfen. Die Gipfel von Mönch und Jungfrau bestehen aus kristallinen Gesteinen und gehören deshalb noch zur Zone der Zentralalpen. Der Eiger befindet sich dagegen bereits in der gefalteten, nördlich anschließenden Sedimentzone. Er wird durch eine riesige Falte aus Jurakalken aufgebaut.

Die Jungfraugruppe ist eine der meistbesuchten Hochgebirgsregionen der Welt, nicht zuletzt wegen der grandiosen Zahnradbahn, die hier zwischen 1896 und 1912 erbaut wurde. Sie hält mehrere „Weltrekorde" zugleich: Sowohl die Höhe der Bergstation auf dem Jungfraujoch (3454 m) als auch die maximale Steigung von 25 % und eine Tunnellänge von 7,1 km sind unerreicht.

Eisriesenwelt

Europa, Österreich
47° 35′ n. Br., 13° 20′ ö. L.

Sobald man den großen Höhleneingang am Fuß einer Felswand hinter sich gelassen hat, befindet man sich in einer anderen Welt. Man glaubt sich unmittelbar vom Sommer in den tiefsten Winter versetzt, in eine Polarhöhle, die für ewige Zeiten mit phantastisch geformten Eisgebilden ausgeschmückt ist.

Die Haupthöhle des Tennengebirges, die berühmte Eisriesenwelt, zählt zu den außergewöhnlichsten Naturdenkmälern Österreichs. Sie liegt 34 km südlich von Salzburg und 7 km nördlich von Werfen. Eine schmale Bergstraße führt von Werfen zu einem 4 km entfernten Parkplatz. Nach kurzem Fußmarsch gelangt man zur Talstation einer Seilschwebebahn, die den Besucher zur Dr.-Friedrich-Oedl-Schutzhütte in 1575 m Höhe hinaufbringt. Von dort erreicht man den Höhleneingang in etwa 20 Minuten. Er befindet sich am Fuß einer steilen Felswand.

Durch den Naturforscher Posselt-Czorich hat man erstmals 1879 von der Existenz der Grotte erfahren. Aber erst 1912 wurde die erste richtige Erforschung von Alexander von Mörk in Begleitung einiger Kameraden durchgeführt. Ihre Erkundungen führten sie in ein mit unzähligen Eisgebilden ausgeschmücktes unterirdisches Labyrinth. Sie tauften es „Eisriesenwelt". Weil die waghalsigen Arbeiten von Mörk bahnbrechend und entscheidend für alle noch folgenden Höhlenerkundungen in diesem Gebiet waren, wurde seine sterbliche Hülle (er fiel im 1. Weltkrieg) in der Grotte beigesetzt.

Die Höhlen der Eisriesenwelt behaupten den ersten Platz unter den längsten Grotten Österreichs. Sie erstrecken sich nach neuesten Messungen über 42 km. Mit dieser Länge gehört das österreichische Höhlenlabyrinth sogar zu den bedeutendsten Grotten der Erde. Trotzdem liegt die Originalität der unterirdischen Gänge nicht in ihrer Ausdehnung, sondern in ihren außergewöhnlichen Eiskaskaden, Eissäulen und Eisvorhängen.

Kaum hat man die Schwelle der Höhle überschritten, so gelangt man in eine Reihe großer Säle, deren Wände, Decken und Böden vollständig mit Gebilden aus ewigem Eis bedeckt sind. Sie liegen alle im vorderen Teil der Eisriesenwelt, der auf einer Gesamtlänge von 600 m vereist ist. Die Eisriesenwelt ist damit das größte derzeit bekannte unterirdische Eisgebiet der Erde. Die Formen, die die Eismassive im Innern der Grotte angenommen haben, sind außerordentlich vielfältig. Zu den klassischen Stalaktiten und Stalagmiten gesellen sich mächtige Säulengänge, feine, schlanke Stämme, stoffartige „Vorhänge" mit großen, glatten Oberflächen, und in einigen Winkeln findet man seltsam angeordnete Eiskristalle, die Pelzen gleichen.

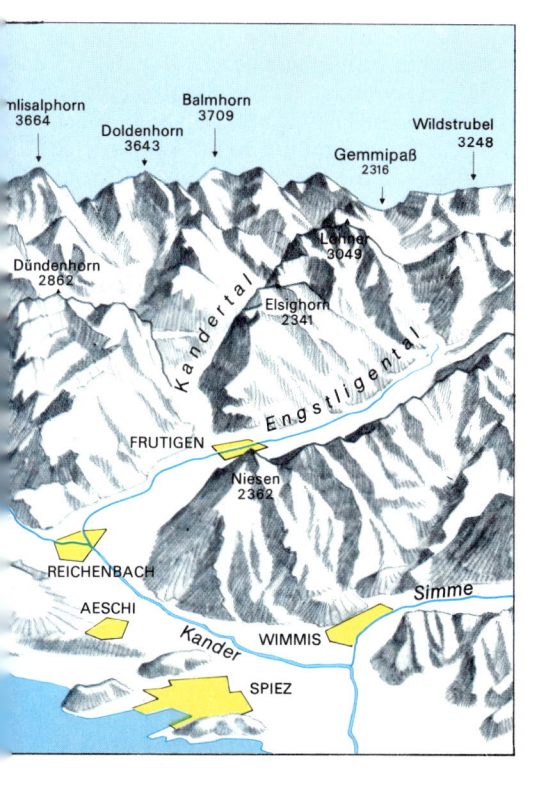

Es konnte nachgewiesen werden, daß die unterirdischen Eisgebilde erst wesentlich später entstanden sind als die Höhlen selbst. Letztere sind das Ergebnis einer Verkarstung des Gebirges, die bereits im Tertiär einsetzte. Unterirdische Wasserläufe weiteten im Laufe der Zeit die Gesteinsklüfte zu mächtigen Gängen aus. Ihre Auskleidung mit Eisgebilden erfolgte erst während der anschließend einsetzenden Eiszeiten des Pleistozäns. Aufgrund der Höhenlage von 1664 m (am Höhleneingang) blieb die Höhlenvereisung auch unter unseren heutigen klimatischen Bedingungen erhalten.

Mit 1775 m der höchste Punkt der Höhle ist das sogenannte Eistor. Prächtig auch der 40 m hohe Mörkdom, der sich über eine Länge von 70 m erstreckt.

Touristen, die nicht unbedingt Höhlenforscher sein müssen, können den vereisten Teil der Eisriesenwelt im Schein von Scheinwerfern besichtigen. Während der zwei Stunden dauernden Führung dringt man etwa 850 m weit in das Innere der Höhle vor. Da die Temperatur in den Gängen und Sälen sehr niedrig ist (zu jeder Jahreszeit um 0°C) und außerdem die Luftfeuchtigkeit mehr als 90 % beträgt, ist es wichtig, sich vor der Besichtigung warm zu kleiden.

Eisriesenwelt *In der Kälte der hochgelegenen Karsthöhlen hat sich das einsickernde Wasser der Gewölbe langsam in Eisnadeln, Eissäulen und Eisvorhänge verwandelt, die im Strahl der Scheinwerfer schillern – für den Besucher ein unvergeßliches Erlebnis.*

Elbrus

Europa, UdSSR
43° 20′ n. Br., 42° 30′ ö. L.

Der Kaukasus wird von einem schneebedeckten Vulkankegel beherrscht, der dem kristallinen Gebirgsmassiv aufgesetzt zu sein scheint. Zahlreiche Fumarolen erinnern noch heute daran, daß dieser majestätische Bergriese einst ein gefährlicher Vulkan war, der durch seine gewaltigen Ausbrüche über die anderen Gipfel emporwuchs.

Der höchste Berg des Großen Kaukasus ist der mächtige Gipfel des erloschenen Vulkans Elbrus. Er liegt in der nördlichen Randkette des Gebirges und beherrscht mit seinen 5633 m alle anderen Berge der Umgebung. Sein charakteristischer Doppelkegel, den man bereits aus großer Entfernung sieht, ist beinahe vollständig von einer mächtigen Eiskappe bedeckt.

Neuere Forschungsergebnisse bestätigen, daß der Vulkan bis in historische Zeiten hinein aktiv gewesen ist. Als nachträglich aufgesetztes Relief überragt er die aus paläozoischen Kristallingesteinen aufgebaute Randkette des Kaukasus. Er besteht hauptsächlich aus andesitisch-dazitischen Lavaschichten. Die Verzahnung der jüngsten Lavaströme mit den Moränen der pleistozänen Vereisungen bestätigt, daß die letzten Ausbrüche nur etwa 1500 bis 2000 Jahre zurückliegen. Es gibt noch heute letzte Zeugnisse des Vulkanismus, so z. B. ein Fumarolenfeld in 5500 m Höhe unterhalb des östlichen Gipfels.

Vom Elbrus fließen 22 Gletscher mit insgesamt 145 km² Fläche mehr oder weniger weit in die umliegenden Täler hinab. Der größte unter ihnen ist der 7 km lange Große Asaugletscher am Südhang des Berges, der bis 2325 m hinabreicht. Sämtliche Gletscherbewegungen sowie die zahlreichen Schnee-, Schlamm- und Gesteinslawinen, die tagtäglich niedergehen, werden von einem Höhenforschungslaboratorium der Akademie der Wissenschaften der UdSSR ständig kontrolliert und genauestens untersucht.

Die wissenschaftlichen Beobachtungen und die daraus resultierenden Sicherheitsvorkehrungen sind um so notwendiger geworden, seit die Gegend zu einem Dorado nicht nur für Bergsteiger, sondern auch für Winterurlauber geworden ist. Man erreicht die in ausgedehnten Nadelwäldern zerstreut angeordneten Hotels durch das Tal des Baksans, eines Nebenflusses des Tereks. Herrliche Skipisten breiten sich an den Hängen des Elbrus und der benachbarten Gipfel aus. Die Besteigung des Berges stellt trotz seiner Höhe keine besonderen Anforderungen an den Kletterer.

Elgon, Mount

Afrika, Kenia/Uganda
1° 08′ n. Br., 34° 33′ ö. L.

Der Berg Elgon ist einer der gewaltigsten Vulkane Afrikas. Seine ausgeworfenen Aschen verwitterten im Laufe von Jahrmillionen zu fruchtbaren Böden, deren Ergiebigkeit die Eingeborenen zu seßhaften Bauern werden ließ.

Der Mount Elgon, an der Grenze zwischen Uganda und Kenia gelegen, ist mit seinen 4323 m einer der höchsten Vulkane des afrikanischen Kontinents. Sein überlieferter Name ist eigentlich Masaba, während sich Elgon von Kony ableiten läßt, einem heute nicht mehr sehr großen Stamm von Hirten, der sich an der südöstlichen Seite des Berges niedergelassen hat.

Der Bergriese gehört zu einer aus zahlreichen Gipfeln bestehenden Vulkankette, die den großen Ostafrikanischen Graben zu beiden Seiten begleitet. Der Vulkanismus entstand entlang dieser gigantischen Bruchzone der Erdkruste und hat sich seit seiner Entstehung im Tertiär teilweise bis heute fortgesetzt. Die letzten Ausbrüche des Elgons, die mit großer Wahrscheinlichkeit im Pliozän stattfanden, zeigen jedoch, daß dieser Vulkan inzwischen nicht mehr aktiv ist.

Den Krater umrahmen vier Berggipfel, die alle über 4000 m hoch sind; sie bestehen aus stark nephelinhaltigen vulkanischen Gesteinen. Am Grund des Kraters befinden sich heiße Quellen.

Die Nordhänge des Bergmassivs werden von tiefen Barrancos zerschnitten. Seine zentrale Caldera wird von drei Flüssen entwässert: dem Namatala, dem Sipi und dem Suam. Die von der Erosion zernagten Bergflanken werden nur mühsam durch die üppige Tropenvegetation gestützt.

Die Böden am Fuß des Elgons, die durch Verwitterung der ausgeworfenen vulkanischen Aschen entstanden sind, gelten als ausgesprochen tiefgründig, fruchtbar und gut durchlüftet. Aus dieser Tatsache erklärt sich der hohe kulturelle Entwicklungsstand der Bagisu, die zu seßhaften

Elbrus *Das obere Tal des Baksans vereinigt Europa und Asien. Eingeschlossen von steilen Hängen, liegt es zu Füßen mehrerer Fünftausender, die von ewigem Eis und Schnee bedeckt sind.*

Krater und Calderen

Man verwechselt oft zu Unrecht Vulkane und Krater, denn die letztgenannten sind nicht immer vulkanischen Ursprungs, und es gibt andererseits Vulkane ohne Krater. Tatsächlich existieren Oberflächenformen, die vulkanischen Kratern zum Verwechseln ähnlich sind. Sie sind jedoch durch die Lösung bestimmter Gesteine (Salz, Kalk) oder durch Meteoriteneinschlag (z. B. Meteorkrater in Arizona) entstanden. Auf der anderen Seite bilden dickflüssige Laven ebensowenig wie dünnflüssige Basaltlaven Krater.

Krater können auf dem Gipfel eines Schlacken- oder Aschenkegels liegen. Aus ihnen wurden in diesem Fall Lavaspritzer oder -fetzen gefördert. Sie sind also durch die ringförmige Ablagerung des ausgeworfenen Materials um die Ausbruchsstelle entstanden. Sie können aber auch von einer Explosion herrühren. Dies geschieht, wenn der Druck der aufsteigenden Lava- und Gasmassen die Bruchfestigkeit des darüberlagernden Gesteins übersteigt. Man spricht demzufolge von Explosionskratern. Aber in den weitaus meisten Fällen resultieren Vulkankrater aus dem Einsturz einer unterirdischen Magmakammer. Dies sind sogenannte Einsturzkrater.

Die Calderen gehören zum letztgenannten Typ. Sie unterscheiden sich jedoch von normalen Einsturzkratern durch ihren viel größeren Durchmesser, der bis zu 10 km und mehr betragen kann. Calderen sind im allgemeinen an Vulkane gebunden, die eine gewaltige Magmamasse in einer relativ kurzen Zeit während des Höhepunktes einer Eruption freisetzen.

Einsturzkrater und Calderen sind nicht immer kreisrund. In Anlehnung an die örtlichen geologischen Bedingungen können sie runde, ovale oder polygonale Formen annehmen. Wenn mehrere Einsturzphasen aufeinanderfolgen, spricht man von verschachtelten Kratern oder Calderen.

Caldera, durch Explosion gebildet 
Explosionsstadium — Einsturz nach Explosion

Caldera, gebildet durch Einsturz eines Vulkankegels 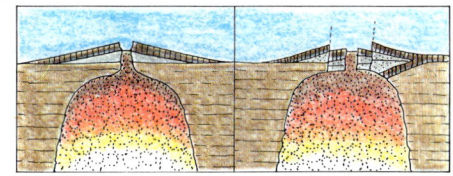
Vor dem Einsturz — Nach dem Einsturz

Caldera, gebildet durch Formenänderung der Magmakammer 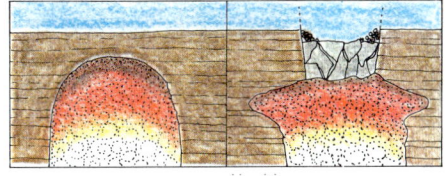
Vorher — Nachher

Hackbauern und Viehzüchtern wurden. Bananen stellen die Hauptanbaufrucht ihrer für den Eigenbedarf produzierenden Landwirtschaft dar. Hirse, Mais, Kartoffeln und Bohnen ergänzen die Ernährung, während der hochwertige Kaffee, der dort ebenfalls angebaut wird, zum Verkauf bestimmt ist.

Die kultivierten Flächen am Fuß des Elgons werden mit zunehmender Höhe sehr bald von einem dichten Buschwaldgürtel abgelöst. Dieser wiederum geht bei etwa 3200 m in ein Höhengrasland über. Es ist das bevorzugte Weidegebiet der Konyhirten, eines Volksstamms der Nandigruppe. Sie leben in weilerartigen Siedlungsgemeinschaften bis in eine Höhenlage von 3100 m.

Emi Kussi

Afrika, Tschad
19° 52' n. Br., 18° 31' ö. L.

Die Ausläufer des Tibestis inmitten der Sahara krönt eine riesige, einsame Felsenburg, deren zusammengestürztes Gewölbe auf die bewegte Entstehungsgeschichte dieses Vulkans hinweist.

An der Südspitze des Tibestigebirges gelegen, erhebt sich das Vulkanmassiv des Emi Kussis als höchste Berggruppe der gesamten Sahara bis auf 3415 m. Seine Südseite ist besonders beeindruckend, denn dort fällt es um 2900 m bis zum Borkutiefland hin ab. Im Norden, wo der Vulkankegel direkt auf dem Sockel des Tibestis ruht, ist der Höhenunterschied weniger stark. Hier geht der Berg in 2000 m Höhe allmählich in eine leicht gewellte Hochebene mit verhältnismäßig flachen Hängen über.

Dieses mächtige Vulkanmassiv besteht zum großen Teil aus sehr harten Trachytschichten, die der extrem starken Verwitterung unter den Bedingungen des Wüstenklimas besonders großen Widerstand entgegensetzen. Deshalb gehört der Emi Kussi zu den am besten erhaltenen Vulkanruinen der Sahara. Aber seine größte Besonderheit ist nicht die markante Form, sondern seine ungewöhnliche Gipfelregion. Sie besteht aus einer gewaltigen, etwa 14 mal 10 km großen Caldera, deren Boden in einer Höhe von annähernd 3000 m liegt. Er wird umgeben von einer 300 bis 500 m hohen, schroffen Umwallung, die an mehreren Stellen durch schmale Breschen unterbrochen ist. Die Entstehung der Caldera wurde vom Aufsteigen mehrerer Lavaströme begleitet. Sie ergossen sich über die Flanken des Berges und erreichten teilweise sogar die umliegenden Ebenen.

Im Innern der Caldera spiegelt sich die neueste Geschichte des Emi Kussis wider. Drei jüngere Explosionskrater haben Unmengen von Tuffen und Glutaschen ausgespuckt, die das frühere Relief teilweise überdecken. Der größte dieser Krater heißt Era Kohor. Er ist 300 m tief in den Calderaboden eingesenkt und besitzt einen Durchmesser von 3 km. Er wurde ehemals von einem See ausgefüllt, auf dessen Grund sich Natron konzentriert hat, das heute den Kraterboden als dicke Salzkruste überzieht. Die beiden anderen Krater, deren Durchmesser nur 500 bis 1000 m betragen, sind größtenteils mit Tuffen zugeschüttet.

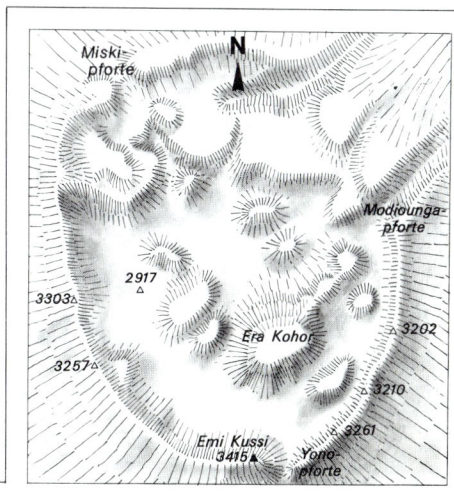

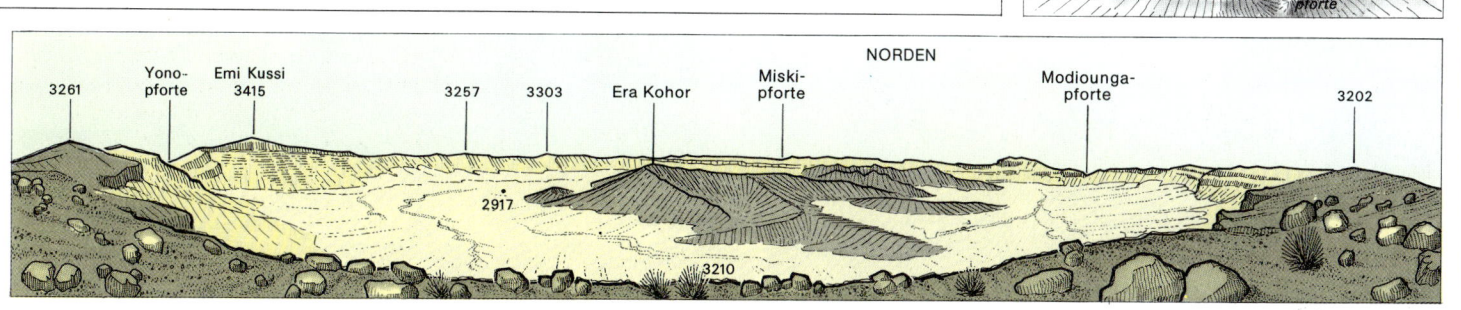

Der Emi Kussi hat also eine wechselvolle Entwicklungsgeschichte durchlaufen: Phasen explosiver Aschenförderung wechselten mit gewaltigen Lavaergüssen. Die zuletzt genannten Erscheinungen überwogen jedoch in ihren Ausmaßen, denn der Berg selbst wird vorwiegend von Lavaschichten aufgebaut. Die Tätigkeit des Vulkans fand im Tertiär zur Zeit der Hebung des Tibestis statt und erstreckte sich bis in das Pleistozän. Heutzutage ist der Emi Kussi erloschen; von seiner ehemaligen Tätigkeit zeugen nur noch die 38°C warmen Thermalquellen von Ji Jerra.

Der Vulkan bildet eine Felswüste, die im Sommer zwar sehr heiß ist, im Winter jedoch Temperaturen um −15°C aufweist. Auch zwischen Tag und Nacht bestehen riesige Temperaturunterschiede. Aber er erlebte auch klimatisch günstigere Perioden, z.B. die postglaziale, niederschlagsreiche Warmzeit. Dies beweisen mehrere Felsmalereien, deren älteste eine üppige Großwildfauna darstellen. Die ehemals hier ansässigen Jäger- und Hirtenvölker sind mit zunehmender Klimaverschlechterung im Verlauf des 10. und 11. Jahrhunderts aus dem Tibesti abgewandert. Heute leben in den Höhlen an der Innenseite der Calderaumrandung nur einige wenige Tibbufamilien. Ihre mageren Mähnenschafe ernähren sich von den spärlichen Büschen, die trotz der großen Trockenheit noch gedeihen. Seit dem 16. und 17. Jahrhundert haben sich die Tibbu hier neu angesiedelt oder sind hierher zurückgekehrt.

Ennedi

Afrika, Tschad
16°–17° n. Br., 20° 50′–24° 10′ ö. L.

Dieses Sandsteindreieck bricht an einigen Stellen in mächtigen Steilstufen zum Tiefland ab; die Breite seiner Schluchten und die Art, wie es das Regenwasser speichert, machen das Ennedi zu einem Zufluchtsort inmitten der ausgedörrten Wüste.

Das Massiv des Ennedis ist ein großes dreieckförmiges Tafelbergland von 30 000 km² im Süden der mittleren Sahara. Seine Hochflächen erreichen im Plateau von Basso maximal 1450 m. Diese verhältnismäßig geringe Höhe reichte dennoch für die Entstehung tief eingeschnittener, steiler Täler aus, weil der Höhenunterschied zu den angrenzenden Gebieten trotz allem sehr groß ist. Die Mourdiniederung im Norden und das Tschadbecken im Südwesten liegen rund 1000 m tiefer.

Der interessanteste Blick auf das Massiv des Ennedis bietet sich demjenigen Reisenden, der sich dem Bergland von der westlich gelegenen Oase Faya-Largeau her

Ennedi *Wie die Zinnen einer Burg ragen die bis zu 100 m hohen Schichtstufen des rotgefärbten Sandsteins über einer ausgedörrten Wüstenlandschaft auf. Pflanzenwuchs ist nur entlang der Wadis möglich, deren Grundwasserreserven eine spärliche Vegetationsdecke ermöglichen.*

nähert. Von der schwer befahrbaren Piste aus erkennt man auf der Fahrt nach Fada deutlich mehrere treppenförmig übereinander angeordnete Steilwände. Jede dieser Stufen ist etwa 100 m hoch. Im Nordosten dagegen taucht das Bergland allmählich unter den riesigen Sandmassen unter, die von den beständig wehenden Passatwinden hier zusammengetragen werden.

Das Ennedibergland besitzt also eine asymmetrische Oberflächenform: Im Südwesten bricht es steil zum Tschadbecken ab, im Nordwesten flacht sich das Relief nur sehr allmählich ab. Die Ursache ist im geologischen Bauplan des Ennedis zu suchen. Es besteht aus mehreren Lagen von abwechselnd harten und weichen Sandsteinbänken. Dieser Schichtenstoß wurde während des Tertiärs im Südwesten stark gehoben, so daß die Erosion hier mehrere übereinanderliegende Schichtstufen herauspräparierte. Die flachen Teile des treppenförmigen Reliefs werden jeweils von weichen, die Steilstufen von harten Sedimentschichten gebildet.

Die Entstehung eines jungen Gebirges reichte jedoch allein noch nicht aus, um die Erosion im Gebiet des Ennedis zu beleben. Die Mächtigkeit der Schichtstufen und die Tiefe der sternförmig in alle Richtungen verlaufenden Gebirgstäler setzen eine einstmals viel größere, häufigere Wasserführung der Flüsse voraus. Zusätzlich wurde die Tiefenerosion durch das quarzhaltige Abrasionsmaterial begünstigt, das als Verwitterungsprodukt von Sandstein übrigbleibt. Es wird von den Flüssen abtransportiert und greift infolge seiner außergewöhnlichen Härte den Gesteinsuntergrund der Wasserläufe an. Trotz der einstmals starken Erosion waren die Flüsse des Ennedis nicht in der Lage, den von ihnen geschaffenen Tälern ein ausgewogenes Gefälle zu verleihen. Deshalb werden die mächtigen Schichtstufen im Südwesten des Massivs in zahlreichen Wasserfällen überwunden, welche heute jedoch für zehn Monate des Jahres austrocknen.

Der landschaftliche Reiz des Ennedimassivs rührt zu einem großen Teil von seiner südlichen Lage in der Sahara her. Es befindet sich im Übergangsbereich vom ariden Klima der Vollwüste zum etwas feuchteren Klima der Sahelzone. Zehn Monate lang ist das Gebiet eine extrem trockene Wüste, während zweier Monate (Juli, August) verwandelt es sich in eine Savanne mit unregelmäßigen Niederschlägen (ca. 100 mm). Besonders begünstigt ist der höher gelegene Südwesten. Der Sandstein des Massivs ermöglicht die Speicherung eines Teils der Sommerregen. Das Wasser versickert in den zahlreichen Klüften des anstehenden Sandsteins und füllt von Sommer zu Sommer eine unterirdische Grundwasserschicht neu auf. Diese speist wiederum eine Anzahl von Quellen und Wasserlöchern, die erst bei zu starker Absenkung des Grundwasserspiegels versiegen und austrocknen. Deswegen führen die Wadis in ihren Oberläufen noch lange nach Beendigung der Regenzeit Wasser und ermöglichen an ihren Ufern eine schüttere Vegetation.

Die Wasservorräte des Ennedis reichen aus, um etwa 8000 Hirtennomaden ein entbehrungsreiches Dasein zu ermöglichen. Im Norden setzen sich ihre Viehherden hauptsächlich aus Kamelen, Ziegen und Schafen zusammen, während im feuchteren Süden Pferde und Buckelrinder vorherrschen. Die bescheidenen Lager der Nomaden bestehen aus einfachen Behausungen mit Matten, die auf Holzstangengerüsten befestigt werden und schnell auf- oder abgebaut werden können.

Erebus *Während am Fuß des gewaltigen Kegels ein eisiger Südwind den Schnee über ein Chaos aus Felsen und Eis weht, schleudert der Gipfelkrater des Feuerberges glutflüssige Lava und heiße Dampfsäulen in den blauen Himmel der Antarktis.*

Erebus, Mount

Antarktis
77° 32′ s. Br., 167° 09′ ö. L.

Soll man wirklich glauben, daß auch am eisigen Rand unseres Planeten das Feuer aus der Tiefe die Erde zum Brodeln bringt? Ein See aus Lava, eine Kanonade aus flüssigem Gestein und Dampfquellen, die der Frost sofort erstarren läßt, weisen darauf hin, daß unter dem arktischen Eispanzer der Schmelzofen eines Vulkans verborgen ist.

Im Jahr 1839 entdeckte eine englische Antarktisexpedition unter Sir James C. Ross in jenen südpolaren Gewässern, die später Rossmeer genannt wurden, die berühmte Rossbarriere, eine gewaltige Mauer aus Eis, die das Schelfeis meerwärts abschließt. Bei dieser Gelegenheit fand Ross in der Meerenge von McMurdo auch eine bis dahin unbekannte Insel, die später ebenfalls seinen Namen erhielt. Die beiden Vulkane auf dieser Insel, die etwa 30 bis 40 km voneinander entfernt sind, nannte er nach dem Namen seiner beiden Schiffe Mount Erebus und Mount Terror. Während der Mount Terror (3277 m) erloschen ist, ist der Vulkan Erebus (3794 m) immer noch tätig. Diese Erscheinung ist außergewöhnlich. Gewiß gibt es in der Antarktis zahlreiche Zentren des Vulkanismus, die sogar noch im frühen Holozän hoch aktiv waren; doch in historischer Zeit sind dort neben dem Mount Erebus nur noch sehr wenige andere Feuerberge tätig.

In der gesamten Umgebung des Vulkans Erebus ist der aus der tieferen Erdkruste an die Oberfläche abgegebene Wärmefluß, die sogenannte Erdwärme, um ein Vielfaches stärker als normal. Der Krater des Mount Erebus, der aus dem arktischen Eispanzer herausragt, mißt etwa 800 m im Durchmesser und überragt ein großes Plateau, auf dem verschiedene vulkanische Erscheinungen beobachtet wurden. Da ist vor allem ein größerer Vulkanschlot, der von zahlreichen offenen Spalten durchzogen wird, aus denen mehrmals am Tag Lavafetzen in die Luft geschleudert werden. Sie fliegen mitunter bis zum weit höher gelegenen Kraterrand empor. Es sind glühende Gesteinsbrocken in „Kuhfladenform" (dieser Ausdruck wird von den Vulkanforschern benutzt); sie bestehen aus Trachyt-Phonolith mit großen Kalkspatkristallen.

Im westlichen Teil ist ein brodelnder Lavasee mit etwa 1000 m² Fläche erwähnenswert. Seine zähflüssige Lava ist phonolithisch, also sauer. Dies ist sehr ungewöhnlich für einen Lavasee. In der Nähe des Gipfels gibt es mehrere gefrorene Fumarolen. An ihren Austrittsöffnungen erstarren die ausgestoßenen heißen Gase in der grimmigen Kälte zu 2 m hohen Eissäulen. Mitunter haben die Gase mehrere hundert Meter lange Gänge in den Eispanzer des Berges geschmolzen, bevor sie an die Erdoberfläche gelangen konnten. Von den ständig besetzten Forschungsstationen Scott und McMurdo fliegen die Wissenschaftler mit Hubschraubern zum Vulkan hinauf. Aber seine Erforschung bleibt schwierig, denn Kälte, Eis, Wind und vulkanische Explosionen machen eine Annäherung an den Krater zu einem gefährlichen Unterfangen.

Etna (Ätna)

Europa, Italien
37° 46′ n. Br., 15° ö. L.

Der Ätna hat die Form eines riesigen, an der Küste Siziliens aufgetürmten Kegels aus Aschen-, Schlacken- und Lavaschichten. Trotz der Gefährlichkeit dieses Feuerberges sind seine fruchtbaren Hänge dicht besiedelt und von gepflegten Ölbäumen gesäumt.

Der Ätna liegt an der ionischen Küste Siziliens und gehört zu den meisterforschten, bestbekannten, aber auch kompliziertesten Vulkanen der Erde. Sein Bauplan ist nicht so einfach, wie es den Anschein hat. Auf einem 1000 m hohen Sockel aus Kristallin- und Kalkgestein erhebt sich ein riesiger Bergkegel, dessen Durchmesser an der Basis rund 48 km beträgt. Seine Grundfläche mit einem Umfang von 150 km ist fast 1800 km² groß. Die Tuff- und Lavahänge des Ätnas steigen am unteren Teil des Berges zunächst sanft an, werden allmählich steiler und bilden in 2800 bis 3000 m Höhe eine wellige Hochfläche. Auf dieser deutlich ausgeprägten, von weitem erkennbaren Plattform erhebt sich der Gipfelkegel mit seinem mehrfach ver-

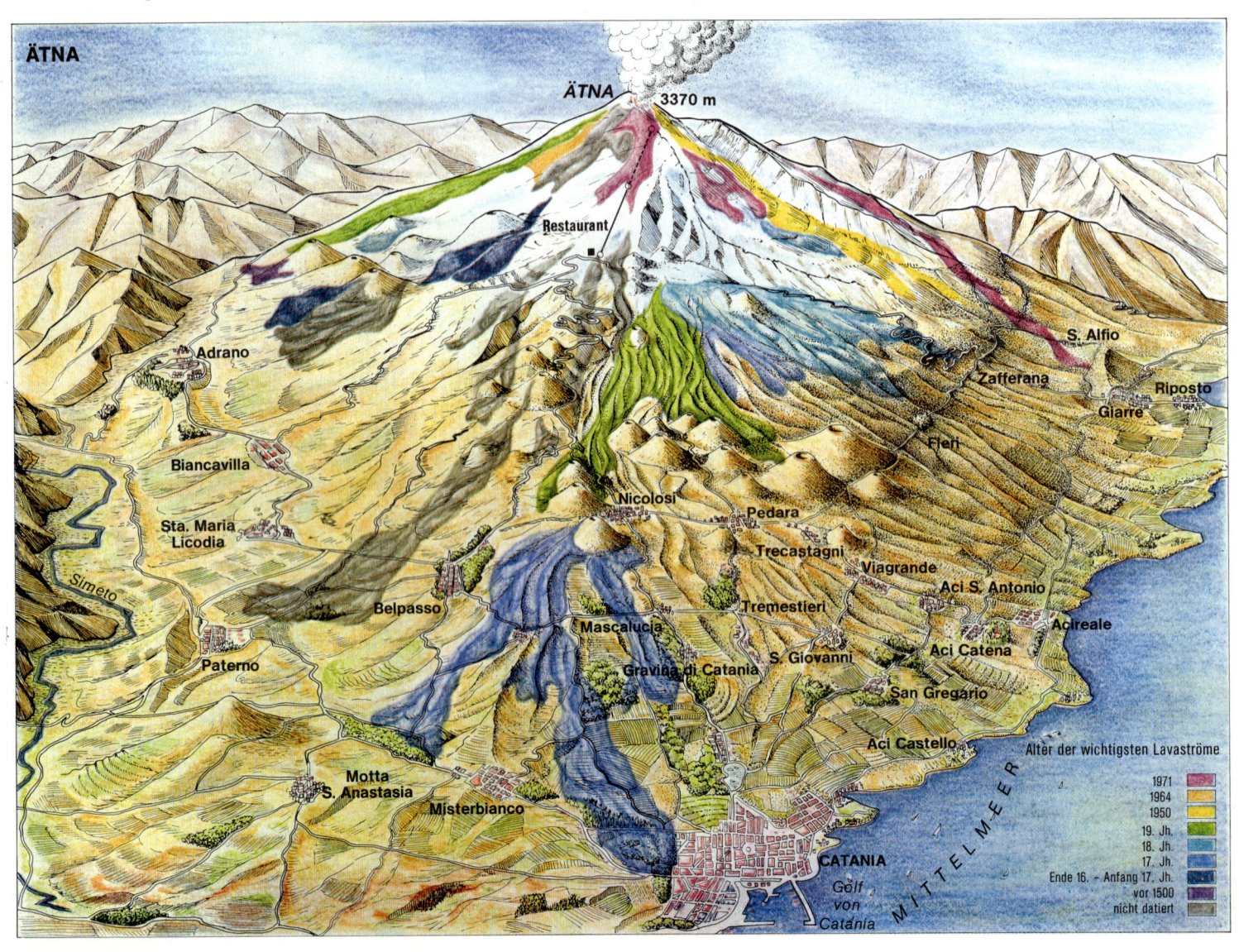

Ätna *Lavabomben, Steine und Aschen werden als feuerrote Glutwolke aus dem Hauptkrater in die klare Winterluft geschleudert. Die heftigen Gasexplosionen lassen die Erde im Umkreis des gefährlichen Vulkans erbeben.*

schachtelten Krater. Er hat als jüngster Teil des Vulkans einen Durchmesser von etwa 500 m. Seine Umrandung erreicht nach neuesten Messungen im Süden eine Gipfelhöhe von 3370 m.

Das gesamte Massiv des Ätnas ist nach und nach in einer Folge zahlreicher Eruptionen entstanden. Den Geologen ist es gelungen, fast alle anhand von genauen Untersuchungen im Gelände nachzuweisen. Es handelt sich um einen zusammengesetzten Vulkan, der drei Ausbruchsstellen besitzt. Ihre Tätigkeit hat sich nach und nach von Norden nach Süden verschoben. Der zur Zeit aktive Hauptkrater hat seine Form durch zahlreiche Ausbrüche in den letzten Jahrhunderten ständig verändert. Die Tätigkeit läuft dabei in verschiedenen Phasen ab, die abwechselnd gekennzeichnet sind durch Explosionen und durch Lavaergüsse. Die explosive Tätigkeit beschränkt sich im wesentlichen auf den Hauptkrater, wobei Lavabomben, Lapilli und Aschen hoch in die Luft geschleudert werden. Danach folgt flüssige Lava, die jedoch hauptsächlich aus den fast 300 Nebenkratern an den Flanken des Bergkegels hervorquillt. Die meisten dieser parasitären Kleinvulkane sitzen auf nordsüdlich verlaufenden Spalten, die während der Ausbruchsphasen aufreißen.

Vom Ätna sind 135 große Ausbrüche in historischer Zeit belegt. Der erste wurde von Pindar und Aischylos im Jahr 475 v. Chr. beschrieben. Die berühmteste und folgenschwerste Eruption in historischer Zeit war der verheerende, große Ausbruch von 1669. Von März bis Juli wurden gewaltige Lavaströme gefördert, die sich pausenlos mit großer Geschwindigkeit zu Tal wälzten und insgesamt zwölf Ortschaften völlig zerstörten, darunter die Stadt Malparso mit 8000 Einwohnern. Der größte Glutfluß vernichtete auch einen Teil der Stadt Catania. Die bedeutendsten Ausbrüche in jüngster Vergangenheit wurden 1947, 1950/51 (etwa 800 Millionen m³ Lavaausfluß), 1960, 1971 und 1983 registriert. Bei der jüngsten Eruption im März 1983 wurden mehrere Häuser sowie die Bergstation der Seilbahn zerstört. Lavaströme machten die Ätna-Panoramastraße unpassierbar.

Bis etwa 1000 m Höhe gehören die Hänge des Ätnas zu den dichtest besiedelten Gebieten Siziliens. Niederschlagswasser, das in der Gipfelregion versickert, tritt hier wieder an die Erdoberfläche. Diese Quellen bilden die Grundlage einer intensiven Bewässerung der fruchtbaren Lavaböden. Die Bevölkerungsdichte beträgt bis zu 500 Einwohner pro km². Die Bodennutzung ändert sich mit zunehmender Höhe. In der Küstenebene werden Reis und Baumwolle angebaut, und weiter oberhalb – bis 500 m – gedeihen Südfrüchte und hochwertige Weine. Getreidefelder und Ölbaumhaine reichen bis in 1100 m Höhe und werden hier von Kastanienhainen und Wäldern abgelöst. Darüber, ab 1700 m, beginnen alpine Matten und weite Farnheiden. Oberhalb von 2500 m prägen vegetationslose Aschenhänge das Landschaftsbild. Die Gipfelregion des Ätnas ist ein beliebtes Wintersportgebiet.

Étretat

Europa, Frankreich
49° 42′ n. Br., 0° 12′ ö. L.

Das Meer stürzt sich gierig auf diese leichte Beute: Es wühlt, gräbt und unterhöhlt die Küste, bis das steile Kliff zurückweicht. Aus dem Fels werden Bögen erst herausgearbeitet und dann zum Einsturz gebracht. Das Werk, das Meer und Wasser einst geschaffen haben, wird von ihnen auch wieder zerstört.

Die Aiguille Creuse bei Étretat bildet eine phantastische Welt, die Maurice Leblanc zum Schauplatz der Abenteuer seines berühmten Helden Arsène Lupin, des Gentlemaneinbrechers, auserkoren hat. Die Steilküsten in dieser Gegend Frankreichs gehören mit ihrer gewellten Kammlinie zum Plateau des Pays de Caux. Sie bestehen aus weithin sichtbaren Kreidekalken. Die Schichtung dieses Sedimentgesteins wird durch mehrere zwischengelagerte Feuersteinstreifen besonders hervorgehoben.

Das Kliff wird von zahlreichen ausgetrockneten Tälchen und Tälern durchschnitten, die jedoch nicht bis zum Meeresniveau hinunterreichen. Sie sind dadurch zustande gekommen, daß das Wasser in den klüftigen Kreidekalkschichten versickerte und die Bäche sich nicht weiter in den Untergrund einschnitten, während gleichzeitig das Zurückweichen der Steilküste die unteren Talabschnitte verkürzt hat. Man begegnet aber auch Kerbtälern mit sehr scharfem Einschnitt, die bis zum Niveau des Meeres hinabfüh-

Étretat *An der weißen Steilküste reißt das mit rotem Ton bedeckte Plateau des Pays de Caux jäh ab. Die Wogen des Meeres schleudern unablässig Strandgerölle gegen das steile Kreidekliff. Durch die Erosion entstehen Höhlen und eigentümliche Felstore.*

ren. Im besonderen Fall von Étretat sind diese „lebenden" Täler erst in allerjüngster geologischer Vergangenheit ausgetrocknet, so daß der Küstenabtragung noch nicht die Zeit blieb, sie zu verkürzen.

Die Küste weicht zum Teil durch die Tätigkeit des unterirdischen Wassers zurück, das die Klüfte im Kreidekalk durch Lösungsvorgänge so stark erweitern kann, daß ganze Felspartien den Halt verlieren und in die Tiefe stürzen. Man kann dies allerdings nur bei Niedrigwasser sehen, unten am Fuß des Kliffs. Wichtiger noch ist der Angriff des Meeres, dessen Wogen die harten Feuersteine pausenlos gegen die Kreidewände schleudern. Auf diese Weise erodiert das Meer und unterhöhlt dabei die Steilküste. Es entsteht eine Brandungskehle am Fuß des Kliffs, die ganze Felspartien zum Einsturz bringt. Große Blöcke stürzen ins Meer, wo sie von den Wogen nach und nach zermahlen und fortgeschwemmt werden.

Everest, Mount

Asien, Nepal/China
27° 59′ n. Br., 86° 56′ ö. L.

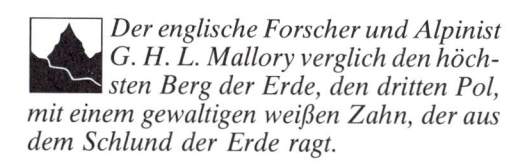

Der englische Forscher und Alpinist G. H. L. Mallory verglich den höchsten Berg der Erde, den dritten Pol, mit einem gewaltigen weißen Zahn, der aus dem Schlund der Erde ragt.

Jahrzehntelang war es Europäern aus politischen Gründen nicht möglich gewesen, den Mount Everest zu besteigen, da sie weder nach Tibet noch nach Nepal einreisen durften. Erst 1920/21 gelang es der britischen Regierung, die Genehmigung vom Dalai-Lama in Lhasa zu erwirken, den Tschomolungma, die Göttermutter der Tibetaner, zu erforschen.

Mallory schreibt, es sei ein herrlicher Morgen gewesen, als sie mühsam die Hänge oberhalb ihres Lagers erkletterten. Sie verweilten einen Augenblick, um zurückzuschauen, und sahen das, um dessentwillen sie hierhergekommen waren. Zwei große Gipfel erhoben sich im Westen. Der linke mochte der Makalu sein. Grau und ernst wirkte er und doch elegant. Wer konnte bezweifeln, daß der rechte der höchste Berg der Erde war? Wie ein ungeheurer weißer Zahn ragte er aus dem Schlund der Erde. Und damit begann die Erforschung des gewaltigen Gipfels der Himalajakette.

Das Everestmassiv liegt im östlichen Teil des Himalajagebirges. Es wird durch den Fluß Thamba Kosi im Westen und den gewaltigen Arun im Osten begrenzt. Im Süden wird es durch den Dudh Kosi, den „Milchstrom", entwässert. Seinen Namen verdankt er dem mitgeführten Gletschermaterial, das sein Wasser milchig färbt. Der Khumbu Himal, wie man das Everestmassiv auch nennt, unterscheidet sich von den anderen Gebirgsmassiven, abge-

Everest Über Gletscherbrüchen und zerfurchten Hängen fallen Wolkenschatten auf den weißen Gipfel des Mount Everests, über dem sich ein tiefblauer Himmel wölbt.

sehen von seinen außergewöhnlichen Höhen, vor allem durch sein schroffes Relief und durch seine starke quartäre Vereisung. Sie hat die Formen des heutigen Gebirges vorwiegend geschaffen. Die Gipfel des Everestmassivs sind sehr unterschiedlich geformt. Da gibt es drei- und vierseitige Pyramiden, die durch tiefe Kare ausgehöhlt sind. In ihnen haben breite Gletschertäler ihren Ursprung. Zu dieser Gruppe gehören beispielsweise der Makalu, der Tscho-Oyu, der Lhotse und der Mount Everest selbst. Daneben findet man hohe, schlanke Gipfel, wie den Ama Dablam und den Tabotsche. Andere Berge laufen in Graten zusammen, wie der Nuptse und die Zwillinge Tramserku und Kangtaiga. In den meisten Fällen sind die

EVERESTMASSIV

Khumbutse 6640 · Tschangtse 7550 · Mount Everest 8848 · Westschulter 7205 · Lhotse 8501 · Südsattel 7986 · Nuptse 7879 · 5965

KHUMBUGLETSCHER

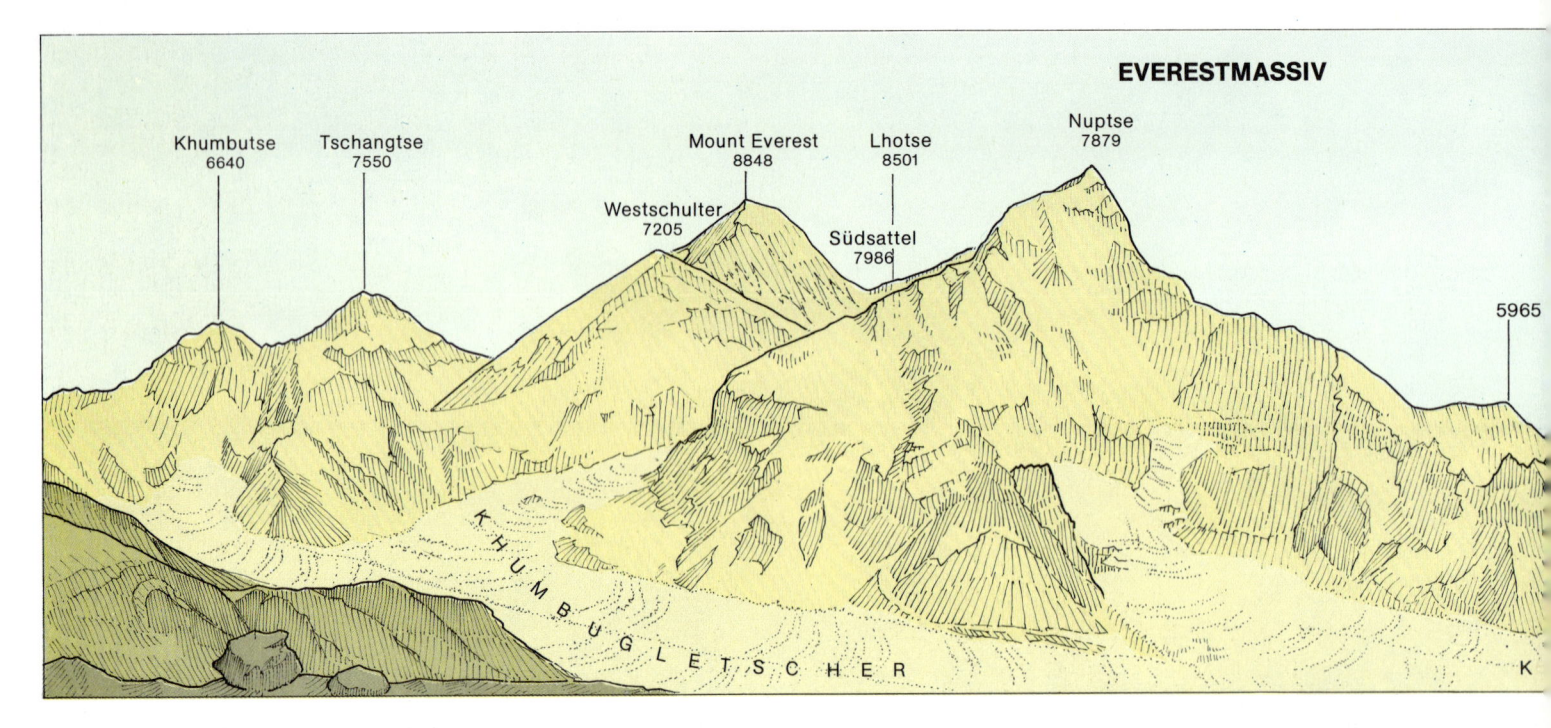

Hänge außerordentlich steil. Da sie stark vereist sind, werden sie von der Abtragung so gut wie nicht erfaßt. Überdies sind sie aus sehr hartem, widerstandsfähigem Gestein aufgebaut.

Das Fundament des Massivs besteht aus dunklen Gneisbändern, die von schwarzen Tonschiefern abgelöst werden. Darüber lagern helle Kalksilikatschiefer, das „gelbe Band" der Nordwand. Die Spitze des Everests krönen helle, schiefrige Kalke und Dolomite, die sogenannten Everestkalke. Diese Schichten fallen nach Norden hin ein und werden durch einen mächtigen Intrusionskörper aus hellem Granit zerschnitten. Es handelt sich um den sogenannten Leukogranit des Makalus. Dieser Granit führt sehr viel Turmalin und Glimmer und tritt im Gipfelbereich des Makalus in einem etwa 2000 m breiten Streifen an die Oberfläche. Diese Intrusion ist gegen Ende der Hauptfaltungsphase der Himalajakette entstanden. Ihr Alter wird auf mindestens 17 Millionen Jahre geschätzt. Die Gebirgsbildung dauert auch heute noch an.

In den Talkesseln des Everests haben lange Gletscher ihren Ursprung: der Khumbugletscher im Südwesten, der Rongbuk im Norden und der Kangschung im Osten. Der Barungletscher und der Gokyogletscher gehören zu den bedeutendsten. Obgleich die Gletscher in diesem Gebiet sehr lang sind und es eine ganze Anzahl gibt, ist die von Eis bedeckte Fläche geringer, als man bei einem so hohen Massiv erwarten könnte. Die großen Höhen zeichnen sich hier durch eine ausgeprägte Trockenheit aus, da sich die sommerlichen Niederschläge größtenteils bereits an den südlicheren Ketten des Gebirges abregnen.

Das Bild der Gletscher hier unterscheidet sich deutlich von denen der gemäßigten Zone. Im oberen Teil werden sie durch gefährliche Gletscherbrüche (Séracs) gegliedert. Diese waren die Haupthindernisse, auf die die ersten Eroberer der Westflanke des Everests trafen. Der untere Teil der Gletscherzungen ist mit „Büßerschnee" – spitzen, oft sehr hohen Nadeln – bespickt. Sie entstehen in der trockenen Luft durch einen besonderen Schmelzprozeß. Dabei spielt natürlich auch die in dieser Höhe intensive Sonneneinstrahlung eine wichtige Rolle.

Weiter abwärts sind die Gletscher unter einer mächtigen Moränendecke begraben. Diese wird von vielen kleinen türkisfarbenen Gletscherseen unterbrochen. An der Gletscherstirn ist der Gesteinsschutt zu mehreren Wällen aufgehäuft. Sie bilden eine girlandenförmig gebogene Mauer, die an einigen Stellen bis zu 300 m über die Talsohle aufragt. Dies ist beispielsweise in Thukla der Fall.

Alle Gletscher füllen heute die breiten Täler nur zum Teil aus. Auf den Seitenmoränenwällen haben sich Pflanzen angesiedelt. Diese Tatsachen deuten darauf hin, daß sich die Gletscher in jüngerer Zeit zurückgezogen haben. Aber die breiten Formen der Hochtäler, die zahlreichen Moränenreste und die fluvioglazialen Terrassen, die stufenförmig unterhalb der heutigen Gletscherzungen angeordnet sind, zeugen von einer mächtigeren ehemaligen Vereisung. Im Hochtal des Khumbugletschers lassen sich drei aufeinanderfolgende Stadien erkennen, die dem subrezenten Gletschervorstoß, dem Lobuchestadium, vorangegangen sind: das Thuklastadium in 4500 m Höhe, das Pherichestadium in 4100 m Höhe und das Thyangbotschestadium in 3600 m Höhe. Die ältesten Endmoränen liegen in 3600 m Höhe. Sie entsprechen der größten Ausdehnung des Khumbugletschers im Verlauf der letzten Eiszeit.

Die Bezwingung des Mount Everests hat eine lange Geschichte. Von 1921 an haben zahlreiche Expeditionen den Aufstieg zum Gipfel gewagt, doch erst am 29. Mai 1953 gelang es dem Neuseeländer Edmond Hillary und dem Sherpa Tensing Norgay, den Berg zu erobern. Danach hatten schweizerische, amerikanische, indische und japanische Expeditionen Erfolg.

Die Jahre 1975 und 1978 aber werden die außergewöhnlichsten in der Geschichte des Everests bleiben: Am 16. Mai 1975 schaffte als erste Frau der Welt die Japanerin J. Tadei die Besteigung des Gipfels, und am 24. September desselben Jahres bezwangen die Briten D. Haston und D. Scott die überaus schwierige Südwestseite. Im Mai 1978 gelang dem Südtiroler Bergsteiger R. Messner und seinem österreichischen Bergkameraden P. Habeler die bisher größte Sensation: Sie bestiegen den Mount Everest ohne Sauerstoffgerät!

Immer wieder werden wagemutige Bergsteiger versuchen, das kühne Abenteuer der Bezwingung des höchsten Bergs der Erde zu unternehmen, den man vielfach als den dritten Pol bezeichnet hat.

Everglades

Amerika, USA
25° 06′–26° 52′ n. Br., 80° 15′–81° 22′ w. L.

In diesem Sumpf- und Schilfgebiet künden Klima und Vegetation die Tropen an. Diese Welt, in der Wasser und Land eng miteinander verzahnt sind, nannte der Indianerstamm der Seminolen „grasiges Wasser".

Die Everglades liegen im Innern der Halbinsel Florida, südlich des Okeechobeesees. Sie sind ein Teil eines weiten Gewässernetzes, das von der Mitte Floridas bis in den Süden reicht. Vom Okeechobeesee an breitet sich eine weite Ebene aus. Erst in geologisch jüngerer Zeit ist sie entstanden. Sie ruht auf pleistozänen Süßwasserkalken und Sanden. Im Untergrund finden sich teilweise auch ältere Kalke. Die Oberfläche ist von Norden nach Süden leicht geneigt, so daß das Wasser abfließen kann, sofern es nicht durch den dichten Pflanzenbewuchs aufgehalten wird.

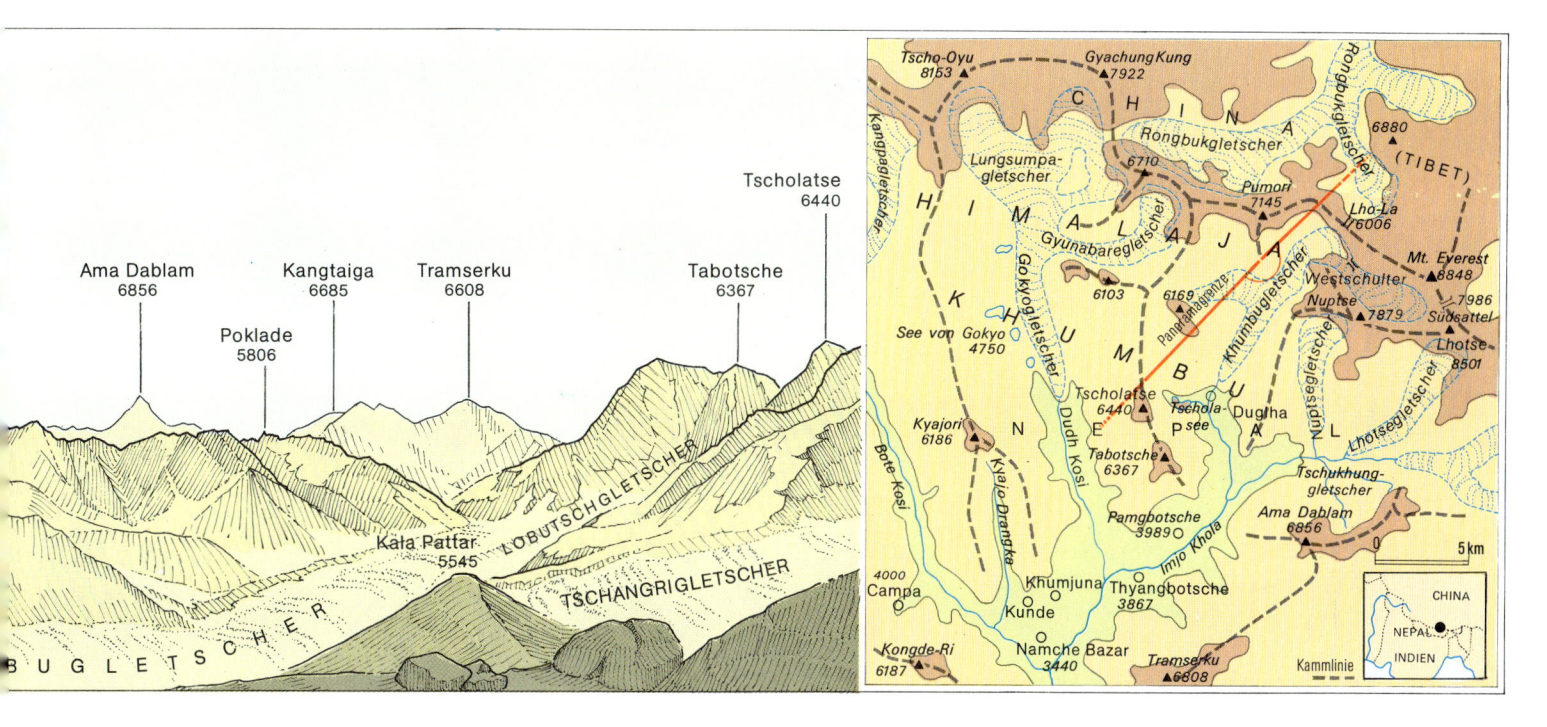

Das Landschaftsbild wird in erster Linie von der üppigen Vegetation geprägt. Dieses riesige Sumpfgebiet mit einzelnen Waldinseln erstreckt sich bis zur äußersten Spitze der Halbinsel und wird von Mangrovelagunen, Dünen und schmalen Buchten gesäumt.

Die Höhen- und Vegetationsstufen der Everglades sind eng miteinander verzahnt und sehen etwa folgendermaßen aus: Zuunterst kommt ein überfluteter Bereich, in dem nur verhältnismäßig wenige Pflanzen wachsen. Darüber liegt eine Baumzone mit stelzigen, verflochtenen Wurzeln. Darauf folgt ein höheres, nur selten überschwemmtes Gebiet, in dem sich Büsche entwickeln können, und schließlich eine Strauchzone mit Palmen, die kaum je von Wasser bedeckt ist.

Die Everglades, insbesondere der Everglades-Nationalpark im Südwesten, sind zum großen Teil auch heute noch eine von Menschen wenig beeinflußte Landschaft. Flora und Fauna bilden ein interessantes Ökosystem. Das Gebiet ist ein Paradies für viele wilde Tiere. Hier gibt es seltene Vögel, Ottern und Schlangen, doch auch große Tierarten wie Alligatoren, Pumas und Bären. Die Vegetation setzt sich vor allem aus salzwasserresistenten Arten zusammen. Besonders erwähnenswert ist *Avicennia marina*, eine Pflanze mit Luftwurzeln. Überschüssiges Salz wird durch die Blätter ausgeschieden.

Auf zahlreichen Wegen kann man den Nationalpark durchstreifen. Auch auf Bootsfahrten kann der Besucher das Gebiet kennenlernen.

Everglades *Am Ufer eines Gewässers spiegeln sich die Stämme von Zypressen wider. Zahlreiche Epiphyten gedeihen an den Bäumen.*

Externsteine

Europa, Bundesrepublik Deutschland
51° 52′ n. Br., 8° 55′ ö. L.

Dieses Natur- und Kulturdenkmal im Teutoburger Wald, das aus fünf Felsgruppen besteht, erweckt den Eindruck einer alten Burgruine.

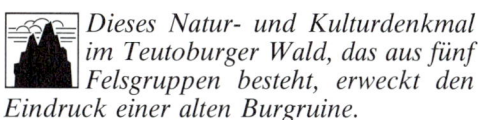

„Varus, gib mir meine Legionen wieder!" rief Kaiser Augustus, als er die Nachricht von der verlorenen Schlacht im Teutoburger Wald im Jahr 9 n. Chr. erhielt. Der römische Oberbefehlshaber hatte sich von Hermann dem Cherusker in die dunklen Wälder und Sümpfe des Teutoburger Waldes locken lassen, wo er mit seinen Soldaten vernichtend geschlagen wurde.

Der Teutoburger Wald, die nordwestliche Verlängerung des Eggegebirges, bildet den Südwestrand des Weserberglands. Seine nördliche Begrenzung, das Wiehen- und das Wesergebirge, wird durch die berühmte Porta Westfalica durchbrochen. Durch diese Talpforte fließt die Weser. Die Berge sind hier nicht sehr hoch. Meist liegen sie unter 400 m, aber da sie unmittelbar an die Norddeutsche Tiefebene grenzen, wirken sie verhältnismäßig hoch. Dazu kommt noch, daß ihr Schichtkamm- und Schichtstufenrelief ihnen ein markantes Aussehen verleiht. Die Höhenzüge werden von härteren Sand- und Kalksteinschichten gebildet, die aus weicherem Gestein herausmodelliert wurden. Aus einer derartigen härteren Sandsteinschicht sind die malerischen Felsklippen der Externsteine herauspräpariert worden. Sie erinnern an die Ruinen einer Burg, wo hohe Türme und mächtige Mauern mit engen Gängen wechseln.

Aus der eigenartigen Form der Felsgruppen läßt es sich erklären, warum sie wohl schon in heidnischen Zeiten eine Kultstätte waren. Später, als sich das Christentum ausgebreitet hatte, wurden sie zu einer Stätte der Kreuzesverehrung. Besonders eindrucksvoll ist das Relief der Kreuzabnahme Christi aus romanischer Zeit.

Für den Tourismus ist das Gebiet durch eine Reihe von Einrichtungen erschlossen, die durch ein Netz von Treppen, Brücken und Stegen die Besichtigung der Landschaft von oben ermöglichen.

Externsteine Einer der schönsten Wanderwege im Teutoburger Wald führt an den Externsteinen vorbei, einer zerklüfteten Felsengruppe aus kreidezeitlichem Sandstein, die an die 40 m hoch über ihre Umgebung hinausragt.

Einige Kilometer nordwestlich, auf der Spitze eines von prächtigen Buchen bestandenen Sandsteinkamms, erhebt sich das Hermannsdenkmal. Es wurde Ende des letzten Jahrhunderts an der Stelle errichtet, an der vermutlich die berühmte Schlacht im Teutoburger Wald stattgefunden hat.

Eyresee

Australien
27° 50′–29° 30′ s. Br., 136° 45′–138° 10′ ö. L.

Seltsam fremd wirkt dieser See in der Wüste. Oft genug enthält er kein Wasser, obwohl er von zahlreichen Wasserläufen gespeist wird.

Dieses mächtige Becken, das in Südaustralien nördlich von Port Augusta liegt, verdankt seinen Namen Edward John Eyre, der 1840 den See entdeckte. Die gründliche Erforschung des Gebiets war langwierig und schwierig. Im Lauf etlicher Jahrzehnte wurden verschiedene Expeditionen unternommen, doch die genauen Umrisse des Sees konnten erst im Jahr 1922 festgelegt werden, nachdem Halligan ihn zum erstenmal überflogen hatte. Seit dem 2. Weltkrieg wurden noch weitere zahlreiche Beobachtungen aus der Luft durchgeführt.

Der Eyresee bedeckt den Grund eines großen, abflußlosen Beckens, dessen Oberfläche unter dem Meeresspiegel liegt. Das Becken besteht aus zwei Teilen, dem größeren nördlichen See und dem kleineren südlichen. Die Seen sind durch einen Kanal, den Goyderkanal, miteinander verbunden. Der Boden des nördlichen Sees neigt sich leicht von Norden nach Süden. Seine tiefste Stelle im Golf von Madigan liegt bei –15 m.

Gewöhnlich enthält der Eyresee kein Wasser. Die Oberfläche ist von einer Salzkruste überzogen. Im Golf von Madigan und in der Beltbucht, wo häufiger als in den übrigen Teilen des Sees Wasser vorhanden ist, ist die Salzkruste 10 bis 40 cm dick. Sie wird von einer dünnen, schwarzen Schlammschicht aus organischen Stoffen bedeckt. Gelegentlich bilden sich auch „Salzpfannkuchen" aus. Sie lassen sich mit den „Pancakes" in den Polarmeeren vergleichen. Ein Teil des südlichen Sees ist von einer Salzschicht bedeckt. Nach Westen geht sie in eine unzugängliche Schlammzone über. Die Tatsache, daß dieser See häufig kein Wasser enthält, ist erstaunlich, vor allem, wenn man bedenkt, daß zahlreiche Wasserläufe in den See münden. Das Einzugsgebiet der Flüsse umfaßt 1,25 Millionen km².

Doch alle diese Wasseradern fließen nur von Zeit zu Zeit. Das Becken des Eyresees liegt nämlich im trockensten Teil der australischen Wüste. Der mittlere Jahresniederschlag liegt bei 126 mm. Die Diamantina, die den See mit zwei Armen erreicht – dem Warburton und dem Kalakoopah –, und der Cooper Creek kommen aus Gebieten mit höheren Niederschlägen. Da die Flüsse aber heiße Landschaften mit hoher Verdunstung durchqueren, führen sie immer weniger Wasser und versiegen häufig, noch ehe sie den Eyresee erreicht haben.

Der Eyresee ist dann mit Wasser gefüllt, wenn viel Regen fällt. Das geschah beispielsweise im Mai 1968. Eine Wasserschicht breitete sich einige Tage lang über ungefähr 2500 km² aus. Diese Erscheinung stellt jedoch eine Ausnahme dar.

Das Hochwasser der Flüsse aus dem Nordosten füllt am häufigsten den See. Das

Wasser der Diamantina wird in einem von Norden nach Süden verlaufenden Kanal gefaßt, der sich am Seeboden entlangzieht. Gelegentlich kann es vorkommen, daß der Kanal überläuft.

Wenn die Zuflüsse stärker sind, fließt das Wasser in die niedrigsten Teile, also in die Beltbucht und den Golf von Madigan. Hier sammelt sich ebenfalls das Wasser des Cooper Creek. Ist das Hochwasser stark, so breitet es sich über einen großen Teil des Sees aus. In den Jahren 1949 und 1950 bewirkten starke Niederschläge im Norden und Osten Australiens, daß die Diamantina und der Cooper Creek mehr als 30 Millionen m³ Wasser in den See abgaben. Im Golf von Madigan betrug die Tiefe fast 4 m, doch das Wasser erreichte dennoch nicht den südlichen See, weil der Goyderkanal, der höher liegt als das nördliche Seebecken, kaum von Wasser bedeckt war. Die Salzablagerungen auf dem Boden des nördlichen Sees wurden durch die Süßwasserzufuhr aufgelöst. Das Wasser selbst hatte schließlich den gleichen Salzgehalt wie das Meerwasser. Die Fische vermehrten sich rasch. Aber seit 1951 ging der Fischbestand wieder zurück, da durch die starke Verdunstung der Salzgehalt des Wassers anstieg. Gegen Ende des Jahres 1951 betrug das Wasservolumen nur noch 8 % des Hochwassers, und im folgenden Jahr war der See völlig ausgetrocknet: 400 Millionen Tonnen Salz lagerten sich wieder im Golf von Madigan und in der Beltbucht ab. Der gesamte Auffüll- und Austrocknungszyklus des Sees hatte dreieinhalb Jahre gedauert. 1975 wiederholte sich die gleiche Erscheinung, und der Eyresee wurde wieder ein richtiger See. Seine größte Tiefe betrug zu der Zeit 6 m.

Die Depression des Eyresees liegt im Südwestrand der Senkungszone eines großen, artesischen Beckens, das einen beträchtlichen Teil Australiens einnimmt. Zu Beginn der Kreidezeit senkte es sich unter dem Einfluß tektonischer Bewegungen. Grobkörnige Sande aus dieser Epoche bilden heute die wichtigste Grundwasser führende Schicht.

Das Grundwasser kann gelegentlich die Oberfläche erreichen. Dies läßt sich besonders an den West- und Südrändern des Sees entlang von Brüchen beobachten. Das unter Druck stehende Grundwasser sprudelt hervor und lagert dabei Lockermaterial in Form charakteristischer kleiner Hügel ab. Wahrscheinlich lag im Tertiär im Gebiet des Eyresees ein riesiger See, der sich im Südosten bis zum Fromesee erstreckte. Dieser tertiäre See stand mit dem Meer in Verbindung. Im Pliozän lebten viele Beuteltiere, Vögel, Krokodile und Fische in den sumpfigen Ostdeltas des Sees. Im Pleistozän wurde das Klima sehr trocken; die Mulde hatte kaum noch einen Abfluß. In mehr als 20000 Jahren hatte der Wind den Boden des ausgetrockneten Sees um mehr als 20 m ausgeblasen. Heftige Winde schufen eine Landschaft aus parallelen, 15 m hohen Dünen. An einigen Stellen ziehen sich die Dünen über 120 km von Norden nach Süden. Jüngere Sedimente häufen sich mehrere Meter mächtig an. Auch heute noch senkt sich das Seebecken ein wenig.

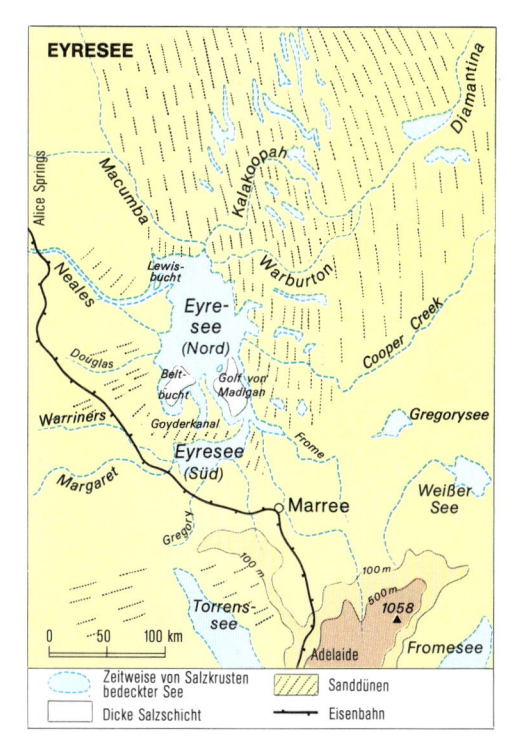

Die Ränder des Eyresees sind völlig öde. Im 19. Jahrhundert gab es hier einige Viehfarmen, aber sie wurden nach und nach wieder aufgegeben.

Eyresee *In der Mitte der endlosen, trockenen und öden Ebene Südaustraliens breitet ein See ohne feste Grenzen seine dünne Oberfläche aus Salz, brackigem Wasser und Schlamm aus.*

F

Fingalhöhle

Europa, Großbritannien
56° 26′ n. Br., 6° 21′ w. L.

Mächtige Basaltsäulen schmücken den Eingang dieser Höhle, die viele Dichter schon in frühesten Zeiten besungen haben. Sie liegt auf Staffa, einer Insel der Inneren Hebriden.

Die Hebriden, eine Inselgruppe im Nordwesten Schottlands, umfassen ungefähr 500 Inseln, von denen nur etwa 100 bewohnt sind. Einige von ihnen werden in den letzten Jahren besonders häufig von Touristen besucht.

Die Staffainsel, auf der sich die berühmte Fingalhöhle befindet, liegt westlich der Insel Mull. Bis zum Beginn des 19. Jahrhunderts war sie nur einigen schottischen Fischern und wenigen Reisenden

Fingalhöhle *Eine Vorhalle mit teilweise zerbrochenen Säulen führt in die dunkle Höhle hinein. Hier glaubt man noch den Schatten Fingals umherirren zu sehen.*

bekannt. Ihren Ruf verdankt sie den Dichtungen Macphersons (18. Jahrhundert), eines schottischen Dichters, der seine in rhythmischer Prosa geschriebenen Werke angeblich aus gälischen Dichtungen des Ossian (3. Jahrhundert) übersetzt hatte. In den Gedichten verweilt Fingal, der Vater Ossians, in der berühmten Höhle. Sir Walter Scott nahm dieses literarische Motiv wieder auf, und so kommt es, daß die Meeresgrotte nicht in Vergessenheit geriet. Von da an besuchten wagemutige Romantiker die Höhle auf der Staffainsel.

Die Fingalhöhle ist ein einfacher großer Hohlraum, den die Meeresbrandung in die Basaltdecken gegraben hat. Im Gegensatz zu den Karsthöhlen ist sie eine Brandungshöhle. Bei Hochwasser kann man mit einem Boot in die Höhle hineinfahren. Die Wellen schlagen gegen die gewölbte Wand im Hintergrund der Grotte. Eine Vorhalle, 20 m hoch und 12 m breit, läßt Licht und Wasser bis in den hintersten Winkel dieses fast 70 m langen unterirdischen und untermeerischen Raums dringen. Herrliche Basaltsäulen bilden die Wände dieser natürlichen Basilika. Sie stützen das Gewölbe, das 20 m über dem Wasserspiegel liegt. Im Hintergrund der Höhle bilden verschieden hohe, symmetrisch angeordnete Basaltsäulen einen mächtigen Thron. Er entstand durch die Abtragung des Meeres. Am Ende der Höhle liegt noch ein Hohlraum, der die Wand gerade über dem Meeresspiegel durchbricht. Das melodiöse Plätschern des Meeres, das auch noch in diesem Teil der Höhle zu hören ist, trug ihr den gälischen Namen *Llaimh binn* ein, was soviel wie Musikhöhle bedeutet.

Obgleich die Fingalhöhle zeitweise in Vergessenheit geriet, ist sie heute eine internationale Touristenattraktion. Sowohl in Geographiebüchern als auch in naturwissenschaftlichen Abhandlungen findet man Hinweise auf die Fingalhöhle.

Finnische Seenplatte

Europa, Finnland
61°–63° 50′ n. Br., 23°–30° ö. L.

Die Gletscher der letzten Eiszeit haben im Süden Finnlands eine Landschaft hinterlassen, deren Einzigartigkeit und Schönheit darin besteht, daß Tausende von Seen und bewaldeten Inseln scheinbar wahllos ineinander verschachtelt wurden. Den Geologen konnte jedoch nicht verborgen bleiben, daß diesem vermeintlichen Chaos dennoch ein geregelter Bauplan zugrunde liegt.

Ein Rundflug über Südfinnland gehört zu den unvergeßlichen Erlebnissen einer Skandinavienreise: Tausende von ineinander verschachtelten Seen mit unregelmäßigen Umrissen und ebenso viele Inseln, die wahllos dazwischen gestreut zu sein scheinen, bilden ein verwirrendes Labyrinth,

Finnische Seenplatte

dessen glitzernde Wasserflächen sich mit dem dunklen Grün ausgedehnter Nadelwälder abwechseln. In manchen Verwaltungsbezirken Finnlands nehmen die Seen mehr als ein Viertel der gesamten Fläche ein. Die herbe Schönheit dieser nordischen Landschaft wirkt besonders eindrucksvoll im Zwielicht der langen sommerlichen Dämmerung, wenn sich in den stillen Wassern die dunklen Silhouetten der Kiefern widerspiegeln, die die Ufer der Seen säumen.

Wenn man das Gebiet der Finnischen Seenplatte auf der Karte betrachtet, bemerkt man sehr bald, daß der erste Eindruck eines systemlosen Wasser- und Insellabyrinths nicht ganz zutreffend ist. Man erkennt vielmehr, daß die Seeflächen, Inselrücken und Bergkuppen deutlich in nordwest-südöstlicher Richtung angeordnet sind.

Eine Erklärung für diese Beobachtung läßt sich aus dem geologischen Bauplan und dem erdgeschichtlichen Werdegang der Finnischen Seenplatte ableiten. Das Gebiet gehört zum Baltischen Schild, einem sehr alten, bereits im Archaikum mehrfach gefalteten Urgesteinsmassiv. Seitdem wurde das Gebirge aus der Erdfrühzeit ohne Unterbrechung bis in die Wurzelzone hinunter abgetragen, so daß seine heutige mittlere Höhe nur noch etwa 150 m beträgt. Der anstehende Gebirgsrumpf besteht hauptsächlich aus Gneisen, Graniten, Glimmerschiefern und Quarziten. Während der archaischen Gebirgsbildung erhielt dieser Gesteinskomplex eine nordwest-südöstliche Streichrichtung, durch die die Anordnung der heutigen Seen, Inselrücken und Bergzüge bereits weitgehend vorgeprägt wurde. Die gewaltigen Gletscher der pleistozänen Eiszeiten, deren Fließrichtung mit der Streichrichtung des Baltischen Schildes übereinstimmte, haben das streifenförmige Relief besonders deutlich herauspräpariert.

Eines der auffälligsten Kennzeichen der Finnischen Seenplatte sind bahndammähnliche Höhenrücken, die kilometerweit die Landschaft in nordwest-südöstlicher Richtung durchziehen. Sie bestehen vorwiegend aus Sanden und Kiesen, die häufig auch größere Gletschergeschiebe enthalten. Trotz ihrer geringen Höhe, die gewöhnlich zwischen 20 und 30 m beträgt, heben sich diese merkwürdigen Deiche von der ansonsten relativ flachen Landschaft deutlich ab. Sie werden in der Geologie als Os (Mehrzahl: Oser) bezeichnet. Als natürliche, trockene Leitlinien in einem von Gletschern ausgeräumten flachen Land, dessen Hohlformen von Seen und Sümpfen eingenommen werden, gewannen sie frühzeitig Bedeutung als wichtige Verkehrsträger. Außerdem wurden auf den Osern Finnlands seit dem Mittelalter zahllose Siedlungen gegründet, die den Vorteil des sumpf- und hochwasserfreien, gleichzeitig aber Grundwasser führenden Standortes nutzen. Oser wurden von Schmelzwasserbächen aufgeschüttet, die entlang mächtiger Gletscherspalten am Grunde des pleistozänen Inlandeises nach Südosten abflossen.

Im Südosten und Süden wird die Finnische Seenplatte durch einen riesigen natürlichen Wall begrenzt. Er besteht aus zwei mächtigen Endmoränenzügen, die in einem Abstand von 30 bis 50 km parallel zueinander verlaufen. Dieser rund 500 km lange, Salpausselkä genannte Höhenrücken ist die prägnanteste Oberflächenform ganz Südfinnlands. Er beginnt im Osten der Seenplatte, in der Nähe der Stadt Joensuu, verläuft von hier in einem girlandenförmigen Bogen bis nach Lahti und streicht von da aus südwestwärts über die Halbinsel Hanko zur Ostsee aus. Die Breite der Moränenrücken schwankt zwischen wenigen hundert Metern und etwa 5 km. Ihre Höhe beträgt durchschnittlich 70 bis 80 m, erreicht jedoch im Tiirismaa bei Lahti 223 m. An dieser Stelle gehen die beiden parallelen Höhenzüge des Salpausselkä vorübergehend ineinander über, weil sich hier einst zwei riesige Gletscherloben trafen, denen die Endmoränenrücken ihre Entstehung verdanken.

Der südliche der beiden Moränenbögen entspricht der Hauptstillstandslage des nordischen Inlandeises während des sogenannten Gotiglazials. Die mächtigen Gletscher der letzten Eiszeit befanden sich damals, d. h. vor rund 11 000 Jahren, auf dem Rückzug in Richtung Norden (Klimaerwärmung); der Eisrand lag jedoch an der Stelle des äußeren Salpausselkä noch einmal für mehrere hundert Jahre fest. Die Gletscherstirn dagegen bewegte sich in dieser Zeit auf engstem Raum mehrmals vor und zurück und schob dabei die mitgeführten Schuttmassen des Gesteinsuntergrundes zu gewaltigen Endmoränen zusammen. Der nördliche Moränenwall des Salpausselkä entstand rund 1000 Jahre später während einer neuerlichen Stillstandsphase des Inlandeises, dem sogenannten Finiglazial.

Im 19. Jahrhundert waren die Geologen

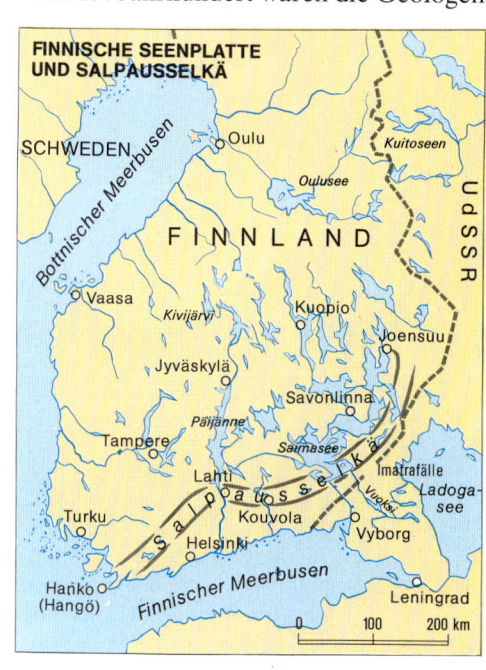

Finnische Seenplatte *Langgestreckte, unregelmäßig geformte Landrücken und Inselgruppen verwandeln die Wasserfläche der Finnischen Seenplatte in ein endloses Labyrinth, in welchem sich nur der Ortskundige ohne Orientierungshilfen zurechtzufinden vermag. Die ausgedehnten Nadelwälder bilden mit ihrem Holzreichtum die Haupteinnahmequelle der einheimischen Bevölkerung.*

der Ansicht, daß die Wassermassen der Finnischen Seenplatte durch den Moränenwall des Salpausselkä aufgestaut werden. Diese Hypothese bietet sich auch bei näherer Betrachtung zunächst an. Heute weiß man jedoch, daß die Becken der Seen von den eiszeitlichen Gletschern aus dem harten Felsuntergrund herausgeschliffen wurden; ihre Wassermassen werden im Süden einzig und allein von dem Felsriegel zurückgehalten, der den Moränenwällen als Unterlage dient.

Die unzähligen Seen Südfinnlands stellen ein bedeutendes Hindernis für den Landverkehr dar. Umgekehrt bieten sie jedoch günstige Voraussetzungen für die Binnenschiffahrt. Dies gilt in ganz besonderem Maße für den riesigen Saimasee. Sein einziger natürlicher Abfluß, der Vuoksi, ist jedoch nicht schiffbar, weil er bei Imatra in einer 18 m hohen Stromschnelle den Salpausselkä durchbricht. Um dennoch eine Schiffsverbindung zum Meer herzustellen, wurde 1856 der Saimakanal von Lappeenranta zum heute sowjetischen Hafen von Vyborg gebaut. Er besaß 28 Schleusen und konnte von Schiffen bis 250 t bei 31,2 m Länge passiert werden. Die Benutzung dieses Wasserweges wurde nach dem 2. Weltkrieg durch die Grenzziehung zwischen Finnland und der Sowjetunion unterbrochen. Aufgrund eines 1962 geschlossenen Abkommens konnte Finnland den Kanal jedoch für 50 Jahre von der UdSSR pachten. Er wurde in der Folgezeit gründlich modernisiert und 1968 wieder in Betrieb genommen. Mit seinen acht Schleusen kann er heute von Schiffen bis zu 1600 t durchfahren werden.

Die Finnische Seenplatte mit ihren rund 60000 großen, kleinen und kleinsten Seen ist das bedeutendste Fremdenverkehrsgebiet des Landes. Tausende von idyllisch gelegenen Ferienhäusern sind das Ziel zahlreicher Urlauber, die in der Einsamkeit des ausgedehnten Seengebietes Ruhe und Erholung suchen.

Fitzroymassiv

Amerika, Argentinien/Chile
49° 17′ s. Br., 73° 05′ w. L.

Obgleich die Gipfel des Fitzroymassivs nicht zu den höchsten der Erde zählen, gehören sie doch zu den gefährlichsten. Es liegt weniger als 30 Jahre zurück, daß sie erstmals bestiegen wurden. Das von Felsnadeln starrende und von vereisten Berggipfeln blitzende Massiv wird ständig von stürmischen Winden und Regenfällen aus der Pampa heimgesucht.

Fitzroymassiv *Von leichten Wolken umgeben, heben sich die aufgetauchten Spitzen des Fitzroygebirges vom kräftigen Blau des Himmels ab.*

Wie eine riesige Kathedrale aus massivem Granit erhebt sich das Fitzroymassiv im rauhesten Teil der patagonischen Anden. Von schwarzen Schiefern eingefaßt, von gewaltigen Gletschern umgeben, mit vertikalen Türmen, Pfeilern und vereisten Nadeln besetzt, von Wind und Regen gepeitscht, erhebt sich die Bergfestung über den Ostrand der südamerikanischen Kordillere, über die argentinische Pampa zwischen Viedmasee und San-Martín-See. Der Naturwissenschaftler Darwin und Fitzroy, der Kapitän des englischen Vermessungsschiffs „Beagle", erblickten es aus der Ebene von Santa Cruz, ohne sich ihm jemals zu nähern. Da das Massiv meist in Wolken gehüllt ist, hat man es lange Zeit für einen Vulkan gehalten.

Die steilen, vereisten, von Stürmen umtobten Gipfel wurden erst im Jahre 1952 bezwungen. L. Terray, der sie zusammen mit G. Magnone als erster bestieg, sagte von dieser Tat, daß sie ihm mehr Mut abgefordert habe als jede andere seiner Besteigungen und daß er oft den Grenzen seiner Kraft nahe war. Dabei gehört der Fitzroy nicht zu den hohen Gipfeln der Anden. Der Fitzroyturm erreicht 3440 m, die Felsnadel des Cerro Torre 3128 m. Die anderen Gipfel des Massivs schwanken zwischen 2200 und 2800 m. Im Vergleich zu zahlreichen Sechstausendern der Anden könnte man ihn also geradezu als niedrig bezeichnen. Doch weil seine Oberflächenformen äußerst bizarr und eigenwillig sind, ist er, trotz seiner relativ geringen Höhe, schwierig zu besteigen.

In den Kaltzeiten des Pleistozäns haben die Gletscher auf der Hochebene von Patagonien riesige, ineinander verschachtelte Endmoränenwälle aufgeschüttet. Vor kaum 20000 Jahren breiteten sich die Gletscher des Hielo Continental, einer Eiskappe Südpatagoniens, weit nach Osten aus, drangen in das Becken des Viedmasees ein, folgten dem Río de las Vueltas und umschlangen so das Fitzroymassiv, das als sogenannter Nunatak aus der Eismasse herausragte.

Das Fitzroymassiv ordnet sich in zwei Linien gut erkennbarer Kämme an, die im Norden vom Trogtal des Río Eléctrico und im Süden vom Tal des Río Fitzroy umfaßt werden. Weiter abwärts erreichen die beiden Täler die große Nord-Süd-Achse des Río de las Vueltas, der in den Viedmasee mündet. Die beiden halbkreisförmig gebogenen Kammlinien werden durch ein tiefes Tal getrennt. In ihm liegt der Torregletscher, der das Massiv durchbricht. Die Erhebungen des Fitzroys sind aus einem Intrusionskörper aus harten Granodioriten des Alttertiärs geschnitten. Diese hellen Felsen kontrastieren mit den eingelagerten schwarzen Schiefern der Unterkreide. Der Granodiorit ist durch ein dreifaches Netz großer, fast vertikaler Brüche zerstückelt, die spitzwinklig zusammenlaufen. Daraus läßt sich auch die Entstehung von Nadeln, Türmen und Pfeilern erklären. Wenn man von Westen kommt, erkennt man sogleich, welche Bedeutung diese Bruchzone für die Architektur des Massivs hat.

Senkrecht erhebt sich der Fitzroy 2000 m über den Torregletscher. Der Cerro Torre, hinter dem Fitzroy gelegen, besitzt eine außergewöhnliche, 1400 m hohe Felsnadel. Ihre Wände sind völlig glatt; weder Vorsprünge noch Spalten lassen sich an ihnen erkennen. Klimatisch gesehen liegt der Fitzroy in der Übergangszone zwischen der sehr feuchten Westabdachung der chilenischen Anden und den Osthängen, die Steppencharakter besitzen und im Bereich starker Föhnwinde liegen. 15 km östlich des Fitzroys fallen jährlich nur noch 850 mm Regen, und noch weiter östlich beginnt schon die trockene patagonische Steppe. Im Gegensatz dazu erhält die Eiskappe einige Kilometer westlich davon mehrere Meter Niederschlag. Auf der Ostseite liegt die Schneegrenze bei 1200 m, auf der Westseite unter 1000 m. Die höchsten Gipfel ragen teilweise mehr als 2000 m über die Schneegrenze empor und erhalten so den Charakter eines sehr hohen, alpinen Gebirges.

Die Dome und Nadeln des Fitzroys sind ständig klimatischen Bedingungen ausgesetzt, die man in den Alpen als winterlich bezeichnen würde. Die Sommer sind kühl, die Winter streng. Im Januar, mitten im Südsommer, schneit es noch in 800 m Höhe. Im Westen sind die ständig in Wolken getauchten Felsnadeln des Cerro Torre von Reif, Eis und Schnee bedeckt. Die Gipfelgrate brechen häufig unter der Eislast zusammen. Der Nordostwind, der durch die Täler weht, hat oft Geschwindigkeiten von mehr als 100 km/h. Er fügt dem Buchenwald, der nur bis 800 m reicht, manchmal gewaltigen Schaden zu. Der Río Eléctrico verdankt seinen Namen der Tatsache, daß hier häufig Gewitter auftreten. Auch hier sind die Windgeschwindigkeiten sehr hoch. Auf dem Cerro Eléctrico oder auf der Silla am Fuß des Fitzroys werden Windgeschwindigkeiten von 180 km/h und mehr gemessen.

Man erreicht den Fitzroy am besten vom Viedmasee aus; dann steigt man durch das Tal des Río de las Vueltas auf. Wer nicht den Ehrgeiz besitzt, sich auf dem Gebiet des Alpinismus Lorbeeren zu verdienen, kann sich mit der Besteigung des 834 m hohen Cerro Rosado begnügen. Auch von hier aus hat man herrliche Ausblicke über diese eindrucksvolle, eigenwillige Gebirgslandschaft.

Kap Formentor *Die bräunlichen und weißen, von Nadelgehölzen bewachsenen Küsten erheben sich über dem azurblauen Meer in den wolkenlosen Himmel.*

Formentor, Kap

Europa, Spanien
39° 58′ n. Br., 3° 12′ ö. L.

Die hohen Berge der Cordillera Norte trotzen dem Wind und dem Regen. Sie schieben ihre schroffen Felswände weit ins Meer hinaus, wo die Wellen gegen sie anbranden.

Das Kap Formentor und die schmale Halbinsel, an deren Spitze das Kap liegt, befinden sich im Norden Mallorcas, der größten Baleareninsel. Die Cordillera Norte, ein typisches Mittelmeergebirge, das ungefähr parallel zu der niedrigeren Sierra de Levante im Osten der Insel verläuft, stellt die Fortsetzung der Gebirge Andalusiens dar. Der Gebirgszug ist im Tertiär gleichzeitig mit den Alpen entstanden. Vor allem kalkige, aber auch tonige und sandige Sedimente des Mesozoikums, die auf dem Meeresboden oder in Lagunen abgelagert worden waren, wurden damals zwischen den starren Grundgebirgsschollen Nordafrikas und des Katalonischen Massivs zusammengepreßt. So entstand ein verhältnismäßig junges Faltengebirge mit Gipfeln über 1000 m Höhe. Der Puig Mayor z.B. steigt bis auf 1445 m, der Galatzó auf 1024 m, der Teix mißt 1064.

Im Tertiär war Mallorca noch mit der Insel Ibiza und dem Gebiet um Alicante in Spanien verbunden. Doch die Landbrücke wurde gegen Ende des Tertiärs unterbrochen, und die Inseln, nun vom Festland getrennt, nahmen nach und nach ihre heutige Gestalt an.

Die Cordillera Norte, die man plötzlich sieht, kurz nachdem man mit dem Flugzeug von Palma aufgestiegen ist, liegt im Nordwesten der Insel. Ihre von tiefen Schluchten zerschnittenen Kalksteinfelsen fallen fast senkrecht zum Meer hin ab und bieten einen imposanten Anblick.

Eine Straße führt von Puerto de Pollensa zum Leuchtturm (Faro). Er krönt die Steilküste des Kaps Formentor in über 200 m Höhe über den Wellen. Die Straße, die in den grauen Kalksteinschutt eingeschnitten ist, steigt schnell bis zum Paß El Mal País an. Von dort breitet sich die Landschaft bis zu den hohen, von Nadelgehölzen und Sträuchern bewachsenen Steilküsten aus. Die Straße fällt dann zur Südküste hin ab, steigt erneut an und gibt den Blick frei auf die Bucht von Pollensa. Ein 200 m langer Tunnel zieht sich durch das Es-Fumat-Gebirge. Die Straße durchquert dann bis zum Leuchtturm einen mit Aleppokiefern bestandenen Bergrücken. Von der Aussichtsplattform am Leuchtturm schweift der Blick über das Mittelmeer und die zahlreichen Buchten der Cordillera Norte. Bei klarem Wetter kann man sogar Ciudadela, die alte Hauptstadt der Insel Menorca, erkennen.

Reizvoll ist es auch, das Kap Formentor von einem kleinen Küstenschiff aus zu betrachten. Das Kap und die Halbinsel wirken von hier noch viel eindrucksvoller, das blaue Meer kontrastiert zu der grauen bis rotbraunen Steilküste und den grünen Farbflecken der Aleppokiefern. Am Ende der bewaldeten Buchten liegen kleine Strände, die zu einem Bad in dem klaren Wasser einladen.

Fouta Djalon

Afrika, Republik Guinea
10°–12° n. Br., 11°–13° w. L.

Der kleine Fluß Ditinn im Herzen des Hochlands von Fouta Djalon hat nur einen kurzen Lauf. Er führt nicht einmal genug Wasser, um sich ein größeres Bett zu schaffen. Schon nach wenigen Kilometern stürzen seine Wasser über eine Stufe in eine vorgelagerte Ebene und verlassen das Hochland.

Fouta Djalon *Im zentralen Teil des Hochlands von Fouta Djalon lagern mächtige Sandsteinschichten auf einem Granitsockel. Sie bilden eindrucksvolle Schichtstufen und Zeugenberge, die mehrere hundert Meter hoch sind und von den Flüssen in zahllosen Wasserfällen überwunden werden.*

Die Ditinn ist ein kleiner Nebenfluß des Téné in der Republik Guinea. Der Téné wiederum mündet in den Bafing, einen Quellfluß des Senegals. Die Oberläufe dieser Flüsse entwässern das Hochland von Fouta Djalon, das von mehreren Plateaus aufgebaut wird. Es bildet die Wasserscheide zwischen dem im Osten gelegenen Bafing und den viel kürzeren, direkt in den Atlantik mündenden Flüssen, wie z.B. dem Konkouré.

Das Bergland von Fouta Djalon wird durch ein erstaunlich dichtes Flußnetz sehr stark zergliedert. Seine flachen Hochebenen sind durchschnittlich 1500 m hoch; südlich von Dalaba erreichen sie jedoch nur 1425 m. Die Quellen der Ditinn befinden sich in etwa 1200 m Höhe. Nach einem Lauf von nur 25 km erreicht sie in 700 m Höhe den Fluß Téné. Dieser Höhenunterschied entspricht einem Gefälle von rund 2 %.

Wasser gibt es in diesem Gebiet Afrikas reichlich, denn die Niederschläge betragen jährlich mehr als 2000 mm. Sie nehmen im Westen, in der Nähe des Atlantiks, sogar noch zu. Trotz der hohen Niederschläge und ihres starken Gefälles ist die Ditinn jedoch zu klein, um sich in das harte Gestein des Fouta Djalon einzuschneiden. Das Tafelgebirgsland besteht in seinen oberen Teilen aus Gesteinen des Paläozoikums, die auf den Graniten des Grundgebirgssockels aufliegen. Die bis in größere Tiefe stark verwitterten granitischen Gesteine wurden von größeren Flüssen, wie dem Téné, leicht ausgeräumt. Diese Wasserläufe haben deshalb breite Talformen geschaffen. Der zentrale Teil von Fouta Djalon aber ragt mit seinen mehrere hundert Meter mächtigen Sandsteinschichten abrupt über der am Außenrand angeschnittenen Granitzone auf. Dieses helle, von senkrechten Klüften durchzogene Sedimentpaket bildet die häufig auftretenden Schichtstufen an den Rändern des zentralen Fouta-Djalon-Massivs.

Die Ditinn muß diese Sandsteinstufe durch einen 80 m hohen, in der Trockenzeit ziemlich kärglich erscheinenden, in der Regenzeit dagegen imposanten Wasserfall überwinden. Der Fluß hat am Fuß dieses Falles einen weiten Talkessel im Verwitterungsmaterial des hier zutage tretenden Granits ausgeräumt. Unter den herabstürzenden Wassermassen entstand ein gewaltiges Strudelloch.

Franz-Josef-Gletscher

Australien, Neuseeland
43° 28′ s. Br., 170° 10′ ö. L.

Ein langsames, hartnäckiges Leben durchsteht die große Eismasse dieses Gletschers. Er gehört zu denjenigen Eisströmen der Erde, deren Schwankungen und Bewegungsrhythmen besonders gut erforscht sind.

Der Franz-Josef-Gletscher auf der Südinsel Neuseelands zählt neben dem Foxgletscher zu den Kleinoden des Westland-Nationalparks. Der Eisstrom ist kleiner als der benachbarte Tasmangletscher, aber deshalb nicht weniger berühmt. Dies ist einerseits auf die gute Kenntnis der historischen Gletscherschwankungen und andererseits auf den leichten Zugang zu seiner Gletscherstirn zurückzuführen. Der europäische Geologe Sir Johann Franz Julius von Haast (1824 bis 1887) beschrieb im Jahr 1879 erstmals diesen Eisstrom. Den allerersten Kontakt mit dem Gletscher aber hatten vorher wahrscheinlich schon die Seeleute der „Maria-Luisa", die Mitte des 19. Jahrhunderts das riesige Eisfeld an der Nordwestseite des Mount Cook entdeckten. Der Gletscher erhielt später zu Ehren des österreichisch-ungarischen Kaisers den Namen Franz-Josef-Gletscher.

Sein Nährgebiet, das Firnfeld, liegt in etwa 2700 m Höhe über dem Meer und besitzt ein Einzugsgebiet von mehr als 2000 ha. Der mehrere Kilometer lange Gletscher reicht heute mit seiner Stirn bis in eine Höhe von 215 m hinunter. Die Gletscherzunge stößt allmählich in ein von steilen Wänden begrenztes Tal vor, dessen Hänge zum Teil mit einer Buschvegetation bestanden sind. Dabei schiebt sie Moränenmaterial vor sich her. Der aus dem Gletschertor fließende Gletscherbach führt die Schmelzwässer nach kurzem Lauf direkt der Tasmansee zu. In den tiefer liegenden Regionen verliert der Gletscher wegen der höheren Lufttemperaturen an Masse. Deshalb wird er talwärts zunehmend von mächtigen Seitenmoränen begleitet, die mehr oder weniger stark ausgeschmolzen und zusammengesackt sind.

Die Fließgeschwindigkeit des Eisstromes ist bereits mehrfach bestimmt worden; sie liegt unter 1 m/Tag. Dabei bewegt sich das Zentrum des Gletschers schneller als seine Ränder. Für kurze Zeiträume wurden aber auch schon Geschwindigkeiten von über 1 m/Tag beobachtet. Derartige Steigerungen treten immer dann auf, wenn die Eismächtigkeit aufgrund von Klimaverschlechterungen (höhere Niederschläge und geringere Temperaturen) zunimmt.

Der Gletscher schmolz seit dem Ende des 19. Jahrhunderts ständig zurück. Dieser Rückgang erfolgte nicht gleichmäßig, sondern war besonders um die Mitte der sechziger Jahre unseres Jahrhunderts zahlreichen Schwankungen unterworfen. Nach dieser Rückzugsphase nahm das Eisvolumen des Gletschers in jüngster Zeit wieder zu; dennoch hat er seine Ausmaße des letzten Jahrhunderts noch lange nicht erreicht.

Nach der Errichtung fotografischer Stationen rund um den Gletscher konnten neuseeländische Geologen die Bewegungen der Gletscherstirn verfolgen. Ein Teil der dort aufgenommenen Bilder trug wesentlich zur Erforschung des Franz-Josef-Gletschers bei. Die dort gewonnenen Erkenntnisse konnten auch bei der Beobachtung anderer Eisströme angewendet werden.

Franz-Josef-Gletscher *Zwischen den Bergkämmen des Westlands zerfällt der von ewigem Schnee genährte Eisstrom entlang zahlloser Spalten und Risse in einzelne Gletscherbrüche. Sie entstehen durch Unebenheiten des Felsuntergrundes, die in der zu Tal fließenden Eismasse Spannungen erzeugen.*

Frasassi, Grotten von

Europa, Italien
43° 26′ n. Br., 12° 56′ ö. L.

Folgt man dem Lauf des Esinos stromaufwärts in den Apennin, so gelangt man zum Ausgang einer unterirdischen Märchenwelt, in der die merkwürdigen Formen mehrerer tausend Tropfsteingebilde die Phantasie anregen.

Der Kontrast zwischen dem Relief des nördlichen und des zentralen Apennins ist beeindruckend. Von Ancona kommend, gelangt man zunächst in das Gebiet der Felsschluchten von Frasassi, im Inneren des nördlichen Marchigianos. Man folgt

Frasassi *Zahllose Tropfsteine und durchscheinende Kalkwände, unaufdringlich und doch eindrucksvoll illuminiert, spiegeln sich im klaren Wasser des Höhlenbaches wider.*

Grotte steht die Kapelle Santa Maria. Von hier aus gelangt man in das Innere der Höhle, wo die verschiedenartigen Formen zahlloser Stalaktiten und Stalagmiten, die vom Sickerwasser glänzend geworden sind, ein faszinierendes Farben- und Formenspektrum bieten. Fledermäuse, die oft dicht an den Besuchern vorbeifliegen, vervollständigen das geheimnisvolle Bild. Die größte Höhle dieses unterirdischen Grottensystems wurde erst Anfang der siebziger Jahre entdeckt. Ihre Säle sind so groß, daß man ohne Schwierigkeiten eine Kathedrale in ihnen bauen könnte. Die Gänge sind durch eine Reihe von Säulen ausgeschmückt, deren schönste Partien von Scheinwerfern angestrahlt werden.

Im Nationalmuseum von Ancona befinden sich die prähistorischen Funde, die in den Grotten im Laufe der Jahre gemacht wurden. Es sind Waffen, Werkzeuge und menschliche Knochen, die ein beredtes Zeugnis von der Besiedlungsgeschichte der Höhlen abgeben.

Fraser River

Amerika, Kanada
49° 34'–52° 20' n. Br., 121° 25'–122° 15' w. L.

Ein reißender Strom, der am Grund eines tiefen Canyons dahintost. Während des Goldrausches noch ein verkehrstechnisches Hindernis, wurde das Tal des Fraser Rivers im 20. Jahrhundert eine der bedeutendsten Verkehrslinien, die die kanadische Kordillere queren.

Im Jahr 1793 entdeckte A. Mackenzie den Fraser River. 15 Jahre später wurde dieser gefährliche Fluß von S. Fraser erforscht

Fraser River *Nach den ersten Katarakten tritt der Fluß in den Cariboocanyon ein.*

dem Flußlauf des Esinos durch eine grüne Hügellandschaft, die im Flysch des nördlichen Apennins angelegt ist. Doch dann betritt man die völlig andersartige, von bizarren Formen geprägte Kalklandschaft des zentralen Apennins.

Das Wasser des Esinos schäumt auf dem Boden des Tales, das sich zu einer tiefen Schlucht mit vorspringenden Felswänden verengt. Pflanzenwuchs wird immer seltener. Fährt man auf der Straße am Talgrund des Canyons, so sieht man vom Himmel nur noch ein schmales Band. In dieser wilden Gebirgsgegend mit Kalkschichten von mehreren hundert Metern Mächtigkeit haben Lösungsvorgänge ein großes Karstsystem mit wunderschönen Tropfsteinhöhlen geschaffen. Besonders die Grotten von Frasassi sind aufgrund ihrer außergewöhnlichen Formenvielfalt nicht nur für den Touristen interessant, sondern ebenso für den Geologen und Archäologen.

In der Nähe des Eingangs zur ältesten, schon im letzten Jahrhundert erforschten

und trägt seither den Namen dieses wagemutigen Pioniers.

Nachdem der Fraser River die Hochebene des Fraserplateaus in ruhigem Lauf durchquert hat, schneidet sich der wasserreiche Fluß hinter der Ortschaft Soda Creek immer tiefer in den Untergrund ein. Noch vor Lillooet erreicht der gewaltige Canyon seine größte Tiefe.

Bis nach Hope verläuft das Flußbett zwischen der Küstenkette im Westen und dem Fraserplateau im Osten. Es folgt in diesem Abschnitt einer großen, nordsüdlich ausgerichteten Bruchzone, die während der tertiären Heraushebung der Rocky Mountains entstanden ist. Diese Verwerfungslinie wurde durch die Wildwasser des Fraser Rivers zum heutigen Cariboocanyon ausgeräumt.

Die klimatischen Verhältnisse dieser Gegend verleihen der Schlucht eine erstaunliche landschaftliche Vielfalt, was die Vegetationsformen anbelangt. Im Norden fallen sehr geringe Niederschläge, so daß hier nur eine dürftige Pflanzendecke aufkommen kann. Im besser beregneten Süden dagegen bedecken ausgedehnte Waldformationen die steilen Talflanken. Zusätzliche Abwechslung erhält die Landschaft des Cariboocanyons durch ungezählte Quarzhärtlinge und Strudellöcher, die von den tobenden Wassermassen herausgearbeitet wurden. Am größten ist ihre Erosionsleistung im Mai, wenn der Fluß während der Schneeschmelze Hochwasser führt. Infolge der hohen Fließgeschwindigkeit und der engen Talform ist er trotz seines Wasserreichtums nur auf den letzten 180 km unterhalb der Stadt Yale schiffbar. Nach einer Fließstrecke von insgesamt 1370 km mündet der Fraser River bei Vancouver in den Pazifischen Ozean.

Während das Tal des Fraser Rivers in früheren Zeiten nur unter großen Gefahren zugänglich war, haben heute die Möglichkeiten der modernen Technik über die Wildheit des Canyons gesiegt. Es wurde zu einem der Hauptverkehrswege über die Kordilleren ausgebaut, und zwar zwischen Prince George und Soda Creek sowie stromabwärts von Lytton.

Frauenmauer- und Langsteinhöhle

Europa, Österreich
47° 34′ n. Br., 14° 58′ ö. L.

Im Frauenmauermassiv, in der Nähe von Eisenerz, liegen zwei Karsthöhlen, die vom Tourismus noch wenig berührt sind. Eine von ihnen enthält mächtige Eissäulen, die andere birgt wunderbare Tropfsteingebilde.

In der Umgebung des Hochschwabs, eines Gebirgszugs der Steirisch-niederösterreichischen Kalkalpen, gehören die Frauenmauerhöhle und auch die Langsteinhöhle

Frauenmauerhöhle *Unweit des Höhleneingangs befindet sich die Eiskammer, ein mit Eissäulen ausgekleideter Gang der Frauenmauerhöhle. Die Außentemperatur ist nicht hoch genug, um das Eis zum Schmelzen zu bringen.*

zu den bekanntesten Naturwundern der Bergwelt. Wenige Kilometer südöstlich von Eisenerz führt ein Fußpfad die Hänge zum Frauenmauermassiv hinauf, das sich im Osten der Stadt erhebt. In 1435 m Höhe verschwindet er im Eingang einer Höhle, durchquert diese und taucht auf der anderen Seite in 1560 m Höhe wieder auf und führt dann ins Tragößthal hinunter. Dieser originelle Weg durch die Frauenmauerhöhle, den die Ortsansässigen gelegentlich auch heute noch benutzen, diente früher als Abkürzung zwischen dem Markt von Eisenerz und dem abgelegenen Gebirgsdorf Tragöß-Oberort. Als Fremder sollte man ihn jedoch keinesfalls ohne Führer begehen.

Schon lange kennt man auch die nicht weit vom Osteingang der Frauenmauerhöhle entfernte Langsteinhöhle, deren herrliche Tropfsteine sehr gerühmt werden. Es besteht eine Verbindung zwischen den beiden Höhlen und ihren Nebengängen, die es ermöglichte, dieses zweite unterirdische Labyrinth zu erforschen.

Dieses steiermärkische Höhlensystem ist ein ausgezeichnetes Beispiel für die unterirdische Lösung von Kalkstein durch in die Tiefe eindringendes Sickerwasser. Die Frauenmauerhöhle stellt ein Anfangsstadium der Korrosionsvorgänge dar. Das Wasser, das in zahlreiche Gänge sickert, hat weiter unten ein zweites, kleineres Stockwerk geschaffen, die Langsteinhöhle. Vom Sammelgebiet der unterirdischen Wasserrinnen in 238 m Tiefe aus verläuft der Hauptkanal in Mäandern im Kalk und verschwindet dann in 396 m Tiefe in einem Schacht.

Fudschijama

siehe Fuji-san

Fuego, Montañas del

Afrika, Kanarische Inseln
29° n. Br., 13° 40′ w. L.

Wüstenähnliche Gebiete und Palmenhaine auf einer Insel mitten im Atlantik. Das ist schon Afrika, und ebenso sind es die „Feuerberge".

Die Montañas del Fuego sind eine der eindrucksvollsten Landschaften auf der Vulkaninsel Lanzarote. Sie gehört zur Gruppe der Kanarischen Inseln und liegt ungefähr 140 km vor der Küste Nordafrikas.

Der Name Lanzarote geht auf den Genueser Seemann Lanzelotto Malocelli zurück, der sich 1312 vorübergehend hier aufhielt, noch ehe Jean de Bethencourt im Jahre 1402 die Insel in Besitz nahm.

Man vermutet, daß die Kanarischen Inseln, ebenso wie Madeira und die Azoren, aus einem unter dem Spiegel des Atlantischen Ozeans liegenden Vulkankamm aufgestiegen sind. Die vulkanische Tätigkeit auf diesen Inseln läßt nicht nach, obgleich sie sich immer mehr von diesem Kamm entfernen. Augenblicklich driften die Kanarischen Inseln mit einer Geschwindigkeit von 5,2 cm im Jahr. Insgesamt haben sie sich schon 1700 km von ihrem Ursprungsort entfernt. Setzt man voraus, daß die Geschwindigkeit konstant geblieben ist, müßten also die ältesten Vulkangesteine, die den Unterbau der Inseln bilden, ungefähr 33 Millionen Jahre alt sein. Lanzarote und die Nachbarinseln Fuerteventura und Gran Canaria haben zum großen Teil einen ähnlichen Landschaftscharakter wie die Sahara.

Montañas del Fuego *Unter dem meist heiteren Himmel der Insel Lanzarote breiten sich mächtige Vulkane aus. Man findet hier tiefe rötliche und gelbe Mulden und dunkle Lavafelder.*

Der Südwesten Lanzarotes mit mehr als 300 Vulkankegeln, Montañas del Fuego genannt, zeugt von vulkanischer Tätigkeit in jüngster Zeit. Im September 1730 brachen etliche Vulkane gleichzeitig aus. Bis April 1736 hielten die Feuerstürme an. Der fruchtbarste Teil der Insel, die Vega von Tomara, wurde damals unter der Lava begraben und mit ihr viele Dörfer. Im Juli 1824 wurde die Insel erneut von den Naturgewalten geschüttelt. Es entstanden drei Krater, die auf einer geradlinigen, 13 km langen Spalte sitzen.

Unser Streifzug durch die Insel beginnt in Yaiza. Man erreicht es, wenn man von der Hauptstadt Arrecife in südlicher Richtung fährt. Die Straße überquert große Flächen verfestigter Lavaströme. Dort haben Weinbauern Mulden in die Erde gegraben, in denen Rebstöcke gut gedeihen. Daran schließen sich Felder an. Sie reichen bis zum Fuß der Montañas del Fuego – einer Gruppe von Vulkankegeln und -kratern. Die Farbskala ihres eisenhaltigen Gesteins reicht von Schwarz über Violett und Rot bis Ocker.

Insgesamt wirkt das Gebiet kahl wie eine Mondlandschaft. Unter dem glühendheißen, schwarzen und rötlichen Sand erstarrt die flüssige Lava. Steckt man hier einen kleinen Zweig in den Boden, dann brennt er nach kurzer Zeit lichterloh. An der Oberfläche beträgt die Temperatur des Sandes 50 °C, in 10 cm Tiefe 100 bis 140 °C und in 50 cm Tiefe 300 °C.

Von der Anhöhe eines Berges kann man schwarze Basaltströme erkennen. Es ist basische, sehr dünnflüssige Lava, die lange braucht, bis sie erstarrt. Der Vulkan Corazoncito dagegen, der einen tiefen Explosionskrater besitzt, ist aus kieselsäurereichen Laven aufgebaut. Sie verfestigen sich sehr schnell, werden aber unter dem Druck der freiwerdenden Gase zu Asche zerstäubt. Diese *Picón* genannten, schwarzroten Aschen enthalten viel Eisen und andere chemische Elemente und Verbindungen, die in der Landwirtschaft als Dünger eine bedeutende Rolle spielen. Die Bauern streuen sie in dicken Schichten auf die Böden. Die Asche hält außerdem die Feuchtigkeit zurück. Dies ist sehr wichtig, weil hier jährlich nur 200 bis 300 mm Regen fallen, die Temperaturen jedoch das ganze Jahr über sehr hoch sind.

Fuji-san (Fudschijama)

Asien, Japan
35° 22′ n. Br., 138° 44′ ö. L.

Ein gewaltiger Vulkan, dessen ebenmäßig geformter, schneebedeckter Kegel aus der Ferne aussieht, als sei er auf dem Reißbrett entworfen worden. Der Fudschijama, das Dach des japanischen Archipels, wird seit alters her von den Inselbewohnern als heiliger Berg und Sitz der Götter verehrt.

Nach einer alten Überlieferung geht die Entstehung des Fudschijamas auf ein riesiges Erdbeben im Jahr 286 v. Chr. zurück. Im fünften Jahr der Regierung des Kaisers Korei öffnete sich eine gewaltige Erdspalte, aus der der heilige Berg emporwuchs. Gleichzeitig bildete sich der 300 km entfernte Biwasee.

Als Zeichen für die Verehrung des Fudschijamas, den man wegen seiner Ebenmäßigkeit für den Sitz von Göttern hielt, ließ Kaiser Heizei im Jahr 806 n. Chr. den ersten Schintotempel auf dem Gipfel des Vulkans errichten, der seitdem das Ziel unzähliger Pilger war. Auch heute wird er jährlich zwischen dem 1. Juli und dem 31. August, wenn der Gipfel schneefrei ist, von mehr als 300000 Menschen bestiegen.

Fudschijama *Der höchste Berg der japanischen Inselwelt ist einer der berühmtesten und schönsten Schichtvulkane der Erde. Sein mächtiger Kegel sieht so regelmäßig aus, daß man meinen könnte, er sei auf dem Reißbrett entworfen worden. Als markanter Orientierungspunkt erhebt sich der schneebedeckte Gipfel mehr als 3700 m über die Bucht von Tokio.*

Der Fudschijama liegt nahe der Südküste der japanischen Insel Honschu, rund 100 km westlich von Tokio. Er ist ein aktiver Strato- oder Schichtvulkan, dessen letzter Ausbruch jedoch schon länger als 270 Jahre (1707) zurückliegt. Die Höhe seines Kegels beträgt 3776 m bei einer Grundfläche von 908 km²; damit ist er der höchste und zugleich auch größte Berg Japans.

Der geologische Bauplan des Fudschijamas ist jedoch nicht so einfach, wie man aufgrund der Regelmäßigkeit des Kegels annehmen könnte. Seine Entstehungsgeschichte wurde von japanischen Wissenschaftlern rekonstruiert und deckt sich – wie eigentlich kaum anders zu erwarten war – nicht mit den seit alters her überlieferten Ereignissen. Auf einem Sockel älterer vulkanischer Gesteine, die aus dem frühen und mittleren Tertiär stammen, erheben sich drei ineinandergeschachtelte Vulkane, deren jüngstes Glied der Kegel des in geschichtlicher Zeit aktiven Feuerberges ist.

Die bis zu 1800 m Höhe aufragenden Gebirgszüge im Westen, Norden und Osten des heutigen Fudschijamas sind die Reste einer der beiden vorangegangenen Vulkangenerationen.

Die Entstehung verschachtelter Vulkane muß man sich wie folgt vorstellen: Die gewaltige Magmakammer unter dem Krater eines Vulkans entleert sich bei einem besonders schweren Ausbruch vollkommen, so daß die Decke des entstandenen Hohlraumes einstürzt. Die Einsturzstelle wird von den ehemaligen Kraterwänden, die als Reste des alten Feuerberges stehenbleiben, ringförmig umschlossen. Wenn es im Zentrum einer solchen als Caldera bezeichneten Vulkanruine abermals zu Ausbrüchen kommt, wird innerhalb der älteren Kraterumrandung ein neuer Kegel aufgebaut.

Als Schichtvulkan besteht der heutige Fudschijama aus abwechselnden Lava-, Tuff-, Schlacken- und Aschenlagen. Das geförderte Material stammt jedoch nicht nur aus dem großen Hauptkrater, sondern auch aus etwa 70 kleineren Nebenkratern, die als parasitäre Vulkane bezeichnet werden. Sie entstehen an tiefen Längsspalten, die den Kegel des Fudschijamas durchziehen und bei größeren Ausbrüchen immer von neuem aufreißen. Einer der größten Nebenkrater ist der Hoei-san an der Südostflanke, dessen Entwicklung während des Ausbruchs von 1707 in 2200 m Höhe einsetzte und bei einer Gipfelhöhe von 2702 m vorerst abgeschlossen wurde. Die damaligen Eruptionen dauerten 14 Tage an. Durch gewaltige Explosionen wurden rund 1 km³ Bimsstein, Bomben und Aschen ausgeworfen, die noch in 100 km Entfernung wiedergefunden wurden. Die vom Hauptkrater ausgeflossenen Lavaströme waren durchschnittlich 1,5 km breit und erreichten Längen von rund 30 km. Heute zeugen nur noch einige Fumarolen von diesem vorerst letzten Ausbruch des heiligen Berges.

G

Gangesdelta

Asien, Bangladesch/Indien
22° 15'–26° n. Br., 88°–91° 30' ö. L.

Wenn der Monsun tobt, wird das ganze Mündungsgebiet des Ganges überflutet, und aus diesem riesigen untergegangenen Garten treten nur grüne Streifen, vom Wasser eingekreiste Dörfer und kleine Inseln, zutage.

Auf dem Luftbild läßt sich die Größe und Schönheit des Gangesdeltas besonders gut erkennen. Wenn der Fluß während der sommerlichen Regenzeit Hochwasser führt, verwandelt sich das Gebiet in eine amphibische Landschaft. Dann ragen aus

Gangesdelta *Die grünen Inseln mit ihren Palmenhainen und Gärten, hartnäckiges Werk einer armen Bevölkerung, stehen unter der ständigen Bedrohung durch die Hochwasser des Ganges. Aber die periodischen Überschwemmungen dieser Gebiete regenerieren auch den Boden durch Ablagerung von fruchtbarem Schlamm.*

der schier endlos erscheinenden Wasserfläche nur vereinzelt kleine Landflächen mit Siedlungen heraus. In der Trockenzeit aber, die hier zur Zeit unseres europäischen Winters herrscht, gleicht das Delta einem grünen Teppich, der von zahllosen Dörfern und kleinen Teichen bedeckt ist. Diese Kontraste zeigen, daß das Delta zu einer von häufigen Flutkatastrophen bedrohten Landschaft gehört, deren Bild durch den Wechsel der Jahreszeiten stark geprägt ist. Die Zeit der Überflutung fällt in die Regenzeit, die Ernte wird in der winterlichen Trockenzeit eingebracht.

Das Delta liegt im Süden des Himalajas in einer Geosynklinalen, deren östlicher Teil vom Gangestal eingenommen wird. Seit der Auffaltung des Himalajas im Tertiär transportieren die Flüsse das Verwitterungsmaterial aus dem Gebirge in die Vorsenke und sedimentieren es dort. Im Bereich des Deltas lagern sich nur noch feinkörnige, schlammige Sedimente ab. Allein die Materialführung des Ganges wird unterhalb von Bhagalpur auf etwa 150 Millionen m³ geschätzt. Auf diese Weise wird sein Delta allmählich immer höher gelegt und weiter ins Meer vorgeschoben.

Das Delta wird von zwei Flüssen gebildet, dem Ganges und dem Brahmaputra. Der Ganges entspringt aus einem Gletscher mitten im Himalaja, in 4200 m Höhe. Seine Quelle ist mehr als 2700 km vom Delta entfernt. Er entwässert eine Fläche von rund 1 Million km², was beinahe der doppelten Größe Frankreichs entspricht. Im Sommer führt der Monsun aus Südwesten feuchte Luftmassen vom Indischen Ozean heran. Diese Luft stößt auf den Himalaja, wird so zum Aufsteigen gezwungen und regnet sich dabei ab. Deshalb erhalten das Gangestal und die Südhänge des Himalajas bedeutende Niederschläge, die im Mittel zwischen 1500 und 1800 mm/Jahr betragen. Sie sorgen für eine durchschnittliche Jahresabflußmenge des Ganges von 13 000 m³/s, wobei aber schon Abflußspitzen von mehr als 60 000 m³/s gemessen wurden. Während der Trockenzeit garantieren die Schmelzwasser der Himalajagletscher eine winterliche Mindestabflußmenge von mehr als 1000 m³/s. Zu den Wassermengen des Ganges kommen im Deltagebiet die des Brahmaputras hinzu. Der Brahmaputra entspringt in einer trockenen Gebirgslandschaft nördlich des Himalajas. Auf seinem Weg zum Golf von Bengalen durchquert er jedoch das Monsungebiet und erhält durch die Monsunniederschläge eine durchschnittliche Abflußmenge, die sogar noch höher als die des Ganges ist (25 000 m³/s).

Durch das Zusammenspiel von Hoch-

Was ist ein Delta?

Ein Delta ist die halbkegelförmige Aufschüttung eines Flusses an seiner Mündung. Die großen Deltas entstehen an Meeresküsten, an denen die Sedimentation durch den Fluß stärker ist als die Erosion der Meeresbrandung, was hauptsächlich an flachen Küsten der Fall ist. Die Deltabildung wird durch geringe Gezeitenunterschiede begünstigt. Dies gilt z. B. für die Deltas von Rhone und Nil im Mittelmeer ebenso wie für das Podelta in der Adria und das des Rheins in der Nordsee. Aber es gibt auch Flüsse, die so viel Material transportieren, daß sie trotz starker Gezeiten ein Delta aufschütten können. Hierzu zählen u. a. der Hwangho, der Mississippi und der Amazonas, der im Jahr etwa 1 Milliarde Tonnen Sediment transportiert und damit kontinuierlich sein von der See zerstörtes Delta regeneriert.

Das Vorhandensein eines flachen Schelfgürtels, auf dem sich das vom Fluß mitgeführte Material ablagern kann, ist ebenfalls Voraussetzung für die Bildung und Entwicklung eines Deltas. Die äußere Form des Deltakegels ist unterschiedlich. Er kann fächerförmig, halbrund in das Meer hineinragen oder durch viele Inseln gegliedert sein.

Das Längenwachstum eines Deltas ist je nach den natürlichen Gegebenheiten sehr verschieden. Es kann von wenigen Zentimetern bis zu einer Größenordnung von 100 m/Jahr reichen. Das Delta stellt in Form, Größe und Wachstumsgeschwindigkeit immer das Ergebnis eines Gleichgewichts zwischen Flußaufschüttung und Meereserosion dar.

---

wasser führenden Flüssen und gleichzeitigen monsunalen Starkregen entsteht in dem 44 000 km² großen Delta zur Regenzeit eine ausgedehnte Sumpflandschaft. Weht der Wind vom Golf von Bengalen aufs Land, so treibt er zusätzlich das Seewasser in die Deltaarme hinein. In solchen Fällen macht sich der Einfluß der Gezeiten bis zu 200 km landeinwärts bemerkbar.

In der Wasserwelt des Deltas genügen schon kleine Höhenunterschiede von wenigen Metern, um deutliche Landschaftskontraste während der sommerlichen Überschwemmungszeit zu schaffen. Geringe Erhebungen entstehen sehr leicht durch unterschiedlich starke Sedimentation als Folge einer plötzlich eintretenden Verminderung der Fließgeschwindigkeit. Dies geschieht, wenn der Fluß über seine Ufer tritt und im Stillwasserbereich, wo er an Transportkraft verliert, mehr Material ablagert. Die Vegetation spielt hierbei eine wichtige Rolle. So vermindern die Stelzwurzeln der Mangrovewälder, die entlang der Küste von Sundarbans wachsen, die Fließgeschwindigkeit des Wassers zusätzlich. Zwischen ihnen kommt es zu einer verstärkten Sedimentation. Unterschiedliche Fließgeschwindigkeiten innerhalb des Deltagebietes sorgen außerdem für starke Gegensätze zwischen seinem östlichen und seinem westlichen Teil. Der geregelte Abfluß des Hochwassers ist im Osten stark gestört, so daß die über längere Zeiträume stehenbleibenden Überschwemmungstümpel zu Brutstätten von Krankheitserregern werden. Den westlichen Teil des Deltas dagegen durchqueren die Hauptflußadern, die geordnete Abflußverhältnisse garantieren.

Das Gangesdelta wird landwirtschaftlich intensiv genutzt. Auf den kleinen Inseln und Erhebungen liegen Gärten mit Mangobäumen und Kokospalmen. In den Niederungen, die überflutet werden, baut man Reis an. Die Häufigkeit der Überschwemmungen erlaubt das ganze Jahr über Reisanbau. Das Nebeneinander von Reisfeldern in den verschiedensten Reifestadien schafft eine vielseitige grüne Farbpalette. Die Schönheit dieser Landschaft kann jedoch nicht darüber hinwegtäuschen, daß das indische Bengalen und Bangladesch zu den ärmsten Gebieten der Welt gehören.

Geirangerfjord

Europa, Norwegen
62° 05′ n. Br., 7° ö. L.

Im Sommer schmilzt der Schnee auf der Hochfläche des norwegischen Fjells. Gewaltige Wassermassen stürzen über eindrucksvolle Fälle in den tiefen Fjord. Ihr Rauschen ist in der Stille des Meeresarmes fast das einzige Geräusch.

Im Norden der großen Fjorde Westnorwegens, mitten im Sunnmøregebirge, liegt der Geirangerfjord. Er zählt zu den schönsten und eindrucksvollsten der Erde. Geiranger ist Zielhafen vieler Kreuzfahrten. Der Ort liegt an der östlichen Spitze dieses langen Meeresarmes, der von hohen Steilwänden eingefaßt ist. Das Bild der verschneiten Hochebenen, das sich im stillen Wasser widerspiegelt, ist für den Reisenden unvergeßlich.

Der Geirangerfjord gehört zu dem verzweigten System des Storfjords. Dies ist ein breiter, rund 110 km langer Fjord, der an einigen Stellen mehr als 600 m tief ist. Er mündet in der Nähe von Ålesund in die Norwegische See. Der Geirangerfjord zweigt rechtwinklig vom Sunnylvsfjord nach Osten ab. Er ist 16 km lang, bis zu 233 m tief und nur zwischen 600 und 1000 m breit. Wie alle norwegischen Fjorde ist er in ein als Fjell bezeichnetes Hochplateau eingeschnitten, das eine alte Erosionsfläche der eiszeitlichen Gletscher darstellt. Die Hochfläche wird von scharfgratigen Berggipfeln, sogenannten Nunatakkern, überragt. Zu den größten Erhebungen gehören der Blåhorn (1738 m) und der Såthorn (1778 m). Auch heute noch ist ein Teil des Fjells vergletschert, so z. B. am Såthorn. In der Nähe des Geirangerfjords wurden von den eiszeitlichen Gletschern zahlreiche Kare in die Hochfläche eingeschnitten. Die Schmelzwasser der winterlichen Schneemassen sammeln sich heute in diesen vom Eis verlassenen Karen, fließen von hier in tiefen Kerbtälern weiter und stürzen dann durch enge Rinnen oder über Wasserfälle in den Fjord. Zu diesen Kas-

Geirangerfjord

◄ **Geirangerfjord** *Durch den tiefen, von Gletschern der Eiszeit geschaffenen Einschnitt des Fjordes drang das Meer mehr als 100 km weit ins Landesinnere vor. Über die steilen Talwände stürzen die von der Hochfläche des Fjells kommenden Schmelzwasserbäche in eindrucksvollen Wasserfällen in den Fjord.*

kaden gehören die bekannten Fälle der Sieben Schwestern (Syv Söstre).

Der Geirangerfjord zählt zwar nicht zu den tiefsten Fjorden Norwegens, aber die eiszeitlichen Gletscher haben hier trotzdem ein lehrbuchhaft ausgebildetes Trogtal geschaffen, das nach dem Abschmelzen der Eismassen vom Meer geflutet wurde. Seine Wände sind bis zu 400 m hoch und tauchen steil in die Wasser des Fjords ein. Er wird gegen Westen zum Sunnylvsfjord hin breiter, denn hier flossen früher die Eisströme des Geirangerfjords und des Sunnylvsfjords zusammen.

Ghar Parau

Asien, Iran
34° 20′ n. Br., 47° 05′ ö. L.

Unter den zahlreichen in die Tiefe hinunterreichenden Spalten einer verkarsteten Hochfläche ist vor allem der Schlot von Ghar Parau immer wieder Ziel zahlreicher Expeditionen. Er ist die tiefste bekannte Karsterscheinung Asiens.

Seit etwa 15 Jahren kennt man die interessanten Karstgebiete des Sagrosgebirges, der nordöstlichen Begrenzung des Tieflands von Mesopotamien. Vor allem britische Höhlenforscher arbeiteten in diesem Massiv. Die systematische Untersuchung des Gebirgskarstes führte zur Entdeckung und Erforschung des Ghar Paraus. Er ist die tiefste Höhle des asiatischen Kontinents.

Man erreicht das Kuh-e-Parau-Massiv als einen Teil des Sagrosgebirges auf der Straße, die von der Stadt Kermanschah nach Hamadan führt. Es liegt genau zwischen den Ortschaften Tāq-e Bostan und Bisotoun. Wenn man von Tāq-e Bostan zum Weiler Mangatot aufsteigt, gelangt man in eine mitten im Gebirge gelegene Mulde, die zwischen zwei Kalkkämmen eingebettet ist. Der nördliche Kamm erreicht im Kuh-e Parau eine Höhe von 3352 m. Südlich des Gipfels liegt eine Hochfläche aus Kalkgestein, die mit Dolinen und tiefen Karstschloten übersät ist. Der größte dieser senkrecht nach unten führenden Schlote befindet sich direkt auf der südlichen Abdachung des Kuh-e Paraus. Er bildet den Eingang zu einer sehr tief gelegenen Höhle. Zur Zeit der Schneeschmelze sammelt er das Wasser, das ihm durch steinige Schluchten zugeführt wird, so daß dieses nach unten in die Höhle eindringt.

Durch den im unteren Teil mit Verwitterungsschutt gefüllten Schlot des Ghar Pa-

Ghar Parau *In der Dunkelheit des unterirdischen Irrgartens reflektieren die hellen Tropfsteine das grelle Licht von Scheinwerfern. Man erkennt die unzähligen Phantasieformen von Stalagmiten und Stalaktiten, die durch die Ausfällung von Kalkspat und Aragonit entstanden sind.*

raus gelangt man in einen weiten Tunnel. An dessen Ende wechselt die Höhle ihre Form. Der Gang geht in einen unterirdischen Canyon über, dessen Wände durch Kaskaden gegliedert sind. Benutzt man höherliegende Tunnels, so kann man die Wasserfälle umgehen. In den höheren Teilen der Gänge kristallisieren Aragonit und Kalkspat aus. Sie bilden wundervoll geformte Stalaktiten und Stalagmiten.

Die Ghar-Parau-Höhle wurde erst Anfang der siebziger Jahre entdeckt. Damals wurde sie bis zu einer Tiefe von über 700 Metern erforscht.

Giant's Causeway

Europa, Großbritannien
55° 14′ n. Br., 6° 32′ w. L.

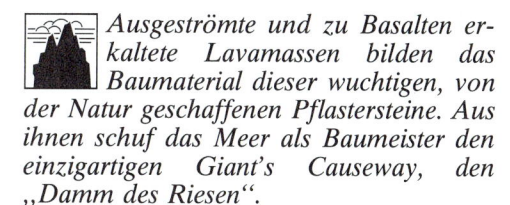

Ausgeströmte und zu Basalten erkaltete Lavamassen bilden das Baumaterial dieser wuchtigen, von der Natur geschaffenen Pflastersteine. Aus ihnen schuf das Meer als Baumeister den einzigartigen Giant's Causeway, den „Damm des Riesen".

Der Giant's Causeway liegt an der Nordküste des Plateaus von Antrim in Nordirland. Er ist ein durch Meeresabrasion entstandener Damm, der aus Tausenden von den Wellen des Atlantiks zu Stümpfen abgeschliffenen Basaltsäulen besteht. Sie erinnern an eine gepflasterte Straße.

Der „Damm des Riesen" ist ein kleines Vorgebirge, dessen drei fingerförmige Ausläufer Großer, Mittlerer und Kleiner Causeway genannt werden. Auf dem mittleren Finger ist die Abschleifung der Lavasäulen am vollkommensten ausgeprägt. Die meisten von ihnen bilden sechseckige, häufig auch fünfeckige Prismen. Daneben findet man noch Polygone mit 4, 7, 8, ja sogar 9 oder 10 Seiten. An den Rändern des höherliegenden Großen Causeways läßt sich die ursprüngliche Länge der Basaltsäulen feststellen.

Das außergewöhnliche Aussehen des Giant's Causeways kommt vor dem Hintergrund der umliegenden Klippen besonders zur Geltung. Die schwarz-, grau- und rotgestreiften Felsen bieten ein großartiges Bild. Sie bilden steinerne Amphitheater, die breite Buchten umrahmen. Einzelne an der Küste liegende Grotten erlauben einen Einblick in den geologischen Aufbau des Plateaus von Antrim. Es ist eines der Ergebnisse des tertiären Vulkanismus, der weite Teile der Britischen Inseln geprägt hat. Das Plateau besteht aus Trappdecken, die durch Übereinanderschichtung von Strömen flüssiger Lava entstanden. Ihre Basalte wurden von drei verschiedenen, flächenhaft ausströmenden Lavaergüssen gebildet. Die Basalte der ersten Schicht sind schwarz und reich an Olivin. Die darüberliegende zweite Schicht besteht aus grauen, kieselsäurereichen Basalten. Die dritte Schicht wurde im Küstenbereich nach dem Tertiär wieder abgetragen.

Giant's Causeway

Die Abtragung vulkanischer Gesteine

Vulkanische Formen an der Erdoberfläche bleiben verschieden lange erhalten, je nachdem, wie widerstandsfähig ihr Gestein gegenüber der Erosion ist.

Die lockeren vulkanischen Aschen werden am schnellsten abgetragen. Gleiches gilt für vulkanische Schlacken. Deshalb werden die aus Lockermaterial bestehenden Vulkankegel von sich schnell vertiefenden Gräben zerfurcht, die als Barrancos bezeichnet werden. Nur die großen hawaiianischen Schildvulkane sind durch einen dicken, harten Lavapanzer gegen die Erosion geschützt. Um so schneller werden jedoch umliegende weichere Gesteine abgetragen, die einen Teil der Vulkanwurzel umhüllen. Die widerstandsfähigen Schichten des Schildvulkans werden dabei als Necks oder Lakkolithe freigelegt.

Die Erosion kann in anderen Fällen sogar so weit gehen, daß das ursprüngliche Relief umgekehrt wird. Ein in einer Rinne oder in einem Tal befindlicher harter Lavastrom wird allmählich durch die Abtragung des umgebenden weicheren Gesteins so weit herauspräpariert, daß er allmählich seine Umgebung als Höhenrücken oder Mesa überragt.

Vorvulkanischer Gesteinsmantel
Basaltdecke
Basalt als Schlot- oder Spaltenfüllung
Agglomeratlava

1 Basalttafel (Mesa); 2 Schlot mit Agglomeratfüllung; 3 Schlot mit Basaltfüllung; 4 Von der Erosion freigelegte Spaltenfüllung (Dyke); 5 Sill.

Die beiden bis heute erhaltenen Lavadecken sind durch eine rote Zwischenschicht voneinander getrennt. Sie ist etwa 10 m mächtig und stellt einen alten tertiären Boden dar. Er entstand im feuchtwarmen Klima des Tertiärs in der Zeit zwischen dem Aufbau der ersten und der zweiten Basaltdecke. Seine rote Färbung erhielt er durch die Bildung von Lateriten. Sie sind die charakteristische Kristallisationsform von Eisenoxiden, wie sie nur in tropischem Klima entstehen können. Der Lateritboden wird vom Meer sehr leicht ausgewaschen, so daß das über ihm lagernde Gestein nachbricht und ebenfalls fortgespült wird. Es entsteht eine Brandungsplattform.

In der mittleren der drei Basaltschichten bilden sich die Säulen des Giant's Causeways heraus. Ihr polygonisches Kluftsystem bildete sich während der Abkühlung der Lava. Durch Zusammenziehen entstanden Spannungen in der erkaltenden Gesteinsmasse, die sich durch das Aufreißen von Schrumpfungsrissen ausglichen. Entlang dieser Schrumpfungsrisse erfolgte von oben nach unten eine weitere Abkühlung, die das Kluftnetz langsam in die Tiefe fortsetzte. Neben den senkrechten Abkühlungsklüften entwickelten sich auch waagerechte Spalten. Sie glichen das vertikale Spannungsgefälle zwischen der bereits abgekühlten Oberfläche des Lavastroms und dessen tieferem Teil aus. Auf diese Weise entstanden polygonische Basaltsäulen, die in der Vertikalen und Horizontalen durch Abkühlungsklüfte gegliedert sind. An der Küste sind vor allem die horizontalen Klüfte sehr anfällig gegenüber der Brandung der Irischen See. Das Meer lockert das Gesteinsgefüge und bricht ganze Teile der Säulen heraus.

Die Küste am Kap des Giant's Causeways, die von der Gischt übersprüht wird, ist ebenso schön wie unwirtlich. Ein großer Teil der Bevölkerung lebt vom Fischfang. Früher gewann man zusätzlich Jod, um auf diese Weise einen Zuerwerb zu haben. Dazu wurden große Mengen der angeschwemmten Meerespflanzen in kleinen Öfen am Strand verbrannt.

◀ **Giant's Causeway** *Große polygonische Basaltsäulen an der Nordküste Irlands, die seit Jahrmillionen den Angriffen des sturmgepeitschten Meeres ausgesetzt sind.*

Gießbachfälle

Europa, Schweiz
46° 44' n. Br., 8° 02' ö. L.

Ein Sturzbach, der die zahlreichen Stufen einer steinigen Felstreppe in einer ununterbrochenen Folge schäumender Kaskaden überwindet – das sind die Gießbachfälle unweit des Brienzer Sees im Kanton Bern.

Die Aare öffnet in Bern den Eingang zur Bergwelt der Alpen. In ihrem Mittellauf durchfließt sie den Brienzer See und den Thuner See. Deren langgestreckte Wasserflächen bildeten einstmals eine Einheit, bevor sie nach der letzten Eiszeit durch den Schwemmfächer von Interlaken getrennt

Gießbachfälle *Vom Berner Oberland kommend, überwindet der Gießbach den Höhenunterschied bis zum Brienzer See in einer Reihe von kleinen Wasserfällen. Die tosenden Wildwasser verursachen einen ohrenbetäubenden Lärm, der von den Felswänden widerhallt.*

wurden. Er verdankt seine Entstehung der Lütschine, die beim Einmünden in den See die mitgeführten Gerölle in einem ausgedehnten Delta ablagerte. Die beiden mehr als 12 km langen Ufer des Brienzer Sees stehen in einem erstaunlichen Kontrast zueinander. Auf der sonnigen Nordseite liegen von Obstgärten umgebene, reich verzierte alpenländische Holzhäuser. Hier verläuft auch die Straße zum Grimselpaß, die über den Alpenhauptkamm ins Wallis führt. Das Südufer dagegen ist mit dunklen Nadelwäldern bestanden und nur sehr dünn besiedelt.

Von Brienz, einem großen Marktflecken am Ostende des Sees, erreicht man den Ort Gießbach über eine kleine Straße, die in Richtung Axalp führt. Hier mündet der Gießbach in den Brienzer See. Auf 7 km Flußlänge stürzt dieser Wildbach vor Erreichen des Seeufers über eine Folge von Kaskaden. Sie erklären sich aus der geologischen Struktur des Gebirges. Die das kristalline Massiv der Jungfrau (4158 m) flankierenden Schichten bestehen aus zusammengepreßten Falten mesozoischer Gesteine. Es sind Sedimentpakete des Doggers und des Malms, deren einzelne Bänke verschiedene Härten aufweisen. Diese wurden von der Erosion treppenförmig herauspräpariert; an jeder Stufe bildet der Gießbach einen kleinen Wasserfall und überwindet auf diese Weise einen Höhenunterschied von insgesamt 300 m.

Diese Naturschönheit der Alpen war schon im 16. Jahrhundert bekannt. Doch erst gegen Ende des 19. Jahrhunderts wurden die Gießbachfälle durch den Bau eines Weges und einer Schwebebahn für den Fremdenverkehr erschlossen. Ihre Beliebtheit hat nie nachgelassen. Nach wie vor werden die Besucher von dem eindrucksvollen Schauspiel der Wasserfälle fasziniert.

Golden-Gate-Highlands-Nationalpark

Afrika, Republik Südafrika
28° 30′ s. Br., 28° 40′ ö. L.

Wie riesige Wachtposten beherrschen zwei Sandsteinfelsen am Rande der Drakensberge den Zugang zu einem der schönsten Nationalparks Südafrikas.

Es ist auch heute noch möglich, in Afrika Giraffen, Zebras, Elefanten oder Antilopen in Freiheit zu beobachten. Dies kann man am besten in einem der zahlreichen Nationalparks Südafrikas, z.B. im Golden-Gate-Highlands-Nationalpark. Er besitzt eine Gesamtfläche von über 4000 ha und liegt im Norden des Freistaates Oranje, südöstlich von Bethlehem.

Seinen Namen erhielt der Nationalpark

Golden-Gate-Highlands-Nationalpark *Langgestreckte Schuttfächer, übersät mit Heidekraut und Mimosen, säumen den Fuß hoher Felsen. Dies sind die Pfeiler des Golden Gate, die den Highlands-Nationalpark beherrschen.*

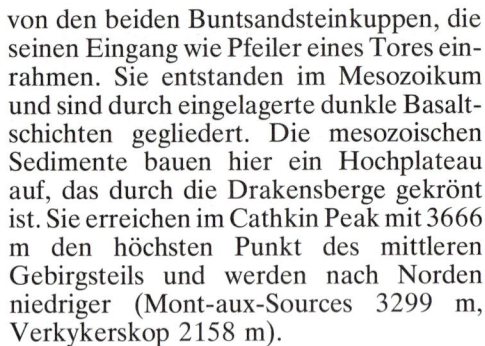

von den beiden Buntsandsteinkuppen, die seinen Eingang wie Pfeiler eines Tores einrahmen. Sie entstanden im Mesozoikum und sind durch eingelagerte dunkle Basaltschichten gegliedert. Die mesozoischen Sedimente bauen hier ein Hochplateau auf, das durch die Drakensberge gekrönt ist. Sie erreichen im Cathkin Peak mit 3666 m den höchsten Punkt des mittleren Gebirgsteils und werden nach Norden niedriger (Mont-aux-Sources 3299 m, Verkykerskop 2158 m).

Nachdem der Nationalpark eingerichtet war, wurden die Hauptvertreter der ursprünglichen Tierwelt, wie Gnus, Antilopen, Büffel, Zebras, Warzenschweine u. a., neu angesiedelt. Wenn er auch, was die Tiere betrifft, mit dem Krüger-Nationalpark nicht direkt zu vergleichen ist, so ist er doch deshalb erwähnenswert, weil er zahlreiche landschaftliche Vorzüge besitzt.

Golondrinas, Sima de las

Amerika, Mexiko
21° 40′ n. Br., 99° 01′ w. L.

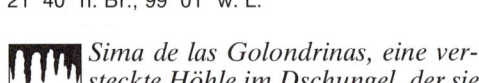

Sima de las Golondrinas, eine versteckte Höhle im Dschungel, der sie von allen Seiten umgibt. Beeindruckend sind die Scharen schreiender Vögel, die pausenlos ein und aus fliegen und den Höhleneingang bevölkern.

Der Name Sima de las Golondrinas, die „Schwalbenhöhle", deutet darauf hin, daß ihre Gänge der Unterschlupf zahlreicher Vogelschwärme sind. Tatsächlich schwirren die Tiere wie eine riesige schwarze Wolke weithin sichtbar über dem Höhleneingang. Dies ist der erste Eindruck, wenn man aus dem Dschungel heraustritt und sich dem Vogelparadies nähert. Plötzlich erweitert sich das Blickfeld, das bis dahin durch den dichten Wald auf wenige Meter beschränkt war. Man steht vor einer großen schwarzen Öffnung, die von weißen Felsen eingerahmt ist und wie ein Schacht in die Tiefe führt.

Die Sima de las Golondrinas liegt innerhalb des Gebirgszuges der Östlichen Sierra Madre, im Südwesten des Staates San Luis Potosí. Man erreicht sie auf der Straße, die von Mexiko nach Monterrey führt. Nordwestlich dieser Straße liegt die Höhle im vom Dschungel bedeckten Gebirge. Sie ist nur auf einem langen, beschwerlichen Fußmarsch zu erreichen.

Trotz ihrer Abgelegenheit muß sie doch schon den dort ansässigen Indianern bekannt gewesen sein. Sie haben diese Gebirgsregion bereits um 1000 v. Chr. bewohnt. Die Höhle wurde aber erst Mitte des 20. Jahrhunderts von einer Gruppe mexikanischer und französischer Bergsteiger durch Zufall wiederentdeckt und oberflächlich untersucht.

Die Erforschung des Höhlenkomplexes erfolgte vorwiegend in den sechziger Jahren. Amerikanische Wissenschaftler waren an den Arbeiten maßgeblich beteiligt. Sie ließen sich bis zum Grund der ersten Höhle in über 300 m Tiefe abseilen. Später wurden weitere Höhlengänge entdeckt, die tiefer als 500 m in das Kalkgestein hinunterführen. Auch heute noch zieht die Faszination der Höhle Forscher immer wieder in ihren Bann. Der senkrecht verlaufende Schlot der Höhle erweitert sich nach unten glockenförmig zu einer großen Halle. Ihr Boden ist fast vollständig mit einer dicken Schicht aus Vogelkot bedeckt. Von dieser großen unterirdischen Halle führen kleinere Höhlen und Gänge noch tiefer in das Gestein.

Die Sima de las Golondrinas gehört zu den bedeutendsten Senkrechtschloten der Erde. Zu den mächtigen unterirdischen Karsthohlformen Mittel- und Südamerikas gehören auch noch die mexikanische Höhle „El Sotano" und die zylindrischen Schlote im Karstgebiet Venezuelas.

Grand Canyon

Amerika, USA
36° 03′ n. Br., 112° 09′–114° w. L.

Im Lauf einer langen erdgeschichtlichen Entwicklung hat sich der Grand Canyon des Colorados gebildet. Die angeschnittenen Gesteinsschichten bieten einen faszinierenden Einblick in die geologische Vergangenheit der Erde.

Der Grand Canyon, eines der großen Naturwunder der Erde, liegt im Nordwesten Arizonas. Er ist 1800 m tief, ungefähr 350 km lang und 6 bis 30 km breit.

Im 16. Jahrhundert entdeckten die Konquistadoren diese Gegend, doch erst 1869 erforschte John Wesley Powell den Canyon. Mit einem Boot fuhr er den Colorado River hinab und erbrachte als erster den Beweis, daß sich der Fluß tief in die Gesteinsschichten eingeschnitten und so den

Grand Canyon *Wie ein aufgeschlagenes Buch der Erdgeschichte mutet der Grand Canyon an. Fast horizontal folgt Schicht auf Schicht. Blickt man von der Höhe des Canyons hinab, dann breitet sich ein Meer von Kegeln, Klippen, Riffen, Türmen und steilen Felswänden in den verschiedensten Farbtönen vor einem aus.*

Canyon geschaffen hat. Die Schichten zu beiden Seiten des Tals gehören jeweils der gleichen Fazies an. Daher kann der Grand Canyon nicht infolge eines Grabenbruchs entstanden sein.

Interessant ist die geringe Neigung der Gesteinsschichten. Dies läßt sich an den Talwänden besonders gut beobachten. Sie sind treppenförmig in Steilstufen gegliedert. Harte Gesteinsschichten wechseln mit weichen. Die höchste Schicht, der Kaibabkalk, ist ungefähr 100 m mächtig und wurde im Perm abgelagert. Er ist weiß, reich an Versteinerungen, eine Meeresablagerung. Daran schließen sich die gelblichen Coconinokalke an. Eine deutliche

Stufe bildet die Supaiformation, die aus roten und grauen Sandsteinen, Kalken und Schiefern besteht. Einen weiteren Leithorizont bilden die Redwellkalke aus dem Unterkarbon. Die Schlucht des Grand Canyons selbst ist in die Granite, Gneise und Glimmerschiefer des archaischen Grundgebirges eingeschnitten, die an etlichen Stellen von roten Sandsteinen, von Schiefern und Kalken aus dem Algonkium schräg überlagert werden.

Im Miozän wurde das Coloradoplateau gehoben. Die Schichten aus dem Eozän, der Kreide, dem Jura und der Trias wurden von der Erosion erfaßt und zum großen Teil abgetragen. Danach schnitt sich der Colorado noch tiefer ein, bis er schließlich sogar den Sockel erreichte.

Neben der Tiefenerosion kommt der Seitenerosion eine große Bedeutung in diesem Gebiet zu. Ihr vor allem ist es zu verdanken, daß hier eine solche Natursehenswürdigkeit entstand.

Eine ideale Voraussetzung für die Bildung unzähliger Klüfte, Türme, Stufen und Vorsprünge bildete die Wechsellagerung harter und weicher Gesteinsschichten. An ihnen arbeiten die Nebenflüsse des Colorados, Winde und ständige, sehr stark ausgeprägte Temperaturschwankungen. Doch konnten die vielen, zum Teil recht bizarren Formen des Grand Canyons nur in einem extrem trockenen Klima entstehen und erhalten bleiben.

Auch wenn in erster Linie die grandiose Landschaft den Besucher beeindruckt, so darf doch auch die Vegetation des Gebiets nicht ganz außer acht gelassen werden. In erstaunlicher Weise haben sich die Pflanzen an die extremen Umweltbedingungen angepaßt. Man unterscheidet drei Höhenstufen der Vegetation. In der am tiefsten gelegenen Zone, wo große Hitze und Trockenheit herrschen, wachsen vor allem Wüstenpflanzen. Daran schließt sich eine gemäßigte Klimazone an, in der sich Eichen und Wacholdersträucher behaupten können. Oberhalb der 2000-Meter-Grenze herrscht Mischwald mit Douglasien und Espen vor. Diese Höhenstufe ist im Winter von Schnee bedeckt.

Man teilt den Grand Canyon gewöhnlich in zwei Zonen, in die des Nordrands und des Südrands, ein. Beide bieten eine große Vielfalt an Landschaften, schöne Aussichtspunkte auf die *Painted Desert* – die „Bunte Wüste" – und zahlreiche Ausflugsmöglichkeiten. Allerdings kann man den Nordrand, der 350 m höher ist, nur im Sommer besuchen, während der Südrand jederzeit zugänglich ist. Das Gebiet ist für den Tourismus hervorragend erschlossen. Sportliche und geübte Leute können mit dem Kanu den Colorado hinabfahren. Sehr beliebt sind die Ritte auf Mulis hinab auf den Grund des Canyons. Diese grandiose Schlucht zeigt in sehr eindrucksvoller Weise, wie sich Landschaften und Klimate verändern, wie bestimmte Oberflächenformen entstehen. Sie stellt uns wesentliche Tatsachen der Erdgeschichte vor Augen.

Grand Teton

Amerika, USA
43° 45′ n. Br., 110° 49′ w. L.

Die kraftvollen Formen des Granits, schwindelerregende Abgründe und schöne eiszeitliche Täler, eingeschneite und vergletscherte Bergspitzen, üppige Frühlingsblumenpracht, kurz: die Alpen, aber in Wyoming.

Die Silhouette des Grand Tetons ist in Wyoming sehr bekannt. Der Bergriese (4196 m) gehört zum höchsten und imposantesten derjenigen Gebirgsmassive, die den Yellowstone-Nationalpark einrahmen. Er ist Teil einer kurzen, massiven Granitkette gleichen Namens, deren höchste Spitzen von ewigem Eis und Schnee bedeckt sind. Ihre Viertausendergipfel beherrschen das Tal des Snake Rivers, das mehr als 2000 m tiefer liegt. Der Höhenunterschied wirkt besonders gewaltig, weil der Gebirgskette keine niedrigeren Hügel vorgelagert sind.

Die Grand Teton Range wurde im Tertiär vor ungefähr 60 Millionen Jahren aufgefaltet. Ihre westliche Flanke brach dabei ein und bildet das heutige Tal von Jackson Hole. Später haben die Eismassen des Pleistozäns die Oberflächenform des Gebirges tiefgreifend überformt und dieser Landschaft ihre heutige Gestalt verliehen. Die auch heute noch vorhandenen Gletscher sind ähnlich wie die der Alpen nur noch Reste der ehemals sehr viel größeren Eisströme. Sie haben vor ihren Gletscherstirnen mächtige Endmoränen aufgeschüttet; diese bestehen aus den großen Schuttmengen, die die Eismassen mitgeführt haben. Auch heute noch wird beobachtet, daß sich die Gletscher fortbewegen. Dabei schufen sie während der Eiszeiten tief eingeschnittene, breite Täler, die im Querschnitt wie ein U aussehen. Diese klassische Form der Trogtäler ist in der Grand Teton Range sehr deutlich ausgebildet. Ihre vom Eis überschliffenen Hänge weisen noch heute sichtbare Schrammen auf, an denen man die Bewegungsrichtung der pleistozänen Eisströme ablesen kann.

Mit seiner Vegetation und seinem gewaltigen Relief drängt das Gebirgsmassiv den Vergleich mit den europäischen Alpenlandschaften auf. Ein gut ausgebautes Straßennetz ermöglicht es dem Besucher, die schönsten Stellen der Grand Teton Range mühelos zu erreichen.

Great Fish River

Afrika, Namibia
28° 50′ s. Br., 18° 30′ ö. L.

Der Great Fish River durchfließt ein einsames Tal, das an einer Stelle einen mächtigen Canyon bildet, der wie eine tiefe Wunde im dunklen Gestein des südafrikanischen Hochlandes aussieht.

Die Straße von Lüderitz nach Keetmanshoop durchquert eine der eindrucksvollsten Gegenden des südwestlichen Afrikas. Der Namib, einer 1300 km langen und nur 30 bis 100 km breiten Sandwüste im Küstenbereich, folgt landeinwärts sehr bald eine Steinwüste. Die bis dahin von riesigen Dünenfeldern eingehüllten Granite des

Grand Teton *In den kristallklaren Wassern eines einsamen Bergsees spiegeln sich die gewaltigen Bergriesen der Grand Teton Range. Ihre senkrechten Felswände überragen das Tal des Snake Rivers, dessen Flanken man im Hintergrund erkennen kann, um mehr als 2000 m.*

Great Fish River *Der tiefe Canyon des Great Fish Rivers ist ein von der Natur geschaffenes geologisches Profil in der Halbwüste Namibias. Kaum eine höhere Pflanze bedeckt die steilen Talwände und die Erosionsterrassen, die den windungsreichen Flußlauf begleiten.*

Untergrundes treten entlang dieser Landschaftsgrenze in rundlichen Felsburgen an schwindelerregenden Hängen zutage. Dies ist die große Randstufe, die das südafrikanische Binnenhochland gegen die Küstenzone abgrenzt. Weiter östlich lagern der altkristallinen Rumpffläche des Hochlandes jüngere Sedimente auf: Sand- und Kalksteine, die als ausgeprägte Schichtkämme hervortreten. Schließlich durchquert man auf der Höhe von Seeheim nochmals ein metamorphes Gesteinspaket, bevor man in das Becken von Keetmanshoop und die Halbwüste der Kalahari gelangt.

Der Great Fish River durchfließt den südwestafrikanischen Teil des Binnenhochlandes in nordsüdlicher Richtung. Er entspringt 120 km südlich von Windhuk in einem aus Grünschiefern aufgebauten Gebirgszug. In diesem Gebiet ist die alte Rumpffläche durch tiefe Täler in zahlreiche Tafelberge aufgelöst. Das Flußbett erstreckt sich auf seiner gesamten Länge von rund 800 km in einer Zone, die weniger als 400 mm Niederschlag pro Jahr erhält, verteilt auf nur vier Monate. Deshalb hat der Great Fish River eine periodische Wasserführung. Dieser für afrikanische Verhältnisse nur kurze Fluß hat sich in seinem Unterlauf tief in das Binnenhochland eingeschnitten, bevor er in den Oranje mündet. Der 90 km südlich von Seeheim beginnende Fish River Canyon erinnert in manchem an den nordamerikanischen Grand Canyon, jedoch in einem etwas kleineren Maßstab.

Der Fish River Canyon ist in eine mächtige Quarzitserie eingeschnitten, die an den Talhängen drei Erosionsstockwerke bildet. Das obere Stockwerk ist die altkristalline Rumpffläche des Binnenhochlandes, von der aus man den Canyon sehr gut überblicken kann. Weiter unterhalb folgen dann eine breite, stärker zerschnittene Felsterrasse auf halber Höhe und schließlich der schmale Talgrund. Die Landschaft bietet ein sehr unwirkliches Bild: Wüstenlack überzieht das nackte Gestein mit einer monoton wirkenden dunklen Farbe, die horizontalen Erosionsterrassen des Canyons tragen bloß eine ausgesprochen spärliche Trockenvegetation.

Great Lakes
(Große Seen)

Amerika, Kanada/USA
41°–49° n. Br., 76°–92° w. L.

Vorbei ist die Zeit der wildreichen Wälder und fischreichen Gewässer. Von der üppigen Flora und Fauna der Großen Seen ist vielerorts nichts mehr übriggeblieben. Letzte Überreste findet man nur noch in Naturschutzgebieten.

Die Großen Seen verdanken ihre Entstehung der quartären Inlandvereisung Nordamerikas. Damals bedeckten riesige Eisschilde den nördlichen Teil des Kontinents. Das Seengebiet liegt inmitten einer glazial überformten Ebene, in der einem auf Schritt und Tritt Endmoränen, Oser, Drumlins und andere Gletscherablagerungen der letzten Eiszeit begegnen. Oser sind lange, dammartige Aufschüttungen aus deutlich geschichteten fluvioglazialen Ablagerungen. Sie bildeten sich vorwiegend beim Rückzug der Gletscher. Drumlins haben die Form von Walfischrücken. Es sind Hügel mit elliptischem Grundriß, die aus Ablagerungen eines älteren Gletschers bestehen. Diese wurden in einer nachfolgenden Eiszeit von jüngeren Gletschern überfahren und überformt.

Die Großen Seen haben sich anfänglich als Sammelbecken der Schmelzwasserabflüsse am Südrand des nordamerikanischen Inlandeises gebildet. Später wurden sie zur Abflußbasis für einen großen Teil des nordkanadischen Gewässernetzes. Bevor sich die glazialen Schmelzwasser in den heutigen Seebecken ansammeln konnten, bedurfte es jedoch mehrerer geologischer Ereignisse, die bereits lange vor den Eiszeiten einsetzten und die die Entwicklungsgeschichte der Großen Seen komplizierter erscheinen lassen, als man auf den ersten Blick meinen könnte.

Den voreiszeitlichen Werdegang der Seebecken kann man in zwei Abschnitte unterteilen. Der erste liegt im Paläozoikum. Er entspricht der Sedimentationsphase, in der die Gesteinsschichten des Untergrundes entstanden. In der zweiten Phase wurde das Gebiet zwischen Rocky Mountains und Appalachen gehoben. Dabei blieben die Hebungsbeträge im Raum der heutigen Großen Seen weit hinter dem Durchschnitt zurück, und es entstand eine tektonische Mulde, die den Gletschern des Pleistozäns als Leitlinie diente.

Das Pleistozän gliedert sich in vier Eiszeiten (Kaltzeiten), die durch klimatisch wärmere Interglazialzeiten voneinander getrennt waren. In diesen Interglazialzei-

Great Lakes *Die Großen Seen von Nordamerika sind nach den polaren Eismassen das größte Süßwasserreservoir der Erde. Wenn man nicht wüßte, daß es sich um ein riesiges Binnengewässer handelt, könnte man sich angesichts der unendlichen Weite und des hohen Wellengangs an die Küste eines Meeres versetzt glauben.*

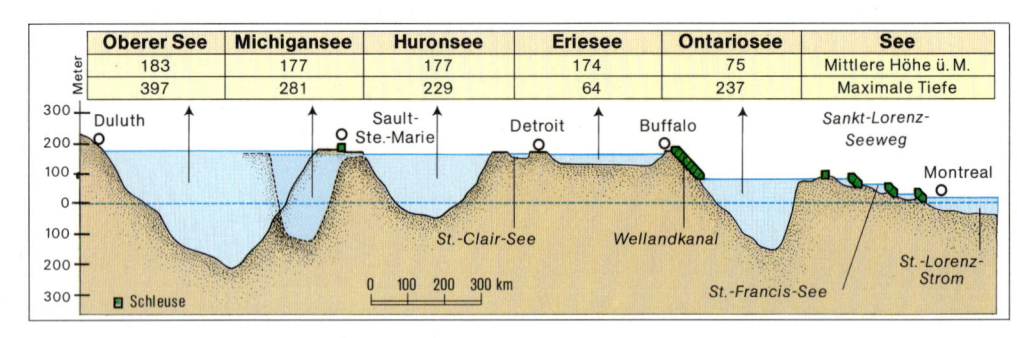

See	Oberer See	Michigansee	Huronsee	Eriesee	Ontariosee
Mittlere Höhe ü. M.	183	177	177	174	75
Maximale Tiefe	397	281	229	64	237

ten schmolzen die Gletscher der Eiszeiten stark zurück. In jeder der Kaltzeiten wurde das tektonisch vorgeformte Becken der Großen Seen mit Eis gefüllt und von den Gletschern weiter ausgeschliffen.

Die letzte Phase der Entwicklung der Seen begann am Ende der Wisconsineiszeit. Sie ist von mehreren Schwankungen der Gletscher, von kurzen Vorstoß- und Rückzugsphasen, gekennzeichnet. In dieser Zeit wurde die endgültige Form der Großen Seen geprägt. Sie übernahmen während des Eisrückganges die Entwässerung eines immer größer werdenden Einzugsgebietes, das die abschmelzenden Eismassen freigaben. So entstand in den Jahrtausenden nach der letzten Vereisung ein natürlicher Lebensraum, der heute vom Menschen intensiv genutzt wird.

Dies blieb nicht ohne Folgen für die Umwelt. Das natürliche Gleichgewicht der Gewässer wurde sehr stark beeinträchtigt, denn die Industrien, die in dieser Zone konzentriert sind, verursachen eine enorme Wasserverschmutzung. Dennoch gibt es einige Seebereiche, in denen die Natur noch ungestört geblieben ist. Man richtete nämlich Naturparks ein, in denen die Ausbeutung der Seen durch Fischfang, Grundwasserentnahme und andere Maßnahmen eingeschränkt wurde. Zu ihnen gehört z. B. das Gebiet um die Apostle Islands in Wisconsin oder – am Ostufer des Michigansees, westlich von Traverse City – der Sleeping Bear Point mit seinen kuriosen Sanddünen, deren Material vom Ufer des Sees stammt und vom Wind zusammengeweht wurde. Die Steilhänge des Ufers sind Teile einer riesigen Moräne, die nach der letzten Eiszeit von den Gletschern zurückgelassen wurde. Die Anordnung der Endmoränenzüge spiegelt die Vorstöße der Gletscher in mehreren zeitlich aufeinanderfolgenden Stadien wider. Sie deuten auch auf die Richtung der Eisbewegung während eines jeden Vorstoßes hin.

Die Fläche der Großen Seen (in km²)

Oberer See	82 414
Michigansee	58 016
Huronsee	59 586
Eriesee	25 719
Ontariosee	19 477

Great Salt Lake (Großer Salzsee)

Amerika, USA
41° 10′ n. Br., 112° 40′ w. L.

Die riesigen Gletschermassen der letzten Eiszeit verschwanden am Ende des Pleistozäns. Aus den Bergen strömten ihre Schmelzwasser und bildeten einen riesigen See, der unter der glühenden Sonne von Utah immer stärker verdunstete und heute zu den salzhaltigsten Gewässern der Erde zählt.

Great Salt Lake *Im östlichen Teil des Great Basins erstreckt sich die Wasserfläche des Großen Salzsees. Der Seespiegel ist größeren Jahresschwankungen ausgesetzt, weil die Abflußmengen der Zuflüsse einem jahreszeitlichen Rhythmus folgen. Deshalb sind die Uferzonen des Sees stark versumpft.*

Der Große Salzsee ist der größte Binnensee im Westen der Vereinigten Staaten von Amerika. Er liegt etwa 25 km nordwestlich von Salt Lake City, der Hauptstadt von Utah, am Fuße des Wasatchgebirges. Es handelt sich um einen sehr flachen See mit einer größten Tiefe von etwa 8 m. Seine je nach Jahreszeit schwankende Längserstreckung beträgt durchschnittlich 120 km, seine Breite bewegt sich zwischen 32 und 51 km. Das Klima in diesem Teil Amerikas ist sehr trocken, und die Umgebung des Sees besitzt einen wüstenhaften Charakter.

Der heutige Große Salzsee ist nichts anderes als der kleine Rest eines riesigen Schmelzwassersees, des Lake Bonnevilles, der vor ca. 20 000 Jahren die Größe des Michigansees mit über 51 480 km² Wasserfläche besaß. Wie auch bei vielen anderen Naturwundern setzt sein Werdegang im Pleistozän ein. Seine Entstehung war die Folge eines allmählichen Abschmelzens der eiszeitlichen Gletscher am Ende der Wisconsinvereisung. Riesige Schmelzwasserströme ergossen sich aus den Bergen von Nevada, Idaho und Utah in das Gebiet des östlichen Great Basins, zu dem das gesamte Seebecken gehört. Während seines letzten Hochstandes (25 000 bis 13 500 Jahre vor heute) lag der Wasserspiegel des Sees etwa 300 m über dem Niveau des Great Salt Lakes. Heute findet man noch deutlich die Spuren der ehemaligen Strandterrassen.

Seit dem ausgehenden Pleistozän erwärmte sich das Klima zusehends. Gleichzeitig stieg die Verdunstung über dem Lake Bonneville sehr stark an und übertraf bald das Volumen seiner Zuflüsse aus den Bergen. Dadurch wurde die Seefläche des Lake Bonnevilles ständig kleiner, und die Salzkonzentration seines Wassers stieg rasch an. Dieser Vorgang setzte sich über mehrere Jahrtausende fort, bis der See einer ausgedehnten Salzwüste wich, die sich bis nach Nevada erstreckt. Im Zentrum dieses großen Trockengebietes liegt heute der Große Salzsee.

Die Vegetation an den Seeufern ist nur sehr spärlich entwickelt, obwohl sich mehrere saline Pflanzenarten an diese Umgebung angepaßt haben. Gleiches gilt für die Tierwelt. Der trostlose Eindruck der Gegend wird jedoch oft durch eine Fata Morgana unterbrochen. Dann täuscht die sich über dem Erdboden erwärmende Luft durch Spiegelungen eigenartige Gebilde und Formen vor. In den letzten Jahren gerät der Große Salzsee immer wieder in die Schlagzeilen, weil sein Wasserspiegel laufend steigt. Für die Menschen in den ufernahen Siedlungen ist dies eine besorgniserregende Entwicklung. Wertvolles Agrarland steht bereits unter Wasser, einige Dämme und Gebäude werden zeitweise überschwemmt.

Grönland

Amerika
59° 46'–83° 39' n. Br., 11° 39'–73° 08' w. L.

Die Luftmassen über Grönland beeinflussen das Wetter in Europa. Im Süden Grönlands treffen kalte und warme Luftströmungen aufeinander. Dabei entstehen Luftwirbel.

Grönland ist die größte Insel der Erde, wenn man einmal von Australien absieht, das ja zu den Kontinenten gezählt wird. Von Westen nach Osten mißt es bis zu 1050 km, während die größte Nord-Süd-Erstreckung 2670 km beträgt. Insgesamt besitzt es eine Landoberfläche von 2 175 600 km²; 85 % davon sind von Inlandeis bedeckt. Daneben gibt es auch noch lokale Gletscher, die keine Verbindung zu der großen Eiskappe haben. Eisfrei sind vor allem das Küstenland und die vor der Küste liegenden Inseln.

Das Inlandeis bildet zwei Kuppeln, eine im Norden, die andere im Süden. Die kleinere im Süden steigt bis zu 2850 m an, während die größere im Norden 3300 m erreicht. Die durchschnittliche Mächtigkeit

Grönland *In mächtigen Strömen fließt das Eis aus dem Innern Grönlands zu den Küsten hin ab. In der Randgebirgszone nimmt die Fließgeschwindigkeit beträchtlich zu. Im Vordergrund des Bildes sieht man verschiedene von Gletschern umgebene Berge, sogenannte Nunatakker. An ihren Rändern liegen Seitenmoränen. Längs- und Querspalten lassen sich auf dem Gletscher im Vordergrund erkennen. Der dunkel getönte Streifen inmitten des Gletschers ist eine Mittelmoräne, rechts oben ein Firnfeld.*

des Eises liegt bei 1500 m. An einigen Stellen erreicht sie jedoch 3400 m.

Der Boden unter den Kuppeln ist völlig verschieden geformt. Während unter der nördlichen Kuppel ein Bergland mit Höhen bis zu 1000 m liegt, dehnt sich unter der südlichen Kuppel ein riesenhaftes, flaches Becken aus.

Der Gesteinsuntergrund besteht vorwiegend aus Graniten und Gneisen. Daneben treten auch Kalk- und Sandsteine auf, die besonders in Ostgrönland eine hohe Mächtigkeit aufweisen und als Nunatakker das Inlandeis durchbrechen. Diese Schichten – sie stammen vor allem aus dem Kambrium und Silur – enthalten viele Fossilien.

Die Randgebirge Grönlands verdanken ihre Entstehung Gebirgsfaltungen, die in den verschiedensten Epochen der Erdgeschichte stattgefunden haben.

Die Niederschläge sind im Norden und Süden der Insel verschieden hoch. Rund 900 mm fallen jährlich im Süden, 150 mm und noch weniger im Norden. Ebenso läßt sich bei den Temperaturen eine ausgeprägte Nord-Süd-Polarität feststellen. Während im Norden die Januartemperaturen zwischen –20 und –30 °C schwanken, bewegen sie sich im Süden zur gleichen Jahreszeit zwischen –5 und –14 °C. Im Sommer hingegen kann die Temperatur im

Süden bis auf +10°C steigen, während sie im Norden höchstens +5 bis +8°C erreicht.

Ein warmer Meeresstrom im Westen und ein kalter im Osten wirken sich auf die Beschaffenheit des Inlandeises aus. Es steigt im Westen flach an, im Osten dagegen ist es mächtig.

Die Eismassen des Inlandeises werden unter ihrem unvorstellbar großen Eigendruck plastisch und wandern als Gletscher dem Meer zu. Wenn sich das Eis dem Meer nähert, wird es durch enge Täler gepreßt, und seine Fließgeschwindigkeit erhöht sich. Während sie im Zentrum des Inlandeises jährlich nur einige Meter beträgt, erreicht sie in einer Entfernung von 100 km von der Küste ungefähr 100 m und mehr im Jahr. Auf den letzten 10 km kann sich die Geschwindigkeit auf etliche Meter pro Tag erhöhen.

Wenn auch der Norden, beispielsweise das Pearyland, nur wenig vereist ist, so bleibt das Meer doch das ganze Jahr über vom Packeis bedeckt. Hier befindet sich der größte Gletscher Grönlands, der Humboldtgletscher, mit einer Stirnbreite von 100 km. Vom 75. bis zum 72. Breitengrad ist das Inlandeis von Gebirgen gesäumt, die in gewisser Hinsicht den Alpen ähneln. In diesem Gebiet ist das Inlandeis 250 km vom Ozean entfernt. Vom 72. bis zum 70. Breitengrad öffnet sich der Scoresbysund, in den sich der westliche Gletscher ergießt. Der ganze südliche Teil Grönlands, der hochgebirgsartigen Charakter trägt, wird von großen Gletschern durchzogen.

Auf der Westseite, die im Sommer völlig schneefrei ist, sind die Gletscher majestätische Eisströme, von denen zahlreiche Eisberge abbrechen und in die Fjorde hinaustreiben. Man sagt dann, die Gletscher kalben. Nördlich des 73. Breitengrads erreichen keine größeren Eisströme die Küste mehr, während sich im mittleren und südlichen Abschnitt der Westküste viele große Gletscher ins Meer ergießen.

Es gibt erstaunlich viele Tiere und Pflanzen in Grönland, vor allem in den eisfreien Gebieten. Insgesamt hat man 4000 verschiedene Pflanzenarten gefunden. Neben zahlreichen Flechten und Moosen – also niederen Pflanzen – gibt es viele Stauden und Sträucher, und sogar Birken, Erlen und Ebereschen gedeihen. Nicht weniger artenreich ist die Tierwelt. Es gibt allein 700 verschiedene Insektenarten. Auch etliche Säugetiere, wie der Polarfuchs, der Polarhase, das Rentier, der Moschusochse, das Hermelin, der Lemming und der selten gewordene Eisbär, können sich in diesem lebensfeindlichen Raum halten. Dazu kommen noch viele Meerestiere, allen voran die Fische, wie etwa der Dorsch, der Lachs und der Heilbutt. Viele Robben und gelegentlich auch Wale tummeln sich im Meer und auf dem Treibeis. Und hoch in der reinen Luft kann man zahlreiche Seevögel beobachten. Aber Grönland ist vor allem wegen seines Inlandeises bedeutsam. Es ist eine kostbare Süßwasserreserve und zeigt gleichzeitig große Klimaschwankungen auf der Erde auf.

Großglockner

Europa, Österreich
47° 04' n. Br., 12° 42' ö. L.

Man muß höher als 2500 m aufsteigen, um dieses vergletscherte und schroffe Gebirgsmassiv zu überqueren, das vom höchsten Gipfel Österreichs überragt wird.

Der Reisende, der Österreich von Norden nach Süden durchqueren will, stößt bald auf die Hohen Tauern, die das Alpenland in ostwestlicher Richtung durchziehen. Diese Gebirgskette ist stark vergletschert, denn kaum einer ihrer Gipfel ist niedriger als 2500 m, an manchen Stellen sogar 3000 m. Die Hohen Tauern stellen deshalb auch ein großes Hindernis für den österreichischen Nord-Süd-Verkehr dar. Die Glocknergruppe ist der höchste Teil der Hohen Tauern; ihr Hauptgipfel, der Großglockner, erreicht 3797 m. Die nördliche Abdachung zum Salzachtal ist sehr schroff, und die Gletscher sind hier nur relativ klein. Nach Süden hingegen verzweigen sich die Hohen Tauern zum Tal der Drau hin in eine Serie von Gebirgskämmen, die vom Tal der Möll durchschnitten werden. Das Pasterzenkees, die Zunge des größten Gletschers der Ostalpen, nimmt den oberen Teil dieses Tales ein.

Am Großglockner sind die Gneise des tieferen Untergrundes von einer mächtigen Decke aus Schiefern, dem sogenannten Penninikum, überlagert, die während der Gebirgsbildung als riesiges Gesteinspaket durch tektonische Kräfte an ihren heutigen Platz geschoben worden ist. Die höchsten Gipfel gehören dieser oberen Schieferhülle an, die sich besonders durch das Vorkommen von Glimmermarmor (Gipfel des Großglockners und Franz-Joseph-Terrasse) auszeichnet. Wiederholte Präzisionsnivellements, ausgeführt zu Beginn unseres Jahrhunderts sowie im Jahre 1949 und von 1969 bis 1971, haben ergeben, daß die letzte Phase der Alpenbildung immer noch nicht ausgeklungen ist, denn die Hohen Tauern heben sich um ungefähr 1 mm pro Jahr.

In der Glocknergruppe sind die Kar- oder Hanggletscher am besten ausgebildet, während es nur einen einzigen richtigen Talgletscher, die Pasterze, gibt. Er ist der größte Gletscher Österreichs und der gesamten Ostalpen. Sein Nährgebiet umfaßt ein weites Firnfeld, das mehr als 3000 m hoch liegt. Die eigentliche Gletscherzunge heißt Pasterzenkees. Sie ist etwa 6 km lang und maximal 1 km mächtig. Die Oberfläche des Gletschers hat sich seit dem letzten Jahrhundert aufgrund einer allmählichen Klimaerwärmung stetig verringert und umfaßt heute rund 24 km².

Nach dem Bau der Großglockner-Hochalpenstraße wurde dieses Gebiet zu einem der meistbesuchten Touristenziele der Alpen. Die Paßstraße beginnt in Heiligenblut, erreicht am Hochtor eine Höhe von 2505 m und führt auf der Nordseite der Glocknergruppe steil zum Tal der Salzach hinunter. Von dieser Hochgebirgsstraße, die die Bundesländer Salzburg und Kärnten miteinander verbindet, führt eine

Großglockner *Mit seinen 3797 m ist der Großglockner – er wird durch die Glocknerscharte vom Kleinglockner getrennt – Österreichs höchster Berg. An seinem Fuß liegt der größte Gletscher der Ostalpen, die Pasterze.*

Straße zur Franz-Josephs-Höhe (2369 m) hinauf, von wo man einen wunderbaren Blick auf die Pasterze hat. Außerdem gelangt man über eine zweite, nur 1,8 km lange Stichstraße zum Parkplatz Edelweißspitze in 2571 m Höhe. Hier bietet sich dem Reisenden eine unvergeßliche Aussicht auf 37 Dreitausendergipfel.

Guayana, Bergland von

Amerika, Guyana/Venezuela
2° s. Br. – 8° n. Br., 52°–68° w. L.

Friedlich dahinströmende Flüsse stürzen plötzlich über senkrechte Felswände und verwandeln sich am Grund einsamer Schluchten in tosende Wildwasser. Ihre prächtigen Kaskaden bringen immer wieder Abwechslung in das eintönige Landschaftsbild der unendlichen Urwälder.

Das etwa 1,5 Millionen km² große Bergland von Guayana ist ein Plateau aus Sandsteinen und Graniten. Es liegt zwischen dem Orinoco, dem Amazonastiefland und dem Atlantik. Seine Hochflächen bilden einen der größten Wasserspeicher des nördlichen Südamerikas. Neun Zehntel des Berglands gehören zu Venezuela, und nur ein Zehntel gehört zum westlichen Guyana. Es trägt die mächtigsten Gipfel des südamerikanischen Präkambriums östlich der Anden. Ihre größten Höhen bewegen sich zwischen 2000 und 3000 m.

In den endlosen, menschenleeren Regionen findet man immer wieder die gleichen Grundelemente: Hochplateaus mit horizontalen Flächen, unterbrochen von schwindelerregenden Steilabfällen, die in Venezuela *Tepuis* genannt werden. Diese sind oft nur mit Hilfe eines Hubschraubers zu überwinden. Von den Hochflächen aus blickt man auf breite, flachsohlige Flußtäler, deren Wasserläufe plötzliche Gefällsänderungen durch eine Reihe herrlicher Kaskaden und Wasserfälle überwinden. Zu ihnen gehört der berühmte Angelfall, der mit 978 m Fallhöhe der höchste Wasserfall der Erde ist.

Am geschlossensten ist das Bergland östlich des Cauras bis zum Oberlauf des Mazarunis in Guyana. Im Westen und Südwesten, zwischen dem Caura, dem Orinoco und dem Amazonas, ist es wesentlich stärker gegliedert. Die eintönigen Hochflächen des Massivs werden im Norden und Osten von einer besonders eindrucksvollen, etwa 1000 m hohen Stufe überragt. Die Stufenstirn ist in mächtige Felsbastionen aufgegliedert, die tiefe, steilwandige Schluchten voneinander trennen. Da und dort liegen vor der Stirnseite riesige Inselberge.

Die treppenförmig übereinander angeordneten, durch Steilstufen gegeneinander abgegrenzten Hochplateaus bestehen aus verschiedenen Sandsteinschichten, die

Bergland von Guayana *Nach ruhigem Lauf über große Sandsteinplateaus überwinden die Flüsse des von Brüchen durchsetzten Berglands hohe Steilabfälle in spektakulären Wasserfällen.*

dem kristallinen Grundgebirge aufgelagert sind. Diese wurden durch die Erosion zu ihrer heutigen Form herausmodelliert. Es sind alte Fluß-, Delta- und sogar Meeresablagerungen, die im Mesozoikum vor allem von Westen und Süden her angeschwemmt wurden.

Die ausgedehnten tropischen Regenwaldgebiete des Berglandes von Guayana sind verkehrsmäßig kaum erschlossen. Die Besiedlung dieses riesigen Raumes konzentriert sich daher auf die küstennahen Bereiche im Osten des Massivs. Hier wird vor allem Bauxit als wichtiger Rohstoff für die Aluminiumherstellung abgebaut. Daneben fördert man noch Gold und Diamanten.

Guilin (Kweilin)

Asien, China
25° 11′ n. Br., 110° 09′ ö. L.

Wäre die regelmäßige Anordnung der gespenstisch aussehenden Felskegel von Guilin nicht ein Werk der Natur, würde man leicht glauben, daß dieser Teil der Provinz Guangxi einstmals von Riesen auf dem Reißbrett entworfen und von ihnen mit gewaltigen Werkzeugen aufgetürmt wurde.

Im südwestlichen China liegt eine der ausgedehntesten und schönsten Karstlandschaften der Erde. Sie bedeckt in den Provinzen Yünnan, Guizhou und Guangxi eine Fläche von etwa 250 000 km². In Guangxi handelt es sich dabei um einen tropischen Karst im letzten Stadium seiner Entwicklung, wie sie schon im Zusammenhang mit der Bucht von Ha-Long (Vietnam) beschrieben worden ist. Das bedeutendste Karstmassiv dieser Provinz erstreckt sich auf einer Länge von etwa 50 km zwischen den Städten Guilin und Yangshuo. Dort ist im Zentrum einer Synklinale eine Schichtenfolge von permokarbonischen Kalksteinen erhalten, die auf paläozoischen Schiefern und Quarziten liegen. An einer Rumpffläche ansetzend, die sich nach der Jurazeit auf den Kalkgesteinen entwickelt hatte, haben Lösungsvorgänge das Kalksteinmassiv in eine Vielzahl hoher Felstürme zergliedert. Diese Karsttürme oder -kegel ragen über einer Karstrandebene auf, die in die paläozoischen Schiefer geschnitten ist und durch den Menschen in ein grünes Schachbrett von Reisfeldern verwandelt wurde.

Die Formen des Turmkarstes sind im Becken von Guilin lehrbuchhaft ausgebildet: schroffe Kalksteingebilde, deren Wände von Karren überzogen sind und auf denen sich große, mit Orchideen bewachsene Bäume und ein Lianengewirr festklammern; hohe, kegelförmige Spitzen, deren Anordnung oft von erstaunlicher Regelmäßigkeit ist und deren ockerfarbene, bis zu 150 m hohe Wände isolierte oder durch enge und gewundene Schluchten verbundene Felstrichter überragen.

Zahlreiche Ortsbezeichnungen, wie „Hügel aller Farben", „Hügel des Elefantenrüssels", „Hügel der sieben Sterne" oder „Hügel des kämpfenden Hahns", deuten auf die Vielfalt der seltsamen und phantastischen Formen einer solchen Landschaft hin, die die Chinesen mit dem Begriff „Steinwald" bezeichnen.

Im Guilinbecken sind auch noch andere Karstformen weit verbreitet, z. B. ein weites unterirdisches Gewässernetz, das von größeren Höhlen und Höhlenseen begleitet ist. Wasserfälle, Stalaktiten und Stalagmiten erreichen hier monumentale Dimensionen. Die berühmtesten Sehenswürdigkeiten dieser Gegend sind die „Höhle der sieben Sterne" und die der „Schilfflöte". Diese Höhlen sind vor wenigen Jahren erschlossen und dem Tourismus – neuerdings auch ausländischen Besuchern – zugänglich gemacht worden.

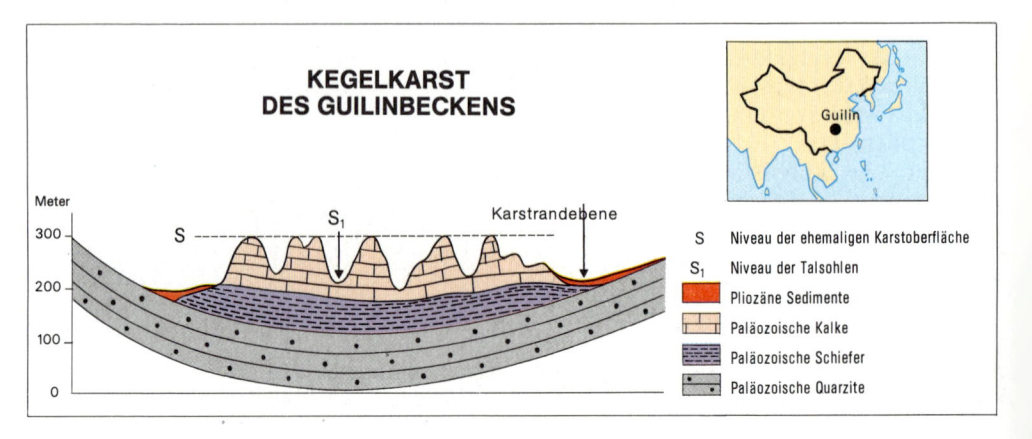

Guilin (Kweilin) Wie Gespenster unter grünen Kappen spiegeln sich die steilen Felstürme im Wasser des Flusses wider. Unter tropischen Klimabedingungen ist hier durch Lösungsvorgänge eine der wunderbarsten Landschaften der Erde geschaffen worden.

KEGELKARST DES GUILINBECKENS

S Niveau der ehemaligen Karstoberfläche
S₁ Niveau der Talsohlen
Pliozäne Sedimente
Paläozoische Kalke
Paläozoische Schiefer
Paläozoische Quarzite

H

Ha-Long-Bucht

Asien, Vietnam
21° n. Br., 107° ö. L.

Märchenschlösser und verzauberte Seen, steinerne Nadeln und Türme, die wie die Überreste einer versunkenen Stadt im Meer stehen. Diese phantastischen Gebilde sind das Ergebnis des Kampfes zwischen Kalkstein und Wasser.

Vor der Ostseite des Deltas des Roten Flusses trennt eine Gruppe von Riffen und Inselchen das Luc-Hai, eine Art kleines Binnenmeer, vom Golf von Tonking ab. Die Ha-Long-Bucht vor der Stadt Hong-Gai bildet seinen westlichsten Teil.

Hier hat die Natur eine der außergewöhnlichsten Karstlandschaften der Erde geschaffen. Die phantastischen Formen ihres Reliefs gelten in der Mythologie der Vietnamesen als das Werk eines Drachen.

Ha-Long-Bucht *Wie die Gipfel einer im Meer versunkenen Berglandschaft ragen zahlreiche verkarstete Felskuppen aus dem sonnenüberfluteten Wasser. Manche dieser von der Verwitterung zerfurchten Gebilde sind von geheimnisvollen Grotten unterhöhlt.*

Von ihm leitet sich auch der Name Ha-Long ab.

Viele Reisende haben begeisterte Berichte hinterlassen. So schreibt J. Auvray von dieser Bucht: „Stellen wir uns eine Gebirgskette vor, die durch eine Naturkatastrophe plötzlich im Meer versunken ist. Nur die höchsten Spitzen, riesige Felsnadeln, Zinnen und Gipfelfluren ragen noch aus dem ruhigen Wasser. Mit dem Boot fährt man bald zwischen glatten, bald zwischen bogenförmig ausgehöhlten, senkrechten Felsen hindurch, vorbei an einem Spitzbogen und ein Stück weiter durch einen Tunnel, dessen fernes Ende man nur als glitzernden Punkt wahrnehmen kann. Dann wieder sieht man Höhlen mit bedrohlich wirkenden Tropfsteinen... An einer anderen Stelle liegt ein Kratersee. Zu ihm führt ein gewundener Gang vom Rand des Kraters mitten in den Felskessel hinein. Unter dem glühenden Tropenhimmel bietet das Spiel von Licht und Schatten auf der Wasserfläche, die von unzähligen Gesteinsblöcken unterbrochen ist, einen ständig wechselnden Anblick von unbeschreiblicher Schönheit..."

Diese seltsam geformten Inselchen und Bergränder begeisterten auch die französischen Geographen, die im vergangenen Jahrhundert hierherkamen, um Karten von diesem Gebiet anzufertigen. So nannten sie die Eilande beispielsweise „Insel des großen Affen", „Insel der Überraschung" und die Klippen „der Irre", „die Nuß", „die Marionetten", „die Brüste".

Auch für die Hohlformen fanden sie phantasievolle Namen wie „Grotte der Wunder" oder „Zolltunnel".

Doch diese Landschaft ist nur der südlichste Teil eines riesigen Gebirgssystems, das sich vom südwestlichen China bis zum Golf von Tonking hinzieht. Es sind mächtige Kalksteine aus dem Erdaltertum, die in charakteristischer Weise von der Verwitterung geformt wurden, und zwar handelt es sich in erster Linie um Karsterscheinungen. In diesem Tropengebiet Asiens findet man vor allem den Turm- oder auch Kegelkarst.

Diese eigenwilligen Formen sind das Ergebnis einer besonders starken Auflösung des Kalks, bedingt durch feuchtwarmes Tropenklima, hohe Niederschläge und den üppigen Pflanzenwuchs. Da sich die organischen Substanzen schneller zersetzen als im gemäßigten Klima, wird dem Boden und der Luft mehr Kohlendioxid zugeführt, der Kalkstein also schneller zersetzt. Aufgrund tektonischer Bewegungen sind die Schichten stark zerklüftet und verwittern noch leichter. Unzählige Dolinen, die sich zu Beginn der Entwicklung in der Hochfläche gebildet hatten, wuchsen trichterförmig in die Tiefe. Zwischen den konvexen Hohlformen wuchsen Kuppen, später Kegel in die Höhe. Der Karst entwickelt sich hier also völlig anders als im gemäßigten Klima. Die Aushöhlung setzt erst wesentlich später ein. Zur Entstehung von einzelnen Türmen kommt es erst durch den Einsturz ausgehöhlter Kegel.

Diesen Turmkarst findet man in der Ha-Long-Bucht. Der besondere Charakter der Bucht aber beruht darauf, daß ihr gesamter Unterbau bei der letzten Meeresüberflutung ertrunken ist. Dabei wurden die Kalktürme zu steil aufragenden Inseln und Inselchen. Es entstanden auch tiefe Buchten oder scheinbar abgetrennte Salzwasserseen. Die Landschaft verdankt ihre Besonderheit also nicht nur Lösungsvorgängen, sondern auch der Erosion durch das Meer.

Zahllose Felsüberhänge und Felsnischen machen dieses ruhige, ungefähr 20 m tiefe Meer zu einem Paradies für Fischer.

Hammam-Meskoutine

Afrika, Algerien
36° 28′ n. Br., 7° 10′ ö. L.

Durch eine Laune der Natur entstand im Nordosten Algeriens ein versteinerter Wasserfall, über dem weithin sichtbar die Dampfschwaden nahezu siedender Thermalquellen schweben. Daneben gibt es hier zahlreiche steinerne Figuren, die an eine große Hochzeitsgesellschaft erinnern.

Begleitet von schrillen Flöten und von Tamburinen, setzt sich ohne große Zeremonie eine Hochzeitsgesellschaft in Bewe-

Hammam-Meskoutine *Kalkhaltige, fast kochende Thermalwässer stürzen in Hunderten von kleinen Rinnsalen über eine Gefällstufe und scheiden dabei Kalziumkarbonat aus, das im Laufe von Jahrtausenden die Form der fallenden Wasserfäden nachgezeichnet hat.*

gung. An der Spitze geht das Brautpaar, Bruder und Schwester, die eine verbotene Liebe verbindet. Aber plötzlich öffnet sich der Himmel, ein Blitz zuckt zur Erde nieder und läßt als Strafe Gottes den Hochzeitszug zu Stein erstarren. So erklärt eine arabische Legende die Entstehung der sonderbaren steinernen Figuren, die das malerische Tal von Hammam-Meskoutine, das „Bad der Verdammten", zieren.

Hammam-Meskoutine ist eines der bekanntesten Thermalbäder Algeriens. Es liegt im Tal des Wadi Bou Hamdane, 20 km westlich der Stadt Guelma (Ostalgerien), des römischen Calama. Seine heißen Quellen kündigen sich schon von weitem durch dicke Dampfwolken an, die als feiner Regen wieder zu Boden fallen. Die Thermalwässer sprudeln aus zehn Quellen empor und erreichen Temperaturen in der Nähe des Siedepunktes (94 bis 98 °C). Aus Spaß lassen viele der Besucher Eier in den unzähligen Rinnsalen kochen, die sich auf einem in vielen Farben schillernden Boden hinschlängeln.

Die Quellen von Hammam-Meskoutine sind stark kalkhaltig und haben im Laufe von Jahrtausenden dicke Krusten und mächtige Sintersteine in den verschiedensten Formen und Farben hinterlassen. So kommt der Besucher, der von Guelma oder Constantine anreist, zuerst an einer Serie von Sinterkegeln vorbei, die aus ausgefälltem Kalziumkarbonat und Aragonit bestehen und an ehemaligen Quellen entstanden sind, die heute längst versiegt sind. Da diese Travertingebilde manchmal aussehen wie menschliche Gestalten, haben sie in früheren Zeiten die Phantasie der einheimischen Bevölkerung angeregt. Hier, am Eingang des Tales, soll es sich um die Gäste jener blutschänderischen Hochzeit handeln, die vom Blitz getroffen wurden und zu Stein erstarrten.

Etwas weiter talaufwärts erhebt sich ein wahres Wunder aus Tausenden von Stalaktiten, eine große Travertinmauer, die aus-

tismus und Arthritis angewendet. Die Römer hatten an gleicher Stelle bereits ein Thermalbad erbaut, das sie „Aquae Thibilitanae" (Wasser von Thibilis) nannten. Thibilis war eine römische Stadt, deren imposante Ruinen sich in Announa, etwa 8 km südlich von Hammam-Meskoutine, erheben.

Han, Grotten von

Europa, Belgien
50° 7' n. Br., 5° 11' ö. L.

Die Grotten von Han gehören zu den meistbesuchten Tropfsteinhöhlen der Welt. Ein kleiner Fluß, die Lesse, hat in jahrtausendelanger Arbeit dieses unterirdische Labyrinth geschaffen, dessen Tropfsteinbildungen von einzigartiger Schönheit sind.

Die Kalkfelsen von Faule, die einen Mäander der Lesse begrenzen, bilden den Rahmen dieses Höhlenlabyrinths. Talaufwärts liegt der Eingang zur Höhle von Belvaux, in dem die Lesse verschwindet, etwas weiter talabwärts dann das Speiloch von Han, durch das der Fluß wieder auftaucht. In der Nähe der Höhle von Belvaux liegen noch zwei weitere Schlucklöcher, das von Enfaule und das Salpeterloch, durch das die Besucher in die Höhle einsteigen. Die große Zahl der Eingänge, die eindrucksvolle Flußschwinde und vor allem das große Speiloch, das in einem Buchenwald unter einem breiten, niedrigen Felsvorsprung liegt und einen blaugrünen Bach speist, erhöhen noch den Reiz der Grotten von Han.

Bereits die Menschen der Jungsteinzeit kannten die Höhle, und später diente sie als Zufluchtsort. Interessante Fundstücke sind im Höhlenmuseum im nahe gelegenen Han-sur-Lesse zu sehen.

Im Jahre 1771 begann die eigentliche Erforschung des Höhlenlabyrinths. Ein Abt namens Feller drang damals als erster tiefer in die unterirdischen Gänge ein und veröffentlichte einen abenteuerlichen Bericht über seine Entdeckungen. Daraufhin wurde das Interesse von zahlreichen Wissenschaftlern und Naturfreunden geweckt, und 51 Jahre später, im Jahr 1822, gelang schon die denkwürdige Durchquerung der Höhle vom Schluckloch von Enfaule bis zum Speiloch bei Han. Danach konnte ein Teil des Labyrinths als Schauhöhle für Be-

sieht wie ein versteinerter Wasserfall. Sie entstand an einer Gefällstufe, die von den abfließenden Thermalwässern in einem Wasserfall überwunden wird. Hunderte von kochenden Rinnsalen rieseln von der Felskante herab; dabei entweicht die im Wasser gelöste Kohlensäure, so daß gleichzeitig ein großer Teil des gelösten Kalziumkarbonats ausgefällt wird, das im Laufe der Zeit die Form der fallenden Wasserfäden nachzeichnete. Nur an wenigen Stellen ist der Natur ein solch einzigartiges Meisterwerk gelungen.

Die Quellen von Hammam-Meskoutine sind eisen- und kalkhaltig und auch leicht radioaktiv. Aufgrund dieser Eigenschaften werden die Thermalwässer mit guten Erfolgen bei der Behandlung von Rheuma-

Die unterirdischen Karstformen in Gebieten mit gemäßigtem Klima

Dieses Blockbild zeigt einen schematischen Schnitt durch ein Kalkgebirge und durch ein Höhlensystem, wie sie sich häufig in den gemäßigten Klimazonen der Erde, also auch in unseren Breiten, finden. An der Erdoberfläche deuten nur sehr wenige Anzeichen auf das Vorhandensein von Höhlen hin: die Öffnungen von Naturschächten, Dolinen, das Verschwinden eines Wasserlaufs und sein Wiederaustritt auf der anderen Seite eines Berges. Aber durch den Berg selbst zieht sich ein Labyrinth von Gängen und Schächten in mehreren Stockwerken. Weite Hallen sind ausgeschmückt mit Deckentropfsteinen (Stalaktiten), Bodentropfsteinen (Stalagmiten) und eingeschwemmtem Lehm – alles Zeugen von der Arbeit unterirdischen Wassers. In fast vollkommener Dunkelheit leben seltsame Höhlentiere (z. B. Grottenolme), die ihren Gesichtssinn verloren haben. Dieser Mangel wird durch die gut entwickelten Tastorgane wieder ausgeglichen.

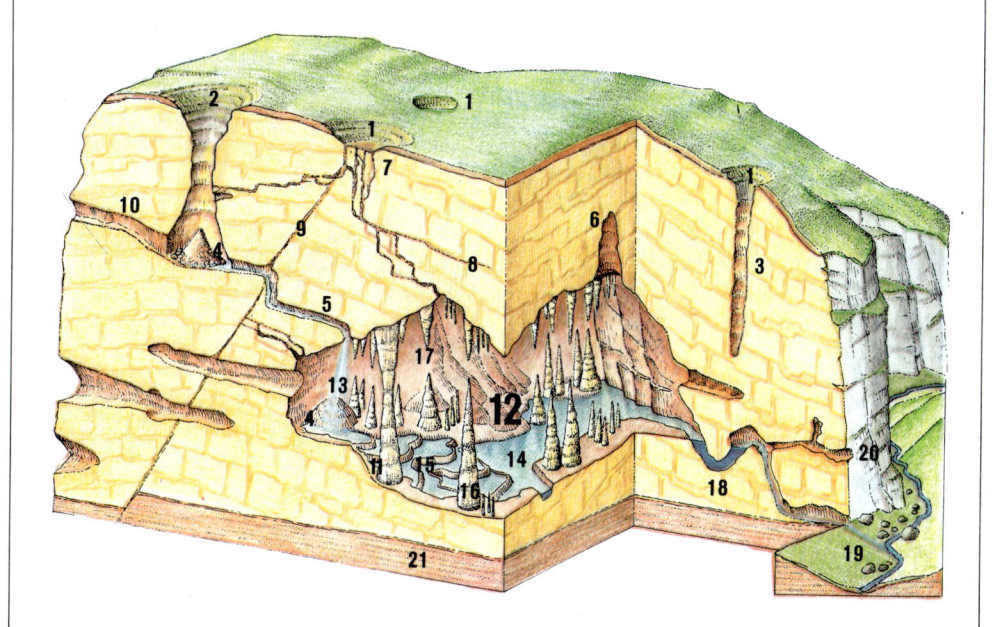

1 Dolinen und Schluckstellen **2** Einbruchsdoline mit Verstürzung **3** Naturschacht **4** Versturzkegel **5** Unterirdischer Wasserlauf **6** Kamin **7** Sickerwasser in Kluftfugen **8** Korrosion in einer Schichtfuge **9** Bruch- oder Verwerfungsfuge **10** Alter Wasserlauf **11** Säule **12** Halle **13** Wasserfall **14** Höhlensee **15** Sinterbecken **16** Stalagmit **17** Stalaktit **18** Siphon **19** Karstquelle **20** Intermittierende Quelle **21** Undurchlässiges Gestein

Grotten von Han *Im Herzen des Kalkmassivs der belgischen Ardennen hat das Sickerwasser die Felswände der Höhle mit vielen tausend Tropfsteinen und glitzernden Schleiern aus Kalkspat überzogen.*

sucher eingerichtet werden. Mitte des 19. Jahrhunderts leitete der Höhlenführer Lannoy die Erforschung der tieferen Teile des unterirdischen Flusses ein, dessen Lauf vom Höhlensystem immer wieder berührt wird. Diese Untersuchungen wurden bis heute fortgesetzt. Bei den jüngsten Tauchversuchen im Jahre 1966 wurde die Länge der Höhle von Han auf 5,2 km geschätzt. Aber zum gleichen System gehören noch andere Höhlen, und wenn es gelänge, eine Verbindung zwischen der Höhle von Belvaux und den Grotten von Han herzustellen, würde sich die Gesamtlänge der Höhlengänge sicherlich verdoppeln.

Durch die intensive Tropfsteinbildung auf dem Boden und an den Decken der Höhle entstehen bizarre unterirdische Landschaften, große Hallen, eine Gruppe von vier kleinen Sälen, die mit phantastischen Stalaktiten und Stalagmiten geschmückt sind, und die „Alhambra" mit ihren zwei mächtigen Kalksäulen. Die Gänge, die zu diesen Hallen führen, schneiden sich mit dem unterirdischen Lauf der Lesse zwischen der Höhle von Belvaux und dem Speiloch von Han. Die Überlagerung fossiler und aktiver Höhlenstockwerke ist das Ergebnis alter Eintiefungsphasen, die die großen Hohlräume schufen. Diese Hohlräume sind für den höher liegenden Teil des Höhlensystems charakteristisch, in dem der Kuppelsaal 150 m Länge, 140 m Breite und 129 m Höhe erreicht.

Die Grotten von Han, die zu den bekanntesten und meistbesuchten Tropfsteinhöhlen nicht nur Europas, sondern der ganzen Welt gehören, sind von Han-sur-Lesse bequem mit einer Kleinbahn zu erreichen. Die unzähligen Sehenswürdigkeiten der Höhle werden auf einem 3 km langen Rundgang, für den man etwa zwei Stunden braucht, vom Führer ausführlich erklärt. Ein Erfrischungsraum ist in einem großen Saal an der Stelle eingerichtet, wo der Besucher die höheren Gänge verläßt und zum Höhlenfluß hinabsteigt. Nach der Besichtigung des Kuppelsaals endet die Führung mit einer 185 m langen Bootsfahrt auf diesem Fluß bis zum Speiloch von Han, wo man wieder in die grüne, sonnenbeschienene Landschaft tritt, die in einem starken Kontrast zur versteinerten Welt der Höhle steht.

Harz

Europa, Bundesrepublik Deutschland/DDR
51° 45'–52° n. Br., 10° 30'–11° ö. L.

Dunkle, dichte Wälder und von frischen Winden umbrauste Berghöhen locken immer mehr Wanderlustige in diese landschaftlich besonders reizvolle Mittelgebirgslandschaft.

Wenn man von Braunschweig nach Süden reist, sieht man schon bald das am weitesten nach Norden vorgeschobene deutsche Mittelgebirge, den Harz, aus der Norddeutschen Tiefebene aufsteigen. Er ist ungefähr 90 km lang und 30 km breit. Mitten durch ihn hindurch verläuft die innerdeutsche Grenze. Der Westteil gehört zur Bundesrepublik, der Ostteil zur DDR.

Der Name Harz geht auf das mittelhochdeutsche Wort *hart* – Wald zurück. Davon abgeleitet ist das in der geographischen und geologischen Fachsprache häufig gebrauchte Wort herzynisch. Man bezeichnet damit ein von Nordwesten nach Südosten gerichtetes Streichen von Gesteinsschichten, Verwerfungen oder Sätteln und Mulden eines Gebirges.

Der Harz wird meist in Ober- und Unterharz gegliedert. Der Oberharz im Westen ist im Schnitt 600 m hoch und mit Nadelwald bestanden. Der Unterharz im Osten mit einer durchschnittlichen Höhe von 400 m besitzt ein welliges Relief mit Ackerflächen und Buchenwäldern. Die höchste Erhebung im Harz ist der Brocken (1142 m), der ungefähr 100 m über die Baumgrenze hinausragt.

Der Harz besteht vorwiegend aus den Gesteinen des Erdaltertums: aus Grauwacken, Schiefern, Quarziten und Sand-

Harz *Wenn man durch die Nadelwälder des Harzes wandert, sieht man hie und da derartige Anhäufungen von Granitgestein. Dies ist eine Felskanzel. Sie ist durch die Verwitterung des Gesteins entstanden.*

steinen. Nahezu alle Formationen dieser Epoche sind vertreten: Silur, Devon, Karbon und Rotliegendes. Doch daneben gibt es auch noch Gesteine aus dem Algonkium. Der Harz wurde im Karbon gefaltet. Im Verlauf dieses Prozesses entstanden Silber-, Blei-, Zink und Kupfererze. Am Ende der Jurazeit und zu Beginn der Kreidezeit wurde der Nordwesten stark herausgehoben. Am bedeutungsvollsten jedoch war die Hebung des Harzes im Tertiär. Damals wurden die Deckschichten aus dem Mesozoikum abgetragen. Während der Eiszeit waren die hochgelegenen Teile vermutlich vergletschert.

Der Harz gehört zu den Landschaften in Deutschland mit den höchsten Niederschlägen. So fallen am Brocken ungefähr 1700 mm, am Nordwestrand immerhin auch noch 900 mm, während der Ostrand nur noch 580 mm empfängt. Die Winter sind sehr schneereich. Darum ist der Harz ein bekanntes und beliebtes Wintersportgebiet. Da die Niederschläge im Harz so hoch sind, ist er ein wichtiger Süßwasserlieferant für die Städte in der Norddeutschen Tiefebene. In großen Talsperren (Okerstausee, Oderstausee, Sösestausee, Innerstestausee, Rappbodetalsperre) wird das Wasser gespeichert.

Schon sehr früh wurde der Harz besiedelt. Im Zuge des Bergbaus entstanden im 9. Jahrhundert am Harzrand die ersten Siedlungen. Seit dem 13. Jahrhundert wurden die Bodenschätze auch im Innern des Harzes ausgebeutet. Der Rammelsberg bei Goslar war für seine reichen Silbervorkommen berühmt. Lange Zeit spielte der Abbau von Eisen, Zink und Blei eine große Rolle. Bekannte Städte wie Clausthal, Zellerfeld, St. Andreasberg entstanden als Freie Bergstädte. Heute ist die Bedeutung des Bergbaus stark zurückgegangen. Unzählige Halden und Gruben zeugen noch von der ruhmvollen Vergangenheit dieses Wirtschaftszweigs. In St. Andreasberg kann man noch eine alte Silbermine besichtigen. Clausthal-Zellerfeld besitzt eine berühmte Bergakademie.

Der große Reichtum dieses Mittelgebirges besteht heute in seinen Wäldern. Im Nordteil und in den höheren Lagen wachsen vor allem Fichten, während in den Randgebieten Misch- und Laubwälder gedeihen. Einen besonderen Anziehungspunkt für Naturfreunde bilden die Hochmoore mit ihren Birken, Moosen und Flechten.

Helgoland

Europa, Bundesrepublik Deutschland
54° 12′ n. Br., 7° 53′ ö. L.

Ein von Wellen umtostes Eiland, ein hoch aufragender Felsklotz, ein einsamer Wächter in der Deutschen Bucht – das ist Helgoland, die rote Insel.

Helgoland *Seiner meerbeherrschenden Lage wegen war Helgoland zu allen Zeiten begehrt. Bis ins 18. Jahrhundert gehörte es den Herzögen von Schleswig, ab 1714 war es dänisch, 100 Jahre später kam es zu England, und 1890 wurde es im Tausch gegen Sansibar deutsch. Der hohe Felszacken vor der Nordspitze, die Lange Anna, ist sein Wahrzeichen.*

70 km von der Elbmündung entfernt, erheben sich die roten Felsen von Helgoland. Die Insel ist 1600 m lang und mißt an ihrer breitesten Stelle 600 m. Bis zu 60 m ragt sie über die Wasseroberfläche empor. Nur ungefähr 1,5 km trennen sie von einer kleinen Insel im Osten, Düne genannt. Das ist die beliebte Badeinsel Helgolands.

Helgoland unterscheidet sich von den Nord- und Ostfriesischen Inseln durch seinen geologischen Aufbau und durch seine Entstehung. Es besteht nicht aus alluvialem Schlick oder Sand wie diese, sondern aus Buntsandstein, der von hellen, schmalen Mergelschichten durchzogen ist. Der Buntsandsteinhorst ruht auf einem Zechsteinsalzdom.

Die Insel gliedert sich in zwei „Stockwerke", das niedrige Land (Unterland) und das Oberland, das auf dem Buntsandsteinfelsen ruht. Da der Buntsandstein ein verhältnismäßig weiches Gestein ist, das dem Anprall der Wogen nur wenig Widerstand entgegensetzt, hat man die Insel an vielen Stellen mit einer Betonmauer und mit Dämmen umgeben. Bis zur Errichtung der Schutzbauten haben die Wellen in jahrtausendelanger Arbeit die Insel, die einst bedeutend größer war, bis auf die heutige Größe abgetragen. Dabei wurden von der Erosion bemerkenswerte Formen aus dem Gestein herauspräpariert, so der bekannte Hengst, ein Felsturm an der Nordwestecke der Insel.

Die Felsen überragen eine marine Abrasionsplattform, die bei Niedrigwasser freiliegt und auf der sich nach Stürmen dicke Schichten von Seetang ansammeln. Einige Meilen südlich befindet sich vor der Elbmündung das „Kreuz von Helgoland", der tiefste Punkt der Helgoländer Bucht.

Helgoland liegt über einer Serie geologischer Schichten aus dem Perm und der Trias. Sie fallen steil ein und bestehen aus unterschiedlichen Gesteinen. Von Nordwesten nach Südosten tauchen der Reihe nach auf: der untere, der mittlere und zuletzt der obere Buntsandstein. Der Untergrund der Düne besteht aus Muschelkalk, an den sich Kreide anschließt. In der Eiszeit war Helgoland noch mit dem Festland verbunden. Als jedoch das Eis abschmolz, stieg der Meeresspiegel, und nur der höchste Teil der Halbinsel ragte als Insel über die Meeresoberfläche. Die fast horizontale Hochebene des Oberlandes entstand in der Eiszeit. Gletscher hobelten das Gestein glatt. Die senkrechten Felswände haben sich erst in jüngster geologischer Zeit durch die Abtragung des Meeres herausgebildet. Eine Klippenwanderung über den Buntsandsteinwänden ist für den Besucher von ganz besonderem Reiz.

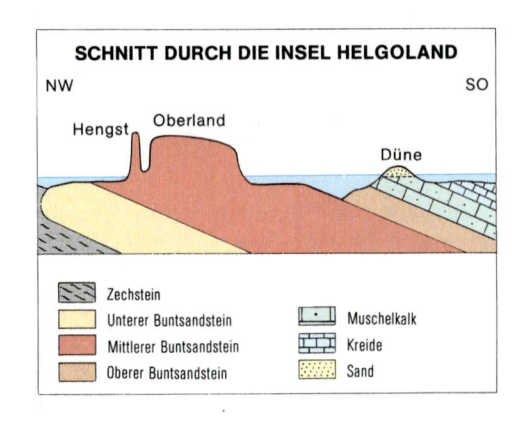

SCHNITT DURCH DIE INSEL HELGOLAND

- Zechstein
- Unterer Buntsandstein
- Mittlerer Buntsandstein
- Oberer Buntsandstein
- Muschelkalk
- Kreide
- Sand

Helmcken Falls

Amerika, Kanada
51° 57' n. Br., 120° 11' w. L.

Ein ungestümer Wildbach, dessen tosende Fluten es auf ihrem Weg zum Pazifischen Ozean so eilig haben, daß sie sich mehr als 100 m in die Tiefe stürzen, um ihr Ziel schneller zu erreichen. Ihr Rauschen durchdringt die Stille der Bergwelt, in der noch heute wilde Bären und Elche gejagt werden.

British Columbia ist nach Yukon die westlichste Provinz Kanadas. 90 % seines Territoriums liegen innerhalb der großen Faltengebirgsketten, die den gesamten amerikanischen Kontinent von Norden nach Süden durchziehen. Zahlreiche Naturschutzgebiete sollen dazu beitragen, die große Fülle landschaftlicher Besonderheiten in diesem Gebiet zu erhalten. Der bekannteste Landschaftspark ist derjenige von Wells Gray in den Cariboo Mountains. Er bedeckt eine riesenhafte Fläche von mehr als 4700 km² und umschließt fünf große Seen (Hobson Lake, Azure Lake, Clearwater Lake, Murtle Lake und Mahood Lake), die alle mit dem Clearwater River in Verbindung stehen. Ihre reißenden Abflüsse bilden an mehreren Stellen mächtige Wasserfälle. Am eindrucksvollsten sind die Helmcken Falls, über die der Murtle kurz vor seiner Mündung in den Clearwater River in die Tiefe stürzt. Laut tosend ergießen sich die Wildwasser über eine steile Felskante, überwinden 137 m im freien Fall und verschwinden weiter unten in einer riesigen weißen Wolke aus Gischt.

Die Gebirgskette der Cariboo Mountains liegt eingezwängt zwischen dem Fraserplateau im Westen und dem Rocky Mountain Trench, einer langgestreckten, nordwest-südöstlich verlaufenden Bruchzone im Osten, die das Gebiet von den Ketten des Felsengebirges trennt. Diese einzigartige Landschaft des kanadischen Westens entstand im Tertiär, als die Ge-

Helmcken Falls *Inmitten ausgedehnter Nadelwälder stürzen die Wassermassen des Murtle Rivers über die Flanke eines Gesteinshärtlings 137 m in die Tiefe. Am Fuß des Falles haben die tosenden Fluten ein gewaltiges, kreisrundes Kolkloch ausgehöhlt, das wie ein riesiger Trichter aussieht.*

birgsketten der nordamerikanischen Kordilleren gebildet wurden. Mächtige Sedimentschichten, die sich während der Trias- und Jurazeit in einer großen Geosynklinale angesammelt hatten, wurden zu gewaltigen Falten zusammengepreßt und um mehrere tausend Meter gehoben. Diese Vorgänge waren begleitet von einer ausgeprägten Bruchtektonik (Rocky Mountain Trench) und lebhaftem Vulkanismus, dessen Spuren noch heute sichtbar sind. Ihren höchsten Punkt erreichen die Cariboo Mountains im Mount Sir Wilfrid Laurier (3581 m).

Die Ausrichtung des Gewässernetzes ist den tektonischen Verhältnissen angepaßt und folgt meist den zahlreichen Grabenbrüchen und Verwerfungen, die bei der Hebung des Faltengebäudes entstanden waren. Diese tektonischen Leitlinien wurden im Pleistozän durch die Erosion eiszeitlicher Gletscher noch tiefer in den Untergrund eingeschnitten. Widerstandsfähigere Gesteinspartien wurden dabei als Härtlinge herausgearbeitet, an denen die heutigen Flüsse die zahllosen Wasserfälle von Wells Gray bilden. Da das Relief erst rund 10 000 Jahre alt ist, konnten sich die Wasserläufe in der zur Verfügung stehenden Zeit noch nicht tief genug in die Härtlinge einschneiden, um so die vielen Gefällstufen auszugleichen.

Das Gebiet des Wells Gray Provincial Park ist eines der feuchtesten im Innern der Provinz British Columbia. Die Hänge der Cariboo Mountains erhalten dank ihrer Höhe – anders als das trockenere Fraserplateau – rund 1000 mm Niederschlag im Jahr, obwohl sie im Windschatten des Küstengebirges liegen. Die klaren Gebirgsflüsse werden durch die Schmelzwässer der zahlreichen Eisfelder und kleineren Gletscher gespeist, die die Höhen der Cariboo Mountains bedecken. Wegen seiner außergewöhnlichen Wildbestände (Braunbären, Elche u. a.) und der ausgedehnten, fischreichen Gewässer wird das Naturschutzgebiet im Sommer von sehr vielen Jägern, Sportfischern und Kanufreunden besucht.

Hienghène

Ozeanien, Neukaledonien
20° 41′ s. Br., 164° 56′ ö. L.

In der malerischen Bucht von Hienghène liegen viele kleine, von Grotten unterhöhlte Inseln aus hellgrauem Kalkstein.

Auf seiner zweiten Reise in den Pazifik entdeckte der englische Seefahrer James Cook eine große, felsige Insel, deren Gipfel ihn an schottische Landschaften erinnerten und die er darum Neukaledonien nannte. Nachdem er an dem Korallenriff, das fast die ganze Insel umgibt, vorbeigesegelt war, bemerkte Cook eine Fahrrinne, und am 5. September 1774 warf er Anker vor der Bucht von Hienghène, ohne jedoch ernsthaft nach einer Einfahrt zu suchen. Erst im Jahre 1840 fanden sich die ersten Schiffe hier ein. 1866 ließ sich in Hienghène eine katholische Mission nieder. Die Ankömmlinge waren von den seltsam geformten Felsen, die sich malerisch und unübersehbar in der Bucht erheben, sogleich beeindruckt und nannten sie „Sphinx" und „Türme von Notre-Dame".

Diese Felsen bestehen aus Kalksteinen des Eozäns. An sie schließen sich im Osten kreidezeitliche Schiefer an. Es handelt sich um hellgrauen Kalkstein, der ein sehr unregelmäßiges Gefüge hat und deutliche Spuren von Verkieselung zeigt. Nach ihrer Ablagerung sind die Kalksteine während einer Gebirgsbildungsphase im Oligozän durch die Einwirkung von Druck und Hitze wieder kristallisiert und verkieselt worden. Von der Abtragung angegriffen, wurde das Schichtpaket in einige verschieden hohe

Hienghène *Zwischen den Korallenriffen im offenen Meer und der Küste Neukaledoniens, über die der würzige Duft von Sandelholz streicht, ragen eine Anzahl kleiner Kalksteininseln über dem Meeresspiegel auf.*

Eilande zerstückelt. So entstanden die 150 m hohe „Sphinx" und die 60 m hohen „Türme von Notre-Dame".

Etwas östlich von ihnen steigt die Insel Indératique sogar bis 176 m an. Die Abtragung wirkte sich besonders intensiv aus, als der Meeresspiegel in den Eiszeiten unter dem heutigen Niveau lag. Im Lauf der darauf folgenden Überflutung stieg der Meeresspiegel zeitweise einige Meter über das heutige Niveau. Den Beweis dafür liefern die dort vorhandenen Grotten, deren Wände mit abgestorbenen Korallen überzogen sind.

Himalaja

Asien
26° 40'–35° 30' n. Br., 73°–95° 10' ö. L.

Himalaja: Bei diesem Namen denkt man unwillkürlich an die höchsten Gipfel der Erde. Es sind jedoch nicht nur die übermächtigen Bergriesen, die den ungewöhnlichen Reiz dieser einzigartigen Gebirgslandschaft ausmachen. Mindestens ebenso beeindruckend sind die unglaublichen Gegensätze der Natur, die auf engstem Raum zusammengedrängt sind: Fruchtbarstes Kulturland und dürftige Steppengebiete, üppige tropische Bergwälder und von ewigem Eis und Schnee bedeckte Felswüsten wechseln einander ab, und all das auf einer Strecke, die nicht einmal 200 km lang ist.

Der Himalaja ist das größte und höchste Gebirge der Erde. Mit 2500 km ist er doppelt so lang wie die Alpen, und sein mächtigster Gipfel ist mehr als zweimal so hoch wie die Jungfrau. Die Gebirgsketten trennen die Tiefländer des indisch-pakistanischen Subkontinents im Süden vom tibetischen Hochland im Norden. Als westliche bzw. östliche Begrenzung des Himalajas gelten die Durchbruchstäler von Indus und Brahmaputra, die vom Nanga Parbat und vom Namcha Barwa überragt werden. Das Wort Himalaja bedeutet ins Deutsche übersetzt „Schneewohnung"; es besteht aus den beiden Sanskritsilben „hima" (Schnee) und „alaja" (Wohnsitz). In Nepal nennt man deshalb nur die von ewigem Eis und Schnee bedeckten Hauptketten des Gebirges Himalaja. Da der Gebirgskörper nur zwischen 150 und 280 km breit ist und der Himalajahauptkamm bis fast an den Gebirgsrand heranreicht, treten auf kurzen Distanzen gewaltige Höhenunterschiede auf. Zwischen dem Nanga Parbat im Nordwesten und dem nur wenige Kilometer entfernten Industiefland beträgt die Höhendifferenz rund 7000 m, weiter im Osten fast 8000 m auf einer Strecke von nur 100 km.

Der Himalaja gehört zu den im Tertiär entstandenen jungen Faltengebirgen und läßt sich in vier westöstlich verlaufende Ketten unterteilen, die verschiedenen Phasen der Gebirgsbildung zuzurechnen sind. Von Süden nach Norden unterscheidet man die Subhimalaja genannten Siwalikketten, den Vorderhimalaja, den Hochhi-

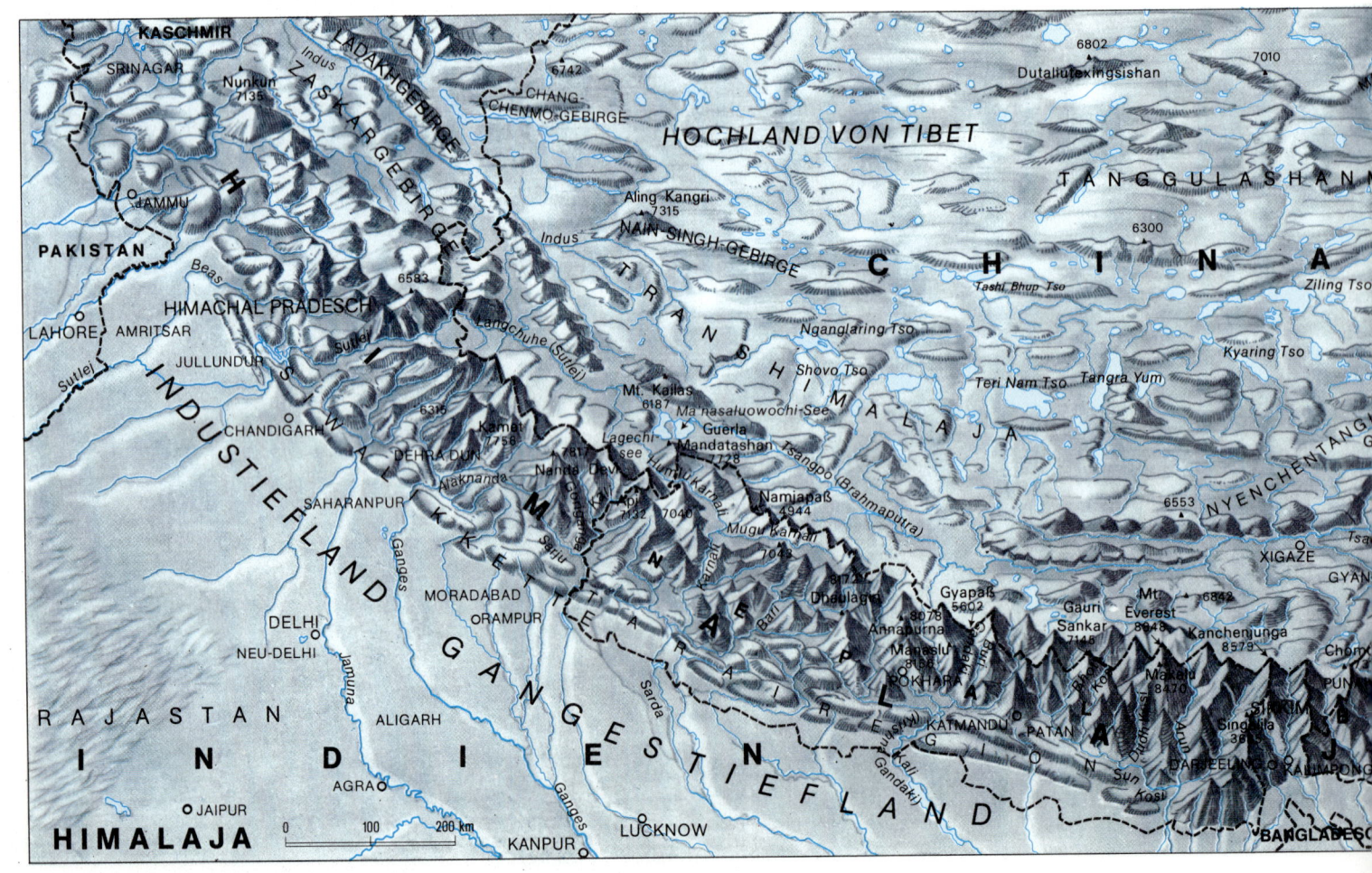

Himalaja

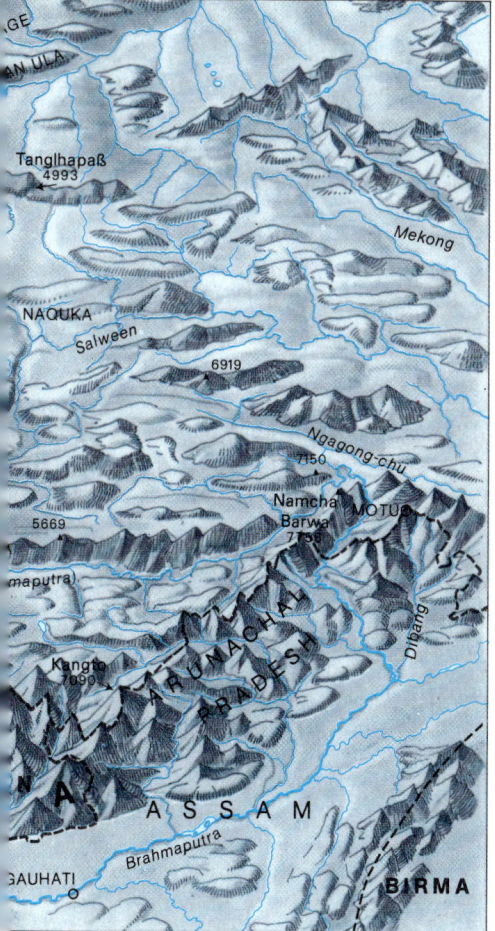

malaja und schließlich den Transhimalaja.

Die Siwalikketten (Subhimalaja) erheben sich als Randgebirge des Himalajas über die vorgelagerten indisch-pakistanischen Tiefländer. Sie sind 10 bis 50 km breit und erreichen nur an wenigen Stellen Höhen über 1300 m. Als jüngster Teil des Himalajas entstanden die Siwalikketten vor nur 1 Million Jahren, an der Wende vom Tertiär zum Pleistozän. Sie bestehen aus dem verfestigten Abtragungsmaterial des seit dem Alttertiär zum Hochgebirge emporgestiegenen Himalajas. Im Norden werden sie von den steil ansteigenden, wie eine gewaltige Wand aussehenden Ketten des Vorderhimalajas überragt. Diese erreichen durchschnittliche Höhen von 2000 bis 3000 m, einzelne Gipfel sind sogar bis zu 4000 m hoch. Sie werden nach Süden durch eine markante Verwerfungslinie, die sogenannte Hauptrandstörung, von den Siwalikketten getrennt. Die Grenze zum nördlich anschließenden Hochhimalaja wird ebenfalls von einer tektonischen Leitlinie gebildet. Sie wird von den Geologen als Zentrale Hauptüberschiebung bezeichnet. Der aus liegenden Falten und mächtigen Überschiebungsdecken aufgebaute Vorderhimalaja besitzt trotz seiner beachtlichen Höhe keinen eigentlichen Hochgebirgscharakter, denn nur seine nördlichen Teile reichen über die Waldgrenze hinaus. Eine Besonderheit in diesem Teil des Hi-

Himalaja *Über den Hochtälern des Himalajas erheben sich die mächtigsten Bergriesen der Erde. Ihre eisbedeckten, beinahe senkrechten Steilwände sind bis zu 3000 m hoch. Um sie durchsteigen zu können, bedurfte es seit dem ausgehenden 19. Jahrhundert ungezählter wissenschaftlicher Expeditionen.*

malajas bilden die in den Gebirgskörper eingesenkten Beckenlandschaften von Kaschmir, Katmandu und Pokhara. Ihre Talböden sind von mächtigen pleistozänen Sedimentschichten bedeckt. Es gilt heute als erwiesen, daß die Beckenbildung auf tektonische Vorgänge zurückgeht.

Allein der Hochhimalaja besitzt die Formenwelt eines echten Hochgebirges. Seine nördlich der Zentralen Hauptüberschiebung gelegenen, stark vergletscherten Massive überragen den gewiß nicht niedrigen Vorderhimalaja um 3000 bis 4000 m. Diese gigantische Gebirgskette wird von den höchsten Gipfeln der Erde gekrönt. Allein 14 Bergriesen überragen die 8000-Meter-Höhenlinie, und mehr als 30 Gipfel sind höher als 7600 m. Typisch für die Gipfelflur sind 2000 bis 3000 m hohe, vereiste Felswände, die von den Bergspitzen bis in die Täler hinunterreichen. Eines der bekanntesten Beispiele ist die Lhotse-Nuptse-Wand. Der Hochhimalaja besteht im wesentlichen aus kristallinen Gesteinen (Gneise und Granite), die teilweise

Himalaja

Himalaja *Mit einer Länge von 2700 km ist der Ganges der größte Strom Nordindiens. Er wird von zwei Quellflüssen (Alaknanda und Bhagirathi) gespeist, die beide im Kumaonhimalaja entspringen. Die Wassermassen des Alaknanda stammen aus dem Zehrgebiet des mächtigen Alakapurigletschers am Fuße des 7756 m hohen Kamet und durchbrechen als tosender Wildbach die Ketten des Himalajas, bevor sie sich südöstlich von Dehra Dun mit dem Bhagirathi zum Ganges vereinigen.*

von jüngeren tertiären Sedimenten bedeckt werden.

Im Norden schließt sich als letzte der vier Gebirgsketten der Transhimalaja an. Vom Hochhimalaja ist er durch die markante südtibetische Längstalfurche getrennt. Diese tektonisch vorgeformte Senkenzone wurde durch den Oberlauf des Tsangpo (Brahmaputra) seit dem Tertiär besonders deutlich herauspräpariert. Aufgrund des hier herrschenden Trockenklimas sieht dieses Gebiet wie eine im Abtragungsschutt versinkende Gebirgswüste aus. Es gibt nicht genügend oberflächlich abfließendes Wasser, um die riesigen Mengen verwitterten, am Fuß der Berghänge angesammelten Gesteinsmaterials abzutransportieren.

Der Himalaja ist eine der größten Klimascheiden der Erde; seine Gebirgsketten riegeln das Tibetische Hochland im Norden gegen den aus südlichen Richtungen vorstoßenden indischen Sommermonsun ab. Die feuchten tropischen Luftmassen, die dem Kontinent vom Indischen Ozean her zugeführt werden, stauen sich an der Südseite des Gebirges und führen hier zu gewaltigen Regenfällen, deren Höhe nur an wenigen Punkten der Erde erreicht wird. An manchen Stellen sind schon Jahresniederschläge bis zu 6000 mm gemessen worden, wobei zu berücksichtigen ist, daß der Winter hier eine ausgesprochen trockene Jahreszeit ist. In Anlehnung an die klimatischen Verhältnisse findet man an der reichlich beregneten Südabdachung des Himalajas üppige Berg- und Nebelwälder, während an der Nordabdachung wintertrockene, alpine Steppen vorherrschen. Die Südseite des Himalajas gehört zu den dichtest besiedelten Gebirgsregionen der Erde und wird landwirtschaftlich intensiv genutzt. Dagegen ist die tibetische Gebirgsflanke lediglich ein sehr dünn besiedeltes Gebiet, in dem man ab und zu den Viehherden von Nomaden begegnet.

Der Himalaja wird von zahlreichen antezedenten, in nordsüdlicher Richtung verlaufenden Tälern durchschnitten. Trotzdem war er lange Zeit ein unüberwindbares Verkehrshindernis. Die alten Handelswege zwischen Indien und China führten im Westen um das Gebirge herum.

Die ersten Europäer, die eine Himalajaüberquerung wagten, waren christliche Missionare: Antonio de Andrade und Manuel Marques. Sie erreichten 1624 das Hochland von Tibet. Eine beträchtliche Erweiterung der Landeskenntnisse erfolgte erst im 18. Jahrhundert durch die Expeditionen der Ostindischen Kompanie, die für den Ostindien- und Ostasienhandel privilegiert war. In der ersten Hälfte des 19. Jahrhunderts schließlich begann der Indian Survey seine Vermessungstätigkeit. W. S. Webb führte die ersten Höhenmessungen im Hochhimalaja durch. Wichtig war auch die 1854 bis 1858 durchgeführte wissenschaftliche Expedition der Brüder Adolf, Hermann und Robert Schlagintweit. Sie beschäftigten sich mit den Erdwissenschaften, mit der Völkerkunde und mit der Erforschung der tibetischen Sprache. Damals wurden auch die Arbeitsergebnisse des Indian Survey in einem ersten „Indischen Atlas" veröffentlicht. Der Wunsch, die höchsten Gipfel der Erde zu besteigen, tauchte jedoch erst später auf: Den Anfang machte 1885 der Engländer Francis E. Younghusband mit halbmilitärischen Gebirgsexpeditionen. 1895 reisten erstmals erfahrene Bergsteiger nach Indien, um den Nanga Parbat zu bezwingen. Zu Beginn unseres Jahrhunderts waren Hochgebirgstouren für die britischen Kolonialbeamten bereits zu einer beliebten Nebenbeschäftigung geworden.

Bis zur Bezwingung der ersten Achttausender vergingen jedoch noch rund 50 Jahre. Einerseits durfte Nepal bis 1950 von Europäern nicht betreten werden, andererseits war die Benutzung von Sauerstoffgeräten in großen Höhen noch nicht hinreichend erprobt und bekannt. Grundlegende Erfahrungen über Ausrüstung, Ernährung und Belastbarkeit des menschlichen Organismus in Höhen über 7000 m wurden während der drei von Oliver Wheeler geleiteten britischen Everestexpeditionen von 1921, 1922 und 1927 gesammelt. Damals wurden erstmals einheimische Sherpa als zuverlässige Träger angeworben. Weitere für die Besteigung von Achttausendern bedeutsame Erkenntnisse steuerten zwei deutsche Expeditionen zum Nanga Parbat (1934 und 1937) bei. Dieser berühmte Gipfel wurde damals zum wissenschaftlich am besten erforschten Achttausender. Der Bergtod von 11 Deutschen und 15 Sherpa trug ihm jedoch den berüchtigten Beinamen „Schicksalsberg der

Deutschen" ein. Die konsequente Anwendung des in jahrzehntelanger Forschungsarbeit gewonnenen Erfahrungsschatzes, wesentlich verbesserte Ausrüstungen und die Verwendung technischer Hilfsmittel führten 1950 endlich zur Eroberung des Annapurnas, der als erster Achttausender (8078 m) von einer französischen Expedition unter M. Herzog bezwungen wurde. In den folgenden Jahren wurden alle Achttausender des Himalajas nach und nach bestiegen. Eine der größten Sensationen war die Besteigung des Mount Everests durch die Japanerin Junko Tabei im Mai 1975. Sie erreichte als erste und bislang einzige Frau der Welt den höchsten Gipfel der Erde, begleitet von dem Sherpa Ang Tsering.

Eine noch größere physische Leistung vollbrachten der Südtiroler Reinhold Messner und sein österreichischer Seilgefährte Peter Habeler. Am 8. Mai 1978 bezwangen sie den Mount Everest ohne künstlichen Sauerstoff. Was bisher als unmöglich gegolten hatte, war Wirklichkeit geworden und erfuhr drei Monate später eine weitere unglaubliche Steigerung: Wiederum ohne Sauerstoffgerät stieg Messner allein auf den Nanga Parbat und überschritt damit eigentlich die Grenzen menschlichen Leistungsvermögens. Messner selbst: „Ich habe lange davon geträumt, einen Achttausender im Alleingang zu bewältigen – etwas, das unter Bergsteigern als ‚noch unmöglicher‘ gilt als der höchste Berg der Erde ohne Atemgeräte."

Höllochgrotten

Europa, Schweiz
46° 58′ n. Br., 8° 52′ ö. L.

Schon vor einem Jahrhundert hat man begonnen, das komplizierte System der Höllochgrotten zu erkunden, doch bis heute ist es noch nicht geglückt, alle Geheimnisse zu enträtseln.

Als Alois Verich das Hölloch 1875 entdeckte und betrat, ahnte er nicht, daß er damit eine Erforschung einleitete, die sich über Jahrzehnte hinzog.

Das Hölloch liegt im Kanton Schwyz 11 km südöstlich der Stadt gleichen Namens im Muotatal. Durch Stalden führt eine Straße bis zum Restaurant bei der Höhle, von wo aus der Fußweg zum Eingang der Höhle abzweigt. Durch ein Gitter verschlossen, ist die Höhle auf den ersten 650 m als Schauhöhle eingerichtet.

Über diesen Punkt hinaus ist das Gangsystem des Höllochs nur für Höhlenforscher begehbar, doch ließe sich der allgemein zugängliche Teil der Höhle ohne allzu großen Aufwand noch um etwa 1 km verlängern.

Die eigentliche Erforschung der Höhle unternahm Paul Egli zu Beginn dieses Jahrhunderts, doch wissenschaftlich untersucht wurde sie erst ab 1949 von der Schweizerischen Gesellschaft für Höhlenforschung. Im Jahre 1951 wurde die Erforschung des Höhlenlabyrinths unter der Leitung von Dr. A. Bögli fortgesetzt, manchmal unter großen Gefahren: Vom 15. bis 24. August 1952 wurden Bögli und drei seiner Begleiter im Hölloch bei einem plötzlich auftretenden Hochwasser eingeschlossen, und erst nach 224 Stunden gelangten sie wieder ins Freie.

Die Gesamtlänge der von den Höhlenforschern vermessenen Gänge wurde immer eindrucksvoller. 1954 waren 48 km bekannt, 1955 war man bereits bei 55 km angelangt, und 1968 galt das Hölloch mit mehr als 100 km als die größte Höhle der Erde. Sie hatte diesen Rang bis 1973. Damals fand man eine Verbindung zwischen den beiden Riesenhöhlen der USA (Mammoth Cave und Flint Ridge System), die nun an erster Stelle standen. Ende des Jahres 1976 kannte man 130 km des Höllochs, und die Erforschung dauert weiter an. Bemerkenswert ist außerdem, daß die Höhenunterschiede in dieser Schweizer Höhle 827 m betragen.

Das Höhlensystem liegt in einem Karstgebiet von knapp 22 km² Größe. Die Kalksteinschichten, durch die sich die Gänge ziehen, sind 120 m mächtig. Die großen Höhenunterschiede innerhalb der Höhle kommen nur durch das starke Einfallen der Schichten zustande.

Das Volumen der Höhle von rund 2 Millionen m³ entspricht 3 % des Volumens der Kalksteinschicht. Sie ist also durchlöchert wie ein Schweizer Käse. Dies ist auf eine intensive Lösungstätigkeit ober- und unterirdischer Gewässer zurückzuführen.

Höllochgrotten *Stalaktiten in Form dichter Zapfen oder zerbrechlicher, fadendünner Säulchen, die im Licht flimmern, schmücken die Decke eines Ganges in diesem Labyrinth. Großartige Hallen und Säle, wie sie beispielsweise in den Grotten von Postojna (Adelsberger Grotten) in Jugoslawien vorkommen, kann das Hölloch allerdings nicht vorweisen.*

Die Eintiefung des Tals, vor allem durch Gletscherschmelzwässer, hat sich in drei Phasen abgespielt. Ihnen entsprechen drei Höhlenstockwerke. Um mit der raschen Eintiefung des Tals Schritt halten zu können, hat das unterirdische Wasser oft die Gänge verlassen, schon bevor jedes Stockwerk sein Reifestadium erreicht hatte. Durch die wiederholte Absenkung des Grundwasserspiegels haben sich neun Zehntel der Höllochgänge in Schichtfugen und nicht in Klüften gebildet.

Diese Entwicklung erklärt auch die Ringform des Höhlengrundrisses. Sie erklärt ebenso den elliptischen Querschnitt der meisten Gänge und die Tatsache, daß es hier kaum größere Säle gibt. Der eindrucksvollste größere Saal ist wohl der „Schwarze Dom" mit 106 m Länge, 66 m Breite und 75 m Höhe.

Das Hölloch ist das einzige durchgängige kontinentale Höhlensystem. Es dient den Höhlengewässern als Abflußröhre. Die unterirdischen Wasserläufe fließen im „Schleichenden Brunnen" zusammen. Ihre jährliche Schüttung beträgt 50 Millionen m³.

Interessant sind schließlich noch mehrere Zuflüsse des „Schleichenden Brunnens" im Innern der Höhle. Es ist jedoch bisher noch nicht möglich, den Ursprung dieser verschiedenen unterirdischen Wildbäche genau zu bestimmen. Beim gegenwärtigen Stand der Untersuchungen bleibt tatsächlich noch viel im Hölloch zu entdecken.

Holmsland Klit

Europa, Dänemark
56° n. Br., 8° 08′ ö. L.

Die Strömung und der Wind von der offenen Nordsee haben die Lagune mit einem langen Streifen Sand abgeschnürt, der von den Stränden abgetragen wurde. Auf dieser Nehrung haben sich Dünen gebildet, die von der Vegetation befestigt werden.

An der Westküste der Halbinsel Jütland haben die Meeresströmungen und Winde, die hauptsächlich aus Westen kommen, einen langen Küstenwall aus Dünen, den Holmsland Klit, aufgebaut. Dieser Wall trennt den Ringkøbingfjord von der Nordsee. Eine Fahrrinne, die im Jahre 1931 angelegt wurde, durchquert jedoch den Wall beim Fischerort Hvidesande. Bei Flut dringt Meerwasser in die Lagune, während sich das Süßwasser – in den Ringkøbingfjord münden verschiedene Flüsse – bei Ebbe ins Meer ergießt.

Nördlich von Hvidesande liegen ein Naturschutzgebiet und ein Feriendorf; im Süden des Ringkøbingfjords befindet sich ein Vogelschutzgebiet. Man bemüht sich, die Dünenlandschaft von Holmsland zu bewahren. Die meisten Dünen wandern

Strandwälle, Lagunen und Tombolos

Diese drei Formen verdanken ihre Entstehung der marinen Aufschüttung in der Gezeitenzone. Die Strandwälle sind Kies- und Sandablagerungen, die von der Brandung, den Stürmen und den Springtiden auf der Brandungsplattform oder am Strand zurückgelassen werden. Ihre Gestalt hängt von verschiedenen Faktoren ab: von der Küstenform – ob geradlinig oder konkav –, von den lokalen Meeresströmungen sowie von der Art und Menge des Materials, das von der Brandung abgetragen und von den Meeresströmungen angeschwemmt wurde. Diese Strandwälle, die natürliche Wälle von einigen Meter Höhe darstellen, können an Höhe und Volumen zunehmen, wenn sich an ihnen Flugsanddecken und Dünen anlagern.

Verläuft der Strandwall schräg zur Küstenlinie, kann eine Nehrung entstehen, die, wenn sie lang genug ist, eine Meeresbucht völlig verschließen und eine Lagune bilden kann (z. B. die Küstenseen im Languedoc, die Lagune von Venedig, das Frische Haff). Der lange, schöne Sandstreifen, der die Lagune auf der Meeresseite säumt, wird in Italien Lido genannt (z. B. bei Venedig). Wenn die Nehrung eine Felseninsel erreicht, bildet sich eine Halbinsel, Tombolo genannt, wie in Quiberon auf Le Croisic (Loire-Atlantique, Frankreich), wo zwei Inseln miteinander und mit der Küste vereinigt werden. Es gibt doppelte Tombolos wie die Halbinsel von Giens bei Toulon und auch dreifache wie zum Beispiel der Monte Argentario in Italien und Karthago in Tunesien.

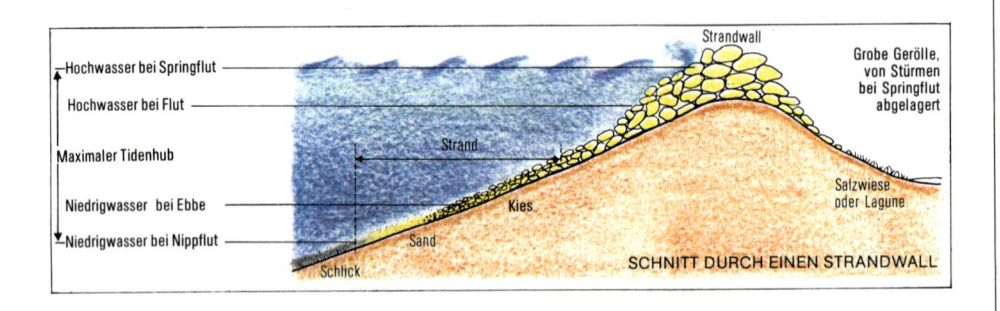

heute nicht mehr, da die natürliche Heidevegetation sie gefestigt hat. Diese Heiden sind charakteristisch für die Landschaften Westjütlands, und bis Anfang des 20. Jahrhunderts bedeckten sie weite Areale, die als Weideland genutzt wurden. Im Zuge einer großen Agrarreform wurden sie jedoch in Ackerland verwandelt.

Hoorn, Kap

Amerika, Chile
55° 59′ n. Br., 67° 15′ w. L.

Südamerika geht hier zu Ende – ein Splitter am Ende eines geborstenen Rückgrats, ein Grenzstein an der südlichsten Spitze eines großen Kontinents.

Es gibt kaum einen legendenumwobeneren, schicksalsträchtigeren Ort als den Felsen von Kap Hoorn, die südlichste Spitze des südamerikanischen Kontinents. Hier toben die Stürme heftiger als sonst irgendwo auf der Erde. Es sind die gefürchteten Westwinde, die das Meer aufpeitschen und die Route um Kap Hoorn zur gefährlichsten Seeroute der Welt machen.

Das Kap ist rund 300 m hoch, 8 km lang und umfaßt 30 km². Es besteht aus kristallinem Gestein. Von zahlreichen Klippen und kleineren Inseln, die alle zu Feuerland gehören, ist es umgeben.

In der Eiszeit war die Südspitze des Kontinents fast vollkommen von Gletschern bedeckt. Sie haben auf der pazifischen Seite der Anden Myriaden von Inseln und Klippen geschaffen und im Südwesten die tief ins Landesinnere greifenden Fjorde, die von hohen Gipfeln überragt werden.

Im Jahr 1616 erreichte der niederländische Seefahrer Wilhelm Schouten zusammen mit seinem Landsmann Le Maire das Kap Hoorn. Nach seiner Heimatstadt Hoorn benannte er es so. In jenen Tagen kamen häufig Indianer auf der Jagd nach Robben in diese Gegend, während sich heute so gut wie niemand mehr hier blicken läßt.

Viele Segelschiffe, die den Weg ums Kap nahmen, zerschellten hier, denn nicht nur die Stürme, sondern auch Nebel und Regen gefährden die Seefahrt. Viele Schiffe fuhren daher durch die geschütztere Magellanstraße.

Seitdem der Panamakanal 1914 eröffnet wurde, hat die Route um Kap Hoorn für die Handelsschiffahrt ihre Bedeutung verloren. Heute wagen sich nur noch einige Forscher und Abenteurer wie etwa Weltumsegler in diese unwirtliche Gegend.

Kap Hoorn *So friedlich wie auf diesem Bild ist die See bei Kap Hoorn nur selten. Meistens, besonders im Winter, toben hier heftige Stürme.*

I

Ichang

siehe Yichang

Iguaçufälle

Amerika, Brasilien
25° 41′ s. Br., 54° 26′ w. L.

Der Rio Iguaçu, ein Nebenfluß des Paranás, überwindet in den wasserreichen Iguaçufällen einen Höhenunterschied von 57 bis 72 m.

Rund 20 km stromaufwärts von der Mündung des Iguaçus in den Paraná, an der Grenze zwischen Brasilien im Norden und Argentinien im Süden, liegen die Iguaçufälle. Sie zählen neben den Victoria- und den Niagarafällen zu den bedeutendsten Wasserfällen der Erde. In dieser Gegend Südamerikas spricht man jedoch nicht von den „Wasserfällen", sondern vom „Graben" des Iguaçus, weil seine Wassermassen in eine eindrucksvolle, mehr als 3 km lange, tiefe Schlucht stürzen.

Man kann die Wasserfälle entweder vom Nordufer oder vom Südufer aus betrachten. Vom Norden her bietet sich dem Betrachter ein wundervoller, weitreichender Blick über die niederstürzenden Wassermassen und die in allen Regenbogenfarben schillernden Gischtwolken. Auf der argentinischen Seite kommt man über eine lange Treppe näher an die Fälle heran, der Eindruck ist also fast noch gewaltiger.

Die „Teufelskehle", in die der Hauptarm des Flusses tosend hinabstürzt, ist eine enge Schlucht von einigen hundert Meter Länge und 40 m Tiefe. Die darunter folgenden Fälle, die 30 bis 60 m Höhe erreichen, haben, weil sie besondere Züge tragen, auch verschiedene Namen. So gibt es beispielsweise die „Zwei Schwestern" und die „Drei Musketiere".

Die beste Zeit, die Iguaçufälle zu besuchen, ist der August und der September, also der Südwinter. Zu der Zeit regnet es in diesem Gebiet viel, und der Iguaçu führt dann auch entsprechend viel Wasser, das donnernd in die Tiefe stürzt.

Im südwestlichen Brasilien liegt eines der größten Basaltfelder der Erde: 400 m mächtige, treppenförmig übereinanderlagernde Lavadecken. Sie fallen nach Westen hin ein und tauchen unter die jüngeren Sedimente des Paranábeckens.

Der Iguaçu schneidet sich beim Austritt aus dem vulkanischen Bergland in eine niedrigere Fläche in etwa 150 m Höhe ein. Die Bildung dieses Kerbtals, in dem auch die Iguaçufälle liegen, ist wohl auf eine jüngere Hebungsphase zurückzuführen. In den Basaltdecken, die aus unzähligen Lavaströmen bestehen, hat der Fluß die Härteunterschiede des Gesteins herausgearbeitet. Dabei sind zwei Stufen im Längsprofil entstanden, von denen im Süden nur noch die obere erhalten geblieben ist.

Die üppigen Wälder an den Ufern des Iguaçus stehen in krassem Gegensatz zu den weiten Getreidefeldern, die auf den Hochebenen an die Stelle der Araukarienwälder treten. Die Gischtwolken der Wasserfälle haben örtlich eine feuchte, tropische Umwelt geschaffen, die von bunten Vögeln und großen Schmetterlingen belebt wird.

Iguaçufälle *Sie gehören zu den eindrucksvollsten Naturwundern der Erde. Umgeben von subtropischem Regenwald, stürzen sie in 275 Einzelfällen in zwei Stufen über den Rand der südbrasilianischen Trappdecken.*

Illampu

Amerika, Bolivien
15° 50′ s. Br., 68° 34′ w. L.

So steil sind die Hänge des Illampus, daß der Schnee dort nicht liegenbleibt. Und selbst die Gletscher gleiten nicht langsam zu Tal, sondern zerbrechen und zersplittern durch die extreme Neigung der Hänge.

Der Illampu, im Westen der Cordillera Real gelegen, deren höchster Gipfel er ist, erreicht eine Höhe von 6550 m. Er bildet den majestätischen Hintergrund für die Landschaft des bolivianischen Altiplanos.

Der Gipfel des Illampus ist ein schmaler, nordsüdlich orientierter Grat. Er ist von ewigem Eis bedeckt und wird im Osten und Westen von fast senkrechten Felswänden begrenzt. Sie erheben sich hoch über die Gletscherzungen an seinem Fuß.

Der westliche Steilabfall, der sich vom Gipfel des Illampus bis zur Sohle des Soratatals hinzieht, ist wohl der schönste Teil des Bergs. Auf einer Horizontalerstreckung von 10 km überwindet er einen Höhenunterschied von 3400 m. Im Norden ist der Illampu vom Muñecasmassiv durch das tiefe Tal von San Cristóbal getrennt. Infolge dieser Reliefgliederung fließen die heutigen Gletscher vom Gipfel in drei Richtungen auseinander: nach Osten, Norden und Süden. Im Süden vereinigen sie sich mit denen des Ancohumamassivs. Die Gletscherzungen, die vom Illampu kommen, reichen auf der Ostseite bis auf 4800 m und auf der Westseite bis auf 4700 m hinab. Die wichtigsten unter ihnen, vor allem der große Gletscher des Illampus im Osten, werden durch breite Spalten und Gletscherbrüche (Séracs) in viele scharfkantige Eisblöcke und Eisgrate zerrissen. Die Eisgrate sind typisch für Gletscher, die an steilen Hängen liegen und in denen sich aufgrund der Schwerkraft des Eises Brüche bilden.

Der Kern des Illampus besteht aus Graniten und Granodioriten. Diese Tiefengesteine durchdringen die devonischen Sedimente, die in der großen östlichen Geosynklinale der Anden gefaltet wurden. Es handelt sich dabei um schwarze Tonschiefer mit Einlagerungen von Sandstein sowie um kristalline Schiefer, die eine einheitliche Serie von ungefähr 1000 m Mächtig-

Illimani

Illampu *Über einem langgestreckten Tal und dunklen Vorbergen erheben sich die schnee- und eisbedeckten Gipfel der bolivianischen Anden. Einer der höchsten ist der Illampu.*

keit bilden. Es gilt als sicher, daß die Gebirgsbildung im Miozän mit einer intensiven Faltung begonnen hat. Sie wurde von der Intrusion der Tiefengesteine begleitet. Am Ende des Pliozäns setzte dann die große Hebung der Anden ein. Der Illampu wurde dabei entlang tiefgreifender Verwerfungen als Horst emporgehoben.

Im Pleistozän ist der Illampu mehrmals von mächtigen Gletschern bedeckt worden. In den Tälern reichten sie bis auf 2900 m hinab. Die Seitenmoränen, die den Unterlauf des Río Collanas bis zur Mündung in den Río Sorata begleiten, sind die deutlichsten Zeugen dieser Vereisungsphasen. Die V-Form des Hochtals des Río Collanas zeigt jedoch, daß für die Gestaltung der Täler die nacheiszeitliche Hebung des Illampus noch wichtiger gewesen ist als die Vergletscherung.

Illimani

Amerika, Bolivien
16° 39' s. Br., 67° 48' w. L.

Hoch über der Schlucht des Río de la Paz erhebt sich der gewaltige Eckpfeiler der Cordillera Real. Er gilt als das Wahrzeichen von La Paz, der Hauptstadt Boliviens.

Der Illimani liegt im Süden der Cordillera Real, die sich auf einer Länge von 140 km von Nordwesten nach Südosten erstreckt. Seine drei verschneiten Gipfel beherrschen mit ihren imposanten Umrissen das Becken von La Paz. Mit ihren steilen Hängen ragen sie über die Hochebene des Altiplanos von La Paz auf. Der Illimani wirkt deshalb so hoch, weil er im Osten, Süden und Westen von tiefen Tälern begrenzt wird. Im Norden wird er durch den breiten Pacuanipaß von der eigentlichen Cordillera Real getrennt.

Der Río de la Paz, ein Nebenfluß des Río Palcas, umfließt das Massiv im Westen und Süden. Auf der Ostseite mündet das Tal des Río Chungamayos, in dem Goldlagerstätten entdeckt worden sind, in das Tal des Río de la Paz.

Gletscher bedecken die Gipfel und reichen bis zu 4800 m hinab. Die 0°-Isotherme liegt im Winter (Mai bis Oktober) bei 4670 m und im Sommer (November bis April) bei 4760 m. Dies ist die Region periglazialer Vorgänge, deren Wirkung heute allerdings vergleichsweise gering ist. Über dieser Höhe sind die eisfreien Felswände stark der Verwitterung ausgesetzt.

Der Illimani besteht aus einem kleinen Granitbatholith, der die devonischen Sedimentgesteine durchdringt. Diese bilden den Ost- und Westabfall. Sie bestehen aus metamorphen Schiefern, schwarzen Tonschiefern mit Sandstein- und Quarziteinlagerungen. Sie bilden eine Serie von etwa 1000 m Mächtigkeit. Innerhalb der Cordillera Real nimmt die Mächtigkeit dieser Formation von Norden nach Süden ab. Ablagerungen aus der Kreidezeit fehlen hier, und so ist es nicht möglich, den Zeitpunkt der Faltung dieser Gebirgskette genauer festzulegen. Es hat jedoch den Anschein, daß die Gebirgsbildung im Miozän mit einer kräftigen Faltungsphase begonnen hat, die von Granitintrusionen begleitet wurde. Weil sich das Gebirge hob, wirkte sich die Abtragung stärker aus. Dies war vor allem bei den weichen Gesteinen des Erdaltertums der Fall. Mit den Abtragungsprodukten (Kiese und Sande, Sandsteine, Konglomerate und rote, gipshaltige Tone) wurden der Altiplano bei La Paz und der Fuß des Illimanis überschüttet. Die Schuttmassen reichen auf der Westflanke bis zu den Punaflächen hinauf.

Am Ende des Pliozäns setzte die Hebung der Anden ein. Entlang der Verwerfungslinie von La Paz wurde der Illimani an der Wende vom Pliozän zum Pleistozän bis zu seiner jetzigen Höhe gehoben. Nach dieser Hebungsphase wurde die Entwicklung des Illimanis und der Cordillera Real weniger von Krustenbewegungen als vielmehr von Klimaschwankungen bestimmt. Seine heutige Gestalt hat er vor allem in den vier aufeinanderfolgenden Vereisungen erhalten. Die drei ersten Eiszeiten sind durch Vorlandgletscher charakterisiert. Sie reichten bis in eine Höhe von 2800 m hinab. Ihre Schmelzwassersedimente haben die Oberfläche des Altiplanos überschüttet. Während der Vereisung entwickelten sich große Talgletscher. Endmoränen liegen zwischen den Ablagerungen der drei ersten Vereisungen. Talwärts gehen sie in eine breite fluvioglaziale Terrasse über, auf der die Stadt La Paz entstanden ist.

Unterhalb der Gletscherzone dehnt sich Grasland mit Süß- und Schwingelgräsern aus, das die Hänge bis in eine Höhe von 4200 m bedeckt. Auf den Süd- und Westhängen gibt es noch kleine *Polylepis*-Wälder, während die Osthänge tief von den *Yungas* zerschnitten werden. Dies sind fruchtbare Täler, in denen das Klima den Anbau von Kakao, Kaffee und Zuckerrohr zuläßt.

Irazú

Amerika, Costa Rica
9° 59′ n. Br., 83° 51′ w. L.

Der Irazú, ein Vulkan in der Cordillera Central Mittelamerikas, brach im Jahre 1963 zuletzt aus. Dabei wurde sein Gipfel zerstört, und kostbares Kulturland verschwand unter dicken Ascheschichten.

„Der Krater hatte einen Umfang von ungefähr 3 km, er war im Lauf der Zeit zerschnitten oder von einem Erdbeben zerstört worden. Berge aus Gesteinsschutt erhoben sich um den Hauptkrater. In seinem Inneren konnte man drei oder vier kleinere Krater unterscheiden. Wir stiegen über den Südhang auf bis zu einem erhöhten Gelände, wo wir wegen einer tiefen Scharte in der Kraterwand nicht weiter kamen. Hier war der Himmel wolkenlos und die Luft von einer fast durchsichtigen Reinheit. Ungefähr 2000 Fuß unter uns, weit entfernt von diesem einsamen Ort, war die Welt in Wolken gehüllt, ja selbst die Stadt am Fuß des Berges war verdeckt. Allmählich stiegen die Wolken höher, und wir erblickten sowohl den Atlantik als auch den Pazifik. Wir hatten gehofft, dieses großartige Schauspiel zu erleben, doch nicht gewagt, fest damit zu rechnen. Wir entdeckten im Westen den Golf von Nicoya, im Nordosten die Bucht von San Juan del Norte. Das ist wohl eine der wenigen Stellen auf der Erde, von wo aus man die beiden Weltmeere gleichzeitig sehen kann."

Irazú Vom Rand des Kraters fällt der Blick auf Seen aus flüssiger Lava, auf Aschenkegel, aus denen erstickende Schwefeldämpfe dringen.

Als im Jahre 1840 John Stephens, Sonderbotschafter der Vereinigten Staaten, den Irazú bestieg, war er vor allem als Tourist unterwegs. Und auch heute noch zieht der Irazú, einer der höchsten Gipfel des mittelamerikanischen Staates Costa Rica, zahlreiche Touristen an. Es ist nicht schwierig, ihn zu besteigen, zumal eine Straße bis auf knapp 3000 m Höhe zu einem touristischen Zentrum führt. Den 3432 m hohen Irazú, im Nordosten von Cartago gelegen, zählt man zu den aktiven Vulkanen.

Bis zum Jahr 1963 entsprach der Vulkan der Beschreibung von John Stephens. Sein Krater war bis dahin aus den Resten älterer Vulkane zusammengesetzt und mit Kegeln und kleineren Kratern übersät. Dicke Dampfschwaden stiegen – besonders auf der Nordflanke des Gipfelkraters – auf. Sie boten den einzigen Hinweis auf die frühere Aktivität des Vulkans, der seit seinem Ausbruch im Jahre 1920 als erloschen galt. Aber bei einer neuen Eruption im Jahre 1963 hat sich das Bild plötzlich grundlegend geändert. Der Gipfel wurde vollständig zerstört, und Ascheschichten bedeckten das umliegende Land. Sie begruben unter sich die Kaffeeplantagen, die auf den schwarzen oder dunkelbraunen Böden aus prähistorischen Vulkanaschen eine besonders reiche Ernte einbrachten.

Iskâr

Europa, Bulgarien
42° 20′–43° 50′ n. Br., 23° 21′–24° 10′ ö. L.

Der Iskâr entspringt im Rilagebirge in Bulgarien und mündet bei Corabia in die Donau. Er ist 373 km lang. Besonders interessant ist sein Durchbruch durch den Balkan.

Nachdem der Iskâr gemächlich durch das Becken von Sofia geflossen ist, durchquert er den Balkan südlich von Vraza in tiefen, insgesamt ungefähr 70 km langen Schluchten. In Kurilo schneidet sich der Fluß in den Kalkstein der südlichen Flanke der Antiklinale von Svoge ein. Die roten Sandsteine der Trias, ältere Gesteine von dunkler Farbe und schwarzglänzende Kohlenflöze, die örtlich abgebaut werden, verschwinden unter dem grünen Pflanzenkleid, das die Talhänge überzieht. Flußabwärts von Tserovo wird die Schlucht enger und wilder. Das tosende Wasser des Iskârs wird von Juragestein eingeschlossen. Der Fluß dringt hier in eine zweite Antiklinale ein. In Lakatnik ändert er plötzlich seine Richtung und wendet sich nach Osten. Der fast horizontal gebankte, bald weißliche, bald aschgraue Kalkstein bildet einen eindrucksvollen Talkessel von fast 300 m Höhe. Er wird von Felszinnen und -türmen eingerahmt. Am Fuß der Felswände tritt aus einer Heberquelle der Wasserlauf einer ziemlich weitläufigen Höhle aus.

Von Elisseina bis Sverino durchbricht der Iskâr die Achse der Antiklinale. In zahlreichen Mäandern windet er sich zwischen Bergen aus triassischem Sandstein hindurch. An den Prallhängen treten die Gesteinsschichten als rote, graue und weiße Bänder hervor. Am Ende des Durchbruchstals ändert sich das Landschaftsbild noch einmal: Vom Kloster Tscherepisch an werden die Ufer von blendendweißen Kalksteinen gesäumt. Sie verleihen dieser Landschaft einen besonderen Reiz. Schließlich erheben sich vor Ljutibrod, wo der Iskâr in die Ebene eintritt, drei schroffe, senkrechte Mauern von 200 bis 300 m Höhe. Es sind die *Ritlite* – Wände aus Kreidesandstein, die bei der Faltung des Balkans zu senkrecht stehenden Falten zusammengepreßt wurden.

Der Wandel des Landschaftsbilds entlang der Iskârschlucht ist durch die Erosion des Flusses zu erklären, der sein Bett nach und nach in zwei große geologische Sättel eingetieft und dabei die Struktur des Untergrundes freigelegt hat: Jurakalkstein, rote Sandsteine der Trias und des Paläozoikums im ersten Teil der Schlucht, während beim Austritt aus der Schlucht Sandstein der Kreide hervortritt.

Heberquellen sind Karstquellen, bei denen nach längeren Pausen häufig eine sehr lebhafte, kurzfristige Schüttung folgt. Sie treten auf, wenn Karsthöhlen über ein Röhrensystem, das eine syphonartige Ausbildung aufweist, entleert werden.

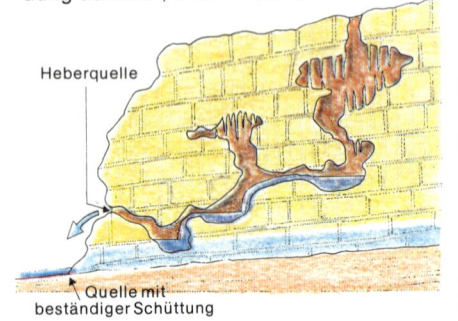

Itabirito, Pico de

Amerika, Brasilien
20° 21′ s. Br., 43° 45′ w. L.

Der kahle, zerfurchte Fels des Itabiritos enthält viele wichtige Eisenerze. Nach ihm sind bestimmte eisenreiche Harterze benannt, die Itabirite. Die Stadt Itabirito ist das Zentrum eines bedeutenden Bergbaureviers.

Im Süden und Osten von Belo Horizonte, der Hauptstadt des brasilianischen Bundesstaats Minas Gerais, erhebt sich eine bizarre Bastion von Hochländern, genannt das Eisenviereck. Es nimmt eine Fläche von 7000 km² ein und steigt in der Serra de Caraça bis auf 2107 m an. Einer der charakteristischsten Gipfel dieses Hochlands ist der Itabirito, der auf dem Weg von Belo Horizonte nach Ouro Prêto deutlich zu erkennen ist. Das Bergland gliedert sich in schmale Kämme, die hauptsächlich von Nordosten nach Südwesten gerichtet sind, und in flachwellige Hochflächen, die von tiefen Kerbtälern zerschnitten werden. Die Gebirgskämme bestehen aus Itabirit und Quarzit. Sie sind die letzten Reste eines präkambrischen Gebirges, das im Lauf von 2 Milliarden Jahren fast vollständig abgetragen worden ist. Itabirit ist ein metamorphes Gestein, das sich vor allem aus verschiedenen Eisenmineralien wie Magnetit, Eisenglanz und Martit zusammensetzt. Unterhalb der Kämme liegt als Verwitterungsprodukt dieses Gesteins die Canga, ein eisenverkrustetes Konglomerat, das an einigen Stellen eine Mächtigkeit von mehreren Metern erreicht.

Diese Gebirgskämme und besonders die charakteristischsten dreieckigen, zahnförmigen Gipfel tragen oft Namen mit der Vorsilbe *ita* – Fels, Stein. So gibt es beispielsweise Itaberba – Glänzender Stein, Itauna – Schwarzer Stein. Diese markanten Gipfel waren erst für die Indianer, dann für die Portugiesen zur Zeit des Goldrauschs gegen Ende des 17. Jahrhunderts wertvolle Orientierungspunkte, wenn sie über das Hochland ritten. Andere Gipfel tragen Namen portugiesischen Ursprungs. Sie stammen vorwiegend aus dem religiösen Bereich. Ein Berg heißt „Dreieinigkeit", ein anderer „Gottesfurcht".

Im Zuge des Eisenabbaus verschwinden ganze Berge von der Erdoberfläche. Mit Sprengstoff, Planierraupen und riesigen Lastwagen rückt man dem Gebirge zu Leibe. So kommt es, daß ein Berg oft schon nach zehn Jahren völlig eingeebnet ist. Ob der Itabirito an der Straße nach Ouro Prêto auch dazu verdammt ist zu verschwinden, oder ob er als letztes Relikt erhalten bleibt?

Itabirito *Der Gipfel mit seinen zerfurchten Wänden hebt seinen Grat wie Sägezähne empor, ein seltsames Felsgebilde, das das Bergland von Ouro Prêto überragt.*

Metamorphose der Gesteine

Die Gesteine der Erdkruste bestehen aus Mineralien, die bei bestimmten Temperaturen und unter gewissen Druckverhältnissen entstanden sind. Wenn diese Gesteine anderen physikalischen oder chemischen Bedingungen ausgesetzt werden, als bei ihrer Entstehung geherrscht haben, werden die Mineralien instabil und wandeln sich in andere Mineralien um. Dadurch verändert sich das Aussehen des Gesteins.

Diese Änderung der Zusammensetzung der Mineralien, die oft auch mit einer Umwandlung des Gesteinsgefüges verbunden ist, bezeichnet man als Metamorphose.

Ein Gestein kann aus verschiedenen Gründen metamorph werden, zum Beispiel am Kontakt von heißen, magmatischen Schmelzen, an Verwerfungen, an denen das Gestein zermahlen wird, durch die Tätigkeit hydrothermaler Lösungen oder den Aufschlag großer Meteoriten. Besonders häufig ist die Regionalmetamorphose. Sie tritt bei der Gebirgsbildung auf, wenn Gesteine durch tektonische Absenkung und Überlagerung mit jüngeren Sedimenten in tiefere Bereiche der Erdkruste mit erhöhter Temperatur geraten.

Diese Regionalmetamorphose, die manchmal von der Zufuhr gelöster Stoffe begleitet wird, ist also der wichtigste Prozeß. Sie kann beispielsweise eine lockere Tonablagerung durch höheren Druck und höhere Temperatur in Tonschiefer, Glimmerschiefer und schließlich in Gneis umwandeln.

J

Jangtsekiang

Asien, China
26°–34° 50′ n. Br., 92° 30′–121° ö. L.

Nachdem er die Hochgebirge Westchinas in gefällsreichem Lauf hinter sich gelassen hat, durchströmt der Jangtsekiang, dessen Einzugsgebiet für die Volksrepublik China von größter wirtschaftlicher Bedeutung ist, die unzähligen Hügel Mittelchinas und mündet in einem riesigen Delta ins Ostchinesische Meer.

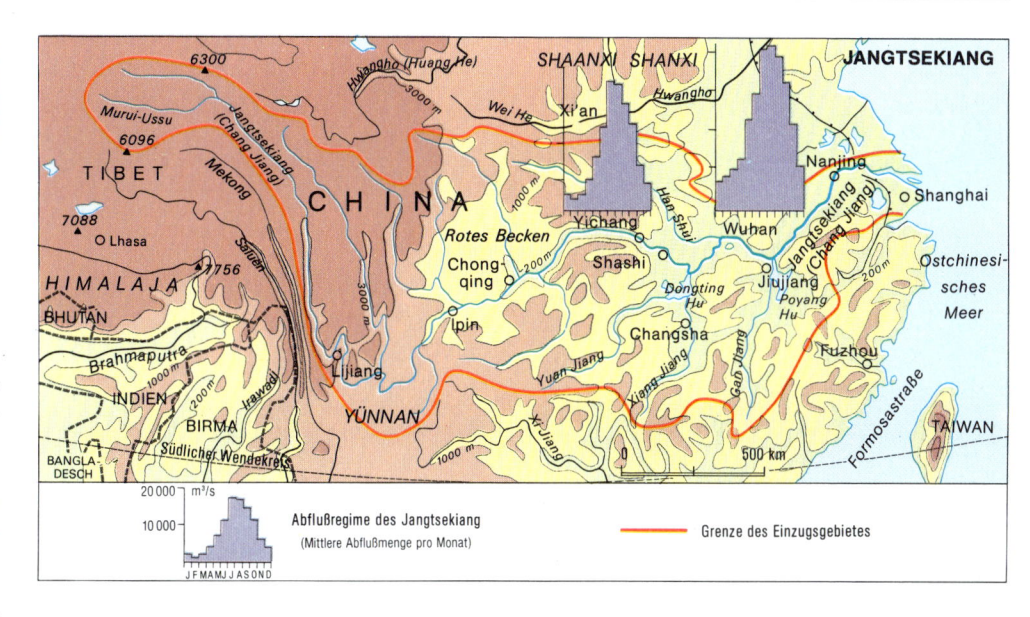

Der Jangtsekiang – in heutiger Schreibweise Chang Jiang – oder „Große Fluß" ist der mächtigste Strom Chinas. Mit einer Länge von etwa 5800 km steht er nach dem Nil, Amazonas und Mississippi unter den großen Flüssen der Erde an vierter und aufgrund seines jährlichen Abflusses von mehr als 1000 km³ an dritter Stelle.

Sein Einzugsgebiet umfaßt eine riesige Fläche, die in etwa derjenigen aller mittel-, west- und südwesteuropäischen Staaten entspricht. Es reicht vom Hochland von Tibet im Westen bis zum Großen Becken im Osten. In seinem Zentrum liegt das Rote Becken, das ringförmig von einer nach außen hin ansteigenden Gebirgstreppe umschlossen wird, die der Jangtsekiang in tiefen Engtälern durchschneidet.

Er entspringt in 5600 m Höhe am Ulan Ula (Kunlungebirge) in der Provinz Qinghai, keine 100 km von der Quelle des Mekongs entfernt. Der Jangtsekiang, in Tibet Murui-Ussu genannt, fließt zunächst parallel zum Mekong in Richtung Hinterindien. Unterhalb von Lijiang biegt er jedoch nach Osten ab und umrundet nach Einmünden des Yalong Jiang den 2500 m hohen Steilabfall des Daliang Shan in einem engen Bogen und tritt bei Yibin in einem Durchbruchstal in das Rote Becken ein. Der gesamte Oberlauf des Jangtsekiangs besitzt ein sehr unregelmäßiges, durchschnittlich 2‰ betragendes Gefälle und weist deshalb die charakteristischen Eigenschaften eines Gebirgsflusses auf: mehrere Katarakte und tief eingeschnittene Engtalstrecken.

Mit dem Eintritt in das Rote Becken beginnt der Mittellauf des Jangtsekiangs. Dieses Gebiet Chinas erhielt seinen Namen wegen der vielen Hügel aus roten kreidezeitlichen Sandsteinen und Tonen. Im Mittellauf verringert sich das Gefälle des Flusses auf maximal 0,2‰. Zwischen Chongqing und Yichang liegen wieder großartige Engtalstrecken und Schluchten. Der Fluß durchquert hier parallel verlaufende, von Südwesten nach Nordosten ausgerichtete Mittelgebirgsketten, deren Hebung erst erfolgte, nachdem sich der Fluß bereits seinen Weg gesucht hatte. Der Jangtsekiang schnitt sich deshalb 500 bis 900 m tief in das unter ihm aufsteigende Gebirge ein. Es entstand ein antezedentes Durchbruchstal. Auf dieser Strecke gibt es nicht weniger als 85 Stromschnellen! Nach Yichang treten die Berge abrupt zurück, und der Jangtsekiang fließt nun durch eine weite, monotone Tiefebene, deren Ausdehnung etwa der Größe Frankreichs entspricht.

Von jetzt ab wird der Jangtsekiang immer breiter: In der Nähe von Yichang mißt er bereits 800 m und weiter flußabwärts 2 und sogar 3 km. Bei schwachem Gefälle von 0,02‰ und weniger mäandriert er in einer riesigen Alluvialebene und tritt bei Hochwasser besonders unterhalb von Shashi häufig über seine Ufer. Katastrophale Überschwemmungen sind jedoch sehr selten. Hier liegt auch der See Dongting Hu, dessen riesiges Becken der Fluß jeden Sommer regelmäßig bis zum Rand auffüllt. Zusammen mit mehreren anderen Seen bildet dieser ein natürliches Rückhaltebecken, das 40 bis 60% der Hochwasser des Jangtsekiangs aufnehmen kann. Trotz seiner Breite fließt der gewaltige Strom keineswegs langsam. Zwar nimmt die Fließgeschwindigkeit nach den Schluchten von Yichang beträchtlich ab, aber sie beträgt im Tiefland des Großen Beckens noch immer 1,75 bis 2,5 m/s, was auf die glatten Uferböschungen, das Bett aus feinem Sand und die große Wassertiefe in der Strommitte zurückzuführen ist. Die Überschwemmungen des Jangtsekiangs nehmen bis auf wenige Ausnahmen seltener katastrophale Ausmaße an als bei den Flüssen Nordchinas, da der Strom nur eine verhältnismäßig geringe Sedimentfracht mit sich führt, dementsprechend weniger Material aufschüttet und daher nicht in einem erhöhten Bett fließt. Außerdem bieten immer wieder verstärkte und erhöhte Deiche einen wirksamen Überschwemmungsschutz.

Der Lauf des Jangtsekiangs endet in einem großen Delta, das bereits bei Nanjing, 350 km von der Küste entfernt, beginnt und zu den am dichtesten bevölkerten Gebieten Chinas gehört. Es bedeckt eine Fläche von rund 80 000 km² und ist bis zu 80 km breit. Bei Shanghai mündet der Strom in einer 36 km langen Trichterbucht, die sich in zwei Arme teilt, in das Ostchinesische Meer.

Die Größe des Stroms hängt mit den starken Niederschlägen in seinem gesamten Einzugsgebiet (etwa 1200 mm jährlich) zusammen. Sie fallen vor allem als Monsunregen zwischen Juni und September, im unteren Teil des Einzugsgebiets in geringeren Mengen auch im Winter. Aufgrund der ungleichmäßig verteilten Niederschlagsmengen schwankt der Abfluß des Jangtsekiangs in einem jahreszeitlichen Rhythmus: Im Sommerhalbjahr führt der Fluß Hochwasser, im Winterhalbjahr Niedrigwasser. Zwischen Yichang und Wuhan gleicht sein Flußregime dem eines Tropenflusses mit monatlichen Abflußmengen,

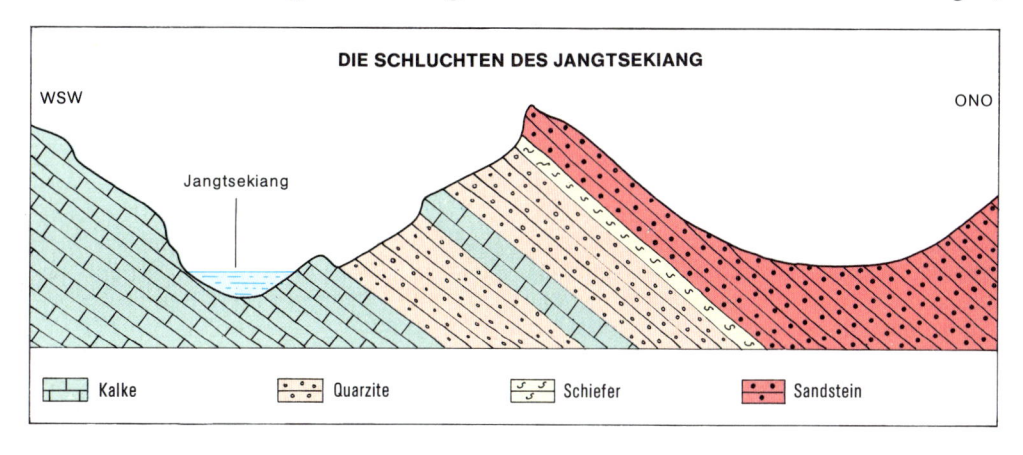

Jangtsekiang *Der „Große Fluß" hat das fruchtbare Rote Becken verlassen und zwängt sich in der Nähe von Yichang durch bis zu 900 m tiefe, von schattigen Steilhängen gesäumte Schluchten, bevor er in die weiten, dicht bevölkerten Ebenen Ostchinas eintritt und in gewundenem Lauf dem Ostchinesischen Meer zufließt.*

die regelmäßig im Verhältnis von rund 1:10 variieren (Yichang: mittlere jährliche Abflußmenge 14300 m³/s; Februar 3600 m³/s, Juli rund 35000 m³/s). In Wuhan (durchschnittlich 23500 m³/s) hat man seit dem Beginn unseres Jahrhunderts nur in vier Sommern einen monatlichen Abfluß von weniger als 36000 m³/s registriert.

Verheerende Überschwemmungen gibt es am Jangtsekiang nur, wenn mehrere ungünstige Umstände zusammentreffen, wie z. B. im Juli 1931 und zuletzt im Sommer 1954. Sintflutartige Monsunregen lösten zusammen mit einer Reihe aufeinanderfolgender Taifune und einem überdurchschnittlich starken Gezeitenstau (Springflut) eine Flutwelle aus, die bei Wuhan 20 m und bei Nanjing 10 m über dem Normalstand erreichte. 1954 stand ein Gebiet von etwa 200000 km² drei Monate lang unter Wasser.

Obwohl die absolute Abflußmenge des Jangtsekiangs (in Nanjing rund 30000 m³/s) von der des Amazonas und des Kongos übertroffen wird, ist seine Abflußspende, bezogen auf die Fläche des Einzugsgebietes, fast die gleiche wie die des Amazonas. Sie beträgt in Yichang 14,2 l/s/km² (Einzugsgebiet: 1010000 km²) und in Nanjing 17,6 l/s/km² (Einzugsgebiet: 1700000 km²). Im Gegensatz zu anderen chinesischen Flüssen sind die Wasser des Jangtsekiangs jedoch nicht sehr schlammhaltig (durchschnittlich 970 g Schweb auf 1000 kg Wasser). Aufgrund seiner hohen Fließgeschwindigkeit transportiert er aber dennoch rund 1 Milliarde Tonnen Sinkstoff pro Jahr (1890 t pro Minute), was einer jährlichen Erosion von 547 t Gestein pro km² seines Einzugsgebietes entspricht.

Wuhan ist der letzte Hafen, der von Hochseefrachtern bis zu 10000 Bruttoregistertonnen angelaufen werden kann. Er liegt rund 900 km tief im Landesinnern. Größere Flußdampfer erreichen sogar Chongqing, und kleinere Schiffe können noch weiter stromaufwärts bis Yipin fahren. Nach dem Ausbaggern der Fahrrinne können selbst die Gefällstrecken bei Yichang ganzjährig befahren werden. Damit ist der Jangtsekiang die längste (2800 km) und wichtigste Binnenwasserstraße Chinas in südwestlicher Richtung.

Jeitahöhle

Asien, Libanon
33° 55′ n. Br., 35° 43′ ö. L.

Ein mit Blockhalden bedeckter, unterirdischer Flußlauf, herrliche Vorhänge aus Kalksinter – und plötzlich unterbricht der „Strudel der Hölle" die Stille im Innern der Erde.

Wenn man auf der Küstenstraße von Beirut nach Tripoli fährt, sollte man nicht versäumen, einen Abstecher zur Schlucht des Nahr-el-Kelb zu machen. Hier haben viele große Eroberer in alter und jüngerer Zeit Zeichen gesetzt, die an ihren Vorbeizug erinnern. Verläßt man die Küstenstraße zwischen der Schlucht und Joûrniyé, dann führt eine Umgehungsstraße in das Tal des Nahr-el-Kelb und bis zur Quelle hinauf. Hier treten die unterirdischen Wasserläufe der Jeitahöhle in einer Karstquelle aus. Der Eingang der Höhle, der recht unscheinbar ist, liegt einige Meter über der Karstquelle.

Im Jahre 1836 wurde Thompson, ein amerikanischer Jäger, der sich an der Schwelle dieser Höhle ausruhen wollte, auf das Gemurmel eines Wasserlaufs aufmerksam, und er entschloß sich, die Höhle zu erforschen. Nachdem er sich zwischen großen Felsblöcken durchgezwängt hatte, stand er plötzlich am Ufer eines unterirdischen Sees. Die Höhle von Jeita war entdeckt, aber man wußte immer noch nicht, woher ihr Wasser stammte.

Im Jahre 1837 kehrte Thompson zurück, begleitet von Maxwell und Bliss, zwei Ingenieuren. Sie bauten ein Floß und fuhren den unterirdischen Flußlauf ungefähr 1 km aufwärts. Die Fahrt endete an den „Strudeln der Hölle", einem engen Gang, durch den das Wasser mit hohem Druck gepreßt wurde. Die „Strudel der Hölle" wurden im Jahre 1924 überwunden. Zwei Jahre später drang der Engländer West noch 400 m weiter vor, mußte aber nach drei Tagen umkehren. 1946 wurden die Untersuchungen wiederaufgenommen: Bei einem gefährlichen Vorstoß erreichten libanesische Höhlenforscher eine Stelle, 3500 m vom Eingang entfernt. Ab 1952 wurde die Erforschung vom Höhlenklub des Libanons weitergeführt und die Fahrt über den unterirdischen Lauf des Nahr-el-Kelb fortgesetzt. Man erreichte im Jahre 1954 einen Siphon, der 6200 m vom Eingang entfernt lag, aber erst 1963 konnte eine französisch-libanesische Expedition den Siphon mit Tauchgeräten genauer untersuchen. Weitere Tauchversuche zeigten, daß es sich bei dem mutmaßlichen Siphon doch wohl eher um den Eingang zu einem überfluteten Gangsystem handelte, das mit den damals zur Verfügung stehenden Mitteln nicht untersucht werden konnte. Die Höhlenforscher wandten sich nun der Erforschung der Teile der Höhle zu, die heute nicht mehr durchflossen werden. Sie sind mit herrlichen Tropfsteinen geschmückt.

Hinter einem großen Stalagmiten öffnet sich ein riesiger Saal, dessen Gewölbe den unterirdischen Fluß um etliche Meter überragt. Heute sind 8330 m der Jeitahöhle vermessen. Damit gehört sie zu den großen Höhlen Asiens. Sie ist außerdem eine der schönsten Höhlen der Erde. Mehr als 6 km fließt der Nahr-el-Kelb durch breite Höhlengänge. Der erste Abschnitt seines Laufs ist 1300 m lang. Die Wände der Höhle, deren höhere Teile sich im Halbdunkel verlieren, sind mit funkelnden Kalkspatvorhängen überzogen. Nach den „Strudeln der Hölle" kommt man in die „Thompsonhöhle", einen besonders großen Saal. Vor dem „Domsaal" liegen im Flußbett riesige Strudeltöpfe. In diesen wird der Flußlauf von Blockhalden bedeckt. Weiter stromaufwärts, etwa 4 km vom Eingang entfernt, findet man den unterirdischen Fluß in einem mit Tropfsteinen geschmückten Gang wieder. 5300 m hinter dem Eingang, wo mehrere Gänge ineinander münden, wird der Grundriß der

Jeitahöhle *Wie riesige Orgelpfeifen überziehen schön geformte Tropfsteine und imposante Sintervorhänge die Wände der Höhle.*

Höhle unübersichtlich. Dahinter fließt der Fluß im „Roten Gang". Er ist von Eisenverbindungen rot gefärbt. Schließlich sprudelt er über den Endsiphon. Über diesem unteren Stockwerk gibt es noch Teile eines älteren Gangsystems, die heute mit Tropfsteinen ausgekleidet sind. Und überall, außer in der „Hölle", herrscht außergewöhnliche Stille.

Zur Jeitahöhle kommen jedes Jahr viele tausend Touristen. Der große Saal im oberen Stockwerk besitzt eine hervorragende Akustik. Darum werden hier auch in regelmäßigen Abständen Konzerte gegeben.

Jenolan Caves

Australien
33° 49′ s. Br., 150° 03′ ö. L.

Die zahlreichen Gänge und Säle der Jenolan Caves erinnern an einen barocken Palast, dessen Decken und Wände mit kostbarsten Stuckarbeiten verziert sind. Obwohl diese Phantasiewelt fast 100 m tief unter der Erdoberfläche liegt, kann der Besucher ihre Geheimnisse bei Tageslicht erforschen.

Wenn man nach der Durchquerung der Blue Mountains die Straße von Sydney nach Bathurst in der Nähe der Stadt Hartley verläßt und in südlicher Richtung weiterfährt, kommt man an den Höhlen von Jenolan vorbei. Sie liegen in Neusüdwales, rund 100 km westlich von Sydney, und gehören zu den bekanntesten Sehenswürdigkeiten Australiens.

Dieses größte unterirdische Labyrinth des Kontinents besteht aus acht Höhlen, die durch mehrere Gänge miteinander verbunden sind. Als erste von ihnen wurde im Jahr 1860 die „Lucas Cave" entdeckt, als man das Gebiet nach einem Banditen durchsuchte. Hier befindet sich ein riesiger Stalagmit, dessen Umfang mehr als 9 m beträgt. Sehenswert ist außerdem ein rund 50 m hoher, Kathedrale genannter Saal.

In manche Höhlen der Jenolan Caves fällt das Tageslicht durch schmale, nach außen führende Öffnungen ein, so z. B. in die „River Cave", einen riesigen Tunnel, durch den der Camp Creek fließt. Sie ist 136 m lang, etwa 10 m breit und erreicht an manchen Stellen 15 m Höhe. Sogar eine Straße durchquert diese Höhle, deren Gewölbe mit Stalaktiten geradezu gespickt ist. Wenn man den unterirdischen Fluß hinauffährt, kommt man inmitten einer engen Talmulde wieder an die Erdoberfläche.

Die „River Cave" ist aber – wenn man sie mit der „Imperial Cave" vergleicht – nicht mehr als ein kleiner Vorraum dieser größeren Höhle, in die man über Treppen gelangt. Zwei Gänge der „Imperial Cave" sind für Besucher zugänglich. Man findet dort zahlreiche Säle, die mit den herrlichsten Tropfsteingebilden des gesamten Höhlensystems geschmückt sind. Besonders eindrucksvoll sind die Stalaktiten eines 60 m hohen, „The Devil's Coach House" (Teufelsremise) genannten Gewölbes. Man betritt diesen Kristallpalast durch einen niedrigen Gang und verläßt ihn auf der gegenüberliegenden Seite durch eine 30 m hohe Arkade, deren Wölbung von zwei natürlichen Fenstern durchbrochen ist, durch die das Tageslicht durch ein dichtes Farn- und Eukalyptusdickicht einsickert. Nach Süden hin gliedert sich diese Höhle in zwei Stockwerke, deren oberes die sehenswerte „Brennesselhöhle" ist, in die ebenfalls schwaches Tageslicht eindringt. Hier kann man als krönenden Abschluß des Höhlenbesuches einen riesigen Wald von Heliktiten besichtigen, der in seiner Art einzigartig ist. Heliktiten sind eine Sonderform der Stalaktiten, die nicht nur nach unten, sondern wie kleine Bäume auch nach den Seiten wachsen.

Jewel Cave

Amerika, USA
43° 42′ n. Br., 103° 50′ w. L.

Ein seltsames Pfeifen in der Luft macht den Besucher auf den Eingang eines unterirdischen Gartens aufmerksam, in dem einige tausend Gipsblumen wie wertvolle Edelsteine im Lampenlicht schimmern. Sie gaben der Jewel Cave ihren Namen.

Die Jewel Cave befindet sich im Bundesstaat South Dakota auf der Südseite der Black Hills, eines Berglands inmitten einer noch recht ursprünglichen Prärielandschaft. Sie liegt in der Nähe der Wind Cave, und man hat sie durch den gleichen Umstand entdeckt wie jene: durch ein pfeifendes Geräusch, das ein Luftstrom erzeugt, der aus dem Höhleneingang dringt.

Die Höhlenforscher kennen dieses Phänomen sehr gut. Wenn der Luftdruck außerhalb der Höhle unter denjenigen im Höhleninnern absinkt, strömt Luft nach außen; wenn umgekehrt der Außendruck steigt, strömt Luft nach innen. Damit dieses Phänomen sich über einen längeren Zeitraum bemerkbar machen kann, muß eine riesige Luftmenge in der Höhle eingeschlossen sein, d. h., das Volumen der Höhle muß sehr groß sein. Dies ist bei der Jewel Cave tatsächlich der Fall, denn nach den bisherigen Untersuchungen muß sie eine der größten Höhlen der Erde sein. Bei neueren Vermessungen wurde eine Gesamtlänge von über 80 km ermittelt. Aufgrund dieses Wertes, der sicher noch erhöht werden kann, weil noch nicht alle Teile des unterirdischen Labyrinthes hinreichend erforscht sind, steht die Jewel Cave gegenwärtig an zweiter Stelle in der Liste der längsten Grotten der Vereinigten Staaten.

Die gewaltige Ausdehnung und das pfeifende Geräusch des Höhlenwindes sind aber nicht die einzigen Besonderheiten der Jewel Cave. Diese „Edelsteingrotte" hat ihren Namen nach den herrlichen Tropfsteingebilden in den verschiedensten und außergewöhnlichsten Formen und Farben erhalten, die man hier bewundern kann. Mehrere unterirdische Säle sind mit Gipsblumen geschmückt, die wie Edelsteine im Lampenlicht glitzern. An einigen Stellen der Höhle ziehen sich an den Wänden der Gänge schmale Simse aus Kalkspat entlang. Diese Formen stammen aus einer Zeit, als die Höhle teilweise unter Wasser stand und in Höhe des Wasserspiegels an den Höhlenwänden Kalkspat ausgefällt wurde.

Der besondere Reichtum an Tropfsteinen führte dazu, daß man die Jewel Cave zu Beginn unseres Jahrhunderts unter Naturschutz stellte und zum National Monument erklärte. Ein Teil der Höhle wurde zwischenzeitlich erschlossen und der Öffentlichkeit zugänglich gemacht.

Jostedalsbre

Europa, Norwegen
61° 40' n. Br., 7° ö. L.

Kaum ein Gipfel ragt über diesen Gletscher auf. Auch wird er nicht von Tälern eingeengt. Wie ein gefrorenes Meer liegt er über der Fjordlandschaft in Südnorwegen; er wird nur von den örtlichen Niederschlägen genährt.

Norwegen besitzt nach Island die größte vergletscherte Fläche Europas: 3900 km² des Landes sind von Eis bedeckt. Es gibt in Norwegen drei verschiedene Gletschertypen: Kar-, Tal- und Plateaugletscher.

Zwischen dem Nordfjord und dem Sognefjord liegt der Jostedalsbre, ein Plateaugletscher. Mit 815 km² ist er der größte Gletscher des europäischen Festlands. Sein höchster Punkt erreicht 1953 m, seine mittlere Höhe liegt bei 1450 m. Er sendet insgesamt 25 Gletscherzungen aus. Die längste ist 14 km lang und dringt bis in eine Meereshöhe von rund 400 m vor.

Der Gletscher bedeckt ein schwach gewelltes Gneisplateau, das Fjell. Da die Oberfläche des Eises nur von ganz wenigen Gipfeln überragt wird, die den Gletscher mit Lawinen versorgen könnten, wird der Jostedalsbre vor allem von Schneefällen genährt. In dem dem Meer zugewandten Teil des skandinavischen Rückens gehen sie in reichem Maße nieder. In Bergen, einem der wichtigsten Häfen der Küste, betragen die mittleren monatlichen Niederschläge von September bis November ungefähr 230 mm, von April bis Juni 120 mm.

Das ozeanische Klima weist verhältnismäßig geringe Temperaturunterschiede zwischen dem heißesten und kältesten Monat auf. In Bergen beträgt die mittlere Jahrestemperatur +13,7 °C. Die mittlere Monatstemperatur mißt im kältesten Monat +1,6 °C und im wärmsten +14,4 °C.

Vor 2500 Jahren lag die Firnlinie der Gletscher etwa 400 m höher als heute. Die Eismasse war also wesentlich geringer. Dann aber wurde das Klima kühler und feuchter, und die Gletscher wuchsen stark an. Die kälteste Zeit lag wahrscheinlich zwischen dem 16. und 19. Jahrhundert n. Chr. Seit dem Beginn des 20. Jahrhunderts ist der Jostedalsbre, wie andere Gletscher in Europa auch, weit zurückgegangen, besonders deutlich seit 1930. Man beobachtet jedoch, daß sie seit 1960 wieder vorstoßen.

Die Gletscher überformen beim Abfließen die Erdoberfläche. Dabei erodiert die Gletscherzunge besonders stark, die zentralen Teile der Eiskappe dagegen schützen den Untergrund vor Veränderungen. Wie eine Inlandeismasse im Kleinformat, überragt vom Nunatak Lodalskåpa mit 2083 m, breitet sich der Jostedalsbre über die ausgedehnten Fjellhochflächen aus. Er ist ein Zeuge der großen Gletscher des Eiszeitalters.

Jugurtha, Tafel des

Afrika, Tunesien
35° 45' n. Br., 8° 23' ö. L.

Die Erosion hat diese Zitadelle in der Ebene stehenlassen, ein Vorposten, zu dem sich die Menschen nur Zugang verschaffen konnten, indem sie Stufe um Stufe eine lange Treppe aus Stein hineinbauten.

Der Tafelberg von Jugurtha ist eine isolierte Erhebung von ungefähr 1,5 km Länge und 500 m Breite. Er erreicht 1271 m Höhe und ist damit rund 700 m höher als die ihn umgebende Ebene von Ez-Zghalma. Am Fuß des Berges erstreckt sich eine breite Terrasse. Dann folgt ein eingebuchteter Hang von 200 m Höhe, der von einer 50 m hohen Felswand gekrönt wird. Auf diesen Berg hatte sich Jugurtha, der König von Numidien, zurückgezogen, als er Ende des 2. Jahrhunderts v. Chr. gegen Rom Krieg führte. Er hatte den Berg zur Festung ausgebaut und u. a. fünf Zisternen anlegen lassen, in denen das Regenwasser gesammelt wurde.

Diese Erhebung, ein typischer Zeugenberg, wurde durch starke Abtragungsvorgänge geschaffen. Die leicht gefalteten Sedimentgesteine der Ebene von Ez-Zghalma wurden, da sie der Abtragung und Verwitterung nur wenig Widerstandskraft entgegensetzten, ausgeräumt. Der tiefere Untergrund besteht aus Mergeln und Tonsteinen. Sie sind sehr dunkel und stammen aus der Oberen Kreide. Diese Gesteine treten in einem breiten Streifen zutage. Sie bilden einen fruchtbaren Boden, der durch die Zufuhr von phosphatisiertem Grundwasser noch nährstoffreicher wird. Die Phosphatlagerstätten, die noch vor wenigen Jahrzehnten ausgebeutet wurden, sind in die Gesteine der Metlaoui-Formation eingeschoben. Diese Formation ist berühmt für ihre Phosphatbänke. Die Hänge über den Tonen sind nur schwach bis mäßig geneigt, während die Wände aus massigen Nummulitenkalken steil aufsteigen. In der Umgebung des Tafelberges sind die Kalksteinschichten schon abgetragen, und nur hier, in einer geologischen Mulde, blieben sie erhalten. Es handelt sich also um eine typische Reliefumkehr.

Wenn in einem Schichtpaket härtere und weichere Gesteine auftreten, kann es zur Reliefumkehr kommen. Gebiete, die einst hoch lagen und an der Oberfläche aus hartem Gestein bestanden, wurden so weit abgetragen, daß sie heute tiefer liegen als eine ursprüngliche Mulde, während umgekehrt die härteren Gesteine in der Mulde nun die höchsten Erhebungen bilden.

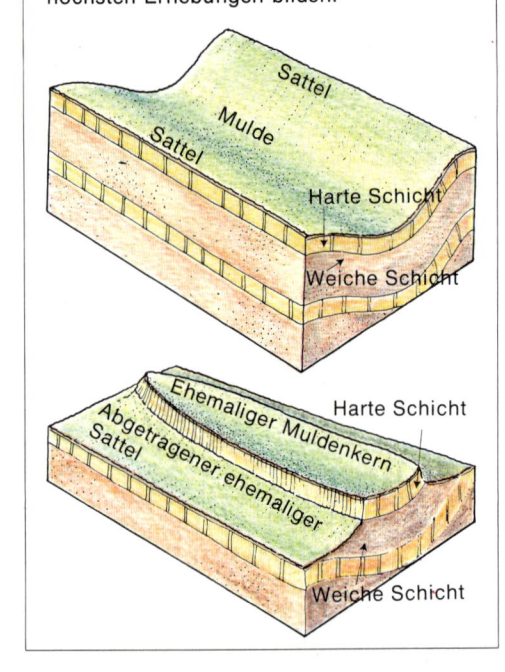

K

Kaieteurfall

Amerika, Guyana
5° 10' n. Br., 59° 35' w. L.

Im Nordosten Südamerikas stürzt das breite Band eines Wasserfalls mehr als 200 m tief in eine dunkle, unwegsame Schlucht.

Als der englische Geologe Barrington 1870 in der Serra Pakaraima forschte, entdeckte er den Kaieteurfall, den die Indianer dort *Kai Tuk* nennen. Der Wasserfall wird von einem Gefällsbruch im Längsprofil des Potaros, eines linken Nebenflusses des Essequibos, gebildet. In einem einzigen Sturz überwindet der Fluß den Geländesprung.

Der Potaro fließt durch den südlichen Teil des Mazarunibeckens. Es wird im Westen von hohen Sandsteinplateaus überragt. Nach einer großen Windung ändert der Potaro plötzlich seine Richtung und fließt nach Nordosten. In einer engen Schlucht schneidet er sich 300 bis 400 m tief in die mächtigen Sandstein- und Konglomeratschichten der Serra Pakaraima ein. Das Sandsteingebirge wird durch Schichten aus Jaspis und weichen Tonschiefern sowie durch Gänge aus hartem Doleritgestein gegliedert. In den weicheren Gesteinen ist das Tal sehr breit. Der Fluß windet sich hier durch eine Talsohle, die von 450 m hohen Felswänden begrenzt wird. In diesem Einschnitt legt der Potaro den Sockel aus vulkanischem Gestein frei und schneidet sich dann wieder in einem 16 km langen Tal durch die auflagernde Sandsteindecke. Diese neue Schlucht durchbricht die Randbastionen der Serra Pakaraima, die sich über das flache Schwemmland aus weißen Sanden erheben. Die Ebene ist nur sehr schwach geneigt und geht schließlich in eine sumpfige Küstenebene über, bis sie an einem 20 bis 30 m hohen Kliff endet.

Der Verlauf des Potaros wird von den Spalten und Brüchen bestimmt, die die Sandsteinmasse durchsetzen. Häufig sind sie allerdings nur sehr schmal oder an der Erdoberfläche nicht sichtbar. Im östlichen Teil der Serra kann man die Struktur des Untergrunds an dem nordöstlich gerichteten Lauf der Flüsse erkennen.

Der Kaieteurfall, der mehr als viermal so hoch ist wie die Niagarafälle, aber nicht so breit, bietet vor allem deshalb immer einen so eindrucksvollen Anblick, weil der Fluß zu jeder Jahreszeit die gleiche Wassermenge führt. Der Wasserfall liegt noch im Oberlauf des Flusses. Die Niederschläge betragen in diesem Gebiet mehr als 4000 mm. Trockenzeiten gibt es hier überhaupt keine. Durch das feuchte Klima begünstigt, gedeiht tropischer Regenwald.

Kamtschatka, Halbinsel

Asien, UdSSR
50° 57'–60° 30' n. Br., 156°–165° ö. L.

In manchen Gebirgstälern dieser fast menschenleeren Halbinsel wird der Boden von Geysiren derart aufgeheizt, daß im Winter trotz grimmiger Kälte kein Schnee liegenbleibt. Die heißen Dampfschwaden der Springquellen verwandeln die Umgebung in eine gespenstische Oase, die den harten sibirischen Wintern schon seit Urzeiten die Stirn bietet.

Die 264000 km² große Halbinsel Kamtschatka im nordöstlichen Asien hat die Form einer nach Süden ragenden Lanzenspitze. Im Westen wird sie vom Ochotskischen Meer, im Osten vom Beringmeer und vom Pazifik umspült. Sie ist rund 1200 km lang und 100 bis 450 km breit. Die Halbinsel besteht aus zwei parallel verlaufenden, nordsüdlich streichenden Gebirgskämmen, der Zentralkette im Westen und der Ostkette. Zwischen beiden Gebirgszügen erstreckt sich das 500 km lange Kamtschatkatal, ein typisches, tektonisch angelegtes Synklinaltal.

Kamtschatka ist ein Teil des Vulkangürtels, der den Pazifischen Ozean ringförmig umgibt. Den beiden Gebirgsketten der Halbinsel sind rund 120 Feuerberge aufgesetzt, von denen heute noch 22 tätig sind. Der höchste unter ihnen, die Kljutschewskaja Sopka, ist mit 4750 m zugleich der höchste Berg Kamtschatkas.

Nicht weniger bemerkenswert als die Vulkane selbst sind die sie begleitenden heißen Quellen und Geysire, deren Vorkommen sich hauptsächlich auf den Südostteil der Halbinsel konzentriert. In der fast menschenleeren Gegend des Kronozker Golfes, am Fuß des 3528 m hohen Vulkans Kronozkaja Sopka, entdeckte man Anfang der vierziger Jahre eine Gruppe von etwa 20 Geysiren.

Kaieteurfall *Nachdem der Potaro durch den Urwald von Guyana geflossen ist, stürzt er 224 m tief in eine Schlucht. Durch den Aufprall der Wassermassen steigen Gischtwolken auf.*

Kantara, El-

Afrika, Algerien
35° 13′ n. Br., 5° 40′ ö. L.

Sobald man diese Schlucht durchquert, dieses schmale Tor zur Wüste durchschritten hat, erstrahlt alles schon in den Farben des Südens: tiefgrüne Palmenhaine und ockerfarbene Felsen.

„Fußtritt des Herkules" hatten römische Soldaten die tiefe Kerbe genannt, durch die sich das Wadi el-Hai schlängelt. Von dieser Stelle an heißt es Wadi el-Kantara. Die moderne Straße und die Eisenbahn, die Batna mit Biskra verbinden, verlaufen beide durch diese enge Schlucht und folgen damit genau der römischen Heeresstraße. Auf diesem Weg, der den mächtigen Gebirgszug Aurès im Westen umgeht, konnten römische Kuriere, Soldaten und die Karawanen mühelos von Lambese nach Vescera (Biskra) gelangen und weiter zu der entfernten Garnisonstadt Gemellae, die heute unter dem Sand begraben liegt.

Weniger poetisch haben die arabischen Eroberer diesen Ort El-Kantara – „die Brücke" – genannt, denn weder der Engpaß noch die Oase haben das Hirtenvolk, an die Schönheit der Wüste und des Atlasgebirges gewöhnt, beeindruckt, sondern das technische Wunderwerk der Römer. Diese hatten nämlich eine Brücke in einem 10 m weiten Bogen über das Wadi gebaut.

Der Engpaß von El-Kantara ist eine kaum 40 m breite Kluse (Schlucht), die den Kalkstein des Djar Ouled Bellils durchbricht. Dieser schmale Kamm erhebt sich vor dem mächtigen Djebel Metlili. Der Engpaß ist nur sehr kurz, aber landschaftlich besonders reizvoll, und der Gegensatz zwischen Eingang und Ausgang ist äußerst eindrucksvoll. Der *Foum Sahara*, der Eingang zur Wüste, ist ein enger Spalt in einer ungeheuren, 300 bis 400 m hohen Felswand. Nachdem man die Brücke hinter sich gelassen hat und noch ungefähr 100 m weit gegangen ist, gelangt man über einen steilen Abhang zu einem Dorf, das von einem tiefen Fluß Wasser erhält und von einem Palmenwald umgeben ist.

Die Hänge im Norden der Schlucht besitzen nicht die warmen, rotbraunen oder gelben Farbtöne der Wüste wie die im Süden. Je nach Jahres- oder Tageszeit zeigt der breite Talkessel viele Farbschattierungen, die von sattem Ocker bis zu hellen Gold- und Bernsteintönen reichen. Das tiefe Grün der Palmen, die im Tal wachsen und sich beim leisesten Windhauch rühren, hebt sich wirkungsvoll von den goldfarbenen Felshängen ab.

Im Winter ist der Himmel zu beiden Seiten der Schlucht ganz verschieden. Es ist,

El-Kantara *Dies ist das Tor zur Sahara. Das Wadi wird von unzähligen Palmen und Oleanderbüschen gesäumt.*

Geysire Wenn in vulkanischen Gebieten Grundwasser über ein unterirdisches Kluftsystem in die Tiefe dringt und in die Nähe eines Magmaherdes gelangt, wird es durch dessen Wärmeausstrahlung sehr stark aufgeheizt. Da das Wasser im Erdinnern unter hohem Druck steht, kann es Temperaturen nahe 200 °C erreichen. Erst wenn der Druck des dabei entstehenden Wasserdampfes übermächtig wird, werden die aufgeheizten Wassermassen durch das Kluftsystem zur Erdoberfläche gepreßt und schießen explosionsartig in die Höhe. Nach Entleerung des unterirdischen Warmwasserspeichers tritt eine Ruhepause ein, während der neues Grundwasser in die Tiefe vordringt und von neuem aufgeheizt wird.

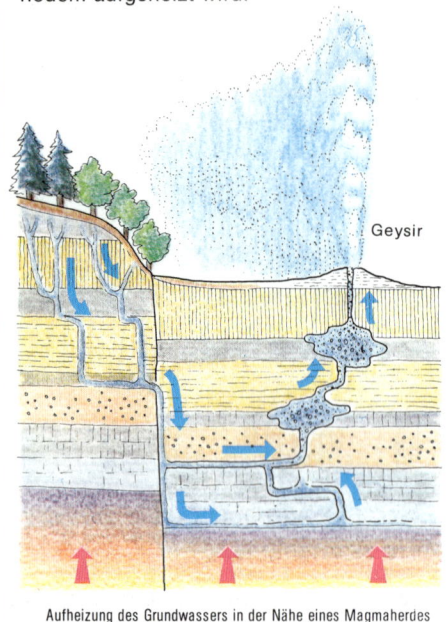

Aufheizung des Grundwassers in der Nähe eines Magmaherdes

Geysire sind heiße Quellen, die ihr Wasser in regelmäßigen Abständen springbrunnenartig ausstoßen. Die Ruhepausen zwischen zwei Ausbrüchen können wenige Minuten bis mehrere Stunden lang sein. Der Geysir „Welikan" schleudert zum Beispiel alle vier Stunden 20 Minuten lang 96 bis 98 °C heißes Thermalwasser bis zu 30 m hoch in die Luft.

Allen Geysiren gemeinsam ist ein in die Tiefe führender enger Schlot, der an der Erdoberfläche in ein trichterförmiges Becken mündet. Dieses ist häufig von einem ringförmigen Wall umgeben, der aus wasserhaltiger, Geysirit genannter Kieselsäure besteht. Sie wird von den heißen Wässern bei Erreichen der Erdoberfläche aufgrund der plötzlichen Druckentlastung und Temperaturabnahme ausgeschieden.

In der Nähe der Geysire von Kamtschatka ist eine deutliche Klimaerwärmung zu beobachten. Schnee und Frost gibt es in dieser ansonsten sehr winterkalten Gegend fast nie. Die Dauer der Vegetationsperiode übertrifft wegen der Wärmeausstrahlung der heißen Wässer die für die Breitenlage der Halbinsel üblichen Werte ganz beträchtlich.

Im Süden Kamtschatkas wurde die natürliche Heißwasserenergie durch den Bau eines geothermischen Kraftwerkes nutzbar gemacht, das über eine Leistung von fünf Millionen kW verfügt.

Eine Kluse ist ein Durchbruchstal in einem Faltengebirge, das eine Antiklinale quer zur Faltenachse durchschneidet und zwei Synklinalen miteinander verbindet. Eine Kluse wird als lebend oder tot bezeichnet, je nachdem, ob sie gegenwärtig von einem Fluß durchflossen wird oder nicht.

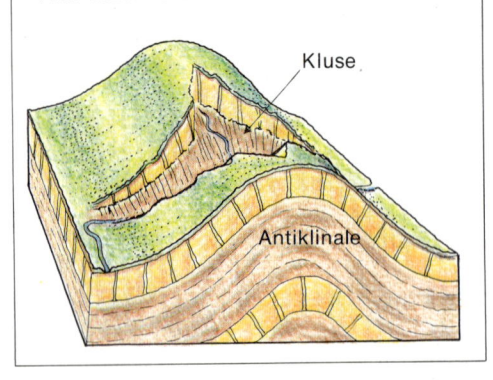

als ob die Wolken, die von Norden kommen, sich plötzlich auflösten, sobald sie gegen das Tor stoßen.

El-Kantara ist, wenn man von Norden kommt, die erste wirkliche Oase. Sie besteht eigentlich aus drei Dörfern, dem Weißen (Gueraguer), dem Roten (Dahraouia) und dem Schwarzen (Bou l'Abbas). Zusammen bilden sie den Marktflecken El-Kantara.

Der Palmenwald ist einer der schönsten und üppigsten im Osten Algeriens. Er ist weniger staubig als der von Bou-Saada und reizvoller als der von Biskra. Heute wachsen dort ungefähr 100000 Palmen. In den Gärten, die sich ein paar Kilometer entlang des Wadis erstrecken, geben Feigen-, Granatapfel- und Aprikosenbäume mit ihrem andersartigen Grün der Landschaft eine besondere Nuance.

Karakorummassiv

Asien, Indien/Pakistan
34° 30'–36° 30' n. Br., 75° 10'–78° 30' ö. L.

Es gibt nur wenige Gebirge auf der Erde, die dem Forscherdrang des Menschen so große Hindernisse in den Weg legten wie der Karakorum.

Am Rand der zentralasiatischen Wüste im Nordwesten des Himalajas erstreckt sich das Karakorummassiv beinahe 350 km weit in nordwest-südöstlicher Richtung. Es ist das zweithöchste Gebirge der Erde. Vier Gipfel sind über 8000 m hoch: der Mount Godwin Austen, auch K2, Dapsang oder Tschogori genannt, mit 8611 m, dann der Gasherbrum mit 8068 m, außerdem der Broad Peak mit 8047 m und schließlich der Gasherbrum II mit 8035 m. Erstaunlich viele Berggipfel liegen über der 7000-m-Grenze, und zahlreiche Spitzen übersteigen 6000 m.

Der Name Karakorum, ein türkisches Wort, das „Schwarzes Geröll" bedeutet, bezeichnete wohl ursprünglich nur einen Paß gleichen Namens am südöstlichen Ende der Kette. Über ihn zogen einst Karawanen auf ihrem Weg von Tibet nach Turkestan. Eine der vier Ketten des Karakorums ist die des Großen Karakorums oder des Mustaghs, was soviel wie „Eisberg" bedeutet. Das Karakorummassiv unterscheidet sich von anderen Gebirgen Zentralasiens durch das grelle Weiß seiner glänzenden Eiswände. Es wurde in ein Massiv aus Granit und sehr hellem Gneis geschnitten, das zu der kristallinen Zentralzone des Gebirges gehört. Im Süden begrenzt eine Schieferzone, die von vulkanischen Gesteinen durchsetzt ist, den Hauptkamm, während es im Norden von Sedimentgesteinen flankiert wird. Die Faltung und Metamorphose der Gesteine erfolgte im Känozoikum, etwa gleichzeitig mit der Bildung des Himalajas. Später hob sich das Gebirge sehr stark.

Karakorum *Eine chaotische Welt aus zerschnittenen und zerklüfteten Bergen: Im Hintergrund erheben sich die verschneiten Gipfel der mächtigsten Gebirgskette Kaschmirs, deren höchste Erhebung, der K2, 1954 von Lino Lacedelli und Achille Compagnoni bezwungen wurde.*

Mehr noch als die Höhe des Gebirges haben die Gletscher des Karakorums die ersten europäischen Reisenden beeindruckt. Außerhalb der Polargebiete besitzt der Karakorum die größte zusammenhängende Eisfläche der Erde. Auf beiden Seiten des Zentralkamms liegen Gletscher, die zu den längsten der Erde zählen: der Siachen (73 km), der Baltoro (66 km), der Hispar (61 km) und der Biapho (60 km). Die Täler, in denen die Gletscherzungen enden, folgen den Strukturlinien des Gebirges. Besonders vom Klima begünstigt sind die Gletscher der südlichen Abdachung, weil hier die Niederschläge sehr hoch sind. So endet die Zunge des Bagrots erst bei 3000 m über dem Meeresspiegel. Manche Gletscherzungen reichen sogar bis in die üppigen subtropischen Wälder hinein. Die Gletscher im Norden des Karakorums und die im Innern der Kette gelegenen enden wesentlich höher.

Vor den Gletschern des Karakorums fürchten sich die Menschen deshalb so sehr, weil sie sehr rasch vorstoßen. So rückte 1904 der Hasanabadgletscher innerhalb von zwei Monaten um 7 km vor, das heißt im Schnitt beinahe 5 m/h. 1953 stieß der Kutiahgletscher mit einer Geschwindigkeit vor, die auf 113 m pro Tag geschätzt wurde. Diese fast unglaublichen Werte sind auf die besonderen Bedingungen im Nährgebiet der Gletscher zurückzuführen. Die Eisströme werden hier von vielen Lawinen genährt, die von den übersteilen Wänden hinabstürzen. Auf ihnen können sich Schnee und Eis nicht lange halten. Gelegentlich kommt es vor, daß diese Lawinen durch starke Erdbeben ausgelöst werden.

Diese plötzlichen Gletschervorstöße sind oft die Ursache katastrophaler Überschwemmungen. Im Laufe des letzten Jahrhunderts dämmte der Schong-Kumdan-Gletscher mehrmals vollständig das Tal von Shyok ab, so daß ein großer See entstand. Durch den steigenden Druck des Wassers zerbarst nach einigen Monaten der Eisdamm, und eine verheerende Flutwelle aus Schlamm, riesigen Felsblöcken und Eis stürzte ins Tal. Auf ihrem Lauf riß sie alles mit sich.

Dieser Gefahren waren sich die ersten Forscher wohl bewußt, als sie sich entschlossen, die Berggipfel zu erobern. Schon 1892 hatte sich eine internationale Expedition den K2, die zweithöchste Spitze der Erde, den Berg der Berge, zum Ziel gesetzt. Weitere Versuche folgten. 1909 rüstete der Herzog der Abruzzen eine große italienische Expedition aus. Aufgrund der reichen alpinistischen wissenschaftlichen Ausbeute zählte diese Expedition zu den erfolgreichsten. 1938 und 1939 kamen die Amerikaner in das Gebirge, aber die Aufstiegsbedingungen und die mangelhafte Organisation verwandelten den schon fast erlangten Sieg in eine Tragödie. Drei Sherpa und ein Bergsteiger kamen ums Leben. Am 31. Juli 1954 wurde endlich der Gipfel bezwungen.

Karakum

Asien, UdSSR
37° 30'–42° 30' n. Br., 55°–65° ö. L.

Die zwei gleichermaßen trockenen und reizlosen Gesichter der Karakum: große, leblose Ebenen ohne Ende sowie graue Dünen und Salzpfannen.

Der zwischen Kaspischem Meer und Balchaschsee gelegene Teil der Sowjetunion zählt zu den großen Trockengebieten der Erde. Die unendlichen Weiten dieses Gebietes werden von mehreren Halbwüsten und ebenso vielen Vollwüsten eingenommen. Die Karakum (deutsch „Schwarzer Sand") ist mit einer Gesamtfläche von rund 300 000 km² – das sind etwa 85 % der Republik Turkmenistan – ein für diesen Raum typisches Beispiel.

Als Teil des Tieflands von Turan wird die Karakum im Nordosten durch den Amu-Darja und im Südwesten durch den Gebirgszug des Kopet Daghs begrenzt. Im Westen reicht sie unmittelbar an das Kaspische Meer heran, während ihre Südostgrenze von den Anhöhen des Badchys und Karabils gebildet wird. Ihren Namen verdankt sie den graugefärbten Sanden ausgedehnter Dünenfelder, die das Verwitterungsprodukt tertiärer Sedimente sind.

Die Karakum ist zum großen Teil eine schwer zugängliche Buschwüste, die von sehr niedrigen Hügel- und Reihendünenfeldern eingenommen wird. Diese sind größtenteils mit einer dürftigen Strauchvegetation (Saxaul) bestanden und liegen deshalb fest. Vegetationslose und damit wirklich wandernde *Barchane* gibt es nur im Nordosten am Amu-Darja und in der Umgebung von Oasen. Ihre Entstehung geht auf die Vernichtung der Buschbestände durch Nutzung als Viehweide und durch Umpflügen des Sandes zurück. Stellenweise liegen zwischen den Dünenreihen kleinere Salztonebenen, insbesondere in älteren Amu-Darja-Läufen und am unteren Tedschen.

Das Klima der Karakum ist extrem kontinental. Die mittlere Januartemperatur im zentralen Teil der Wüste beträgt etwa 0°C, die mittlere Julitemperatur rund 30°C. Daraus ergibt sich eine Jahresschwankung von 30°C. Noch wesentlich höher sind die Schwankungen der Tagestemperaturen. Sie erreichen nicht selten mehr als 50°C. Die jährlichen Niederschlagsmengen betragen lediglich 70 bis 150 mm, wobei etwa 50 bis 60 % allein zwischen Februar und April fallen.

Das unwirtliche Gebiet wird von nomadisierenden, in den randlichen Gebieten jedoch in Kolchosen zusammengefaßten Turkmenen bewohnt. Sie züchten hauptsächlich Karakulschafe und Kamele, deren Wasserbedarf aus mehreren tausend Brunnen gedeckt wird. Oasen befinden sich hauptsächlich an den Flußläufen von Amu-Darja, Tedschen und Murgab. Seit den fünfziger Jahren wurde zur künstlichen Bewässerung ausgedehnter Wüstengebiete zusätzlich der Karakumkanal gebaut. Der letzte Abschnitt wurde 1962 vollendet. In seiner Nähe verwandelte man große Teile der Karakum in fruchtbares Weide- und Ackerland.

Kaschmir, Tal von

Asien, Indien
33° 10'–34° 20' n. Br., 74° 10'–75° 10' ö. L.

Dieses sanfte Grasland, das bei den Seen im „Gesegneten Tal" seinen Anfang nimmt, ist eingeschlossen von den schroffen Massiven des Himalajas. Seen, in denen sich knisterndes Laub sammelt, tote Arme und verlassene Windungen eines ständig sich verändernden Flusses bilden die Zufluchtsstätte einer Unzahl von bunt schillernden Vögeln.

Seit der Antike bekannt wegen seines prachtvollen Gebirgsrahmens und seines milden Klimas, bietet das Tal von Kaschmir den Touristen aus aller Herren Länder das bezaubernde Schauspiel einer immergrünen Welt, die von den mit ewigem Schnee bedeckten Gipfeln des Himalajas beherrscht wird. Die Fruchtbarkeit und relative Milde des „Gesegneten Tales" haben aus Kaschmir ein wahres irdisches Paradies gemacht.

Der Talkessel von Kaschmir liegt in 1500 bis 1900 m Höhe im westlichen Teil des Himalajas; es ist ein 130 km langes und 40 km breites Becken mit ovalem Grundriß und flachem Boden, das sich in südost-nordwestlicher Richtung zwischen der Kette des Pir Panjals im Süden und den senkrecht aufragenden Graten des Himalajahauptkamms erstreckt. Die Sohle dieser Senke nehmen breite, *Karewas* genannte Flußterrassen ein, die inzwischen trockengefallen sind und heute fast 150 m tief vom Jhelum und seinen Nebenflüssen durchschnitten werden. Bevor der Fluß das Becken im Westen durch die Schlucht bei Baramula verläßt, schlängelt er sich durch eine feuchte und sumpfige Tiefebene mit einer Vielzahl von Seen. Der größte unter ihnen ist der 20 km lange und 8 km breite Wularsee.

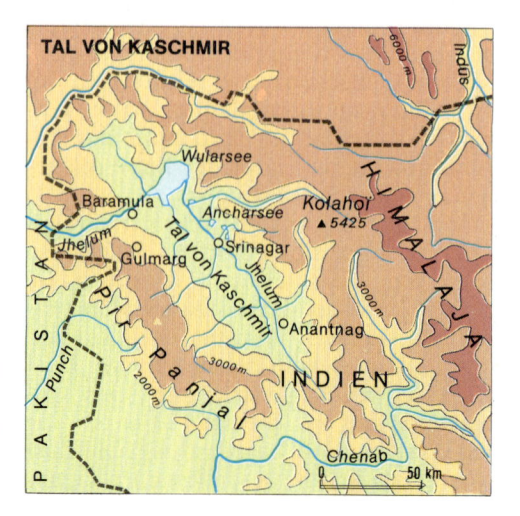

Kaschmir *In den oberen Teilen der Beckenumrandung und in den hochgelegenen Seitentälern Kaschmirs liegen die Weidegebiete der Kaschmirihirten. Einziges Verkehrsmittel in diesem unwegsamen Gelände sind Packtiere, deren Karawanen auf schmalen Pfaden in die entlegene Bergwelt hinaufsteigen.*

Die Chronik der Könige von Kaschmir berichtet, daß das fruchtbare Tal einst von einem einzigen, riesigen See ausgefüllt gewesen sei, über den ein böser Dämon herrschte. Um seine Untertanen von den katastrophalen Überschwemmungen zu befreien, mit denen sie dieser Dämon heimsuchte, habe der König Kashyapa mit einem Hieb seines Zaubersäbels die Gebirgsmauer auf der Höhe der Baramulaschlucht durchtrennt. Das Wasser des Sees sei so nach Süden zum Industiefland abgeleitet worden.

Die geologische Wirklichkeit ist jedoch wesentlich komplizierter. Das Tal von Kaschmir wurde während der tertiären Gebirgsbildung als tektonische Mulde (Synklinale) zwischen den beiden südost-nordwestlich streichenden Großfalten (Antiklinalen) des Vorder- und Hochhimalajas angelegt. Im Querprofil ist das Synklinaltal asymmetrisch aufgebaut, denn die Hänge der Nordflanke sind wesentlich steiler als die der Südflanke. Die so entstandene Talsohle füllte sich in der Folgezeit mit dem groben Abtragungsschutt des jungen Gebirges auf, der von zahlreichen Himalajaflüssen herantransportiert und abgelagert wurde. Darüber folgen etwa 700 m mächtige, feinkörnige Lehm- und Tonsedimente mit eingelagerten Braunkohleschichten, in denen man die Überreste von Tieren (Elefanten, Nashörner und Löwen) und Pflanzen (Pollen von Eiche, Ahorn und Zimtstrauch) findet. Das Vorhandensein toniger Sedimente beweist zusammen mit den Fossilienfunden, daß das Kaschmirtal zu Beginn des Quartärs eine amphibische Landschaft mit feuchtheißem Klima gewesen sein muß.

Bis zur Mitte des Pleistozäns änderten sich die Sedimentationsbedingungen im Tal von Kaschmir noch einmal grundlegend: Im Zuge einer neuerlichen Hebungsphase des Vorderhimalajas wurden die bisher abgelagerten Sedimentschichten des Beckens schräggestellt. Sie fallen mit einem Neigungswinkel bis 40° ungewöhnlich steil nach Norden ein. Außerdem machte sich eine starke klimatische Abkühlung, die für diese Epoche der Erdgeschichte weltweit charakteristisch war, auch im Kaschmirtal bemerkbar. Die Gletscher des Himalajas wuchsen so stark an, daß ihre Zungen bis zu den Rändern des Kaschmirbeckens vorstießen.

Die Sedimentation setzte nach Beendigung der frühpleistozänen Hebungsphase von neuem ein: zunächst in Form von groben Konglomeraten glazialen Ursprungs (Moränen und Schmelzwasserablagerungen), eingelagert in die lehmigen und tonigen Sedimente des Tertiärs, dann als Ablagerungen von feinem Löß und schließlich als Kiesschichten, aus denen die heutigen Terrassen der *Karewas* bestehen. Die amphibische Landschaft des ausgehenden Tertiärs und des Altpleistozäns wurde bis zum Ende des Eiszeitalters unter dieser mächtigen Sedimentdecke begraben.

Bedingt durch einen abermaligen Wechsel des Klimas und durch weiterhin anhaltende, phasenhafte Hebungsvorgänge schnitt sich der Jhelum während der Nacheiszeit in die zuletzt abgelagerten Kiesschichten ein und bildete dabei mehrere Terrassen mit steil abfallenden Rändern, die sogenannten *Karewas*. Jede einzelne Terrasse entspricht dabei einer Hebungsphase. In Zeiten der Hebungsruhe teilte sich der Fluß in zahlreiche Arme auf, deren windungsreiche Läufe die gesamte Breite des Kaschmirtales einnahmen. Die ständigen Veränderungen des Flußbettes können heute anhand des Netzes von trockengefallenen Seitenarmen und verlassenen, zu Seen gewordenen Mäandern rekonstruiert werden.

Das Tal von Kaschmir wird jährlich von mehr als 60 000 Touristen besucht. Die Grundlage des Fremdenverkehrs ist neben der Klimagunst und zahllosen sehenswerten Kunstdenkmälern besonders der landschaftliche Reiz dieses Gebietes. In der sumpfigen Umgebung der Seenzone beiderseits des Jhelums sowie auf den bewässerten Terrassen erstrecken sich weite, intensiv bearbeitete Reisfelder. Die Wasserflächen der Seen selbst werden durch eine besondere Form der Landwirtschaft geprägt: Hier befinden sich die berühmten schwimmenden Gärten (Tomaten) von Kaschmir. Als Kontrast erheben sich im Hintergrund die gewaltigen Ketten des Himalajas, deren Gipfelflur und Hochtäler im Sommer von zahllosen Alpinisten und Bergwanderern besucht werden.

Kaspisches Meer

Asien/Europa, Iran/UdSSR
36° 30′–47° 10′ n. Br., 46° 30′–54° 10′ ö. L.

Das Kaspische Meer, im Süden der Sowjetunion gelegen, ist ein abflußloser Salzsee. Sein Becken ist im Norden flach und hat dort den Charakter einer Lagune, nach Süden hingegen fällt es stark ab. Der Salzgehalt des Wassers ist im Norden niedrig, im Süden bedeutend höher und erreicht im Kara-Bogas-Gol eine Konzentration von 30%. Das entspricht etwa der des Toten Meeres.

Das Kaspische Meer, der größte See der Erde, ist 1200 km lang und durchschnittlich 300 km breit. Seine Fläche beträgt 424 300 km². Interessant ist seine Lage in der Kaspischen Senke. Der Wasserspiegel des Kaspischen Meeres liegt rund 28 m unter dem Meeresspiegel.

Das Meeresbecken ist sehr alt. Es ist wohl schon im Paläozoikum angelegt worden. Fest steht, daß es im Tertiär durch die Absenkung benachbarter Schollen erweitert wurde.

Im Norden grenzt es an die russische Tafel mit dem Wolgadelta, im Osten an die wüstenhaften Beckenlandschaften Mittelasiens. Im Süden wird es von den Ketten des Elbursgebirges umrahmt. Es besteht aus zwei sehr unterschiedlichen Teilen. Der nördliche Teil ist durchschnittlich 10 m tief. Er wird von Stränden und Lagunen eingefaßt, die ständig ihre Form ändern. Das gewaltige Wolgadelta – es erinnert an das des Mississippis – ist so groß, daß man es vom Seeufer aus nicht überblicken kann.

Im mittleren Teil und im Süden finden sich zwei tektonische Gräben – der eine im Mittelteil fällt 790 m tief ab, und der andere, stärker ausgeprägte im Süden erreicht eine größte Tiefe von 995 m.

So gleichmäßig flach das Relief im Norden ist, so vielgestaltig und bewegt ist es im Süden: Hier reihen sich Rücken und Gräben aneinander. Die bedeutendste dieser Anhöhen ist eine submarine Schwelle, die bei der Halbinsel Apscheron beginnt und sich nach Südosten in Richtung auf den Großen Balchan zieht.

Die Vielfalt der Küsten des Kaspischen Meers hängt hauptsächlich mit ihrer Lage in den verschiedenen tektonischen Gebieten zusammen. Tatsächlich heben sich – vom Ust-Urt-Plateau abgesehen – die meisten Randketten, und die Ufer sind daher von gehobenen Strandlinien gesäumt. Ein Beispiel dafür ist im Süden die Küstenebene, die sich entlang dem Elbursgebirge hinzieht. Dagegen handelt es sich bei den Küsten im Abschnitt der Kuma- und der Terekebene, die sich senken, um Anschwemmungsküsten.

Eine ganz eigenartige Erscheinung ist Kara-Bogas-Gol, eine weite Bucht an der Ostküste des Kaspischen Meeres. Ihre Fläche beträgt 18 346 km². Damit ist sie ungefähr doppelt so groß wie Korsika. Sie ist durch eine Nehrung vom Kaspischen Meer getrennt. Nur eine schmale Öffnung verbindet sie mit diesem. Durch die Öffnung strömt ständig Wasser vom Kaspischen Meer in die Kara-Bogas-Bucht. Sie ist im Schnitt 4 bis 7 m tief.

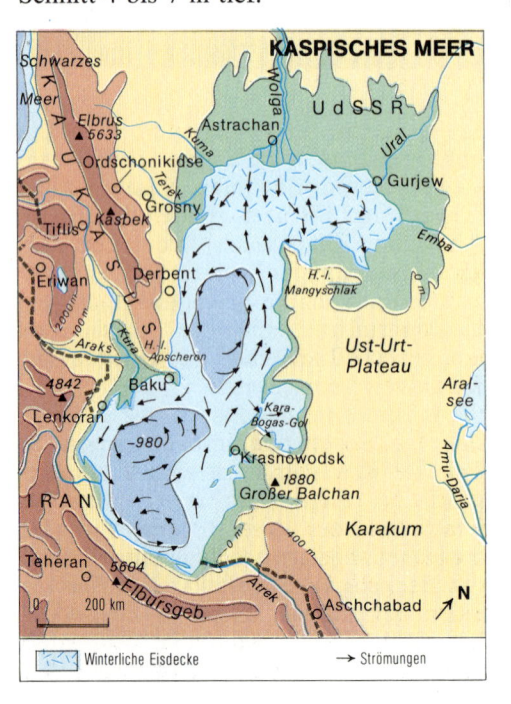

Der Spiegel des Kaspischen Meeres unterlag im Lauf seiner Entwicklungsgeschichte häufig Schwankungen. Man findet zahlreiche Spuren von Meeresüberflutungen und ehemaligen Ufern. So stieß man zum Beispiel im Norden, 50 km von der gegenwärtigen Küste entfernt, auf eine alte Linie von Dörfern und Häfen. Man schätzt, daß der Wasserspiegel in eineinhalb Jahrhunderten um 6 bis 10 m gesunken ist, während das Kaspische Meer eine Zeitlang mit dem Schwarzen Meer und dem Aralsee in Verbindung stand: Diese Schwankungen sind die Folge von Klimaänderungen, zu denen heute noch die Auswirkungen der Nutzung der Zuflüsse durch den Menschen kommen.

Das Kaspische Meer liegt, klimatisch betrachtet, an der Grenze zu den semiariden Zonen. Zwar fallen 1600 mm Regen im Gebiet von Lenkoran und im Elbursmassiv, aber nur 100 bis 150 mm im Norden. Der bedeutendste Zufluß kommt aus dem riesigen Wolgabecken, das 130 Flüsse sammelt, darunter vor allem natürlich die Wolga. Allerdings verdunsten jedes Jahr 340 km³, und 14 km³ fließen in den Kara-Bogas-Gol. Darum nehmen Wissenschaftler an, daß der Wasserspiegel in Zukunft sinken wird.

Das Wasser des Kaspischen Meers weist im Norden und Süden deutliche Unterschiede auf. Im Norden ist die Wassertemperatur in Anbetracht der geringen Tiefe von der Oberfläche bis zum Grund ziemlich gleich. Sie schwankt, jahreszeitlich bedingt, zwischen +24 °C im Sommer und –1 °C im Winter; nördlich der Linie, die sich von der Halbinsel Mangyschlak bis zur Mündung des Tereks hinzieht, ist das Meer von Mitte Dezember bis Ende April von Eis bedeckt. Nach dem Eisbruch treibt die Strömung Eisschollen bis nach Derbent. Im Süden dagegen schwanken die Temperaturen zwischen 26 bis 27 °C im Sommer und 9 °C im Winter. Frost tritt nur äußerst selten, und zwar im Innern der Buchten, auf. Das Wasser unterhalb einer Tiefe von 400 m bewegt sich das ganze Jahr über zwischen 5 und 6 °C. Dagegen ist der Salzgehalt in den inneren Teilen der Buchten höher (12 bis 13‰).

Kara-Bogas-Gol ist ein Sonderfall. Da dort die Verdunstung sehr hoch und dazu das Becken ziemlich seicht ist, enthält das Wasser bis zu 30% Salz. Es handelt sich also um einen richtiggehenden Salzsumpf, dessen Grund mit einer 2 m dicken Glaubersalzschicht überzogen ist. Tonnenweise schwemmen die Wellen dieses Salz ans Ufer.

Das Wasser des Kaspischen Meers unterscheidet sich von dem der Weltmeere durch seinen hohen Anteil an Kalzium- und Magnesiumsulfaten. Außerdem ist das Wasser am Grund, im Gegensatz zu jenem des Aralsees, durch starken Sauerstoffmangel gekennzeichnet: Unterhalb von 300 m sinkt der Sauerstoffanteil rapide, dagegen enthält 1 l Wasser 0,2 bis 0,9 cm³ Schwefelwasserstoff.

Kaspisches Meer *Hebungen der Küstengebiete haben an vielen Stellen zur Entstehung fossiler Strandlinien geführt. Sie verleihen der monotonen Landschaft einen eigenartigen Charakter.*

Abgesehen von schwachen, jahreszeitlich bedingten Schwankungen und von Stürmen, wird das Oberflächenwasser von strudelartigen Strömungen bewegt.

Fauna und Flora sind ziemlich artenarm: Relikte aus dem Tertiär sind vertreten, darunter eine beträchtliche Anzahl bodenständiger Arten. Dazu kommen noch einige aus der Zeit, als das Kaspische mit dem Schwarzen Meer in Verbindung stand. Außer Schalen- und Weichtieren findet man rund 70 Fischarten, darunter Heringe, Meeräschen, Zander, die Kaspiforelle und vor allem Lachse und Störe. Auf der Halbinsel Mangyschlak haben sich Robbenkolonien angesiedelt.

Da den Zuflüssen des Kaspischen Meers – vor allem der Wolga – große Wassermengen für die Industrie und Landwirtschaft entnommen werden, sinkt der Wasserspiegel laufend. Ein weiteres ernstes Problem stellt die Umweltverschmutzung dar. Sie steht in Zusammenhang mit der Ausbeutung der Erdöllager von Baku, Mangyschlak und Emba. Dadurch geht der Fischbestand beträchtlich zurück. Auch hindert die Errichtung von Staumauern in der Wolga die Störe am Laichen. Der Großteil des kaspischen Kaviars kommt nun aus dem Iran, denn hier ist die Beeinträchtigung der Umwelt geringer.

Weil der Wasserstand des Kaspischen Meers bedrohlich absinkt, der Wasserbedarf in der Steppe Kasachstans aber steigt, faßte die Regierung vor einigen Jahren ein gigantisches Projekt ins Auge: Ein Teil des Wassers von Ob und Irtysch sollte zur Wolga und zum Kaspischen Meer umgeleitet werden. Die Mehrheit der Wissenschaftler befürchtete jedoch unabsehbare ökologische Folgen und erreichte schließlich, daß das Vorhaben aufgegeben wurde.

Kaukasus

Asien/Europa, UdSSR
40° 30'–44° 30' n. Br., 38°–50° ö. L.

Der Kaukasus, ein Gebirgszug, der vom Schwarzen Meer bis zum Kaspischen Meer reicht, ist nicht wie die Alpen ein Durchzugsgebiet, sondern mit seinen parallel verlaufenden, hohen Kämmen, die nur an wenigen Stellen passierbar sind, ausgesprochen verkehrsfeindlich.

Die Gebirgskette des Kaukasus erstreckt sich von der Halbinsel Taman an der Meerenge von Kertsch bis zur Halbinsel Apscheron am Kaspischen Meer.

In der griechischen Mythologie wie auch bei den großen Schriftstellern und Dramatikern der Antike spielte der Kaukasus eine Rolle. Hier wurde beispielsweise Prometheus an einen Felsen geschmiedet, weil er wider den Willen von Zeus den Menschen das Feuer gebracht hatte.

Als im 8. Jahrhundert die Araber in den Kaukasus eindrangen, nannten sie ihn Djebel Assuni – Berg der Völker –, weil sie dort die verschiedensten Völkerschaften antrafen. Der Kaukasus gehört zum System der alpidischen Faltengebirge, und sein Bauplan ähnelt dem der Pyrenäen. Er besteht aus einer Reihe parallel verlaufender Gebirgskämme, deren Gipfel zwischen 4000 und 5633 m liegen. Sie werden von Vulkanen überragt, von denen der Elbrus mit 5633 m und der Kasbek mit 5047 m die höchsten sind. Wenn der Kaukasus auch verhältnismäßig schmal ist, stellt er doch einen Wall dar, der nur schwer überwunden werden kann.

Es gibt nur ganz wenige Pässe. Der niedrigste, der Krestowypaß, ist immerhin auch schon 2388 m hoch. Über ihn führt die Grusinische Heerstraße, die Ordschonikidse im Norden mit Tbilissi (Tiflis) im Süden verbindet. Die übrigen Pässe liegen auf ungefähr 3000 m Höhe. So kommt es, daß die meisten Verkehrslinien am Fuß des Gebirges oder dem Schwarzen Meer entlang verlaufen.

Die Nord- und Südabhänge des Gebirges unterscheiden sich deutlich voneinander. Die höchsten Gipfel befinden sich vorwiegend im Nordteil der Hauptkette. Diese besteht außer aus Tiefengestein aus vulkanischen und metamorphen Gesteinen. Hier unterscheidet man mehrere Bergkämme. Es sind die Schichtstufen der

Skalistykette, die mit dem Karakaja (3626 m) in jurassischem Kalkstein gipfeln, und die Pastbyschnykette (Weidekamm), die im Dschinal ihre höchste Erhebung hat. Der Südabhang dagegen ist sehr steil und besteht hauptsächlich aus Flysch. Der Ostteil ist besonders eigenartig geformt, vor allem in Dagestan. Er weist eine Vielzahl von verzweigten Klusen, senkrechten Felswänden und schmalen Antiklinalen auf.

Die Gebirgsbildung läßt sich zumindest bis ins Erdaltertum zurückverfolgen. Damals existierte im Gebiet des Kaukasus noch eine Geosynklinale. Seitdem wurde das Gebirge durch mehrere tektonische Phasen geprägt. Die wichtigste ist im Tertiär anzusetzen. Sie dauert heute noch an. Die Krustenbewegungen äußern sich heute in der Bildung großer Brüche und in Überschiebungen nach Süden. Daraus erklärt sich die deutlich asymmetrische Struktur des Gebirges. Diese Überschiebungen betragen höchstens 15 km. Sowohl im Norden wie im Süden besteht der Gebirgsfuß im wesentlichen aus tiefen, mit Sedimenten

Kaukasus *Nahe dem Krestowypaß ragen die spitzen Gipfel eines vulkanischen Massivs auf, dessen Hänge von tiefen Rillen durchfurcht sind. Diese reichen bis zu dem schmalen Wildbach, der nur wenig Wasser führt, weil die Niederschläge in diesem Gebiet gering sind.*

gefüllten Gräben, in denen sich häufig Erdgas oder Erdöl findet (Baku, Grosnyi).

Auch Vulkanismus läßt sich an etlichen Stellen nachweisen. Lavaströme liegen über eiszeitlichen Moränen. Dies beweist, daß der Vulkanismus jüngeren Datums ist.

Das Klima in den einzelnen Teilen des Kaukasus ist sehr unterschiedlich. Die Niederschläge nehmen von Westen nach Osten stark ab. Während am Schwarzen Meer jährlich 2000 mm und mehr fallen, werden im Osten nur 200 bis 400 mm registriert. Im übrigen ist der Südabhang viel feuchter als die Nordseite. Dies zeigt sich auch bei der Verteilung der Gletscher. Die Schneegrenze steigt in dem Maße, wie das Klima kontinentale Züge aufweist. Im Westen liegt sie bei 3000 m, im Osten bei 3500 bis 4000 m. Die rund 1400 Gletscher bedecken insgesamt eine Fläche von 1780 km²; davon liegen nur 115 km² im Ostteil. Es handelt sich vor allem um Kar- und Hanggletscher, doch gibt es auch einige größere Eiskappen auf dem Elbrus und Kasbek.

Die Vegetation ist ebenso vielfältig wie das Klima. Sie weist die klassischen Höhenstufen der europäischen Hochgebirge auf. Auf die Steppe folgt am Fuß des Gebirges Eichen- und Buchenwald, dann der Nadelwald mit schönen Nordmannstannen und Orientalischen Fichten. Daran schließen sich subalpine und alpine Matten an.

Die Flora des Kaukasus ist von einer Fülle tertiärer und endemischer Relikte gekennzeichnet. Wild wachsen beispielsweise *Rhododendron ponticum* und *Rhododendron caucasicum*, eine Vielzahl von Traganten und das Fingerkraut. Es gibt dort ungefähr 6000 Arten.

Bemerkenswert ist die Zahl der Naturschutzgebiete – insgesamt sind es über 20 – und auch die Tatsache, daß sie schon früh geschaffen wurden, das erste bereits 1912. Diese Naturschutzgebiete tragen dazu bei, die Ursprünglichkeit der Bergwelt zu erhalten.

Kenya, Mount

Afrika, Kenia
0° 10′ s. Br., 37° 20′ ö. L.

Der Krater, der durch einen Pfropfen aus hartem Gestein verstopft war, ist inzwischen verschwunden, und am Gipfel des Keniaberges blieb nur eine sonderbare Felsnadel zurück, die aussieht wie ein Pfeiler, der von Riesenhand in die Vulkanschulter gerammt worden ist.

Der Mount Kenya ist mit 5194 m nach dem dreigipfligen Kilimandscharo, der im Kibo eine Höhe von 5895 m erreicht, der höch-

Mount Kenya *Zu Füßen des schroffen Doppelgipfels, der trotz seiner Lage unter dem Äquator von ewigem Eis und Schnee bedeckt ist, erstrecken sich mehrere Hochtäler, die von pleistozänen Gletschern ausgeschliffen wurden. Hierhin hat sich eine eigenartige Vegetation zurückgezogen, die als Überbleibsel aus dem frühen Quartär in keiner anderen Gegend Afrikas vorkommt.*

ste Berg Afrikas und die höchste Erhebung Kenias. Er liegt östlich des Victoriasees, nur wenige Kilometer südlich des Äquators. 1920 wurde der heutige Staat Kenia – damals noch britische Kronkolonie – nach ihm benannt.

Das gewaltige Massiv dieses erloschenen Vulkans wurde 1848 von dem deutschen Missionar J. L. Krapf entdeckt und erstmals 1887 durch Graf von Téleki bis in 4700 m Höhe bestiegen. 1893 mußte der Engländer J.W. Gregory, von dem die erste detaillierte Beschreibung des Vulkans stammt, knapp unterhalb des Gipfels umkehren. Ähnlich erging es ein Jahr später G. Kolb, der jedoch den Kraterrand erreichte. Die Erstbesteigung des Gipfels gelang schließlich dem Engländer H. MacKinder im Jahr 1899.

Wenn man den Mount Kenya aus der Ferne betrachtet, erkennt man deutlich, daß seine Gipfelregion aus zwei schmalen, von ewigem Eis und Schnee bedeckten Felsnadeln besteht, die auf einem mächtigen Unterbau mit relativ schwach geneigten Hängen ruhen. Der Durchmesser des Bergsockels mißt an der Basis 70 km. Die Entstehung dieser charakteristischen Form läßt sich aus dem geologischen Bauplan des Vulkans ableiten. Der Gipfelaufbau mit seinen mehr als 400 m hoch aufragenden Doppelspitzen Batian und Nelion besteht aus sehr hartem Nephelinsyenit. Dieses Gestein bildete sich im Innern des einstigen Vulkanschlotes, als dessen Magmafüllung beim Erlöschen des Feuerberges erstarrte. Die vulkanischen Auswurfmassen, die den in die Tiefe führenden Schlot kegelförmig umhüllen, sind erheblich weicher als die eigentliche Schlotfüllung. Sie wurden deshalb im Gipfelbereich des Berges bereits abgetragen, so daß die Nephelinsyenite der Schlotfüllung durch die Erosion freigelegt und als Felsnadeln herauspräpariert wurden.

Die Gipfelflur des Mount Kenyas ist sehr stark vergletschert. Insgesamt 13 Eisströme reichen bis in Höhen von 4500 m hinunter. Sie gehören allesamt zum Typ des Talgletschers, der auch die charakteristische Vereisungsform der Alpen ist. Die Eisströme des Mount Kenyas sind nach Südwesten orientiert, weil auf dieser Seite des Berges die meisten Niederschläge fallen und die Schneegrenze deshalb am weitesten hinunterreicht (4750 m). Der größte von ihnen ist der Lewisgletscher. Er erreicht eine Eismächtigkeit von 60 m und eine Länge von 1300 m. Seine Zunge endet in 4500 m Höhe. Die heutigen Eisströme stellen die Reste eines Gletschersystems dar, das ehemals stärker entwickelt war. Ebenso wie mehrere andere afrikanische Vulkane war der Mount Kenya nämlich früher von einer dicken Eisschicht bedeckt, die die Gipfel poliert und glattgeschliffen hat. Ausnahmen bilden lediglich einige wenige Felsspitzen, deren Oberflächen deshalb auch unregelmäßig gestaltet sind. Als Zeugen der stärkeren pleistozänen Vergletscherung blieben zahlreiche Endmoränen zurück, die erheblich weiter talabwärts liegen als die heutigen Eisränder. Der Rückgang der Gletscher läßt sich teilweise dadurch erklären, daß der Vulkan seit dem frühen Pleistozän um schätzungsweise 100 m abgetragen worden ist. Aber er geht wohl vor allem auf die periodischen Klimaschwankungen zurück, die im Laufe des Quartärs auch die tropischen Gebirge betroffen haben.

In den mit Mooren bedeckten Hochtälern, durch die die Gipfelregion mit den Flanken des Vulkansockels verbunden ist, findet man eine ursprüngliche Flora, die nur dem Keniaberg eigen ist – z.B. das baumartige Greiskraut und Arten der baumartigen Lobelie. Es handelt sich um reliktische Floren, die früher in der ganzen Region verbreitet waren und die sich all-

Kilimandscharo

Afrika, Tansania
3° 02′ s. Br., 37° 20′ ö. L.

Obwohl der Kilimandscharo, das „Dach" des afrikanischen Kontinents, nicht weit vom Äquator entfernt ist, tragen seine Gipfel ewigen Schnee. Wenn man ihn besteigen will, gelangt man inmitten der Tropen in die verschiedenartigsten Klimazonen, die das Vegetationskleid an seinen Hängen mit zunehmender Höhe ständig verändern.

Der Kilimandscharo, dessen Name ins Deutsche übersetzt „Weißer Berg" bedeutet, erhebt sich im Norden von Tansania, 160 km südlich von Nairobi. Er besteht aus drei von Westen nach Osten aufgereihten Vulkankegeln, dem Shira (3778 m), dem Kibo (5895 m) und dem Mawenzi (5120 m). Der Kibo ist der höchste Gipfel Afrikas. Er wurde 1848 von den deutschen Missionaren J. L. Krapf und J. Rebmann entdeckt und am 6. 10. 1889 von den deutschen Forschern H. Meyer und L. Purtscheller erstmals bestiegen. Die Erstbesteigung des Nebengipfels Mawenzi gelang erst 23 Jahre später, und zwar dem Freiburger Geographen F. Klute, der sich um die Erforschung des Kilimandscharos besonders verdient gemacht hat.

Der Kilimandscharo ist ein Schichtvulkan, dessen Entstehung im Tertiär begann. Der Shira, der als ältester seiner drei Kegel auch der heute am stärksten abgetragene ist, besaß ursprünglich eine Höhe von etwa 5000 m. Der auf einen kräftigen explosionsartigen Ausbruch folgende Zusammensturz seines gesamten Gipfelaufbaus hinterließ eine große Caldera von 3 km Durchmesser. Einer Bruchlinie folgend, begann die vulkanische Tätigkeit am Boden dieser Caldera von neuem und führte zum Aufbau eines Kegels – des Mawenzis –, der aus phonolithischen Laven besteht. Als dritter Kegel entstand schließlich in der Mitte zwischen Shira und Mawenzi der Kibo, dessen Gipfel, die Kaiser-Wilhelm-Spitze, der höchste Punkt des Kilimandscharos ist. Er war auch das größte Eruptionszentrum dieses mächtigen Vulkanmassivs. Seine Lavamassen ergossen sich bis an die Flanken von Shira und Mawenzi und begruben diese zum Teil unter sich.

Am Kibo folgten mehrere Eruptionszyklen aufeinander. Dies beweisen glaziale Sedimente, die zwischen Lavaschichten eingelagert sind und bis zu 50 m mächtig sein können. Der Krater dieses Vulkans ist 2 km breit und wird wallförmig von 300 m hohen Randbergen umringt. Die gesamte Gipfelregion trägt eine mächtige Eiskappe, von der Hängegletscher bis in 4300 m Höhe hinunterreichen.

Der um fast 800 m niedrigere Kegel des Mawenzis bildet einen auffälligen Kontrast zum domförmigen Gipfel des Kibos. Er besitzt eine stark zerklüftete, bizarre Form, die der Felsspitze des Mount Kenyas sehr ähnlich sieht. Von seinem ursprünglichen Krater blieb nur sehr wenig erhalten, denn auf der Ostseite wurde er durch die Erosion fast vollkommen zerstört. Der Mawenzi besteht aus trachytischem Basaltgestein.

Zu den drei Hauptkegeln des Kilimandscharos gesellen sich zahlreiche kleine Nebenkegel, die durchschnittlich etwa 100 m hoch sind und auf einer südost-nordwestlich verlaufenden Spalte liegen.

mählich in dem Maße, wie die Temperatur anstieg, in die höheren Regionen des Berges zurückgezogen haben. Zum Schutze dieser einzigartigen Pflanzenwelt wurde der Mount Kenya ab einer Höhe von 3300 m zum Nationalpark erklärt (Mount-Kenya-Nationalpark). Zwischen 3600 und 1500 m Höhe ist der Vulkankegel dicht bewaldet. Darunter, bis etwa 900 m, beginnt um die Besiedlungszentren Nyeri und Nanyuki der Kaffeeanbau, der dank der großen Fruchtbarkeit der vulkanischen Verwitterungsböden überdurchschnittlich gute Erträge bringt.

In ihren neuen Untersuchungen haben sich zahlreiche Geologen und Geophysiker mehr mit der Rolle des Keniaberges in der Geschichte des großen Ostafrikanischen Grabens beschäftigt als mit der Entstehung des Vulkans selbst. Seine Lage über 100 km östlich des Grabens hat unter den Wissenschaftlern unzählige Fragen aufgeworfen, die bis heute noch nicht alle gelöst worden sind.

Durch die radiometrische Datierung der Laven des Keniaberges gelang es, eine genaue zeitliche Abfolge seiner Ausbrüche aufzustellen. Das Massiv besteht vor allem aus charakteristischen Phonolithen, die große Kristalle von Anorthit enthalten und von den Geologen Kenyit genannt werden. Sie sind etwa drei Millionen Jahre alt (Jungtertiär). Ihnen folgten trachytische Lavaströme, die sich aus unzähligen Nebenkratern und aus Spalten ergossen. Später entstanden auf den Bergflanken eine ganze Reihe parasitäre Basaltkegel. Der Gipfelpfropfen aus Nephelinsyeniten schließlich repräsentiert das jüngste Ausbruchsstadium. Er ist rund zwei Millionen Jahre alt.

Die Ausbrüche des Keniaberges ereigneten sich also zwischen zwei und drei Millionen Jahren vor unserer Zeit. Als sie begannen, war die vulkanische und tektonische Tätigkeit entlang des Ostafrikanischen Grabens schon in vollem Gange. Bereits zu Beginn des Miozäns wurde das Gebiet von einer breiten Flexur durchzogen, die örtlich mit Brüchen und Basaltvulkanen verknüpft war. Am Ende des Miozäns bedeckten ausgedehnte Phonolithströme die Hochebenen. Die ersten bedeutenden Verwerfungen wurden zu Anfang des Pliozäns gebildet. Sie griffen bald auf das ganze System über, unmittelbar gefolgt von mächtigen Basaltergüssen an der Sohle des soeben entstandenen asymmetrischen Grabens. Zur gleichen Zeit entstanden auf den Hochebenen östlich des Grabens die großen Vulkane Kilimandscharo und Mount Kenya.

Der Keniaberg liegt teilweise auf einer südwest-nordöstlich streichenden tektonischen Schwächezone der Erdkruste, deren Verlauf von mehreren vulkanischen Gebirgsmassiven begleitet wird. Er belegt die Verlagerung des Ostafrikanischen Grabensystems, das sich in den letzten 20 Millionen Jahren langsam von Westen nach Osten bewegt hat.

Kilimandscharo *Der von ewigem Eis und Schnee bedeckte domförmige Gipfel des Kibos überragt die schroffen Felsspitzen des Mawenzis (im Hintergrund) um fast 800 m. Deutlich zu erkennen ist der Krater des gewaltigen Feuerberges, der etwa 2 km breit und rund 300 m tief ist.*

die Kältewüste der Gipfelregion, in deren unterem Teil eine üppige Flechtenvegetation gedeiht, die schließlich weiter oben von ewigem Schnee und Eis verdrängt wird.

Der Volksstamm der Djagga, die schon vor der Ankunft der Europäer die Hänge des Kilimandscharos bis auf 3000 m Höhe besiedelten, hatte seine Wirtschaftsform den Besonderheiten des Bergklimas weitgehend angepaßt. Die Produkte der heutigen Höhenlandwirtschaft sind Mais, Weizen und Gemüse. Für den Export werden Kaffee, Baumwolle, Sisal und Zuckerrohr angebaut. Im klimatisch benachteiligten Norden des Berges sind größere Flächen der Viehwirtschaft vorbehalten. Die Bewässerungstechnik ist am Kilimandscharo hoch entwickelt. Eine Vielzahl von Kanälen, die in den Boden gegraben sind, überwinden durch Holzrohre die steinigen Steilhänge und leiten das Wasser, das in den höheren Regionen des Berges im Überfluß vorhanden ist, bis zu den unten liegenden Feldern.

Seit der ersten Besteigung des Kilimandscharos haben die Schnee- und Eismassen der Gipfelregion beständig abgenommen. Anfangs führte man diese Tatsache auf eine langfristige Veränderung des Klimas zurück. Nach neueren Forschungen geht man jedoch davon aus, daß die wachsende Zahl der Fumarolen auf eine Wiederbelebung der vulkanischen Tätigkeit hindeutet. Die damit verbundene Erwärmung führte zum Zurückschmelzen der Gletscher in den Gipfelregionen.

Killarney, Seen von

Europa, Republik Irland
52° 01′ n. Br., 9° 30′ w. L.

Ein paradiesisches Tal, in dem sich die Seen von Killarney aneinanderreihen: Nicht weit von den höchsten Gipfeln Irlands entfernt, eingebettet in diese rauhe Wiege aus Stein, gedeihen Palmen und Erdbeerbäume.

Die dünnflüssigen Laven, die aus diesen Nebenkratern gefördert wurden, haben große Flächen bedeckt und dabei ältere geologische Strukturen unter sich begraben und konserviert.

Der Gegensatz zwischen der tropischen Savanne am Fuß des Kilimandscharos und der Kältewüste in der Gipfelregion zeigt, daß die Berghänge in mehrere klimatische Höhenstufen unterteilt sind. Außerdem bestehen erhebliche Klimaunterschiede zwischen der Nord- und der Südseite des Berges, denn die Nordflanke empfängt erheblich weniger Niederschläge, da sie weitgehend im Windschatten liegt und gegen die feuchten tropischen Luftströmungen abgeschirmt ist. Aus diesen Besonderheiten des Gebirgsklimas resultiert die charakteristische Vegetationsabstufung am Kilimandscharo. Bis in etwa 1000 m Höhe werden die den Vulkan umgebenden Ebenen und die Bergflanken von einer ausgedehnten Grassavanne eingenommen. Darüber beginnt die Zone des ackerbaulich genutzten Kulturlandes, in der die ursprüngliche Vegetation, eine tropische Baumsavanne, nahezu vollkommen verschwunden ist. Lediglich an den niederschlagsärmeren Nordhängen ist sie bis heute erhalten geblieben. In dieser Zone, die bis 1800 m hinaufreicht, fallen rund 1500 mm Niederschläge pro Jahr. Sie steigen mit wachsender Höhe auf über 3000 mm in etwa 3000 m Höhe an. Das Kulturland wird nach oben von einer Bergwaldzone abgelöst, die bis in 3000 m Höhe hinaufreicht, bevor sie in ein ausgedehntes Höhengrasland übergeht. Darüber liegt

Wenn man das Bergland der Kerry Mountains aus Süden kommend durchquert hat, öffnet sich an dessen Nordrand das Tal von Killarney, das wegen seiner landschaftlichen Schönheit sehr bekannt geworden ist. Heute zählt es zu den wichtigsten irischen Fremdenverkehrsgebieten. Inmitten einer Felslandschaft liegen drei kristallklare Seen, deren gewundene Ufer von kleineren Wäldern begleitet werden. Beherrscht wird diese idyllische Szenerie von den Macgillicuddy's Reeks, den höchsten Bergen Irlands, die im Carrantuohill 1041 m erreichen.

Obwohl die Seen von Killarney in nur 20 m Höhe liegen, sind sie aufgrund ihrer Gebirgsumrahmung als Bergseen zu bezeichnen. Die in unmittelbarer Nähe liegenden Gipfel von Mangerton Mountain

Killarney *In einem sanften Bogen öffnet sich das Tal von Killarney zum nördlichen Vorland der Kerry Mountains. Deutlich ist der U-förmige Talquerschnitt zu erkennen, der von den Gletschern der Eiszeiten aus den Felsen des Gebirges herausmodelliert wurde. Die sanften, abgerundeten Formen des Reliefs und ein ungewöhnlich mildes Klima machen diese idyllische Landschaft zum irischen „Garten Eden".*

und Purple Mountain sind zwar auch nur wenig mehr als 800 m hoch, aber der relative Höhenunterschied zum Talboden von Killarney ist trotzdem nicht unbedeutend. Die Kerry Mountains sind eine ostwestlich verlaufende Gebirgskette, die das Fundament der Halbinsel Iveragh bildet. Sie gehören zu einer Antiklinalen aus alten roten Sandsteinen des Devons (Old Red), die im Norden in eine Synklinale aus Kalk- und Schiefergesteinen des Karbons übergeht. Diese Synklinale entspricht dem weiten Becken, das sich zur Bucht von Dingle öffnet. Gebirgskette und Becken sind die zwei Elemente des Faltenreliefs, das für das Gebiet der Grafschaft Kerry typisch ist: Die Falten aus der Karbonzeit wurden noch im Erdaltertum zu einer Rumpffläche abgetragen; Hebung und Verbiegung dieser Fläche im Tertiär bewirkten ein Wiederaufleben der Erosion, so daß die weichen Schichten des Karbons abgetragen wurden, die widerständigen Schichten des Devons aber erhalten blieben.

Die drei Seen von Killarney, Lough Leane, Muckross Lake und Upper Lake, liegen im Übergangsbereich zwischen dem Kalksteinbecken und dem Sandsteingebirge. Lösungsvorgänge im Kalkuntergrund sowie die Erosion eiszeitlicher Gletscher haben ihre Becken geformt. In den höheren Teilen der Kerry Mountains lag eine große Eiskappe, von der mehrere Gletscherströme nach Norden in das Killarneytal hinunterflossen und am Gebirgsrand die Endmoränenbögen bildeten, die das Wasser von Lough Leane und Muckross Lake aufstauen.

Seine südliche und vor Westwinden geschützte Lage beschert dem Killarneytal ein für seine Breitenlage außergewöhnlich mildes Klima. Außer den in Gärten und Parks angepflanzten Palmen und pontischen Rhododendren sowie kleineren Nadelholzforsten findet man dort die größten

Reste der ursprünglichen Wälder Irlands, in denen Eiche und Stechpalme vorherrschen. Aber die Berühmtheit der Killarneywälder geht hauptsächlich auf das schnelle Wachstum von Moosen und Epiphyten und das Vorhandensein von Erdbeerbäumen (*Arbutus unedo*) zurück, deren angestammte Heimat eigentlich das Mittelmeergebiet ist.

Kimberley, Diamantminen von

Afrika, Republik Südafrika
28° 45′ s. Br., 24° 46′ ö. L.

Wie im Märchen wurde eines der kostbarsten Naturwunder Südafrikas, das sogar an der Börse notiert ist, von Kindern entdeckt: Sie fanden den ersten Diamanten in diesem Gebiet.

In der nordöstlichen Kapprovinz, im engen Umkreis der Stadt Kimberley, befinden sich fünf der berühmtesten Diamantminen der Welt: Du Toits Pan, Bultfontein, De Beers, Kimberley Mines und Wesselton. Ihre Entdeckung verdankt man spielenden Kindern, die im Jahr 1866 am Ufer des Vaals den ersten Diamanten in Südafrika fanden. Aber es dauerte noch fünf weitere Jahre, bis man im Jahr 1871 nach systematischer Suche endlich auf die ersten vier Diamantlagerstätten von Kimberley stieß. An dieser Stelle wurde im selben Jahr die Stadt Kimberley gegründet. Erst 20 Jahre später entdeckte man die Vorkommen von Wesselton.

England erkannte sogleich den Reichtum dieser Gegend und erklärte das Gebiet um Kimberley 1871 zu einem britischen Territorium. Den daraufhin entstandenen Streit mit dem ebenfalls an den Diamantvorkommen interessierten Oranjefreistaat legte man 1876 durch die Zahlung einer Abfindung in Höhe von 90 000 £ bei. Dieser Finanzausgleich milderte jedoch nicht den Groll der Buren, denn allein die Kimberleymine brachte innerhalb von wenigen Betriebsjahren ein Vielfaches dieser Summe ein.

Die fünf diamantführenden Schlote von Kimberley sind vulkanische Explosionsröhren, die die Sedimentschichten der Karru durchstoßen. In neueren Untersuchungen konnte ihre Bildung in die Zeit zwischen dem Oberen Jura und der Oberen Kreide eingeordnet werden. Die Entstehungsbedingungen sind noch sehr umstritten, fest steht jedoch, daß die vulkanischen Schlote (*Pipes*) aus einem extrem basischen, sehr seltenen Gestein bestehen,

Kimberley *Die Kimberleymine in Südafrika ist eine der größten Diamantminen der Welt. Früher wurden die Diamanten hier im Tagebau gewonnen. Ein eindrucksvolles Überbleibsel aus dieser Zeit ist das 395 m tiefe Große Loch (Big Hole).*

Der Diamant

Diamant ist chemisch reiner, kristallisierter Kohlenstoff, der sich nur unter sehr hohem Druck bilden kann und danach, wenn der Druck wieder abnimmt, stabil bleibt (sogenannter metastabiler Kohlenstoff).

Rohdiamanten sind nicht besonders ansehnlich. Erst der richtige Schliff, der aus dem Diamanten einen Brillanten macht, gibt ihnen ihr unvergleichliches Feuer.

In der Natur sind die Bildungsbedingungen von Diamanten nur im Erdmantel in etwa 150 km Tiefe gegeben, was ihr Vorkommen in den alten Kontinentalsockeln Afrikas, Brasiliens, Indiens und der UdSSR erklärt. Aus einem ultrabasischen Magma haben sich vermutlich zuerst glimmerhaltige Peridotite und Gesteine abgesondert, die man Kimberlite (abgeleitet vom Namen der Stadt Kimberley) nennt. Während der weiteren Kristallisation des Magmas haben sich die leicht flüchtigen Elemente in der Restschmelze angereichert und durch die Erhöhung des Gasdruckes die diamanthaltigen Kimberlite in die senkrecht nach oben führenden Schlote gepreßt. Diese *Pipes* genannten vulkanischen Explosionsröhren haben die Deckschichten der Erdkruste durchschlagen.

Man kann mit Hilfe komplizierter Verfahren auch künstlich Diamanten herstellen. Hierzu setzt man Kohlenstoff mehrere Stunden lang sehr hohen Temperaturen (1300 bis 2100 °C) und einem Druck von 50 000 bis 110 000 Atmosphären aus, wobei Katalysatoren wie Nickel, Eisen oder Chrom zugesetzt werden müssen. Aber synthetische Diamanten sind sehr klein und wiegen nur einige Zehntel Karat (1 Karat = 0,2 g). Außerdem sind sie meist schwarz. Um helle und durchsichtige Kristalle zu bekommen, muß man die Temperatur noch weiter erhöhen.

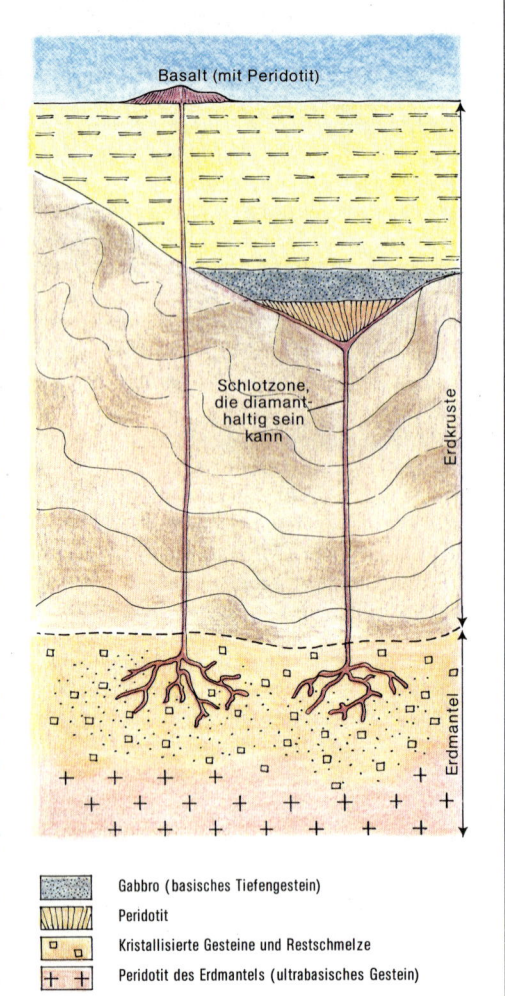

- Gabbro (basisches Tiefengestein)
- Peridotit
- Kristallisierte Gesteine und Restschmelze
- Peridotit des Erdmantels (ultrabasisches Gestein)

Kinnekulle

Europa, Schweden
58° 35′ n. Br., 13° 23′ ö. L.

Über dem Wasser des Vänersees stürzen die Überreste einer Lavadecke, die seit Millionen von Jahren abgetragen wird, immer weiter zusammen.

Der Kinnekulle ist ein langgestreckter (14 km), bis 306 m hoher Felsrücken im Norden der schwedischen Provinz Västergötland, dessen charakteristische Konturen sich über der Wasserfläche des ausgedehnten Vänersees erheben. Man erreicht ihn am besten von der südwestlich von Mariestad gelegenen Ortschaft Götene.

Im Verhältnis zu anderen Bergen gleicher Entstehung wirkt der Kinnekulle höher und steiler; man kann seine Form vielleicht am besten mit der eines Vulkans vergleichen. In der Tat ist dieser Bergrücken ähnlich wie die anderen Hochplateaus Västergötlands aus vulkanischen Formen entstanden. Ursprünglich war der Kinnekulle wohl ein Tafelberg, der eine Deckschicht aus widerstandsfähigem Lavagestein trug, die im Laufe von mehreren Millionen Jahren abgetragen und dabei immer kleiner wurde. Der heutige Kinnekulle stellt das letzte Stadium dieser Entwicklung vor dem totalen Verschwinden der Lavakrone dar.

Dieses Massiv besteht aus horizontal gelagerten Schichten des Kambriums und des Silurs, die ihrerseits auf dem kristallinen Sockel des Präkambriums liegen, der ringsum ausstreicht. Über den paläozoischen Sedimentgesteinen liegt eine Diabasdecke aus der Permzeit. Diese ist sehr hart und hat teilweise die darunterliegenden Sedimentgesteine gegen die Abtragung geschützt, die anderswo die weicheren Schichten vollständig ausgeräumt hat. Durch diese selektive Abtragung sind zwischen den Flächen der Hochplateaus, die aus Diabasen bestehen, und den umliegenden Senken Höhenunterschiede von mehreren hundert Metern entstanden. Die Besonderheit des Kinnekulles besteht darin, daß er einer der winzigen Überreste eines ehemaligen weiten Hochplateaus ist, das durch die wirkenden Kräfte der Erosion abgetragen wurde, die hier schon seit Hunderten von Millionen Jahren (seit dem Perm) wirksam ist. An den Steilhängen des

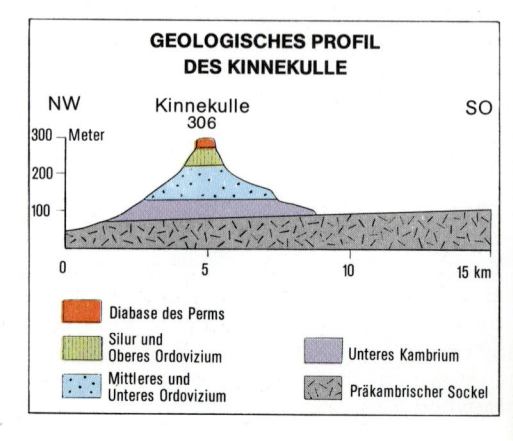

das aus dem oberen Erdmantel kommt und das man Kimberlit getauft hat. Die meisten Schlote oder *Pipes* befinden sich auf den Grundstücken, die ursprünglich einem Farmer namens De Beer gehörten. Nach ihm benannte man die bedeutendste südafrikanische Bergwerksgesellschaft, die 1888 von Cecil Rhodes gegründet wurde: De Beers Consolidated Mines Ltd. In ihr sind die fünf Minen von Kimberley zusammengeschlossen. Die Gründung der Gesellschaft war notwendig geworden, nachdem technische und wirtschaftliche Schwierigkeiten zu einem starken Rückgang der Diamantenförderung geführt hatten. Die zahlreichen kleinen Mineneigner waren finanziell nicht mehr in der Lage, ihre Betriebe mit den für einen rentablen Abbau erforderlichen Maschinen auszustatten. Heute besitzt die De Beers Consolidated Mines eine Monopolstellung im südafrikanischen Diamantenhandel.

Aus der 1914 geschlossenen Kimberleymine wurden innerhalb von 43 Betriebsjahren 15 Millionen Karat (rund drei Tonnen) Diamanten gefördert. Der Diamanten führende Kimberlit wurde zunächst im Tagebau abgebaut. Auf diese Weise entstand das berühmte „Große Loch" (Big Hole), welches mit einem Durchmesser von 500 m und einer Tiefe von 395 m die größte künstliche Grube der Welt ist. Als die Gefahr von Steinschlägen und Felsrutschen zu groß wurde, legte man einen Schacht an, der bis in eine Tiefe von 1200 m vorgetrieben wurde. Heute sind nur noch drei Minen der Kimberleygruppe in Betrieb. Ihre Jahresproduktion beträgt rund 1,5 Millionen Karat. Das Ende der Diamantenförderung ist jedoch auch hier bereits abzusehen, denn in großen Tiefen werden die Kimberlitschlote immer dünner und gehen sogar in enge Gänge über, die keinen rentablen Abbau mehr zulassen.

Die Verfahren zur Aufbereitung des Abraumes sind bemerkenswert, da der Diamantgehalt 0,05 g pro Tonne Kimberlit nicht übersteigt. Weitere Diamantvorkommen befinden sich in der südwestafrikanischen Küstenwüste Namib, nahe der Mündung des Oranjes. Sie gehören zum Typ der alluvialen Fundstellen, die im allgemeinen von wesentlich höherer Qualität sind. Die in alluviales Schwemmaterial eingelagerten Diamanten stammen aus hochwertigen *Pipes*, die von der Erosion angeschnitten und ausgewaschen wurden.

Nur etwa 20 bis 25 % der Diamanten, die auf der Welt gefördert werden, lassen sich zu Schmuck verarbeiten. Der weitaus größere Teil wird unter der Bezeichnung Industriediamant zum Schneiden, Schleifen und Polieren verwendet.

GEOLOGISCHES PROFIL DES KINNEKULLE

- Diabase des Perms
- Silur und Oberes Ordovizium
- Mittleres und Unteres Ordovizium
- Unteres Kambrium
- Präkambrischer Sockel

Kinnekulle *Vom Hochplateau kommende Bäche stürzen in herrlichen Wasserfällen unter großem Getöse auf die waagerechten Lagen verfestigter Lava hinunter und strömen dröhnend durch ausgewaschene Klüfte des vulkanischen Gesteins.*

Gipfels treten die Diabase in charakteristischen sechseckigen Säulen hervor. Im mittleren Teil der Hänge verhüllen zahlreiche Schutthalden die Sedimente des Silurs und des oberen Ordoviziums, die unter der Lavadecke liegen. Noch weiter unten kommen die Gesteine des mittleren und unteren Ordoviziums in breiten Streifen an die Oberfläche. Alaunschiefer des Kinnekulles, die Kohlenwasserstoffe enthalten, wurden seit 1924 abgebaut, von 1932 an unter staatlicher Kontrolle. Während des 2. Weltkrieges wurde die Förderung sehr stark ausgeweitet, aber schon 1946 stellten die Gruben den Betrieb wegen mangelnder Rentabilität ein.

Der Kinnekulle erhebt sich in Terrassen bis zum höchsten Punkt, dem Högkullen (306 m über dem Meeresspiegel). Von dort aus hat man einen wunderbaren Rundblick über den Vänersee und das dicht bewaldete Umland. Die Landschaft um den Kinnekulle ist eine der reizvollsten Schwedens, sowohl wegen ihrer Naturschönheiten als auch wegen der berühmten Beispiele schwedischer romanischer Baukunst, die man an zahlreichen Kirchen dieser Gegend bewundern kann.

Kiwusee

Afrika, Ruanda/Zaire
2° s. Br., 29° 10′ ö. L.

Ein tropischer See, der sich in die langgestreckte Kette mehrerer großer Binnengewässer eingliedert, die sich im Zentralafrikanischen Graben aneinanderreihen. Vor der Silhouette einer lieblichen Hügel- und Vulkanlandschaft dehnen sich seine verwinkelten Ufer aus, die zu den dichtest besiedelten Gebieten des tropischen Afrikas gehören.

Der Kiwusee grenzt im Westen an Zaire, während sein Ostteil zu Ruanda gehört. Er ist einer der kleinsten Seen des Zentralafrikanischen Grabens. Dieser westliche Ausläufer des Ostafrikanischen Grabensystems (Rift Valley) ist der am deutlichsten entwickelte Teil der gesamten Bruchzone. Er bildet einen nach Westen konvexen Bogen, der von mehreren Seen eingenommen wird: dem Tanganjikasee – nach dem Baikalsee (UdSSR) der zweittiefste See der Erde –, dem Kiwusee, dem Edwardsee (Idi-Amin-Dada-See) und dem Albertsee (Mobutu-Sese-Seko-See). Der Kiwusee befindet sich an der westlichsten Stelle des Grabenbogens und breitet sich auf 2650 km² aus. Seine Wasseroberfläche liegt in 1460 m Meereshöhe. Landschaftlich gesehen ist er der schönste See des gesamten Rift Valley. In seinem zentralen und südlichen Teil liegt die 40 km lange Insel Idjwi, die zu Zaire gehört. Diese Insel und die tief eingebuchteten Ufer des Sees lassen eine komplizierte Entwicklungsgeschichte erkennen.

Der See nimmt den tiefsten Teil des Grabens ein, der inmitten sehr alter, gefalteter und zum Teil zu Granit umgeformter Gesteine eingesunken ist. Diese sind etwa eine Milliarde Jahre alt und waren mehreren Abtragungsperioden ausgesetzt. Der Einbruch des Ostafrikanischen Grabensystems setzte im Tertiär ein und dauert bis heute weiter an. Die Berge am westlichen Grabenrand erreichen bedeutende Höhen, die sich zwischen 2000 und 3000 m bewegen. In ihren flachen Gipfelplateaus und den geglätteten Flanken spiegelt sich aber die intensive Abtragung wider. Der östliche Grabenrand wurde weniger stark gehoben, so daß der Kiwusee hier flachere Ufer besitzt als auf der Westseite. Die Berge sind durch tief eingeschnittene, zum Graben hin verlaufende Täler voneinander getrennt.

Der Kiwusee verdankt seine Entstehung gewaltigen Lavaströmen, die seit dem Tertiär zum Aufbau der mächtigen Virungavulkane nördlich des Sees führten. Zu ihnen gehören die heute noch tätigen Kegel des Nyiragongos (3470 m) und des Nyamuragiras (3055 m). Weiter im Osten befinden sich noch weitere, mehr als 4000, ja 4500 m hohe Vulkane, die jedoch schon erloschen sind. Die stark zerschnittenen Ufer des Kiwusees, die langgestreckte, südwest-nordöstlich verlaufende Insel in seiner Mitte und seine beachtliche Tiefe von rund 350 m im nördlichen Teil deuten auf einen natürlich entstandenen Stausee hin. In der Tat haben die gewaltigen Virungalaven dem nach Nordosten ausgerichteten Gewässernetz, das sich beim Einsinken des Zentralafrikanischen Grabens entwickelt hatte, den Weg versperrt. Die Entwässerung zum Edwardsee wurde durch vulkanische Ergüsse unterbunden. Das gesamte Flußsystem südlich der Vulkanzone wurde zu einem riesigen See aufgestaut. Als dieser im jüngeren Quartär einen Höchststand von 1600 m über dem Meeresspiegel erreichte, durchbrachen seine Fluten die Wasserscheide im Süden. Die Wassermassen ergossen sich über einen Paß in die Ruzizi, die in den Tanganjikasee einmündet und zum Kongo entwässert. Das starke Einschneiden dieses Flusses ließ den Seespiegel um 137 m absinken, so daß er vor etwa 14 000 Jahren sein heutiges Niveau erreichte.

Die westlichen Randhöhen des Zentralafrikanischen Grabens erhalten jährlich über 2 m Niederschläge, die über das ganze Jahr verteilt fallen, da dieses Gebiet in der feuchttropischen Klimazone liegt. Der Graben selbst liegt jedoch im Lee dieser Höhen, so daß die Niederschläge hier auf etwa 1500 mm am Zaireufer und auf 1200 bis 1000 mm am Ufer von Ruanda absinken, wo die Trockenzeit drei Monate lang dauert.

Kiwusee *In einem der größten Risse der Erdkruste liegt ein stiller See mit tief eingebuchteten Ufern und grünen Inseln, umgeben von sanften Berghängen (oben). Dieser afrikanische See konnte sich lange nicht zwischen dem Nil und dem Kongo entscheiden; schließlich bahnten sich seine überlaufenden Wassermassen einen Weg durch Basaltblöcke und Stricklavaströme (unten) und fließen seither durch den Kongo zum Atlantischen Ozean ab.*

Dank der reichlichen Niederschläge besteht das natürliche Vegetationskleid vorwiegend aus Wald. Auf den westlichen Hochplateaus, wo die Temperaturen relativ niedrig sind, weicht der Wald einer Hochgrassavanne.

Die Seeufer sind sehr dicht besiedelt. Auf der kongolesischen Seite spielte die europäische Kolonisation einst eine besonders große Rolle. Mehrere bedeutende Städte gehen auf diese Zeit zurück. Die Schönheit der Landschaft machen den Kiwusee zum wichtigsten Fremdenverkehrsgebiet von Zaire.

Kolchis

Asien, UdSSR
41° 37′–43° n. Br., 41°–43° 08′ ö. L.

In der griechischen Sage spielt die Kolchis eine bedeutende Rolle. Sie ist ein überaus anmutiges und fruchtbares Land, eine Gartenlandschaft an der Westflanke des Kaukasus mit zahlreichen Obst- und Weinkulturen.

Nach der Kolchis, so heißt es in der griechischen Sage, segelten die Argonauten, um das Goldene Vlies zu holen. Die Land-

Kolchis *Das feuchtheiße Klima dieser Küstenebene macht sich auch noch im Kaukasus bemerkbar, denn die Vegetation ist selbst in größeren Höhen sehr artenreich.*

schaft war sehr früh schon bei den Griechen bekannt, später auch bei den Römern. Man rühmte ihre besondere Anmut und ihre Fruchtbarkeit.

Die Kolchis umfaßt die Küstengebiete des östlichen Teils des Schwarzen Meers. Sie ist eine Anschwemmungsebene am unteren Rioni zwischen Großem und Kleinem Kaukasus. Dieses überwiegend feuchte Gebiet ist nur schwach geneigt. Eine Dränierung des Landes ist darum sehr schwierig. Hinzu kommt, daß es sich jährlich um 2 mm senkt.

Die Küste ist stellenweise von Strandwällen und Lagunen begrenzt. Das Klima der Kolchis ist heiß und feucht, und nur selten treten Fröste auf. Der Hauptkamm des Kaukasus, der im Norden nahe an das Schwarze Meer heranreicht, wirkt sich als Klimascheide aus. Im Winter hält er die von Norden heranströmende Kaltluft auf. Nur an wenigen Stellen, wo die Kette niedriger ist, gelangt sie nach Westen. Die Niederschläge sind in diesem Gebiet sehr hoch. Sie liegen bei rund 2000 mm und werden von den warmen Winden des Schwarzen Meeres herangeführt.

In diesem beinahe tropischen Klima wachsen die verschiedenartigsten Pflanzen. Die Hänge des nahen Gebirges sind mit dichtem Wald bedeckt. Dort gedeihen

Kommunismus, Pik

Asien, UdSSR
39° n. Br., 72° ö. L.

Erst im Sommer 1928 entdeckten die Sowjets ihren höchsten Berggipfel, einen der Firste des „Dach der Welt" genannten Pamirmassivs. Nur die Spitze dieses gewaltigen Bergriesen ragt aus den Eismassen heraus, die ihn umfließen.

Der Pik Kommunismus genannte höchste Berg der UdSSR wurde von den Sowjets erst vor 50 Jahren entdeckt. Damals verwechselte die von W. R. Rickmers geleitete „Altai-Pamir-Expedition 1928" den nach neuesten Messungen 7482 m hohen Gipfel des Bergriesen jedoch zunächst mit dem etwa 14,5 km weiter südlich gelegenen Garmo Pik (6595 m). Nachdem der Irrtum aufgeklärt worden war, erhielt der Berg den Namen Pik Stalin, wurde jedoch 1962 in Pik Kommunismus umbenannt.

Der Pik Kommunismus liegt im Nordosten der Unionsrepublik Tadschikistan, wo das Akademie-der-Wissenschaften-Gebirge des Pamirhochlandes mit dem Gebirge Peters I. zusammentrifft. Dieses durch ein kontinentales Klima gekennzeichnete Gebiet liegt im Bereich der eurasischen Faltengebirge, die sich als lange Kette von Spanien bis nach Hinterindien und Ozeanien erstrecken. Der westliche Pamir wird von vielen schluchtartigen Tälern zerschnitten. Die Kämme dieses Gebirges gehören zu den Überresten alter Abtragungsflächen, und ihre steilen Flanken sind oft mehrere tausend Meter hoch. Der Hohe Pamir besteht dagegen aus verschiedenen Hochflächen, aus denen eine Reihe von Graten hervorragen, deren Gipfel ehemalige Inselberge darstellen.

Die pleistozänen Eisströme hatten diese Hochflächen vollkommen bedeckt, und noch heute ist ein großer Teil von ihnen vergletschert. Der Pik Kommunismus ist ein Nunatak, der einen riesigen Plateaugletscher überragt. Von diesem Plateaugletscher strömen mehrere Talgletscher in die Tiefe, wie z.B. der Fedtschenkogletscher am Ostfuß des Akademie-der-Wissenschaften-Gebirges. Mit 71,2 km Länge, einer Oberfläche von 907 km² und einer Eismächtigkeit von 500 m ist er der größte Gletscher der UdSSR.

Komoéfälle

Afrika, Burkina Faso
10° 47' n. Br., 4° 42' w. L.

Da viele Tropenflüsse nicht genügend Kraft besitzen, um sich in den felsigen Untergrund einzuschneiden, bewältigen sie den Steilabfall eines zwischen Hügeln eingebetteten Sandsteinplateaus in weit verzweigten treppenförmigen Wasserfällen. Die Menge des Wassers, das sie führen, hängt von der Jahreszeit ab.

Im Südwesten der Republik Burkina Faso überragt der mächtige Steilabfall des Dioula-Sandsteinplateaus die Ebene von Banfora. Der höchste Teil des Plateaus liegt rund 500 m, die Ebene 300 bis 350 m über dem Meeresspiegel. In dem fast durchweg flachen Gelände wirkt diese Landstufe, vor allem von Süden her gesehen, besonders eindrucksvoll. Sie besteht aus feinen, mehr oder weniger deutlich geschichteten Sandsteinlagen von unterschiedlicher Härte. Die widerständigsten sind an der Basis liegende Quarzite. Der mehrmalige Wechsel von harten und weichen Gesteinsschichten führte zur Bildung von Schichtstufen, die den Steilabfall des Sandsteinplateaus treppenförmig gliedern. An anderen Stellen sind die Lagerungsverhältnisse der Sandsteinbänke durch tektonische Vorgänge gestört worden. Entlang von Verwerfungslinien zerfielen sie in einzelne schräggestellte Schollen.

Fast überall wird der Steilabfall des Dioulaplateaus girlandenförmig von Bergspornen umsäumt, die durch kurze, in verwinkelten Schluchten endende Täler voneinander getrennt sind. Weiter unten, in der Ebene, erheben sich zwischen weiten Senken mit fast gefällslosen Flußarmen, die die meiste Zeit des Jahres über ausgetrocknet sind, niedrige Hügel mit konvex geneigten Hängen. Es sind kleine Inselberge, die ähnlich wie das Dioulaplateau selbst Reste einer älteren, höher gelegenen Rumpffläche darstellen. Diese wurde zerstört, als das gesamte Gebiet im Tertiär gehoben und so die Erosion neu belebt wurde. Durch die flächenhafte Abtragung unter tropischen Klimabedingungen entstand eine neue Rumpffläche auf niedrigerem Niveau: die Ebene von Banfora.

Um die Ebene von Banfora zu erreichen, müssen der Komoé und seine Nebenflüsse den treppenförmigen Steilabfall des Diou-

Komoéfälle *Als glitzernder Wasservorhang stürzt der Fluß über die rosa Sandsteinfelsen des Dioulaplateaus in die Tiefe. Nach den Wasserfällen tritt er in die Ebene von Banfora ein. Zwischen Palmen und Sandbänken, auf denen gefährliche Krokodile lauern, setzt er seinen Lauf gemächlich fort.*

laplateaus überwinden. Da Tropenflüsse aufgrund der extremen chemischen Verwitterung der Gesteine kein Geröll mit sich führen, können sie sich kaum in den Untergrund einschneiden. Es fehlt ihnen ein Schleifmittel, welches den anstehenden Fels des Flußbettes angreift. Ihre Wassermassen gleiten über die steilen Felsklippen und bilden eine Reihe von Kaskaden, die je nach Jahreszeit mehr oder weniger wasserreich sind.

Die Komoéfälle bestehen aus drei Stufen. Die erste Kaskade, die in den harten Quarziten an der Basis des Plateaus angelegt ist, verbreitert sich in der Regenzeit beträchtlich. Die zweite, deren Höhe 30 m beträgt, ist tiefer eingeschnitten, da die Sandsteinbänke hier weicher sind; keine 100 m von ihr entfernt liegt die abgebildete dritte Kaskade.

Kongo

Afrika, VR Kongo/Zaire
3° n. Br. – 12° s. Br., 12° 30′–27° 20′ ö. L.

Der Kongo, der die Regenfluten des Dschungels sammelt, der majestätisch dahinfließende Kongo, der sich jäh über mächtige Wasserfälle in die Tiefe stürzt, der schlammbeladene Kongo, der Kongo, der eilig durch enge Schluchten oder träge durch weite Seen strömt: Das gesamte Spektrum einer tropischen Flußlandschaft spiegelt sich in diesem mächtigen, roten Gewässer wider.

Der Kongo im Herzen des afrikanischen Kontinents wird heute vielfach auch Zaire genannt, was soviel wie „großer Fluß" bedeutet. Tatsächlich ist dieser 4375 km lange Strom einer der Riesen unter den fließenden Gewässern der Erde. Der Wasserführung nach ist er der zweitgrößte Fluß der Welt, der Länge nach jedoch nur der elftgrößte. Seine mittlere Abflußmenge beträgt bei Kinshasa rund 40 000 m³/s. Diese gewaltigen Wassermassen stammen aus einem Einzugsgebiet von 3 690 000 km², was ungefähr der vierzehnfachen Fläche der Bundesrepublik Deutschland entspricht. Es wird durch die Staatsgrenze zwischen der Volksrepublik Kongo und Zaire in zwei ungleiche Hälften zerschnitten, wobei der größere Anteil auf den zuletzt genannten Staat entfällt. Für beide Länder aber ist der Fluß mit seinen rotbraunen Wassern und den traditionellen Booten der Eingeborenen ein wesentliches Element des Landschaftsbildes. An seinen Ufern liegen auch die wichtigsten Siedlungs- und Wirtschaftsräume dieses Gebietes. Seit der Zeit der großen Entdeckungs- und Forschungsreisen und der Kolonisierung Afrikas durch die Europäer bildet der Kongo trotz seiner zahlreichen Stromschnellen eine der wichtigsten Leitlinien ins Innere des unbekannten und unwegsamen Kontinents.

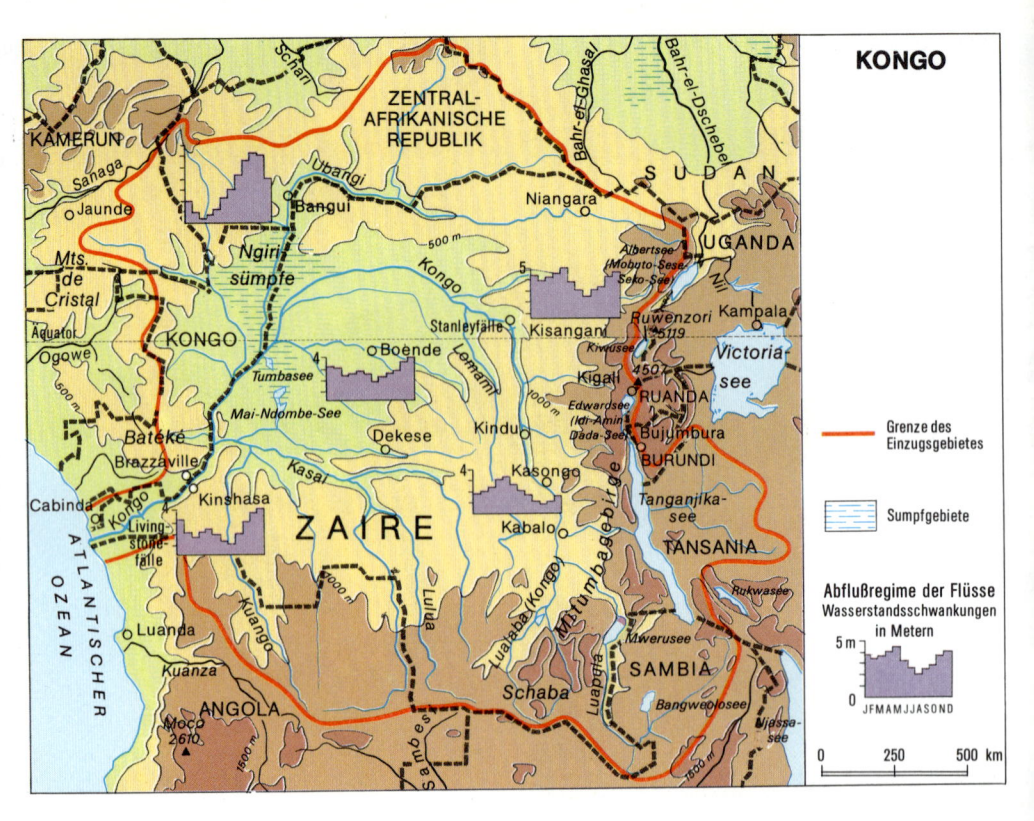

Die ersten Europäer, die 1482 die Mündung des Kongos entdeckten und erkundeten, waren Portugiesen. Sie suchten eine Passage zwischen dem Atlantik und dem Indischen Ozean und waren zunächst überzeugt, eine Durchfahrt entdeckt zu haben. Um die erste Erforschung des Kongolaufes, insbesondere seiner allgemeinen Fließrichtung, hat sich in den Jahren 1876 bis 1877 jedoch der britische Afrikareisende Sir Henry Morton Stanley besonders verdient gemacht. Er stieß von Boma, einer etwa 100 km von der Kongomündung entfernt liegenden Stadt, nach Nyangwe am Oberlauf des Flusses vor.

In seinem Mittellauf durchströmt der Kongo ein ausgedehntes Flachland. Es ist das Äquatorial- oder Kongobecken, mit dessen Entstehungsgeschichte der Werdegang des Flusses eng verknüpft ist. Es gilt heute als sicher, daß das Äquatorialbecken eine alte Mulde ist, deren Entwässerung zum Atlantik seit der zweiten Hälfte des Tertiärs durch Krustenbewegungen, insbesondere durch Hebung ihrer Randhöhen, wiederholt abgeschnitten wurde. Die Wasserläufe dieses Binnenbeckens lagerten in ihrem Mündungsgebiet, der tiefsten Stelle der Mulde, mehr als 1500 m mächtige Sedimentschichten ab. Erst im nachfolgenden Quartär entstand die heutige Verbindung zum Meer. Das Kongobecken wurde durch einen Küstenfluß angezapft. Durch rückschreitende Erosion hatte sich dessen Quellgebiet immer weiter in die westliche Randschwelle des Binnenbeckens vorgeschoben und sie schließlich durchschnitten.

Der Kongo entspringt auf dem Hochplateau des südlichen Katangas (ca. 1420 m ü. M.), und zwar unter dem Namen Lualaba, den er bis zur Stadt Kisangani (Stanleyville) trägt. Dort ist er bereits ein majestätischer Strom, denn die Abflüsse von Tanganjika- und Mwerusee führen ihm gewaltige Wassermassen zu. Mit einer Wasserführung bis zu 10 000 m³/s fließt er zwischen terrassenförmigen Ufern durch ausgedehnte tropische Urwaldgebiete dahin. Sein Längsprofil ist sehr unausgeglichen, so daß schiffbare Abschnitte mit geringem Gefälle von gefährlichen Stromschnellen und Wasserfällen unterbrochen werden. Die bekanntesten sind die Stanleyfälle oberhalb von Kisangani.

In seinem Mittellauf, nach Eintritt in das Äquatorialbecken, schlägt der Kongo eine südost-nordwestliche Richtung ein und fließt träge in der Mitte des ausgedehnten Flachlandes, wo er die größten seiner Nebenflüsse aufnimmt: die Lomami, den Ubangi und den Kasai. Dieser Abschnitt des Kongos entspricht der unter Europäern weit verbreiteten Vorstellung vom afrikanischen Strom: ein trüber, von Krokodilen wimmelnder Wasserlauf, der sich in ein weit verzweigtes Netz von Seitenarmen aufspaltet, die von Millionen kreischender Wasservögel bevölkert werden. Besonders ausgeprägt ist diese tropische Flußlandschaft im Mündungsbereich des Ubangis, wo sich die schier endlosen Gebiete der Ngirisümpfe erstrecken. Der Kongo wird an dieser Stelle mehr als 10 km breit.

Unterhalb von Bolobo verläßt der Strom das Kongobecken und schneidet sich bis zu 400 m tief in das von tertiären Sanden bedeckte Batéképlateau ein.

Sein steilwandiges Tal wird an dieser Stelle als Korridor bezeichnet; Wassertiefen von 50 m bei sehr hohen Fließgeschwindigkeiten sind nach Einmünden des Kasais keine Seltenheit. Erst im weiten Becken des Stanley Pool läßt die Strömung wieder nach. Dieser See stellt eine letzte Etappe vor dem gewaltigen Hindernis dar,

Kongo *Der gewaltige Strom im Herzen Afrikas gehört zu den bedeutendsten natürlichen Wasserstraßen der Erde. Zahlreiche Stromschnellen und Wasserfälle versperren der Schiffahrt jedoch den Weg zum Meer.*

das der Strom am Ende seines Laufes überwinden muß, um zum Meer zu gelangen: die Sandsteinbarriere der Niederguineaschwelle. Das Durchbruchstal bildet eine 40 bis 90 m tiefe Schlucht, die stellenweise nur 400 m breit ist. Bis Matadi, wo der Kongo sein Mündungsgebiet erreicht, zählt man 32 Katarakte, die als Livingstonefälle berühmt geworden sind. Die Strömung des Flusses ist so stark, daß er im Atlantischen Ozean einen 230 km langen untermeerischen Canyon erodiert hat, dessen mittleres Gefälle 1‰ beträgt. Der obere Teil des Canyons dringt 44 km weit in den Mündungstrichter des Kongos ein. Die rotbraune Farbe des Flußwassers ist noch in mehr als 200 km Entfernung von der Küste sichtbar.

Die gewaltige untermeerische Erosionskraft des sinkstoffarmen Kongos läßt sich mit seiner ganzjährig ausgeglichenen, sehr hohen Wasserführung erklären. Sie geht auf die riesenhaften Ausmaße seines Einzugsgebietes und dessen Lage in einer Klimazone zurück, in der die jährlichen Niederschlagsmengen überall über 1200 mm, meist sogar noch erheblich höher liegen.

Das Äquatorialbecken selbst empfängt dabei ganzjährig ausreichende Regenfälle, die einen sehr ausgeglichenen Mindestwasserstand im Mittel- und Unterlauf des Flusses garantieren. Wasserstandsschwankungen ergeben sich jedoch dadurch, daß die Nebenflüsse größtenteils aus Gebieten kommen, in denen Regenzeiten und trockenere Jahreszeiten einander regelmäßig abwechseln. Dieser Wechsel hängt vom Stand der Sonne ab. Bei hohem Sonnenstand, d.h. im Sommer, beginnt die Regenzeit, im Winter setzt entsprechend die Trockenzeit ein. Weil der Kongo jedoch sowohl Nebenflüsse besitzt, die auf der Südhalbkugel entspringen, als auch solche, die ihm von der Nordhalbkugel zuströmen, gleichen sich deren Hochwasser gegenseitig weitgehend aus. Der Regenzeit nördlich des Äquators entspricht nämlich eine Trockenperiode auf der Südhalbkugel und umgekehrt. Daß bei Kinshasa dennoch geringe jahreszeitliche Wasserstandsschwankungen des Kongos gemessen werden, läßt sich durch einen Blick auf die Karte leicht erklären: Der größere Teil seines Einzugsgebietes liegt nämlich südlich des Äquators. Die Hochstände des Flusses werden deshalb im Dezember, d.h. während der Regenzeit auf der Südhalbkugel, registriert.

Aufgrund seiner ausgeglichenen Wasserführung ist der Strom das ganze Jahr über schiffbar. Zusammen mit seinen Nebenflüssen gehört der Kongo zu den besten natürlichen Schiffahrtsnetzen der Welt. 12280 km können von Kähnen mit 40 t Tragfähigkeit befahren werden, darunter 2667 km von Flußkähnen mit 800 bis 1200 t. Der Nachteil liegt jedoch darin, daß es sich bis auf einen seewärtigen Flußabschnitt von 140 km Länge leider nur um eine Binnenwasserstraße handelt. Die Livingstonefälle stellen für die Schiffahrt ein unüberwindliches Hindernis dar. Umgekehrt sind die zahlreichen Stromschnellen des Kongos eine gewaltige Energiequelle, die man bereits an mehreren Stellen nutzt. Das Staudammprojekt von Inga ist z.B. für eine Kraftwerksleistung von jährlich 200 Milliarden kWh vorgesehen.

Königssee

Europa, Bundesrepublik Deutschland
47° 33′ n. Br., 12° 59′ ö. L.

Dieser von hohen, steilen Bergwänden eingefaßte See zieht Jahr für Jahr unzählige Touristen, Fotografen, Maler und Schriftsteller an.

Der Königssee ist einer der schönsten Alpenseen. Er liegt im Südostzipfel Bayerns, nicht weit von Berchtesgaden entfernt. Tief ist er in das Gebirge eingeschnitten und wirkt wie ein Fjord. Er ist von mächtigen, über 2000 m hohen Kalksteinwänden umgeben, die in sein smaragdgrünes Wasser tauchen.

Wenn der See auch fast so tief ist wie die großen Alpenseen, so kann er sich, was seine Fläche angeht, doch nicht mit diesen vergleichen. Bei einer Länge von 8 km beträgt seine Oberfläche nur 5 km².

An sein südliches Ende schließt sich der Obersee an. Man kann ihn als Anhängsel des Königssees betrachten. Er liegt am Fuß der Teufelshörner, von denen ein 400 m hoher Wasserfall hinabstürzt. Angelehnt ans linke Seeufer, verlängert ein kleines bewaldetes Delta den Schwemmkegel des Eisbachs. An seiner Spitze liegt die be-

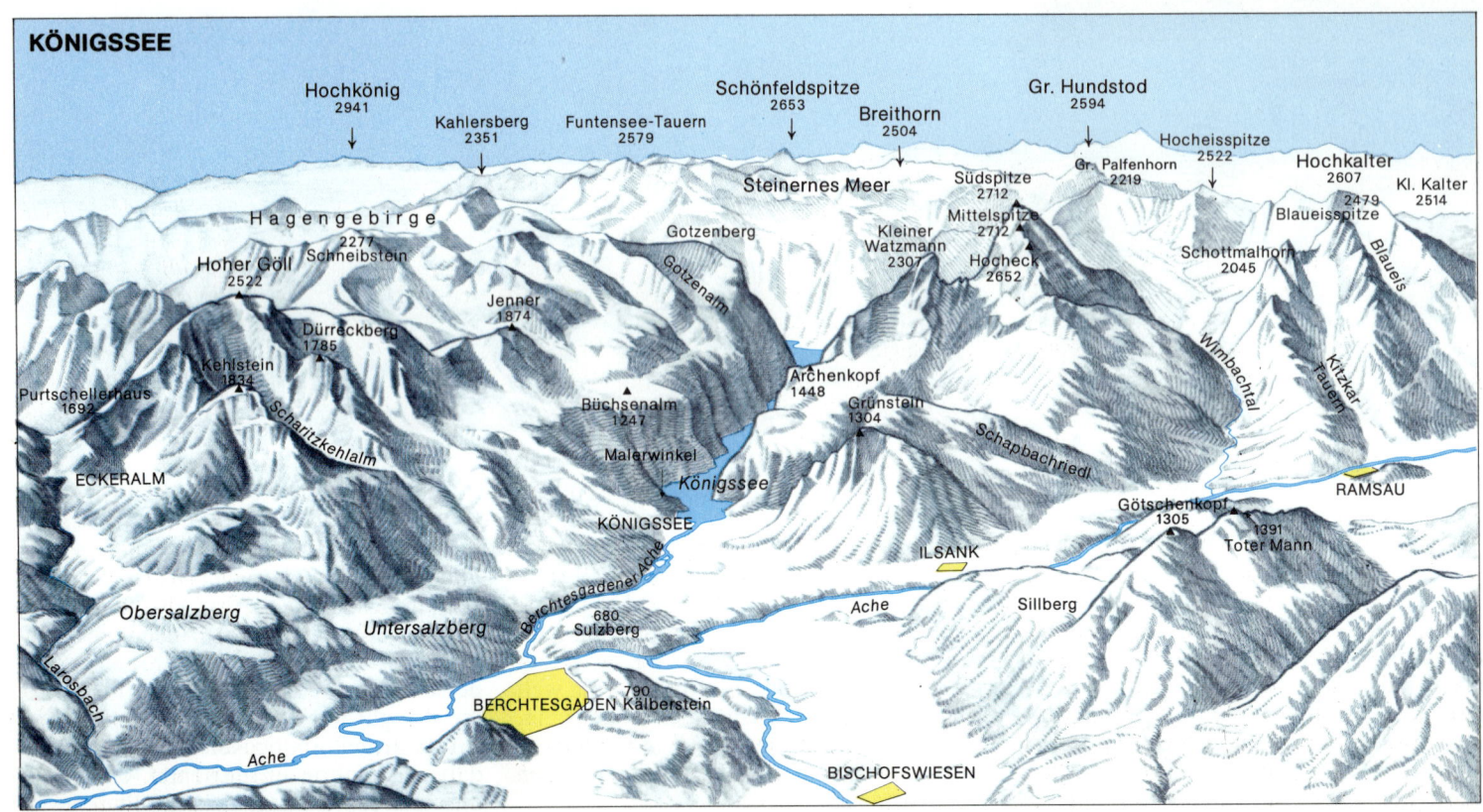

Königssee Mitten in den Kalkalpen, die von Gletschern geformt wurden, spiegeln sich im klaren Wasser des Sees die steilen, bewachsenen Felswände, die grünen Wälder und die schneebedeckten Höhen der Salzburger Alpen. Die Berge rund um den See erzeugen ein Echo, das siebenmal widerhallt.

rühmte Kapelle Sankt Bartholomä. Hier droht dem Königssee Gefahr. Durch das von der Ostwand des Watzmanns herabbröckelnde Gestein wächst die Halbinsel immer weiter nach Osten.

Das Landschaftsbild wirkt nicht zuletzt deshalb so eindrucksvoll, weil sich diese Hochgebirgslandschaft unmittelbar an das niedrige Vorland um das Becken von Berchtesgaden anschließt.

Einer der bekannten Berge hier ist der Untersberg. Hier soll der Legende nach Kaiser Karl der Große ruhen. Vom Rand dieses Berges hat man eine herrliche Aussicht: Im Hintergrund fällt der Blick auf das Kalksteinmassiv des Steinernen Meers, über das die Schönfeldspitze emporragt. Im östlichen Teil des Vordergrunds erhebt sich das Hagengebirge, davor im Norden die zerfurchte Pyramide des Hohen Gölls.

Über dem Hochplateau des Obersalzbergs beherrscht sie das Becken von Berchtesgaden. Westlich des Königssees kann man die durch die Erosion abgestumpfte Kuppel des Hochkalters erkennen. Auf seinem Nordhang liegt der nördlichste Gletscher der Alpen. Ein mächtiges Kalksteinmassiv ist der Watzmann mit einer Höhe von 2713 m. Mit seiner über 2000 m langen Ostwand, die fast senkrecht in die Tiefe stürzt, überragt er den Königssee. Im Norden liegt vor dem Watzmann und über dem Becken von Berchtesgaden das Hochplateau des Grünsteins, in dessen Westhang ein Kar eingelassen ist. Es liegt in der Verlängerung des Beckens von Ramsau. In der Eiszeit war es ein randliches Sammelbecken der Eisströme.

Man kann entweder mit dem Schiff um den See fahren oder zu Fuß auf den gut beschilderten Wegen um den See gehen. Einer führt zu einer Malerwinkel genannten Stelle. Von dort hat man einen herrlichen Blick auf den ganzen See. Der bekannteste Ausflug geht zum Kehlstein. Man erreicht ihn über eine Straße, die schwindelerregend über die Schlucht der Scharitzkehlalm führt.

Kotor, Bucht von

Europa, Jugoslawien
42° 25' n. Br., 18° 25' ö. L.

Fjordartig schneidet sich die Bucht von Kotor in die Küste des Adriatischen Meeres ein. Ihr Wasser ist dunkel und meist glatt, so daß sich das Ufer und die Berge in der Oberfläche spiegeln.

Die Bucht von Kotor oder Boka Kotorska ist einer der landschaftlichen Höhepunkte Montenegros. Fjordartig greift sie fast 30 km tief ins Gebirge hinein und bedeckt eine Fläche von 90 km².

Die Bucht ist in vier Becken unterteilt, die miteinander in Verbindung stehen. Hohe Berge umschließen die Boka. An etlichen Stellen steigen sie fast senkrecht auf, so die imposanten Steilwände des Lovćens. Mit einer Höhe von mehr als 1700 m beherrschen sie die Bucht.

Wenn man in die Bucht einfährt, umrundet man zuerst das Kap Oštro. Und schon breitet sich vor den Blicken die Toplabucht von Hercegnovi aus. Durch den Kanal von Kumbor gelangt man in die

Kotor, Bucht von

Kotor *Ins Bergland von Montenegro greift in langen Windungen die wohl eindrucksvollste Bucht des Mittelmeers. Ihre Ufer sind von Orangenbäumen, Oleandern, Opuntien, Zypressen, Pinien und Ölbäumen gesäumt.*

weite Tivatbucht. Viele Touristen besuchen die schönen Strände von Tivat und der vorgelagerten Inseln. Die Meerenge von Verije ermöglicht den Zugang zu der Bucht von Risan. Das Städtchen selbst ist sicher die älteste Siedlung in diesem Gebiet. Als Heilbad besaß es schon in der Antike Bedeutung. Wendet man sich dann nach Südosten, erreicht man die eigentliche Bucht von Kotor.

Gegen Ende des Tertiärs waren die Kalksteinhochflächen von einem oberirdischen Gewässernetz durchzogen. Im Pliozän schnitt es sich immer tiefer ein. Dabei wurden gelegentlich die Gebirgskämme quer zum Streichen zertrennt. Nach der Eiszeit überflutete das Meer die Täler und Schluchten. Übriggeblieben sind einige kleine Inseln. Auf ihnen wurden Klöster errichtet, so etwa Sveti Marko bei Tivat.

Die dalmatinische Küste

Entlang der dalmatinischen Küste hat sich ein ganz besonderer Küstentyp entwickelt. Seine Umrisse hängen eng mit der geologischen Struktur zusammen. Das Meer hat hier die niedrigen Teile einer Gebirgskette mit parallel verlaufenden Falten überflutet. An der jugoslawischen Adriaküste, in Dalmatien, kann man dies besonders gut beobachten: Lange, parallel zum Festland verlaufende Inseln entsprechen den Sätteln aus Kalkstein und die langgezogenen Meeresstraßen zwischen den Inseln und dem Festland den Mulden aus weichen Mergeln. Nach der letzten Eiszeit hat das Meer nur ein Faltengebirge vom Typ des Schweizer Jura überflutet, das örtlich durch die Verkarstung verändert worden war. Einige Buchten waren nämlich vor der Überflutung Poljen. Das Eindringen des Meeres in die Tiefenlinien dieses Faltenreliefs ist sicher zum Teil auf tektonische Bewegung zurückzuführen.

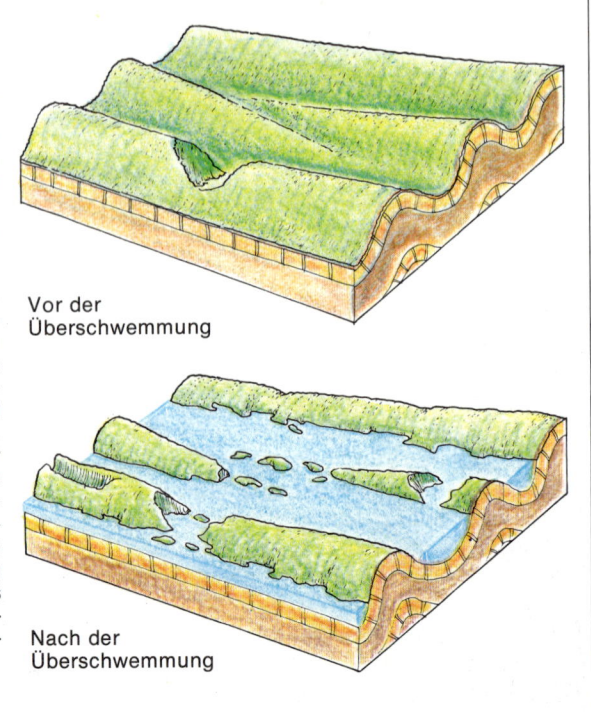

Vor der Überschwemmung

Nach der Überschwemmung

In dem Kalkgestein haben sich mehrere Grotten gebildet. Bekannt ist die Grotte von Sopot in der Nähe von Risan. Wo der Kalk auf die undurchlässigen Flyschschichten trifft, treten Quellen aus, die zum Teil salzhaltig sind.

Vom landschaftlichen Gesichtspunkt aus gesehen, ist dies eine ungeheuer kontrastreiche Gegend. Kahle Kalksteinkämme stehen einer subtropischen Vegetation mit Kakteen, Palmen, Oleandern in der Uferzone gegenüber. Auch der klimatische Unterschied zwischen dem milden Mittelmeerklima an der Küste und der kalten Gebirgsregion, von der die Bora, ein Fallwind, herabbläst, ist sehr groß. Hoch sind auch die Niederschlagsmengen des Hinterlands, während im Bereich der Bucht selbst wenig Regen fällt.

Seit 1918 gehört die Bucht von Kotor zum neuen Staat Jugoslawien. Sie ist ein hervorragender Naturhafen und hat durch ihre Lage strategische Bedeutung. Neben Fischfang und Ackerbau in kleinerem Umfang wird Bauxit gefördert, ein Rohstoff, aus dem man Aluminium herstellt. Auch Seifen-, Öl- und Textilindustrien haben sich hier behauptet.

Krakatau

Asien, Indonesien
6° 07′ s. Br., 105° 24′ ö. L.

Als der Vulkan im Jahr 1883 mit unerwarteter Heftigkeit ausbrach, konnte man den Knall der Explosion noch 2000 km von der Insel entfernt hören. Feinste Ascheteilchen wurden in die Atmosphäre geschleudert und durch Westwinde um die Erde getragen. Zwei Jahre lang riefen sie in der Dämmerung Leuchterscheinungen hervor, die man fast überall auf der Erde beobachten konnte.

Der Krakatau ist einer der berühmtesten Vulkane der Erde. Nach seinem großen Ausbruch im 19. Jahrhundert blieben von ihm nur noch ein paar vulkanische Inseln übrig. Sie liegen zwischen Sumatra und Java in der Sundastraße.

Krakatau *Schwefelhaltige Dämpfe im Vordergrund und ein rauchender Feuerberg mitten im Meer erinnern noch heute an eine der schwersten vulkanischen Explosionen, die sich seit Menschengedenken ereignet haben.*

In prähistorischer Zeit war der Krakatau ein einziger großer, über 2000 m hoher Vulkan. Er wurde wahrscheinlich durch einen Ausbruch zerstört, der so gewaltig war wie der von 1883. Von diesem uralten Vulkan blieben lediglich einige Inseln übrig: Lang, Verlaten und noch eine Insel, die von den vulkanischen Massen eines späteren Ausbruchs begraben wurde. Diese Inseln sind mit gelben oder rosafarbenen Schmelztuffen bedeckt.

Nach einer längeren Ruhepause drang wieder Magma an die Erdoberfläche. Es baute einen 800 bis 900 m hohen Vulkankegel auf, den sogenannten Piek von Rakata. In seiner unmittelbaren Nähe entstanden noch zwei vulkanische Inseln, der Danan mit etwa 400 m Höhe und der Perbuatan. Da weiterhin Magma aus den Spalten drang, verschmolzen die Inseln allmählich miteinander und bildeten zusammen mit den Inseln aus prähistorischer Zeit eine einzige Insel von rund 9 km Länge, nämlich die uns bekannte Insel Krakatau. Im Jahr 1680 ereignete sich hier ein weiterer Vulkanausbruch.

Im August 1883, als die Insel topographisch aufgenommen wurde, hatte sie eine

Die Entstehung der Vulkane

Sobald sich durch tektonische Vorgänge eine genügend tiefe und breite Spalte in der Erdkruste öffnet, kann glutflüssiges Magma bis an die Erdoberfläche aufsteigen. Magma ist eine Gesteinsschmelze, die aus dem Erdmantel oder – seltener – aus der Erdkruste stammt. Die Gesteinsschmelze enthält auch Gase und feste Kristalle. Sie erreicht eine Temperatur von 800 bis 1200 °C. Beim Kontakt mit der freien Atmosphäre wird sehr viel Energie frei.

Durch den Austritt des Magmas an der Erdoberfläche entstehen Vulkane. Einen Vulkan stellt man sich oft als einen Krater vor, der auf der Spitze eines Berges liegt und Rauchfahnen ausstößt. Nun gibt es aber sehr flache Vulkane oder solche, die gar keinen Krater besitzen. Außerdem ist der Rauch nur unter besonderen meteorologischen Bedingungen sichtbar.

Vulkane sind ganz einfach die Austrittsstellen von Magma. Sie bilden sich entlang von Bruchstellen in der Erdkruste und können nur in den Zonen existieren, in denen die Kruste Zerrungskräften ausgesetzt ist, d. h. an den Rändern tektonischer Schollen. Man findet sie an den Nahtstellen zwischen den sich voneinander wegbewegenden („driftenden") Großschollen (ozeanische Rücken, Island, Ostafrikanischer Graben), in „Vorländern" solcher Gebiete, in denen zwei Schollen aufeinanderstoßen, und entlang der großen Inselbögen und der Faltengebirge unseres Planeten.

Ein ganz anderer Vulkantyp liegt im Inneren der Krustenschollen; er kann kontinentaler Art sein wie im Tibesti oder ozeanisch wie in Hawaii oder auf der Insel Réunion. Diese Vulkane liegen in Schwächezonen innerhalb der Schollen.

Als Vulkanausbrüche oder Eruptionen bezeichnet man Austritte von Lava oder vulkanischen Lockermassen aus vulkanischen Förderkanälen (Schloten oder Kratern). Sie können aber auch aus einer Spalte heraus erfolgen (Spalteneruption). Ist die geförderte Schmelze dünnflüssig, so entstehen ausgedehnte Deckenergüsse. Vulkanausbrüche können sowohl eine Dauererscheinung sein als auch phasenhaft auftreten.

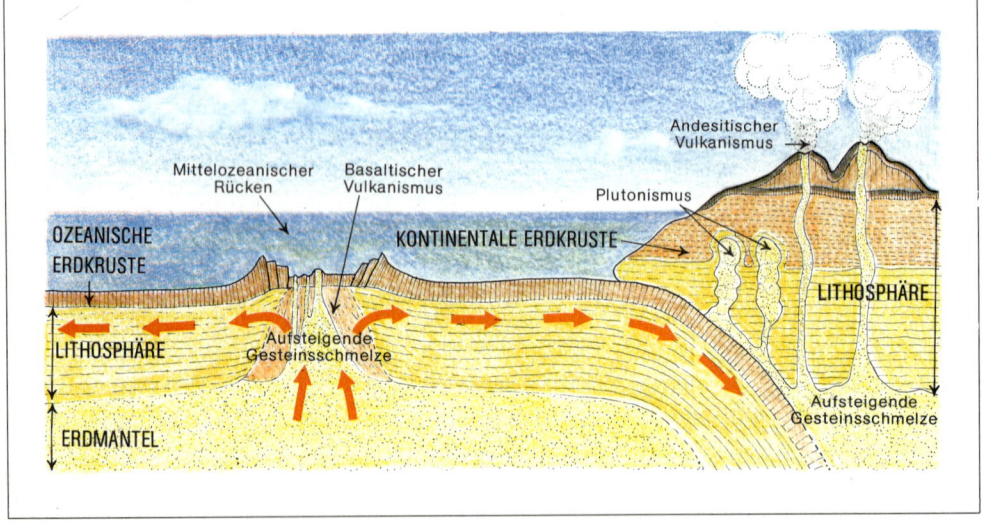

Fläche von 35 km². Sie besaß vier Krater und zahlreiche Fumarolen. Der Danan, vermutlich ein Doppelvulkan, ragte 450 m über den Meeresspiegel empor. Der Perbuatan hingegen war nur 100 bis 120 m hoch.

Nach einer Ruhepause von mehr als 200 Jahren begann dann im Mai 1883 der Vulkan Perbuatan Aschen- und Gaswolken, mit Wasserdampf vermischt, auszustoßen. Sie stiegen bis in eine Höhe von 11000 m empor. Das Krachen der Explosionen konnte man noch in einem Umkreis von 200 km hören.

Im Juni war der Danan an der Reihe. Aber erst einige Wochen später erreichte der Ausbruch seinen Höhepunkt. Am 26. August wurden die Explosionen immer heftiger. Am folgenden Tag um 5 Uhr früh beobachtete man an der Küste Flutwellen, die auf submarine Einstürze des Krakataus zurückzuführen waren. Um 10 Uhr fand dann eine Explosion von noch nie dagewesener Stärke statt. Eine hohe, schwarze Rauchsäule stieg 30 bis 80 km hoch in die Luft. Feinste Aschenteilchen wurden durch den Wind innerhalb kurzer Zeit um die Erde getragen.

Gröbere Aschen gingen auf einer Fläche von über 800000 km² nieder. Mächtige Schlackenschichten trieben auf dem Meer umher.

Eine halbe Stunde nach der Explosion verheerte eine ungeheure, 20 bis 30 m hohe Flutwelle die Küsten von Java und Sumatra. Über 36000 Menschen kamen bei dieser Katastrophe ums Leben, die auf den Zusammensturz der Krakatauinsel folgte. Der Perbuatan, der Danan und ungefähr die Hälfte des Rakatas waren von der Erdoberfläche verschwunden. Sie hinterließen eine submarine Caldera.

Am gleichen Tag, kurz vor 11 Uhr, ereignete sich eine weitere, fast ebenso starke Explosion, doch erzeugte sie keine Flutwelle. Am Nachmittag folgten noch kleinere Ausbrüche, weitere im September und Oktober und schließlich noch einer am 20. Februar 1884, aber sie wurden immer schwächer.

An den Begleiterscheinungen kann man das Ausmaß der Katastrophe ermessen. Die Explosion vom 27. August konnte man noch in Australien, das heißt in einer Entfernung von 2000 km, wahrnehmen. Überall auf der Erde waren ungefähr zwei Jahre lang die Sonnenauf- und -untergänge von außerordentlicher Schönheit. Manchmal hatte die Sonne sogar einen rotbraunen Hof. Die vom Krakatau emporgeworfenen vulkanischen Staub- und Aschenteilchen bildeten einen Schirm in der hohen Atmosphäre. Einige Wissenschaftler vertreten die Meinung, daß deshalb die Temperatur auf der Erde um 0,5 °C in den folgenden Jahren sank.

Im Dezember 1927 berichtete die Zeitschrift „Netherlands' East Indian Volcanological Survey" in Bandung (Westjava): „Nach einer Pause von 24 Jahren ist der berühmte Vulkan Krakatau, der die furchtbare Katastrophe von 1883 verursacht hatte, wieder aktiv. Die Fischer berichteten, daß Rauchsäulen und weißglühende Bomben an einer Stelle aus dem Meer aufstiegen, die zwischen den drei Inseln lag."

Geologen, die mit dem Forschungsschiff „Wega" die Ausbruchsstelle in Augenschein nahmen, brachten diese Beschreibung einer klassischen submarinen Eruption mit: „Eine kuppelförmige Wassersäule erhob sich aus dem Meer. Plötzlich schälte sich eine schwarze, glühende Masse heraus, die aus Bomben und Aschen bestand. Sobald sie das Wasser berührten, begann das Meer zu kochen, und dicke Dampfwolken wuchsen rasch am Fuß der Aschensäulen in die Höhe. Als sie ihre höchste Höhe erreicht hatten, fielen die Aschen und Bomben ins Meer zurück und ließen wie Raketen eine Spur von Dampf und Gas hinter sich."

Ein Inselchen, Anak Krakatau genannt, entstand allmählich. Bald ragte es über die Oberfläche des Wassers hinaus, bald wurde es von Wellen und Explosionen zerstört.

Am 12. August 1930 tauchte die Insel Anak Krakatau IV auf. Sie existiert immer noch und fördert laufend Schlacken und Aschen zutage. Heute ist sie 132 m, der Rakata dagegen 813 m hoch.

Krim, Halbinsel

Europa, UdSSR
44° 25′–46° 10′ n. Br., 32° 26′–36° 40′ ö. L.

Zunächst überwindet man die schmale Landzunge, durch die die Halbinsel Krim fest mit dem Kontinent verbunden ist, dann folgt die Steppe, und schließlich quert man ein Gebirge, das sich hoch über die Fluten des Meeres erhebt: So viele Hindernisse trennen den Reisenden von dem Paradies am Schwarzen Meer, wo Südfrüchte und Olivenbäume gedeihen und die kalten Winde der russischen Steppe keinen Einlaß finden.

Die Halbinsel Krim im Süden der Sowjetunion besitzt eine Fläche von rund 27000 km². Sie ist durch die schmale Landzunge von Perekop im Norden mit dem Festland verbunden und gehört zur Ukrainischen SSR. Vier Fünftel ihrer Fläche, nördlich der Linie Sewastopol–Bachtschissarai–Simferopol–Belogorsk–Feodossija, sind extrem flache Steppengebiete, während der Süden dagegen gebirgig ist. Hier erstreckt sich parallel zur Südostküste der Halbinsel das 140 km lange und etwa 40 bis 50 km breite Krimgebirge, dessen höchster Gipfel, der Roman Kosh, das Schwarze Meer um 1545 m überragt. Seinem Alter und seinem Bauplan nach ist es mit den Karpaten und dem Kaukasus eng verwandt. Es ist deutlich asymmetrisch gefaltet und stellt eine große Antiklinale dar, deren Südflanke steil zum Meer hin abfällt, während die Nordflanke allmählich in die nördlich anschließende Steppenregion übergeht. Zur Zeit der alpidischen Gebirgsbildung im Tertiär wurde das Krimgebirge in seine gegenwärtige Höhe gehoben.

Nähert man sich dem Bergland von den Steppen im Norden, so wird der gleichmäßige Anstieg des Gebirges durch zwei Reihen niedriger Schichtstufen unterbrochen, deren Steilhänge nach Süden ausgerichtet sind. Die erste ist rund 370 m hoch und besteht aus tertiären Kalken. Die zweite, höher gelegene Stufe ist in kreidezeitlichen Gesteinen angelegt. Danach erfolgt der Anstieg der aus Jurakalken aufgebauten Gipfelregion, die das Zentrum der Antiklinalen bildet. Karsterscheinungen wie Dolinen, Ponore, Höhlen und Canyons gibt es in diesem Kalksteingebiet in großer Zahl.

Die Schichten des Juras tauchen im Süden fast senkrecht in das Schwarze Meer ab, das in Küstennähe bereits Tiefen von über 2000 m erreicht. Eine Reihe von Flexuren und Verwerfungen sind die Ursache für die Entstehung der von hohen Kalkkliffs geprägten Küstenzone. Ihr außergewöhnlich mildes und trockenes Klima macht sie zu einem beliebten Ferienziel, das schon seit dem Altertum bekannt ist. Der störende Einfluß kalter Nordwinde wird durch das Krimgebirge so stark abgeschwächt, daß an der „Krim-Riviera" sogar eine Vegetation gedeiht, die sich aus immergrünen Arten wie Lorbeer, Zistrose, Erdbeerbaum, Jasmin und Zypressen zusammensetzt und mit derjenigen des Mittelmeerraumes vergleichbar ist. Darüber hinaus gehören Wein und Oliven zu den wichtigsten landwirtschaftlichen Erzeugnissen der Halbinsel Krim.

Beeindruckend ist der scharfe Kontrast zwischen dieser Vielfalt und der kargen Trockenvegetation des Gebirges und der nördlich angrenzenden Steppengebiete. Der schmale, geschützte Küstensaum ist das bedeutendste Fremdenverkehrsgebiet der Sowjetunion. Schon um die Jahrhundertwende entwickelten sich Jalta, Gurzuf und andere kleine Küstendörfer zu weltberühmten Badeorten, die vor der Oktoberrevolution vor allem vom russischen Adel bevorzugt wurden und heute auch zahlreiche Touristen aus westlichen Ländern anlocken.

Halbinsel Krim *Am Fuß der steil aufragenden Gipfel des Krimgebirges liegt als schmaler Küstensaum die Riviera der südlichen Krim, die gegen die eisigen Winde der russischen Steppe durch die Berge abgeschirmt wird. Der Gebirgsschutz gestattet ein dem Mittelmeerraum vergleichbares Klima und eine entsprechende Vegetation mit Zypressen, Lorbeer- und Olivenbäumen sowie Weinanbau.*

L

Laacher See

Europa, Bundesrepublik Deutschland
50° 25' n. Br., 7° 16' ö. L.

Mitten in den Wäldern der Eifel liegt die mittelalterliche Kirche einer alten Abtei. Auf Schritt und Tritt findet man hier die Spuren alter Vulkane: ein Landschaftsbild, in dem sich Kunst und Natur harmonisch miteinander verbinden.

Auf der Hochfläche der Eifel, keine 15 km von Andernach entfernt, liegt der Laacher See. Er ist ein vulkanischer Explosionstrichter, der sich später mit Wasser gefüllt hat. Diesbezüglich ähnelt er den anderen Maaren vulkanischer Entstehung in dieser Gegend, von denen er sich jedoch durch seine Größe und seine besonders schöne Umgebung unterscheidet.

Mit einer Fläche von 3,3 km² ist der Laacher See das größte Maar am Ostrand der Hocheifel. Er hat einen ovalen, in der Mitte leicht verengten Umriß und wird von einem bewaldeten, wallähnlichen Bergrücken umgeben, der durchschnittlich etwa 125 m über die Wasserfläche aufragt. Diese Umrahmung wird durch kleinere Basaltkuppen gegliedert, deren höchste Erhebung der Laacher Kopf (445 m) ist. Seine charakteristische Silhouette beherrscht den südwestlichen Teil des Seeufers, und an seinem Fuß liegt die berühmte Benediktinerabtei Maria Laach.

Die Entstehung des Kratersees und der ihn umringenden Vulkankuppen vollzog sich in drei Phasen. Gegen Ende des Pleistozäns kam es in dieser Gegend zunächst zu mehreren vulkanischen Eruptionen, wobei jedoch so gut wie keine Lava gefördert wurde. Vielmehr wurden mehrere zähflüssige Basaltpfropfen aus der Tiefe emporgedrückt, die sehr rasch erkalteten und den Laacher See heute als kuppenförmige Erhebungen überragen. Wenig später erreichten vulkanische Gase die Erdoberfläche. Sie durchschlugen den Felsuntergrund und hinterließen zwei mächtige Explosionskrater. Felsbrocken und aus der Tiefe mitgerissene Lavafetzen wurden als Wall um die Sprengtrichter aufgeschüttet und umhüllen heute die unteren Partien der älteren Basaltkuppen. Zu Beginn des Alluviums schließlich füllten sich die beiden Krater mit Wasser. Ihre Umrisse lassen sich aus der Gestalt des Laacher Sees noch deutlich ablesen, weil die letzten Gasausbrüche erst rund 14000 Jahre zurückliegen und ihre Spuren noch nicht durch die Erosion verwischt worden sind. Der Laacher See, der eine Tiefe von 53 m erreicht, wird hauptsächlich von Grundwasser gespeist und besitzt keinen natürlichen Abfluß. Der in 275 m Höhe gelegene Seespiegel ist jedoch künstlich abgesenkt

Laacher See *Neben dem Totenmaar bei Daun ist der Laacher See der eindruckvollste und mit einer Fläche von 3,3 km² der größte der Kraterseen in der Eifel. Vulkanische Explosionen haben einen riesigen Hohlraum im Boden herausgesprengt, der schließlich das Gebiet zwischen dem Krufter Ofen, dem Thelenberg, dem Laacher Kopf und dem Veitskopf einsacken ließ. Dieses Becken hat sich dann mit Wasser gefüllt.*

worden: Zuerst hat man um 1160 unter Anleitung der Mönche von Maria Laach einen Stollen durch den südlichen Teil des Kraterwalls gegraben und auf diese Weise einen Abfluß geschaffen. 1842 bis 1844 wurde der Seespiegel abermals abgesenkt, weil die stark angewachsene ländliche Bevölkerung dieses Gebietes unter starkem Landmangel litt und man auf diese Weise einige Morgen landwirtschaftlicher Nutzfläche hinzugewinnen wollte.

Die touristische Hauptsehenswürdigkeit der Landschaft um den Laacher See ist jedoch nicht nur geologischer, sondern auch kunsthistorischer Art, denn die berühmte Abteikirche von Maria Laach mit ihrem einzigartigen Vorhof zählt zu den schönsten und bedeutendsten romanischen Bauwerken Deutschlands. Aus Sorge um das malerische Landschaftsbild und die einzigartigen erdgeschichtlichen Zeugnisse wurde der Laacher See zum Naturschutzgebiet erklärt.

Lai-Chau

Asien, Vietnam
22° 02′ n. Br., 103° 10′ ö. L.

Von den zahlreichen Hindernissen, die der Schwarze Fluß bis zu seiner Mündung in den Roten Fluß überwinden muß – dichter Dschungel, Stromschnellen und mächtige Gebirgsbarrieren –, ist der Kalkrücken an der chinesischen Grenze das größte. Hier hat sich der Fluß mit Mühe und Not einen engen und dunklen Weg gebahnt, durch den sich seine Wassermassen hindurchzwängen.

Der Mekong und der Salween, die größten Ströme Indochinas, durchfließen parallel zueinander in südlicher Richtung das Hochplateau der im äußersten Südwesten Chinas liegenden Provinz Yünnan. Eine ähnliche Richtung (nordwest-südöstlich) schlagen auch die beiden wichtigsten Flüsse Nordvietnams, der Rote Fluß (Song He) und der Schwarze Fluß (Song Da), ein. Bei Viet-tri, etwa 50 km nordwestlich von Hanoi, biegt der Schwarze Fluß jedoch unvermittelt nach Norden um und mündet in den Roten Fluß, bevor dieser sein mächtiges Delta im Golf von Tongking ausbreitet.

Die auffällige Fließrichtung des Gewässernetzes von Norden nach Süden bzw. von Nordwesten nach Südosten hängt mit dem geologischen Bauplan des Hochplateaus von Jünnan zusammen. Die Flüsse folgen nämlich den parallel zueinander angeordneten Faltenachsen und Bruchlinien, die während der tertiären Gebirgsbildung in diesem Gebiet entstanden sind. Zum Golf von Tongking flachen sich die Falten ab und tauchen unter eine mächtige Sedimentdecke ab. Erst an dieser Stelle kann der Schwarze Fluß seine Richtung ändern und in den Roten Fluß münden.

Das Tal des Schwarzen Flusses gehört zu den schönsten Landschaften Vietnams. Es besteht aus mehreren tiefen Canyons, deren bekanntester in der Nähe der Ortschaft Lai-Chau liegt. Dort durchbricht der Schwarze Fluß einen aus Kalken aufgebauten Faltensattel, und zwar entlang einer quer zur Streichrichtung der Faltenachse verlaufenden Verwerfung. Auf einer Länge von rund 15 km rücken die 600 bis 800 m hohen, senkrechten Talflanken so nah zusammen, daß es am Grund des schmalen Canyons stockdunkel ist.

Zwei der Hauptnebenflüsse, die in diesem Abschnitt in den Schwarzen Fluß münden, haben sich nicht minder tief eingeschnitten. Sie durchfließen die Schluchten von Nam-meuk und Nam-ma, die in den Canyon des Schwarzen Flusses übergehen. Ein vergleichbares Netz derartig eindrucksvoller Schluchten findet man kaum sonstwo auf der Erde.

Langkofelgruppe

Europa, Italien
46° 30′ n. Br., 11° 45′ ö. L.

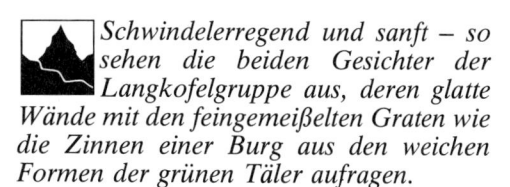

Schwindelerregend und sanft – so sehen die beiden Gesichter der Langkofelgruppe aus, deren glatte Wände mit den feingemeißelten Graten wie die Zinnen einer Burg aus den weichen Formen der grünen Täler aufragen.

Kalkgesteine und der mit ihnen verwandte Dolomit verleihen den Landschaften, die sie aufbauen, häufig einen von schroffen Formen geprägten Charakter. Das trifft auch auf die Dolomiten zu, einen Teil der Ostalpen in Norditalien. Sie werden eingerahmt durch die Täler von Puster, Eisack, Etsch, Brenta und Piave.

Die Dolomiten heißen so nach dem Gestein, aus welchem sie bestehen, dem Dolomit. Dieses wiederum verdankt seinen Namen dem französischen Geologen Déodat de Dolomieu, der es 1789 in Tirol zuerst fand und untersuchte. Er entdeckte, daß das kalkähnliche Gestein, welches diesen Teil der südlichen Kalkalpen beherrscht, im Gegensatz zum Kalk sehr viel Magnesium enthält. Der Dolomit setzt der Erosion besonders großen Widerstand entgegen und bildet deshalb ein charakteristisches Element des Reliefs in den Gebieten, in denen er vorkommt. Die Langkofelgruppe ist ein besonders malerisches Beispiel dafür.

Ob man sich der Langkofelgruppe vom Grödnertal, vom Fassatal oder vom Pordoijoch her nähert – ihre durch zwei Scharten voneinander getrennten Gipfel ragen wie eine gewaltige dreigeteilte Mauer vor dem Reisenden auf. Der höchste Bergklotz erreicht eine Höhe von 3181 m. Allerdings ist es heute leicht, in das Herz des Gebirgsstocks vorzudringen. Durch die bereits erwähnten Hochtäler führen gut ausgebaute Paßstraßen zum Sellajoch (2214 m) hinauf. Dort befindet sich die Talstation einer Seilbahn, mit der man in wenigen Minuten zur berühmten Langkofelscharte gelangt.

Das Landschaftsbild wird bestimmt von dem großartigen Kontrast zwischen den von bizarren Gipfeln gekrönten schwindelerregenden Dolomitwänden und den darunterliegenden sanften grünen Hängen aus weichem Gestein. Das Dolomitgestein zeichnet heute die Umrisse fossiler Korallenriffe nach, welche sich während des Mesozoikums in den Untiefen eines tropischen Meeres bildeten. In den Meeresräumen zwischen den Riffen kam es zur Ablagerung von gut geschichteten Kalksteinen, Mergeln und auch vulkanischen Lavadekken und Tuffen. Diese Sedimente verzahnten sich mit den Riffstöcken. Später, als das Gebiet im Tertiär bei der Entstehung der Alpen emporgehoben wurde, schnitt die Erosion aus dem Gesteinspaket die gewaltigen Korallenklötze heraus, deren Kalke durch chemische Vorgänge in Dolomit umgewandelt wurden. Die im Gipfelbereich abgetragenen weicheren Schichten sind in den heutigen Tälern angeschnitten, während der widerstandsfähige Dolomit das gesamte Gebiet überragt. Die senkrechten Wände dieser ehemaligen Riffe sind mehrere hundert, manchmal sogar mehr als 1000 m hoch. Die gewaltigen Dolomitklötze, Bastionen, Zinnen und Türme scheinen häufig der Bilderwelt eines Erzählers aus der Romantik entsprungen zu sein.

Die Langkofelgruppe ist eine Domäne wagemutiger Bergsteiger. Ihre steilen Dolomitwände sind besonders schroff. Schmale Felssimse heben diejenigen Gesteinsbänke hervor, die ein wenig härter sind als andere. Sie erlauben es einem, sich in der Wand horizontal oder schräg fortzubewegen, indem man sich an diese schmalen Vorsprünge schmiegt. Auf diese Weise gelangt man zu den von Verwitterung und Abtragung in außerordentlicher Formenvielfalt herauspräparierten Gipfeln, zu den massiven Bollwerken, die mit hohen Zinnen oder gezackten Graten, Spitzen und schlanken Felsnadeln versehen sind.

Den Fuß der Berggruppe säumen mächtige Schuttkegel, die durch herabstürzende Felstrümmer ständig vergrößert werden. In größerem Abstand von den Steilwänden sind sie von einer kümmerlichen Grasdecke bewachsen. Weiter unten, in den aus weichem Gestein aufgebauten Zonen, werden die Hänge sanfter; hier ist das grüne Reich ausgedehnter Almen, die zu den steilen Hängen der tief eingeschnittenen Täler hin in dichte Wälder übergehen. Das Grün der Pflanzendecke bildet einen reizvollen Kontrast zu den kahlen Felswänden aus hellgrauem oder gelblichem Dolomit, der manchmal auch, wenn er Eisenoxid enthält, braunrot gefärbt sein kann. Im Winter verhüllt der Schnee die Täler und Almen vollständig mit einem weißen Mantel, läßt aber die schroffen Steilwände frei, wo er nur auf schmalen Felsvorsprüngen liegenbleibt.

Langkofelgruppe *Traum- und Märchenlandschaft im Herzen der Dolomiten: In dem klaren, blauen Wasser des Sees spiegeln sich das Dunkelgrün der Nadelbäume und die schroffen Felsklötze des Bergmassivs.*

Dieses großartige Naturparadies ist das Ziel zahlreicher Urlauber und Wintersportler. Es gehört heute zu den Hauptanziehungspunkten der gesamten Dolomiten. Der Tourismus ist in diesem Gebiet inzwischen zu einem der wichtigsten Erwerbszweige geworden.

La Paz

Amerika, Bolivien
16° 30′ s. Br., 68° 09′ w. L.

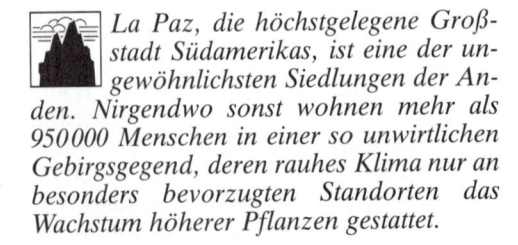

La Paz, die höchstgelegene Großstadt Südamerikas, ist eine der ungewöhnlichsten Siedlungen der Anden. Nirgendwo sonst wohnen mehr als 950 000 Menschen in einer so unwirtlichen Gebirgsgegend, deren rauhes Klima nur an besonders bevorzugten Standorten das Wachstum höherer Pflanzen gestattet.

Wer zum erstenmal nach La Paz fährt, ist erstaunt, daß er von der größten Stadt Boliviens (953 000 E.) zunächst kaum etwas sieht, obwohl er sich nur wenige Kilometer vor ihren Toren befindet. Wenn man jedoch an den steilen, zerfurchten Rand des Altiplanos gelangt, einer fast 4000 m hoch gelegenen Beckenlandschaft in den Anden, so liegt die ganze Stadt, die sich wie ein riesiges Amphitheater im tief eingeschnittenen Tal des Río de la Paz ausbreitet, unvermittelt vor einem. Sicher war es nicht die schöne Aussicht, die den Spanier

M. C. Dias de Medina veranlaßte, hier im Jahr 1548 Nuestra Señora de la Paz zu gründen. Als Kolonialherren dieses Gebietes waren die Spanier bestrebt, für ihre Karawanen, die das am 430 km südöstlich gelegenen Cerro Rico de Potosí abgebaute Silber zum Pazifikhafen von Lima schafften, eine Etappe zu errichten, die vor den kalten Winden und den eisigen Nächten des Altiplanos Schutz bot. La Paz entwickelte sich auch sehr bald zu einem bedeutenden und überaus betriebsamen Verkehrsknotenpunkt.

Der Talkessel von La Paz mit seinem trockenen und zugleich sehr rauhen Gebirgsklima und seinen steilen Hängen, die wegen ihrer sehr schütteren Vegetationsdecke trotz geringer Niederschlagsmengen sehr stark ausgespült werden, ist für die Errichtung einer großen Stadt eigentlich denkbar ungeeignet. Die Altstadt, von der nur noch ein geringer Teil erhalten ist, wurde auf einer Terrasse in einer Höhe von mehr als 3500 m errichtet und findet nur geringen Schutz vor den kalten Winden des Altiplanos. Lediglich die modernen Wohnviertel, die sich auf der Sohle des vom Río de la Paz eingeschnittenen Talkessels befinden, liegen im Windschatten und genießen den Vorzug eines etwas milderen Lokalklimas. Ganz oben an den Talflanken, in den klimatisch ungünstigsten Bereichen, sind die ärmlichen, aus Lehmziegeln (*Adobe*) erbauten Hütten der indianischen Vorstädte an die rauhen Hänge geklebt. Die Straßen winden sich steil hinauf, und jeder Gewitterregen verwandelt sie in reißende Bäche. Im Gegensatz zu den meisten anderen Städten verfügen in La Paz die armseligsten Viertel über den besten Blick.

Im Vordergrund des Beckens fällt der Blick auf zahlreiche Erosionsformen mit bizarren Umrissen und lebhaften Farben. Der Rand des weiten Talkessels wird durch eine Vielzahl von gewundenen, steilwandigen Schluchten zergliedert; ihre senkrechten Flanken sind in Pfeiler und Türme aufgelöst, die zum Teil die Reste alter Vulkanschlote sind. Über dem Ostrand des Beckens von La Paz sind die verschneiten Gipfel der Cordillera Real zu erkennen, die von der Silhouette des 6447 m hohen Illimani beherrscht wird.

Nachdem der Río de la Paz die Stadt durchflossen und die Serranía d'Aranjuez in engen, ockerfarbenen Schluchten durchquert hat, tritt er in die fremdartige Landschaft des Valle de la Luna ein. Im Gegensatz zu den grünen, mit Eukalyptusbäumen bewachsenen Ufern des Flusses ist das Tal des Mondes ein ausgeprägtes *Badland*, zerfurcht von engen, tiefen Schluchten. Eine Unzahl von Erdpyramiden, die von Decksteinen gekrönt sind, beleben diese unwirtliche Landschaft, in der sich die Entstehung des Beckens von La Paz widerspiegelt.

Die Entwicklungsgeschichte der Andenkette begann in der ausgehenden Kreidezeit und setzte sich bis in das Tertiär, ja sogar bis in die geologische Gegenwart fort. Begleitet von heftigen Vulkanausbrüchen und starken Erdstößen wurde das gewaltige Kettengebirge allmählich gefaltet und gehoben. Am Fuß des ersten Gebirgszuges entstand ein wassergefülltes Becken, das im Lauf der Zeit mit Kies, Sand und Ton aufgefüllt wurde, wobei Reste von Säugetieren unter den Sedimentmassen begraben wurden. Vor etwa zwei Millionen Jahren breiteten sich vulkanische Aschenschichten über die Beckenfüllung aus. Bei der weiteren Hebung der Anden begannen die Flüsse, die von den großen Gletschern des Pleistozäns gespeist wurden, mit der Abtragung des jungen Reliefs. Einer von ihnen, ein Nebenfluß des Amazonas, schnitt sich von Osten her durch rückschreitende Erosion immer weiter in die Kordilleren ein, erreichte den Altiplano und räumte das Valle de la Luna und das Becken von La Paz aus, in das die Gletscher der letzten Eiszeit ihre Moränen vorschoben. In jüngerer Zeit, vor weniger als 10000 Jahren, rutschten, vielleicht infolge eines Erdbebens, wassergetränkte Ton-

La Paz *Durch fließendes Wasser wurden im Valle de la Luna, in der Nähe von La Paz, unzählige Erdpyramiden aus den Aschenschichten vulkanischer Eruptionen herausgeschnitten. Sie verleihen der wüstenähnlichen Landschaft ein eigenartiges Gepräge.*

massen vom Altiplano herunter. Das Volumen des größten Schlammstromes wird auf mehr als 2 Milliarden m³ geschätzt. Die meisten Formen, wie z.B. die Erdpyramiden der Valle de la Luna oder die in den Beckenrand von La Paz eingeschnittenen Spülrinnen, sind jedoch noch wesentlich jünger. Sie wurden vermutlich erst in historischer Zeit in die plio- und pleistozänen Lockersedimente und in die Schlammströme eingeschnitten.

Larderello

Europa, Italien
43° 14′ n. Br., 10° 53′ ö. L.

Die heißen Dämpfe, die in Larderello aus der Erde hochschießen, werden wirtschaftlich genutzt: in geothermischen Kraftwerken und zur Gewinnung von Borsäure und Schwefel.

Wer in die Toskana reist und sich die Städte Siena und Volterra ansieht, weiß möglicherweise nicht, daß es hier in unmittelbarer Nähe eine Sehenswürdigkeit besonderer Art gibt: Heiße Dämpfe dringen unter hohem Druck aus der Erde, und zahlreiche kleine Seen mit kochendem Wasser, *lagoni* genannt, sind in die Erdoberfläche eingesenkt.

In der Gegend um Larderello sind die Sedimentschichten aus dem Miozän und Pliozän abgetragen worden, und ältere, härtere Gesteine treten zutage. Sie sind widerstandsfähiger gegenüber der Erosion und von Büschen und Bäumen bestanden. Dieses Gebiet südlich der Cecina in der Provinz Pisa, Colline Metallifere genannt, ist eines der wichtigsten Bergbaugebiete Italiens.

Die mineralhaltigen Dampfquellen von Larderello stehen in engem Zusammenhang mit den reichen Erzlagerstätten und dem Wärmestrom, der aus den Tiefen der Erde kommt. Die Dampffontänen, die eine Höhe von 50 m erreichen, strömen unter hohem Druck (1 bis 5 bar) und mit hoher

Larderello *Schwefelhaltige Dämpfe steigen aus einer Öffnung in der Erdoberfläche. Borax, Borsäure und Ammoniak werden in der Umgebung abgelagert.*

Temperatur (160 bis 190 °C) heraus. Der Wasserdampf enthält sehr viel Kohlensäure, Schwefelwasserstoff und Borsäure. Allerdings kann man die Dämpfe heute nur noch an wenigen Stellen beobachten, weil sie in geothermischen Kraftwerken genutzt werden. Diese erzeugen fast 3 Milliarden kWh Strom im Jahr. Außerdem werden

Larderello *Pfeifend schießt eine Dampffontäne unter hohem Druck aus der Erde. Sie erinnert an ähnliche Erscheinungen auf Island oder im Yellowstone-Nationalpark in Nordamerika.*

hier Borsäure, Borax, Schwefel, Salze und Ammoniak gewonnen.

Umweltschützer träumen von derartigen Kraftquellen, denn hier ist die Landschaft nicht von Rauch geschwärzt, es gibt weder Kohlehalden noch riesige Erdöltanks; auch mußte man keine Täler überfluten, um große Stauseen für die Gewinnung von Elektrizität zu schaffen, doch sind solche Voraussetzungen für die Erzeugung von Energie ein seltener Glücksfall.

Ledenikahöhle

Europa, Bulgarien
43° 12′ n. Br., 23° 32′ ö. L.

Diese tiefe, sich verzweigende Höhle ist nur der äußere Abschnitt eines riesigen Höhlennetzes im Innern eines Gebirgsmassivs, des Balkangebirges (Stara planina), das sich über 600 km vom Timoktal im Westen bis zum Schwarzen Meer im Osten hinzieht.

Im Nordwesten des Balkans liegt eine weite, wild zerklüftete Karstlandschaft. Hier entdeckte man in den vergangenen Jahrzehnten ein kompliziertes Höhlensystem. Die Ledenikahöhle ist ein charakteristischer Abschnitt davon. Sie liegt 16 km südwestlich von Vraca und etwa 100 km nördlich der bulgarischen Hauptstadt Sofia. Man kann sie über eine Steintreppe erreichen, die bis zum Höhleneingang hinaufreicht. Im Innern der Höhle führt der Besichtigungsweg zu vielen mit Tropfsteinen reich geschmückten Sälen. Hier sei vor allem der „Konzertsaal" genannt. Ihm verdankt die Höhle ihre Beliebtheit. Sie gehört nämlich zu den am meisten besuchten Bulgariens. Bis zu 100 000 Touristen kommen jedes Jahr hierher.

Die Temperaturen in der Höhle sind so niedrig, daß die Tropfsteine während der kalten Jahreszeit vom Eis umschlossen werden. Erst im Frühjahr schmilzt der Eismantel ab – anders als etwa in der berühmten Eisriesenwelt südlich von Salzburg, die sich das ganze Jahr in ihrem phantastischen Eisgewand präsentiert.

Das Höhlensystem, zu dem die Ledenika gehört, ist bis heute noch nicht vollständig erforscht und abgegrenzt. Die ersten Untersuchungen gehen bis auf das Ende des letzten Jahrhunderts zurück. 1898 gaben H. und K. Skorpil eine Aufstellung der bekannten Haupthöhlen dieses Kalkmassivs heraus. Später wurde seine Erforschung von den bulgarischen Höhlenforschern, besonders von Zlatarsky, weitergeführt. Doch gelang es bei den Untersuchungen noch nicht, die Verbindung zwischen allen Höhlen dieses Karstmassivs nachzuweisen. Das trifft zum Beispiel für die Draganleschka-Doupka-Höhle zu. Sie ist 165 m tief, und ihr Eingang ist ungefähr 6 km vom Eingang der Ledenikahöhle entfernt. Jedoch hat man zwischen der etwa horizontal

Ledenikahöhle *Im Dunkel der Höhle hat das Wasser herrliche Tropfsteine aus reinem Kalzit und Aragonit entstehen lassen. So wurde Ledenika eines der Naturwunder Bulgariens.*

verlaufenden Ledenikahöhle und einem vertikal darüberliegenden Höhlenschacht eine Verbindung gefunden. Die Ledenikahöhle, von der man annimmt, daß sie ungefähr 240 m tief ist, gilt als die größte Höhle Bulgariens.

Lena

Asien, UdSSR
54°–73° 27′ n. Br., 107° 50′–126° 20′ ö. L.

Plötzlich im Frühsommer bricht der Eispanzer des Flusses unter großem Krachen auf und verursacht verheerende Überschwemmungen.

Die Lena entspringt im Baikalgebirge, nordöstlich von Irkutsk. Zuerst fließt sie nach Südwesten, dann nach Nordosten. Bei Jakutsk macht sie einen großen Bogen, wendet sich nach Nordwesten, dann nach Norden, bis sie sich schließlich in einem großen Delta in die Laptewsee, ein Teilmeer des Nördlichen Eismeers, ergießt. Die Änderung der Stromrichtung läßt sich durch geologische Vorgänge in der Erdkruste und durch die Verschiedenartigkeit des Gesteinsuntergrunds erklären, den der Strom durchquert. Im Süden des Einzugsgebiets trägt die Landschaft gebirgigen Charakter. Hier befinden sich das Baikalgebirge, das Witim- und das Aldanhochland, und auch das Jablonowy- und Stanowoigebirge gehören noch zum Bereich des Einzugsgebiets. Diese Hochländer und Gebirge sind das Ergebnis kräftiger Krustenbewegungen im Jungtertiär, die von Vulkanismus begleitet waren. Es entstanden viele radiale Brüche. In einem von ihnen liegt der Baikalsee. Durch diese tektonischen Bewegungen änderte sich die Laufrichtung der Flüsse entscheidend.

Die Lena floß ursprünglich von Südwesten nach Nordosten um den sibirischen Schild herum, während sich ihre südlichen Zuflüsse (Witim und Oljekma) in das sich hebende Witim- und Aldanhochland einschneiden mußten.

Der westliche Teil des nördlichen Einzugsgebiets ist der älteste. Er besteht aus dem sibirischen Sockel, Anabarschild genannt. Er ist vermutlich ein Rest des Urkontinents Angaria, der als Gegenstück zum Gondwanaland die Tethys im Norden begrenzte.

Das Tafelland ist hier sehr eintönig, und da das Gefälle sehr gering ist, ist das Land auch häufig versumpft. Im Osten endet der Sockel an der Senkungszone entlang der Lena. Diese Senkungszone, die sich zwischen dem 62. und 64. nördlichen Breitengrad in Zentraljakutien zu einem mit jungen Sedimenten gefüllten Becken verbreitert, verläuft von Süden nach Norden. Das bedeutet, daß die Lena von der gemäßigten zur polaren Klimazone fließt.

Das Einzugsgebiet der Lena, die 4270 km lang ist, reicht vom 54. Grad nördlicher Breite bis zum Polarkreis. Im Süden ist das Klima großen Temperaturschwankungen unterworfen. Im Januar beträgt die mittlere Monatstemperatur −30 °C, im Juli steigt sie auf +20,7 °C. Das Klima ist außerdem durch geringe sommerliche Niederschläge gekennzeichnet (200 bis 300 mm). Im Südosten, im Aldanbecken, ist es mild, denn es steht dort bereits unter dem Einfluß des Pazifischen Ozeans und dem des Sommermonsuns. Im mittleren Teil des Beckens herrscht das Klima Zentralsibiriens mit seinen langen, kalten Wintern. Sie dauern oft acht bis neun Monate. Dies ist eine Zeit ruhigen, trockenen Hochdruckwetters. Die Schneedecke besteht nur aus dünnen verfestigten Schichten, die bei Temperaturen von −30 bis −40 °C bis in den Sommer hinein liegenbleiben. In Jakutsk – es liegt auf dem gleichen Breitengrad wie Leningrad – beträgt das Januarmittel −43 °C, das absolute Temperaturminimum sogar −64 °C. Zwischen 180 und 220 Tagen im Jahr ist der Boden gefroren, und sechs Monate lang sind die Flüsse vereist. Der Sommer – er dauert nur zwei bis drei Monate lang – beginnt im Juni mit einem warmen, wolkigen Wetter (Junimittel von Jakutsk +19 °C).

Die Pflanzen blühen mit einem Schlag auf. Die oberen Bodenhorizonte tauen auf und verwandeln sich in knöcheltiefen Morast, aber ab 20 cm Tiefe bleibt der Boden gefroren und ist für das Schmelzwasser undurchlässig. Dieser Dauerfrostboden, dessen Mächtigkeit zwischen 10 und 1000 m schwankt, stammt, wie Funde von „tiefgefrorenen" Mammuts beweisen, zum Teil aus der letzten Eiszeit.

In dieser Klimazone ist der oberflächliche Abfluß ganz eigenartigen Bedingungen unterworfen. Während des kurzen Frühlings zerbirst das Eis auf der Lena, und die Ebene von Jakutsk wird überflutet. Von Ende Mai bis Juni schreitet der Eisbruch langsam von Süden bis zum arktischen Norden hin fort. Dann tritt der Fluß

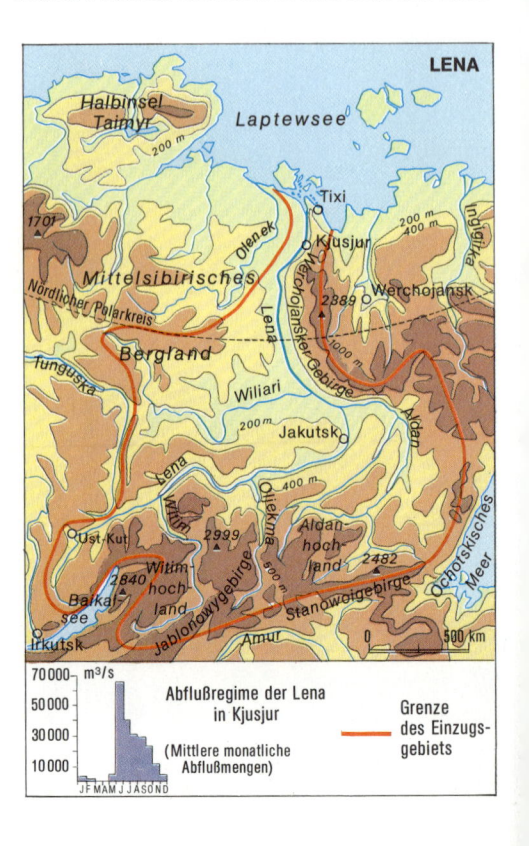

Lena *Unter dem bedeckten Himmel dehnt sich eine melancholische Landschaft aus. Hier hat der Fluß ein sehr geringes Gefälle. In weiten Windungen zieht er sich gemächlich dahin.*

rasch und weithin über die Ufer. Die sommerlichen Regenfälle sind so gering, daß sich die Abflußmengen nicht wesentlich erhöhen. Durch die Schneeschmelze im Gebirge, vor allem im Werchojansker Gebirge, wird der Zeitabschnitt, in dem der Fluß Hochwasser führt, im Sommer verlängert.

Das Flußregime der Lena ist durch große Schwankungen der Abflußmengen gekennzeichnet. Die mittlere jährliche Abflußmenge der Lena beträgt 15 500 m³/s. Der monatlichen Abflußmenge im Juni von 65 430 m³/s stehen nur 1080 m³/s im April gegenüber. Schon in der ersten Septemberwoche setzt der Frost ein, und wenig später erstarrt das Leben von Pflanzen und Tieren im Fluß mit der immer dicker werdenden Eisdecke auf dem Strom.

Die Lena besitzt als Schiffahrtsweg auch heute noch eine beachtliche Bedeutung. Ab Ust-Kut bis zu ihrer Mündung ins Nördliche Eismeer ist sie schiffbar. Das sind insgesamt 3500 km in vorwiegend nordsüdlicher Richtung.

Megagäa So heißt die Großerde der geotektonischen Frühzeit (3000 Millionen Jahre) mit ihrer zusammenhängenden Kontinentalmasse.

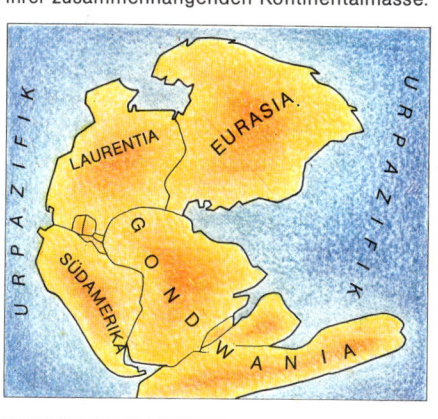

Leviathanhöhle

Afrika, Kenia
2° 40′ s. Br., 37° 55′ ö. L.

Die Leviathanhöhle wäre heute die größte Lavahöhle der Erde, wenn ihr einstmals über 8 km langer Gang nicht durch junge Bewegungen der Erdkruste in mehrere Abschnitte unterteilt worden wäre.

Mitten im Gebiet der Njiriwüste, rund 100 km südöstlich von Nairobi, erhebt sich das Chyulugebirge. Es handelt sich um ein vul-

Leviathanhöhle *Während der Verfestigung eines Lavastromes hat sich in seinem Innern ein riesiger Hohlraum gebildet, der durch spätere Bewegungen der Erdkruste in drei tunnelförmige, gegeneinander verschobene Gangabschnitte unterteilt wurde.*

kanisches Massiv, das entlang einer Verwerfungslinie entstand, die zum nahe gelegenen Ostafrikanischen Grabensystem gehört. Aufgrund jüngerer Bewegungen der Erdkruste, die in diesem Teil Afrikas sehr häufig sind, wird auch das Gebirge selbst von zahlreichen Verwerfungen durchzogen. Zwei dieser tektonischen Störungslinien verlaufen genau durch die Leviathanhöhle. Um diese zu erreichen, muß man der Straße, die von Nairobi nach Mombasa führt, bis nach Kibwezi folgen, dann über eine Wüstenpiste in südwestlicher Richtung bis zu einem weiten Becken fahren, an dessen Rand man den Eingang der Höhle bald entdeckt.

Im April 1976 wurde die Leviathanhöhle von einer Expedition, die von der Cave Exploration Group of East Africa organisiert worden war, untersucht. Dabei wurde die Höhle jedoch noch nicht vollständig vermessen, und die bislang vorliegenden Zahlen werden später sicherlich revidiert werden müssen.

Insgesamt ist die Höhle mindestens 8 km lang. Wenn sie aus einem einzigen Gang bestünde und nicht durch die Verwerfungen in drei Gangabschnitte unterteilt worden wäre, wäre sie die längste Lavahöhle der Erde. Dennoch ist sie ein außergewöhnliches Naturwunder, denn ihr längstes Teilstück überwindet einen Höhenunterschied von 305 m. Dieser Gang bildet die längste vulkanische Höhle des afrikanischen Kontinents und nimmt auch unter den übrigen Lavahöhlen der Erde einen bedeutenden Rang ein. Nach ihrem Höhenunterschied steht sie an zweiter Stelle in der Welt, hinter der Cueva del Viento, einer Lavahöhle auf Teneriffa.

Lofoi

Afrika, Zaire
10° 15′ s. Br., 27° 39′ ö. L.

Dieser Fluß, der zum System des Kongos gehört, ist nur ungefähr 150 km lang. Und dennoch kommt ihm eine gewisse Bedeutung zu, denn kurz vor seiner Mündung stürzt er sich 350 m tief in eine Schlucht. Damit bildet er den höchsten Wasserfall Afrikas.

Im Innern Afrikas nahe dem südöstlichen Rand des Kongobeckens fließt der Lofoi, ein Nebenfluß der Lufira. Diese mündet in den Lualaba, den Oberlauf des Kongos.

Die Lufira entspringt in der Provinz Schaba, dem ehemaligen Katanga. In der Gegend von Lubumbaschi und Likasi überquert sie hohe, von Südosten nach Nordwesten orientierte Schichtkämme. Dann verbreitert sich ihr Tal in den zum Teil sumpfigen Ebenen. Hier strömen die Flüsse in weiten Mäandern dahin und spalten sich in zahllose kleine Seen auf. Dort, wo das Land nicht sumpfig ist, ist es mit lichtem Wald bestanden.

Die Dambosümpfe werden von isolierten Hochplateaus überragt. Eines davon, das Kundelunguplateau, mit seinem von Rinnsalen zerfurchten Steilhang beherrscht die Ebene der Lufira. Die Bäche haben dort tiefe Schluchten gegraben. Wo sie im Unterlauf die Ebene berühren, sind sie verhältnismäßig breit, im Oberlauf werden sie aber so eng, daß sie nicht passiert werden können. Darum nennt die einheimische Bevölkerung sie „das Ende der Welt". Durch diese engen Schluchten stürzen die Bäche des Hochplateaus in hohen Wasserfällen hinab.

Der Untergrund der Provinz Schaba, die wegen ihrer Bergwerke berühmt ist (es wird dort u. a. Kupfer und Zinn abgebaut), besteht aus präkambrischen Gesteinen. Sie bildeten sich vor 650 Millionen Jahren und wurden im Lauf der katangischen Gebirgsbildung kräftig gefaltet. Diese Falten wurden dann eingeebnet und die Einebnungsfläche von jüngeren Schichten überdeckt. Dieses mächtige Schichtpaket rechnete man früher dem Erdaltertum zu. Heute aber wird es als präkambrisch eingestuft. Die Kundelunguschichten selbst sind wieder gefaltet, zerbrochen und anschließend eingeebnet worden.

Das Hochplateau von Kundelungu besteht aus einer unteren Reihe von Tonschiefern, Kalk- und Sandsteinen, die oben

Valle de la Luna Eine eindrucksvolle Anhäufung von Blöcken, die durch die Erosion des Windes geformt wurden. Die beiden Türme im Hintergrund wirken fast wie Skulpturen von Menschen, die eine Last auf dem Kopf tragen.

von mächtigen Sandsteinbänken abgelöst werden. Diese Bänke liegen fast horizontal, so daß das Hochplateau mit etwa 1650 m Höhe sowohl eine Strukturfläche als auch der Rest einer Einebnungsfläche ist.

Am Rand des Hochplateaus stürzt der Lofoi in einem eindrucksvollen Wasserfall 350 m in die Tiefe. Um den Lofoiwasserfall in voller Schönheit zu erleben, muß man ihn in der Regenzeit besuchen, denn in der sechs Monate währenden Trockenzeit schrumpft er zu einem Rinnsal.

Luna, Valle de la

Amerika, Argentinien
29° 40′ s. Br., 68° 05′ w. L.

Tal des Mondes – auf spanisch Valle de la Luna – heißt diese weithin kahle, von großen Felsbrocken übersäte Landschaft. Nur selten verirrt sich ein Tourist in diese lebensfeindliche Gegend, um zu bestaunen, was die Natur hier geschaffen hat.

In der Gegend von Ischigualasto gibt es eine seltsame Landschaft: das Valle de la Luna. Dieses Tal, das eine Fläche von 1750 km² einnimmt, erstreckt sich im Norden der Sierra de Valle Fértil an der Grenze der Puna und der Vorkordillere.

In dem trockenen, von Temperaturschwankungen gekennzeichneten Klima dieser Gegend verwitterte das Gestein zu scharfkantigem Schutt, der sich in großen Halden anhäuft. Eine intensive Abtragung durch den Wind formte dann die ockerfarbenen und roten Blöcke aus vulkanischen Tuffen, aus paläozoischen Sandsteinen, die Tongesteine und die Konglomerate. Unter dem Einfluß des Windes sind hier erstaunliche Formen entstanden, von denen einige wie Vögel, Sphinxe oder Fische aussehen. Durch die hohe Verdunstung ist von den Bächen, die bei den sommerlichen Niederschlägen entstehen, rasch nichts mehr zu sehen. In den Niederungen dehnen sich riesige salzige Flächen. Sie erinnern an die Schotts in Nordafrika.

Auf Satellitenbildern hat man Hinweise gefunden, daß das Valle de la Luna früher einmal ein See war. Einen Beweis dafür liefern zahlreiche Fossilfunde. Paläontologische Untersuchungen zeigen, daß die Fossilien (Reste von Sauriern und Riesenfarnen) mit denen des Urkontinents Gondwanaland identisch sind. Im Erdmittelalter begann sich dieser Kontinent aufzuteilen. Daher müssen die Versteinerungen viele Jahrmillionen alt sein.

Lune, Monts de la

Afrika, VR Kongo
3° 38′ s. Br., 12° 25′ ö. L.

Man muß die seltsamen „Mondberge" im Abendlicht kennenlernen, wenn sich ihre weichen, kegelförmigen Umrisse gegen den dämmrigen Himmel abheben.

Die Berge Kanga Tima und Kilundu, die auch unter dem Begriff „Monts de la Lune" oder „Mondberge" zusammenge-

Monts de la Lune *Der charakteristische Zug der Mondberge, die im Lauf vieler Jahrmillionen durch Erosion entstanden sind, sind die weichen, gerundeten Formen, die an die Abraumhalden von Bergwerken erinnern – eine geographische Besonderheit in der afrikanischen Savanne.*

faßt werden, sind ein besonderer Landschaftstyp, den man auch in den Bergen am linken Ufer des Niaritals wiederfindet. Dabei handelt es sich nicht um ein eindrucksvolles Bergland, sondern um eine Reihe kleinerer Hügel, die nur in Gruppen auftreten. Diese Eigenart kommt besonders beim Sonnenuntergang zur Wirkung, wenn durch das flach einfallende Licht die Schatten länger werden und das Relief mehr Tiefe bekommt.

Die kegelförmigen Hügel sind im Durchschnitt etwa 100 m hoch und weisen Steilhänge mit einer Neigung von 30 bis 40° auf. Die höchsten Hügel sind am steilsten. Ihre Hänge sind von Schutt bedeckt. Sie werden durch einige harte Gesteinsbänke gegliedert, die das regelmäßige Hangprofil unterbrechen.

Die Kanten am Fuß der Hügel sind sehr scharf. Sie grenzen an Ebenen, die zu gewissen Zeiten des Jahres überschwemmt sind.

Solche Hügel haben sich in den dolomitischen Kalksteinen entwickelt. Die darunterliegenden Mergelkalksteine oder sehr reinen Kalksteine wurden entweder abgetragen wie im Niaritel oder treten als Schichtstufen hervor wie am Nordufer des Flusses.

Die Mondberge sind durch Karstprozesse entstanden. Man könnte sie als besondere Art des Kegelkarsts bezeichnen. Die charakteristischen Formen lassen sich vor allem durch die Lage in der Nähe der Sandsteinplateaus der Mpioka und durch die kräftige tektonische Beanspruchung des dolomitischen Kalksteins erklären.

Vom Sandsteinplateau lösen sich zur Flußebene hin allmählich die Hügelketten ab, und aus einfachen Kuppen werden bei stärkerer Eintiefung der bewaldeten Tälchen kegel- und halbkegelförmige Hügel. Die Sandsteindecke spielt die Rolle eines Wasserspeichers. Obgleich die Trockenheit vier bis fünf Monate lang dauert, kann er die Randquellen des Hochplateaus doch speisen.

Diese malerische Landschaft ist das Ergebnis einer Reihe verschiedener Formungsvorgänge, vor allem aber der Korrosion und der flächenhaften Erosion durch kleinere Bäche. Daneben muß man bei der Entwicklung der Formen die Verwitterung ebenso nennen wie Verwerfungen, Brüche und Klüfte.

Lurgrotte

Europa, Österreich
47° 14′ n. Br., 15° 20′ ö. L.

Ein kleiner Fluß verschwindet vor den Augen der Touristen in einer engen Felsspalte und taucht erst nach mehreren Kilometern wieder auf. Sein unterirdischer Lauf benutzt einen natürlichen Tunnel, der in Jahrtausenden so weit ausgehöhlt wurde, daß man ihn heute bequem begehen kann.

Die Lurgrotte ist die größte Tropfsteinhöhle der Ostalpen. Sie liegt nordnordwestlich der Stadt Graz, und zwar zwischen den beiden Ortschaften Peggau und Semriach im Grazer Bergland. Dieses Gebiet besteht an seiner Oberfläche aus devonischen Kalken, die aufgrund ihrer starken Zerklüftung intensiv verkarstet sind. Bekanntlich ermöglichen Gesteinsklüfte das Eindringen von Sickerwasser, das in der Tiefe durch Lösungsvorgänge Hohlräume im Kalkgebirge entstehen läßt. Die Höhle ist sowohl von Peggau als auch von Semriach zugänglich. Sie wird vom Lurbach durchflossen, der bei Semriach in einem Schluckloch von der Erdoberfläche verschwindet und bei Peggau als Karstquelle wieder zutage tritt.

Es bedurfte langjähriger wissenschaftlicher Untersuchungen, um den Nachweis zu erbringen, daß das Schluckloch von Semriach mit dem Speiloch von Peggau durch einen natürlichen Tunnel verbunden ist, der von den Wassern des Lurbaches benutzt wird. Der Bach hat sich im Laufe von Jahrtausenden einen rund 4,5 km langen unterirdischen Weg gebahnt, der ein eindrucksvolles Beispiel für die Entwässerung eines Karstgebietes darstellt.

Ein erster Versuch, das unterirdische Geheimnis des Lurbaches zu lüften, wurde gegen Ende des 19. Jahrhunderts von österreichischen Höhlenforschern unternommen. Die Mitglieder der damaligen

Lurgrotte *Die mit herrlichen Tropfsteingebilden ausgeschmückte Lurgrotte im Grazer Bergland ist für Besucher leicht zugänglich. Sie wird von einem Höhlenbach durchflossen, der bei Semriach in einem Schluckloch verschwindet und erst 4,5 km weiter in einer Karstquelle wieder zutage tritt.*

Expedition entgingen jedoch nur knapp einer Katastrophe, denn ein plötzlich aufkommendes Hochwasser des Lurbaches überraschte die Wissenschaftler im Innern der Höhle und hielt sie fast zehn Tage lang in der Tiefe gefangen. Dieser Zwischenfall hat gezeigt, daß der mittlere Teil der Lurgrotte bei normalem Abfluß des Höhlenbaches ohne Schwierigkeit zugänglich ist und nur bei Hochwasser geflutet wird. Dabei verschließen die unterirdischen Wassermassen, die sonst nur ein tiefer liegendes Höhlenstockwerk durchfließen, die Ausgänge ins Freie.

Spätere Untersuchungen haben ergeben, daß nicht nur der Lurbach selbst, sondern sämtliche Wasserläufe des Beckens von Semriach die Lurgrotte bei Hochwasser als Durchlaß zum Murtal benutzen, in das sie bei Peggau einmünden. Deshalb reichen bereits relativ geringe Niederschläge aus, um den Mittelteil der Höhle vollkommen zu fluten.

Heute ist die Lurgrotte für Besucher bequem zugänglich. Von beiden Enden des natürlichen Tunnels kann man auf beleuchteten Wegen etwa 1 km tief in die Höhle vordringen. Dem unterirdischen Lauf des Flusses folgend, gelangt man in mehrere große Säle, die mit wunderbaren Tropfsteingebilden geschmückt sind, deren Formen und Farben die Phantasie des Betrachters anregen.

Lut, südliche

Asien, Iran
29°–31° n. Br., 57° 50'–59° 50' ö. L.

Lut ist das persische Wort für Wüste, daneben heißt es auch die Leere. In der Geographie wird der Begriff auf eine Sand- und Steinwüste im Süden des persischen Hochlands angewandt.

Der Iran, der vom Kaspischen Meer, vom Persischen Golf und vom Arabischen Meer begrenzt wird, ist von hohen Gebirgsketten umgeben. Der größte Teil des Landes wird von Beckenlandschaften eingenommen. Sie haben fast alle keinen Abfluß und sind durch hohe Gebirgsketten voneinander getrennt. Der Abtragungsschutt am Fuß der Gebirge bildet weite Bergfußflächen, *Dascht* genannt. Im Innern der Becken enden die Flüsse in feuchten und salzigen Ebenen, den *Kewir*, oder in den Salzseen, den *Hamun*. Die Wüste Lut im Südosten des Irans ist eines der größten dieser Becken und gleichzeitig das trockenste. Sie selbst ist wiederum in mehrere Teilbecken gegliedert. Das der südlichen Lut ist das ausgedehnteste.

Die südliche Lut ist eine Wüste im wahrsten Sinne des Wortes. Geologisch handelt es sich dabei um einen tektonischen Graben zwischen geradlinigen Verwerfungen. Im Nordwesten und im Süden des Beckens, dort wo vom Ende des Pliozäns bis zum Holozän Vulkane tätig waren, wird der westliche Randbruch von vulkanischen Erscheinungen begleitet. Der Grabenrand wurde mit Geröll zugeschüttet. In Richtung auf die Mitte des Beckens zu gehen die Kiese in sandige und lehmige Schichten über, die sehr viel Salz und Gips enthalten. Die Hauptmasse dieser Ablagerungen entstand, als die angrenzenden Gebirgsketten gefaltet und gehoben wurden. Diese Geröll- und Sandschichten füllten im Lauf des jüngeren Tertiärs den Graben langsam auf. Der Graben selbst jedoch sank immer tiefer ab. Gleichzeitig wurden am Rand Gebirgsketten gefaltet und dem Randgebirge angegliedert. Die Krustenbewegungen lassen sich noch in den Salz- und Lehmschichten des Beckens nachweisen. Die außerordentlich geringen Neigungen im Innern des Beckens sind Ausdruck einer langen Periode flächenhafter Abtragung.

Der Querschnitt des Lutbeckens ist asymmetrisch. Im Westen steigen die Berge, die es begrenzen, steil empor: Das ist die Kermankette, deren Gipfel zum Teil 4000 m erreichen. Obwohl sie selbst auch in der Trockenzone liegt und auf ihren sehr steilen Hängen kein Wald mehr wächst, erhält sie mehr Niederschläge als das Becken. Von November bis April ist sie fast immer von Schnee bedeckt. Zur Zeit der Schneeschmelze im Frühjahr speist die Kermankette die Wildbäche, deren Hochwasser die westlichen Abschnitte des Beckens überschwemmen.

Die östliche Randkette besteht aus Flyschgesteinen, die noch wenig verfestigt und daher nicht sehr widerstandsfähig sind. Dieses Gebirge ist niedriger, erhält weniger Regen und Schnee und kann daher keine so mächtigen Flüsse wie im Westen mit Wasser versorgen.

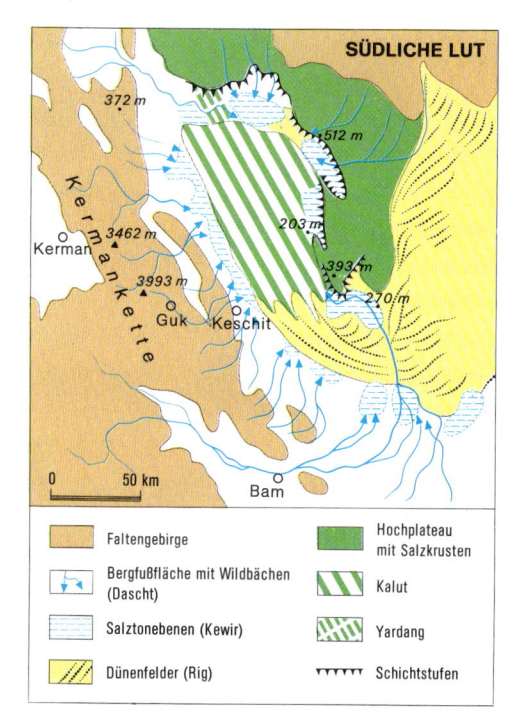

Die Asymmetrie der Randgebirge findet man auch in den Formen des Beckens wieder: Im Zentrum erhebt sich ein mit Salzablagerungen bedecktes Hochplateau. Im Westen erstrecken sich 60 bis 80 m tiefe Senken, die *Kalut*, im Osten dehnen sich Felder mit riesigen Dünen aus, *Rig* genannt. Die Dünen können eine Höhe von 300 m erreichen und zählen damit zu den höchsten auf der Erde.

Im Norden und Nordosten ist das aus Salz, Gips- und Tonschichten aufgebaute Plateau erhalten. Es wird von Gebirgsketten begrenzt. Ihre von Salzkrusten bedeckten Fußflächen liegen immerhin noch so

SÜDLICHE LUT

- Faltengebirge
- Bergfußfläche mit Wildbächen (Dascht)
- Salztonebenen (Kewir)
- Dünenfelder (Rig)
- Hochplateau mit Salzkrusten
- Kalut
- Yardang
- Schichtstufen

Die äolische Abtragung

YARDANG — Schichtflächen der Tongesteine

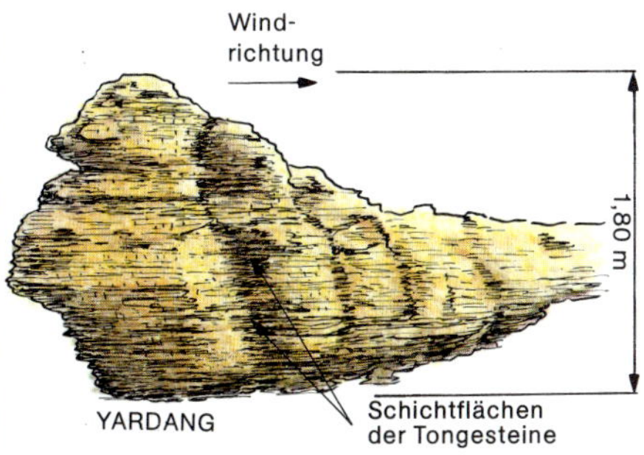

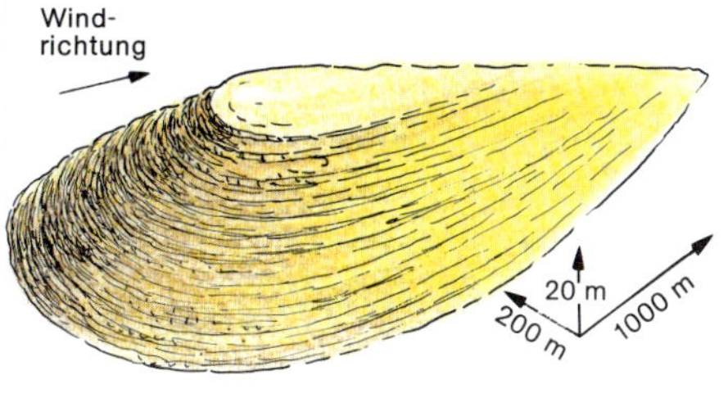

Die abtragende Kraft des Windes kann sich nur in Lockergesteinen von bestimmter Korngröße auswirken, die nicht von einer Vegetationsdecke geschützt sind. Erst Winde, die eine Geschwindigkeit von 50 bis 60 km/h haben, formen die Erdoberfläche in nennenswertem Umfang. Bei diesen Geschwindigkeiten werden jedoch nur Körnchen transportiert, deren Durchmesser kleiner als 1 mm ist. Solche Körnchen bestehen entweder aus einem einzigen Sandkorn oder aus einem Bodenaggregat, z. B. aus Ton, der durch Salze verkittet ist.

Die Windabtragung kann sich einerseits in der Ausblasung (Deflation) äußern, die feine Bestandteile des Bodens forträgt und nur eine Schicht größeren Gesteinsschutts zurückläßt. Dabei entstehen häufig auch flachere Mulden (Deflationswannen).

Mit den Sandkörnern, die der Wind über die Oberfläche des Bodens treibt, schleift er wie mit einem Sandstrahlgebläse die Gesteine ab und gräbt sogar größere Furchen in den Boden. Typische kleinere Formen, die durch die äolische Abtragung entstehen, sind die Pilzfelsen und hohlkehlenartige Furchen im Gestein. Durch den Wind werden die Tonabtragungen zu *Yardangs* umgeformt. In den zentralasiatischen Wüsten können solche Yardangs eine Höhe von 2 m und mehr erreichen.

In den Sandsteinen hinterläßt der Wind die eindrucksvollsten Formen. In der Wüste Lut sind sie zu erstaunlich hohen Hügeln aufgehäuft. Zwischen ihnen ziehen sich parallel verlaufende Windgassen hin. Sie sind in der Richtung des vorherrschenden Winds ausgerichtet.

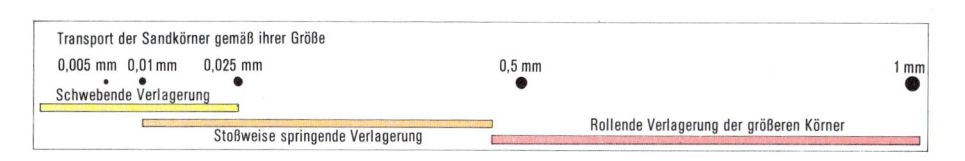

Transport der Sandkörner gemäß ihrer Größe
0,005 mm 0,01 mm 0,025 mm   0,5 mm   1 mm
Schwebende Verlagerung
Stoßweise springende Verlagerung
Rollende Verlagerung der größeren Körner

Lut *Im westlichen Teil der Lut wurden durch Erosion riesige Furchen und Rinnen von wechselnder Breite in horizontal lagernde Salz- und Gipsschichten eingeschnitten. Diese Kalut genannten Gebilde erwecken, aus der Luft gesehen, den Eindruck, als sei das ganze Gebiet mit einem riesenhaften Pflug bearbeitet worden.*

hoch, daß bei Regenfällen Wildbäche von dort Wasser erhalten. Die Wildbäche breiten auf dem Plateau Schuttkegel aus.

Nach Süden zu erstreckt sich das Plateau zwischen den *Kalut* im Westen und den *Rig* im Osten. Im Westen wird es von einer merkwürdigen Mulde unterbrochen, über die es mit einem zerfurchten, mehr als 100 m hohen Steilhang aufsteigt. Dieser besteht aus Gips und Salzschichten, die durch eine verkarstete Kruste geschützt werden. In dieser Mulde enden zwei Haupttäler. Beide haben ihren Ursprung im Kermanmassiv.

Die *Kalut* sind in fast horizontal gelagerte Salz- und Gipsschichten eingeschnitten. Es sind riesige Furchen und Rinnen von wechselnder Breite. Das Gebiet sieht so aus, als wäre es mit einem riesenhaften Pflug bearbeitet worden. Die Rinnen sind in nordwestlich-südöstlicher Richtung orientiert. Ihre Sohle ist eben und zum größten Teil von einer Salzkruste bedeckt. An manchen Stellen sind sie von ovalen Hohlformen unterbrochen oder von Dünen bedeckt. Die Rinnen haben im einzelnen sehr komplexe Formen. Sie sind von Hangkerben zerfurcht. An vielen Stellen haben sich in den Salz- und Gipsschichten auch Dolinen gebildet. In den Hängen haben die seltenen Regengüsse viele schmale Rillen hinterlassen und die Oberfläche des Bodens mit einer salzhaltigen Tonkruste überzogen. Die *Kalut* sind das Ergebnis der Wirkung tektonischer und klimatischer Kräfte. Sie laufen parallel zu den Hauptverwerfungen, die das Becken abgrenzen.

Die Karstformen werden einerseits vom vorherrschenden Nordostwind geformt, der im Norden die *Kalut* zu einem riesigen *Yardang*-Feld umgewandelt hat. Andererseits werden sie auch von dem aus dem Gebirge kommenden Hochwasser gestaltet. Es lagert Salzschichten ab und bereitet das Bodenmaterial zum Transport durch den Wind vor. Schließlich tragen zu ihrer Formung auch die allerdings sehr geringen Niederschläge bei. Es fallen jährlich weniger als 100 mm. Sie schaffen Formen im kleinen. Das durch die vereinte Wirkung von Wind und Wasser aufbereitete Feinmaterial wird vom Wind abtransportiert und in Dünen angehäuft. Im Osten, auf dem zentralen Hochplateau und den *Dascht*, die die Fußflächen der östlichen Gebirge bilden, erstreckt sich ein hohes Dünenfeld. Die gezackten Kämme der Dünen sind das Ergebnis zweier entgegengesetzt gerichteter Winde.

Wenn auch das zentrale Hochplateau und die *Kalut* keine Spur tierischen Lebens zeigen, so tragen die Dünenfelder doch wenigstens einige Büsche, besonders die verschiedenen *Saksaul*-Arten.

M

Mackenzie (Delta)

Amerika, Kanada
67° 20'–69° 20' n. Br., 134° 05'–136° 10' w. L.

Das Delta dieses kanadischen Flusses wird von zahllosen, sich windenden Mündungsarmen durchzogen. Wasser und Land sind hier sehr eng miteinander verzahnt.

Der Mackenzie, der ein riesiges Einzugsgebiet von 1,8 Millionen km² Fläche entwässert, trägt den Namen des wagemutigen Mannes, der die Polargebiete Amerikas erforschte, Sir Alexander Mackenzie. Dieser Strom, ein Ausfluß des Großen Sklavensees, fließt zuerst in einer breiten, durch die Struktur des Untergrunds vorgezeichneten Senke zwischen den Rocky Mountains und dem Kanadischen Schild. Er windet sich in großen Mäandern durch die Nadelwälder,

Mackenzie *Blick auf das weite Delta des kanadischen Flusses. Seine Arme winden sich um zahlreiche Inseln, in die wiederum größere und kleine Seen eingelassen sind.*

die jenseits des Polarkreises in weite Tundren übergehen, ehe er die eisige Küste der Beaufortsee erreicht. Dort spaltet er sich in zahlreiche Arme auf. Sie ändern ständig ihren Lauf und bilden ein riesiges Delta, in dem sich Schlamm, Wasser und Eis vermischen.

Das heutige Delta hat die Form eines auf dem Kopf stehenden Dreiecks. Im Westen wird es von den Richardson Mountains und im Osten von den Cariboo Mountains begrenzt. Auf sandigen und tonigen Ablagerungen, die von Eiskernen durchsetzt sind, teilt sich der Fluß in unzählige Arme. Zwischen ihnen liegen kleine Hügel, die viele Seen einfassen – kleine und zahlreiche im Süden, größere im Norden. Das Delta löst sich in eine Unzahl von Inseln auf. Vor der letzten Eiszeit hat der Mackenzie weiter im Osten ein Delta gebildet. Da man in den Kiesen des Deltas Mammutskelette gefunden hat, kann man dessen Alter genau bestimmen. In dieser Zone gibt es viele Pingos. Es sind kegelförmige Hügel mit einem Durchmesser von 30 bis 300 m und einer Höhe von 0,5 bis 50 m. Sie enthalten einen Eiskern, der von einer Schicht aus Bodenmaterial und Pflanzenresten bedeckt ist.

Die Pingos sind durch die Wirkung des Bodenfrosts in den feinkörnigen Ablagerungen ehemaliger Seen entstanden. Vereinfacht betrachtet, sind sie riesige Frostaufbrüche. Eine wichtige Voraussetzung für ihre Entstehung ist, daß der Boden auch im Sommer bis auf eine verhältnismäßig dünne Schicht an der Oberfläche gefroren bleibt. Im Mackenziedelta reicht der Dauerfrostboden bis in eine Tiefe von 300 bis 400 m. Ein solcher Dauerfrostboden entsteht im subarktischen Klimabereich, wo die Winter lang, die Sommer kurz und die Niederschläge gering sind.

Nach Norden zu wird der Wald lichter. Er besteht aus Fichten, Weiden und Birken. Schließlich geht er in weite Moore *(Muskeg)* und in Tundra über.

Pingo Pingos kommen nur in solchen Gebieten der Erde vor, in denen das Klima kalt und trocken ist. Im ersten Stadium ihrer Entwicklung sind es kleinere, kegelförmige Hügel mit einem Eiskern unter der Oberflächenschicht. Wenn der Eiskern zu dick wird und die Deckschicht reißt, kommt das Eis mit der Luft in Berührung. Im Sommer taut es dann auf. Der Hohlraum, der zurückbleibt, bricht ein. Es entsteht eine kraterförmige Einmuldung, die häufig von einem See eingenommen wird.

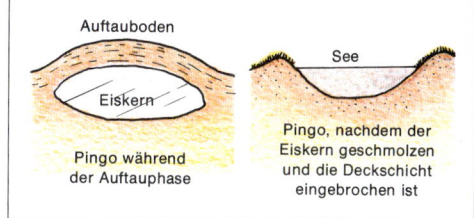

Pingo während der Auftauphase

Pingo, nachdem der Eiskern geschmolzen und die Deckschicht eingebrochen ist

Das Leben der Eskimo und Indianer in diesem Gebiet ist sehr hart. Sie ernähren sich zum großen Teil auch heute noch vom Fischfang und von der Jagd auf Walrosse und Polarfüchse. Eine wichtige Rolle im Delta spielt auch der Fang von Bisamratten. Die alte Hauptstadt Aklavik verlor 1962 ihre Funktion als Verwaltungs- und Wirtschaftszentrum. Diese wurde von der modernen Stadt Inuvik übernommen.

Das Leben im Delta hat sich durch die Entdeckung von Erdgas und Erdöl grundlegend geändert. Große Probleme bereitet der Abtransport der Bodenschätze. Da der Mackenzie nur von Juli bis Mitte Oktober schiffbar ist, müßte eine Pipeline gezogen werden. Dieses Projekt stieß jedoch auf den Widerstand der Umweltschützer.

Maggiore, Lago

Europa, Italien/Schweiz
45° 40'–46° 15' n. Br., 8° 25'–8° 50' ö. L.

Eine Gletscherzunge hat diesen schmalen, tiefen See geschaffen. Prächtige Parkanlagen mit seltenen Bäumen und herrlichen Blumen, gepflegte Uferpromenaden und reizende, kleine Städtchen machen diesen See zu einem Gebiet, das viele Touristen anzieht.

Der Lago Maggiore ist nach dem Gardasee der größte See am südlichen Alpenrand. Er ist zwar nur 3 bis 4,5 km breit, jedoch insgesamt 65 km lang. Der nördliche Teil des Sees gehört zur Schweiz, der südliche zu Italien.

Der Lago Maggiore ist von hohen Bergen umschlossen. An manchen Stellen überragen sie ihn um 1000 m. Die Steilhänge reichen noch weit unter die Wasseroberfläche des Sees. An der tiefsten Stelle ist er 372 m tief, der Seeboden selbst liegt sogar noch 177 m unter dem Meeresspiegel; im Querschnitt ist der See U-förmig.

Eine riesige Gletscherzunge hat den Lago Maggiore ausgeschürft. Das Eis erfüllte das Tal bis weit über den heutigen Seespiegel. Das beweisen die Geschiebe, die man an den Hängen findet. Unter der Last des Eises wurden die ursprünglichen Flußtäler bedeutend übertieft. Als die Gletscher des Eiszeitalters in der Nacheiszeit schmolzen, hat das Wasser die Talfurchen eingenommen, die einst vom Eis ausgeschürft worden waren. Am südlichen Ende des Sees haben die Gletscher mächtige Moränen aufgehäuft. Sie sind mehrere Kilometer breit und etliche Meter hoch.

Lago Maggiore *Abenddämmerung über dem See. Am anderen Ufer kann man im Dunst gerade noch die Berge erkennen. Das Wasser schimmert in den verschiedensten Farbtönen.*

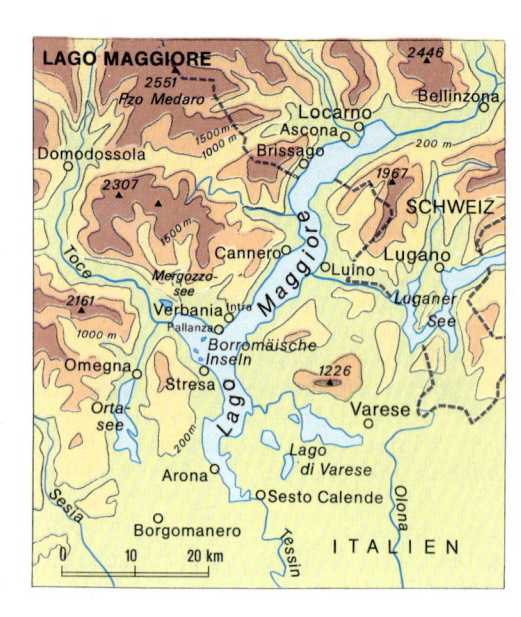

Das Südufer des Lago Maggiore ist so durch einen halbkreisförmigen Moränenwall von der Umgebung abgegrenzt. Nur der Tessin, ein kleiner Nebenfluß des Pos, der durch den See fließt und ihn bei Sesto Calende wieder verläßt, durchbricht den Moränenwall.

Im Südwesten verbreitert sich der Lago Maggiore zum Golf von Pallanza. Hier liegen die berühmten Borromäischen Inseln mit der bezaubernden Isola Bella. In den Golf mündet der Toce, der den nördlichen

Teil der Bucht zum Teil zugeschüttet hat. Vor rund 1000 Jahren hat er mit seinen Schwemmsedimenten den heutigen Mergozzosee vom Lago Maggiore getrennt.

Eine Talsperre regelt den Wasserzufluß, denn die Niederschläge im Einzugsgebiet des Sees sind reichlich, und die Seeufer werden häufig überflutet. Vor allem im Frühling ist dies der Fall, wenn der Schnee in den Alpen schmilzt und viel Regen fällt, doch auch im Herbst kommt es häufig zu Überflutungen. Bei einem Hochwasser im Oktober 1868 wurde der normale Wasserstand sogar um 7 m überschritten.

Am Lago Maggiore herrscht ein mildes Klima. Hier gedeihen Pflanzen, die im Mittelmeerraum zu Hause sind. Da der Winter im Gebirge und in der Poebene häufig streng ist, können mediterrane Pflanzen, wie etwa Zypressen, Zitronen-, Orangen- und Ölbäume, nur an geschützten Stellen wachsen. Mediterrane Pflanzen haben hier ihre nördliche Verbreitungsgrenze erreicht. Außerdem werden auch subtropische Pflanzen angebaut. Palmen, Zedern, Araukarien, Rhododendren, Magnolien sieht man in Privatgärten und öffentlichen Parks. Wegen des feuchten Klimas gedeihen Kastanienbäume an den Hängen gut.

Der Lago Maggiore ist wegen seiner landschaftlichen Schönheit das Ziel vieler Touristen. Bekannte Erholungsorte sind u. a. Stresa, Ascona und Locarno.

Majes, Río

Amerika, Peru
14° 30′–16° 15′ s. Br., 70° 50′–72° 50′ w. L.

Bis der Río Majes sich ins Meer ergießt, muß er auf dem Weg von der westlichen Kordillere zum Pazifischen Ozean vielen Hindernissen ausweichen und oft seine Richtung ändern.

Der Río Majes entspringt in etwa 5000 m Höhe auf dem Hochplateau der westlichen Kordillere und mündet in der Nähe von Camaná in den Pazifischen Ozean. Er ist vor allem durch sein enges Tal und durch die abrupten Richtungsänderungen seines Verlaufs gekennzeichnet.

In seinem Oberlauf, Colca genannt, fließt er zunächst auf eine Entfernung von etwa 100 km von Südosten nach Nordwesten. Dabei schneidet er sich tief in die vulkanischen Hochplateaus ein, die 1000 bis 3000 m hoch liegen. Da sein Tal im Nordwesten durch die Cordillera de Chilca versperrt ist, macht der Río Majes einen plötzlichen Bogen nach Süden. Dann verengt sich das Tal auf einer Strecke von etwa 10 km, wird jedoch wieder breiter, nachdem der Fluß seine Richtung von neuem ändert und bis auf die Höhe des Vulkans Nudo de Ampato nach Südwesten fließt.

An dieser Stelle ist der Fluß tief in den Untergrund eingeschnitten und bildet einen echten Canyon, der im Süden von den verschneiten Gipfeln des Nudo de Ampato, der 6310 m erreicht, und im Norden von der Cordillera de Chilca (5597 m) beherrscht wird. Der Talboden liegt hier in 3000 m Höhe und ist mit Terrassen und ineinandergeschachtelten Schuttkegeln aufgefüllt, die im Laufe der quartären Kaltzeiten gebildet wurden. Das heutige enge und tiefe Flußbett ist in diese Ablagerungen eingeschnitten.

Am Ende des Canyons verläuft der Fluß in ostwestlicher Richtung, aber sobald er das vulkanische Hochplateau verläßt, wendet er sich in einem Winkel von 90° abrupt nach Süden. Er bahnt sich einen Weg durch die Sedimentgesteine kontinentaler Herkunft des mittleren und des oberen Juras und dann durch die Ablagerungen des Tertiärs.

Stromabwärts erreicht der Río Majes die wüstenartige Zone, die sich entlang der pazifischen Küste zieht. Sein Tal ist im Oberlauf durch ein U-Profil gekennzeichnet; sein Längsgefälle ist nur gering, die flache, 3 bis 5 km breite Talsohle ist von Kiesen und Sanden bedeckt, in die der Fluß sein heutiges verwildertes Bett eingeschnitten hat. Schroffe Felshänge bilden die Talflanken, die einige hundert Meter hoch sind.

Um den Pazifischen Ozean zu erreichen, muß der Río Majes noch die Küstenkordillere in einem tiefen, engen Canyon durchbrechen, der in metamorphe und granitische Gesteine eingeschnitten ist. Endlich, an seinem Ausgang in Camaná, verbreitert sich das Tal fächerförmig.

Der unregelmäßige, durch Engtalstrecken und Stromschnellen unterbrochene Lauf des Río Majes ist von der Gebirgsbildung der Anden und den Klimaschwankungen des Quartärs geprägt. Die pliopleistozäne Hebung der Anden, die im südlichen Peru von Vulkanausbrüchen begleitet wurde, hat die starke Eintiefung seines Oberlaufs und des großen Canyons am Fuß des Vulkans Ampato verursacht. In seinem Unterlauf führt die gegenwärtige Hebung der Küstenkordillere dazu, daß die Sedimente, die der Majes transportiert, abgelagert werden und beim Durchqueren der wüstenartigen Pampa den Talboden vollständig zuschütten. In diesem Sektor herrscht das größte Mißverhältnis zwischen der Breite des heutigen Stromes und dem Talboden. Dieser Teil des Tals muß unter einem feuchteren Klima geformt worden sein, wohl während einer Vereisungsperiode, als der Río Majes noch die ganze Breite des Tals einnahm und eine große Menge Sedimente transportierte.

Eine Eigenart des Río Majes ist seine große Abflußmenge, die das ganze Jahr hindurch etwa gleichbleibt und im Unterlauf eine intensive Bewässerungskultur erlaubt. Der Fluß wird gleichzeitig durch die Sommerniederschläge und die Schneeschmelze in seinem oberen Einzugsgebiet (Ampato und Coropuna) gespeist. In seinem Oberlauf erhält er zahlreiche kleine Zuflüsse, die alle vom Abhang des rechten Ufers herabkommen. In seinem Mittellauf hat er drei wichtige Zuflüsse, von denen der eine die Westflanke der Cordillera de Chilca hinunterfließt, deren schneebedeckte Gipfel bis zu 6614 m hoch sind.

Malaspinagletscher

Amerika, USA
59° 50′ n. Br., 140° 31′ w. L.

Zwischen Meer und Gebirge liegt der Malaspinagletscher, einer der größten Vorlandgletscher der Erde, eine glänzende, gewaltige Eismasse, die von den verschiedenen Talgletschern des Gebirges genährt wird.

An der Südflanke des Mount Saint Elias am Rande des Golfs von Alaska und der berühmten Yakutatbucht liegt der Malaspinagletscher. Er wurde schon 1791 entdeckt und im Jahr 1891 vermessen. Dank der großen Mächtigkeit seiner Eismassen, die von der Küste her weit sichtbar sind, gehört er zu den berühmtesten Gletschern der Erde.

Der Malaspina ist ein Vorlandgletscher, d.h., er breitet sich im Vorland eines Gebirges aus und wird durch den Zusammenfluß mehrerer Talgletscher genährt, die aus dem Gebirge vorstoßen. Zwischen der Icybucht und der Yakutatbucht hat die Gletscherzunge eine Breite von 65 km, und von der Gebirgsfront bis zum Meer erstreckt

Malaspina *Vom Norden kommend, stößt der riesige Gletscher gegen die Küstenfelsen und zerbricht zu einem Gewirr von Graten und Brüchen, die erstarrt unter dem grauen Himmel von Alaska liegen.*

sie sich auf etwa 45 km. Ihre Fläche beträgt insgesamt über 4000 km². Der Sewardgletscher, der ein riesiges Einzugsgebiet von 55 km Länge und 25 km Breite hat, ist der bedeutendste Nebengletscher des Malaspina, aber auch andere Gletscher – Hayden, Marvine, Agassiz und Sibbey – führen dem Malaspina von den benachbarten Hochplateaus ungeheure Eismassen zu. Als Vorlandgletscher liegt der Malaspina vollständig im Zehrgebiet dieses Gletschersystems und verliert durch Ablation große Mengen Eis.

Ein Bohrloch, das 1951 in die Tiefe getrieben wurde, erbrachte den Beweis, daß der Gletscher zum temperierten Typ gehört, d.h., daß das Eis eine Temperatur hat, die nahe dem Schmelzpunkt liegt. Es wurde auch bewiesen, daß die Eismassen in der Tiefe nur noch von wenigen Brüchen durchzogen sind. Die Mächtigkeit des Malaspinagletschers – 610 m – wurde durch seismische Untersuchungen ermittelt. Man nimmt an, daß die Sohle des Beckens, in dem sich die Eismassen anhäufen, mehr als 300 m unter dem Meeresspiegel liegt.

Wie einige seiner Nachbarn gehört der Malaspina zu den Gletschern, die fähig sind, außerordentlich schnell und kräftig vorzustoßen. An seinen Rändern zieht sich eine Zone von Toteis entlang, die unter Moränenschutt begraben ist. Darauf wachsen teilweise hundertjährige Fichten – ein Beweis dafür, daß der letzte große Eisvorstoß schon sehr lange zurückliegt. An manchen Stellen wurden unter dem Eis Reste von Pflanzen gefunden, die frühere Bewegungen des Gletschers belegen. Vor 5000 bis 2000 Jahren herrschte in Alaska ein milderes Klima als heute. Infolgedessen zog sich der Malaspinagletscher weit von der Küstenzone zurück und gab somit einer Baumvegetation die Möglichkeit, sich dort anzusiedeln. Als der Gletscher wieder vorstieß, wurde die Vegetation überfahren.

Maletsunyanefälle

Afrika, Lesotho
29° 54′ s. Br., 28° 05′ ö. L.

Im Süden von Lesotho, dem „Dach Südafrikas", das Höhen von über 3000 m erreicht, stürzen die Wasserfälle donnernd in die Tiefe oder erstarren zu riesigen Eissäulen.

Die Maletsunyanefälle liegen im südlichen Lesotho. Es ist eine stille, herbe Landschaft mit steilen Tälern und breiten Bergrücken, auf denen die Böden sehr mager und teilweise stark abgetragen sind.

Der hohe, sonnenüberflutete Rand der Drakensberge beherrscht das Land, das sich nach Westen über ein welliges Hochplateau hinzieht. Die 200 Millionen Jahre

Maletsunyanefälle *Kaum hat der Wildbach die Hochplateaus des Velds verlassen, stürzt er donnernd als langer, weißer Vorhang vor dem Dunkelgrau des Gesteins in eine tiefe Schlucht hinab und verschwindet schäumend zwischen den zusammengewürfelten Blöcken.*

alten Malotiberge, die höchsten des Landes, erheben sich im Norden über 3000 m über den Meeresspiegel.

Auf den Gebirgen Lesothos, das man die südafrikanische Schweiz nennt, findet man oft, sogar im Sommer, eine Schneedecke. Noch treffender wäre jedoch die Bezeichnung „Wasserturm" von Südafrika, denn Lesotho bildet das Quellgebiet für die meisten Flüsse dieser Gegend. Die von tiefen Tälern durchschnittene basaltische Deckschicht des Landesinneren speist den längsten Fluß Südafrikas, den Oranje, der den größten Teil dieses nur 30000 km² großen Staates entwässert.

Die Maletsunyanefälle werden von einer tiefen Schlucht beherbergt. Der Fluß gleichen Namens mündet im Süden in den Oranje, dem er reichlich Wasser zuführt.

Die Wasserfälle sind fast 192 m hoch. Die Stelle, wo sie herabstürzen, hat man Semonkong, d.h. Land des Rauchs, genannt, denn dort ist die Luft von einem feinen Sprühregen erfüllt. Das Wasser stürzt senkrecht in einen engen Schlund mit Wänden aus schwarzem Basalt. Dieser Abgrund, der sich etwa 2200 m über dem Meeresspiegel auftut, ist durch sein mehrfaches Echo bekannt. Es kommt vor, daß im Winter das Wasser zu einer langen, gewundenen Eissäule erstarrt.

Um dorthin zu gelangen, muß man mit dem Flugzeug und dann zu Pferd reisen. Eine andere Möglichkeit bietet eine zerfurchte und gefährliche Straße, die drei Reisetage erfordert.

Mammoth Cave

Amerika, USA
37° 10′ n. Br., 86° 08′ w. L.

Ein schwarzes Loch, unter den Bäumen am Flußufer versteckt, bildet den Eingang zu einem riesigen Höhlensystem, dessen unterirdische Schätze Besucher aus aller Welt anziehen.

Mitten im lieblichen Kentucky, auf halbem Weg zwischen Louisville und Nashville (Tennessee), passiert der Green River ein kaum sichtbares Loch zwischen den Bäumen am Ufer. Dies ist der natürliche Eingang zur Mammoth Cave, dem größten Höhlensystem der Erde. Aufgrund intensiver wissenschaftlicher Untersuchungen nimmt man heute an, daß der vordere (westliche) Abschnitt der Mammoth Cave bereits vor rund 2500 Jahren den in der näheren Umgebung lebenden Indianern bekannt gewesen sein muß. Dies hat die Analyse zahlreicher archäologischer Fun-

Maletsunyanefälle

de ergeben. Die ersten weißen Siedler, die das gewaltige Höhlenlabyrinth im Jahr 1798 betreten haben, waren von der Größe der unterirdischen Säle und der Ausdehnung der Gänge tief beeindruckt und gaben dieser Höhle ihren Namen, der Mammut- oder Riesenhöhle bedeutet. Seit ihrer Entdeckung Ende des 18. Jahrhunderts hat man etwa 530 km des unterirdischen Höhlen- und Flußsystems erforscht und drei künstliche Eingänge geschaffen. Die genauen Ausmaße sind jedoch noch immer nicht bekannt. Das unterste der fünf bisher entdeckten Höhlenstockwerke liegt bis zu 110 m unter der Erdoberfläche.

Die Mammoth Cave zieht jährlich über eine Million Besucher an. Für die Touristen sind verschiedene Besichtigungen von anderthalb bis sieben Stunden Dauer eingerichtet worden, wobei Teile der Höhle nur mit dem Boot zu befahren sind. Seit 1936 bildet ein über 200 km großes Gebiet um die Mammoth Cave zu beiden Seiten des Green River den großartigen Mammoth-Cave-Nationalpark.

Das riesige Netz von Gängen, Schächten und unterirdischen Flüssen, das zur Mammoth Cave gehört, erstreckt sich praktisch in einer einzigen Kalkschicht, die etwa 100 m mächtig und von Sandsteinen überlagert ist. Diese Sandsteine sind jedoch durchlässig, so daß einsickerndes Wasser ungehindert in die Klüfte des Kalksteins eindringen kann. Die Erdoberfläche über der Höhle ist von sogenannten *Sinkholes*, Dolinen besonderer Art, bedeckt, wo der Sandstein durch die Lösung der darunterliegenden Kalkschicht zusammengestürzt ist.

Das Gewirr der Gänge, Karstschlote und Dolinen ist unbeschreiblich. In der Umgebung der Mammoth Cave kennt man sieben Karstschlote, durch die man die verschiedenen Höhlenabschnitte erreichen kann. Die starke Verkarstung ist eine Folge der schwachen Neigung der geologischen Schichten, von denen das Wasser nur langsam abfließen kann, und der großen Löslichkeit der Kalkgesteine. Dort, wo Klüfte in den Kalksteinschichten vorhanden waren, wurden vom Wasser Gänge gebildet. Später wurden diese Gänge durch Korrosion erweitert und ihr Profil häufig ellipsenförmig gestaltet.

In der Sandsteinschicht sind geringe Mengen von Pyrit, einem natürlichen Eisensulfid, enthalten. Diese werden vom Sickerwasser aufgelöst und zu Gips umgewandelt, der in der Höhle viele schöne Kristalle bildet.

Neben den Pyritvorkommen sind vor allem noch die reichlichen Salpetervorkommen in der Mammuthöhle erwähnenswert. Sie erlangten Anfang des 19. Jahrhunderts sogar eine vorübergehende wirtschaftliche Bedeutung, denn während des Zweiten Unabhängigkeitskrieges (1812 bis 1815) wurde der Salpeter abgebaut. Man benutzte ihn als wertvollen Rohstoff zur Herstellung von Schießpulver. Es wurden insgesamt 150 t gefördert. Die Förderanlagen können noch heute besichtigt werden.

Auf den Besucher warten hohe Kuppeln, tiefe Schächte, Tropfsteine, eindrucksvolle Gips- und Kalzitablagerungen, der unterirdische Echo River, die Diamantengrotte und der Kristallsee, um nur einige der Sehenswürdigkeiten zu nennen, die dieses Höhlensystem zu einem der berühmtesten der Welt gemacht haben.

Mammoth Cave *Die winzige menschliche Silhouette im Hintergrund des Ganges gibt eine Vorstellung von den Ausmaßen dieser gigantischen Höhle, die mitten im Kalksteingebiet Kentuckys vom Wasser ausgehöhlt wurde.*

Mandaragebirge

Afrika, Kamerun/Nigeria
9° 55′–10° 45′ n. Br., 13°–13° 55′ ö. L.

Die Silhouette des Mandaragebirges, das sich unvermittelt über eine Ebene erhebt, erinnert an verfallene Festungswerke. Doch der Terrassenfeldbau an den Hängen und die hoch oben liegenden Dörfer zeugen vom Einfluß des Menschen in dieser kargen Landschaft.

Obwohl das Mandaragebirge nur eine bescheidene Höhe aufweist, bildet es dank der Steilheit seiner Randstufe und des tief zerschnittenen Reliefs einen starken Kontrast zu den eintönigen, ebenen Flächen, die es umgeben. Es ist 150 km lang und 60 km breit; sein Hauptteil gehört zu Kamerun, die Westabdachung zu Nigeria. Als gehobener Teil des präkambrischen Grundgebirgssockels besteht es aus Graniten und Anatexiten und setzt sich aus einer Folge von etwa 800 m hohen inneren Hochplateaus zusammen, die an ihren Außenrändern von hohen Stufen überragt und eingefaßt sind; nach Osten und Süden gliedert es sich in schmale Gebirgssporne und Einzelberge. Die höchsten Gipfel erreichen etwa 1350 m.

Mandara Schlanke Trachytnadeln erheben sich wie versteinerte Wachtposten über die Hügel und Täler Kameruns. Sie scheinen die Felder und Dörfer der Kirdi, eines Stammes von Bauern, zu bewachen, die zu ihren Füßen leben.

Entlang der zahlreichen Klüfte des Grundgebirges hat sich im Laufe der Zeit ein dichtes Gewässernetz ausgebildet, was eine intensive Erosion begünstigte. Die Gewässer haben Kerbtäler und Schluchten geschaffen, die das Gebirge in einzelne Massive gliedern. In den Graniten sind besonders eindrucksvolle Formen zu finden: kugelförmige Blöcke, dicke Gesteinsplatten, Schutthalden und steile Felskuppeln. Der Vulkanismus hat die Formen an manchen Stellen umgestaltet. Hier sind vor allem die schlanken Trachytnadeln des Kapsikihochplateaus zu nennen, die über 200 m hoch aufragen und die wahrscheinlich die Reste ehemaliger Vulkanschlote sind.

Das Mandaragebirge ist von Kirdi bewohnt, einem Volksstamm, dessen kleine, runde Hütten mit den spitzen Dächern sich an die Hänge klammern oder am Fuß der Berge kauern. Sie sind aus Stein und Erde gebaut und die Dächer mit Hirsestroh gedeckt, das schnell die graue Farbe der Felsen annimmt, die sie umgeben. Die Kirdi sind seßhafte Bauern und betreiben eine intensive Landwirtschaft. Sie bauen Hirse, Baumwolle, Sesam und Erdnüsse an den Hängen an.

Das Mandaragebirge ist eine rauhe Landschaft, in der der Mensch jedoch Fuß gefaßt hat und im Einklang mit seiner Umwelt lebt. Die Gegensätze und die Harmonie, die nebeneinander existieren, unterstreichen die Ursprünglichkeit und den Reiz dieses Gebiets.

Mandingues, Monts

Afrika, Mali/Guinea
11° 50′–12° 30′ n. Br., 8° 05′–9° 10′ w. L.

Höhlen und Grotten, die als Kultstätten dienen; eine Frau, die die Götter in Stein verwandelten: Die Erosion hat in die Erhebungen dieses ausgezackten Hochplateaus seltsame und märchenhafte Formen geschnitten.

Einige Kilometer von Sébékoro entfernt, am Fuß eines Bergs, liegt das kleine Dorf Moussobane, dessen Name „die Widerspenstige" bedeutet. An der Stirnseite des Felsberges hat die Abtragung seltsame Formen geschaffen, die in verblüffender Weise an menschliche Gestalten erinnern: eine sitzende Frau, von anderen Menschen umgeben. Der Legende nach sollte diese Frau, eine junge Braut, die Gegend verlassen, um ihrem Mann nachzufolgen. An dieser Stelle weigerte sie sich jedoch, weiterzugehen, und wurde daraufhin, zusammen mit ihren Begleitern, in einen Felsen verwandelt.

Dieser Bergrücken gehört zu den unzähligen Bergen der Monts Mandingues, die die Fortsetzung des weiten Hochplateaus von Mandingues bilden.

Diese Berge bestehen aus einem kristallinen Sockel und einer Sandsteindecke. Der Sockel, der sich vor allem aus Graniten, granitartigen Gneisen, Schiefern und gefalteten Arkosen zusammensetzt, gehört zum Grundgebirge aus dem mittleren Präkambrium. Darüber wurde später eine Sandsteindecke diskordant abgelagert. Diese Sedimentdecke ist von zahlreichen Verwerfungen und Klüften durchzogen, die durch tektonische Bewegungen in der Erdkruste entstanden sind; dabei wurden magmatische Gesteine (Dolerite), die häufig die Sandsteinformationen krönen, an die Oberfläche gebracht.

Die Monts Mandingues sind meistens sehr deutlich ausgebildete Tafelberge. Ursprünglich bildeten sie ein geschlossenes Hochplateau, das im Süden über dem oberen Nigertal von etwa 200 bis 300 m hohen Steilhängen gesäumt war. Dieses Hochplateau wurde jedoch im Laufe geologischer Zeiträume stark abgetragen. Es ist heute von vielen Trockentälern zerfurcht und besteht im wesentlichen aus langgestreckten Erhebungen mit flachen oder gerundeten Gipfeln, die teilweise beinahe 800 m Höhe erreichen. Entlang der Brüche wurde die Sandsteindecke in viele Felsklippen aufgelöst, und auf die starke Zerklüftung des Gesteins sind auch die Bergstürze zurückzuführen.

In die Sedimentdecke hat das Wasser zahlreiche Höhlen gespült, die der einhei-

---

Diskordanz Als Diskordanz bezeichnet man die Berührungsfläche zwischen einer ehemaligen Landoberfläche und jüngeren Sedimentschichten, die zu einem späteren Zeitpunkt darüber abgelagert wurden. Diskordanzen können durch tektonische Vorgänge oder durch Erosion entstehen.

Mandingues *Unter einem gleißenden Himmel weisen schroffe Felsen auf eine feuchtere Klimaperiode hin, in der das rieselnde Oberflächenwasser nach und nach mächtige Felsbastionen und gezackte Türme aus dem weichen Sandstein herausmodellierte.*

mischen Bevölkerung als Kultstätten dienen. Bemerkenswert ist auch die tiefgründige Verwitterung der Monts Mandingues. Die Gipfel sind von einem dicken Lateritpanzer bedeckt, auf dem sich mitten in der Baumsavanne eine Steppenvegetation *(Bowe)* angesiedelt hat.

Das Gebiet ist reich an Großwild, und weite Teile sind zu einem Nationalpark erklärt worden.

Mandrakafall

Afrika, Madagaskar
18° 55′ s. Br., 47° 55′ ö. L.

Über den hohen Steilhang und durch die dichte Vegetation hat sich der Fluß einen Weg gebahnt und bildet hier einen der zahlreichen Wasserfälle der großen madegassischen Gebirgsschranke, der Angavo.

Der Mandrakafall verdankt seine Berühmtheit weniger seiner Größe als vielmehr seiner Lage. An sich bietet er nichts Außergewöhnliches: Der Höhenunterschied beträgt nur etwa 30 m, und die Abflußmenge des Flusses ist zu bescheiden, um einen besonders eindrucksvollen Wasserfall zu bilden. Er liegt jedoch in einer malerischen Landschaft und ist von Tananarivo, das nur etwa 65 km entfernt liegt, leicht zu erreichen.

Die Insel Madagaskar ist durch die Asymmetrie ihres Reliefs gekennzeichnet. Einem sanften Anstieg im Westen steht ein markanter Steilabfall zur Ostküste gegenüber. Dieser Steilabfall, der eine nordsüdliche Längserstreckung von 1000 km besitzt und Angavo genannt wird, teilt sich auf der Höhe von Antananarivo in zwei Bergrücken. Zwischen diesen Bergrücken liegt ein durch Bewegungen der Erdkruste entstandener Graben, der vom Alaotrasee und vom Mangoro eingenommen wird. Die dicht bewaldeten Grabenränder sind schwer zu überwinden, da sie sich über 1500 m Meereshöhe erheben und dabei die Grabensohle, die mit einer dünnen Schicht jüngerer Sedimente zugeschüttet wurde, um fast 1000 m überragen. Die Hänge sind inzwischen unter der Einwirkung der Abtragung nach Westen zurückgewichen, wobei Granitstöcke, die im Präkambrium zwischen die Gneise des Grundgebirges eingedrungen sind, als Härtlingsrücken herauspräpariert wurden, weil sie der Erosion besser widerstehen konnten.

Einer dieser Granithärtlinge steht dem Mandraka als Hindernis im Weg. Er überquert ihn als Wasserfall. Unter tropischen Klimabedingungen verwittern die Gesteine tiefgründig zu feinem Grus, und den Flüssen stehen kaum Geröll zur Verfügung, durch deren Transport sie den Untergrund abschleifen könnten, um so Gefällsstufen auszugleichen. Aus diesem Grund bilden sich an Härtlingsschwellen besonders häufig Wasserfälle.

Der Abfluß des Mandrakas, der ursprünglich nach Westen gerichtet war, wurde später entlang einer Verwerfung nach Osten umgelenkt. Der Wasserfall erscheint plötzlich hinter einer Kurve der Eisenbahnstrecke, die Manjakandriana mit Anjiro verbindet. Von hier aus hat man einen weiten Blick über die grandiose Landschaft, und vor dem Hintergrund des dichten, dunkelgrünen Regenwaldes stürzt das Wasser wie ein leuchtendweißer Schleier herab.

Der Niederschlagsreichtum der östlichen Abdachung der Insel Madagaskar ist dem Südostpassat zu verdanken, der aus dem stationären Hochdruckgebiet über dem südlichen Indischen Ozean weht. Die Luftmassen, die voller Feuchtigkeit sind, treffen auf das Gebirge und steigen auf. Dabei kondensiert die Feuchtigkeit, und aus der sich bildenden Wolkendecke am Rande des Gebirges fallen Niederschläge. Diese sind sehr ausgiebig und ziemlich gleichmäßig über das ganze Jahr verteilt; in der Zeit von Januar bis Juni erreichen sie ihr Maximum.

Mandrakafall *Vom madagassischen Hochplateau kommend, schlängelt sich der Fluß zwischen die Felsen des Steilhangs und fällt als glitzernder Schaumschleier herab.*

Mardalsfoss

Europa, Norwegen
62° 30′ n. Br., 8° 07′ ö. L.

Die Gletscher der Eiszeiten haben in Norwegen ein Relief hinterlassen, das für viele Flüsse schier unüberwindlich zu sein scheint. Ihre Wasser stürzen deshalb in Tausenden von Kaskaden in die Tiefe der Fjorde. Ihr lautes Rauschen ist oftmals das einzige Geräusch, das in der Einsamkeit dieser im Meer ertrunkenen Trogtäler zu hören ist.

Norwegen ist das Land der Fjorde und der Wasserfälle. Während des Eiszeitalters haben riesige Gletscher Skandinavien mehrmals vollkommen bedeckt und seine Berge glattgeschliffen. Zwischen den Hochplateaus haben die Eismassen tiefe Trogtäler ausgefurcht, in die von den Seiten her kleinere und weniger stark eingetiefte Hängetäler einmünden. Der Formenschatz, den diese großen Gletscher hinterlassen haben, ist fast unverändert geblieben, obwohl das Eis schon vor mehr als 10000 Jahren verschwunden ist. Die fluviale Erosion hat noch keine Zeit gehabt, die glazialen Formen zu verändern, geschweige denn sie auszulöschen.

Tausende von Stromschnellen und Wasserfällen springen über Talstufen, über die Ränder der *Fjell* genannten Hochflächen und über die Trogschultern und stürzen von den Fjordwänden herab. Von der Sohle der Täler aus gesehen, scheinen diese Kaskaden, die der Wind in viele dünne Wasserfäden zerstäubt oder die am Ende dunkler, von Gischt verhüllter Schluchten donnern, oft aus dem Nichts zu kommen. Die Höhe der schwindelerregenden Felswände macht es nämlich unmöglich, von unten auf die Hochplateaus oder in die Kare zu sehen, in denen sich das Wasser sammelt. Diese Wasserfälle, die man auf norwegisch *Foss* nennt, gehören zu den wichtigsten touristischen Sehenswürdigkeiten des Landes. Die größten liegen in Westnorwegen, in der Nähe der großen Fjorde, so auch der berühmte Mardalsfoss, der seine zwei Wasserfäden in den hohen Bergen von Romsdal ausbreitet und der mit seinen 517 m Gesamthöhe der höchste Wasserfall Norwegens und sogar ganz Europas ist.

Der Mardalsfoss ist leider sehr schwer zugänglich. Von Andalsnes aus muß man nämlich zunächst nach Eresfjord am Südostzipfel des Langfjords fahren und von hier aus einem 18 km langen See, dem Eikesdalsvatn, mit dem Motorboot nach Süden folgen. Über dem Ende des Sees sieht man dann die doppelte Kaskade, die in einer schmalen Kerbe zwischen zwei riesigen Felssäulen von mehreren hundert Meter Höhe herabstürzt.

Das Wasser des Mardalsfoss kommt von einem schmalen, kuppigen Hochplateau, das 1800 m hoch ist und sich zwischen den tiefen Trogtälern des Romsdals und des

Mardalsfoss

Mardalsfoss *Von den Hochflächen des norwegischen Fjells stürzen die Wassermassen tosender Wildbäche über eindrucksvolle Kaskaden in die von eiszeitlichen Gletschern ausgeschliffenen, steilwandigen Trogtäler, deren Sohlen häufig von Seen oder Meeresarmen ausgefüllt sind.*

Eikesdals erstreckt. Der Wildbach fließt zunächst in einer Senke, die eine Reihe kleinerer Seen enthält. Er endet dann unvermittelt in 945 m Höhe über den Felswänden des Eikesdals, dessen Sohle von dem gleichnamigen See eingenommen wird, und stürzt über einen ersten Fall 297 m senkrecht in die Tiefe. Anschließend sammeln sich die Wassermassen in einem riesigen Kolkloch, das sie im Laufe der Zeit auf einem Felsvorsprung ausgehöhlt haben. Wenige Meter weiter unten teilt sich der Wildbach in zwei Arme, die beide über die Kante des Felsvorsprungs tosen und einen zweiten, 220 m hohen Fall bilden. Unterwegs vereinigen sich beide Wasserstrahlen wieder und stürzen gemeinsam auf die Oberfläche eines mächtigen Schwemmkegels, den sie am Fuß der Felswand aus mitgeführten Geröllen aufgebaut haben.

Wie die anderen, weniger hohen und steilen Wasserfälle in der Umgebung ist Mardalsfoss am Kontakt eines tiefen glazialen Trogtales mit einem Hochplateau *(Fjell)* entstanden, dessen Firnfelder und Seen ihn den ganzen Sommer über mit Wasser versorgen. Die harten, massiven Gneise dieser Gegend sorgen dafür, daß die senkrechten Felswände der Erosion seit vielen Jahrtausenden standhalten können und seit ihrer Entstehung kaum Veränderungen unterworfen sind.

Während der Schneeschmelze im Juni ist der Mardalsfoss besonders eindrucksvoll. Leider hat er in den letzten Jahren durch die Wasserentnahme eines Kraftwerkes einiges von seiner ursprünglichen Schönheit eingebüßt. Seine völlige Trockenlegung wurde glücklicherweise zu Beginn der siebziger Jahre durch massive Proteste der ansässigen Bevölkerung verhindert.

Marismas del Guadalquivir

Europa, Spanien
36° 50'–37° 20' n. Br., 5° 55'–6° 35' w. L.

Dort, wo früher die Wogen des Atlantischen Ozeans tobten, dehnen sich heute die endlosen Flächen eines Sumpfgebietes aus, das der Guadalquivir dem Meer innerhalb weniger Jahrtausende abgerungen hat.

Im Mündungsgebiet des Guadalquivirs, hinter langen Küstendünen, breitet sich eine weite, versumpfte Ebene aus: Las Marismas (die Sümpfe) del Guadalquivir, die eine Fläche von etwa 490 km² bedecken. Hier teilt sich der Fluß in unzählige Arme auf; die drei wichtigsten sind der Del Este, der Del Medio und der De la Torre. Diese zahlreichen Wasserläufe speisen Seen und Lagunen und trennen weite, flache Inseln voneinander. Die Isla Mayor, 40 km lang, und die Isla Menor, 17 km lang, sind die beiden größten.

Die Sumpfebenen des Guadalquivirs sind ein typisches Beispiel für die junge Auffüllung einer Trichtermündung. Noch vor 9000 Jahren war das Mündungsgebiet des Flusses eine trichterförmige, große Bucht, die sich weit zum Ozean hin öffnete. Allmählich haben jedoch die Küstenströmungen einen Gürtel von Dünen vor den Eingang der Bucht geschoben, der sie bald vom Meer trennte und sie in einen Strandsee umwandelte. Hinter diesen Dünen, den Arenas Gordas, wurde die Lagune dann mit den Schwemmsedimenten des Guadalquivirs aufgefüllt. Die ehemalige Meeresbucht war schon zur Zeit der Römer zu einem See, dem Lacus Ligustinus, geworden, aus dem bereits Inseln auftauchten, die kleine Weiler trugen.

Marismas *Im Laufe der letzten 8000 Jahre hat der Guadalquivir eine trichterförmige, durch mächtige Dünenwälle vom Atlantik abgetrennte Lagune mit seinen Schwemmsedimenten aufgefüllt. Deutlich sind die zahlreichen Nebenarme zu erkennen, die der Fluß auf seinen fast gefällslosen Ablagerungen gebildet hat.*

Die unendlich weiten Flächen, die sich in der Ferne am Horizont verlieren, werden schon seit 1870 kolonisiert. Aber erst die hochentwickelten Entwässerungstechniken unserer Zeit haben die Kolonisation größerer Gebiete ermöglicht, in denen man heute hauptsächlich Viehzucht, daneben aber auch Reis- und Baumwollanbau betreibt. Die Kultivierungsarbeiten gestalten sich jedoch noch immer sehr schwierig, weil wegen der notwendigen Eindeichungen eine rasche Versalzung des Grundwassers eintritt.

Das durch ausgeprägte Jahreszeiten gekennzeichnete Klima mit winterlichen Niederschlägen und sommerlicher Dürre bestimmt die ökologischen Bedingungen der Marismas. Im Sommer schrumpfen die Wasserflächen durch die Dürre, und der Boden wird freigelegt. Hohe Temperaturen und die damit einhergehende starke Verdunstung lassen ihn sehr bald völlig austrocknen und rissig werden. Wenn die Vegetation verdorrt, ziehen sich auch die meisten Tiere aus den Marismas zurück. Jeden Winter überschwemmen Regengüsse und die Hochwasser des Guadalquivirs die weiten Flächen von neuem. Im April zeigen die Sümpfe ihre ganze Pracht: Macchien mit duftenden Blumen und ausgedehnte Nadelwälder im Hinterland der Dünenrücken beherbergen dann eine reichhaltige Fauna. Hirsche, Rehe und unzählige Kaninchen sowie Reiher, Störche, Enten und seltene Greifvogelarten finden Nahrung im Überfluß.

Die Unwegsamkeit des Geländes hat die Marismas lange Zeit vor dem Eingriff des Menschen in ihren Naturhaushalt bewahrt. Aber die zunehmende Urbarmachung der Sumpfgebiete als Folge eines starken regionalen Bevölkerungsdruckes und Schäden durch Gewässerverschmutzung lassen befürchten, daß das ökologische Gleichgewicht eines Tages nachhaltig gestört sein wird.

Mascún, Barranco de

Europa, Spanien
42° 17′ n. Br., 0° 05′ w. L.

Verwitterung und Erosion haben zusammen eine tiefe Schlucht in den Kalkstein der Sierra de Guara geschnitten und bizarre Felsformationen geschaffen, die eine Landschaft von eigenartiger Faszination prägen.

In der Provinz Huesca erhebt sich die Sierra de Guara im Tozal de Guara bis 2077 m Meereshöhe. Auf beiden Seiten des höchsten Gipfels dehnen sich Kalkplateaus aus, auf denen eine Reihe von natürlichen Sehenswürdigkeiten zu finden sind. Dazu gehört der Barranco de Mascún, eine der seltsamsten Landschaften der Erde. Dies liegt nicht nur am bizarren Relief, sondern auch an den geologischen Phäno-

◀ **Barranco de Mascún** *Unten auf dem Grund der Schlucht schlängelt sich das Geröllbett des Río Mascún zwischen den schroffen Felswänden, von einer Felsklippe überragt, deren bizarre Formen durch die Verwitterung entstanden sind.*

menen, die diese Schlucht geformt haben.

Der Name Mascún kommt aus dem Arabischen und bedeutet „Heim der Hexen". Tatsächlich erinnern die Felsklippen, die die Hänge der Schlucht bedecken, an versteinerte Hexen. Zu Dutzenden, zu Hunderten sogar erheben sich auf der Sohle und an den Flanken des Barrancos seltsame Gebilde, die, teils riesengroß, teils schlank, hier massiv oder dort zerschnitten, eine Landschaft aus einem phantastischen Märchen bilden. Ein Reisender, der im 19. Jahrhundert die Gegend besuchte, berichtet, daß er die Schlucht mit gezücktem Revolver durchquert habe, so unheimlich sei ihm die Landschaft erschienen.

Das Dorf Rodellar, das etwa 50 km nordöstlich von Huesca liegt, ist auf einem Gebirgssporn erbaut, den der letzte Talmäander des Río Mascún begrenzt, bevor er in den Alcanadre mündet. Von diesem malerischen kleinen Flecken führt ein Weg in die Schlucht hinunter. Der Grund dieser Schlucht ist im Sommer ausgetrocknet und daher leicht zugänglich. Man kann das Geröllbett des Río Mascún hinaufgehen, das von hohen Steilwänden eingefaßt ist. Nur einige Tümpel, in denen das Wasser das ganze Jahr über stehenbleibt, können Hindernisse bilden. Man kann sie aber leicht und ohne Gefahr auf Wegen umgehen, die zu beiden Seiten des Flußlaufs in die Felswand gehauen sind.

Auch der sich anschließende Mittellauf des Flusses kann durchwandert werden. Der obere Teil des Barranco de Mascún ist jedoch viel schwieriger zu erreichen und wurde erst 1956 von Pierre Minvielle erforscht, der mit einer Steckleiter, wie sie von Höhlenforschern verwendet wird, die Kaskadenstufen überwand.

Der untere, am leichtesten erreichbare Abschnitt ist zugleich der malerischste. Kaum hat man den Grund des Barrancos erreicht, entdeckt man die Fuente Mascún, eine Karstquelle, an der sowohl das Wasser des Flusses, das stromaufwärts versickert, als auch das Sickerwasser von den benachbarten Kalkplateaus wieder an die Oberfläche tritt. Zwei natürliche Arkaden hängen über dem Quellbecken und bilden eine Brücke, deren Bögen je 15 m hoch und 40 m breit sind. Dahinter erinnert ein Felsmassiv an ein von Türmchen gekröntes und von Dachluken durchbohrtes Bollwerk. Davor steht ein 120 m hoher Felsen, die Kerze genannt. Auf der anderen Talseite erheben sich die Nadeln von Cagates vor einem doppelten Bogen, dem Dromedar. Dahinter ragen seltsame, wabenförmig verwitterte Steilwände empor.

Dieser untere Teil des Barranco de Mascún endet an großen Schutthalden. Weiter oben geht das Tal in eine enge Schlucht über, wo die glatten Steilwände von kleinen Felssimsen und -nadeln unterbrochen werden. Eine natürliche Brücke überspannt die Schlucht auf halber Länge dieses mittleren Abschnitts. Noch weiter oben verengen sich die Steilwände zu einer schmalen Spalte. An dieser Stelle beginnt der obere Teil der Schlucht, eine gewundene Rinne, die stellenweise kaum 1 m breit ist und im Schatten 100 m hoher, überhängender Felswände liegt. Von hier bis zum Plateau von Letosa folgen dicht aufeinander Strudeltöpfe und Wasserfälle, die in regenreichen Monaten Wasser führen – d.h., wenn das Schluckloch weiter oben auf dem Plateau, wo der Fluß im Untergrund verschwindet, nicht mehr alles Wasser aufnehmen kann.

Der Barranco ist durch die Tiefenerosion des Flusses entstanden. Die bizarren Klippen sind aber auf die besonderen Eigenschaften des anstehenden Kalksteins zurückzuführen. Der Nummulitkalkstein, der die Felswände des Barrancos aufbaut, hat ein linsenförmiges Gefüge, das wabenartig herauswittert. Liegen sich zwei solcher wabenartigen Vertiefungen an einem Felssporn in gleicher Höhe gegenüber, dann kann das trennende Zwischenteil durch die Verwitterung ausgeräumt und eine natürliche Brücke gebildet werden. Liegen die Vertiefungen neben- oder übereinander, entstehen bizarre Felsklippen.

Mashusee

Asien, Japan
43° 35′ n. Br., 144° 32′ ö. L.

Wie eine Tuschezeichnung von stiller, kalter Schönheit liegt der indigoblaue See inmitten üppiger Wälder und dunkler Berge, deren Hänge steil in das klare Wasser hinabfallen.

Der Akan-Nationalpark (874 km²) liegt in den Vulkanbergen der japanischen Insel Hokkaido. Er ist sehenswert wegen der

Mashusee *Unter dem kalten, stillen Himmel des nördlichen Japans, wo einst ein Vulkankrater sich auftat, liegt das klare und ruhige Wasser des von Kiefern gesäumten Sees.*

Matakilfälle

Vielfalt vulkanischer Formen und postvulkanischer Erscheinungen (Solfataren und warme Quellen), die man dort findet, und ganz besonders wegen seiner großen Calderen, deren Böden teilweise von Seen eingenommen werden. Die drei Calderaseen heißen Akan, Kutcharo (mit beinahe 25 km Durchmesser die größte Caldera Japans) und Mashu.

Der Mashusee – japanisch Mashu-ko –, dessen Wasserspiegel in 351 m Höhe liegt, erstreckt sich auf 20 km²; seine Tiefe beträgt 212 m. Er ist einer der klarsten Seen der Welt, und die Sicht reicht bis in 41 m Tiefe. Die außergewöhnliche Transparenz des Wassers ist auf das Fehlen jedes pflanzlichen und tierischen Lebens im Mashu-ko zurückzuführen; auch nimmt er keinen Fluß und keinen Bach auf, dessen mitgeführte Sinkstoffe das Wasser des Sees trüben könnten. Mitten im See erhebt sich ein Inselchen (Kamuishu), eine Lavanadel, die bei einem früheren Vulkanausbruch aus der Tiefe gepreßt wurde und hier erstarrte.

Im Südosten wird der Mashusee vom 859 m hohen Kamui-nupuri beherrscht, einem Vulkan, dessen westliche Flanke von dichten Kiefernwäldern bedeckt ist. Diese üppigen, dunkelgrünen Wälder, die bis zu den Ufern des Mashu-ko hinunterreichen, die herrliche tiefblaue Farbe des Wassers und die Berge, die gerade aus dem See zu steigen scheinen, machen ihn zu einem der beliebtesten Reiseziele Japans und haben ihn zu Recht als den „Wundersee" berühmt gemacht.

Matakilfälle

Afrika, Zentralafrikanische Republik
8° 33' n. Br., 21° 20' ö. L.

Unter dem dichten Laubdach einer üppigen tropischen Vegetation breitet sich der Fluß aus, als wollte er Atem schöpfen, und stürzt sich dann über den Rand einer mächtigen Sandsteintafel in die Tiefe.

Unter den Klimabedingungen der wechselfeuchten Tropen, wie sie in der Zentralafrikanischen Republik herrschen, verwittern Gesteine, insbesondere Sandstein, sehr rasch und intensiv. Die Flüsse führen deshalb kaum Geröll mit sich, sondern hauptsächlich feines Material. Sie können sich also nicht sehr tief in den Untergrund einschneiden, so daß kleinere Täler in der Trockenzeit oft kaum erkennbar sind. Müssen die Flüsse plötzliche Gefällsunterschiede überwinden, so können sie diese nicht im Lauf der Zeit durch rückschreitende Erosion ausgleichen, sondern sie

◄ **Matakilfälle** *Mitten im Regenwald stürzt das Wasser des zentralafrikanischen Flusses Koumbala in stufenförmigen Kaskaden in einen Kessel, der mit einer chaotischen Ansammlung von Sandsteinblöcken gefüllt ist.*

stürzen über Wasserfälle in die Tiefe oder bilden Stromschnellen.

Ein solches Phänomen, geradezu lehrbuchhaft ausgebildet, ist auf dem Plateau zwischen den Orten Mouka und Ouadda zu beobachten, einem fast vollkommenen Dreieck aus Sandstein, das östlich von Ndélé von einer markanten Schichtstufe begrenzt ist. Der Koumbala, der auf diesem Plateau entspringt, ist im Oberlauf kaum ein paar Meter tief eingeschnitten. Dort, wo er sich dem Rand der Sandsteintafel nähert, wird sein Lauf von niedrigen Stromschnellen unterbrochen. Dann breitet sich das Wasser über eine Felsenplatte aus, bevor es zum Hauptwasserfall strömt und dort etwa 60 m tief – während der Regenzeit in mehreren Kaskaden – in einen Kessel stürzt, der in mesozoische Sedimente eingeschnitten ist. Dies sind die bekannten Matakilfälle. Sie liegen mitten in dichten Regenwäldern und sind trotz ihrer Größe von der Luft aus nicht zu erkennen, weil sie unter den Baumwipfeln verborgen sind.

Stromabwärts liegen im Flußbett, das hier von kleineren Wasserfällen unterbrochen wird, große, kantige Felsblöcke verstreut, die sich von den Wänden des Kessels gelöst haben und in die Tiefe gestürzt sind.

Monts de Matmata *Hier am Rande der Wüste haben die Bewohner der Gegend, seßhafte Berber, Löcher gegraben, um das lebenspendende Wasser zu erreichen, das die Palmen und die Gärten der Oase ernährt.*

Matmata, Monts de

Afrika, Tunesien
33° 30' n. Br., 10° ö. L.

Am Rande der Wüste, mitten in der Welt der Nomaden, zieht sich das Bergland hin, dessen fruchtbarer Boden den Berbern die Möglichkeit gegeben hat, hier seßhaft zu werden.

Im Süden Tunesiens bilden die Monts de Matmata den nördlichen Teil einer Landschaft, die sich in Libyen im Djebel Nefousa fortsetzt: ein großer Gebirgsbogen, der die Djeffaraebene und den Golf von Gabès umfaßt. Das Bergland erreicht nur eine bescheidene Höhe; der höchste Punkt auf dem Kef en-Nsoura liegt bei 715 m. Es grenzt aber unmittelbar an die Ebene, die im Westen höchstens 120 m erreicht und im Osten bis zum Meeresspiegel absinkt, und ebendiese großen Höhenunterschiede, zusammen mit der engräumigen Zertalung des Gebiets, rechtfertigen die Bezeichnung „Berge".

Die Matmataberge bilden eine Schwelle zwischen den weiten, ebenen Flächen der unteren, tafelförmigen Sahara und den südlichen Ausläufern des Atlas. Dieses Kreidekalkplateau, das zum Golf von Gabès in einer Steilstufe abfällt, dacht sich nach Westen sanft zur Sahara ab. Dem Sonnenaufgang zugewendet, erheben sich die Steilwände von Toujane und von Zmertène; ihre Rückseite, das Hochplateau, das auf arabisch *Dahar*, d.h. Rücken, genannt wird, taucht unter die Sandflächen des Großen Östlichen Ergs ab.

Wenn man die zerfurchten Steilhänge außer acht läßt, die im Süden auf der Höhe von Foum Tatahouine die Ebene beherrschen, kann man wegen der ganz ähnlichen Reliefgestalt auch den zentralen Teil des Djebels von Beni Kheddache zum Bergland von Matmata rechnen. Dieses über 600 m hohe Gebirge bildet den höchsten und folglich auch zergliedertsten Teil des Berglands, der aber seltsamerweise auch der fruchtbarste ist. Dies liegt am lockeren, gut durchlüfteten Boden, der hier in großer Mächtigkeit vorkommt und eine relativ dichte Besiedlung durch seßhafte Berber, die Matmati, begünstigt hat. Die Oberfläche dieses lehmig-sandigen Bodens ist von unzähligen Halbhöhlen *(Abris)* durchzogen, die für diese Gegend charakteristisch sind.

Während des mittleren Quartärs hat diese Landschaft ihre wesentlichen Merkmale und den ockergelben Farbton erhalten, der sie heute noch kennzeichnet. Feineres Material, Löß, deckte das bestehende Relief zu und liegt heute als dicke, fruchtbare Schicht auf den anstehenden Gesteinen. Dieser Löß enthält einen gewissen Sandanteil und ist äolischer Herkunft. Er wurde in allen Senken und auf der Leeseite der Erhebungen durch eine Steppenvegetation festgehalten.

Die äolischen Ablagerungen sind vor allem auf die Stauwirkung der Matmataberge zurückzuführen, die den starken Winden aus Südwesten (dem heutigen Schirokko vergleichbar) im Wege standen. Im Lee der Berge, also im Nordosten, setzte sich der vom Wind transportierte Staub ab. Weiter südlich gibt es keinen Löß, denn die Hügel sind dort niedriger, das Klima ist trockener, und die kärgliche Steppenvegetation fehlt oft sogar ganz.

Der Löß, der im Téchinebecken maximal etwa 20 m mächtig ist, wurde aber durch das fließende Wasser umgelagert. Da er nur wenig widerstandsfähig ist, wurde er zu einer breiten Bergfußfläche eingeebnet, die im Holozän, als wieder eine feuchte Periode eintrat, zerschnitten wurde. In den Tälern, die die Fußfläche mit beeindruckenden Steilwänden zerschneiden, ist eine untere lößbedeckte Terrasse ausgebildet. Das heutige Klima ist für die Entwicklung von *Badlands*, wie man sie in den größeren Becken beobachten kann, verantwortlich: Das abfließende Wasser sammelt sich schnell und zerfurcht die lockeren Lößschichten. Um die Abtragung des fruchtbaren Bodens zu verhindern und um das Regenwasser aufzufangen, hat man jedes Tälchen mit Dämmen abgesperrt, hinter denen Dattelpalmen, Olivenbäume und Getreide wachsen.

Die Struktur des Lösses und seine große Mächtigkeit erleichtern auch den Bau von Höhlenwohnungen. So sind die Becken von Matmata und Téchine mit runden Löchern übersät, die 5 bis 6 m Durchmesser haben und in denen sich gewölbte Zimmer und Speicher öffnen. Es gibt jedoch auch moderne, weiß getünchte Häuser, die in dieser braungelben Landschaft nicht zu übersehen sind.

Matsushima

Asien, Japan
38° 22′ n. Br., 141° 04′ ö. L.

Land und Meer vereinigen sich in der Bucht von Matsushima zu einem ungewöhnlichen Labyrinth, in dem sich der Ortsunkundige leicht verirren kann.

Die Bucht von Matsushima liegt als Teil der größeren Sendaibucht an der Pazifikküste der japanischen Insel Honschu (Hondo). Sie wird von einem vorgelagerten, aus 249 mit Kiefern bewachsenen Inseln und Inselchen bestehenden Archipel vor den Wogen des Ozeans geschützt. Die Inselgruppe besteht aus vulkanischen Tuffen, die von der Meeresbrandung stark unterspült und zu scharf vorspringenden Kaps geformt wurden. Wegen ihrer einzigartigen landschaftlichen Vielfalt gehört die malerische Bucht von Matsushima zu den am meisten gerühmten Naturwundern Japans.

Ursache dieser besonderen Küstenform sind die Schwankungen des Meeresspiegels im Quartär. Während des Tertiärs erstreckte sich an der Stelle der Bucht noch eine Halbinsel, die durch die Abtragung bis auf einige Härtlinge eingeebnet worden war. Im frühen Quartär stieg der Wasserspiegel des Pazifiks, so daß das Meer in den südöstlichen Teil der Halbinsel eindrang.

Matsushima 249 kiefernbestandene Inseln schützen die Bucht von Matsushima vor der Brandung des Pazifischen Ozeans. Sie bilden ein Labyrinth schmaler Meeresarme, dessen landschaftliche Schönheit das Gebiet zu einem der bekanntesten Fremdenverkehrszentren der japanischen Inselwelt werden ließ.

Die Brandung hinterließ deutliche Abrasionsformen, die noch heute sichtbar sind. Während des mittleren Quartärs, als ein Teil des Wasservorrates der Erde als Eis in pleistozänen Gletschern gebunden war, sank der Meeresspiegel. Die überfluteten Teile der Halbinsel tauchten wieder auf und wurden von Flüssen tief zerschnitten. Die heutige Küstenform ist das Ergebnis einer erneuten Überflutung der ehemaligen Halbinsel. Dieser jüngste Meeresspiegelanstieg fand während des älteren Holozäns statt, d. h. vor etwa 10 000 Jahren.

Die Bucht von Matsushima ist heute eines der bedeutendsten Fremdenverkehrszentren Japans. Zwischen den Inseln fahren ungezählte Motor- und Segeljachten, und an den Ufern reihen sich die Hotels aneinander. Weitere Erwerbszweige der einheimischen Bevölkerung sind neben dem Tourismus die Austern- und Algenzucht sowie die Fischerei.

Matterhorn Hoch ragt die scharf geschnittene Felspyramide des Matterhorns in den tiefblauen, klaren Himmel auf. Täglich bietet sie ihre Wände aus kristallinem Gestein dem ständig wechselnden Spiel von Licht und Schatten dar.

Matterhorn

Europa, Italien/Schweiz
45° 59′ n. Br., 7° 43′ ö. L.

Das Matterhorn ist der markanteste Gipfel der Alpen. Seitdem er zum ersten Male bestiegen wurde, haben Millionen von Menschen ihn bewundert, und viele Tausende haben versucht, ihn zu bezwingen.

Den größten Eindruck macht das Matterhorn, wenn man von Süden, von der italienischen Seite her, kommt. Seine scharf geschnittene Pyramide wirkt zwar ebenso großartig, wenn man sie von Norden betrachtet, aber sie taucht schon in weiter Ferne auf, und es dauert lange, bis man die Felsspitze genau sehen kann. Reist man jedoch von Süden an, dann ragt sie ganz plötzlich vor einem auf.

Im Valtournanche, einem großen, schönen Tal, steigt man langsam hoch bis zu dem alten Dorf Breuil. Zu ihm gehört der moderne Wintersportort Cervinia, der in diesem Teil der Zentralalpen von Touristen am meisten besucht wird. In Breuil-Cervinia befinden wir uns am Fuß des Matterhorns. Der Anblick, den dieser imposante Felsobelisk, der sich hoch über alle anderen Berge der Umgebung erhebt, bietet, ist faszinierend und zu den verschiedenen Tages- und Jahreszeiten immer wieder neu. Die geometrisch vollkommenen Flanken steigen bis in eine Höhe von 4478 m auf. Die kahlen Wände aus kristallinem Gestein ziehen im Sommer die Bergsteiger an. Im Winter sind sie verschneit, doch zu jeder Jahreszeit zeichnen sich bei schönem Wetter ihre scharfen Umrisse gegen den Himmel ab.

Wie alle Riesen der Zentralalpen, so etwa der benachbarte Monte Rosa ein wenig weiter östlich, besteht auch das Matterhorn aus kristallinem Tiefengestein. Die Erosion hat die oberen Schichten des Gebirgskörpers abgetragen, die in dieser Region mehrere tausend Meter gehoben worden waren. Man muß sich über dem gegenwärtigen Gipfel noch eine Gesteinsschicht von beträchtlicher Mächtigkeit vorstellen. Durch Erosionsvorgänge, die die Oberflächenschichten gleichsam abschälten, wurde das Fundament des Gebirges freigelegt. Die Tiefengesteine, die bei hohen Temperaturen und unter dem hohen Druck der oberen Schichten entstanden, erstarrten langsam und bildeten Quarz-, Feldspat- und Glimmerkristalle. Die kristallinen Gesteine – am wichtigsten ist der Granit – sind sehr hart und widerstandsfähig gegenüber der Verwitterung und Abtragung. Aus ihnen bestehen die höchsten Massive der Alpen, die, wie das Matterhorn, die Wasserscheide zwischen Rhone und Po bilden. Die Härte des kristallinen Gesteins erklärt auch, warum die Pyramide des Matterhorns so schroff und steil mit ihren massiven Wänden in solche Höhen emporragt.

Die Abtragung ist erst wirksam geworden, nachdem sich die Alpen gehoben hatten. In den letzten Jahrmillionen wurde sie durch die ausgedehnte Vergletscherung des Gebirges im Quartär beschleunigt. In den Alpen wuchsen die Gletscher in den Kaltzeiten nämlich sehr stark an und füllten die großen Alpentäler bis zum Rand aus. Als das Klima milder wurde, zog sich das Eis wieder zurück. Die Oberflächenformen der Alpen zeugen von der Arbeit der Gletscher.

Die Haupttäler sind sehr breit und tief. Die Seitentäler liegen oft hoch oberhalb der Sohle des Haupttals, und die in diesen Tälern fließenden Wildbäche stürzen entweder als Wasserfälle zu Tal oder durch enge Klammen, die sie in das Gestein geschnitten haben.

In den Hochtälern um das Matterhorn wächst hier und da noch Wald, doch zum größten Teil ist der eisfreie Boden von Matten bedeckt. Früher war hier die traditionelle Wirtschaftsform die Almwirtschaft. Diese wird Zug um Zug aufgegeben, da die Lebensbedingungen in hochliegenden Dörfern sehr schwierig sind. Die Entvölkerung ist das Hauptproblem dieser Dörfer.

Den wirtschaftlichen Wiederaufschwung im Valtournanche brachte der Fremdenverkehr. Für den Skisport ist Breuil-Cervinia hervorragend ausgestattet. Seilbahnen führen auf die Testa Grigia und auf den Furggengrat. Viele Bergsteiger finden sich hier ein. Da jedoch die Besteigung des Matterhorns sehr schwierig ist, bleibt sie ausschließlich geübten Alpinisten vorbehalten. Die Eroberung der verschiedenen Aufstiegsrouten über die einzelnen Flanken des Matterhorns ist mit großen Leistungen und berühmten Namen verbunden: Edward Whymper, Franz und Toni Schmid, Dieter Marchant, Walter Bonatti und vielen anderen.

Mauna Loa

Ozeanien, Hawaii
19° 30′ n. Br., 155° 40′ w. L.

Zwischen dem Boden des Pazifischen Ozeans und den höchsten Gipfeln von Hawaii besteht ein Höhenunterschied von mehr als 9000 m. So mächtig sind die Lavaschichten zweier riesiger Schildvulkane, die unter den höchsten Bergen der Erde an vorderster Stelle stehen.

Auf Hawaii, der größten der zu den Vereinigten Staaten von Nordamerika gehörenden Hawaiischen Inseln, liegen fünf Vulkane: der Kohala (1679 m), der Hualalai (2522 m), der Mauna Kea (4214 m), der Kilauea (1230 m) und der Mauna Loa (4168 m). Die drei erstgenannten sind heutzutage erloschen, aber Kilauea und Mauna Loa sind nach wie vor tätig. Der Mauna Loa gilt dabei als der größte aktive Vulkan der Erde. Sein Fundament ruht auf dem Boden des Pazifischen Ozeans, der hier etwa 5000 m tief ist. Demnach sind die Lavaströme des riesigen Feuerberges also mehr als 9000 m hoch übereinandergeschichtet, so daß der Mauna Loa nach dem Mauna Kea der zweithöchste Berg der Erde ist. Der Mount Everest folgt erst an dritter Stelle. An der Basis besitzt dieser Vulkan einen Durchmesser von etwa 100 km. Sein Volumen soll hundertmal größer als das des berühmten Fudschijamas sein. Im Osten wird er von einem 1230 m hohen Nebenkegel, dem Kilauea, flankiert. Die Tätigkeit beider Feuerberge vollzieht sich jedoch völlig unabhängig voneinander, weshalb der Kilauea von vielen Geologen doch als selbständiger Vulkan betrachtet wird. Da er leichter zugänglich ist als der Mauna Loa, wurde er besonders sorgfältig untersucht. Die Eruption von 1959 stellte einen der Höhepunkte seiner Tätigkeit dar. Damals wurden bis 600 m hohe Lavafontänen emporgeschleudert, die höchsten, die man je auf

Mauna Loa *Die Grundfläche des Mauna Loa, den man im Hintergrund erkennt, ist so riesig, seine Hänge steigen so sanft an, daß man kaum glauben kann, daß er die Höhe des Matterhorns erreicht. Zählt man seinen unter dem Meeresspiegel gelegenen Sockel hinzu, ist er sogar der zweithöchste Berg der Erde – vor dem Mount Everest. Im Vordergrund erstreckt sich ein ausgedehnter Lavastrom, der während des Erkaltens in unzählige Blöcke zerfallen ist.*

Hawaii beobachtete. Der Mauna Loa selbst hatte in den letzten 100 Jahren im Durchschnitt alle dreieinhalb Jahre einen Ausbruch.

Ebenso wie die übrigen feuerspeienden Berge der Hawaii-Inseln sind auch der Mauna Loa und der Kilauea zwei Schildvulkane, deren durchschnittliche Hangneigung nur sehr gering ist (5 bis 6°). Die flache Schildform ergibt sich aus einem besonderen Eruptionstyp, den die Vulkanologen auch Hawaiityp nennen. Es werden ausschließlich basaltische Laven gefördert, und zwar sehr dünnflüssige. Ihre Ströme können sich deshalb ähnlich wie Wasser über sehr große Flächen verteilen. Sie werden entweder aus einem Zentralkrater oder aus Spalten gefördert, die den Berg durchziehen; die wichtigsten Spalten des Mauna Loa befinden sich im Südwesten und im Nordosten seines Gipfels. Das Volumen der Lavaströme, die die beiden Vulkane während der letzten zwei Jahrhunderte ausgespien haben, soll nach neueren Berechnungen zwischen 3,3 und 3,7 km^3 betragen; dieser Wert entspräche in etwa der Lavaförderung aller anderen Vulkane der Welt zusammen, Island ausgenommen. Seismologische Messungen haben ergeben, daß die meisten Erdbeben, die man auf Hawaii registriert hat, vermutlich die Folgen von Krustenbewegungen sind, die in rund 50 km Tiefe unter den Inseln stattfinden. Man nimmt daher an, daß das Magma des Mauna Loa aus dieser Zone stammen könnte. Es steigt von dort allmählich auf und sammelt sich einige Kilometer unter dem Gipfelkrater in einer Magmakammer. Da die Temperatur des Magmas während des Aufstiegs bereits stark abgesunken ist, beginnen sich hier grüne Olivinkristalle zu bilden. Beim Ausbruch werden diese dann in der Lava an die Erdoberfläche transportiert und bei deren Abkühlen in den sich verfestigenden Basalt eingeschlossen.

In dem Augenblick, in dem sie an die Erdoberfläche treten, haben die sehr dünnflüssigen und gasreichen Laven des Kilaueas eine Temperatur zwischen 1100 und 1200 °C. Sie schießen wie Feuerfontänen empor, die meist mehrere zehn, manchmal aber auch mehrere hundert Meter hoch werden. Die Lavabrocken, die um die Auswurfstelle wieder herunterfallen, bilden dabei mächtige Schlackenkegel, deren größter 117 m hoch ist. Meist fließen die Laven jedoch als breite Feuerströme über die Hänge des Vulkans ab und erreichen dabei manchmal das Meer, wie beim Ausbruch von 1950.

Sobald ein Lavastrom die Erdoberfläche erreicht, kühlt er verhältnismäßig rasch ab. Bei der Eruption des Kilaueas am 10. und 11. November 1973 war die ausgeflossene Lava bereits nach sechs Tagen an der Oberfläche fast erkaltet. Wenn ein Lavastrom sehr flüssig ist und nur wenig Gas enthält, bildet er beim Erkalten häufig strickähnliche Formen, sogenannte Stricklava oder, mit einem hawaiischen Wort, *Pahoehoe*. Stricklava entsteht an steilen Hängen, wenn ein abfließender Lavastrom zum Stillstand kommt, bevor er an der Oberfläche völlig erstarrt ist. Beim Abkühlen werden aber häufig zuerst seine Oberfläche und seine Ränder unbeweglich, denn sie stehen in Kontakt mit der Luft und der kalten Bodenoberfläche. Im Untergrund fließt die Lava jedoch weiter. Wenn dann die Lavaförderung nachläßt, kann es vorkommen, daß im Innern des Lavastromes Hohlräume zurückbleiben, die oft mehrere Kilometer lang sind. Die Geologen nennen diese Erscheinung Tunnellava. Häufig werden Bäume von einem Lavastrom eingeschlossen, und es entstehen sogenannte Lavabäume (*Lava Trees*), die manchmal wie große Pilze aussehen. Wenn die ausströmende Lava dickflüssiger ist, zerbricht sie beim Abkühlen in einzelne Schollen. Ihre Oberfläche ist sehr unregelmäßig und wird von großen Schlackenblöcken gebildet. Eingeschlossene Gasblasen können kleine Hügel entstehen lassen, die man *Hornitos* nennt. Auf Hawaii bezeichnet man solche Lavafelder als *Aa*.

Die Gasförderung der hawaiischen Vulkantypen ist nicht besonders groß. Bei Ausbrüchen des Mauna Loa (1940) und des Kilauea (1952) hat man errechnet, daß der Gasanteil nur 1 % des Gesamtgewichts des an der Eruption beteiligten Magmas ausmachte. Das entweichende Gas bildet beim Ausbruch große Wolken, die mehrere tausend Meter hoch werden können. Nach genaueren Analysen bestehen sie hauptsächlich aus Wasserdampf (70 %), Kohlendioxid (14 %) und Schwefeldioxid (6 %). Die geringe Viskosität der Lava und ihr bescheidener Gasgehalt bewirken, daß vulkanische Auswurfprodukte auf Hawaii recht selten sind: Die Oberflächen der Lavaströme sind nur hin und wieder von kleinen Schlackenkegeln oder von fladenförmigen, aus einem Krater herausgeschleuderten Lavafetzen bedeckt. Eine besondere Erscheinung sind jedoch lange, dünne Glasfasern, die man massenhaft in der Kauwüste, südwestlich vom Krater des Kilaueas, findet. Sie entstanden aus emporgeschleuderten Lavatropfen, die während des freien Falls wie gesponnenes Glas ausgezogen wurden. Man bezeichnet sie nach einer Göttin, die den Krater des Kilaueas zu ihrem Sitz erkoren haben soll, als „Peles Haar".

Am Gipfel des Mauna Loa öffnet sich ein weiter, ovaler Krater, den die Einheimischen Mokuaweoweo nennen. Es handelt sich jedoch nicht um einen Explosionskrater, sondern um eine Einsturzcaldera. Nach großen Ausbrüchen hat sich eine in der Tiefe liegende Magmakammer des öfteren entleert, bis die Decke des so entstandenen Hohlraumes schließlich einstürzte. An der Erdoberfläche entstand so die kraterförmige Caldera. Um 1840 war die Mitte der Caldera etwa 300 m tief, wurde dann aber allmählich von emporsteigender Lava aufgefüllt. 1914 lief der brodelnde Lavasee sogar über und ergoß sich über die Flanken des Berges. Ähnliche Verhältnisse herrschen am Kilauea, der ebenfalls eine weite Einsturzcaldera mit einem Durchmesser von 4 km besitzt. Im Innern dieser Caldera befindet sich ein Krater, der fast ständig von einem Lavasee ausgefüllt wird. Dies ist der berühmte Halemaumau.

Mayon

Asien, Philippinen
13° 15' n. Br., 123° 42' ö. L.

Der Mayon ist einer der ebenmäßigsten Vulkankegel der Erde. Eine Rauchfahne über seinem Krater, die von den Passatwinden fortgeweht wird, erinnert jedoch an seine Gefährlichkeit, die der Berg bereits mehrfach bewiesen hat.

Manchmal wird der Mayon auch nach dem Namen der Provinz, in der er liegt und die den Südosten der Insel Luzon einnimmt, Vulkan von Albay genannt. Sein streng symmetrisch geformter Kegel überragt mit einer Höhe von 2421 m die nördliche Bucht von Albay. Er ist besonders von See her schon aus größerer Entfernung deutlich zu erkennen. Seine steilen Hänge, die sich unvermittelt über der flachen Umgebung erheben, sehen aus wie die Wände eines riesigen kegelförmigen Zeltes.

Die kreisförmige Basis des Vulkankegels besitzt einen Durchmesser von rund 16 km. Am ebenfalls kreisförmigen Gipfelkrater, der nur eine geringe Tiefe von 50 bis 100 m besitzt, treten die von allen Seiten ungewöhnlich gleichmäßig ansteigenden Hänge des Berges fast ganz zusammen, denn der Kraterdurchmesser beträgt bloß etwa 500 m. Die Nord- und Westflanken des Berges sind vollständig von einer dichten Grasvegetation bedeckt, die erst wenige Meter unterhalb der Gipfelregion von einer wüstenhaften Höhenstufe abgelöst wird; hier herrschen kahle Aschenschichten, Schlacken und Lapilli vor. An den östlichen und südlichen Hängen des Mayons, die im Laufe der letzten Jahrhunderte oft von Ausbrüchen heimgesucht wurden, konnte sich die Vegetationsdecke trotz reichlicher Niederschläge nicht halten, denn die frischen vulkanischen Ablagerungen sind noch nicht zu einer Bodenschicht verwittert. Die Schluchten, die vom Gipfel sternförmig in alle Richtungen hinabreichen, sind dort auch deutlicher ausgeprägt als auf den anderen Hängen des Vulkans, die durch die Vegetationsdecke vor der Erosion besser geschützt sind.

Merkwürdigerweise gruppieren sich die wichtigsten Städte der Provinz Albay um den gefährlichen Mayon herum, obwohl die Tätigkeit dieses Schichtvulkans seit 1766, dem Zeitpunkt des ersten in den Chroniken festgehaltenen Ausbruchs, kaum nachgelassen hat. Aus dem Krater wurden bisher hauptsächlich glühende

Aschen- und Bimssteinwolken herausgeschleudert. Daneben flossen aber auch größere Lavaströme an der Ostseite des Berges bis in 600 m Höhe hinab. Zwar waren die meisten Ausbrüche des Mayons so ungefährlich, daß sie nicht einmal in den Chroniken verzeichnet wurden, aber es ist auch schon mehrfach zu schweren Katastrophen gekommen, die viele tausend Menschenleben gefordert haben.

Der verheerendste Ausbruch fand im Jahr 1814 statt: Am Vorabend und die ganze Nacht hindurch hatten schwere Erdstöße das Gebiet im Umkreis des Mayons erschüttert. Plötzlich, gegen 8 Uhr morgens, erfolgte eine gewaltige Explosion, und eine riesige Wasserdampfsäule, mit vulkanischer Asche beladen und von Blitz und Donner begleitet, entwich aus dem Krater. Sie breitete sich über die Umgebung des Vulkans aus und verdunkelte den Himmel. Unter der verängstigten Bevölkerung brach eine Panik aus. Ein Strom aus glühenden Aschen und heißen Gasen stürzte den Südhang hinunter und zerstörte alles, was auf seinem Weg lag. Es scheint, daß hier ähnlich wie bei dem katastrophalen Ausbruch des Mont Pelé auf der Insel Martinique eine Glutwolke ausgestoßen wurde, die sich so schnell zu Tal wälzte, daß es vor ihr kein Entrinnen gab. Die Katastrophe forderte damals über 1200 Menschenleben.

Nach der Katastrophe folgten in kurzen Abständen weitere Eruptionen; die meisten von ihnen blieben jedoch ohne schwerwiegende Folgen. Erst 1874 kam es wieder zu einem verheerenden Ausbruch, der dem von 1814 in seinem Ablauf sehr ähnlich war. Nach heftigen Gasexplosionen regneten glühende Aschen im Umkreis von 80 km auf die dicht besiedelten Gebiete der Provinz Albay. 200 bis 300 Menschen fanden den Tod.

Ab 1902 wurden die Ausbrüche seltener. Der letzte schwere fand 1928 statt. Damals ergoß sich ein gewaltiger Lavastrom über die Ostflanke des Berges. Doch seitdem wurden keine großen Schäden angerichtet, auch nicht beim jüngsten Ausbruch 1968.

Mayon *Dieser mächtige Vulkan auf der philippinischen Insel Luzon ist nicht nur wegen der gleichmäßigen Form seines Kegels bekannt, sondern auch wegen der Gefährlichkeit seiner Ausbrüche, die schon über 1500 Menschenleben gefordert haben. Eine beständig aus seinem Krater entweichende Rauchfahne mahnt die Bevölkerung zu größter Vorsicht.*

McKinley, Mount

Amerika, USA
63° 02' n. Br., 151° w. L.

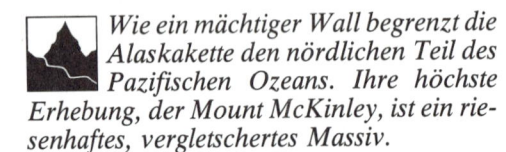

Wie ein mächtiger Wall begrenzt die Alaskakette den nördlichen Teil des Pazifischen Ozeans. Ihre höchste Erhebung, der Mount McKinley, ist ein riesenhaftes, vergletschertes Massiv.

Die Alaskakette, ein parallel zur pazifischen Küste verlaufendes Gebirge, bildet eine Barriere zwischen der Küste und dem Innern Alaskas. Im Norden dieser Kette erhebt sich ein Gebirgsmassiv, der Mount McKinley, dessen südlicher Gipfel 6194 m erreicht. Er ist damit der höchste Berg Nordamerikas.

Das McKinleymassiv besteht vor allem aus granitischen Gesteinen. Im Nordwesten jedoch stehen auch mesozoische Sedimentgesteine (Konglomerate mit Kalksteinbänken) an, und im Norden entdeckte man sogar Goldadern im Gestein. Dieses Gold, das den berühmten Goldrausch von Alaska auslöste, gab auch den Anlaß zur ersten Besteigung des McKinleys. Am 10. April 1910 erreichten zwei Goldgräber, Peter Anderson und Billy Taylor, als erste den Nordgipfel. Der Südgipfel wurde drei Jahre später, am 9. Juni 1913, von H. Stuck, H. Carstens, R. Tatum und W. Harper erobert.

Der McKinley ist von riesigen Gletschern umgeben. Auf der Nordseite liegen der Muldrow- und der Petersgletscher, im Süden der Eldrige-, Tokositna- und Kahiltnagletscher. Sie haben sich im Postglazial gebildet. Zuvor war das Massiv schon im Quartär von riesigen Eiskappen bedeckt. Dies beweisen Moränen, die sich in die Riß- und Würmeiszeit datieren lassen. Außer den Moränen deuten fluvioglaziale Ablagerungen und Formen, Flußsand und Löß auf die quartären Gletscher hin. Eine bedeutsame Rolle spielen die ausgedehn-

McKinley *In seinem weißen Schneegewand überragt der McKinley die scharfen Grate der ihn umgebenden Berge. An seinem Fuß herrschte einst das hektische Treiben der Goldsucher, die mit einfachsten Mitteln in dieser rauhen, unwirtlichen Gebirgsgegend nach dem begehrten gelben Metall schürften.*

ten Erzlagerstätten in diesem Gebiet. Bemerkenswert sind außerdem die Spuren des „kleinen Eiszeitalters", das vor einigen Jahrhunderten endete. Im Vergleich zu Europa sind hier die Formen der kälteren Klimaperiode wesentlich deutlicher ausgeprägt.

Die heutigen Gletscher liegen in der Zone des Dauerfrosts im Innern Alaskas. Sie setzen sich in der Alaskakette fort, weil das Gebirge sehr hoch und den vom Ozean kommenden Winden ausgesetzt ist, die starke Schneefälle mit sich bringen. Aktuelle periglaziale Erscheinungen sind vor allem die riesigen Polygon- oder Frostmusterböden, die Pingos und die auffallenden Formen der Kammeissolifluktion. Diese Formen sind alle auf die aufeinanderfolgenden Frost- und Auftauperioden in den obersten Horizonten des Dauerfrostbodens zurückzuführen.

Der vereiste Mount McKinley erhebt sich über einer Landschaft, die von großen Flüssen durchzogen wird. Im Südwesten bildet das Gebirgsmassiv die Wasserscheide. Auf den Bergen sind die Höhenstufen der Vegetation deutlich ausgeprägt. Unterhalb der Frostschuttstufe sind die Hänge von Tundra bedeckt.

Mekong

Asien
10°–35° n. Br., 93°–107° ö. L.

„Mutter der Gewässer" heißt dieser Strom, der Lebensnerv Indochinas, der auf seinem langen Weg vom Gebirge an der Grenze Tibets zum Südchinesischen Meer so viele verschiedene Landschaften durchfließt.

Mit etwa 4500 km Länge ist der Mekong der größte Fluß Südostasiens. Sein Einzugsgebiet von 810 000 km² liegt nur zum kleineren Teil in China; der Rest von etwa 75 % gehört zu Indochina (Vietnam, Laos, Kambodscha und Thailand). In diesen Ländern hat der Mekong eine große Bedeutung für die Energieerzeugung, für den Verkehr und für die Landwirtschaft. Im Jahr 1957 wurde das Mekongkomitee von den Regierungen der Anliegerstaaten Kambodscha, Laos, Thailand und Südvietnam mit Unterstützung der Vereinten Nationen gegründet, um dieses Potential besser zu nutzen.

Besonders in seinem Ober- und Mittellauf entwässert der Strom tiefzerschnittene Bergländer. Sein Lauf muß sich entweder den Strukturen des Untergrunds anpassen, indem er sich zwischen den Gebirgsfalten hindurchschlängelt, oder er muß enge Schluchten einschneiden, um sich einen Weg zu bahnen. Der Talverlauf ist oft durch markante Bruchlinien vorgezeichnet und im Laufe der Talentwicklung mehr-

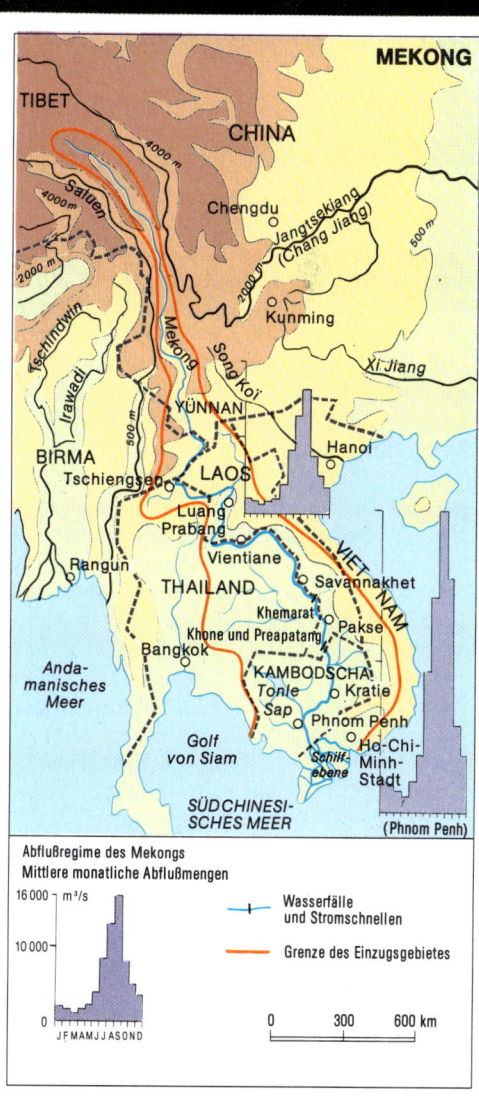

Mekong *Nach längeren Abschnitten, in denen er langsam fließt, wird der Fluß wieder wilder. Er eilt über Felsen, sein Bett wird enger, und das Wasser überwindet sprudelnd die Hindernisse zwischen den Wäldern der Ufer.*

fach durch Anzapfung verändert worden. Sobald der Mekong jedoch Kambodscha erreicht, fließt er in einer weiten Ebene träge dahin, weil er sich in einem breiten Flußbett ausdehnen kann.

Der Mekong entspringt als Za Qu im westchinesischen Tanglagebirge in über 3000 m Höhe. In einer sehr engen Schlucht, deren Boden an manchen Stellen vollkommen von dem 20 m breiten Flußbett eingenommen wird, eilt er mit einem Gefälle von 2,5‰ vom westchinesischen Hochland hinunter und fließt als Lancang Jiang auf 1600 km durch die Provinz Yünnan und die Gebirgsketten des nördlichen Laos. In Tschiengsen beginnt sein Mittellauf, und bis Luang Prabang, mehr als 2000 km von seiner Mündung entfernt, liegt sein Spiegel nur noch auf 325 m Meereshöhe. Der Mittellauf endet an den Stromschnellen von Preapatang. In diesem Abschnitt fließt der Fluß in einem von der Tektonik vorgezeichneten Bett parallel zu den Gebirgszügen (stromabwärts von Savannakhet) bald in ostwestlicher, dann wieder in nordsüdlicher Richtung.

Das Tal des Mekongs ist geologisch sehr jung. Es hat noch nicht sein Gleichgewichtsgefälle erreicht und ist von eindrucksvollen Stromschnellen unterbrochen. Durch die Folge von Becken und Schluchten gestaltet sich die Landschaft an den Ufern sehr abwechslungsreich. Bei Vientiane besitzt der Mekong zwei Gerinnebetten, ein enges, in den Felssockel ein-geschnittenes für das Niedrigwasser und ein größeres Hochwasserbett, das sich bis zu den tropischen Wäldern der Uferhänge ausdehnt. Unterhalb von Vientiane folgen mehrere Stromschnellen aufeinander: die Stromschnellen von Khemarat (auf 150 km ist der Fluß hier nur 60 m breit), von Khone und von Preapatang.

Der untere Mekong beginnt etwa an der kambodschanischen Grenze. In diesem Abschnitt wird der Fluß bereits vom Meer beeinflußt, dessen Gezeitenwellen bis hinauf nach Kratie vordringen. Von dort an ist der Strom breit und durch Inseln in viele Arme gegliedert. In Phnom Penh nimmt er von Oktober bis Juni den großen Ausfluß des Tonle-Sap-Sees auf. Umgekehrt bildet der See während der Monsunzeit eine Art Sammelbecken für das Hochwasser des Flusses, das dann später wieder langsam abfließen kann. So kommt es im Delta im allgemeinen nicht zu Überschwemmungen. Von Phnom Penh an, in der Schilfebene, teilt sich der Mekong, dessen Wasser durch mitgeführten Lehm gelb gefärbt ist, in fünf Arme, die ein Delta bilden; wegen der Mündungsbarren ist nur der nördlichste dieser Arme schiffbar.

Insgesamt führt der Mekong pro Jahr durchschnittlich 500 Milliarden m³ Wasser dem Meer zu. Diese ungeheure Wassermenge, die allerdings von Jahr zu Jahr starken Schwankungen unterliegen kann, wird von den tropischen Monsunregen bereitgestellt. Auf dem Hochland von Tibet, wo der Mekong ein nivales Abflußregime mit der größten Wasserführung im Juni hat, sind die Niederschläge bescheiden. Auf der Halbinsel werden sie kräftiger und fallen vorwiegend in der sommerlichen Regenzeit (Maximum von August bis Oktober). Der Winter ist dagegen trocken, so daß die Wasserführung des Mekongs zu dieser Jahreszeit für den Schiffsverkehr nicht ausreicht.

Melah,
Salzfelsen des Wadi el-

Afrika, Algerien
34° 32′ n. Br., 3° 18′ ö. L.

Der Salzfelsen des Wadi el-Melah wird seit Jahrtausenden vom Regenwasser bearbeitet. An seiner Oberfläche sind deutliche Narben zurückgeblieben. Es ist jedoch bis heute ein Rätsel geblieben, warum seine riesigen Salzblöcke sich nicht vollständig auflösen und von der Erdoberfläche verschwinden.

Es gibt mehrere Salzfelsen in Nordafrika: drei in Algerien und zwei in Marokko. Der am leichtesten zugängliche liegt in der Nähe der Straße von Algier nach Laghouat, 29 km nördlich von Djelfa. Auf arabisch nennt man ihn Khanguet el-Melah („Salzpaß"). Er ist 939 m hoch und erhebt sich über dem Tal des Wadi el-Melah, dem „Salzwadi". Sein Durchmesser beträgt etwa 1500 m.

Der Salzfelsen des Wadi el-Melah besitzt eine weißgelbliche Farbe. Wenn man ihn besteigt, sieht man jedoch, daß er von zahlreichen dunklen Bändern durchzogen ist, die aus tonigem Material bestehen, das während der Sedimentation der Salzschichten zwischen diese eingelagert wurde. Die Oberfläche des Berges zeichnet sich durch eine Vielfalt der Formen aus, wie man sie nur selten in anderen verkarsteten Gegenden findet: Die Felsen sind nämlich gleichzeitig von abgerundeten und auch von scharfkantigen, gratähnlichen Erhebungen übersät, und an ihren steilen Hängen findet man unzählige Hohlformen, die mehrere zehn Meter tief sein können. Meistens besitzen sie die Form von Trichtern, aber mitunter werden ihre Böden auch von kreisrunden Ebenen mit Durchmessern bis zu 50 m eingenommen. Es gibt an diesem Salzfelsen weder Täler noch sonstige Spuren von oberflächlich abfließenden Wasserläufen. Außerdem sind seine Hänge vollkommen kahl. Einzige Ausnahmen bilden die Böden der Hohlformen, die von ausgewaschenen Tonerden bedeckt sind, auf denen eine spärliche Grasvegetation Fuß gefaßt hat.

Die Oberflächenformen des Salzfelsens sind das Ergebnis einer intensiven Verkarstung, wie man sie sonst hauptsächlich in Kalkgebieten beobachten kann. Sie resultiert aus der Wasserlöslichkeit des Gesteinsmaterials, die bei Salzen besonders groß ist. Nach jedem Regenfall dringt das Oberflächenwasser entlang von Gesteinsklüften in den Untergrund ein, löst auf seinem Weg in die Tiefe das Salz, und es entstehen unterirdische Hohlräume. Dabei passiert es sehr häufig, daß diese Höhlensysteme einstürzen und über ihnen, an der Erdoberfläche, trichterförmige Vertiefun-

Entstehung eines Salzstocks Salzschichten, die in der Tiefe der Erdkruste lagern, stehen durch das Gewicht auflastender Gesteine unter hohem Druck und werden deshalb plastisch. Wenn sich durch tektonische Bewegungen der Erdkruste Schwächezonen im Gestein bilden, werden die plastischen Salze häufig entlang von Verwerfungen nach oben gepreßt und bilden eine domförmige Aufwölbung. Das Nachbargestein wird dabei auseinandergedrückt und an den Rändern mit emporgeschleppt. In feuchten Klimaten wird dem Salzauftrieb jedoch durch die Lösungswirkung von Sikkerwässern eine Obergrenze gesetzt, die aber in Trockenklimaten häufig wegfällt. Hier dringen die Salze mitunter bis zur Erdoberfläche empor und bilden große, rundlich geformte Salzfelsen.

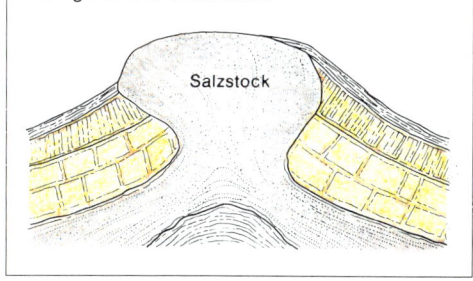

Salzfelsen des Wadi el-Melah *Der im Hintergrund aufragende, weißgelbe Felsen besteht aus Salzen, die sowohl an der Oberfläche als auch im Untergrund stark verkarstet sind. Die Wasserlöslichkeit von Salz ist jedoch so groß, daß ein solcher Berg eigentlich in kürzester Zeit abgetragen sein müßte. Um so größer sind die Rätsel, die seine Existenz den Wissenschaftlern aufgibt.*

gen entstehen. Man nennt derartige Hohlformen Dolinen. Lösungsvorgänge finden aber nicht nur unterirdisch, sondern auch oberirdisch statt. Abfließendes Regenwasser hinterläßt an der Erdoberfläche mit der Zeit enge Rinnen im Gestein, die durch schmale Grate voneinander getrennt sind. Ihre Tiefe reicht von wenigen Zentimetern bis zu mehreren Metern. Diese typischen Karstformen werden als Karren bezeichnet. Das unterirdisch weiterfließende Sickerwasser tritt am Fuß des Salzfelsens in mehreren stark salzhaltigen Karstquellen wieder zutage.

Die seltsamen Salzfelsen Nordafrikas geben den Geologen zahllose Rätsel auf. Steinsalz ist nämlich derart leicht löslich, daß sie normalerweise innerhalb kürzester Zeit abgetragen sein müßten. Die Wissenschaftler stellten inzwischen mehrere Hypothesen zu diesem ungelösten Problem auf. Zunächst nahm man an, daß oberflächlich anstehende Salze nur in extremen Trockengebieten vorkommen können, und zwar nur dann, wenn zwischengelagerte Tonschichten mächtig genug sind, um trotz minimaler Niederschläge einsickerndes Wasser aufzufangen und am weiteren Eindringen in die Tiefe zu hindern. Die marokkanischen Salzberge liegen jedoch in Gebieten, die jährlich etwa 550 mm Niederschlag empfangen. Eine andere Hypothese geht davon aus, daß diese Felsen nur deswegen weiterbestehen können, weil aus der Tiefe ständig neue Salze nach oben gepreßt werden, die die Lösungsverluste an der Erdoberfläche ersetzen. Dies würde jedoch ständige Veränderungen im inneren Aufbau der Salzfelsen nach sich ziehen. Genaue Untersuchungen haben aber gezeigt, daß dies nicht oder nur unwesentlich der Fall ist. Deshalb nimmt man heute an, daß die Sickerwässer aufgrund der hohen Löslichkeit von Salz derart rasch die Sättigungsgrenze erreichen, daß sie in der Tiefe nur begrenzt wirksam werden können. In Wirklichkeit wird es so sein, daß Salzfelsen ihre Existenz dem Zusammenwirken aller drei Faktoren verdanken: geringe Niederschläge, ständiger Salznachschub aus der Tiefe und schnelle Übersättigung des Sickerwassers.

Melnik

Europa, Bulgarien
41° 30′ n. Br., 23° 22′ ö. L.

In der Umgebung von Melnik hat die Natur eine eigenartige Landschaft geformt. Vor dem Hintergrund steiler Felswände stehen längliche Pyramiden, die von großen Steinen gekrönt sind. Bei ihrem Anblick fragt man sich, wie diese seltsamen Gebilde entstehen konnten.

An der südlichen Grenze Westbulgariens liegt das 550 Einwohner zählende Städtchen Melnik, umgeben von fast senkrech-

Melnik *Am Fuß des Piringebirges haben Flüsse aus den Sedimenten eines ehemaligen Sees Tausende von Erdpyramiden geschnitten, die von schützenden Decksteinen gekrönt werden.*

Badlands und Erdpyramiden

Bei flächenhaftem Abfluß des Niederschlagswassers kann sich – besonders in lockeren Gesteinen – am Fuß von Gebirgen eine ausgedehnte Abtragungsfläche bilden. Erfolgt der Abfluß dagegen nicht flächenhaft, sondern linienhaft, d. h. konzentriert in wenigen Bachläufen, so schneiden sich Rinnen ein, die sehr schnell tiefer werden und bei jedem Niederschlag weiter wachsen. Die Wasserscheiden zwischen den Rinnen sind bald nur noch schmale Grate, die immer niedriger werden. Die Bodendecke hält der Erosion früher oder später nicht mehr stand und wird ebenfalls abgetragen. Mit ihr verschwindet auch die Vegetation. So entwickeln sich die kahlen Badlands, was im Englischen soviel wie „schlechte Böden" bedeutet.

In lockeren Gesteinen gleichmäßiger Korngrößenzusammensetzung (z. B. Löß) entwickeln sich die typischsten Badlandslandschaften. Enthalten die Schichten jedoch auch größere Gerölle und Gesteinsblöcke, so können unter bestimmten Klimabedingungen seltsame Abtragungsformen entstehen. Die großen Blöcke, die in die feinkörnigen Lockergesteine eingelagert sind, werden vom Wasser freigespült und schützen die darunterliegenden lockeren Schichten vor der Abtragung. Unter ihnen bleiben auf diese Weise dünne Gesteinssäulen stehen. Je tiefer sich die Rinnen in das lockere Gestein einschneiden, um so höher erheben sich diese Säulen unter ihren schützenden Decksteinen.

Badlands

Erdpyramiden

ten Sandsteinfelsen, die zu kegel- und prismenartigen Formen zerschnitten und in tiefe Schluchten und scharfe Grate aufgelöst sind. Das Landschaftsbild ist für den Fremden sehr beeindruckend, es stellt aber in dieser Gegend keine Besonderheit dar. Fast die gesamte südliche Fußzone des Piringebirges ist nämlich auf einer Fläche von etwa 50 km² von solch merkwürdigen Formen überzogen. Das Gebiet wird von zahllosen Bächen und kleineren Flüssen entwässert, die sich in die Struma ergießen.

Zwischen Melnik und Kărlanovo sind am Horizont die ungewöhnlichen Formen zahlreicher prismenartig geformter Felsgebilde zu erkennen, die über 100 m hoch sind und wie lange Nadeln aussehen. Dahinter erheben sich atemberaubend steile Sandsteinwände, die praktisch senkrecht aufsteigen. Wenn man hinter Rožen zu Fuß einem kleinen Weg folgt, gelangt man mitten in diese seltsame Landschaft: Mehrere beinahe parallel verlaufende Täler durchziehen mit ihren weißen, zu *Badlands* zerfurchten Hängen eine Steinwelt, in der nur an wenigen Stellen kleinere Vegetationsinseln erhalten geblieben sind. Nach kurzer Zeit kommt man an einem steilen Hang aus ockerfarbenen Sanden und Kiesen vorbei, der in Tausende von Erdpyramiden und scharfe, gezackte Grate aufgelöst ist: eine Landschaft, die wohl einzigartig in Europa sein dürfte.

Die Erdpyramiden von Melnik sind das Ergebnis aus dem Zusammenwirken einer besonderen geologischen Schichtenfolge und ihrer intensiven Abtragung. Noch im Pliozän bedeckte ein See die ganze Gegend. In ihm wurden helle Sand- und Tonschichten abgelagert, über die sich dann später eine dicke Schicht aus Sand und Geröll legte. Diese Sedimente stammen aus dem Piringebirge und haben durch die Verwitterung eine rötliche Farbe angenommen. Durch die Eintiefung der Struma und ihrer Zuflüsse wurde der Boden des ehemaligen Sees von tiefen Kerbtälern zerschnitten. In den pliozänen Sanden entwickelten sich *Badlands,* und dort, wo die Deckschicht aus Geröllen erhalten blieb, hat die Erosion Erdpyramiden geschaffen.

Menengai

Afrika, Kenia
0° 12′ s. Br., 36° 05′ ö. L.

Wie wurde der mächtige Krater dieses Vulkans zerstört? Und warum steht dieser eingeschlafene Koloß in der Kette der ostafrikanischen Feuerberge abseits? Der Menengai steckt noch heute voller Rätsel.

Der Vulkan Menengai erhebt sich in Kenia, wenige Kilometer nördlich der Stadt Nakuru. Aus historischer Zeit sind keine Ausbrüche bekannt, aber wegen der zahlreichen Fumarolen, die im Umkreis seines Kraters heiße Gase ausstoßen, steht er mit Recht auf der Liste der tätigen Vulkane. Er ist einer der jüngsten Feuerberge des Ostafrikanischen Grabensystems. Die Wände seiner etwa 80 km² großen Caldera steigen ungewöhnlich sanft bis auf 2277 m an und überragen die umliegenden Hochplateaus kaum merklich. Ihre Steilseite ist nach innen gerichtet, und dort, wo die Hänge wie im Süden und Westen gut erhalten sind, können die Höhenunterschiede 300 m erreichen. Der Calderaboden, in dessen Mitte sich ein kleiner Kegel erhebt, ist von erkalteten Lavaströmen bedeckt; man hat bis zu 14 übereinanderliegende Lavaschichten gezählt.

Eine Untersuchung dieser Lavaströme hat ergeben, daß die ältesten, die schon teilweise von der Erosion angeschnitten wurden und von Sträuchern und verkrüppelten Zedern bedeckt sind, aus Phonolith bestehen, der den Laven des Mount Kenya ähnelt. Die jüngsten Förderprodukte sind Trachyte und Rhyolithe, deren Lagerungsverhältnisse darauf schließen lassen, daß die letzten Eruptionen des Menengai Explosionsausbrüche waren. Es handelt sich nämlich um Gluttuffe oder Ignimbrite, die als gasreicher Magmaschaum bzw. als Bimsstein abgelagert wurden und als Schweißschlacken mit Zwischenschichten von Obsidian erkalteten.

Bei der Bildung der Caldera spielten die Explosionserscheinungen jedoch kaum eine Rolle, obwohl ihre Form eigentlich das Gegenteil erwarten läßt. Am Ende des Pliozäns ist zunächst ein Schildvulkan entstanden. Die Phonolithe, aus denen er bestand, ergossen sich dabei nicht aus einem Zentralkrater, sondern aus kleineren Förderschloten, die entlang zahlreicher, vom Zentralherd ausstrahlender Spalten angeordnet waren. Auf die Phonolithe folgten die aus gasreichem Magmaschaum entstandenen Trachyte. Damit war das Ende des Eruptionszyklus zunächst erreicht. Die unter der Erdoberfläche liegende Magmakammer des Vulkans war entleert. Sie bildete einen riesigen Hohlraum, der unter der ungeheuren Last der darüberliegenden verfestigten Lavamassen schließlich einbrach. Darüber, in der Gipfelregion des Vulkans, entstand eine Einsturzcaldera mit kreisförmigen Umrissen. Sie war am Rand von konzentrisch verlaufenden Spalten umgeben, die sofort mit Lava ausgefüllt wurden. Am südlichen und südöstlichen Außenrand der Caldera wurden ringförmige Gänge von Obsidian gefunden. Der Einsturz der Lavakuppel hatte noch weitere Folgen: Durch die plötzliche Druckentlastung wurden vulkanische Gase freigesetzt, und es kam zu heftigen Explosionen. Dabei wurden die bereits erwähnten rhyolithischen Bimssteine ausgeworfen. Als diese Explosionsphase zu Ende ging, setzte sich der Einbruch der Caldera weiter fort, und der Menengai nahm schließlich seine jetzige Form an.

Die heutige Aktivität des Menengais beschränkt sich auf mehrere Fumarolen im Umkreis der Caldera und an einem jüngeren Krater in ihrem Zentrum. Die ausgestoßenen Gase enthalten Kohlendioxid und Stickstoff. Ihre Temperatur schwankt zwischen 64 und 92 °C.

Merapi

Asien, Indonesien
7° 33′ n. Br., 110° 26′ ö. L.

Statt abzufließen, verfestigt sich die zähflüssige Lava, wird hart und bricht dann unter dem Druck aus dem Inneren dieses Vulkans, der zu den gefährlichsten der Erde gehört.

Der Merapi, ein aktiver Stratovulkan, bildet den Abschluß einer Kette von Vulkanen, die die Insel Java entlang einer Verwerfungslinie durchzieht. Diese Verwerfung, die quer zur Längsachse der Insel verläuft, bildet die tektonische Grenze zwischen der zentralen Region und dem Westteil der Insel. Die Lage und die besonders starke Aktivität des Merapis lassen sich dadurch erklären, daß sich an dieser Stelle eine Längsverwerfung, ein charakteristisches tektonisches Merkmal Javas, mit der oben erwähnten querlaufenden Verwerfung trifft. So sind, nach der Theorie des Geologen van Bemmelen, die meisten Vulkane Indonesiens entstanden. Nach den neuen Vorstellungen der Plattentektonik, die nach den Arbeiten dieses Wissenschaftlers entwickelt worden sind, hat der ganze Vulkanismus Zentraljavas seinen Ursprung darin, daß sich eine ozeanische Platte des Indischen Ozeans unter eine Kontinentalplatte schob, zu der Java und Malaysia gehören.

Der Merapi ist ein komplexes Gebilde, das durch Ausbrüche ständig umgestaltet wird. Der Hauptteil des Vulkans ist um einen zentralen Krater herum aufgebaut, dessen Förderung im jüngeren Pleistozän begann. Olivinbasalte sowie augit- und pyroxenführende Andesite liegen auf marinen Sedimenten aus dem Tertiär. Im Jahr 1006 n. Chr. hat nach der These Van Bemmelens eine Explosion den ganzen Gipfel des alten Merapis zerstört und dabei auch das ältere Reich von Mataram vernichtet. Der ganze Westteil des Kegels brach entlang einer gebogenen, nach Westen hin konkaven Bruchlinie ein. Der östliche Teil dieses Vulkans ist als Gipfel des Batulawang (2555 m) noch zu erkennen. Auf den Ruinen des ehemaligen Vulkans, der tief zerklüftet und zerfurcht ist, baute sich der gegenwärtige Merapi auf, allerdings viel niedriger als sein Vorgänger,

Merapi *Auf dem Gipfel dieses indonesischen Vulkans treibt der Druck des unterirdischen Magmas glühende Laven und Schlacken empor, aus denen tödliche Schwefeldämpfe aufsteigen.*

denn er erreicht nur 2911 m Höhe gegenüber 3300 m, die van Bemmelen dem alten Merapi zuschreibt.

Der heutige Merapi fördert augit- und pyroxenführende Andesite. Die charakteristische, extrem zähflüssige Lava bildet auf dem Gipfel des Vulkans eine Serie von nadelförmigen Staukuppen, die durch heftige Explosionen periodisch zerstört werden. Gerade dies macht den Vulkan besonders gefährlich. Die Lava, die zu dickflüssig ist, um auszufließen, verfestigt sich gleich nach dem Austritt. So bildet sich eine erste, 5 bis 15 m dicke Abkühlungshaut, die die innere Lava schützt und am sofortigen Erstarren hindert. Indessen dringt die Lava weiter nach oben, und die oberflächliche Kruste, die zu hart ist, um nachzugeben und sich zu verformen, zerbricht in unregelmäßig geformte Blöcke. Dann bildet sich eine neue Kruste. Wenn der Druck des Magmas im Inneren des Vulkans nachläßt, entsteht ein Unterdruck, und in der Mitte der Staukuppen bildet sich eine Mulde. In anderen Fällen sucht sich die Lava einen Ausgang, meist durch eine Explosion. Dann entsteht neben den Resten der alten Kuppe eine neue.

Als Beispiel für diesen Vorgang dient die Aktivität des Vulkans zwischen 1883 und 1930. Nach der heftigen Eruption von 1872/1873 entstand im April 1873 eine neue Kuppe, die bis etwa 1913 ständig wuchs. Dann bildete sich neben der ersten eine zweite, die Westkuppe. 1922 floß aus dem unteren Teil der Westkuppe zähe Lava, die sich rasch verfestigte, ohne das Tal zu erreichen. Am 25. November 1930 tauchte auf der Westflanke des Vulkans, 300 m unter dem Gipfel, ein neuer Lavastrom auf, der in unregelmäßigen Abständen austrat. Unter dem Druck im Inneren zerbarst die Kruste aus erstarrter Lava und stürzte in Blöcken in die benachbarten Täler hinab.

Diese Aktivität setzte sich bis zum 19. Dezember fort. An diesem Tag begann gegen 11 Uhr ein Ausbruch an der Flanke des Berges, die am Tag zuvor durch eine Explosion aufgerissen worden war. Über einem Strom aus Lava, der über die zerfurchten Hänge des Berges hinabfloß, erhob sich eine riesige Wolke aus Sand, Asche und vulkanischen Gasen, die sich mit ihrem Todeshauch über ein weites Gebiet ausbreitete. Es handelte sich um eine Glutwolke, jedoch von einem ganz anderen Typ als beim Mont Pelé, denn beim Merapi entwich die Wolke nicht aus dem Krater, sondern entwickelte sich aus dem gashaltigen Lavastrom.

Am Abend des gleichen Tages stieg eine noch größere Glutwolke auf. Sie tötete im Umkreis von 22 km² mehr als 1300 Menschen. Im Tal lagen die Trümmer der Explosion bis zu 50 m dick; die Decke aus Asche erreichte stellenweise eine Mächtigkeit von 40 cm. Auf dem Gipfel bildete sich ein neuer Krater, dessen Wände aus den Resten der Ost- und der Westkuppe bestehen, die in der Nacht des 19. Dezember 1930 zerstört wurden.

Nach dieser gigantischen Eruption begann der gleiche Zyklus von neuem: Zwischen 1935 und 1939 hörte jede Aktivität auf, doch 1940 bildete sich im Osten des 1930 entstandenen Kraters eine neue Kuppe. Der Merapi blieb ruhig bis 1942. Dann erschien westlich vom Krater eine neue Kuppe, und ein Lavastrom trat aus. Das war 1943... Dieser Rhythmus scheint im Lauf der letzten Jahre unverändert geblieben zu sein.

Van Bemmelen hat den Zyklus des Merapis lange studiert. Phasen der Aktivität, die bis sieben Jahre dauern, werden von Phasen der Ruhe abgelöst, die sich über ein bis zwölf Jahre erstrecken können. Zwischen den Ausbruchsphasen und den Temperaturen, die in der Schwefelgrube von Woro gemessen werden, besteht eine direkte Beziehung: Vor Ausbrüchen erhöht sich die Temperatur kontinuierlich. Dann sinkt sie jäh ab, da die Eruptionen für die vulkanischen Gase ein Ventil schaffen, wodurch die Schwefelgrube entlastet wird. Diese für die Vorhersage von Eruptionen wichtige Beobachtung wird seither auch bei anderen Vulkanen angewandt.

Mesa-Verde-Nationalpark

Amerika, USA
37° 13′ n. Br., 108° 30′ w. L.

Einst Zufluchtsstätte eines seßhaften Indianervolkes, das bereits lange vor der Entdeckung Amerikas steinerne Wohnbauten errichtete, ist das Gebiet von Mesa Verde heute ein großer Nationalpark, in dem jährlich Tausende von Besuchern den Spuren der ehemaligen Höhlenbewohner nachgehen.

Die Mesa Verde (Grüne Tafel) liegt unweit der einzigen Stelle in den USA, an der vier Bundesstaaten aneinandergrenzen: Colorado, Utah, Arizona und New Mexico. Sie ist ein 211 km² großes Sandsteinplateau, das im Park Point (2613 m) gipfelt und unvermittelt bis zu 600 m über das semiaride Vorgebirgsland südlich der La Plata Mountains aufragt. Das dicht bewaldete Tafelland, das aufgrund seiner Höhe bedeutend mehr Niederschläge als seine Umgebung erhält, wird von mehreren Canyons zerschnitten, in deren steile Felswände zahllose Höhlen eingelassen sind. Sie wurden durch die vereinte Kraft von Wind und Wasser im Laufe von Jahrtausenden im Sandstein geschaffen.

Mesa Verde *An den steilen Felswänden tief eingeschnittener Canyons ließen die Kräfte der Natur im Laufe von vielen Jahrtausenden große Höhlen entstehen, in denen ein hochzivilisierter Indianerstamm zwischen dem 6. und 14. Jahrhundert seine Wohnbauten errichtete.*

Das Plateau der Mesa Verde, das als lehrbuchhaftes Beispiel für Tafelberge gilt, erweckt heute eher das Interesse der Ethnologen und Archäologen als das der Geologen. Es gibt in diesem Gebiet nämlich die Überreste von mehr als 300 vorkolumbischen Wohnbauten eines früheren Indianervolkes. Bereits um die Zeitenwende hielten sich an den Flüssen im Vorland der Mesa Verde nomadisierende Indianer auf und wurden dort später auch seßhaft. Im 6. Jahrhundert zogen sie sich auf das bewaldete Plateau und in dessen Schluchten zurück, vermutlich, um der Bedrohung durch räuberische Nachbarstämme zu entgehen. Sie rodeten den Wald und kultivierten die fruchtbaren Böden. Ihre Wohnbauten wurden in einer früheren Phase als Felsbehausungen (*cliff dwellings*) in den Sandsteinhöhlen der Canyonwände angelegt; später baute man mehrstöckige, um einen zentralen Platz gruppierte Lehm- und Steinhäuser (*pueblos*). Außerdem fand man 23 Kultstätten (*kivas*). Aus nicht eindeutig geklärten Gründen, vermutlich jedoch wegen lang anhaltender Trockenperioden, wurden die Siedlungen im 14. Jahrhundert von ihren Bewohnern aufgegeben. Sie zogen weiter nach Südwesten und vermischten sich dort mit anderen Stämmen.

Das Gebiet der Mesa Verde wurde im Jahr 1776 erstmals von einem Europäer besucht. Die Gründung des Nationalparks erfolgte 1906. In einem Museum sind die wichtigsten archäologischen Funde ausgestellt. Das Nationalparkgelände ist durch eine gut ausgebaute Fahrstraße und durch mehrere Fußwege für die zahlreichen Besucher erschlossen.

Meteoraklöster

Europa, Griechenland
39° 46′ n. Br., 21° 36′ ö. L.

Die Meteoraklöster wurden vor 600 Jahren auf äußerst unzugänglichen, steilen Felsnadeln errichtet, die ihnen Schutz vor feindlichen Angriffen boten. Heute werden sie von zahlreichen Touristen aus aller Welt bewundert.

Die Meteoraklöster (vom griechischen *metéōros*: in der Luft schwebend) im Herzen Thessaliens sind wegen ihrer außergewöhnlichen Schutzlage bekannt. Sie wurden nämlich auf mächtigen Felsen erbaut, deren Spitzen man früher nur auf einziehbaren Leitern oder in Körben erreichen konnte, die an Seilen hochgezogen wurden, nachdem man vorher Gott seine Seele befohlen hatte.

Diese Felsen, die zum Teil relative Höhen von rund 400 m erreichen, ordnen sich in drei Gruppen an. Die nördliche Gruppe bildet ein geschlossenes Bergmassiv, an dessen Rand die Klöster von Megalon, Meteoron und Varlaam errichtet wurden. Die mittlere Gruppe, die am meisten zerklüftet ist und auch die eindrucksvollsten Formen hat, umfaßt zehn vielgestaltige Elemente (gigantische Pfeiler, wuchtige Pyramiden, elegante Felsnadeln, klobige Blöcke und riesige Zuckerhüte). Einige gruppieren sich wie in einem Amphitheater um das Dorf Kastraki, während andere direkt über dem Ort Kalambaka emporragen. Die südliche Gruppe stellt eine natürliche Festung mit mehreren Türmen dar. Einer von ihnen trägt das Kloster von Agia Trias, ein anderer den Konvent Agios Stefanos, der die Piniosebene weithin beherrscht.

Die Felsen bestehen aus tertiären Konglomeratgesteinen und sind als Vorposten des Pindosgebirges durch tiefe Schluchten von diesem getrennt. Konglomerate sind im allgemeinen wenig widerstandsfähig gegenüber der Erosion. Aber ihre Oberfläche kann durch Krustenbildung verhärten, wenn sie längere Zeit dicht an der Erdoberfläche lagern. Dies erklärt die Entstehung der Felsen von Meteora, die der Abtragung besser standhielten als ihr Nachbargestein und deshalb als Härtlinge herauspräpariert wurden. Die Erosion wurde darüber hinaus von den Klüften im Gestein gelenkt. In ihnen sammelte sich einsickerndes Niederschlagswasser und sorgte für schnelle Gesteinsverwitterung, so daß sich entlang dieser Schwachstellen die tiefen Kerben bildeten, die die Felsen voneinander trennen. Härteunterschiede innerhalb des Konglomerats ließen tiefe Rillen im Fels entstehen.

Von Kalambaka aus führt eine Straße über Kastraki zu den wichtigsten Klöstern (Varlaam, Groß-Meteora), die heute über in den Fels gehauene Treppen gefahrlos besucht werden können. Im rötlichen Schein der Abenddämmerung bietet sich dem Besucher ein unvergeßlicher Blick auf die Felsen von Meteora, wenn die Silhouetten der Klöster allmählich in der Dunkelheit verschwinden.

Meteoraklöster *Als Vorposten des Pindosgebirges erheben sich mächtige Felsen aus Sandsteinkonglomeraten über dem Tal des Pinios. Auf den unzugänglichsten von ihnen wurden 24 Klöster zum Schutz vor feindlichen Angriffen gebaut. Von diesen sind heute nur noch wenige erhalten.*

Meteor Crater *Vor etwa 22 000 Jahren hat der Einschlag eines riesigen Meteoriten diesen gewaltigen Krater in der Wüste von Arizona hinterlassen. Seine Abmessungen lassen den Besucher erahnen, welch ungeheure Energien bei diesem Ereignis freigesetzt wurden.*

Meteor Crater

Amerika, USA
35° 01′ n. Br., 111° 03′ w. L.

Als vor Tausenden von Jahren im Herzen Arizonas ein riesiger Meteorit einschlug, muß der Aufprall so gewaltig gewesen sein, daß in der Umgebung der Aufschlagstelle ein Krater entstand, dessen Abmessungen mit denjenigen großer Vulkane vergleichbar sind.

Der berühmte Einschlagtrichter eines Meteoriten, der auf halbem Wege zwischen den Städten Flagstaff und Winslow in Arizona liegt, wurde erst 1871 entdeckt. Mit einer Tiefe von 180 m und einem Durchmesser von mehr als 1300 m ist er einer der größten Meteoritenkrater der Erde. Sein Rand ragt stellenweise bis zu 50 m über das umliegende Land auf.

Der trichterförmige Krater entstand im ausgehenden Pleistozän, vor etwa 22 000

> ### Meteorite
>
> Meteorite sind steinige oder metallische Körper, die im interplanetaren Raum ihre Bahn ziehen. Wenn sie in die Nähe der Erde geraten, werden sie von ihr angezogen, und ihre Geschwindigkeit (etwa 2600 km/h) nimmt trotz der intensiven Bremswirkung der Atmosphäre noch weiter zu.
>
> Es gibt auf der Erde fast 40 t Meteoritenmaterial aus Einschlägen, die man zufällig beobachtet hat, und eine noch weit größere Menge aus Meteoritenfunden, deren Fälle überhaupt nicht bemerkt wurden. Man hat bisher etwa 1600 Meteorite identifizieren können. Diese Zahlen nehmen sich jedoch sehr bescheiden aus, wenn man bedenkt, daß der Massenzuwachs der Erde durch meteoritisches Material pro Jahr auf rund 6000 t geschätzt wird. Nach verschiedenen Datierungsmethoden liegen die ältesten Einschläge der bisher entdeckten Meteoriten bis zu 4,8 Milliarden Jahre zurück!
>
> Die meisten Meteorite sind Reste zertrümmerter Kometen, die die Sonne umkreisen und im Laufe geologischer Zeiträume in das Schwerefeld der Erde geraten. Sie dringen dann mit Geschwindigkeiten zwischen 10 und 80 km/s in die irdische Atmosphäre ein. Dabei entsteht Reibungshitze und eine Ionisierung der Luft, was einen lauten Knall, ähnlich einem Kanonenschuß, hervorruft. Die dabei entstehende Druckwelle kann den Meteoriten in tausende kleine Stücke zerspringen lassen. Dies war z. B. der Fall bei dem Meteoritenschauer von Laigle im Departement Orne in Frankreich, wo am 26. April 1883 auf einer Fläche von 50 km² 2000 bis 3000 Steinbrocken niedergingen.
>
> Man unterscheidet Eisenmeteorite, die so gut wie völlig metallisch sind (sie enthalten in den meisten Fällen 92 % Eisen und 7 % Nikkel), Stein-Eisen-Meteorite, die aus Metall und Gestein zusammengesetzt sind, und Steinmeteorite, die fast gänzlich aus Gestein bestehen und manchmal Kohle enthalten. Der größte Teil besteht aus metallischen Kügelchen oder Körnern von wenigen Millimeter Durchmesser. Seit einigen Jahren zählt man die Tektiten nicht mehr zu den Meteoriten, denn sie bestehen aus Glas irdischen Ursprungs, das beim Aufprall der Geschosse aus dem Raum auf die Erdoberfläche entsteht.
>
> Der größte Meteoritenfall unserer Zeit erfolgte am 30. Juni 1908 an der Steinigen Tunguska in Sibirien, wobei in einem Gebiet von ca. 5000 km² Millionen von Bäumen vernichtet wurden und die sonstigen Auswirkungen 600 m weit im Umkreis zu spüren waren. Ein Krater war jedoch nicht entstanden, und man nimmt an, daß der Meteorit vor Erreichen der festen Erdoberfläche explodiert ist. Die kleinsten Meteorite wiegen weniger als ein Gramm und richten auf der Erde überhaupt keinen Schaden an. Sehr große Meteorite können riesige kreisrunde Aufschlagkrater hervorrufen, wie z.B. den Meteor Crater von Arizona. Der gewaltige Meteorit von Wladiwostok in Ostsibirien, der am 12. Februar 1947 niederging, zerbarst dagegen in etwa 10000 m Höhe in Tausende von Stücken, von denen manche mehrere Tonnen wogen. Sie hinterließen 106 Krater mit einem Durchmesser von 29 bis zu 50 m. Der größte von ihnen ist 6 m tief.

Jahren, als ein riesiger Meteorit in die Lufthülle der Erde eintrat und als glühender Feuerball auf die flachlagernden Triassedimente aufschlug, die in Arizona die Erdoberfläche bilden. Die Masse dieses im wesentlichen aus nickelhaltigem Eisen bestehenden natürlichen Geschosses aus dem Weltraum, das mit einer Geschwindigkeit von mehreren Dutzend Kilometern in der Sekunde niederging, muß fast zwei Millionen Tonnen betragen haben. Im Augenblick des Aufpralls auf die Erdoberfläche ist der Meteorit auseinandergebrochen, denn man hat in der Umgebung der Einschlagstelle zahlreiche Trümmer und Bruchstücke gefunden. Die beim Aufprall freiwerdende Energie des explodierenden Meteoriten muß so groß gewesen sein, daß sich Coesit, ein mit Quarz verwandtes Mineral, bilden konnte, das nur unter ungeheuer hohen Drücken entstehen kann.

Der Krater veränderte sein Aussehen im Laufe der letzten 22 000 Jahre nur wenig. Auf seinem Boden wurde Gesteinsschutt abgelagert, während seine Wände durch die Einwirkung von Hitze und Frost verwittern und dadurch heute weniger steil sind. Es ist wohl nur dem geringen Alter des Einschlagkraters und den wenigen Niederschlägen in diesem wüstenhaften Teil Nordamerikas zu verdanken, daß er überhaupt erhalten geblieben ist. In einem feuchteren Klima, in dem sich geschlossene Flußsysteme ausbilden können, wäre der Krater vermutlich schon längst mit Schwemmsedimenten aufgefüllt.

Milford Sound

Australien, Neuseeland
44° 34′ s. Br., 167° 48′ ö. L.

Inmitten der Berge hinterließ ein Gletscher seine Spur, und nachdem er abgeschmolzen war, drang das Meer weit ins Land ein. Von den Steilhängen, die diesen Meeresarm umgeben, stürzen Bäche über eindrucksvolle Wasserfälle in die Tiefe.

Erst in der zweiten Hälfte des 19. Jahrhunderts wurden die *Sounds* (Fjorde) im Südwesten Neuseelands erforscht. Die ersten Besucher waren Robbenfänger. Ein Schotte, Donald Sutherland, der eine Gruppe von Jägern begleitet hatte, drang in den nördlichsten dieser Fjorde, den Milford Sound, ein. Beeindruckt von der Schönheit der Landschaft, ließ er sich hier nieder und errichtete ein kleines Hotel, das von unternehmungslustigen Reisenden besucht wurde. Heute kann man vom Meer her und auf dem Luftweg zum Milford Sound gelangen. Auch gibt es eine gut ausgebaute Straße vom Norden her und einen Fußweg, auf dem man die neuseeländischen Alpen vom Te-Anau-See aus in vier bis fünf Tagen überqueren kann. Die anderen *Sounds*, die alle weiter südlich liegen, werden nur selten besucht. Es gibt keinen Landweg, und das Meer ist an dieser fast ständig von Stürmen heimgesuchten Küste sehr gefährlich.

Die *Sounds* im Südwesten Neuseelands sind wie die norwegischen Fjorde entstanden: Es sind Gletschertäler, die während der großen quartären Vereisungen von den Eismassen gebildet wurden. Dabei sind die Gletscher in die bereits vorhandenen Täler vorgestoßen, die sich wiederum nach den Bruchzonen innerhalb des älteren Gebirgsmassivs richteten. Mit zunehmender Erwärmung des Klimas schmolzen die Gletscher allmählich ab, und das Meer drang in die tiefen Gletschertäler ein. Unter ihnen stellt der Milford Sound, der von hohen Bergen umgeben ist (der Mitre Peak erreicht eine Höhe von 1695 m), das typische Beispiel eines „ertrunkenen" Trogtals dar. Seine sehr steilen Hänge, die ein Gefälle von 50 bis 60° aufweisen, werden an manchen Stellen zu senkrechten Wänden, die mehr als 600 m hoch sind.

Die Steilheit der Hänge ist zum Teil auf die Härte des Gneises zurückzuführen, aus dem das Gebirge besteht. Verwitterung und Erosion haben nach der Eiszeit den harten Gesteinen kaum etwas anhaben können, so daß die von den Gletschern gebildeten Formen fast unverändert geblieben sind. Diese Frische der Formen ist um so bemerkenswerter, als es hier besonders starke Niederschläge gibt (im Milford Sound selbst fallen 6240 mm pro Jahr) und die Bäche, die die Hänge herabstürzen, reichlich Wasser führen. Der Zufluß ist so stark, daß das Salzwasser des Milford Sound an der Oberfläche angesüßt ist. Nebentäler, ehemals von Zuflüssen des Gletschers ausgefüllt, durchschneiden die Felswände, und manche Bäche stürzen über schäumende Wasserfälle direkt in den Sound: Die Stirling Falls haben eine Höhe von 146 m, die Blowen Falls überwinden sogar 160 m in freiem Fall.

Wie bei Fjorden üblich, liegt die Sohle des Milford Sound heute tief unter dem Meeresspiegel. Der Sound erreicht an seiner Mündung ins Meer, dem Entrance Sill, eine Tiefe von 120 m; weiter innen reicht das Lot bis 290 m hinab. Die Ausbildung einer Mündungsschwelle ist charakteristisch für Fjorde. Im mittleren Talabschnitt erreicht der von Zuflüssen gespeiste Gletscher seine maximale Mächtigkeit und damit auch seine größtmögliche Erosionsenergie. Nähert er sich dem Meer, dann nimmt diese Kraft ab, da die Gletscherzunge im Meerwasser aufschwimmt. Dort bildet sich ein Felsriegel, an dessen Fuß auch der vom Gletscher mitgeführte Schutt abgelagert wird.

Zum Schutz der grandiosen Landschaft wurde hier ein Nationalpark von 13200 km² geschaffen, in dem an den flacheren Hängen ein schöner Wald aus immergrünen Scheinbuchen wächst. In diesem Urwald leben die eigenartigen Vögel Neuseelands wie beispielsweise der Kiwi, den es sonst nirgendwo auf der Welt gibt. Außer einem sehr begrenzten Tourismus hat die Zivilisation in diesem noch ursprünglich gebliebenen Teil Neuseelands keine Spuren hinterlassen.

Mississippi – Missouri

Amerika, USA
29°–48° n. Br., 89° 20'–112° w. L.

Von den großen Seen bis zu den Südstaaten, von den Appalachen bis zu den wilden Rocky Mountains verbindet dieser außergewöhnliche Fluß mit seinem teils trägen, teils von wilden Hochwassern unterbrochenen Lauf viele verschiedene Landschaften Nordamerikas.

Der Mississippi, dessen Einzugsgebiet flächenmäßig zwei Fünftel der Vereinigten Staaten (31 Staaten) und zwei kanadische Provinzen umfaßt, stellt mit seinem Nebenfluß, dem Missouri, den längsten Strom (6800 km) der Erde dar. Mit seinen westlichen Nebenflüssen berührt er die wilden Rocky Mountains und verbindet sie durch seine östlichen Nebenflüsse mit den Industriegebieten der Appalachen. Dieser Fluß, der einst die indianischen Kanus, dann die Flach- und Kielboote und schließlich nach 1812 die berühmten Raddampfer und Lastkähne gesehen hat, war bis zum Bau der Eisenbahnlinien einer der wichtigsten Verkehrswege Nordamerikas.

Im 19. Jahrhundert stellte der Mississippi die Grenze zum Westen dar, wo die Welt der Indianer und des Abenteuers begann. Zu dieser Zeit nahm die genauere Erforschung seines Stromsystems ihren Anfang. Erst im Jahr 1852 wurde seine Quelle entdeckt.

Das Einzugsgebiet des Mississippis ist riesengroß und umfaßt mehrere ganz verschiedene Landschaften. Insgesamt hat es eine Fläche von 3 208 000 km², wobei 1 365 000 km² auf den Missouri und 528 000 km² auf den Ohio entfallen. Dazu gehören im Norden die Plateaus an der kanadischen Grenze, ein Gewirr von Seen und Sümpfen, das durch die Gletscher des Eiszeitalters stark geprägt wurde. Der mittlere Teil ist ein weites, mit jungen Sedimenten gefülltes Becken, das am Golf von Mexiko in einem niedrig gelegenen, von Lagunen durchsetzten Küstenschwemmland endet. Schließlich ist das Einzugsgebiet im Osten durch die Appalachen, ein altes Rumpfgebirge, und im Westen durch die mächtige Kette der Rocky Mountains begrenzt.

Da die Ebene den Hauptteil des Einzugsgebiets bildet, hat der Hauptstrom des Mississippis und des Missouris nur ein sehr schwaches Gefälle und führt die jährlich anfallenden Niederschlagswasser nur langsam ab. Der untere Mississippi mäandriert deshalb sehr stark, was stellenweise eine Flußregulierung unumgänglich machte. In Saint Paul, 3080 km oberhalb der Mündung, beträgt das Gefälle des Mississippis nur 7 cm/km, bei Baton Rouge 3 cm/km; beim Ohio schwankt es zwischen 17 und 4 cm/km, beim Arkansas von 4,6 bis 11 cm/km. Dabei sind die Flußbetten nicht übermäßig breit: beim Missouri zwischen 360 und 600 m, beim Ohio 600 bis 1000 m,

Milford Sound *Vor den Stürmen der Tasmansee geschützt, liegt wie ein ruhiger Hafen der Fjord, in dessen Wassern sich die verschneiten Gipfel und die Hänge des Trogtals spiegeln.*

Mississippi – Missouri

beim Mississippi zwischen 700 und 850 m im oberen Lauf, um 1000 m im mittleren und nur 700 m bei New Orleans. Heute ist der Mississippi von künstlichen Dämmen gebändigt, und die alten Flußschlingen begleiten als Nebenarme (*Bayous*) seinen begradigten Lauf. Sie dienen bei Hochwasser als Auffangbecken. Der Abschnitt unterhalb des Arkansas ist oft 100 km breit überflutet.

Wegen seiner jährlichen Hochwasser und seiner Bedeutung als Lieferant fruchtbarer Schwemmsedimente hat man den Mississippi oft mit dem Nil verglichen. Die Bodenerosion in seinem Einzugsgebiet ist sehr stark; vom Ohio, Missouri und Mississippi werden ungeheure Mengen Lehm mitgeschwemmt, und vor der Regulierung baute der Mississippi an seinen Ufern regelrechte Dämme auf. Das Stromdelta, das bei Natchez beginnt, besteht aus sehr feinen Ablagerungen. Der größte Teil des gegenwärtigen Deltas wird nicht mehr vom Strom geformt. Ein aktiver Arm verläuft jedoch nach Südwesten und schiebt das Delta um etwa 100 m jährlich ins Meer hinaus. Die Trübung des Wassers rührt vom mitgeführten Schlamm her, den die Wolkenbrüche von den Feldern spülen.

Die außerordentlich starke Wasserführung des Mississippisystems ist, trotz der oft heftigen Regenfälle, doch eher auf die Größe des Einzugsgebiets und die Vielfalt der Landschaften zurückzuführen als auf eine starke Speisung durch Niederschläge und einen hohen Abflußfaktor. Hinsichtlich der jahreszeitlichen Wasserstandsschwankungen ist der Mississippi ein Fluß der Extreme. Im September und Oktober leitet er nicht mehr als 1 l/s/km² ab, doch von Januar bis Mai schwankt seine Abflußmenge zwischen 25 und 27 l/s/km². Im Verlauf des Jahres treten die Hoch- und Niedrigwasser ziemlich regelmäßig auf; der Zeitpunkt variiert vom Oberlauf bis zum Unterlauf nur wenig.

Von der Quelle im Ithascasee bis zur Einmündung des Missouris hat der obere Mississippi, dessen Lauf durch zahlreiche Wasserfälle gekennzeichnet ist, bis Saint Paul eine Wasserführung, wie sie für Tiefländer mit Kontinentalklima charakteristisch ist, dann bis Alton eine vom Klima her eher gemäßigte Wasserführung mit Frühjahrshochwasser. Der Missouri, der verhältnismäßig trockene Ebenen und einen Teil des Gebirges entwässert, hat ein ähnliches Regime mit starkem Wassermangel im Winter und einem Maximum im Juni, das zum Teil durch die Schneeschmelze in den Rocky Mountains verursacht wird. In Saint Louis vereint der Mississippi die beiden Abflußregime; hier gibt es eine Niedrigwasserperiode von August

Missouri *Nachdem er die Rocky Mountains verlassen hat, tritt der Missouri in die ausgedehnten Hochplateaus von Montana ein, wo sein Lauf gemäßigt ist, aber immer noch mächtig genug, um steile und dunkle Hänge in den kohlehaltigen Untergrund zu graben.*

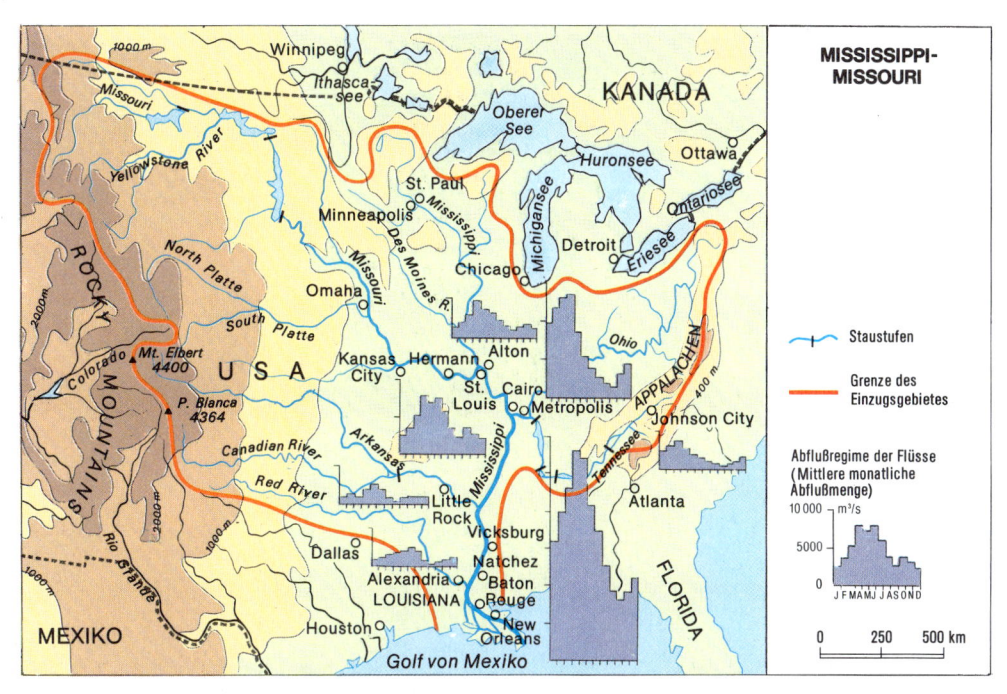

bis Januar und je einen Abflußhöhepunkt im April und Juni. Der Beitrag des Tennessees und der des wilden Ohios sind dann ausschlaggebend. Das Diagramm der Wasserführung in Metropolis zeigt die starken jahreszeitlichen Abflußschwankungen des Ohios ganz deutlich. Die Wasserführung ist durch die Schneeschmelze geprägt und weist ein sehr deutliches Maximum im März und April auf. Die Hochwasser nehmen erschreckende Ausmaße an, und ihre Flutwellen sind noch 90 km weiter im Mississippi zu spüren. Der Mississippi hat nach Cairo und der Einmündung des Ohios bis zum Meer sein Abflußmaximum im April und sein Minimum im Oktober. Der Arkansas und der Red River haben eine halbtropische Wasserführung (Maximum im Mai), sind jedoch nicht groß genug, um den jahreszeitlichen Rhythmus noch zu beeinflussen.

Misti, El

Amerika, Peru
16° 16′ s. Br., 71° 25′ w. L.

Am Rand der peruanischen Küstenwüste liegt die von Vulkanen umgebene Stadt Arequipa. Ihr Wahrzeichen ist der schön geformte Kegel des El Misti, der einzige tätige Feuerberg des Landes. Beständig aufsteigende heiße Dämpfe mahnen die Bevölkerung zu ständiger Vorsicht.

Die Stadt Arequipa im Süden Perus wird von den Silhouetten zweier gewaltiger Vulkane beherrscht. Im Norden erhebt sich der Nevado de Chachani (5815 m), und im Osten überragt der 5842 m hohe Kegel des El Misti seine Umgebung um rund 3500 m. Er ist der einzige noch tätige Vulkan des Landes, und die Symmetrie seines ebenmäßig geformten Kegels macht ihn zu einem der schönsten Vulkane der Erde. Hierin ist er dem berühmten Fudschijama sicherlich ebenbürtig.

Der Misti ist ein aktiver Schicht- oder Stratovulkan. Seine Ausbrüche waren in historischer Zeit jedoch weniger gefährlich als die mit ihnen einhergehenden Erdbeben, denen im Jahr 1600 zahlreiche indianische Siedlungen am Fuß des Berges zum Opfer fielen. 1883 verursachten sie auch schwere Schäden und Verluste in Arequipa. Bevorstehende Ausbrüche kündigen sich durch eine Zunahme der Fumarolentätigkeit in der Gipfelregion an.

Der Kegel des Misti ist durch zahlreiche Kerbtäler tief zerschnitten, und zwar besonders an der Westseite, wo die Niederschläge am höchsten sind. Im Tal des Chilis ist die Schichtenfolge des Vulkans gut zu erkennen. Der Kegel ist aus wechselnden Lagen andesitischer Laven und ausgeworfener Lockermassen wie Aschen, Bimssteinen und Lapilli aufgebaut. Eine Caldera bildet den Gipfel des Berges. Sie ist durchschnittlich 120 m tief, und ihr Durchmesser beträgt rund 835 m. In ihrem Innern liegt ein jüngerer Kegel mit einem Basisdurchmesser von 450 m, der von der letzten Eruption stammt. Im Westen geht er in die Umrahmung der Caldera über. Er ähnelt in der Form einer großen, hörnchenförmigen Düne. Der Krater des jungen Kegels ist nur 130 m breit, aber 140 m tief. Ein großer Teil seines Bodens ist mit gelblichen Schwefelkrusten bedeckt, die aus den ständig tätigen Fumarolen herrühren. Ein penetranter, schier unerträglicher Schwefelgeruch liegt über der gesamten Caldera. Die Fumarolen sind sehr sauer, und ihre Temperatur übersteigt kaum 100 °C. Überall in ihrem Umkreis findet man außer Schwefel auch Gips und andere mineralische Ablagerungen.

In den Jahren 1677, 1787 und 1947 beobachtete man eine starke Zunahme der Fumarolentätigkeit, und die Bevölkerung von Arequipa wurde alarmiert. Die wenig

El Misti *Um mehr als 3500 m überragt dieser gewaltige Vulkan die Stadt Arequipa.*

später folgenden Ausbrüche waren jedoch ungefährlich, und seither fürchtet man den Vulkan nicht mehr. Aber es ist noch immer nicht völlig sicher, ob der Misti eines Tages nicht doch eine Katastrophe heraufbeschwören kann.

Møns Klint

Europa, Dänemark
55° n. Br., 12° 20′ ö. L.

Ein heller Farbfleck in einem Gemälde in Grün: Das ist die beeindruckende Kliffküste der Insel Møn, deren weiße Wände fast senkrecht aus dem Meer aufsteigen.

Die dänische Insel Møn mit einer Fläche von 217 km² liegt zwischen der Insel Falster und der Insel Seeland. Ihre Ostküste mit dem höchsten Punkt Aborrebjerg besteht aus Kreidekalken. Die anbrandenden Wogen der Ostsee haben aus den mächtigen Kreideschichten eine eindrucksvolle Steilküste, Møns Klint genannt, herauspräpariert. Strahlend hell erhebt sie sich mehr als 100 m über das Meer. Daneben gibt es auch von Geröll bedeckte Hänge, die weniger steil abfallen. Der Westteil der Insel, vom Ostteil durch die Niederung von Borre getrennt, besteht ebenfalls aus Kreideschichten. Sie liegen jedoch erheblich tiefer und werden von einer schwach welligen Grundmoräne aus der letzten Eiszeit überdeckt.

Im Gebiet der Kliffküste von Møn wurden die Kreideschichten seit ihrer Ablagerung von tektonischen Vorgängen nicht mehr erfaßt. Im Quartär wurde die Oberfläche lediglich von den Eismassen der pleistozänen Gletscher überfahren. Durch den Druck der auflagernden Eismassen zerbrach das Gestein in große Blöcke. Gleichzeitig wurde seine Oberfläche von der Grundmoräne des Inlandeises bedeckt. Neben den kahlen, hohen Kreidefelsen gibt es hier heutzutage auch bewaldete Hänge. Bei starken Stürmen entstehen durch die Gewalt der heftig anbrandenden Wellen, die Steine und anderes Material mit sich führen, Hohlkehlen am Fuß der Steilküste. Die Kliffs werden unterspült, und größere Gesteinsplatten brechen immer wieder ins Meer ab. Auf diese Weise weicht die Küste Jahr für Jahr ins Landesinnere zurück.

Das satte Grün der Buchen, die die Hochfläche krönen, bildet zusammen mit dem Weiß der Kreidewände und den Smaragdtönen des Meeres eine der schönsten Küstenlandschaften Dänemarks.

Møns Klint *Unter dem ständigen Anprall der Wellen der Ostsee weichen die zerklüfteten Steilhänge dieser dänischen Insel langsam ins Landesinnere zurück.*

Montblanc

Europa, Frankreich/Italien/Schweiz
45° 50′ n. Br., 6° 53′ ö. L.

Eis- und Felsmauern, Gletscher, scharfe Grate, zackige Zinnen und senkrecht aufragende Felswände stellen in diesem höchsten Bergmassiv der Alpen immer wieder eine Herausforderung für den geübten Bergsteiger dar.

Nur wenige Berggipfel sind so berühmt wie der Montblanc, und keiner ist es seit so langer Zeit. Die erste Besteigung erfolgte bereits am 8. August 1786 durch die Franzosen Paccard und Balmat. Im folgenden Jahr bezwang der Schweizer H. B. de Saussure zum zweitenmal den Berg. Der Bericht, den er über die Besteigung veröffentlichte, fand ein lebhaftes Echo in der ganzen Welt. Mit der Besteigung dieses Gipfels, dessen Name – Montblanc – auf das ganze Massiv ausgedehnt wurde, begann der Alpinismus. Von überall kamen Bergsteiger hierher, und auch heute noch ist der Montblanc das Ziel ungezählter Kletterer.

Da der Berg ringsherum von Tälern umgeben ist, kann man ihn bequem erreichen. Das breite Tal von Chamonix bietet günstige Voraussetzungen für den Aufstieg. Zwar führt der Weg an vielen Gletscherspalten vorbei, doch sind die technischen Schwierigkeiten, die mit der Besteigung verknüpft sind, nicht allzu groß.

Auch das Gestein, aus dem der Montblanc und mit ihm das ganze Massiv besteht, eignet sich gut für Kletterpartien. Es ist zum größten Teil aus Graniten und Gneisen – also sehr harten Gesteinen – aufgebaut. Sie gehören der äußeren kristallinen Zone der Alpen an. Hier tritt das Grundgebirge aus dem Erdaltertum zu Tage, denn die Sedimente, die in späterer Zeit darüber abgelagert wurden, fielen der Abtragung zum Opfer. Im Zug der Faltung der Alpen im Tertiär wurden einzelne Teile des Montblancmassivs besonders stark herausgehoben. Zu ihnen gehören neben dem Montblanc selbst der Mont Maudit, der Dôme du Goûter, die Aiguille Verte und die Grandes Jorasses. Sie sind alle über 4000 m hoch und wurden während der Eiszeit durch Gletscher stark überformt. Zwischen ihnen liegen Pässe, Col genannt, so zum Beispiel der bekannte Col du Géant oder der Col du Midi. In Gesteinen, die bei der Faltung zerrieben und später wieder verfestigt wurden, haben sich zahlreiche Schluchten, Gänge und Spalten gebildet. Kleine Bäche fehlen im Montblancgebiet fast ganz. Die beherrschende Rolle spielt hier das Eis. In Form von Gletschern fließt es von den höchsten Höhen in Richtung auf die Täler.

Im Norden des Massivs erhebt sich über dem Glacier d'Argentière die Aiguille d'Argentière (*glacier* = Gletscher, *aiguille* = Felsnadel). Sie ist 3900 m hoch; an sie schließt sich im Norden die Aiguille du Chardonnet mit 3824 m an. 3544 m er-

251

reicht die noch weiter nördlich gelegene Aiguille du Tour. In diesem Bereich gibt es Gletscher, deren Länge geringer ist als ihre Breite. Beispiele dafür sind der Glacier du Tour und der Glacier de Saleina, während der Glacier d'Argentière, der die Gruppe im Süden begrenzt, ein typischer Talgletscher ist – also ein Gletscher, der eine beachtliche Länge aufzuweisen hat.

Die kleinere Gruppe im Bereich der Aiguille Verte ist von besonderem Reiz. Vom eleganten Helm der Gipfelregion gehen vier imposante Grate aus.

Die Grandes Jorasses befinden sich inmitten einer langen Kette, die sich vom Mont Dolent über die Aiguille de Triolet, die Aiguille de Talèfre, die Aiguille de Leschaux und die Aiguille de Rochefort bis zur Aiguille du Géant erstreckt. Die Nordwand der Grandes Jorasses, die fast senkrecht 1100 m hoch aufsteigt, konnte bis zum Jahr 1935 zusammen mit der Eigernordwand und der Nordwand des Matterhorns von Bergsteigern nicht bezwungen werden.

Wenn die Aiguilles de Chamonix in gewissem Sinne auch eine Fortsetzung des Montblancs darstellen, so unterscheiden sie sich von ihm doch dadurch, daß sie weniger hoch und nicht so stark von Eis und Schnee bedeckt sind. Zu den markantesten Gipfeln gehören die Aiguille de Grépon, die Aiguille du Plan und die Aiguille du Midi. Obgleich sich die Höhen dieser Gipfel nur zwischen 3400 und 3800 m bewegen, sind sie doch schwieriger zu besteigen, und einige Wände wurden erst in jüngster Zeit bezwungen.

Der Montblanc selbst erhebt sich im Süden des Massivs. Er imponiert durch seine Höhe und seinen grandiosen Landschaftscharakter. Von Chamonix aus sieht man die gewaltigen Gletscher, die die Nordseite des Montblancs bedecken. Ein ungewöhnlich hohes Gefälle besitzt der Glacier des Bossons, der mit großer Geschwindigkeit bis auf 1200 m hinabgleitet. Tiefer ist in den vergangenen 20 Jahren kein Gletscher in den Alpen vorgedrungen.

Dort, wo kristalline Schiefer den Untergrund bilden und die Hänge weniger steil sind, dehnen sich große Gletscherfelder aus. Der Mont Blanc du Tacul, der sich über dem Vallée Blanche erhebt, ist verhältnismäßig leicht zu besteigen, während die Gipfel des Diables und des Grand Capucin du Tacul zu den schwierigsten Besteigungen gehören.

Die Grandes Jorasses, die Aiguille Verte, die Aiguille du Géant und der Montblanc beherrschen das große Gletschergebiet des Glacier du Géant, von dessen Eismassen das Mer de Glace, der längste Talgletscher Frankreichs, genährt wird. Er hat eine Fläche von 303 km². Das kleine Massiv Tacul-Périades trennt das Mer de Glace vom Glacier de Leschaux. Obgleich das Eis infolge einer ständigen Klimaerwärmung seit 30 Jahren zurückgeht, beträgt seine Mächtigkeit an manchen Stellen noch immer rund 400 m.

Das Montblancmassiv ist touristisch gut erschlossen. So kann man beispielsweise mit der Seilbahn die Aiguille du Midi und den Col du Géant leicht erreichen. Eine Bergbahn führt außerdem zum Nährgebiet des Mer de Glace. Viele Skifahrer finden sich deshalb sowohl im Sommer als auch im Winter hier ein.

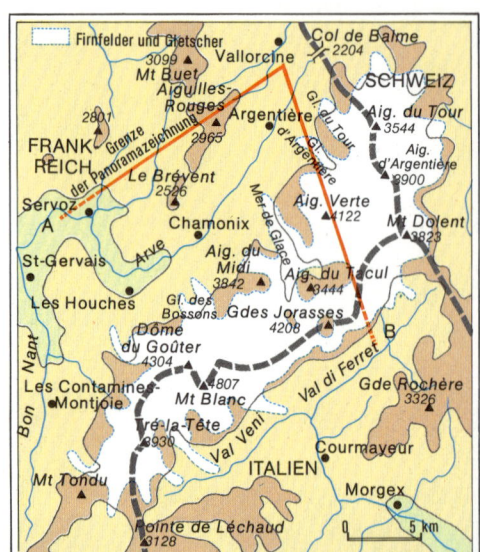

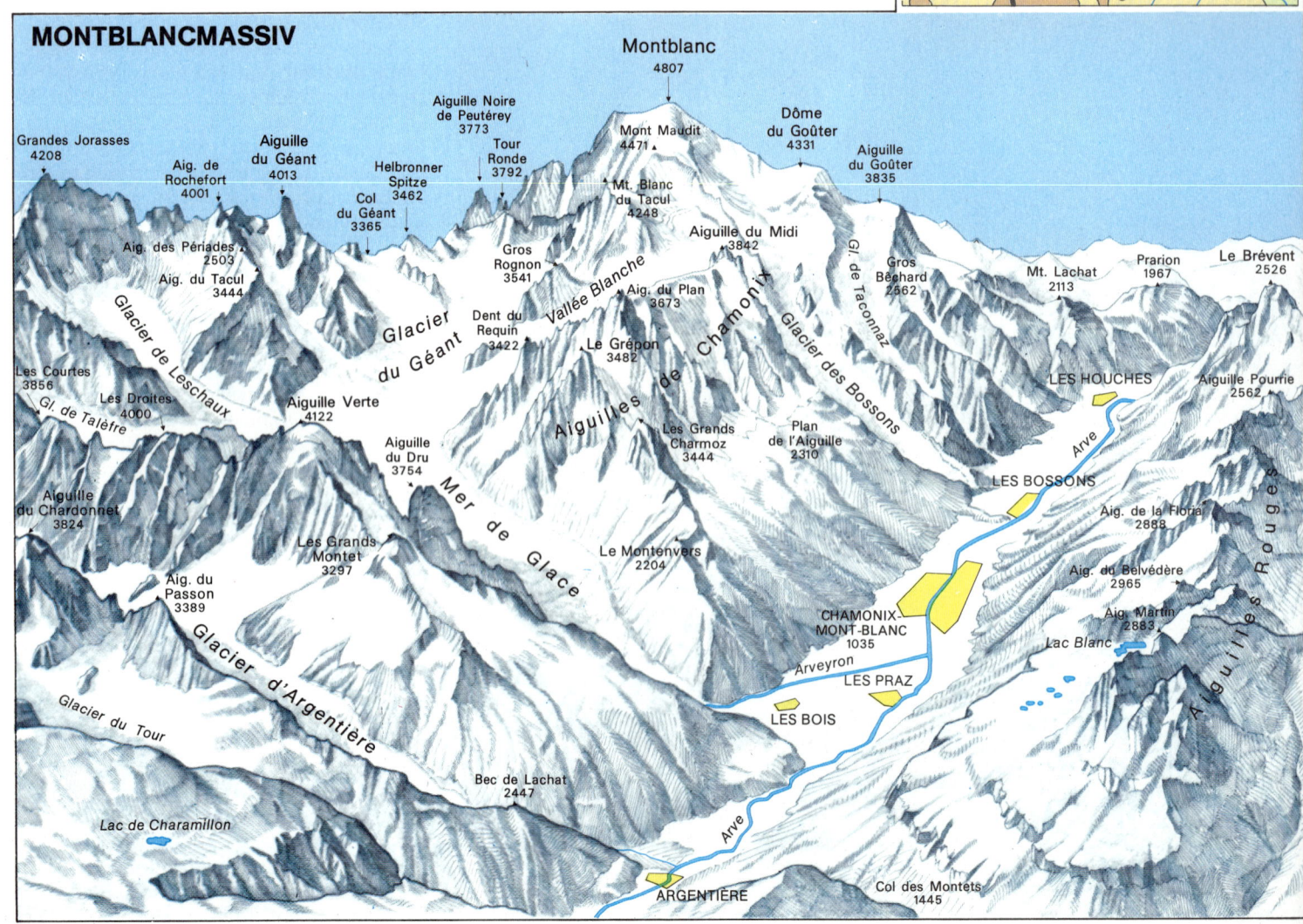

Montblanc *Am Ausgang des Vallée Blanche gleitet ein riesiger Gletscher, das Mer de Glace, in großen Windungen ins Tal. Er führt gewaltige Schuttmassen mit sich, die weiter talabwärts als Moränen abgelagert werden.*

Montblanc *Durch die Zweige der Nadelbäume über den scharfen Spitzen seiner Ausläufer sieht man die von Schnee und Eis bedeckte Kuppel des Montblancs.*

Monument Valley

Amerika, USA
36° 50′ n. Br., 110° 20′ w. L.

Monument Valley – das Tal der Monumente – ist eine höchst eigenartige Gegend. Felsblöcke und Tafelberge, die Reste einer alten Landschaft, blieben erhalten. Sie bilden die ideale Kulisse für viele Wildwestfilme.

Das Monument Valley liegt im Norden des Reservats der Navajoindianer, im Grenzbereich von Utah und Arizona. Es umfaßt den mittleren Teil des Coloradoplateaus. Seine Höhe bewegt sich zwischen 1600 und 2300 m. Es ist ein 70 mal 80 km breites Tal, in dem sich einzelne Tafelberge, Felstürme und Felsnadeln erheben. Die meisten Felsriesen finden sich ungefähr 90 km westlich der einzigen Stelle, wo vier Bundesstaaten, nämlich Arizona, Utah, Colorado und New Mexico, aneinanderstoßen.

Die Felsen bestehen aus rotem Sand-

Monument Valley *Wie die Wachtürme einer Festung erheben sich die drei Pfeiler aus rotem Sandstein inmitten des Coloradoplateaus. Seit Jahrtausenden trotzen sie den heftig wehenden Winden, der Hitze und der Kälte in dieser wüstenhaften Gegend Nordamerikas.*

stein, dem sogenannten De-Chelley-Sandstein, und ragen 300 bis 600 m über die umliegende Landschaft auf. An zahlreichen Stellen heben sich freigelegte Vulkanschlote durch ihren graugrünen Farbton auffällig vom rötlichen Braun der Sandsteinformationen ab. Durch das Spiel des Lichts erscheinen sie in den verschiedensten Farbtönen.

Der Sandstein des Monument Valley wurde gegen Ende der Permzeit in einem sehr trockenen Klima abgelagert. Zu Beginn der Trias wurde das Gebiet von einem Meer überflutet, das einen großen Teil Nordamerikas bedeckte. Im Verlauf dieser Überschwemmung füllte sich das Monument Valley mit Sand, der aus dem Gebiet der Rocky Mountains stammte. Nachdem sich das Meer zurückgezogen hatte, hob sich das Coloradoplateau und zerbrach in mächtige Schollen. In den vergangenen 50 Millionen Jahren wurden die höchsten Schichten abgetragen. Übrig blieb der Kern des alten De-Chelley-Massivs, der von späteren Formationen überlagert wurde. Vulkane, die heute längst erloschen sind, haben ihre Lavamassen abgelagert.

Im Quartär erhielt die Landschaft ein neues Gepräge. Die Erosion wirkte sich auf Kalk-, Sandstein, vulkanische Massen und Konglomeratgestein verschieden aus. Während die chemische Zersetzung der Gesteine nur eine untergeordnete Rolle spielte, kam der mechanischen Verwitterung große Bedeutung zu. Der Wind griff dort besonders intensiv an, wo weiches Gestein vorhanden war. Je fester das Gestein ist, um so mehr Widerstand setzt es der Abtragung entgegen. Auf diese Weise wurden die Felsriesen vom Monument Valley als Härtlinge herausmodelliert, die dieser Landschaft einen eigentümlichen Charakter verleihen.

Der Schriftsteller Robert de Roos berichtet von einer Reise durch dieses Gebiet: „Es war fast unheimlich, wie sich die Landschaft beim Fahren veränderte. Es schien, als bewegten sich die Berge langsam im Kreise um uns her. Wir fuhren über einen Paß, wo die Felsen wie Stapel dicker Pfannkuchen aussahen und sich zu einer großen Düne türmten. Von dort aus blickten wir auf den ‚Totempfahl‘, eine Felsnadel, die so hoch ist wie ein Wolkenkratzer und allen Gesetzen der Schwerkraft zu trotzen scheint. Er steht schief, und ein tiefer Spalt läuft mitten durch ihn hindurch."

Auch andere Felsgebilde tragen Namen, so „Der Königsthron", „Die Burg", „Der große Indianer", „Das Ohr des Windes". Einige Gesteinsbrocken erinnern an Häh-

ne, Kaninchen, Maultiere, Kinder oder die Köpfe bekannter Männer.

Die Vegetation hier ist sehr kümmerlich. Sie besteht vorwiegend aus Kakteen und einigen Gräsern und Büschen, doch unterstreicht sie den Charakter dieser kargen, einsamen, grandiosen Landschaft.

Mooréa

Ozeanien, Französisch-Polynesien
17° 32′ s. Br., 149° 50′ w. L.

Bezeichnend für das äußere Erscheinungsbild dieser Insel sind die scharfen, gezackten Berggrate und die tief eingeschnittenen Schluchten. Sie entstanden in geologisch jüngerer Zeit.

Mooréa, das nur etwa 20 km von Tahiti entfernt liegt, mißt von Westen nach Osten ungefähr 17 km und von Norden nach Sü-

Mooréa *Im Vordergrund ein heller Streifen: Das ist der Rand des Korallenriffs, an dem sich die Meereswellen brechen. An ihn schließt sich eine Zone seichteren Wassers an – die Lagune. Unter der Wasseroberfläche kann man Korallenbauten erkennen. Eine Fahrrinne (blauer Streifen im Mittelgrund) ermöglicht es Schiffen, ungehindert in den Hafen einzulaufen. Über der Küstenebene erhebt sich die bewegte Firstlinie der Berge von Mooréa.*

Mooréa

den an der breitesten Stelle 15 km; die Gesamtfläche beträgt 132 km². Obgleich die Insel nicht so hoch ist wie Tahiti, erwecken die scharfen Spitzen und Kämme, die oft von Nebelschleiern umhüllt sind, den Eindruck eines Hochgebirges.

Die Insel verdankt ihren Ursprung einem Vulkan, der wahrscheinlich seit dem Ende des Pliozäns erloschen ist. Der Nordteil des Kraters ist vermutlich eingestürzt. Der Südrand war sehr stark der Erosion ausgesetzt und wurde in eine Reihe von Bergspitzen mit Höhen zwischen 500 und 700 m aufgelöst. Die zentrale, mehrere Kilometer breite Senkenzone der Insel war wohl ein Teil der ehemaligen Caldera, die durch die Erosion erweitert wurde. Im Norden wird das Rotuimassiv von zwei Schluchten durchzogen. Sie entstanden durch die Flüsse Opunohu und Paopao. Der eine mündet in die Bucht von Papetoai, der andere in die Cookbai.

Das Gestein, das man hier am häufigsten antrifft, ist basaltische Lava. Sie tritt in verschiedenen Varianten auf. Es gibt sehr dichte, aber auch poröse Arten. Sie stammen von zwei Lavaformen ab, der sogenanten *Aa*-Lava und der *Pahoehoe*-Lava. Die *Aa*-Lava ist klumpig und sehr dicht, während die *Pahoehoe*-Lava glatt ist und Stränge und Falten bildet.

Im Nordwesten der Insel kommen überwiegend Trachyte vor. Dies sind graue bis rötliche Ergußgesteine. Im Zentrum der Mulde findet man außerdem glimmerhaltigen Gabbro.

Die Geschichte des Aufbaus der Vulkaninsel ist sehr wechselvoll. Gegen Ende der ersten Ausbruchsphase gab es wohl einen großen Vulkan, der aus basaltischer Lava und Trümmergestein aufgebaut war. Nach einer Ruhepause folgten neue Ausbrüche. Dieser Abschnitt ging unter heftigen Explosionen zu Ende. Damals bildeten sich granitische Intrusionen und porphyrische Ganggesteine. Große Spalten entstanden. Nun trat wieder eine Zeit der Ruhe ein, in der die Erosion abermals wirksam wurde.

Die Insel ist heute von einem Korallenriff umgeben, das Schutz vor den Brandungswellen bietet. Zwischen dem Riff und der Insel dehnt sich eine Lagune, und am Fuß der Berge hat sich eine von Kokospalmen bewachsene Küstenebene gebildet, die von einem weißen Sandstrand gesäumt ist. Aus dem Riff wachsen einzelne kleine Koralleninseln empor, besonders im Nordwesten von Mooréa. Sie erheben sich nur wenig über den gegenwärtigen Meeresspiegel und sind von *Pandanus*-Arten und Eisenholzbäumen bewachsen.

Im Nordosten ist das Riff mit der Insel fest verbunden. Aus der Lagune ist ein See entstanden, der durch Geröll, das von den Bergen ringsum herabstürzt, langsam aufgefüllt wird.

Die schöne Landschaft, die blendend weißen Strände und das nahe gelegene Tahiti begünstigten die Entwicklung des Tourismus auf der Insel. Mehrere Hotels wurden errichtet. Die einheimische Bevölkerung (7500 Einwohner) ist nicht mehr nur auf die Gewinnung von Kopra, auf den Fischfang und den Anbau von Obst und Gemüse angewiesen, sie kann sich nun auch im Hotelwesen und durch die Herstellung und den Verkauf handwerklicher Gegenstände ihren Unterhalt verdienen.

Morar, Loch

Europa, Großbritannien
56° 54' n. Br., 5° 32' w. L.

Ein langer Streifen Wasser mit smaragdgrünen Reflexen, eine Rille, die tief in die Nordwestküste Schottlands eingreift, helle Strände, das nahe Meer und viele Inseln – eine Landschaft von großem Reiz.

In der stark gegliederten Küste der North West Highlands, wo lange, schmale Halbinseln mit tiefen Meeresarmen abwechseln, liegt Loch Morar. Bei Sonnenuntergang, wenn sich im Westen die Silhouetten der Inseln Rhum und Eigg im Gegenlicht abzeichnen, bilden die Farben und Formen ein Bild von grandioser Schönheit.

Loch Morar, der von Westen nach Osten verläuft, ist, wie die meisten Lochs der schottischen Westküste, sehr lang (18,5 km) im Vergleich zur Breite, die an keiner Stelle 2,4 km überschreitet und manchmal kaum 1,5 km erreicht. Diese typische langgezogene Form ist durch die geologischen Ereignisse bei der Entstehung des alten Kaledonischen Gebirgsrumpfs zu erklären. Gegen Ende des Silurs wurden die präkambrischen Gneise und Glimmerschiefer aufgefaltet. Sie bildeten das Kaledonische Gebirge. Dieses wurde später abgetragen, hob sich aber wieder im Tertiär. Dabei entstanden Verwerfungen, das Gebiet brach in Schollen auseinander, und durch die Kräfte der Erosion bildeten sich an den Schwächezonen zwischen den Schollen große Rinnen und Täler. Diese Täler wurden durch die Gletscher der pleistozänen Eiszeiten vertieft und verbreitert. Loch Morar, der eine Tiefe von über 300 m erreicht, ist der tiefste See Schottlands und einer der tiefsten Süßwasserseen Europas. Ein Höhenunterschied von 700 m trennt den Grund des Sees von den Gipfeln der Bergrücken, die ihn umgeben.

Von den Tälern, die durch die erodierenden Kräfte der Flüsse und durch die Gletscher entstanden, wurden manche im Laufe der spät- und nacheiszeitlichen Hebung des Meeresspiegels überflutet. Einige, wie Loch Nevis, bilden Fjorde. Bei Loch Morar trennen nur rund 12 m Land das Wasser des Sees vom offenen Meer. Diese Schwelle besteht aus sehr hartem

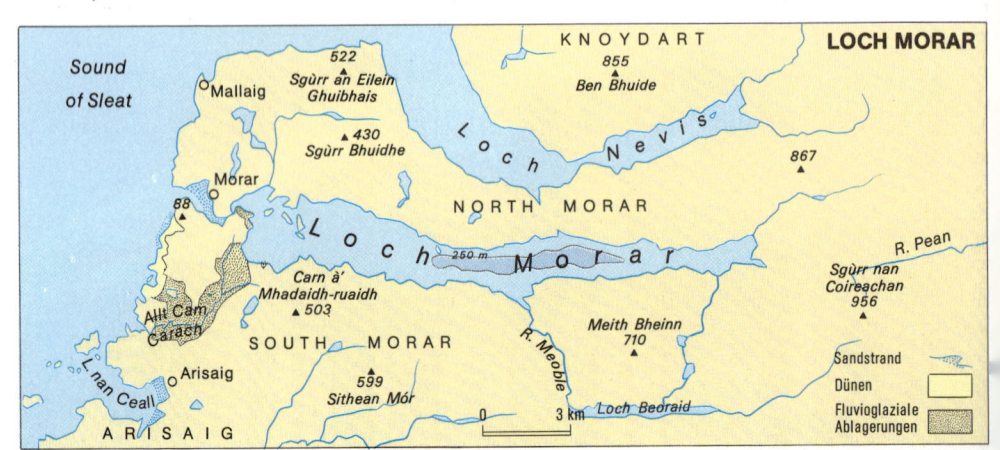

Loch Morar *Dieser schottische See mit seiner reizvollen Umgebung besitzt die charakteristische Form eines Fjordes. Eine 12 m breite Schwelle trennt ihn jedoch vom Atlantik.*

Gestein. Die Platten aus Quarz und quarzitischen Schiefern bilden eine Barriere, die durch eine kurze Schlucht durchschnitten wird. Diese Schlucht, in der sich ein Wasserfall und Schnellen befinden, ist der Ausfluß des Loch Morar, und es überrascht zunächst, daß das Wasser sich so mühsam einen Weg gebahnt hat. Denn in der Südwestecke des Sees liegt die offensichtliche Verlängerung des ursprünglichen Tals, allerdings jetzt durch abgelagerten Sand und Kies verstopft. Diese Aufschüttung ist durch einen Torfkamm gekrönt und leicht nach Südwesten geneigt.

Dieser sonderbare Staudamm entstand vor mindestens 10000 Jahren am Ende der letzten Eiszeit. Während einer längeren Phase, in der die Vereisung wieder zunahm und die Gletscher erneut vordrangen, blieb der Gletscher, der das Felsenbett des Loch Morar belegt hatte, lange stationär und schüttete an seinem Ende einen großen Kegel aus voreiszeitlichem Material auf. Sand und Kies zusammen mit dem Eis verstopften den südwestlichen Ausgang des Tals. Gleichzeitig aber suchte sich das Schmelzwasser einen Ausfluß: Auf dem kürzesten Weg grub sich der Strom unter dem Eis durch das widerstandsfähige Gestein im äußersten Westen des Tals.

Lange Zeit war diese Gegend nur über eine schmale und sehr schlechte Straße zu erreichen. Anfang des Jahrhunderts wurde jedoch die Eisenbahnlinie bis zu dem kleinen Hafen von Mallaig verlängert, von dem aus die Inneren Hebriden versorgt werden, insbesondere die Insel Skye. Die Strecke von Glasgow nach Mallaig gilt als die schönste in Großbritannien. Die silberweißen Sandstrände von Arisaig und Morar sind berühmt und ziehen im Sommer Urlauber an.

Moskenesøy

Europa, Norwegen
67° 55′ n. Br., 13° ö. L.

Moskenesøy ist eine der schönsten Lofotinseln. Die Gletscher der Eiszeiten verliehen dieser Landschaft ein einzigartiges Gepräge: tiefe Fjorde, scharfe Gebirgsgrate, lehrbuchhafte Kare und mächtige Trogtäler.

Moskenesøy, eine der südlichsten Lofotinseln, gehört zu den landschaftlichen Kleinoden Norwegens. Man muß diese gebirgige, in scharfe Felsspitzen aufgelöste und von tiefen Trogtälern durchzogene Insel nach einem Regenguß erleben, wenn die gigantischen glatten und grauen Felswände

Moskenesøy *Moskenesøy gehört zu den Lofotinseln, die trotz ihrer Lage im hohen Norden Norwegens ein relativ mildes Klima besitzen, da sie von einer warmen Meeresströmung, dem Golfstrom, umspült werden. Ihre Bewohner leben vom Kabeljaufang und siedeln in kleinen Fischerorten an den Küsten. Die Gebirgszüge der Inselgruppe wurden von eiszeitlichen Gletschern überformt. Diese hinterließen unzählige Kare, scharfe Grate sowie tiefe Trogtäler, die später im Meer ertranken und zu Fjorden wurden.*

in der Sonne glänzen, wenn die Wolken sich verziehen und die Türme und Mauern hervortreten lassen, die die roten, grünen und weißen Häuser, niedergeduckt am Rande dunkler Fjorde, zu erdrücken scheinen.

Die 35 km lange und durchschnittlich 10 km breite Insel ist in drei bewohnbare Abschnitte unterteilt, die durch eine Bootslinie miteinander verbunden sind. Flaches Gelände am Fuße ihrer hohen Berge, die meist direkt ins Meer abfallen, ist nämlich derartig selten, daß nicht einmal Platz genug vorhanden ist, um alle Siedlungen der Insel an das Straßennetz anzuschließen. Das kleine Fischerdorf Reine im Osten der Insel zeigt die typischen Merkmale dieser Landschaft am besten. Der Ort liegt auf einer schmalen, felsigen und in Inselchen aufgelösten Terrasse am Rand eines verzweigten Fjords, der Moskenesøy fast in zwei Teile spaltet. Diese Terrasse ist ein Teil der Felsschwelle, die den Kirkefjord vom großen Vestfjord trennt.

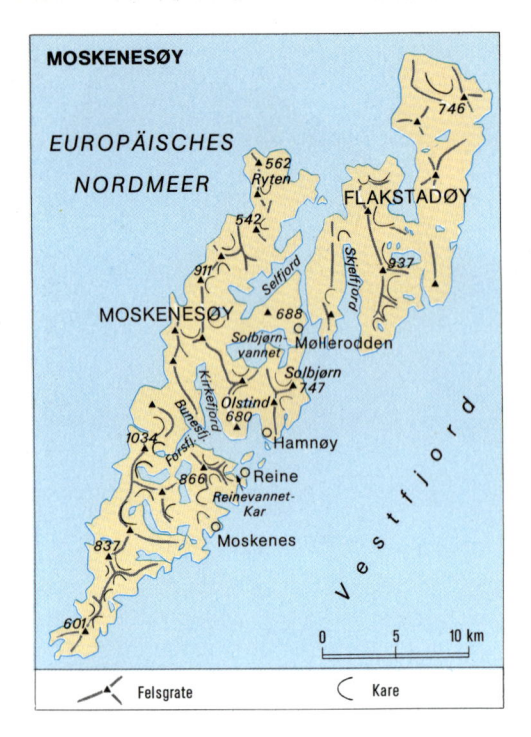

Der Kirkefjord, der an der Stelle, wo er mit dem Bunesfjord und dem Forsfjord zusammentrifft, 135 m tief ist, erstreckt sich mit seinen unzugänglichen Ufern am Fuß mächtiger Berge, die zwischen 680 und 1034 m hoch sind. Der eindrucksvollste Gipfel ist der Olstind (680 m) nördlich von Reine. Vom Hafen von Hamnøy aus gesehen, gleicht er einer riesigen, leicht zur Seite geneigten Felskuppel, die aus einer flachen Schale herausragt. Die Erosionsrinnen, die den Berg überziehen, sind Lawinengassen, die entlang von Klüften und Brüchen im massiven Gestein entstanden sind. Mehr oder weniger zusammenhängende Überhänge unterbrechen die um 50 bis 60° geneigten, glatten Steilwände. Es sind die Narben, an denen sich große Gesteinsplatten von der Felsoberfläche des glockenförmigen Berges gelöst haben. Der gesamte Felsen besteht nämlich aus diesen gewölbten Gesteinsplatten, die zwischen 0,5 und 3 m und sogar noch dicker sein können; sie ähneln Zwiebelschalen, die durch millimeterstarke Hohlräume voneinander getrennt sind. Ähnliche „Glockenberge" gibt es auch noch anderswo in der Umgebung von Reine, z.B. in der Mulde des Reinevannet und am Ufer des Vestfjords zwischen Hamnøy und Møllerodden am Fuße des Solbjørn (747 m). Hier durchschneidet die Straße einige dieser übereinanderliegenden Gesteinsplatten, die zusammen mehr als 100 m hoch und bis zu 60° geneigt sind.

Die glockenförmigen Berge der Lofotinseln haben eine bemerkenswerte Ähnlichkeit mit den „Zuckerhüten" rund um die Bucht von Rio de Janeiro. Solche Gemeinsamkeiten zwischen dem Relief der Tropen und der Küste Norwegens lassen sich durch die ähnlichen Gesteine erklären. Wie alle Lofotinseln besteht Moskenesøy aus einem Block präkambrischer Gesteine (3,1 bis 1,7 Milliarden Jahre alt), der im Tertiär gehoben wurde. Es handelt sich dabei vor allem um metamorphe und magmatische Gesteine (Gneis, Syenit oder basische Gesteine), die in großen Tiefen gebildet wurden. Sie waren dort lange Zeit hohen Drücken ausgesetzt. Als die aufliegenden Deckschichten nach der tertiären Hebung abgetragen wurden, mußte es durch diese Gewichtsabnahme zwangsläufig zu einer Druckentlastung kommen. An den Hängen bildeten sich dadurch im Gestein parallele Entlastungsklüfte. An diesen Klüften setzte die Frostverwitterung ein und sprengte die Gesteinsplatten ab. Der Gesteinsschutt, der sich so über längere Zeit am Fuß der Wände anhäufte, wurde von den Gletschern aufgenommen und weggeführt.

Die steilen Felswände Moskenesøys haben durch die Erosionstätigkeit eiszeitlicher Gletscher ihre heutige Gestalt angenommen. Die Insel ist deshalb auch eine der Landschaften Norwegens, in der man die Vielfalt der durch das Eis geschaffenen Oberflächenformen am besten beobachten kann. Zahlreiche Gletscher, die im Verlauf der Kaltzeiten des Quartärs bis zum Meer vorstießen, haben Dutzende von Karen gebildet, die halbkreisförmig von senkrechten Felswänden umringt werden und wie riesige Amphitheater aussehen. Sie werden in ihrer Form häufig auch mit einem Lehnstuhl verglichen. Sie sind neben den Trogtälern die auffälligsten Glazialformen. Ihre Böden wurden durch die Gletschererosion stark übertieft, und ihre talwärtigen Ausgänge sind durch Felsriegel versperrt. Deshalb werden diese Vertiefungen meist von Seen eingenommen, deren Wasserspiegel die Oberkante der Felsriegel erreichen. Von hier tosen Wildbäche zu Tal. Manche dieser kreisrunden Kare könnte man wegen ihrer Form mit Vulkankratern verwechseln.

Trotz ihrer Lage nördlich des Polarkreises besitzen die Lofotinseln ein verhältnismäßig mildes Klima, und zwar vor allem im Winter. Diese Klimagunst ergibt sich aus den Einflüssen des Golfstroms, der als warme Meeresströmung an der gesamten norwegischen Küste entlangstreicht. Die Bevölkerung der Inselgruppe lebt überwiegend vom Kabeljaufang und siedelt daher in kleinen Fischerdörfern unmittelbar an den Küsten.

Muldrowgletscher

Amerika, USA
63° 15′ n. Br., 150° 30′ w. L.

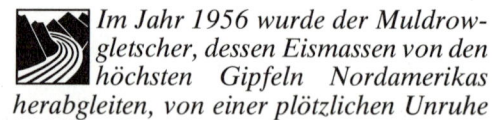

Im Jahr 1956 wurde der Muldrowgletscher, dessen Eismassen von den höchsten Gipfeln Nordamerikas herabgleiten, von einer plötzlichen Unruhe befallen: Das Eis, das wie aufgeweicht wirkte, wälzte sich plötzlich, einem Schlammstrom gleich, als drückende Last die Hänge hinab.

Die Alaskakette umschließt die zu ihr zählenden Berge Mount Hayes und Mount McKinley mit ihren hohen Gebirgsmassiven, deren Schneegrenze an den Südhängen zwischen 1500 und 2100 m und an der Nordflanke zwischen 1800 und 2100 m hoch liegt. Diese Werte sind ein Hinweis auf die Rolle der Südwinde als Niederschlagsbringer und ihre grundsätzliche Bedeutung für die Ernährung der Gletscher.

Der Gebirgsabschnitt zwischen den Flüssen Nenana und Kuskokwim ist 280 km lang und verläuft von Westsüdwest nach Ostnordost. Die maximale Breite seines vergletscherten Teils beträgt etwa 60 km. Während der gesamte Südhang der Kette vom Susitna entwässert wird, fließt das Wasser der Nordhänge in den Tanana und in den Kuskokwim. Der Hauptgipfel der Alaskakette ist der Mount McKinley (6193 m). Von diesem Berg gehen die wichtigsten Gletscher aus: Muldrow- und Petersgletscher strömen nach Norden, Elnaridge-, Ruth-, Tokasit- und Kahiltnagletscher nach Süden. Im Norden verlassen sie den Gebirgsblock und erstrecken sich bis in das Vorland, im Süden dagegen enden sie noch innerhalb des Gebirges.

Der Muldrowgletscher ist mit einer Länge von 65 km und einer Fläche von 516 km² der eindrucksvollste Gletscher der Alaskakette und eine der größten Sehenswürdigkeiten des Mount-McKinley-Nationalparks. Er fließt zunächst nach Nordosten, erhält an seinem rechten Ufer Eiszuflüsse, die von der Gipfelkette herabkommen (Harpergletscher, Traleikagletscher und Brooksgletscher), und wendet sich im Unterlauf nach Norden, um etwas weiter talabwärts in östliche Richtung umzulenken. Er endet in einer Höhe von 750 m. Seine gewaltigen Schmelzwasser fließen in den McKinley River, einen Nebenfluß

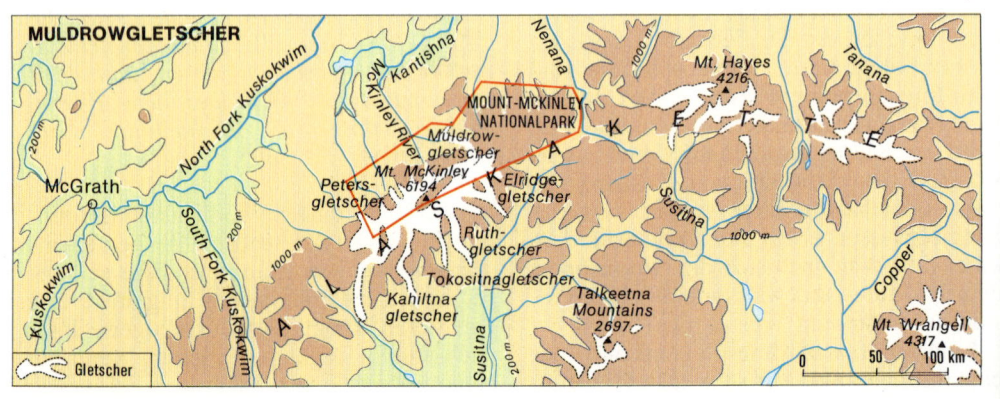

Muldrowgletscher *Wie verloren wirkt das einsame Schlittengespann auf der riesigen Oberfläche des Muldrowgletschers, dessen Fließgeschwindigkeit Mitte der fünfziger Jahre teilweise über 300 m/Tag betrug! Heute hat sie sich auf einen Wert um 50 m/Jahr eingependelt.*

des Kantishna. Die Gletscherzunge ist an der Stirnseite von einem gewaltigen Moränenmantel umgeben.

Fotografien des Gletschers haben gezeigt, daß er im Unterlauf während der gesamten ersten Hälfte des 20. Jahrhunderts stagnierte. Dagegen betrug die Fließgeschwindigkeit oberhalb des sehr ausgeprägten Knies, das er 10 km vor seiner Stirn macht, rund 50 m/Jahr. Im Verlauf von zehn Jahren stieg die Geschwindigkeit dann plötzlich auf etwa 250 m jährlich an, bedingt durch eine außergewöhnlich starke Zunahme des Gletschereises. Zwischen 1956 und 1957 erfolgte schließlich ein sogenannter Surgevorstoß, eine Erscheinung, die für manche Gletscher Alaskas charakteristisch ist. Ein katastrophenartiges Anwachsen des Gletschers deutete sich durch eine außerordentlich hohe Zunahme der Fließgeschwindigkeit innerhalb von nur 15 Monaten an. Im dritten Monat der Surgewoge betrug sie bereits 350 m/Tag und in der Endphase immerhin noch 8 m/Tag. Das mittlere Vorrücken des Eises betrug während des Sommers 1956 zwischen 60 und 70 m/Tag. Während des Surgevorstoßes sank die Gletscheroberfläche aufgrund des raschen Eisabflusses um 15 bis 60 m ab!

Anfangs glaubte man, daß dieses ungewöhnliche Phänomen auf ein Erdbeben zurückzuführen sei, das den inneren Gleichgewichtszustand der Eismassen gestört haben könnte. Viele Anzeichen deuten jedoch darauf hin, daß dies nicht die Ursache gewesen ist. Man nimmt heute an, daß sich die Eismassen eines anwachsenden Gletschers zunächst hinter seiner beim letzten Rückzug aufgeschütteten Endmoräne aufstauen und deshalb unter außergewöhnlich hohem Druck stehen. Beim plötzlichen Bruch eines solchen Dammes erfolgt augenblicklich eine Druckentlastung, die Eiszunge bricht wie Glas und schießt dann wie ein Schlammstrom ins Tal hinab. Es versteht sich von selbst, daß dieser ungewöhnliche Gletscher von zahlreichen amerikanischen Wissenschaftlern aufmerksam beobachtet wird.

N

Nabesnagletscher

Amerika, USA
62° 30′ n. Br., 143° 10′ w. L.

Aus einem rauhen Gebirge Alaskas fließt eine gewaltige Gletscherzunge, die von 40 kleineren Eisströmen genährt wird. Sie mündet in einen Bergsee, auf dem abschmelzende Eisreste treiben.

Im Süden Alaskas, an der Grenze zum Yukongebiet, bildet das Wrangellgebirge einen breiten, von Vulkanen besetzten Schild. Manche der Feuerberge sind an die 5000 m hoch. Einer von ihnen, der Mount Wrangell, ist immer noch aktiv. Diese Bergkette bildet eine Barriere zwischen dem kontinentalen Zentralalaska im Norden und einem Gebiet mit ozeanischem Klima im Süden. Die Schneegrenze, die im Norden aufgrund geringerer Niederschläge höher liegt als an der Südflanke, kann etwa in einer Höhe von 1800 bis 2000 m gezogen werden. Daraus resultiert eine stark ausgeprägte Vergletscherung (insgesamt 4193 km²), die sich 160 km in nord-südlicher und 160 km in westöstlicher Richtung erstreckt und damit 8 % der vereisten Oberfläche Alaskas umfaßt.

Der Kern dieses vergletscherten Gebietes besteht aus einem riesigen Eisfeld mit einer Länge von rund 40 km und einer Breite von etwa 25 km. Aus ihm lösen sich eine Reihe von Eiszungen, deren wichtigste die Gletscher Nizina und Kennicott im Süden sowie Chisana und vor allem Nabesna im Norden sind.

Der Nabesnagletscher, der einen großen Teil des Eisfeldes zwischen den Bergen Blackburn, Jarvis und Wrangell einnimmt, ist 87 km lang, hat eine Oberfläche von 819 km² und wird von etwa 40 Eisströmen genährt. Er verläuft nach Nordosten und hat die Form eines langgestreckten Talgletschers, der in 880 m Meereshöhe endet. Aus seinen Schmelzwassern entsteht der Fluß Nabesna, ein Nebenfluß der Tanana, die ihrerseits in den Yukon mündet.

Seit den ersten Untersuchungen des Gletschers im 19. Jahrhundert und den daraus resultierenden Beschreibungen konnte man einen starken Rückzug der Eiszunge ermitteln, der allerdings durch mehrere zwischengeschaltete Wachstumsphasen unterbrochen wurde. Bereits im Jahr 1908 wurde erstmals festgestellt, daß der Gletscher schmilzt. Fotografien, die seither gemacht wurden, haben gezeigt, daß diese Tendenz weiter anhält, wenn auch nicht im gleichen Ausmaß wie bei den benachbarten kleineren Gletschern, die meist um mehrere Kilometer zurückgeschmolzen sind.

Das Wrangellgebirge wurde durch die

Nabesnagletscher *Unter dem wolkenverhangenen Himmel Alaskas, eingezwängt zwischen hohen Bergen, die von eiszeitlichen Eisströmen glattgeschliffen wurden, fließen die Ausläufer des Nabesnagletschers zu Tal. Am Ende der Gletscherzunge brechen mächtige Eisschollen ab und treiben als Eisberge auf dem Wasser eines Bergsees.*

starken Erdbeben zu Beginn unseres Jahrhunderts nicht sonderlich beeinflußt, die in den Jahren 1905 und 1906 grundlegende Veränderungen im benachbarten Gletscherbereich von Yakutat hervorgerufen haben. Auch das Beben im März 1964 hat keine Spuren hinterlassen.

Nanga Parbat

Asien, Pakistan
35° 15′ n. Br., 74° 36′ ö. L.

Die schroffen Flanken des Nanga Parbat gehören zu den gefährlichsten Felswänden der Erde. Er wird auch „Schicksalsberg der Deutschen" genannt, weil hier elf Deutsche bei Besteigungsversuchen ihr Leben verloren haben.

Der Nanga Parbat ist der westliche Eckpfeiler des großen Himalajabogens. Mit einer Höhe von 8126 m nimmt er den achten Platz unter den Bergriesen des Himalajas und den neunten Rang unter den höchsten Gipfeln der Erde ein. Seine schwindelerregenden Wände fallen im Süden rund 4500 m zum Rupatal ab. Der Berg überragt das nur 23 km entfernte Tal des Indus sogar um 7000 m und das des Nebenflusses Astor um 5000 m.

Kaum ein Berg im Himalaja hat so sehr den Aberglauben und die Phantasie der Menschen angeregt wie der Nanga Parbat: Man hat ihn zum Wohnsitz zahlreicher böser Geister gemacht. Jedesmal, wenn sein Gipfel von Wolken verhüllt war, dachte die einheimische Bevölkerung an schreckliche Dämonen: an den Riesenfrosch, dessen Quaken im Grollen der Lawinen widerklang, oder an lange Schneeschlangen, die sich als Lawinen die Hänge hinabstürzten.

Solche Vorstellungen existierten nicht ohne Grund. Die gefürchteten Gletscher, die an allen Flanken des Nanga Parbat herabgleiten, können mit ihren ruckartigen und raschen Bewegungen – man hat für den Rakhiotgletscher ein Vorrücken von 2,5 m/Tag und eine jährliche Fortbewegung von mehr als 800 m gemessen – verheerende Eisstürze verursachen.

Darüber hinaus hat die extreme Neigung der aus metamorphen Gneisen bestehenden Wände im Verlauf der Jahrhunderte zu riesigen Bergstürzen ins Industal geführt. 1840 ist z. B. ein ganzer Berghang in den Astorfluß gestürzt und hat dabei eine Flutwelle ausgelöst, die ein blühendes Tal auf Dutzende von Kilometern verwüstete.

Die Besteigung des Nanga Parbat hat ohne Zweifel die meisten Opfer in der Geschichte der Himalajaexpeditionen und des Alpinismus allgemein gefordert. Bereits 1895 wurde der bekannte britische Alpinist A. F. Mummery zusammen mit seinen beiden Begleitern G. Hastings und J. N. Collie als vermißt gemeldet, nachdem sich die Gruppe in einer Höhe von mehr als 6000 m in der Südwestwand zum letztenmal gemeldet hatte. 1932 ging eine deutsch-amerikanische Expedition den Berg von Nordosten an und erkundete den Einstieg über den Rakhiotgletscher und den Silbersattel. Zwei Jahre später erreichte eine deutsch-österreichische Expedition beinahe den Gipfel. Die Seilschaft war bereits bis in 7850 m Höhe vorgestoßen, als ein gewaltiger Schneesturm losbrach. Vier Europäer und sechs Sherpaträger kamen dabei um. Bei einem neuen Versuch im Jahr 1937 kamen sieben Deutsche und neun Sherpa in ihren Zelten ums Leben, als sie von einer Eislawine verschüttet wurden. Damals erhielt der Nanga Parbat seinen zweifelhaften Ruf als „Schicksalsberg der Deutschen".

Es dauerte noch weitere 16 Jahre, bis der Nanga Parbat erstmals bezwungen wurde.

Am 3. 7. 1953 gelang der „Deutsch-Österreichischen Willy-Merkl-Gedächtnis-Expedition" unter der Leitung von K. M. Herrligkoffer (München) die Erstbesteigung durch einen Alleingang des Österreichers H. Buhl (Innsbruck). Beim Abstieg wählte Buhl eine weniger riskante Route, war aber dennoch gezwungen, unter lebensgefährlichen Bedingungen in großer Höhe zu biwakieren.

Die zweite Besteigung wurde 1962 auf einer neuen Route – über die Diamirflanke – durchgeführt. Dabei kam mit S. Löw wiederum ein deutscher Bergsteiger ums Leben. Nach drei vergeblichen Versuchen (1963 bis 1968) wurde 1970 erstmals die Rupalflanke bezwungen, wobei den beiden Brüdern G. und R. Messner aus Südtirol die erste Überschreitung des Berges gelang. Beim Abstieg wurde G. Messner von einer Eislawine verschüttet.

Narmada

Asien, Indien
21° 38′–22° 41′ n. Br., 72° 30′–81° 49′ ö. L.

Die Narmada, der zweitheiligste Fluß Indiens, ist einer der wenigen Ströme des Subkontinents, der nach Westen fließt, obwohl die allgemeine Abdachungsrichtung entgegengesetzt verläuft.

Die Narmada, ein 1310 km langer Fluß am nördlichen Rand des Dekkanhochlands, ist seit frühen Zeiten eine wichtige Verkehrsleitlinie zwischen dem Arabischen Meer und dem nordindischen Gangestiefland. Für die Hindu ist sie nach dem Ganges der heiligste Strom Indiens. Zahllose Pilgerstätten am Flußlauf sind beredte Zeugnisse für diese Stellung der Narmada.

Die Narmada entspringt auf dem Amarkantak in einer Höhe von 1057 m. Dieses Gebiet liegt an der Nordwestabdachung des Maikalgebirges, eines Massivs im Zentrum Indiens. Hier fallen im Sommer reichliche Niederschläge, und zahlreiche auseinanderstrebende Flüsse nehmen in dieser Region ihren Anfang. In ihrem kurzen Oberlauf ist die Narmada sehr schmal, tief eingeschnitten und ziemlich windungsreich. Sie fließt zunächst nach Westen, wendet sich aber nach kurzem Lauf nach Süden und biegt bei Mandla in einem scharfen Knie nach Nordwesten um. Bei Jabalpur, 800 km von der Mündung entfernt, wendet sich der Fluß schließlich nach Westsüdwesten und behält diese Fließrichtung bis zum Arabischen Meer bei. 20 km stromabwärts von Jabalpur liegen die bekannten „Marmorfelsen", an denen vorbei die Narmada durch eine 2 km lange und 30 bis 40 m tiefe Schlucht eilt, die sie in eine Barriere aus schneeweißem Dolomitgestein eingeschnitten hat. Zuvor überwindet sie jedoch noch eine markante Geländestufe und bildet dabei die 15 m hohen Dhuan-Dhar-Wasserfälle. Jenseits der Schlucht beginnt eine alluviale Schwemmlandebene, die aber des öfteren von Felsschwellen gequert wird. An diesen Stellen entstanden weitere eindrucksvolle Wasserfälle und Stromschnellen.

Der Unterlauf der Narmada beginnt mit ihrem Eintritt in die große Schwemmlandebene von Gujarat. Wegen des geringen Gefälles bildet sie auf einer Strecke von etwa 150 km zahllose Mäander, bevor sie schließlich mit einem 20 km breiten Ästuar westlich von Bharuch in den Golf von Cambay mündet. Die Wasserführung der Narmada ist sehr großen Schwankungen unterworfen. Sie beträgt im Unterlauf während der niederschlagsreichen Monsunmonate 3500 m³/s, geht aber in den Monaten zwischen November und Juni auf nur 150 m³/s zurück. Sommerliche Überschwemmungen sind deshalb nicht selten.

Wie ihr kleiner Nachbarfluß, die Tapti, strömt die Narmada entgegen der allgemeinen Abdachungsrichtung des Dekkanplateaus in westliche Richtung, während die meisten anderen Flüsse dieses Raumes nach Osten, zum Golf von Bengalen, orientiert sind. Eine weitere Besonderheit liegt in der geringen Ausdehnung ihres Einzugsbereichs. Er ist lediglich 100 bis 150 km breit und besitzt eine Fläche von nur 87 400 km². Die Fließrichtung entgegen der allgemeinen Abdachungsrichtung – man nennt diese Erscheinung Obsequenz – geht auf das Alter der Narmada zurück. Sie existierte bereits, bevor die Scholle des Dekkanhochlandes im Tertiär gehoben wurde, und konnte ihre ursprüngliche Abflußrichtung aufgrund ihrer starken Erosionsenergie gegen die Schrägstellung des Untergrundes behaupten.

Von Jabalpur bis zur Ebene von Gujarat fließt die Narmada in einem 800 km langen tektonischen Graben, der mit alluvialen Schwemmsedimenten von mehr als 150 m Mächtigkeit ausgefüllt ist. Das Flußbett ist darin mehrere Meter tief eingeschnitten. Das Vindhyagebirge im Norden und das Satpurabergland im Süden überragen die Grabensenke mit 200 bis 300 m hohen Steilhängen. Der Einbruch des Grabens erfolgte gleichzeitig mit der tertiären Hebung des Himalajas. Später wurde die Narmada, die ursprünglich über die Senke von Burhanpur und den Lauf der unteren Tapti entwässerte, durch Anzapfung in den Graben umgeleitet.

Nefta

Afrika, Tunesien
33° 52′ n. Br., 7° 53′ ö. L.

Man kann den riesigen, dichten Palmenhain der Oase Nefta eigentlich nicht zu den Wundern der Natur rechnen, denn er wurde von Oasenbauern angepflanzt. Die Existenz dieses Paradieses inmitten der öden Sahara wäre jedoch ohne artesische Quellen, in denen Grundwasser aus größeren Tiefen an die Erdoberfläche gelangt, nicht möglich.

Die Oasenstadt Nefta liegt 116 km südwestlich von Gafsa, dem antiken Capsa. An dieser Stelle berühren sich die markanten Grenzen dreier Landschaften, die jede für sich typisch für die Sahara ist: Im Norden erstreckt sich eine schier endlose Sandwüste, im Süden und Südosten breitet sich die riesige Salztonebene des Schott-el-Djerid aus, und im Nordwesten enden die letzten Hügelketten des Atlasgebirges. Vor dem Hintergrund dieser weißen und ockerfarbenen Wüstenkulisse wirken die grünen Palmenhaine von Nefta wie ein Garten Eden.

In dieser über 60 000 Einwohner zählenden Oase kommt das in größerer Tiefe lagernde Grundwasser auf natürliche Weise in acht artesischen Quellen an die Erdoberfläche. Es stammt aus einem riesigen Grundwasserreservoir, das zwischen den Schichten der Oberen Kreide eingeschlossen ist. Diese fallen vom Atlasgebirge zur Depressionszone Zentraltunesiens hin ein, so daß der Grundwasserkörper ebenfalls schräggestellt ist und deshalb unter Druck steht. In Nefta wird dieses gespannte Wasser entlang einer Verwerfungsspalte nach dem Prinzip kommunizierender Röhren zur Erdoberfläche emporgepreßt. Die Schüttung dieser außerordentlich ergiebigen Quellen liegt ziemlich konstant bei etwa 560 l/s.

Die acht artesischen Quellen von Nefta entspringen auf der Sohle einer weiten, trichterförmigen Mulde, dem Ras el-

Narmada *Dieser Fluß ist einer der wenigen Wasserläufe Indiens, der nach Westen strömt, obwohl das Dekkanhochland in entgegengesetzter Richtung einfällt. Er überwindet dabei zahlreiche Basalthärtlinge, an denen er eindrucksvolle Wasserfälle bildet.*

Nefta *Auf dem Boden und an den Hängen einer trichterförmigen Mulde inmitten der Sahara wachsen 380 000 Dattelpalmen und Tausende von Obstbäumen auf engstem Raum. Sie werden von artesischen Quellen mit dem lebensnotwendigen Wasser versorgt.*

Aioun. Die beiden Flanken des Taltrichters sind asymmetrisch: Den Westrand bildet ein 50 m hoher Steilhang, der in die sandigen Tone des Jungtertiärs eingeschnitten ist; dagegen ist der Ostrand durch einen Mantel aus Flugsand abgeflacht, der an die unmittelbare Nähe der Sandwüste erinnert.

Die Hauptmasse des Quellwassers wird in einem gemauerten Verteiler aufgefangen, der 18 Bewässerungskanäle versorgt. Außerdem sind weiter talaufwärts die Wasserspiegel mehrerer Quellen durch den Bau von Erddämmen künstlich erhöht worden. Es stauen sich kleine Seen auf, von denen aus die höhergelegenen Terrassen an den Talflanken der Oase bewässert werden. Die Abschnitte, die außerhalb der Reichweite der Kanäle liegen, werden durch Wasservorkommen versorgt, die man in jüngster Zeit erbohrt hat.

Die Bewässerungsanlagen sind von den oberen Talhängen aus nicht direkt sichtbar, weil sie unter den Wipfeln von 380 000 Dattelpalmen verborgen liegen. Die Bäume drängen sich bis zu 600, stellenweise sogar 800/ha zusammen. Im Schatten dieses grünen Daches breiten sich zwischen den Stämmen der Palmen sogar noch zwei weitere Nutzungsstockwerke aus: Tausende von Obstbäumen und sehr vielgestaltige Bodenkulturen. Eine intensivere Bodennutzung gibt es wohl kaum an irgendeiner anderen Stelle der Erde.

Negev

Asien, Israel
29° 33′–31° 30′ n. Br., 34° 15′–35° 24′ ö. L.

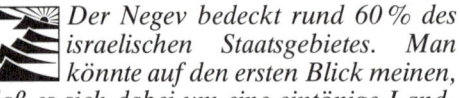

Der Negev bedeckt rund 60 % des israelischen Staatsgebietes. Man könnte auf den ersten Blick meinen, daß es sich dabei um eine eintönige Landschaft handelt, deren wüstenhafter Charakter keine Abwechslung aufkommen läßt. Als Reisender erkennt man jedoch sehr bald, daß dieses Gebiet in mehrere Einheiten untergliedert ist, die jede für sich ihr eigenes Gesicht besitzt: die sanft gewellten Lößplateaus des Nordens sowie die wild zerklüfteten Gebirge am Roten Meer und dazwischen die sonderbare Kraterlandschaft des Zentralnegevs, die tiefen Schluchten ausgetrockneter Wadis und die unendlichen Geröllfelder der Steinwüste.

Den Negev zu überfliegen ist ein unvergeßliches Erlebnis, denn dieser schmale Wüstenstreifen, der sich wie ein Keil zwischen das Mittelmeer und die Halbinsel Sinai im Westen und die Arabasenke im Osten schiebt und mit seiner Spitze bis ans Rote Meer reicht, besitzt sehr abwechslungsreiche Landschaftsbilder.

Die nördlichste Region des Negevs ist das Beershebabecken, das in etwa südlich der 350-mm-Niederschlagslinie beginnt. Diese entspricht ungefähr der Grenze des Regenfeldbaus. Die Oberflächenformen in diesem Gebiet sind sehr ausgeglichen, und die Landschaft ist von einer spärlichen Vegetationsdecke überzogen. Das Beershebabecken ist deshalb eigentlich nur eine Halbwüste, in der kultivierte Abschnitte, die dank künstlicher Bewässerung entstanden, wie grüne Inseln inmitten eines Meers aus grauem Löß erscheinen. Der fruchtbare Löß neigt jedoch bei heftigen Regenfällen zur Schluchten- und Badlandbildung. Das einzige Flußsystem dieser Gegend ist das 100 bis 150 m breite Wadi Besor.

Die Küstenebene im Nordosten des Negevs, die sich als schmaler Streifen am Mittelmeer erstreckt (Gasastreifen), wird durch mehrere Dünengürtel und parallele Ketten niedriger Sandsteinhügel geprägt, die einen schmalen und sehr fruchtbaren Lößstreifen einschließen. Hier gedeihen bei künstlicher Bewässerung Zitrus-, Obst- und Gemüsekulturen. Nach Osten und Süden wird das Klima sehr schnell trockener, die ohnehin nur kümmerliche Vegetation verschwindet ganz, und nackte Felsberge wechseln mit weiten Beckenlandschaften.

Antiklinaltäler Täler, die den Scheitel eines geologischen Sattels, einer Antiklinale, in Längsrichtung durchziehen, bezeichnet man in der Geologie als Antiklinaltäler. Die Erosion hat dabei nach dem Durchschneiden einer härteren Deckschicht eine darunterliegende weichere Gesteinsschicht erreicht und diese weitgehend ausgeräumt.

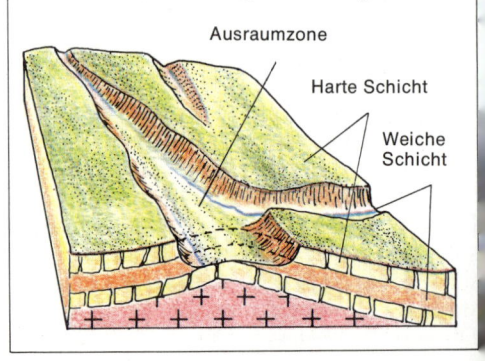

Ausraumzone
Harte Schicht
Weiche Schicht

Dies ist das zentrale Negevbergland. Die Hochflächen des Paranplateaus, die sich südlich an die Berge des Zentralnegevs anschließen, sind dagegen ein felsiges und monotones Tafelland, welches völlig unbewohnt ist. Doch im südlichsten Teil der Wüste tauchen die Berge wieder auf. Sie werden Elatberge genannt und bestehen aus sehr alten Sedimenten und kristallinen Gesteinen. Von mehreren Wadis zerschnitten, schließen sie sich mit den Höhen des Sinais, die im Westen beginnen, zu einer hohen Wasserscheide zusammen. So findet man (dank der besonderen tektonischen und klimatischen Bedingungen) im Zentrum und im Süden des Negevs die eindrucksvollsten Landschaften.

Die zentralen Negevberge bestehen aus mehreren parallel zueinander verlaufenden Faltenketten aus der Kreidezeit, die von Südwesten nach Nordosten verlaufen und nach Süden ansteigen. Die aufgewölbten Teile der Falten bezeichnet man als geologische Sättel oder Antiklinalen, die zwischen ihnen liegenden Senkenzonen sind geologische Mulden oder Synklinalen. Dieses Bergland ist vor allem wegen seiner *Makhteshim* genannten, kraterähnlichen Vertiefungen bekannt geworden. Dabei handelt es sich jedoch keineswegs um vulkanische Formen, sondern um Erosionsmulden, die an die Scheitelpunkte der geologischen Sättel gebunden sind. Da dies die höchstgelegenen Geländeabschnitte sind, war an diesen Stellen auch die Erosion am wirksamsten und schnitt längliche Vertiefungen in die abwechselnd harten und weichen Sedimentschichten ein. Vom Flugzeug aus gesehen, haben diese langgestreckten „Kräter", die man in der Geologie Antiklinaltäler nennt, die Form eines Knopflochs: Zwei beinahe senkrechte Wände, die Höhenunterschiede von 500 m erreichen können, stehen sich in einer Senke gegenüber und treffen sich im Nordosten und Südwesten.

Das Gebiet des zentralen Negevs wird vom tief eingekerbten Wadi Zin zerschnitten. Nördlich dieses Canyons liegen die beiden großen Antiklinaltäler von Hamakhtesh Hagadol und Hamakhtesh Haqatan. Sie sind 14 bzw. 5 km lang und 7 bzw. 4 km breit. In ihrer Längsrichtung, d. h. parallel zur Streichrichtung der Antiklinale, verlaufen zwei Wadis, deren Wasserläufe im Osten jeweils tiefe Schluchten in die Talflanken geschnitten haben und von hier aus dem Wadi Zin zufließen.

Südlich des Wadi Zin erreichen die Gebirgszüge des zentralen Negevs ihre größten Höhen. Auf der langgestreckten Antiklinale von Ramon liegt im Südwesten der Har Ramon, der mit 1035 m die höchste Erhebung des gesamten Negevs ist. Doch im Nordosten ist dieser geologische Sattel von einem Antiklinaltal aufgeschlitzt worden, das 45 km lang ist. Antiklinaltäler sind auch in anderen Regionen der Erde weit verbreitet, doch nur in Trockengebieten sind sie so perfekt ausgebildet, weil hier die Erosion besonders intensiv ist und die Oberflächenformen nicht durch eine auflagernde Bodenschicht verwischt sind.

Das südlich anschließende Paranplateau verdankt seinen Namen dem Wadi Paran, das auf der Halbinsel Sinai seinen Anfang nimmt und im Osten nach einem Lauf von 240 km in die Arabasenke, die südliche Fortsetzung des Jordangrabens, einmündet. Das Wadi folgt der Abdachungsrichtung des Paranplateaus, das von 600 m Höhe im Südwesten auf 100 m Höhe im Nordosten abfällt. Die meist flache oder nur leicht gewellte Hochebene besteht aus kreidezeitlichen und tertiären Gesteinen, und ihre Oberfläche wird von ausgedehn-

Negev *Im südlichsten Teil Israels, an den Gestaden des Roten Meeres, liegen die bis zu 700 m hohen Elatberge. Sie bestehen zum Teil aus mächtigen Sedimentschichten, dem Nubischen Sandstein, in den die Wasserläufe der Wadis nach periodisch niedergehenden Starkregen tiefe Canyons eingeschnitten haben. Dieses wild zerklüftete Wüstengebirge ist fast vollkommen vegetationslos und gehört zu den landschaftlich reizvollsten Gebieten des Negevs.*

Negev *Die zentrale Paranhochfläche ist ein eintöniges Wüstenplateau von durchschnittlich 400 m Höhe; seine kreidezeitlichen und tertiären Sedimentschichten sind von breiten Wadis, die zum Arabagraben entwässern, tief zerschnitten. Dies ist der unwirtlichste Teil des Negevs, der völlig ungenutzt und unbewohnt ist.*

ten Geröllfeldern eingenommen. Diese als *Reg* bezeichnete Steinwüste ist der unwirtlichste Teil des Negevs.

Die Südspitze des Hochlandes wird von den Elatbergen gebildet, einem östlichen Ausläufer der Sinaiberge. Sie erreichen Höhen von etwa 700 m. Das Massiv besteht aus kristallinen Gesteinen (Granit, Gneis, Glimmerschiefer) mit zwischengelagertem Nubischem Sandstein. Wind und Wasser haben hier eine phantastische Welt aus Graten, Felszitadellen und Gesteinsnadeln geschaffen, von denen die Säulen des Salomons die bekanntesten sind. Bäche haben tiefe Schluchten eingeschnitten, die manchmal kaum 1 m breit sind, wie etwa im Roten Canyon. 20 km nördlich von Elat enthalten die Sandsteinschichten ergiebige Kupferadern, die in den Minen von Timma abgebaut werden.

Die Negevwüste ist schon seit mehreren tausend Jahren von Menschen besiedelt. In den Synklinaltälern der zentralen Negevberge findet man beispielsweise noch Spuren einer sehr hoch entwickelten antiken Bewässerungstechnik. Das Niederschlagswasser wurde mit Hilfe von Dämmen aufgefangen und in Bewässerungskanäle oder unterirdische Sammelbecken geleitet. An den Talflanken liegen die sehr gut erhaltenen Ruinen alter Siedlungen, die aus der Nabatäer- und aus der Römerzeit stammen (2. Jahrhundert v. Chr. bis 6. Jahrhundert n. Chr.). Die wichtigsten waren Nizana, Shivta, Kurnub und Avdath. Heute haben israelische Wissenschaftler am Fuß des Hügels von Avdath eine Versuchsfarm geschaffen, auf der sie neue Bewässerungsmethoden entwickeln und erproben, die eine intensivere Landnutzung im Negev ermöglichen sollen.

Die Oasenbauern der Antike wurden sehr bald von viehzüchtenden Nomaden abgelöst, denn eine zunehmende Klimaerwärmung, verbunden mit abnehmenden und unregelmäßiger fallenden Niederschlägen, machte den Bewässerungsfeldbau mit traditionellen Methoden unmöglich. Die Bevölkerung des Negevs bestand bis 1948 beinahe ausschließlich aus umherziehenden Beduinen. Nach dem Bau der großen Kinneret-Negev-Wasserleitung und der Anlage riesiger Bewässerungsoasen nahm ihre Zahl jedoch beständig ab. Heute leben in der Beershebaregion noch etwa 25 000 Beduinen, deren Lager mit ihren schwarzen Zelten zu einer Seltenheit geworden sind. Aber auch dieser letzte Rest einer traditionellen Bevölkerungsgruppe kann sich dem Zug der neuen Zeit auf Dauer kaum widersetzen, denn auch heute noch werden Jahr für Jahr viele dieser Nomaden seßhaft.

Neretvaschluchten

Europa, Jugoslawien
43° 20′–43° 40′ n. Br., 17° 40′ ö. L.

Die eindrucksvollen Schluchten der Neretva bilden die einzige natürliche Verkehrsleitlinie zwischen dem Herzen Jugoslawiens und der von einer Gebirgsbarriere abgeschirmten Küstenebene Dalmatiens, die sich an den Gestaden des Adriatischen Meeres ausbreitet.

Die Neretva, die in einer Höhe von mehr als 1000 m im Süden des Zelengoramassivs in der Herzegowina entspringt, fließt durch mehrere tief eingeschnittene, zum Teil nur wenige Meter breite Schluchten zum Adriatischen Meer hinab. Dabei ändert sie häufig ihre Richtung. Im Oberlauf fließt sie durch eine tektonisch vorgezeichnete, der Streichrichtung der Dinariden folgende Furche nach Nordwesten und ergießt sich bei Konjic in den 14 km² großen Stausee von Jablanica, der im Jahr 1955 zur Elektrizitätsgewinnung angelegt wurde. Das Wasser wird durch einen Stollen zu den Turbinen geführt, die unterhalb des Staudammes liegen. Dort nimmt die Neretva ihren jetzt nach Süden gerichteten Lauf wieder auf und durcheilt einen besonders eindrucksvollen Canyon, der als tief eingeschnittenes Durchbruchstal die Trias- und Jurakalke der Dinariden durchquert. Die Schlucht erreicht Tiefen zwischen 800 und 1200 m. Weiter stromabwärts durchfließt die Neretva mehrere kleinere Becken, darunter auch das von Mostar. Hier liegt die gleichnamige Stadt, ein bedeutendes Regionalzentrum mit berühmten Baudenkmälern aus der Türkenzeit. Die Besichtigung des historischen Stadtkerns mit seiner orientalisch anmutenden Atmosphäre ist ein einzigartiges Erlebnis. Südlich von Mostar fließt die Neretva abermals durch einen Canyon, der etwa 270 m tief eingeschnitten ist. Anschließend erreicht sie die dalmatinische Küstenebene. Dort bildet sie ein 120 km² großes Delta mit ursprünglich zwölf Flußarmen, das nach dem 2. Weltkrieg trockengelegt und kultiviert wurde. Seit 1962 baut man hier Zitrusfrüchte und Gemüse zur Versorgung der mittel- und süddalmatinischen Fremdenverkehrsgebiete an.

Mit einer Länge von 215 km ist die Neretva der einzige Fluß, der die gesamten Dinariden durchquert und die adriatische Küste mit dem inneren Teil Jugoslawiens verbindet. Durch ihr Tal können mediterrane Einflüsse bis nach Mostar vordringen, weiter also als an der übrigen Küste, entlang deren das Dinarische Gebirge eine Klimascheide bildet. Der Fluß ist bis Metković auf einer Länge von 20 km für Seeschiffe befahrbar. Das Neretvatal ist eine der bedeutendsten Verkehrsleitlinien Jugoslawiens, die schon sehr früh von einer Handelsstraße benutzt wurde. 1891 erfolgte die Einweihung der Eisenbahnlinie Dubrovnik–Sarajewo, und seit 1960 führt auch eine Straßenverbindung durch die Engtalstrecken des Flusses, so daß die eindrucksvollen Schluchten heute für den Tourismus sehr leicht zugänglich sind.

Nettuno, Grotta di

Europa, Italien
40° 34′ n. Br., 8° 09′ ö. L.

Die Grotta di Nettuno ist eine der Sehenswürdigkeiten Sardiniens. Ihr Eingang wird von den Wogen des Mittelmeers erreicht, die in die Grotte eindringen und hier einen der größten unterirdischen Salzwasserseen bilden.

Die Nordwestspitze Sardiniens ist eine große Halbinsel namens La Nurra. Ihr südlicher Teil ist selber wiederum von der Landmasse der Halbinsel abgesondert und ragt als Kap Caccia ins Mittelmeer. Die schmale Landzunge ist von hohen Felswänden umsäumt, die senkrecht ins Meer abfallen und die Küste vor dem Ansturm der Brandung schützen. Dieses mehrere hundert Meter hohe Vorgebirge bietet von einem Aussichtspunkt aus, der dort eingerichtet wurde, einen wunderbaren Blick über das Meer und die Landschaft der *Garrigues*, einer mediterranen Felsheide.

Die Kalksteinwände des Vorgebirges sind mit mehreren Höhlen durchsetzt, in die das Meer eingedrungen ist, wie z.B. die Grüne Grotte und vor allem die Grotta di Nettuno (Neptungrotte), die die größte dieser Gegend ist. Sie liegt etwa 26 km westlich der Stadt Alghero.

Man kann mit dem Schiff von Alghero aus zu der Grotte gelangen oder aber von dem Aussichtspunkt des Kaps Caccia aus.

Grotta di Nettuno *Der Eingang dieser mit mächtigen Stalagmiten und zierlichen Stalaktiten verzierten Höhle öffnet sich zum Mittelmeer, dessen Fluten in die Grotte eingedrungen sind und hier einen großen unterirdischen See bilden.*

Von hier führen in den Fels gehauene Treppenstufen zum Eingang der Grotte hinunter. Der Zugang, der durch das Meer geschaffen wurde, führt zuerst in einen kleinen Saal, der der eigentlichen Grotte vorgelagert ist. Die Höhle selbst entstand durch Lösung des Kalks unter der Einwirkung kohlensäurehaltigen Sickerwassers, das große Stalagmiten mit bizarren Formen und zierliche Stalaktiten geschaffen hat. Diese wunderbaren Tropfsteine sind leuchtend weiß und ragen teilweise aus dem Meerwasser heraus, das in die Grotte eingedrungen ist und hier einen der größten unterirdischen Salzwasserseen Europas bildet: Er ist 120 m lang und zwischen 25 und 50 m breit. Nachdem man den See hinter sich gelassen hat, erreicht man einen großen unterirdischen Saal, der wegen seiner wie Orgelpfeifen angeordneten Tropfsteine Sala dell'Organo (Orgelsaal) genannt wird. Nach einem steilen Aufstieg gelangt man schließlich zum Palco della Musica. Von hier aus hat man einen schönen Blick auf den See und über die gesamte Neptungrotte, die sowohl wegen ihrer Verbindung zum Meer als auch wegen der wunderbaren Tropfsteinbildungen zu den größten Sehenswürdigkeiten Sardiniens zählt.

Ngorongoro

Afrika, Tansania
3° 25′ s. Br., 35° 40′ ö. L.

Der Ngorongorokrater gehört heute zu einem der bekanntesten Tierschutzgebiete Afrikas. Angesichts der riesigen Wildbestände vermag man sich kaum vorzustellen, daß diese friedliche Landschaft ihre Entstehung einer Naturkatastrophe ungeheuren Ausmaßes verdankt.

Der Ngorongoro ist ein erloschener Schichtvulkan in Nordtansania, nordöstlich des Eyasisees. Er liegt auf der großen Ostafrikanischen Bruchstufe des Rift Valley, im Hochland der Riesenkrater. Der Name dieser Landschaft weist bereits auf die gewaltigen Abmessungen seiner Caldera hin. Ihr Durchmesser beträgt nämlich sage und schreibe 22 km. Nicht minder bemerkenswert sind die Dimensionen des Calderarandes. Er erreicht eine Höhe von 2460 m und fällt nach innen steil zum 1730 m hoch gelegenen Kraterboden ab.

Die Entstehungsgeschichte des Ngorongorovulkans reicht bis in das Pliozän zurück, als die vulkanische Aktivität in Ostafrika ihren Höhepunkt eigentlich schon überschritten hatte. Der ursprüngliche Vulkan bestand aus wechselnden Schichten basischer Laven, Schlacken und Tufflagen. Der spätere Einbruch der Caldera erfolgte vermutlich im Zusammenhang mit der Entstehung zahlloser tektonischer Bruchlinien in diesem Gebiet, weil die Nordwestwand des Kraters von einer dieser Verwerfungen gebildet wird. Danach ließ die Tätigkeit des Ngorongoros stark nach. Sie beschränkte sich auf den Aufbau einiger kleinerer Aschenkegel auf dem Boden der Caldera und auf den Ausstoß mehrerer Trachytströme am Fuß der Calderawände, bevor sie gegen Ende des Pleistozäns völlig aufhörte.

Später wurde der Ngorongorokrater zu einem natürlichen Stausee, in den ein Gebiet von etwa 500 km² Fläche entwässerte. Heute führt ein Bach dem ziemlich ebenen, 250 km² großen Calderaboden dauernd Wasser zu. Weitere periodische Wasserläufe speisen ausgedehnte Sumpfgebiete und einen abflußlosen Salzsee.

Neueste Untersuchungen am Ngorongoro haben sich mit den dort auftretenden Schwereanomalien beschäftigt, mit denen die Geophysiker die tieferen Strukturen der Erdkruste erforschen können. Es handelt sich dabei um Abweichungen vom Normalwert der Schwerkraft. Sie sind geologisch bedingt und resultieren aus der Massenverteilung innerhalb der Erde. Massenüberschüsse (dichte, schwere Gesteine) bewirken positive, Massendefizite (poröse, leichte Gesteine) negative Schwereanomalien. Am Ngorongoro wurde festgestellt, daß der präkambrische Gesteinssockel, der den tieferen Untergrund der Region bildet, sich auch unter dem Vulkanberg fortsetzt. Der Ngorongoro wurde

Ngorongoro *Der Krater dieses erloschenen Schichtvulkans ist eine riesige Caldera, die von mehrere hundert Meter hohen Steilwänden umrandet wird. Sie bildet das Zentrum eines vielbesuchten Wildreservats. Ein Salzsee sowie ausgedehnte Sumpfgebiete auf dem ebenen Kraterboden sind ein wahres Vogelparadies.*

jedoch bis zu einer Höhe von 1500 m darüber aufgetürmt, so daß die geringere Dichte der vulkanischen Gesteine eine negative Schwereanomalie bewirkt. Eine weitere Ursache sind die leichteren Sedimentschichten, die in dem früheren Calderasee abgelagert wurden und eine Mächtigkeit von 700 m erreichen.

Die jährliche Niederschlagsmenge beträgt am Ngorongoro rund 560 mm. Die stärker beregneten Außenflanken des Berges tragen Nebelwald und Buschwerk, während an den Innenwänden und auf dem Calderaboden Höhen- und Feuchtsavannen überwiegen. Der Krater ist das Zentrum eines 8300 km² umfassenden Wildreservats, in dem auch noch 10 000 Massai leben. Das gesamte Gebiet ist ein vielbesuchtes Ziel des Fremdenverkehrs.

Niagarafälle

Amerika, Kanada/USA
43° 05′ n. Br., 79° 04′ w. L.

Die Niagarafälle sind eines der meistbesuchten Naturschauspiele der Erde. Unvorstellbare Wassermassen eines riesigen Stromes stürzen unter ohrenbetäubendem Lärm über eine Felskante mehr als 50 m in die Tiefe. Die aufgewühlten Fluten kommen erst 11 km weiter stromabwärts wieder zur Ruhe.

Die gigantischen Niagarafälle, die zu den eindrucksvollsten Wasserfällen der Welt gehören, werden von einem Fluß gleichen Namens gebildet. Es ist ein mächtiger Strom, der jedoch nur eine Länge von 55 km erreicht. Sie entspricht der Entfernung zwischen dem Eriesee und dem Ontariosee, die der Niagara River miteinander verbindet.

Der erste Europäer, der bis zu den Niagarafällen vorstieß, war der Franzose S. de Champlain; er war 1613 dem St.-Lorenz-Strom aufwärts gefolgt. Erstmals beschrieben hat die Fälle jedoch der belgische Franziskanermönch Louis Hennepin, der der Expedition La Salles im Jahr 1678 angehörte. Er war beim Anblick der tosenden Wassermassen derartig begeistert, daß er die schönsten Wasserfälle Europas nur als „traurigen Abklatsch" des grandiosen Naturschauspiels bezeichnete, das sich vor seinen Augen abspielte. Mehr als 100 Jahre später besuchte Chateaubriand die Niagarafälle. Von ihm stammt die folgende Schilderung:

„Wir kamen bald an das Ufer des Wasserfalls, der sich durch ein furchterregendes Dröhnen ankündigte. Er wird durch den Fluß Niagara gebildet, der aus dem Eriesee austritt und in den Ontariosee stürzt; die senkrechte Fallhöhe beträgt 144 Fuß. Vom Eriesee bis zum Fall hat der Fluß ein starkes Gefälle, und im Augenblick des Sturzes ist er weniger ein Fluß als ein Meer, dessen Wassermassen sich als gewaltiger Strahl in den gähnenden Schlund eines Abgrundes stürzen. Der Wasserfall teilt sich in zwei Arme auf und biegt sich zu einem Hufeisen zusammen. Zwischen den beiden Fällen liegt eine Insel, die ständig vom Wasser unterhöhlt wird und zusammen mit den Wipfeln der auf ihr wachsenden Bäume aus dem Chaos der schäumenden Wogen ragt. Die Wassermassen des Flußarmes, der nach Süden stürzt, sammeln sich in einem großen zylinderförmigen Kessel und breiten sich hier unter einer schneeweißen Gischtwolke aus, die in der Sonne in allen Farben schimmert; jenes Wasser, das nach Osten stürzt, fällt in die furchterregende Finsternis hinab; man ist versucht, von einer Wassersäule der Sintflut zu sprechen. Tausend Regenbogen wölben und überkreuzen sich über dem Abgrund. Das Wasser schlägt auf den bebenden Fels auf und schäumt in einem Wirbel von sprühender Gischt auf, die über den Wäldern schwebt wie der Rauch einer gewaltigen Feuersbrunst…"

Heute sind die Wälder im dicht besiedelten Nordamerika weitgehend verschwunden, aber die Beschreibung der Wasserfälle ist trotzdem noch zutreffend. Lediglich die Höhe der Fälle muß korrigiert werden. Sie beträgt auf der amerikanischen Seite 167 Fuß, also etwa 51 m, und auf kanadischer Seite 160 Fuß oder knapp 49 m. Der Name Niagara leitet sich von einem Indianerwort ab und heißt soviel wie „donnerndes Wasser". Der ohrenbetäubende Lärm der tosenden Wassermassen ist noch in mehreren Kilometer Entfernung zu hören.

Oberhalb der Fälle beträgt die Abflußmenge des Niagara River 6000 m³/s. Der Fluß ist hier zwischen 6 und 10 m tief und

Niagarafälle *Die Niagarafälle gehören neben den Iguaçu- und den Victoriafällen zu den größten Wasserfällen der Erde. Was ihre Schönheit anbelangt, würden sie sicherlich an vorderster Stelle stehen, wenn sie nicht in einer der hochindustrialisierten Gegenden Nordamerikas lägen. Brücken, Hochhäuser und wenig ansehnliche Industriebauten beeinträchtigen das Bild leider ebenso wie die Autokarawanen der über 5 Millionen Besucher, die dieses Naturschauspiel jährlich bewundern.*

besitzt auf kürzester Strecke ein Gefälle von 16 m, so daß seine Wassermassen mit ungeheurer Wucht gegen die zwischen den Fällen gelegene Insel branden. Sie heißt Goat Island (Ziegeninsel) und liegt auf dem Gebiet der Vereinigten Staaten. Ihre steilen Felsufer, die den Amerikanischen Fall vom kanadischen Hufeisenfall trennen, werden vom Niagara River ständig unterhöhlt und zurückversetzt. Zu beiden Seiten der Insel erreichen die beiden Flußarme fast gleichzeitig den senkrechten Felsabriß, über den die mit hoher Fließgeschwindigkeit herangeführten Wassermassen zunächst einige Meter horizontal hinausgeschleudert werden; sie beschreiben dann einen engen, nach unten gerichteten Bogen und stürzen senkrecht in die Tiefe.

Die Breite des kanadischen Hufeisenfalles beträgt 915 m, die des Amerikanischen Falles 330 m. Den besten Eindruck von der ungeheuren Gewalt der Niagarafälle erhielt man früher bei einem Besuch der Cave of the Winds (Windhöhle), die heute leider nicht mehr zugänglich ist. In einem alten Reiseführer (Baedeker) stand zu lesen, daß für ihre Besichtigung „starke Nerven" erforderlich seien. Die berühmte Höhle liegt nämlich unter der überhängenden Fallkante, eingezwängt zwischen der Felswand und dem gewaltigen, mehrere Meter dicken Wasservorhang des Amerikanischen Falls. Von dessen linkem Ende führte ein kleiner Steg durch den Hohlraum hindurch.

Unterhalb der Fälle biegt der aus Osten kommende Fluß abrupt nach Norden um und fließt unter der Regenbogenbrücke (Rainbow Bridge) hindurch, die so genannt wird, weil das einfallende Sonnenlicht durch die Gischtwolke über dem kanadischen Hufeisenfall bei schönem Wetter gebrochen wird und einen mächtigen Regenbogen bildet. Die Rainbow Bridge verbindet die beiden Städte, die denselben Namen tragen: Niagara Falls. Die eine liegt im amerikanischen Bundesstaat New York, die andere gehört zur kanadischen Provinz Ontario. Die Grenze verläuft in der Mitte der Brücke. Das kanadische Niagara Falls hieß früher Clifton und erhielt 1904 seinen jetzigen Namen. Die amerikanische Stadt entstand 1892 durch die Zusammenlegung mehrerer Orte.

Die Entstehung der Niagarafälle steht in engem Zusammenhang mit den unterschiedlichen Härten innerhalb des aus dem Paläozoikum stammenden Gesteinsuntergrundes. Die Fallkante wird von einer harten, bis 25 m mächtigen Sedimentschicht, den sogenannten Niagarakalken, gebildet. Sie stammen aus dem Silur und werden von amerikanischen Geologen als „Fallmacher" bezeichnet. Darunter lagern jedoch weniger widerständige Gesteine. Sie werden am Fuß der Fälle durch die brodelnden Wassermassen bevorzugt angegriffen und ausgeräumt. Auf diese Weise entsteht unter der harten Deckschicht eine Hohlkehle. Die überhängende Fallkante bricht deshalb ständig nach und wird pausenlos zurückverlegt. Dieser von den Geologen als rückschreitende Erosion bezeichnete Vorgang ist an den Niagarafällen in lehrbuchhafter Weise zu beobachten. Der kanadische Hufeisenfall ist außerdem ein gutes Beispiel dafür, daß die Fallkante bei größerer Breite des Flusses auch eine gebogene Form annehmen kann. Hauptursache dieser Erscheinung ist die größere Fließgeschwindigkeit und damit auch die größere Erosionsenergie in der Strommitte.

Man versuchte bereits im Jahr 1790, erstmals den Durchschnittsbetrag, um den die Fälle jährlich zurückweichen, zu berechnen. William Maclay, Senator von Pennsylvania, ging von folgender Beobachtung aus: Die Entfernung vom damaligen Fall bis zur Stelle, wo er einst seinen Anfang nahm, betrug etwa 11 km. Außerdem hatte man gemessen, daß die Fälle innerhalb von 30 Jahren um 6 m zurückgewichen waren. Daraus ergab sich ein Wert von 20 cm/Jahr. Das Alter der Fälle wurde danach mit 55 000 Jahren angegeben.

Heute weiß man, daß diese erste Berechnung der Erosionsgeschwindigkeit und des Alters der Fälle nicht richtig war, denn die Zurückverlegung der Fälle verlief keineswegs gleichförmig: Härteunterschiede im Gestein, Schwankungen in der Wasserführung und wechselnde Mächtigkeiten des Fallmachers blieben unberücksichtigt. Außerdem war ein Abfluß des Eriesees in der heutigen Form nicht möglich, solange der eiszeitliche Inlandgletscher von Norden her bis in das Gebiet der Großen Seen reichte. Die Fälle können also erst in der Nacheiszeit entstanden sein. Nach modernen Radiokarbondatierungen setzte diese erst vor rund 12 000 Jahren

Rückschreitende Erosion und die Rückverlegung eines Wasserfalls

Ein Wasserlauf kann sich in den Untergrund einschneiden, sofern seine kinetische Energie (die des Wassers und die des mitgeführten Geröllmaterials) größer ist als der Widerstand des anstehenden Gesteinsuntergrundes. Da die kinetische Energie mit zunehmender Fließgeschwindigkeit eines Flusses wächst, ist die Erosionskraft von Wasserläufen mit starkem Gefälle besonders groß. Dies ist in der Regel im Oberlauf eines Flusses der Fall, noch stärker jedoch an Gefällsbrüchen, die zur Bildung eines Wasserfalls führen. Durch die gesteigerte Erosion wird der Gefällsknick langsam talaufwärts verlegt, ein Vorgang, den man als rückschreitende Erosion bezeichnet.

Das Vorhandensein eines Gefällsbruches im Längsprofil eines Flusses weist darauf hin, daß der Wasserlauf sein Gleichgewichtsprofil noch nicht erreicht hat, also jene theoretische Linie, die einer bestimmten Abflußmenge bei einer bestimmten Fließgeschwindigkeit und Geröllbelastung entspricht. Gefällsbrüche stammen entweder aus einer früheren Phase der Reliefbildung (besonders häufig in Tälern, die von Gletschern der Eiszeit geformt wurden), oder aber sie gehen auf Härtlinge im Gesteinsuntergrund zurück, die von einem Fluß angeschnitten werden. Gefällsbrüche werden im Lauf von Jahrtausenden durch rückschreitende Erosion immer weiter talaufwärts verlegt, bis der Fluß sein Gleichgewichtsprofil erreicht hat.

Für die Niagarafälle bedeutet dies, daß die Fallkante eines Tages den Eriesee erreicht. Da dessen Wasserspiegel erheblich höher liegt, wird er zu einem großen Teil auslaufen.

DER WERDEGANG EINES WASSERFALLS

SCHEMATISCHES PROFIL DER NIAGARAFÄLLE

ein. Danach ergibt sich eine durchschnittliche Erosionsgeschwindigkeit von 0,92 m/Jahr. Heute schwankt der Wert zwischen 1 m und 1,5 m/Jahr, und zwar beim Hufeisenfall, über den rund 90 % der Wassermassen in die Tiefe stürzen.

Die potentielle Energie des Niagara River wird bereits seit 1890 genutzt, als das erste Laufwasserkraftwerk in Betrieb genommen wurde. Heute liegen insgesamt sieben Kraftwerke an beiden Ufern des Flusses. Um die dadurch bedingte Wasserentnahme, die der touristischen Attraktivität der Niagarafälle (mehr als 5 Millionen Besucher pro Jahr) großen Schaden zufügen könnte, in tragbaren Grenzen zu halten, wurde 1950 eine Vereinbarung zwischen den USA und Kanada getroffen. Sie besagt, daß die Schönheit der Niagarafälle trotz ihrer wirtschaftlichen Nutzung erhalten bleiben muß. Die Abflußmenge des Niagara River darf während der Fremdenverkehrssaison nicht weniger als 10,2 Millionen m³/h betragen, nachts und außerhalb der Saison darf sie nicht unter 5,1 Millionen m³/h abgesenkt werden.

Nil

Afrika
2° 17′ s. Br.–30° 10′ n. Br.,
29° 45′–37° 28′ ö. L.

Man brauchte mehr als 2000 Jahre, um die entlegenen Quellen des größten Stromes der Erde zu entdecken, und nur 100 weitere Jahre, um seinen Lauf zu bändigen. Aber noch heute bildet der Nil die Lebensader eines ganzen Landes.

Der Nil (arabisch Bahr en-Nil) ist vor dem Amazonas und dem Mississippi-Missouri der größte Strom der Erde. Er ist 6671 km lang und entwässert ein Einzugsgebiet von 2,87 Millionen km². Wegen seiner segensreichen Hochwasser galt er bereits in der Antike als ein göttlicher Fluß, der auf geheimnisvolle Weise sein Wasser in die Wüste bringt. Ptolemäus vermutete, daß im Quellgebiet des Nils schneebedeckte Berge (*Montes lunae*) und Seen lägen. Als majestätischer Strom in den Sandwüsten Ägyptens, als ein Fluß, der in seinem Tal üppige Oasenkulturen gedeihen läßt, indem er die Felder der Fellachen bewässert, die sich an seinen Ufern drängen, ist der Nil ein bedeutendes Element der jahrtausendealten ägyptischen Geschichte, und noch heute sind seine Wasserreserven die Lebensgrundlage des Landes.

Das Einzugsgebiet des Nils besitzt eine extrem langgestreckte Form und reicht von der Südhalbkugel bis zu den Gestaden des Mittelländischen Meeres, so daß es Anteile an den verschiedensten Klimazonen Afrikas besitzt. Diese riesigen Entfernungen trugen dazu bei, daß die Quellen des Nils erst im 19. Jahrhundert entdeckt wurden. Zwar erreichte der Schotte Bruce bereits 1770 die Quellen des Blauen Nils im Hochland von Äthiopien, aber 1821/22 stellten die beiden Franzosen Cailliaud und Letorzec fest, daß der Blaue Nil lediglich ein Zufluß des Weißen Nils ist und bei Khartum in diesen einmündet. Der entscheidende Vorstoß zum Kagera, dem entlegensten Quellfluß des Nils, gelang O. Baumann im Jahr 1892. Zuvor waren Speke und Grant (1860 bis 1864) von Bagamojo im heuti-

Nil *Beim Verlassen der großen Seen Ostafrikas bildet der Nil zahlreiche Stromschnellen und Wasserfälle, bevor er in die ausgedehnten Steppenlandschaften des Sudans eintritt. Neben den Murchisonfällen des Victorianils sind die abgebildeten Fälle des Blauen Nils beim Ausfluß aus dem Tanasee die bekanntesten.*

gen Kenia über den Victoriasee und den Victorianil (deren Zusammenhang sie feststellten) nach Ägypten gelangt, und Baker hatte 1864 von Kairo aus den Albertsee (heute Mobutu-Sese-Seko-See genannt) entdeckt. Aber es dauerte noch weitere sechs Jahre, bis R. Kandt 1898 zur Kageraquelle gelangte. Viele Jahrhunderte hindurch hatte man vergeblich probiert, bis zum Ursprung des Nils vorzudringen, und schon in der Antike erwies sich die Suche nach der Nilquelle als ein unmögliches Unterfangen.

Der Quellfluß Kagera mündet nach 772 km am Westufer in den riesigen Victoriasee (1134 m ü. M.), verläßt das afrikanische Binnenmeer im Norden als Victorianil und durchbricht hier zunächst eine den See abriegelnde Gneisschwelle, bevor er bei Namasagali in den Kyogasee mündet. Wenig später stürzt er über insgesamt zwölf Stromschnellen den östlichen Rand des Ostafrikanischen Grabens hinab und ergießt sich in den 619 m hoch gelegenen Albertsee. Die letzte der zwölf Stromschnellen sind die berühmten Murchisonfälle, die an der engsten Stelle nur 5 m breit sind, aber eine Höhe von 36 m haben.

Der Albertsee nimmt an seinem südlichen Ufer den Semliki auf. Dieser westliche Quellfluß des Nils entströmt dem Edwardsee und folgt dem Verlauf des Ostafrikanischen Grabens, bevor er in einem großen Delta in den Albertsee mündet. Der Abfluß des Albertsees ist der Albertnil. Von der Grenze des Sudans an heißt er Bahr el-Djebel (Bergfluß). Er erreicht mit der gewaltigen jährlichen Abflußmenge von 26,5 Milliarden m³ die Sumpfgebiete des Bahr el-Sudd, wo er als linken Nebenfluß den Bahr el-Ghazal aufnimmt. Die Verdunstung in diesem Gebiet ist jedoch so hoch, daß der Weiße Nil (Bahr el-Abiad) beim Austritt aus dem Bahr el-Sudd nur noch eine Wasserführung von 14,2 Milliarden m³ jährlich besitzt. Aber bereits 100 km weiter stromabwärts nimmt er den ersten der wasserreichen Nebenflüsse aus dem Äthiopischen Hochland auf. Es ist der Bahr el-Asfahr (Gelber Fluß) genannte Sobat, dessen jährliche Abflußmenge 13,3 Milliarden m³ beträgt. Nach weiteren 834 km vereinigt sich der Weiße Nil bei Khartum mit dem Blauen Nil (Bahr el-Asrak), dem Abfluß des Tanasees im Äthiopischen Hochland. Seine Wasserführung nimmt nun sehr stark zu und erreicht einen Wert von jährlich 76,6 Milliarden m³. 2700 km vor seiner Mündung ins Mittelmeer empfängt er schließlich seinen letzten Zufluß, den Atbara, bevor er als Fremdlingsfluß in die Vollwüsten Nubiens und Ägyptens eintritt.

Der Nil durchströmt die Wüsten in einem 5 bis 20 km breiten und bis zu 350 m tiefen Kastental und bildete dabei insgesamt sechs berühmte Katarakte (Stromschnellen), von denen der zweite jedoch im mehr als 600 km langen Nasserstausee versunken ist. Die natürliche Wasserführung des Nils betrug vor dem Bau des Staudammes von Sadd al-Ali trotz hoher Verdunstung noch 83,1 Milliarden m³/Jahr. Unterhalb von Assuan läßt sich wegen der zahlreichen Staudämme und eines weitverzweigten Netzes von Bewässerungskanälen, deren Gesamtlänge rund 22 000 km beträgt, keine eindeutige Abflußziffer berechnen.

Unterhalb von Kairo verzweigt sich der Nil zu einem 24 000 km² großen Delta, dessen Meeresfront, eine Lagunenküste, sich zwischen den beiden Hauptmündungsarmen Damiette und Rosette über 260 km hinzieht. Dieses Delta ist seit dem Pliozän entstanden, indem der Nil eine alte Bucht auffüllte (das Meer reichte ursprünglich bis auf die Höhe von Kairo). Die Schwemmsedimente sind mittlerweile an der Spitze des Deltas 1250 m und am Meer 33 m mächtig. Das Delta schiebt sich unter Wasser weiter voran und behindert dabei die Schiffahrt.

Der Nil transportiert jährlich etwa 107

Millionen t Bodenmaterial in gelöster Form und 57 Millionen t als feinen Schweb, was einen Wert von nur 57 t pro Jahr und pro km² seines Einzugsbereiches ergibt. Der Vergleichswert des Jangtsekiangs beträgt z. B. 547 t. Heute halten der Nasserstausee und der Staudamm von Assuan einen großen Teil des Materials zurück und bremsen damit das Wachstum des Deltas. Es wird sogar befürchtet, daß ein Großteil des Deltas nach und nach vom Meer zurückerobert werden könnte. Der Nillehm ist es, der das Land fruchtbar machte, als der Fluß sich während der jährlichen Hochwasser über das Tal ergoß. Seit dem Bau des Staudamms von Sadd al-Ali ist der Nil jedoch ein gebändigter, regulierter Fluß und Grundlage moderner Bewässerungstechnik. Er bleibt jedoch die Lebensader der Flußoase entlang seiner Ufer, die er bereits seit der Antike mit seinem Wasser versorgt.

Der natürliche Rhythmus des Nils bestimmte schon in der Pharaonenzeit den gesamten Ablauf des landwirtschaftlichen Jahres, das in drei gleich lange Abschnitte unterteilt war: die Überschwemmungszeit von August bis November, die Anbauzeit von November bis März und die Brachzeit von April bis Juli. Erst die Errichtung von Stauwehren und Staudämmen seit dem ausgehenden 19. Jahrhundert änderte diesen Ablauf. Die Hochwasserwelle des Nils kann nämlich teilweise gespeichert werden und, gleichmäßig über das Jahr verteilt, an den Strom abgegeben werden. Auf diese Weise ist in den Flußoasen eine Dauerbewässerung mit mehrmaligem Anbau im Jahr möglich geworden.

Die sehr starken, gleichzeitig aber auch sehr regelmäßigen Wasserstandsschwankungen des Nils, insbesondere die jährliche Wiederkehr der lebenspendenden Flutwelle, werden durch die Zenitalniederschläge Mittelafrikas (während des Sonnenhöchststandes) und vor allem durch die Monsunregen des Äthiopischen Hochlands verursacht. Hier fällt im Juli und August, häufig auch noch im September, mehr als die Hälfte des Jahresniederschlags. Die Flüsse schwellen dann schlagartig an und transportieren fruchtbare Schlammassen nach Ägypten. Die mittlere Wasserführung des Blauen Nils steigt z. B. von täglich 11 Millionen m³ (April) auf über 507 Millionen m³ (August) an. Mit einer zeitlichen Verzögerung von sechs bis acht Wochen steigt der mittlere Wasserstand in Kairo von 1 auf 7 m an.

Die vom Nil mitgeführten Sedimentmassen würden den Nasserstausee in wenigen Jahren zuschütten. Um dies zu vermeiden, läßt man einen Großteil des Flutwassers bei geöffneten Schleusentoren abfließen. Dabei werden jedoch die Felder der Flußoase nicht mehr wie früher vom Hochwasser überflutet und mit fruchtbarem Schlamm bedeckt, so daß heute eine intensive Bodendüngung notwendig ist. Die Schleusentore werden erst geöffnet, wenn die Sedimentführung nachläßt.

Nilgiriberge

Asien, Indien
11° 24′ n. Br., 77° ö. L.

Aus welcher Richtung man sich dem Nilgirigebirge auch nähert, die Blauen Berge versperren den Horizont. Doch sie sind durch tiefe Einschnitte geteilt, die die Zugänge zu ihren gewaltigen Gipfeln bilden.

Die Nilgiriberge werden zu Recht als die Blauen Berge bezeichnet. Von der Malabarebene (bis 700 m Höhe) oder den trockenen Hochplateaus von Mysore (900 bis 1100 m) und Coimbatore (700 m) aus erscheinen sie wie eine riesige natürliche Festung. Sie erstrecken sich über etwa 2500 km² und sind von steilen, bewaldeten Hängen eingefaßt, die sich über viele Kilometer hinziehen und im Osten in 1500 m Höhe gipfeln. Mehrere Straßen und sogar eine Schmalspurbahn durchqueren das Gebirge in tiefen Kerbtälern.

Im Gegensatz zu der Schroffheit der umgebenden Steilhänge erscheint der zentrale Teil des Gebirges als ein stark gewelltes Plateau. Es erreicht 1800 bis 2000 m Höhe, bei Ootacamund sogar 2633 m, und ist selbst wiederum von zwei Reihen hoher Berge flankiert, und zwar von den Kundas im Südwesten und den Nidumalei im Osten. Diese Gipfel bilden scharfe Grate oder Kegel. Stellenweise, besonders in den engen, aber nur wenig eingetieften Tälern, sind die Hänge sehr steil. Auf den Plateaus ist die Hangneigung dagegen nur gering. In diesem eng zerschnittenen Bergland schlängeln sich die Flüsse durch schmale Täler und stürzen als Wasserfälle in die Tiefe; der Kolakambefall hat beispielsweise eine Höhe von 120 m.

Wie auch die weiter südlich gelegenen Berge, die die Westghats fortsetzen, sind die Nilgiriberge wohl ein Fragment des eingeebneten präkambrischen Sockels, ein

Nilgiri *Im Schutz der Gipfel, die am Horizont aufragen, sammeln am Fuß der zerfurchten Hänge künstlich angelegte Reservoirs das Wasser für die Feldkulturen des südlichen Indiens.*

Stück der Erdkruste, das zwischen tiefen Brüchen in einer Phase der Gebirgsbildung am Ende des Mesozoikums und zu Beginn des Tertiärs gehoben wurde. Das Gesteinsmaterial besteht im wesentlichen aus Gneis. Die heutigen Oberflächenformen spiegeln die Härteunterschiede innerhalb des Gesteins wider.

Die große Höhe des Gebirges und die starken Niederschläge (besonders in der Zeit von Juni bis Oktober) erklären die reichhaltige Flora, die sich von den Monsunwäldern am Fuße des Gebirges bis zu den mit Matten überzogenen Gipfeln in verschiedene Höhenstufen aufteilt. In den Wäldern leben Tiger, Panther, Rotwild und Bären. Die große wirtschaftliche Bedeutung dieses Gebietes liegt in den Teak- und Sandelholzbeständen.

Wegen des günstigen Klimas wurden Orte wie Kotagiri, Ootacamund und Coonoor von den Europäern, insbesondere von den Briten, als Luftkurorte aufgesucht; seit der Unabhängigkeit Indiens haben sie jedoch an Bedeutung verloren.

Nischapur, Türkisminen von

Asien, Iran
36° 12′ n. Br., 58° 50′ ö. L.

Hügel aus rotem Sand, weiße Flecken aus Salz und darunter das Grollen von Erdbeben: Seit Tausenden von Jahren mühen sich hier die Menschen, dem Boden seine Schätze abzuringen.

Die berühmten Türkisminen von Khorassan, die schon seit 4000 Jahren ausgebeutet werden, liegen nicht in Nischapur selbst, sondern 40 km nordwestlich dieser Stadt am Fuß des Koh-e-Binaloud. Von Nischapur aus fährt man zunächst durch bewässerte Ebenen und erreicht dann sandige Hügel im Vorland des Gebirges, deren rötliche Farben mit schneeweißen Salzkrusten wechseln. In dieser trockenen Region liegt die kleine Stadt Maadan, das Bergbauzentrum, in dem heute Türkise gewonnen werden.

Der Türkis ist ein wasserhaltiges Aluminium-Kupferphosphat, dessen intensive hellblaue Farbe sehr verschiedene Nuancen aufweisen kann. Er kommt in Mandeln im Gestein vor, die perlenartig aneinander gereiht sind und mit schmalen Bändern von Alunit (Aluminium-Kaliumsulfat) verbunden sind. Alunit ist ebenfalls blau gefärbt, aber viel blasser als der Türkis, mit dem es oft verwechselt wird. Türkis und Alunit sind Minerale, die durch die Verwitterung entstehen. Hier findet man sie in Bruchzonen im Gestein, die vorwiegend in nordwestlich-südöstlicher Richtung verlaufen.

Die Türkislagerstätten liegen in einer Schichtenfolge aus dem Eozän, in der Sedimentgesteine mit vulkanischen Gesteinen wechseln. Diese Schichten sind gefaltet und von zahlreichen Brüchen durchsetzt. Die am stärksten zersplitterte Zone umfaßt ein Gebiet von nahezu 2 km²; hier sind die Schichten aus Trachytandesit in Prismen zerbrochen und von verschiedenen Mineralen in dunkelbraunen Farbtönen umgeben. In einem sehr trockenen Klima bildet sich aus dem verwitterten aluminiumhaltigen Gestein Aluminiumphosphat. Doch damit daraus Türkis werden kann, muß es durch Kupfer blau gefärbt werden. Dieses stammt aus kupferführenden Gängen im tieferen Untergrund, die von der Abtragung noch nicht freigelegt worden sind.

Solche Lagerstätten scheinen an Schwächezonen der Erdkruste gebunden zu sein, die heute noch aktiv sind, wie die zahlreichen Erdbeben bezeugen, von denen bereits einige die Stadt Nischapur heimgesucht haben.

Nischapur *Der Türkis, ein wasserhaltiges Aluminium-Kupferphosphat von einem intensiven Blau, kommt, wie hier abgebildet, häufig als Gangfüllung im Gestein vor.*

Njassasee

Afrika, Malawi/Mosambik/Tansania
9° 30′–14° 30′ s. Br., 34° 02′–35° 10′ ö. L.

Der Njassasee wird als landschaftlich reizvollster See Ostafrikas von 2000 m hohen Steilabfällen eingerahmt, denen einsame Sandstrände vorgelagert sind. Angesichts seiner starken Dünung und seiner unendlichen Weite könnte man meinen, daß er Teil eines Meeres ist. Das gegenüberliegende Ufer – der See ist maximal 80 km breit – kann man nur bei klarem Wetter erkennen.

Der Njassasee (neuerdings auch Malawisee genannt) ist einer der größten Seen Ostafrikas. Seiner Fläche nach (30 800 km²) rangiert er nach dem Victoriasee (68 000 km²) und dem Tanganjikasee (34 000 km²) an dritter Stelle. Seine Anliegerstaaten sind Malawi, das den größten Teil der Seeufer (im Süden und im Westen) besitzt, sowie Tansania im Nordosten und Mosambik im Südosten. Mit einer Länge von 550 km von Norden nach Süden und einer größten Breite von rund 80 km gilt er ebenso wie der Victoriasee und der Tanganjikasee als ein echtes Binnenmeer. Die Berge, die ihn auf allen Seiten umgeben, verleihen seiner Landschaft, die zu den schönsten Afrikas zählt, einen besonderen Reiz.

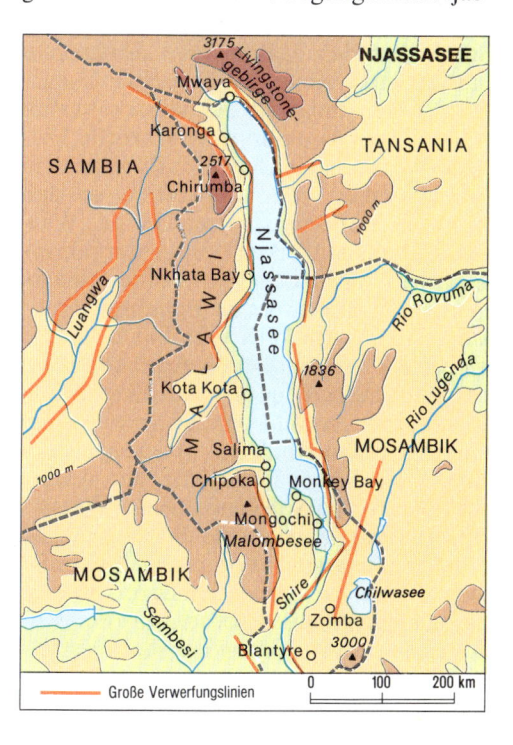

Von seiner geologischen Geschichte her ist der Njassasee sehr alt. Es wurden fluviatile und lakustrische Sedimentschichten gefunden, die Dinosaurierfossilien enthalten. Das beweist, daß der tektonisch angelegte Njassagraben schon zur Kreidezeit existierte. Wahrscheinlich wurde er bereits zu Beginn des Tertiärs von einem großen See, dem Vorläufer des heutigen Njassasees, ausgefüllt. Eine Analyse von treppenförmig übereinander angeordneten Strandterrassen dieses älteren Sees hat ergeben, daß sein Wasserstand im Pliozän bis zu 300 m über dem des heutigen Sees lag. Es bleibt aber noch zu untersuchen, welchen Einfluß quartäre Klimaschwankungen und tektonische Bewegungen im Njassagraben auf die Niveauveränderungen des Seewasserspiegels hatten.

Der Njassasee ist bis zu 706 m tief, und sein heutiger Wasserspiegel liegt in 472 m Höhe, so daß sich der Seeboden 234 m unter dem Meeresniveau befindet. Diese Tiefe erklärt sich aus den tektonischen Bewegungen der Erdkruste im Bereich des Ostafrikanischen Grabensystems, zu dem der Njassagraben gehört. Die Form des Sees spiegelt sehr deutlich seine tektonische Entstehungsgeschichte wider. Manchmal ist sein Uferverlauf bis ins Detail durch die Lage der Verwerfungslinien entlang der Bruchzone bestimmt. Dies gilt z. B. für die große Verwerfung des Livingstonegebirges. Die meisten dieser alten Verwerfungslinien existierten schon zu Beginn des Tertiärs. Aber auch danach waren sie immer wieder Leitlinien tektonischer Bewegungsvorgänge entlang des Njassagrabens. Zwischen dem West- und dem Ostufer des Sees besteht eine deutliche Asymmetrie. Auf der Westseite, in Malawi, liegen zwischen dem Seeufer und dem Randgebirge flache Ebenen von 5 bis 15 km Breite. Zu ihnen gehören die Küstenebene von Karonga im Nordwesten sowie die Ebene von Kota im Westen und im Südwesten des Sees. Diese Ebenen verdanken ihre Entstehung den von kleinen, in den See einmündenden Flüssen aufgeschütteten feinkörnigen Sedimenten. So wurde eine flache, geradlinig verlaufende, eintönige Küste mit weitverzweigten Sümpfen und langgestreckten Lagunen geschaffen. Das östliche Ufer in Mosambik und Tansania ist dagegen steil. Der beeindruckendste Küstenabschnitt ist sicherlich der tansanische Teil, wo die Verwerfung des Livingstonegebirges einen Steilabfall von mehr als 2000 m Höhe über der Wasserfläche bildet.

Im Gegensatz zu manchen anderen Grabenseen Ostafrikas besitzt der Njassasee ein exorheisches System, denn er entwässert am südlichen Ende durch den Fluß Shire über den Malombesee direkt zum Sambesi und damit zum Indischen Ozean. Die Verdunstung von der Wasseroberfläche des Sees wird durch die jährliche Niederschlagsmenge und den Zufluß aus dem Einzugsgebiet weit übertroffen, so daß über den Shire die Überschüsse des Wasserhaushalts abfließen. Infolge der jahreszeitlichen Verteilung der Niederschlagsmenge auf eine weniger ergiebige Trockenzeit von April bis Oktober und eine Regenzeit von Oktober bis April unterliegt der Wasserstand des Sees jahreszeitlichen Schwankungen von 1 bis 2 m. So wurde bei einem Tiefststand in der Trockenzeit des Jahres 1915 beobachtet, daß der Abfluß des Sees völlig versiegte. Diese Wasserstandsschwankungen, die Schwankungen der Abflußmenge des Shires nach sich ziehen, bilden ein großes Hindernis für die landwirtschaftliche Entwicklung der Küstenebene und die Nutzung der Wasserkraft des Shires.

Der Fischfang und die an ihn gebundenen Kleinindustrien konzentrieren sich vor allem im südlichen Teil des Sees. Jährlich werden rund 44000 t Fisch angelandet, wovon der größte Teil im Hochland um Zomba und Blantyre in den Handel gebracht wird. In diesem Landesteil befinden sich die nahegelegenen Bevölkerungsschwerpunkte Malawis und damit auch die größten Verbraucherzentren.

Der Tourismus steckt an den Ufern des Njassasees noch in den Anfängen. Nur im südlichen Bereich des Sees, der von Blantyre aus am leichtesten zugänglich ist, gibt es größere Hotelbauten. Weiter im Norden sind die Uferstraßen in sehr schlechtem Zustand, obwohl dieser Teil des Sees ein sehr abwechslungsreiches Panorama bietet. Felsspitzen werden von schönen Sandstränden gesäumt, auf die an windigen Tagen eine starke Dünung aufläuft, die einen glauben läßt, man befinde sich am Meer. Dieser Eindruck wird noch dadurch unterstrichen, daß das gegenüberliegende Ufer nur bei sehr klarem Wetter deutlich zu erkennen ist.

Die wirtschaftliche Entwicklung an den Seeufern ist hinter derjenigen anderer Regionen Ostafrikas sehr stark zurückgeblieben, obwohl von den natürlichen Gegebenheiten her beste Voraussetzungen bestehen. Der Grund hierfür ist hauptsächlich in der schlechten Verkehrserschließung zu suchen.

Nyiragongo

Afrika, Zaire
1° 30′ s. Br., 29° 15′ ö. L.

Über der schlafenden Gruppe der Virungavulkane wacht nur noch der Nyiragongo. Er war einer der drei Vulkane der Erde, die einen Lavasee besaßen; dieser ist aber nach den letzten Eruptionen verschwunden.

Die Senke des Zentralafrikanischen Grabens, der den Westteil des Rift Valley in Ostafrika bildet, ist im Norden des Kiwusees durch eine 60 km lange Vulkankette, die Virungaberge, unterbrochen, die etwa senkrecht zur Achse des Grabens verläuft. Der Nyiragongo, ein Vulkan mit der Gestalt eines Kegelstumpfs, liegt am westlichen Ende der Gruppe von acht Vulkanen. Obgleich keiner der Virungavulkane, mit Ausnahme vielleicht des schon stark abgetragenen Mikeno, als wirklich erloschen angesehen werden kann, ist der Nyiragongo neben dem Nyamlagira der einzige, der in historischer Zeit aktiv gewesen ist. Man hat jedoch über die älteren Ausbrüche des Nyiragongo kaum etwas erfahren, da dieser Vulkan erst 1894 durch den deutschen Forscher von Götzen (1866 bis 1910) entdeckt und beschrieben wurde.

Der präkambrische Sockel ist von Sedi-

Vulkane

Die verschiedenen Vulkantypen werden nach der Art ihrer Tätigkeit und den geförderten vulkanischen Gesteinen unterschieden.

Schildvulkane (Hawaiityp) entstehen, wenn sehr dünnflüssige Lava gefördert wird. Wechselt die Förderung von Lava mit Auswürfen von Lockermaterial (Aschen, Schlacken, Bimssteinen) ab, werden Stratovulkane (Schichtvulkane) gebildet. Dieser Typ ist mit Abstand am weitesten verbreitet. Der Pelétyp ist durch extrem zähflüssige Laven gekennzeichnet, die als hohe Felsnadeln aus dem Vulkanschlot emporgepreßt werden. Beim Strombolityp und noch mehr beim Krakatautyp werden durch explosionsartige Ausbrüche vulkanischer Gase vor allem Schlacken und Aschen gefördert. Diese Ausbrüche sind am gefährlichsten.

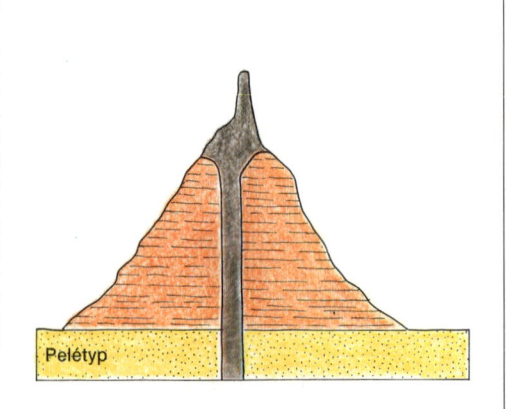

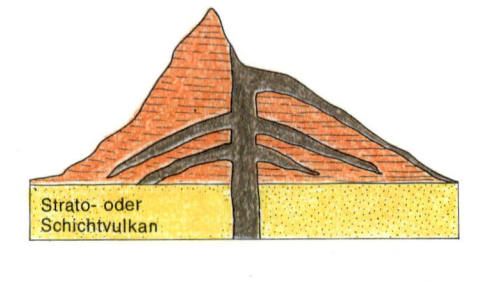

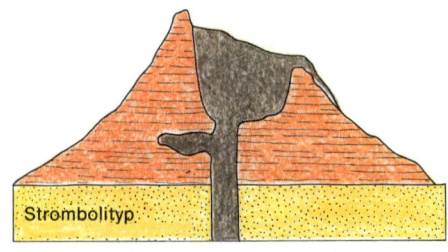

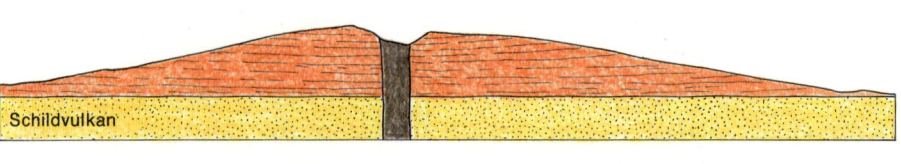

mentschichten bedeckt (Kies, Sand und Ton aus dem Pleistozän), die den Zentralafrikanischen Graben füllen. Darauf wurde seit dem Pliozän ein mächtiges Vulkanmassiv aufgebaut. Der eigentliche Nyiragongo, der eine Höhe von 3470 m erreicht, ist mit zwei Nebenkegeln verbunden, dem Shaheru im Süden (2800 m) und dem Baruta im Norden (3100 m); diese drei Kegel sind in nordsüdlicher Richtung, also parallel zum Grabenbruch, angeordnet. Um sie herum gruppieren sich auf einer Fläche von etwa 350 km² etwa 100 kleinere Kegel. Auch ihre Anordnung in eine von Norden nach Süden und eine von Südwesten nach Nordosten verlaufende Reihe geht ohne Zweifel auf tiefe Brüche in der Erdkruste zurück. Der Krater des Shaheru (700 m breit und 80 m tief) wie auch der des Baruta (1100 m breit und 300 m tief) sind vollkommen bewachsen; die beiden Vulkane gelten als erloschen.

Der Krater des Nyiragongo hat einen ovalen Grundriß mit einem größten Durchmesser von 1250 m und einem kleinen von 1100 m; seine Innenwand fällt senkrecht bis zu einer ringförmigen Terrasse ab, die 170 m tiefer liegt. Sie ist etwa 200 m breit und ist der Rest einer früheren, von der Lava gebildeten und dann eingebrochenen Fläche. In der Mitte öffnet sich ein kreisrunder Krater mit einem Durchmesser von 680 m. Dieser Krater war bis Januar 1977 bis 180 m unterhalb der Terrasse mit einem See aus flüssiger Lava gefüllt, in der eine Art Insel in Form eines Blocks erstarrter Lava schwamm. Jetzt weist er horizontale, in bestimmten Niveaus ausgebildete Terrassen auf, die Zeugen der unterschiedlichen Magmaspiegel sind und die eine Rekonstruktion der Geschichte des Lavasees erlauben.

An den inneren Kraterwänden, die nach den Eruptionen teilweise eingestürzt sind, kann man die Schichtenfolge der vulkanischen Ablagerungen direkt untersuchen. Der obere Teil der Wand besteht aus mehreren Schichten von ausgeworfenem Lockermaterial (Asche, Bims, Schlacke), von Lavagängen und -adern durchzogen. Die unteren Abschnitte der Wand sind dagegen ausschließlich aus horizontalen Schichten erstarrter Lava aufgebaut, von denen jede etwa 1,5 m mächtig ist und jeweils eine frühere Spiegelhöhe des Lavasees anzeigt. Die Lava des Nyiragongo besteht im wesentlichen aus Feldspatvertretern (Nephelin, Leuzit, Kalsilit) und enthält keine Feldspate.

Die jüngere Geschichte des Vulkans begann 1894: Es gab damals zwei zentrale Krater, die durch eine dünne Wand voneinander getrennt waren und von denen einer Fumarolen ausstieß. 1918 brach die Trennwand ein, und die beiden trichterförmigen Krater vereinigten sich zu einem. Es blieb jedoch bei der Fumarolentätigkeit. Von 1928 an notierten Beobachter eine bei Nacht sichtbare Rötung der Dampfwolke, die über dem Nyiragongo hing. Man schloß daraus, daß im Krater

Nyiragongo *Die glühenden Lavaströme, die an den Hängen des alten Feuerberges hinabliefen, sind abgekühlt, und es haben sich Risse in der erkalteten Gesteinsschmelze gebildet.*

glühende Lava vorhanden sein müsse. Im Juli 1948 stieg man in den Krater hinab und entdeckte dabei einen Lavasee. Seine Fläche betrug etwa 120 000 m². Fünf Jahre später wurde bei einer zweiten Expedition festgestellt, daß der Lavasee auf die Hälfte geschrumpft und um 20 m abgesunken war, wobei er eine zweite Terrasse zurückließ. 1958 war er weiter verkleinert und hatte nur noch eine Fläche von 19 000 m²; im folgenden Jahr sank er weiter ein. 1966 entdeckte eine Expedition, daß der Lavaspiegel die zweite Terrasse wieder überstiegen hatte, und zwar um 10 bis 20 m, und daß die Oberfläche mit 170 000 m² größer war als die von 1948. Auch war die eruptive Tätigkeit wieder größer geworden: Lavabomben, Schlacken und brennendes Gas kamen aus einem Dutzend kleinen Kratern.

Vermutlich hat es zwischen 1948 und 1959 keinen neuen Lavazustrom gegeben; vielmehr war es immer das gleiche Magma, das den See bildete, wobei dieser abwechselnd ruhige und aktive Phasen durchmachte. Doch die Ruhe war niemals vollkommen. Zwei Zonen blieben immer aktiv: die Nord- und die Südecke des Sees, an denen die Lava kochte und Feuerfontänen ausstieß.

Der erneute Anstieg des Lavaspiegels im See nach 1958, der schließlich das Dreizehnfache der ursprünglichen Fläche erreichte, erklärt, warum in den letzten Jahren die Lava sich mit einer etwa 6 cm dikken, festen Schicht überzogen hat. Denn der Zufluß an Vulkanenergie, der wahrscheinlich konstant geblieben war, reichte nicht mehr aus, um den Wärmeverlust durch Strahlung auszugleichen. Um die Lava am Erstarren zu hindern, wäre eine Erhöhung der Energiezufuhr um das Dreizehnfache notwendig gewesen.

Eine Reihe großer Ausbrüche, die zwischen dem 23. Dezember 1976 und dem 28. Januar 1977 entlang einem westöstlich verlaufenden Bruch stattfanden, förderten Schlacken und extrem dünnflüssige Lava. Diese Eruptionen, die an der Nord- und der Südflanke des Vulkans ihre Spuren hinterlassen haben, leerten den Lavasee.

Ob und Irtysch

Asien, UdSSR
52° 30'–66° n. Br., 65°–85° ö. L.

Einer der größten Flüsse der Welt, aber auch einer der langsamsten und geizigsten. Eine weite, monotone Ebene begleitet seinen Lauf.

Der Ob, der wichtigste Strom Westsibiriens, bildet zusammen mit dem Irtysch einen der längsten Flüsse der Erde – von der Quelle des Irtyschs bis zum Meer sind es 5410 km.

Das Einzugsgebiet des Ob-Irtyschs besteht größtenteils aus vollkommen flachen Ebenen, in denen die Wasserscheiden höchstens 40 bis 60 m höher als die Talsohlen liegen und sich nur ab und zu die *Grivy* erheben, kleine Hügel, die von Südwesten nach Nordosten angeordnet sind. Unter diesen Ebenen liegen mächtige Sedimentschichten. Bei Bohrungen wurde der feste Untergrund aus mesozoischen Gesteinen erst in 6000 m Tiefe erreicht.

Man findet hier ebenfalls die Spuren der großen pleistozänen Vereisungen: Moränenzüge und Schmelzwasserterrassen. Diesen Vereisungen verdankt der Ob eine sehr lange (800 km) Trichtermündung, an deren Ende er große Sedimentmengen im Meer ablagert. Diese Trichtermündung lag früher weit unter dem Meeresspiegel, als der Kontinent durch das Gewicht der Eismassen hinabgedrückt wurde. Der Ob benützt bis zu seinem Zusammenfluß mit dem Irtysch ein altes Urstromtal, das ehemals in die Senke um das Kaspische Meer mündete. Durch eine Hebung des südlichen Teils von Sibirien wurde das gegenwärtige Flußnetz jedoch nach Norden ausgerichtet. Der obere Teil des Einzugsgebiets wird vom Altaigebirge und seinem Vorland gebildet, das trotz des geringen Teils – 10 % –, den es im Einzugsgebiet für sich beanspruchen kann, einen großen Teil des Abflusses liefert.

Das Einzugsgebiet des Obs erstreckt sich über drei Klimazonen. Im Süden herrscht bis zur Höhe von Omsk/Tomsk südsibirisches Kontinentalklima mit warmen Sommern (+25 °C im Juli) und strengen Wintern (–15 °C im Januar). Die Temperaturen liegen im Einzugsgebiet des Irtyschs 120 bis 180 Tage im Jahr unter dem Gefrierpunkt, beim Ob 180 bis 210 Tage. Es ist die Zone der sibirischen Steppe, die von Salzpfannen *(Solonetz)*, Sümpfen, Birken-,

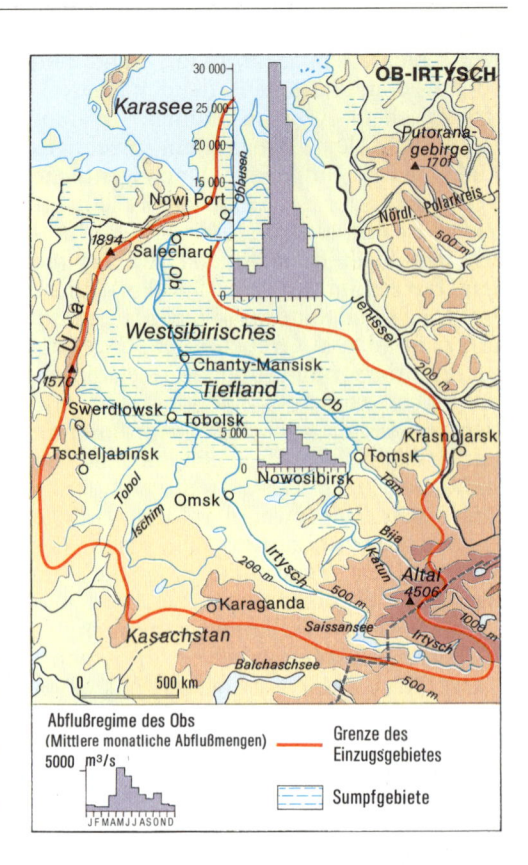

Ob *Unter dem endlosen Himmel Sibiriens fließt der Strom zwischen seinen von Weiden und Birken gesäumten Ufern langsam dem vereisten Polarmeer zu.*

Espen- und Kiefernwäldern unterbrochen wird. Die Südwestgrenze vom Einzugsgebiet des Irtyschs und die Täler der Nebenflüsse Tobol und Ischim liegen im Übergangsbereich zum kontinentalen Wüstenklima Kasachstans, dem Gebiet der baumlosen Steppe. Von 55° nördlicher Breite bis zur Mündung herrscht nordsibirisches Kontinentalklima mit kühlen Sommern (+15 °C im Juli) und kalten Wintern (−10 °C im Januar). Es folgt dann weiter nördlich die polare Klimazone. Die undurchdringliche Taiga, in der es gefährliche Sümpfe *(Urmany)* gibt, wird von der Tundra abgelöst. Dahinter beendet der Ob seine Reise zum Meer.

In Nowi Port kann die Temperatur im Dezember bis auf −32 °C absinken und am wärmsten Tag des Sommers im Juli nur +11 °C erreichen. Durch die niedrige Temperatur, die im ganzen Einzugsgebiet herrscht, ist der Strom fast sechs Monate im Jahr von Eis bedeckt.

Die Niederschläge sind überall äußerst gering (400 mm im Jahresmittel) und fallen zu 80 % in der warmen Jahreszeit, also im Verlauf eines Sommers, der nur zwei Monate dauert. Nur der Altai erhält mehr Niederschlag und versorgt mit seinen Gletscherschmelzwassern die Flüsse Katun, Tschuja, Bija und Tom. Der lange Weg durch die Ebene bedingt die relativ geringe Wasserführung des Obs im Vergleich zur Größe des Einzugsgebietes. Nachdem er sehr rasch die Ebene erreicht hat (Omsk liegt nur 82 m hoch), wird der Ob zu einem sehr trägen Strom, dessen Abflußregime sich von Süden nach Norden nur wenig ändert.

In Nowosibirsk wird seine jahreszeitliche Wasserführung von der Schneeschmelze und den Sommerregen bestimmt. Weiter nördlich wird der Ob zu einem Strom der Ebene, wo die geringen Niederschläge die Abflußmengen schrumpfen lassen. Daran kann auch der Zufluß des Irtyschs nichts ändern. Das Abflußregime des Obs ist typisch für kontinental-polare Tiefländer mit Hochwassern im Mai und Juni und Abflußminima von März bis April. Die Abflußschwankungen verringern sich von Süden nach Norden: In Nowosibirsk kann die Wasserführung im Mai 20mal stärker sein als im Februar; in Salechard ist sie im Juni nur sechsmal größer als im März. Während der Schneeschmelze setzen die Hochwasser jäh ein, wobei die Hochwasserwelle Tomsk einen Monat früher erreicht als Obdorsk. Zur Karasee gelangt sie Anfang Mai; bereits Ende August ist das Meer von Eisschollen bedeckt, die aus dem Polarmeer kommen.

Der Ob ist an der Mündung der wasserärmste aller sibirischen Flüsse; sein Wasser, das sich in die Karasee ergießt, genügt trotzdem, um eine Barre aufzuschütten, die den Fluß für Seeschiffe unpassierbar macht. Aus diesem Grund wurde im Mündungsgebiet der Hafen Nowi Port errichtet. Dennoch ist der Ob auf seiner ganzen Länge schiffbar, der Irtysch auf 3600 km; beide zusammen verbinden die wirtschaftlich bedeutendsten Gebiete Westsibiriens miteinander.

Ogowe *Zwischen wald- und grasbedeckten Hügeln bahnt sich der Fluß einen schwierigen Weg über Felsschwellen, an denen er sich in schäumenden Schnellen bricht, ehe er die ruhige Küstenebene erreicht.*

Ogowe, Stromschnellen des

Afrika, Gabun
0° 06′ s. Br., 11°–12° 05′ ö. L.

Die gemächliche Gleitfahrt auf ruhigem Wasser wird jäh unterbrochen – das Tal ist versperrt durch schwere Granitblöcke und drohende Felsspitzen, an denen sich das Wasser tosend und schäumend bricht.

In der Geschichte der Entdeckung Afrikas spielte der Ogowe in der zweiten Hälfte des 19. Jahrhunderts eine wichtige Rolle, war doch Gabun die Ausgangsbasis für die Erforschung des französischen Kongos. Um flußaufwärts ins Innere des Kontinents vorstoßen zu können, mußten zunächst die Stromschnellen von N'Djolé, 250 km von der Mündung entfernt, und dann noch zahlreiche weitere Stromschnellen und Wasserfälle überwunden werden. Savorgnan de Brazza, dem französischen Afrikaforscher, gelang es als erstem, alle Hindernisse zu passieren und bis zu den Quellen des Ogowes, 1200 km von der Mündung entfernt, vorzudringen.

Heute ist der Fluß eine bedeutende Wasserstraße, vor allem für die Flößerei, und unterhalb von N'Djolé ist er ganz schiffbar. Im Mittel- und Oberlauf wechseln ruhige Staustrecken mit Wasserfällen und Stromschnellen ab. Zu den schönsten gehören die Stromschnellen des mittleren Ogowes unterhalb von Booué.

Man kann auf zwei Wegen dorthin gelangen: auf dem rechten Ufer von Booué aus, wo der Strom in einem Wasserfall 8 m Höhe überwindet, oder über das linke Ufer mit einer sehenswerten Talenge, die man nach dem Stamm, der über diesen Teil des Flusses herrschte, die Tore der Okanda genannt hat. Man kann über die Schnellen fahren, vorausgesetzt, man findet einen guten Einbaum und auch einen Steuermann, der die vielen Gefahrenstellen genauestens kennt. Von Schnelle zu Schnelle strömt der Ogowe zwischen mit niedrigem Buschwerk und Gräsern bewachsenen Hügeln dahin. Dazwischen gibt es einzelne Flecken Wald. Insgesamt eine Landschaft von großer Harmonie, die jedoch überrascht, denn auf der Höhe des Äquators ist der für diese Klimazone typische dichte Urwald großen Savannenflächen gewichen.

Von den Toren der Okanda aus, wo eine Hütte dem Reisenden Schutz bietet, kann man den Brazza besteigen, einen Berg, der den Fluß um 300 m überragt. Von hier aus überschaut man den wirren Lauf des Ogowes, der durch Felsen zerhackt erscheint, und die grünen Ebenen, die sich auf beiden Seiten des Flusses erstrecken. Diese ganze Region, die ihren Namen Lopé von einem kleinen Nebenfluß des Ogowes hat, bildet ein Naturreservat mit vielen wilden Tieren.

Die Stromschnellen, die im Lauf des Ogowes aufeinanderfolgen, sind durch die Struktur des geologischen Untergrunds bedingt, insbesondere durch die unterschiedliche Härte der Gesteine. Im präkambrischen Grundgebirge setzt hartes Gestein, z. B. Quarzit, der Erosion starken Widerstand entgegen und bildet eine Stufe im Flußbett. Da die Verwitterung unter dem feuchttropischen Klima sehr intensiv ist, gelangen keine größeren Gerölle in den Strom, mit denen die Felsschwellen aus härterem Gestein abgeschliffen werden könnten. Bald versperren buckelige Granitschwellen das Flußbett wie im Bereich des Lopés, bald engen kristalline Schiefer, wie oberhalb von N'Djolé, den Strom ein. Phyllit und Quarzit bilden die Umrahmung dieser Talengen.

Old Man of Hoy

Europa, Großbritannien
58° 53′ n. Br., 3° 25′ w. L.

Der heftige Anprall der Stürme gegen die hohe Steilküste von Hoy, die Kräfte der Erosion und die Unterspülung durch das Meer haben die letzten Verankerungen des Felsturms zerstört.

Old Man of Hoy *Wie ein verlassener Leuchtturm trotzt der Felspfeiler den Stürmen, die die Westküste von Hoy heimsuchen.*

Blickt man bei klarem Wetter von Dunnet Head aus über den Pentland Firth auf die Orkneyinseln nach Norden, kann man die massige Silhouette von Hoy erkennen, deren Name „hohe Insel" bedeutet und die tatsächlich die einzige höhere der Inselgruppe ist. Losgelöst von den hohen, hellgrauen Kliffs der Westküste, erhebt sich wie eine Schildwache über den Strand die berühmteste Felsnadel aller britischen Küsten, der Old Man of Hoy.

Dieser schmale Pfeiler erreicht zwar nicht die Höhe der Kliffs von Saint John's Head (300 bis 335 m), die einige Kilometer weiter nördlich das Plateau von Hoy begrenzen, er ist jedoch eine imposante Gestalt mit seinen 137 m Höhe und überragt damit die Steilküste in seinem Rücken um etwa 15 m. An der Basis ist er 27 m breit und besitzt vertikale Wände, die wie mit großen Hieben aus dem gelben, rötlichen oder rosafarbenen Sandstein der Orkneyinsel herausgemeißelt erscheinen.

In der Tat verdankt der Old Man of Hoy seine Existenz den mächtigen Sandsteinschichten, die in den Meeren des Devons mit einer Mächtigkeit von mehr als 1000 m abgelagert wurden und aus denen die westlichen Küsten von Hoy geformt sind. An den Felswänden des Old Man kann man die Schichtung dieser alten Ablagerungen noch genau erkennen.

Die vorgeschobene Lage des Felsturmes zeigt, wie stark die Küste unter der Brandung zurückgewichen ist. Hier ist sie dem Anprall der Stürme, die über den Nordatlantik brausen, besonders stark ausgesetzt. Der Einfluß der Abtragung ist überall zu erkennen. Auf Zeichnungen, Grafiken und Gemälden des frühen 19. Jahrhunderts stützt sich der Old Man noch auf einen als Bogen ausgebildeten Anbau im Osten. Der Bogen stürzte noch im Lauf des vergangenen Jahrhunderts ein; die Reste liegen als Blocktrümmer zwischen dem Felsturm und der Steilküste.

Es kann jedoch durchaus sein, daß der Old Man noch lange dort Wache hält, denn der Sandstein ruht auf einer widerstandsfähigen Schicht aus Lavagesteinen des oberen Devons (Basalt mit einer Mächtigkeit zwischen 3 und 7,5 m). So steht der Felsturm auf einem soliden Sockel, der sich fast 1 km weit ins Meer hinausschiebt.

Olga, Mount

Australien
25° 19′ s. Br., 130° 46′ ö. L.

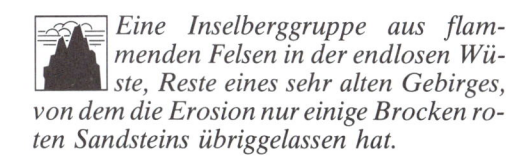

Eine Inselberggruppe aus flammenden Felsen in der endlosen Wüste, Reste eines sehr alten Gebirges, von dem die Erosion nur einige Brocken roten Sandsteins übriggelassen hat.

Der Mount Olga erhebt sich inmitten eines Halbkreises von Bergen in einer der entlegensten Regionen der Erde, im Herzen der

Mount Olga *Sie gleichen uralten Schildkröten, oder vielmehr erinnern diese Kuppeln aus rotem Sandstein mit ihren glatten, schweren Flanken an die verlassenen Panzer dieser Tiere. Sie liegen schwer auf dem Sand der australischen Wüste, Strandgut des Ozeans, der sich für immer zurückgezogen hat.*

Inselberge und Pedimente

Diese geomorphologischen Erscheinungen sind typische Elemente des Reliefs in den trockenen und wechselfeuchten Tropen und Subtropen. Als Pedimente bezeichnet man schwach geneigte Flächen am Fuß von Inselbergen. Sie gehen nicht, wie man aufgrund von Beobachtungen in unserer Klimazone meinen könnte, allmählich in die steilen Hänge der Inselberge über, sondern sie enden abrupt an deren Fuß. Die Nahtstelle zwischen Pediment und Inselberg ist durch einen markanten Gefällsknick, den Fußknick, gekennzeichnet. Die Pedimente mehrerer benachbarter Inselberge bilden zusammengenommen eine Rumpffläche.

Inselberge und Pedimente sind Abtragungsformen, die sich besonders in Gesteinen entwickeln, die zu feinkörnigem Material verwittern. Durch die Abtragung werden dabei im Lauf von Jahrmillionen die Gebirge eingeebnet, und nur einzelne Berge bleiben wegen ihrer härteren Gesteine verschont. Dies ist jedoch nur in Gebieten möglich, in denen die Abtragung flächenhaft und nicht linienhaft (entlang einzelner Wasserläufe) wirkt. Diese Voraussetzung ist in den feuchttropischen und ariden Klimazonen der Erde gegeben. Das Vorkommen von Inselbergen und Pedimenten ist deshalb auch auf diese Räume beschränkt.

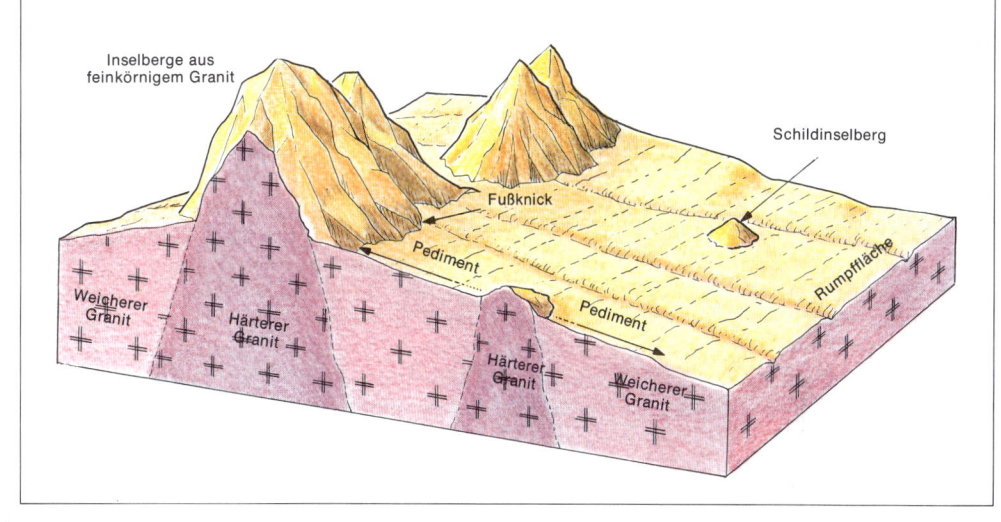

extrem trockenen australischen Wüstengebiete. Ihre sonderbare und fremdartige Silhouette wurde erstmals im Jahr 1872 vom englischen Forschungsreisenden Ernest Giles beschrieben, der über die Mac-Donnellkette etwa 400 km nach Westen vorgedrungen war und dem höchsten Gipfel (1041 m) damals den Namen der Königin Olga gab. Diese Berge, die früher nur selten besucht wurden, gehören heute zu einem Nationalpark, der auch den Ayers Rock etwa 40 km weiter östlich einschließt. Sonnenaufgang und Sonnenuntergang über diesen flammenden Gipfeln sind besonders eindrucksvoll.

Die Berge erstrecken sich über eine Länge von etwa 7 km und eine Breite von etwa 5 km. Die meisten haben fast senkrechte Wände an der Basis und einen halbrunden oberen Teil. Sie bestehen aus Sandstein des oberen Paläozoikums, der auf dem alten präkambrischen Grundgebirgssockel abgelagert wurde. Nachdem sie gegen Ende des Präkambriums und des ausgehenden Paläozoikums durch tektonische Bewegungen gehoben und zerbrochen worden waren, zerstückelte die Erosion die Sandsteinschichten in einzelne Kuppeln, die mitten in einer weiten Ebene aus Gesteinsschutt wie Inseln inmitten des Ozeans aufsteigen. Man nennt sie auch Inselberge, die Eingeborenen geben ihnen jedoch den Namen *Katajuta,* das heißt „Gebirge mit zahlreichen Köpfen". Manche der Felskuppeln sind von ihren Nachbarn nur durch einfache Klüfte getrennt, andere durch weite Talungen.

Olymp

Europa, Griechenland
40° 08′ n. Br., 22° 25′ ö. L.

Der uralte Berg der griechischen Mythologie und dennoch jung in der Geschichte der Erde, unwirklich, wenn er aus den Nebeln aufsteigt oder sich in den Wolken verbirgt, dem geübten Bergwanderer jedoch zugänglich.

Als verschwommene Silhouette im Dunst des Sommers, als imposante Masse im Nebeltreiben oder als schneebedeckte, unter der Frühlingssonne glitzernde Kuppel beherrscht der Olymp die Landschaft Ostthessaliens an der Grenze nach Makedonien. Seit alters her hat dieser Gebirgsstock, dessen Gipfel manchmal über dem Dunst der Ebenen und Becken zu schweben scheinen, die Phantasie der Menschen beschäftigt. Für die alten Griechen war er der Sitz der Götter, und nach ihm wurde auch Zeus Olympios und seine Kultstätte Olympia, der Schauplatz der Olympischen Spiele des Altertums, benannt.

Auch wenn man seine ruhmreiche Vergangenheit außer acht läßt, bleibt der Olymp einer der schönsten und anziehendsten Berge des Mittelmeerraums. Dies ist

Olymp *Über schattige Täler und tiefe Wälder erhebt sich das Massiv des Olymps, das heilige Gebirge der alten Griechen, Sitz der Götter und Göttinnen der Antike, heute Teil eines großen Nationalparks.*

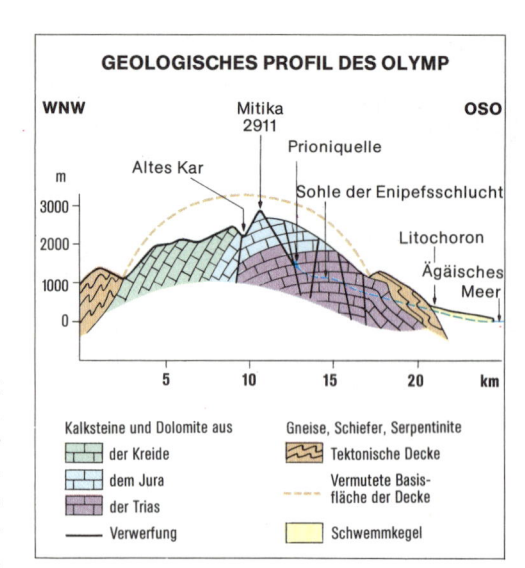

wohl der Einheitlichkeit des Massivs zu verdanken, in Verbindung mit einer sehr abwechslungsreichen Landschaft.

Der Olymp, mit 2911 m der höchste Berg Griechenlands, präsentiert sich als eine Kuppel aus Kalkgestein und Dolomit, die dem geübten Bergwanderer keine großen Schwierigkeiten bietet. Der Blick vom Gipfel ist bei schönem Wetter unvergeßlich. Im Innern des Gebirges wechseln nackte Hochflächen mit sanft geneigten Hängen nach Westen und Süden; im Osten und Nordosten gibt es schwindelerregend steile Wände, Kare und tiefe Schluchten von Bächen, die zum Ägäischen Meer fließen. Mit der Höhe wechseln auch die Vegetationsformen, die von der mediterranen

Macchie bis zu den Hochmatten reichen. Dazwischen gibt es einen sehr schönen Buchen- und Kiefernwald, der sich an den der Ägäis zugewandten feuchteren Hängen erhalten hat.

Seltsamerweise ist sowohl die Geologie des Olymps als auch die Entwicklung seines Reliefs lange Zeit ein Rätsel geblieben. Man weiß erst seit 15 Jahren, daß das Massiv des Olymps ein sehr junges Gebirge ist und zwischen der Trias und dem Beginn des Tertiärs eine isolierte Untiefe der Tethys, des Mittelmeeres des Erdmittelalters, war. Meeresablagerungen häuften sich kontinuierlich bis zu einer Mächtigkeit von mehreren tausend Metern an; zu Beginn des Tertiärs kam es dann in dem Bereich der Erdkruste, der zur hellenischen Kette werden sollte, zu heftigen Faltungsbewegungen. Über den Kalkstein des Olymps wurde durch tektonischen Druck eine riesige Decke geschoben, die sehr verschiedene Gesteine enthielt: Gneise, Schiefer, Serpentinite. Diese Gesteine bilden heute einen Kranz mittelhoher Berge am Rand des Olymps, außer im Osten, wo das Massiv jäh zum Ägäischen Meer abfällt.

Bis zum Ende des Tertiärs blieben die Kalksteinschichten unter der Decke verhüllt. Durch eine kräftige Hebung zu Beginn des Quartärs, die sich in zwei aufeinanderfolgenden Phasen vollzog, konnte die Erosion diese Decke durchbrechen, die darunterliegenden Kalksteinschichten freilegen und etwas schaffen, was man ein „geologisches Fenster" nennt: den heutigen Olymp. Die Gesteine der alten Untiefe wurden gefaltet und auf der Ostseite von zahlreichen Verwerfungen zerstückelt. Die Bruchtektonik an der Ostseite des Olymps steht im Zusammenhang mit der Entwicklung des Ägäischen Meeres, die sich erst im mittleren Quartär vollzog, wie man durch Bohrungen beweisen konnte.

Ometepe, Isla de

Amerika, Nicaragua
11° 32′ n. Br., 85° 39′ w. L.

Der eine lebt, der andere nicht. Und dennoch sind diese beiden Brüder gemeinsam aus den Wassern des Nicaraguasees aufgestiegen und gleichen sich auf kuriose Weise: siamesische Vulkane, fest miteinander verwachsen zwischen Himmel und Wasser.

Die Insel Ometepe, deren Name in der Sprache der Eingeborenen „Zwei Berge" bedeutet, ist die größere der beiden Inseln im Nicaraguasee. Ihre landschaftliche

Ometepe *Trotz kleinerer Wolkenfelder, die häufig vom Pazifik herübergeweht werden und sich an dem Berg stauen, kann man die regelmäßigen, von Barrancos zerfurchten Hänge des Concepcións erkennen.*

Schönheit ist zu Recht berühmt. Sie besteht aus zwei Vulkankegeln, die durch eine schmale, flache Landbrücke miteinander verbunden sind und deren symmetrische Form an Ebenmäßigkeit kaum zu überbieten ist. Die Durchmesser der beiden Zwillingsvulkane sind annähernd gleich groß, rund 10 km. Entsprechend ist die Isla de Ometepe 20 km lang. Durch die dicht nebeneinanderstehenden Vulkanberge besitzt sie die Form einer Acht, wobei die südöstliche Hälfte durch den 1394 m hohen, inzwischen erloschenen Maderas gebildet wird und die nordwestliche durch den noch immer tätigen Concepción, dessen Höhe 1610 m beträgt.

Die beiden Feuerberge sind ein Teil der langen Kette quartärer Vulkane, die die Senke von Nicaragua begrenzen. Sie bildet ein großes Becken, in dem die alte Erdoberfläche unter Fluß- und Seeablagerungen begraben ist, die an manchen Stellen eine Mächtigkeit von 1000 m erreichen. Die Vulkane liegen genau im Schnittpunkt der Längsachse dieser Senke, die von Nordnordwesten nach Südsüdosten orientiert ist, mit quer verlaufenden Brüchen der Erdkruste.

Nur der Vulkan Concepción wurde bisher von Geologen untersucht. Man hat einige Proben vulkanischen Gesteins analysiert, die nahe dem Gipfel entnommen wurden, dort, wo die dichte Vegetation verschwindet und schwarze und rote Schlacken und Blöcke erstarrter Lava an die Oberfläche kommen. Der Vulkan besteht im wesentlichen aus andesitischem Basalt und aus Andesit, aber man hat auf den Terrassen im nördlichen Vorland auch dazitischen Bimsstein gefunden.

Aus historischer Zeit ist wenigstens ein Ausbruch bekannt. 1955 folgten Dampferuptionen in Abständen von drei bis acht Minuten aufeinander. 1957 wurde der Vulkan nach einer Ruhepause erneut aktiv. Gegenwärtig tritt Dampf aus dem Krater aus.

Omo, Tal des

Afrika, Äthiopien
4° 48′ n. Br., 36° 06′ ö. L.

Diese von vulkanischen Aschen bedeckte Landschaft konnte bis vor wenigen Jahren ihr Geheimnis bewahren: Man entdeckte hier die bislang ältesten Überreste von Vorzeitmenschen.

Die Entwicklung des Ostafrikanischen Grabensystems war durch zahlreiche Vulkanausbrüche gekennzeichnet. Ihre Spuren sind in den Ablagerungen alter Seen oder heute verschwundener oder ausgetrockneter Flüsse zu finden. Die geologischen Verhältnisse im Becken des Rudolfsees im Süden Äthiopiens und im Norden Kenias, in den sich der Fluß Omo ergießt, veranschaulichen sehr gut die Geschichte dieser Landschaften.

Der Omo entspringt in den Hochländern Äthiopiens, und er mündet, nachdem er in weiten Mäandern durch die dichten Wälder geflossen ist, mit einem Delta in den Rudolfsee. Etwa 30 km oberhalb dieses Deltas berührt der Fluß eine Schichtstufenlandschaft, die hier durch die Abtragung aus einer Sedimentserie herausgeschnitten wurde. Diese Schichten, die mehr als 1000 m mächtig sein können, bilden die Formationen von Shungura und Usno. Quer zur Richtung des Flusses verläuft eine Hügelkette, die aus weißen vulkanischen Aschen besteht. Diese sind wichtig für die Datierung des Vulkanismus: Ihre Feldspatkristalle erlauben es, mit der Kalium-Argon-Methode das Alter der Sedimentschichten zu bestimmen.

Diese Schichten wurden von einem heute verschwundenen Fluß abgelagert. In ihnen fand man Knochenreste von Menschen, deren Alter 1,84 bis 2,9 Millionen

Omo Nachdem sie Millionen von Jahren unter mächtigen vulkanischen Aschenschichten konserviert worden waren, fand man nun die Überreste unserer fernen Vorfahren im Verlauf von Forschungsexpeditionen, die in dieser heute wüstenartigen Region Äthiopiens durchgeführt wurden.

Jahre beträgt. Es handelt sich dabei um den *Australopithecus robustus* und den *Australopithecus gracilis*. Diese Funde, die im Verlauf wissenschaftlicher Expeditionen gemacht wurden, die zwischen 1967 und 1975 von C. Arambourg, Y. Coppens und F.C. Howell geleitet wurden, haben die Welt der Anthropologen auf den Kopf gestellt und alle bisherigen Theorien über Alter, Ursprung und Evolution der menschlichen Art in Frage gestellt. Darüber hinaus hat die Analyse der fossilen Fauna und der Pollen, die man in den Sedimenten fand, es ermöglicht, die damaligen Umweltbedingungen zu rekonstruieren. Danach kann man sagen, daß der Mensch in Afrika zum erstenmal in einer recht trockenen Klimaperiode auftauchte, die durch ausgedehnte Savannen charakterisiert war.

Optimistitscheskajahöhle

Europa, UdSSR
48° 50′ n. Br., 26° 10′ ö. L.

Früher war man der Meinung, Gips sei zu zerbrechlich, um die Bildung großer Höhlen zu ermöglichen. Nach der Entdeckung der „Höhle der Optimisten" mußte diese Ansicht jedoch revidiert werden.

Die Optimistitscheskajahöhle, die größte Höhle der UdSSR, die südöstlich von Lwow (Lemberg) in der Ukraine liegt, war

vor wenigen Jahren noch unbekannt. Schon einige Jahre nach ihrer Entdeckung (1966) aber galt diese Höhle nach der Mammoth Cave in den USA als die zweitgrößte der Welt. In Europa kann sich nur das Schweizer Hölloch mit ihr messen.

Man erreicht die Höhle von Borschtschow aus, einer Stadt zwischen dem Seret und dem Zbruch, zwei Nebenflüssen des Dnjestrs. Im Distrikt Borschtschow bilden nur mäßig hohe Hügel das Pridnestrowskoje-Hügelland. Da der Untergrund aus Gips besteht, waren die Geologen besonders erstaunt, hier eine Höhle zu finden, denn lange hatte man angenommen, Gips sei so wenig standfest, daß alle durch die Lösung des Gipses geschaffenen Hohlräume einbrechen, ehe sie eine nennenswerte Größe erreichen. Dann aber wurde bei Untersuchungen, die man seit etwa 15 Jahren in den Gipsmassen von Podolien anstellte, eine ganze Reihe von großen und weitverzweigten Höhlen entdeckt, darunter auch die Optimistitscheskajahöhle, bei der man 1976 auf eine Gesamtlänge von 109 km gekommen war.

Die Untersuchung der geologischen Lagerungsverhältnisse zeigte, daß die Optimistitscheskajahöhle entlang zweier Verwerfungslinien gebildet wurde, von denen die eine von Südwesten nach Nordosten und die andere von Nordwesten nach Südosten verläuft. Überraschend dabei ist, daß die geologische Schicht, in der sich das Höhlenlabyrinth entwickelte, aus nur 30 m mächtigem neogenem Gips besteht, der von einer dünnen Kalksteinschicht überlagert ist. Die „Höhle der Optimisten" hat drei Stockwerke, obgleich die Höhenunterschiede insgesamt nicht mehr als 15 m betragen. Die Gänge sind durchschnittlich 3 m breit und 1,5 m hoch und haben eine flache Decke. An Stellen, wo die Brüche sich schneiden, kann die Höhe aber auch bis zu 10 m betragen. Hier ist die Decke spitzbogenartig gewölbt. Wo sich zwei größere Verwerfungen treffen, findet man ausgedehnte Säle: der Speläologensaal, der Geologensaal und der Grüne Saal gehören zu den größten natürlichen Hohlräumen in Gipsgestein. Einer dieser Säle mißt 80 auf 25 m.

Eine Lage aus Ton, die bis 40 cm dick werden kann, bedeckt den Boden der Gänge. Im großen ganzen ist die Höhle heute trocken; allerdings sickert im westlichen Teil des Labyrinths, wo die Deckschicht etwa 70 m mächtig ist, Wasser ein, das an Kluftkreuzungen kleine Seen bildet. Da über dem Höhlengewölbe Kalkstein und Gips liegen, wird die Bildung von Kalkspat- und Gipstropfsteinen begünstigt. Letztere sind durch geringe Beimengungen bestimmter Salze besonders schön in der Färbung. Am schönsten sind vielleicht die durchscheinenden schwarzen Gipsrosen, die ihre Farbe durch Manganoxid erhalten. Durch die Klüftung des Gesteins entsteht ein enges Netz von Gängen. Die Weite dieser Gänge sowie die Tragfähigkeit der Gewölbe sind daher begrenzt.

Ordesatal

Europa, Spanien
42° 39′ n. Br., 0° 02′ ö. L.

Die einzigartige Harmonie und strenge Eleganz des geometrischen Aufbaus kennzeichnen dieses abgelegene Tal, in dem nicht einmal das kleinste Detail der eindrucksvollen, von eiszeitlichen Gletschern geformten Landschaft durch Zufall entstanden zu sein scheint.

Im Jahr 1802, als er den Monte Perdido in den Pyrenäen erforschte, entdeckte der Franzose Ramon de Carbonières an der Südflanke des Berges eine tiefe und bis dahin unbekannte Schlucht: das Ordesatal. Erst ein Jahrhundert später wurde das Tal von dem Geographen Franz Schrader kartographisch aufgenommen und beschrieben. 1918 erklärte dann die spanische Regierung das Gebiet zum Nationalpark, der heute zahlreiche Besucher anzieht.

Ordesatal *Unter dem hellen Blau des Himmels bilden die fast 1000 m hohen Kalksteinmauern und das tiefe Grün der Tannen im Morgenlicht der Pyrenäen eine Landschaft von wilder Schönheit, in Ruhe und Schweigen gehüllt.*

Das Ordesatal ist etwa 50 km nördlich von Huesca tief in die Pyrenäenkette eingeschnitten und liegt fast genau südlich des berühmten Talkessels von Gavarnie auf der französischen Seite der Grenze. Man erreicht den Nationalpark über eine Straße, die den Río Ara hinaufführt. Hinter dem Dorf Torla begrenzen die hohen Wände des Duascaros im Osten und des Mondarruegos im Westen die hohe Felsschwelle, über die man das Tal und damit den Nationalpark betritt. Das Ordesatal, das eine mittlere Höhe von 1300 m und eine Fläche von 2046,17 ha hat, beschreibt einen S-förmigen Bogen, dessen Achse nach Nordosten ausgerichtet ist.

Beim ersten Anblick ist man beeindruckt von der strengen Ordnung des Hintergrundes, der Symmetrie der Formen, der Harmonie der Steilhänge und der Gipfellinie. In diesem vom Río Arazas durchflossenen Tal ist die ganze Talsohle von einem ausgedehnten Buchen- und Tannenwald bedeckt. Darüber erheben sich hohe Kalksteinwände. Am linken Ufer bilden die Steilwände von Diazas eine geschlossene Front, am rechten Ufer durchbrechen zwei Kare, Salarous und Cotatuero, die Felsenbarriere des Gallineros und schließen zwischen sich zwei schroffe Felsspitzen ein: den Tozal del Mallo (2200 m) mit vertikalen Felswänden und den massigeren Cotatuero (2748 m), der wie eine riesige Festung wirkt. Nach dem Cotatuerokar, wo ein Nebenbach über einen Wasserfall in den Arazas stürzt, verengt sich die Schlucht und bildet den Estrecho, die Enge. Durch diese Klamm ergießt sich der Fluß in mehreren Wasserfällen, dann wird die Felsenmauer am linken Ufer von einer Felsterrasse, der Faja de Pelay, unterbrochen, der auf der anderen Seite die Faja de Petrasal entspricht.

Nach einem Aufstieg durch den Wald gelangt man zum oberen Teil des Tals. Ein lichter Tannenwald gibt immer wieder den Blick auf die großartige Landschaft frei. Hier fließt der Fluß über horizontale Kalksteinschichten und stürzt von Stufe zu Stufe über in einzelne Quader aufgelöste Felsen. Angesichts ihres streng geometrischen Aufbaus mag man kaum glauben, daß es sich tatsächlich um ein Werk der Natur handelt. Die kleinen Seen mit ihrem tiefen und reinen Wasser, die zwischen den einzelnen Kaskaden liegen, laden zum Verweilen ein.

Oberhalb davon begrenzen die Steilwände von Tobacor (am rechten Ufer) und von Pueyo de Mondicieto (am linken Ufer) das Hochtal von Soaso, über dem die verschneiten Gipfel der drei Schwestern – Cylindre (3328 m), Monte Perdido (3355 m) und Soum de Ramond – zu wachen scheinen. Das Hochtal wird weiter oben durch den Kessel von Soaso abgeschlossen. Im Nordwesten wird die Rückwand dieses Talkessels von einer Felsspalte durchbrochen, durch die sich ein Bach über die „Pferdeschwanzkaskade" in das Hochtal von Soaso ergießt.

Außer dem Talweg führen im Naturpark noch mehrere andere Wanderwege an den Felsterrassen und Graten entlang. Die Berghütte von Goriz empfängt den Wanderer jenseits des Soasokars; aus dem Cotatuerokar in Richtung Rolandsbresche führt ein schmaler und gewundener Klettersteig in die Tiefe.

Die Schönheit des Ordesatals ist der Gletschererosion zu verdanken, wie seine Trogform beweist. Die großen Gletscher des Eiszeitalters, die von den drei Schwestern herabkamen, haben die tertiären Kalksteinschichten abgeschliffen. Durch die horizontale Lagerung dieser Schichten erhält die Landschaft ihre erstaunlichen Linien und ihre bemerkenswert geometrischen Formen.

Orontesquelle

Asien, Libanon
34° 11' n. Br., 36° 15' ö. L.

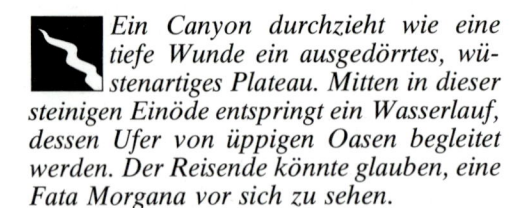

Ein Canyon durchzieht wie eine tiefe Wunde ein ausgedörrtes, wüstenartiges Plateau. Mitten in dieser steinigen Einöde entspringt ein Wasserlauf, dessen Ufer von üppigen Oasen begleitet werden. Der Reisende könnte glauben, eine Fata Morgana vor sich zu sehen.

Hinter dem mächtigen Libanongebirge mit dem 3086 m hohen Qornet es Saouda, knapp 50 km vom Mittelmeer entfernt, liegt die Hochfläche von Hermel, die das Innere Syriens mit der Beka'a, einer der vier libanesischen Großlandschaften, verbindet. Auf etwa 700 m Höhe ist sie bereits eine echte Wüste, in der weniger als 350 mm Niederschlag pro Jahr fallen. Ihr Klima ist außerdem durch hohe Temperaturschwankungen zwischen Tag und Nacht und durch glühendheiße Winde, die feinsten Staub mit sich führen, charakterisiert.

Auf dem Weg von Baalbek zu der Oase Hermel am Fuß der westlichen Berge durchquert man dieses monotone Plateau, aus dem sich nur da und dort dunkle Ba-

Orontesquelle *Nach ihrem geheimnisvollen unterirdischen Weg durch die Klüfte und Höhlen mächtiger Kalksteinschichten sprudeln die blauen Wasser des Orontes als artesische Quelle an einer Verwerfungsspalte aus dem trockenen Sandboden hervor. Die Wassermassen stammen zum größten Teil aus dem niederschlagsreichen Libanongebirge, an dessen Hängen sie im Untergrund versickern.*

saltrücken erheben. Plötzlich und völlig unerwartet stößt man auf die tief eingeschnittene Schlucht eines Flusses, des Orontes. Es handelt sich um einen echten Canyon mit bis zu 90 m hohen Steilwänden. Die Schlucht ist am Grund weniger als 100 m und in der Höhe etwa 300 m breit. Der Wasserlauf des Orontes windet sich in mehreren Mäandern über die Talsohle und fließt mitten durch eine grüne Oase. Das Laubwerk ihrer Palmen schützt sorgfältig bewässerte Gemüsebeete vor der sengenden Sonne und spendet dem Reisenden wohltuende Kühle.

Die vielfältige Vegetation inmitten der Wüstenlandschaft wird von einer großen artesischen Quelle mit Wasser versorgt, die im Bett eines ausgetrockneten Flusses in etwa 660 m Höhe zutage tritt. Sie entspringt an einer Verwerfungsspalte, die quer zur Achse einer Synklinale aus mehrere tausend Meter mächtigen Kalksedimenten verläuft. Ihr Wasser ist zum größten Teil versickertes Schmelzwasser aus dem Libanongebirge. Es ergibt sich die kuriose Situation, daß im Herzen der trockensten Provinz des Landes der größte Fluß des Libanons, der auf arabisch Nahr el-Assi genannt wird, entspringt. Auf seinem mehr als 440 km langen Lauf fließt er durch Syrien und die Türkei und mündet schließlich ins Mittelmeer. Schon kurz nach seinem Ursprung hat er eine recht konstante Wasserführung.

Das landschaftlich außergewöhnlich reizvolle und fruchtbare Quellgebiet des Orontes muß bereits in der Jungsteinzeit, im Megalithikum, von Menschen bewohnt gewesen sein. Auf den benachbarten Plateaus hat man nämlich Spuren einer sehr

Eine artesische Quelle entsteht, wenn ein natürlicher Durchlaß in der oberen Erdkruste, z. B. eine Verwerfungsspalte, unterirdisch gestautes, unter Druck stehendes Wasser an die Erdoberfläche leitet. Nach demselben Prinzip legt man mit Hilfe von Bohrungen auch künstliche artesische Brunnen an. Artesische Quellen und Brunnen funktionieren nach dem Prinzip der kommunizierenden Röhren.

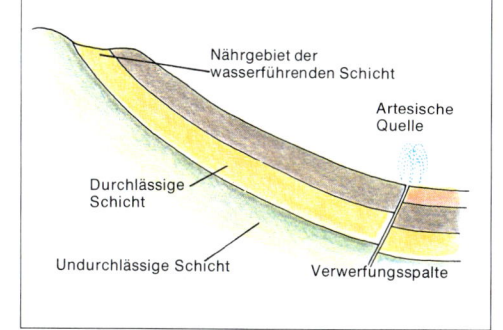

frühen Besiedlung gefunden. Einen über 770 m hohen Hügelrücken etwa 5 km nordöstlich der Quelle krönt eine Stufenpyramide. Dieses Bauwerk ist mit einem herrlichen Flachrelief geschmückt, das Jagdszenen zeigt. Es wurde anfangs den Assyrern zugeschrieben, aber vermutlich wurde die Pyramide von den Ituräern erbaut, die seit dem 1. Jahrhundert v. Chr. in der Beka'a siedelten. In der Schlucht des Orontes fand eine im 7. Jahrhundert n. Chr. verfolgte christliche Sekte, die Maroniten, für kurze Zeit eine Zufluchtsstätte. Von ihnen stammt das hoch an der rechten Felswand klebende Höhlenkloster, von dem heute nur noch die Ruinen stehen. Es war dem heiligen Maro geweiht und bestand aus vielen nebeneinanderliegenden Zellen, die man in den steilen Felsen gehauen hatte. Hier konnte man sich vor überraschenden Angriffen von Feinden sicher fühlen, da man das vorgelagerte Gelände weithin einsehen kann.

Orso, Capo d'

Europa, Italien
41° 20' n. Br., 9° 10' ö. L.

Der große Bär aus Stein, der am Nordostrand Sardiniens auf einem Vorgebirge steht, ist nichts anderes als ein Granitblock, ein massives und stämmiges Felsstück, das von der Verwitterung langsam angenagt wird.

Das Capo d'Orso (Kap des Bären) liegt im nordöstlichen Teil Sardiniens, in der Gallura, einer Landschaft, die in vieler Hinsicht dem nahen Korsika gleicht, von dem sie nur durch die Straße von Bonifacio getrennt ist.

Man gelangt zum Kap des Bären, diesen sonderbaren Granitbergen, vom Dorf Palau aus. Von dort muß man einen Pfad hinaufsteigen, der für Fahrzeuge zu schmal ist.

Die Oberfläche der abgerundeten Granitrücken in diesem Gebiet wird von Tausenden kleiner Hohlräume durchsetzt, die man in Sardinien *Conchi* (kleine Muscheln) nennt und die in Korsika unter dem Namen *Tafoni* bekannt sind. Diese halbkugelförmigen, etwa 1 m großen Hohlräume, die in manchen Granitgebieten wie dem des Capo d'Orso sehr häufig vorkommen, wurden lange Zeit der Winderosion zugeschrieben oder aber der Korrosionswirkung der salzhaltigen Meeresluft. Doch trifft wohl beides nicht zu, denn die Verwitterung geht vor allem im Innern der *Tafoni* vor sich, in das der Wind nicht blasen kann.

Die Verwitterung ist dort am stärksten, wo der Boden am meisten Feuchtigkeit

Capo d'Orso *Die massige Gestalt des steinernen Bären, die durch Verwitterung und Abtragung aus der Granitmasse Sardiniens herausgearbeitet wurde und mit einer modernen Plastik verglichen werden könnte, wacht über die Nordostspitze der Mittelmeerinsel.*

enthält. Das ist gewöhnlich am Fuß der Felsblöcke oder im Schattenbereich der Fall. Von dort frißt sich die Verwitterung muldenartig in das Gestein hinein, während die sonnenbeschienenen und damit trockenen Oberflächen der Blöcke erhalten bleiben.

Die körnige Struktur des Granits ist für die *Tafoni*-Bildung einerseits und für die Wollsackverwitterung andererseits besonders förderlich. Häufig sind die rundlichen Granitfelsen (Wollsäcke) deshalb auch durch *Tafonis* ausgehöhlt.

Über Treppen kann man zum Kap hinaufsteigen. Von hier aus hat man einen wunderbaren Blick über die Umgebung und über die Nachbarinseln San Stefano, Maddalena und Caprera, die Insel, auf der Garibaldi gestorben ist.

Ostafrikanischer Graben

siehe Rift Valley

P

Pamir

Asien, UdSSR/China/Afghanistan
37° 10'–37° 23' n. Br., 73° 20'–74° 25' ö. L.

Hinter den wilden, engen Schluchten weitet sich der Horizont, das Tal öffnet sich: Man tritt in die Welt der Kirgisen, das Hochland der Yaks und der Nomadenlager, in eine rauhe, abgelegene und doch reizvolle Steppe.

Mit dem Namen Pamir bezeichnet man das Gebiet, das seit 1895 zwischen der Sowjetunion im Norden, China im Osten und Afghanistan im Südwesten aufgeteilt ist. Es ist auch als „Dach der Welt" bekannt; die kirgisische Bezeichnung Pamir bedeutet „kalte Hochsteppe", aber diese eigenartige Landschaft besteht vielmehr aus einzelnen, 3700 bis 4300 m hohen, beckenartigen Tälern, manche ohne Abfluß, die durch Kettengebirgsreste voneinander getrennt sind.

Im Westen des Gebiets gibt es stärkere Niederschläge. Hier sind künstliche Bewässerungssysteme entwickelt worden, die ein wenig Ackerbau erlauben, sonst ist jedoch die Weidewirtschaft für diese Landschaft charakteristisch. Es ist die Winterweide der Kirgisen, eines Nomadenvolks türkisch-mongolischen Ursprungs, das seit etwa 100 Jahren dort ansässig ist und in dieser kargen Gegend seine Schaf- und Yakherden hütet.

Die ungewöhnliche Weite dieser hochgelegenen Talbecken läßt sich durch die geologischen Verhältnisse erklären. Im Anschluß an die Faltung des Gebirges im unteren und mittleren Tertiär wurden die Berge auf die gegenwärtige Höhe gehoben, die von 5500 bis 7500 m reicht. Die größeren Täler wurden entlang von Schwächezonen des Untergrunds, hauptsächlich entlang von Verwerfungen, durch das oberflächlich abfließende Niederschlagswasser eingeschnitten.

Die Hangabtragung hat dann die Täler nach den Seiten ausgeweitet. Durch die junge Hebung des Gebirges wurde ein vollständiges Terrassensystem geschaffen und der höchste Teil des Gebirges über die Schneegrenze gehoben, die gegenwärtig

Pamir *Über dem verlassenen Tal erhebt das von tiefen Klüften durchzogene „Dach der Welt" seine Spitzen und Kämme in einen reinen, kalten Himmel. Diese Landschaft, die wie mit dem Messer geschnitzt wirkt, ist eine noch junge geologische Formation.*

Solifluktion Wenn der Boden sehr viel Wasser enthält, wird die Reibung zwischen den Bodenpartikeln verringert. Der Boden kann dann wie ein zähflüssiger Brei die Hänge hinabfließen. Diese Erscheinung ist sehr häufig in Gebieten zu beobachten, deren Untergrund aus tonigem Gestein besteht, die reichlich Niederschlag erhalten oder in denen im Sommer nur eine dünne Schicht des gefrorenen Bodens auftaut.

Solifluktion oder Bodenfließen ist eine der am weitesten verbreiteten Periglazialerscheinungen. Selbst in unseren Breiten findet man noch Oberflächenformen, die auf pleistozäne Solifluktion zurückgehen.

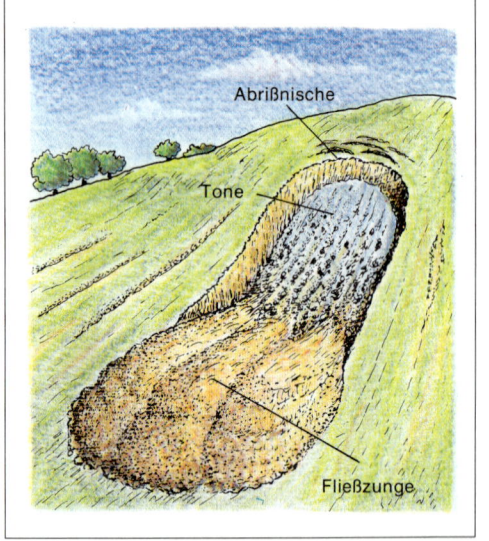

zwischen 4900 und 5200 m liegt. Während der Kaltzeiten des Pleistozäns lag die Schneegrenze tiefer, und das Gebirge war mit Eis bedeckt. Gletscherzungen schoben sich in die Täler vor; doch sie blieben verhältnismäßig kurz, vielleicht weil sie nur unzureichend ernährt wurden, vor allem aber weil sie in den warmen Sommern des kontinentalen Klimas sehr schnell zurückschmolzen. Die pleistozäne Vereisung ist verantwortlich für das heutige Landschaftsbild mit den beckenförmigen Hochtälern und den Granitgipfeln, deren schroffe, pyramidenförmige Flanken von Karen durchbrochen werden.

Diese großartigen Hochtäler sind gefüllt mit Moränenmaterial, das durch die Schmelzwasser der Gletscher umgelagert und als mehrere hundert Meter mächtige Schotterlagen über die Talsohle ausgebreitet wurde und diese daher ziemlich eben gestaltete. Daneben gibt es aber an zahlreichen Stellen auch Seen auf der Talsohle, die durch Moränenwälle gestaut werden. Der größte ist der abflußlose Karakul.

Die Hochtäler werden gegenwärtig durch periglaziale Formungsvorgänge, insbesondere durch Solifluktion, umgestaltet. In einem der Becken, dem Kleinpamir, sind beispielsweise grasbewachsene, als *Thufur* bezeichnete Erdhügelchen von 20 bis 50 cm Höhe weit verbreitet. Sie entstehen durch periodisches, starkes Gefrieren des Bodens. Schutthalden gibt es überall, und der Gesteinsschutt fließt als Solifluktionsstrom die Hänge hinab.

Der hohe Schnee macht das Leben im Winter außerordentlich beschwerlich. Im Kleinpamir allerdings wächst die Schneedecke dank der heftigen Winde kaum über 15 cm an, was den Verkehr noch zuläßt. Der Großpamir dagegen ist im Winter vollkommen eingeschneit und isoliert.

In der Steppe wachsen entlang der Flußläufe auch Baumarten wie etwa Pappeln und Weiden im Djangaltal unterhalb des Großpamirs. Dort weidet das Marco-Polo-Schaf *(Ovis Poli)*, ein großes Wildschaf, das nach dem unermüdlichen venezianischen Reisenden, der auch den Pamir durchquerte, benannt wurde.

Pamukkale

Asien, Türkei
37° 58′ n. Br., 29° 19′ ö. L.

Von weitem sieht es aus wie eine weiße Burg, die die Sonne zwischen den braunen Hügeln zum Leuchten bringt. Aus der Nähe entdeckt man ein Werk der Natur, das barocke Gebilde eines versteinerten Wasserfalls.

20 km nordnordöstlich von Denizli, einer kleinen Stadt in Westanatolien, liegt Pamukkale, das „Baumwollschloß", ein Naturwunder von unvergeßlicher Schönheit. Von unten gesehen, erscheint es wie eine Festung, umgeben von hohen, schneeweißen Mauern und Bastionen, die in der Sonne glitzern. Jedes Stück dieser natürlichen Mauern ist kanneliert, geschmückt, ziseliert, und jede Facette reflektiert das Licht in zahllosen Nuancen von Weiß, die mit dem Braun der umliegenden Hügel kontrastieren.

Aus der Nähe erkennt man die Details dieser sonderbaren Festung – zahllose Sta-

Pamukkale *Diese Terrassen, die das Wasser der heißen Quellen an einem Berghang errichtet hat, ragen über die grüne Landschaft des antiken Königreiches von Pergamon empor, das seit zwei Jahrtausenden verschwunden ist.*

laktiten, einer neben dem anderen und alle miteinander verbunden. Und steigt man die Hügel hinauf, an die sich die fremdartige Architektur anschmiegt, entdeckt man, daß sie aus einer Abfolge von stufenartig angelegten Becken besteht, deren gezähnter Rand an Blütenblätter erinnert und die in Wirklichkeit einen etwa 100 m hohen versteinerten Wasserfall bilden.

Entstanden ist diese phantastische Landschaft dank der warmen Quellen, die oberhalb des Hangs entspringen und deren kalk- und kohlensäurehaltiges Wasser über die Terrassen hinabrieselt. Dabei entweicht die im Wasser gelöste Kohlensäure, und es werden Kalksinter abgela-

Sinter, Tropfsteine und Konkretionen

Das Niederschlagswasser, das in den Boden einsickert, enthält gelöstes Kohlendioxid. In Kalksteinschichten unter der Erdoberfläche korrodiert es damit einen Teil des Kalks (Kalziumkarbonat), indem es ihn in leichter lösliches Kalziumbikarbonat umwandelt. Das Wasser, das in Quellen wieder an die Erdoberfläche tritt, entläßt in diesem Augenblick durch Erwärmung an der Luft oder dadurch, daß es an einem Felsen herunterrieselt, einen Teil des Kohlendioxids und lagert dabei wieder Kalziumkarbonat ab. Dieses setzt sich als Kalkspat (Kalzit) in winzigen Kristallen um jeden hängenden Wassertropfen ab, deren Kristallflächen im Licht glitzern.

Der nachfolgende Tropfen fließt in der winzigen Manschette aus Kalzit herab und fügt seinerseits etwas Sinter – so nennt man das ausgefällte Kalziumkarbonat – hinzu. Der Prozeß setzt sich fort, und es entsteht im Laufe der Zeit eine zylindrische, durchscheinende Röhre, die immer länger wird: ein Stalaktit. Ist der Spalt, durch den das Wasser sickert, größer, fügen sich auch Nachbartropfen an und bilden eine dickere Röhre. Wenn der Riß langgestreckt ist, bildet sich eine Art Sintervorhang.

Manche Tropfen fallen in Höhlen ohne größere Luftbewegung senkrecht herab und zerstäuben auf dem Boden; hier lagern sich nun der Rest des gelösten Kalziumbikarbonats und kleine Kalkspatpartikel ab. Daraus entsteht ein Stalagmit. Durch beigemengte Eisenverbindungen kann der Sinter ockerfarben oder rötlich gefärbt werden. Wenn das unterirdische Wasser viel gelöstes Kalziumbikarbonat enthält, können durch Ausfällung auch kleine Knötchen von der Größe einer Münze, sogenannte Höhlenperlen (Pisolithen), entstehen. Ein Sonderfall sind die Ooide, kugelförmige Konkretionen von der Größe von Fischeiern, die sich in tropischen Meeren oder in der Nähe von Korallenriffen bilden. Es gibt ferner auch Kalkkonkretionen im Boden wie etwa die Lößkindel. Daneben gibt es noch andere Konkretionen im Gestein – vor allem Magnesium- und Tonkonkretionen –, beispielsweise die Septarien aus kalkhaltigem Ton, fast kreisrund mit durch Trocknung hervorgerufenen Rissen, die Feuersteinknollen in den Ablagerungen der Kreidezeit, die hauptsächlich aus Chalzedon bestehen und die Funken sprühen, wenn man sie gegeneinander schlägt, und auch Toneisensteingeoden.

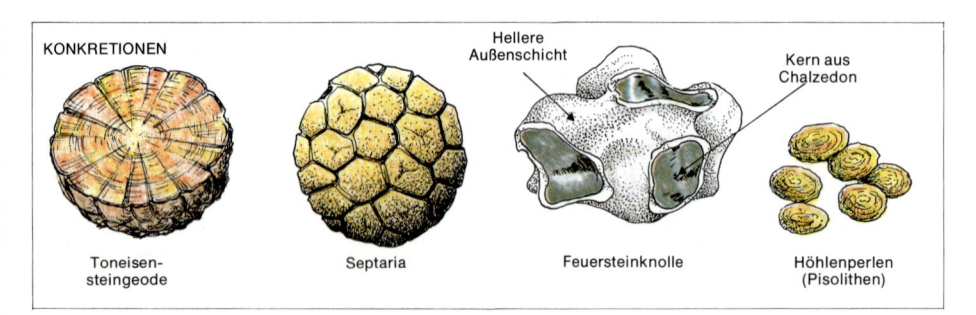

---

gert, aus dem diese Terrassen und Becken sich aufbauen. Die Thermalquellen treten an der Emirverwerfung, einer Schwächezone der Erdkruste, zutage.

Schon in der Antike waren die Heilkräfte der Quellen bekannt, und Reste von Thermen, Tempeln und vom Theater der alten Stadt Hierapolis sind noch zu sehen. Heute ist Pamukkale ein bekannter Fremdenverkehrsort.

Papandajan

Asien, Indonesien
7° 19' s. Br., 107° 44' ö. L.

Dieser mächtige Vulkan befindet sich in einem Halbschlaf, aus dem er jederzeit wieder erwachen kann. Seine Gefährlichkeit hat er zum letztenmal vor 200 Jahren bewiesen, als mehrere tausend Menschen ihr Leben verloren.

Der Papandajan ist einer der weit mehr als 100 feuerspeienden Berge Javas, das zu Recht schon als „Land der Vulkane" bezeichnet wurde. Dieser noch tätige zusammengesetzte Schichtvulkan liegt im Westen der Insel und überragt mit einer Höhe von 2665 m das Plateau von Garut um rund 1950 m.

Der Berg befindet sich am äußersten südwestlichen Ende einer der vulkanischen Hauptketten Javas. Die Förderspalte hat sich in diesem Gebiet des öfteren verlagert, so daß man heute mehrere große Krater und Gruppen kleinerer Nebenkrater unterscheiden kann. Der höchste und auch am ebenmäßigsten geformte Vulkankegel ist der Alunalun mit einem Durchmesser von 1100 m. Fast ebenso groß sind der Bungbrung und der Parugpug, die zusammen einen Rücken in Form eines Hörnchens bilden.

Aktiv ist eigentlich nur noch der Papandajan: Hier ereigneten sich in den letzten Jahrhunderten mehrere Ausbrüche, hier gibt es auch noch immer kräftige Solfataren. Die Temperaturen in der Kawah Mas schwanken zwischen 180 und 375 °C, und gelegentlich können sie sogar 430 bis 500 °C erreichen (Februar 1924). Die Solfataren von Kawah Baru, Kawah Nanglak und Kawah Manuk sind zwischen 80 und 115 °C heiß. Von hier stammte bis vor kurzem der auf Java abgebaute Schwefel.

Der letzte große Ausbruch des Papandajans fand am 12. August 1772 statt. Eine

Papandajan *Zwischen den Felswänden eingestürzter Kraterumrandungen hauchen gelbe Schwefelquellen übelriechende Gase aus und erinnern an die gefährliche unterirdische Aktivität des javanischen Vulkans.*

außerordentlich heftige Explosion führte zum Einbruch des nordöstlichen Teils der Kraterumrandung, und zwar entlang eines Bruches, der von Nordosten nach Südwesten verläuft. Fast 40 Dörfer wurden damals vernichtet, und rund 3000 Menschen fanden den Tod. Heute wird der Papandajan von Vulkanologen überwacht. Das Grollen, das aus den Tiefen des Berges heraufdringt und ihm den Namen „Die Schmiede" eingetragen hat, erinnert daran, daß der Vulkan noch nicht erloschen ist, und mahnt zur Vorsicht.

Paricutín

Amerika, Mexiko
19° 28' n. Br., 102° 15' w. L.

Wie entsteht ein Vulkan? Wie schnell wächst sein Kegel? Seit dem 20. Februar 1943 kann man auf diese Fragen genauere Antworten geben als jemals zuvor, denn an jenem Tag konnte man beobachten, wie ein Feuerberg auf dem Acker eines Bauern entstand.

Der vor nicht sehr langer Zeit in einem dicht bevölkerten Gebiet des mexikanischen Staates Michoacán entstandene Vulkan Paricutín, dessen Schlackenkegel 2575 m hoch ist und sich 457 m über die ihn umgebende Ebene erhebt, ist einer der am gründlichsten studierten Vulkane der Erde, da seine Tätigkeit von der Entstehung des Feuerberges bis zum Eintritt einer Ruhepause beobachtet werden konnte. Daher das außerordentliche Interesse, das er auf sich zog.

Ein Bauer aus dem Dorf Paricutín, der gerade auf seinem Feld alte Zweige verbrannte, erlebte am 20. Februar 1943 die Entstehung des Vulkans aus allernächster Nähe. Er bemerkte, daß sich ein kleiner Erdhügel auf seinem Acker plötzlich vergrößert hatte und von einer etwa 50 cm tiefen Spalte durchzogen war. Plötzlich hörte er ein lautes Grollen, das aus dem Boden unter seinen Füßen zu kommen schien, und dann begann die Erde so stark zu beben, daß sich die Bäume im Umkreis bewegten. Der Bauer drehte sich um, um etwas zu seiner Frau zu sagen, und da sah er, daß der Boden sich hinter ihm aufwölbte und um mehr als 2 m gehoben wurde. Eine Art Rauch oder feiner Staub, grau wie Asche, entwich mit einem pfeifenden Geräusch aus der Erdspalte und verbreitete den Gestank von Schwefel. Der Pfarrer des benachbarten Ortes San Juan Parangaricutiro zog ein Werk über den Vesuv zu Rate und war dann der erste, der erkannte, daß es sich um einen Vulkanausbruch handelte.

Die Diagnose des Pfarrers erwies sich binnen kürzester Zeit als richtig: Der Staat Michoacán gehört nämlich zu einem Gebiet, in dem der Vulkanismus heute noch besonders aktiv ist; er wird von einer Schwächezone der Erdkruste durchzogen, die quer durch ganz Mexiko verläuft, von Kap Corrientes am Pazifik bis nach Vera Cruz am Golf von Mexiko. Auf einem Sokkel andesitischer Lavagesteine aus dem frühen Tertiär entstanden gegen Ende des Pliozäns und zu Beginn des Pleistozäns mehrere gewaltige Vulkane, unter ihnen der Tancitaro, der Cerro de San Marcos, der Cerro del Aguila, der Cerro de Angalman und schließlich der Cerro de Los Hornos. Am Ende des Pleistozäns und während des ganzen Holozäns bildeten sich in Michoacán zehn Lavakegel und Hunderte von Aschenkegeln. Der Paricutín ist der jüngste Feuerberg dieser Reihe quartärer Vulkane, und seine Lava, sogenannter Olivinbasalt, ist ähnlich wie die seiner Nachbarn.

Mit der „Geburt" des Paricutíns endeten die Erdstöße, die zuvor zwei Wochen lang im Rhythmus von 30 bis 40 pro Tag aufeinander gefolgt waren. Der Vulkan wuchs mehrere Tage lang. Am 26. Februar, nach sechs Tagen also, hatte er bereits eine Höhe von 150 m erreicht und schleuderte fast ohne Unterbrechung glühendes Lockermaterial in die Luft. Nach acht Tagen ereigneten sich heftige Explosionen, und mit großer Gewalt wurden mächtige vulkanische Bomben ausgestoßen. Die Explosionen waren noch in einer Entfernung von 350 km zu hören. Als am zwölften Tag dieser erste Ausbruch beendet war, betrug die Fördermenge des ausgeworfenen Materials rund 20 Millionen m³.

Die folgende Ruhepause des Vulkans war jedoch nur sehr kurz, denn bereits im April 1943 mußte man das Dorf Paricutín evakuieren, und zwar nicht so sehr wegen der Asche, die das Dorf inzwischen mit einem Mantel von 1 m Dicke einhüllte, sondern wegen der Lavaströme, die den Ort bedrohten.

Während dieser frühen Periode beschränkten sich die Ausbrüche des Paricutíns auf seinen zentralen Krater. Der in die Tiefe führende Förderkanal verstopfte mehrere Male, wenn die Eruptionen für kurze Zeit aufhörten und ein erkaltender Lavapfropfen den Schlot verschloß. Wenn dann die Ausbrüche wieder einsetzten, waren sie von doppelter Stärke: Gewaltige Gasexplosionen schleuderten Aschen, Lapilli und Bomben mehrere hundert Meter weit in die Luft.

Im Oktober 1943 begann mit der Entstehung eines Nebenkraters eine neue Phase, die länger als zwei Monate dauern sollte. Fluten von Lava, die aus dem Nebenkrater kamen, bedeckten weite Gebiete im Nordosten des Vulkans. Gleichzeitig nahm die Aktivität des Hauptkraters ab. Anfang 1944 hörten die Eruptionen des Nebenkraters auf und gingen wieder auf den Hauptkrater über, allerdings abwechselnd mit anderen Nebenkratern.

Im Juni 1944 wurde auch die Ortschaft San Juan Parangaricutiro evakuiert. 1950 erlebte die Aktivität des Vulkans einen neuen Höhepunkt, als Lavablöcke mit einem Gewicht von mehreren Tonnen bis zu 3 km weit aus den Kratern herausgeschleudert wurden. Ebenso in der zweiten Hälfte des Jahres 1951. Plötzlich, am 25.

Februar 1952 – neun Jahre, vier Tage und zwölf Stunden nach dem Beginn der ersten Eruption –, hörten die Lavaergüsse endgültig auf. Am 4. März endeten auch die schwachen Explosionen, die man bis dahin noch beobachtet hatte. Außer der Hitze, die aus dem Schlackenkegel und den erkaltenden Lavafeldern aufstieg, und den Erdstößen, die wieder einsetzten, gab es nichts mehr, was an die Tätigkeit des Vulkans erinnerte.

Innerhalb von neun Jahren förderte der Paricutín eine riesige Menge vulkanischen Materials. Nach Schätzungen von Geologen wurden auf einer Fläche von etwa 60 km² insgesamt 1,3 Millionen m³ Lava und Lockermaterial abgelagert.

Der Paricutín kann als der Typ des im wesentlichen durch einen einzigen Ausbruch entstehenden Vulkans angesehen werden. Sein Einfluß auf die Tier- und Pflanzenwelt der näheren Umgebung wurde von Wissenschaftlern genau beobachtet, und dies war keineswegs der uninteressanteste Aspekt der Vulkanausbrüche. Im Gegensatz zu einer weitverbreiteten Ansicht fürchteten die Tiere den Vulkanismus nicht. Man hat Spuren von Füchsen in der noch warmen Asche gefunden, Raben setzten sich auf die Wände des Kraters, um die vom Wind herangewehten Insekten zu erbeuten. Die Tiere wanderten erst aus der Umgebung des Paricutíns ab, als die Nahrung knapp zu werden begann: Da die Vegetation durch die Vulkanausbrüche stark dezimiert wurde, flohen die Pflanzenfresser als erste. Ihre Abwanderung zog auch die der Fleischfresser nach sich. Aber auch die Pflanzenwelt litt langfristig gesehen nicht so sehr. Sobald die Aschenregen aufhörten, sprossen aus den Eichen neue Blätter; die Kiefern waren zwar abgestorben, aber ihre Sprößlinge waren die ersten, die wieder aus der Erde schossen. Auch die Landwirtschaft profitierte von den Aschenregen. Sie wirkten als ein fruchtbarer Dünger, und die Maisernten fielen z. B. erheblich besser aus als gewöhnlich. Wo die Aschenregen jedoch zu heftig waren, vernichteten sie die gesamte Ernte und verhinderten z. B. die Befruchtung der Blüten der Avocados.

Patagonien und Feuerland

Amerika, Argentinien/Chile
40°–56° s. Br., 75° 40'–63° 50' w. L.

Patagonien ist eine Landschaft, die nirgendwo auf der Erde ihr Gegenstück findet. Das Klima wechselt auf engstem Raum. Riesige Eismassen, die ins Meer münden, windumtoste Berggipfel und ausgedehnte Steppengebiete liegen dicht beieinander.

Das enge Nebeneinander von Erde, Ozean, Wolken und Eis, der orkanartige Wind und die sintflutartigen Regenfälle, kurz die maßlose Gewalt der Elemente, haben hier in den Fjorden Patagoniens ein Landschaftsbild entstehen lassen, das zu den beeindruckendsten der Erde gehört.

Man kann das außergewöhnliche Relief dieser wilden Gegend nicht erklären, ohne auf die Wirkung des Eises hinzuweisen, die es geschaffen hat. Die Auswirkungen vergangener Vereisungen lassen sich bereits aus der einfachsten topographischen Karte Westpatagoniens ableiten. Im Pleistozän waren die Gletscher auf der pazifischen Seite Patagoniens den feuchten Luftmassen aus dem Westen ausgesetzt. Sie überzogen weithin die Westhänge der Anden und reichten bis ins Meer. Dabei haben sie das Gebirge in ein Labyrinth von gewaltigen Trogtälern zerschnitten. Das Meer drang nach dem Abschmelzen der Gletscher in die Täler ein, und es entstand ein Netz aus Inseln und Fjorden. Dieser Küstenabschnitt ist beispiellos auf der gesamten Erde. Weder in Alaska noch in Norwegen findet man ein echtes Gegenstück dazu.

Patagonien *Messerscharfe Grate und Bergspitzen, vom Eis eingetiefte Trogtäler, schwindelerregende Hänge und ein Chaos von Felsen. Dies alles über einem Labyrinth aus Wasser und unter der Geißel westlicher Stürme. Nur selten macht der Wettergott eine Ausnahme. Das ist Westpatagonien, das Ende der Welt auf der Südhalbkugel unserer Erde.*

Der glaziale Formenschatz

1 Kar **2** Bergschrund **3** Seitenmoräne **4** Firnfeld **5** Gefällsstufe **6** Mittelmoräne **7** Subglazialer See **8** Gletscherspalten **9** Gletscherzunge **10** Gletschertor und Gletscherbach **11** Freigelegte Grundmoräne **12** Drumlins **13** Stirnmoräne **14** Endmoräne

Während des Pleistozäns bedeckten riesige Eismassen große Teile der Kontinente und gaben diesen Landschaften ihr Gepräge. Heute gibt es noch Gletscher und Eisschilde in den hohen Breiten sowohl der Nord- als auch der Südhalbkugel. Außerdem sind die meisten Hochgebirge Ausgangspunkte von Eisströmen. Sobald Klimaerwärmungen eintreten, schmelzen die Gletscher zurück und hinterlassen charakteristische Formen an der Erdoberfläche. Diese werden in zwei Kategorien untergliedert: Abtragungs- oder Erosionsformen und Ablagerungs- oder Akkumulationsformen.

Zu den Erosionsformen gehören vor allem die Trogtäler, die von Gebirgsgletschern gebildet werden. Sie besitzen eine flache Sohle und fast senkrecht ansteigende Hänge, so daß ihr Querschnitt U-förmig aussieht. Ihr Längsprofil ist durch Gefällsstufen und durch vom Eis rundgeschliffene Felshärtlinge, sogenannte Rundhöcker, gekennzeichnet. Eine andere Abtragungsform sind die Kare, Geburtsstätten von Gletschern. Dabei handelt es sich meist um ehemalige Quellmulden, in denen Firnschnee angehäuft wurde, der sich zu Eis verfestigte. Diese Eismassen haben im Verlauf vieler Jahrtausende die Quellmulden so stark eingetieft, daß sie von mehrere hundert Meter hohen, senkrechten Felswänden halbkreisförmig umschlossen werden.

Zu den Akkumulationsformen zählen hauptsächlich die Moränen. Sie bestehen aus dem Gesteinsschutt, den die Gletscher mit sich geführt haben, und setzen sich aus unsortiert neben- und übereinanderliegenden, verschieden großen Felstrümmern, Sanden und Lehmen zusammen. Entlang der Talhänge, an den Flanken der Eisströme, nennt man sie Seitenmoränen. Vereinigen sich zwei Gletscher, so entsteht zwischen ihnen eine Mittelmoräne. Moränen vor dem Gletscher nennt man Stirnmoränen, die nach dem Abschmelzen des Eises als wallförmige Endmoränen stehenbleiben. Grundmoränen bilden sich unter einem Gletscher.

Neben den Moränen gibt es auch noch andere Akkumulationsformen. Hierzu gehören die Kames, die im Vorfeld einer Eismasse von den Schmelzwassern aufgeschüttet werden. Ebenfalls fluvioglazialer Herkunft sind die Oser. Sie bilden dammartige Kies- und Sandaufschüttungen, die viele Kilometer lang werden können. Ihr Material ist geschichtet und stammt aus Bachbetten, die unter einem Gletscher lagen. Als letzte Aufschüttungsform sind noch die Drumlins von Interesse. Dabei handelt es sich um langgestreckte, ellipsenförmige kleine Hügel, die wie der Rücken eines Wals aussehen. Sie entstehen, wenn ein Eisstrom die Grundmoräne eines älteren, längst abgeschmolzenen Gletschers überfahren hat.

Große Fjorde zerlegen die Anden entlang der Pazifikküste auf mehreren hundert Kilometern in parallel zu den Gebirgsketten der Kordilleren verlaufende Streifen. Diese nordsüdlich ausgerichteten Fjorde weisen zum Teil eine beträchtliche Tiefe auf, die bis zu 1200 m betragen kann. Im rechten Winkel zu ihnen verläuft ein zweites, noch dichteres Netz geradliniger Meereskanäle, die genau das Grundmuster schräg verlaufender Verwerfungen widerspiegeln. Die Verworrenheit dieses Küstengebietes ist unglaublich. Erst nach dem 2. Weltkrieg begann ihre genauere kartographische Aufnahme, als man nach Luftaufnahmen Karten der Inseln und Fjorde herstellen konnte.

An der windgeschützten Ostseite der Kordilleren haben die pleistozänen Gletscher, obgleich sie hier bescheidenere Ausmaße erreichten, Teile des Ostpatagonischen Berglands stark übertieft. In diesen Senken haben sich nach dem Pleistozän größere Seen gebildet. In Feuerland drang der Ozean in sie ein. Deutliche Beispiele sind der Nahuel-Huapi-See, der Buenos-Aires-See, der Argentinosee oder, in Feuerland, die Magellanstraße.

Die Landschaften Ostpatagoniens sind jedoch trotz ihrer glazialen Überformung völlig verschieden von denen der westlichen Andenhänge. Vor allem das Relief aus Vorbergen und weiten Ebenen, die mit Seen übersät sind und eine gering entwickelte Entwässerung besitzen, charakterisiert diesen Teil östlich der Anden. Auch das Klima ändert sich grundlegend. Im Regenschatten der Kordilleren dehnen sich eintönige, trockene Steppenlandschaften aus, über denen heftige orkanartige Winde toben. In den westlichen Bereichen Ostpatagoniens hält sich in windgeschützten Senken noch Wald, gegen Osten aber lichtet er sich und macht schließlich der Steppe Platz.

Im Westen der Anden dagegen ist die Region der Fjorde dem Ansturm der feuchten pazifischen Luftmassen schutzlos ausgesetzt. Dies gilt ganz besonders für die vielen Inseln des äußersten Südens. Unter einem grauen und wolkenverhangenen Himmel werden diese Gebiete pausenlos von heftigen Regen heimgesucht und von Stürmen gepeitscht. Der Wald macht hier vielfach Sümpfen Platz, die sich in den vorhandenen Mulden gebildet haben. Auf der Insel Guarelo hat man Jahresniederschläge von über 7000 mm gemessen! Regen ist in diesen Gegenden eine tägliche Erscheinung, und zwar kein Nieselregen, wie z. B. auf den Britischen Inseln, sondern Sturzbäche eisigen Wassers, das von den Westwinden herangeführt wird. Der Durchzug der Tiefdruckgebiete dauert das ganze Jahr über an. Im Januar und Februar, dem Südsommer, tritt zwar eine leichte Beruhigung ein, aber einen echten Sommer kennt dieses Gebiet nicht.

Die Kordilleren, die hier nur noch maximal 4000 m hoch sind, werden von einer großen Eiskappe bedeckt. Von ihr fließen unzählige kleinere Gletscher nach Westen, die oft vorstoßen, den Wald überfahren und bis zum Meer hinabreichen. Es sind sogenannte „weiße" Gletscher, die nur mit wenig Schutt beladen sind. Der Anblick dieser Gletscherzungen, die aus dem dunklen Wald herauskommen und direkt aus den Wolken bis in die grauen, mit gewaltigen Eisschollen angefüllten Meereskanäle hinabreichen, gehört zu den unvergeßlichsten Erlebnissen. Im Innern der Fjorde zerreißt der Donner der abbrechenden großen Eisbrocken die Stille der Wildnis. Es klingt wie Kanonenschüsse und hallt in unendlichen Echos bis hinauf zur Gipfelregion wider. Nach Süden zu, in Feuerland, werden die Kordilleren immer niedriger, und die Eiskappe löst sich allmählich auf. Doch die großen, gletscherbedeckten Gipfel erheben sich über die Fjorde wie gigantische, auf dem Meer schwimmende Eisberge.

Man weiß bisher nur wenig über die Schwankungen der patagonischen Gletscher. Klarheit besteht darüber, daß ein starkes Anwachsen des Eises zu Beginn des Pleistozäns einsetzte und durch zahlreiche klimatische Schwankungen beeinflußt wurde. Außerdem nimmt man an, daß der letzte größere Eisrückgang vor etwa 12 000 Jahren stattfand.

Pátzcuaro, Lago de

Amerika, Mexiko
19° 35′ n. Br., 101° 35′ w. L.

Von einem See, der in über 2000 m Höhe zu Füßen unzähliger Vulkane liegt, hat man vielleicht vollkommen andere Vorstellungen. Man ist aber auf jeden Fall von der Harmonie des Landschaftsbildes rund um den Pátzcuarosee überrascht.

Wenn der Pátzcuarosee eines der bekanntesten touristischen Zentren Mexikos ist, so verdankt er dies nicht allein seiner eigenen Anziehungskraft, sondern auch der malerischen Landschaft des mexikanischen Staates Michoacán, in der er liegt. Michoacán bedeutet in der Sprache der Indianer „Das Land, in dem man Fische ißt", ein Name, der an den Seen- und Fischreichtum dieser Gegend erinnert. Forellen, Barsche und Weißfische sind die Spezialitäten der vielen Restaurants an den Ufern des Pátzcuarosees.

Der Fischfang, der noch vor der Landwirtschaft die hauptsächliche Erwerbsquelle der am Seeufer und auf den Inseln lebenden Tarasken ist, gibt der Landschaft ihr typisches Gepräge: In der Umgebung des Sees und auf seinen sieben kleinen Inseln liegen unzählige Fischerdörfer mit ihren niedrigen Häusern verstreut, und in den schmalen Gassen sieht man überall zum Trocknen aufgehängte Netze.

Die Stadt Pátzcuaro, etwa 2 km vom See entfernt, ist glücklicherweise von den Auswirkungen des Tourismus noch kaum berührt. Sie konnte das typische Gepräge der Kolonialstadt des 16. Jahrhunderts weitgehend behaupten. Im Gegensatz dazu wird die malerische Insel Janitzio von einer Kolossalstatue des José María Morelos, eines Helden der mexikanischen Revolution, überragt, die das Landschaftsbild stark beeinträchtigt. Die Tatsache, daß man von der Spitze dieses 20 m hohen Betonklotzes einen herrlichen Blick über den See hat, ist nur ein geringer Trost.

Der See erstreckt sich in Form eines nach Osten geöffneten Hufeisens über 260 km². Seine Breite beträgt 3 bis 10 km bei einer Längserstreckung von über 20 km. Er wird von mächtigen Bergriesen überragt, obgleich die Höhe seines Spiegels schon 2050 m hoch liegt. Die sieben großen Gipfel, die den See im Osten begrenzen, sind Vulkane aus dem Ende des Tertiärs, die aber schon lange erloschen sind und deutliche Spuren der Abtragung aufweisen. Zwischen ihnen liegen etwa 15 jüngere Vulkane mit den typischen Kegelformen und noch intakten Kratern. Der Pátzcuarosee wurde – wie auch andere Seen in Michoacán, z. B. der Cuitzeosee und der Zirahuensee – durch einen Lavastrom aufgestaut.

Der Pátzcuarosee liegt inmitten einer grünen Landschaft, die wegen ihrer beträchtlichen Höhe und der umliegenden

Pátzcuarosee *Zu Füßen zahlreicher erloschener Vulkankegel erstreckt sich der fischreiche Pátzcuarosee. Er liegt nahe der mexikanischen Hauptstadt und wird deshalb von zahlreichen Wochenendtouristen besucht, die die Romantik der zauberhaften Fischerdörfer an seinen Ufern genießen. Aus den benachbarten USA kommen ebenso viele Erholungsuchende.*

Berge, an denen sich die Wolken ausregnen, genügend Niederschlag erhält. Ausgedehnte Kiefernwälder, unterbrochen von Wiesen, Bohnen- und Maisfeldern sowie Obstplantagen, breiten sich an den Hängen aus, die den See umschließen und der Landschaft ihre einzigartige Harmonie verleihen.

Penhir, Pointe de

Europa, Frankreich
48° 15′ n. Br., 4° 37′ w. L.

Eine jahrtausendealte Verschwörung hat den Schicksalsknoten dieses Zipfels der Bretagne geknüpft, und der Zerfall der von allen Seiten angegriffenen Felsen ist bald erreicht. Sie werden vom Frost angefressen und durch die Brandung ausgehöhlt.

Die Halbinsel Crozon ist einer der bemerkenswertesten Punkte der bretonischen Küste. Von der im äußersten Westen gelegenen Spitze von Penhir aus, die durch die riesigen vorgelagerten Felsblöcke von Tas de Pois und Tas de Foin meerwärts verlängert wird, hat man einen unvergeßlichen Blick sowohl auf den Atlantik wie auch ins Landesinnere.

Die starken Verwitterungsspuren und die deutlichen Zerfallserscheinungen an der Felsspitze von Penhir sind auf ihre lange geologische Vergangenheit und auf die ungewöhnliche Intensität von Verwitterung und Erosion zurückzuführen. Die Felsnase besteht aus paläozoischen Sandsteinen, die sehr arm an Fossilien sind. Sie stammen aus dem frühen Silur, besitzen eine Mächtigkeit von mehr als 500 m und

Penhir *Die Steilküste aus rotem Sandstein weicht unter den Angriffen der Brandung langsam zurück und läßt mehrere Inseln als Vorposten im Meer zurück.*

sind in mehrere verschiedene Bänke unterteilt. Sie werden besonders stark von der Verwitterung angegriffen, die im Küstenbereich ohnehin ungewöhnlich intensiv ist. Hinzu kommt die ebenso stark wirkende Abtragung, die sowohl vom Land als auch von der See her rapide fortschreitet. Die Wirkung von Regen, Frost und Sonneneinstrahlung hat lange Zeit hindurch die Bildung von Tälern und die Verwitterung des Gesteins begünstigt, wann immer dieser Teil der Küste sich im Lauf der Erdgeschichte oberhalb des Meeresspiegels befand (man weiß, daß das Meeresniveau zahlreiche Schwankungen durchgemacht hat, etwa unter der Einwirkung tektonischer Bewegungen der Erdkruste und von Vereisungen und dem Abschmelzen der Gletscher). Die marine Erosion ist ebenfalls sehr intensiv. Die Fluthöhe gehört hier zu den größten in Europa. Die gemeinsame Wirkung von Salzwasser und Wind greift Ufer und Felsen an, ruft Risse und Brüche hervor und schafft Höhlen im Gestein.

Percé, Steilküste von

Amerika, Kanada
48° 31′ n. Br., 64° 13′ w. L.

An der Ostspitze der Halbinsel Gaspé wurden die Ausläufer der Appalachen von der Meeresbrandung angegriffen und zu bizarr geformten Kliffs umgestaltet.

Die kanadische Halbinsel Gaspé ist für die Einwohner Quebecs eines der beliebtesten Naherholungsgebiete. Sie erstreckt sich

Steilküste von Percé *In der Nähe des Fischerdorfes Percé auf der Halbinsel Gaspé hat die Brandung des Atlantischen Ozeans die nördlichen Ausläufer der Appalachen angeschnitten. Es entstand eine gewaltige Steilküste mit vorgelagerten Felsinseln, in denen die Wogen des Meeres häufig natürliche Bögen entstehen ließen.*

zwischen dem Sankt-Lorenz-Strom im Norden und der Chaleur Bay an der Ostküste Kanadas. Der Kern der 200 km langen und 100 bis 140 km breiten Halbinsel wird von einem nördlichen Ausläufer der Appalachen gebildet, dessen höchste Erhebung in diesem Gebiet der Mont Jacques Cartier (1268 m) ist. Das westöstlich orientierte Faltengebäude der Appalachen stößt mit seiner Querseite auf den Ozean, dessen Brandung diese Struktur deutlich herauspräpariert hat: Die härteren Gesteinspartien der Faltensättel konnten der Meeresabrasion widerstehen und treten als langgestreckte Felsvorsprünge in Erscheinung, während die Faltenmulden zu tiefen Buchten ausgeräumt wurden. Vor dieser stark zerlappten und wild zerklüfteten Felsküste hat das sturmgepeitschte Meer bereits zahlreiche Opfer unter den Seeleuten gefordert, die die lauernden Gefahren unterschätzt hatten.

Einer der schönsten Küstenabschnitte ist das Kap, auf dem das Fischerdorf Percé liegt. Dieser Faltensattel besteht aus Kalkstein und ist von der Meeresbrandung in drei Felsvorsprünge aufgelöst worden, die die breite Baie de Malbaie umgeben. Sie erstreckt sich mit dem Rocher Percé und der Insel Bonaventure noch ein Stück ins Meer hinein.

Der Rocher Percé, der bei Ebbe durch einen Geröllstrand mit dem Festland verbunden ist, bildet ein massiges, 433 m langes und 88 m hohes Vorgebirge. Im Profil gleicht er einem Schiff mit steilen Bordwänden, dessen Bug zum Festland zeigt. Im hinteren Teil (am „Heck") kann man durch einen Bogen den Himmel sehen: Dies ist das Felsloch, dem er seinen Namen (Durchbohrter Fels) verdankt. Losgelöst von der Hauptmasse des Felsens bildet ein hohes Türmchen den stehengebliebenen Pfeiler eines zweiten Bogens, der am 7. Juni 1845 eingestürzt ist. Quellen aus dem 17. Jahrhundert berichten sogar von drei, ja sogar von vier Bögen, die im Laufe der Zeit der Abtragung anheimgefallen sind. Man ist überrascht, in welch kurzer Zeit derartige Vorgänge ablaufen können. Diese Formen sind das Ergebnis der Brandung, deren Wogen als erstes die Schwächezonen im Kalkstein ausräumen. Dies sind vornehmlich die Klüfte und Fugen des steil aufgerichteten Schichtpaketes. Eisenverbindungen verleihen dem Felsen seine rotgelbe Färbung.

Früher lebte die Küstenbevölkerung der Halbinsel Gaspé ausschließlich von der Fischerei. Heute ist als weitere Erwerbsquelle der Fremdenverkehr hinzugekommen, und die alten Fischer von Percé fahren die Touristen in ihren Booten um die vorgelagerte Felseninsel Bonaventure, die heute unbewohnt ist und sich deshalb zu einem Vogelparadies entwickelt hat.

Petrified Forest und Painted Desert

Amerika, USA
34° 55′ n. Br., 109° 49′ w. L.

Einstmals wurden in Arizona riesige Bäume von Sedimentschichten bedeckt und versteinerten. Ihre Stämme werden heute von Wissenschaftlern eingehend untersucht.

Der Petrified-Forest-Nationalpark im Nordosten des amerikanischen Bundesstaats Arizona liegt auf der Hochfläche des ausgedehnten Coloradoplateaus. Er bildet den farbigsten Teil der Painted Desert (Bunte Wüste), die wegen der Vielfalt der Farben ihrer Sandsteinfelsen, die das Landschaftsbild prägen, so benannt wurde.

Vor etwa 200 Millionen Jahren, in der Triaszeit, wurde dieses Gebiet von zahlreichen Wasserläufen durchzogen, und unter einem feuchten Klima wuchsen hier Schachtelhalme, Farne und Nadelbäume. Die Verhältnisse waren zu dieser Zeit ganz ähnlich wie in der Karbonzeit in Europa. Doch es trat eine völlig andere Entwicklung ein, denn hier wurde aus den Pflanzenresten keine Kohle gebildet, vielmehr versteinerten die Bäume.

Unter dem feuchten Klima wurden die riesigen Bäume, nachdem sie umgestürzt waren, bald von Tonen und Sanden bedeckt, die die Flüsse hier ablagerten. Die Hauptmasse der Sedimente stammte aus einem Gebiet, in dem „saure" vulkanische Aschen die Oberfläche bildeten. „Sauer" bedeutet, daß die Aschen viel Kieselsäure enthielten. Die Kieselsäure wurde unter feuchtwarmem Klima aus den Aschen gelöst, füllte die Hohlräume der vermodernden Baumstämme aus und kristallisierte dort in trockeneren Klimaperioden als Quarz aus. Durch Eisen- und Manganverbindungen sind die versteinerten Bäume rot oder gelb gefärbt. In einer jüngeren Periode der geologischen Vergangenheit haben Regen und Wind den Sandstein abgetragen und dabei die Stämme freigelegt.

Um das geologische Alter der Bäume zu bestimmen, kann man die Methoden der Stratigraphie anwenden, die sich mit den geologischen Schichten befaßt, in die die Bäume eingebettet sind; man kann die hier vorkommenden Fossilien untersuchen, die eine relative Altersbestimmung ermöglichen. Zur Untersuchung des Lebensalters der Bäume aber stützt man sich vor allem auf die Dendrochronologie, bei der man die Jahresringe der Bäume studiert. Bei einem Querschnitt durch einen Baumstamm findet man zwischen Rinde und Kern konzentrische Wachstumsringe (jeweils einen für jedes Jahr), deren Anzahl es ermöglicht, das Alter des Baumes zu bestimmen.

Zu den Sehenswürdigkeiten, die man sich anschauen sollte, gehören der Jasper Forest (Jaspiswald), ein mit fossilen Baumstämmen angefülltes Tal, und die Blue Mesa (Blaue Tafel).

Petrified Forest *Der Petrified-Forest-Nationalpark liegt in der Painted Desert (Bunte Wüste), einem wegen seiner außergewöhnlich farbenprächtigen, zur Bildung ausgeprägter Badlands neigenden Sandstein-, Mergel- und Tonschieferformationen so benannten Trockengebiet auf dem Coloradoplateau.*

Petrified Forest *Die Hohlräume in abgestorbenen Baumstämmen füllten sich mit kieselsäurehaltigem Wasser und versteinerten.*

Pierre-Saint-Martin, Höhlensystem

Europa, Frankreich
43° 05′ n. Br., 0° 42′ w. L.

Am Südwestzipfel Frankreichs wurde durch einen Zufall eine der tiefsten Höhlen der Erde entdeckt, deren Erkundung den Höhlenforschern größte Schwierigkeiten bereitet. Einer von ihnen kam dabei sogar zu Tode.

Eine Krähe, die aus einer Felsspalte eines Karrenfeldes aufflog, führte zur Entdeckung einer der tiefsten Schachthöhlen der

Erde. Zwei Karstforscher, G. Lépineux und B. Occhialini, bemerkten den Vogel bei Geländearbeiten am Pierre-Saint-Martin in den Westpyrenäen. Da sie wußten, daß Krähen in Steilwänden nisten, schlossen sie daraus, daß die Felsspalte weit in die Tiefe führt und mit einer unterirdischen Wand in Verbindung steht. Der erste Zugang zur Höhle war entdeckt.

Sonderbarerweise war, wenn man einen Stein in den Schacht warf, kein Aufprall zu hören. Man hätte meinen können, daß er den Grund überhaupt nicht erreichte. Dieses Rätsel wurde erst gelöst, als Höhlenforscher in den Schacht einstiegen. Sie fanden heraus, daß er 320 m senkrecht in die Tiefe führt, so daß der Aufschlag des Steines nicht bis nach oben zu hören war. Mit Hilfe einer Seilwinde wagte Lépineux 1951 diesen riskanten Abstieg. Er fand heraus, daß der Schacht an seiner Sohle in eine riesige Halle mündet, in der sich ein mächtiger Schuttkegel aus den Trümmern herabgestürzter Gesteinsbrocken ausbreitet. Ein Jahr später entdeckten H. Tazieff und M. Loubens am Fuße des Schuttberges einen unterirdischen Bach. Unglücklicherweise wurde eine zweite Expedition Loubens' im Jahr 1953 durch einen tragischen Unfall überschattet, bei dem der Höhlenforscher den Tod fand: Beim Einstieg in den Schacht riß das Seil der zu Hilfe genommenen Winde. Trotz dieser dramatischen Umstände ging die Erkundung der Höhle weiter und führte zur Entdeckung weiterer mit Blockschutt gefüllter Hallen, die weiter flußabwärts liegen.

1955 standen die Höhlenforscher, die dem unterirdischen Wasserlauf folgten, plötzlich vor einer großen schwarzen Leere. Der Lichtschein der mitgeführten Lampen traf auf keinen Gegenstand mehr, weder nach unten noch nach den Seiten. Die Höhlenforscher hatten das Gefühl, mitten in der Nacht in einem Talkessel eines Gebirges zu stehen. Aber sie waren sich natürlich darüber im klaren, daß diese Finsternis ohne Sterne die Nacht einer unterirdischen Welt ist. Sie merkten sehr bald, daß sie vor einer riesigen Halle standen, die sie später „Salle de la Verna" nannten. Am Boden dieses unterirdischen Amphitheaters verliert sich der Wasserlauf im Schutt, und man vermochte ihn nicht weiter zu verfolgen. Dennoch stellte die bis dahin erreichte Tiefe von 750 m damals einen absoluten Weltrekord dar.

Ein Stollen, den man 1960 von Sainte-Engrâce zum Vernasaal vorgetrieben hatte, brachte die Untersuchungen wieder in Gang. Von 1961 bis 1965 fanden neue Expeditionen statt, ausgehend von einem Gangsystem, dessen Zugang hoch oben in einer Wand des Vernasaals gefunden worden war: Sie folgten dem neu entdeckten Gang bis zu einer Tiefe von 1050 m. Gleichzeitig versuchte man, dem früher entdeckten unterirdischen Flußlauf aufwärts zu folgen, um seinen Ursprung zu finden. Man richtete dabei besonderes Augenmerk auf die tiefen Karren, die die Kalksteinflächen des Höhlenganges an manchen Stellen überziehen. Auf diese Weise entdeckten die Forscher den senkrecht nach oben führenden Schacht der Tête Sauvage, der eine Verbindung zwischen der Erdoberfläche und dem unterirdischen Wasserlauf herstellt. Damit vergrößerte sich die damals bekannte Tiefe

Pierre-Saint-Martin *An der Oberfläche eines von ausgedehnten Karrenfeldern zerfurchten Karstgebirges öffnet sich der Zugang zu einem einzigartigen Netz unterirdischer Gänge und Hallen, dessen Tiefe nur von drei anderen Höhlensystemen auf der Erde erreicht wird.*

des Höhlensystems auf 1153 m. 1975 wurde sogar noch ein weiterer Schacht entdeckt, der den unterirdischen Wasserlauf mit einem noch höheren Teil des Gebirges verbindet. Der Höhenunterschied innerhalb der tiefsten Höhle der Erde beträgt seitdem 1330 m.

Man muß noch die Untersuchungen erwähnen, die in den benachbarten Höhlen angestellt wurden. Man vermutet heute, daß diese Höhlen mit dem Höhlensystem des Pierre-Saint-Martin in Verbindung stehen, auch wenn ein direkter Durchgang bisher noch nicht gefunden werden konnte. Dabei handelt es sich vor allem um die Arphidiahöhle, die keinen natürlichen Zugang hat, die aber zufällig durch den von Sainte-Engrâce aus vorgetriebenen Stollen angeschnitten wurde. Weiter im Norden führt der Lonné-Peyré-Schacht ähnlich wie der Schacht von Pierre-Saint-Martin in eine noch unbekannte Tiefe. Im Süden des Kalksteinmassivs schließlich scheint die Saint-Georges-Höhle entdeckt worden zu sein, deren Existenz man schon lange vermutete. Weitere Forschungen werden zeigen, wie es darum bestellt ist.

So, wie es zur Zeit aussieht, ist die Pierre-Saint-Martin-Höhle die vierttiefste der Erde. Die mit 1535 m absolut tiefste Höhle der Erde befindet sich ebenfalls in Frankreich, jedoch in den Alpen. Ihr Name: Gouffre Jean Bernard. Der Lépineuxschacht nimmt unter den Höhlenschächten der Erde den achten Rang ein. Außerdem gehört der Vernasaal mit 250 m Länge, 180 m Breite und 150 m Höhe an zweiter Stelle zu den größten Höhlensälen der Erde. Sein Volumen wird auf 2,5 Millionen m^3 geschätzt. Er erstreckt sich unter der französisch-spanischen Grenze hindurch.

Die vorwiegend südost-nordwestliche Orientierung des Höhlensystems weist auf die enge Beziehung zwischen den Höhlen und den tektonischen Bruchlinien hin, die sich bei der Auffaltung der Antiklinale des Pic d'Anie bildeten. Der Grundriß der Höhlengänge folgt einigen der großen Verwerfungen, die im mittleren Teil gut sichtbar sind. Das Alter der Höhlen von Pierre-Saint-Martin muß ganz beträchtlich sein, denn in ihren Gängen leben *Aphaenops* genannte Höhlenkäfer, die man als „lebende Fossilien" bezeichnen kann. Sie sind nämlich ein Relikt aus dem Eiszeitalter. Vor dem Aussterben konnten sie sich dadurch retten, daß sie in die kalten und feuchten Höhlen eindrangen, wo sie, anders als an der Erdoberfläche, trotz der postglazialen Warmzeit geeignete Lebensbedingungen vorfanden.

Dünensand

Sand, den man in der Natur vorfindet, unterscheidet sich nach Zusammensetzung, Form und Aussehen, und zwar je nach seiner Herkunft und nach der Zeitdauer, während der er durch Wasser und Wind transportiert wurde. Dünensand besteht z.B. meistens aus Quarz. Geologisch gesehen ist Sand ein Lockergestein, das durch physikalische und chemische Verwitterung aus anderen Gesteinen entsteht. Unter den Mineralen, die die Gesteine aufbauen, widersteht Quarz der chemischen und physikalischen Verwitterung am längsten; deshalb bildet er meistens den Hauptbestandteil des Sandes.

Sand besteht aus Körnern mit einem Durchmesser zwischen 0,06 und 2 mm. Diese Körner werden in Laboratorien genauer untersucht. Bei der Korngrößenanalyse geht es darum, die Sandkörner nach ihrer Größe zu klassifizieren; bei der Morphoskopie werden ihre Form und ihre Oberfläche untersucht. Sandkörner haben eine glänzende oder matte Oberfläche, je nachdem, ob sie durch Wasser oder durch Wind transportiert wurden. Beim Transport durch Wind stoßen die Körner häufig aufeinander, was zur Bildung einer matten Oberfläche führt. Außerdem sind Sandkörner je nach der Art des Transportmittels und der Transportweite kantengerundet oder vollkommen gerundet. So spricht man von kantengerundet-glänzendem Sand, von gerundet-mattem Sand, von kantigem Sand usw.

Ausgehend von diesen Kriterien kann eine eingehende Analyse zeigen, welche Kräfte den Sand transportiert haben und welchen Veränderungen er unterworfen war. Dabei können verschiedene Transportweisen aufeinanderfolgen, sei es, daß äolischer Sand wieder vom Wasser erfaßt wird, sei es, wie im Fall der Düne von Pilat, daß Meersand vom Wind aufgenommen wird. Anhand von Erfahrungswerten kann man die Herkunft verschiedener Sande ziemlich genau bestimmen. So ist z. B. Sand mit einer Korngröße von 0,3 mm, der mehr als 30% kantengerundet-glänzende Körner enthält, ganz sicher marinen Ursprungs. Sand, in dem rundmatte Körner überwiegen, wurde vom Wind transportiert.

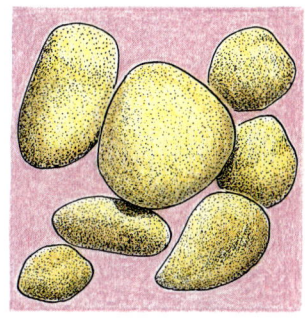

Gerundet-matter Dünensand | Kantengerundet-glänzender Flußsand | Kantig-glänzender Sand am Meeresstrand

(35fache Vergrößerung)

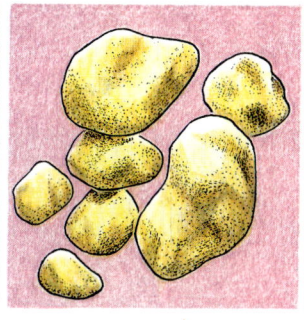

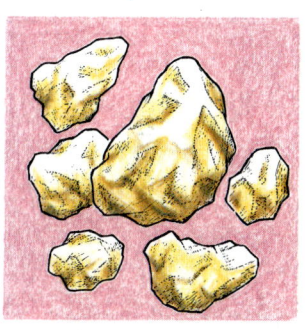

Küstendünen sind äußerst vergängliche Formen, die an Sandstränden durch starke, austrocknende Winde entstehen. Nur oberhalb der höchsten Flutlinie, wo sie von den Wogen des Meeres nicht erreicht werden können, bleiben sie erhalten. Dies ist der Fall bei der Düne von Pilat, die mit

Pilat *Zwischen ausgedehnten Pinienwäldern und dem Meer liegt die mächtige Sanddüne von Pilat. Sie ist von zahllosen Fußspuren durchfurcht. Der Westwind treibt die Sandmassen vom Atlantik her ins Landesinnere. Trotz intensiver und kostspieliger Versuche ist es bisher nicht gelungen, diese riesige Wanderdüne durch Anpflanzungen von Strandhafer festzulegen.*

Pilat, Düne von

Europa, Frankreich
44° 35′ n. Br., 1° 13′ w. L.

Die riesigen Wanderdünen der französischen „Landes" tragen das Kennzeichen des Windes und der Stürme. Bis heute ist es nicht völlig gelungen, ihre Wanderung ins Landesinnere aufzuhalten, obwohl man dies durch Anpflanzen von Strandhafer versucht.

Die Düne von Pilat liegt südlich von Arcachon, gegenüber von Kap Ferret. Es ist die größte Wanderdüne an der Küste der französischen Landschaft Les Landes. Wanderdünen sind heute sehr selten geworden, denn der Mensch hat schon von jeher versucht, sie anzuhalten und sie daran zu hindern, ins Land vorzudringen.

103 m die höchste Düne Europas ist. Sie erstreckt sich über 3 km. Ihr Kamm besteht aus mehreren Gipfeln, und schon mancher hat sich getäuscht, wenn er glaubte, den höchsten erreicht zu haben, der ganz im Süden liegt. Der asymmetrische Querschnitt der Düne ist ein deutliches Zeichen für ihre Wanderbewegung ins Landesinnere, die auch durch Anpflanzungen von Binsen und Dünengräsern nicht gänzlich aufgehalten werden konnte. Die Küste der Landes ist eine durch die Wogen, die Meeresströmungen und den Wind geschaffene Ausgleichsküste, die auf einer Länge von rund 200 km von Dünen begleitet wird. Diese sind über Torf-, Braunkohle- und eisenhaltigen Sandsteinschichten aufgetürmt worden.

Dünen entstehen unter dem Einfluß kräftiger Winde, die kein Widerstand zu bremsen vermag und die den feinen Sand der Küste in Bewegung setzen. Die Sandkörner bewegen sich rollend und springend über die Bodenoberfläche und bilden wellenförmige Falten (Windrippeln) von außergewöhnlicher Regelmäßigkeit.

Da es an Sandstränden keine Vegetation gibt, kann der Wind den feuchten Sand austrocknen. Dadurch wird die Bildung von Dünen begünstigt, deren Form nach ihrem Alter und der Stärke des Windes variiert. Wenn der Nachschub an Sand aus irgendeinem Grund ausbleibt, werden die Formen rasch ausgeglichen, und Pflanzen besiedeln die Dünen. Bei heftigen Stürmen reißt der Wind an den Stellen, an denen die Pflanzendecke geschädigt ist, tiefe Breschen in die alten Dünen.

Pinargözuhöhle

Asien, Türkei
37° 48′ n. Br., 31° 12′ ö. L.

Diese Höhle hat ihre Geheimnisse bis in die allerjüngste Vergangenheit bewahren können, denn ein unterirdischer Wasserlauf versperrt ihren Eingang. Es bedurfte modernster technischer Hilfsmittel, um dieses Hindernis zu überwinden.

Die Pinargözuhöhle ist eine der größten Höhlen der Türkei. Sie liegt westlich des Beyşehir Gölü, eines 650 km² großen Sees in Anatolien. Man gelangt dorthin über eine Schotterstraße, die von Şarkîkaraagaç am Westufer des Beyşehir Gölü entlang nach Yenişarbademli und von dort in Richtung Sipahiler in die Berge führt. 6 km von Yenişarbademli entfernt überquert die Straße einen Bach, den Devre Su, der dem Eingang der Höhle entströmt. Er wird durch Wasser genährt, das in oberen Gebirgsteilen versickert und sich in der Pinargözuhöhle wieder sammelt.

Der Devre Su ist der Ausfluß eines unterirdischen Gewässernetzes, dessen Ursprung weiter oben im Gebirge liegt. Die Abflußmenge des Höhlenbaches beträgt zwar nur etwa 500 l/s, aber eine fast völlig unter Wasser stehende Gangverengung, die etwa 10 m weit im Innern der Höhle liegt, machte deren Erforschung lange Zeit unmöglich. Erst 1965 gelang es einem Team des Höhlenforscherklubs von Paris,

Pinargözuhöhle *In der Finsternis dieser anatolischen Höhle gibt es neben Stalagmiten und Stalaktiten auch noch eine dritte, sehr seltene Art von Tropfsteinen: zierliche Heliktiten, die zweigartig in verschiedene Richtungen wachsen und aussehen wie von Künstlerhand geschaffen.*

Pipi, Naturbrücke des

Afrika, Zentralafrikanische Republik
8°, 06′ n. Br., 22° 27′ ö. L.

Strudellöcher und Flußgerölle über der Naturbrücke des Pipis belegen, daß hier einstmals zwei Wasserläufe übereinanderlagen: Der untere von beiden kam ans Tageslicht, als die Decke der Karsthöhle einstürzte, die er durchfloß.

Im Norden der Zentralafrikanischen Republik führt eine natürliche Brücke über den Pipi, den wichtigsten Nebenfluß des Kottos. Sie liegt unterhalb der bekannten Schluchten des Pipis, die in Sandsteinen des ausgehenden Mesozoikums angelegt sind. Die Naturbrücke besteht aus einer Deckplatte aus nahezu horizontal lagernden Sandsteinschichten mit eingeschlossenen Quarzgeröllen. Die Oberfläche dieser Platte ist eben, und die Kanten sind etwas abgerundet. In der Nähe des linken Ufers wird sie von schräg verlaufenden Klüften durchzogen. Die Basisfläche, die den Brückenbogen bildet, verläuft entlang einer Schichtfuge. Die gesamte Platte ruht auf gebankten Sandsteinen, die so etwas wie die Brückenpfeiler bilden.

Ein wenig weiter flußaufwärts ist der Pipi zwischen den Felswänden einer engen Schlucht eingezwängt, die überhängen und den Eindruck machen, als seien sie die Reste eines eingestürzten Brückenbogens. Es ist wahrscheinlich, daß die heutige Naturbrücke das Überbleibsel einer Karsthöhle ist, die ursprünglich viel länger war und deren Decke im Bereich der Schlucht eingestürzt ist. Zwischen diesem Canyon und der Naturbrücke ist das Bett des Pipis felsig und unterbrochen durch einen Wasserfall, dessen Oberkante exakt mit der Schichtfläche an der Unterseite der Brückendeckplatte zusammenpaßt.

Auf den Überhängen der Steilwände, die die Schlucht überragen, sind zahlreiche Strudellöcher in den Fels eingelassen; sie liegen genau auf dem gleichen Niveau wie jene Kolklöcher auf der Oberfläche der Brückenplatte und zeugen von einem alten Flußbett, das 10 m über dem heutigen gelegen hat. Man muß davon ausgehen, daß die Oberfläche der Naturbrücke nichts anderes ist als der Überrest eines Flußlaufes, der heute eingebrochen ist, wobei sein unterirdischer „Doppelgänger" ans Licht gekommen ist. Solche doppelten Wasserläufe findet man in Karstgebieten häufig: allerdings ohne eingestürzte Trennschicht. Die Flüsse versickern meistens an einer Stelle und fließen unterirdisch weiter. An der Oberfläche hinterlassen sie Trockentäler, die höchstens noch Wasser führen, wenn aufgrund starker Niederschläge die Abflußkapazität des unterirdischen Wasserlaufs überschritten wird.

Pipi *Die schwere, von der Vegetation überwucherte Naturbrücke aus gebanktem Sandstein ist der Überrest eines Höhlengewölbes, das im Laufe der Zeit eingestürzt ist; der ehemalige Höhlenbach fließt deshalb heute an der Erdoberfläche.*

Plata, Río de la

Amerika, Argentinien/Uruguay
34°–36° 30′ s. Br., 55°–58° w. L.

Der gemeinsame Mündungstrichter von Paraná und Uruguay ist so riesig, daß der erste Spanier, der ihm stromaufwärts folgte, glaubte, ein Süßwassermeer entdeckt zu haben. Er nannte es Mare Dulce, „Süßes Meer".

Der Río de la Plata beeindruckt den Betrachter durch die ungeheure Weite seiner schier endlos erscheinenden Wasserfläche, die sich zwischen Uruguay und Argentinien wie ein gewaltiger Trichter zum Meer hin öffnet, ehe sich seine durch mitgeführte Sinkstoffe braun gefärbten Fluten mit der Dünung des Atlantiks mischen. Erzähler und Reisende aus früheren Jahrhunderten haben den la Plata oft als eine Fortsetzung der ebenso weiten und eintönigen Ebene der Pampa bezeichnet. Die spanischen Konquistadoren glaubten aufgrund der riesigen Ausdehnung dieses Mündungstrichters lange Zeit, hier die so sehr gesuchte Passage zwischen dem Atlantischen und dem Pazifischen Ozean gefunden zu haben, deren Existenz ihnen die gefahrvolle Umsegelung des stürmischen Kap Hoorn erspart hätte. Sie nannten den Río de la Plata wegen seines Süßwassers *Mare Dulce.*

Die Dimensionen dieser gewaltigen Flußmündung, die sowohl die Wassermassen des Paranás als auch die des Uruguays aufnimmt, entsprechen dem riesigen hydrographischen Einzugsgebiet (3,1 Millionen km²), dessen meerwärtigen Abschluß sie bildet. An den Ufern des Río de la Platas liegen zwei der bedeutendsten Häfen Südamerikas: Montevideo, die Hauptstadt Uruguays im Norden, und die argentinische Hauptstadt Buenos Aires im Süden. Río de la Plata heißt der Strom vom Zusammenfluß des Uruguays und des Paranás an. Landeinwärts liegt seine Grenze bei der Stadt Nueva Palmira am Uruguay. Seine meerwärtige Grenze wird durch die Verbindungslinie zwischen Kap San Antonio in Argentinien und Punta del Este in Uruguay gebildet. So beträgt die Gesamtlänge des Río de la Platas rund 330 km, die Breite an der Grenze gegen den Ozean 220 km und die Gesamtfläche 36 000 km².

Man kann den Río de la Plata in drei Abschnitte unterteilen. Flußaufwärts von der Linie Isla Santiago (Argentinien)–Colonia del Sacramento (Uruguay) haben die aufgrund der Meeresferne noch süßen Wassermassen eine schokoladenbraune Farbe durch die gewaltigen Mengen von Lehm, die sie mit sich führen. Genau an der Einmündung des Uruguays befindet sich die Insel Martín García (Argentinien), auf der zahlreiche argentinische Politiker inhaftiert waren. Der Mündungstrichter erreicht in diesem oberen Bereich eine größte Breite von 50 km. Der mittlere Abschnitt reicht bis zu der Linie Punta Piedras (Argentinien)–Montevideo (Uruguay). Die Ufer weichen hier immer weiter auseinander, bis sie etwa 100 km voneinander getrennt sind. Flußabwärts wird der Río de la Plata merklich tiefer, und der Salzgehalt seines Wassers steigt mit zunehmender Meeresnähe an.

Das Bett des Río de la Platas wird durch zahlreiche Untiefen versperrt, die aus den Ablagerungen (jährlich 60 Millionen m³) des Paranás und des Uruguays bestehen. Die bekanntesten Hindernisse sind flußaufwärts die Bänke von Playa Honda und Banca Ortiz, im mittleren Abschnitt die Banca Chica und weiter stromabwärts die Bänke Inglés, Rouen und Alemán. Um eine Gefährdung des Schiffsverkehrs zu vermeiden, werden die drei wichtigsten Fahrrinnen zu den großen Häfen ständig durch Bagger freigehalten. Die Schiffahrt kann auch durch heftige Winde wie den *Pampero* oder die *Sudestada* und manchmal auch durch Überschwemmungen an den sehr flachen Ufern der argentinischen Pampa beeinträchtigt werden.

Plattensee

siehe Balaton

Río de la Plata *Bevor sich der träge dahinfließende Paraná mit dem Uruguay vereint, um den gewaltigen Mündungstrichter des Río de la Platas zu bilden, gabelt sich dieser riesige Flachlandstrom in zahlreiche Arme und schüttet ein ausgedehntes Delta auf.*

Pobiti kamăni (Steinerner Wald)

Europa, Bulgarien
43° 10′ n. Br., 27° 55′ ö. L.

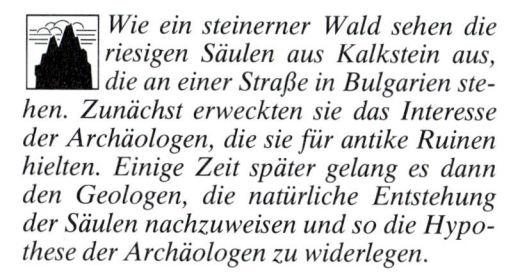

Wie ein steinerner Wald sehen die riesigen Säulen aus Kalkstein aus, die an einer Straße in Bulgarien stehen. Zunächst erweckten sie das Interesse der Archäologen, die sie für antike Ruinen hielten. Einige Zeit später gelang es dann den Geologen, die natürliche Entstehung der Säulen nachzuweisen und so die Hypothese der Archäologen zu widerlegen.

Im 19. Jahrhundert entdeckte ein russischer Archäologe in der Gegend von Varna, bei Reka Devnja, eine „Menge sonderbarer Säulen, die von imposanten antiken Ruinen zu stammen scheinen". Er versuchte vergeblich, einen im Sand vergrabenen Pfeiler freilegen zu lassen. Das Geheimnis von Pobiti kamăni (eingepflanzte Steine) begann die Archäologen zu beschäftigen.

Die in der Mitte des Gebietes von Dikilitas gelegenen Säulen sind sehr leicht zu erreichen. Etwa 18 km westlich von Varna führt die Straße von Sofia zwischen ihnen hindurch, und ein Parkplatz lädt die Touristen zur Rast ein. Auf mehr als 100 m Breite und 800 m Länge stecken rund 300 Säulen aus kalksteinähnlichem Material im lockeren Boden. Ihre Größe

Pobiti kamăni *Westlich von Varna hat die Natur merkwürdige Säulen geschaffen, die durch die Abtragung freigelegt wurden. Man hielt sie zunächst für Ruinen aus der Antike.*

schwankt zwischen wenigen Zentimetern und mehreren Metern. Die höchsten, die zylindrisch geformt sind, haben oftmals waagerecht verlaufende Risse. Manche besitzen die Form eines Bogens oder einer Ellipse, andere gleichen Zähnen mit drei Wurzeln.

Andere Säulengruppen breiten sich südlich der Straße über mehrere Kilometer aus. Jene von Suludjite, die inmitten eines Akazienwaldes stehen, haben alle einen merkwürdig aussehenden kegelförmigen Fuß und an der Basis einen Wulst. Die von Beloslav sind oft 5 oder 6 m lang. Im Norden der Straße gibt es weniger Säulen, aber dafür sind sie hier besonders eigenartig. Die Säulen von Banovo, die mit einer Kalkplatte gekrönt sind, gleichen nämlich riesigen Pilzen. In der Nähe von Slantsevo

werden Rekorde gebrochen: Eine Säule hat einen Umfang von 12 m, die höchste erreicht 7,1 m und ist mit Sinterbildungen überzogen, ähnlich jenen, die man an manchen Höhlenwänden findet.

Die einleuchtendste Erklärung für die Entstehung dieser sonderbaren Säulen stammt aus der Geologie. Im Untergrund liegen eozäne Mergel und Tone, darüber eine 40 m mächtige Sandschicht, bedeckt von einer 15 m dicken Kalksteinschicht. Durch die Lösung des zuoberst lagernden Kalksteins haben sich wahrscheinlich in der darunterliegenden Sandschicht tropfsteinartige Säulen (Kalkkonkretionen) gebildet. Die Anordnung der Säulen und ihre Höhenlage zwischen 40 und 200 m deuten in der Tat auf eine solche Entstehungsweise hin. Nachdem die Kalksteindecke teilweise abgetragen worden war, räumte die Erosion den lockeren Sand aus und legte die durch Sinterkrusten zementierten Säulen frei, die die fremdartige Welt von Pobiti kamăni bilden.

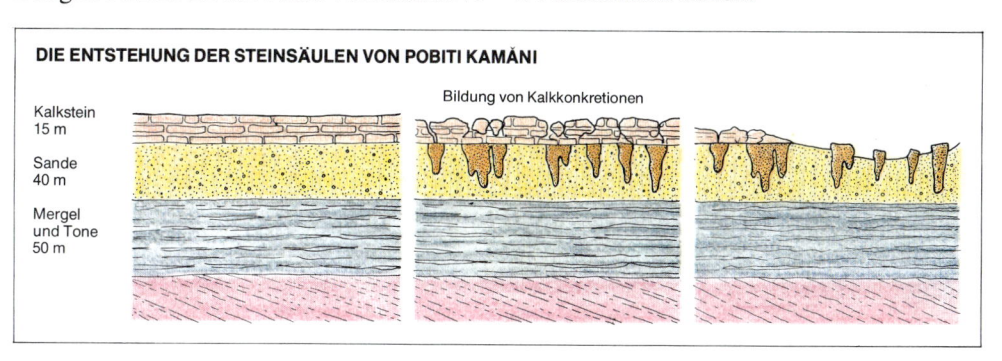

DIE ENTSTEHUNG DER STEINSÄULEN VON POBITI KAMĂNI

Bildung von Kalkkonkretionen

Kalkstein 15 m
Sande 40 m
Mergel und Tone 50 m

Pont d'Arc

Pont d'Arc

Europa, Frankreich
44° 23′ n. Br., 4° 25′ ö. L.

Die Flüsse der Cevennen haben sich im Laufe von Jahrmillionen tief in das alte Kalkgebirge eingeschnitten und dabei die merkwürdigsten Karstformen hinterlassen. Von einer alten Höhle ist nur ein natürlicher Brückenbogen stehengeblieben, der das Engtal der Ardèche überspannt.

Die Ardèche, ein kleiner Mittelgebirgsfluß, entspringt in den südlichen Cevennen in der Nähe der Ortschaft St-Etienne-de-Lugdarès und fließt durch ein tief eingeschnittenes Tal, dem man den Namen „Canyon d'Ardèche" gegeben hat. Bei Pont-Saint-Esprit mündet sie in die Rhone. Auf ihrem Weg durch die Cevennen hat sie geradezu lehrbuchhafte Karstformen in den nicht sehr widerstandsfähigen Kalksteinhochflächen hinterlassen.

Eine davon ist die mächtige Naturbrücke Pont d'Arc, deren gewaltiger Bogen mehr als 60 m hoch ist. Er besteht aus massivem grauem Kalkstein und wurde vom Wasser der Ardèche durch einen weit vorspringenden Talsporn gebrochen. Vermutlich ist er der Rest einer alten Karsthöhle, deren Decke vom Fluß abgetragen worden ist. Solche Formen können durch die Lösung des Kalksteins und die gleichzeitige mechanische Erosion in geologisch relativ kurzer Zeit entstehen, denn im mediterranen Klimabereich konzentrieren sich die kräftigen Regenfälle auf nur wenige Monate im Winterhalbjahr. Ein beträchtlicher Teil des Niederschlagswassers fließt dann trotz der Verkarstung der Cevennen an der Erdoberfläche ab, weil es nicht schnell genug in den Klüften des Gesteins versickern kann. Dabei trägt es feines und auch grobes Verwitterungsmaterial rasch fort.

Die Ufer der Ardèche werden von einer typisch mittelmeerischen Vegetation – Wacholdersträucher und Hermeseichen – bedeckt. Nach zahlreichen Waldbränden degenerierte der ursprüngliche Eichenwald nämlich zu einer niedrigen, dornigen Macchie.

Steigt man die steilen Hänge des Canyon d'Ardèche höher hinauf, so ändert sich die Vegetation, und die Landschaft, die vom geologischen Untergrund her ziemlich einheitlich ist, wandelt sich. Überall findet man verlassene Dörfer und brachliegende Felder. Gewiß haben Waldbrände dabei eine Rolle gespielt, aber die Hauptursache ist die Landflucht: Die Böden sind nämlich unfruchtbar und wegen der Steilheit der Hänge kaum zu bewirtschaften, so daß sie nur sehr geringe Erträge bringen.

Pont d'Arc *Über den klaren und blinkenden Wassern der Ardèche spannt sich ein natürlicher Spitzbogen aus Kalkstein, und durch ihn hindurch kann man im Hintergrund die mit Macchie bedeckten Hochflächen der Cevennen sehen.*

Popocatépetl

Amerika, Mexiko
19° 01′ n. Br., 98° 37′ w. L.

„Rauchender Berg" ist die deutsche Übersetzung dieses fremdartigen und zungenbrecherischen Namens: Popocatépetl. Die drohende Gefahr, die einst von diesem riesigen Feuerberg ausging, der von den Azteken als übernatürlich angesehen wurde, ist schon lange nicht mehr gegeben. Geblieben ist jedoch die landschaftliche Schönheit seines ebenmäßigen, schneebedeckten Kegels.

Der Popocatépetl ist nicht nur wegen seines sonderbaren Namens, sondern auch wegen seiner Höhe und seiner Schönheit berühmt. Die Azteken, die ihn so getauft hatten, berichteten bereits von Ausbrüchen in den Jahren 1347 und 1354.

Der Vulkan war Zeuge der Eroberungszüge des Spaniers Cortez und des Zusammenbruchs des Aztekenreiches, und indirekt hat er bei der Eroberung sogar eine Rolle gespielt. Diego de Ordaz, einer der Leute von Cortez, beschloß, den Berg zu besteigen. Er wollte durch dieses waghalsige Unternehmen nicht nur seinen Mut unter Beweis stellen, sondern er beabsichtigte vor allem, den Indianern die Überlegenheit der Weißen zu demonstrieren, die sich von Naturerscheinungen nicht erschrecken lassen. Begleitet von zwei Soldaten, riskierte er den Aufstieg. „Sie waren (oftmals auf allen vieren) in der Nähe des Gipfels angekommen", so berichtete ein damaliger Zeitgenosse, „als die Erde unter heftigen Stößen zu beben begann, und wir sahen, während der Vulkan lauten Donner verbreitete, eine Feuersäule gegen den Himmel steigen, umgeben von Rauch und Asche. In einer Höhe von vielleicht 100 m über dem Gipfel breitete sie sich aus und ließ solche Mengen glühender Asche herabregnen, daß die Spanier unter einem überhängenden Felsen Zuflucht suchen mußten." Als sie endlich am Kraterrand angekommen waren, sah Diego de Ordaz „mit Staunen auf dem Grund des Kessels eine glühende Masse, die brodelte wie Wasser in einem Kochtopf. Der Abgrund nahm den ganzen Gipfel des Berges ein und hatte wohl einen Umfang von einer viertel Meile. Bald kehrten sie um; die Nachricht von dieser Heldentat jagte den Indianern noch größere Angst vor den Spaniern ein."

Der Popocatépetl ist ein gewaltiger Schichtvulkan an der Grenze zwischen den mexikanischen Bundesstaaten Puebla, Mexico und Morelos, rund 70 km südöstlich von Mexico-City. Er ist der südlichste der großen Vulkane der Sierra Nevada (Sierra Volcánica), die sich im Osten des Hochtals von Mexico-City hinzieht; außerdem gilt er als der einzige aktive Feuerberg unter den Vulkanen, die die Hauptstadt Mexikos umgeben.

Der außergewöhnlich gleichmäßig geformte, 5452 m hohe Kegel des Popocatépetl überragt das westlich vorgelagerte, feuchtheiße Hochbecken von Mexiko um rund 4200 m. Sein Nordteil ruht auf der zentralen mexikanischen Hochfläche, deren mittlere Höhe etwa 2200 m beträgt. Der Südteil des Bergriesen überlagert dagegen die unteren Partien des Ixtaccíhuatl, eines älteren Nachbarvulkans.

Der Krater des Popocatépetl ist ein 380 m tiefes Loch mit ellipsenförmigem Grundriß, dessen Achsen 850 m und 750 m messen. Zahlreiche Fumarolen steigen aus einem kleinen Aschenkegel auf dem Kraterboden empor, aber auch aus den Wänden des Kraters, an denen die

Popocatépetl *Unter dem leuchtenden Blau des mexikanischen Himmels erhebt sich der mit Eis und Schnee bedeckte, ebenmäßig geformte Kegel des mächtigen Vulkans um 3000 bis 4000 m über die tropischen Hochbecken und Plateaus der Umgebung.*

Schichten aus Lava und vulkanischen Aschen sehr gut zu erkennen sind. Im Nordwesten wurde die Kraterwand bei einer starken Gasexplosion durchbrochen.

Der Popocatépetl ist am Schnittpunkt der transmexikanischen Vulkanachse und einer kleineren nordnordwestlich verlaufenden Bruchlinie entstanden. Er ist ein sehr junger Vulkan, der erst im ausgehenden Tertiär, im Jungpliozän, gebildet wurde. Die vulkanische Aktivität war so intensiv, daß sich auf dem Kegel trotz der großen Höhe erst in der Würmeiszeit eine Eismasse entwickeln konnte, die Gletscherzungen nach mehreren Seiten ausschickte. Dicke Schichten von Bimsstein aus dem Ende des Pleistozäns zeigen, daß die Heftigkeit der Ausbrüche bis zu einer Zeit, die die Archäologen „präarchaisch" nennen, nicht nachgelassen hat.

Elf größere Ausbrüche, verbunden mit heftigen Gasexplosionen, ereigneten sich von der Zeit der Eroberung Mexikos durch die Spanier bis 1720. Danach folgte eine 82jährige Ruhepause, in der lediglich heiße Schwefeldämpfe gefördert wurden. Unter schwierigsten Bedingungen wurde von den *Volcaneros* zwischen 1804 und 1920 am Gipfel des Berges Schwefel abgebaut; dann setzten wieder Eruptionen ein und machten die Schwefelgewinnung unmöglich. 18 Jahre lang hielten Gasexplosionen sowie Aschen- und Schlackenauswürfe an. Das jüngste vulkanische Material besteht aus schwarzen, sehr harten Andesitlaven mit dem kennzeichnenden Mineral Hypersthen.

Heute fürchtet niemand mehr den Popocatépetl, und zwar weder seine wirklichen Gefahren noch die übernatürlichen Kräfte, die ihm nach einem früheren Aberglauben innewohnen sollten. Wenn die Konquistadoren nur an die Einschüchterung der Azteken und an Abenteuer dachten, so ist es heute die Schönheit des ebenmäßigen Vulkankegels, die zahlreiche Touristen veranlaßt, den Berg zu besteigen. Davon zeugt der Bericht eines deutschen Reisenden aus dem letzten Jahrhundert: „Wir hatten die Waldgrenze bei 13 060 Fuß über dem Meeresspiegel hinter uns gelassen. Das Wetter war günstig, die Luft war frisch, der Berg war wolkenfrei ebenso wie sein Nachbar, der Ixtaccíhuatl und die weiter entfernte Spitze des Orizabas. Dafür wogten in den Tälern dicke weiße Wolken. Als die Sonne über dem Horizont heraufstieg, entfaltete sich ein wunderbares Schauspiel vor unseren Augen: Die Kuppel des Popocatépetl strahlte über uns in blendendem Weiß, und die anderen Gipfel tauchten wie zwei Inseln aus dem leuchtenden Meer der Wolken auf."

Portada, La

Amerika, Chile
23° 33′ s. Br., 70° 26′ w. L.

Über dem Pazifischen Ozean erhebt sich wie eine vorgeschobene Befestigungsanlage der Wüste ein von der Gischt umsprühter Felsbogen, dessen Gestalt von weitem an einen römischen Triumphbogen erinnert.

La Portada ist ein eigentümliches Felsgebilde, das vor der Küste der chilenischen Wüste Atacama, 20 km nördlich von Antofagasta, mitten in der Brandung des Pazifischen Ozeans steht. Die Silhouette dieses natürlichen Triumphbogens erhebt sich vor dem Hintergrund des großen Steilabfalls der Küstenkordillere, und nur eine Kette gischtumtoster, schwarzer Felsbrok-

Port Campbell

Australien
38° 38′ s. Br., 142° 55′ ö. L.

Verwitterte Felssimse, unterhöhlte Steilwände, zerfressene Vorgebirge und Überhänge, die abzustürzen drohen: Es gibt nichts an der wilden und zerklüfteten Küste von Port Campbell, das nicht die Spuren des wütenden Meeres trägt.

Die Südwestküste des australischen Bundesstaats Victoria ist den heftigen Stürmen und der starken Brandung des Indischen Ozeans schutzlos ausgeliefert. Wind und Meer haben hier Landschaften von eindrucksvoller Schönheit geschaffen. Drei Abschnitte der Küste sind besonders sehenswert: Am Rand der Otway Range fallen Sandsteinwände senkrecht ins Meer ab, die nur hier und da an der Mündung eines Baches durch schmale Kiesstrände durchbrochen sind. In der Nähe von Portland ragen die mächtigen, aus vulkanischen Gesteinen geformten Vorgebirge des Kap Duquesne und des Kap Bridgewater weit in den Ozean hinaus. Zwischen Warrnambool und Kap Otway schließlich erheben sich die schroffen Kalkwände, die zum Port-Campbell-Nationalpark gehören.

Die Kliffs von Port Campbell, die an manchen Stellen eine Höhe von 60 m überschreiten, bestehen aus mergeligem

La Portada *Vor der chilenischen Küstenwüste Atacama erhebt sich in der Brandung des Ozeans ein natürlicher Felsbogen, der durch die Abrasion des Meeres geschaffen worden ist.*

ken verbindet ihn mit dem schmalen Küstenstreifen der Wüste. Der Bogen erinnert unwillkürlich an die Ruine eines Bauwerks, ähnlich wie die zerbröckelnden Sandsteinformen in den Wüsten von Utah oder Arizona.

La Portada ist aus lockeren, horizontal gelagerten Sand- und Sandsteinschichten geschnitten, die hier im Pliozän vom Meer abgelagert wurden. Die fahlgelben Sandsteinschichten ruhen auf schwarzen Andesiten aus der Jurazeit, die die Geologen *Formación la Negra* nennen. Die Bildung des Felsentores wurde dadurch begünstigt, daß die Grenze zwischen diesen beiden Schichten genau auf der Höhe liegt, an der die Brandung des Ozeans angreift. Die Meeresabrasion hat daher die Steilküste aus weichem Sandstein schnell zurückgetrieben und La Portada dabei stehengelassen. Das Tor wäre jedoch längst eingestürzt, wären nicht die oberen Lagen des Sandsteingewölbes durch eine Kalk- und Salzkruste zusätzlich verfestigt worden.

Die Abtragung von Steilküsten

Steilküsten sind der Abrasion durch die Brandung und die Gezeitenströme des Meeres in besonderem Maße ausgesetzt. Die mechanische Abtragung wird dabei durch die Verwitterung vorbereitet. Die wichtigsten Verwitterungsprozesse sind: die Lösung des Gesteins durch das Meerwasser und die Gischt; die Salzsprengung durch in Klüfte eindringendes Meerwasser; die Frostverwitterung; die Einwirkung bohrender und gesteinslösender Pflanzen und Tiere (manche Blau- oder Grünalgen, Schwämme, Mollusken wie Bohrmuscheln und Seeigel usw.).

Die anbrandenden Wellen entwickeln einen enormen Druck, der 3 kg/cm² überschreiten kann, und unterspülen den Fuß der steilen Küsten. Das Meerwasser wird in die Gesteinsklüfte gepreßt und sprengt den Fels unter hohem Druck auseinander. Dabei entstehen häufig Höhlen und Hohlkehlen. Blöcke und Gerölle werden von der Brandung wie Geschosse gegen die Felsen geschlagen. So weicht die Steilküste mit unterschiedlicher Geschwindigkeit zurück, wobei verschiedene Faktoren eine Rolle spielen: die Härte der Gesteine, ihre Lagerungsverhältnisse, die Häufigkeit von Stürmen und die Breite der Brandungsplattform. Wird diese mit der Zeit immer größer, erreichen nur noch die höchsten Fluten den Fuß der Steilküste, und das aktive Kliff wird langsam zu einem „Ruhekliff".

Beispiele für die Kliffbildung in Sedimentgesteinen

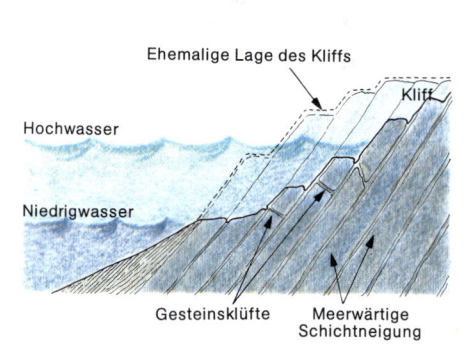

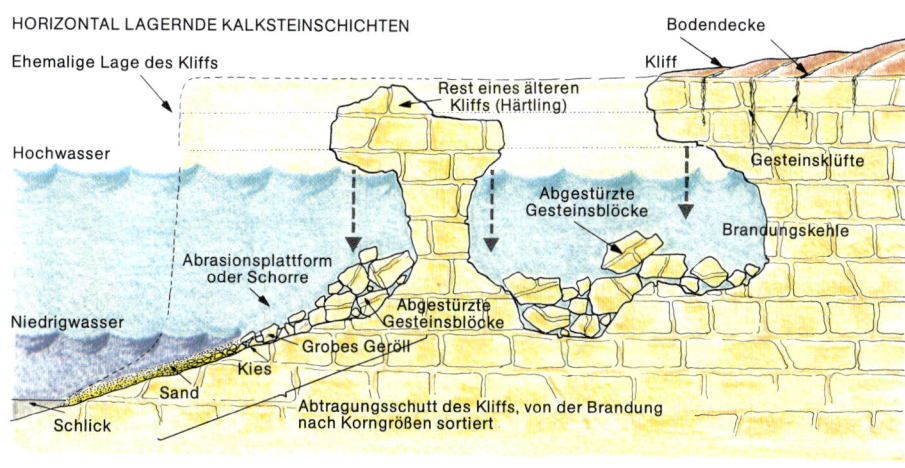

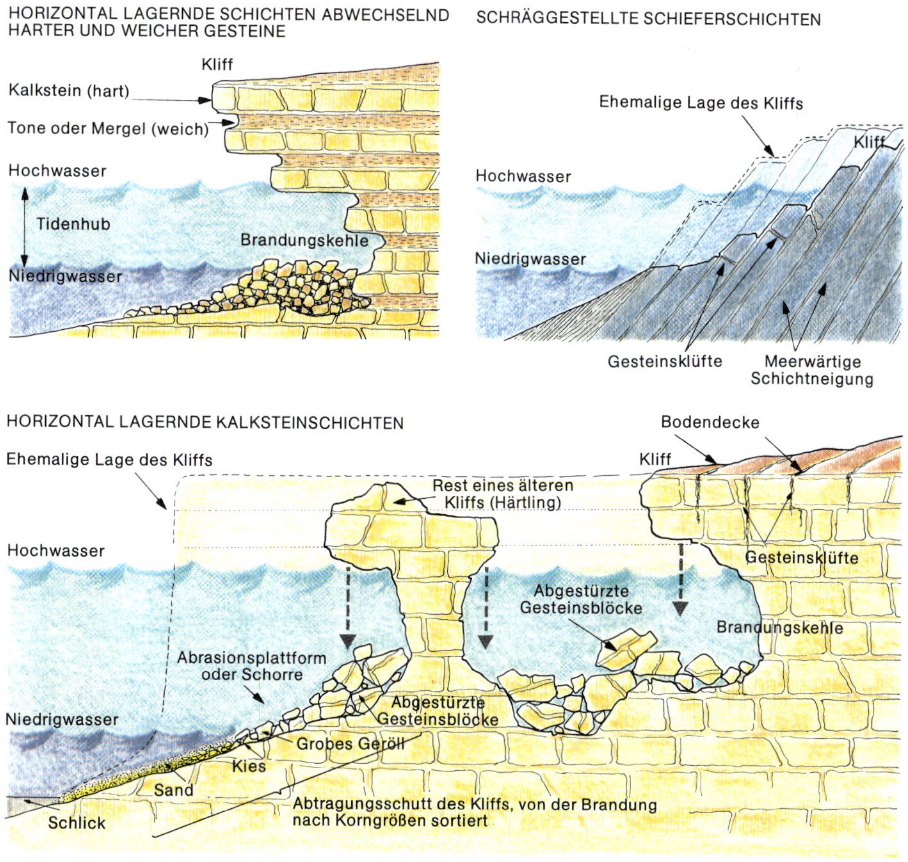

Kalkstein des Miozäns. Die horizontale Lagerung dieses Gesteinspaketes, das in der Mitte des Tertiärs über den Meeresspiegel gehoben wurde, ist im Laufe von Jahrmillionen unverändert geblieben. Es ist aus dünnen Schichten verschiedener Härte aufgebaut: Bänke aus hartem Kalk, Platten aus unreinem Kalkstein und Schichten aus deutlich weicheren Mergeln. Die Klüfte und manchmal auch kleinen Verwerfungsspalten, die man im Gestein erkennen kann, sind die Stellen, an denen die Abtragung am wenigsten Widerstand findet.

Die Form und der Gesteinsaufbau dieser Felsenküste schaffen Bedingungen, die für die Meereserosion (marine Abrasion) ganz besonders günstig sind. Darüber hinaus ist hier die Brandung ungewöhnlich heftig: Die gefürchteten Westwinde (Westerlies), die in den gemäßigten Breiten der Südhalbkugel das Meer aufpeitschen, treiben die Wellen mit aller Gewalt gegen die Küste, die sich ihnen nahezu senkrecht entgegenstellt. Unter dem unwiderstehlichen Ansturm des Ozeans weichen die Steilkü-

Port Campbell *Die Steilküste aus Kalkstein stemmt sich dem pausenlosen Ansturm der Wogen entgegen, indem sie zum Schutz vor der Brandung Felspfeiler bildet, die isoliert am Strand von Victoria stehen: Zeugen ihrer Niederlage.*

sten an manchen Stellen um mehrere Meter pro Jahr zurück.

Da das Gestein der Kliffs aus übereinanderliegenden Schichten verschiedener Härte besteht, deren weichste Lagen zuunterst liegen, spült das Meer zunächst die wenig widerständigen Mergel heraus, wodurch die Kliffs ihr charakteristisches, in Stufen und Überhänge aufgelöstes Profil erhalten. Die härteren Schichten bilden im oberen Teil sehr eindrucksvolle Felssimse und Terrassen.

Aus den weicheren Schichten wurden richtige Höhlen ausgespült. Die Brandung zwängt sich in sie hinein und spritzt in großen Salzwasserfontänen wieder heraus. Die Unterspülung durch das Meer führt oftmals zu einem Einsturz eines Teils der Felsenküste; am Fuß des Kliffs sammelt sich dann grober Gesteinsschutt an, der bei Sturmfluten zertrümmert wird.

Die härtesten Gesteinspartien widerstehen der Abtragung am längsten und bilden Vorgebirge und Klippen, die erst nach und nach zerstört werden. Oftmals gelingt es dem Meer, eine Bresche, manchmal in Form eines Bogens, in die Flanke des Vorgebirges zu schlagen, die es dann nach und nach in eine oder mehrere kleine Inseln auflöst. So ist es mit den „Zwölf Aposteln" geschehen, zwölf kleinen Felsinseln, die in der Nähe von Port Campbell vor der Küste liegen.

Postojna, Grotten von (Adelsberger Grotten)

Europa, Jugoslawien
45° 50′ n. Br., 14° 20′ ö. L.

Ballsaal, Konzertsaal, Großer Dom – so heißen die schönsten Räume eines unterirdischen, von der Natur geschaffenen Palastes, der im Überfluß mit lebhaft gefärbten, einzigartigen Tropfsteinen verziert ist.

Die Adelsberger Grotten, zwischen Triest und Ljubljana in Slowenien gelegen, sind schon von alters her bekannt. Inschriften an den Wänden der vorderen Gänge geben über die Entdeckungsgeschichte der Höhle genauere Auskunft. Die ältesten unter ihnen reichen bis ins 13. Jahrhundert zurück, genauer gesagt bis zum Jahr 1213. Der deutsche Name Adelsberg stammt aus der Zeit, als Istrien noch zur österreichischen Donaumonarchie gehörte. Während der italienischen Zeit (1919 bis 1947) wurde daraus Postumia. Heute ist der slowenische Name Postojna gebräuchlich. Neben der belgischen Grotte von Han zählen die Grotten von Postojna zu den schönsten und größten Tropfsteinhöhlen der Welt.

Die Adelsberger Grotten verdanken ihre Entstehung der unterirdischen Ero-

Grotten von Postojna *Stark kalziumkarbonathaltige unterirdische Wasser haben unzählige Tropfsteine und eigenartig geformte Ablagerungen aus durchscheinendem Kalzit und Aragonit entstehen lassen.*

sion des Flusses Pivka. Er entspringt südlich von Adelsberg und fließt zunächst als oberirdisches Gewässer bis in die unmittelbare Nähe der berühmten Grotten. Ein Bergrücken aus kreidezeitlichen Kalken scheint der Pivka dort den Weg zu versperren. Doch unvermittelt verschwindet sie in einer engen Felsöffnung, die von den Karstforschern Ponor oder Schluckloch genannt wird. Dies ist der Ausgangspunkt eines weitverzweigten Kluftnetzes im Kalkgestein, das sich in der Tiefe fortsetzt und der Pivka den Weg nach unten ermöglichte. Weil das Wasser Kalkstein aufzulösen vermag, wurden die einstmals engen Klüfte von der versickernden Pivka im Laufe von mehreren hunderttausend Jahren ständig erweitert. Deshalb überrascht es nicht, daß es im Untergrund des Karstgebirges so gewaltige Hohlräume wie die Adelsberger Grotten gibt.

Etwa 50 m hinter dem Haupteingang der Höhlen gelangt man in den Großen Dom, eine riesige Halle von 110 m Länge, 30 m Breite und 35 m Höhe. Hier taucht die unterirdische Pivka aus einer natürlichen Röhre auf und fließt wenig später durch einen Gang weiter, dem man mehrere Kilometer weit folgen kann. Vom Großen Dom zweigt auch ein älterer Höhlengang ab, der heute kein Wasser mehr führt. Er ist wie kein zweiter geradezu mit einem ganzen Wald herrlicher Tropfsteinsäulen verziert. Ein Stück weiter, am Scheidewege, gabelt sich der Gang. Der linke führt am Baldachin vorbei durch den Kristallsaal und mündet in den riesigen Konzertsaal. Sein Gewölbe erreicht eine Höhe von 50 m. In der Mitte steht ein gewaltiger, Denkmal genannter Stalagmit. Der Konzertsaal ist mit dem Kalvariensaal verbunden, wo die beiden Galerien wieder zusammentreffen, die sich am Scheidewege getrennt hatten. Von hier aus besucht man die Schönen Grotten. An ihren Decken hängen Tausende von Stalaktiten, die im Lichtkegel von Scheinwerfern in den schillerndsten Farben leuchten.

Ein künstlicher Stollen, Russischer Gang genannt, verbindet die 4300 m lange Hauptgrotte von Adelsberg mit der benachbarten Schwarzen Höhle und der Pivkahöhle. Mit ihnen zusammen beträgt die Gesamtlänge des bisher bekannten unterirdischen Labyrinths 22 km. Der direkte Weg vom Haupteingang bis zum Ende der Schönen Grotte ist 2500 m lang.

Die Pivka läßt sich unter Tage 9710 m weit verfolgen. Danach fließt sie in Gängen, die nicht betretbar sind, bis man sie in der Grotte von Planina wiederfindet. Anschließend tritt sie als Karstquelle wieder ans Tageslicht und schlängelt sich in der Nähe des Ortes Planina durch die 4,5 km lange Ebene einer Polje. Weil man früher nur sehr wenig über das unterirdische Gewässernetz in der Gegend wußte, erhielt der Fluß hier den Namen Unica. Im Ponor von Stenami verschwindet die Unica nochmals im Untergrund, taucht dann in Vrhnika endgültig wieder auf und fließt der Ljubljanica zu.

Prachower Felsen

Europa, Tschechoslowakei
50° 27' n. Br., 15° 20' ö. L.

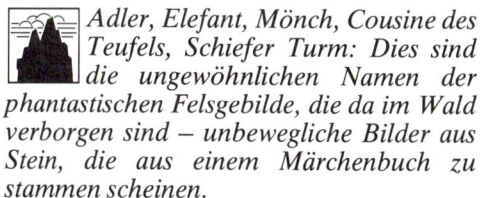

Adler, Elefant, Mönch, Cousine des Teufels, Schiefer Turm: Dies sind die ungewöhnlichen Namen der phantastischen Felsgebilde, die da im Wald verborgen sind – unbewegliche Bilder aus Stein, die aus einem Märchenbuch zu stammen scheinen.

Die Prachower Felsen (Prachovské skaly), der südöstliche Teil des Böhmischen Paradieses (Český raj), liegen 4 km nordwestlich von Jitschin im meistbesuchten Bezirk dieser landschaftlich unbeschreiblich schönen Region Ostböhmens.

Sie gehören zu einem Plateau aus stark zerklüfteten Sandsteinen, das sich in 450 m Höhe auf einer Fläche von etwa 3 km² erstreckt. Den groben Sandstein, der in der Kreidezeit abgelagert wurde, hat die Erosion im Laufe der Jahrtausende in ein riesiges Labyrinth aus Felsen verwandelt, deren phantastische Formen bald an eine Stadt, bald an lebende Wesen erinnern. Die charakteristischsten tragen sehr bildhafte Namen, die ihre merkwürdige Gestalt treffend beschreiben: „Schiefer Turm", „Mönch" und „Cousine des Teufels" oder auch Tiernamen wie „Elefant" oder „Adler". Einige sind ausgezeichnete Aussichtspunkte, von denen aus man einen weiten Überblick über die schöne Landschaft hat.

Zwischen den massiven Sandsteinblöcken schlängeln sich enge Tälchen und Schluchten, eine verschwiegene Welt mit ebenfalls bezeichnenden Namen: „Kaiserpromenade", „Höhle des Babin" oder „Grüne Schlucht".

Der riesige Naturschutzpark liegt inmitten ausgedehnter und unberührter Nadel- und Laubwälder, in denen Hirsche, Rehe, Wildschweine und andere Wildarten in großen Mengen vorkommen. Man kann die Tiere oft zufällig bei einem Spaziergang in freier Wildbahn beobachten.

Praia da Rocha

Europa, Portugal
37° 08' n. Br., 8° 32' w. L.

Auf die markante, felsige Steilküste, die vom Atlantik stückweise zerschnitten wird, folgt meerwärts ein wunderbarer, heller Sandstrand: Schroffe und sanfte Landschaftsformen sind hier harmonisch miteinander vereint, Kraft und Zartheit miteinander vermengt, und dies alles vor der Silhouette sonderbarer Wachtposten aus rotem Fels.

Die Provinz Algarve im äußersten Süden Portugals war vom 8. bis zum 13. Jahrhundert in arabischem Besitz und gehörte zum

Reich der Almohaden. Um 1250 drangen jedoch die Portugiesen in dieses Gebiet vor, verdrängten die fremden Herrscher und gliederten es 1267 endgültig ihrem Königreich an. 165 Jahre später drangen sie sogar bis nach Nordafrika vor und eroberten auch die Stadt Ceuta, die auf einer Halbinsel gegenüber von Gibraltar liegt. Bald danach gab es zwei Algarve, deren Herren die Könige von Portugal waren: die Algarve diesseits des Meeres und die Algarve jenseits des Meeres.

In der Algarve, dem Land des Lichts, gibt es fast keinen Winter. Die Temperaturen sinken nur selten unter 15°C ab, und die Sonne scheint beinahe das ganze Jahr über konstant wie nur an wenigen Stellen in Europa. Bereits Ende Dezember beginnt der Frühling, die Feigenbäume schlagen aus, die Gänseblümchen sprießen, und im Januar blühen bereits die ersten Mandelbäume. Das milde Klima im Winter kommt durch den ausgleichenden Einfluß des relativ warmen Ozeanwassers und die Schutzwirkung des Algarvischen Gebirges zustande, das den Küstenstrich gegen Kaltluftmassen abschirmt, die aus nördlichen Richtungen vorstoßen.

Die Legende berichtet, ein junger und schöner Wesir habe eine bezaubernde Prinzessin aus dem Norden geheiratet, die sich im Winter nach dem Schnee ihrer Heimat sehnte. Der verliebte junge Araber ließ deshalb auf seinem Land unzählige Mandelbäume pflanzen, die die Hügel mit Flocken von weißen Blütenblättern bedeckten. Von nun an war die Prinzessin getröstet und glücklich. Und das Wunder erneuerte sich jedes Jahr.

Die Südküste der Algarve erstreckt sich als buchtenreiches Band vom Kap São Vicente bis nach Vila Real de Santo António. Steile, hohe Kalkfelsen wechseln mit ausgedehnten, oft viele Kilometer langen, hellen Sandstränden, so z.B. bei Praia da Rocha. Dieser Küstenabschnitt ist von ganz besonderer landschaftlicher Schönheit, und er gehört deshalb auch zu den bedeutendsten und weltweit bekannten Fremdenverkehrsgebieten Portugals.

Die rötlich oder gelblich gefärbten Klippen der südlichen Algarve sind Reste einer alten Sedimentdecke, die zum Meer hin steil abbricht; ihre schroffen Felsen nehmen entlang der Küste überraschende Formen an. Die hellblauen Fluten des Atlantischen Ozeans, denen die abwechslungsreichen Gestade ihre Entstehung verdanken, haben in den Felsen geheimnisvolle Grotten ausgewaschen, in denen die seltener gewordenen Kormorane nach Fischen tauchen.

Der bekannte Badeort Praia da Rocha liegt auf den hohen Felsen oberhalb der Kliffküste. In seiner Umgebung entfaltet sich ein Mosaik sorgfältig kultivierter Felder und zahlreicher Korkeichen- und Fruchthaine.

Puente del Inca

Amerika, Argentinien
32° 45′ s. Br., 69° 55′ w. L.

Flußschotter, die durch versteinerndes Wasser zusammengekittet wurden und den ungestümen Angriffen eines Wildbaches widerstanden haben: Aus ihnen besteht die mächtige Naturbrücke, die dem Ort Puente del Inca seinen Namen gab.

Im Massiv des Aconcagua, dem höchsten Gebirgsteil der Anden und ganz Amerikas, bildet die Puente del Inca eine natürliche Brücke von 20 m Spannweite, 30 m Breite und 40 m Höhe. Sie führt über das Tal des Río de las Cuevas, der sich etwas weiter flußabwärts mit dem Río de las Vacas zum Río Mendoza vereint. Nur wenig oberhalb der Brücke entspringen drei Thermalquellen, deren Wasser Temperaturen zwischen 34 und 38 °C erreichen. Aufgrund ihres

Praia da Rocha *Auf dem Rückzug vor den Angriffen des Atlantiks lassen die Kalkfelsen der Algarve den Wogen des Ozeans nur die Überreste roter Felsen und ausgedehnte Strände aus goldfarbenem Sand zurück, ein Paradies für Winterkurgäste, die das milde Klima dieses Küstenstreifens schätzen.*

Puente del Inca *Thermalwasser haben am Fuß des Aconcaguas die Schotter eines Gebirgsflusses mit ihren Kalkablagerungen so fest verkittet, daß diese bis heute der Abtragung widerstanden haben und den Río de las Cuevas als natürliche Brücke überspannen.*

hohen Kalkgehaltes haben sie die sonderbare Eigenschaft, jeden Gegenstand, den die Touristen in die Quelltöpfe werfen, mit einer Sinterkruste zu überziehen. Daneben geben sie durch chemische Reaktionen, welchen sie bei Erreichen der Erdoberfläche ausgesetzt sind, den Felsen, an denen sie vorbeifließen, seltsame Farbtöne. Die heilende Wirkung dieser Wasser ist schon seit den Zeiten der Inka bekannt, was auch den Namen der Naturbrücke erklärt, nach der der heutige Kurort benannt ist. Man behandelt hier wirksam Hautkrankheiten, Rheuma und Entzündungen des Nervensystems.

Wie ist nun diese landschaftliche Sehenswürdigkeit entstanden? Der Río de las Cuevas durchfließt oberhalb von Puente del Inca ein tiefes, U-förmiges Tal, das von eiszeitlichen Gletschern des Aconcaguamassivs ausgeschliffen wurde. Dort bahnt er sich einen Weg durch den Moränenschutt, den die Eisströme hinterlassen haben. Außerdem gesellen sich mächtige Gesteinstrümmer hinzu, die nach dem Rückzug der Gletscher als Bergrutsche von den steilen Talhängen in die Tiefe geglitten sind. Der Kurort Puente del Inca ist im Winter ständig von Lawinen bedroht. In den sechziger Jahren zerstörte eine von ihnen das zum Thermalbad gehörende Hotel. Die Schuttmassen wurden vom Río de las Cuevas zum Teil mitgerissen und weiter talabwärts, wo die Strömung nachließ, als Flußgerölle oder -schotter wieder abgelagert. Dort, wo die kalziumkarbonathaltigen Thermalwasser von Puente del Inca über die Aufschüttungen des Flusses rieselten, wurden Sinterkalke ausgefällt, die die Flußschotter zu einem harten Konglomeratgestein verkitteten.

Als der Río de las Cuevas dann im Verlauf einer feuchteren und wärmeren Klimaperiode mehr Wasser führte, nahm seine Erosionskraft stetig zu. Der Fluß begann, sich in seine eigenen Schotter einzuschneiden. Da die zusammengebackenen Geröllagen der Erosion mehr Widerstand entgegensetzen konnten als die losen Flußschotter, wurden sie als Härtlinge herausmodelliert und von den Wildwassern unterhöhlt. Es entstand die heutige Naturbrücke Puente del Inca. Die Ufer werden auch gegenwärtig noch vom Río de las Cuevas unterschnitten, und zwar so stark, daß die Tragfähigkeit der Brücke in Gefahr ist. Man stellt inzwischen Überlegungen an, wie diese Natursehenswürdigkeit, die jedes Jahr von zahlreichen Touristen besichtigt wird, erhalten werden kann.

Puys, Chaîne des

Europa, Frankreich
45° 30′–45° 55′ n. Br., 2° 55′–3° ö. L.

Das heutige Bild ist sehr trügerisch, denn die grünen Berge der Chaîne des Puys, deren sanfte Formen so friedlich wirken, waren vor noch nicht allzu langer Zeit gefährliche Vulkane, die zerstörerische Glutwolken in die Luft schleuderten und kilometerlange Lavaströme aussandten.

Zu allen Zeiten hat der Mensch versucht, sich die Natur untertan zu machen. Dennoch gibt es immer wieder Naturereignisse wie Erdbeben, Springfluten, Wirbelstürme oder Vulkanausbrüche, die Furcht und Schrecken auslösen. Beim Anblick heutiger Vulkanausbrüche kann man sich leicht die panische Angst der Menschen im Stein-

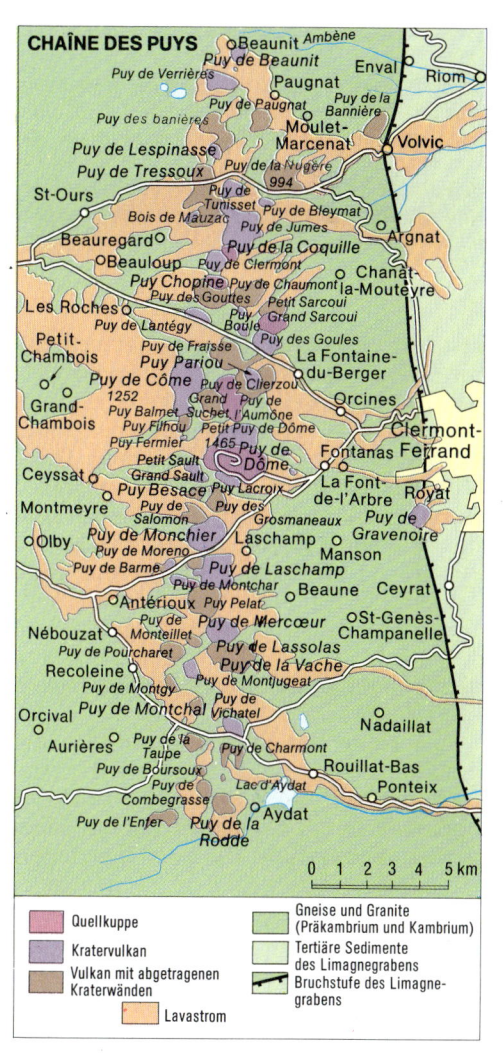

Chaîne des Puys *Diese berühmten Vulkanruinen in der Auvergne können den Betrachter leicht an eine Mondlandschaft erinnern, die von einer dichten Grasvegetation überwachsen worden ist. Die Formen ihrer Krater, Schlackenkegel und Quellkuppen sind so gut erhalten, weil die letzten Ausbrüche der Vulkane noch keine 8000 Jahre zurückliegen.*

zeitalter angesichts dieser gewaltigen Explosionen vorstellen. Damals waren viele der heute erloschenen Vulkane Europas noch tätig, so z. B. die Feuerberge der Chaîne des Puys in der Auvergne. Diese Vulkane sind die jüngsten feuerspeienden Berge Frankreichs. Ihre Entstehung reicht in das frühe Quartär zurück, die letzten Ausbrüche erfolgten aber vor nur 7700 Jahren. Zwar steht heute fest, daß die Vulkane der Chaîne des Puys endgültig erloschen sind, aber viele von ihnen erinnern noch immer an die frühere Gefährlichkeit ihrer Ausbrüche.

Die Kette der Puys liegt westlich der großen Industriestadt Clermont-Ferrand und erstreckt sich über etwa 40 km in nordsüdlicher Richtung, parallel zu einer großen Verwerfung, die zwei sehr unterschiedliche Landschaften voneinander trennt: das französische Zentralmassiv im Westen, einen alten Grundgebirgssockel von etwa 700 bis 800 m Höhe, und den großen Grabenbruch der Limagne im Osten. Die Vulkane der Chaîne des Puys liegen auf dem Rand der Hochfläche des Zentralmassivs, zwischen dem Fluß Ambène im Norden und dem See von Aydat im Süden. Von ihren Gipfeln schaut man auf die fruchtbaren Felder der benachbarten Limagne hinunter, die sich wenige Kilometer entfernt ausbreiten.

Die meisten Vulkane der Chaîne des Puys sind wegen ihres geringen Alters sehr gut erhalten. Man unterscheidet zwei scharf voneinander getrennte Gruppen: Kratervulkane des Stromboltyps und Quell- oder Staukuppen des Typs Mont Pelé.

Der Stromboltyp eines Vulkans bildet einen Aschenkegel mit zentralem Krater. Er ist durch eine außergewöhnlich regelmäßige Tätigkeit gekennzeichnet; in mehr oder weniger kurzen Zeitabständen werden Glutsäulen eines Gemisches aus Gas und Lavafetzen in die Luft geschleudert. Diese Ausbrüche sind wenig gefährlich, denn das ausgeworfene Material fällt zum allergrößten Teil wieder in den Krater zurück. Daneben werden jedoch auch Lavaströme gefördert. Sie flossen in den Limagnegraben und in die Täler ab und erfüllen diese noch heute zum Teil ganz. Sie erreichen Längen von 10 bis 20 km. Wo mehrere Ströme übereinanderliegen, beträgt ihre Gesamtmächtigkeit bis zu 100 m. Teilweise haben sie die Gewässer in den Tälern aufgestaut, es kam zur Bildung von Seen. Ein gutes Beispiel dafür ist der See von Aydat. Zu den bekanntesten Kratervulkanen der Chaîne des Puys zählen der Puy de Pariou, der Puy de Lassolas und der Puy de la Vache.

Der zweite Vulkantyp, die Quell- oder Staukuppen, sind am besten am Puy de Dôme zu studieren. Ihre Ausbrüche waren außerordentlich gefährlich. Sie besitzen weder einen Schlacken- oder Tuffkegel noch einen Krater. Auch förderten sie keine Lavaströme. Vielmehr drang aus den Vulkanschloten sehr zähflüssige Lava empor, die an Ort und Stelle kuppelförmige Aufwölbungen bildete und die Förderkanäle verstopfte. Gewaltige Explosionen, bei denen riesige Glutwolken in die Luft geschleudert wurden, die alles Leben im weiteren Umkreis vernichteten, leiteten jeweils einen neuen Ausbruch ein. Sie putzten die verstopften Vulkanschlote frei. Danach traten wieder dickflüssige Lavapfropfen aus, die erneut die Förderkanäle verstopften. Wie verheerend die Folgen der Gasexplosionen waren, die die Lavapfropfen der Vulkanschlote in die Luft sprengten, kann man sich am besten vergegenwärtigen, wenn man Berichte über den Ausbruch des Mont Pelé auf Martinique in den Kleinen Antillen liest. Im Jahr 1902 starben mehrere tausend Menschen in der heißen Glutwolke, die sich vom Gipfel dieses gefährlichen Vulkans über die Stadt St-Pierre ausbreitete und diese in Schutt und Asche legte.

Q

Qinghai (Tsinghai), Salzsee von

Asien, China
36°–39° n. Br., 92°–101° ö. L.

Riesige Gebirgsmauern schirmen dieses Gebiet Zentralasiens vor den ohnehin nur sehr seltenen regenbringenden Winden ab. Als Folge haben sich in ausgedehnten, abflußlosen Becken Dutzende von Salzseen gebildet.

Qinghai ist eine chinesische Provinz, die geographisch gesehen zum tibetischen Hochasien gehört, dessen nordöstlichen Teil sie mit einer Fläche von 721 000 km² bildet. Die Provinz gliedert sich in mehrere Landschaftseinheiten: Zwischen den Gebirgen Nan Shan und Bayan Har Shan erstreckt sich das im Mittel 4000 m ü.d.M. gelegene östliche Hochland von Tibet. Es umschließt im Nordwesten das Becken von Qaidam und im Osten die Senkenzone des Qinghaisees (Kuku-Nor). Einen auch klimatisch eigenständigen Landschaftscharakter weisen als dritte Landschaftseinheit schließlich die Täler des oberen Huang Hes und des Datong Hes östlich von Xining auf.

Das Einzugsgebiet des Qinghaisees ist eine 3200 m hoch gelegene Beckenlandschaft, die durch ein endorheisch entwässerndes Flußnetz und ein semiarides Klima mit nur 100 bis 250 mm Jahresniederschlag gekennzeichnet ist. Unter dem strahlend blauen Himmel sieht diese abflußlose Senke wie ein großes Schneefeld aus. Es sind aber keineswegs Schneeflächen, sondern es ist der riesige, stark salzhaltige Qinghaisee, dessen weißliche Oberfläche im Sonnenlicht glitzert. Unter den trockenen Klimabedingungen verdunstet mehr Wasser, als dem See durch Niederschläge und einmündende Flüsse zugeführt wird, so daß die gelösten Salze zurückbleiben und sich im See anreichern.

Nach dem Gehalt an gelösten Salzen werden verschiedene Seetypen unterschieden: Süßwasserseen, deren Salzgehalt weniger als 0,1% beträgt, Halbsalzseen mit einem Salzgehalt von weniger als 3,5% und Salzseen mit einem Salzgehalt von mindestens 3,5%. Die letztgenannten überwiegen in Qinghai, da sich fast alle Süßwasserseen dieses Gebietes im Laufe geologischer Zeiträume über Halbsalzseen zu Salzseen entwickelt haben.

Der Qinghaisee, auf Mongolisch auch Kuku-Nor genannt, ist der größte Salzsee der gleichnamigen Provinz. Seine etwa 5000 km² große Oberfläche liegt in einer Höhe von 3205 m. Die Wassertiefe beträgt nur 25 m, ein Umstand, der die schnelle Versalzung zusätzlich begünstigte.

Das benachbarte Qaidambecken wird von mehreren Dutzend Salzseen ausgefüllt. Aufgrund der tieferen Lage (2625 m) empfängt diese abflußlose Senke noch geringere Niederschläge als das Qinghaibecken. An den Ufern der Seen bilden sich mächtige Krusten aus Steinsalz, Gips und Aluminiumsulfat. Andere ehemalige Seen sind bereits völlig ausgetrocknet, und ihr Salz bildet eine etwa 1000 km² große und mehrere Meter mächtige Schicht. Lastkraftwagen können darauf fahren, Flugzeuge von dort starten oder landen ...

Die wichtigsten Bodenschätze Qinghais sind jedoch nicht die Salzvorkommen, sondern größere Erdöl-, Erdgas- und Steinkohlelagerstätten, mit deren Nutzung inzwischen im Qaidambecken begonnen wurde.

Quarante Sources (Oum-er-Rbia)

Afrika, Marokko
32° 55' n. Br., 5° 30' w. L.

Im Gebirgsmassiv des Mittleren Atlas, dessen Hänge mit Zedernwäldern bewachsen sind, beginnt nordöstlich von Khenifra ein tiefes Tal. Auf seiner Sohle fließt ein Fluß, dessen klares Wasser von unzähligen kleinen Bächen stammt, die weiter oberhalb von ebenso vielen Quellen gespeist werden.

Der Name „Die Vierzig Quellen (Quarante Sources) des Oum-er-Rbia" täuscht. Zum einen wurden die Quellen nämlich niemals gezählt, und zum anderen entsteht dieses Wadi erst am Zusammenfluß mehrerer Bäche, die viel weiter oben im Gebirge entspringen und zum Teil länger als 20 km sind. Es muß allerdings gesagt werden, daß im Berberland ein Fluß jedesmal dann neu benannt wird, wenn er seinen Charakter ändert. Daher heißt das Wadi erst ab seinem Zusammenfluß mit den Quellbächen Oum-er-Rbia.

Die Quellen werden von versickertem Niederschlagswasser und von Schmelzwassern aus dem Gebirge gespeist. Sie liegen in einer Mulde, deren Kalkschichten leicht nach Westen geneigt sind. Sickerwasser und Oberflächenwasser fließen deshalb beide in diese Richtung. Das Grundwasser tritt an der durch die Erosion angeschnittenen Schichtfläche zwischen durchlässigem Kalkgestein aus dem Jura und undurchlässigen roten Mergeln aus der Trias an zahlreichen Quellen wieder zutage.

Quarante Sources Das Wadi Oum-er-Rbia wird von unzähligen Quellen gespeist, die entlang einer Schichtfläche austreten. Versickerte Schmelz- und Niederschlagswasser aus dem Atlas kommen hier wieder zutage.

Rabbitkettle, Heiße Quellen des

Amerika, Kanada
61° 15′ n. Br., 123° 50′ w. L.

Auch heute noch sind die ausgedehnten, weitgehend unberührten Landschaften des kanadischen Nordwestens für die meisten Menschen schwer zugänglich, und die geographische Erforschung steckt noch in den Anfängen. Dies liegt außer an der ungewöhnlich dünnen Besiedlung dieses Gebietes nicht zuletzt an den verzweigten, wilden Flüssen, die sich tief und steil in den Kalkstein einschneiden und das Land stark zergliedern. Oft sind diese Flüsse von heißen Quellen gesäumt.

Der gesamte amerikanische Westen ist ein Land der Sagen und Legenden, in denen die Furcht vor dem Unbekannten, aber auch seine Anziehungskraft zum Ausdruck kommen. Die weiten, öden Landstriche und die gewaltigen Reliefformen regten immer wieder die Phantasie der Menschen an. Die Gebiete des kanadischen Nordwestens, die North West Territories, liegen im äußersten Norden dieser Regionen. Auch von ihnen sprach man mit zwiespältigen Gefühlen – man berichtete von einem tropischen Garten Eden, von unerhörten Reichtümern, aber auch von schrecklichen Gefahren, von denen die Namen der Täler, Flüsse und Gipfel der Mackenzie Mountains, wie etwa Deadmen Valley, Headless Mountains, Hell's Gate oder Funeral Range, zeugen. Zur Entstehung dieser Legenden haben unter anderem die heißen Quellen und die Schluchten des South Nahanni River beigetragen, die zu den beeindruckendsten Naturerscheinungen des Kontinents gezählt werden müssen.

Der South Nahanni River entspringt in der Nähe des 2065 m hohen Keele Peak, zwischen den Selwyn Mountains und den Mackenzie Mountains in der Nähe des 63. Breitengrades, die zusammen den östlichen Teil der Rocky Mountains bilden. Der Fluß folgt zunächst den von Nordwesten nach Südosten verlaufenden Faltenzügen der Gebirgsketten und durchquert dann die südlichen Ausläufer der Mackenzie Mountains in einem engen Durchbruchstal. Diese sind im massiven Kalkstein angelegte Plateaus. Der Kalkstein

Rabbitkettle *Die übereinandergelagerten weißen Travertinterrassen bilden Becken über Becken. Sie werden vom mineralhaltigen Wasser aufgebaut, das über sie hinabläuft.*

wurde nur gering gefaltet. Er zerbrach während der Gebirgsbildung im Tertiär in einzelne Blöcke, die emporgehoben wurden, und aus ihnen formte die Erosion langgezogene, steile Rücken. Die Mackenzie Mountains liegen im Regenschatten der Selwyn Mountains und sind daher wasserarm. Die Gipfel sind fast ohne Vegetation, und die Baumgrenze liegt tief.

Der South Nahanni River hat sich ungewöhnlich tief in das Gebirgssystem eingegraben. Sein Gefälle ist durch mehrere Steilstufen gegliedert, die in Wasserfällen wie den fast 90 m hohen Virginia Falls überwunden werden. Unterhalb dieser Fälle, bis der Fluß in den Liard River mündet, ist das Tal besonders schön. Es schneidet sich in dicke Schichten aus Kalkstein, Dolomiten und Kalkkonglomeraten des Paläozoikums ein. In diesem sehr porösen Gestein hat die Erosion tiefe und schmale Runsen in die senkrechten Talwände gegraben. Der South Nahanni River durchfließt hier drei großartige Canyons, die stellenweise über 1000 m tief und bis zu 52 km lang sind. An ihrer Basis weisen sie häufig Karsterscheinungen auf.

Entlang dem Flußlauf entspringen zahlreiche Quellen. Die interessanteste Gruppe befindet sich am Ufer des Rabbitkettles, eines Nebenflusses am oberen Lauf des South Nahanni River. An einer Flußbiegung erhebt sich ein weißlicher, etwa 27 m hoher Gesteinsdom, der deutlich vom Grün der Nadelbäume absticht. Aus einer Öffnung an seiner Spitze sprudelt eine warme Quelle hervor. Das Wasser rinnt an den Flanken über Terrassen und Becken herab, die durch unterschiedlich hohe Stufen voneinander getrennt sind. Das kohlensäurehaltige Wasser enthält viel gelösten Kalk. Sobald es aus der Quelle heraussprudelt, entweicht die meiste Kohlensäure, und ein großer Teil des Kalks wird als Kalziumkarbonat abgelagert und baut dieses terrassierte Gebäude auf. Ein zweiter, älterer Gesteinsdom ist weniger aktiv. Man schätzt die Ausflußkapazität dieser Quellen auf etwa 500 l/min.

Das Gebiet des South Nahanni liegt im Nahanninationalpark, der in der Regel nur mit dem Flugzeug zu erreichen ist. Von Nahanni Butte am Zusammenfluß des Liard River und des South Nahanni kann man mit dem Motorboot stromaufwärts bis zu den Virginia Falls fahren. Die Pflanzenwelt des Parks ist für diese Breiten erstaunlich reichhaltig, und an den warmen Quellen wachsen sogar einige Orchideenarten. Zu den über 100 verschiedenen Tierarten gehören unter anderem Steinadler, Wildgänse, viele Singvögel, Wölfe, Elche, Karibus und Bären.

Råbjerg Mile

Europa, Dänemark
57° 40′ n. Br., 10° 20′ ö. L.

Von den Wanderdünen Jütlands sind nur die von Råbjerg Mile noch nicht unter Kontrolle. Die Westwinde treiben sie zur rastlosen Eroberung neuen Landes vor sich her.

Entlang der gesamten Westküste Jütlands erstreckt sich fast ohne Unterbrechung ein mehrere Kilometer breiter Dünengürtel. Die Seewinde, die vorwiegend aus westlichen Richtungen auf die Küste wehen, erreichen oft Sturmstärke. Sie tragen Sandmaterial vom Strand mit sich und lagern es dann auf dem Küstenstreifen ab. Gleichzeitig wird aber auch bereits abgelagertes Material wieder aufgenommen und weiter landeinwärts transportiert. Es entstehen Dünen entlang der Küste, deren Luvseite der Wind erodiert, um das Material dann auf der Leeseite wieder abzulagern. Durch diese kontinuierliche Tätigkeit des Windes wandern die Dünen langsam landeinwärts nach Osten.

Die Dünen von Råbjerg Mile erreichen

Råbjerg Mile *Wie die Wogen eines Meeres sehen die unzähligen Dünenwälle aus, die sich im Hinterland der jütländischen Küsten erstrecken. Um ihre ständige Wanderung landeinwärts zu verhindern, hat man heute fast überall Strandhafer auf ihnen angepflanzt, der die Sandmassen vor den Westwinden schützt.*

eine Höhe von 41 m über dem Meer. Sie haben eine Breite von etwa 800 m und eine Länge von 2 km. Im Durchschnitt wandern sie 8 m im Jahr landeinwärts.

Früher existierten südlich von Skagen eine ganze Reihe von Wanderdünen. Der Turm der alten Kirche von Skagen, die von einer dieser Dünen begraben wurde, schaut noch zum Teil aus dem Sand hervor. Heute werden Strandpflanzen wie etwa der Strandhafer angepflanzt, um den lockeren Sand zu befestigen, und inzwischen sind die Dünen in diesem Gebiet vollständig unter Kontrolle, ausgenommen eben jene von Råbjerg Mile, die ihren Charakter als Wanderdünen bis heute bewahrt haben.

Seit Anfang des Jahrhunderts ist die Landschaft von Råbjerg Mile staatlich geschützt. Sie ist eines der ersten Naturschutzgebiete Dänemarks und zieht viele Besucher an.

Rainbow Bridge

Amerika, USA
37° 02′ n. Br., 110° 56′ w. L.

Hier haben fast alle destruktiven Kräfte der Natur – Regen, Frost und Wind – zusammengewirkt, um diesen kühn geschwungenen Bogen aus rosafarbenem Stein zu gestalten.

Ein seltenes geologisches Phänomen findet man im Süden des Bundesstaates Utah, zwischen dem Colorado River und der Grenze zum Bundesstaat Arizona im Gebiet der Navajo Mountains. Diese Region setzt sich aus Hochplateaus *(Mesas)* zusammen, die von tiefen Canyons durchschnitten sind. Die zahlreichen, von der Erosion gebildeten Höhlen im Fels dienten den Ureinwohnern als Behausungen. Bei der Erforschung der Gegend wurde Anfang des Jahrhunderts der gigantische natürliche Brückenbogen – die Rainbow Bridge – entdeckt.

Rainbow Bridge *Diese natürliche Brücke aus rosafarbenem Sandstein ruht fest auf den Schichten des rauhen, schrundigen Sockels. Sie wölbt sich wie ein Regenbogen in der öden, kahlen Landschaft.*

Die Entstehung einer Gesteinsbrücke

Die Klüfte im Sandstein füllen sich mit Regenwasser. Wenn das eingesickerte Wasser gefriert, wird das Gestein in den Klüften durch das sich ausdehnende Eis zermürbt (Frostsprengung). Diese Vorgänge wiederholen sich über Jahrtausende. Die Klüfte werden zu Spalten und Rissen verbreitert, und es entstehen schließlich Klammen, in denen das Verwitterungsmaterial abtransportiert wird. So schaffen Verwitterung und Erosion ein Relief, in dem nur die widerstandsfähigen Gesteinsteile erhalten bleiben. Dieser Vorgang verläuft in Kalkstein ähnlich wie in Sandstein. Diesen Einflüssen sind Formen wie die der Rainbow Bridge auf dem Coloradoplateau zu verdanken.

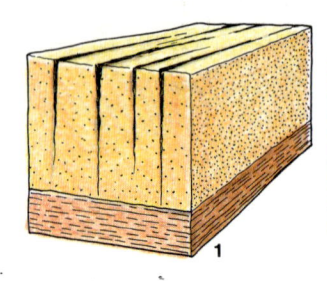

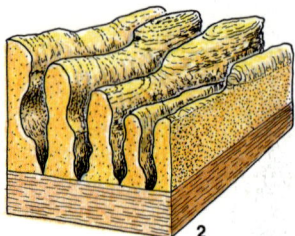

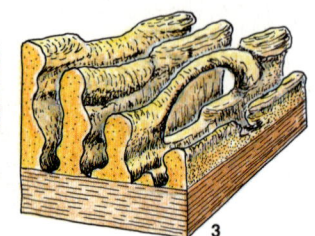

Dieser Felsbogen, der durch die Einwirkung von Verwitterung und Erosion entstand, ist 94 m hoch und spannt sich 85 m weit über eine Schlucht. Der massive Fels in diesem Gebiet besteht aus geschichtetem rosa Sandstein. Die Schichtung verläuft jedoch infolge wechselnder Sedimentationsbedingungen nicht immer parallel.

Durch den Einfluß von Wasser und Wind verwitterte das geschichtete Sandsteinpaket; dabei waren weniger widerstandsfähige Schichten diesen Kräften besonders ausgesetzt. Nachdem das weiche, verwitterte Gestein abgetragen war, blieben die heutigen bizarren Formen der festen Gesteinspartien übrig.

Insgesamt gibt es 19 solche Bögen, von denen die Rainbow Bridge der größte und auch der bekannteste ist. Im Jahr 1910 wurde das Gebiet, das einen Teil der Navajoreservation bildet, zum National Monument erklärt.

Rainier, Mount

Amerika, USA
46° 52′ n. Br., 121° 46′ w. L.

Ein Sonnenberg, von Licht überflutet und mit Gletschern gepanzert: Der Mount Rainier gleicht einer weißen Flamme, die aus den dunklen Wäldern zum blauen Himmel emporlodert.

Der Vulkankegel des Mount Rainier, der bei 4392 m gipfelt, ist der höchste Berg der Cascade Range. Er liegt mitten im Mount-Rainier-Nationalpark südöstlich von Seattle im Staat Washington. Seine Erstbesteigung erfolgte in der zweiten Hälfte des 19. Jahrhunderts, der Nordhang wurde jedoch erst in den dreißiger Jahren unseres Jahrhunderts bezwungen.

Der Mount Rainier ragt noch etwa

Mount Rainier *Über den Vorbergen erhebt sich der Vulkan mit seinem schneebedeckten, in der Sonne gleißenden Kegel in den Himmel.*

2400 m über die Hochplateaus der Umgebung empor, und während sich über ihnen dunkle Wolken zusammenballen, strahlt der Berg noch in der Sonne. Schimmernde Gletscher, die zu den größten Nordamerikas zählen, bedecken einen Teil des Gipfels. Der mächtigste von ihnen, der etwa 10 km lange Cowlitzgletscher, reicht bis unter 1500 m Höhe hinab. Zahlreiche, für das glaziale Relief typische Formen wie Kare, Hängetäler und Moränen sind hier zu finden. Im Winter ist der Berg von einer mächtigen Schneeschicht bedeckt, die manchmal bis zu 6 m hoch wird.

Die Cascade Range hat die Form eines ausgedehnten, über 1100 km langen Plateaus. Sie ist durch Becken und Täler stark gegliedert und reicht von Nordkalifornien im Süden bis nach British Columbia in Kanada. Im Tertiär entstand auf dieser Hochfläche eine Reihe von Vulkanen, die Lavaströme über die Plateaus ergossen. Daß diese Vulkane keineswegs zur Ruhe gekommen sind, hat der katastrophale Ausbruch des Mount St. Helens im Jahr 1980 vor Augen geführt. Beim Mount Rainier beschränkt sich die gegenwärtige vulkanische Tätigkeit auf das Auftreten von Fumarolen im Krater. Der Vulkankegel ist aus Lava und ausgeworfenen vulkanischen Tuffen aufgebaut.

Im gesamten nördlichen Teil der Cascade Range fällt viel Regen. Über große Flächen erstrecken sich deshalb dichte Nadelwälder, die im wesentlichen aus Douglasien bestehen.

Rak und Zirknitzer See

Europa, Jugoslawien
45° 47′ n. Br., 14° 20′ ö. L.

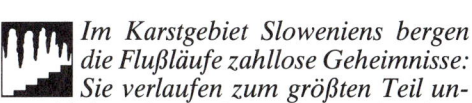

Im Karstgebiet Sloweniens bergen die Flußläufe zahllose Geheimnisse: Sie verlaufen zum größten Teil unterirdisch und entziehen sich manchmal sogar den Untersuchungen der Höhlenforscher. An der Erdoberfläche können sie andererseits zu Überschwemmungen führen und dabei große Seen entstehen lassen.

Rund 20 km östlich von Triest und etwa 50 km nordwestlich von Rijeka befindet sich ein großes, weitverzweigtes Höhlensystem, das typisch für die jugoslawischen Karstlandschaften ist. Es liegt in der Republik Slowenien und wird von dem Fluß Reka durchflossen. Die Höhlensysteme nehmen einen großen Teil der Bäche und kleinen Flüsse dieses Gebietes auf. Die Wasserläufe verschwinden in Schlucklöchern (Ponoren), die am Boden von Poljen und Dolinen liegen, und fließen über größere Strecken unterirdisch weiter.

Ein bekanntes Beispiel für ein unterirdisches Flußsystem ist die Golobina jama (Taubenhöhle). Sie wird von einem mächtigen Wasserlauf durchflossen, der erst nach 2 km wieder an die Erdoberfläche gelangt. Die Enge der Höhlengänge erlaubt es jedoch nicht, weiter als etwa 150 m in dieses unterirdische Labyrinth vorzudringen. Der Höhlenbach kommt erst in der Polje von Cerknica (Zirknitz), einer etwa 10 km langen und durchschnittlich 4 km breiten Senke, wieder zum Vorschein. Der Boden der Polje ist flach und wird bei Hochwasser gänzlich überschwemmt. Während der Durchquerung der Polje von Cerknica versickert der Fluß zum Teil wieder in deren Schlucklöchern. Bei Niedrigwasser verschwindet er sogar gänzlich. Bei mittlerem Wasserstand ist die Wasserführung aber bereits so groß, daß der Fluß seinen oberirdischen Weg trotz der Wasserverluste fortsetzen kann.

Während der Hochwasserperioden, die insbesondere nach sommerlichen Gewittern und zur winterlichen Regenzeit auftreten, können die Schlucklöcher die gewaltigen Wassermassen, die dem Zentrum der Polje von Cerknica zuströmen, nicht mehr nach unten ableiten. Manche Ponore, die das Wasser sonst schlucken, speien es nun sogar aus. Zahlreiche Quellen, die einen großen Teil des Jahres versiegt sind, beginnen dann zu fließen. Die Polje wird dann völlig überflutet, und auf ihrer Sohle dehnt sich ein bis zu 28 km großer See aus. Nur einige auf Anhöhen erbaute Dörfer in der Mitte der Ebene ragen aus diesem heraus. Ganze drei Tage genügen, um den See aufzufüllen, aber es dauert mindestens zwei Wochen, bis er sich wieder entleert hat. Seine Entstehung ist keineswegs regelmäßig, da die Hochwasserperioden von den Niederschlägen im Einzugsgebiet der Polje bestimmt werden. Das Wasser des Sees läuft über zwei Höhlen in den Untergrund ab. Sie wurden in Niedrigwasserzeiten schon bis zu 2500 m Entfernung vom Grottentor in nördlicher Richtung erforscht.

Nicht weit von der Polje von Cerknica beginnt der malerische oberirdische Teil des Flusses Rak. Es ist ein kleiner, ungefähr 2 km langer und im Durchschnitt 60 m tiefer Canyon, der an beiden Enden vollständig geschlossen ist. An seinem talaufwärts gelegenen Ostende entspringt der Fluß an einer Karstquelle, die zu einem großen Teil vom in der Polje von Cerknica verschwundenen Wasser gespeist wird. Dies ergab die bis zu 1 km in östlicher Richtung vorgetriebene Erforschung der

Rak und Zirknitzer See *Nur kurze Strecken fließt der Fluß zwischen den mit Moos und Zungenfarn bewachsenen Kalkwänden. Dann versickert er schon wieder über Schlucklöcher in der slowenischen Karstlandschaft.*

Höhle, der die Karstquelle entströmt. Auf einer Länge von 150 m fließt der Rak am Grund einer engen Klamm mit senkrechten oder überhängenden Wänden. Einer dieser Überhänge weist ein etwa 15 m großes Loch auf und bildet so eine Art Tor, das als „Kleine Brücke" bekannt ist. Hinter diesem Felstor versickert der Rak erneut in das Höhlensystem. Dort fließt er in einem vom Schacht einer Einsturzdoline durchbrochenen Tunnel. Der Rak verläuft über 300 m gänzlich unterirdisch, tritt dann aber wieder durch eine riesige Vorhalle ins Freie. Der Fluß gelangt anschließend in ein grünes Tal. Nach einer Strecke von 2 km erreicht er die natürliche „Große Brücke". Ihr Bogen ist bis zu 19 m hoch. In der trockenen Jahreszeit versickert der Rak kurz vor der „Großen Brücke" in einem Schluckloch. Bei ausreichender Wasserführung fließt er jedoch unter dem Bogen hindurch in eine 200 m lange Felsschlucht. Am Talende verschwindet er schließlich in einer großen Höhle. Ihr Eingang liegt in der Mauer aus Kalkstein, welche den Ausgang der Schlucht versperrt. Diese Höhle heißt „Grotte des Webers". Der Name stammt aus einer alten Sage, die von einem in dieser Höhle zu Stein erstarrten Weber erzählt. Etwa 370 m weit im Innern der Höhle versperrt ein Siphon den Weg. Der Rak fließt nun durch nicht begehbare Gänge und mündet bei Planina in die Pivka, nachdem diese die berühmten Adelsberger Grotten durchflossen hat und kurz zuvor wieder an die Erdoberfläche getreten ist.

Red Deer, Badlands des

Amerika, Kanada
52° 12′ n. Br., 113° 48′ w. L.

Wo heute der Red Deer durch Getreidefelder fließt und sein Bett in weiches, unfruchtbares Gestein gräbt, waren vor 100 Millionen Jahren nur Sumpf und Dschungel. Nach den Dinosaurierskeletten, die man an den Flanken des Tals entdeckte, wird das Red Deer Valley auch das Tal der Dinosaurier genannt. Aufgrund seiner auffallenden Ähnlichkeit mit den Erosionsformen der Badlands von Dakota erhielt das Gebiet den gleichen Namen.

Der Red Deer River entspringt am Fuß der Rocky Mountains. Er fließt anfänglich nach Nordosten, biegt nördlich der Stadt Red Deer nach Südosten um und durchquert die riesigen Getreidefelder der Ebene von Südalberta in östlicher Richtung, um schließlich in den South Saskatchewan River zu münden. In dieser Ebene wurde im Mesozoikum ein Plateau aus Kreidesandsteinen angelegt. Die Sandsteine gehören zur Gruppe der Sedimentgesteine, und auch im Tertiär wurde während und nach der Hebung der Rocky Mountains überwiegend sandiges Sediment hier abgelagert. Die Gletscher des Quartärs drängten den Flußlauf nach Süden, und so hat der Red Deer seine von steilen Wänden eingefaßte Rinne in dieses weiche, brüchige Sandsteinmaterial eingeschnitten, an manchen Stellen sogar bis über 100 m tief.

Das kontinentale Klima – heiße Sommer und kalte Winter – begünstigt die erosive Tätigkeit des Flusses. Die heftigen, aber seltenen Regengüsse im Sommer reichen nicht aus, um mehr als eine nur spärliche

Vegetation entstehen zu lassen. Außerdem erodieren sie, wie auch das Schmelzwasser im Frühjahr, die steilen Hänge und hinterlassen tiefe Spülrinnen. So kann sich auch hier keine Vegetation halten, was wiederum bedeutet, daß die Hänge ohne Schutz den Witterungseinflüssen ausgesetzt sind. Die Landoberfläche ist durch tiefe, kleinere Schluchten zerschnitten. Die Täler sind nur durch schmale Grate voneinander getrennt. Auch schafft die Erosion oft eigenartige Formen wie beispielsweise die Erdpyramiden, für die das Red Deer Valley neben seinen Fossilienfunden berühmt ist. Diese Erdpyramiden sind oft nebeneinander angeordnet, was den Vergleich mit Orgelpfeifen nahelegt.

Ende des 19. Jahrhunderts wurde in diesem Gebiet der erste Dinosaurierschädel gefunden, Anfang des 20. Jahrhunderts das

Red Deer *Wie riesige, vorsintflutliche Reptilien erheben sich die Alberta-Sandsteinbrekzien. Ihre Schichten scheinen den Formen der Dinosaurierschädel der Vorzeit nachgebildet zu sein.*

erste vollständige Skelett. Seither wurden mehr als 400 weitere Skelette ausgegraben. Dank dieser Funde hat man wichtige neue Erkenntnisse über diese längst ausgestorbenen Reptilien gewinnen können.

Die Dinosaurier vom Red Deer River werden in pflanzenfressende Saurier und Raubsaurier unterteilt. Zu den Pflanzenfressern gehörten beispielsweise der *Stegosaurus* und der *Triceratops*. Dieser hatte ein kurzes Horn oberhalb der Nase und zwei nach vorn gerichtete Hörner über den Augen. Der sehr große Schädel lief in einen Nackenschild aus. Der *Triceratops* erreichte eine Länge bis zu 6 m und wog mehrere Tonnen.

Diese friedlichen, pflanzenfressenden Saurier waren ständig von ihren riesigen fleischfressenden Artgenossen bedroht. Einer davon war der gigantische, bis zu 5 m hohe *Tyrannosaurus*. Diese Dinosauriergattung hatte verkümmerte Vorderfüße und starke Hintergliedmaßen. Die Reißzähne, in zwei Reihen angeordnet, waren bis zu 20 cm lang.

Die Ursache für das plötzliche Verschwinden dieser großen Reptilien am Ende des Mesozoikums ist auch heute noch nicht völlig geklärt. Im Mesozoikum, vor mehr als 100 Millionen Jahren, bestand dieses Gebiet aus Lagunen, Sümpfen und Deltas mit üppiger Vegetation, und man nimmt allgemein an, daß der Klimaumschwung zum Tertiär beiden Arten die Nahrungsgrundlage entzog.

Einige Skelette und Fossilien sind im Museum von Drumheller am Red Deer River sowie am Fundort zu besichtigen. In einem Park in der Nähe der Stadt stehen Nachbildungen von Dinosauriern in Lebensgröße.

Um das Tal des Red Deer dehnt sich die Ebene endlos aus. Die Eintönigkeit wird nur durch die hohen Umrisse der Getreidesilos und der Ölpumpen unterbrochen. Im Gebiet von Drumheller werden mehrere Steinkohlelager unter Tage abgebaut. Drumheller und Red Deer sind bescheidene Verwaltungszentren inmitten eines reichen Ackerbaugebiets.

Rhein

Europa
47°–52° n. Br., 4°–11° ö. L.

Dichter haben ihn besungen. Als sogenannte natürliche Grenze ist er durch die Jahrhunderte immer wieder zum politischen Zankapfel zwischen Frankreich und Deutschland geworden. Heute ist der Rhein einer der wichtigsten europäischen Binnenwasserwege.

Der Rhein ist mit 1320 km Länge der längste Fluß Deutschlands und einer der bedeutendsten Europas. Von seinem Ursprung in der Schweiz aus den beiden Flüssen Vorder- und Hinterrhein bis zu seinem Mündungsdelta in den Niederlanden gliedert sich der Lauf in fünf Teilstücke: Alpenrhein, Hochrhein, Oberrhein, Mittelrhein und Niederrhein.

Der Rhein entwässert ein etwa 252 000 km² großes Einzugsgebiet, das sich aus verschiedenen Abflußregimen zusammensetzt. Dadurch unterscheidet er sich von anderen großen europäischen Flüssen wie beispielsweise der Seine, die nur von einem einzigen Abflußregime geprägt wird. Der Rhein fließt durch drei Großlandschaften Mitteleuropas, und auch durch seine Zuflüsse hat er Anteil an Hochgebirge, Mittelgebirge und Tiefland.

Wie die Rhone entspringt er am Gotthardmassiv inmitten der Schweizer Alpen. Als Vorderrhein folgt er einer tektonisch angelegten Talfurche, die von einem eiszeitlichen Gletscher zu einem Trogtal ausgearbeitet wurde. In ihn münden viele Bergbäche, darunter bei Reichenau der Hinterrhein, der im Zapportgletscher der Adulagruppe entsteht und wegen seiner steilen Schluchten berühmt ist. Hier liegt das bekannte Bergsturzgebiet von Flims, eine der größten geomorphologischen Sehenswürdigkeiten der Zentralalpen. In urgeschichtlicher Zeit, nach der letzten Eiszeit, stürzte hier ein überhängender Gebirgsgrat ins Tal, als sich der Talgletscher zurückgezogen hatte und der Grat somit seine Stütze verlor. Dieser riesenhafte Bergsturz, dessen Volumen auf 10 bis 15 Milliarden m³ geschätzt wird, versperrte dem Fluß den Weg. Das Wasser staute sich so lange auf, bis es sich schließlich über das Hindernis ergoß und in das Gesteinsmaterial des Bergsturzes eine enge Schlucht erodierte.

Von hier aus bis zum Bodensee ist der Fluß als Alpenrhein bekannt. Sein Abflußsystem ist durch eine erhöhte Wasserführung im Hochsommer gekennzeichnet, denn in dieser Zeit findet die Schnee- und Gletscherschmelze im Hochgebirge hauptsächlich statt, und zwischen Mai und Juli führt er überwiegend Schmelzwasser ab. Bis Chur fließt der Alpenrhein in östlicher Richtung. Hier wendet er sich jedoch abrupt nach Norden, eine Fließrichtung, die er bis zu seiner Mündung in den Bodensee beibehält.

Der Bodensee liegt in einer Randsenke vor dem Gebirge, die durch den Rheingletscher ausgehobelt und vertieft wurde. Er hat eine Fläche von 538 km² und eine maximale Tiefe von 252 m. Die Ufer des Sees, die sich durch ein mildes, gemäßigtes Klima auszeichnen, sind ein Zentrum des Obstanbaus und des Tourismus.

Nach seinem Austritt aus dem Untersee bei Stein am Rhein nimmt der Fluß, der jetzt als Hochrhein bezeichnet wird, wieder alpinen Charakter an, obgleich er nun endgültig das Hochgebirge verlassen hat und an dessen Nordrand nach Westen fließt. Bei Schaffhausen hat er zum letztenmal das Aussehen eines Bergflusses. Hier stürzt er 21 m tief über eine Jurakalkstufe, um den größten Wasserfall Europas – den Rheinfall – zu bilden.

Bis zum Ende des Tertiärs floß der Rhein weiter über die Sundgauschwelle zur Rhone. Während der Gebirgsbildung hob sich jedoch die Sundgauschwelle und bildete somit ein Hindernis für den Fluß, der beim heutigen Basel nach Norden umgelei-

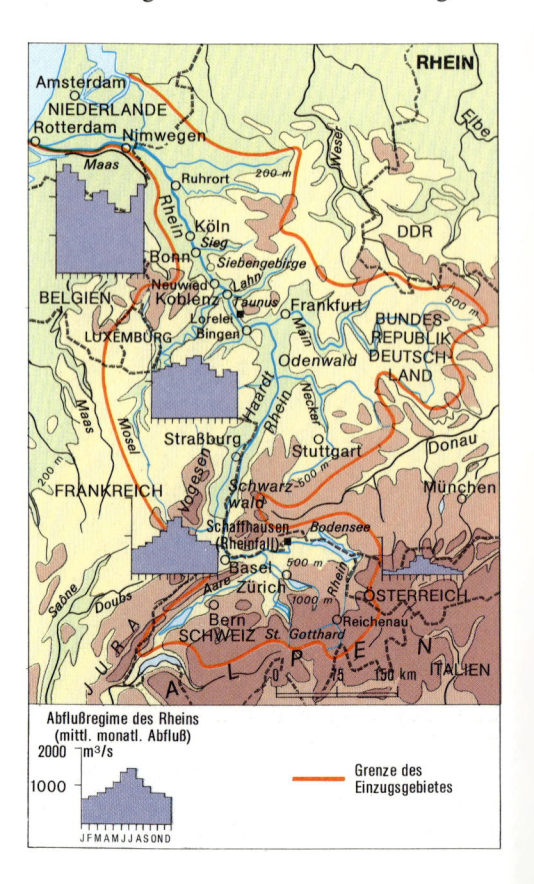

Rhein Hier, noch nicht weit entfernt von ihren kalten Bergquellen, fließen die schnellen Wasser des noch kleinen Flusses in engen Tälern mit bewaldeten Berghängen. Später wird er breiter und tiefer und entwickelt sich zu einer der wichtigsten europäischen Wasserstraßen.

Rhein *Zwischen Bingen und Bonn durchquert der Rhein in gewundenem Lauf das Rheinische Schiefergebirge. Sein Durchbruchstal entwickelte sich zu einem der bedeutendsten Verkehrswege Europas.*

tet wurde. Seit dieser Zeit durchfließt er als Oberrhein zwischen dem Schwarzwald und dem Odenwald im Osten und den Vogesen und der Haardt im Westen den Oberrheingraben, einen Grabenbruch, der im Alttertiär angelegt wurde und heute noch tektonisch aktiv ist. Zeugen dieser Aktivität sind unter anderem die heißen Quellen und auch die Erdbeben, die in diesem Gebiet vorkommen.

Während der Kaltzeiten des Pleistozäns lagerte der Rhein große Schottermengen in dem Graben ab. In den Zwischeneiszeiten, als er durch das Schmelzwasser mehr Wasser führte und daher stärker erodieren konnte, formte er in diesen Schotterpaketen Terrassenstufen. Infolge des geringen Gefälles in diesem Abschnitt mäandrierte der Rhein seit der letzten Eiszeit auf einer großen Breite der Grabenfläche, Überschwemmungen traten regelmäßig auf, und weite Teile der Ebene waren versumpft. Im vorigen Jahrhundert wurde jedoch sein Lauf begradigt und das Kulturland auf diese Weise ausgedehnt.

Weiter nördlich stößt der Strom auf das große Hindernis des Rheinischen Schiefergebirges. Zögernd wendet er sich zunächst bei Mainz schräg nach Westen und fließt am Fuß des Taunus vorbei. Bei Bingen durchbricht der Mittelrhein dann jedoch das Mittelgebirgsmassiv. Der malerische Charakter der Landschaft von Bingen bis zur Kölner Bucht wird durch die kleinen Weindörfer, die unterhalb von Burgen und Schloßruinen liegen, noch betont, und es überrascht nicht, daß hier so viele Sagen und Legenden entstanden sind. Das Flußbett wird in diesem Bereich sehr schmal. Auf der Höhe der Lorelei ist der Rhein nur 115 m breit, und die steilen Wände des Schiefergesteins liegen etwa 200 m auseinander. Gesteinshärtlinge bilden kleine Inseln mitten im Fluß, die für die Schiffahrt besonders hinderlich sind. Die berühmte Lorelei, ein Felsvorsprung, der 132 m senkrecht über den Strom emporragt, verursacht starke Querströmungen und stellt somit eine große Gefahr für die Schiffahrt dar.

Durch die Einmündungen von Mosel und Lahn ungefähr in der Mitte des Rheinischen Schiefergebirges stellt sich das Abflußsystem des Rheins völlig auf ein Mittelgebirgsregime um. Hier treten hohe Wasserstände im Frühjahr zur Zeit der Schneeschmelze und im Herbst als Ergebnis des ozeanisch beeinflußten Klimas auf. Das Mittelrheintal im Rheinischen Schiefergebirge ist ein antezedentes Durchbruchstal, das bereits vor der Heraushebung des Gebirgsmassivs bestand und sich in dem Maß vertiefte, in dem das Gebirge emporgehoben wurde. Dieser tektonische Vorgang hat an den Hängen entlang des Flusses eine Reihe von ungleichmäßig abgestuften Felsterrassen hinterlassen.

Bevor der Rhein als Niederrhein in die Kölner Bucht gelangt, streift er am östlichen Ufer das Siebengebirge, ein Zeugnis des tertiären Vulkanismus, das aus basaltischen und trachytischen Vulkankuppen besteht. Dieser untere Lauf des Rheins ist ein Tieflandstrom. Er fließt durch eines der bedeutendsten Industriegebiete Mitteleuropas, das er mit dem Überseehafen Rotterdam verbindet. Auf niederländischem Gebiet teilt er sich in mehrere Flußarme, von denen der südlichste in die Maas mündet, und beendet nach über 1300 km seinen Lauf in einem großen Delta. Dies ist überwiegend trockengelegt. Mächtige Dämme schützen es seit Vollendung des Deltaplans 1986 vor Sturmfluten. Bis dahin wurde das Mündungsgebiet häufig von Überschwemmungen heimgesucht.

Zwischen Basel und Rotterdam ist der Rhein zu einer der wichtigsten Binnenwasserstraßen Europas geworden, an die ein weitverzweigtes Kanalnetz angeschlossen ist. Aber auch dank seiner schönen und abwechslungsreichen Uferlandschaften stellt er auf fast seiner gesamten Länge eine touristische Attraktion ersten Ranges dar, die aufgrund ihrer Einmaligkeit weltbekannt geworden ist.

Ribeira, Grotten des Rio da

Amerika, Brasilien
2° 39' s. Br., 45° w. L.

Verschwundene Flüsse, versickert in blinden Tälern, tauchen in Quellen wieder auf, rauschen durch Canyons – das sind die von Grotten und Höhlensystemen gesäumten Irrwege der Zuflüsse des Rio da Ribeira.

Der Rio da Ribeira entspringt in Brasilien im Bundesstaat Paraná in der Nähe der Stadt Curitiba. Nach etwa 500 km Fließstrecke mündet er in der Nähe von Iguape im Bundesstaat São Paulo in den Atlantik. Sein Flußbett führt durch ein mit tropischem Wald bewachsenes Massiv, das überwiegend aus Kalkgestein aufgebaut ist. Vor allem die linken Zuflüsse kommen aus tiefen Canyons, die als blinde Täler auslaufen. Höhlen, Ponore und Canyons sowie ein häufiger Wechsel des Flußverlaufs – mal ober-, mal unterirdisch – charakterisieren das Abflußsystem dieses Karstgebiets. Die westlichen Zuflüsse des Ribeira werden aus dem unterirdischen System gespeist. Dazu erhalten sie auch Wasser von kleineren Flußläufen, die noch weiter westlich versickert sind.

Die Nebenflüsse des Rio da Ribeira, eingebettet in die Plateaus der Umgebung, bieten ein besonders deutliches Beispiel für die Vielfalt der hydrologischen Systeme in tropischen Karstgebieten.

Als Beispiel für die Flüsse dieses Karstsystems mag der Rio Iporango dienen. Auch er entspringt am Ende eines blinden Tals aus einer Karstquelle. Nach kurzem Lauf mündet er bei Iporanga in den Rio da Ribeira. Vorher versickert er jedoch zweimal vollständig im Untergrund und tritt an einer anderen Stelle wieder zutage.

Das unterirdisch fließende Wasser hat im Kalkgestein oft große Höhlensysteme

Ribeira *Strahlt man die Wände der Grotten an, so werden die vielfältigen Formen der Stalaktiten und Stalagmiten sichtbar. Sie wurden in Jahrtausenden vom herabtropfenden unterirdischen Wasser aufgebaut.*

entstehen lassen. Sie sind das Ergebnis der chemischen Verwitterung, die auf der Löslichkeit von Kalk in kohlensäurehaltigem Wasser basiert. Die Höhlensysteme, die zur Zeit noch nicht vollständig erforscht sind, sind besonders stark verzweigt. Dies zeigen die vielen kleinen Karstquellen und Ponore, die in der Nähe der großen Grotten zu beobachten sind. Oft sind diese Grotten so groß, daß sich an ihrem Boden ein breiter Wasserlauf gebildet hat, der entweder in einem Ponor wieder verschwindet oder durch ein breites Tor die Höhle verläßt. Die Wände der Grotten sind mit schönen Tropfsteinen geschmückt, die zum Teil noch vom Tageslicht beleuchtet werden. Ein Teil der unterirdischen Höhlen und Gänge ist begehbar, und man könnte sie für den Tourismus erschließen. Das Gebiet wird bereits von einer großen Fernstraße durchquert, die über São Paulo und Curitiba weiter nach Süden verläuft.

Rift Valley (Ostafrikanischer Graben)

Afrika, Kenia
0° 45' s. Br. – 10° n. Br., 35°–40° ö. L.

Das Ostafrikanische Grabensystem verläuft in nordsüdlicher Richtung über eine Länge von mehr als 6000 km. Einen Teil dieses Systems bildet der Ostafrikanische Graben, der auch unter dem englischen Namen Rift Valley bekannt ist und von dem Landschaft und Klima Kenias weitgehend geprägt werden.

Der Reisende, der von Nairobi in Richtung Kampala fährt, durchquert zunächst die monotone Landschaft des Kikuyuhochlands. Plötzlich gelangt er an eine tiefe Bruchstufe, von der er die ganze Umgebung überblickt. Er steht vor einem der größten Grabenbrüche der Erde, dem Ostafrikanischen Graben.

Der Kenianische Graben ist nur ein kleiner Teil des großen Ostafrikanischen Grabensystems, das vom Njassasee im Süden bis zum Jordangraben verläuft und eine Länge von über 6000 km aufweist.

Nördlich des Njassasees teilt sich der Graben und verläuft im Westen als Zentralafrikanischer Graben über den Tanganjikasee bis zum Albertsee. Der zweite Graben, der eigentliche Ostafrikanische Graben, liegt östlich des Victoriasees und erstreckt sich bis zum Turkanasee. Diese

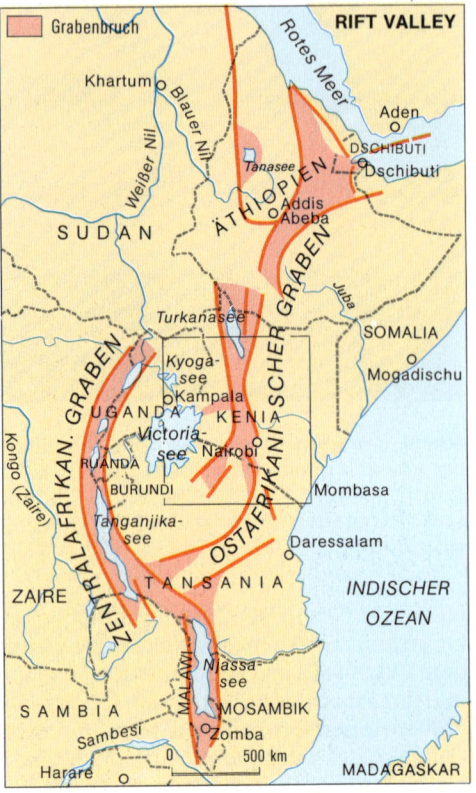

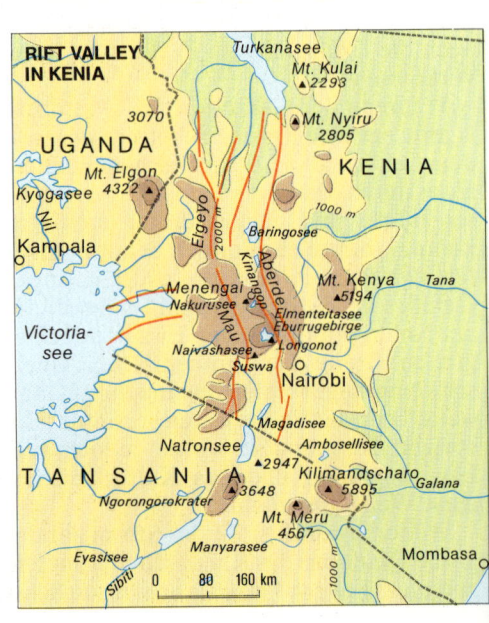

Grabensysteme sind auf der Karte durch die langgestreckten, kettenförmig angelegten Seen deutlich zu erkennen. Der Ostafrikanische Graben spaltet sich seinerseits nördlich des Turkanasees und verläuft über Äthiopien und den Golf von Aden sowie über den Graben des Roten Meeres bis zum Jordangraben.

In Kenia trennt der Ostafrikanische Graben die östliche Hochfläche, die vom Mount Kenya (5194 m) überragt wird, von ihrer westlichen Fortsetzung. Diese fällt langsam zum Victoriasee ab und bestimmt die Abflußrichtung der meisten Flüsse, die allerdings nur periodisch Wasser führen. Diese Hochfläche und das Grabensystem sind relativ jung. Sie entstanden am Ende des Tertiärs als Folge ausgedehnter Bewegungen der Erdkruste. An der größten Belastungsstelle brach die ostafrikanische Scholle auseinander und bildete das Grabensystem. Die Gegend war Schauplatz äußerst intensiver vulkanischer Tätigkeit,

Rift Valley *Unter einem verhangenen Äquatorhimmel liegt bleifarbenes Lavagestein, das bei Vulkanausbrüchen angehäuft wurde. Die Lava konnte durch Risse, die infolge der Bewegungen der Erdkruste entstanden, bis zur Oberfläche aufsteigen.*

die sich während des Pliozäns und des Pleistozäns fortsetzte und bis in die Gegenwart andauert.

Der Abschnitt des Ostafrikanischen Grabens zwischen Nairobi und Nakuru ist wegen der Vielfalt und Wildheit seines Reliefs besonders interessant. Im Westen wird der Graben von der Bruchstufe des Mau Escarpment überragt, dessen höchste Punkte der Mau (3049 m) und der Melili (3098 m) sind. Die östliche Begrenzung bildet die Aberdare Range; ihre höchsten Berge – der Kipipiri (3349 m), der Lesatima (3994 m) und der Mount Kinangop (3906 m) – sind alte tertiäre Vulkane.

Nur mit Hilfe zahlreicher Serpentinen und Tunnel können Straße und Eisenbahn diese Steilstufe zwischen dem Hochland im Osten und der Sohle des Grabens bewältigen. Der Boden des Grabens wird von einer Reihe kleinerer Verwerfungen durchzogen, aus denen auch vulkanisches Material ausfloß. Diese kleinen Vulkane können jedoch nicht mit den Vulkanriesen verglichen werden, die über die Hochplateaus an den Grenzen des Grabens emporragen. Es sind der Mount Kenya, mit 5194 m der zweithöchste Berg Afrikas, der Mount Elgon (4322 m) an der Grenze mit Uganda und der Meru (4567 m). Zu den Vulkanen des kenianischen Grabenteils gehören auch der Suswa (2357 m), der Longonot (2777 m) und der Menengai (2277 m). Der Suswa, der am südlichsten liegt, hat einen großen, ringförmigen Krater. Der Longonot südlich des Naivashasees hat die klassische Form eines von *Barrancos* durchbrochenen Vulkankegels. Der Menengai schließlich am Ufer des Nakurusees zeichnet sich durch seine große Caldera mit etwa 12 km Durchmesser aus. Alle drei bestehen hauptsächlich aus Trachyten, und es ist nicht völlig sicher, ob sie endgültig erloschen sind. Es gibt aber auch Hunderte von kleineren Vulkanherden und kleineren Kegeln, vor allem rund um den Naivashasee und im Eburrumassiv. An verschiedenen Stellen zeugen heiße Quellen von der Nähe des Magmas.

In die kettenförmig angeordneten Seen des Ostafrikanischen Grabens münden verschiedene Flüsse, die die angrenzenden Hochflächen entwässern. Der größte und bekannteste See ist der Turkanasee, doch gibt es noch eine Vielzahl kleinerer Seen, deren Bedeutung für das Gebiet, vor allem für die Tierwelt, ebenfalls beachtlich ist. Zu ihnen gehören der Baringosee, der Hanningtonsee, der Elmenteitasee und der Naivashasee. Weiter südlich liegen die

Salzseen, der Magadisee und der Natronsee, die insofern eine gewisse wirtschaftliche Bedeutung haben, als sie der Salzgewinnung dienen. Sie sind Reliktformen einstmals wesentlich größerer Gewässer, die nach dem Klimaumschwung am Ende des Pleistozäns bis auf ihre heutige Größe austrockneten. Die ursprüngliche Größe läßt sich durch die Höhe alter Strandterrassen nachweisen.

Das Klima des Grabens ist durch eine weitaus geringere Niederschlagsmenge (etwa 700 mm) gekennzeichnet als das der angrenzenden Hochplateaus, die jährlich bis zu 1500 mm Regen empfangen. Die höchsten Partien der großen Randstufen sind am stärksten beregnet. Sie sind häufig mit Regenwald bewachsen, während auf der Sohle des Grabens Akaziensavannen oder Steppen vorherrschen.

Dank seiner großartigen Landschaften und seines morphologischen Formenreichtums zählt das Rift Valley zu den schönsten Gegenden ganz Afrikas. Seine Vulkane, Seen und Tierschutzgebiete tragen maßgeblich zu einer beachtlichen Entwicklung des Fremdenverkehrs bei.

Riglos, Mallos de

Europa, Spanien
42° 21′ n. Br., 0° 44′ w. L.

Schon während ihrer Entstehung waren die Pyrenäen den Kräften der Abtragung unterworfen. Nach Abschluß der Gebirgsbildung wurde der Abtragungsschutt durch Flüsse von neuem erodiert. Dabei entstanden so bizarre Gebilde wie die Mallos de Riglos.

Zwischen der Ebrosenke und den aragonischen Pyrenäen erstrecken sich von Westen nach Osten die Hügelketten der Vorpyrenäen, die Sierra de Guara. Die Felsen der Mallos de Riglos, die der Río Gállego in einer tiefen Schlucht durchquert, sind ein Teil dieser Vorberge. Die Topographie der Mallos ist besonders bemerkenswert. Hohe Kliffs in rötlichem Ocker erheben sich zu eindrucksvollen Felsbastionen. Diese steil emporstrebenden, manchmal isoliert liegenden Felsklötze erreichen Höhen bis zu 900 m. Manche ragen mehr als 300 m über das Tal des Gállegos auf.

Die Mallos bilden drei Gruppen, die durch steil und tief eingeschnittene Schluchten getrennt sind. Die mittlere Gruppe, die oberhalb des kleinen Dorfes Riglos liegt, ist mit ihren mächtigen Felsblöcken die eindrucksvollste. Die westliche Gruppe, deren gigantische Felsformen an stumme, versteinerte Schildwachen erinnern, birgt die Schlucht des Gállegos.

Der Gesteinsuntergrund der Mallos besteht aus einem kiesigen Konglomerat, das durch ein rötliches, sandig-kalkiges Bindemittel zusammengehalten wird. Diese gewaltige Konglomeratschicht entstand im

Mallos de Riglos *Über einer lieblichen, mit Obstbäumen bepflanzten Landschaft erheben sich die Gesteinsformationen der Mallos de Riglos. Sie wurden während der jüngsten geologischen Geschichte dieses Gebietes vom fließenden Wasser aus dem rötlichen Konglomerat geformt.*

Oligozän und im Miozän, d. h. im frühen und mittleren Tertiär. Sie bildete sich also zusammen mit den Pyrenäen. In dem Maß, wie die Gebirgskette gehoben wurde, verstärkten sich auch Verwitterung und Erosion. Am Gebirgsfuß wurde der Verwitterungsschutt durch Flüsse abgelagert. Es entstanden Schotterpakete mit einer Mächtigkeit von mehreren hundert Metern aus zugerundetem, kiesigem Verwitterungsmaterial, das später durch ein Bindemittel verfestigt wurde. Durch die erosive Tätigkeit des Gállegos wurden die Schotterpakete erneut zerschnitten. So entstanden tiefe Schluchten und Spülrinnen. Als Ergebnis der Abtragung erwuchsen die bizarren Formen der Felsen der Mallos de Riglos.

Dieser äußere Pyrenäenrand ist relativ dicht besiedelt. Die von den zahlreichen Quellen bewässerten Felder sind mit Kartoffeln, Mais, Brechbohnen und Tomaten bepflanzt. Auf den trockenen Anbauflächen wachsen Weizen und Gerste, dazwischen stehen Mandel- und Olivenbäume. Die Berghänge sind häufig von Kiefern, Steineichen und Buchsbäumen bestanden.

Rio de Janeiro

Amerika, Brasilien
22° 53′ s. Br., 43° 17′ w. L.

Die weite Bucht, die Strände und der „Zuckerhut", die das Bild von Rio de Janeiro prägen, haben die Stadt weltweit berühmt gemacht. Dieses Relief ist das Ergebnis tektonischer Bewegungen, der tropischen Verwitterung und der zerstörenden und wieder aufbauenden Arbeit des Meeres.

Die vielfachen Gegensätze von Meer, Strand und steilen Bergen bilden um Rio de Janeiro eine Landschaft von außerordentlicher Schönheit. Die Stadt erstreckt sich über eine Reihe von Aufschüttungsebenen, die sich zu beiden Seiten der Bucht von Guanabara entwickelten. Sie gehen landeinwärts in kleine Gebirgsstöcke über, von denen der Pico da Tijúca mit einer Höhe von 1021 m der größte ist.

Die Bewegungen der Erdkruste erklären die bewegte Topographie. Der Granitsockel zerbrach in mehrere treppenförmig angeordnete Schollen, die die Anhöhen um Rio de Janeiro bilden. Die Küstenscholle wurde durch den weltweiten Anstieg des Meeresspiegels nach der letzten Eiszeit überflutet. Anfangs noch felsig und unregelmäßig, wurde die neue Küstenlinie durch transportiertes Sediment immer regelmäßiger ausgestaltet. Nehrungen schnüren mehrere Buchten ein. Weite Sandstrände – der berühmteste ist der Strand von Copacabana – reichen bis an die Felsrücken heran. Von der abgesunkenen Küstenscholle blieben massive und erosionsbeständige Restpfeiler stehen, die zu glockenförmigen Einzelerhebungen verwitterten. Diese Berge mit ihren steilen Flanken, die aus übereinander angeordneten Gesteinsplatten aufgebaut sind, zeigen die charakteristische schalige Verwitterung von Graniten und Gneisen unter tropischen Klimabedingungen. Das Gestein wird chemisch stark zersetzt, was eine intensive und gleichmäßige Abschuppung seiner Oberfläche bewirkt. Auch der feine Gesteinsgrus, der sich am Fuß der Wände ansammelt, wird chemisch weiter aufgelöst und von den starken tropischen Regengüssen weggeschwemmt. Diese Einzelberge werden als *Morros* bezeichnet. Im Pão de Açúcar, dem Zuckerhut (395 m), ist diese Verwitterungsform am deutlichsten ausgeprägt.

Die Bucht von Guanabara wurde angeblich Anfang des 16. Jahrhunderts von den Portugiesen entdeckt, die sie anfänglich für eine Flußmündung hielten und ihr daher den Namen Rio de Janeiro, d.h. Januarfluß, gaben. Aus den Mitte des 16. Jahrhunderts gegründeten Siedlungen entstand die Stadt, die nicht zuletzt dank der Bodenschätze des Bundesstaats Minas Gerais zu

Rio de Janeiro *In einem auf der Welt einzigartigen Rahmen wacht der Zuckerhut, das Wahrzeichen der Stadt, friedlich über die herrlichen Buchten und die weiten, von Wolkenkratzern gesäumten Sandstrände. Im Vordergrund des Bildes liegt die Bucht von Botafogo. Entlang der Küste direkt hinter dem Strand führen breite, mehrspurige Autostraßen.*

einer der bedeutendsten Industrie- und Handelsstädte Brasiliens wurde. Bis zur Gründung von Brasilia im Jahr 1960 war Rio, wie die Stadt meist kurz genannt wird, die Hauptstadt des Landes. Nach einer Schätzung von 1985 hatte die Stadt über 5,6 Millionen Einwohner, der Großraum Rio de Janeiro sogar über 9 Millionen. Somit ist Rio de Janeiro gegenwärtig nach São Paulo das zweitgrößte städtische Ballungszentrum Brasiliens und das drittgrößte Südamerikas.

Vom alten Stadtkern ist außer einigen Bauten aus der Kolonialzeit wenig erhalten. Das Stadtbild ist von den Wolkenkratzern des Zentrums und den Elendsvierteln, den *Favelas*, an den Berghängen geprägt. Im Süden liegen die Strände von Flamengo, Botafogo und Copacabana, und hier erstrecken sich auf den Anhöhen des Hinterlandes luxuriöse Wohnviertel mit prächtigen Villen und Wohnhäusern. Das Wahrzeichen der Stadt ist der berühmte Zuckerhut. Fast ebenso bekannt ist der 704 m hohe Corcovado, der von einer 38 m hohen Christusstatue gekrönt ist.

Rio de Janeiro mit seinem großartigen Naturhafen ist heute die größte Verkehrsdrehscheibe Brasiliens. Der Hafen bewältigt nahezu die Hälfte aller Importe des Landes. Auch im Export nimmt er eine wichtige Stellung ein. Dieses Börsen-, Handels- und Bankenzentrum Brasiliens ist erst spät zu einer Industriemetropole geworden, aber inzwischen machen die Produkte der Lebensmittel-, Textil- und chemischen Industrie allein ein Sechstel der Gesamtproduktion Brasiliens aus. Mit ihren drei Universitäten und ihrer berühmten Nationalbibliothek ist die Stadt nach wie vor das bedeutendste kulturelle Zentrum Brasiliens und rangiert noch immer vor der Hauptstadt des Landes.

Rocky Mountains (Nordamerikanische Kordilleren)

Amerika, Kanada/USA
32°–62° n. Br., 105°–135° w. L.

Wie eine gigantische Mauer durchziehen die Rocky Mountains den nordamerikanischen Kontinent. Aufgrund ihrer riesigen Nordsüderstreckung liegen sie, wie auch die übrigen Teile der nordamerikanischen Kordilleren, in den verschiedensten Klimazonen. Im Norden tragen sie die eindrucksvollen Spuren starker Vergletscherung, im Süden gehen die dichten Nadelwaldgebiete in trostlose Gebirgswüsten über.

Die Pioniere, die im letzten Jahrhundert aus der Region der Großen Seen nach Westen aufbrachen, durchquerten zunächst wochenlang weites eintöniges Flachland. Über 2000 km erstrecken sich die großen Ebenen des Mittleren Westens, die Great Plains und weiter westlich die High Plains. Erst auf der Höhe von Cheyenne oder Denver erhebt sich die gewaltige Gebirgsbarriere der Rocky Mountains. Diese Hochgebirgswelt mit grandiosen Landschaften überragt wie eine riesige Mauer die weiten Ebenen der Prärie. Der Höhenunterschied zwischen den durchschnittlich 4000 bis 4500 m hohen Gipfeln und dem Gebirgsvorland beträgt 2000 bis 2500 m.

Die Kette der Rocky Mountains bildet zusammen mit den übrigen, westlich anschließenden Gebirgszügen der nordamerikanischen Kordilleren eine großräumige Hochgebirgszone, die einen beträchtlichen Teil des Westens von Nordamerika einnimmt. Sie erstreckt sich von Alaska über

Kanada bis in den Süden der Vereinigten Staaten von Amerika. Von Norden nach Süden erreichen die Rocky Mountains eine Länge von etwa 4300 km. Die Breite des Gebirges beträgt in Kanada bis zu 350 km, in den USA erreicht sie etwa 600 km. Der Gebirgskörper der gesamten nordamerikanischen Kordilleren ist in mehrere einzelne Beckenlandschaften und parallel zueinander streichende Gebirgsrücken untergliedert, die im Osten und im Westen von zwei Gebirgsketten umfaßt werden.

Die östliche Kette sind die Rocky Mountains (Felsengebirge), der eindrucksvollste Teil der Kordilleren. Im Westen wird der Gebirgskörper von Norden nach Süden durch die Coast Mountains, die Cascade Range und deren südliche Fortsetzung, die Sierra Nevada, begrenzt. Parallel zur Cascade Range und zur Sierra Nevada verläuft die weniger hohe Coast Range, die den beiden Hochgebirgsketten im Westen, entlang der Pazifikküste, vorgelagert ist.

In der Mitte des Gebirgsmassivs wechseln Hochplateaus und Beckenlandschaften miteinander ab. Die Hochflächen sind zwar nicht immer völlig eben, aber ihre

Rocky Mountains *Am Fuß der steilen Hänge riesiger Trogtäler liegen dichte Nadelwälder und kristallklare Seen, überragt von mächtigen, eis- und schneebedeckten Bergriesen. Dies ist das typische Landschaftsbild der nördlichen Kordilleren.*

Höhen sind deutlich niedriger als jene der sie umgebenden Berge. Zu ihnen gehören das Fraserplateau im Norden sowie weiter südlich das Columbiaplateau und das Coloradoplateau. Zu den großen Beckenlandschaften zählen das Wyoming Basin und das Great Basin (Großes Becken).

Die Auffaltung der Rocky Mountains begann an der Wende vom Mesozoikum (Kreide) zum Tertiär. Die Faltung des westlichen Teiles der Kordilleren mit der Cascade Range und der Sierra Nevada erfolgte jedoch erst im Verlauf der ersten Hälfte des Tertiärs. Die Coast Range wurde noch etwas später, am Ende des Tertiärs und zu Beginn des Quartärs, von der Gebirgsbildung erfaßt.

Die Entstehung dieser großen Gebirgsketten der nordamerikanischen Kordilleren ist jedoch nicht nur das Ergebnis einer Reihe von Faltungen. Vertikalbewegungen großer Schollen der Erdkruste, begleitet von Brüchen und Verwerfungen, spielten eine ebenso wesentliche Rolle. So ist z.B. die Sierra Nevada eine riesige, gekippte Scholle aus alten paläozoischen Gesteinen, eingefaßt von Bruchstufen, die sich über dem Großen Becken erheben. Das Coloradoplateau hingegen besteht aus beinahe horizontal lagernden Schichten, die seit dem Paläozoikum abgelagert wurden. Die oft tiefgreifenden tektonischen Brüche führten zu vulkanischer Tätigkeit. Lava stieg auf, und es entstanden weite,

ebene Basaltflächen (z. B. auf dem Columbiaplateau) und mächtige Vulkane wie der Mount Rainier.

Vulkanismus und Bruchtektonik treten auch heute noch auf. Der spektakulärste Ausbruch der jüngeren Vergangenheit ereignete sich 1980 am Mount St. Helens. Auch die postvulkanischen Erscheinungen (Solfataren, Fumarolen und Geysire) des Yellowstone-Nationalparks sind ein schönes Beispiel dafür; ebenso die berühmte San-Andreas-Verwerfung. Sie verläuft vom Nordende des Golfs von Kalifornien durch das Imperial Valley, die Coast Range und San Francisco bis Point Arena. Sie setzt sich dort am Meeresboden fort. Charakteristisch für sie sind starke Horizontal- und Vertikalbewegungen der Erdkruste. Jede Wiederbelebung der tektonischen Bewegung entlang dieser Verwerfung führt zu einem Erdbeben. Die beiden größten Ballungszentren am Westrand der Kordilleren, San Francisco und Los Angeles, sind auf der Bruchlinie erbaut. 1906 wurde San Francisco zum größten Teil durch ein Erdbeben zerstört, das außerdem eine ungeheure Feuersbrunst auslöste. 1933 wurde auch Long Beach, ein Vorort von Los Angeles, von einem Erdbeben heimgesucht. Es war das zweitgrößte in der Geschichte der USA. Schwächere Erdstöße mit geringen Zerstörungen sind sehr häufig.

Sowohl die Rocky Mountains als auch

Rocky Mountains

NORDAMERIKANISCHE KORDILLEREN

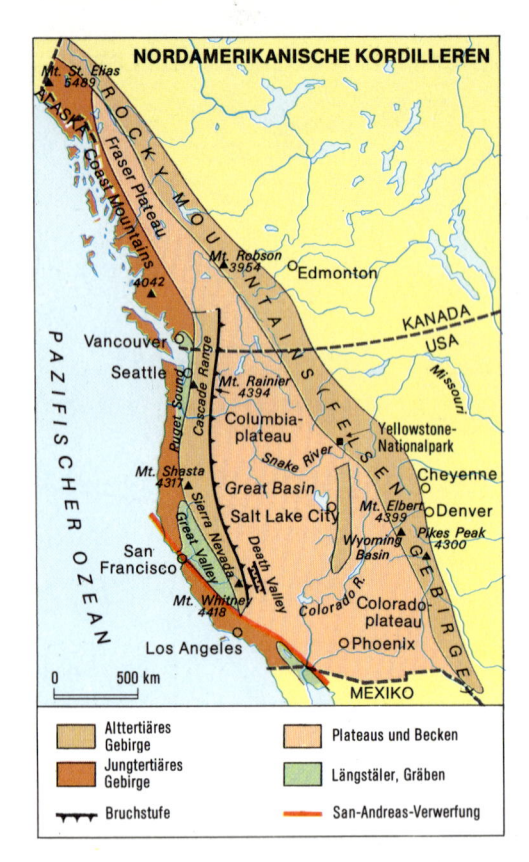

NORDAMERIKANISCHE KORDILLEREN

Legende:
- Alttertiäres Gebirge
- Jungtertiäres Gebirge
- Plateaus und Becken
- Längstäler, Gräben
- Bruchstufe
- San-Andreas-Verwerfung

die übrigen Ketten der Kordilleren erinnern nur selten an europäische Alpenlandschaften. Die Formen sind im allgemeinen wuchtiger, und die Plateaus nehmen im Verhältnis zu den Gebirgsmassiven den größten Raum ein. Dennoch unterscheiden sich die Landschaften zwischen dem Gebirge im Norden und im Süden sehr stark voneinander. Nördlich des 45. Breitengrades ist das Klima vor allem in den Küstenketten sehr feucht. Riesige Nadelwälder bedecken die Berghänge und stellen eine bedeutende Rohstoffquelle für die holzverarbeitende Industrie dar. Die Spuren der eiszeitlichen und selbst der gegenwärtigen Gletscher bestimmen das Relief. Kare, tiefe Trogtäler und Fjorde sind die typischen Formen. Südlich des 45. Breitengrades hingegen wird das Klima trockener. Mediterran im unmittelbaren Küstengebiet, nimmt es zum Landesinneren hin rasch wüstenhaften Charakter an, besonders in den Beckenlandschaften. Die Reliefformen werden vielgestaltiger, da die spärliche Vegetationsdecke, die oft nur aus vereinzelt wachsenden Kakteen besteht, die Erdoberfläche kaum vor der Abtragung schützt. Die Basalttafeln der Mesas und der Grand Canyon des Colorados sind die bekanntesten Großformen dieses Reliefs. Die Auswirkungen eiszeitlicher Vergletscherungen sind nur noch in den Höhenlagen der Gipfel der Sierra Nevada zu erkennen.

In den nordamerikanischen Kordilleren trafen indianische, ibero-mexikanische und angelsächsische Kulturelemente aufeinander und vermischten sich. Lange Zeit war der Gebirgsraum eine Domäne kriegerischer Indianer und einiger unerschrockener Trapper. Erst Mitte des 19. Jahrhunderts besiedelten die Mormonen das Gebiet um den Great Salt Lake (Großer Salzsee) und gründeten Salt Lake City. Bald darauf kam es zu den berühmten *Goldrushes*, dem Goldfieber. Zahlreiche Geisterstädte in der Nähe ehemaliger Minen zeugen noch heute von der stürmischen und oft unsinnigen Besiedlung entlegenster Gebirgsteile.

Noch heute hat der Westen in den Vereinigten Staaten eine ganz besondere Bedeutung. Er bleibt ein Inbegriff für Individualismus, Ausdauer, Mut und Pioniergeist. Abseits der stark verstädterten Küstengebiete ist das Land nach wie vor nur stellenweise besiedelt. Diese geringe Besiedlungsdichte trägt wesentlich zur Erhaltung der außergewöhnlichen Naturlandschaft bei.

Rossbarriere

Antarktis
78° s. Br., 170° ö. L. – 160° w. L.

Diese große, weiße Mauer ist so gewaltig und abweisend, daß die ersten Forscher, die hier keinen Durchgang fanden, sich an das Ende der Welt versetzt wähnen mußten. Und doch handelt es sich nur um ein riesenhaftes Floß aus Eis und Schnee vor der antarktischen Küste.

Kurz nachdem er die Insel erkundet hatte, die heute seinen Namen trägt und auf der die beiden Vulkangipfel liegen, die er nach seinen zwei Schiffen benannte – Mount Erebus (tätig) und Mount Terror –, fand sich Sir James Clark Ross, Leiter einer britischen Antarktisexpedition in den Jahren 1839 bis 1843, plötzlich vor einer unüberwindlichen Barriere. Sein Traum, den magnetischen Südpol zu erreichen, erfüllte sich nicht, aber dafür bot sich ihm, der zuvor bereits an sechs Arktisexpeditionen teilgenommen hatte, ein erstaunlicher Anblick. Soweit das Auge reichte, erstreckte sich eine gewaltige weiße Wand; es handelte sich, wie sich rasch herausstellte, um ein langes, beinahe senkrechtes, ungefähr

Gebirgsfalten und ihre Überformung durch die Abtragung

In der Landschaft sind Gebirgsfalten häufig leichter zu erkennen als andere, durch tektonische Vorgänge entstandene Oberflächenformen. Sie bilden in aller Regel parallel zueinander verlaufende Bergketten, die sich aneinanderreihen. Diese Aufwölbungen nennt man Antiklinalen oder Sättel, die dazwischenliegenden Längssenken heißen Synklinalen. Die am eindrucksvollsten ausgebildeten Falten findet man in gut geschichteten, nicht zu brüchigen Sedimentpaketen.

Sobald Gebirgsfalten über den Meeresspiegel gehoben werden, werden sie durch die Abtragung überformt. Die Scheitel der Antiklinalen werden als am stärksten herausgehobene Gebirgsteile auch am schnellsten erodiert. Dabei entstehen häufig in Längsrichtung der Falten verlaufende Täler, sogenannte Antiklinaltäler. Die Täler in den zwischen zwei Antiklinalen verlaufenden Synklinalen heißen Synklinaltäler.

Wenn eine Falte aus abwechselnd harten und weichen Sedimentschichten aufgebaut ist, kann es zur Bildung einer Reliefumkehr kommen. Die Antiklinalen werden schneller abgetragen als die tiefer liegenden Synklinalen, insbesondere dann, wenn letztere durch eine harte Deckschicht vor der Erosion geschützt sind. Die mit unterschiedlicher Geschwindigkeit vonstatten gehende Abtragung führt schließlich dazu, daß die einst höher gelegenen Teile der Falten gänzlich ausgeräumt und von den früheren Synklinalen überragt werden.

Wenn die Abtragungszeiträume lange genug anhalten, wird ein Faltengebirge vollständig eingeebnet. Es entsteht eine Rumpffläche. Sobald solche Gebiete von einer abermaligen Hebung erfaßt werden, setzt die Erosion von neuem ein. Dabei wird die alte Faltenstruktur wieder herauspräpariert. Harte Schichten werden langsamer abgetragen als weichere, und es entsteht eine Schichtrippenlandschaft. Ein gutes Beispiel sind die Appalachen in Nordamerika.

Beginnende Abtragung einer Gebirgsfalte — *Reliefumkehr* 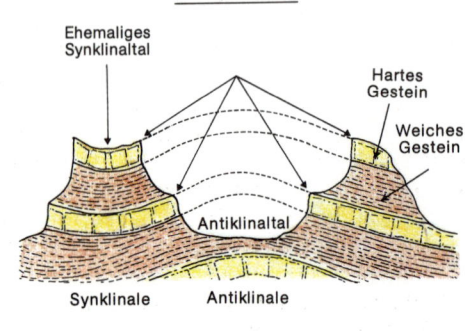 — *Schichtrippenlandschaft*

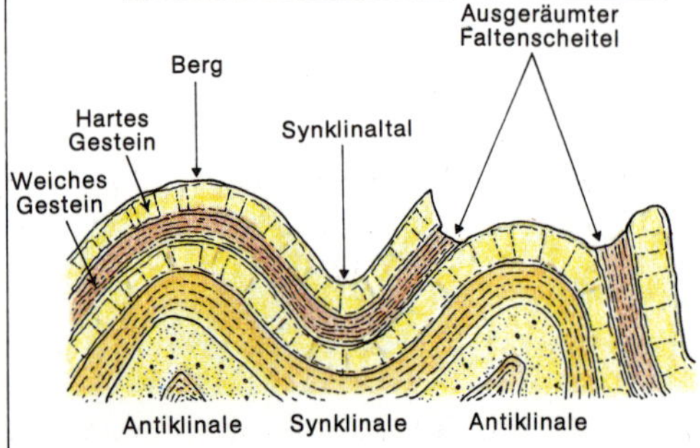

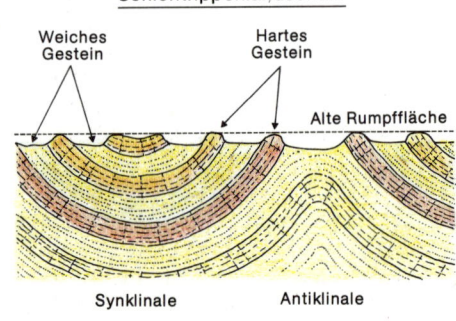

Rossbarriere *Über einer dünnen, sommerlichen Treibeisdecke erhebt sich der bis zu 50 m hohe Steilabfall der Rossbarriere, einer riesigen Eistafel, die auf den Wogen des Rossmeeres schwimmt und von den Gletschern und dem Inlandeis der Antarktis genährt wird.*

35 bis 50 m hohes Eiskliff, das an seiner Oberkante in eine tischebene Fläche übergeht. Ross hatte soeben die große Eisbarriere entdeckt, die man später nach ihm benennen sollte. Seine beiden Schiffe fuhren Tag um Tag am Rand der Rossbarriere entlang in der Hoffnung, einen Durchlaß zu finden, der es Ross erlaubt hätte, weiter nach Süden vorzustoßen. Seine Bemühungen waren jedoch vergeblich.

Fast eineinhalb Jahrhunderte nach ihrer Entdeckung weiß man erheblich mehr über die mächtige Eisbarriere. Sie ist der Außenrand einer jener gewaltigen Eistafeln mit meist tischebener, gelegentlich jedoch auch leicht welliger Oberfläche – dem Schelfeis –, die fast ein Drittel der antarktischen Küste umsäumen. Das entlang der Rossbarriere aufragende Ross-Schelfeis besitzt allein bereits eine Fläche von rund 530 000 km². Diese gewaltige Eismasse wird durch die vom Polarplateau abfließenden Gletscher sowie vom Inlandeis der Westantarktis genährt, das in breiter Front zum Rossmeer abströmt. Das Ross-Schelfeis ist durchschnittlich 200 m mächtig, erreicht jedoch südwestlich der Rooseveltinsel eine Dicke von 965 m, wobei die Eisoberfläche an dieser Stelle lediglich 75 m über den Meeresspiegel aufragt. In Küstennähe liegt die Eistafel wegen der geringen Wassertiefe und der gleichzeitig größeren Eismächtigkeit auf dem Meeresboden auf. Mit zunehmender Entfernung zur Küste beginnt sie zu schwimmen, wobei der Abstand zwischen der Eisunterseite und dem Boden des Rossmeeres meist nicht sehr groß ist. Unebenheiten des Meeresbodens führen deshalb auch fernab der Küste häufig dazu, daß die Eistafel ihn berührt. An solchen Stellen und auch in der Nachbarschaft einmündender Gletscher entstehen ausgedehnte Spaltengebiete, die die ansonsten tischebene Oberfläche des Schelfeises unterbrechen. An der seewärts gerichteten Außenwand der schwimmenden Eismasse, dort wo sie in dem bereits erwähnten Steilabfall die berühmte Rossbarriere bildet, führt die Spaltenbildung zur Loslösung riesiger Eisschollen, die als Tafeleisberge nach Norden treiben. Im Februar 1953 wurde z. B. nördlich des Rossmeeres ein Eisberg von 145 km Länge und 40 km Breite gesichtet, dessen Spitze 30 m aus dem Wasser herausragte.

Rügen

Europa, DDR
54° 25′ n. Br., 13° 24′ ö. L.

Rügen ist keine gewöhnliche Ostseeinsel. Wie eine mächtige Trutzburg ragen ihre hohen, schroffen Kreideklippen aus der sanft gewellten Grundmoränenlandschaft Pommerns empor. Nirgendwo sonst tritt in dieser Gegend der gewachsene Fels so beherrschend zutage.

Mit einer Fläche von 926 km² ist Rügen die größte deutsche Insel. Vom pommerschen Festland trennt sie der 800 bis 3000 m breite Strelasund. Die Insel ist durch zahllose Meeresarme und Buchten sehr stark zergliedert und läßt sich unterteilen in das sogenannte „Muttland" als das Kerngebiet und in drei Halbinseln, die sich im Norden und Osten halbkreisförmig um das Muttland gruppieren – Wittow, Jasmund und Mönchgut. Sie sind durch schmale Landzungen mit dem Hauptteil Rügens verbunden und besitzen in Richtung zur offenen Ostsee sehr glatte, ausgeglichene Küstenlinien. Im Gegensatz hierzu sind die nach innen gekehrten Teile der Küste ebenso wie die des Kerngebietes selbst stark zerlappt. Auf der Karte betrachtet, sieht der Halbinselkranz aus wie ein Krake mit dem Gebiet von Jasmund als Kopf und den Fangarmen Wittow und Mönchgut.

Die Oberflächenformen und die Gestalt der Küsten spiegeln den geologischen Bauplan Rügens wider. Anhand von Bohrungen hat man festgestellt, daß die gesamte Insel in geringer Tiefe von Sedimenten aus der Kreidezeit unterlagert ist. An manchen Stellen der Halbinseln Jasmund (Stubbenkammer, Königsstuhl) und Wittow (Kap Arkona) stehen die Kreideschichten sogar an und erreichen Höhen zwischen 46 und 161 m. Im allgemeinen sind sie jedoch von einer mächtigen Grundmoräne überdeckt, die von den Gletschern der letzten Eiszeit abgelagert wurde. Unmittelbar nach dem Rückzug der Eismassen gehörte Rügen noch zum Festland, weil sich das Becken der Ostsee nur sehr langsam mit dem Schmelzwasser der immer weiter nach Skandinavien zurücktauenden Gletscher auffüllte. Als der Meeresspiegel jedoch weit genug angestiegen war, wurde das heutige Küstengebiet von den Fluten erreicht. Da die Grundmoränenlandschaft eine leicht gewellte Oberfläche besitzt, drang die Ostsee im Gebiet von Rügen nur in die tiefer liegenden Geländeabschnitte ein, während die Moränenkuppen nicht überflutet wurden. Sie bilden heute den Kern der Insel Rügen. Die im Meer ertrunkenen Tiefenzonen der Grundmoräne wurden zu unregelmäßig geformten Buchten, die den Küsten der Insel ihr charakteristisches Aussehen verleihen. Man bezeichnet sie als Bodden.

Die aus einem Kreidekern bestehenden Halbinseln im Norden und Osten Rügens verdanken ihre Entstehung tektonischen Vorgängen. Die Kreidesedimente wurden vor Beginn der letzten Eiszeit (Weichseleiszeit) gehoben und ragen heute als Bergkuppen aus der Grundmoränendecke heraus. Meerwärts enden sie jäh an steilen Kliffs, den berühmten Kreideklippen von Rügen. Die Bildung dieser Klifflinie geht auf die Brandung der Ostsee zurück. Die im Küstenbereich mit allerlei Geröll befrachteten Meereswogen haben im Laufe von mehreren Jahrtausenden unablässig die Kreidefelsen der Insel bearbeitet und die steilen Klippen immer weiter ins Landesinnere zurückverlegt. Vor der

Rügen Über 100 m hoch ragen die steilen Kreidekliffs der größten deutschen Insel über die Wogen der Ostsee auf. Der schmale Strand ist von Findlingsblöcken aus der letzten Eiszeit übersät, die von der Oberkante der moränenbedeckten Kreidefelsen in die Tiefe gestürzt sind.

Steilküste entstand auf diese Weise eine ausgedehnte Brandungsplattform, die inzwischen breit genug ist, um die Steilküste vor dem ersten Ansturm der ungestümen See zu schützen.

Ruwenzori

Afrika, Uganda/Zaire
0° 23′ n. Br., 29° 54′ ö. L.

Vulkanische Gasexplosionen haben die Erdoberfläche mit zahlreichen Kratern durchlöchert, die heute von Seen ausgefüllt oder von einer üppigen Savannenvegetation überwuchert sind. Die Krater verleihen dieser Gegend den Charakter einer fossilen Mondlandschaft.

Das Ruwenzorigebirge liegt in einer der schönsten Gegenden Afrikas, im Zentralteil des Ostafrikanischen Grabens. Auf seiner Kammlinie verläuft die Grenze zwischen Zaire und Uganda. Im Nordosten wird das Gebirge vom Albertsee begrenzt, und an seinem Südfuß erstreckt sich der Edwardsee, an dessen Nordostufer eines der schönsten Tierschutzgebiete, der Queen-Elizabeth-Nationalpark, liegt. Diese großartige Landschaft wird durch die eindrucksvolle Silhouette des 5119 m hohen Margheritas beherrscht, des mächtigsten Gipfels des Ruwenzorimassivs.

Das Gebiet des Nationalparks ist vulkanischen Ursprungs. Es besteht aus etwa 50 Kratern, deren Durchmesser zwischen wenigen hundert Metern und etwa 3 km schwankt. Ihre Tiefe beträgt zwischen 10 m und etwas über 100 m. Auf den meisten Kraterböden wächst eine üppige Grasvegetation, die von unzähligen Gazellen, Büffeln und Antilopen abgeweidet wird. Andere Krater wiederum enthalten Seen, so z.B. der Nyamunuka, der Marumuli, der Kitagata im Osten des Ruwenzorimassivs und im Norden der Kikorongo und der Mahiga.

Die Entstehung der Kraterlandschaft ist an eine besondere Spielart des Vulkanismus gebunden. Es handelt sich um Explosionstrichter, die beim plötzlichen Aufstieg vulkanischer Gase aus der tieferen Erdkruste von diesen in die Erdoberfläche gesprengt wurden. Sie gehören zu den jüngsten Formen des Vulkanismus.

Die explosionsartig aufdringenden Gase haben die Sedimentschichten des Pleistozäns durchschlagen, die als kontinentale und limnische Ablagerung den Ostafrikanischen Graben ausfüllen. Dieser Typ des Vulkanismus erzeugt weder Schlackenkegel noch Lavaströme, wie es in den Vulkanregionen im Normalfall üblich ist.

Infolge der Beweidung durch den Wildbestand des Queen-Elizabeth-Nationalparks blieb der Trockenwald als die ursprüngliche Vegetationsform nur an den steilen Abhängen einiger Krater erhalten. An den übrigen Stellen wurde er durch eine Savannenvegetation ersetzt, die von großen kandelaberförmigen Wolfsmilchgewächsen überragt wird.

Ruwenzori *Am Fuße dieses ostafrikanischen Gebirgssystems befinden sich zahlreiche vulkanische Krater, die heute von kreisrunden Seen ausgefüllt sind. An ihren Steilhängen, die vor der Abweidung durch den Wildbestand des Queen-Elizabeth-Nationalparks geschützt sind, blieben kleine Trockenwälder als Reste der ursprünglichen Vegetation erhalten.*

S

Saanatunturi

Europa, Finnland
69° 03' n. Br., 20° 49' ö. L.

Wie riesige, kieloben schwimmende Schiffe sehen die zahllosen Erhebungen aus, die da und dort als kahle Berginseln die finnische Tundra überragen. Unter ihnen befindet sich der sagenumwobene heilige Berg der Lappen: der Saanatunturi. Nicht weit davon entfernt erhebt sich der Haltiatunturi, der höchste Berg Finnlands.

Der Reisende, der von Haparanda am Nordende des Bottnischen Meerbusens nach Tromsø an der norwegischen Westküste fahren möchte, benutzt am besten die Straße, die durch den engen, zwischen Norwegen und Schweden eingezwängten „finnischen Entenschnabel" führt. Lange bevor man die nordische „Dreiländerekke" am Kilpisjärvi, einem fischreichen See, erreicht, kündigt sich bereits die Nähe des rauhen Skandinavischen Gebirges an: Die ausgedehnte finnische Nadelwaldregion endet entlang einer markanten Landschaftsgrenze und wird von lichten Birkenbuschwäldern abgelöst. Diese Pflanzen stellen besonders geringe Anforderungen an das Klima und bilden eine schmale Übergangszone zwischen Nadelwald und baumloser Tundra. Über dieser offeneren Hügellandschaft erhebt sich am Nordostufer des Kilpisjärvi unvermittelt die imposante Silhouette des Saanatunturi, des heiligen Berges der Lappen, dessen ungewöhnliche Form jeden Reisenden in Erstaunen versetzt.

Der Saanatunturi ist 1024 m hoch. Zu seinem Gipfel führt ein 6 km langer Saumpfad hinauf, der sich am Fuß des Berges durch einen niedrigen Birkenwald schlängelt, bevor er auf die kahlen Hänge trifft. Sie steigen zunächst sehr gleichmäßig an und versteilen sich wenige Meter unterhalb der Gipfelregion an einem markanten Hangknick. Der Gipfel selbst ist eine ausgedehnte, leicht geneigte, felsige Hochfläche, die von den eisigen Winden des Nordens kahlgefegt zu sein scheint. Von hier oben bietet sich dem Besucher eine umfassende Rundsicht: Im Westen ragen die z. T. schneebedeckten Gipfel des Skandinavischen Gebirges auf, im Süden erkennt man den Kilpisjärvi und die schwedisch-finnische Grenze, im Südosten liegt die wellige, unendlich weite Nadelwaldlandschaft Finnlands. Die herbe Schönheit dieses Gebietes wird nach Norden hin durch den Haltiatunturi abgerundet, den höchsten Berg Finnlands (1324 m), dessen Konturen in der Ferne auftauchen.

Der Saanatunturi gehört zur großen Fa-

Saanatunturi In der unwirklich wirkenden Helligkeit eines nicht enden wollenden Tages erhebt sich der sagenumwobene heilige Berg der Lappen über der mit Flechten und Zwergbirken bewachsenen Tundra.

milie der skandinavischen Inselberge, die in besonders großer Zahl im finnischen Teil Lapplands vorkommen und hier *Tunturi* genannt werden. Der Saanatunturi ist geologisch gesehen ein Vorposten des westlich anschließenden Skandinavischen Gebirges, das im Silur aufgefaltet wurde (Kaledonische Gebirgsbildung). Die Falten wurden durch gewaltige tektonische Kräfte teilweise auf den alten präkambrischen Gesteinssockel des Baltischen Schildes aufgeschoben, der sich im gesamten mittleren und östlichen Skandinavien erstreckt. Weiter im Osten besitzen die Tunturi keine Verbindung mehr zum Kaledonischen Gebirge. Sie bestehen hier vielmehr aus den härtesten Gesteinskernen des Baltischen Schildes selbst, die von der Erosion herauspräpariert wurden. Diese mächtigen Erhebungen mit steilen Flanken, die einzeln oder in Gruppen vorkommen, überragen die leicht gewellte, mit Moränen oder Seen und Torfmooren bedeckte nordische Landschaft Finnlands um mehrere hundert Meter. Sie heben sich manchmal wie Inseln gegen den weiten Horizont der Tundra ab. In den dichten und einförmigen, weiter südlich gelegenen Nadelwäldern bilden sie markante Orientierungspunkte, ohne die sich der Ortsunkundige hier kaum zurechtfinden könnte.

Diese einsamen Gegenden, in denen die Natur in großen Nationalparks (z. B. Pallastunturi) geschützt ist, ziehen im Sommer immer mehr finnische und ausländische Touristen an, die den Reiz ausgedehnter Wanderungen durch die einzigartige Landschaft genießen.

Sächsische Schweiz (Elbsandsteingebirge)

Europa, DDR/Tschechoslowakei
50° 55' n. Br., 14° 10'–14° 30' ö. L.

Dieses stark zerklüftete Bergland ist in einzelne Tafelberge und gewaltige Felstürme gegliedert und von zahlreichen Schluchten und Klammen zerschnitten. Den Namen „Sächsische Schweiz" erhielt das Elbsandsteingebirge wegen seiner schroffen Formen.

Geologisch gesehen ist das Elbsandsteingebirge die nördliche Fortsetzung des Böhmischen Beckens. Von diesem ist es durch eine Bruchstufe gegen das Böhmische Mittelgebirge getrennt, die sich zwischen dem Erzgebirge und dem Lausitzer Bergland erstreckt. Die Gegend des heutigen Gebirges wurde in der Kreidezeit vom Meer überflutet. Dabei lagerten sich mehrere hundert Meter mächtige Sandsteinschichten ab, die im Südwesten diskordant auf dem erzgebirgischen Sockel liegen. Im Nordosten wurde das Lausitzer Granitmassiv den Sedimenten aufgeschoben. Daher liegen das unruhige Relief der Sächsischen Schweiz und das sanftwellige der Oberlausitz übergangslos nebeneinander.

Drei wie riesige Stockwerke angeordnete Schichtfolgen prägen das Landschaftsbild: Das obere und untere Stockwerk wird von mächtigen Sandsteinbänken gebildet, die im Süden von Basaltintrusionen durchsetzt sind, während das mittlere aus weichen Kalkmergelschichten besteht. Die Erosion hat in Anlehnung an diese Verhältnisse drei Typen von Oberflächenformen geschaffen, die dieser Gegend ihren einzigartigen Reiz verleihen: die „Steine", die „Ebenheiten" und die „Täler".

Sächsische Schweiz *Eingerahmt von Laubwäldern, erheben sich hoch über dem Fluß massive Sandsteintürme, die über die tief unten fließende Elbe zu wachen scheinen.*

Die „Steine" in den oberen Sandsteinschichten bilden einzelne Tafelberge (der Hohe Schneeberg, der Lilienstein, der Königstein und der von Basalten gekrönte Große Winterberg), Türme (Bastei, Barbarine, Pfeiler und Mauern. Durch die Verwitterung der Sandsteine tritt deutlich ihre quaderförmige Struktur hervor. Teilweise wurden auch Höhlen und Naturbrücken aus dem Gestein herauspräpariert, wie z. B. der „Bogen" oder das Vorgebirge des Prebischtors.

In den Kalkmergelschichten entwickelten sich weite Verebnungsflächen, deren fruchtbare Böden landwirtschaftlich genutzt werden. Das Niederschlagswasser versickert im klüftigen Gestein und tritt an Quellhorizonten entlang toniger Schichtflächen wieder aus. In die Sandsteinschichten schneiden kleine Flüsse zum Elbtal hin tiefe Schluchten (Wolfsschlucht) und Klammen (Wilde Klamm). Im auf der Sohle des unteren Sandsteinstockwerks verlaufenden Elbtal bildet der Strom weite Mäander, in denen er den Fuß der konkaven, stellenweise von Rotfichten bestandenen Steilhänge umspült.

Die touristische Anziehungskraft der Sächsischen Schweiz wird noch durch die Nähe der beiden alten Städte Meißen und Dresden verstärkt. Das Elbtal ist ein wichtiger Verkehrsweg, der Böhmen mit Norddeutschland verbindet.

Saguenay River, Fjord des

Amerika, Kanada
48° 09'–48° 25' n. Br., 69° 43'–71° 11' w. L.

Das Tal des Saguenay River gehört zu den großartigsten Landschaften Kanadas. Auf seinem Weg zum St.-Lorenz-Strom bildet der Fluß nicht nur mächtige Katarakte, sondern er durchfließt auch einen tief eingeschnittenen Fjord, durch den die Flutwelle des Atlantischen Ozeans mehr als 100 km weit stromaufwärts vorstößt.

Als der Franzose Jacques Cartier im Jahr 1534 zum erstenmal in den nördlichen Teil des St.-Lorenz-Golfs einfuhr, fand er die Labradorküste so kahl und öde, daß er ihr den Namen „Das Land, das Kain von Gott erhielt" gab. Der Kanadische Schild säumt den St.-Lorenz-Strom mit hohen, unwirtlich aussehenden Kliffs. Champlain erschien der tiefe Fjord des Saguenay River, der bei Tadoussac in den Mündungstrichter des St.-Lorenz-Stroms einmündet, kaum einladender. Er beschrieb dieses Gebiet nach einer 1603 durchgeführten Erkundungsfahrt als ein sehr unfreundliches Land, in dem man keine einzige Meile ebenen Bodens findet. Im 17. Jahrhundert errichteten die Franzosen dann mehrere Stützpunkte am Saguenay, deren wichtigster Chicoutimi war, aber erst im 19. Jahrhundert ließen sich die ersten Europäer dort wirklich nieder. Isoliert inmitten der Waldeinsamkeit des Kanadischen Schildes, ist das Gebiet des Saguenay River eine Welt für sich, eine Welt, die aus drei unterschiedlichen Elementen besteht: Im Westen liegt der riesige St.-Jean-See, dem der Saguenay River entströmt, und weiter im Osten beginnt der Fjord des Saguenays. Dazwischen ragt die Halbinsel Chicoutimi in den Fluß hinein.

Obwohl der Fjord des Saguenays nicht die Dimensionen seiner norwegischen Namensvettern besitzt, gehört er zu den schönsten Landschaften Kanadas. Auf etwa 100 km Länge bildet er eine breite Wasserstraße, die in einem tief eingeschnittenen Tal zwischen senkrechten Felswänden mit bis zu 300 m hohen Steilabfällen in das Hochland eindringt. Von den Seiten ergießen sich kleinere Nebenflüsse über eindrucksvolle Wasserfälle in die Tiefe, und dort schmiegen sich die Häuser eines Dorfes, auf vorgelagerten Terrassen erbaut, an die steilen Talflanken. Dieser Fjord, den der Saguenay benutzt, ist bis zu 3 km breit, verengt sich aber stromabwärts im Kanal von Tadoussac wieder. Talaufwärts spaltet er sich in zwei Arme. Der südliche bildet die Ha-Ha-Bucht, einen vortrefflichen Naturhafen. Der nördliche Arm wird rasch schmaler bis zu den Stromschnellen von Terres Rompues. Seine Tiefe beträgt häufig mehr als 240 m. Aber vor dem Beginn des Kanals von Tadoussac sinkt sie auf nur etwa 50 m ab. Das Längsprofil des Fjords ebenso wie seine steilen Talwände weisen sehr deutlich auf seinen glazialen Ursprung hin. Die Gletscher des Pleistozäns nutzten eine Schwächezone (Verwerfung) des alten Schildes aus, denn genau hier haben sie sich besonders tief eingeschnitten. Im Lauf des Eisrückganges wurde der so geformte Trog vom Meer überflutet. Noch 100 km von Tadoussac entfernt, erreicht das Salzwasser des St.-Lorenz-Golfs die Ufer der Ha-Ha-Bucht. Der Tidenhub beträgt hier an die 6 m. Vor Chicoutimi gibt das Meer bei Ebbe weite Watten frei. Die Gezeitenströme im Fjord des Saguenay River sind mit Geschwindigkeiten von sechs bis sieben Knoten eine Gefahr für kleinere Schiffe.

Diese großartige Naturlandschaft wurde erst zu Beginn und in der Mitte des 19. Jahrhunderts durch Holzfäller und Siedler erschlossen. Sie zogen den Kenogamisee entlang und erreichten die Niederung des St.-Jean-Sees, wo sie sich niederließen. Der 1072 km² große See liegt zwischen den beiden Bruchstufen einer Grabensenke und ist von ausgedehnten Tannen- und Fichtenwäldern umgeben. Große Flüsse speisen ihn mit ihrem Wasser, vor allem der Mistassibi und der Peribonca.

Nach dem Abschmelzen der pleistozänen Gletscher und vor der nacheiszeitlichen Hebung des Kanadischen Schildes war der St.-Jean-See mit dem Meer verbunden. Er bildete eine Meeresbucht, in der sich größere Tonschichten ablagerten. Die schweren Böden dieser Sedimente wurden von frankokanadischen Siedlern

Saguenay *Zwischen kristallinem Gestein fließt der Fluß in breiten Wirbeln dahin, um über unzählige Stromschnellen die Mündung des St.-Lorenz-Stroms zu erreichen.*

urbar gemacht. Der Ackerbau brachte wegen des rauhen Klimas und der Kürze der Vegetationsperiode (nur 100 frostfreie Tage) jedoch nur sehr geringe Erträge, so daß man später zur Grünlandwirtschaft und zur Milchviehhaltung überging.

Der St.-Jean-See ist nicht sehr tief. Die Indianer nannten ihn „Flaches Wasser". Zwischen dem Niedrigwasser im Winter und dem Hochwasser im Frühling schwankt sein Spiegel jedoch um bis zu 6 m, und seine Fläche verringert sich um etwa ein Viertel. Daher wurden Staudämme zu seiner Regulierung gebaut.

Um in den Fjord zu münden, muß der Saguenay River, der Abfluß des St.-Jean-Sees, eine Felsschwelle aus kristallinem Gestein überqueren und auf einer Entfernung von 56 km einen Höhenunterschied von ungefähr 110 m überwinden. Dieses enorme Gefälle des Flusses wird seit Beginn der zwanziger Jahre von einem großen Aluminiumwerk genutzt; die Firma ließ mehrere große Wasserkraftwerke bauen, um ihre Aluminiumfabriken in Alma und Arvida mit Energie zu versorgen. Jene in Arvida, eine der größten auf der Welt, erzeugt über 400 000 t Aluminium im Jahr. Der elektrische Strom ermöglichte es auch, den Waldreichtum der Umgebung industriell zu nutzen. Die Papierfabriken dieser Gegend beliefern Kanadas Zeitungsdruckereien. Selbst im Winter wird der Saguenayfjord eisfrei gehalten, damit dieses Industriegebiet auf dem Wasserweg versorgt werden kann. Große Frachter löschen Bauxit in Port Alfred am westlichen Rand der Ha-Ha-Bucht und laden dafür Aluminium und Papier.

Die Fjordküsten

Gebirgige, während der Eiszeiten des Pleistozäns vollständig vergletscherte Küstengebiete (z. B. in Norwegen, Island, Labrador, British Columbia, Alaska, Chile, Neuseeland) sowie die heute noch vereisten Gebiete Spitzbergens, Grönlands und des antarktischen Kontinents werden von Gletschertälern tief zerschnitten. Die Sohlen dieser U-förmigen Trogtäler reichen meist sehr weit unter den Meeresspiegel. So liegt der Boden des Vanderfjords in der Antarktis etwa 2280 m und der des Sognefjords in Norwegen bis zu 1303 m unter dem Meeresniveau.

Als sich die Gletscher zurückzogen, überfluteten die Ozeane diese tiefen Täler, und es entstanden Meeresarme, die man nach dem norwegischen Beispiel Fjorde nennt. Sie sind schmal, aber dafür teilweise mehrere hundert Kilometer lang und verlaufen zwischen steilen Bergwänden. Ihre größte Tiefe erreichen die Fjorde nicht an der Küste, sondern einige Kilometer im Landesinneren. An den Mündungen, wo der Eisstrom dünner war, wurde der Untergrund weniger stark eingetieft. Diese Bereiche schließen das Felsbecken durch Untiefen gegen das Meer ab.

Sahand, Kuh-e

Asien, Iran
37° 37′ n. Br., 46° 29′ ö. L.

Seit Jahrtausenden bilden die kristallklaren Quellen am Fuße des Sahands die Grundlage einer intensiven Bewässerungswirtschaft. In der niederschlagsarmen Umgebung des Vulkans dehnen sich riesige Obstgärten aus.

Der Kuh-e Sahand, ein großer quartärer Vulkan, erhebt sich in Aserbaidschan, südlich von Täbris. Er gehört zum persischen Vulkansystem, erreicht aber mit seinen 3712 m nicht die Höhe des Kuhha-ye Sabalan, der ungefähr 130 km weiter nordöstlich 4814 m hoch emporragt.

Der geologische Werdegang Aserbaidschans ist noch wenig erforscht. Dennoch ergibt sich aus dem heutigen Kenntnisstand bereits ein kompliziertes Bild: Im Tertiär setzte in Zentralpersien eine Gebirgsbildungsphase ein. Dabei entstand ein aus Senken und kleineren Becken aufgebautes inneres Hochland, das von nordwest-südöstlich streichenden Hochgebirgsketten eingefaßt wird. Im Zuge der Gebirgsbildung entstanden zahlreiche Grabenbrüche und Horste, und entlang der Verwerfungslinien kam es zu einem lebhaften Vulkanismus. Nach einer kurzen Beruhigungsphase setzten im ausgehenden Tertiär erneut tektonische Bewegungen der Erdkruste ein, und erst jetzt entstanden die mächtigen Vulkankegel des Sahands und des Sabalans.

Saint John River

Amerika, Kanada/USA
45° 16'–47° 22' n. Br., 66° 03'–70° 20' w. L.

An der Mündung des Saint John River findet tagtäglich ein Naturschauspiel ganz besonderer Art statt: Hier dringt die Flutwelle des Atlantiks weit ins Landesinnere vor und überwindet dabei einen Wasserfall in umgekehrter Richtung.

Der Saint John River wurde im Jahr 1604 von den Franzosen S. de Champlain und P. de Gust Monts erkundet. Sein Name entstand aus „Saint John the Baptist" (Johannes der Täufer) und ist bereits 1527 erstmals belegt. Mit einer Länge von 673 km und einem Einzugsbereich von 52 000 km² ist der Fluß, an anderen amerikanischen Strömen gemessen, relativ klein. Sein einladend wirkendes Tal war aber bereits sehr früh besiedelt. Datierungen von Knochenfunden, die in alten Gräbern gemacht wurden, ergaben, daß dieses Gebiet bereits während der Steinzeit von Menschen bewohnt war. Die ersten weißen Siedler ließen sich hier im 18. Jahrhundert nieder. Es waren Franzosen und später auch Engländer aus den gerade unabhängig gewordenen Vereinigten Staaten von Amerika.

Der Saint John River entspringt in den Bergen des amerikanischen Bundesstaats Maine und fließt zunächst von Südwesten nach Nordosten in Richtung Kanada. Bei Edmundston biegt er jedoch abrupt nach Süden um und fließt quer zur Streichrichtung der Appalachen in einem Grabenbruch, um bei Saint John (Kanada) in die Bay of Fundy zu münden.

Außer an den Wasserfällen von Grand Falls fließt der Saint John River auf den mächtigen Moränenablagerungen der letzten Eiszeit. Die endlosen Wälder der Umgebung spiegeln sich in seinem klaren Wasser, und im Herbst, während des „Indian Summer" (Altweibersommer), leuchten die Laubbäume, Ahorn und Birke, in kräftigen Farben. Über mehr als 100 km bildet der Saint John River die Grenze zwischen Kanada (Neubraunschweig) und den Vereinigten Staaten von Amerika (Maine). Diese Grenze, deren Verlauf bis 1842 umstritten war, wirkt keineswegs als wirtschaftliche Barriere. Während der Prohibition blühte hier der Alkoholschmuggel, und heute schickt eine Zellulosefabrik in Edmundston ihren breiförmigen Rohstoff über eine Pipeline in die in den USA liegende Papierfabrik.

Bevor der Fluß Fredericton, die Hauptstadt Neubraunschweigs, erreicht, tritt er in ein weites Tiefland ein, in dem er einst ein Binnendelta aufgeschüttet hat. Von

Saint John River *Nachdem der Fluß die Appalachen durchquert hat, tritt er in eine weite Ebene ein. Hier hat er ein mächtiges Binnendelta aufgeschüttet, das noch heute teilweise eine amphibische Landschaft ist. Bei Hochwasser werden weite Gebiete überflutet.* ▶

Kuh-e Sahand *Die Hänge dieses aus vulkanischen Lockermassen bestehenden Feuerberges sind vielfach von tiefen Erosionsrinnen zerfurcht. Diese Badlands verdanken ihre Entstehung dem fast völligen Fehlen jeglicher Vegetation, die die Böden vor der Abtragung schützen könnte. Das Niederschlagswasser versickert sofort im durchlässigen Untergrund, so daß nicht genügend Bodenfeuchte für das Aufkommen einer Pflanzendecke zur Verfügung steht.*

Es fanden heftige Gasexplosionen statt, und die Umgebung der Feuerberge wurde mit ausgeworfenem vulkanischem Lockermaterial bedeckt. Ungeheure Aschen- und Tuffmengen überzogen und konservierten auf einer Fläche von mehr als 250 km² das ehemalige Relief. Der Vulkan selbst besitzt einen Zwillingskegel, dessen beide Gipfel sich in ihrer Höhe um rund 200 m unterscheiden. Der Sahand gehört zu den jüngeren Vulkansystemen der Erde, die sich im Innern der Kontinente in tektonisch noch aktiven Zonen erheben.

Der Erosion ist es noch nicht gelungen, diesen jungen Vulkan merklich abzutragen. Allerdings entstanden während der Kaltzeiten des Pleistozäns mehrere Kare, die von Gletschern eingetieft wurden. Die nach Abschmelzen der Eismassen als Moränen abgelagerten Schuttmassen sind heute an ihrem kuppigen, unruhigen Relief wiederzuerkennen. Während der pleistozänen Warmzeiten entwickelte sich ein radiales, tief in die Tufflagen und in die fluvioglazialen Sedimente eingeschnittenes Talnetz, das den Zugang zum Gebirgsmassiv wesentlich erleichtert.

Da das Massiv des Sahands mehr als 2000 m über die umliegenden Ebenen aufragt und von den Regen bringenden Winden erreicht wird, stellt es ein ergiebiges Wasserreservoir dar. Seit der Antike versorgt es Täbris mit Wasser; zahlreiche Quellen an den Gebirgsflanken ermöglichen eine blühende Landwirtschaft. Obstkulturen gedeihen auf den mit vulkanischen Aschen angereicherten, fruchtbaren Böden.

Trotz ausreichender Niederschläge gibt es auf dem Sahand keinen Wald. Seine Hänge sind in den unteren Bereichen lediglich von einer kümmerlichen Wacholderbaumdecke überzogen, die derjenigen der trockenen Hochbecken gleicht. Die Entwaldung war das Werk des Menschen. Eine Überweidung durch Ziegenherden hat sie verursacht. Die Nomaden verbrachten den Sommer mit ihren Herden in der Gipfelregion und stiegen anschließend auch in tiefer liegende Waldgebiete hinunter, um im Süden des Massivs zu überwintern. Der ursprüngliche Eichen- und Wacholderwald wurde außerdem von den halbnomadischen Bauern der umliegenden Dörfer stark gerodet.

Für die Siedlungen ist typisch, daß die Häuser mit in den Tuff gegrabenen Ställen ausgestattet sind, die das Vieh gegen die winterliche Kälte und den hohen Schnee schützen.

Saint John River

diesem Delta zeugen heute noch weite Sumpf- und Wasserflächen, wie z. B. der Grand Lac. Weiter stromabwärts durchschneidet er eine Reihe von Felsschwellen, in die er unterschiedlich breite Talabschnitte eingetieft hat.

Kurz vor seiner Mündung überwindet er einen Gefällsknick, der durch die Hebung des Kontinents nach dem Rückzug der pleistozänen Gletscher entstanden ist, in einem herrlichen Wasserfall. Die Wassermassen stürzen über eine Felsschwelle 4,5 m tief hinab und ergießen sich in die Bay of Fundy. An diesem Wasserfall kann man zweimal täglich ein ungewöhnliches Naturschauspiel erleben: In der Bay of Fundy wird nämlich der höchste Tidenhub der Erde erreicht. Der Meeresspiegel steigt am Ende der Bucht in kürzester Zeit um bis zu 16 m. In Höhe des Saint John River beträgt der Tidenhub 8 m. Die Flutwelle braust in die Mündung des Flusses, und eine mächtige Brandungswoge bewegt sich stromaufwärts über die Wasserfälle hinweg ins Landesinnere!

Saint-Vincent-Bucht

Ozeanien, Neukaledonien
22° s. Br., 166° ö. L.

Lange Zeit war die Hauptinsel von Neukaledonien unbesiedelt, weil ihre Küsten wegen eines vorgelagerten Korallengürtels nur schwer zugänglich sind. Hinter dem Barriereriff liegt jedoch eine einladende Lagune mit kleinen Inseln, umgeben von sanften, sonnigen Stränden und dichten Mangrovewäldern, die leise rauschen.

Die Saint-Vincent-Bucht ist wie die gesamte Inselwelt Neukaledoniens nicht leicht zugänglich, da sie vor der Brandung des Pazifiks durch ein Barriereriff geschützt ist, das nur wenige Durchlässe hat. Der erste Europäer, der die Insel betreten hat, war der berühmte englische Seemann James Cook, und zwar während einer Südseereise in den Jahren 1772 bis 1775. Mehrere spätere Versuche englischer und französischer Missionare, sich auf den Inseln niederzulassen, scheiterten jedoch am Trinkwassermangel. Das Gebiet blieb also bis in jüngere Zeit beinahe unbewohnt.

Die Bucht entstand durch die Überflutung einer in Flyschserien des Eozäns angelegten Senke. Der Flysch liegt diskordant auf Grauwacken des Mesozoikums und vulkanischen Tuffen des Perms. Wenn man vom offenen Meer zum Innern der Bucht vordringt, kann man folgendes beobachten: Das Barriereriff wird von zwei Passagen, der Saint-Vincent-Passage und der Uitoépassage, durchbrochen. Die lebenden Korallen haben sich auf einem über 200 m breiten, abgestorbenen Korallenbau angesiedelt, der tertiären Sedimenten aufliegt.

Dahinter liegt ein zweites Riff aus großen Korallenblöcken und kleinen Sandinseln. Noch weiter landeinwärts folgt dann eine Senke, die hinter dem Riff die Lagune der Saint-Vincent-Bucht bildet. Ihre Tiefe schwankt zwischen 5 und 15 m. Man erkennt hier kleine untermeerische Canyons. Diese überfluteten Täler entstanden durch die Erosion pleistozäner Flüsse, denn damals sank der Meeresspiegel während der Kaltzeiten sehr rasch ab, da die eiszeitlichen Gletscher weltweit riesige Wassermengen gebunden hatten und durch diese Tieferlegung der Erosionsbasis (Meeresspiegel) eine Belebung der Abtragung eintrat.

Danach gelangt man in die eigentliche Saint-Vincent-Bucht, deren Zugang von Inseln aus sehr unterschiedlichen Gesteinen eingeengt wird. So entsprechen z. B. auf Hugon und Moro die Kalkarenite einer ehemaligen Düne aus dem oberen Pleistozän, die verfestigt wurde.

Die Küste der Saint-Vincent-Bucht wird zum großen Teil von einem Mangrovewald gesäumt. Die Süßwasserzufuhr ist außer zur Regenzeit nur mäßig. Die Dünung und vor allem die Meeresströme führen zu einer raschen Vermischung von Süß- und Salzwasser. Obwohl der Tidenhub unter 2 m liegt, verlaufen starke Gezeitenströme durch die Riffpassagen und die Kanäle zwischen den Inseln.

Seit einigen Jahren lockt die Bucht immer mehr Einwohner von Nouméa an. Sie kommen, um das Wochenende in dieser wunderbaren Landschaft zu verbringen, in der Wasser und Land so harmonisch ineinander übergehen.

Salzkammergut

Europa, Österreich
47° 45'–47° 53' n. Br., 13° 15'–13° 30' ö. L.

Einige der ältesten Salzbergwerke der Welt befinden sich in dieser malerischen Gebirgsgegend. Der ständige Wechsel von Bergwäldern, kristallklaren Seen und schroffen, steil aufragenden Kalksteinmassiven verleiht der Landschaft ihren besonderen Reiz und zieht alljährlich mehrere Millionen Urlauber an.

Südöstlich von Salzburg, in Oberösterreich, zeugen Funde bronze- und eisenzeitlicher Salinen (8. bis 4. Jahrhundert v. Chr.) von der kontinuierlichen Besiedlung dieses Gebietes. Sie sind ein Beweis für die frühe Nutzung natürlicher Rohstoffe. Vor allem das Salz war von Bedeutung. Die reichhaltigsten Funde wurden bei Hallstatt gemacht. Nach dieser kleinen, idyllisch gelegenen Stadt wurden eine ganze Epoche der Urgeschichte und die Kulturstufe der damaligen Menschen benannt.

Das Salzkammergut, an dem die Bundesländer Salzburg, Oberösterreich und Steiermark Anteil haben, kann man als das Land der Seen bezeichnen. Dennoch ist die Landschaft diesseits und jenseits von Bad Ischl sehr unterschiedlich. Nördlich und nordwestlich dieser Stadt bewegen sich die Höhen der Gebirgsstöcke nur zwischen 400 und 1800 m. Die Gipfel sind bewaldet, und da und dort erheben sich schroffe Gebirgsrücken aus Kalk oder Dolomit, als wollten sie daran erinnern, daß die hohen

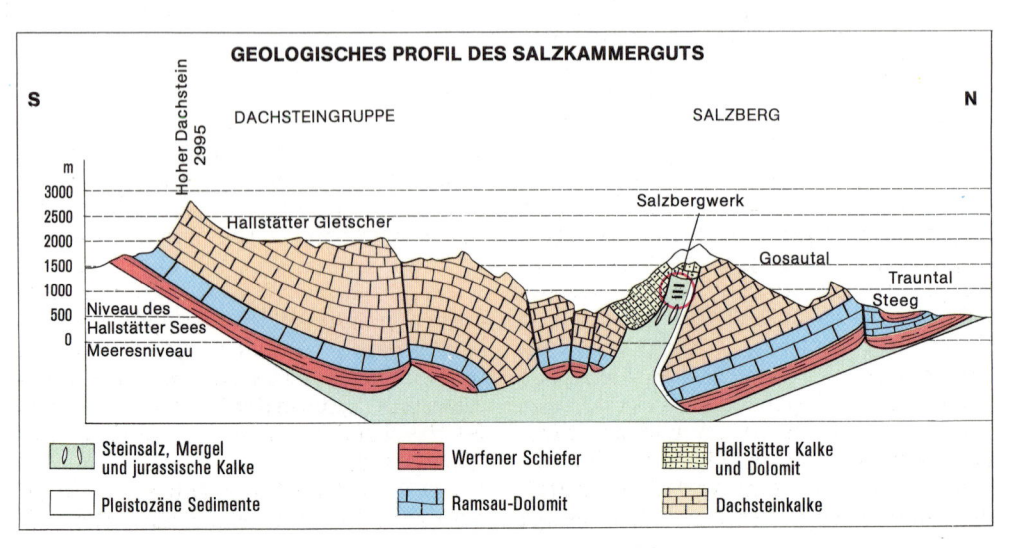

Salzkammergut *Eingebettet in einem von eiszeitlichen Gletschern geformten Tal liegt der Mondsee. Während seine Südostspitze noch von den Bergen der Voralpen umrahmt wird, reicht er im Nordwesten in das Alpenvorland.*

Kalkalpen nicht fern sind. Die Täler sind sehr breit und werden vielfach von kristallklaren Seen ausgefüllt. Um den Kalkgipfel des Schafbergs (1780 m) gruppieren sich die drei bekanntesten Seen: im Nordosten der Attersee, der mit einer Fläche von rund 47 km² der zweitgrößte See Österreichs ist, im Nordwesten der Mondsee und im Süden der Wolfgangsee. Er liegt in einer von Nordwesten nach Südosten verlaufenden Bruchzone. Die Seebecken sind in weiche Mergelschichten eingetieft und durch Felsrücken aus Kalkstein oder Dolomit voneinander getrennt.

Östlich des zu den Kalkvoralpen gehörenden Höllengebirges liegt der Traunsee. Er wird vom Fluß gleichen Namens durchquert, zu dessen Einzugsgebiet fast das gesamte Salzkammergut gehört. Am rechten Ufer des Sees spiegelt die wechselnde Folge von landwirtschaftlich genutzten Zonen und unwegsamen Felsrücken die geologischen Gegebenheiten wider. Erstere bestehen im Untergrund aus Mergeln, letztere aus Kalkstein und Dolomit.

Südlich von Bad Ischl sind die Seen kleiner, eingezwängt zwischen den steilen Wänden schroffer Kalksteinmassive. Der wichtigste, der Hallstätter See, liegt im oberen Tal der Traun, am Fuß des mächtigen Dachsteinmassivs. Grundlsee, Toplitzsee und Altausseer See werden vom Südrand des Toten Gebirges überragt. Beide Gebirgsstöcke bestehen aus mächtigen Kalkschichten und bilden wenige hundert Meter unterhalb der Gipfelregionen ausgedehnte Hochplateaus, die extrem stark verkarstet sind. Obwohl die Dachsteingruppe nicht höher als rund 3000 m ist, überragt sie den malerischen Hallstätter See um 2500 m. Diese gewaltigen Höhenunterschiede verleihen der Landschaft ihren besonderen Reiz.

Der geologische Bauplan des Salzkammerguts ist recht kompliziert. Besonders der Süden des Gebiets besteht nämlich aus einzelnen Überschiebungsdecken, die nicht immer deutlich voneinander unterschieden werden können. Überschiebungsdecken nennt man riesige Gesteinspakete, die während der Auffaltung eines Gebirges durch tektonische Kräfte über weite Strecken verlagert wurden. Eine Besonderheit der sogenannten Hallstattdecke besteht darin, daß sie an ihrer Basis Steinsalze enthält, die in der Nähe von Hallstatt, Bad Ischl und Altaussee nahe der Erdoberfläche lagern.

Das in Bergwerken abgebaute Steinsalz wird zunächst in Wasser gelöst. Die Sole wird anschließend zu großen Salinen gepumpt, wo man durch Verdunsten des Wassers reines Kochsalz gewinnt. Die modernste Fabrik befindet sich in Ebensee im nördlichen Salzkammergut. Sie verarbeitet die Sole von Bad Ischl, Bad Aussee und Hallstatt, die durch eine Rohrleitung im Tal der Traun herangeschafft wird. Die Sudwerke von Hallstatt und Bad Aussee wurden nach dem 2. Weltkrieg stillgelegt. Sie waren dem Konkurrenzdruck der Meersalzhersteller nicht mehr gewachsen.

Ein Besuch der Salzbergwerke in Bad Ischl und Hallstatt ist sehr interessant, obwohl nur die Stollen und Gänge besichtigt werden können, die nicht mehr in Betrieb sind. Die Solebäder sind seit der ersten Hälfte des vorigen Jahrhunderts eine der Haupteinnahmequellen dieses Gebietes. Zwar ist Bad Ischl kein Treffpunkt des mondänen Europas mehr wie zur Zeit Kaiser Franz Josephs, aber nach wie vor ist es ein vielbesuchter Kurort. Der winterliche Fremdenverkehr in den Gebirgszonen ist in den letzten Jahren sehr stark angewachsen, er wird aber von der Sommersaison in der Umgebung der Seen bei weitem übertroffen.

Salzsee, Großer

siehe Great Salt Lake

San-Andreas-Verwerfung

Amerika, USA
32°–38° 54′ n. Br., 114° 30′–123° 50′ w. L.

Im Bereich dieser riesigen, rund 1100 km langen Verwerfungslinie sieht die Erdoberfläche aus, wie wenn sie durch den Axthieb eines Riesen gespalten worden wäre. Nirgendwo sonst gibt es eine derartig auffällige tektonische Erscheinung, die außerdem zu den am besten erforschten und zugleich gefährlichsten Schwächezonen der Erdkruste zählt.

Wenn man den Westrand der kalifornischen Küstenkette überfliegt, kann man den Verlauf der San-Andreas-Verwerfung, die zu den bekanntesten Verwerfungsspalten der Erde gehört, deutlich erkennen. Sie erstreckt sich von Point Arena, 190 km nordwestlich von San Francisco am Pazifischen Ozean gelegen, über das Imperial Valley bis zum nördlichen Ende des Golfs von Kalifornien. Auf Satellitenbildern kann man den gesamten, rund 1100 km langen Riß in der Erdkruste mit einem Blick erkennen. Er verläuft quer durch einzelne Hügel, Hügelketten, Ebenen und durch Plateaus.

Das Alter der San-Andreas-Verwerfung wird von Fachleuten auf mehr als 100 Millionen Jahre geschätzt; ihr Werdegang läßt sich bis in den Oberen Jura zurückverfolgen. Sie durchsetzt mehrere unterschiedliche Gesteine. Hierzu zählen sowohl die gefalteten Sedimentschichten der Coast Range als auch große mesozoische Granitintrusionen. Die Bruchzone wurde von der Erosion deutlich herauspräpariert. Sie sieht aus wie eine offene Spalte in der Erdrinde. Geologen haben inzwischen festgestellt, daß entlang der senkrecht in die Tiefe führenden Verwerfungsfläche zwei Schollen der Erdkruste horizontal gegeneinander verschoben wurden und daß diese Bewegungen noch heute anhalten. Man

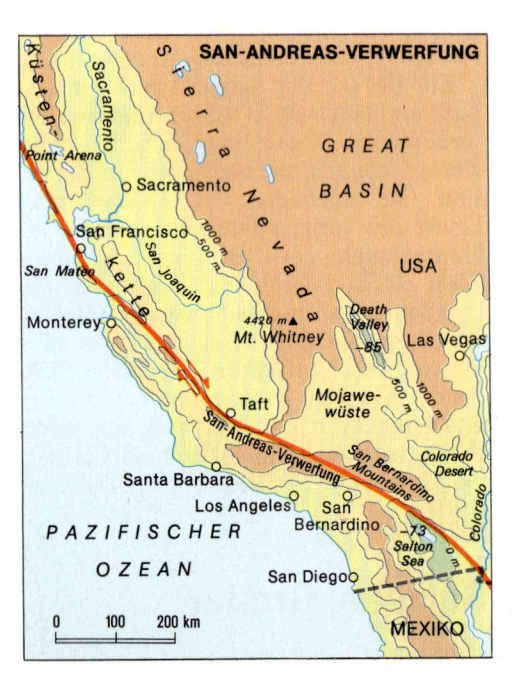

San-Andreas-Verwerfung *Diese rund 1100 km lange Verwerfungslinie in Kalifornien gehört zu den bekanntesten und am besten erforschten Schwächezonen der Erdkruste. Sie wurde durch die Abtragung herauspräpariert und nahm an der Erdoberfläche die Form einer langgestreckten, klaffenden Spalte an. In dieser Zone werden zwei tektonische Großschollen seit 140 Millionen Jahren gegeneinander verschoben, ein Vorgang, der häufige Erdbeben mit oft schweren Zerstörungen nach sich zieht.*

konnte aufgrund von Geländebeobachtungen berechnen, daß die gegenwärtige jährliche Verschiebung etwa 5 cm ausmacht. Dieser Betrag schwankte im Laufe der Zeit jedoch mehrmals. Wenn man das Gesamtausmaß aller Bewegungsvorgänge addiert, kommt man auf einen Wert von etwa 560 km innerhalb von 140 Millionen Jahren. Dies entspricht einer durchschnittlichen jährlichen Horizontalbewegung von 4 mm. Im Vergleich hierzu sind die gleichzeitigen Vertikalbewegungen verschwindend gering. Die großen Verschiebungsbeträge lassen sich an vielen Stellen im Gelände beobachten, und zwar besonders dort, wo die Verwerfungsspalte von Bächen und kleinen Flüssen überquert wird. Die Wasserläufe biegen an diesen Kreuzungsstellen meist abrupt nach links oder rechts um.

Die San-Andreas-Verwerfung setzt sich auf dem Meeresboden fort, denn sie gehört zu einem viel größeren Bruchsystem. Die Geologen sind der Ansicht, daß sie mit dem Ostpazifischen Rücken in Verbindung steht, einer riesigen Schwächezone am Boden des Pazifiks, die sich zwischen Alaska im Norden und der Antarktis im Süden erstreckt. Sie liegt zwischen zwei Großschollen der Erdkruste, der nordamerikanischen und der pazifischen, die sich durchschnittlich 3 cm jährlich voneinander entfernen. Dabei treten horizontal wirkende Zerrungskräfte auf, die zur Entstehung von Bruchtektonik führen. Auf dieser Schwächezone im Pazifik erhebt sich ein untermeerisches Vulkangebirge.

Mit den Horizontalverschiebungen im Bereich der San-Andreas-Verwerfung stehen die häufigen Erdbeben Kaliforniens in direktem Zusammenhang. Die meisten davon sind nur sehr leichter Natur und richten keinerlei Schäden an. Sie werden hervorgerufen durch Spannungen im Gestein infolge der horizontalen Bewegungen der Erdkruste und durch die Wirkung der Reibungswiderstände an den Verwerfungsflächen. Von Zeit zu Zeit aber wird die physikalische Bruchschwelle der Gesteinsverbände erreicht, und die angesammelten Spannungen entladen sich in Form eines größeren Erdbebens mit katastrophalen Folgen. Das Erdbeben am 18. April 1906 in San Francisco, das aufgrund der Zahl der Todesopfer (etwa 450) und wegen des Ausmaßes der Zerstörungen (mehr als 28 000 Gebäude) traurige Berühmtheit erlangte, gehört zu dieser Kategorie der Oberflächenbeben großer Stärke. Sie sind charakteristisch für Spannungszonen in der Erdkruste. Das Beben von San Francisco erreichte eine Stärke von 8,3 auf der nach oben offenen Richter-Skala (benannt nach dem amerikanischen Seismologen C. F. Richter). Eine nach der Katastrophe durchgeführte Vermessung zeigte deutlich, daß sein langgestrecktes Epizentrum entlang der Achse der San-Andreas-Verwerfung verlief. Die Bewegungen in vertikaler Richtung betrugen zwar nicht mehr als 1 m, aber die plötzliche Horizontalverschiebung erreichte im Zentrum Kaliforniens etwa 5 m, im Süden sogar bis zu 7 m. Noch in guter Erinnerung ist das jüngste schwere Erdbeben vom Oktober 1989. Die Stärke betrug 6,9 auf der Richter-Skala. 60 Tote und Schäden in Milliardenhöhe waren zu beklagen.

Es überrascht nicht, daß in einem so dicht besiedelten Gebiet wie Kalifornien alle größeren Verwerfungen, vor allem natürlich die San-Andreas-Verwerfung, ständig überwacht werden. Mit Hilfe moderner Meßgeräte wie Tiltmetern und Seismographen ist es möglich geworden, auch kleinste Bewegungen der Erdkruste ganz genau zu registrieren. Man hat festgestellt, daß diese häufig Vorboten größerer Erdbeben sein können. Dabei konzentriert sich die Aufmerksamkeit besonders auf die Stadtregionen von San Francisco und Los Angeles sowie auf die zahlreichen Talsperren in diesem Gebiet. Man hofft, auf diese Weise Erdbeben voraussagen und entsprechende Vorkehrungen treffen zu können, um die schrecklichen Folgen in Grenzen zu halten.

Sanmenschlucht

Asien, China
34° 50′ n. Br., 111° 30′ ö. L.

Wenige Kilometer unterhalb des Quellgebietes beginnt der Irrlauf des Gelben Flusses, der auf einer Strecke von mehreren tausend Kilometern sämtliche Himmelsrichtungen einschlägt. Er scheint den Weg zum Meer erst zu finden, nachdem er sich einen Durchgang durch die Randhöhen der Großen Ebene gebahnt hat, die er in der berühmten und sehenswerten Engtalstrecke der Sanmenschlucht überwindet.

Der Hwangho, in heutiger Umschrift Huang He, ist wegen seines eigenwilligen Laufes einer der wenigen großen Ströme der Erde, dessen geologische Entwicklungsgeschichte bis heute noch nicht völlig

Sanmenschlucht *Die Fluten des Gelben Flusses, der seinen Namen den in Shanxi und Shaanxi aufgenommenen Lößmassen verdankt, zwängen sich durch die Engtalstrecke der Sanmenschlucht und ergießen sich anschließend in das Chinesische Tiefland, wo sie alljährlich verheerende Überschwemmungen verursachen.*

Santorin

Europa, Griechenland
36° 24′ n. Br., 25° 29′ ö. L.

Wenn man sich der südlichsten Inselgruppe der Kykladen nähert, vermag man sich angesichts dieses friedlichen Bildes kaum vorzustellen, daß diese Eilande das Ergebnis gewaltiger Vulkanausbrüche sind, die die Menschen der Antike in Angst und Schrecken versetzten. Und wer weiß, ob dieses Gebiet eines Tages nicht noch einmal zum Schauplatz einer Naturkatastrophe werden wird.

Die Insel Santorin (neugriechisch Thíra), das antike Thera, liegt im Ägäischen Meer. Sie gehört zu einer Inselgruppe der südlichsten Kykladen, die ringförmig eine ovale Meeresbucht von 11 km Länge und 7 km Breite umschließt. Mit einer Fläche von 75 km² ist Santorin das größte Eiland dieser Gruppe. Es besitzt eine halbmondähnliche Form, die nach Westen, zur Bucht hin, geöffnet ist, und umschließt die Bucht zu fast zwei Dritteln. Die Nachbarinsel Thirasiá (6 km lang, 2,5 km breit) und das Eiland Aspronísi vervollständigen den Inselring im Westen.

Das Landschaftsbild im Innern der Bucht ist sehr ungewöhnlich: Sie ist von riesigen ockerfarbigen oder weiß gestreiften und schwarz gefleckten Kliffs eingefaßt, die stellenweise bis zu 360 m hoch sind; in der Mitte liegen zwei schwärzliche, kahle Eilande, die Kaiménaes, die „Verbrannten Inseln".

Diese Inselgruppe ist ein charakteristisches Beispiel für einen bis auf die Fundamente abgetragenen Vulkan. Ihre Form hängt direkt mit der gewaltigen Explosion zusammen, die sich um 1525 v. Chr. ereignete. Dabei entleerte sich die Magmakammer des alten Inselvulkans mit Namen Strongyle (Die Runde): 60 km³ Aschen wurden in die Luft geschleudert, und als das Dach der Magmakammer einstürzte, drang das Meer in die so entstandene Caldera ein. Von dem alten Vulkan, dessen Krater sich über der Mitte der heutigen Bucht erhob, blieb nur der Inselring übrig. Dieses Ereignis läßt sich mit einer anderen, historisch wesentlich jüngeren vulkanischen Explosion vergleichen, die deshalb wissenschaftlich auch besser belegt ist, nämlich jener des Krakataus auf den Sundainseln im Jahr 1883.

Die vulkanische Tätigkeit innerhalb der Inselgruppe dauerte bis in unsere Tage an. Nach der ersten belegten Explosion tauchte um 196 v. Chr. das Eiland Paläa Kaïméni aus der überfluteten Caldera auf. Fast 250 Jahre später, 46 n. Chr., bildete sich in der Nähe ein weiteres Eiland, das aber sofort wieder unter dem Meeresspiegel verschwand. Das 16. und 17. Jahrhundert unserer Zeitrechnung waren von einer neuen Periode heftiger Ausbrüche gekennzeichnet, über die man gut unterrichtet ist. Im Jahr 1570 wurde nach einem Erdbeben der Südteil von Thíra vom Meer überflutet. Drei Jahre später tauchte die Insel Mikra Kaïméni im Innern der Bucht auf. Um 1650 erhob sich 3,5 Meilen nordöstlich von Thíra der Nebenkrater Kolumbo aus den Fluten des Meeres. Er förderte Bomben und Aschen und löste eine Flutwelle aus, die nach Berichten zeitgenössischer Chronisten mehrere Schiffe verschlang. Danach versank er wieder. Sein Gipfel befindet sich heute 18 m unter dem Meeresspiegel. Nachdem sich 1707 ein heftiges Erdbeben ereignet hatte, erfolgte ein Ausbruch, durch den die Insel Néa Kaïméni entstand. Damals bildete sich der Krater des heutigen Vulkans. Bis 1711 er-

Santorin *Im Hintergrund erheben sich die bis zu 360 m hohen Kliffs der Insel Thíra, Reste einer alten Caldera, die vor rund 3500 Jahren nach einer gewaltigen vulkanischen Explosion entstanden war und in die anschließend das Meer eindrang. In ihrer Mitte erhob sich später ein neuer Vulkankegel, dessen Krater (im Vordergrund) 1951 zum letztenmal tätig war.*

eigneten sich noch zahlreiche weitere Gaseruptionen, die nach einer Ruhepause von 156 Jahren zwischen 1867 und 1870 von neuem einsetzten. Weitere Ausbrüche folgten in den Jahren 1925 bis 1928, als die beiden Inseln Mikra Kaïméni und Néa Kaïméni zu einem flachen Vulkankegel miteinander verschmolzen. Die letzte Eruption im Jahr 1956 war von einem verheerenden Erdbeben begleitet. Man zählte 48 Todesopfer. Außerdem wurden Hunderte von Häusern und Zisternen zerstört. Der Ort Pyrgos auf der Insel Thíra wurde völlig verwüstet.

Der Kern der äußeren Inselgruppe besteht aus kristallinem Kalkstein (Marmor) und gefalteten Tonschiefern, die von Schlacken, Aschen, Lavaströmen und bis zu 30 m mächtigen Bimssteinschichten überdeckt werden. Man sieht dies z. B. deutlich an den Kliffs, die über die innere Bucht aufragen. Sie bestehen aus grauer Lava mit eingelagerten rötlichen Schlackenschichten; an der höchsten Stelle enthalten sie eine Bimssteinschicht, die von einer dicken Lage Asche bedeckt ist. Nach außen fallen die Hänge der alten Caldera sanft zum offenen Meer hin ab. Hier dehnt sich auch die einzige Ebene der Insel Thíra aus, deren Böden sehr fruchtbar sind und deshalb landwirtschaftlich intensiv genutzt werden. Hauptanbauprodukte sind Wein und Tomaten. Ein großer Nachteil der Böden besteht jedoch darin, daß sie sehr trocken sind, weil alles Niederschlagswasser sofort in den vulkanischen Aschen versickert. Das Problem ist besonders schwierig zu lösen, weil es sich hier um ein sehr regenarmes Gebiet handelt. Die durchschnittliche jährliche Niederschlagsmenge liegt unter 400 mm. Im Sommer muß Santorin deshalb mit Tankschiffen von wasserreicheren Inseln der Nachbarschaft aus versorgt werden.

Ein Besuch von Néa Kaïméni ist sehr interessant. Man kann es mit einem Mietboot von Thíra aus leicht erreichen. Der Krater ist von Solfataren übersät, aus denen glühendheiße, übelriechende Schwefeldämpfe strömen. Er liegt ungefähr in der Mitte der Inselgruppe. Wenn auch die Hauptförderspalte wahrscheinlich immer in diesem Bereich gelegen hat, so gab es doch mehrere Nebenkrater, von denen heute noch Spuren vorhanden sind. Die Ausbrüche scheinen im Süden der Inselgruppe begonnen zu haben, in der Nähe von Akrotiri (Thíra), wo in den Tuffen eingeschlossene Sandkörner von untermeerischen Eruptionen zeugen. Danach hat sich die Vulkantätigkeit allmählich nach Norden verlagert. Den Förderschlot eines dieser Krater kann man übrigens im Querschnitt am Kliff von Thíra sehen. Das Profil zeigt am oberen Rand die schon erwähnte, zwischen 10 und 30 m mächtige Bimssteinschicht, die mit einer dicken Aschenlage bedeckt ist – ein interessanter Hinweis für die Archäologen, die seit 1967 südlich von Akrotiri auf Thíra eine alte minoische Siedlung ausgraben, deren Ruinen unter einer mehrere Meter mächtigen Aschenschicht liegen. Dies legt die Vermutung nahe, daß der Explosion von 1525 v. Chr. eine mehrere Jahre dauernde, intensive vulkanische Tätigkeit vorangegangen ist. Die Stadt ist nicht abrupt zerstört worden, sondern wurde wahrscheinlich nach einem Erdbeben verlassen und evakuiert. Ein Nachlassen der Vulkanausbrüche ermutigte dann die Bewohner zurückzukehren, um ihre Habseligkeiten in ein paar noch intakten Häusern zu sammeln und mit dem Wiederaufbau zu beginnen. Hierauf scheint die neuerlich zunehmende Aktivität des Vulkans die endgültige Aufgabe der Stadt herbeigeführt zu haben. Bei den Ausgrabungen wurden bemerkenswert gut erhaltene Mauern freigelegt; manche zeigen Fresken, von denen sich die interessantesten heute im Nationalmuseum von Athen befinden.

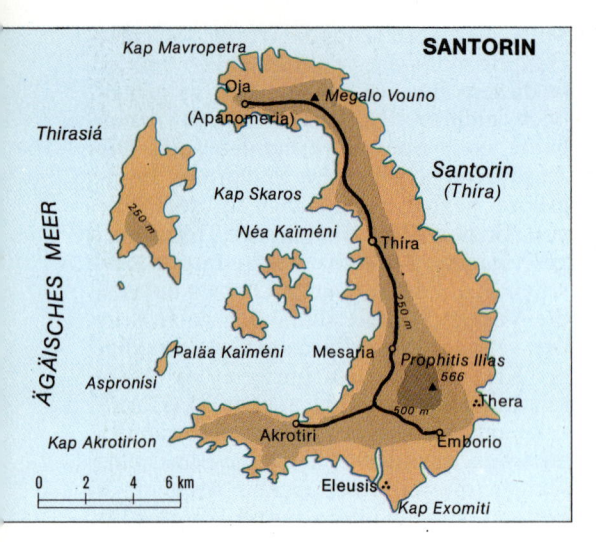

Sarisariñamaplateau

Amerika, Venezuela
4° 42′ n. Br., 63° 50′ w. L.

An der unwegsamsten Stelle einer Sandsteintafel, inmitten des tropischen Urwaldes, entdeckte man merkwürdige Naturschächte, deren Entstehung noch heute unbekannt ist. Zwar hat man sie inzwischen vermessen und dabei festgestellt, daß selbst in einer Tiefe von mehreren hundert Metern noch eine üppige Vegetation gedeiht – aber weitere Geheimnisse haben diese merkwürdigen Gebilde noch nicht preisgegeben.

Südlich des Orinocotieflands liegt das Bergland von Guayana. Es handelt sich um eine ausgedehnte Rumpfflächenlandschaft, die über ihre Umgebung gehoben wurde. Besonders im westlichen Teil sind dem sehr alten, kristallinen Grundgebirge mehrere hundert Meter mächtige Sedimentpakete aufgelagert, die steilwandig aufragende Plateaus und Tafelberge bilden. Eines dieser Plateaus trägt den Namen Sarisariñama. Verborgen in den unwegsamen Urwäldern des Staates Bolívar, erheben sich seine senkrechten Sandsteinfelsen über dem Hochbecken des Cauras, eines Nebenflusses des Orinocos. Bis 1965 blieb das Sarisariñamaplateau weitgehend unerforscht. Erst in jenem Jahr stieß eine Expedition unter der Leitung von Charles Brewer-Carias in dieses Gebiet vor.

Zuvor hatten mehrere Piloten diesen unwegsamen Teil des Berglands von Guayana überflogen und darauf aufmerksam gemacht, daß an der Oberfläche des Sarisariñamaplateaus tiefe Schächte zu erkennen seien. Anschließend wurden weitere Erkundungsflüge unternommen, und es gelang, aus dem dabei gewonnenen Fotomaterial Luftbildkarten zu erstellen. Diese zeigten deutlich die bereits beobachteten Naturschächte mit kreisrunden Grundrissen, die das Plateau an seinem Nordrand durchlöchern. Die riesigen Ausmaße dieser Öffnungen und ihre regelmäßige Kreisform stellten die Geologen vor schwierige Aufgaben. Wie sollen diese Schächte in Sandsteinschichten entstanden sein?

Das Sarisariñamaplateau ist 770 km² groß, seine durchschnittliche Höhe beträgt 1400 m. Die größte Höhe erreicht das Plateau im Süden mit 2000 m, während sich der Nordrand bis auf 1300 m absenkt. Dort öffnen sich auch die Schächte. Der Untergrund des Plateaus aber ist massiv, hart und kompakt und besteht aus Sandsteinen und Quarziten, und Karstformen in solchen Gesteinen waren zuvor noch nirgendwo entdeckt worden. Deshalb faßte man den Entschluß, die Sache an Ort und Stelle zu untersuchen. Im Februar 1974 wurde ein von Brewer-Carias geführtes, dreißigköpfiges Team von einem Hubschrauber auf dem Sarisariñamaplateau abgesetzt. Die

Sarisariñamaplateau *Diese beiden Schächte im unwegsamen tropischen Urwald des Berglands von Guayana reichen rund 300 m weit in die Tiefe. Wären sie in Kalkstein und nicht in Sandstein angelegt, könnte man ihre Entstehung sehr leicht erklären. Aber bis heute ist es nicht gelungen, das Geheimnis dieser ungewöhnlichen „Karstformen" zu lüften.*

Forscher errichteten 2 km von dem größten Schacht entfernt ein Lager. Sie wurden jedoch von einem undurchdringlichen Dschungel und tiefen Klüften daran gehindert, zum Schacht zu gelangen. Eine neuerliche Luftbrücke war erforderlich. Diesmal wurde das Lager direkt am Rand des Abgrunds aufgeschlagen. Man gab ihm den Namen Humboldtschacht.

Die Öffnung des Humboldtschachts besitzt einen Durchmesser von 370 m. Seine Tiefe wurde damals mit 340 m angegeben. Er hat einen kegelförmigen Querschnitt und erweitert sich gegen den Grund zu, wo sein Durchmesser 400 m beträgt. Seltsamerweise beherbergt der Boden dieses Schlundes Pflanzen und Tiere aller Art. Es hat sich dort sogar ein richtiger Wald entwickelt, in dem riesige Felsblöcke liegen. Aus den Klüften an den Wänden des Schachtes bläst ein starker Wind, ein Phänomen, das man nur durch ein ausgedehntes Netz unterirdischer Hohlräume erklären kann. Der Humboldtschacht ist der größte bisher bekannte Karstschlot. Der zweite, nach dem Höhlenforscher Martel benannte Schacht ist etwas kleiner, aber nicht weniger eindrucksvoll. Der Durchmesser seiner Öffnung beträgt 200 m, und seine Tiefe wurde auf 170 m geschätzt. Am Grund des Schachts, der ebenfalls von dichtem Dschungel bewachsen ist, beginnt ein Höhlengang, der ins Innere des Plateaus führt.

Im Februar 1976 setzte eine zweite Expedition die Erforschung dieser geheimnisvollen Karstformen fort. Bei erneuten Vermessungen wurde die Tiefe des Humboldtschachts auf nur 314 m korrigiert, jene des Martelschachts dafür auf 248 m. Die Forscher stiegen auch in einen dritten Karstschlot, den 202 m tiefen Regenschacht, in dessen Innerem ein mit Tropfsteinen ausgeschmückter Stollen entdeckt wurde.

Die Entstehung der Schächte ist nach

wie vor rätselhaft. Zwei Hypothesen zur Erklärung ihrer Bildung wurden aufgestellt: Die erste besagt, die Schächte seien an die Stelle von Intrusionsgesteinen getreten, die verwitterten und ausgeräumt wurden. In diesem Fall müßte man unter den Sandsteinblöcken am Grund der Schächte noch Reste dieser Gesteine finden. Die zweite Hypothese geht davon aus, daß die Schächte durch den Einsturz von Hohlräumen entstanden, die durch unterirdische Erosion entlang von Gesteinsklüften und Verwerfungen gebildet wurden. In Anbetracht der starken Regenfälle auf dem Sarisariñamaplateau (2200 bis 2800 mm pro Jahr) und dem Vorhandensein großer Verwerfungen neigen die Fachleute heute zu der Einsturzhypothese. Wie auch immer, die Erforschung der Karstschlote von Sarisariñama hat kaum erst begonnen. Was man bis jetzt weiß, ist bereits höchst verblüffend. Aber die Zukunft birgt vielleicht noch größere Überraschungen.

Scărişoara, Höhle von

Europa, Rumänien
46° 42′ n. Br., 22° 32′ ö. L.

Die kalte Luft, die im Winter in die unterirdische Falle der Höhle von Scărişoara strömt, kann sich im Sommer nicht über den Gefrierpunkt erwärmen. Deshalb schichten sich seit Jahrtausenden jahrein, jahraus dünne Eislagen übereinander und bilden phantastische Formen, die aus einer arktischen Landschaft zu stammen scheinen.

Die Höhle von Scărişoara ist zusammen mit der Eisriesenwelt in Österreich und der Casterethöhle in Spanien einer der größten natürlichen Eiskeller der Erde. Ihr Eingang liegt auf dem Hochplateau von Scărişoara im Apuşenigebirge, westlich von Cluj (Klausenburg). Das Volumen des ewigen Eises in ihrem Innern beträgt fast 50 000 m³. Der Höhleneingang wird von einem 50 m langen, senkrecht in die Tiefe führenden Schacht gebildet, durch den im Winterhalbjahr genügend Kaltluft eindringen kann, um die unterirdischen Eismassen auch im Sommer vor dem Auftauen zu bewahren.

Die Höhle von Scărişoara besteht aus zwei Stockwerken, von denen lediglich das obere mit Eis ausgefüllt ist. Das untere Höhlenstockwerk wird nicht von den winterlichen Kaltluftmassen erreicht. Hier findet man jedoch wunderbare Tropfsteinbildungen.

Der vereiste Teil der Höhle umfaßt im wesentlichen zwei größere Hohlräume, die „Große Halle" und die „Kirche". Die Große Halle wird von einer 18 m hohen Eiswand in zwei Räume unterteilt, und ihr Boden ist von einem dicken Eispanzer bedeckt. In der „Kirche" und in einer Kammer unterhalb der „Großen Halle" stehen säulenförmige, zum Teil mannshohe Eisstalagmiten, die dadurch entstehen, daß ihre Eiskristalle, die die Form sechseckiger Prismen haben, bei Temperaturen in Gefrierpunktnähe schneller der Länge als der Breite nach wachsen. Sie nehmen deshalb stark asymmetrische Formen an und können bis zu 10 cm lang werden.

In den Höhlen von Scărişoara wurde seit den ersten im Jahr 1921 durchgeführten Untersuchungen ein beständiger Rückgang des Eises beobachtet, ein Hinweis auf einen kontinuierlichen Temperaturanstieg in der Tiefe. Die jährlichen Temperaturschwankungen zwischen Sommer und Winter führen zu einer deutlichen Schichtung des Eises, wobei jede Lage einem Jahr entspricht. Eine von Geologen durchgeführte Pollenanalyse im Höhleneis ergab, daß die unteren Schichten ungefähr 3000 Jahre alt sind. Neben pflanzlichen Überresten sind auch Knochen von Tieren, insbesondere von Gemsen, in den Eislagen eingeschlossen. Wegen ihrer einzigartigen Eisfüllung wurden die Höhlen von den rumänischen Behörden unter Naturschutz gestellt. Sie sind noch nicht für den modernen Massentourismus hergerichtet worden, aber sportliche Besucher können dieses Naturwunder das ganze Jahr über besichtigen.

Scărişoara *Das asymmetrische Wachstum durchscheinender Eiskristalle führt in dieser für den Tourismus wenig erschlossenen Höhle des Apuşenigebirges zur Bildung von Eisstalagmiten, die fast 2 m hoch werden können.*

Seen, Große

siehe Great Lakes

Semoistal

Europa, Belgien/Frankreich
49° 41′–49° 53′ n. Br., 4° 45′–5° 49′ ö. L.

Eigentlich ist es ein Vorrecht von Flachlandflüssen, in großen Windungen oder Mäandern dahinzuströmen. Die Semois aber hat sich diese Eigenschaft über viele Jahrmillionen bewahrt, obwohl ihr Tal heute tief eingeschnitten im Gebirge liegt.

Die Semois, ein kleiner, rund 200 km langer Fluß, entspringt in der Nähe der Stadt Arlon in Belgien. Sie mündet bei Monthermé in Frankreich in die Maas, nachdem sie in ungezählten Mäandern die Ardennen durchquert hat, in deren Sandstein- und Schieferschichten sie sich da und dort bis zu 200 m tief eingegraben hat. Die ausgedehnten Mischwälder der Ardennen tragen mit ihren abwechslungsreichen Farbschattierungen zur Schönheit dieses Tales bei, das bis heute weitgehend von der Industrialisierung verschont und in seinem ursprünglichen Zustand erhalten geblieben ist.

Das Tal der Semois ist wegen seiner lehrbuchhaft ausgebildeten Mäander eines der bekanntesten Durchbruchstäler der europäischen Mittelgebirge. Als die Ar-

Semois *Der gewundene Ardennenfluß, der Sand- und Kiesufer aufschüttet, bringt Abwechslung in das düstere Waldgebirge, in das er sein tiefes Tal im Laufe von vielen Jahrmillionen gegraben hat.*

dennen im Tertiär gehoben wurden, hat sich die weit ältere, windungsreiche Semois allmählich in das Gebirge eingetieft, das langsam unter ihr aufzusteigen begann. Ihre vielen Mäander hat sie während des Einschneidens unverändert beibehalten. Man nennt diese Entstehungsweise eines Durchbruchstales Antezedenz. Die schmalen Uferstreifen des Flusses bieten nur sehr wenig Platz für die vereinzelten Dörfer, die in der Regel auf den Gleithängen der Mäander liegen. Über der von Hochwasser häufig überschwemmten Aue der Semois erheben sich mehrere treppenförmig übereinander angeordnete Terrassen, die die Reste pleistozäner Flußschotterlagen darstellen, die von der nacheiszeitlichen Semois nicht gänzlich abgetragen wurden. Sie sind wegen ihrer Höhenlage ganzjährig hochwasserfrei und bilden deshalb die bevorzugten Siedlungsstandorte.

Die steilen Hänge des Semoistals sind dicht bewaldet; oberhalb dieser vorwiegend aus Eichen, Buchen und Fichten bestehenden Forstgebiete ragt manchmal nackter Fels an die 100 m über den Fluß empor. Auf der Hochfläche der Ardennen, hoch über den Flußwindungen der Semois, liegen malerische Ortschaften (z. B. Rochehaut und Florenville), von denen man weite Ausblicke über die schönsten Teile des von vielen Touristen besuchten Tales genießt.

Shanxi (Schansi)

Asien, China
35°–40° n. Br., 110°–115° ö. L.

Stellen wir uns vor, ganz Deutschland liege unter einer dicken Schicht von gelbem, porösem Gestein begraben – eine endlose, öde, eintönige Hochebene, durchzogen von unzählig vielen Schluchten und Gräben, in die bei heftigen Regengüssen Gesteinsbrocken und -platten rutschten...

Nordchina wurde oft das Land der gelben Erde genannt. Der Ausdruck bezieht sich auf die unvorstellbar großen Lößmassen, die in Nordchina eine auf der ganzen Erde einzigartige Mächtigkeit erreichen. Diese lockeren Ablagerungen bedecken ungefähr 600 000 km², das gesamte Becken im Mittellauf des Huang Hes zwischen der mongolischen Tafel und der nordchinesischen Ebene und die angrenzenden Gebiete. Die Dicke der Lößschichten ist gewaltig. Sie beträgt in der Regel rund 50 m, im Osten der Provinz Gansu sogar bis zu 500 m. Die Untersuchung der Schichtenfolge hat ergeben, daß es sich dabei um äolische Ablagerungen aus dem Pliozän und Pleistozän handelt. Über braunroten Lehmschichten, Schotterablagerungen und Kalkkrusten, über tonigem Lehm mit versteinerten Wurzeln, teilweise auch über tonigen Seeablagerungen, alten oder rötlichen Bächen mit eingelagerten Kalkkrusten liegt schließlich der eigentliche Löß als geschlossener, dicker Mantel. Die Herkunft und die Entstehung dieser mächtigen Lößmassen, die selbst noch in einer Höhe von 2000 m anzutreffen sind, bildeten seit Richthofens ersten Untersuchungen (Ferdinand Freiherr von Richthofen, ein deutscher Wissenschaftler, war der erste Geologe und Geograph, der Ende des 19. Jahrhunderts das Land der gelben Erde untersuchte) das Thema zahlreicher widersprüchlicher Erörterungen.

Die jüngsten sowjetischen und chinesischen Arbeiten zeigen, daß es sich hier um komplizierte und bis jetzt noch nicht vollständig bekannte Prozesse handelt. Offenbar spielt der Wind keine so wesentliche Rolle, wie dies sonst allgemein bei der Anhäufung von Löß der Fall ist. Die gelbe Erde Chinas bildete sich in großen Zeiträumen und in mehreren Phasen. Die Flüsse und auch der Wind führten ein lößähnliches Substrat aus der Wüste Gobi und der Hochebene von Ordos in das Gebiet des Mittellaufs des Huang Hes. Diese alluviale Masse wurde an Ort und Stelle im Verlauf eines noch nicht näher bekannten mineralischen und biologischen Prozesses in Löß umgewandelt.

Der Löß ist ein sehr brüchiges, äußerst poröses Material, das sich aus allerfeinsten Partikeln mit einem Durchmesser von nur 0,01 bis 0,005 mm (Quarz, Biotit, Feldspat und verschiedene Tonmineralien) zusammensetzt. Bemerkenswert ist, daß es im Löß keine horizontale Schichtung gibt. Dagegen ist die gesamte, ziemlich homogene Gesteinsschichtung von einem Netz feiner Risse durchzogen, die mit zahllosen, sich nach unten verzweigenden kleinen Kanälen in Verbindung stehen. Ein solches Gefüge und die beträchtliche Mächtigkeit

Der Löß in Nordchina

Auf dem Gesteinssockel wurden in verschiedenen Zeiträumen mehrere Lößschichten nacheinander abgelagert. Die Täler wurden in der Eiszeit eingeschnitten. Das Gebiet ist durch Verwerfungen gestört, die aber die Landschaft erst erfaßten, nachdem die Schichten abgelagert worden waren. Die Gebirgsbildung ist in diesem Gebiet noch nicht abgeschlossen.

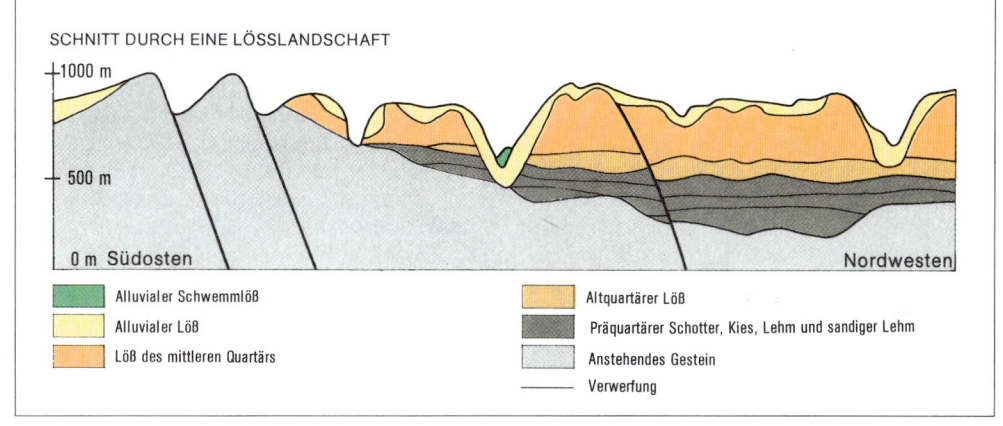

SCHNITT DURCH EINE LÖSSLANDSCHAFT

- Alluvialer Schwemmlöß
- Alluvialer Löß
- Löß des mittleren Quartärs
- Altquartärer Löß
- Präquartärer Schotter, Kies, Lehm und sandiger Lehm
- Anstehendes Gestein
- Verwerfung

des Lösses machten es möglich, daß besondere Erosionsformen entstanden sind. Sie verleihen dem Gebiet ein erstaunliches Aussehen.

Der Löß der Provinz Shanxi wurde dank dem Werk Ferdinand von Richthofens am besten bekannt. Er schreibt, daß das ursprüngliche Relief, das vor dem Einsetzen der Lößablagerung existierte, verschüttet sei, als wäre es unter einer gewaltigen Schneeschicht begraben. Auf den ersten Blick gebe es nichts Einförmigeres,

Shanxi *In die gelben Lößmassen haben chinesische Bauern Terrassen für den Anbau und Höhlenwohnungen gegraben. Da der Boden stark durchlässig ist, rutscht die Erde nicht so leicht ab.*

doch auch nichts Seltsameres als die Hochfläche der gelben Erde... So weit das Auge reiche, dehnten sich gelbliche Ebenen ohne jedes Relief aus. Wenn man jedoch die Straße verlasse, dann stoße man auf eine tiefe Schlucht. Eine weitere Schlucht grenze an die erste, und in diese mündeten weitere Schluchten, die sich wieder verzweigten... Jede Wand teile sich in viele Terrassen, und zwar so deutlich, daß man Pfade von der einen zur anderen habe anlegen können. Die Landschaft wirke durch die Terrassen wie die Höhenlinien auf einer Landkarte.

So sieht es nicht nur in der Provinz Shanxi aus, sondern in der gesamten Region. Hier ist die Bodenerosion stärker ausgeprägt als irgendwo sonst auf der Erde. Jedes Jahr entstehen neue Schluchten. Rechnet man die Länge der Schluchten zusammen, ergibt sich eine Gesamtlänge von 4 km/km² auf den Flächen der am stärksten betroffenen Gebiete. Sie weichen an ihrem hinteren Ende jährlich viele Meter zurück. Wenn im Sommer wolkenbruchartige Regenfälle niedergehen, rutschen oft plötzlich dicke Lößschichten ab und erweitern die Schluchten noch mehr. Tatsächlich fallen in dieser Jahreszeit in Nordchina fast drei Viertel der jährlichen Gesamtniederschläge. Die Erosion ist so intensiv, daß sie dem ganzen Land der gelben Erde mehr als eine Milliarde Tonnen Löß im Jahr entzieht, die vom Huang He weggetragen werden. Er transportiert im Durchschnitt 30 kg/m³ festes Substrat, bei Hochwasser 100 kg/m³. Das hat weitreichende Folgen. Die Hälfte dieser Schwebstoffe kann nicht ins Meer befördert werden. Sie wird dem gesamten Unterlauf des Flusses entlang abgelagert. Dort sind im Lauf der Zeit an den Ufern hohe Dämme auf natürliche Weise entstanden. Der Wasserspiegel liegt häufig mehrere Meter über dem Niveau der Umgebung. Wenn diese Dämme brechen, werden Hunderttausende Quadratkilometer Land verwüstet. Seit etlichen Jahren stellt die Eindämmung der Bodenerosionen in den Lößgebieten eine gigantische Aufgabe dar, zu der Millionen Chinesen verpflichtet wurden, um den Huang He zu bändigen. Damit ließe sich ein ungeheuer großes Gebiet urbar machen. Es könnte eines der fruchtbarsten Chinas sein.

Simpsonwüste

Australien
23°–29° s. Br., 134°–138° ö. L.

Zu den ungewöhnlichen Landschaften Australiens gehört auch die Simpsonwüste: Riesige Dünenfelder aus rostrotem Sand, die wie die erstarrten Wogen eines Ozeans aussehen, zusammengehalten von einer eigenartigen Pflanzendecke, die nur in Australien heimisch ist.

Mehr als ein Siebtel des australischen Kontinents wird von Wüsten und Halbwüsten eingenommen. Sie bedecken eine Fläche von rund 1,2 Millionen km². Insgesamt werden sechs größere Trockengebiete unterschieden, die mehr oder weniger im Innern Australiens liegen: die Große Sandwüste, die Tanamiwüste, die Gibsonwüste, die Große Victoriawüste, die Nullarborebene und die Simpsonwüste. Letztere ist rund 259 000 km² groß und erstreckt sich hauptsächlich im Südosten des Nordterritoriums. Ihre Ausläufer reichen noch bis in das nördliche Südaustralien und den Südwesten von Queensland.

Die Simpsonwüste ist eines der regenärmsten Trockengebiete Australiens. Die jährlichen Niederschläge betragen im Durchschnitt weniger als 125 mm, und ihre Verläßlichkeit liegt bei höchstens 40 bis 50 %. Sie verteilen sich auf nur 30 Tage, und zwar im Sommer der Südhalbkugel.

Eine charakteristische Erscheinung der Simpsonwüste sind ausgedehnte, aus roten Sanden bestehende Dünenfelder, die mitunter Höhen von 20 bis 60 m erreichen. Die Rotfärbung entstand durch oxidierendes Eisen, das als gesteinsbildendes Mineral in den Sandkörnern enthalten ist. Einzelne Längsdünen sind bis zu 6 km² groß und mehr als 100 km lang. Sie streichen alle ohne Ausnahme von Nordwesten nach Südosten und stimmen darin mit der Richtung der in dieser Gegend beständig wehenden Passatwinde überein, denen sie ihre Entstehung verdanken.

Die Besonderheit dieser durch mehrere Kilometer breite *Gassi* voneinander getrennten Dünenstreifen ist weniger ihre imponierende Größe als vielmehr ihr Alter. Sie entstanden nämlich schon im ausgehenden Pleistozän, vor mehr als 10 000 Jahren. Damals muß im Innern Australiens ein noch extremeres Wüstenklima geherrscht haben als heute, denn die Dünen haben inzwischen längst ein fossiles Stadium erreicht. Sie sind heute von *Spinifex*-Gräsern und vereinzelten Büschen der eigenartigen australischen *Scrub*-Vegetation bedeckt und dadurch an ihrem Standort festgelegt. Ihre Sandmassen werden durch die Vegetationsdecke festgehalten und können trotz der starken Passatwinde nicht weiter nach Nordwesten wandern. Das vom Wind zusammengetragene feine Material stammt wahrscheinlich aus dem Gebiet des südöstlich gelegenen Eyresees. Die feinkörnigen Bestandteile alter Flußablagerungen wurden vom Wind fortgeweht und nordwestlich des Sees wieder abgelagert.

Sinoia (Chinnoyi) Caves

Afrika, Simbabwe
17° 21′ s. Br., 30° 13′ ö. L.

Durch einen 50 m tiefen Schlund dringt gedämpftes Tageslicht in ein unterirdisches Labyrinth und läßt die Oberfläche eines stillen Sees so stark funkeln, daß sich ihre Farben in den durchsichtigen Tropfsteinvorhängen, die die Ufer begleiten, widerzuspiegeln scheinen.

Etwa 100 km nordwestlich von Harare, an der Fernstraße nach Lusaka, liegt die Stadt Sinoia (heute Chinnoyi). Ganz in ih-

Simpsonwüste *Mehr als 100 km lange Dünenwälle sind die typischen Landschaftselemente der im Innern Australiens gelegenen Simpsonwüste. Ihre rötlichen, einstmals wandernden Sandmassen werden besonders nach der sommerlichen Regenzeit von einer – wenn auch spärlichen – Vegetationsdecke vor dem beständig wehenden Südostpassat geschützt.*

rer Nähe verbirgt sich am Fuß eines Berges eines der bekanntesten Naturwunder des Landes: die geheimnisvollen Sinoia Caves. Diese Höhlen sind sehr leicht zugänglich und werden deshalb jährlich von zahlreichen Besuchern besichtigt. Sie liegen inmitten eines ausgedehnten Nationalparks, und man kann dort auf einem Campingplatz bequem Station machen.

Die in Kalkstein angelegten Höhlen von Sinoia bestehen aus einer Reihe unterirdischer Hohlräume, die durch natürliche Stollen miteinander verbunden sind. Mittelpunkt dieses Labyrinthes ist eine hallenförmige Höhle, deren Grund von einer größeren Wasserfläche, dem „Schlafenden See", eingenommen wird. Nachdem der Besucher ein paar in den Fels gehauene Treppenstufen hinuntergestiegen ist, gelangt er zu einem unterirdischen Aussichtsplatz, von dem aus er den gesamten See überschauen kann. Der Anblick des kristallklaren, blauen Wassers, funkelnd im Sonnenlicht, das durch einen nach au-

Sinoia Caves *Wenn man von außen in die unterirdische Welt von Sinoia hineinblickt, ahnt man nichts von der Schönheit eines kristallklaren, von Tropfsteinen umrahmten Höhlensees, dessen Wasser im einfallenden Tageslicht in allen Farben des Spektrums schillert.*

ßen führenden Schacht in der Decke des Gewölbes eindringt, inmitten einer Welt von Schatten und verzerrten Formen, ist unvergleichlich und erinnert an eine Szene aus einem Märchen. Noch eindrucksvoller wirkt diese Landschaft, wenn man sie von der „Dunklen Höhle" aus betrachtet, die am gegenüberliegenden Ufer des „Schlafenden Sees" einmündet. Von hier sieht es so aus, als wäre der See von Tropfsteinen umrahmt, die die Farben des Wassers widerspiegeln und sie gleichzeitig mit ihm wechseln.

Sivasamudram

Asien, Indien
12° 16′ n. Br., 77° 08′ ö. L.

Der Kaveri scheint sich von der Unruhe, die ihn plötzlich befällt, nicht befreien zu können: Kaum sind seine tosenden Fluten in der Tiefe eines Wasserfalles zerstoben, werden sie neuerlich von mächtigen Strudeln erfaßt, und Schluchten und Stromschnellen versetzen sie in rasenden Lauf.

Für den Reisenden, der dem Lauf des Kaveris auf dem Mysoreplateau gefolgt ist – der Fluß durchquert diesen Teil des Hochlandes von Dekkan in einem weiten, flachen Tal, hier und da von Inselbergen überragt –, hält der träge dahinfließende Strom bei der Insel Sivasamudram eine Überraschung bereit. Der ruhige Wasserlauf wird östlich von Mysore unvermittelt von einer steilen Geländestufe unterbrochen. Kurz bevor er sie erreicht, teilt sich der Kaveri in zwei Arme, den Bhar Chukki und den Gagan Chukki, und umschließt dabei die Insel Sivasamudram. Der Gagan Chukki stürzt dann unter ohrenbetäubendem Brausen in mehreren, dicht beieinanderliegenden Wasserfäden etwa 100 m in die Tiefe, wobei eine Wolke von Sprühregen aufsteigt, die man manchmal mehrere Kilometer weit sehen kann. In großen Strudeltöpfen vereinigen sich dann die beiden Flußarme wieder zu einem einzigen Strom, dessen Wasserführung im Laufe eines Jahres zwischen rund 600 und 5000 m³/s schwankt. Seine reißenden Fluten kommen deshalb aber keineswegs zur Ruhe, denn nachdem der Fluß das keine 100 km breite Telanganaplateau überquert hat, strömt er zwischen zwei mehr als 1000 m hohen Hügelketten 80 km lang in einem Tal, das sich stellenweise zu schmalen Schluchten verengt. Hier bildet er mehrere Stromschnellen, während sich seine aus höhergelegenen Seitentälern einmündenden Nebenflüsse über eindrucksvolle Wasserfälle mit ihm vereinigen. Talabwärts erreicht der Kaveri in 450 m Höhe das Plateau von Salem und biegt an der Grenze zwischen den indischen Bundesstaaten Mysore und Tamil Nadu nach Süden um. Über die Fälle von Sivasamudram und die Stromschnellen weiter talabwärts überwindet der Kaveri die Höhenunterschiede zwischen drei übereinanderliegenden, jeweils durch eine Stufe voneinander abgesetzten Rumpfflächen, die in präkambrischen Gneisen und Graniten angelegt sind.

Auf der Insel Sivasamudram befinden sich die Ruinen einer längst verfallenen Stadt, von der zwei schöne Tempel erhalten geblieben sind, die von vielen Pilgern besucht werden. Aber Sivasamudram ist nicht nur ein Wallfahrtsort: 1902 wurde hier das erste Wasserkraftwerk Indiens mit einer Leistung von etwa 50 000 kW gebaut. Ein Teil des den Fällen zuströmenden Wassers mußte zur Energiegewinnung abgeleitet werden.

Slowakisches Paradies

Europa, Tschechoslowakei
48° 55′ n. Br., 20° 40′ ö. L.

Das Slowakische Paradies ist auf den ersten Blick keine außergewöhnliche Landschaft. Aber bei näherem Hinsehen entdeckt man verborgene Canyons mit bis zu 300 m hohen Wänden und sogar von ewigem Eis erfüllten Höhlen, die ihresgleichen suchen.

Slovenský raj, das Slowakische Paradies, ist ein etwa 140 km² großes Plateau am Rand des Slowakischen Erzgebirges. Es wird von den Flüssen Hornád im Norden und Slaná im Süden begrenzt. Die Hochfläche besteht aus mesozoischen Kalken und Dolomiten, die im Zuge der tertiären Gebirgsbildung (Entstehung von Alpen und Karpaten) gehoben wurden. Im Anschluß an die Hebungsphase entwickelte sich hier ein Karstrelief mit sämtlichen Oberflächenformen, die für derartige Landschaften typisch sind. Besonders eindrucksvoll sind zahlreiche tiefe und schmale Canyons, die die Karsthochfläche in selbständige Einheiten aufspalten, von denen jede eine kleine Welt für sich darstellt. Die Ursprünglichkeit der Landschaft, die Stille ihrer Wälder und nicht zuletzt ihre Lage im Regenschatten von Niederer Tatra und Slowakischem Erzgebirge führten dazu, daß dieses Plateau, dessen Höhe sich zwischen 500 und 1266 m (Velká Knola) bewegt, zu einer stark besuchten Fremdenverkehrsregion wurde.

Slowakisches Paradies *Im Dunkel einer Karsthöhle des Slowakischen Paradieses wird die Kälte des Winters das ganze Jahr über konserviert. Sie läßt das Sickerwasser des Kalksteins zu großen, durchsichtigen Stalagmiten aus ewigem Eis erstarren.*

Die oberirdischen Karstformen in Gebieten mit gemäßigtem Klima

Als Karst bezeichnet man Gebiete, in denen sich durch Korrosion leicht löslicher Gesteine, wie z. B. Kalk, Marmor, Dolomit, Anhydrit, Gips oder Salz, sowohl unterirdisch als auch oberirdisch ein charakteristischer Formenschatz gebildet hat. Der Begriff Karst ist der gleichnamigen Landschaft Sloweniens entlehnt, wo die Karsterscheinungen des gemäßigten Klimabereiches besonders eindrucksvoll ausgeprägt sind.

An der Erdoberfläche fehlen Bäche oder Flüsse meist völlig, oder sie enden nach kurzem Lauf an Ponoren oder in Höhlen. Erosionsformen treten deshalb an der Erdoberfläche zugunsten von Lösungsformen (Korrosionsformen) zurück. Die Wirkung der Lösung wird durch die physikalische Verwitterung zusätzlich verstärkt.

Die Geologen unterscheiden an der Erdoberfläche sogenannte Großformen neben den Kleinformen. Zu den Großformen gehören im wesentlichen Poljen, Uvalas und Dolinen, außerdem Trockentäler und blind endende Täler als Reste eines vor Einsetzen der Verkarstung vorhandenen oberirdischen Gewässernetzes. Kleinformen sind sogenannte Karren, schmale Grate zwischen dicht nebeneinanderliegenden Gesteinsklüften, die durch Korrosion erweitert worden sind.

1 Hum **2** Tafoni **3** Karren **4** Blind endendes Tal mit Flußschwinde (Schluckloch) **5** Karstfenster **6** Polje **7** Schluckloch oder Ponor **8** Speiloch **9** Karstquelle **10** Trichterdoline **11** Einsturzdoline **12** Schüsseldoline oder Uvala **13** Karstkegel **14** Trockental **15** Canyon **16** Undurchlässiges Gestein **17** Karstschlot

Das Gebiet weist Spuren einer sehr frühen Besiedlung auf: In mehreren Karsthöhlen fand man Überreste prähistorischer Wohnstätten. Markierte Wege führen von der Bärenhöhle zur berühmten Eishöhle von Dobschau, vorbei an den Aussichtspunkten von Tomaškový-Berg und Rabenfelsen, und verlieren sich dann in ausgedehnten Fichten- und Buchenwäldern. Der Eingang der Eishöhle liegt in einer Höhe von 971 m, 130 m über dem Tal. Die winterliche Kaltluftzufuhr in dieser Höhenstufe reicht aus, um den Dauerbestand einer 11 200 m² großen Eisfläche zu gewährleisten.

Eine weitere Sehenswürdigkeit des Slowakischen Paradieses sind die bereits erwähnten Canyons, die seit dem ausgehenden Tertiär von den Flüssen in das Kalkplateau eingetieft wurden. In die größten von ihnen kann man über Leitern und in den Fels gehauene Stufen hinuntersteigen. An manchen Stellen erreichen die nahezu senkrechten Canyonwände Höhen bis zu 300 m.

In den klaren Bächen am Grunde der Schluchten, die häufig durch Karstquellen gespeist werden und an mehreren Gefällsstufen zahlreiche Kaskaden bilden, angeln viele Sportfischer Forellen.

Sehr interessant ist auch die Pflanzen- und Tierwelt dieses Gebietes. Man kann dort nämlich auf Waldspaziergängen einige seltene Arten der Alpenflora, wie z. B. Enzian und Edelweiß, finden. Außerdem kann man neben Hirschen, Rehen und Wildschweinen auch Luchse, Steinadler und Auerhähne in freier Wildbahn beobachten. Das Slowakische Paradies steht deshalb seit 1964 unter Naturschutz.

Snake River *Bevor sich der „Schlangenfluß" mühsam einen Weg durch tiefe Schluchten bahnt, fließt er in zahllosen Mäandern zwischen ausgedehnten Nadelwäldern, über denen sich im Hintergrund die majestätische Kette des Wasatchgebirges erhebt.*

Snake River

Amerika, USA
42° 30'–46° 45' n. Br., 110° 30'–119° w. L.

Der Grand Canyon erscheint zahm, verglichen mit den tiefen, wilden Schluchten des Snake River.

Der Snake River ist der größte linke Nebenfluß des Columbia River. Dieser rund 1600 km lange Fluß, der im Yellowstone-

Nationalpark entspringt, schlägt zunächst eine südwestliche Richtung ein; anschließend umgeht er die Salmon River Mountains in einem weiten Bogen und fließt, bevor er sich in den Columbia River ergießt, zwischen dem Bitterrootgebirge und den Blauen Bergen nach Norden.

Im größten Teil seines Laufes durchquert der Fluß die tertiären Lavadecken des Columbiaplateaus sowie die quartären Basaltdecken der Snake River Plain. Im Mittel- und Unterlauf bildet er mehrere Canyons, in denen er sich in die über dem Grundgebirge lagernden Vulkangesteine eingeschnitten hat. So zwängt er sich von den American Falls bis zu den Salmon Falls z. B. durch eine gewaltige, etwa 400 km lange Schlucht, in der Wasserfälle anzeigen, wo widerstandsfähigere Lavaströme vom Snake River gequert und als Härtlinge herauspräpariert worden sind.

Der malerischste Teil des Snake River ist aber das Hell's Canyon oder auch Grand Canyon of the Snake River genannte Engtal, die letzte Schlucht, die der Fluß durchströmt, bevor er das Columbiabecken erreicht. Auf einer Länge von rund 200 km schnitt er sich einen schmalen Durchlaß durch die 1200 m mächtigen Basaltdecken und das darunterliegende Grundgebirge. Der Hell's Canyon ist die tiefste Schlucht Nordamerikas: Die Bergkette der Seven Devils ragt 2400 m über den Fluß empor, und die durchschnittliche Tiefe des Canyons beträgt rund 1700 m.

Im Oberlauf des Snake River haben sich häufig in kleinen Becken oder auf schmalen Terrassen an den Flanken der Schluchten Travertinkrusten gebildet – Kalkablagerungen, die dem hohen Kalzitgehalt des Quellwassers zuzuschreiben sind, das im Gebiet des Yellowstone-Nationalparks angereichert wird. Die tosenden Fluten des Flusses verlieren bei ihrem ungestümen Lauf sehr viel Kohlensäure, ohne deren Vorhandensein Wasser kein Kalzit in gelöster Form enthalten kann. Es kommt also zur Ausfällung von Kalk, d.h. zur Travertinbildung. Die Travertine des Snake River sind relativ weich, äußerst fein strukturiert und schlüpfrig, beinahe wie Talg. Obwohl sie nicht so mächtig und in so großen Mengen vorhanden sind wie jene von Yellowstone, können sie sich, was die Fülle ihrer phantasievollen Formen betrifft, dennoch mit ihnen messen.

Neben dem Snake River selbst sind in diesem Gebiet der USA vor allem zahllose Drusen in den vulkanischen Decken von Interesse. Diese von Sammlern sehr begehrten Hohlräume im Gestein, die sich durch eingeschlossene Luftblasen beim Abkühlen von Lava bilden, enthalten riesige Mineralien, von denen die wichtigsten Granat, Topas und verschiedene Quarzmodifikationen sind. Neben Mineraliensammlern lockt die malerische Landschaft aber auch zahlreiche Touristen an, und eine Bootsfahrt auf dem Snake River ist sicherlich die beschaulichste Art, die herrliche Naturlandschaft zu genießen.

Soboroum, Wadi

Afrika, Tschad
21° n. Br., 17° 20′ ö. L.

Das Wadi Soboroum scheint der Hölle sehr nahe zu sein, obwohl es in einer Höhe von mehr als 2000 m beginnt. Der Boden zittert und ächzt, wie wenn er von Geisterhand geschüttelt würde, und dichte Rauchschwaden steigen in die schwefelgesättigte Luft. Gasblasen zerplatzen mit schmatzendem Geräusch an der Oberfläche heißer Schlammpfützen.

Im Herzen des Tibestimassivs, in 2400 m Höhe, entspringt das Wadi Soboroum. In diesem Tal bietet sich dem Reisenden ein

Soboroum *Der von Thermalquellen gespeiste Wasserlauf scheidet an seinen Ufern Salzausblühungen aus, die den wüstenhaften Charakter des Tibestimassivs inmitten der Sahara zusätzlich verstärken.*

einzigartiges, unheimlich wirkendes Naturschauspiel, bei dem einem angst und bange werden könnte: Der Erdboden bebt, und ein beständiges Grollen liegt in der Luft; Fumarolen scheiden pausenlos heiße Dämpfe aus, die den Himmel verdunkeln; über dem ganzen Tal liegt ein durchdringender Schwefelgeruch, die Farben der nackten Felsen wirken unnatürlich in ihrer Intensität und mit ihrem metallischen Glanz; das blendende Weiß phantastisch geformter Kristalle, schwefelgelbe Gesteinsadern, das ölige Grau brodelnden Schlamms und siedenden Thermalwassers: Auf Schritt und Tritt merkt man, daß der Boden unter einem in Bewegung ist.

Diese ungewöhnliche Landschaft, die ebensogut die Kulisse eines Gruselfilms sein könnte, zeugt von einem früheren intensiven Vulkanismus, dem diese Gegend ihre Entstehung verdankt. Die Berge des Tibestimassivs sind nämlich zum größten Teil erloschene Vulkane, die noch in prähistorischer Zeit tätig waren. Sie entwickel-

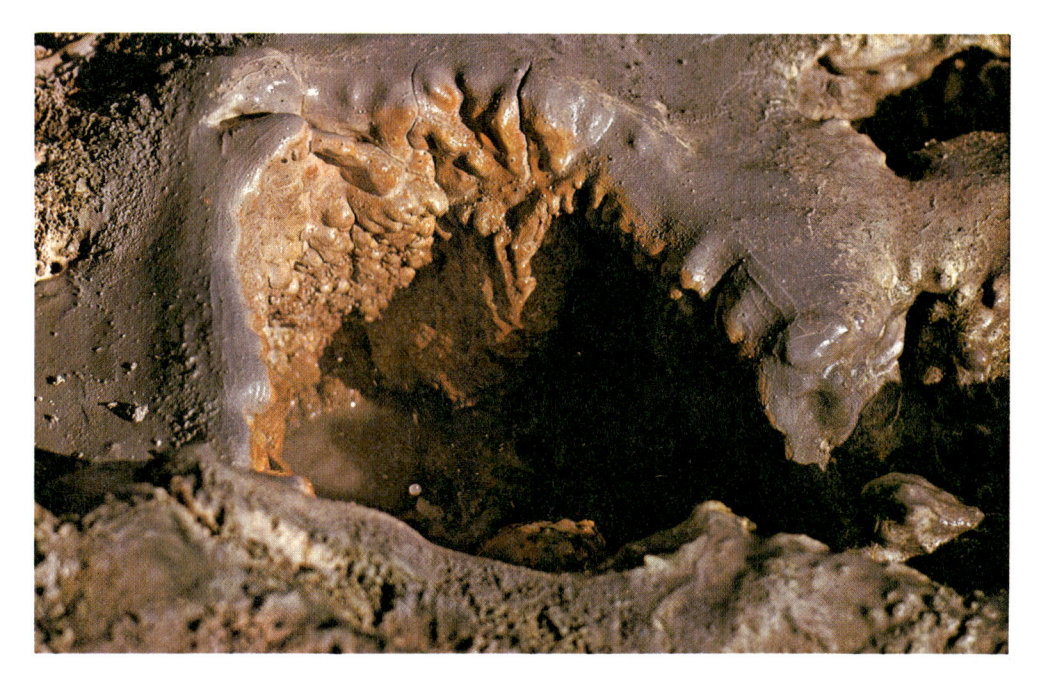

Soboroum *Durch diese von ausgefällten Mineralstoffen umringte Öffnung im Erdboden dringen konzentrierte vulkanische Gase und Dämpfe an die Erdoberfläche empor, die in ihrer näheren Umgebung alles pflanzliche Leben im Keime ersticken.*

ten sich im Tertiär, als der präkambrische Sockel des Gebirges gehoben wurde und dabei in mehrere große Schollen zerbrach, zwischen denen glutflüssiges Magma aus der Tiefe aufsteigen konnte. Der höchste Vulkankegel, der dem Grundgebirgssockel auflagert, ist der 3415 m hohe Emi Kussi.

An der Flanke eines dieser Vulkane, des Ehi Sunni, entstand das Wadi Soboroum. Es beginnt 1 km nordwestlich der Caldera, die sich während der aktiven Phase des Ehi Sunni in der Gipfelregion des Vulkankegels gebildet hatte. Das heutige Wadi stammt bereits aus dem Jungtertiär. Es folgt ziemlich genau einer langen Spalte, die während eines frühen Vulkanausbruches an der Flanke des Berges aufriß. Die heute beobachtbaren und eingangs beschriebenen postvulkanischen Erscheinungen gehen auf die frühere Tätigkeit des Ehi Sunni zurück. Die einstmals zur Erdoberfläche vordringenden Magmamassen liegen heute in größerer Tiefe und scheiden lediglich noch heiße Gase aus, die einen Weg nach oben finden. Durch ihre enorme Wärmestrahlung wird auch einsickerndes Grundwasser aufgeheizt, das häufig an Thermalquellen wieder zutage tritt.

Man unterscheidet heißes und warmes Thermalwasser. Das heiße Wasser (70 bis 92 °C) enthält sehr viel Schwefelsäure. Sein pH-Wert liegt zwischen 1 und 2. Außerdem ist es auch aluminium-, eisen- und kalziumhaltig. Ein Teil des Wassers sprudelt in kleinen Geysiren hervor, um deren Austrittsöffnungen bis zu 1 m hohe Sinterkegel aus Kieselsäure ausgefällt wurden. Andere Quellen nähren winzige Pfützen, die von aufsteigenden Gasblasen pausenlos bewegt werden.

Die warmen Wasser (21 bis 38 °C) dringen weiter talabwärts an die Erdoberfläche empor und bilden die natürlichen Heilquellen, die von den einheimischen Tibbu, einem Nomadenvolk, sehr geschätzt werden. Ihre Zusammensetzung ist jener der heißen Wasser sehr ähnlich, sie enthalten aber stärkere Anteile an Ammoniak und Kalzium und nur halb soviel Schwefel.

Sof Omar, Höhle von

Afrika, Äthiopien
7° 40′ n. Br., 40° 02′ ö. L.

In einer der unzugänglichsten Gegenden Äthiopiens verschwindet ein mächtiger Fluß im Innern eines Berges und taucht erst nach 15 km wieder an der Erdoberfläche auf. Er durchfließt die riesige Höhle von Sof Omar, um auf diese Weise einen Gebirgszug zu durchqueren, der sich ihm in den Weg stellt.

Die Höhle von Sof Omar, die mit einer Länge von 15 km die größte des afrikanischen Kontinents ist, wurde erst vor wenigen Jahren erstmals von Wissenschaftlern untersucht. Sie liegt rund 300 km südöstlich von Addis Abeba im Nordwesten der äthiopischen Provinz Balé, die hier nur durch die für geländegängige Fahrzeuge freigegebene Piste von Wonji nach Ginir erschlossen ist. Die Abgeschiedenheit dieses Gebietes erklärt wohl, warum diese außergewöhnliche Höhle – außergewöhnlich sowohl wegen der Art ihrer Entstehung als auch wegen ihrer riesigen Abmessungen – so lange unbekannt geblieben ist.

Am Ostabfall des Mendebogebirges versperrt ein aus Kalkgestein aufgebauter Höhenzug dem Fluß Webbe Shibeli den Weg. Seine Wasser verschwinden hier unvermittelt in mehreren Schlucklöchern und setzen ihren Weg unterirdisch fort, um erst nach 15 km wieder an die Erdoberfläche zu gelangen. Untersuchungen der Sof Omar im Jahr 1973 zeigten, daß es sich um ein gewaltiges Höhlenlabyrinth handelt, in dessen Innerem der Webbe Shibeli träge dahinströmt und aufgrund seines geringen Gefälles weite Mäander bildet.

Der Fluß führt beim Durchqueren des Hochlands von Äthiopien eine größere Sedimentfracht mit sich, die er nach der Gefällsverringerung in den gewundenen Gängen der Sof-Omar-Höhle ablagert. Normalerweise müßte dieser Mechanismus rasch zur Verstopfung des Höhlensystems führen. Aber die sehr starken Hochwasser des Webbe Shibeli säubern während der jährlichen Regenzeit regelmäßig die Gänge der Höhle, so daß es nicht zu deren völliger Verschüttung kommen kann. Es ist sogar wahrscheinlich, daß die jährlichen Bewegungen der Schwemmbänke (Sand und Kies) zur Erosion des Gesteinsuntergrundes im Innern von Sof Omar führen und so für eine ständige Erweiterung der unterirdischen Gänge sorgen.

Sognefjord

Europa, Norwegen
61° 10′ n. Br., 5°–7° ö. L.

Die Wände des berühmten Sognefjords ragen 1000 m über die Wasseroberfläche empor und setzen sich 1000 m darunter fort. Nur die Dünung und der Schrei der Vögel bringen noch einen Hauch des offenen Meeres in diese Bergwelt hinein, die zu den schönsten Landschaften der Erde gehört.

Der Sognefjord, der nördlich von Bergen 180 km in das Gebirge der norwegischen Westküste eindringt, ist der längste Fjord des Landes. Am inneren Ende des Fjords, inmitten der höchsten Berge Skandinaviens – der Galdhøpigg erreicht 2469 m Höhe –, erinnern nur mehr die Schreie der Seemöwen, die mit Tang gesäumten Ufer und die leichte Dünung daran, daß es sich hier trotz der Küstenferne um einen Meeresarm handelt. Er verläuft hauptsächlich von Westen nach Osten; das östliche Ende bildet der Årdalsfjord. Andere Arme wie der Lustrafjord, der Sogndalsfjord und der Aurlandsfjord zweigen nach Süden und Norden ab.

Das Gebiet von Balestrand, wo mehrere weit verzweigte Fjordarme zusammentreffen, liegt an der Grenze zwischen den beiden großen geologischen Einheiten, die von dem Fjord durchquert werden. Im Osten bilden kristalline Gesteine die Grundlage der Überschiebungsdecken des Sogn-Jotun; die Verästelungen des Fjords sind in 1000 bis 1400 m hohe Plateaus eingeschnitten, die aber im Vergleich zu den eisbedeckten Spitzen des Jotunheim im Norden und den Gipfeln des Aurlandsfjells im Süden noch verhältnismäßig tief liegen. Im Westen, jenseits eines Streifens aus Glimmerschiefern und Quarziten, durch-

Sognefjord

quert der gewaltige Trog des Sognefjords in sanften Windungen ein zweites Hochflächensystem: das ausgedehnte Massiv des „westlichen Gneises", auf dem sich die kaledonische Decke des Jotunheim nach Südosten schob. Dieses rauhe Fjell, das eine Höhe von 1300 m und am Ende des Fjærlandsfjords am Jostedalsbre sogar 1700 m erreicht, fällt zur Mündung hin allmählich bis auf eine Höhe von 600 m und darunter ab.

Die großartige Fjordlandschaft kann man am besten von Aussichtspunkten wie dem Molden (1115 m) am Lustrafjord oder vom Flugplatz von Sogndal aus genießen. Eine 4 bis 5 km breite, dunkelgrüne oder tiefblaue Wasserfläche, auf der manchmal metallische Reflexe aufblitzen, windet sich zwischen Gebirgsvorsprüngen und Kaps. Die Schiffe erscheinen unbeweglich und winzig klein zwischen den von Lawinenrinnen zerfurchten Wänden, die

Sognefjord *Einmal tiefblau, ein andermal dunkelgrün schimmern die Wasser des Sognefjords, der zwischen Bergen und Ålesund weit ins Landesinnere vordringt. Die steilen Felswände lassen nur an manchen Stellen Platz für menschliche Siedlungen.*

600 bis 1200 m, gegenüber von Kaupanger sogar 1600 m hoch sind und von denen oft Wasserfälle hinabstürzen. Diese schwindelerregenden Wände setzen sich ebenso steil mehrere hundert Meter unter dem Wasserspiegel fort.

Am Ende jedes der inneren Fjordarme schieben sich Deltas einmündender Bäche in den Meeresarm vor; über ihnen sind am Fuß der Wände Reste von Deltaterrassen erhalten. Sie zeugen von der kräftigen Hebung Skandinaviens nach dem Abschmelzen des 2000 bis 3000 m mächtigen pleistozänen Eispanzers, der es noch vor 12 000 Jahren bedeckte. Der Osthang des stark gewundenen Lustrafjords ist zwischen dem Jostedalsbre und dem Jotunheim von prachtvollen Hängetälern durchschnitten, während das Westufer sanfter abfällt; dort liegen, zwischen Apfelbäumen verstreut, schmucke weiße Häuser. Ähnlich sieht auch die Landschaft um den Sogndalsfjord aus; hier erinnern die Wacholdersträucher sogar ein wenig an den Süden. Dank der geschützten Lage ist diese Gegend eine der mildesten Norwegens. Ganz anders ist das Gebiet um den Årdalsfjord, den Lærdalsfjord und den Aurlandsfjord. Über diesen stärker eingeschnittenen Fjorden ragen mächtige, dunkle Felswände empor. Am Westufer des Aurlandsfjords mündet der Nærøyfjord. Mit seinen mehr als 1200 m hohen, vom Eis geschliffenen Wänden ist er der engste und wohl eindrucksvollste Fjord dieses Gebiets. Der Fjærlandsfjord ist wiederum ein vollkommenes Trogtal, das an der Stirn von Gletscherzungen endet, die vom Jostedalsbre herunterreichen. Reste des Gletschers gibt es noch in 100 m Höhe.

Diese Fjorde sind bereits sehr tief – der Lustrafjord erreicht beispielsweise 645 m, der Aurlandsfjord 600 m und der Sogndalsfjord 264 m, wobei seine Sohle bis auf 19 m ansteigt, bevor er auf den Sognefjord trifft. Alle münden jedoch mehrere hundert Meter über der Sohle des Sognefjords, der an der tiefsten Stelle 1303 m erreicht. Dieses riesige Becken ist nach außen hin geschlossen: Die Felssohle steigt in der Nähe der Mündung auf 150 m unter dem Meeresspiegel an und wird sogar in Form vieler kleiner Inseln aus devonischem Sandstein sichtbar, die den nach Südwesten gekrümmten Fjord abriegeln.

Durch die außergewöhnliche Tiefe unterscheiden sich die Fjorde von einfachen

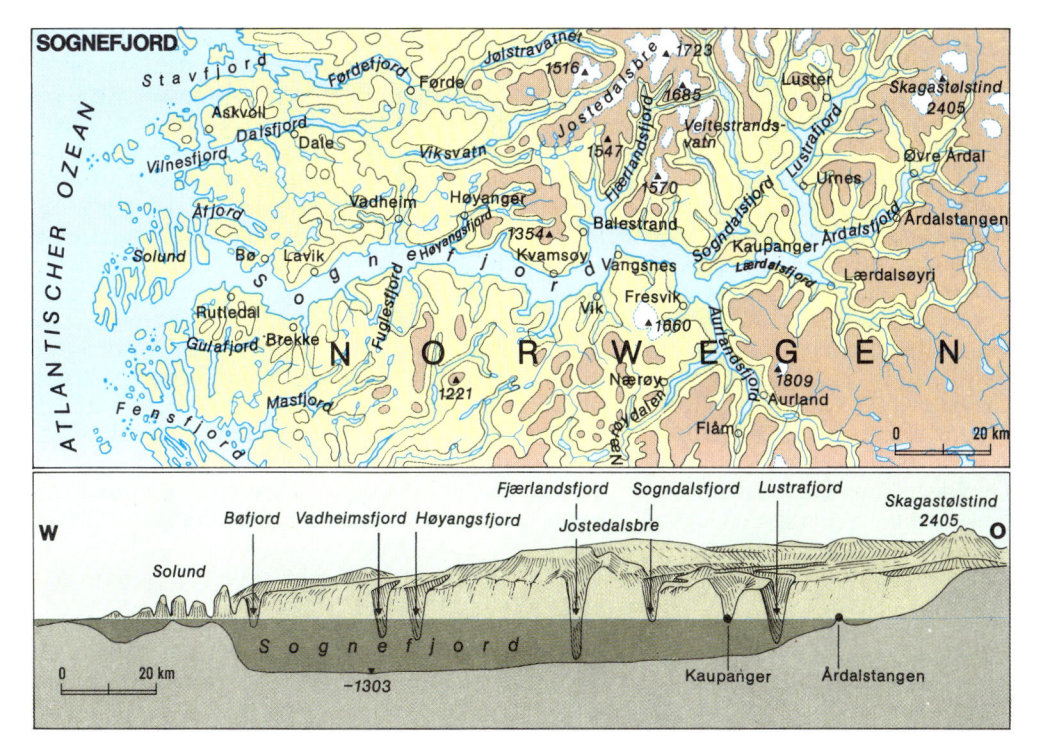

Tälern, die vom Meer überflutet werden; der nacheiszeitliche Anstieg des Meeresspiegels durch das Abschmelzen der Gletscher betrug nur etwa 100 m und wurde ohnehin durch die Hebung Skandinaviens wieder ausgeglichen. Die mächtigen Eismassen, die während der Eiszeit diese Gebiete bedeckten, schürften ihr Bett weit unterhalb des Meeresspiegels aus und gruben den Trog des Haupttals 1100 m tiefer, so daß die Nebentäler zu Hängetälern wurden. In der Nähe der Küste, wo die Gletscher die Enge der Gebirgstäler verließen und sich ausbreiten konnten und abschmolzen, war das Eis weniger mächtig. So erklärt sich die Felsschwelle an der Mündung.

Schmale Terrassenstücke in 400 und 800 m Höhe an den Steilufern des Fjords gelten als die Reste des alten präglazialen Talbodens. Das aus den inneren Fjordarmen gebildete Talsystem vermag eine Vorstellung vom alten Einzugsgebiet zu geben, das auch etwa dem der pleistozänen Gletscher entsprach. Das Eis arbeitete allerdings auch nach seinen eigenen Gesetzen. Es durchschnitt alte, in andere Einzugsgebiete führende Täler (Nærøydalen) und nützte die Schwächezonen im Gestein aus, wie beispielsweise jene Bruchzonen, die von Osten nach Westen verlaufen und die bei der Heraushebung des Kaledonischen Gebirges im Devon entstanden sind. Die flache Sohle der Fjorde ist mit feinkörnigen Ablagerungen bedeckt, die in der Nacheiszeit von den Flüssen herabgetragen wurden, und örtlich auch von den Gesteinsmassen, die von den steilsten Hängen herabgestürzt sind (ein solcher riesiger Bergsturz verwüstete 1974 das Westufer des Nærøyfjords).

Ebbe und Flut wirken sich in den Fjorden nur wenig aus. Die Fjorde frieren nie zu, obwohl das Wasser an der Oberfläche dank dem Süßwasser, das die Flüsse bringen, kaum salzhaltig ist. In der Tiefe hat das Wasser die größte Dichte, was zusammen mit der hohen Schwelle an der Mündung den Wasseraustausch mit dem Meer behindert; am Grund der Fjorde gibt es infolge der Sauerstoffarmut kein Leben. Wenn durch irgendeine Strudelbewegung das schwefelwasserstoffhaltige Wasser aus der Tiefe emporsteigt, sterben die Fische, die in der Nähe der Oberfläche leben.

Soos, Naturschutzgebiet von

Europa, Tschechoslowakei
50° 10′ n. Br., 12° 24′ ö. L.

Seltene Phänomene kann man im Torfmoor von Soos beobachten: Gase entströmen dem Boden, und in runden Becken brodelt der Schlamm – der Vulkanismus aus früheren Zeiten macht sich noch bemerkbar.

Das Naturschutzgebiet von Soos liegt in der Gemeinde Hájek, 6 km östlich von Františkovy Lázně (Franzensbad) im Bezirk Cheb (Eger) in Nordwestböhmen. Noch heute kann man dort sehr interessante postvulkanische Erscheinungen beobachten, die auf den Vulkanismus am Ende des Tertiärs zurückgehen.

Bei der alpinen Gebirgsbildung im Tertiär entstanden tiefe Brüche im Grundgebirge, in denen vulkanische Gesteinsschmelzen aufsteigen konnten – so entstanden das Dappauer Gebirge, das Böhmische Mittelgebirge und die Kammerbühl in Böhmen –, an denen aber auch große Schollen der Erdkruste einsanken und die Becken von Eger, Sokolov (Falkenau) und Chomutov (Komotau) bildeten.

Das heutige Becken von Eger war ein ehemals 300 m tiefer See, auf dessen Grund sich Sandschichten ablagerten; darüber folgte dann, als das Wasser zurückging, eine Schicht Kaolinton, auf der sich das gegenwärtige Moor von Soos entwickelte. Ziemlich genau in der Mitte des Schutzgebiets liegt eine kleinere Kieselgur-Lagerstätte.

Das Bodenwasser zirkuliert in der Sandschicht, wo es mit Mineralsalzen und kaltem Kohlendioxidgas, das aus den Brüchen des Grundgebirges aufdringt, angereichert wird. Wo der Gasdruck hoch ist, wird die Tonschicht von zahlreichen Gängen durchlöchert, die an der Oberfläche in kegelstumpfförmigen Becken unterschiedlicher Größe münden. In Regenperioden sind diese Becken mit schlammigem Wasser gefüllt, aus dem das Gas blubbernd emporsteigt, in Trockenzeiten sind die Becken jedoch leer, und das Gas tritt manchmal mit einem pfeifenden Geräusch aus. Es handelt sich hier um sogenannte Mofetten, die vor allem im Bereich der Kieselgurschichten konzentriert sind, einer kahlen, etwas höher liegenden, leicht welligen Zone, die das Schutzgebiet durchzieht.

Mineralquellen, alle stark gashaltig,

Soos *Im Moor von Soos gibt es zahlreiche mit schlammigem Wasser gefüllte Löcher, die in die Tiefe führen. Aus ihnen steigen pausenlos Gasblasen auf.*

sprudeln überall hervor. Im Südwesten des Schutzgebietes enthalten die Quellen, z. B. die Kaiserquelle, viel Glaubersalz; die im Südostteil enthalten doppeltkohlensaures Natron. Im Norden und Osten ist das Wasser sauer (Veraquelle) und enthält nur wenig Minerale, vorwiegend Kalzium- und Magnesiumsalze. Die verschiedenen Quellen werden wirtschaftlich nicht genutzt. Bemerkenswert ist das Gebiet auch wegen seiner reichen Bestände an Torfmoorpflanzen, die in Mitteleuropa immer seltener geworden sind.

Soos *Der lebhafte Vulkanismus, der das Gebirge bildete, zeigt sich heute nur mehr in den großen Natriumsulfatplatten, die sich an der Erdoberfläche ausbreiten.*

Spectrum Range

Amerika, Kanada
57° 30′ n. Br., 130° 40′ w. L.

Wenn man die bunte Vielfalt von Orange- und Rottönen auf dem funkelnden, kahlen Felsen betrachtet, könnte man meinen, daß hier in dem Gewirr dieser alten Vulkane, zwischen Schnee und Wäldern, die wärmsten Nuancen des Spektrums eingefangen wurden.

Im Jahr 1972 wurde das Gebiet um den Mount Edziza in der Nähe der Grenze zu Alaska zum Nationalpark erklärt. Nur Geologen und Erzschürfer hatten bisher diese fast menschenleere Gegend gekannt.

Das Vulkanmassiv des Mount Edziza und der Spectrum Range besteht aus einem Gewirr von Kratern und Lavadecken, gekrönt von Gletschern. Zwischen der Waldgrenze in 1400 m Höhe und der Schneegrenze, die bis auf 2100 m herabreicht, weist der kahle Fels schroffe, fast geometrisch aufgebaute Formen und ungewöhnliche, grelle Farben auf.

Diese Hochflächen im Land der Tahltanindianer, im Übergangsbereich zwischen dem Stikineplateau im Nordwesten und den Coast Mountains, liegen zwischen dem kleinen Bach Mess und dem Iskut River; die beiden Wasserläufe sind fast 800 m tief eingeschnitten. Phyllit- und Kalksteinfalten aus dem Paläozoikum wurden bis zum Tertiär eingeebnet; die Rumpffläche

Spectrum Range *Auf den hohen Hügeln mit den farbig schillernden Hängen liegen unter dem polaren Himmel ein paar Schneeflecken, die bis hinunter zur Baumgrenze reichen.*

wurde in der Folgezeit gehoben und durch nordsüdlich verlaufende Verwerfungen zerbrochen, an denen die Gletscher des Eiszeitalters tiefe Trogtäler ausschürften. Das charakteristische Merkmal ist aber das Alter des Gebirges und die Häufigkeit vulkanischer Erscheinungen. Man findet Lavagänge in den Sedimentgesteinen aus der Trias; der Mount Edziza und die Spectrum Range selbst stehen mit Vulkanausbrüchen der letzten vier Millionen Jahre im Zusammenhang; schließlich gibt es Ablagerungen, deren Alter ziemlich genau auf 1300 Jahre datiert werden konnte, und den Evekegel, der sich wahrscheinlich erst im Lauf des 18. Jahrhunderts aufbaute.

Die Spectrum Range (1829 m) hat im Süden einen einfachen geologischen Aufbau: Auf ausgedehnten Basaltströmen liegen dachziegelartig geschichtete Rhyolithkuppen, die von der Abtragung in schroffe Grate zerschnitten wurden. In die höchsten Grate sind sechs große Kare eingelassen. Das vulkanische Gestein schillert in allen Farben. Oft ist es gelblich, bald orange oder auch purpurn, mit glitzernden Quarz-, Augit- und Feldspatkristallen durchsetzt. Am Fuß der Kuppen, auf den pechschwarzen Obsidianströmen, hat schwefelhaltiger Wasserdampf das Gestein mit roten und gelben, ockerfarbigen und braunen Flecken und Streifen überzogen. Alle Farben des Sonnenlichtspektrums kommen hier vor, daher der Name Spectrum Range.

Der Mount Edziza ist höher (2787 m) und komplizierter aufgebaut. Der Hauptkrater verbirgt sich unter einer eiförmigen, 8 km² großen Eismasse. Auf dem Sockel von Basalten und Rhyolithen sind Lavaströme, Kuppen und Kegel ineinander verschachtelt. Zwischen den Basalten, Rhyolithen und vulkanischen Aschen befinden sich Fluß- und Gletscherablagerungen. Bei Lavaausbrüchen unter der Eisdecke entstanden typische Lavatravertinkissen. An den Flanken des Mount Edziza liegen etwa 30 ganz regelmäßig aufgebaute Nebenkrater, Aschenkegel und Vulkane mit flachem Gipfel, die *Tuyas*.

Spitzbergen

Europa, Norwegen
76° 28′–80° 45′ n. Br., 10° 50′–28° 34′ ö. L.

Der Frühling ist auf Spitzbergen eine Zeit der Wunder. Die Insel erwacht aus tiefem, starrem Schlaf. Aus dem vom Frost befreiten Boden sprießen Tausende rührender, bunter Blumen, und die Vögel kehren zurück. Während die Gletscher großartige, schimmernde Eisberge gebären, zieht dann der Sommer mit Tagen ohne Nächte über das Land.

Spitzbergen, eine Inselgruppe im Nordpolarmeer, ist 61 300 km² groß. Seit 1925 gehört es zu Norwegen. Da es sehr hoch im Norden liegt, weist es alle Eigenheiten der arktischen Länder auf. Den regelmäßigen Wechsel von Tag und Nacht gibt es dort nur teilweise. Einem kurzen und verhältnismäßig warmen Sommer von April bis August (Temperaturmaximum im Juli +10°C), in dem die Sonne 24 Stunden lang scheint, steht die lange Polarnacht des Winters gegenüber. Vom 27. Oktober bis zum 16. Februar kommt die Sonne nicht über den Horizont, und die Temperatur sinkt bis auf −40°C. Das Klima ist im Durchschnitt kalt und ziemlich trocken. Die relative Nähe des Pols (dieser ist nur 1100 km entfernt) erklärt die starke Vereisung: 60 % des Landes sind mit Eis bedeckt. Die Gletscher stoßen mit langen Zungen oft bis ans Meer vor.

Im Sommer „kalben" die Gletscher: Von den 30 bis 50 m hohen Eiskliffs lösen sich riesige Blöcke, stürzen mit donnerndem Getöse in den Fjord und treiben, vom Wind und von der Strömung geschoben, ins offene Meer hinaus. Zuweilen bleiben sie im Packeis hängen, das oft mehr als acht Monate lang das Land einschließt, so daß es mit dem Schiff nicht mehr erreicht werden kann. Ein letzter Ausläufer des Golfstroms berührt Spitzbergen an der Südwestseite; daher wird dieser Küstenabschnitt jeweils als erster eisfrei. Hauptsächlich dort leben auch die wenigen Bewohner Spitzbergens. Die Hauptstadt Longyear-

Spitzbergen *An der Ostküste beleuchtet die nördliche Sonne, die sich im eisigen Wasser der Mohnbucht spiegelt, die Bergrücken mit den langgezogenen Schneestreifen. Sie bricht das Dunkel der Winternacht und kündigt die Wiederkehr eines Tages an, der vier Monate dauert.*

byen liegt am Eisfjord, dem Hauptfjord an der Westseite.

Nach der langen, harten Winternacht wirkt der Frühling wie eine Erlösung. Das Land wird aus seinem eisigen Gefängnis befreit; Vögel treffen aus dem Süden ein, und Millionen kleiner Blumen begrüßen die frühen Strahlen der Sonne.

Zwischen den Eisdecken ragen auf Spitzbergen teilweise sehr schroffe und zerklüftete Berggipfel hervor (600 bis 1000 m über dem Meer; Newtonspitze 1712 m). Stellenweise sind Kohlenflöze vorhanden, die wichtigste Rohstoffquelle in dieser kalten Wildnis. Der Boden ist ein Dauerfrostboden und 150 bis 300 m tief gefroren, doch taut ihn die Sommersonne bis zu einer Tiefe von 100 cm auf, so daß sich eine Vegetation entfalten kann. Die Flora ist verhältnismäßig reich: Es gibt nicht weniger als 140 Pflanzenarten. Da und dort sieht man Büschel von rosa Steinbrech oder Polster aus roten, weißen und gelben Pflanzen, die einen Teppich aus Moos, Rentierflechten und niedrigen Gräsern beleben. Zwergbirken und Polarweiden sind der Stolz der Einwohner. Selbst an besonders günstigen Stellen werden sie aber nicht höher als 20 bis 30 cm.

Die Tierwelt ist vielfältig und dem extremen Klima angepaßt: Das Rentier, der Blau- oder Weißfuchs (Eisfuchs), der Eisbär, der von den zahlreichen Robben angelockt wird, der Moschusochse (1929 aus Grönland importiert), Seeschwalben, Möwen, Alke und Krabbentaucher sind die wichtigsten Arten der Inselgruppe.

Staubbachfall

Europa, Schweiz
46° 36' n. Br., 7° 45' ö. L.

Die Wiedererwärmung des Klimas nach der Eiszeit hat dieses Nebental, Zubringer eines alten Gletschers, leer zurückgelassen. Hier stürzen die Wassermassen des Staubbachfalls in die Tiefe.

Von Interlaken aus erreicht man den Ort Mürren und das Jungfraumassiv durch das Lauterbrunnental – einen wahren Wallfahrtsort der Bergsteiger. Die Weiße Lütschine, ein ungestümer, von den Schneefeldern und Gletschern des Berner Oberlandes reich versorgter Wildbach, durchfließt hier ein klassisches Trogtal. Gletscher der Eiszeit haben es aus dem harten Kalkstein der Wildhorndecke herausgearbeitet: einen breiten Trog mit senkrechten Wänden und einer von Moränen und Schwemmkegeln bedeckten Sohle.

Nach dem Abschmelzen des Eises blieben die seitlichen Zuflüsse oberhalb der Sohle des Haupttales „hängen", und ihr Wasser stürzt nun in etwa 20 Fällen hinunter, die dem Tal und dem dazugehörigen Ort den Namen gegeben haben: „lauter Brunnen". Manche, wie der romantische Trümmelbach am rechten Talhang, stürzen über mehrere Stufen; aber der berühmteste Wasserfall ist unbestritten der Staubbachfall am gegenüberliegenden Hang. Gleich einer riesenhaften Schärpe aus Schaum, die im Sonnenlicht aufleuchtet und glitzert, stürzt er in einem einzigen Strahl 250 m tief hinab.

Seit dem Mittelalter hat dieser Fall wegen seines tosenden Wassers und des Kontrasts zwischen seiner milchweißen Farbe und dem Dunkelgrün der Hänge die Phantasie des Volkes angeregt.

Das 18. Jahrhundert mit seiner an Rousseau orientierten Vorliebe für die ursprüngliche Natur erschloß ihn der europäischen Empfindsamkeit. Seit der Staubbach Goethe, der ihn aufsuchte, in Entzük-

Staubbachfall *Oberhalb der Almen, neben den Bäumen, die im Abendwind rauschen, stürzt der atemraubend schöne Wasserfall schäumend und tosend die schroffe Steilwand hinab wie ein gischtumsprühter Schleier.*

Staubbachfall

Stockholm, Schärenhof von

Schärenhof von Stockholm *Die kahlen Felsrücken zwischen den Senkungen, in denen Hahnenfuß und Narzissen wachsen, weisen noch die Spuren der Abschleifung durch die Gletscher des Eiszeitalters auf; hinten drängt sich das klare Wasser der Ostsee zwischen die Inseln.*

ken versetzte, wurde er zum Prototyp alpiner Schönheit. Tatsächlich sind nur wenige landschaftliche Sehenswürdigkeiten der Schweiz so oft wiedergegeben worden wie gerade dieses Gebiet. Es vereint alles, was ein romantisches Gemüt sich von der Bergwelt erhofft: die Wasserfälle, im Hintergrund die „erhabenen Schrecken" der eisfunkelnden Jungfrau, die sauberen Häuser und die Herden mit ihren Glocken.

Stockholm, Schärenhof von

Europa, Schweden
58° 40'–59° 55' n. Br., 18°–19° 30' ö. L.

Wer die lange geologische Geschichte des „Schärenhofes" (skärgård) untersucht, stößt unter dem scheinbaren Chaos dieses zerstückelten Landes auf den alten, verwitterten Kontinentalsockel, der von Gletschern abgeschliffen und von den Wellen blankgescheuert wurde.

Bei klarem Wetter ist der Anflug auf Stockholm unvergeßlich: Man kann den gesamten Archipel überblicken, der hier die Ostseeküste in einer Länge von fast 150 km säumt. Dieser Schärenhof *(skärgård)* ist tatsächlich eine erstaunliche Landschaft: ein funkelndes Meer, übersät mit Eilanden und Schären, überdies besetzt mit Tausenden von Inseln und endlosen Halbinseln, zwischen denen sich lange Wasserstraßen hinziehen.

Das verwirrende Muster der bewaldeten Inseln, das Labyrinth der schmalen Meeresbuchten *(järdar)* und der grünen Streifen, welche die grauen, rauhen Kuppen aus nacktem Fels voneinander trennen, ist nicht ganz so wild und ungeordnet, wie es zunächst scheint. Die Formelemente bilden gewundene Inselreihen, und bei Värmdö, östlich von Stockholm, beschreiben sie sogar eine weite, elegante Spirale.

In diesem Muster stellt sich die Struktur des alten präkambrischen Grundgebirges dar, die infolge der Abtragung des Verwitterungsmantels durch die Gletscher des Eiszeitalters wieder sichtbar wurde. Die Schicht- und Schieferungsflächen der Gneise und Granitgneise mit etwa parallel orientierten Mineralen, an denen die Verwitterung ins Gestein eindrang – das dann vom Eis abgeschabt wurde, bevor die Wellen der nacheiszeitlichen Meere sie blankputzten –, bestimmen den Grundriß der Inseln. Dazu kommen schmale, geradlinige Kerben – strenge Talzüge auf dem Land oder tiefe Sunde im Meer –, als seien die Inseln und Halbinseln hier durch Schwerthiebe verletzt worden. Diese Kerben gehen auf bedeutende Kluftlinien und Verwerfungszonen zurück, die von der Abtragung herauspräpariert wurden.

Die Spuren der pleistozänen Gletscher sind tatsächlich allgegenwärtig. Von ihnen zeugen auch die unzähligen blankgescheuerten Rücken, abgeschliffenen Buckel und Rundhöcker, die man so ziemlich überall sieht, wenn man mit dem Schiff durch den Schärenhof fährt. Ursprünglich lag über den Felsbuckeln noch eiszeitliche Grundmoräne. Sie wurde jedoch von den Meeren der Nacheiszeit, die das gesamte Gebiet bedeckten, längst abgespült. Dank dem *landhöjning* – der Hebung der Landmassen, nachdem die Gletscher abgeschmolzen waren – ragen die weiten Rumpfflächen des Baltischen Schildes seither aus der Ostsee. Auch jetzt noch hebt sich die Erdkruste im Bereich des Schärenhofes –

Die Schwankungen des Meeresspiegels

Die Höhe des Meeresspiegels wird im allgemeinen als unveränderlich betrachtet. Deshalb diente sie früher bei der Landvermessung auch als Bezugsfläche für Höhenangaben. Im Verlauf der Erdgeschichte war sie jedoch starken Schwankungen unterworfen. Solche Veränderungen dauern noch an. So ist der Meeresspiegel in der ersten Hälfte des 20. Jahrhunderts jährlich um 1,2 mm gestiegen. Diese mehr oder weniger lang anhaltenden Schwankungen, deren Amplitude Dutzende von Metern, ja sogar 100 bis 200 m und mehr betragen kann, verursachen Verschiebungen der Küstenlinien. Das Meer tritt zurück, und Land taucht auf; oder das Meer dringt vor, und Land wird überflutet. Man kann alte Küstenlinien untersuchen und so die Schwankungen des Meeresspiegels in der Vergangenheit rekonstruieren. Dieses Verfahren ist jedoch nicht unproblematisch, da die Küstenlinien sich auch infolge von Vertikalbewegungen der Erdkruste verändern können.

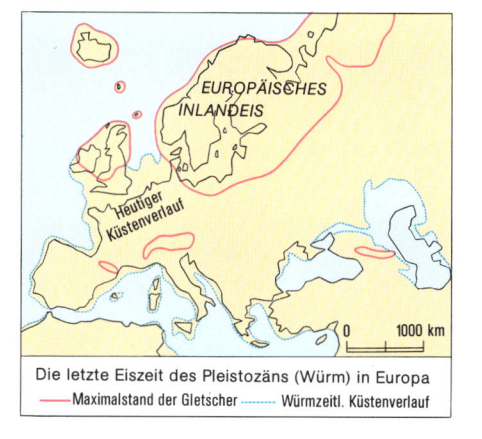

Die Schwankungen des Meeresspiegels können durch verschiedene Vorgänge verursacht werden, beispielsweise dadurch, daß die Form oder das Volumen eines ozeanischen Beckens sich ändert, nachdem an der Stelle geosynklinaler Gräben oder nach einer Senkung des Meeresbodens Bergketten entstanden sind. Oder das Volumen der Ozeane ändert sich, weil Wasser in Form von Eis auf dem Festland gebunden wird.

Im Quartär schwankte der Meeresspiegel im Rhythmus der Kalt- und Warmzeiten zwischen −150 und mindestens +40 m. Der letzte bedeutende Wiederanstieg des Meeresspiegels war die „Flandrische Transgression" zwischen 12 000 und 700 v. Chr.

Die letzte Eiszeit des Pleistozäns (Würm) in Europa
— Maximalstand der Gletscher — Würmzeitl. Küstenverlauf

---

durchschnittlich 0,45 m pro Jahrhundert –, wodurch die verwirrenden Umrisse dieser typischen „Auftauchküste" sich ständig verändern. Viele Inseln wurden so im Laufe der Zeit zu Halbinseln; dafür tauchten vor der Küste wieder neue Inseln auf. Die Oberfläche Schwedens vergrößerte sich auf diese Weise in jedem Jahrhundert um einen nicht unbedeutenden Betrag. (Finnland wächst dadurch um 1800 km² pro Jahrhundert.)

Der zersplitterten Naturlandschaft entsprechen die verstreuten Siedlungen. Im Sommer nimmt diese Welt der Inseln und Halbinseln in verschiedenen Badeorten zahlreiche Sommergäste auf. Zu den Hütten der Fischer sind Tausende von Ferienhäusern und Zweitwohnsitzen hinzugekommen (zumindest außerhalb der geschützten Zonen direkt am Meer). Dennoch, und trotz der relativen Nähe der schwedischen Hauptstadt, ist die Insellandschaft nach wie vor eine Oase der Ruhe, abseits von den großen Ballungszentren.

Stone Mountain

Amerika, USA
33° 48′ n. Br., 84° 10′ w. L.

Die ungeheure Arbeit der Erosion hat im Lauf von -zig Millionen Jahren inmitten eines eingeebneten Landes diese kompakte, harte, glatte Felskuppel hinterlassen, auf der sich im wesentlichen nur Moose und Flechten festsetzen konnten.

Dem Reisenden, der das südliche Vorland der Appalachen östlich der Stadt Atlanta durchquert, fällt der Stone Mountain mit seinem ungewöhnlichen Umriß besonders auf: eine imposante, graue Felskuppel mit kahlen, glatten Abhängen, die unversehens über den ruhigen, bewaldeten Hügeln

Stone Mountain *Der riesenhafte Granitfelsen leistet dem Andrang der Kiefern Widerstand. In seinen Rinnen können nur Moose und Flechten Halt finden.*

von Georgia auftaucht. Dieser Berg hat allerdings noch einige Verwandte in dem Gebiet. Im Vorland der Appalachen, in Georgia wie auch in North Carolina und South Carolina, gibt es solche „Inselberge" – von kleinen Blockhügeln bis zu mächtigen Felskuppeln. Der Stone Mountain ist aber einer der schönsten Berge dieses Typs, jedenfalls der berühmteste im gesamten Ostteil der Vereinigten Staaten.

Schon seine Ausmaße sind beeindruckend. Die Längsachse seiner elliptischen Grundfläche mißt mehr als 2,4 km. Der Höhenunterschied zwischen dem höchsten Punkt (513 m) und den benachbarten Flächen beträgt mehr als 200 m; er erreicht fast 240 m, wenn man die leicht eingeschnittenen, kleinen Täler in der Umgebung mitberücksichtigt. Was jedoch die Aufmerksamkeit besonders fesselt, ist das einfach gestaltete Profil dieses Berges und der außerordentlich massive Charakter seiner Flanken, die von einigen wenigen Spalten und weit auseinanderliegenden Klüften durchzogen sind. Hier hat man eine der berühmtesten Granitkuppeln der Erde vor sich.

Es handelt sich dabei um einen Granitkörper, der zu der Reihe der Plutone gehört, welche die innere Zone der alten Appalachenkette markieren. Sie drangen vor ungefähr 300 Millionen Jahren, im Karbon, am Ende der herzynischen Gebirgsbildung, dort ein. Der „Zweiglimmergranit", aus dem der Stone Mountain besteht, ist fast 300 Millionen Jahre alt und dürfte in einer Tiefe von etwa 12 bis 15 km erstarrt sein. Die mächtige darüberliegende Gesteinsschicht muß seit jener Zeit von der Erosion abgetragen worden sein.

Allem Anschein nach ist der Stone Mountain ein Härtling, ein isolierter Block aus widerstandsfähigem Gestein also. Er besteht aus kaum verwitterungsanfälligem Granit und hat deshalb die flächenhaft wirkenden Abtragungsprozesse überstanden, von denen die Schiefer und die Gneise des appalachischen Vorlandes im Tertiär betroffen wurden. Im Laufe dieser langen, feuchtwarmen Periode, in der die Gesteine zu tiefgründigen Rotlehmen verwitterten, entstanden am Fuß der Appalachen ausgedehnte Rumpfflächen. Im Westen und Nordwesten grenzen sie unmittelbar an den Stone Mountain und bilden dort eine sanft geneigte Fußfläche. An anderer Stelle ist die Grenze zwischen den Flächen und dem Stone Mountain durch eine scharfe Kante markiert. Dort schneiden kleine Täler tief in das metamorphe Gestein des Berges ein und vergrößern so seine relative Höhe.

Die eigentliche Felskuppel hat nur sehr wenig unter der Abtragung gelitten. Gewiß wird der Granit an der Oberfläche körnig zersetzt, wobei grusiges Verwitterungsmaterial entsteht. Das Wasser fließt jedoch in flachen Rinnen an den riesenhaften, kahlen Felswänden ab, ohne in sie einschneiden zu können. Die Abflußrinnen sind schon von weitem an den Streifen aus Flechten und Moosen zu erkennen, die sich dort auf dem Gestein festgesetzt haben. Diesen abwechselnd hellen und dunklen Streifen verdankt der Stone Mountain sein originelles Muster.

Atlanta, die Hauptstadt von Georgia, ist nur 25 km entfernt. Diese Tatsache sowie die beachtliche Aussicht, die sich vom Gipfel des Berges bietet, und vor allem seine eigenartige Struktur machen den Stone Mountain auch für den Fremdenverkehr interessant. Überdies sind in eine steile Flanke der Granitkuppel die Basreliefs dreier Führer der Südstaaten im amerikanischen Bürgerkrieg eingemeißelt (Jefferson Davis, Robert E. Lee und Thomas J. Jackson), was diesen Ort noch berühmter macht.

Stora Sjöfallet

Europa, Schweden
67° 27' n. Br., 18° 21' ö. L.

Oberhalb des Akkajauresees stürzen die eiskalten Wasser des Lules, dieses seltsamen Flusses, der aus einer langen Reihe schmaler Seen zusammengefügt ist, unter großem Getöse mehr als 50 m in die Tiefe.

Stora Sjöfallet *Von den Gipfeln des Skandinavischen Gebirges überragt, stürzt der Fluß, der zwischen den kristallinen Gesteinsmassen immer schneller fließt, in einer schäumenden Kaskade hinab, um seinen Weg zum Bottnischen Meerbusen fortzusetzen.*

Am Oberlauf des Lules, der in Wirklichkeit aus langen, schmalen Seen auf der Sohle eines Trogtals besteht, liegt inmitten der Berge Nordschwedens am Ende des Akkajauresees Stora Sjöfallet, der „Wasserfall des großen Sees". Diese Gruppe von Wasserfällen weist einen Höhenunterschied von 55 m auf; der Akkajauresee oberhalb der Fälle liegt 430 m, der Langasee talabwärts 375 m hoch.

Der obere Fall, der Hermelinfall, ist einer der eindrucksvollsten der Gruppe. Am Fuße der Kaskade kann man den schieferartigen Charakter des Gesteins erkennen, über das der Lule hinabfließt. Dieses rostfarbene Gestein, das Wasserfallquarzit genannt wird, bildet eine Schwelle, die das Wasser nicht abzutragen vermochte. Außer der Härte des Gesteins spielte dabei auch das Einfallen der Schichten eine Rolle, denn sie sind nicht in derselben Richtung geneigt, in der das Wasser der Kaskade fließt, sondern bilden dazu einen Winkel.

Die Wasserfälle haben sich in die geologischen Schichten eingeschnitten, die zum archaischen Grundgebirge gehören. Über diesem Fundament lagern andere Gesteine; diese wurden bei der kaledonischen Gebirgsbildung, die mit der Hebung der Skanden endete, auf das Grundgebirge aufgeschoben und bilden eine Decke aus Schiefern und Quarziten, zu der noch eine Mylonitdecke (Mylonit ist ein stark zerriebenes, kristallines Gestein) hinzukommt. Diese beiden übereinandergelagerten Decken bilden die Wände des langgestreckten Trogtals, auf dessen Grund der Akkajaure- und der Langasee liegen.

Diese Wasserfälle stellen die Hauptattraktion des Stora-Sjöfallet-Nationalparks dar, eines der drei Parks, die im Jahr 1909 in der Provinz Norrbotten geschaffen wurden, ein Jahr nach der Eröffnung des Kungsleden (Königswegs), eines Wanderwegs, der von Abisko im Norden über den Stora Sjöfallet nach Dalarna führt.

Strokkur

Europa, Island
64° 19′ n. Br., 20° 19′ w. L.

Das Grundwasser, das sich an den heißen Gesteinen im Schoß der Erde erhitzt, steigt manchmal kochend an die Oberfläche und schießt, wie beim Strokkurgeysir, als mächtige Wassersäule hoch in die Luft.

Der Strokkur (Butterfaß) ist die derzeit aktivste aller heißen Springquellen Islands, die ihr Wasser spontan und in regelmäßigen Abständen ausstoßen. Er liegt im Südwesten der Insel, im Thermalquellengebiet um Haukadalur. Im Atlas findet man es oft nur unter der Bezeichnung „Geysir". Nach dem ebenfalls hier gelegenen Großen Geysir (vom isländischen gjosa = sprudeln), der heute nur noch selten Wasser ausspeit, wurden alle Phänomene dieser Art benannt.

Der Strokkur und die anderen heißen Quellen in seiner Umgebung treten in einem breiten Tal am Fuß eines vulkanischen Höhenrückens aus. Sie sprudeln entlang einer der vielen Verwerfungen hervor, die meist von Südwesten nach Nordosten verlaufen. Diese Verwerfungen sind die Fortsetzungen von Brüchen in der Atlantischen

Strokkur *Ähnlich wie ein Butterfaß sieht die gewölbte Oberfläche der brodelnden Wassersäule aus, die im Förderkanal dieses Geysirs aufgeheizt wird. Das Wasser kann in der Tiefe erst bei Temperaturen von mehr als 100 °C sieden, da der Druck hier sehr hoch ist. Sobald der Siedepunkt jedoch erreicht ist, schießt unter dem Druck des entstehenden Wasserdampfes ein kochender Wasserstrahl aus der Erde. Sobald das Wasser an der Luft abkühlt, kristallisieren gelöste Salze aus und bilden einen Sinterkegel rund um das Speiloch.*

Schwelle und entstanden durch den Aufstieg basaltischer Magmaströme. Das Regenwasser, das in dem klüftigen Gestein versickert, wird in der Tiefe durch vulkanische Wärme aufgeheizt. Die geothermische Tiefenstufe, d. h. die Tiefe in Metern, innerhalb deren sich in der Erdrinde die Temperatur um 1°C erhöht, beträgt im Durchschnitt etwa 33 m. Im Gebiet von Haukadalur liegt sie dagegen bei etwa 20 cm pro 1° Erwärmung. Das bedeutet jedoch nicht, daß der Siedepunkt des Wassers schon in etwa 20 m Tiefe erreicht wird. Die Siedetemperatur von Wasser steigt nämlich stark an, wenn dieses unter hohem Druck steht. Dies ist in 20 m Tiefe der Fall, denn zum normalen Luftdruck, der an der Erdoberfläche herrscht, muß noch der Druck der Wassersäule hinzugezählt werden, die im Förderkanal des Geysirs steht.

Die kochendheiße Fontäne des Strokkurs, die bis zu 30 m hoch in die Luft schießt, wird in Abständen von vier bis zehn Minuten ausgestoßen. So lange dauert es, bis sich das unterirdische Röhrensystem des Geysirs nach der Entleerung wieder mit Grundwasser gefüllt hat. Rings um die Austrittsstelle kristallisiert dabei Kieselsäure aus, die in der Tiefe durch das heiße Wasser gelöst wird. Auf diese Weise entsteht ein Sinterkegel, dessen Material man Geyserit nennt. Er enthält zunächst noch größere Mengen Wasser und kristallisiert erst nach und nach zu Cristobalit und Quarz. Im Lauf der Zeit verstopfen die Ablagerungen die Austrittsöffnung des Geysirs, so daß man diese, wie z. B. beim Strokkur vor etwas mehr als zehn Jahren, wieder aufbohren muß, um ein Versiegen der Springquelle zu verhindern.

Obwohl der Strokkur nicht so gewaltige Wassermassen emporschleudert wie der Große Geysir, dessen Wassersäule manchmal eine Viertelstunde lang bis zu 60 m hochschießt, ist er nicht weniger sehenswert und zieht Touristen und Fotografen an. Letztere müssen allerdings sehr schnell reagieren, wenn sie das Aufsteigen der Wassersäule im Bild festhalten wollen. Die Wasseroberfläche wölbt sich, und in Sekundenschnelle schießt eine mächtige Fontäne in die Luft. Anhand von rasch hintereinander aufgenommenen Fotos hat man festgestellt, daß das kochende Wasser beim Austritt kurz aufwirbelt und dann eine Glocke bildet, die aufgrund des hohen Dampfdrucks in Milliarden Tröpfchen zerplatzt. Der Dampf bildet in der Luft eine kleine Wolke, die der Wind bald darauf wegweht. Die Wassertröpfchen, die in das Austrittsbecken zurückfallen, fließen in die Quellröhre des Geysirs zurück. Der Wasserspiegel steigt wieder an, wobei an der Oberfläche einige Dampfblasen zerplatzen.

Die Abstände zwischen den Ausbrüchen erklären sich wie folgt: Der hydrostatische Druck der im Schlot stehenden Wassersäule, zu dem noch der Außendruck der Luft kommt, erhöht den Siedepunkt des Wassers in der Tiefe auf über 100°C. Sobald die Siedetemperatur erreicht ist oder eine plötzliche Druckentlastung durch entweichenden Wasserdampf eintritt, beginnt das aufgeheizte Grundwasser explosionsartig zu kochen, und der Dampf schleudert den Großteil des Wassers nach außen. Ein nicht weit vom Strokkur gelegener Geysir springt beispielsweise nur bei fallendem Luftdruck und kündigt damit Regen an! Man kann dieses explosionsartige Sieden künstlich hervorrufen, indem man eine winzige Menge Gas in die Quellröhre einspritzt oder kleine Fremdkörper hineinwirft (z. B. Waschmittel, die die Kohäsion zwischen den Wassermolekülen verringern). Auf diese Weise kann man einen Geysir im Handumdrehen zum Leben erwecken.

Stromboli

Europa, Italien
38° 48′ n. Br., 15° 14′ ö. L.

Der Stromboli ist ein ungefährlicher Vulkan, dessen Feuerschein den Seeleuten des Nachts als Leuchtfeuer dient und der den Bauern Wohlstand schenkt. Seine Ascheneruptionen erfolgen in ungewöhnlich regelmäßigen Abständen, und die Lavaströme nehmen immer den gleichen Weg.

Der berühmte Vulkan Stromboli bildet die nördlichste der Liparischen oder auch Äolischen Inseln vor der Nordküste Siziliens. Der größte Teil seines Kegels befindet sich unter Wasser, denn die Basis liegt in 2100 m Tiefe auf dem Boden des Tyrrhenischen Meeres, und die Bergspitze erhebt sich nur 926 m über die Wasseroberfläche. Der aus dem Wasser ragende Teil des Strombolis hat die Form einer gewaltigen Pyramide mit trapezförmiger Grundfläche. Er ist in Höhe des Meeresspiegels etwa 4 km lang und 3 km breit. Seine Hänge sind im unteren Teil nur schwach geneigt, werden jedoch zum Gipfel hin steiler. Im Nordosten der Insel, weniger als 2 km von ihr entfernt, liegt ein kleinerer Vulkan, der Strombolicchio. Er ist ein mit Lava gefüllter Schlotgang eines alten Vulkans, der im Gegensatz zum Stromboli nicht mehr tätig ist.

Der Stromboli gehört zu den wenigen Vulkanen Europas, die noch heute aktiv sind. Im Innern seines Kraters, in etwa 750 m Höhe, liegt eine Eruptionsstelle, die gegenwärtig in kleinen Intervallen tätig ist. Alle 10 bis 15 Minuten werden Lapilli, Bomben und Aschen hoch in die Luft geschleudert, und ab und zu strömt auch etwas Lava aus. Das geförderte Material fällt an der Nordwestflanke des Berges zu Boden und gelangt z.T. über eine um 35° geneigte Halde ins Meer. Diese Halde trägt den Namen Sciara del Fuoco, was im Deutschen soviel wie „Feuerrutsche" bedeutet. Die Sciara del Fuoco ist etwa 150 m breit. Ihre Form hat sich in geschichtlicher Zeit, d.h. seit mehr als 3000 Jahren, nur wenig verändert.

Die ersten untermeerischen Ausbrüche des Strombolis ereigneten sich im Pliozän, und zwar am Ostrand der heutigen Insel. Die ständige Übereinanderhäufung von submarinem Eruptionsmaterial ließ einen Schichtvulkan entstehen, der langsam über den Meeresspiegel emporwuchs. Im Lauf dieser ersten Phase förderte der Stromboli Pyroxene mit einem Siliziumgehalt zwischen 60 und 78%. Während der zweiten Phase eruptiver Tätigkeit verlagerte sich der Haupteruptionskanal nach Norden. Damals entstand der innere Krater, von dem heute nur noch ein kleiner Rest erhalten ist. Wahrscheinlich gleichzeitig bildete sich der basaltische Schlotgang des Strombolicchios. Die Laven aus dieser Zeit sind Basalte mit einem Siliziumgehalt von etwa 50%. Zu Beginn der dritten Periode schließlich stürzte der nordwestliche Teil des Kraters in sich zusammen, und die Eruptionskanäle verlagerten sich noch weiter nach Norden.

Seit dem Altertum ist der Stromboli als ein ständig tätiger Vulkan mit regelmäßigen Ausbrüchen bekannt. Die feinen ausgeworfenen Ascheteilchen bleiben oft unsichtbar und erscheinen nur dann als Wolke, wenn aufgrund hoher Luftfeuchtigkeit eine starke Kondensation an den Ascheteilen eintritt. Ab und zu fördert der Stromboli auch noch vulkanische Schlacken und noch seltener Lava, die gemächlich über die Sciara del Fuoco bis zum Meer hinabströmt. Die verheerenden Ausbrüche des Strombolis in der ersten Hälfte des 20. Jahrhunderts sind vermutlich darauf zurückzuführen, daß durch Spalten unter dem Wasserspiegel Meerwasser in den Vulkan eindrang. Beim Kontakt mit dem Magma verdampfte das Wasser, wodurch es zu heftigen Explosionen kam. Die Gewalt dieser Explosionen wurde durch die hervorgerufenen Tsunamis verstärkt. Der letzte Ausbruch dieser Art ereignete sich in den fünfziger Jahren.

Der Stromboli zählt aber nicht zu den gefährlichen Vulkanen. Die beiden Küstendörfer San Vicenzo und San Bartolo werden von den Eruptionen nicht bedroht. Die einheimische Bevölkerung verdankt dem Vulkan sogar einen gewissen Wohlstand, da auf den fruchtbaren Aschenböden Wein, Tomaten und Feigenbäume gedeihen. Die übrigen Liparischen Inseln sind dagegen weniger fruchtbar. Natürlich kommt es vor, daß die Aschenregen der Ernte schaden, wenn z. B. besonders alkalische Aschen die Blätter der Rebstöcke zerätzen.

Heute ist der Tourismus auf der Insel zu einer Haupteinnahmequelle geworden. Für Seeleute, die in Inselnähe vorüberfahren, ist der Stromboli eine vertraute Silhouette. Wegen seiner regelmäßigen Gestalt und seiner nachts weithin sichtbaren Rauchfahne nennen sie ihn den „Leuchtturm des Mittelmeers".

Stromboli *Der Stromboli gehört zu den ungefährlichen Vulkanen, da seine regelmäßigen Ausbrüche die beiden Küstensiedlungen der gleichnamigen Insel nicht erreichen können.*

Surtsey

Europa, Island
63° 18′ n. Br., 20° 37′ w. L.

14. November 1963, 7 Uhr morgens: Aus einem sich ständig verbreiternden Riß am Grund des Ozeans quellen Lavaströme, die sich immer höher aufschichten. Ein Vulkan taucht aus dem Meer auf. Der Atlantik hat die Insel Surtsey geboren.

Surtsey ist eine neuentstandene Insel im Atlantik, die 5,5 km südwestlich der vulkanischen Vestmannaeyjarinseln, rund 33 km vor der Südküste Islands, aus dem Meer wuchs. Der untermeerische Vulkanausbruch, durch den sie entstand, begann am 14. November 1963 gegen 7 Uhr morgens und dauerte mit einigen Unterbrechungen etwa drei Jahre.

Ein Fischereifahrzeug kreuzte damals etwa vier Seemeilen westlich von Geirfuglasker, der südlichsten Küsteninsel Islands. Ungefähr um 7.30 Uhr bemerkten Schiffer, Maschinist und Koch eine eigenartige Bewegung im Schiff, als ob es in einen Strudel geraten wäre. Ein seltsamer, durchdringender Schwefelgeruch lag in der Luft.

Der Schiffer entdeckte im Süden dunklen Rauch, der in der Ferne aus der See stieg. Er dachte an ein brennendes Schiff; als er jedoch sein Fernglas auf die Stelle richtete, sah er statt dessen die schwarzen Rauchsäulen eines Vulkanausbruchs über dem Wasser emporsteigen.

Schiffer Gudmar Thomassón konnte zu diesem Zeitpunkt nicht ahnen, daß er Zeuge eines einzigartigen Schöpfungsakts war. Ausgespien von einem untermeerischen Vulkan, wurde vor seinen Augen eine neue Insel geboren. Zum erstenmal konnten jetzt Wissenschaftler mit dem Instrumentarium des 20. Jahrhunderts jede Phase der Entstehung einer vulkanischen Insel beobachten und aufzeichnen.

Mächtige Erschütterungen begleiteten die Geburt der neuen Insel, die bald nach einem Riesen der nordischen Sagenwelt Surtsey genannt wurde. Ein paar Tage zuvor war im Basalt des Meeresbodens in 130 m Tiefe ein Riß entstanden. Durch winzige Vulkankegel und Schlote strömten Gase und Gesteinsmassen aus dem Erdinnern hervor, die schließlich eine ganze Insel aufbauten.

Durch eine weitere Eruption tauchte im Osten von Surtsey noch eine zweite Insel auf. Im Lauf eines dritten Ausbruchs schließlich baute sich ein 800 m langer Basaltrücken auf, der aber noch unter dem Meeresspiegel blieb. Diese Eruptionen ereigneten sich längs eines 4,5 km langen, in südwest-nordöstlicher Richtung verlaufenden Bruchs in der Atlantischen Schwelle, die sich in Island aus dem Meer erhebt.

Die Insel Surtsey ist außer für Vulkanologen und Ozeanographen auch für Biologen gleichermaßen interessant. Seit über

20 Jahren beobachten letztere, wie sich hier Flora und Fauna entwickeln. Um Surtsey zu betreten, benötigt man daher eine Genehmigung des Naturhistorischen Museums von Reykjavik, die Nichtwissenschaftlern jedoch nur selten erteilt wird. Man kann die Insel jedoch mit einem kleinen Sportflugzeug überfliegen oder sie von der Insel Heimaey aus mit einem Fischkutter umrunden. Heimaey, die Hauptinsel des Vestmannaeyjararchipels, wurde 1973 unter den Ascheschichten und Lavaströmen des Vulkans Helgafell (Heiliger Berg) begraben. Diese Eruption, die ein Drittel der Stadt Heimaey, eines der bedeutendsten Fischereizentren Islands, zerstörte, ließ den Nebenvulkan Kirkjufell (Kirchenberg) entstehen.

Die Geburt der Insel Surtsey vollzog sich in zwei Phasen, zunächst einer untermeerischen und dann einer übermeerischen. Während der ersten Phase erfolgte eine Spalteneruption entlang der oben erwähnten Schwächezone im Atlantischen Rükken, wobei der hydrostatische Druck des Meeres jegliche Explosion verhinderte. Der sehr heiße Schmelzfluß (etwa 1000 °C) erstarrte im kalten Wasser (4 °C) zu Kissenlava. So bildete sich allmählich unter Wasser ein riesiger tafelförmiger Berg, der schließlich nur noch eine Eruptionsöffnung besaß. Kurz bevor diese Öffnung den Meeresspiegel erreichte, setzte eine explosive Tätigkeit ein: Durch die starke Verdampfung des Wassers bildeten sich mächtige weiße Wirbel, während gleichzeitig schwarze Aschenwolken aufstiegen. Damit begann die übermeerische Phase, in deren Verlauf sich über dem untermeerischen Tafelberg ein aufgrund der abfließenden Basaltlavaströme flacher, kegelstumpfförmiger Schildvulkan aufbaute. Die Lavaergüsse, die das Meer erreichten, verwandelten sich beim Kontakt mit dem kalten Wasser wieder in Kissenlava. Die Vulkaninsel erreichte eine Höhe von 174 m bei einer Länge von 1400 m und einer Breite von 1100 m.

Surtsey *Auf der breiten Gipfelfläche des Vulkans, dessen Flanken durch die Erosion abfließenden Niederschlagswassers bereits stark zerfurcht sind, erkennt man sehr schön den im Jahr 1966 letztmals tätigen Krater. Obwohl die Insel erst wenig mehr als zehn Jahre alt ist, sind im Vordergrund bereits erste Ansätze einer Kliffbildung zu bemerken.*

Sutherlandfälle

Australien, Neuseeland
44° 50′ s. Br., 167° 50′ ö. L.

Bei Hochwasser verwandeln sich die drei Kaskaden der Sutherlandfälle in einen einzigen Strahl, der den Wasserstand des Quillsees reguliert.

Diese einzigartigen Wasserfälle, die Ende des 19. Jahrhunderts von Sutherland entdeckt wurden, liegen in einer der unzugänglichsten Regionen der Neuseeländischen Alpen. Man erreicht sie über einen von Quintin McKinnon angelegten Weg vom Te-Anau-See aus. Der Aufstieg ist sehr lang und außerordentlich mühsam. Für die 31 km bis zu den Wasserfällen benötigt man aus diesem Grund ganze zwei Tage. Auf dem Rückweg kann man durch das tief eingeschnittene Arthur Valley zum berühmten und einzigartigen Milford Sound (21 km) absteigen.

Die Sutherlandfälle gehören zu den höchsten Wasserfällen der Erde. In drei riesigen Kaskaden (248 m, 229 m und 103 m hoch) stürzen ihre Wassermassen über eine senkrechte Felswand in das Arthur Valley, ein Trogtal, wo sie am Fuß des Steilabfalls ein großes Kolkloch ausgewaschen haben. Diese Wasserfälle sind der Abfluß des Quillsees, eines kristallklaren Karsees. Wenn während der Schneeschmelze oder bei sehr starken Regenfällen der Wasserspiegel des Sees kräftig ansteigt, vereinigen sich die Wassermassen und bilden einen eindrucksvollen Strahl, dessen freie Fallhöhe 580 m beträgt.

Sutherlandfälle *Im klaren Wasser eines kleinen Karsees spiegeln sich die Steilwände und verschneiten Gipfel der Neuseeländischen Alpen wider. Der Abfluß dieses Sees stürzt als tosender Wasserfall über eine senkrechte Felswand 580 m in die Tiefe, um sich nach kurzem Lauf ins Meer zu ergießen.*

T

Tafraoutemassiv

Afrika, Marokko
29° 40′ n. Br., 8° 58′ w. L.

Ein zerklüfteter, vegetationsloser Granitberg, der an eine mächtige Ruine erinnert. Da die Verwitterung diesen rosafarbenen Tiefengesteinskörper im Lauf der Zeit völlig bloßgelegt hat, ist sein Gefüge klar erkennbar.

Der Granitdom von Tafraoute ist der gleichmäßigste und schönste Tiefengesteinskörper des Antiatlas. Dieser Granit ist in der Endphase einer präkambrischen Gebirgsbildung in Schiefergestein eingedrungen und bildet heute in der Mitte des Kerdousfensters ein deutlich abgegrenztes Gebirgsmassiv von 1000 m bis 1200 m Höhe.

Es wird vom breiten Kamm des Djebel Lkst (2400 m) überragt, der den Horizont versperrt und die vom Ozean kommenden Regenwinde abhält. Der Lkst ist eine Aufschiebung aus bräunlich-rosa Quarziten und bildet eine gewaltige 1300 m hohe Mauer, die sich über dem in die mächtigen Schieferschichten eingeschnittenen Tal des Amelns erhebt. Da es hier Wasser gibt, findet man in diesem Tal eine Reihe überraschend dicht besiedelter Oasen.

Durch das Einschneiden solcher Randtäler wurde das Tafraoutemassiv noch erhöht. Infolge flächenhafter Abtragung des Schiefermantels ist das Gefüge dieses Granitkörpers so klar zu erkennen wie nur selten bei einer kristallinen Intrusion.

Der rosafarbene Alkaligranit mit porphyrischer Struktur bildet phantastische Formen. Der Kern des Tafraoutemassivs ist von Hügelreihen und stark zerschnittenen Bergrücken umgeben.

Manchmal löst sich der Fels auch in hohe Spitzsäulen und spiralenartige Nadeln oder aufeinandergetürmte Wackelsteine auf. Ein Beispiel dafür ist der Aguerd Oudad, der Finger. Dieses wacklige Bauwerk überragt ein Trümmerfeld aus niedergestürzten riesigen Steinblöcken, zwischen denen sich ein Dorf ausgebreitet hat.

Im Gegensatz zu diesen Felsklippen, in denen sich das Kluftsystem in allen Einzelheiten abzeichnet, wird der Verlauf der Täler von den großen Brüchen im Gestein bestimmt. Die Täler sind scharf in die Granithänge eingeschnitten, und ihre Sohle grenzt rechtwinklig an die Felswände. In diesen Tälern sammelt sich der Flugsand; auf ihren Böden wachsen Eisenholzbäume und Mandelbäume, und auch Gerste wird angebaut.

Tafraoutemassiv *Diese vegetationslose Gesteinsmasse, die in aufeinanderliegende Felsblöcke und ockerfarbene oder graue Gesteinstrümmer gegliedert ist, fällt steil zu den verwitterten Felsen und Eisenholzbäumen eines schluchtartigen Tals ab.*

Tanganjikasee

Afrika
3° 20'–8° 50' s. Br., 29° 10'–31° 10' ö. L.

Schmal und langgestreckt wie ein Meeresarm füllt dieser riesige Süßwassersee eine tiefe Grabensenke, die von Hochflächen und steil aufragenden Bergketten überragt wird.

Der von hohen Bergen umrahmte Tanganjikasee im Herzen Afrikas ist einer der schönsten Seen der Erde. Wenn man von den Hochflächen Burundis nach Bujumbura hinabfährt, erblickt man plötzlich die ausgedehnte Wasserfläche des Sees und weiter nach Westen die 2800 m hohe Steilstufe, deren höchster Punkt sich 3500 m über den Meeresspiegel erhebt.

Der Tanganjikasee, 1858 von den englischen Forschungsreisenden Burton und Speke entdeckt, ist mit einer Fläche von etwa 34 000 km² nach dem Victoriasee (68 000 km²) der zweitgrößte See Afrikas. Er liegt an der Westseite des Zentralafrikanischen Grabensystems, dessen Bruchtektonik er seine Form und auch seine außergewöhnliche Tiefe verdankt. Dieses Binnenmeer erstreckt sich von Norden nach Süden über 650 km und weist eine Breite von 30 bis 80 km auf. In seinem südlichen Teil erreicht der Tanganjikasee eine Tiefe von 1470 m und ist damit nach dem 1620 m tiefen Baikalsee in Zentralsibirien der zweittiefste See der Erde. Da der Wasserspiegel auf 775 m Höhe liegt, reicht der Grund des Sees bis etwa 700 m unter den Meeresspiegel (beim Baikalsee liegt der Grund stellenweise sogar mehr als 1000 m unter dem Meeresniveau).

Vier Staaten teilen sich seine Ufer: Zaire gehört das ganze westliche Ufer, Burundi das nordöstliche, Tansania das östliche, während Sambia nur über einen schmalen Zugang im Süden verfügt.

Wie der Malawisee, sein südlicher Nachbar, ist der Tanganjikasee, geologisch gesehen, relativ alt. Vermutlich entstand er bereits zu Beginn des Tertiärs, zur gleichen Zeit also wie der Zentralafrikanische Graben. Seine Form wird daher bis ins Detail vom Verlauf der Bruchstufen bestimmt, zwischen denen er eingebettet ist. Am eindrucksvollsten sind die Höhenunterschiede am Westufer des Sees im Mitumbagebirge, das sich unmittelbar hinter Uvira und der Burtonbucht mehr als 2500 m hoch über den Seespiegel erhebt. Ähnliche Bruchstufen findet man weiter südlich in der Region von Pala und Moba. Ebenso abrupt überragen die Hochflächen Burundis und Westtansanias die Grabensohle auf der Ostseite südlich von Bujumbura und in der Region von Kigoma. Das Kap Banza ist ein kleiner Horst, der die am Nordende gelegene Burtonbucht vom übrigen See abtrennt.

Die alten Uferterrassen, die bei Bujumbura bis zu 400 m über dem heutigen Wasserspiegel des Sees liegen, zeugen von einer wechselvollen Entwicklungsgeschichte im Plio- und Pleistozän. Ob die Wasserstandsschwankungen, die diese Terrassen anzeigen, durch Klimaänderungen im Quartär (Feuchtzeiten und Trockenzeiten) oder durch Bewegungen der Erdkruste verursacht wurden, ist ungewiß.

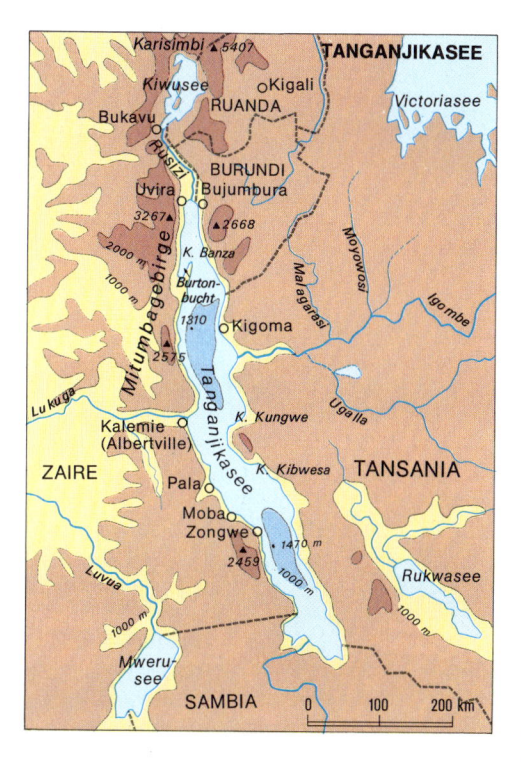

Die einzige große Ebene an den Ufern des Sees ist die Schwemmlandebene des Rusizis. Dieser Fluß, der dem Kiwusee entströmt, hat das gesamte Nordende des Tanganjikasees über eine Länge von 30 km mit seinen Ablagerungen zugeschüttet. Aus diesem Grund sind die Ufer zu beiden Seiten des Rusizideltas zwischen Uvira und Bujumbura flach.

Tiefenmessungen haben ergeben, daß der See in vier Becken gegliedert ist. Im Norden erstreckt sich bis zur Enge von Ubwani auf der Höhe Kap Banzas das durchschnittlich 250 m tiefe Bujumburabecken. Das Kigomabecken reicht bis zu einer Schwelle zwischen dem Kap Kungwe und dem Bwana N'denge und ist nahe dem Westufer in der Baron-Dahnis-Senke maximal 1310 m tief; in diesem Abschnitt ist der Seeboden fast eben. Es folgt dann das Kalemiebecken (Kalemie ist der neue Name von Albertville), das sich bis zu der Schwelle zwischen Kap Kibwesa und Moba ausdehnt. Seine mittlere Tiefe beträgt 600 m, seine maximale 885 m. Den südlichsten Teil des Sees schließlich bildet das Zongwebecken mit der tiefsten Stelle des Tanganjikasees (1470 m).

Im Gegensatz zu den übrigen Seen des Ostafrikanischen Grabens besitzt der Tanganjikasee einen Abfluß zum Atlantik. Die Entwässerung erfolgt über den Lukuga zum Lualaba, dem Oberlauf des Kongos. Zu seinen wichtigsten Zuflüssen gehören der Ugalla, der über den Malagarasi einen Teil der westlichen Hochflächen Tansanias entwässert, sowie der Rusizi, der ihm die Wasser des Kiwusees zuführt.

Da von April bis Oktober im südlichen Abschnitt des Sees und im Ugallabecken extreme Dürre herrscht, kommt es zu jahreszeitlichen Schwankungen des Wasserspiegels, die zwischen 40 und 80 cm betragen. Die von einem Jahr zum anderen auftretenden Schwankungen sind noch größer: Sie sind das Ergebnis sowohl der unterschiedlichen Niederschlagsmengen als auch der oft unzureichenden Entwässerung durch den Lukuga. Im Mai 1964 stieg der Wasserspiegel des Sees so hoch an, daß die Straßen von Kalemie überflutet waren. Ende des letzten Jahrhunderts waren die Wasserspiegelschwankungen noch weitaus stärker. Der Lukuga wurde durch Vegetationsreste und Schwemmsedimente völlig abgeriegelt, so daß sich der Wasserspiegel des Sees um 5 bis 6 m hob (1846 lag er auf 777,5 m Höhe und stieg bis 1878 auf 783 m). Als in jenem Jahr der natürliche Damm brach, sank der Wasserspiegel bis 1884 jedoch um etwa 20 m, d. h. bis auf 773 m. Die kleinen Schwankungen, die man seitdem verzeichnet hat, wurden durch die unterschiedlichen Niederschlagsmengen im Lauf des Jahres und von Jahr zu Jahr verursacht.

Im Tanganjikasee ist hinsichtlich der Wassertemperatur eine deutliche Schichtung zu beobachten. Die Temperatur der 30 bis 120 m hohen Oberflächenschicht (Epilimnion) ist von der Temperatur der Atmosphäre abhängig. Sie liegt von September bis Mai zwischen 26,5° und 27,2°C und von Juni bis August zwischen 25,5° und 26°C. Nach einer Temperatursprungschicht (Metalimnion) beginnt dann unterhalb 150 m Tiefe die Tiefenschicht (Hypolimnion) mit einer gleichbleibenden Temperatur von etwa 23,5°C bis zum Grund des Sees. Die durch den Passatwind durchmischte, sauerstoffreiche Schicht ist zwischen 50 und 100 m hoch. Die sauerstoffarmen Wasserschichten unterhalb der Sprungschicht machen drei Viertel des Gesamtvolumens aus.

In der Mitte des Sees ist das Wasser meist so blau wie das eines tropischen Meers und durchsichtig bis in 10 bis 15 m Tiefe. Diese Durchsichtigkeit nimmt ab, manchmal bis auf wenige Zentimeter, sobald im Juni der Passat stärker weht. Dies liegt entweder an eingeschwemmten Sedimenten in Ufernähe oder an plötzlich verstärkt auftretendem Phytoplankton.

Da der See alt ist, findet man unter der Fischfauna zahlreiche Endemiten, d. h. Arten, die nur hier und sonst nirgends auf der Erde vorkommen. Die Fischerei konzentriert sich vor allem auf zwei Heringsarten, bis 15 cm lange kleine Fische, die man nachts bei Lampenlicht fängt. Es gibt auch größere, wohlschmeckende Raubfischarten wie die Tanganjikaforelle. Zahlreich vertreten sind auch Welse und verschiedene hübsche Aquarienfische, die ebenfalls zu den endemischen Arten zählen.

Für die Anliegerstaaten stellt der Tanganjikasee einen wichtigen Verkehrsweg dar, obwohl eine starke Brandung herrscht

Tanganjikasee *Wenn der Südostpassat über die weite Wasserfläche streicht, brechen sich lange schmale Brandungswellen am schilfumgürteten Westufer, während das ferne Ostufer im Dunst des tropischen Himmels verschwimmt.*

und stürmisches Wetter mit hohem Wellengang dort öfters anzutreffen ist. Der größte Hafen ist Kigoma in Tansania, Endpunkt der von Daressalam ausgehenden Bahnlinie. Der Güterverkehr in die zu Zaire gehörige Region um den Kiwusee wird über Kigoma und Uvira abgewickelt; der nach Burundi geht über Bujumbura. Die größten Städte an den Ufern des Sees sind Bujumbura, die Hauptstadt Burundis, Kigoma und das in der Nähe des Lukugaabflusses gelegene Kalemie.

Im Gebiet des Tanganjikasees, wohl einer der schönsten Landschaften der Erde, steckt der Tourismus noch in den Anfängen. Doch jedem, der einmal am Strand von Bujumbura am Nordende des Sees gestanden hat, wird der Anblick der Flußpferde und der Segelboote vor der bläulichen Kulisse des Steilufers in unvergeßlicher Erinnerung bleiben.

Tang-i-Gharu-Schlucht

Asien, Afghanistan
34° 33' n. Br., 69° 30' ö. L.

Ein beklemmendes Schattenreich, durch das sich der Kabul mühevoll seinen Weg bahnt. Wie die gezackten Ränder einer frischen Wunde überragen ihn hohe Steilabfälle, von denen jedes Geräusch metallisch zurückschallt.

Diese großartige Schlucht wurde vom Kabul durch den Gebirgszug geschnitten, der das Becken von Kabul, der Hauptstadt Afghanistans, im Osten begrenzt, und verbindet somit dieses Becken mit dem 700 m höher gelegenen Becken von Sarobi. Seit 1964 führt eine asphaltierte Straße mit vielen Haarnadelkurven durch die Schlucht. Diese Straße, die den beträchtlichen Höhenunterschied in nur 15 km überwindet, ist Teil der großen transasiatischen Verkehrsader, die über den Khaiberpaß nach Peshawar in Pakistan führt.

Das Längsprofil des Flußlaufs ist sehr unausgeglichen. Nach den weiten Flußschlingen in seinem Oberlauf weist der Kabul hier unzählige kleine Wasserfälle und Stromschnellen auf. Seine reißenden Wasser speisen seit 1966 über eine Druckrohrleitung das Kraftwerk von Mahipar.

Alle Merkmale der Landschaft deuten auf eine junge Entstehung der Oberflächenformen hin: der reißende, noch nicht ausgeglichene Lauf des Flusses, die Höhe der fast senkrechten, eng zusammentretenden Felswände, die sich bis 1500 m über den Meeresspiegel erheben, das Geröll und die Bergstürze, die bei heftigen Monsungewittern oder Erdbeben die Straße und die Talsohle verschütten.

Der Kabul verließ sein ursprüngliches Bett aufgrund jüngerer Bewegungen der Erdkruste, in deren Verlauf die Molasseschichten des Gebirges nach Norden ge-

Tang-i-Gharu-Schlucht *In dieses Gebirge, das durch Krustenbewegungen gehoben und gekippt wurde, hat der Fluß einen tiefen Einschnitt gegraben. Zwischen den Steilwänden hindurch windet sich das schmale Band der Straße, die von den Hochbecken Afghanistans in die Niederungen Pakistans hinabführt.*

Tang-i-Gharu-Schlucht

kippt wurden. Seinem südlicher gelegenen früheren Lauf folgt die alte Lataband-Karawanenstraße. Die riesigen Ausmaße der Schlucht, die erst in geologisch jüngerer Zeit, wahrscheinlich im Quartär, gebildet wurde, sind vor allem auf die starke Hebung zurückzuführen, durch die der Kalkrücken zu der mächtigen Gebirgsmasse wurde, deren strenge Schönheit der Reisende heute bewundert. Der Kabul hat sich im Zuge der Hebung immer tiefer in das Gebirge eingeschnitten.

Das Gebirge, in das die Tang-i-Gharu-Schlucht durchschnittlich 1200 m tief einschneidet, ist auf der linken Seite des Kabuls 3128 m und im Süden, auf der rechten Seite des Flusses, 2715 m hoch. Diese Kerbe verläuft vor allem durch die Kalksteine des Deckgebirges (Sedimente aus dem Perm und der Trias), das mit deutlicher Diskordanz auf dem 1,7 Milliarden Jahre alten präkambrischen Gneissockel lagert. Diese Kalksteine sind in Bänke gegliedert, die mit zunehmender Höhe immer mächtiger werden. Aus ihnen besteht im wesentlichen die hohe, senkrechte Klippe, die den Abschluß der Schlucht bildet. Das Blauschwarz des Gesteins verstärkt noch die unheimliche Atmosphäre dieser Schlucht, in der das Tosen der Wasserfälle und das Klappern der buntbemalten alten Lastwagen, die mit Höchstgeschwindigkeit die Straße hinunterrasen, vielfach von den Felswänden widerhallt.

Tanogoufälle

Afrika, Benin
10° 47′ n. Br., 1° 25′ ö. L.

Gespeist von mehreren Wildbächen, die sich in ihn ergießen, eilt der Tanogou über zahlreiche Kaskaden der Pendjariebene entgegen.

Tanogou ist ein kleines Dorf im Nordwesten des afrikanischen Staates Benin und liegt am Fuß des Westabfalls der Atakora, etwa 25 km nördlich von Tanguiéta. Die Atakora ist ein schmales Hochplateau, dessen Steilränder die umliegenden Ebenen an vielen Stellen so deutlich überragen, daß man sie häufig auch als Gebirgskette bezeichnet. Besonders eindrucksvoll ist der westliche Steilabfall. Er erhebt sich mehr als 200 m über die Ebene des Pendjaris (Oberlauf des in den Volta mündenden Otis), die sehr dünn besiedelt ist und die man zum Nationalpark erklärt hat. Wälder wachsen in dieser Savannenlandschaft nur als schmale Streifen entlang der Flußufer (Galeriewälder), wo ihnen der Boden genügend Feuchtigkeit liefert. Die Stirnseite der Steilstufe ist von kurzen Flüssen mit bajonettartig geknickten Läufen zerschnitten. Sie haben tiefe Schluchten eingeschnitten, die flußaufwärts als „blinde Täler" enden. Die Hochfläche selbst wird nämlich hauptsächlich zum Oberlauf des Pendjaris hin entwässert, dessen Tal zunächst parallel zu der Steilstufe auf dem Hochplateau verläuft.

Das Plateau besteht aus sehr widerständigen, fast horizontal lagernden Quarziten und Glimmerschiefern. Es sind die Überreste eines Härtlings, unter dem sehr viel weichere Schiefer- und Arkoseschichten

Tanogoufälle *In einem anmutigen Wasserfall überwindet der Tanogou einen Quarzithärtling, das letzte Hindernis am Steilabfall des Atakoraplateaus, bevor er die Ebene erreicht.*

liegen. Alle diese Gesteine sind sehr alt und stammen aus dem Präkambrium. Infolge ihrer Widerständigkeit gegenüber der Erosion sind die alten Deckschichten der Atakora bis heute erhalten geblieben, während die weicheren Gesteine unter ihnen von den Rändern, d.h. von den Steilabfällen der Atakora her, angegriffen werden. Besonders aktiv sind dabei die kleinen Flüsse, die an den Stirnseiten der Steilhänge entspringen.

Einer von ihnen ist der Tanogou. Am Rand des Steilabfalls, wo eine weiche

Schieferbank von zwei Quarzitbändern durchzogen wird, bildet er an jedem der beiden Härtlingsriegel einen Wasserfall. Der obere ist der bei weitem eindrucksvollere, zumindest während der Regenzeit. Seine Wasser stürzen in ein breites, tiefes Becken, das von den zerklüfteten Felswänden des ersten Quarzithärtlings umrahmt wird. Nach einigen Stromschnellen, aus denen mächtige Felsblöcke aufragen, überwindet der Tanogou in einem niedrigeren Wasserfall den zweiten Abschnitt der Steilstufe. Auch hier hat er am Fuß der Felswand eine kleine Wanne ausgekolkt. Nun wird sein Lauf ruhiger, bis er schließlich die Ebene des Pendjaris erreicht.

Tasmangletscher

Australien, Neuseeland
43° 35′ s. Br., 170° 12′ ö. L.

Die größten Gletscher Neuseelands bedecken das Gebiet um den Mount-Cook-Nationalpark. Unter ihnen befindet sich auch der längste Eisstrom der südlichen Hemisphäre, wenn man die Gletscher der Antarktis einmal ausklammert.

Die Hochgebirge der Südinsel von Neuseeland sind zwischen 43° 10′ und 44° 30′ südlicher Breite auf einer Fläche von 1000

Tasmangletscher *Vom schneebedeckten Mount Cook, dem höchsten Gipfel der Neuseeländischen Alpen, strömt der von tiefen Spalten zerfurchte Tasmangletscher zu Tal.*

Beispiele verschiedener Gletschertypen

Es ist nicht einfach, Gletscher einem bestimmten Typ zuzuordnen, denn es gibt – wie bei vielen anderen Naturerscheinungen auch – zahlreiche Ausnahmen und Übergangsformen. Zudem kann ein Gletscher durch Klimaänderungen seine Gestalt ohne weiteres innerhalb von wenigen Jahrzehnten grundlegend ändern. So gibt es auch eine Unzahl von Gletschertypen: schwarze Gletscher, weiße Gletscher, kalte Gletscher, warme Gletscher, Plateaugletscher, Kargletscher, Talgletscher, Hanggletscher...

An dieser Stelle sollen nur die drei wichtigsten Gletschertypen genannt werden. Der Pyrenäentyp hat ein ausgedehntes Nährgebiet, aber nur eine kurze Zunge. Er kommt lediglich in schwach vereisten Gebirgen vor. Häufig nehmen die Gletscher dort nur den Boden alter Kare ein.

Der alpine Typ hat ein großes Nährgebiet und lange Gletscherzungen, die aber – im Gegensatz zum Spitzbergentyp – voneinander getrennt sind und keine geschlossenen Eisstromnetze bilden.

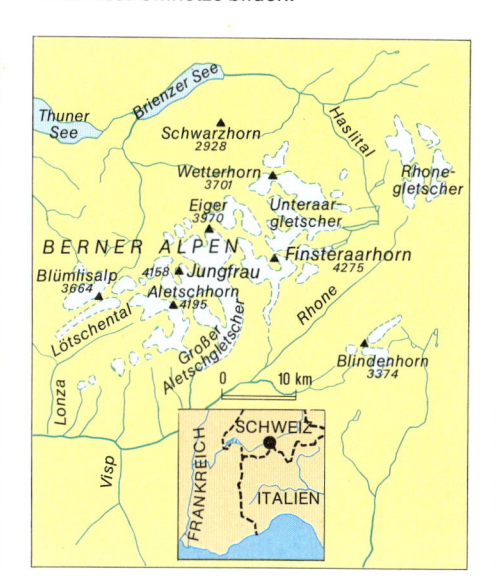

Eine neuere Klassifikation scheint der Vielfalt der Gletscher besser gerecht zu werden. Dabei wird vom Ausmaß der Vereisung innerhalb des Gebirges und im Gebirgsvorland ausgegangen. Gletscher vom alpinen Typ sind demnach nur in Nebentälern entwickelt, während beim Himalajatyp die Gletscher in den Neben- und Haupttälern liegen.

Beim Alaskatyp stoßen die Gletscher bis ins Vorland des Gebirges vor und bilden dort eine ausgedehnte fächerförmige Vorlandvergletscherung (Piedmontgletscher).

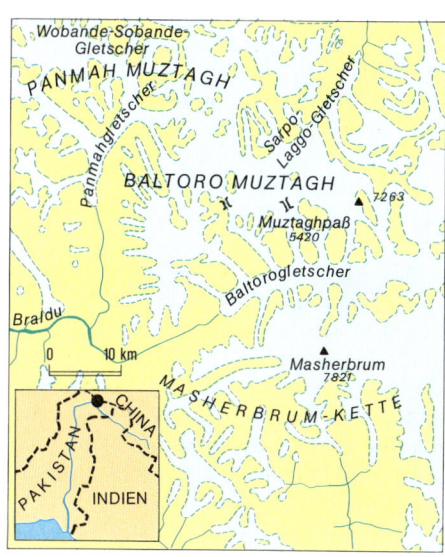

km² von Gletschern bedeckt. Für diese Vergletscherung sind in erster Linie die starken Westwinde der Südhalbkugel verantwortlich, denn sie führen gewaltige Niederschlagsmengen heran (4000 bis 7000 mm), die sich gleichmäßig über das ganze Jahr verteilen und in über 2000 m Höhe als Schnee fallen. An den sehr steilen Westhängen sind die Gletscher relativ kurz. Sie führen praktisch keinen Moränenschutt mit sich und enden in schwer zugänglichen, fast undurchdringlichen Wäldern. An den Ostflanken der Gebirge dagegen sind die Gletscher in ihrem unteren Teil mit Moränenmaterial bedeckt und enden in einer Steppenlandschaft.

Einer der schönsten Gletscher Neuseelands, der Tasmangletscher, liegt auf der Ostseite des Mount Cook. Dieser mächtige Bergriese ist mit 3764 m zugleich der höchste und der bekannteste Gipfel Neuseelands. Seinen Namen – er wurde nach James Cook benannt – trägt auch der 1551 km² große Nationalpark, der ihn umgibt. Der Tasmangletscher ist 29 km lang, 2 bis 3 km breit und bedeckt eine Fläche von ungefähr 55 km². Ähnliche Dimensionen werden von keinem anderen Talgletscher in den gemäßigten Breiten der Südhalbkugel erreicht. Die Gletscherzunge ist auf mehr als 12 km Länge von einer fast zusammenhängenden Schuttdecke überzogen. An ihrer Stirn in 760 m Höhe schwankt die Lufttemperatur zwischen 8 °C und 18 °C im Sommer und −5 °C und +5 °C im Winter. Daraus resultiert ein sehr starkes Abschmelzen (Ablation) des Gletschers, ein Vorgang, der bei 1150 m Höhe sein Maximum erreicht. Dort ist das Eis nämlich noch nicht völlig von Moränenmaterial bedeckt, das es vor der Sonneneinstrahlung schützen kann. Die Geschwindigkeit der Gletscherbewegung ist sehr hoch; sie erreicht 50 bis 60 cm pro Tag. Die größte Eismächtigkeit beträgt rund 600 m. Sie wurde an der Einmündung des Ballgletschers gemessen, ungefähr auf halber Strecke zwischen dem Nährgebiet und der Gletscherstirn. Der Tasmangletscher ist seit dem Ende des 19. Jahrhunderts deutlich zurückgewichen. Nennenswerte Vorstöße erfolgten lediglich in den Jahren um 1860, 1890 und 1930.

Tassili der Ajjer

Afrika, Algerien
24° 10′–26° 30′ n. Br., 5° 20′–10° 30′ ö. L.

Die steinerne Festung der Tassili birgt innerhalb ihrer mächtigen Umwallung nur noch zerbrochene Plateaus und ausgedehnte Ruinenfelder, die mit massiven Sandsteintürmen und imposanten Felsendomen übersät sind.

Mitten in der Sahara, am Nordrand des Ahaggarmassivs, erheben sich unvermittelt die Tassili der Ajjer. Es handelt sich um ein ausgedehntes Bergland aus paläozoischen Sedimenten, die nach Norden sanft einfallen und hier von kreidezeitlichen und tertiären Schichtgesteinen und von großen quartären Sanddünen diskordant überlagert sind. Die Tassili, die durchschnittlich etwas mehr als 1500 m Höhe erreichen, sind markante Schichtstufen, deren Steilabfälle nach Südwesten, zum Ahaggarmassiv, gekehrt sind. Sie bilden eine Landschaft, die auf der Erde nirgendwo ihresgleichen hat. Wenn man sich diesem Gebiet vom Ahaggar her nähert, so folgen von Süden nach Norden die innere Tassilischichtstufe, die innertassilische Senke und die äußere Tassilischichtstufe aufeinander.

Die innere Schichtstufe aus kambrischen und silurischen Sandsteinen ragt nördlich des Ahaggarmassivs als über 400 m hohe Mauer in den Himmel. Sie begrenzt die nördlich anschließenden, von tiefen Schluchten zerschnittenen Sandsteinplateaus, die mit ihren steinernen Türmen, Kathedralen, Bogen und Domen an ein riesiges Schachspiel erinnern. Diese Formen beruhen auf der oberirdischen und unterirdischen Arbeit des Wassers, das in feuchteren Klimaperioden das Kluftnetz und die Verwerfungen im Gestein ausgeweitet hat.

An die innere Tassilistufe, deren harte Deckschicht von Süden nach Norden um etwa 950 m auf 850 m bis 600 m ü.d.M. abfällt, schließt sich im Norden die innertassilische Senke an. Sie wurde aus mächtigen Schieferschichten des unteren Silurs herausgearbeitet. Ihre Sohle ist fast tischeben und daher für die Anlage von Verkehrswegen sehr gut geeignet. Durch sie führt eine Autopiste, die Amguid mit Illizi (Fort de Polignac) verbindet.

Als letzter Teil des Berglandes folgt im Norden schließlich die aus devonischen Sandsteinen bestehende äußere Tassilischichtstufe.

Die zwei Tassilischichtstufen, denen ausgedehnte Fußflächen vorgelagert sind, sind von ihrer Gestalt her sehr ungewöhnlich. Besonders die Stufe des inneren Tassiliberglands besteht aus teilweise treppenförmig abfallenden, senkrechten Felswänden, an denen die ausstreichenden härteren Sandsteinbänke als horizontale Felssimse zutage liegen (die tonigeren Schichten verwittern stärker und bilden Vertiefungen). Am Fuß der Felswände liegt ein geschlossener Schuttmantel, dessen Gesteinstrümmer von schwarzem Wüstenlack überzogen sind, ein Zeichen für geringe Abtragung.

Der zwischen 30° und 35° geneigte Haldenhang des Schuttmantels besitzt ein geradliniges Profil und ist nur da leicht konkav gekrümmt, wo das Geröll weiter über den Fuß der Steilstufe hinausreicht. Der Schuttmantel setzt in unterschiedlichen Höhen an den Felswänden ein und greift manchmal fast bis zum Trauf der Schichtstufe hinauf. Die unterschiedliche Höhe des Schuttmantels hängt mit dem Zurück-

Tassili der Ajjer *Die bizarre Felslandschaft ist durch die Verwitterung des Sandsteins entstanden. Sickerwasser dringt entlang von Klüften in den Gesteinsverband ein und erweitert sie zu engen Schluchten.*

weichen der Wand zusammen, einem Phänomen, das nicht auf Verwitterungs- und Abtragungsvorgängen an ihrem Fuß beruht, sondern auf der unterirdischen Zersetzung des Gesteins durch das in die Deckschicht eindringende Sickerwasser. Dieses Wasser tritt an der Stufenstirn in verschiedenen Höhen in Form von Schichtquellen wieder zutage. Die Oberkante des Schuttmantels liegt immer auf der Höhe dieser Quellhorizonte, die sich im Lauf der Zeit verschieben kann. Dies erklärt, warum die in den Schuttmantel eingeschnittenen Erosionsrinnen nicht immer vom Trauf der Schichtstufe ausgehen.

Die Sandsteine sind sehr spröde, so daß sie bei Krustenbewegungen leicht zerbrechen. Selbst bei schwachen Dehnungen entstehen Brüche, denn die Kohäsion ihrer Sandkörner ist von der des Bindemittels verschieden. Die Sandsteine der Tassili sind deshalb im allgemeinen von offenen Klüften durchzogen, die mit zunehmender Tiefe immer schmaler werden. Die mechanische und chemische Verwitterung, die den Sandstein entlang der Klüfte zersetzen, haben die oberen Gesteinslagen in einen Säulenwald verwandelt. Je nach der Härte des Gesteins wurden die einzelnen Schichten unterschiedlich stark angegriffen. Die Verwerfungen in den Sandsteinschichten führten auch zur Bildung zahlreicher Karsterscheinungen (Höhlen, Bogen, Gänge) und eigenartig geformter Schluchten. Besonders merkwürdig sind die in den Sandstein eingeschnittenen, schwer zugänglichen Schluchten, deren große Tiefe (oft mehrere hundert Meter) in einem krassen Mißverhältnis zu ihrer Breite von manchmal nur wenigen Metern steht. Sie wirken wie mit einer riesigen Axt in das Plateau eingehauen, in der Höhe enger, am Grund etwas breiter.

Das Tassilibergland ist nicht nur wegen seiner bizarren Landschaften bemerkenswert, sondern es wurde auch durch die vielen Felsbilder bekannt, die man seit 1909 dort entdeckt hat. Diese Bilder, die zum Teil Gravierungen, zum Teil Malereien sind, konnte man bisher noch nicht genau datieren. Sie sind vermutlich über mehrere Jahrtausende zwischen der Jungsteinzeit und etwa 1500 v. Chr. entstanden. Sie stel-

Tassili der Ajjer

◀ **Tassili der Ajjer** *Dieses Labyrinth aus pilzförmigen Sandsteinpfeilern, die an der Basis vom Wasser ausgehöhlt und von emporgewirbelten Sandkörnern glattgeschliffen wurden, ist eine typische Erscheinung des reichen Formenschatzes, den die Natur in dem Schichtstufenland geschaffen hat.*

len wilde Tiere, Menschen, Streitwagen mit Pferden sowie Rinderherden und Hirten dar und bestätigen die Existenz früherer Saharakulturen. Heute ist diese vegetationslose und extrem wüstenhafte Region nur von wenigen Tuareg besiedelt, da das Klima trockener wurde.

Tchadsee (Tschadsee)

Afrika
12° 30'–14° 20' n. Br., 12° 25'–15° 09' ö. L.

Im Herzen Afrikas findet alljährlich der Kampf zwischen den Wüstenwinden und den feuchten Luftmassen aus Äquatorialafrika statt. Hier liegt der riesige Tschadsee, dessen Größe jeweils davon abhängt, welche Klimaeinflüsse die Oberhand behalten.

Der Reisende, der sich den Tschadsee als glatte, strahlendblaue Wasserfläche inmitten der Wüste vorstellt, mag bei seinem Anblick vielleicht etwas enttäuscht sein, denn in Wirklichkeit gleicht er eher einem riesigen Sumpfgebiet.

Das ausgedehnte, maximal 6 m tiefe Gewässer mit seinen unzähligen Inseln und Halbinseln, die wie die Teile eines Puzzles ineinandergreifen, hielten die Geologen bis vor kurzem noch für den Überrest eines 300 000 km² großen Binnenmeeres, das während der Pluvialzeiten des Pleistozäns das riesige Becken füllte, das sich vom Aïrmassiv bis zum Wadai und vom Tibesti bis zum Adamaua erstreckt. Nach neuesten Erkenntnissen trifft dies jedoch wahrscheinlich nicht zu. Zwar haben sich Lage und Größe des Tschadsees – auch kurzfristig – immer wieder verändert und tun es auch heute noch, aber wohl nicht in so großem Ausmaß, wie man zunächst annahm. Grund hierfür ist die Lage der Sahelzone im Übergangsbereich zwischen Wüste und tropischer Savanne. Hier stehen trockene Passatwinde und feuchte tropische Luftmassen in ständigem Kampf miteinander. Mal gewinnt der eine Klimaeinfluß, mal der andere, je nach Jahreszeit. Manchmal unterliegen die Regen bringenden Südwinde sogar ganzjährig. Im Verlauf geologischer Zeiträume waren die Dürrejahre 1970 bis 1974 nur eine vergleichsweise harmlose Episode, die aber immerhin zur Folge hatte, daß sich die Fläche des Tschadsees vorübergehend auf 9000 km² verringerte.

Der See liegt nicht im tiefsten Teil des Tschadbeckens, dem im Norden am Fuß des Tibestimassivs gelegenen Bodélé (155 m ü.d.M.), sondern er reicht nur bis zum Erg Kanem, dessen aus einer trockeneren Klimaperiode stammende Dünen ihn im Norden eindeichen. Er wird gespeist durch den Schari, der 83% der jährlichen Wasserzufuhr liefert. Der Anteil des aus Nigeria zufließenden Komadugus ist dagegen unbedeutend. Der See greift tief in den Erg Kanem ein, der ihn im Norden und Nordosten begrenzt. Hier bilden die von den Fluten umspülten Dünen einen wah-

Tschadsee Eine eigenartige Wasserlandschaft am Rande der Wüste. Zwischen den Dünen, die in feuchten Perioden überschwemmt werden und sich in einen Sumpf verwandeln, erstreckt sich ein Labyrinth von gewundenen Wasserrinnen, die an die Priele eines Wattenmeeres erinnern.

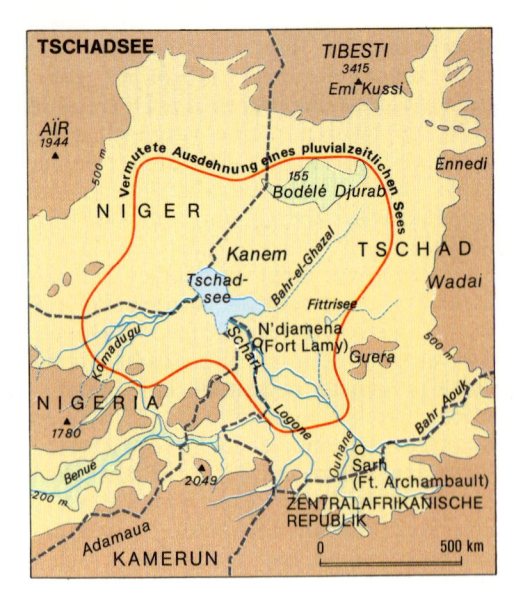

ren Archipel, der aus unzähligen winzigen grünen „Inselchen" besteht. Dies sind die Kämme ertrunkener Dünen, auf denen sich Wasserpflanzen, wie der etwa 2 m hoch wachsende Ambatschstrauch, angesiedelt haben. Der See besteht aus zwei Becken, einem nördlichen und einem südlichen, die durch Untiefen, genannt die „Große Barriere", voneinander getrennt sind.

Je nach Klimaverhältnissen schwankte die Fläche des Sees in historischer Zeit beträchtlich. Die Hydrologen unterscheiden deshalb je nach Wasserstand zwischen dem großen, dem mittleren und dem kleinen Tschadsee.

Der große Tschadsee, wie ihn die Afrikaforscher H. Barth (1852) und G. Nachtigal (1871) im 19. Jahrhundert sahen, bedeckte eine Fläche von über 25 000 km² und lag 244 m über dem Meeresspiegel. Bei dieser Spiegelhöhe entwässerte der See über den Bahr-el-Ghazal zum Djurab hin. Der mittlere Tschadsee, wie ihn der französische Forscher Tilho 1917 und 1919 beobachtete, nahm eine Fläche von 15 000 bis 20 000 km² ein, und sein Niveau erreichte eine Höhe von 242 m über dem Meeresspiegel. Die Untiefen zwischen den beiden Seebecken konnten damals noch gefahrlos von Schiffen befahren werden. Der kleine Tschadsee schließlich, wie er sich während der Dürreperiode zu Beginn der siebziger Jahre zeigte und auch gegenwärtig zeigt, liegt auf 240 m. Bei dieser kleinsten Ausdehnung ist die Verbindung zwischen den beiden Becken durch die „Große Barriere" unterbrochen, und das Nordbecken kann, da es nicht mehr gespeist wird, vollständig austrocknen.

Die Wirtschaftsweisen der Uferbewohner unterscheiden sich an den verschiedenen Enden des Sees beträchtlich. Die im Scharidelta lebenden Kotoko, Nachfahren des legendären Volkes der Sô, betreiben vor allem Fischfang. Die Budumaneger auf den Inseln im nordöstlichen Abschnitt des Sees, einst aus Kanem eingewandert, sind Fischer und Viehzüchter. Auf den Dünen zwischen den tief ins Land greifenden Buchten im Nordosten leben die Kanembu, ein Volk von Ackerbauern und Viehzüchtern, das in seinem Gebiet Einpolderungen vornahm. Sie betreiben hier bei künstlicher Bewässerung eine intensive Landwirtschaft mit zwei oder drei Ernten jährlich. Hauptanbauprodukte sind Weizen, Reis und Gemüse. Die Mobber in Nigeria, die sich in der Nähe des Komadugus niedergelassen haben, sind geschickte Gartenbauern, während die Kanuri in Bornu vor allem Hirse anpflanzen.

Obwohl alle diese Völker mit den gleichen Problemen konfrontiert sind (häufige Verlegung von Feldern und Weiden, erschwerter Zugang zum offenen Wasser, bedingt durch das Zurückweichen des Sees), bilden sie keine Einheit, denn die aus der Kolonialzeit stammende willkürliche Grenzziehung besitzt auch heute noch Gültigkeit. Würde man zu einer grenzüberschreitenden Zusammenarbeit finden, wären im Gebiet des Tschadsees möglicherweise sogar Agrarüberschüsse zu erzielen.

Teide, Pico de

Afrika, Kanarische Inseln
28° 17′ n. Br., 16° 39′ w. L.

Über Dunst und Wolken erhebt sich der weißviolette Gipfel des Teide, des höchsten Berges im Atlantischen Ozean. In der Antike galt er als letzter Vorposten der bekannten Welt, ein einsamer Koloß, auf dem nach Herodot die Ränder des Himmels ruhten.

Wenn man sich Teneriffa, der größten Insel der Kanaren, aus der Luft oder vom Meer her nähert, erblickt man bereits von weitem den majestätischen Gipfel des Pico de Teide, einen mächtigen bläulichvioletten Bergkegel, dessen winterliche Schneekappe sich scharf vom blauen Himmel abhebt. Schon in der frühen Antike war dieser Anblick den Seefahrern wohl vertraut. Die ersten normannischen und spanischen Eroberer, die den Teide erkundeten, bezeichneten ihn als Zauberberg.

Dieser 3718 m hohe Vulkankegel ist der höchste Berg auf Spaniens Staatsgebiet. Er erhebt sich aus dem von hohen, senkrechten Felswänden umschlossenen Riesenkrater Las Cañadas und krönt die vulkanische Gebirgspyramide der Insel Teneriffa, die in ihrem Umriß einem gleichschenkligen Dreieck gleicht. Der Name der Insel setzt sich aus den Wörtern *tener* und *ife* zusammen, die in der Sprache der Guanchen, der Ureinwohner der Kanaren, „schneeweiß" und „hoher Berg" bedeuten. Seit 1954 ist der gesamte Teide einschließlich des Kraters Las Cañadas ein Nationalpark, der eine Fläche von 130 km² bedeckt.

Schon die Phöniker, Griechen und Karthager, die sich über die Straße von Gibraltar hinaus gewagt hatten, waren bis zu den Kanarischen Inseln vorgestoßen. Für den griechischen Geschichtsschreiber Herodot lagen sie am Ende der Welt. Der Teide verkörperte für ihn den Riesen Atlas, der auf seinen Schultern den Himmel trug. Jenseits der Inseln war das Meer nicht mehr befahrbar.

Die Römer nannten die Kanaren die Glücklichen Inseln. In seinen *Vitae parallelae* gibt Plutarch wieder, was ein Seemann aus Cádiz dem Sertorius über diese fernen Inseln erzählt hatte, daß nämlich dank der lauen Winde, der mäßigen Niederschläge und des frischen Taus auf den fruchtbaren vulkanischen Böden eine üppige Vegetation gedieh.

Die gesamte Inselgruppe der Kanaren ist vulkanischen Ursprungs. Der Sockel des Archipels besteht aus blauschwarzen, mächtigen Basaltdecken. Auf Teneriffa baute sich über diesem durch Spaltenausbrüche entstandenen Sockel im Lauf eines zweiten Eruptionszyklus ein mächtiger Vulkan auf, der vermutlich weit höher war als heute der Teide. Das vulkanische Material hatte einen höheren Gehalt an Kieselsäure, war also saurer und zähflüssiger. Wahrscheinlich kam es infolge des hohen Gasdrucks im Vulkaninnern zu einer gewaltigen Explosion, bei der das erstarrte Vulkangestein, d. h. vulkanische Aschen, Bomben und Lapilli, mehr oder weniger pulverisiert wurde. Auf diese Explosion folgte ein gigantischer Einsturz der Gipfelpartie im Osten des Kraters und danach auch im Westen. Dabei entstand die riesige elliptische Caldera (17 mal 12 km) Las Cañadas, die etwa 500 m tief ist. Auf den Außenwänden der Vulkanruine bildeten sich Nebenkegel wie der Guajara (2717 m), der Topo de la Grieta (2582 m) und die Fortaleza (2310 m).

Einige Millionen Jahre später entstand bei neuerlichen Ausbrüchen im Innern der Cañadascaldera zunächst der Pico Viejo (Alte Spitze), dessen Gipfelcaldera von 1400 m Durchmesser aus Phonolithen besteht. Dieser Kegel erreicht eine Höhe von 3105 m. Neben ihm baute sich als letzter Schichtvulkan der Teide auf. Sein hufeisenförmiger Krater, der Teide Antigur (oder La Rambleta), liegt in 3500 m Höhe. In seiner Mitte bildete sich in jüngerer Zeit ein kleinerer Kegel, der Zuckerhut, dessen schwarze Basaltströme sich über die Flanken des Vulkans ausbreiteten. Dieser jüngste Kegel besitzt einen kleinen Krater von 50 m Durchmesser und 25 m Tiefe; die vulkanische Tätigkeit äußert sich nur noch im Ausstoß von Fumarolen (80°C), die den *Narices del Teide* (Nasenlöcher des Teide) entströmen und Schwefel absetzen.

Die Besteigung des Teide wird heute erleichtert durch gute Straßen, die bis in die Cañadascaldera führen. Von hier aus gelangt man mit einer Seilschwebebahn in acht Minuten zur Rambleta; nicht weit von der Talstation hat man einen *Parador Nacional* (staatliches Hotel) errichtet.

Die Cañadas bietet einen überwältigenden Anblick. Durch Einstürze und Abtra-

Pico de Teide *Im Innern einer riesigen Caldera, in der die Abtragung die Reste alter Schlotfüllungen zu bizarren Felsgebilden geformt hat, erhebt sich der majestätische Kegel des Pico de Teide. Deutlich erkennt man den jüngsten Gipfelkrater, der sich auf einer Plattform in 3500 m Höhe aufgebaut hat.*

gungen wurden Gänge (Füllungen früherer Nebenschlote) mit den seltsamsten Formen (Pilzformen wie die von Los Roques) freigelegt, die aus weißen Sandflächen oder zwischen roten und schwarzen Lavatrümmern aufragen. Da und dort glitzern Obsidiansplitter (Obsidian ist vulkanisches Glas) oder bunte Kristalle im Sonnenlicht.

Der Bergwanderer nimmt am Fuß der Montaña Blanca den alten Weg, der bis zum Gipfel des Teide führt. Von der 2360 m hoch gelegenen Altavistahütte aus kann man herrliche Sonnenauf- und -untergänge beobachten und genießt einen unvergeßlichen Blick über ganz Teneriffa, den Ozean und die Nachbarinseln.

Unübertroffen ist jedoch die Aussicht vom Gipfel. Aus mehr als 3700 m Höhe, weniger als 12 km vom Meer entfernt, überblickt man die steil ansteigende Trümmerlandschaft mit ihren verschiedenen Vegetationsstufen. Die subtropischen Pflanzen und Kiefernwälder in der Nähe des Meeres werden abgelöst von Ginstern (Retana), dem „Teideveilchen" (*Viola cheiranthifolia*) und Levkojen, deren Blauviolett der Farbe des Vulkans in der Abenddämmerung gleicht. Die Levkojen sind die einzigen Pflanzen, die noch in unmittelbarer Nähe der Fumarolen wachsen. Nur eine einzige Vogelart lebt in diesen Höhen. Es ist der graubraune Kanarenbuchfink *(Fringilla teydea)*.

Tengger

Asien, Indonesien
7° 55′ s. Br., 112° 55′ ö. L.

Durch den Einsturz eines Vulkangipfels entstand eine der größten Calderen der Erde, auf deren sandbedecktem Boden sich neue Vulkankegel aufbauten.

Im Osten der Insel Java liegt ein riesiger ellipsenförmiger Krater, dessen Durchmesser 8,5 bis 10 km beträgt. Es handelt sich um die Caldera des Tenggervulkans, die zu den größten und schönsten der Erde gehört. Auf dem Calderaboden, der mit vulkanischem Sand bedeckt ist und deshalb Sandmeer heißt, sind sieben neue kleine Vulkane entstanden, die sich von Osten nach Westen und von Nordnordosten nach Südsüdwesten aneinanderreihen. Die beiden bekanntesten sind der Batok (2440 m) und der heute noch aktive Bromo (2392 m) mit ihren von *Barrancos* zerfurchten Hängen.

Die Entstehung der Tenggercaldera hängt unmittelbar mit dem im Pleistozän einsetzenden Vulkanismus in dieser Region zusammen. Das erste Eruptionszentrum des aus drei Feuerbergen bestehenden Vulkankomplexes war der südlich des Tenggers gelegene Djembangan, dessen Laven den Unterbau des späteren Tenggers und des noch jüngeren Semerus bilden. Zu Beginn des Holozäns verlagerte sich das vulkanische Geschehen vom Djembangan nach Norden. Die Ausbrüche erfolgten längs einer nordsüdlich verlaufenden Bruchlinie, d.h. quer zur Streichrichtung der javanischen Gebirgszüge. Damals baute sich das mächtige Vulkangebäude des alten Tenggers auf. Die Anhäufung vulkanischen Materials über relativ wenig verfestigten tertiären Meeresablagerungen führte nach R.W. van Bemmelen schließlich dazu, daß die plastischen Sedimente unter dem Gewicht der auflagernden vulkanischen Massen nachgaben. Der nördliche Teil des alten Tenggervulkans sank entlang einer halbkreisförmigen, nach Norden geöffneten, 47 km langen Bruchlinie nach unten ein.

Längs dieser Verwerfungslinie flossen gewaltige Mengen basaltischer Lava aus, so daß sich eine unter dem mittleren Teil des Tenggers gelegene Magmakammer völlig entleerte. Die Decke des so entstandenen Hohlraumes stürzte schließlich ein, und in der Gipfelregion des Vulkans bildete sich die Caldera. Sie entstand zu einem Zeitpunkt, als die Vulkantätigkeit bereits nachließ, aber noch nicht beendet war, denn am Boden des Sandmeers bauten sich neue Kegel auf. Mit der Entstehung des Semerus, des dritten Großvulkans dieser Region, verlagerten sich die größten Eruptionszentren jedoch nach Süden.

Der Bromo ist der einzige noch tätige Vulkan im Innern der Tenggercaldera. Es handelt sich um einen Aschenkegel, der bis in 2392 m Höhe reicht und sich etwa 200 m über den Calderaboden erhebt. Er liegt genau auf der von Norden nach Süden verlaufenden Achse des Vulkankomplexes und hat in geschichtlicher Zeit noch nie größere Schäden verursacht. Die Aschen, Lapilli und Bomben, die er auswirft, gefährden jedoch manchmal die Ernten.

Tengger *Im Innern der riesigen Tenggercaldera erhebt sich der Bromo, ein neuer, noch heute aktiver Vulkan, der den Calderaboden um etwa 200 m überragt. Seine Hänge aus vulkanischem Lockermaterial sind von zahllosen Barrancos zerfurcht, die das abfließende Regenwasser hinterlassen hat.*

Terres de Couleurs

Afrika, Mauritius
20° 20′ s. Br., 57° 23′ ö. L.

Zu dem tiefen Schwarz, dem grellen Weiß und dem satten Grün, den Farben, die auf der Insel vorherrschen, gesellen sich stellenweise rotbraune Farbschattierungen.

Der Reiz der Insel Mauritius liegt in ihrer abwechslungsreichen Landschaft, in den starken Farbkontrasten, die für dieses Kleinod im Indischen Ozean charakteristisch sind. Die schwarzen basaltischen Vulkangesteine, die grünen Wälder und Zuckerrohrpflanzungen sowie die strahlend weißen Korallenriffe vor der Südküste bilden eine Szenerie, die jeden Besucher in ihren Bann zieht. Einen weiteren faszinierenden Anblick bieten die Böden rund um die Tamarinbucht an der Südwestküste, die man wegen ihrer zahlreichen Farbnuancen als Terres de Couleurs (Farbböden) bezeichnet. Es handelt sich um Ablagerungen von tonigem Material, einem Verwitterungsprodukt des alten vulkanischen Untergrunds, auf dem sich die Insel erhebt.

Das mächtige Vulkangebäude, das gegen Ende der Kreidezeit und zu Beginn des Tertiärs aus dem Ozean aufgestiegen war, wurde im Zuge einer nachfolgenden Phase explosiver vulkanischer Tätigkeit von Grund auf umgeformt. Im Zentrum der Insel entstand eine riesige Caldera, und Reste des ursprünglichen Reliefs blieben lediglich als deren Umrandung übrig. Später, gegen Ende des Tertiärs und im Quartär, wurde die Caldera durch neuerliche Lavaergüsse wieder aufgefüllt.

Am stärksten verwitterte der Calderarand im Westen der Insel. Er bildet hier ein bewegtes Relief, das die von Südosten kommenden Passatwinde zum Aufsteigen zwingt. Die feuchten Luftmassen kühlen sich dabei ab, und es kommt ganzjährig zu ausgiebigen Steigungsregen. Jahresniederschläge von 3000, ja sogar 4000 mm sind an manchen Stellen keine Seltenheit. Durch die damit verbundene intensive Verwitterung und Erosion wurde das Feinmaterial an den Berghängen flächenhaft abgespült und an ihrem Fuß in Form großer Schwemmfächer wieder abgelagert. In den oberen Schichten dieser Ablagerungen kommt es zur Auswaschung von Metalloxiden, die in tiefer liegenden Bodenhorizonten wieder ausgefällt werden. Da Eisen und Mangan überwiegen, weisen

Terres de Couleurs *Vom Morgengrauen bis zur Abenddämmerung wechseln diese sanften, durch zahlreiche Erosionsrinnen voneinander getrennten Bodenwellen am Fuß der vegetationsreichen Berghänge auf Mauritius immer wieder ihre Färbung.*

die Böden Farbtöne auf, die von einem mehr oder weniger kräftigen Gelb bis Rot und Violett reichen. Sie neigen sehr zur Bildung von *Badlands*, deren vegetationslose Oberflächen das Farbenspiel besonders deutlich zur Geltung kommen lassen.

Tien Shan

Asien, China/UdSSR
40°–43° n. Br., 70°–96° ö. L.

Der Tien Shan ist ein breites, langgestrecktes Gebirgssystem mit gedrungenem Relief und verschiedenfarbigen Gesteinen, das von der Sowjetunion bis tief nach China hineingreift. Er zieht sich durch riesige Wüsten- und Steppengebiete und wird flankiert von einer Kette alter Oasen.

Der Tien Shan (Himmelsgebirge) ist eines der größten Gebirgssysteme der Erde. Er beginnt im sowjetischen Turkestan, am Ostrand der Wüste Kysylkum, und endet im Osten von Xinjiang (Sinkiang), dem früheren Ostturkestan. Auf Europa übertragen, entspricht dies der Entfernung zwischen Brest (Frankreich) und Moskau. Der größte Teil des Gebirges liegt auf chinesischem Gebiet. Seine Breite schwankt zwischen 200 bis 300 km im Osten und 1450 km im Westen. Die durchschnittliche Höhe liegt zwischen 4000 und

Tien Shan

Tien Shan *Der Schnee auf dem langen Gebirgskamm im Hintergrund liefert das Wasser für die riesigen Grundwasserbecken in den nördlichen und südlichen Vorländern des Tien Shans. Mit der aus den Gebirgsbächen gewonnenen Elektroenergie werden nicht nur die blühenden Oasensiedlungen versorgt, die sich die Grundwasservorräte zunutze machen, sondern außerdem mehrere bedeutende Industriegebiete, in denen die Bodenschätze der Dsungarei und des Ferganabeckens verarbeitet werden.*

5000 m. Einige Gipfel sind sogar über 5000 m hoch. Die höchste Erhebung des Tien Shans ist der Pik Pobedy (7439 m) an der sowjetisch-chinesischen Grenze.

Der Tien Shan besteht aus vielen einzelnen Gebirgsketten, mächtigen Horsten, die durch tiefe Längstäler und intramontane Becken voneinander getrennt sind. Westlich des 85. Längengrades umschließen die Ketten die riesigen Senken des Issyk-kul, des Tschutales und des Ili-Tekes sowie das Ferganabecken. Im Osten liegen die große Turfansenke und das Becken des Bagratschkul. Vulkanische und kristalline Gesteine werden überragt von Kämmen aus metamorphen Gesteinen, während die Talsohlen und die Becken aus rezenten Sedimenten – Flußschottern und Löß – bestehen. Die gelben, roten und grünen Farbtöne dieser Täler und Becken bilden einen herrlichen Kontrast zu den dunklen oder weißlichen alten Gesteinen der Gebirgszüge. Durch die jüngsten Hebungen im Tertiär wurden die Höhenunterschiede verstärkt, und das Gebirge wurde tief zerschnitten. Deshalb gehört der Tien Shan zu den formenreichsten und am stärksten gegliederten Gebirgen der Erde.

Der mächtige Gebirgszug erhebt sich mitten in einem der ausgedehntesten Wüstengebiete der Erde, das er in zwei weite Becken unterteilt: Im Süden liegt das 500 000 km² große Tarimbecken mit der riesigen Wüste Takla Makan, und nördlich des Gebirges schließt sich das 380 000 km² große Dsungarische Becken an. Daher wirkt der Tien Shan trotz seiner schroffen, im Grunde genommen abweisenden Formen wie ein einladendes grünes Band inmitten der sengenden Hitze der Wüste. Aufgrund seiner Höhe empfängt der Tien Shan ausgiebige Niederschläge, die aus den hier vorherrschenden Nordwestwinden stammen; diese relativ feuchten Luftmassen regnen sich vor allem an den Nordhängen des Gebirges ab. Zwar versickert das kostbare Wasser zu einem großen Teil in den mächtigen Schutthalden und Schotterflächen am Fuß der Bergketten, aber bereits die altansässigen uigurischen Bauern und später auch die chinesischen Siedler haben es verstanden, die riesigen Grundwasservorräte im nördlichen und südlichen Gebirgsvorland für die künstliche Bewässerung zu erschließen und in diesen Gebieten eine Reihe blühender Oasen zu schaffen. Diese Oasenketten sind ein Teil der Seidenstraße, eines alten Karawanenwegs, der einst China mit Indien und Westasien verband.

Der Tien Shan ist die Heimat nomadisierender Schafzüchter, die mit ihren Herden im Winter in den Steppen des Flachlandes leben und im Sommer auf die 2000 m hoch gelegenen alpinen Matten ziehen. Diese Matten erstrecken sich über einer Waldstufe, die an der Nordflanke aus Fichten und Tannen, an der Südflanke aus wilden Walnuß-, Pflaumen-, Apfel- und Aprikosenbäumchen besteht. Unter dem Waldgürtel dehnt sich eine Steppenzone

Verwerfungen, Horste und Gräben

Verwerfungen, Horste und Gräben entstehen durch das Zerbrechen von Gesteinsverbänden geringer Plastizität und bilden Formen, die sich u.a. durch ihren regelmäßigen, oft geradlinigen Grundriß auszeichnen. Verwerfungen treten an Schwächelinien in der Erdkruste auf und sind mit einer mehr oder weniger starken Verschiebung der an den Bruch angrenzenden Schollen verbunden. Die Verschiebung kann vertikal, schräg oder horizontal (Blattverschiebung) erfolgen. Von mehreren Brüchen begrenzte und herausgehobene Schollen heißen Horste, abgesunkene Streifen der Erdkruste Gräben (z. B. der Oberrheingraben zwischen den Vogesen und dem Schwarzwald).

Durch seitliche Pressung entstehen Auf- oder Überschiebungen, durch Zerrung mehr oder weniger senkrechte Brüche oder Abschiebungen.

Diejenigen Verwerfungen, die auf größere tektonische Ereignisse in frühester Zeit zurückgehen, sind oft sehr langlebig und im Lauf jeder neuen Gebirgsbildungsphase Veränderungen unterworfen. An solchen Bruchlinien finden häufig Erdbeben statt.

An der Erdoberfläche treten Verwerfungen als Steilstufen in Erscheinung, wenn eine Scholle stark herausgehoben oder eingesunken ist und der Bruch vor nicht zu langer Zeit erfolgte, d. h. im jüngeren Tertiär oder im Quartär. Solche Bruchstufen werden durch die Abtragung erst allmählich eingeebnet, und die Verwerfungen sind dann nur noch an dem Nebeneinander verschiedener Gesteine erkennbar.

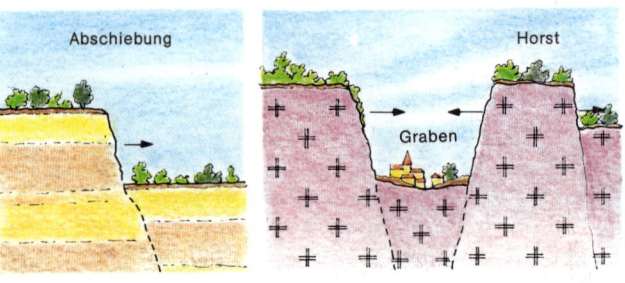

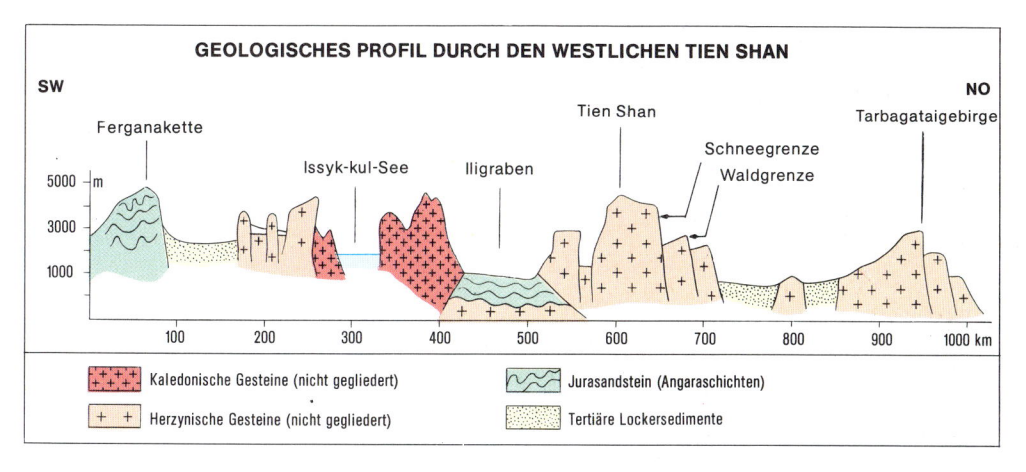

GEOLOGISCHES PROFIL DURCH DEN WESTLICHEN TIEN SHAN

- Kaledonische Gesteine (nicht gegliedert)
- Herzynische Gesteine (nicht gegliedert)
- Jurasandstein (Angaraschichten)
- Tertiäre Lockersedimente

aus, wo als einzige höhere Pflanzen Wacholderbüsche wachsen.

Heute sieht man den Tien Shan prosaischer. Er ist das Wasserreservoir für eines der wichtigsten Erschließungsgebiete Chinas. Intensive geologische Prospektionen haben ergeben, daß diese Region auch reich an Bodenschätzen (zum Beispiel Kohle, Eisen, Kupfer, Blei, Zink, Molybdän und Uran) ist.

Tinajani, Cañon von

Amerika, Peru
15° s. Br., 70° 34' w. L.

Am Westrand des Altiplanos lösen sich die Hänge der Kordilleren in mächtige Felsnadeln und -bastionen auf, die von erodierenden Wildbächen des ausgehenden Eiszeitalters herauspräpariert wurden.

Der alte Weg von Puno nach Cuzco führt durch den kleinen Ort Ayaviri. Der Reisende hat sich an die weiten Horizonte des Altiplanos gewöhnt und kann sich hier, am Ufer des langsam dahinfließenden Río Pucará, kaum vorstellen, daß nur 12 km weiter westlich, in Tinajani, die ersten Vorberge der Westkordilleren wie mächtige Festungswälle die ausgedehnte Hochebene überragen.

Nachdem man einige kleinere Hügel hinter sich gelassen hat, erblickt man von einer Wegkehre unvermittelt den einsamen Cañon von Tinajani. Die fast beklemmende Stille wird nur unterbrochen vom Wind, der durch die stacheligen Büschel des Ichugrases pfeift, eine Pflanzenart, die sich der Trockenheit auf dem fast 4000 m hohen Plateau des Altiplanos angepaßt hat. Die eigenartigen runden Gräber aus luftgetrockneten Lehmziegeln (Adobe), die unter Felsdächern liegen und manchmal Gebeine, Opfergaben und Splitter von behauenen Steinen enthalten, verstärken noch die unheimliche Atmosphäre, die über dieser öden, verlassenen Gegend lastet.

Wurde diese Stätte nach den Gräbern oder nach den seltsam geformten Felsen benannt? Im Spanischen bezeichnet man nämlich mit *tinaja* ein großes irdenes Gefäß, in dem vor allem Lebensmittel aufbewahrt werden. Nur die Endung des Namens Tinajani auf i könnte eventuell indianischen Ursprungs sein.

Aber auch geomorphologisch ist dieser Ort hochinteressant: Die ruinenartigen Felsklippen, deren senkrechte oder über-

Cañon von Tinajani *Diese beiden steinernen Riesen, die der eisige Wind des peruanischen Altiplanos glattgeschliffen hat, stehen in einer der zahlreichen Schluchten, die von nacheiszeitlichen Wildbächen in die Vorberge der Anden eingekerbt wurden.*

hängende Wände mehr als 200 m hoch über den Fluß aufragen, sind ein typisches Beispiel für die Tiefenerosion in Sandsteinen und Konglomeraten (hier in kompakten Bänken). Die Winderosion hat nur die Oberfläche dieser bizarren Türme und Säulenreihen modelliert.

Es war vor allem die Abtragung durch reißende Wildbäche, die das Massiv in ein Labyrinth von verzweigten Schluchten verwandelt hat; natürlich nicht der kümmerliche Fluß, den wir heute sehen, sondern die Gletscherbäche der letzten Eiszeit (ca. 10000 bis 70000 Jahre vor heute), die sehr viel größere Mengen Wasser führten und in das Gestein die tiefen Cañons schneiden konnten.

Geologisch gesehen sind die grob geschichteten Sandsteine und Konglomerate (Molasse) das Produkt der intensiven Erosion, die zu Beginn des Pliozäns (vor nicht ganz 10 Millionen Jahren) die sich zu dieser Zeit auffaltende Westkordillere zerschnitten hat. Die rötliche Farbe der glattpolierten Steinblöcke, die zwischen den Cañonwänden verstreut liegen, rührt von fein verteilten Eisenoxiden im Gestein her. In diesem gesteinskundlichen „Miniaturmuseum" sind als Gerölle alle Gesteine vertreten, die in den viel weiter westlich gelegenen Bergen zutage liegen: Granite, Kalksteine, Trachyte und Andesite.

Der starken Tiefenerosion, der diese Landschaft ihren eigenartigen Reiz verdankt, ging ein heftiger vulkanischer Ausbruch von Glutwolken voraus, die fast ganz Südwestperu verwüsteten (eine ähnliche Eruption zerstörte 1902 die Stadt Saint-Pierre auf der Insel Martinique). Von diesem explosiven Vulkanismus zeugen die kreideweißen, weichen Tuffschichten am Eingang der Schlucht, die von rötlichen, durch die glühende Asche verbrannten Gesteinssplittern durchsetzt sind.

Titicacasee *Vor der gewaltigen Kulisse der Cordillera Real, der östlichen Umrandung des Altiplanos, erstreckt sich der riesige Titicacasee. Die Hochlandindianer an seinen Ufern ernähren sich von Viehzucht, Ackerbau und Fischfang. Im Vordergrund weiden Rinder proteinhaltige Wasserpflanzen ab.*

Titicacasee

Amerika, Bolivien/Peru
15° 12′–16° 35′ s. Br., 68° 40′–70° w. L.

Der riesige Titicacasee breitet sich inmitten der Anden in mehr als 3800 m Höhe aus. Die Indianer betreiben an seinen Ufern Ackerbau, der hier trotz der hohen Lage möglich ist.

Der Titicacasee liegt im Herzen der Anden zwischen Peru und Bolivien. Er ist der größte See Südamerikas und das höchste schiffbare Gewässer der Erde. An seinen Ufern und auf seinen Inseln findet man noch Überreste der alten Kultur der Aymará, die auch die Stadt Tiahuanaco (westlich von La Paz) erbauten.

Der Auffaltung der Zentralanden, in deren Gebiet der Titicacasee liegt, ging die Absenkung einer Scholle der Erdkruste aus präkambrischen und paläozoischen Gesteinen voraus. Im Erdmittelalter brachen im Westen des Gebietes Vulkane aus, während sich im Osten seit der Kreidezeit mächtige Flußsedimente, durchsetzt mit vulkanischen Gesteinen, ablagerten. Nach der ersten Auffaltungsphase der Anden wurde die im Innern des Gebirges liegende Senkenzone rasch mit Abtragungsprodukten des aufsteigenden Gebirges gefüllt. Aus dieser Zeit findet man hier mächtige Schichten von roten Sedimentgesteinen. Heute ist dieser mittlere Abschnitt des Andensystems eine riesige Hochfläche (Altiplano), die sich über mehr als 1500 km ausdehnt und Höhen von 3600 bis 4000 m aufweist. Sie wird von zwei hohen Gebirgszügen, der Westkordillere und der im Osten gelegenen Cordillera Real, gesäumt und besteht aus einer Folge von Hochlandbecken (die größten sind die des Titicaca- und des Poopósees). Diese Becken erstrecken sich in nordsüdlicher Richtung und sind durch quer verlaufende Berggruppen voneinander getrennt.

Der Titicacasee liegt in 3812 m Höhe. Im Osten wird er von dem gewaltigen Gipfel des 6550 m hohen Illampus überragt. Der 8100 km² große See, der bei größter Ausdehnung 50 km breit und 190 km lang ist, wird im Süden durch die beiden Halbinseln Copacabana und Huata in zwei Abschnitte gegliedert. Die 80 m tiefe See-Enge von Tiquina verbindet den nördlichen Teil des Sees (Lago Chucuito) – mit 56 mal 137 km der Hauptsee – mit dem südlichen Lago Huinaymarca. Die größten der 34 meist besiedelten Inseln sind Titicaca und Coati. Sie liegen nördlich der Halbinsel von Copacabana und werden auch Sonnen- und Mondinsel genannt.

Die Seespiegelschwankungen, die im Lauf der Vergangenheit auftraten, sind noch nicht genauer untersucht worden. Man weiß jedoch, daß der Titicacasee an derselben Stelle liegt, an der sich im Pleistozän der Gletschersee Ballivián befand. Vier alte Uferterrassen beweisen, daß der Spiegel des Lago Ballivián mindestens 100 m über dem des heutigen Sees lag. Die Wasserzufuhr des Seebeckens verringerte sich, nachdem die eiszeitlichen Gletscher auf dieser Seite der Kordillere abgeschmolzen waren.

Den Titicacasee speisen mehr als 20 Flüsse mit meist periodischer Wasserführung, die von den Niederschlägen und der Gletscherschmelze abhängt. Die größten sind der Río Ramis, der Río Coata und der Río Huenque. Die Entwässerung erfolgt über den Río Desaguadero zum Poopósee. Das Volumen des Sees ist so groß, daß die Wassertemperatur durch die jahreszeitlichen Temperaturschwankungen nicht beeinflußt wird. Sie liegt ganzjährig bei etwa 13 °C. Klimatisch wirkt sich die große Wasserfläche mildernd auf die Umgebung aus. Zwei ausgeprägte Jahreszeiten sind für dieses Gebiet charakteristisch: eine feuchte von Oktober bis April mit Niederschlägen bis zu 600 mm und eine trockene von Mai bis September. Die Temperaturunterschiede zwischen Sommer und Winter sind jedoch, anders als in unserem Klimabereich, nur sehr gering. Höhere Schwankungen treten lediglich zwischen Tag und Nacht auf.

Da rund um den Titicacasee ein milderes Klima herrscht als auf dem übrigen Altiplano, siedelte sich hier schon sehr früh eine zahlreiche indianische Bevölkerung an. Die Umgebung des Sees gehörte bereits zu den Kerngebieten der Aymará und später auch der Inka. Im westlichen Teil des Einzugsgebiets, einer ausgedehnten Grassteppe (Puna), die bis in 4000 m Höhe reicht, wird Viehzucht (Lamas, Alpakas, Schafe) betrieben. Auf den feuchteren Weiden im Norden grasen Rinderherden, die sich auch von einer Wasserpflanze, dem an den Ufern des Sees wachsenden proteinreichen Totoraschilf *(Scirpus totora)*, ernähren. In den tieferen Lagen, wo Regenfeldbau betrieben wird, gedeihen Kartoffeln und Quinoa, während auf den Inseln Weizen, Mais und Hülsenfrüchte angebaut werden. Neben der Landwirtschaft bildet auch der Fischfang die Lebensgrundlage der Hochlandindianer. Sie benutzen dabei leichte Boote, die sie aus Totoraschilf fertigen.

Zwischen Bolivien und Peru herrscht ein reger Schiffsverkehr. Wichtigster Umschlaghafen Boliviens ist Guaqui, das durch eine Eisenbahnlinie mit La Paz verbunden ist. Von hier aus werden hauptsächlich Massengüter per Schiff nach Puno, der größten Hafenstadt des peruanischen Ufers, transportiert.

Tobasee

Asien, Indonesien
2° 20'–2° 56' n. Br., 98° 30'–99° 10' ö. L.

Rund um den riesigen Tobasee entstand durch einen intensiven Vulkanismus eine Kulisse aus lavabedeckten Steilhängen, zerbrochenen Tuffmassen und glatten Felswänden, über die sich zahlreiche Wasserfälle ergießen. Der Reisende ahnt angesichts der reizvollen Landschaft nicht, daß dieses friedliche Bild das Ergebnis einer gigantischen Naturkatastrophe ist.

Der Tobasee liegt 906 m hoch im Herzen der Bataklandschaft, die einen Teil Nordsumatras umfassen. Er ist eingebettet in den sogenannten „Batakturmor", der zu den großartigsten vulkanischen Reliefformen der Erde zählt. Es handelt sich dabei um eine große, bis 2000 m hohe domförmige Aufwölbung, die etwa 275 km lang und rund 150 km breit ist. Sie verläuft von Nordwesten nach Südosten. Im zentralen Teil des Domes entstand ein 2269 km² großer Kesselbruch, von dem 1786 km² der 500 m tiefe Tobasee einnimmt. Rund um dieses Becken erheben sich mehrere hundert Meter hohe Steilwände, über die Wasserfälle herabstürzen. Zwischen den Laven und Tuffen treten Bänke aus alten Gesteinen zutage.

Die vulkanische Tätigkeit war hier besonders intensiv. Gegen Ende des Tertiärs und zu Beginn des Pleistozäns durchbrachen gewaltige Andesitmassen die Aufwölbung des Bataktumors, und die vortertiären Gesteine wurden unter mehrere hundert Meter mächtigen Lava- und Schlackenschichten begraben. Während der Periode stärkster Vulkantätigkeit (mittleres Pleistozän) folgten auf das Ausströmen dazitischer und liparitischer Laven Gasausbrüche, die mit dem Auswurf einer riesigen Masse saurer, von Bimssteinen durchsetzter Tuffe verbunden waren. Das Volumen dieses Materials, das rund um den See in einer Mächtigkeit bis zu 600 m liegt, wird auf 2000 km³ geschätzt. Es breitete sich bis zur Westküste der Malaiischen Halbinsel aus, wo es auf der Höhe von Malakka noch eine Mächtigkeit von 5 bis 7 m erreicht. Nach diesen Eruptionen stürzte das Dach des Magmaherds ein, und im tiefsten Teil dieses Kesselbruchs entstand der 90 km lange und maximal 30 km breite Tobasee.

Im Lauf der Zeit bildete sich am Boden des Sees eine neue Aufwölbung; es ist die 40 km lange und 20 km breite Insel Samosir, die sich in der Mitte des Sees bis 1630 m ü.d.M. erhebt und die über ein Drittel der Fläche des Sees einnimmt. Die jüngste Phase (Jungpleistozän und Holozän) war gekennzeichnet durch Lavaausbrüche der beiden Vulkane Sinabung und Sibajak-Pinto nördlich des Sees. Sie befinden sich heute im Solfatarenstadium.

Der Tobasee hat nur einen Abfluß, den Asahan, der vom Südostende des Sees 130 km nach Osten fließt und bei Tandjungbalai in die Malakkastraße mündet. Es ist geplant, den Fluß zur Energiegewinnung zu nutzen, um aus dem Bauxit, der im Riau-Archipel vorkommt, Aluminium zu erzeugen.

Die Ufer des Sees und die Insel Samosir sind vom Volksstamm der Batak bewohnt, die Fischerei betreiben, Kartoffeln, Gemüse und Reis anbauen und Schweine, Pferde, Büffel sowie Hühner und Hunde halten. Obwohl diese Stammesgruppe dem Einfluß der indischen und später auch noch der islamischen Kultur ausgesetzt war, ist es ihr gelungen, eine eigenständige Kultur zu bewahren. Trotz erheblicher Schwierigkeiten konnten die Batak seit 1861 weitgehend zum christlichen Glauben bekehrt werden.

Die Landschaft rund um den Tobasee ist besonders reizvoll. Zahlreiche Ferienko-

Tobasee Da, wo sich heute die ruhigen, schimmernden Wasser des Sees und die von steilen Klippen gesäumten Uferstreifen ausbreiten, vollzog sich vor nicht einmal einer Million Jahren eine unvorstellbare Naturkatastrophe. Im Untergrund hatte sich durch eine gewaltige vulkanische Explosion ein gigantischer Hohlraum gebildet, dessen Decke einstürzte. Im Zentrum dieses Kesselbruchs entstand der Tobasee. lonien und Hotels an seinen Ufern zeugen von einem lebhaften Tourismus. Das angenehm milde Höhenklima zog bereits vor dem 2. Weltkrieg zahlreiche Erholungsuchende an, vornehmlich Europäer aus dem Plantagengebiet von Deli und von der Malaiischen Halbinsel.

Todos los Santos, Lago

Amerika, Chile
41° 07′ s. Br., 72° 15′ w. L.

Zwei magische Kreise umschließen den „See aller Heiligen": ein dichter, dunkler Waldgürtel und weiter weg ein Ring von teilweise schnee- und eisbedeckten Vulkanen wie dem Tronador, dem Punto Agudo oder dem Osorno.

Der Lago Todos los Santos zwischen Puerto Montt in Chile und dem Nahuel-Huapi-Nationalpark in Argentinien liegt in einem der meistbesuchten Feriengebiete der Anden. Er wird von ausgedehnten Wäldern umgeben und in der Ferne von hohen, eisgekrönten Vulkanen überragt. Im 19. Jahrhundert nannten ihn deutsche Siedler Esmeraldasee, aber heute trägt er wieder den Namen, den ihm die Jesuiten gegeben hatten: Allerheiligensee.

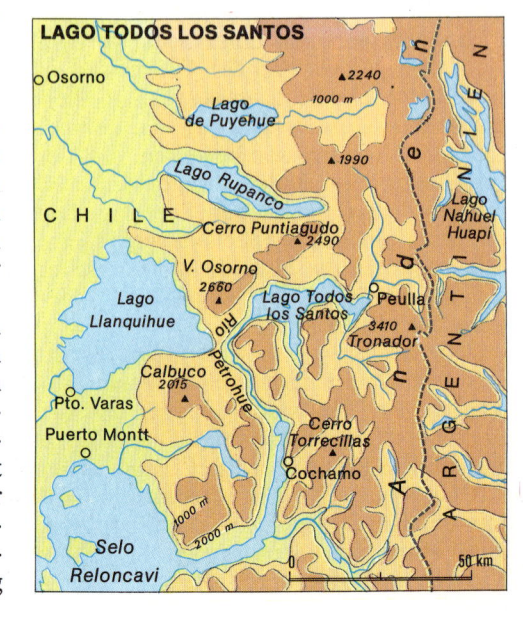

Die Schönheit des Lago Todos los Santos beruht auf seiner einzigartigen Lage. Er gehört nicht zu jenen großen, von den Gletschern des Eiszeitalters geschaffenen Vorlandseen, die sich, ähnlich wie die Seen Oberbayerns, am Fuß der chilenischen Anden aneinanderreihen. Es handelt sich vielmehr um einen echten Gebirgssee, der zwischen den bewaldeten Steilhängen eines von Vulkanen umrahmten riesigen Gletschertrogs eingebettet ist. An seinem Ostende, gegen Argentinien zu, zeichnen sich über den dunklen Wäldern die vereisten Kämme des Tronadors ab. Den Gletscherbächen dieses Bergriesen verdankt der See seine grüne Färbung. Am Nordufer erhebt sich ein weiterer erloschener Vulkan, der Punto Agudo, mit seinem eigenartig geformten, von den strahlenförmig abfließenden Eismassen geschliffenen Gipfel, den die schroffe Pyramide eines verschneiten Vulkanschlotes krönt. Etwas weiter entfernt im Süden überragt der niedrigere und weniger massige Calbuco mit seinem riesigen Krater die Ufer des Río Petrohue. Im Westen liegt in der Verlängerung des Sees der majestätische, eisbedeckte, völlig symmetrische Kegel des 2661 m hohen Osornos.

Die eindrucksvollen Gletscherformen und Vulkane rund um den See haben bei dessen Entstehung eine wesentliche Rolle gespielt. Denn durch die niederschlagsreichen Winde, die vom Pazifik her wehen, hatte sich im Pleistozän auf der Breite des Lago Todos los Santos ein mächtiger Eispanzer gebildet. Noch vor 20 000 Jahren füllte ein riesiger Gletscher das Becken des heutigen Sees. Die Eismassen flossen zwischen Osorno und Calbuco hindurch nach Westen und breiteten sich in der großen Randsenke aus, die heute der Lago Llanquihue einnimmt. Lange nach dem Rückzug der Gletscher (beendet vor etwa 12 000 Jahren) trennten die vulkanischen Ablagerungen des Osornos und des Calbucos den Lago Llanquihue von dem früheren Gletschertal ab. Heute bilden die schwarzen Laven des Osornos einen Riegel an der Stirnseite des Lago Todos los Santos. Der Río Petrohue, der diesen See entwässert, strömt in mehreren Wasserfällen über säulenartig erstarrte Basaltströme und durch tiefe Schluchten. Vor den Kegeln aus den vulkanischen Aschen des Calbucos, die ihm weiter flußabwärts den Weg versperren, biegt er plötzlich nach Süden ab. Statt sich in sein natürliches Auffangbecken, den Lago Llanquihue, zu ergießen, fließt er durch das Tal von Cochamo und mündet zwischen großen Wäldern in den Reloncavifjord.

Diesem Weg folgten die Jesuiten, die von der Insel Chiloé zur Mission Nahuel Huapi aufbrachen. Um den See nicht überqueren zu müssen – ein wegen der häufigen Weststürme nicht ungefährliches Unternehmen –, zogen sie später über den südlich des Tronadors gelegenen Paso del Vuriloche nach Argentinien. Die Route über den Lago Todos los Santos wurde erst sehr viel später wieder benutzt, als deutsche Siedler sich an den Ufern des Lago Llanquihue niedergelassen hatten. Der Marsch durch die Wälder von Cochamo und Peulla war nämlich mehr als abenteuerlich. Diese ausgedehnten Gebirgsregenwälder erinnern in ihrem Artenreichtum an die tropischen immergrünen Tieflandregenwälder. Die Stille, die in ihnen herrscht, wird nur unterbrochen vom Schrei des *Chucao*, des geheimnisvollen heiligen Vogels in den Wäldern des südlichen Südamerikas. Durch das Gewirr von Schlingpflanzen und Epiphyten, das zusammen mit den riesigen Bäumen eine undurchdringliche Pflanzendecke bildet, fällt ein fast unwirkliches grünes Licht. Neben den vereisten Vulkangipfeln, die sich in den Wassern des Sees spiegeln, sind diese Wälder eine der großen Touristenattraktionen in der grandiosen Bergwelt.

Todra, Schluchten des

Afrika, Marokko
31° 39′ n. Br., 5° 30′ w. L.

Für gewöhnlich ist der Todra kaum mehr als ein Rinnsal, das jedoch innerhalb weniger Minuten zu einem tosenden Wildbach anschwellen kann. Zum Fluß wird er erst unter den rauschenden Wipfeln eines Palmenhains, in dem der erschöpfte Reisende Schutz vor der sengenden Sonne findet.

Das Wadi Todra, das an der Südseite des Hohen Atlas entspringt, tritt nach kurzem Lauf in eine Reihe von Schluchten ein, die sich über mehrere zehn Kilometer erstrecken und 500 m tiefer in eine ausgedehnte Gebirgsfußfläche übergehen. Oft nimmt der Wüstenfluß den gesamten Raum zwischen den Felswänden ein, die sich stellenweise bis zu einigen hundert Metern über den Grund der Schlucht erheben. Da er sehr häufig ausgetrocknet ist, wird sein Bett in der Trockenzeit als Autopiste benutzt. Wenn jedoch schlagartig Hochwasser einsetzt, muß der Reisende seinen Jeep schnellstens verlassen und die Felswand hinaufklettern, um sich vor den reißenden Fluten zu retten. 1958 z. B. verbrachte eine ganze Familie die Nacht unter einem Felsdach über den donnernden Wassermassen.

Trotzdem sind diese Schluchten neben denen des Ziz die meistbesuchten Marokkos. Die Mehrzahl der Touristen wagt sich jedoch nur in den landschaftlich besonders reizvollen unteren Abschnitt des Wadis vor, wo die Gefahr plötzlicher Hochwasser geringer ist als im Oberlauf. Kurz bevor der Todra die Gebirgsfußebene erreicht,

Lago Todos los Santos *Dieser See gehört wegen seiner landschaftlichen Schönheit zu den bekanntesten Ferienzielen Südamerikas. Er liegt in einem von eiszeitlichen Gletschern geschaffenen Trogtal, umgeben von zahlreichen schneebedeckten Vulkanen und endlosen Wäldern.*

Todra, Schluchten des

◀ **Todra** *Zwischen den Kalkwänden, die die heiße Sonne Marokkos in goldenes Licht taucht, schiebt der Wüstenfluß bei Hochwasser sein Geröll dem Ausgang der Schluchten entgegen.*

zwängt er sich durch eine nur 20 bis 30 m breite Schlucht, die von fast 400 m hohen ockerfarbenen Kalksteinwänden gesäumt wird. Der tiefe Einschnitt ist zwar nur sehr kurz, jedoch so schmal, daß die Sonnenstrahlen nur gegen Mittag für kurze Zeit bis auf den Grund fallen. Außer einer kleinen Palmengruppe sieht man nichts als nackten Fels: Am Boden des Flußbettes liegt Geröll, und zu beiden Seiten ragen die Wände des Canyons empor. Diese Welt aus Stein wird nur belebt durch den Wüstenfluß, dessen Wasser hier klar wie die eines Gebirgsbaches sind. Ein Stück weiter flußabwärts taucht völlig überraschend ein kleiner Palmenhain auf.

Wie die anderen Canyons im südlichen Atlas gehen auch die Schluchten des Todras darauf zurück, daß der Fluß bereits vor der Auffaltung des Gebirges vorhanden war. Er schnitt sich allmählich in die sich unter ihm hebenden Gesteinsschichten ein.

Außer bei Hochwasser sind die Schluchten das ganze Jahr hindurch zugänglich. Die besten Lichtverhältnisse herrschen jedoch zwischen September und April. Der interessanteste Abschnitt der Schluchten liegt etwa 15 km nördlich der Oase Tinerhir und ist über eine Piste zu erreichen.

Toluca, Nevado de

Amerika, Mexiko
19° 20′ n. Br., 99° 40′ w. L.

An den Hängen des Nevado de Toluca, die durch intensive Abtragung vollständig bloßgelegt und teilweise tief zerfurcht worden sind, erkennt man schon von weitem die Narben, die an heftige Ausbrüche in alter Zeit erinnern und Auskunft über die Entwicklungsgeschichte des Vulkans geben.

Der Nevado de Toluca, auch Xinantécatl genannt, gehört zu der Vulkankette, die sich durch ganz Mexiko zieht. Er liegt 70 km südwestlich von Mexico City und ist mit 4577 m Höhe der vierthöchste Vulkan Mexikos.

Am Gipfel des ovalen, von Osten nach Westen ausgerichteten Kegels, an dessen mäßig steilen Hängen die Abtragung tiefe Spuren hinterlassen hat, öffnet sich ein fast elliptischer, 1,5 mal 0,5 km großer Krater. Verwitterung und Erosion waren hier so intensiv, daß außer der großen Bresche in der Ostwand des Kraters, die vermutlich bei einem Ausbruch geschaffen wurde, vom ursprünglichen Krater kaum noch etwas zu erkennen ist. 100 m vom Zentrum des Kraters entfernt, erhebt sich eine kleine Kuppe, der Ombligo (Nabel).

Der Nevado de Toluca ist ein Schichtvulkan aus dem Eiszeitalter. Er sitzt einer Serie vulkanischer Gesteine tertiären Alters auf, die über einem kreidezeitlichen Sedimentsockel lagern. Anhand der zahlreichen Profile, die sie in den tiefen *Barrancos* (Erosionsrinnen) am Ost- und Nordhang aufnahmen, konnten K. Bloomfield und S. Valastro Jr. die Entstehungsgeschichte des Vulkans rekonstruieren.

Nevado de Toluca *In dem kleinen See, der eine Mulde aus Lava und vulkanischen Aschen füllt, spiegelt sich die gedrungene Masse des verschneiten Vulkans, der noch vor rund 10 000 Jahren tätig war.*

Torcal, Sierra del

Das Alter der Andesite, aus denen das Vulkangebäude im wesentlichen besteht, konnte allerdings nicht präzise bestimmt werden. Fest steht nur, daß sich der Nevado de Toluca in der Endphase der letzten Eiszeit aufbaute. Am Ende dieser ersten Phase, wahrscheinlich vor 25 000 Jahren, wurde der Vulkan durch eine gewaltige Explosion auseinandergesprengt. Dieses Ereignis fand wahrscheinlich vor 25 000 Jahren statt. Durch diese Katastrophe wurde der Nevado de Toluca, der ursprünglich wohl genauso groß, wenn nicht sogar größer als der Popocatépetl war, erheblich verkleinert. Gleichzeitig überzogen Schlammströme die Flanken des Kegels mit blaugrauer andesitischer Brekzie.

Nach einer Ruheperiode, in der sich ein brauner toniger Boden bildete, ereignete sich eine zweite, diesmal kleinere Explosion, bei der die Ost- und Nordostflanke des Kegels mit Bimsstein bedeckt wurde. Die Täler an der Westflanke dagegen füllten sich mit Schlammströmen. Glühende Aschenwolken und Lapilli wurden ausgeworfen.

In den folgenden 10 000 Jahren veränderte die Abtragung die Form des Kraters und legte die unter den Schlammströmen begrabenen Täler im Vorland frei. An der Westflanke des Vulkans lagerten sich Sande und Gerölle und an der Ostflanke eine Art Löß ab. Etwa 11 600 Jahre vor heute kam es zu einem zweiten größeren Ausbruch. In zwei kurz aufeinanderfolgenden Phasen wurde eine riesige Bimssteinmenge ausgestoßen (die Schicht ist stellenweise 5 m mächtig), die nach Ostnordosten hin eine Fläche von mindestens 1700 km² bedeckte. Die Eruptionstätigkeit endete mit dem Ausströmen einer sehr zähflüssigen, sauren Lava (Dazit), die die Förderspalte des Zentralkraters verstopfte: Dies ist die kleine Kuppe des Ombligos. Die Schwefellinsen und farbigen Krusten am Kraterrand gehen auf Fumarolen zurück. Diese nachvulkanische Erscheinung hat inzwischen vollständig aufgehört.

Torcal, Sierra del

Europa, Spanien
36° 45' n. Br., 4° 32' w. L.

Nachdem das Regenwasser die oberste Gesteinsschicht in ein Trümmerrelief verwandelt hat, setzt es seine zerstörerische Tätigkeit in der Tiefe fort. So wird die Sierra Schritt für Schritt unterspült und bricht in sich zusammen.

Die Sierra del Torcal in der Betischen Kordillere, zwischen der Sierra de la Chimenea im Westen und der Sierra de las Cabras im

◀ *Sierra del Torcal Durch eine Laune der Natur ist dieses Gebilde entstanden: Über Zistrosen und Myrten erhebt sich auf einem Kalksockel das Standbild einer steinernen Königin.*

Osten gelegen, gehört zu dem stufenförmig ansteigenden Gebirgsbogen, der die Niederungen um Málaga im Norden begrenzt.

Die Sierra del Torcal ist ein mächtiger Block aus fast horizontal lagernden Jurakalken, deren Schichten treppenförmig übereinander angeordnet sind. Dieser Komplex, der im Norden und Süden in Bruchstufen abfällt, ist 10 km lang, 3 bis 4 km breit und erreicht Höhen von über 1300 m. Das gesamte Gebiet ist stark verkarstet, und man findet hier alle morphologischen Formen, die für Kalkgesteine typisch sind. Die eindrucksvollen Karsterscheinungen dieser Landschaft beruhen nicht nur auf der hohen Wasserlöslichkeit der außergewöhnlich reinen Jurakalke, sondern auch darauf, daß die Verkarstung in zwei Phasen verlief: einer bereits vor langer Zeit abgeschlossenen und einer zweiten, die noch andauert.

Während der ersten Verkarstungsphase schnitten sich oberirdische Wasserläufe mehrere zehn Meter tief in das Gestein ein, wobei durch gleichzeitige Lösung von Kalkstein zahlreiche Höhlen und unterirdische Gänge geschaffen und ständig erweitert wurden, deren Decken später einstürzten. Die ehemaligen Hohlräume bilden heute Labyrinthe, Gassen, Durchgänge, Gräben sowie von Felsblöcken und Mauer- oder Säulenresten übersäte offene Plätze. Dieses bizarre Trümmerrelief wirkt wie eine riesige verfallene Stadt. Die Schönheit der einsamen, kargen Landschaft wird noch betont durch die starken Farbkontraste. Malerisch hebt sich das Dunkelgrün des Efeus und der Ranken, die an den Felsmauern emporklettern, vom makellosen Weiß des Kalksteins ab. Im Frühling und Sommer bedeckt ein bunter Teppich von Primeln und Pfingstrosen den tonigen Boden der engen Felsgassen.

In den darunterliegenden Kalkschichten setzt das Wasser sein Zerstörungswerk bis in fast 700 m Tiefe fort und wäscht neue Gänge und Höhlen aus, von deren Decken schimmernde Stalaktiten hängen. Eines fernen Tages wird die Auflösung so weit gediehen sein, daß wieder die oberste Schicht einstürzt und eine weitere unterirdische Landschaftsgeneration zutage tritt.

Tors von Dartmoor

Europa, Großbritannien
50° 35' n. Br., 3° 44' w. L.

Wie von Riesenhand erbaut, sehen die mächtigen Felskanzeln aus, die die Landschaft von Dartmoor wie die Ruinen früherer Trutzburgen überragen. Ihre Konturen, die häufig nur schemenhaft im Nebel zu erkennen sind, haben in früheren Jahrhunderten manchen Reisenden das Gruseln gelehrt.

Wie die anderen Gebirge im Südwesten Großbritanniens ragt auch der Dartmoor Forest als breiter Buckel aus der Heckenlandschaft von Devonshire heraus. Seine durchschnittliche Höhe beträgt rund 500 m. Die Wiesen und die dichten Farnfluren der niedrigeren umgebenden Plateaus machen hier plötzlich der Heide und ausgedehnten Mooren Platz. Hier und da ragen mächtige Granitblöcke und Felskanzeln über die eintönigen Hochflächen auf. Die

Felsburgen, Wackelsteine und Blockströme

Unter den grobkörnigen, massigen Gesteinen an der Erdoberfläche neigt besonders der Granit dazu, durch Verwitterung in Sand (Grus) und große Felsblöcke zu zerfallen. In Gebirgen, die aus Granit bestehen, begegnet man deshalb häufig mächtigen Felsburgen, die aus großen, abgerundeten Blöcken bestehen, auf denen meist mehrere „Wackelsteine" liegen.

An steileren Hängen kann es manchmal vorkommen, daß die tonnenschweren Felsblöcke innerhalb einer lehmigen Bodenschicht durch Erdfließen verlagert werden. Sie treten als große Blockströme oder Felsenmeere an die Oberfläche, wenn die Bodendecke und der zwischen den Blöcken liegende Verwitterungsgrus durch fließendes Wasser fortgespült worden ist.

Alle diese Formen sind eng miteinander verwandt und stellen das Ergebnis einer vorhergehenden Tiefenverwitterung des Granits dar, die besonders entlang der breiten Gesteinsklüfte fortschreitet. Auf diese Weise wird das Gestein im Untergrund in dicke Blöcke zerlegt. Diese Blöcke können dann schließlich durch verschiedene Formungsvorgänge (Abspülung, Solifluktion, Ausblasung) freigelegt werden. In unseren Breiten erfolgte die Tiefenverwitterung in den feuchtwarmen Klimaperioden des Tertiärs. Die Freilegung der Felsblöcke geht meist auf das anschließende Pleistozän zurück.

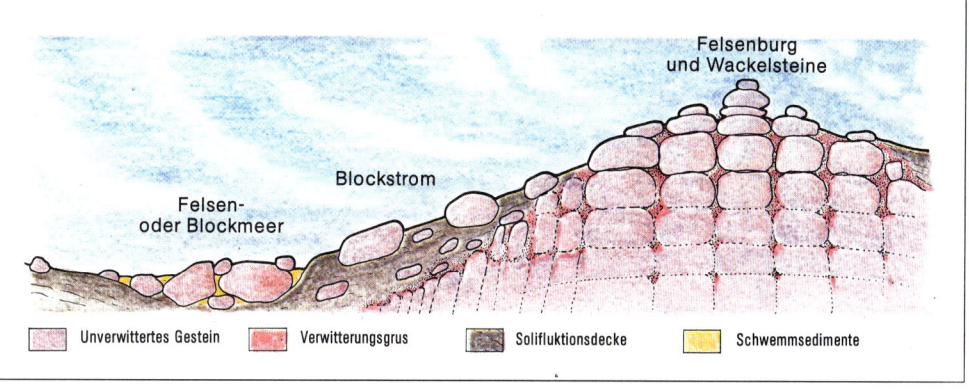

| Unverwittertes Gestein | Verwitterungsgrus | Solifluktionsdecke | Schwemmsedimente |

Tors von Dartmoor *Die mächtigen Granitblöcke, die man überall in Dartmoor antrifft, erinnern an die gespenstischen Ruinen verfallener Burgen. Bei stürmischem Wetter wirken sie geradezu unheimlich.*

Einsamkeit von Dartmoor und die herbe Schönheit dieser Landschaft bilden einen lebhaften Kontrast zu dem freundlichen, dichtbesiedelten Küstenstreifen, der sich dem Bergland im Süden anschließt.

Die breiten Bergrücken der Halbinsel Cornwall gehören zu einer Serie von Granitmassiven, die hier gegen Ende des Karbons zwischen ältere Sedimente aus dem Devon eingedrungen sind und später von der Abtragung freigelegt wurden. Die Oberflächenformen dieser Granitmassive, besonders in Dartmoor, sind sehenswert. Die Felskanzeln, die sich über die flachen Rücken und vernäßten Mulden der Heidelandschaft erheben, sehen aus wie gewaltige Burgen, die von Riesenhand erbaut wurden. Sie bestehen aus mächtigen übereinandergestapelten Granitblöcken, die man in dieser Gegend als *tors* bezeichnet.

Ob sie die Gipfel der Bergrücken krönen oder als schwindelerregende Klippen am Übergang der Hänge zum Gipfelplateau des Berglandes liegen, diese Felsburgen ziehen durch ihre merkwürdigen, gar nicht „natürlichen" Formen die Aufmerksamkeit der Besucher auf sich. Geologisch gesehen handelt es sich bei diesen merkwürdigen Gebilden um Verwitterungsformen, die in dem von einem weitmaschigen, rechteckigen Kluftnetz durchzogenen Granit entstanden sind.

Die Haytor Rocks sind ein besonders schönes Beispiel: Der Abstand der Klüfte untereinander schwankt hier zwischen 1,8 und 3,5 m, während er in der unmittelbaren Umgebung der Felsburg bedeutend enger ist. Wie bei den meisten Felsburgen dieses Gebietes handelt es sich um einen porphyrischen Granit mit dicken Feldspatkristallen, der ziemlich leicht verwittert, aber sehr kompakt ist und manchmal Riesengranit genannt wird. Dieser Granitart steht der Blaue Granit gegenüber, der sich aus feinkörnigeren Mineralbestandteilen zusammensetzt und wahrscheinlich jünger ist. Er hat der Erosion weniger gut widerstanden, denn er ist stärker abgetragen. Die Übereinanderlagerung der beiden Granitarten kommt im Haytor West sehr gut zum Ausdruck. Hier geht der von vielen etwa horizontal verlaufenden Klüften durchzogene feinkörnige Granit unmittelbar in einen massigen Granit über. Haytor East ist noch eindrucksvoller: eine Felsburg, die sich plötzlich etwa 15 m über die mit Blöcken übersäte Hochebene erhebt.

Die Felsburgen von Dartmoor gehören zu den Denudationsformen. Durch Verwitterung im Boden vorgeformt – wahrscheinlich unter dem wärmeren Klima des Tertiärs –, wurden sie im Eiszeitalter durch die Solifluktion und die Abspülung aus den verwitterten Schichten freigelegt. Unter den gegenwärtigen Klimabedingungen entstehen auf den Granitblöcken nur einige kleine Kessel mit flachem Boden (Opferschalen), z. B. auf Haytor West.

Früher wurden die Granite von Dartmoor in Steinbrüchen abgebaut. Diese Betriebe wurden inzwischen stillgelegt, weil sie wenig rentabel waren. Einige der bekanntesten Bauwerke Londons bestehen aus den Graniten von Haytor, so z.B. das Britische Museum, die National Gallery und die berühmte London Bridge, die inzwischen jedoch durch eine moderne Brücke ersetzt worden ist.

Totes Meer

siehe Bahr Lut

Tritrivasee

Afrika, Madagaskar
19° 55′ s. Br., 46° 49′ ö. L.

Der kleine, rundliche Tritrivasee wird von steilen Berghängen umsäumt. Seine dunklen, unheimlichen Wasser stehen in merkwürdigem Gegensatz zu der freundlichen, offenen Landschaft, die ihn umgibt.

Tritrivasee *Eingebettet zwischen steilen Hängen, deren Untergrund aus vulkanischen Brekzien besteht, füllt dieser windgeschützte, stille See den Grund eines Kraters, dem einst hochexplosive Gase entströmten.*

Der Tritrivasee, ein Kratersee, liegt 170 km südlich der Hauptstadt Antananarivo im vulkanischen Hochland Madagaskars, zwischen Antsirabe und Betafo.

Das etwa 2000 m hoch gelegene Plateau ist bekannt wegen seines angenehm kühlen Klimas, seiner reizvollen vulkanischen Landschaften und der Thermalquellen in der Umgebung von Antsirabe. Der Untergrund enthält zahlreiche für Sammler hochinteressante Mineralgänge, in denen man unter anderem seltene Edelsteine von erlesener Schönheit finden kann. Ein weiterer Anziehungspunkt ist der Tritrivasee.

Die letzte Ortschaft am Fuß des Tritrivavulkans ist das nach ihm benannte Dorf Tritriva, zu dem man über eine Bergstraße gelangt. Nach kurzem, beschwerlichem Aufstieg erreicht man von hier aus den Kraterrand, dessen gleichmäßig abfallende Hänge aus geschichteten Aschen und Lapilli bereits so stark verwittert sind, daß man auf ihnen Kartoffeln, Mais und Maniok anbauen kann.

Vom Gipfel aus (2000 m) erblickt man am Fuß eines etwa 50 m langen Steilhangs den länglichen See, dessen Längsachse 200 m mißt. Die gewaltige vulkanische Explosion, durch die der tiefe, heute mit Wasser gefüllte Krater entstand, sprengte den ganzen Gipfel des damaligen Vulkans bis zum Untergrund aus Gneis ab, der in den senkrechten Wänden rund um den See an manchen Stellen zutage tritt. Das dabei ausgeworfene Lockermaterial bildete einen neuen Kraterrand.

Der Tritriva ist einer der Kegelstümpfe des Vakinankaratra-Vulkankomplexes, der im Tsiafajavona (2644 m) seine größte Höhe erreicht. Den explosiven Ausbrüchen im Süden, die ineinandergeschachtelte oder ineinander übergehende Einzelkrater aus vulkanischen Aschen geschaffen haben, steht ein Vulkanismus mit Lavaergüssen im Norden und im Zentrum des Berglandes gegenüber.

Tronador, Monte

Amerika, Chile
41° 10′ s. Br., 71° 50′ w. L.

Der Tronador ist ein erloschener Vulkan mit einer mächtigen Eiskappe, eine phantastische Kulisse aus dunklem Lavagestein und glitzernden Eisströmen, die ständig vom Donner niedergehender Lawinen widerhallt.

Der Monte Tronador ist einer der großen vergletscherten Gipfel der Patagonischen Kordillere. Er liegt auf der chilenisch-argentinischen Grenze. Dieser heute nicht

Tritrivasee

Tronador *Von den Steilwänden des Tronadors stürzen täglich riesige Eismassen in die Tiefe und bilden einen regenerierten Gletscher, der über und über mit Gesteinsschutt bedeckt ist. Dieser stammt von den Steilwänden, die durch intensive Frostverwitterung ständig zurückverlegt werden.*

mehr tätige Vulkan erreicht eine Höhe von 3554 m und überragt eine von riesigen Wäldern bedeckte Gebirgslandschaft mit vielen Seen, deren Becken von den eiszeitlichen Gletschern ausgeschürft wurden. Die Einwohner von San Carlos de Bariloche, dem größten Fremdenverkehrszentrum der argentinischen Anden und des Nahuel-Huapi-Nationalparks, nennen dieses Gebiet die Chilenische Schweiz. Auf der geographischen Breite des Tronadors empfangen die Anden beträchtliche Niederschlagsmengen: Auf der von heftigen Westwinden gepeitschten chilenischen Seite liegen sie über 5000 mm.

Im Pleistozän war dieser Abschnitt des Gebirgszuges besonders stark vergletschert. Auch heute noch liegt hier die Schneegrenze sehr tief: an den niederschlagsreichen Westhängen bei 1500 m und an der trockeneren östlichen Gebirgsflanke bei 1800 m.

Weit oberhalb der Schneegrenze erheben sich über einer grandiosen Landschaft mit tiefen Trogtälern, die in kreidezeitlichen Graniten ausgeschürft wurden, die von mächtigen Gletschern verhüllten Gipfel des Tronadors. Er gehört zu jenen großen Schichtvulkanen aus dem Pleistozän, von denen nur breite Plateaus mit *Necks*, d. h. alten, aus harten Gesteinen bestehenden und durch die Abtragung freigelegten Schlotgängen, übriggeblieben sind. Solche *Necks* sind der Cerro Pantojo, der Cerro Domilones und der Cerro de los Leones. Das Eis, das in Form von Kappen die Plateaus unterhalb der *Necks* bedeckt, gleitet in sechs radial angeordneten Gletscherzungen zu Tal; drei davon stürzen über Wandstufen ab und bilden dann unterhalb der Stufen regenerierte Gletscher. Das Donnern der abbrechenden Eismassen ist im ganzen Tal zu hören. Daher der Name Tronador, „Donnernder Berg".

Am leichtesten zugänglich ist der Gletscher des Río Mansos auf der argentinischen Seite der Kordilleren. Von Osten gesehen, wirkt der Tronador wie die Umrahmung eines riesigen Talkessels, dessen über 1500 m hoch aufragende Steilwände von mehreren Gletschern gekrönt sind. Über eine 150 bis 200 m hohe Wandstufe stürzen die Eismassen in den Talkessel ab. Weiter unten bedecken mächtige Eisblöcke und schwarze vulkanische Brekzien den mit Eiszacken und -türmen übersäten regenerierten Gletscher. Die schmutzigbraunen Eismassen sind von den mächtigen Seitenmoränen des Gletschers kaum zu unterscheiden. Im Zehrgebiet sind durch eingefrorene Sand- und Aschenschichten die Bänderung und die Scherflächen innerhalb des Gletschereises gut zu erkennen. Ständig prasseln auf den Gletscher kleinere und größere Steine nieder, die in die abschmelzenden Eiszacken unzählige Löcher schlagen.

Die Gletscherzunge endet auf etwa 1000 m Höhe in einem Chaos von Steinblöcken, Toteisblöcken und weißlichen Wasserlachen, zwischen denen sich der Gletscherbach dahinschlängelt, der den Río Manso speist. Weiter talab windet sich der milchiggrüne Fluß durch das breite Trogtal, an dessen Ausgang die Mascardisee liegt. Auf einer Straße kann man bis unmittelbar an den Gletscher heranfahren. Der Andenverein von Bariloche hat an den Flanken des alten Vulkans eine viel besuchte Schutzhütte errichtet.

Trou au Natron

Afrika, Tschad
20° 58′ n. Br., 16° 32′ ö. L.

Diese gewaltige Hohlform ist nicht der Überrest eines eingestürzten alten Vulkankraters, sondern die riesige Wunde, die mehrere vulkanische Explosionen in den Berg gerissen haben.

Das Trou au Natron (Natronloch) ist ein riesiger Explosionskrater im westlichen Tibestimassiv. Sein Durchmesser von 6 km ist außergewöhnlich groß, denn im allgemeinen erreichen nur Calderen solche Dimensionen. Explosionskrater sind meist viel kleiner, wie z.B. der nahe gelegene Doôn Kinimi, auch Petit Trou au Natron (Kleines Natronloch) genannt, der einen Durchmesser von nur 1,5 km besitzt. Die senkrechten Kraterwände des Trou au Natron sind zwischen 700 und 1000 m hoch und zeigen einen frischen Schnitt durch die sehr widerständigen Vulkangesteine. Der in 1541 m Höhe gelegene Kraterboden ist mit einer weißen Natronkruste überzogen, von der sich vier kleine schwarze Vulkankegel von etwa 100 m Höhe abheben. Die Salze wurden beim Verdunsten von Quellwasser ausgeschieden, welches im Innern des Kraters austritt.

Die explosiven Ausbrüche, die zur Entstehung des Trou au Natron führten, fanden während des Neogens und des Quartärs statt. Der prävulkanische Untergrund besteht aus Graniten und Gneisen des präkambrischen Grundgebirgssockels, die ursprünglich von denselben paläozoischen Sandsteinserien überlagert waren, die im benachbarten Ennedimassiv noch heute zutage liegen. Einige kleinere Reste von nubischem Sandstein deuten jedoch auf eine nur sehr geringe Sedimentation im Eismittelalter hin. Im westlichen Tibestimassiv wurde das Grundgebirge im Tertiär bis in 2000 m Höhe gehoben, und die auflagernde paläozoische Sedimentdecke wurde durch diese Belebung der Erosion abgetragen. Erst danach begann die vulkanische Tätigkeit, und zwar mit der Förderung gewaltiger Ignimbritströme aus dem Yirriguévulkan. Aus diesem Material bestehen die Randwände des Trou au Natron, die in zahlreiche, durch Schutthalden voneinander getrennte Stufen gegliedert sind. In der zweiten vulkanischen Phase stürzte die 10 mal 15 km große, längliche Caldera des Yirrigué ein. Von dieser Caldera ist nördlich des Trou au Natron nur ein kleiner Rest erhalten geblieben. Am Außenrand der Caldera entstand dann in der dritten Phase durch vulkanische Explosionen das Trou au Natron.

Während beim Doôn Kinimi (Kleines Natronloch) eine einzige Explosion einen 300 m tiefen Krater aufriß, entstand das Trou au Natron durch mindestens drei Explosionen. Deshalb sind seine Innenwände stellenweise unregelmäßig und zwischen 1450 und 1800 m Höhe durch Terrassen unterbrochen. Letztere zeigen die einzelnen Stadien der Kratereintiefung an. Bei

Trou au Natron *Rund um die kleinen schwarzen Vulkankegel bis hin zur Kraterumrandung ist der Boden mit einer Natronkruste bedeckt. Dieses vegetationsfeindliche Salz wurde aus dem Wasser der Thermalquellen ausgefällt, die am Kraterboden austreten.*

diesen Explosionen wurden große Mengen von Gesteinsmaterial hochgeschleudert, darunter auch riesige Blöcke (bis zu 5 m³), die aus dem Vulkanschlot gesprengt wurden und bis zu 10 km weit flogen. Zwischen den Explosionen bedeckten Seen den Kraterboden. Das Alter der Seeablagerungen beträgt 12 500 bis 15 000 Jahre.

Danach fand eine vierte Ausbruchsphase statt. Es entstanden die kleinen Vulkankegel am Boden des Trou au Natron und der 3265 m hohe Pic Toussidé, der dem westlichen Rand der alten Yirriguécaldera aufsitzt. Heute gibt es keine Ausbrüche mehr. Nur Fumarolen und heiße Quellen deuten darauf hin, daß die Erde noch nicht zur Ruhe gekommen ist.

Trou aux Cerfs

Afrika, Mauritius
20° 17′ s. Br., 57° 33′ ö. L.

Das Trou aux Cerfs ist ein unauffälliger kleiner See, fast nur eine Wasserstelle, am Grund eines Kraters. Bekannt geworden ist es wegen des herrlichen Blicks, den man vom Kraterrand aus genießt. Die Landschaft, die sich vor einem ausdehnt, erscheint so unberührt wie am ersten Tag der Schöpfung.

Das Trou aux Cerfs einige Kilometer nordnordwestlich von Curepipe ist ein kleiner Kratersee. Wie sein Name „Hirschloch" besagt, kamen die früher auf Mauritius sehr zahlreichen Hirsche hier zur Tränke. Heute sind diese Tiere auf der Insel so gut wie ausgestorben. Nur in einem Reservat in der Nähe von Morne Brabant leben noch einige Exemplare.

Mauritius, das früher „Île de France" hieß, besitzt ein sehr abwechslungsreiches vulkanisches Relief. Im Zentrum der Insel dehnen sich weite Hochflächen aus, die von einzelnen, bis zu 800 m hohen Erhebungen überragt werden. Zu den Küsten hin dachen sich die Plateaus sanft ab. Sie erreichen eine maximale Höhe von 600 m und sind von mehreren Flüssen in einzelne Riedel zerschnitten.

Dieses Relief entstand in zwei Phasen vulkanischer Tätigkeit. Die erste begann verhältnismäßig früh, und zwar vor Beginn des Tertiärs. In ihrem Verlauf entstand ein gewaltiges Vulkangebäude, das die gesamte Insel einnahm. Die Abtragung, die aufgrund der reichlichen Niederschläge (in den Bergen jährlich bis zu 4000 mm) sehr intensiv ist, sowie spätere Krustenbewegungen haben diese riesige Aufwölbung überformt. In der zweiten Phase vulkanischer Tätigkeit wurde ein gewaltiger Krater, der durch die Explosion des von Laven verstopften Vulkanschlots entstanden war,

Trou aux Cerfs *Ein stiller blauer Kratersee, an den einst zahlreiche Hirsche zur Tränke kamen. Fast unbeachtet liegt er inmitten einer exotischen Tropenlandschaft, die sich vom Fuß des Vulkans bis zu den Küsten der Insel Mauritius erstreckt.*

teilweise bis in eine Höhe von 500 m wieder aufgefüllt. Die Frische der Formen läßt darauf schließen, daß diese zweite Phase vom Ende des Tertiärs bis weit in das Quartär hinein andauerte. Ausgedehnte Lavaströme reichen bis in den Norden der Insel. Wichtiger als die Lavaergüsse waren jedoch zahllose Explosionsausbrüche, denen alle kleinen Vulkankegel und Krater, die dem Plateau aufsitzen, ihre Entstehung verdanken. Zu dieser Gruppe gehört auch das Trou aux Cerfs.

Der kleine See, der den Grund eines Explosionskraters bedeckt, zieht Jahr für Jahr zahlreiche Touristen an, da man vom Kraterrand aus einen herrlichen Blick über die urtümlich-exotische Landschaft der Insel genießt.

Tschadsee

siehe Tchadsee

Tsinghai

siehe Qinghai

Turfansenke

Asien, China
42° 30'–42° 55' n. Br., 90° ö. L.

Eine intramontane Beckenlandschaft, in der sich der tiefste Punkt Chinas befindet: die Turfansenke. Zu den reizvollsten Flecken dieser ariden Landschaft gehören ein langgestreckter, in der Sonne glitzernder Salzsee, ein flammendrotes Gebirge und eine Reihe malerischer Bewässerungsoasen.

Die Turfansenke liegt zwischen den Gebirgsketten des östlichen Tien Shans in der chinesischen Autonomen Region Xinjiang (Sinkiang). Ihre Fläche umfaßt rund 50 000 km². Im Norden überragt sie der von ewigem Eis gekrönte 5445 m hohe Bogda Feng. Das mit jüngeren Sedimenten gefüllte, abflußlose Becken entstand durch eine riesige Flexur, die sich zwischen dem Bogda Shan und dem Kuruktag-Gebirge bildete. Der tiefste Punkt der Senke ist gleichzeitig der tiefste Punkt Chinas und liegt 154 m unter dem Meeresspiegel. Diese Depression mißt von Osten nach Westen etwa 90 km und von Norden nach Süden 40 km. Ihre Oberfläche besteht größtenteils aus verhärtetem, mit einer weißen Salzkruste überzogenem Löß, der von tiefen Erosionsrinnen durchzogen ist. An der tiefsten Stelle der Turfansenke dehnt sich eine Salztonebene von 50 km Länge und 5 bis 7 km Breite aus: Es ist der silbern glitzernde Aydingsee, dessen Name auf uigurisch „Mondschein" bedeutet. Mitten in der Turfansenke erhebt sich eine 90 km lange und 9 km breite Bergkette, der Huoyen Zhan (Feuergebirge). Seine gefalteten und von der äolischen Abtragung geformten Sedimentschichten haben sich feuerrot verfärbt, so daß er aussieht, als ob er glühte.

Die Turfansenke ist aufgrund ihrer geschützten Lage inmitten eines der größten Gebirgssysteme der Erde, fernab von den Weltmeeren, die heißeste Gegend Nordwestchinas. Sechs Monate im Jahr herrschen hier Durchschnittstemperaturen von mehr als 30°C. Der höchste gemessene Wert beträgt sogar 47,6°C. Aus demselben Grund ist das Klima innerhalb des Beckens auch extrem trocken. Die jährliche Niederschlagsmenge bewegt sich nur zwischen 16 und 30 mm. Da jedoch aus den vergletscherten Teilen der umliegenden Hochgebirge zahlreiche Wildbäche herabströmen, deren im Geröll der Bergfußflächen versickernde Wassermassen von den dort wohnenden Uiguren in unterirdischen Kanälen, den sogenannten *Foggaras*, gefaßt werden, findet man in der Turfansenke blühende Bewässerungsoasen. C. P. Skrine, damals englischer Generalkonsul im chinesischen Teil Turkestans (heute Sinkiang), hat diese eindrucksvolle Landschaft 1923 wie folgt beschrieben: „Turfan, das wir am 11. September erreichten, ist eine hübsche kleine Stadt, umgeben von unzähligen Platanen und hohen Pappeln, die an Zypressen erinnern... Rund um Turfan wird intensive Landwirtschaft betrieben, da die Böden hier noch fruchtbarer sind als in den großen Oasen im Süden. Es gibt keine Dörfer, sondern nur unzählige verstreute Bauernhöfe. Die Äcker, die sie umgeben, sind unterteilt durch Reihen von Pappeln und anderen hochstämmigen, schattenspendenden Baumarten. Von den Kuppen der steilen Hügel aus genießt man einen wunderbaren Rundblick. Zu unseren Füßen dehnen sich Gärten und Weinberge, Melonen- und Tabakpflanzungen aus; weiter weg liegt, umrahmt von frischem Grün, die Stadt mit ihren massigen Mauern und der alten Burg, die sich auf einem Felsen erhebt; ringsherum kilometerweit Felder, Bäume und Bauernhäuser, ein fast durchweg ebenes, buntes Mosaik, aus dem da und dort Felshügel aufragen wie Inseln aus einem grünen und im Herbst goldfarbenen Meer; den Hintergrund bilden die Ketten des bogenförmig von Westen nach Nordosten verlaufenden und von engen, tiefen Tälern zerschnittenen ‚Himmelsgebirges' (Tien Shan), das mit dem Ossa im Norden über die Grenze des ewigen Schnees ansteigt; im Süden und Südwesten zeichnen sich die bizarren, dunkelbraunen und schwarzen Felsen und Gipfel der stufenförmig ansteigenden Kelpinberge ab, die oft von dichtem Nebel verhüllt sind."

Dank der systematischen Bewässerung können heute 70 % der fruchtbaren Böden landwirtschaftlich genutzt werden. Die Turfansenke ist Chinas Hauptlieferant für Weintrauben, Melonen, Kürbisse, Aprikosen und Feigen. Weitere Anbauprodukte sind Getreide, Reis und Baumwolle. In jüngster Zeit wurden am Fuß des „Feuergebirges" größere Kohle-, Erdöl-, Eisenerz- und Glimmervorkommen entdeckt.

Tweedsmuir Provincial Park

Amerika, Kanada
52° 05'–53° 50' n. Br., 125° 50'–127° 20' w. L.

Zahlreiche Seen reihen sich mitten im Gebirge aneinander. Unter den schwankenden Kiefern scheint der Fluß zu erstarren, bis seine schlummernden Wasser sich jäh ins Leere stürzen.

Der Tweedsmuir Provincial Park ist ein nach dem 15. Generalgouverneur von Kanada benanntes Landschaftsschutzgebiet in British Columbia. Im Norden liegen sieben Seen, in deren klarem Wasser sich Kiefern und Lebensbäume spiegeln. Hohe Berge bilden einen Teil des Parks, und an der südlichen Grenze gibt es den Hunlenfall, der wohl die größte Sehenswürdigkeit dieser Gegend darstellt. Mit seiner Höhe von 350 m gehört er zu den höchsten Wasserfällen Nordamerikas, ja sogar der Erde. Heute kann man von der Straße aus, die durch den Südteil des Parks führt, über einen etwa 15 km langen Pfad den tiefen Canyon erreichen, den der Hunlen River in den Felsen geschnitten hat.

Der Tweedsmuirpark liegt zwischen zwei großen, sehr unterschiedlichen Naturräumen, dem pazifischen Küstengebiet und dem Fraserplateau, und weist daher eine sehr abwechslungsreiche Landschaft auf. Der Hunlen entspringt in einem aus Granit und Gneis aufgebauten Gebirge, das von Kargletschern tief zerschnitten ist. Sein Lauf ist nur sehr kurz (weniger als 30 km) und geruhsam; in Wirklichkeit ist er nicht mehr als eine Kette von sieben Seen, die zwischen Wällen aus Gesteinsschutt und Lehm ein tiefes Trogtal ausfüllen.

Kurz bevor der Hunlen den Bella Coola River erreicht, ändert sich jedoch schlagartig das Bild, und der Fluß stürzt 350 m senkrecht in die Tiefe. Der Wasserfall liegt an der Stelle, wo eine alte Verwerfungslinie das Gebirge durchschneidet. Wie alle Wasserfälle deutet der Hunlenfall auf ein vergleichsweise junges Gewässernetz hin, das seit dem Pliozän geschaffen wurde. Außer bei der Schneeschmelze im Mai/Juni ist die Abflußmenge des Hunlens nur gering. Eindrucksvoll ist der Wasserfall aber trotzdem wegen seiner großen Höhe und der tiefen Schlucht.

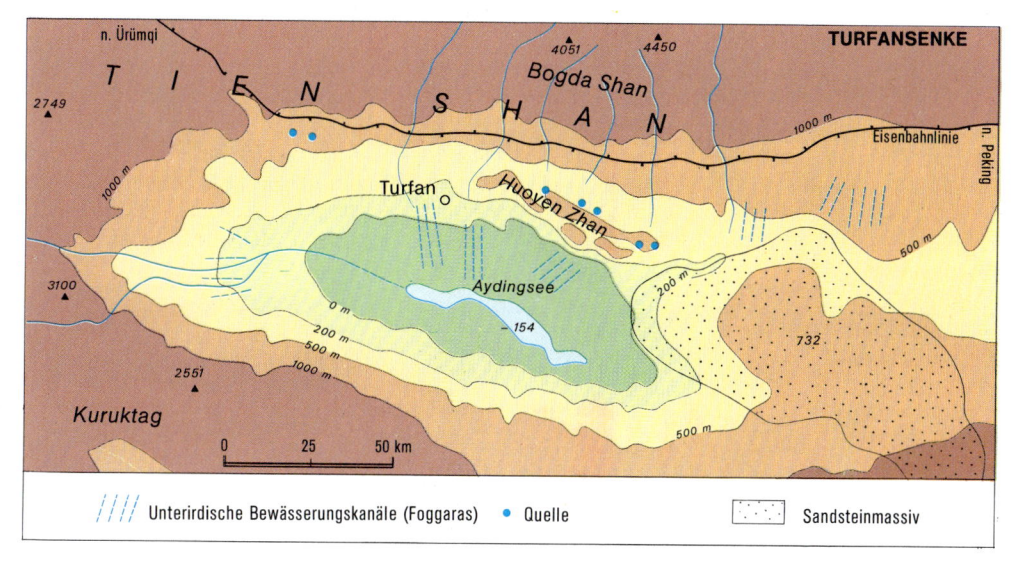

U

Ürgüp

Asien, Türkei
38° 39' n. Br., 34° 55' ö. L.

In der Steppe Mittelanatoliens erheben sich merkwürdige kegelförmige Felsengebilde in einer geisterhaften Landschaft, in der man sich vorkommt wie auf einem anderen Planeten. Frühere Generationen haben hier ganze unterirdische Städte angelegt.

Das Tal von Ürgüp liegt im Herzen Mittelanatoliens, dem früheren Kappadokien, westlich der Stadt Kayseri. Nachdem man die sanften Hügel der inneranatolischen Steppe durchquert hat, glaubt man sich unvermittelt in eine Mondlandschaft versetzt. Die Talflanken sind übersät mit eigenartig geformten, gelblichen und weißlichen Erhebungen – Kegeln, Pyramiden, Türmen –, die teilweise einzeln aufragen wie bei Ortahisar oder eine Art versteinerten Wald bilden wie im „Tal der Tauben" nahe Göreme. In den größeren Felsgebilden finden sich zahlreiche mehr oder weniger geräumige Höhlen – Wohnstätten und Kirchen aus früheren Jahrhunderten.

Hierhin flüchtete sich im Mittelalter (10. bis 13. Jahrhundert) eine griechische Bevölkerungsminderheit vor den Mongolen und Türken, die immer wieder plündernd in dieses Gebiet einfielen. Nicht weit von Ürgüp entfernt, entstanden ganze unterirdische Städte, die man von Stollen aus rund um schmale Luftschächte im Gestein anlegte. Interessant sind vor allem die Höhlenkirchen, von denen einige herrliche Fresken aufweisen.

Im Mittelanatolischen Hochland erheben sich mehrere erloschene Vulkane. Einer der höchsten ist der Erciyas Daği (3916 m) südlich der Stadt Kayseri. Südwestlich von ihm liegt der Hasan Daği. Ihre Lavaströme bedecken weite Teile des Hochlandes. Darunter lagern jedoch Ergußgesteine, die viel älter sind als die der umliegenden, erst in jüngerer Zeit erloschenen Vulkane (der letzte Ausbruch des Erciyas Daği erfolgte im 1. Jahrhundert v. Chr.): Es sind rhyolithische Tuffdecken, die im oberen Miozän aus den zahlreichen Kratern eines heute unter jüngeren Vulkangebäuden begrabenen Feuerberges geschleudert wurden. Auf jede der zahlreichen vulkanischen Explosionen folgte eine Ruhezeit, in der die Tuffe von kalkreichen Seeablagerungen zugedeckt wurden. Dazwischen strömten immer wieder basaltische Laven aus, die in den Tuffschichten eingeschlossen sind. Ein beträchtlicher Teil der vulkanischen Gesteine wurde in der Zwischenzeit schon wieder abgetragen, denn die Nebenflüsse des Kizil Irmak schnitten sich tief in die Tuffdecken ein, und es entstand ein engmaschiges Talnetz. Die engräumige Zerschneidung der Tuffschichten ist hauptsächlich auf Klimaänderungen zurückzuführen. Darüber hinaus hat sicher auch die Absenkung der Erdkruste im Einzugsgebiet des Kizil Irmak die Erosion beschleunigt.

Überall, wo das Gestein aus Schichten unterschiedlicher Härte besteht, haben sich aufgrund der selektiven Verwitterung und Abtragung eigenartige Formen entwickelt, z.B. Erdpyramiden, wenn über den Tuffen Ignimbritblöcke liegen wie im Tal von Göreme. An anderen Stellen entstanden Pilzfelsen. Daneben findet man Sporne aus einem Asche-Tuff-Gemisch, bei denen die Asche ausgespült wurde, so daß sie heute von unzähligen kleinen Hohlräumen durchsetzt sind. Da sie eine beträchtliche relative Höhe erreichen (bis über 30 m), konnte man in ihnen mehrere Höhlenwohnungen übereinander anlegen. Man nennt dieses Gebiet „Land der 20 000 Pyramiden".

Die bedeutendste Höhlenkirche im Gebiet von Ürgüp liegt in der Umgebung der Stadt Göreme. Es ist die bekannte St.-Georgs-Kapelle. Ihr Grundriß ist der byzantinischen Baukunst angepaßt und besitzt die Form eines doppelten Kreuzes. Die Wände der Kapelle sind mit zahlreichen Malereien verziert.

Am Rande des Tales befindet sich die jüngste der Höhlenkirchen. Sie ist in einen mächtigen einzelnstehenden Tuffkegel eingelassen. Den Eingang zum Kirchenraum erreicht man über einen schräg in den Fels gehauenen Stollen.

Ürgüp *In diesem Tal Mittelanatoliens hat die Erosion der Flüsse merkwürdige Felsgebilde aus einer mächtigen Tuffdecke herausgeschnitten: einzelstehende Türme, Pilzfelsen und Pyramiden, in denen zum Teil unterirdische Wohnstätten und Kirchen angelegt wurden.*

V

Vaihiriasee

Ozeanien, Tahiti
17° 40' s. Br., 149° 25' w. L.

Stets den Ozean vor Augen, haben die Bewohner von Tahiti fast vergessen, daß es im Herzen ihrer Insel Flecken von wilder Schönheit gibt, wie etwa diesen verborgenen See am Grund einer Schlucht.

Tahiti ist eine kleine Vulkaninsel im Pazifischen Ozean mit sehr unruhigem Relief (Pic Orohéna 2237 m), deren Bevölkerung vor allem an der Küste lebt. Nur wenige

Vaihiriasee *Zwischen bewaldeten Hängen und windumtosten Berggipfeln breitet sich ein stiller See aus, von dem nur ein dünnes Rinnsal in die tiefer gelegene Schlucht abfließt.*

Bewohner kennen das Innere des Gebirgsmassivs mit seinen messerscharfen Graten und schluchtartigen Tälern. In einem dieser tief eingeschnittenen und dicht überwachsenen Täler liegt in einer der malerischsten Landschaften der Insel der kleine Vaihiriasee.

Er befindet sich etwa 20 km von der Straße entfernt, die rund um die Insel führt, und man erreicht ihn von der Südküste her über einen Pfad, der dem Lauf des Vaihiriaflusses folgt. Er liegt etwa 440 m ü.d.M., und außer auf der Seite seines Abflusses überragen ihn 500 bis 600 m hohe Felswände, die aus übereinanderlagernden Lavaströmen bestehen. Der Vaihiriasee ist nur etwa 150 m breit und über 600 m lang. Seine maximale Tiefe beträgt kaum mehr als 10 m, und sein verhältnismäßig kaltes Wasser birgt eine eigentümliche Flora und Fauna.

Einige Fachleute glauben, daß es sich um einen alten Adventivkrater handelt, der sich mit Wasser gefüllt hat. Wahrscheinlich wurde er jedoch durch einen riesigen Erdrutsch aufgestaut, der das Hochtal des Vaihiriaflusses abgeriegelt hat.

Valle Encantado (Nahuel-Huapi-Nationalpark)

Amerika, Argentinien
40° 30'–41° 30' s. Br., 72° 20' w. L.

Östlich der Seen und Wälder Westpatagoniens folgt auf dieses vegetationsreiche Gebiet unvermittelt eine trostlose Steinlandschaft, deren schroffe, zerklüftete Felsen an die Ruinen einer verfallenen Stadt erinnern.

Das Valle Encantado ist ein Teil des berühmten südargentinischen Nahuel-Huapi-Nationalparks. Er liegt am Ostrand der Patagonischen Kordillere, im Übergangsgebiet zum Ostpatagonischen Bergland. In der Mitte des 785 000 ha großen Naturschutzgebietes breitet sich der gleichnamige See aus, der mit einer Tiefe von 438 m und einer Wasserfläche von 544 km² zu den größten Bergseen Patagoniens gehört. Er ist der Hauptanziehungspunkt des vielbesuchten Nationalparks.

Valle Encantado

◀ **Valle Encantado** *Im Gebirgsvorland der Patagonischen Kordillere nehmen die Niederschläge sehr rasch ab, weil dieses Gebiet im Regenschatten des Hochgebirges liegt. Die üppigen Wälder der Anden gehen nach Osten zu bald in eine Strauchvegetation und schließlich in kümmerliches Grasland über. Mitten in dieser Übergangszone liegt das Valle Encantado, wo die Erosion des Río Limay mächtige Basalttürme und -säulen aus jungen vulkanischen Ablagerungen herausgearbeitet hat.*

Der größte Teil des Parks wird von dichten Wäldern bedeckt.

Das Valle Encantado (Verzaubertes Tal) besitzt jedoch ein völlig andersartiges Landschaftsbild. Es ist ein Talabschnitt im Oberlauf des Río Limay, wo die Erosion aus weichen vulkanischen Tuffen bizarre Sporne, Türme, Kuppeln und Säulen herausgearbeitet hat. Die Vegetation ist hier ausgesprochen dürftig, weil das Gestein sehr stark wasserdurchlässig ist und sich außerdem die Lage dieses Gebiets im Regenschatten der Kordillere bemerkbar macht. Man glaubt, eine Märchenwelt zu betreten, die durch einen Zauber plötzlich zu Stein erstarrte.

Der Río Limay entströmt dem Nahuel-Huapi-See nordwestlich der Insel Victoria. Weiter talab vereinigen sich die klaren Wasser des Flusses (das Ketschuawort Limay bedeutet „kristallklarer Fluß") mit den trüben Fluten des Río Neuquén zum Río Negro. Sein Lauf folgt einem großen, nordsüdlich ausgerichteten Grabenbruch, der die Patagonische Kordillere vom Andenvorland trennt.

Diese Gegend ist lange Zeit unerforscht geblieben, da sie bis gegen Ende des 19. Jahrhunderts von den kriegerischen Araukanern beherrscht wurde. Im 17. und 18. Jahrhundert versuchte man, dieses Indianervolk zu unterwerfen und in sogenannten *reducciones* (Indianersiedlungen) zusammenzufassen. Ein blutiger Aufstand vereitelte jedoch diese Pläne. Um 1860 wollte man das Gebiet von Chile aus erkunden. 1862 organisierte G. Cox eine Expedition, die vom Nahuel-Huapi-See aus den Río Limay hinaufführte. Nach einem Schiffbruch fiel er aber in die Hände der Indianer und konnte sich nur mit Mühe retten. Die Araukaner konnten im Gebiet des Nahuel-Huapi-Sees erst zu Beginn unseres Jahrhunderts endgültig befriedet werden. Der Nationalpark wurde im Jahr 1922 gegründet.

Vatnajökull

Europa, Island
64° 30′ n. Br., 17° w. L.

Der Vatnajökull ist ein mächtiger Gletscher, unter dem in der Tiefe glühendes Magma brodelt. Wenn die vulkanische Tätigkeit wieder auflebt, kommt es fast von einer Stunde zur anderen zu verheerenden Überschwemmungen.

Die isländischen Gletscher *(Jökulls)* bedecken fast 12 000 km², das sind fast 12 % der Gesamtfläche der Insel. Meist handelt es sich um riesige Eiskappen wie am Drangajökull, am Myrdalsjökull, am Langjökull und am Vatnajökull. Der letztgenannte ist der größte Gletscher Europas und wegen seiner besonderen Eigenschaften, die das Zusammenwirken von aktivem Vulkanismus und Vereisung mit sich bringt, auch der weitaus interessanteste.

Mit einer Ausdehnung von 8456 km² umfaßt der Vatnajökull 70 % der vergletscherten Flächen Islands. Seine Eiskappe steigt am Barðarbunga im Nordwesten bis auf 2000 m an. Im Süden (Örsefajökull) erreicht sie sogar 2119 m. Dies ist gleichzeitig der höchste Punkt Islands. Die Eismasse läßt sich in zwei Abschnitte unterteilen: das zentrale Eisplateau und die randlichen Ausflußgletscher. Das zentrale Gletscherplateau liegt durchschnittlich 1300 bis 1800 m hoch und besitzt zwei Aufwölbungen – eine im Osten und eine im Westen –, die durch eine breite, nordsüdlich ausgerichtete Senke voneinander getrennt sind. Die maximale Eismächtigkeit beträgt 1000 m, sein Volumen schätzungsweise 1976 km³.

Der Vatnajökull ist ein sehr aktiver Gletscher. Oberhalb der Firnlinie fällt reichlich Schnee (4000 mm pro Jahr). An der Südflanke der Eiskappe verläuft diese Linie in 1000 bis 1200 m Höhe, weshalb

Vatnajökull *Wenn die glühenden Lavaströme eines Vulkans bis zur Unterseite des Gletschers aufdringen, schmilzt ein Teil des Eises schlagartig ab. Das dadurch freigesetzte Wasser fließt unter dem Gletscher bis zur Gletscherstirn, vor der es weite, aus Kies und Geröll bestehende Sander ablagert.*

das Nährgebiet 1,7mal größer ist als das Zehrgebiet. Trotz der hohen Niederschläge und des großen Nährgebietes kann es jedoch geschehen, daß von der Höhe mehr Eis abfließt, als Neuschnee angehäuft wird. Das Ergebnis ist ein Massenverlust, der ein Absinken der Gletscheroberfläche und sogar ein Zurückweichen des Eispanzers zur Folge hat.

Die Fließgeschwindigkeit des Eises an der Oberfläche des Hoffellsjökulls im Osten des Vatnajökulls beträgt 1800 m pro Jahr. Diese 312 km² große Gletscherzunge ist einer der zahlreichen Eisströme, die vom Rand der Eiskappe gegen das Vorland vorstoßen, wie der Skeiðarárjökull (1722 km²), der Breiðamerkurjökull (1266 km²), der Heinabergsjökull (274 km²) und der Fláajökull (244 km²), und sich in Form langer Eisloben in der Küstenebene ausbreiten. Der Skeiðarárjökull und der Breiðamerkurjökull sind fast 30 km lang. Die mittlere Eismächtigkeit der Zungen beträgt 500 bis 700 m.

So wie an den anderen europäischen Gletschern riefen die Klimaschwankungen, die im Lauf der Geschichte auftraten, auch am Vatnajökull Veränderungen hervor. Besonders bemerkbar machten sich die Auswirkungen der „kleinen Eiszeit". Datierbar sind diese Klimaschwankungen dank der Tephrochronologie (griechisch *tephra* = Vulkan, Aschen), die das Alter der vulkanischen Aschenschichten in den Schmelzwassersedimenten als Anhaltspunkt benutzt. Demnach erreichten die meisten Gletscher etwa zwischen 1740 und 1760 ihre größte Ausdehnung in geschichtlicher Zeit.

Die isländischen Gletscher, vor allem die des Vatnajökulls, verändern sich auch sehr oft durch Vulkanausbrüche unter dem Eis. Es kommt zu den berühmten Gletscherläufen *(Jökullhlaups)*, bei denen in kürzester Zeit aus dem Gletscher große Mengen Eis herausschmelzen. Dabei kann durch die plötzliche Druckentlastung die Ausbruchstätigkeit noch verstärkt werden.

Während des acht Tage anhaltenden Gletscherlaufs am Skeiðarárjökull im Jahr 1934 brachen unter dem Gletscher mehr als 7 km³ Wasser hervor, die unter dem Eispanzer breite Schmelzwasserrinnen ausspülten. In solchen Fällen breiten sich die Wassermassen vor der Gletscherstirn aus und lagern hier das mitgeführte Schwemmmaterial ab. Diese Flächen aus Sand und Schotter nennt man Sander.

Der Grimsursee im westlichen Teil des Vatnajökulls liegt in der Caldera des Grímsvötn, eines Vulkans, der bis 1934 etwa alle neun bis zwölf Jahre tätig wurde. Jeder seiner Ausbrüche war von einem Gletscherlauf begleitet. Seit der letzten Eruption treten die Gletscherläufe jedoch auch ohne Ausbrüche alle vier bis sechs Jahre auf. Sobald die Oberfläche des Calderasees etwa 90 % der Gletschermächtigkeit erreicht hat, dringt das Wasser unter das Eis, hebt den Gletscher, und der See entleert sich subglazial.

Vaucluse, Fontaine de

Europa, Frankreich
43° 45′ n. Br., 5° 05′ ö. L.

Die Fontaine de Vaucluse ist eine mächtige Karstquelle, deren Wasser sich tosend und schäumend über die Felsblöcke am Fuß einer senkrechten Kalkwand ergießen. Trotz aller Bemühungen der Höhlenforscher ist man sich über den Verlauf der unterirdischen Gerinne, die sie speisen, noch immer nicht im klaren.

Fontaine de Vaucluse *Die Quelle der Sorgue entströmt einer geheimnisvollen Höhle, in deren unerforschten Gängen wahrscheinlich ein gewaltiger Grundwasserkörper aus dem Pleistozän für eine gleichmäßige Schüttung sorgt.*

Die nördlich der Montagne du Lubéron und südwestlich der Monts de Vaucluse zwischen Carpentras und Apt gelegene Quelle der Sorgue, die Fontaine de Vaucluse, ist nach dem lateinischen *vallis clausa* (geschlossenes Tal) benannt. Wenn man von dem Städtchen Fontaine-de-Vaucluse dem Weg folgt, der in das steilwandige „blinde Tal" hineinführt, erreicht man nach 400 m die berühmte Quelle.

Dem natürlichen Quellbecken am Fuß einer überhängenden Felswand entströmt die Sorgue. Am eindrucksvollsten wirkt die Quelle im Frühling und im Herbst, wenn der Fluß anschwillt. Dann liegt der Wasserspiegel im Quellbecken um 15 m höher als bei Niedrigwasser, und die Karstquelle fördert mehr als 150 m³/s gegenüber 29 m³/s bei geringster Schüttung. Ihre Berühmtheit verdankt die Fontaine de Vaucluse jedoch nicht so sehr ihrer Schüttung als vielmehr ihrer herrlichen Lage in einer wildromantischen Umgebung. Da sie lange Zeit als die größte Karstquelle der Erde galt, nennt man alle Karstquellen dieser Art Vauclusequellen.

Diese bekannte Karstquelle ist der Ausgang eines etwa 100 m tiefen Siphons, der in Kalken aus der Unterkreide angelegt ist. Man vermutet, daß die Quelle nicht nur durch versickerndes Niederschlagswasser gespeist wird, sondern auch durch einen fossilen, d. h. pleistozänen Grundwasserkörper, dessen Volumen auf etwa 1 Milliarde m³ geschätzt wird. Auch wenn einige Karstschächte wie die von La Caladaire und Jean-Nouveau einen Blick auf die unterirdischen Flußläufe ermöglichen, ist es doch den Höhlenforschern bis heute noch nicht gelungen, die unterirdischen Zuflüsse aufzuspüren, von denen die Vauclusequelle unmittelbar gespeist wird. Die erste Erkundung erfolgte 1878, die jüngste 1967. Die *Télénaute*, ein ferngesteuertes Tauchboot mit mehreren Fernsehkameras an Bord, erreichte eine Tiefe von 110 m. Doch bis zum zweiten Arm des U-förmigen Siphons ist man nie gelangt. Die Vauclusequelle, die einst der Dichter Petrarca besang, hat also ihr Geheimnis bis heute nicht preisgegeben.

Venedig, Lagune von

Europa, Italien
45° 10'–45° 34' n. Br., 12° 07'–12° 40' ö. L.

Wenn man den Blick über den Horizont Venedigs schweifen läßt, wird einem bewußt, daß die Lagune seit Jahrhunderten Schauplatz eines unentschiedenen Kampfes zwischen mehreren Flüssen und dem Adriatischen Meer ist.

Die Lagune von Venedig nördlich des Podeltas ist eine Landschaft, in der Land und Wasser einander so stark durchdringen, daß man den Verlauf ihrer Grenze kaum bestimmen kann. Diese amphibische Zone an der Adriaküste ist 8 bis 14 km breit und erstreckt sich von Süden nach Norden über etwa 50 km. Sie ist vom offenen Meer durch schmale Nehrungen, die sogenannten *Lidi* (Ez.: *Lido*), getrennt. Diese langen, sandigen Küstenwälle werden unterbrochen von tiefen Durchlässen, den *Porti*, durch die zweimal täglich die Flut in die Lagune strömt und wieder abfließt. Das nördliche Ende der Adria ist nämlich einer der wenigen Abschnitte des Mittelmeerbeckens, wo der im allgemeinen geringe Tidenhub aufgrund der schmalen, langgestreckten Form des Meeres 60 cm erreichen kann.

In der Lagune selbst ist die Gezeitenwirkung je nach Nähe der *Porti* schwächer oder stärker. Man unterscheidet daher zwischen der meernahen „lebenden Lagune" (*Laguna viva*), die vollständig von der Flut überspült wird, und der „toten Lagune" (*Laguna morta*), die nur bei Hochwasser teilweise überflutet ist. Die Lagune ist höchstens 2 bis 3 m tief. Bei Ebbe werden

Lagune von Venedig *So weit das Auge reicht, erstreckt sich ein amphibisches Gebiet, dessen Trockenlegung sich wegen der unberechenbaren Fluten der Adria als äußerst schwierig erweist.*

weite Schlickflächen, die sogenannten *Velme*, bloßgelegt. Die etwas höher aufragenden Abschnitte, auf denen Salzgräser wachsen und die bei Flut nicht überspült werden, heißen *Barene*. Dieses komplizierte Mosaik ist vom Boot aus kaum zu erkennen. Viel besser sieht man es vom Flugzeug oder von einem der Türme aus, die die Lagune überragen, z. B. dem Campanile von San Marco oder dem der Kathedrale der nordöstlich von Venedig gelegenen Insel Torcello.

Das Brackwasser der Lagune entsteht durch die Mischung der Adriafluten mit dem Wasser der größeren Flüsse (Po, Brenta und Piave), die von den Alpen herabströmen. Ihre ständige Ablagerungstätigkeit und die Erosion der Meeresströmungen haben zur Folge, daß sich im Lauf der Zeit die Lage der Insel und auch die Küstenlinie verändert.

Ein weiterer Grund für diese Unbeständigkeit ist das allmähliche Absinken der Böden, die man der Lagune im Laufe der Zeit abgerungen hat. Viele dieser Flächen liegen heute unter dem Meeresspiegel, wie zum Beispiel das ursprüngliche Pflaster des Markusplatzes.

Wenn man der Natur freie Hand gelassen und nicht durch Regulierungsarbeiten den Wasserhaushalt verändert hätte, wäre die Entwicklung dieses Gebietes ganz anders verlaufen. Doch dann wäre Venedig heute keine Insel mehr.

Ständig hatte Venedig gegen zwei Feinde zu kämpfen: die Flüsse und das Meer. Um die Schwemmlandbildung der Flüsse zu verhindern, verlegte man den Lauf der Piave nach Norden und den der Brenta, der Etsch und des Pos nach Süden. Gleichzeitig mußte es sich gegen den Ansturm des Meeres verteidigen, das die Stadt infolge der verminderten Schwemmlandbildung in seiner Existenz bedrohte. Deshalb errichtete man auf den *Lidi* kilometerlange Mauern, die berühmten *Murazzi*, die erst im 18. Jahrhundert fertiggestellt wurden.

Inzwischen gefährdet die moderne Technik das Überleben der Stadt. Durch die Landgewinnung und die Vertiefung der *Porti* zur Erleichterung der Schiffahrt wurden die Gezeitenunterschiede im Lagunenbecken immer größer. Der Wasserspiegel bei Flut ist bereits bedenklich gestiegen. Die vielen künstlichen Brunnen ließen außerdem den Grundwasserspiegel fallen, was ein zusätzliches Absinken des Untergrundes zur Folge hat. Der stufenweise Verfall Venedigs wirft Probleme auf, die nur unter großem Kostenaufwand bewältigt werden können.

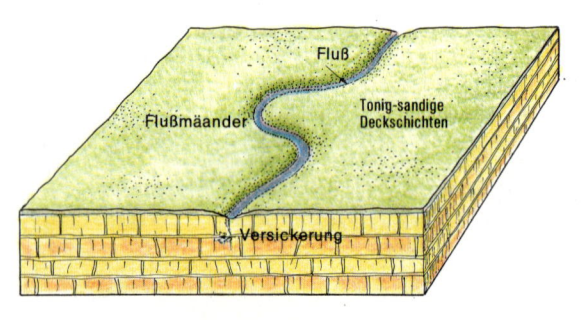

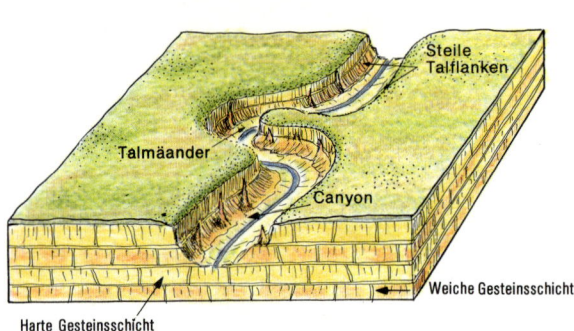

Verdon, Grand Canyon du

Europa, Frankreich
43° 45′ n. Br., 6° 15′ ö. L.

Die Wände dieser Schluchten sind so hart, daß die Abtragung sie kaum angegriffen hat. Der Fluß richtet seine ganze Erosionskraft in die Tiefe und gräbt sein Bett immer weiter in den Gesteinsuntergrund ein.

Die Schluchten des Verdons liegen in der Provence, einer der schönsten Landschaften Südfrankreichs, die sich von den Westalpen bis zum Mittelmeer erstreckt. Der in den Alpen entspringende Verdon durchtost eine Reihe tiefer Schluchten, die man auf einer gut ausgebauten Straße, der sogenannten *Corniche sublime*, entlangfahren kann. Er fließt zunächst in südlicher Richtung, biegt jedoch bald nach Westen um und durchbricht die nordsüdlich verlaufenden Ketten der Französischen Kalkalpen (Alpes de Provence). Nach 200 km langem Lauf mündet er in die Durance, einen Nebenfluß der Rhone.

Sein Abflußregime ist sowohl nival als auch pluvial, d. h., er wird sowohl von den Schmelzwassern aus den Alpen als auch von den kurzen, heftigen Regengüssen gespeist, die für das Mittelmeerklima charakteristisch sind.

Der enge, bis zu 700 m tiefe Canyon des Verdons mit seinen schwindelerregenden Steilwänden ist der größte Canyon Europas und ähnelt seinen nordamerikanischen Namensvettern. Es handelt sich um einen Einschnitt in der Hochfläche, wo der Fluß das weiße Kalkgestein aus der Jurazeit ausgewaschen, durchlöchert und zum Einsturz gebracht hat. Nach den Schluchten fließt er auf der jurassischen Schichtsohle dahin, unter der Gesteine aus der Kreidezeit liegen. Am stärksten wurde die Erosion am Grund des Flußbettes wirksam, da die Canyonwände sehr hart sind und die Seitenerosion daher nur sehr langsam vor sich geht. Wo das Gestein am härtesten ist, sind auch die Wände am steilsten.

Im Gegensatz zu den meisten anderen Canyons könnte es sich bei den Schluchten des Verdons auch um einen ehemals unterirdischen Karstgang handeln, dessen Decke eingestürzt ist.

Diese herrlichen Schluchten sind ein lohnendes Ausflugsziel. Eine der schönsten Stellen sind ohne Zweifel die Balcons de la Mescla an der Mündung des Artubys. Von hier hat man einen unvergleichlichen Blick in den an dieser Stelle 250 m tiefen Canyon.

Verdon *Auf seinem Weg von den Alpen hinab in die Provence hat sich der Gebirgsfluß tief ins Gebirge eingeschnitten. Er wird überragt von schwindelerregenden Steilhängen, an denen Buchsbaumsträucher unzählige dunkelgrüne Punkte bilden.*

Die Entstehung eines Canyons

Canyons wie der des Verdons, der Ardèche oder des berühmten Colorados in Nordamerika sind das Ergebnis einer starken Tiefenerosion von Flüssen in Sedimentgesteinen mit wechsellagernden harten und weichen Schichten.

Zunächst flossen die Flüsse ruhig über tonig-sandige Ablagerungen weiter Ebenen. Als die Ebenen gehoben wurden und damit die Erosionsbasis sank, schnitten sie sich aufgrund des stärkeren Gefälles in den Untergrund ein. Dieser Vorgang wurde noch beschleunigt, wenn die Abflußmengen zunahmen oder wenn die Flüsse auf Hohlräume im Untergrund stießen. Überreste solcher Höhlen sind die steinernen Bögen, die manchmal Flußbetten überspannen.

Wenn die Flüsse ihre Erosionsbasis erreicht haben, können sie sich nicht tiefer einschneiden. Sie erodieren in diesem Stadium auch nicht in die Breite, wenn die Talflanken an dieser Stelle aus sehr widerständigen Gesteinen bestehen. In solchen Fällen bleiben enge Canyons über längere geologische Zeiträume erhalten. Dort, wo harte Schichten angeschnitten wurden, sind die Talflanken eines Canyons sehr steil. Dazwischen bilden sich im weicheren Gestein schmale Felssimse oder auch Terrassen, die die Canyonwände meist in mehrere Abschnitte gliedern. Die Schichtenfolge wird so deutlich herauspräpariert.

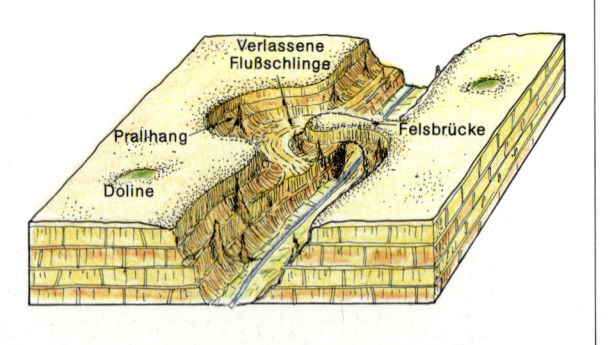

Verdon, Grand Canyon du

Vesuv

Europa, Italien
40° 49′ n. Br., 14° 25′ ö. L.

Da wo sich heute der Golf von Neapel ausdehnt, tobten einst die entfesselten Naturgewalten. In dieser heute so friedlichen Landschaft, die zu den beliebtesten Touristenzielen Europas gehört, ereigneten sich verheerende Vulkanausbrüche, die von Glutwolken und Kratereinstürzen begleitet waren.

Der Golf von Neapel ist nicht nur eine der schönsten und berühmtesten Buchten der Welt, sondern auch eines der bekanntesten Vulkangebiete. Östlich der Stadt Neapel erhebt sich der Doppelgipfel des Vesuvs, und im Westen erstrecken sich die Phlegräischen Felder, eine vulkanische Hügellandschaft mit zahlreichen Solfataren sowie Aschen- und Schlackenkegeln, die sich auf der Höhe von Pozzuoli unter dem Meeresspiegel fortsetzt. Schon die Römer wußten die Schönheit dieser Landschaft zu schätzen und verbrachten hier die Sommermonate. Aber erst im 18. Jahrhundert wurde der Golf von Neapel von Reisenden, vor allem von Engländern, wiederentdeckt. Gegen Ende des 18. Jahrhunderts fanden sich Scharen von Besuchern ein, und es gab um diese Zeit kaum ein Haus in Europa, in dem nicht ein Bild der Bucht von Neapel an der Wand hing.

Der Vesuv liegt in der breiten Küstenebene Kampaniens. Es handelt sich um einen kompliziert aufgebauten Schichtvulkan mit einer fast kreisrunden, kegelstumpfförmigen Basis von 12 bis 15 km Durchmesser, dessen Doppelgipfel auf den Ruinen fossiler Feuerberge ruht. Der ältere der beiden Gipfel ist der Monte Somma, der ursprünglich etwa 1500 m hoch gewesen ist, heute jedoch in der Punta del Nasone nur noch bis auf 1132 m ansteigt. Er umringt das Vulkangebäude des Vesuvs im Norden und Osten halbkreisförmig. Seine Form deutet bereits darauf hin, daß der Monte Somma der Rest eines früheren Kraterrandes ist, dessen größter Teil durch eine heftige Explosion zerstört wurde.

Der andere Gipfel, der eigentliche Vesuv (Gran Cono), liegt im Innern des ehemaligen Sommakraters. Er erreicht eine

Vesuv *Im Hintergrund der weiten, blauen Bucht, an der sich das mit geschäftigem Leben erfüllte Neapel erstreckt, erkennt man die Umrisse des scheinbar friedlichen Vulkans. Links der Monte Somma, Rest eines früheren Kraterrandes, rechts der eigentliche Vesuv, der Gran Cono.*

Doppelvulkan (Somma-Vesuv-Typ) Diese Art von Vulkan entsteht, wenn sich im Innern eines Kraters in einer späteren Ausbruchsperiode ein zweiter Vulkankegel aufbaut. Dieser Vorgang kann sich mehrmals wiederholen.

Höhe von 1270 m. Eine enge, sichelförmige Senke trennt den jungen Vulkankegel vom Monte Somma, dem Rest der alten Kraterumrandung. Der westliche Teil der Senke heißt Atrio del Cavallo, der südöstliche Valle dell'Inferno. Die symmetrische Gestalt des Vulkans beruht auf der gleichmäßigen Ablagerung vulkanischen Materials im Lauf seiner Entstehung.

Das Vulkangebäude Somma-Vesuv entstand gegen Ende des Pleistozäns vor rund 12 000 Jahren. Um die Erforschung seiner Entwicklung hat sich vor allem der Schweizer Vulkanologe A. Rittmann verdient gemacht. Seinen Untersuchungen zufolge waren die ersten Ausbrüche untermeerisch. Ihre Laven wurden über alttertiären und mesozoischen Sedimenten abgelagert. Diese Gesteine liegen heute in mehr als 1000 m Tiefe, denn das Gewicht des auflagernden Vulkangebäudes führte zu einer Absenkung der Erdkruste. Über dem Ursomma – so nennen die Geologen den ersten Vulkan – baute sich wenig später der Kegel des Altsommas auf. Heftige Explosionen zerstörten jedoch seinen Gipfel, und um 1200 v. Chr. entstand eine riesige Caldera. In diesem Krater begann dann in der dritten Ausbruchsperiode die Entwicklung des Jungsommas, aus dessen Überresten der heutige Monte Somma besteht. Nachdem dieser Vulkan eine Höhe von etwa 1500 m erreicht hatte, bildete sich nach einem explosiven Ausbruch um 800 v. Chr. eine kleine Caldera in seinem Gipfelbereich. Dieses Stadium wurde bereits von Strabo, einem griechischen Geographen, beschrieben. Er hatte den Vulkan im Jahr 19 n. Chr. besucht. Der Berg war damals dicht bewaldet, ein Beweis für eine lange Ruheperiode.

Man hielt den Jungsomma wohl für erloschen, denn selbst das starke Erdbeben vom 5. Februar 63 n. Chr., das in der Stadt Pompeji schwere Schäden verursachte, beunruhigte ihre Einwohner nicht weiter, denn sie bauten ihre Stadt am Fuß des Vesuvs wieder auf. Im Jahr 79 löschte dann jedoch der von Plinius dem Jüngeren beschriebene berühmte Ausbruch die Stadt vollständig aus. Eine gewaltige Explosion sprengte den größten Teil des Jungsommas auseinander. Es blieb nur der heutige Monte Somma erhalten.

In einem Brief an Tacitus berichtete Plinius, daß dem Vesuv eine mächtige Wolke entstieg, deren Form derjenigen einer Pinie glich. An verschiedenen Stellen des Vulkans leuchteten riesige Flammen und Feuerströme auf. Die Gefahr für die Stadt Pompeji lag jedoch weder in den Flammen noch in den Lavaströmen, sondern in der Wolke aus Aschen, Bimssteinen und Lapilli, die die Siedlung in wenigen Stunden unter einer 4 bis 6 m dicken Schicht begruben – wodurch die Stadt zur Freude der Archäologen unversehrt erhalten geblieben ist. Herculanum dagegen wurde von 20 bis 30 m hohen schwarzen Schlammströmen *(Lahars)* überflutet. Man nennt explosive

Vesuv Auch wenn der Krater verschneit ist, steigen wie aus einem Höllenschlund heiße Schwefeldämpfe aus der Tiefe.

Vulkanausbrüche nach Plinius dem Jüngeren auch plinianische Ausbrüche.

Der Gran Cono, dessen Aufbau im Innern der riesigen, durch die Explosion im Jahr 79 geschaffenen Caldera den Beginn der vierten Phase des Vesuvs kennzeichnet, ist ein regelmäßig geformter Schichtvulkan.

Nach seiner Entstehung im Jahr 79 brach er erst am 16. Dezember 1631 wieder aus. Über Neapel breitete sich eine 30 cm mächtige Aschenschicht aus, und sieben Lavaströme begruben mehrere Dörfer unter sich. Dabei kamen mehr als 4000 Menschen ums Leben. Seit damals unterliegt die Tätigkeit des Vesuvs einem ziemlich gleichmäßigen Rhythmus. Phasen der Ruhe mit ausgeprägter Fumarolentätigkeit wechseln mit heftigen, häufig plinianischen Ausbrüchen. Die letzte gefährliche Explosion ereignete sich im März 1944. Damals wurde der Ort San Sebastiano durch einen gewaltigen Lavastrom zerstört.

Die Phlegräischen Felder sind ein kreisförmiges Vulkangebiet mit einem Durchmesser von 15 bis 20 km, das sich aus zahlreichen Aschen- und Schlackenkegeln, Kratern und Kraterseen zusammensetzt. Hier setzte die Ausbruchstätigkeit im frühen Quartär ein und dauert heute noch an. Zwar gelten 40 der selbständigen Ausbruchsstellen gegenwärtig als erloschen, aber aus Spalten am Kraterboden der berühmten Solfatara entweichen noch heute heiße Vulkandämpfe. Außerdem zählt der berühmte Monte Nuovo zu den jüngsten Vulkanen der Erdgeschichte. Er entstand erst am 29. 9. 1538, und zwar innerhalb von nur 24 Stunden. Neben der Solfatarentätigkeit gibt es auch noch andere Anzeichen für die vulkanische Aktivität der Phlegräischen Felder: In Pozzuoli hat man größere Hebungen und Senkungen der Küstenlinie festgestellt, die mit Bewegungen innerhalb eines unterirdischen Magmakörpers zusammenhängen. Ein anschaulicher Beweis sind die Säulen des berühmten Serapistempels von Pozzuoli. Sie stehen nahe am Meeresstrand und sind bis in eine Höhe von 5,7 m von Bohrlöchern einer marinen Bohrmuschelart übersät. Um diesen Betrag wurde die Küste seit dem Ausbruch des Monte Nuovo (1538) gehoben.

Victoriafälle

Afrika, Simbabwe/Sambia
17° 55′ s. Br., 25° 52′ ö. L.

Unter ohrenbetäubendem Lärm stürzen die gewaltigen Wassermassen des Sambesis unvermittelt in eine tiefe und gleichzeitig auch sehr schmale Schlucht. Wenn man dem ruhigen Flußlauf oberhalb der Victoriafälle folgt, ahnt man kaum, daß der Strom wenige Meter weiter die größten Wasserfälle der Erde bildet.

Wenn man sich den Victoriafällen, den größten Wasserfällen der Erde, von der Stadt Maramba (Livingstone) her nähert, erblickt man als erstes eine seltsame weiße

Victoriafälle *Diese riesigen Wasserfälle sind doppelt so hoch und auch doppelt so breit wie die berühmten Niagarafälle. Bei Hochwasser werden selbst die kleinen Inseln an der Fallkante überflutet, so daß ein fast 2 km breiter, durchgehender und frei fallender Wasservorhang entsteht – der größte der Erde.*

Wolke von 100 bis 200 m Höhe, die schon aus einer Entfernung von 35 km zu erkennen ist. Es ist der nebelartige Sprüh zerstäubten Wassers, der wie ein riesiger Schleier über den Fällen schwebt.

Die Victoriafälle werden vom Sambesi, dem Grenzfluß zwischen Sambia und Simbabwe, gebildet. Die ersten Europäer, die dieses Naturschauspiel zu sehen bekamen, waren vermutlich burische Jäger, die im Jahr 1830 bis zum Sambesi vorstießen. Als eigentlicher Entdecker der Fälle gilt jedoch David Livingstone, der 1855 als erster über sie berichtete. Er benannte sie nach der damaligen englischen Königin Victoria.

Unter den großen Wasserfällen der Erde halten die Victoriafälle einen absoluten Rekord: Sie besitzen mit Abstand die längste Fallkante. Die gewaltigen Wassermassen des Sambesis stürzen auf einer Breite von rund 1800 m (Niagarafälle: maximal 915 m) als riesiger weißer Vorhang in die Tiefe. Dieses eindrucksvolle Bild bietet sich dem Besucher jedoch nur in den Monaten März und April, wenn der Sambesi Hochwasser führt. Bei niedriger Wasserführung löst sich der längste Wasservorhang der Erde in einzelne Teilstücke auf, denn mehrere Inselvorsprünge in unmittelbarer Nähe der Fallkante führen dann zur Bildung von fünf Einzelfällen, die sich in westöstlicher Richtung aneinanderreihen: Devils Cataract (Teufelsfall), Main Fall (Hauptfall), Rainbow Fall (Regenbogenfall) und Eastern Cataract (Östlicher Fall). Die Fallhöhe beträgt beim Devils Cataract 75 m. Sie nimmt nach Osten beständig zu und erreicht beim Rainbow Fall 119 m. Damit sind die Victoriafälle mehr als doppelt so hoch wie die berühmten Niagarafälle.

Die Eingeborenen nennen die Victoriafälle *Mosiwatunja*, was auf deutsch „donnernder Rauch" bedeutet. Wie zutreffend dieser Name ist, kann man am eindrucksvollsten während der Hochwasserperiode des Sambesis beobachten. Die Abflußmenge steigt dann von 300 m³/s auf das Achtzehnfache (5400 m³/s) an. Die Wassermassen des fast 2 km breiten Flusses stürzen unter ohrenbetäubendem Lärm in eine rund 100 m tiefe Schlucht und werden hier auf eine Breite von nur 40 bis 100 m zusammengedrängt. Durch die Einschnürung des in die Tiefe stürzenden Wasservorhanges entsteht ein Luftstrom, der entlang der senkrechten Schluchtwände in die Höhe schießt und nicht nur Wassertropfen mit sich reißt, die die weithin sichtbare Sprühwolke bilden, sondern auch leichteres Treibgut des Sambesis. Die Sprühwolke der Victoriafälle, an der sich fast ständig die Strahlen der Sonne brechen (Regenbogenfall), ist so gewaltig, daß sie in der Umgebung der Fälle einen üppigen Regenwald gedeihen läßt.

Sobald sich die Wassermassen des Sambesis am Grund der Schlucht gesammelt haben, fließen sie als reißender Strom durch einen engen Durchlaß in einen zweiten Canyon, an den sich noch eine Folge von sieben weiteren, zickzackförmig angeordneten Schluchten anschließt. Sie besitzen alle mehr oder weniger die gleichen Abmessungen.

Die Entstehung der Victoriafälle und der neun stromabwärts gelegenen Schluchten ist das Ergebnis des Gesteinsuntergrundes und der Erosion des Sambesis. Der mächtige Strom fließt oberhalb der Fälle auf einer ausgedehnten, mehr als 300 m mächtigen Basalttafel. Das dunkle Gestein ist von einem dichten Kluft- und Verwerfungsnetz durchzogen, und zwar sowohl in ostwestlicher als auch in nordost-südwestlicher Richtung. Vor einigen 100 000 Jahren räumte der Ursambesi den Basalt zunächst entlang einer Verwerfung bis zu 100 m tief aus. An dieser Stelle lagen die Urvictoriafälle. Durch rückwärtiges Einschneiden erodierte der Fluß weiter stromaufwärts bald darauf eine zweite Schlucht. Die ersten Wasserfälle wurden an diese Stelle verlegt. Dieser Vorgang hat sich bis in unsere Zeit insgesamt noch siebenmal wiederholt, wobei die zickzackförmig angeordneten Schluchten des Sambesis als Zeugen der Flußgeschichte übrigblieben.

Vierwaldstätter See

Europa, Schweiz
46° 54'–47° 12' n. Br., 8° 15'–8° 40' ö. L.

Vier Täler vereinigen sich, um hier, am Rande der Alpen, diesen fast sternförmigen See zu speisen, der mitten in einer abwechslungsreichen Landschaft mit Aussichtsbergen, lieblichen Hügeln und romantischen Felsen liegt.

Der Vierwaldstätter See liegt im Herzen der Schweiz, dort, wo die Eidgenossenschaft ihren Ursprung nahm. Denn auf dem Rütli, einer Wiese oberhalb des Sees, schlossen die Waldstätte genannten Urkantone Uri, Schwyz und Unterwalden im August 1291 den „Ewigen Bund" gegen die Herrschaft der Habsburger.

Vierwaldstätter See *Zwischen hohen Gipfeln und Terrassenhängen, die mit Wäldern und Wiesen bedeckt sind, liegt einer der ungewöhnlichsten Seen der Alpen.*

So entstehen Seen

Seen liegen in geschlossenen Hohlformen der Erdkruste. Solche Hohlformen können auf verschiedene Weise entstehen:
durch tektonische Senkungen der Erdkruste (Grabenseen wie der Baikalsee),
durch Vulkanausbrüche (Calderaseen oder Maarseen der Eifel),
durch Gletschererosion (Karseen, Rinnenseen, Zungenbeckenseen),
durch Lösungsvorgänge (Dolinenseen, überflutete Poljen),
durch Windausblasung (z.B. Salzseen in den Trockengebieten der Erde),
durch Abdämmung von Tälern durch Moränenwälle, Gletscher, Lavaströme, Bergsturzmassen oder auch Sinterbarrieren.

Seen sind, wenn man geologische Zeiteinheiten zugrunde legt, überwiegend sehr junge Oberflächenformen. Sie verschwinden, wenn es der Erosion gelingt, den Rand der Hohlform so tief zu durchschneiden, daß der Volumenverlust durch abfließende Wassermassen langfristig größer ist als der durch Zuflüsse und Niederschläge zugeführte Wassergewinn, oder wenn sie mit Schwemmsedimenten und organischen Ablagerungen im Laufe der Zeit aufgefüllt werden und allmählich verlanden.

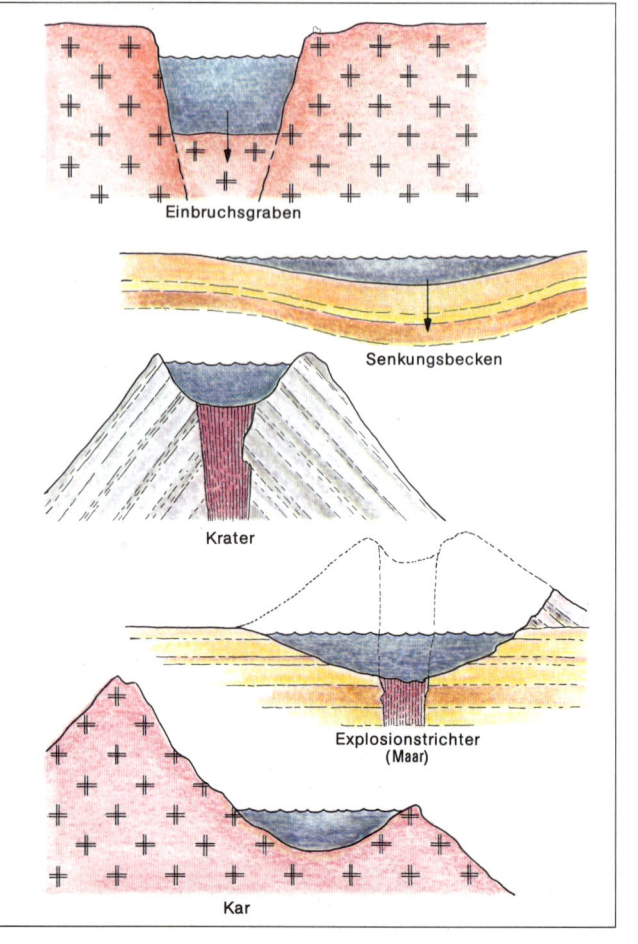

Einbruchsgraben

Senkungsbecken

Krater

Explosionstrichter (Maar)

Kar

Der See ist eine der berühmtesten und ungewöhnlichsten Sehenswürdigkeiten der Alpen. Er erinnert an eine skandinavische, von Bergen eingefaßte Fjordlandschaft mit mediterraner Vegetation. Die Umrisse des klaren und bis 214 m tiefen Sees gleichen einem Stern mit verschieden langen, gebogenen Strahlen, die vom Küßnachter See, vom Luzerner See, vom Alpnacher See und vom Urner See gebildet sind. Die Reuß durchfließt den See, der auch die Engelberger Aa, die Sarner Aa und die Muota aufnimmt.

Die Entstehung des Sees, dessen Fläche früher viel größer war, gibt eine Reihe geologischer und geomorphologischer Rätsel auf. Höchstwahrscheinlich ist sie auf verschiedene Faktoren zurückzuführen – eine Senkung der Erdkruste, die Tiefenerosion der Flüsse, die tiefe Kerben in die Decken der Kalkalpen schnitten, und vor allem die großen pleistozänen Vereisungen. Die Gletscher schürften die Täler weiter aus, und ihre heute versunkenen Moränen unterteilten den See in einzelne Becken. Es handelt sich in Wirklichkeit um fünf aneinandergereihte Seebecken. Bei Luzern, wo die Reuß den See verläßt, sind die niedrigen, in Buchten gegliederten Ufer verbaut. Gegen Norden, bei Küßnacht, steigen die Uferhänge allmählich an, am Nordufer zwischen Weggis und Gersau erhebt sich der wuchtige, 1797 m hohe Rigi, einer der berühmtesten Aussichtsberge der Alpen. Nach einer Verengung an der Muotamündung erreicht man den Urner See im Südosten. Dieser letzte, 11,5 km lange Arm schneidet die Falten der Voralpen quer durch. Hier wird der See von schroffen Felswänden mit über 100 m hohen senkrechten Stufen überragt. Entlang dem Ostufer führt die Axenstraße, die einen großartigen Blick auf den See gewährt. Im Südwesten ist der in zwei Becken gegliederte Alpnacher See von steilen Felswänden eingefaßt. Vom 2129 m hohen Pilatus ist die Aussicht unvergleichlich schön.

Das Gebiet des Vierwaldstätter Sees, das vom Föhn erwärmt wird, ist ein kleines botanisches Paradies, in dem sich Edelkastanien, Feigen und exotische Pflanzen wie Lorbeer und Magnolie zu den robusten alpinen Arten gesellen.

Vøringfoss

Europa, Norwegen
60° 25′ n. Br., 7° 15′ ö. L.

Die Schlucht endet in einer Sackgasse, und neben der düsteren, schwindelerregenden Felswand stürzt der Wasserfall tosend und ungezähmt herab.

Die höchsten der zahlreichen Wasserfälle Norwegens liegen in den südwestlichen Skanden, in der Nähe der großen Fjorde. Häufig sind sie über die Straßen, die sich in Serpentinen zu den Küstenstädten hinunterschlängeln, leicht zu erreichen, was auch beim Vøringfoss der Fall ist.

Die Straße von Oslo nach Bergen verläßt die Hochflächen der Hardangervidda in Richtung des Eidfjords, eines inneren Seitenarms des Hardangerfjords, und führt hinunter in eine Schlucht, in die die Bjoreia als Wasserfall stürzt. Weiter oben fließt der Fluß in einem breiten Tal, wo er zahlreiche Bäche aufnimmt, die aus den kleinen Seen der welligen Fjellhochfläche kommen. Ein Teil des Wassers stammt auch vom Hardangergletscher. In 630 m Höhe über dem Meer ist in den breiten Talboden eine schmale Schlucht, das Måbødal, eingeschnitten. Sie endet an einer senkrechten, 235 m hohen Wand. 100 m davon entfernt, stürzt der Fluß am Südhang grollend herab.

Vøringfoss *Die Bjoreia, die von der Fjellhochfläche kommt und vom Hardangergletscher gespeist wird, verläßt ihr breites Tal und stürzt, Gischtwolken versprühend, in die enge Schlucht.*

Da er aber in den oberen Talrand eine kleine Schlucht eingeschnitten hat, beträgt die Höhe des Wasserfalls nur noch 182 m. Dieser Teil des Tals, eine Sackgasse, aus der die Gischtwolken emporsteigen, ist am eindrucksvollsten. Hier ist das Måbødal am oberen Rand 200 bis 300 m breit, der Fluß mit seinen Stromschnellen am Fuß der Felswände nur 10 bis 20 m.

Seit dem Beginn des Pleistozäns haben die Gletscher die ursprünglich flachen Täler, die vorher von Flüssen angelegt worden waren, stark übertieft und die Küstenabdachung der norwegischen Gebirge stark abgetragen. In die alten, flach geneigten Talböden sind mehrere hundert Meter tiefe Trogtäler eingeschnitten worden. Die beiden Reliefgenerationen sind durch scharfe Hangknicke getrennt. Das Måbødal, das in den Eidfjord mündet, wurde vom Eis durch das Ausräumen einer Bruchzone in den präkambrischen Gneisen des Hardangerfjords geschaffen.

W

Waddenzee

Europa, Niederlande
52° 53'–53° 20' n. Br., 4° 45'–5° 25' ö. L.

Einen Teil der Waddenzee, jenes Vogelparadieses zwischen dem großen Norddeich und der Kette der Westfriesischen Inseln, haben die Menschen bereits in ihre Gewalt gebracht.

Die Waddenzee ist der Teil der Nordsee, der im Osten durch das Festland und im Westen durch die Westfriesischen Inseln begrenzt wird. Dieses kleine Küstenmeer ist nicht sehr tief und wird während der Ebbe fast vollständig entleert. Sein Boden ist mit marinen oder fluvialen Tonen bedeckt, die seit dem jüngeren Holozän abgelagert werden. Früher war die Waddenzee ein Binnensee, der durch Dünen von der Nordsee abgetrennt war. Während der Flandrischen Transgression und vor allem bei Sturmfluten im 12. und 13. Jahrhundert durchbrach das Meer die Dünenkette und überschwemmte das flache Land hinter der Waddenzee. So entstand die Zuiderzee, heute IJsselmeer genannt.

Seit dem Mittelalter haben sich die Menschen bemüht, dieses Land zurückzugewinnen, indem sie die Schlickflächen eindeichten und trockenlegten. Diese Land-

Waddenzee *Zwischen den heranrollenden Wellen und dem festen Deich liegt das von Kanälen durchzogene Niemandsland eines künftigen Polders, das nicht länger dem Meer, aber auch noch nicht den Menschen ganz gehört.*

rückgewinnung hat heute angesichts der Tatsache, daß die Bevölkerungsdichte der Niederlande sehr hoch ist, an Bedeutung gewonnen. Nach dem Bau des großen Abschlußdeiches im Jahr 1932, der die Zuiderzee von der Waddenzee trennt, entstand ein Süßwassersee, das IJsselmeer. Wenn der Markerwaardpolder, der letzte von den fünf großen Poldern des IJsselmeers, fertig ist, werden 225 000 ha Ackerland aus der alten Zuiderzee zurückgewonnen sein. Allerdings sind die Arbeiten am Projekt Markerwaardpolder derzeit unterbrochen. Auf Drängen verschiedener Naturschutzverbände hin werden die Pläne neu überarbeitet. An sich ist die gesamte Waddenzee von unschätzbarem ökologischem Wert, denn sie stellt eines der bedeutendsten Vogelschutzgebiete der Welt dar.

Auch für die Menschen ist sie als Erholungsgebiet wichtig, zählen doch die Strände der West- und Südküste der Inseln zu den schönsten Europas.

Waimangu

Australien, Neuseeland
38° 15′ s. Br., 176° 25′ ö. L.

Die Natur scheint hier ihr seltsames und lärmendes Gepränge nur zu veranstalten, um ihre Werke dann um so eifriger zu zerstören. Auf Neuseeland bleiben jedoch noch genug Geysire, Schlammvulkane, rauchende Felsen und seltsame Seen, die den Menschen faszinieren und erschrecken.

Schon im 19. Jahrhundert war die Gegend von Waimangu auf der Nordinsel von Neuseeland wegen ihrer heißen Quellen und ihrer postvulkanischen Erscheinungen bekannt. Man kam vor allem, um die weißen und rosaroten Sinterterrassen zu bewundern, die durch die mineralhaltigen Wasser von Geysiren und Quellen gebildet worden waren. Heute sind diese Terrassen verschwunden. Der französische Geograph Aubert de la Rüe beschrieb sie so: „Die Whiteterrasse bestand aus einer Folge von breiten, 0,3 bis 2,5 m hohen Stufen. Insgesamt war sie etwa 25 m hoch. Sie zog sich am Fuß eines Geysirs hin, der in regelmäßigen Abständen 3 bis 5 m emporstieg, die schön ausgeformten Stufen bis zu einem weiter unten gelegenen See überspülte und dabei eine Folge von schneeweißen Brunnenbecken mit türkisblauem, kochendem Wasser füllte. Die lachsrosafarbene Pinkterrasse auf dem gegenüberliegenden Ufer des Rotomahanasees wurde aus einem überlaufenden, runden Becken mit lauwarmem Wasser gespeist."

Am 10. Juni 1886 explodierte kurz nach Mitternacht plötzlich ein benachbarter Vulkan, der Tarawera, der vorher nur ein wenig Dampf gefördert hatte. Der Berg wurde von Nordosten nach Südwesten

Waimangu *Diese heißen schwefelhaltigen Quellen bieten einen fast höllischen Anblick. Das Wasser stürzt in Katarakten über das Gestein und bedeckt es mit verschiedenfarbigen Ablagerungen.*

Waimangu *Am Grund eines Kessels mit steil abfallenden Wänden liegt dieser See aus kochendheißem Wasser, den ein unterirdisches Feuer erhitzt. Bei Waimangu auf Neuseeland gibt es noch weitere derartige Becken sowie Geysire und kleine Vulkane, aus denen Dampf und Gase entweichen.*

durch einen 12 km langen, 200 m breiten und 100 bis 400 m tiefen Riß in zwei Hälften gespalten. Aus 22 Kratern schoß glühende Lava hervor. In die Spalte ergoß sich das Wasser des Rotomahanasees und verdampfte, worauf eine weitere ungeheure Explosion erfolgte. Aschen und Lapilli wurden ausgeworfen und begruben ein Gebiet von ungefähr 16 000 km². Mehrere Maoridörfer und der kleine, von Europäern bewohnte Ort Waiora wurden dabei zerstört. Die vulkanische Tätigkeit hielt einige Monate an. Am Gipfel des Tarawera bildeten sich acht kleine Kegel aus basaltischer Schlacke, während sich ein neuer Rotomahanasee bildete.

Die malerische Landschaft und die Geysire lockten jedoch weiterhin Besucher an. Der Geysir von Waimangu, dessen Ausbrüche sich regelmäßig alle 36 Stunden ereigneten, hatte eine erstaunliche Kraft; er schleuderte sein schlammiges Wasser bis zu 490 m hoch. Damals war er mit Abstand der stärkste Geysir der Welt. Zwischen den Ausbrüchen lagerte sich der Schlamm auf dem Grund eines 100 m langen und 60 m breiten Sees ab, dessen grünes Wasser eine Temperatur von ungefähr 100 °C hatte. Ab Juni 1904 brach der Geysir nur noch gelegentlich aus, und bei einem Ausbruch im Jahre 1917 verschwand er völlig. Bei diesem Ausbruch entstand dort, wo sich ein Touristenhotel befand, ein Krater. Glücklicherweise war das Hotel rechtzeitig evakuiert worden.

In der Gegend von Waimangu sind heute noch sehr interessante postvulkanische Erscheinungen zu beobachten: dampfende Becken, in denen das Wasser fast den Siedepunkt erreicht; Geysire, die kochendes Wasser einige Meter hoch auswerfen; Mulden, in denen heißer Schlamm brodelt und große Gasblasen platzen; kleine Vulkane aus trockenem Schlamm, aus denen Fumarolen oder Mofetten entweichen; Dampfstrahlen, die mit lautem Pfeifen aus Bodenrissen herausschießen, und ätzende Schwefelaushauchungen, die einem den Atem nehmen.

Den Waimangukessel füllt ein kochender, ungefähr 4 ha großer See, den rauchende Felsen, die Cathedral Rocks, überragen. Er hat sich nach dem Ausbruch von 1917 gebildet. Ein anderer See ist bei dem heftigen Ausbruch von 1886 entstanden: Ruamako's Throat, dessen Wasser türkisblau ist. Am Ufer des Rotomahanasees steigen aus Lavafelsen Schwefeldämpfe auf. Die Plötzlichkeit, mit der die Ausbrüche erfolgen, sowie die vielen heißen Quellen sind Hinweise auf eine ausgedehnte Magmakammer im Untergrund. Die Temperatur in der Tiefe steigt außerordentlich rasch an, und Gas, das unter hohem Druck steht, kann gewaltige Explosionen auslösen – wie den Ausbruch von 1886 –, wenn die Röhren, durch die es ausströmt, verstopft sind. Das kochende Wasser stammt hauptsächlich von der Erdoberfläche. Es handelt sich um versickertes Regenwasser, das sehr hohe Temperaturen (bis 300 °C) erreichen kann, wenn es mit den heißen Felsen in Berührung kommt. Der entstehende Wasserdampf dringt durch Klüfte wieder an die Oberfläche.

Waiotapu und Whakarewarewa

Australien, Neuseeland
38° 10'–38° 20' s. Br., 176° 15'–176° 24' ö. L.

Ein geheimer Kreislauf, ein Netz von unterirdischen Wasserläufen, regiert hier den Pulsschlag der Geysire, regelt ihre Höhe und Stärke.

Auf der Nordinsel von Neuseeland sind Waiotapu und Whakarewarewa zusammen mit der Gegend von Waimangu die berühmtesten Gebiete mit heißen Quellen. Ihr Landschaftsbild ist zugleich malerisch und unheimlich. In ihm spiegeln sich die Unruhe der Erdkruste und die Nähe des glutflüssigen Magmas wider. Hier gibt es

---

Mofetten, Fumarolen, Solfataren und Geysire

Die postvulkanischen Erscheinungen wie Fumarolen, Solfataren, Mofetten und Geysire werden durch die große Hitze des glutflüssigen Magmas in der Erdkruste verursacht. Dabei tritt nicht die Gesteinsschmelze an der Erdoberfläche als Lava aus, sondern es werden heiße Gase und Wasser gefördert. Postvulkanisch nennt man diese Erscheinungen, weil sie oft noch lange nach den eigentlichen Vulkanausbrüchen auftreten.

Die *Mofetten* sind Gasaushauchungen bei weniger hohen Temperaturen; es handelt sich dabei meistens um Kohlendioxid.

Die *Fumarolen*, ebenfalls Gas- und Dampfquellen, haben höhere Temperaturen (200 bis 800 °C). Es handelt sich vorwiegend um Wasserdampf, aber auch um Dampf, der mit Schwefeldioxid, Salmiak, Salzsäure und Kohlensäure gemischt ist.

Die *Solfataren* unterscheiden sich von den Fumarolen nur durch ihren hohen Gehalt an Schwefelverbindungen, vor allem an Schwefelwasserstoff, und durch die niedrige Temperatur (100 bis 200 °C). Wenn diese Gase mit der Atmosphäre in Berührung kommen, oxidieren sie und setzen Schwefel und Sulfate frei.

Die *heißen Quellen* entstehen dadurch, daß das Wasser von Niederschlägen in die Tiefe versickert und später durch Verwerfungen wieder emporsteigt, nachdem es sich in der Nähe der Gesteinsschmelze erwärmt hat. Während dieses Kreislaufs nimmt es Mineralsalze auf, die ihm manchmal eine heilende Wirkung verleihen.

In einigen Fällen ist der Kreislauf des Grundwassers so geartet, daß das System nur mit Unterbrechungen funktioniert. Das Wasser schießt dann immer wieder schlagartig heraus. Man spricht in diesem Falle von *Geysiren*. Die Wassertemperatur erreicht fast den Siedepunkt, und die Höhe der Ausbrüche kann mehrere -zig Meter betragen – so im Yellowstone-Nationalpark, wo der Wasserstrahl des Old Faithful etwa jede Stunde einmal 38 bis 55 m hochschießt.

Die postvulkanischen Erscheinungen, insbesondere die Geysire, sind im allgemeinen gute Hinweise auf Zonen, die sich für die Nutzung geothermischer Energie eignen.

Maare und kleine Schlammvulkane, Solfataren und gähnende Spalten, die auf eingestürzte Hohlräume über unterirdischen Wasserläufen zurückzuführen sind.

Alle diese vulkanischen und hydrothermalen Erscheinungen markieren die Randverwerfungen eines großen tektonischen Grabens, der sich im Süden bis zu den gewaltigen Vulkanen Tongariro, Ngauruhoe und Ruapehu und im Norden bis zur Insel White erstreckt. Die einzelnen Grabenbrüche sind zum Teil noch heute in Bewegung. Das lassen immer wieder Erdbeben erkennen, von denen das stärkste sich 1922 ereignete. Der große Graben in Nordneuseeland hat sich mit vulkanischem Material gefüllt, das auch einige Seeablagerungen enthält.

Die Gegend von Waiotapu und Whakarewarewa ist vor allem wegen ihrer Geysire bekannt. Der Lady-Knox-Geysir in Waiotapu ist besonders schön, aber seine Öffnung wurde zu Anfang des 20. Jahrhunderts künstlich geschaffen.

In Whakarewarewa besteht der Geysir Flat aus sieben kleinen Geysiren, die sich auf einer etwa 0,8 ha großen Kieselsinterterrasse befinden. Nicht weit davon liegt der Pohutugeysir, der stärkste Geysir Neuseelands, seit der Waimangu nicht mehr aktiv ist. Der Wasserstrahl, der eine Höhe von 31 m erreichen kann, tritt nicht in regelmäßigen Abständen aus. Dieser Geysir hat nämlich Perioden, in denen er inaktiv ist – so zwischen dem 21. April 1932 und dem 7. Juni 1934 –, oder im Gegenteil Zeiten verstärkter Aktivität: Allein im Jahre 1926 wurden 613 Ausbrüche gezählt. Die Dauer eines Ausbruchs kann stark schwanken; sie beträgt durchschnittlich 20 Minuten, kann aber auch länger sein. Am 13. Mai 1920 blieb der Geysir sogar zwölf Stunden und zehn Minuten aktiv.

In der Nähe des Pohutugeysirs befindet sich ein etwa 10 m tiefes Becken mit kochendheißem Wasser. Im allgemeinen steigt der Wasserspiegel, kurz bevor der Geysir hochschießt, an. Das Wasser beginnt zu brodeln und kann sogar überlaufen. Sobald der Ausbruch begonnen hat, sinkt der Wasserspiegel langsam wieder. Dies beweist, daß zwischen dem Geysir und dem Becken ein Zusammenhang besteht. Eine ähnliche Verbindung ist zu mehreren anderen kleinen Geysiren vorhanden: zu den Prince of Wales Feathers, die einige Stunden vor dem Pohutu ausbrechen und ihre Tätigkeit etwa zur gleichen Zeit wie der Pohutugeysir beenden.

Die Ausbruchsperioden und die Stärke der Geysire hängen vom unterirdischen Wasserkreislauf ab. Das Wasser sickert in die klüftige und durchlässige Lava leicht ein, und seine Temperatur erhöht sich in der Tiefe schnell. Zum Beispiel hat das Wasser im Pohutukessel 13 m unter der Erdoberfläche eine Temperatur von 112,8°C. Infolge des erhöhten Druckes liegt der Siedepunkt hier bei 122°C. In noch größerer Tiefe kann das Wasser Temperaturen über 200°C erreichen. Wenn es dem Wasserdampf gelingt, an die Oberfläche zu kommen, tritt er laufend in kochendheißen Dampfsäulen aus. Wird er jedoch von einer darüberliegenden Grundwasserschicht zurückgehalten, sammelt er sich unter ihr an. Sobald ein bestimmter Druck überschritten wird, bricht der Geysir in mehr oder weniger regelmä-

Waiotapu *Aus einem kleinen Kegel, der sich aus abgelagerten Mineralsalzen gebildet hat, schießt mitten in einem Wald ein heißer Wasserstrahl mehrere Meter hoch empor: der Lady-Knox-Geysir. Solche heißen Quellen sind im Norden von Neuseeland häufig. Sie zeigen, daß die Erdkruste hier noch nicht zur Ruhe gekommen ist.*

bigen Abständen aus. Die Bedeutung des Druckes erkennt man auch daran, daß der Ausbruchsstrahl der Geysire um so höher ist, je niedriger der Luftdruck ist.

Wenn das Wasser schlammig ist, gilt der Geysir als jung. Sobald die Kanäle innen eine Silikatkruste bekommen, verliert das Wasser allmählich seine Trübung und wird sehr klar.

Wasser, das mit hoher Temperatur in der Erde zirkuliert, kann in starkem Maße gelöste Salze aufnehmen. Nähert es sich der Oberfläche, so lagern sich die Salze nach und nach ab. Wenn das Wasser sich an der Oberfläche ausbreitet, bildet es farbige Silikatterrassen. In Waiotapu zum Beispiel erstreckt sich eine dieser Terrassen, Artist's Palette, über mehr als 1 ha. Die Temperatur des Wassers in den Becken und heißen Quellen ist sehr unterschiedlich. Die des Pohutukessels bewegt sich zwischen 94,4 und 100,5°C, also um den Siedepunkt. Die Temperatur des Tarewa Spring schwankt stärker: zwischen 77,2 und 99,4°C. Die des Kuiran Reserve erreicht nur maximal 83,3°C und kann bis auf 55,6°C fallen. Andere Quellen haben noch niedrigere Temperaturen.

Die Maori verwenden seit langem das heiße Wasser zum Kochen und um ihre Wäsche zu waschen. Die Einwohner der kleinen Stadt Rotorua benutzen es auch zum Heizen. Noch weiter südlich, in Wairakei, wird ein Elektrizitätswerk mit Dampf betrieben, der aus dem Erdinnern stammt.

Immer mehr Touristen bewundern diese erstaunlichen Erscheinungen, die man so ähnlich nur noch in Island oder in den USA im Yellowstonepark findet.

Westghats

Asien, Indien
11° 30'–21° n. Br., 73° 30'–76° ö. L.

Ein tiefer Bruch in einer gehobenen Basaltschicht wird von den Monsunregen angegriffen und zerlegt. So bilden sich die Ghats, eine rote und schwarze, 1100 km lange, steil abfallende Stufe, die vor dem nicht sehr weit entfernten Meer zurückzuweichen scheint.

Die Eisenbahnstrecke, die in das Innere des indischen Subkontinents führt, verläuft von Bombay durch eine eindrucksvolle Landschaft. Der Zug fährt an so steilen Hängen entlang, daß die Strecke hier nicht zweigleisig ausgebaut werden konnte. So mußten die beiden Gleise über verschiedene Trassen geführt werden, die sich trennen und wieder vereinigen. Hier überquert man die Westghats, eine Mauer, die fast 1000 m hoch ist und sich mehr als 1000 km lang ungefähr parallel zur westlichen Küste Indiens hinzieht. Von bestimmten Punkten aus kann man die Ghats besonders gut bewundern. Zu den reizvollsten gehört Bhima Shankar, etwa 60 km nordwestlich von Poona.

Der obere Teil der Steilwand ist aus dunkelgrauem bis schwarzem Gestein herausgearbeitet und weist hier und da lange braune oder rote Streifen auf. Riesige Teile der Wand haben sich abgelöst und sind am Hang hinuntergerutscht. Am Fuß der Steilwand ahnt man die weite Küstenebene, die das Arabische Meer säumt. Die Rückseite der Ghats wird durch eine Hochebene gebildet, die sich schwach nach Westen neigt. Sie ist mit dichtem Wald bedeckt. In ihm gibt es auch Teakbäume, die man an ihren breiten Blättern erkennt.

In die Hochebene schneidet das Tal der Bhima, die nordwestlich von Poona entspringt, tief ein. Die Quelle ist nur 50 km vom Arabischen Meer entfernt, doch fließt dieser Fluß nach Osten und ergießt sein Wasser schließlich, nachdem er in den Krishna geflossen ist, in den gut 800 km entfernten Golf von Bengalen. Von den Talhängen stürzen viele schwarze Felsblöcke auf die Roterdeböden der Talsohle.

Westghats *Wie ein trauriger Büßer oder ein seltsamer Vogel beherrscht dieser ungewöhnliche Basaltblock, ein Zeuge der anbrandenden Monsunwinde, die Ghatstufen, die treppenartig zur westlichen Küstenebene Vorderindiens abfallen.*

Während der Trockenzeit offenbart diese Landschaft ihre ganze Größe. Aber auch während der Regenzeit hat sie ihren Reiz, wenn die Steilwände in leichte Nebel gehüllt sind und das jetzt reichlich vorhandene Wasser in ockerfarbenen Kaskaden durch die tiefgrünen Wälder fließt.

Die Landschaft verdankt ihren Charakter tiefgreifenden geologischen Vorgängen. Am Ende des Mesozoikums und zu Anfang des Tertiärs breitete sich über den ganzen nordwestlichen Teil Indiens eine riesige Basaltdecke, die durch zahlreiche Spalten aufstieg. Sie bedeckt nun eine Fläche, die größer ist als Frankreich. Dann hob sich der westliche Teil des indischen Subkontinents. An der Westseite der Ghats entstand dabei eine Verwerfung, die in bezug auf ihre Länge und die Höhe der Krustenverschiebung wohl einmalig auf der Erde ist. Die Flüsse folgen dem Einfallen der Schichten nach Osten. Daraus erklärt sich die Eigenart des Wassernetzes.

Die Ghats stellen sich den Monsunwinden entgegen, die drei Monate lang von Südwesten her landeinwärts wehen, und zwingen sie emporzusteigen. Dieser Aufstieg verursacht starke Niederschläge, und die wiederum führen dazu, daß der Basalt tiefgründig verwittert, Bergstürze sich ereignen und rote Böden entstehen. Das feuchte und warme Klima bringt eine Symphonie von schwarzen, roten und grünen Tönen hervor, die dieser Landschaft eine besondere Schönheit verleihen.

Die Westghats sind über eine schlechte und mit dem Pkw kaum zu befahrende Straße nur schwer zu erreichen. Aber wie überall in Indien hat sich auch hier der Mensch niedergelassen. Noch die kleinste Senke ist für die Anlage von Reisfeldern genutzt. Die Quellen der Bhima sind durch einen Schiwatempel markiert. Der bescheidene Bau hat in seiner Einsamkeit etwas Rührendes. Einmal im Jahr wird diese Stille aber von einer Menge Pilger unterbrochen, die aus dem Bundesstaat Maharashtra hierher kommen.

White Island

Australien, Neuseeland
37° 30′ s. Br., 177° 12′ ö. L.

Die Kräfte des Vulkans lassen nach, aber er versteht es immer noch, seine versteckten Reichtümer zu schützen, und speit genügend Dampf, Gase und kochendheißes Wasser, um den Menschen Respekt einzuflößen.

White Island, eine kleine Insel in der Plentybucht, ungefähr 50 km von der Küste Neuseelands entfernt, ist ein andesitischer Vulkan, von dem nur der höchste Teil aus dem Wasser ragt. Sie liegt auf einer der Verwerfungen, die den Norden von Neuseeland durchziehen und die für die Entstehung des großen Vulkan- und Quellengebietes von Taupo-Rotorua verantwortlich sind.

Die Insel wurde von Kapitän Cook, der sie 1769 entdeckte, White Island (Weiße Insel) genannt, wahrscheinlich wegen der schneeweißen Gipsschichten oder des Guanos, den die vielen Meeresvögel dort hinterlassen. Es waren aber vor allem ihre Schwefellagerstätten, die die Europäer anzogen. Ein erster Abbauversuch mußte 1886 wegen eines drohenden Vulkanaus-

White Island *Auf dem Boden des halbzerstörten Kraters liegen gelbe Schwefelspuren und silbrig schimmernde Gipskristalle, Dampfstrahlen steigen auf, und kochendheißes Wasser sprudelt hervor – Zeichen der verborgenen Kräfte des Vulkans, der aber vermutlich erlischt.*

bruchs eingestellt werden. 1913 nahm eine kanadische Gesellschaft den Abbau des Schwefels wieder auf; aber im folgenden Jahr, am 10. September 1914, wurden bei einem verheerenden Ausbruch 1 000 000 m³ Gestein in die Luft geschleudert, und der See, der in der Mitte der Insel lag, verschwand von der Oberfläche. Die Abbaueinrichtungen lösten sich in Luft auf, und nur das Bett des Direktors wurde auf dem Ozean treibend gefunden...

White Island ist ein 300 m hoher, aktiver Vulkan, dessen breiter Krater – nach Osten weit aufgerissen – zahlreiche heiße Quellen umschließt: Becken mit kochendheißem Wasser, Schlammvulkane, saure Fumarolen, Geysire und vor allem noch eindrucksvolle Dampf- und Gasstrahlen, die überall aufsteigen. Aus einer 35 m breiten Öffnung *(blow hole)* tritt mit ohrenbetäubendem Lärm eine mächtige Dampfsäule, der Roaring Jimmy, der die Rolle eines Sicherheitsventils zu spielen scheint. Aus ihm entweichen die unter hohem Druck stehenden Gase, die sich unter der Oberfläche des Vulkans angesammelt haben. Der Ausbruch vom September 1914, der bisher heftigste, ereignete sich, nachdem ein Felssturz den Hauptkanal vorübergehend verstopft hatte: 50 t schwere Blöcke wurden kilometerweit durch die Luft geschleudert. Aber trotz dieser Zeichen vulkanischer Tätigkeit wird angenommen, daß der Vulkan erlischt.

Touristen können vom Flugzeug aus das wunderbare Schauspiel der Fumarolen ohne Gefahr genießen. Es ist möglich, die Insel mit dem Schiff zu erreichen, aber es gibt keine ständige Verbindung. Mehrmals hatte man vor, den Schwefelabbau wiederaufzunehmen. Eine 100 m tiefe Bohrung hatte 1920 gezeigt, daß die Schwefellagerstätte von ausgezeichneter Qualität ist. Dagegen kommt der Gips, der durch das Ausströmen der sauren Fumarolen entsteht, nur in Form von einzelnen Kristallen oder dünnen Adern vor, die nicht abbauwürdig scheinen. Dasselbe gilt für den Guano, dessen Qualität durch die außergewöhnlich hohen Niederschläge, die auf die Insel niedergehen, stark vermindert wird.

White Sands

Amerika, USA
32° 46′ n. Br., 106° 20′ w. L.

Durch das Zusammenspiel von Wind, Wasser und Sonne wird der Gips in feinen Staub verwandelt, den der Wind aufnimmt. An anderer Stelle türmt er daraus die Dünen dieser großen, weißen Wüste auf.

Die weißen Dünen der größten Gipswüste der Welt, die White Sands im Bundesstaat New Mexico im Südwesten der USA, erstrecken sich über mehr als 1000 km² im Tularosabecken zwischen den San Andres und den Sacramento Mountains.

Das Tularosabecken wird im Osten und im Westen von zwei nordsüdverlaufenden Verwerfungen begrenzt. Durch die Brüche wurde an den Hängen des Beckens die Schichtenfolge des geologischen Untergrunds freigelegt. Die unteren Schichten sind rote Gesteine des Perms, die oberen stammen aus der Kreide. An den Lagerungsverhältnissen ist zu erkennen, daß das Tularosabecken ein Graben, eine abgesenkte Scholle der Erdkruste, ist.

Die Existenz der Gipsdünen erklärt sich zunächst einmal durch die Tatsache, daß in die roten Gesteine des Beckenrandes Schichten aus reinem Gips und salzhaltigen Mergeln eingelagert sind. Der Gips und das Steinsalz wird von *Arroyos*, kleinen Bächen, die nur gelegentlich Wasser führen, in das Zentrum des Beckens gespült. Dort verdunstet das Wasser, und Gips- und Salzkrusten bleiben zurück. Durch Temperaturschwankungen werden dann die Gipskrusten zu feinen Körnern zerkleinert, die der Wind zu Dünen aufweht.

Die Gipsdünen bedecken nicht den gesamten Boden des Beckens; durch die vorherrschenden Winde ständig bewegt, bilden sie einen Saum, der sich nach Osten und Süden ausdehnt. Das tierische und pflanzliche Leben ist in dieser Gips- und Salzwüste sehr eingeschränkt. Man findet jedoch eine interessante Flora zwischen den Dünenkämmen sowie einige Eidechsen und Mäuse, deren weißes Fell ein Beispiel für das Phänomen der Anpassung an die Umgebung ist.

White Sands *Bis zu den Bergen am Horizont erstreckt sich die zu Dünen aufgewehte Gipswüste, in der die Yuccas fast die einzige Vegetation darstellen.*

Wind Cave

Amerika, USA
43° 32′ n. Br., 103° 29′ w. L.

Weder Vorhänge noch Säulen gibt es in der Windhöhle, doch hier entstand ein phantastisches Netz von Kristallen, das wabenförmig aus den Klüften des Kalkgesteins herauswächst.

Die Wind Cave, eine der längsten Höhlen der Vereinigten Staaten, liegt nördlich von Hot Springs in South Dakota. Sie wurde 1881 in den Black Hills auf dem Gebiet der Siouxindianer von einem Pionier namens Tom Bingham entdeckt, den ein seltsames Pfeifen angezogen hatte. Für dieses Geräusch gab es eine einfache Erklärung: Da der Luftdruck im Inneren der Höhle höher war als draußen, wurde die Luft durch ein kleines Loch nach außen gepreßt. Später wurde dieses Loch erweitert, und aufgrund des starken Luftzugs, der ständig aus der Höhle heraus- oder in sie hineinweht, je nachdem, ob der Luftdruck drinnen oder draußen höher ist, erhielt sie den Namen Wind Cave (Windhöhle).

Die Wind Cave, von der South Dakota Mining Company erworben, wurde bald Besuchern zugänglich gemacht, und im Januar 1903 wurde das Gebiet um die Höhle zum Nationalpark erklärt.

Von den 40 km langen Höhlengängen können die Touristen allerdings nur etwa 1,5 km besichtigen. Im Unterschied zu den Carlsbad Caverns und zur Mammoth Cave, die ebenfalls in Nationalparks der Vereinigten Staaten liegen, sind die Wände der Wind Cave wabenartig mit Kristallen überzogen. Es handelt sich um Kalkspatkristalle, die mit ihrer Basisfläche senkrecht auf der Höhlenwand sitzen und

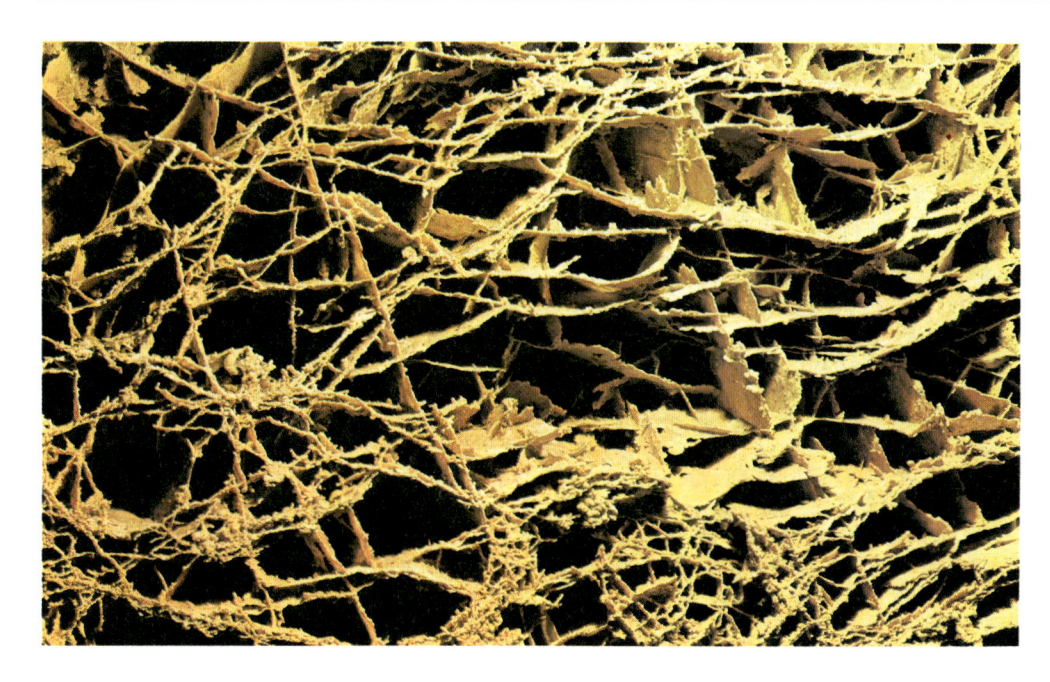

Wind Cave *Das unterirdische Sickerwasser hat im klüftigen Kalkstein der Höhle Kalkspat abgelagert, dessen Kristalle durch die Korrosion ein wabenartiges Netzwerk bilden.*

kleine Waben bilden. Die Entstehungsweise dieser Waben ist bekannt. In den zahlreichen Klüften des Kalksteins hat das Sickerwasser Kalkspat abgelagert, der in den Felsspalten auskristallisiert ist. Die Korrosion hat anschließend den leichter löslichen Kalk herausgelöst, wobei die Kalkspatkristalle in den Klüften als Waben zurückgeblieben sind.

Wolga

Europa, UdSSR
45° 43'–57° 03' n. Br., 32° 45'–49° 30' ö. L.

Die Wolga strömt träge durch die weiten Ebenen Rußlands. Als längster Strom Europas ist sie für die UdSSR eine wichtige Lebensader: Sie ist die Grundlage ausgedehnter Bewässerungskulturen, Hauptverkehrsträger der russischen Binnenschiffahrt und außerdem eine der wichtigsten Energiequellen der mittelrussischen Industrie.

Mit einer Gesamtlänge von 3688 km, einem Einzugsgebiet von 1,38 Millionen km² und einem mittleren Abfluß an der Mündung von rund 8000 m³/s ist die Wolga der größte Strom Europas. Die Russen nennen sie „Mütterchen Wolga", denn mit keinem anderen Fluß waren die Geschicke des Landes so eng verbunden. Die Bedeutung der Wolga als Großschiffahrtsweg der UdSSR übertrifft diejenige aller anderen Wasserstraßen des Landes mit großem Abstand.

Die Wolga entspringt in den Waldaihöhen, einem zwischen Moskau und Leningrad gelegenen Hügelland. Bis zur Stadt Gorki, rund 380 km östlich von Moskau an der Mündung der Oka gelegen, durchfließt sie eine ebene Altmoränenlandschaft. Da die Wasserscheiden in diesem Gebiet sehr niedrig sind, drangen die Wasser der Wolga vor der Regulierung des Stromes während der Schneeschmelze des öfteren in die Einzugsbereiche anderer Flüsse ein.

Stromabwärts von Gorki beginnt der Mittellauf der Wolga. Er reicht bis zur Einmündung der Kama, unterhalb von Kasan. Dieser und der größte Teil des Unterlaufes werden auf der rechten Seite von einem steilen Bergufer begleitet, dem auf der linken Seite des Stromes eine bis zu 10 km breite Überschwemmungsaue, das sogenannte Wiesenufer, gegenüberliegt.

Bei Wolgograd tritt die Wolga in die Kaspische Senke ein. Sie durchquert dieses Gebiet als Fremdlingsfluß, denn in den ausgedehnten, regenarmen Trockensteppen, in denen sie keinen Zufluß mehr empfängt, ist die Verdunstung so hoch, daß die Wolga den größeren Teil ihres Wassers verliert. Links und rechts des Stromes liegen ausgedehnte Flußoasen. Bei Astrachan mündet die Wolga mit einem riesigen Delta (13 400 km²) in das Kaspische Meer. Sie teilt sich in etwa 80 Deltaarme, von denen nur die wenigsten schiffbar sind. Der längste Nebenarm ist der Achtuba, der bereits oberhalb von Wolgograd abzweigt, 520 km von der Mündung entfernt. Vor dem Bau der gewaltigen Wolgastauseen transportierte der Fluß jährlich etwa 25 Millionen t Sinkstoffe ins Kaspische Meer. Heute wächst sein Delta um 180 m pro Jahr ins Meer hinaus.

Den ersten Wolgastausee gab es bereits vor 136 Jahren: 1843 erfolgte die Einweihung eines Staudammes nahe der Quelle. Stromabwärts schließen sich der Iwankowostausee und der Rybinsker Stausee an, der mit seiner Fläche von 4580 km² einer der größten Seen Europas ist. Er ist rund 76 km lang, 60 km breit, durchschnittlich 5,6 m tief und faßt 25,6 km³. Vom Baubeginn des gewaltigen Staudammes im Jahr 1935 vergingen zwölf Jahre bis zur Auffüllung des Sees. Einen Rekord anderer Art hält der weiter stromabwärts gelegene Kuibyschewer Stausee: Mit den Wassermassen dieses 580 km langen und bis zu 30 km breiten Sees betreiben die Russen eines der größten Laufwasserkraftwerke der Welt. Seine Leistung beträgt 2,3 Millionen kW. Zusammen mit anderen Wolgakraftwerken versorgt es die mittelrussischen Industriegebiete mit Energie.

Mehr als 60 % der sowjetischen Binnenschiffahrt werden auf der Wolga abgewickelt. Die Wasserstraße reicht von Rschew, rund 180 km von der Quelle entfernt, bis zum Kaspischen Meer. Durch künstlich angelegte Kanäle ist der Strom mit der Ostsee (Wolga-Ostsee-Wasserweg), dem Weißen Meer (Weißmeer-Ostsee-Kanal und Nördlicher Dwina-Wolga-Kanal), mit der Industrieregion Moskau (Moskaukanal) und mit dem Schwarzen Meer (Wolga-Don-Schiffahrtskanal) verbunden. Durch die strengen kontinentalen Winter wird die Wolgaschiffahrt jedoch erheblich behindert, denn von Mitte November bis Ende April ist der Strom größtenteils zugefroren.

Die Wolga durchströmt von der Quelle bis zur Mündung mehrere großdimensionierte natürliche Landschaftsgürtel. Ihr Oberlauf liegt im Grenzsaum zwischen borealem Nadelwald im Norden und der natürlichen Mischwaldzone im Süden. Im Mittellauf bildet sie den Grenzgürtel zwischen natürlichem Mischwald und der südlich anschließenden ausgedehnten Waldsteppe, in die sie wenig später eintritt. Stromabwärts von Kuibyschew trennt sie die Waldsteppe im Westen von der östlich anschließenden Steppe. Unterhalb von Wolgograd durchfließt sie schließlich die Trockensteppe der Kaspischen Senke.

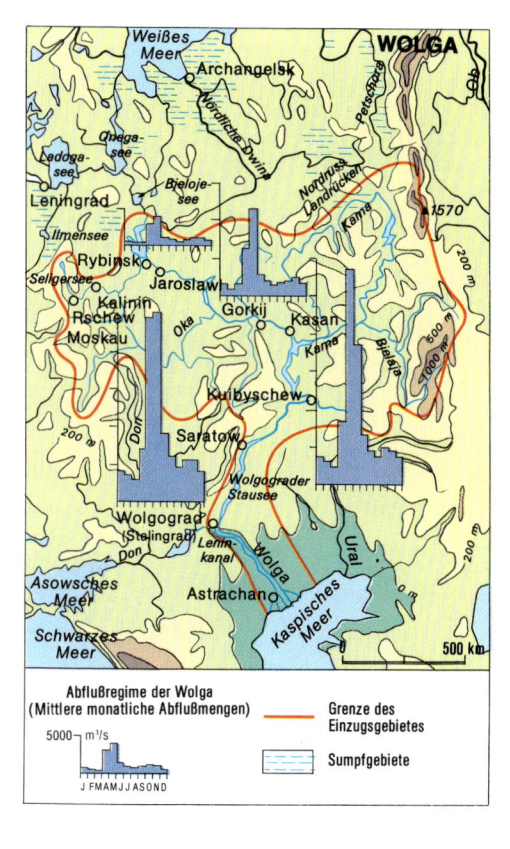

Yellowstone-Nationalpark

Amerika, USA
44° 10′–45° n. Br., 110°–111° 05′ w. L.

Ein kleiner Garten Eden, dem einige Landschaften der Hölle hinzugefügt worden sind – so präsentiert sich diese Gegend, deren artenreiche Tier- und Pflanzenwelt fast so bemerkenswert ist wie die zahlreichen vulkanischen Erscheinungen.

Die rauhe Gebirgsregion von Yellowstone im nordwestlichen Wyoming ist nicht nur der älteste, sondern auch der größte Nationalpark der Vereinigten Staaten. Er besitzt eine Fläche von fast 9000 km², ist also größer als Korsika. Seine Lage inmitten der Rocky Mountains erklärt seine mittlere Höhe von fast 2500 m.

Die Landschaft des Nationalparks wurde im Tertiär und Quartär gestaltet. Man trifft hier auf zahlreiche Spuren aus den Eiszeiten, vor allem Moränen und Findlinge, die vom Eis mitgenommen und weit entfernt von ihrem Ursprung abgelagert wurden. Versteinerte Wälder, Schlammvulkane, Fumarolen und heiße Quellen sind häufig; die Schlamm- und Schwefelquellen und auch die Schwefelhügel entwickeln einen Geruch, der sofort die vulkanische Herkunft des Materials verrät. Die eindrucksvollsten Erscheinungen sind jedoch die Geysire, heiße, periodisch ausbrechende Springquellen, die in Gebieten mit jüngerem Vulkanismus vorkommen. Sie stoßen große Mengen Wasser – vor allem eingesickertes Regenwasser – und Schwefeldämpfe aus.

Der Untergrund des Yellowstoneparks besteht aus einer Andesitschicht (einem glasigen Gestein, das aus einem Lavastrom hervorgegangen ist) mit einer Mächtigkeit von 600 m. Sie liegt auf sehr stark zerklüfteten Kalksteinschichten, aus denen die heißen Dämpfe aufsteigen. Das Grund- oder Sickerwasser, das durch die Spalten wieder hochsteigt, ist sehr heiß – man nimmt an, daß die Wassertemperatur in der Tiefe um 3,6 °C pro 100 m steigt – und enthält viel gelösten Kalkspat und Kieselsäure. An der Oberfläche verdampft das Wasser und hinterläßt Sinterablagerungen, den Geyserit. Diese kieseligen, opalfarbenen Ablagerungen sehen oft wie ein riesiger Blumenkohl aus. Allmählich bilden sie Kieselsinterterrassen wie an den Mammoth Hot Springs, die über roten, stark kieselsäurehaltigen, massiven Rhyolithschichten mit Säulenstruktur und großen Kristallen aus Quarz und Feldspat liegen. Der Geysir bricht aus, wenn der Druck des heißen Dampfs in dem unterirdischen Röhrensystem größer ist als das Gewicht der darüberstehenden Wassersäule. Wenn das Wasser ausströmt, vermindert sich der Druck, und die Temperatur sinkt schnell ab.

Im Yellowstonepark zählt man nicht weniger als 3000 Geysire, die mehr oder

Yellowstone-Nationalpark *Aus diesem riesigen Höllenschlund, dessen Rand mit Schwefel- und Bitumenablagerungen bedeckt ist, schnellt in mehr oder weniger regelmäßigen Abständen eine hohe Wassersäule dem klaren Himmel von Wyoming entgegen.*

Yellowstone-Nationalpark *Über die langgestreckten, opalfarbenen Stufen dieses Märchenpalasts gleitet das mineralhaltige Wasser von Becken zu Becken hinab und gestaltet die Sinterterrassen durch neue Ablagerungen ständig neu.*

weniger regelmäßig ausbrechen. Der bekannteste unter ihnen ist zweifellos der Old Faithful, der seit 100 Jahren etwa jede Stunde einen 40 bis 60 m hohen Wasserstrahl emporschleudert. Die zahlreichen, verschieden hohen Strahlen eines anderen Geysirs bieten dem Besucher ein atemberaubendes Schauspiel. Einige haben wiederum nur schwache, niedrige Strahlen von kurzer Dauer, sind dafür aber in kürzeren Abständen, manchmal fast jede Minute, tätig. Aus anderen Geysiren, die schon vor Jahrzehnten zur Ruhe gekommen sind, steigen Dampfsäulen auf.

Fauna und Flora in diesem großen Naturschutzgebiet sind sehr artenreich, hier gibt es unter anderem die gefürchteten Grislybären. Die Gebirgslandschaft ist von eindrucksvoller Schönheit, vor allem in der Umgebung des Yellowstonecanyons, der zwar die Größe des Grand Canyons des Colorados nicht erreicht, jedoch einen Besuch wert ist. Die 33, 40 und 94 m hohen Wasserfälle des Canyons sind ebenfalls eine Sehenswürdigkeit. Der Yellowstone River durchquert den fischreichen Yellowstone Lake, einen der größten Gebirgsseen der Welt, dessen Ufer von zahllosen Vögeln bevölkert sind. Im Nationalpark liegt auch der Craigpaß, der mit einer Höhe von mehr als 2500 m die kontinentale Wasserscheide bildet. Hier verwandeln sich alle Quellen in Bäche, von denen die einen nach Westen in das Einzugsgebiet des Pazifiks, die anderen nach Osten in den Atlantik fließen. Der kleine Isasee, der auf der Wasserscheide liegt, hat je einen Abfluß nach beiden Seiten des Gebirges.

Dies ist also die Grenze zwischen zwei in jeder Hinsicht sehr verschiedenen Welten, was sich auch in der Vegetation bemerkbar macht. Sie wechselt von einem Hang zum anderen, und daher ist auch die Höhenstufung der Vegetation nicht nur vom Klima abhängig, sondern auch von der Lage, dem Relief und den Abtragungsvorgängen auf den Hängen.

Auf der Grand Loop Road, die den Park durchquert, kann man die meisten Sehenswürdigkeiten bequem erreichen.

Yichang

Asien, China
31° n. Br., 112° 20′ ö. L.

Mitten in China versperrt dem Jangtsekiang plötzlich ein Kalkmassiv den Weg. Wütend wirft sich der Strom gegen das Felshindernis, schneidet sich in das Gebirge ein und durchquert es in raschem, von tiefen und schattigen Schluchten begleitetem Lauf.

Yellowstone-Nationalpark

Der Jangtsekiang (Chang Jiang), dessen Einzugsgebiet beinahe 2 Millionen km² umfaßt, ist nicht nur der längste Fluß Chinas, sondern auch einer der größten Ströme der Welt. Angaben über seine Länge schwanken zwischen 5100 und 5980 km. Die Entwicklungsgeschichte seines Laufs liegt noch teilweise im dunkeln. Er entspringt im Hochland von Tibet, 5600 m über dem Meeresspiegel, und fließt zunächst etwa 1000 km weit in nordsüdlicher Richtung wie seine großen Nachbarn, die nach Hinterindien strömen. Doch in der Provinz Yünnan biegt er abrupt nach Nordosten um. Danach nimmt der Strom seinen Weg durch eine Reihe von Beckenlandschaften: das Rote Becken, das er auf einer Länge von rund 600 km durchfließt, und die Becken der großen Seen Dongting Hu und Poyang Hu in Mittelchina.

Das 500 m hoch gelegene Rote Becken ist von den beiden anderen, die sich auf nur etwa 50 m Höhe erstrecken, durch die Gebirgsketten des Daba Shans im Norden und des Fangdu Shans im Süden getrennt. Diese rund 2700 m hohe Barriere durchbricht der Jangtsekiang in zahlreichen eindrucksvollen Schluchten und Stromschnellen, die man häufig als Schluchten von Yichang bezeichnet. Tatsächlich liegt der Binnenhafen Yichang jedoch weit stromabwärts von ihnen.

Die berühmte Engtalstrecke besteht aus gigantischen Klausen, die das Gebirge quer zu seiner Streichrichtung durchschneiden. Sie ist rund 400 km lang. Dort wo der Fluß weichere Schiefer erodierte, entstanden breitere Passagen, während die Schluchten selbst innerhalb sehr widerständiger Kalkmassen angelegt sind. An manchen Stellen treten die Ufer bis auf 200 m zusammen, und man dringt in diese engen Schluchten ein wie in tiefe Felsspalten. Da die Engtalstrecke auf ihrer ganzen Länge in westöstlicher Richtung verläuft, erreichen die Sonnenstrahlen nie ihren Grund. Die Wände der Schluchten bleiben dunkel, und an ihren flachen Stellen wachsen Farne und andere Pflanzen, die Schatten und Feuchtigkeit lieben. Kiefern stehen nur auf den Höhen. Wo die Hänge mehr oder weniger ebene Flächen aufweisen, sieht man da und dort kleine Pflanzungen. Verborgene Felsriffe und Sandbänke säumen die Ufer, aber in der Strommitte ist das Wasser sehr tief; selbst bei Niedrigwasser muß man an vielen Stellen ein Lot mehr als 30 m tief hinablassen, um auf Grund zu stoßen. Im August, wenn der Fluß durch die Schneeschmelze im Hochland von Tibet stark anschwillt, steigt der Wasserspiegel sogar um bis zu 20 m an.

Erdrutsche, durch die sich Riffe und Stromschnellen bilden, behinderten früher oft die Schiffahrt. Inzwischen hat man Sprengungen vorgenommen und an beiden Ufern Leuchtsignale angebracht, so daß heute kleinere Flußdampfer bis zu 500 t Tragfähigkeit von Yichang bis Yibin am Südrand des Roten Beckens hinauffahren können. Die gewaltigen Energiereserven des Jangtsekiangs, die auf insgesamt 90 Millionen kW geschätzt werden, sind bis heute kaum genutzt. Seine Schluchten wären ausgezeichnete Standorte für Wasserkraftwerke, die sich durchaus mit den größten der Welt messen könnten. Chinesische Fachleute haben inzwischen Pläne für derartige Anlagen ausgearbeitet.

Yosemite-Nationalpark

Amerika, USA
37° 30'–38° 15' n. Br., 119° 10'–119° 50' w. L.

Ein 65 m hoher Mammutbaum, Wasserfälle, 13mal höher als der Niagara – hier hat die Natur Superlative geschaffen, die in einem großartigen Naturpark den zahllosen Besuchern zugänglich gemacht wurden.

Gut ausgebaute Straßen machen den Yosemite-Nationalpark in Kalifornien für Besucher leicht zugänglich. Mitten in dieser herrlichen und sehr abwechslungsreichen Landschaft liegt ein fruchtbares Tal, das den Indianern seit Jahrhunderten bekannt ist. Es wird von der riesigen, fast 2500 m hohen Granitkuppel des Capitan überragt, die wegen ihrer massigen Gestalt und der Steilheit der Hänge besonders eindrucksvoll wirkt.

Dies ist eine Landschaft, die von Gletschern gestaltet wurde – die des Eiszeitalters und der Gegenwart haben diese Formen geschaffen. Schon im Jahre 1930 wies der Geologe Matthes auf drei Formungsphasen hin, die bei der Gestaltung des Yosemite Valley mitgewirkt haben. Ihnen ging noch eine Abtragungsphase im Oligozän voraus. Die nachhaltigsten Formungsvorgänge spielten sich im Quartär ab, wobei der Erosion des Merced River wohl die größte Bedeutung zukommt. Das Trogtal, dessen Sohle mit Lockersedimenten aufgefüllt war, räumte er aus und bildet heute hohe Wasserfälle. Auf das Eiszeitalter gehen auch die glattgeschliffenen Rundhöcker, die Moränenwälle und die Schmelzwasserterrassen zurück, die die Gletscher beim Vorstoß und beim Abschmelzen hinterließen. Die Formen sind aber auch an die unterschiedliche Widerstandsfähigkeit und die Lagerung der Gesteine angepaßt.

Durch die Vereinigung des Yosemite- und des Mercedgletschers entstand in den kältesten Phasen der Eiszeiten ein Gletscher, dessen Vorstöße 5 bis 8 km in das Tal hinabreichten. Die Hohlformen hinter den Moränenwällen wurden durch See- und Flußablagerungen in der Nacheiszeit aufgefüllt.

Unter den sehenswertesten Formen, die von der Gletscherabtragung geschaffen wurden, müssen zuerst die riesigen Yosemite Falls genannt werden, die zu den höchsten Wasserfällen der Erde zählen. Mit 739 m Höhe sind sie 13mal höher als die Niagarafälle und zweimal so hoch wie der Eiffelturm. Sie bestehen aus drei Stufen. Der obere Fall ist sehr breit und stürzt frei herunter. Der mittlere besteht aus einer Serie von kleineren Wasserfällen, und der untere fällt über einen Überhang herab. Die Abflußmengen sind nicht das ganze Jahr über gleichmäßig, vor allem während des Sommers gehen sie stark zurück. Im Frühjahr, wenn die Eis- und Schneeschmelze riesige Wassermengen liefert, die sich ins Tal ergießen, sind die Wasserfälle am eindrucksvollsten.

Auch der Mirror Lake (Spiegelsee) ist einen Umweg wert. Er verdankt seinen Namen seinem klaren Wasser, in dem sich die umgebenden Berge spiegeln. Der See fällt in den Winter- und Spätsommermonaten trocken, und sein sandiger und steiniger Untergrund wird freigelegt. Die starke Geröllführung der Flüsse, die sich in den Mirror Lake ergießen, beweist, daß die glazialen und fluvioglazialen Prozesse heute noch andauern. Die Schwemmsedi-

Yosemite-Nationalpark *Zu den eindrucksvollsten Naturschauspielen, die die Gletscher geschaffen haben, gehören die Yosemite Falls. Das Wasser stürzt in drei Stufen 739 m zu Tal.*

Die periglazialen Erscheinungen

Periglaziale Erscheinungen findet man in den Polarländern und in den hohen Gebirgen der Erde oberhalb der Waldgrenze. Sie entstehen durch den Bodenfrost.

Wenn die Jahresmitteltemperatur deutlich unter 0 °C liegt, bleibt der Boden auch im Sommer in der Tiefe gefroren und bildet eine wasserundurchlässige Schicht, den Dauerfrostboden oder Permafrost. Eine oberflächennahe Bodenschicht taut im Sommer auf; dies ist der Auftauboden. Über dem wasserstauenden Dauerfrostboden fließt der Auftauboden die Hänge herab; diesen Vorgang nennt man Solifluktion. Dabei werden Solifluktionsschutt und Fließerden, Blockströme und Blockzungen gebildet.

Die Verlagerung des Bodens beruht zum Teil auch auf Quellungs- und Schrumpfungsvorgängen durch den Wechsel von Gefrieren und Auftauen innerhalb der Auftauschicht. Daneben laufen wohl auch Konvektionsbewegungen, bedingt durch Dichteunterschiede des Bodens, ab. Diese Konvektionsbewegungen führen einerseits zu einer unterirdischen Durchmischung des Bodens (Brodelboden), andererseits sind sie aber auch mit einer deutlichen Sortierung von Steinen und feinerem Bodenmaterial verbunden (Frostmusterböden). Auf ebenen Oberflächen entstehen dadurch Steinringe und Steinpolygone. Auf stärker geneigten Hängen verformen sich die Steinringe und -polygone zu Streifenböden, bei denen die Steinstreifen in Richtung des Hanggefälles angeordnet sind.

In sehr kalten Gebieten ist der Boden mit Eiskeilen durchsetzt, die jedes Jahr größer werden und sich nach dem Abschmelzen mit Staub und Sand füllen. In Mooren trifft man auf Palsen (Eislinsen im Torf), Pingos und auf verschiedene Formen des Kammeises.

Von den heftigen Stürmen der Polarländer werden feine Bodenpartikel aus Moränen und Flußschottern ausgeblasen, die sich dann als Löß ablagern. Große Teile Mitteleuropas waren von Löß bedeckt, der heute jedoch durch Entkalkung meistens zu Lößlehm umgewandelt worden ist. An seiner Basis findet man Kalkanreicherungen (Konkretionen), die Lößkindl genannt werden.

Umformung eines Polygonalbodens durch Solifluktion — Streifenboden — Polygonalboden — Dauerfrostboden

---

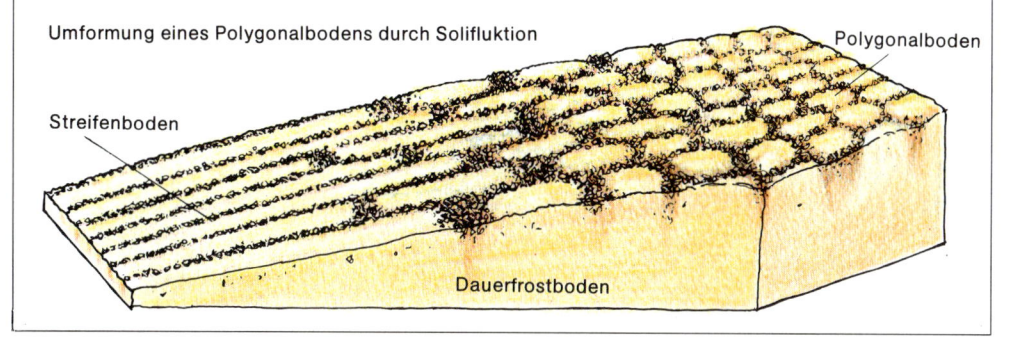

mente, die den See zufüllen, sind geschichtet; die Gerölle sind poliert, vom Eis und Wasser abgerollt. Das Material wird während des Transports der Größe nach sortiert; so findet man in den Ablagerungen Gerölle, Kies, Sand, Lehm und Ton. Diese Sedimente, die von den großen, im Frühjahr anfallenden Wassermengen herantransportiert werden, füllen den See nach und nach auf. Der Hauptteil der Ablagerungen wird vom Tenaya Creek herangeführt. Weiter stromabwärts liegt der Tenayasee, wo man die Spuren der ehemaligen Gletscher besonders gut beobachten kann.

Aber die Formen sind nicht nur durch die Gletscher gestaltet worden. Die Täler zum Beispiel wurden durch das oberflächlich abfließende Wasser geschaffen, das den Schutt abtransportiert. Auch Temperaturschwankungen spielen eine wesentliche Rolle bei der Verwitterung, wenn das Wasser in den Klüften gefriert und somit die Gesteine sprengt und Halden aus Verwitterungsschutt am Fuß der Wände anhäuft. Tagsüber schmilzt das Eis durch die Sonneneinstrahlung, und so wird wieder Wasser bereitgestellt, das die Abtragungsarbeit fortsetzen kann.

Außer den geologischen und geomorphologischen Sehenswürdigkeiten hat der Yosemite-Nationalpark noch andere Naturschönheiten. In der Höhenstufe zwischen 1500 und 2000 m findet man z. B. an mehreren Stellen Mammutbaumwälder. Der höchste Baum im Nationalpark mißt 65 m und hat einen Umfang von 30 m. Man schätzt sein Alter auf 3000 Jahre. Der bekannteste war der Wawonabaum, der leider vor einigen Jahren gefällt werden mußte; sein Stamm war so breit, daß ein großes Auto durch den Bogen an seiner Basis fahren konnte.

Yucatán

Amerika, Mexiko/Guatemala/Belize
17° 15′–21° 30′ n. Br. 86°–91° w. L.

Bei den alten Mayasiedlungen liegt meist ein Cenote, ein natürlicher Brunnen, der eine typische Erscheinung dieser seltsamen Landschaft ohne Flüsse und Bäche ist. Cenotes sind 10 bis 15 m tief und 6 bis 20 m breit.

Die 450 km breite und 600 km lange Halbinsel Yucatán erstreckt sich im Südosten des mexikanischen Hochlandes nach Norden und scheint mit Florida und Kuba zusammen den Golf von Mexiko ganz umschließen zu wollen. Sie taucht in der Tat einmal langsamer und einmal schneller, kontinuierlich jedoch seit dem Ende des Tertiärs aus dem Meer. Die Hebung dauert heute noch an, wie eine Messung bei Progreso beweist, wo das Meer in 80 Jahren 200 m zurückgewichen ist.

Diese merkwürdige Landschaft verläuft ganz eben, bis sie auf die Kontinentalscholle des Chiapas trifft. Sie ist gleichmäßig mit Wald bedeckt, der sich den Niederschlagsmengen entsprechend, die nach Süden und Osten zunehmen, aus laubabwerfendem Trockenwald, regengrünem Feuchtwald und tropischem Regenwald zusammensetzt. Die Bevölkerung besteht hauptsächlich aus Maya, die aber im Vergleich zu ihren Ahnen auf einer kulturell niedrigeren Stufe stehen.

Die einsamen Straßen verlaufen über viele Kilometer vollkommen geradlinig durch die Halbinsel. Das einzige Gebirge ist die Sierrita (Gebirglein), die eine von Nordwest nach Südost verlaufende Hügelkette mit einigen hundert Meter Höhenunterschied bildet. Fast ebenso hoch sind die eindrucksvollen Reste der Mayapyramiden, von denen man einen überwältigenden Blick auf die Ebenen hat.

Kein Fluß, kein Bach durchfließt die Halbinsel Yucatán. Die Trockenheit an der Ostküste ist durch die geringen Niederschlagsmengen und die intensive Verdunstung zu erklären. Dornsträucher und Sukkulenten, Pflanzen, die auf Dürrezeiten eingestellt sind, bedecken die mageren Böden, während auf dem schmalen Küstenstreifen Palmenhaine von der feuchten Meeresluft profitieren. Diese Niederschlagsarmut liegt an der geringen Höhe der Halbinsel, die an der Küste keine Berge hat, an denen sich die Wolken stauen und abregnen könnten. Solche Steigungsregen treten jedoch im Landesinneren auf, wo das Gelände langsam ansteigt. Hier können die Niederschläge Rekordwerte erreichen.

Zumindest im Landesinneren gibt es also genügend Wasser, und die Erklärung für das Fehlen von Oberflächengewässern ist daher im Untergrund zu suchen. Yucatán besteht aus einer riesigen Kreidekalktafel ohne jüngere Deckschichten außer

KARSTFORMEN DER HALBINSEL YUCATAN: CENOTES

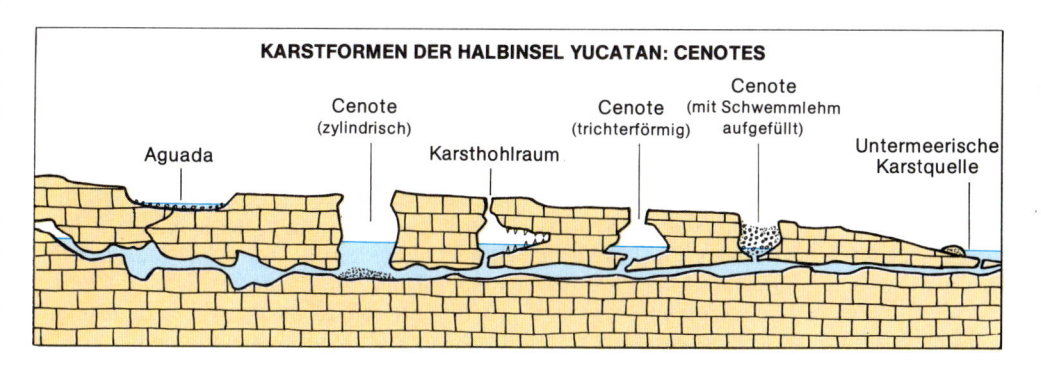

Aguada — Cenote (zylindrisch) — Karsthohlraum — Cenote (trichterförmig) — Cenote (mit Schwemmlehm aufgefüllt) — Untermeerische Karstquelle

Yünnan, Steinerner Wald von

der Terra Rossa, dem Boden, der sich auf den Kalksteinen gebildet hat.

Die große Ausdehnung und Mächtigkeit der Kalksteinschichten zusammen mit dem tropischen Klima schaffen ideale Bedingungen für die Entwicklung eines Karstreliefs. An der Oberfläche sind die Kalkklippen, die in der Sierrita aufragen, durch Karren ziseliert, und die Dolinen, ovale, mit Vegetation bedeckte Mulden, kommen erst zum Vorschein, wenn die Tonminerale, die bei der Lösung des Kalksteins zurückbleiben, die Sohle der Dolinen abdichten und sie in natürliche Zisternen, die *Aguadas*, verwandeln. Die häufigsten Formen sind jedoch jene des unterirdischen Karstes wie z. B. die *Cenotes*, natürliche Brunnen, die über das ganze Land verteilt sind und oft zu alten Mayasiedlungen gehören, die an diesen Wasserstellen liegen. Diese vorwiegend zylindrischen, 10 bis 15 m tiefen und 6 bis 20 m breiten Brunnen sind im Prinzip die gleichen wie der berühmte Heilige Brunnen von Chichén Itzá, der als Kultstätte für den Regengott diente, dem man Menschen und kostbare Gaben opferte. An einer 20 m hohen Felswand ist hier die Mächtigkeit der Kalksteinschicht zu erkennen. Das Wasser ist 10 m tief und wird von einer dicken Tonschicht gestaut.

Einige *Cenotes*, die die Form eines umgedrehten Trichters haben, zeugen von der Lösung des Kalksteins durch unterirdisches Wasser, die in den tieferen Schichten im Schwankungsbereich des Grundwassers am stärksten ist. In die höher liegenden Schichten sickert das Wasser zu schnell ein, um eine starke Wirkung zu erzielen; die noch tiefer liegenden sind ständig gesättigt. Die *Cenotes* entstehen, wenn die Decke der Hohlräume, die von der Korrosion gebildet wurden, einbricht.

Vermutlich sind die Verkarstungsprozesse in den kälteren Perioden des Quartärs am stärksten gewesen. Das jetzige Karstrelief wird nur langsam weitergebildet, und an manchen Stellen wird es sogar von jüngeren Schichten überdeckt. Gegenwärtig werden nur die Karstformen im Süden der Halbinsel weitergebildet. Dort gibt es Gebiete mit Kegelkarst, die mit denen von Kuba und Jamaika vergleichbar sind.

Yünnan, Steinerner Wald von

Asien, China
25° n. Br., 103° ö. L.

Einzelne Stämme, die sich weiter vorgewagt haben, abgesonderte Wäldchen, fremdartige Säulengänge – und dann verlieren sich die Schritte in der Tiefe eines dichten und bizarren steinernen Waldes. Diese Formen entstanden durch Lösungsprozesse im Kalkgestein.

Die Karstformen der Tropen

Die ersten Geologen, die nur die Karstformen der gemäßigten Breiten kannten, waren überrascht, als sie die tropischen Karstgebiete mit ihren tiefen Schächten und schroffen Felstürmen kennenlernten. Die *Hums* in den dinarischen Karstgebieten sind nur einige Dutzend Meter hoch. Hier hingegen gibt es mehr als 100 m hohe Kegel, gigantische, von Lianen und Epiphyten bedeckte Türme, in denen das Wasser Höhlen ausgewaschen hat.

Die Untersuchung dieser Formen war nicht ganz einfach, denn die Karstgebiete sind oft, wie die *Tsingys* auf Madagaskar, völlig unzugänglich. Das gleiche gilt für die *Zanjous* in Puerto Rico – enge Gänge, die sich zwischen riesigen Kuppen hindurchwinden. Die Kalksteinfelder von Jamaika und der Halbinsel Yucatán sind durch *Cenoten* und *Cockpits* untergraben, und sie werden von *Mogoten* (Karsttürmen) beherrscht. In Mexiko hat die Cacahuamilpahöhle eine Länge von mehreren Kilometern. In der Ha-Long-Bucht in Vietnam ist das Meer zwischen riesige zurückgebliebene Felsen eingedrungen und hat sie zu steilen, kleinen Inseln umgeformt.

Die Größe der tropischen Karstformen und die Intensität der Verkarstung hängen von der Art des Kalksteins und von den klimatischen Bedingungen ab. Die Kalksteine bestehen oft aus Riffkalken, die sehr massiv sind und der mechanischen Verwitterung großen Widerstand entgegensetzen. Dazwischen sind häufig dünne Ton- und Mergelschichten eingelagert, die durch eindringendes Regenwasser leicht ausgespült werden können. Das Wasser der heftigen tropischen Regengüsse, das in die Klüfte im Kalkstein sickert, enthält viel Kohlensäure und Huminsäuren, die von der Verwesung der reichlich vorhandenen Pflanzenreste herrühren. Durch die Säuren werden die Karbonate rasch gelöst, und von den ausgedehnten Kalksteinschichten bleiben nur noch einige Türme und Kegel übrig, die oft wie Plastiken eines modernen Künstlers aussehen.

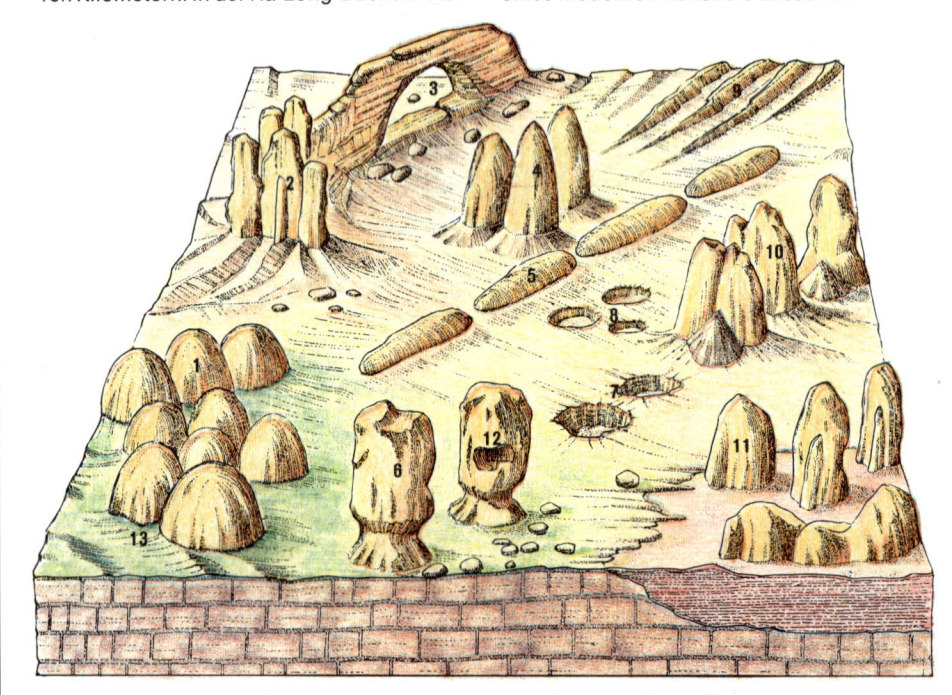

1 Halbkugelförmiger Karsthügel (Mamelon) **2** Tsingys auf Madagaskar **3** Natürliche Brücke **4** Karstkegel **5** Mogoten **6** Karsttürme **7** Cenoten **8** Cockpits **9** Riesenkarren **10** Türme und Zanjons **11** Säulenkarst **12** Turmhöhle **13** Gänge oder Zanjons von Puerto Rico

In den ausgedehnten Kalksteinschichten, die einen großen Teil Südwestchinas einnehmen, ist eine Vielfalt bemerkenswerter Oberflächenformen entstanden. Unter ihnen fallen besonders die bizarren Gebilde des tropischen Karstes auf, die in der Umgebung von Lunan vorkommen, 100 km südöstlich von Kunming, der Provinzhauptstadt von Yünnan (Region der Hochebenen). Hier trifft man auf steile Felskegel und -türme, die versteinerten Wäldern gleichen. Von den Chinesen werden sie denn auch *sche-lin* (Steinerner Wald) genannt. Auf einer Fläche von mehreren Quadratkilometern stehen zusammenhängende Säulen aus Kalkstein, die 5 bis 30 m hoch sind. Ihre Oberfläche ist tief eingefurcht. Die Chinesen sehen in diesen Formationen Riesenpilze, gigantische Bambustriebe oder sogar Pagoden. Die Kegel und Säulen treten nur selten einzeln auf – dann sind sie in Ketten angeordnet. Meistens bilden sie Gruppen, zwischen denen sich enge, tiefe Schluchten befinden. Diese stehen untereinander in Verbindung und bilden ein regelrechtes Labyrinth.

Die Felsenwälder sind – wie auch die Formen in der Ha-Long-Bucht in Vietnam – durch Lösungsprozesse im Kalkstein entstanden. Sickerwasser hat in Spalten den Kalk gelöst, und fließendes Wasser hat die Zwischenräume gesäubert. Ihre Entwicklung ist aber weniger weit fortgeschritten; denn seit dem Tertiär entwickelt sich der Karst von Yünnan nicht mehr in typisch tropischem Klima. Da das Gebiet im Zusammenhang mit der Faltung der Himalajakette auf eine Höhe von 2000 m gehoben wurde, ist das Klima hier gemäßigter geworden.

Zardalou

Asien, Afghanistan
33° 12′ n. Br., 67° 47′ ö. L.

Auf einen Aschen- und Tuffhaufen geschleudert, haben glühende Lavaströme unter einem strahlenden Himmel dieses seltsame Gebilde errichtet: vollkommen schwarz zwischen Ocker und Grau, vollkommen flach zwischen Spitzen und Graten. Wie ein höllisches Floß, das in einer Sintflut von Feuer an den Gipfeln gestrandet ist.

Der Tafelberg Zardalou gehört zu einer grandiosen vulkanischen Landschaft und ist mit seiner 3 km langen, fast ebenen Oberfläche ein markanter Orientierungspunkt im Südwesten der Ghanzniebene in Ostafghanistan.

Mit der tafelartigen Gestalt seines Gipfels (3000 m) und der Regelmäßigkeit seiner Hänge unterscheidet er sich wesentlich von den benachbarten zerklüfteten Graten aus Tiefengesteinen und den schroffen Felsnadeln, die von Lavaausbrüchen herrühren. Der Tafelberg ist aber zur gleichen Zeit wie diese Lavakuppen entstanden. Die Formunterschiede in der Landschaft werden durch die unterschiedliche Farbe der Gesteine unterstrichen: Der Tafelberg Zardalou besteht oben aus einer schwarzen, glasartigen Platte, die sich vom blauen Himmel scharf abhebt.

Die besondere Eigenart dieses Berges besteht darin, daß es sich bei ihm nicht, wie man glauben könnte, um einen normalen Tafelberg aus vulkanischem Gestein handelt, der einmal durch die Erosion aus einem Basaltstrom herausgearbeitet wurde. Seine Entstehung ist etwas anders vor sich gegangen. Sie steht vor allem mit einem Ausbruch des Mamikalavulkans (4312 m), 15 km nordöstlich des Zardalous, im Zusammenhang. Damals wurden glühende Blöcke aus rhyolitischer Lava mit unvorstellbarer Kraft aus dem Vulkan geschleudert. Beim Aufprall auf die Erdoberfläche verschmolzen sie miteinander und bildeten jene glasartige Schicht. Die von einem glasigen Bindemittel zusammengehaltenen Gesteinstrümmer sind etwas abgeplattet – vermutlich infolge des heftigen Aufschlags. Bei der raschen Abkühlung konnten sich keine Kristalle ausbilden. Seit der Zeit seiner Entstehung, vor etwa 2,7 bis 2,8 Millionen Jahren, ist das vulkanische Glas nahezu unverändert geblieben.

Die glasige Schicht liegt auf weniger verfestigten vulkanischen Aschen, die während der ersten Tätigkeitsperiode des Mamikalas abgelagert wurden. Bei drei aufeinanderfolgenden Ausbrüchen sind riesige Mengen von Aschen, Bimstuffen und Schmelztuffen ausgeworfen worden, die das damals vorhandene Relief im Zardaloutal fast 400 m hoch überdeckt haben.

Die Vulkane der Gruppe am Dasht-e Nawar sind seit dem Beginn des Quartärs erloschen und werden seitdem von der Erosion abgetragen. Dank seiner schützenden Deckplatte blieb der Tafelberg erhalten. Seine Hänge wurden aber durch das Einschneiden von Bächen nach und nach abgetragen. Das gestufte Profil der Hänge hat seine Ursache in der unterschiedlichen Härte der Gesteine. Die glasige Schicht ist sehr hart, aber an den Flanken zeigt sie Ansätze zu einer säuligen Absonderung, die auf die Verringerung des Volumens bei der Abkühlung zurückgeht. Die Klüfte zwischen den Säulen vermindern die Widerstandsfähigkeit des Gesteins gegenüber der Verwitterung. So zerfällt das Gestein in den strengen Wintern (mittlere Temperaturen im kältesten Monat etwa −15°C) in scharfkantige Blöcke, die sich in Form von Schutthalden am Fuß des Hanges auftürmen. Dieser Hang ist jedoch hauptsächlich in lockere Tuffe und Aschen eingeschnitten. Daher ist er auch großenteils geradlinig ausgebildet.

Wesentlich unregelmäßiger sind hingegen die Südhänge, die sich in den mehrere Meter mächtigen Schmelztuffen entwickelt haben – in Tuffen also, die aus fest miteinander verschmolzenen Gesteinstrümmern bestehen. In diesem Fall sind die Hänge mit seltsamen Felsklippen bedeckt, die an Erdpyramiden ohne Decksteine erinnern. Diese besonderen Formen sind darauf zurückzuführen, daß die Schmelztuffe – wie Lavaströme – säulig absondern und dabei

Zardalou Die Oberseite des Tafelberges wird durch eine dunkle Platte aus glasiger Lava gebildet, die über vulkanischen Auswurfgesteinen liegt. Seit Jahrmillionen hat sie der Erosion widerstanden und wie ein seltsames, hartes Flachdach diesen Sockel mit seinen langen, bröckeligen Flanken vor der Abtragung geschützt, die auf den trockenen Ebenen im Herzen von Afghanistan enden.

ähnliche Formen wie die Basalt- oder Phonolit„orgeln" bilden.

Unter dem trockenen Klima stellt der Tafelberg Zardalou ein Beispiel für eine Landschaft dar, die von der Struktur des Untergrunds geprägt ist. Hier und da findet man *Artemisia*-Sträucher und Gräser. Im Frühling und zu Beginn des Sommers bilden sie eine dürftige Weide, um die sich die Herden der Bewohner dieser Gegend und die der Nomaden streiten.

Ziz, Schluchten des Wadi

Afrika, Marokko
32° n. Br., 4° 13′ w. L.

Plötzlich ändert das Wadi Ziz seine Richtung und durchbricht die Gebirgsketten des Hohen Atlas. Hier entstand zwischen hohen, fahlroten Felswänden ein berühmter, von Palmenhainen gesäumter Karawanenweg zu den Oasen der Sahara.

Die Schluchten des Wadi Ziz am Südhang des Hohen Atlas sind seit langer Zeit bekannt. Sie wurden bereits von den Römern durchquert, und im Mittelalter zogen hier die Karawanen vorbei, die von Fes zu den Palmenhainen von Tafilalt gingen. Heute verläuft hier eine der beiden asphaltierten Straßen, die den Atlas durchqueren. Obwohl dieser Weg durch den Hohen Atlas am bequemsten ist, war der Bau der Straße

Wadi Ziz *In einem tief eingeschnittenen Durchbruchstal durchquert das Wadi Ziz die Gebirgsketten des Hohen Atlas. Die Wüste ist entlang dieser Leitlinie weit bis in das Gebirge eingedrungen, und das smaragdgrüne Wasser des Ziz steht in scharfem Kontrast zu den nackten, vegetationslosen Felswänden.*

nicht einfach, und an einer Stelle mußte sogar ein Tunnel durch das Gebirge gesprengt werden.

Das Wadi Ziz folgt bis Rich dem Hauptkamm des Gebirges, biegt danach rechtwinklig nach Süden ab und verläuft quer durch die gefalteten Kalksteinketten des Hohen Atlas direkt zur Sahara. Auf einer Länge von vielen Kilometern reihen sich enge Schluchten, die oft nur so breit wie das Wadi sind, und auch etwas breitere, von hohen Felswänden überragte Talabschnitte aneinander.

Das Klima der Wüste dringt hier weit in das Gebirge ein, und die nackten Felswände heben sich mit ihren hellroten Farben von dem strahlendblauen Himmel ab. Strichweise fließt das smaragdgrüne Wasser an der Sohle enger Spalten, die in massige Kalksteine eingeschnitten sind; manchmal ist das Bachbett in weiche Mergelschichten eingetieft. Die Talhänge sind hier häufig von riesigen Kalksteinblöcken übersät, die von den hohen Felswänden heruntergestürzt sind. Manchmal wiederum verbreitert sich das Tal zu einem länglichen Becken, auf dessen Sohle ein grüner Palmenhain liegt. An einer anderen Stelle haben die Fluten des Wadis pfeilerartige Felsklippen aus den Wänden geschnitten. Noch weiter stromabwärts, am Austritt in das Gebirgsvorland, hat man den Ziz vor einigen Jahren zu einem großen See aufgestaut, dessen tiefblaues Wasser von den nackten Hängen absticht.

Wie alle anderen Schluchten am Südhang des Hohen Atlas haben sich die Schluchten des Ziz während der Hebung des Gebirges gebildet. Der Fluß schnitt sich antezedent in die unter ihm aufsteigenden Faltengebäude ein.

Zugspitze

Europa, Bundesrepublik Deutschland/Österreich
47° 25′ n. Br., 10° 59′ ö. L.

Diese große Pyramide im Herzen eines bedeutenden Fremdenverkehrsgebiets galt früher als schwer zu besteigen. Heute hat man die Wahl zwischen drei Bergbahnen, mit denen man fast bis zum Gipfel fahren kann.

Vor 100 Jahren war im Reiseführer zu lesen, daß man für die Besteigung der Zugspitze zwei Tage brauche und daß es in Anbetracht der Risiken zu überlegen sei, ob sich das Unterfangen lohne. Was damals eine richtige Expedition war, ist heute nicht mehr als ein Spaziergang, der jeden Tag während der warmen Jahreszeit von Hunderten von Touristen unternommen wird. Sie kommen mit einer der Bergbah-

Zugspitze

nen herauf, um die Aussicht vom 2963 m hohen Gipfel zu genießen.

Die Zugspitze, der höchste Berg Deutschlands, liegt auf der deutsch-österreichischen Grenze südwestlich von Garmisch-Partenkirchen. Sie überragt das Nordwestende des Wettersteingebirges, ein langgestrecktes Massiv der Kalkalpen, dessen schroffe Formen in eng gefaltete Kalkstein- und Dolomitschichten geschnitten sind. Die Zugspitze ist ein riesiger, pyramidenförmiger Block, der an der Stelle liegt, wo die scharfen Grate der Riffelspitzen im Nordosten, der Höllentalspitzen im Osten und einer Seitenkette des Wettersteingebirges im Süden zusammenlaufen. Diese Grate umfassen zwei große Kare, die mit Schutt gefüllt und von Karstformen durchlöchert sind: Im Nordosten liegt das Höllental, ein altes Trogtal, das direkt am Fuß der Zugspitze endet; im Süden schließen die Südwände der Höllentalspitzen und die halbkreisförmig verlaufenden Grate des Wettersteingebirges ein weites Amphitheater ein. Sein von Karren überzogener Boden (Zugspitzplatt) bildet den Talschluß des Reintals, eines ehemals mit winzigen Seen übersäten Gletschertals. Im Westen überragt die Zugspitze wie eine gewaltige Mauer die große, von Gebirgen umgebene Senke, in der die Dörfer Ehrwald und Lermoos liegen. In diesem Becken, das durch den Zusammenfluß mehrerer Gletscher des Eiszeitalters gebildet wurde, entspringt die Loisach und fließt nach Norden in das Tal von Garmisch-Partenkirchen, wo sich früher ebenfalls mehrere Gletscherzungen vereinigten, bevor sie den Riegel des Ammergebirges überflossen. Unter dem Nordwesthang der Riffelspitzen und über dem Loisachtal liegt in einem riesigen Bergsturzgebiet der malerische Eibsee.

Zugspitze *Unter dem zerklüfteten, schneebedeckten Gipfel der mächtigen Steinpyramide erstreckt sich das weite Panorama der Bayerischen Alpen.*

Zwei Seilbahnen führen auf die Zugspitze: Die eine geht von den Ufern des Eibsees aus und führt zur Bergstation zwischen dem Ost- und dem Westgipfel, die andere verbindet Ehrwald mit dem Zugspitzenkamm; von dort aus kann man den Westgipfel mit der zweiten Seilbahn erreichen, es sei denn, man zieht es vor, durch den 750 m langen Fußgängertunnel zum Schneefernerhaus zu gehen, das sich in 2694 m Höhe oberhalb des Zugspitzplatts befindet. Eine berühmte Zahnradbahn führt von Garmisch-Partenkirchen auch zum Schneefernerhaus, Treffpunkt zahlreicher Skifahrer, die die Pisten des Zugspitzplatts im Winter besuchen.

Vom Gipfel der Zugspitze blickt man auf die Ost- und Zentralalpen im Süden, Osten und Westen. Im Norden liegt das bayrische Alpenvorland mit dem Ammersee und dem Starnberger See.

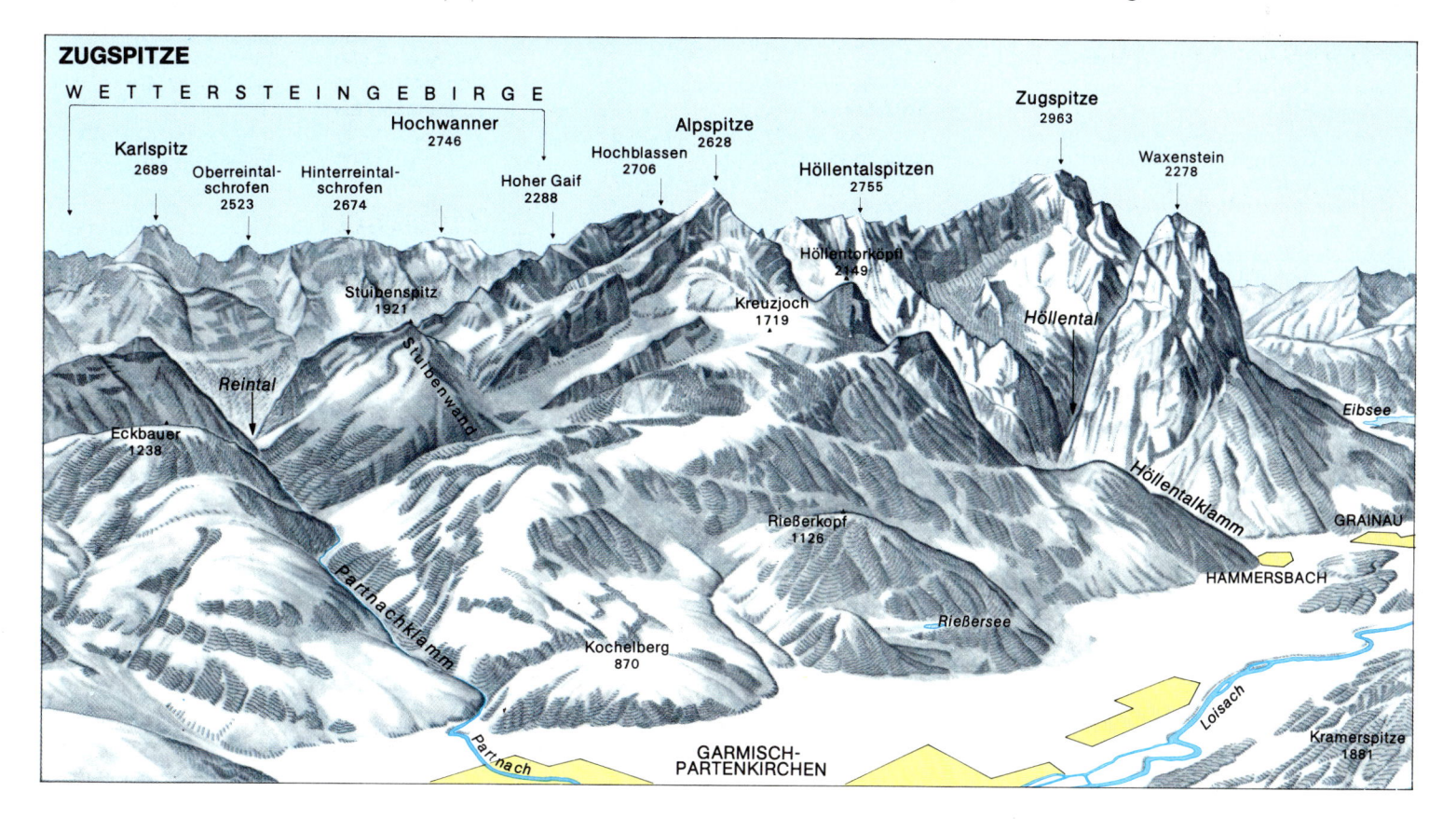

Erklärung wichtiger Fachausdrücke

A

Aa
Hawaiisches Wort für Block- oder Schollenlava (→ Lava).

Abfluß
Diejenige Wassermenge pro Zeiteinheit (l/s oder m³/s), die an einer Meßstelle von einem Fließgewässer aus seinem → Einzugsgebiet abgeführt wird. Dividiert man den Abflußwert pro Zeiteinheit durch die Fläche des Einzugsgebietes (km²), so erhält man die Abflußspende (l/s/km²).

Ablation
Abschmelzen von Schnee und Eis durch Sonneneinstrahlung, durch warme Luftmassen und durch Benetzung mit Regenwasser.

Abrasion
Zerstörende und abtragende Wirkung der Meeresbrandung an Steilküsten. Die dabei entstehende Steilwand nennt man Kliff. Vor dem Kliff bildet sich eine Brandungsplattform.
Siehe auch Kasten auf Seite 303.

Abtragung
→ Erosion.

Adventivkrater
Nebenkrater eines → Vulkans.

Aeroben (= Aerobier)
Organismen, die im sauerstoffhaltigen Medium leben und ihren Energiebedarf unter Verbrauch freien Sauerstoffs decken. Die meisten Pflanzen und Tiere sind Aeroben.

Agglomeratlava
Von → Schlacken, → Lapilli und → Bomben durchsetzte → Lava.

Akkumulation
Als Akkumulation, Ablagerung oder auch Sedimentation bezeichnet man die mechanische Aufschüttung vulkanischer Lockermassen (→ Aschen, → Schlacken, → Lapilli, → Bomben) oder die Aufschüttung von Abtragungsmaterial durch Flüsse (→ Schotter), Gletscher (→ Moränen) oder Wind (→ Dünen).

Alluvial
Das → Alluvium betreffend.

Alluvium
→ Erdgeschichte.

Altmoränenland
Gebiet, das von Moränen der → Rißeiszeit bedeckt ist. Die Formen sind aufgrund ihres größeren Alters nicht mehr so frisch wie diejenigen im Jungmoränenland. Letzteres ist von Moränen der jüngsten pleistozänen Vereisung (→ Eiszeit) bedeckt.

Anatexit
→ Metamorphes Gestein, welches aus bereits verfestigtem Gestein durch Wiederaufschmelzen (→ Metamorphose) entstanden ist.

Andesit
→ Ergußgestein, benannt nach seinem häufigen Vorkommen in den Anden. Das Gestein ist aufgrund seiner mineralischen Zusammensetzung basisch (→ pH-Wert). Andesit ist ein → Porphyr.

Angaria
Seit der Erdfrühzeit (→ Präkambrium) bestehender Urkontinent im heutigen zentralen und nördlichen Teil Sibiriens (→ Urkratone).

Anhydrit
Wasserfreies Kalksulfat ($CaSO_4$), das sich durch Verdunstung unter sehr trockenen Klimabedingungen aus Meerwasser in flachen Buchten bildet. Durch Wasseraufnahme wird es zu Gips.

Anorthit
Mineral der Feldspatgruppe (→ Feldspat).

Anreicherungshorizont
Bodenschicht nahe der Oberfläche, die aus angereicherten Eisenoxiden besteht. Die Anreicherung resultiert aus Verlagerungsvorgängen im Boden, hervorgerufen durch einsickerndes Bodenwasser.

Antezedenztal
→ Durchbruchstal.

Antiklinale
Durch Hebung (→ Tektonik) der Erdkruste entstandener Gebirgszug. Bei der Hebung werden die Lagerungsverhältnisse der Gesteinsschichten gestört. Sie zerbrechen (→ Verwerfung) oder werden gefaltet (→ Faltung). Die Auffaltung einer Antiklinalen erfolgt aus einer → Geosynklinalen, wobei deren Sedimentgesteine (→ Gesteine) gefaltet werden.
Siehe auch Kasten auf Seite 324.

Antiklinaltal
Siehe Kästen auf Seite 262 und 324.

Antiklinorium
Siehe Kasten auf Seite 48.

Anzapfung
→ Flußanzapfung.

Äolisch
Vom Wind geschaffene Naturphänomene, z. B. äolische → Sedimente oder Erosionsformen.
Siehe auch Kasten auf Seite 215.

Aquifer
Eine Gesteinsschicht, die Grundwasser enthalten kann oder enthält (= Grundwasserleiter).

Archaikum
→ Erdgeschichte.

Arenit
Ein kalk- und tonhaltiger → Sandstein.

Argillit
Ein Tongestein, das durch Verhärtung von Tonschichten (→ Ton) entstand.

Arides Klima
Klima, in dem die potentielle → Verdunstung im Ablauf eines Jahres größer ist als die Summe der jährlichen Niederschläge. Gegenteil: humides Klima. Die Grenze zwischen beiden Klimabereichen heißt Trockengrenze. Hier halten sich Verdunstung und Niederschläge im Jahresmittel die Waage. Als vollarid bezeichnet man Wüsten, in denen ganzjährige Aridität herrscht. Semiarid sind Gebiete, in denen in weniger als der Hälfte aller Monate die Jahressumme der Niederschläge die mögliche Verdunstung übertreffen kann.

Arkose
→ Sandstein mit mehr als 25 % Feldspaten (→ Feldspat), aus dem Verwitterungsmaterial (→ Verwitterung) von → Ergußgesteinen entstanden.

Artesisches Wasser
Grundwasser, das, durch den Druck auflastender Gesteinsschichten aus dem Grundwasserleiter (→ Aquifer) herausgepreßt, an der Erdoberfläche austritt.

Aschen
Bei Vulkanausbrüchen gefördertes Lockermaterial, das aus sandkorngroßen Lavatropfen besteht (→ Lockermassen, vulkanische).

Assimilation
1. Aufschmelzung fremder Gesteine im → Magma.
2. Bei Pflanzen die Umwandlung anorganischer Stoffe in organische Substanzen.

Astenosphäre
Eine den → Erdmantel bildende Zone, die aus flüssigem Gesteinsmaterial (→ Magma) in mehr als 100 km Tiefe aufgebaut ist.

Ästuar
Flußmündung, die unter dem Einfluß der → Gezeiten trichterförmig erweitert worden ist. Beispiel: Elbmündung.

Auftauboden
Oberer Horizont der → Permafrostböden (Dauerfrostböden), der im Sommer auftaut.

Augite
Gruppe gesteinsbildender → Minerale.

Ausraumzone
Gebiet, aus dem verstärkt Verwitterungsmaterial abtransportiert wird. Ausraumzonen liegen vornehmlich in wenig widerstandsfähigen Gesteinen.

Auswaschung
→ Erosion durch fließendes Wasser, das aufgrund seiner → Transportkraft kleinere Korngrößen aus einem Korngrößengemisch ausschwemmt (→ Korngröße).

B

Badlands
Siehe Kasten auf Seite 241.

Bänderton
Durch Gletscherschmelzwässer in Seen abgelagerte dünne Tonschichten (→ Ton).

Barchane
→ Dünen.

Barrancos
Radial angeordnete Erosionsrinnen, die in die Steilhänge von Vulkankegeln eingeschnitten sind.

Basalt
Dunkles → Ergußgestein, entstanden durch rasches Erkalten von → Lava. Bei der Abkühlung bilden sich durch Schrumpfungsprozesse häufig mehrekkige Basaltsäulen (→ Basaltorgel).

Basaltorgel
Dicht aneinandergereihte Säulen aus Basalt. Sie zeichnen das polygonische Kluftnetz des Gesteins nach, das sich bei seiner Abkühlung gebildet hat.

Basisch
→ pH-Wert.

Batholith
Siehe Kasten auf Seite 99.

Bewegungsflächen
Flächen im Gestein, entlang deren sich tektonische Bewegungen (→ Tektonik) vollziehen. Zu ihnen gehören die Verwerfungsflächen und die Scherflächen, die bei der Verschiebung von Gesteinsschichten gegeneinander bzw. bei deren → Faltung entstehen.

Bifurkation
Gabelung eines Flusses im Bereich einer niedrigen Wasserscheide. Bei Hochwasser gibt der Fluß Wasser in verschiedene Flußsysteme ab. Beispiel: Orinoco/Amazonas (Südamerika).

Bimsstein
Vulkanisches Gesteinsglas. Es besitzt ein sehr großes Porenvolumen, so daß es auf Wasser schwimmt.

Bindemittel
→ Diagenese.

Biogeographie
Teilgebiet der Geographie, das sich mit der räumlichen Verteilung der Lebewesen auf der Erde und mit deren Auswirkungen auf den geographischen Raum beschäftigt.

Biotit
→ Glimmer.

Blattverschiebung
Horizontale → Verschiebung zweier Schollen gegeneinander, und zwar entlang einer → Verwerfung. Ausgelöst durch tektonische Kräfte (→ Tektonik).

Blindes Tal
Ein → Tal, das keinen Ausgang aufweist und in dem ein Fluß in → Ponoren versickert. Diese Reliefform ist eine typische Karsterscheinung (→ Karst).
Siehe auch Kasten auf Seite 344.

Blocklava
→ Lava.

Blockstrom
Siehe Kasten auf Seite 385.

Boden
Oberste Verwitterungsschicht des Gesteins als Resultat der Einwirkungen von Klima und Vegetation. Unterteilung der Böden nach ihrem Erscheinungsbild in verschiedene Bodentypen und nach ihrem → pH-Wert in saure und basische (alkalische) Bodentypen.

Bodenkunde
Die Lehre von der Entstehung, Ausprägung und geographischen Verbreitung von Bodentypen (→ Boden) und der sie prägenden Faktoren. Auch als Pedologie bezeichnet.

Bolsón
Flaches, meist tektonisch entstandenes abflußloses Becken in → ariden und → semiariden Klimazonen, umgeben von Gebirgen. Im Beckeninneren, der sogenannten Playa, sammelt sich das mitgeführte Feinmaterial einmündender Flüsse in einem Salzsee. Es entsteht ein Salzsumpf, der im Endstadium der Entwicklung in eine harte → Salztonebene übergehen kann.

Bombe
Lavastück, das aus einem Vulkan herausgeschleudert wurde, während des Fluges erstarrte und durch die Luftströmung eine langgezogene oder rundliche Form angenommen hat. Bomben sind faust- bis kopfgroß (→ Lockermassen, vulkanische).

Brackwasser
Schwach salziges Wasser, das sich im Mündungsgebiet von Flüssen oder in → Lagunen bildet.

Brekzie
→ Sedimentgestein, bestehend aus wenig transportierten und darum kantigen Schuttteilen, die durch ein toniges, kalkiges oder kieseliges (→ Silikate) Bindemittel verbacken und verfestigt sind (→ Diagenese).

Bruch
Einbruch eines Gebietes infolge → Tektonik entlang von → Verwerfungen. Ist der Einbruch langgestreckt und schmal, spricht man von einem Grabenbruch (z.B. Oberrheingraben), sonst von einem Beckenbruch (z.B. Anatolisches Becken in der Türkei).
Siehe auch Kasten auf Seite 376.

Buntsandstein
→ Erdgeschichte.

Büßerschnee
An Pilgergestalten erinnernde Formen auf Schnee- oder Gletscheroberflächen, die durch → Ablation hervorgerufen werden, wobei z.B. durch Steinscherben geschützte Teile des Schnees oder Eises herauspräpariert werden. Büßerschnee entsteht hauptsächlich in den Hochgebirgen der Tropen.

C

Caldera
Mehr oder weniger kreisrunder Kraterkessel eines → Vulkans, der durch den Einsturz einer unterirdischen → Magmakammer oder durch eine vulkanische Explosion entstehen kann.
Siehe auch Kasten auf Seite 119.

Canyon
Siehe Kasten auf Seite 398.

Chemische Verwitterung
Zerstörung des Gesteinsverbandes durch chemische Lösung. Das Lösungsmittel ist Wasser und die in ihm gelösten Säuren (→ Verwitterung).

C_{14}-Methode
→ Radiokarbonmethode.

Corioliskraft
Eine Kraft, die bei der Bewegung auf rotierenden Körpern (z.B. Erdkugel) auftritt. Sie bewirkt auf der Nordhalbkugel der Erde eine Ablenkung in Bewegung befindlicher Massen nach rechts, auf der Südhalbkugel eine Ablenkung nach links von der Bewegungsrichtung. Bedeutend ist die Kraft für die Ausbildung der großen Windsysteme der Erde.

D

Dauerfrostboden
→ Permafrost.

Dazit
Vulkanisches → Gestein, dessen chemische Zusammensetzung derjenigen des Tiefengesteins → Diorit entspricht.

Deckgebirge
→ Sedimentgesteine, die dem gefalteten Untergrund (→ Grundgebirge) → diskordant auflagern.

Deflation
Abtragende Tätigkeit des Windes, wenn seine → Transportkraft ausreicht, Sand und kleinere Partikel aus großen Schuttgebieten auszublasen.

Deflationswanne
Durch Windeinwirkung (→ Deflation) erodierte Hohlform, vornehmlich in nicht durch Vegetation geschützten Wüstengebieten (→ Wüste).

Delta
Bildung eines → Schwemmkegels durch einen Fluß an seiner Mündung ins Meer oder in einen See. Der Fluß verästelt sich in mehrere Arme, die den Schwemmkegel fächerartig überqueren, auf ihm akkumulieren (→ Akkumulation) und dadurch zu seiner stetigen Erweiterung führen.
Siehe auch Kasten auf Seite 141.

Dendrochronologie
Methode der absoluten geologischen Altersbestimmung durch Auszählen der Jahresringe alter Bäume, insbesondere alter Eichen. Geht bis maximal 2000, in den USA sogar bis 4600 Jahre zurück.

Denudation
Flächenhafte Abtragung, die im Gegensatz zur linienhaften → Erosion zur Bildung von → Rumpfflächen führt.

Depression
Durch tektonische Senkung (→ Tektonik) entstandenes festländisches Gebiet, dessen Oberfläche unter dem Meeresspiegel liegt.

Desquamation
Schalenförmiges Abschuppen von Gesteinsscherben aus der Gesteinsoberfläche. Durch die Erwärmung der oberen Zentimeter eines Gesteins dehnt sich dieser Bereich im Gegensatz zu den darunterliegenden, kälteren Gesteinspartien stärker aus. Diese Form der → Verwitterung gehört zur physikalischen Verwitterung durch Sonneneinstrahlung, der → Insolationsverwitterung.

Detritus
Bezeichnet allgemein ein zerriebenes Gestein.

Devon
→ Erdgeschichte.

Diabas
Dunkles, basisches (→ pH-Wert) → Ergußgestein aus der Gruppe der → Basalte.

Diagenese
Verfestigung eines lockeren Sedimentes

durch Bindemittel (→ Kalzit, → Kieselsäure) oder durch Belastungsdruck.

Diapir
Gesteinskörper, der aus tieferen Zonen der Erdkruste emporgepreßt wird und dabei auflagernde Schichten durchbricht. Beispiel: Salzstock.
Siehe auch Kasten auf Seite 239.

Diluvium
Alte, heute ungebräuchliche Bezeichnung für die Zeit der → quartären Vereisungen (→ Eiszeit). Heute wird der Begriff → Pleistozän verwendet.

Diorit
Dunkelgrünes, körniges Tiefengestein (→ Gesteine). Übergangsform zu → Granit.

Diskordant
Siehe Kasten auf Seite 223.

Djebel
Arabisches Dialektwort für Gebirge.

Dogger
→ Erdgeschichte.

Dolerit
Grobkörniger → Basalt.

Doline
Kleine Hohlform in Karstgebieten (→ Karst) mit nahezu kreisrundem Querschnitt, entstanden durch Einbruch einer kleineren unterirdischen Höhle (= Einsturzdoline) oder durch Auslaugung löslichen Gesteins durch Oberflächenwasser. Wachsen mehrere Dolinen zusammen, entsteht eine → Uvala.
Siehe auch Kasten auf Seite 344.

Dolomit
1. Nach dem französischen Mineralogen Dolomieu benanntes gesteinsbildendes Mineral.
2. Vornehmlich aus dem Mineral Dolomit bestehendes Gestein, das durch → Metamorphose aus Kalkstein, besonders aus Korallenkalk, entstanden ist.

Dolomitisierung
Anreicherung eines Kalkgesteins mit Magnesiumkarbonat. Das Gestein wird dadurch weniger löslich, d. h. gegenüber der Verwitterung widerstandsfähiger.

Drumlin
Schwarmförmig angeordnete niedrige Höhenzüge in der Form eines Walfischrückens. Sie entstehen, wenn ein vorrückender → Gletscher eine ältere → Moräne überfließt und sie in der Fließrichtung umformt.
Siehe auch Kasten auf Seite 289.

Dünen
Durch Wind aufgeschüttete, hügelförmige Sandablagerungen in Trockengebieten (→ arides Klima) und an Küsten. Sie entstehen meist als parallel angeordnete Sandhügel im Lee (Windschatten) von Hindernissen und wandern mit dem Wind, sofern sie nicht durch angesiedelte Vegetation festliegen. Man unterscheidet längs der vorherrschenden Windrichtung verlaufende Dünen (= Längsdünen) und quer verlaufende Dünen (= Querdünen). Vielfach sind Querdünen sichelförmig gebogen, weil ihre weniger hohen Enden schneller wandern als die kompakte Mitte (= Barchane).
Siehe auch Kästen auf Seite 78 und 295.

Durchbruchstal
Wenn ein Fluß ein Gebirge durchbricht, das quer zu seiner Fließrichtung verläuft, spricht man von einem Durchbruchstal. Ist der Fluß jünger als das Gebirge, handelt es sich um ein epigenetisches Durchbruchstal; ist das Gebirge jünger als der Fluß, der es durchquert, spricht man von einem Antezedenztal.

Durchlässiges Gestein
Gestein, dessen Porosität und Klüftigkeit das Eindringen von Wasser ermöglicht.

Dyke
Siehe Kasten auf Seite 145.

Dynamometamorphose
An Störungszonen der Erdkruste gebundene Metamorphose.
Siehe Kasten auf Seite 172.

E

Edaphisch
Faktoren, die den Pflanzenwuchs bestimmen und nur vom → Boden abhängen, heißen edaphische Faktoren.

Einrumpfung
Bildung einer → Rumpffläche.

Einsprengling
Auskristallisierte Mineralien eines Gesteins in einer einheitlichen Grundmasse (→ Porphyr).

Einzugsgebiet (= Flußgebiet)
Das von einem Fluß und seinen Zuflüssen entwässerte Gebiet.

Eisberg
Ein in Wasser schwimmender Eisblock, der zuvor von einem ins Meer oder in einen See mündenden Eisstrom abgebrochen ist (→ Gletscher).
Siehe auch Kasten auf Seite 50.

Eislobus (Mz. Eisloben)
Girlandenförmige Ausbuchtungen eines Gletscherrandes. An den Berührungsstellen von Eisloben treten häufig Schmelzwasserbäche aus, von denen → Sander aufgeschüttet werden.

Eisrandlage
Bezeichnung für die Lage des Eisrandes eines Gletschers. Man erkennt die Eisrandlagen früherer Gletscher an → Moränen und → Sandern.

Eiszeit
Geologischer Zeitraum, in dem aufgrund einer weltweiten Abnahme der Temperaturen Gletschereis aus höheren Breiten in Gebiete vorstieß, die sonst nicht vereist sind. Bereits in älteren Abschnitten der Erdgeschichte gab es mehrere Eiszeiten. Die für die heutigen Oberflächenformen ehemals vergletscherter Gebiete verantwortlichen Eiszeiten fielen in das → Pleistozän, das deshalb auch als Eiszeitalter bezeichnet wird. Im Pleistozän gab es insgesamt vier Eis- oder Kaltzeiten, die jeweils durch Warmzeiten oder Interglaziale voneinander getrennt waren. Die letzte Eiszeit endete vor rund 10 000 Jahren, d. h. in allerjüngster geologischer Vergangenheit.

Endemismus
Beschränkung einer Tier- oder Pflanzenart auf nur ein bestimmtes Verbreitungsgebiet, dessen Abgeschlossenheit die Entstehungsursache von Endemiten ist.

Endorheisch
Ein Gebiet, in dem die Flüsse ins Landesinnere hin entwässern und nicht zum Meer, wie in exorheischen Gebieten. Sie münden meist in einen salzhaltigen Endsee (→ Salztonebene).

Endsee
→ Endorheisch.

Eozän
→ Erdgeschichte.

Epigenetisches Tal
→ Durchbruchstal.

Epiphyten
Pflanzen, die auf anderen Pflanzen wachsen, ohne von diesen miternährt zu werden.

Epirogenese
Sehr langfristige und großräumige, langsame Hebungen und Senkungen der Erdkruste, bei denen die Lagerungsverhältnisse der betroffenen Gesteine nicht verändert werden. Es entstehen lediglich → Brüche.

Epizentrum
→ Erdbeben.

Erdaltertum
→ Erdgeschichte.

Erdbeben
Erschütterung des Erdbodens, häufig von einem unterirdischen Grollen begleitet. Nach der Entstehungsursache unterscheidet man Einsturzbeben (Einsturz unterirdischer Hohlräume), vulkanische Beben (Vulkanausbrüche) und tektonische Beben (tektonische Bewegungen der Erdkruste). Letztere haben einen Häufigkeitsanteil von etwa 90 %. Der Erdbebenherd im Innern der Erdkruste wird als Hypozentrum bezeichnet. Der unmittelbar darüberliegende Ort an der Erdoberfläche ist das Epizentrum. Hier treten die schwersten Schäden auf.

Erde
Planet des Sonnensystems mit kugelähnlicher Gestalt. Die Erde rotiert um ihre eigene Achse, wobei in 24 Stunden eine Erdumdrehung vollführt wird. Aus der Erdumdrehung ergeben sich die Unterschiede zwischen Tag und Nacht. Die Erde bewegt sich auf einer elliptischen Bahn um die Sonne; diese Bahn wird in 365 Tagen einmal zurückgelegt. Aus dieser Umlaufbahn resultieren in unserem Lebensbereich die Jahreszeiten Frühling, Sommer, Herbst und Winter. Die Oberfläche der Erde gliedert sich in Meere und Festländer. Ozeanböden und Kontinente werden durch ein → Relief untergliedert.
Der Aufbau der Erde ist in verschiedenen Tiefen sehr unterschiedlich. Er ist schalenförmig. Allgemein spricht man von einem dreiteiligen oder dreischaligen Aufbau. Über dem Erdkern aus einem dem Sonnenmaterial vergleichbaren Material liegt der → Erdmantel aus → Silikaten, über dem als dritte Schale die → Erdkruste oder Erdrinde mit vulkanischen und sedimentären → Gesteinen liegt. Die dritte Schale ist die dünnste.
Die → Erdgeschichte begann vor ca. 3–4,5 Milliarden Jahren. Sie wird in verschiedene Zeitalter eingeteilt, die sich wiederum weiter untergliedern. Jede Zeitepoche zeichnet sich durch ein bestimmtes Klima und durch ein über-

wiegend entstehendes Gestein sowie eine besondere Reliefbildung durch → Tektonik, → Vulkanismus und → Erosion aus.

Erdgeschichte
Die Entwicklungsgeschichte unseres Planeten wird von den Geologen in mehrere Zeitalter unterteilt, die in sich nochmals in eine Vielzahl kleinerer Unterabschnitte gegliedert sind. Durch die Analyse von Fossilienfunden ist es gelungen, näherungsweise eine Zeittafel der Erdgeschichte zu entwickeln:

ZEITTAFEL DER ERDGESCHICHTE

Zeitalter (Dauer in Mill. Jahren)	Zeit vor Mill. Jahren	Formation (Dauer in Mill. Jahren)	Abteilung
Erdneuzeit (Känozoikum) 60	0,00–0,06	Quartär 0,6	Holozän (Alluvium)
			Pleistozän (Diluvium)
	0,6–60	Tertiär 60	Pliozän
			Miozän
			Oligozän
			Eozän
			Paläozän
Erdmittelalter (Mesozoikum) 140	60–140	Kreide 80	Obere Kreide
			Untere Kreide
	140–175	Jura 35	Weißer Jura (Malm)
			Brauner Jura (Dogger)
			Schwarzer Jura (Lias)
	175–200	Trias 25	Keuper
			Muschelkalk
			Buntsandstein
Erdaltertum (Paläozoikum) 340	200–240	Perm 40	Zechstein
			Rotliegendes
	240–310	Karbon 70	
	310–350	Devon 40	
	350–450	Silur 100	
	450–540	Kambrium 90	
Erdfrühzeit (Präkambrium) ca. 3460	540–4000	Riphäikum ca. 460	
		Proterozoikum ca. 1000	
		Archaikum ca. 800	
		Katarchaikum ca. 1200	
Erdurzeit mehr als 500	mehr als 4000	Azoikum mehr als 500	

Erdkruste (= Erdrinde)
Äußerste Gesteinsschale der Erdkugel, die durch eine Zwischenschicht (→ Mohorovičić-Diskontinuität) von dem unter ihr liegenden → Erdmantel getrennt ist. Die Mächtigkeit der Erdkruste beträgt unter den Kontinenten 25–40 km, stellenweise sogar bis zu 70 km. Unter den Ozeanen ist sie geringmächtiger, z. T. unter 10 km. Die Erdkruste besteht aus → kristallinem Gestein.

Erdmantel
Flüssige Schale der Erdkugel, die von der festen → Erdkruste überlagert wird. Sie beginnt unter den Ozeanen schon in 10 km Tiefe, unter den Kontinenten jedoch erst in 25–70 km Tiefe. Die Mächtigkeit des Erdmantels beträgt etwa 2800 km.

Erdpyramide
Siehe Kasten auf Seite 241.

Erg
In der nördlichen Sahara verwendeter Begriff für Sandwüsten mit großen → Dünen.
Siehe auch Kasten auf Seite 81.

Ergußgestein
→ Gesteine.

Erosion (= Abtragung)
Allgemein Abtragung von Boden- und Gesteinsmaterial durch Wasser, Gletschereis und Wind. Im engeren Sinne linienhafte Abtragung durch fließendes Wasser.
Das fließende Wasser bearbeitet durch mitgeführte Gerölle sein Flußbett physikalisch, oder es löst die Minerale des Gesteinsuntergrundes chemisch auf. Es entstehen Erosionsrinnen. Je nach der Richtung der Erosion unterscheidet man Seiten- und Tiefenerosion. Die Erosion ist neben → Tektonik und → Verwitterung der wichtigste reliefbildende Faktor (→ Relief).
Siehe auch Kasten auf Seite 268.

Erosionsbasis (= Erosionsniveau)
Dasjenige Niveau, bis zu dem → Erosion maximal möglich ist. In den meisten Fällen wird das Erosionsniveau durch den Meeresspiegel definiert. Daneben gibt es aber auch lokale Erosionsbasen, z. B. Seen und Ebenen, die von einem Fluß durchströmt werden.
Ist die Erosion bis zum Basisniveau fortgeschritten, ist sie gleich Null. Erst durch tektonische Bewegungen (→ Tektonik) und die damit verbundene Hebung der auf dem ehemaligen Erosionsniveau gelegenen Fläche setzt die Erosion wieder ein.

Erosionsrinne
→ Erosion.

Erosionstheorie
Theorie in der → Geomorphologie, nach der jeder Fluß einem Gleichgewichtszustand mit ausgeglichenem Gefälle zustrebt, bei dem das aus der → Verwitterung anfallende Material bei unveränderter Wasserführung gerade noch transportiert werden kann (→ Transportkraft).

Erratischer Block
Großer Gesteinsblock, auch Findling genannt, der von einem Gletscher transportiert und weit von seinem Herkunftsort entfernt abgelagert wurde.

Eruption
Als Eruption bezeichnet man den Aufstieg von → Magma aus der tieferen → Erdkruste. Erreicht das Magma die Erdoberfläche, spricht man von Oberflächeneruption, sonst von Tiefeneruption. Bricht Magma aus dem Krater eines → Vulkans aus, spricht man von Schloteruption. Tritt es aus Spalten an der Flanke eines Vulkans aus, handelt es sich um eine Spalteneruption.
Eine Eruption kann unterschiedlich verlaufen: entweder durch Auswurf vulkanischer → Aschen und → Schlacken oder indem das Magma in breiten Lavaströmen (→ Lava) die Flanke des Berges herunterfließt. Oft treten mehrere Eruptionsarten nacheinander auf.

Eustatische Meeresspiegelschwankungen
Siehe Kasten auf Seite 365.

Euxinisch
Bezeichnet ein sauerstoffarmes, schwefelwasserstoffreiches Meer, in dem organisches sauerstoffverbrauchendes Leben nur unter erschwerten Bedingungen existieren kann.

Evaporite
Gesteine, die durch Verdunstung von Wasser entstanden sind, wie z. B. → Steinsalz und → Anhydrit.

Evapotranspiration
Wasserverlust in einem Gebiet, der durch → Verdunstung von der Erdoberfläche und den Verbrauch durch Pflanzen entsteht.

Evorsion
Das Aushobeln von Löchern im anstehenden Fels durch fließendes Wasser mit Hilfe von mitgeführtem Gesteinsmaterial. Dieses wird in Strudeln im Kreis herumgewirbelt und schleift den Untergrund ab. Es entstehen Strudellöcher.

Exorheisch
→ Endorheisch.

Extrusion
Erscheinung des → Vulkanismus, bei der das → Magma in Form von großen Strömen ausfließt und weiträumige Gesteinsdecken bildet.

F

Falte
Durch Biegung (→ Faltung) von Gesteinsschichten entstandene Oberflächenform. Der nach oben gerichtete Teil einer Falte heißt → Antiklinale, der nach unten gerichtete Teil ist eine → Synklinale.

Faltung
Siehe Kasten auf Seite 324.

Fazies
Die Gesamtheit der gesteinsbildenden Bestandteile einer Ablagerung, die von den geologisch-geographischen Gegebenheiten der Umgebung, aus der das Verwitterungsmaterial (→ Verwitterung) herantransportiert wurde, bestimmt wird.

Feldspat
Mineral aus der Gruppe der → Silikate. Es ist zu 60–65 % am Aufbau der → Erdkruste beteiligt.

Feldspatvertreter
Minerale in vulkanischen Gesteinen (→ Gesteine), die bei einem Mangel an →

Silikaten die Feldspate „vertreten". Häufig werden sie abgekürzt auch als Foide bezeichnet.

Felsburg
Siehe Kasten auf Seite 385.

Findling
→ Erratischer Block.

Firnlinie
Linie auf einer Gletscheroberfläche, unterhalb deren im Verlauf eines Jahres der im Winter gefallene Schnee vollständig abschmilzt.

Firnschnee
Auf dem oberen Teil eines → Gletschers → aufgehäufter Schnee, der durch den auflastenden Druck neu gefallenen Schnees verdichtet wird, wobei die Eiskristalle des Schnees größer werden. Aus dem Firnschnee entsteht bei größer werdendem Druck Firneis und daraus schließlich Gletschereis.

Fjell
Die oft noch durch → Gletscher bedeckten Hochflächen des skandinavischen Gebirgsmassives, der Skanden.

Fjord
Schmaler, tiefer und weit ins Landesinnere reichender Meeresarm, der durch → Erosion eines → Gletschers entstanden ist.
Siehe auch Kasten auf Seite 349.

Fladenlava
→ Lava.

Flexur (= Monokline)
S-förmige Verbiegung einer Gesteinsschicht durch Kräfte der → Tektonik.

Fluidaltextur
Bezeichnet ein Gesteinsgefüge (→ Gefüge), das durch den Fließvorgang des → Magmas, aus dem das Gestein entstanden ist, geprägt wird.

Flußanzapfung
Von Anzapfung spricht man, wenn ein Fluß durch rückschreitende → Erosion eine bestehende Wasserscheide durchbricht und dadurch einen anderen Wasserlauf an sich zieht. Der anzapfende Fluß ist dem angezapften Fluß hinsichtlich seiner Erosionsenergie überlegen. Diese wird bestimmt durch größere Wasserführung, stärkeres Gefälle und erosionsanfälligeren, d.h. weicheren Gesteinsuntergrund.

Flußverwilderung
Siehe Kasten auf Seite 66.

Fluvial
→ Fluviatil.

Fluviatil (= fluvial)
Bezeichnet von einem Fluß verursachte Oberflächenformen oder von ihm abgelagertes Material.

Fluvioglazial
Bezeichnet alle reliefwirksamen Erscheinungen, wie z.B. Ablagerung von → Schottern, die durch von Gletschern gespeiste Schmelzwasserflüsse verursacht werden.

Flysch
In Küstennähe abgelagertes Meeressediment, bei dem abwechselnd sandige, mergelige und kalkige Schichten übereinander lagern. Flysch wird in einem bestimmten Stadium der Gebirgsbildung abgelagert.

Fossil
Als Versteinerung oder Abdruck erhalten. Bezieht sich vor allem auf Funde von Lebewesen. Aber auch alte Landschaftsformen werden als fossil bezeichnet. Gegenteil: rezent.

Fossiler Boden
→ Boden, der unter anderen Klimabedingungen als den heutigen entstanden ist.

Frostverwitterung
Gehört zur physikalischen → Verwitterung. Das Gesteinsgefüge wird durch die Ausdehnung des in den → Klüften gefrierenden Wassers gesprengt.

Fumarole
Siehe Kasten auf Seite 408.

Fußfläche
→ Pediment.

G

Gabbro
Altes, grobkörniges Tiefengestein (→ Plutonit), das voll auskristallisierte → Minerale enthält.

Galeriewald
Waldstreifen, der sich entlang von Flußläufen in den ansonsten waldlosen Savannen der wechselfeuchten Tropen erstreckt.

Ganggestein
→ Gesteine.

Gassi (= Dünental)
Siehe Kasten auf Seite 81.

Geantiklinale
Großräumige Aufwölbung der → Erdkruste durch → Epirogenese.

Gebirge
Hoch gelegene Gebiete der Erde, die in Berge, Täler und Hochflächen gegliedert sind. Nach ihrer → Reliefenergie unterscheidet man zwischen Hoch- und Mittelgebirgen. Nach ihrer Entstehung (→ Tektonik) unterscheidet man Faltengebirge (→ Faltung), Bruchschollengebirge (durch Hebung einzelner Schollen entlang von → Verwerfungen entstanden) und Deckengebirge (durch → Überschiebungen von Gesteinspaketen entstanden). Nach ihrem Bauplan unterteilt man in Kammgebirge (bestehend aus Gebirgskämmen), Kettengebirge (bestehend aus mehreren Gebirgsketten) und Plateaugebirge mit ausgedehnten Hochflächen, den sogenannten Hochplateaus.

Gebirgsrumpf
Durch → Erosion freigelegter Sockel eines ehemaligen Gebirges (→ Rumpffläche).
Siehe auch Kasten auf Seite 277.

Gefüge
Bezeichnet den inneren Aufbau und die Zusammensetzung eines Gesteins von der Korngröße her. Allgemein unterscheidet man beim Gefüge die Struktur und die Textur des Gesteins. Die Struktur beschreibt das Auftreten der Mineralkomponenten, die Textur ihre räumliche Verteilung. Bei paralleler Anordnung der gesteinsbildenden Minerale spricht man von Paralleltextur.

Geologie
Wissenschaft von Aufbau, Zusammensetzung und Entstehung der → Erdkruste unter Berücksichtigung der Kräfte, deren Einwirkung zur Entwicklung der Erdkruste führt.

Geologischer Schild
Kraton (→ Urkratone), der seine geologische Struktur seit seiner Entstehung unverändert bewahrt hat. Beispiel: Kanadischer Schild.

Geologische Serie
Geologische Epoche, deren Ablauf stratigraphisch (→ Stratigraphie), d.h. nach der Abfolge der → Sedimente, gegliedert werden kann.

Geomorphologie
Teilgebiet der Geographie, das sich mit der Entstehung und dem Bauplan der Oberflächenformen der → Erde beschäftigt (→ Relief).

Geophysik
Wissenschaft der physikalischen Erscheinungen auf, über und in der Erde.

Geosynklinale
Durch Bewegung (→ Tektonik) der Erdkruste entstandene großräumige Senke, in die von den umgebenden Gebieten durch die Transportmedien Wasser und Wind anfallendes Verwitterungsmaterial (→ Verwitterung) sedimentiert wird (→ Sedimentation). In den Geosynklinalen entstehen durch Verfestigung (→ Diagenese) aus den lockeren Sedimenten die Sedimentgesteine (→ Gesteine).

Geothermie
Forschungsrichtung der → Geophysik, bei der aus den Temperaturen in unterschiedlich tiefen Bohrlöchern Rückschlüsse auf geologische Fragestellungen gezogen werden.

Geothermische Tiefenstufe
Tiefenbereich (in Metern gemessen), innerhalb dessen beim Eindringen in die Erdkruste ein Temperaturanstieg von 1 °C erfolgt. Die geothermische Tiefenstufe ist abhängig von der Gesteinsart und von der Mächtigkeit der Erdkruste an der Meßstelle. Sie beträgt durchschnittlich rund 33 m.

Geschiebe
Von Gletschereis transportierte und dabei mehr oder weniger kantengerundete Gesteinstrümmer unsortierter Größe, die in → Moränen abgelagert werden.
Siehe auch Kasten auf Seite 289.

Gesteine
Gesteine sind Mineralaggregate, die wesentlich am Aufbau der Erdkruste beteiligt sind. Nach ihrer Entstehung unterscheidet man drei Gruppen von Gesteinen:
1. Magmatische Gesteine (Magmatite). Zu ihnen gehören die an der Erdoberfläche schnell erstarrenden Ergußgesteine oder Vulkanite (z.B. → Basalt), die in Spalten der → Erdkruste allmählich erstarrenden Ganggesteine und die in größeren Tiefen der Erdkruste sehr langsam erstarrenden Plutonite oder Tiefengesteine (z.B. → Granit).
2. Sedimentgesteine (Schichtgesteine). Sie entstehen im wesentlichen durch Ablagerung und Verfestigung (→ Diagenese) von Verwitterungsmaterial anderer Gesteine oder organischer Substanzen. Durch physikalische → Verwitterung aufbereitetes Material bildet klastische Sedimente (z.B. → Sandstein), während durch Ausfällung gelöster Substanzen che-

mische Sedimente (z. B. → Steinsalz, → Kalkstein) entstehen. Als dritte Gruppe der Schichtgesteine unterscheidet man organogene Sedimente (z. B. Steinkohle).
3. Metamorphe Gesteine (Metamorphite). Bezeichnung für alle Gesteine, die aus Magmatiten oder Sedimenten durch Umwandlung hervorgegangen sind. Bekanntestes Beispiel eines metamorphen Gesteins ist der → Gneis.
Siehe auch Kasten auf Seite 172.

Gesteinsdecke
→ Sedimentgesteine, die aufgrund von → Überschiebungen über anderen Gesteinspaketen abgelagert wurden.

Geysir
Eine Erscheinung des → Vulkanismus, bei der anstelle von → Magma heißes Wasser aus der Tiefe gefördert wird.
Siehe auch Kästen auf Seite 178.

Gezeiten
Bestehen aus Ebbe und Flut. Bei Ebbe weicht das Meer zurück, bei Flut rückt es vor. Ursache der Gezeiten ist der wechselnde Einfluß der Anziehungskraft des Mondes.

Ghourd (= Pyramidendüne)
Sonderform der → Dünen, deren Entstehung an besondere Erscheinungen gebunden ist.

Gips
→ Anhydrit.

Glacis
→ Pediment.

Glazial
Bezeichnung für alle Formenbildungen und Ablagerungen, die während einer Eiszeit zustande gekommen sind.

Glaziologie
Gletscherkunde.

Gleichgewichtsprofil
Flußlängsprofil, in dem an jeder Stelle ein Gleichgewicht zwischen der → Transportkraft des Flusses und der Menge des mitgeführten Verwitterungsmaterials (→ Verwitterung) besteht.

Gleithang
→ Mäander.

Gletscher
Zusammenhängende, zum Teil mehrere Kilometer mächtige Eismasse, die sich, der Schwerkraft folgend, hangabwärts bewegt. Man unterscheidet kontinentale Vereisungen (Inlandeis), Hochlandvereisungen (Plateaugletscher), Gebirgsvereisungen (Talgletscher) und Vorlandvereisungen (Vorlandgletscher).
Siehe auch Kästen auf Seite 289 und 367.

Gletscherbett
Hohlform an der Erdoberfläche, die von einem → Gletscher ausgefüllt wird.

Gletscherbruch
→ Sérac.

Gletschertrübe
Feines, von Gletschern zerriebenes Gesteinsmehl, das als Schwebstoff von Gletscherbächen mitgeführt wird.

Gletscherzunge
Äußerer halbkreisförmiger Teil der Inland- und Gebirgsgletscher (→ Gletscher), vor denen er die End- und Stirnmoränen (→ Moränen) aufschiebt.
Siehe auch Kasten auf Seite 289.

Glimmer
Gruppe wichtiger gesteinsbildender → Minerale. Sie können sowohl hell als auch dunkel gefärbt sein. Glimmer kommen in fast allen → magmatischen und → metamorphen Gesteinen und in Sedimenten vor.

Glimmerschiefer
Glimmergesteine mit stark plattigem, d. h. schiefrigem Aufbau und → Gefüge.

Glutwolke
→ Stoßkuppe.

Gneis
Gneis ist ein → metamorphes Gestein, das teils durch Umwandlung (→ Metamorphose) → magmatischer Gesteine (hauptsächlich → Granit), teils durch Metamorphose von Sedimentgesteinen (hauptsächlich Tonschiefer und Sandstein) entsteht. Es setzt sich meist aus → Feldspat, → Quarz und → Glimmer zusammen.

Gondwana
Nach Ansicht von vielen Forschern ein ehemaliger Urkontinent (→ Urkratone), der im Erdmittelalter (→ Erdgeschichte) Indien, Südamerika, Afrika, Australien und Antarctica umfaßte.

Graben
Siehe Kasten auf Seite 376.

Granit
Ein sehr hartes, voll auskristallisiertes → Tiefengestein (Plutonit), überwiegend aus → Quarz, → Feldspat und → Glimmer aufgebaut. Durch Verwitterung von Granit entstehen häufig wollsack- oder matratzenähnliche Felsgebilde (→ Wollsackverwitterung).

Granodiorit
Ein Tiefengestein (→ Plutonit) ähnlicher Zusammensetzung wie der → Granit.

Graptolithen
Ausgestorbene Tierart, die polypenähnliche Kolonien bildete. Sie ist nur noch → fossil in den Gesteinen des Erdaltertums (→ Erdgeschichte) anzutreffen.

Grauwacke
Dunkelgrauer Sandstein aus → Silikaten (→ Quarz, → Feldspat und → Glimmer) aus dem Erdaltertum (→ Erdgeschichte).

Gravimetrie
Forschungsrichtung der → Geophysik, bei der über Untersuchungen der → Gravitation der Erde diese in Aufbau und Form erforscht wird.

Gravitation
Anziehung, die zwei Massen aufeinander ausüben, z. B. Erdanziehung.

Gravitationsgesetz
Vom Physiker Isaac Newton erkanntes Gesetz, nach dem ein großer Körper auf einen kleineren Körper eine Massenanziehungskraft ausübt.

Grundgebirge
Die älteren, meist magmatischen oder metamorphen, d. h. kristallinen → Gesteine eines Gebietes, die durch tektonische Kräfte (→ Tektonik) in ihrer Lagerung gestört sind. Meist werden sie durch das → Deckgebirge diskordant überlagert.

Grundwasser
Wasser, das von der Erdoberfläche in den Untergrund sickert und sich in → Aquiferen sammelt.

Grundwasserspiegel
Höhe der Oberfläche des → Grundwassers, das sich in einem → Aquifer befindet. Der Grundwasserspiegel liegt nicht immer parallel zur Erdoberfläche. Wenn die grundwasserstauende Basis des Aquifers geneigt ist, hat der Grundwasserspiegel ein Gefälle, das Grundwasser fließt in Richtung des Gefälles ab.

H

Halophyten
Pflanzen, die einen hohen Salzgehalt des → Bodens vertragen. Sie wachsen vorwiegend in Meeresnähe oder an den versalzten Rändern von → Salztonebenen.

Hamada (= Hammada)
Bezeichnung für eine Gesteinswüste (→ Wüste). Aus ihr wird Sand als Verwitterungsrückstand durch Windeinwirkung in die Sandwüsten geblasen.

Hanggletscher
Auflagerung von Eis und → Firnschnee auf einem Hang, ohne Ausbildung einer Gletscherzunge (→ Gletscher).

Härtling
Ein Berg oder Hügel, dessen Gestein gegenüber der → Verwitterung widerstandsfähiger als die Gesteine der Umgebung ist. So wird dieses Gesteinspaket aus dem umgebenden Material durch → Verwitterung und → Abtragung herauspräpariert.

Hawaiische Eruption
Förderung (→ Eruption) von besonders dünnflüssigem → Magma. Es bildet sich ein flacher Schildvulkan (→ Vulkan).

Heberquelle
Siehe Kasten auf Seite 172.

Herzynische Richtung
Von Nordwesten nach Südosten gerichtetes Streichen eines Gebirges (→ Streichen und Fallen).

Hochdruckgürtel, subtropischer
Gürtelförmig die Nord- und die Südhalbkugel der Erde umgebende Zonen in der Nähe der Wendekreise, deren Klima von permanent ortsfesten Hochdruckgebieten bestimmt wird. Hier liegen die großen Wüsten der Erde.

Holozän
→ Erdgeschichte.

Horizont
Teil eines Bodenprofils oder Teil einer Gesteinsschicht.

Horst
Siehe Kasten auf Seite 376.

Hum
Bezeichnung für einzelne, eine Karstoberfläche (→ Karst) überragende Hügel.
Siehe auch Kasten auf Seite 344.

Humides Klima
→ Arides Klima.

Humos
→ Boden oder → Sediment, das → Humus enthält.

Humus
Abgestorbene organische Substanzen, die auf und im → Boden chemisch und durch Bakterien weiter abgebaut werden.

427

Hydrogeologie
Lehre vom Wasser und seinen Erscheinungsformen über, auf und unter der Erdoberfläche.

Hydromorphe Böden
→ Böden, deren Entwicklung dadurch bestimmt wird, daß sie konstant oder periodisch mit Wasser gesättigt sind.

Hydrothermale Phase
Auskristallisation von Mineralen aus → Magma bei Temperaturen zwischen 375 und 90 °C.

Hygrometrie
Messung der Luftfeuchte.

Hygrophyten
Pflanzen, die an feuchten und schattigen Standorten gedeihen.

Hypozentrum
→ Erdbeben.

I

Ichthyologie
Teildisziplin der Zoologie, die das Leben der Fische erforscht.

Ignimbrit
Vulkanisches Gestein, oft abgelagert in Form von Lavadecken (→ Lava). Es enthält vorwiegend Minerale der → Silikatgruppe (→ Silikate).

Inlandeis
→ Gletscher.

Inselberg
Siehe Kasten auf Seite 277.

Insolationsverwitterung
→ Verwitterung.

Interglazial
Geologische Epoche zwischen zwei → Eiszeiten.

Intrusion
Eindringen von → Magma zwischen Gesteinsschichten, wo es langsam erkaltet, ohne an die Erdoberfläche zu gelangen. Beispiel: → Lakkolith.

Isostasie
Theorie über das Eintauchen der Kontinente der → Erdkruste in das → Magma des → Erdmantels, auf dem sie schwimmen. Bei Belastung der Kontinente durch Gewichtszunahme, z. B. durch auflastendes Gletschereis (→ Eiszeit), tauchen sie tiefer in den flüssigen Erdmantel ein und tauchen auch nach dem Abschmelzen wieder auf. Mit diesen isostatischen Ausgleichsbewegungen sind an der Erdoberfläche Hebungen und Senkungen einzelner Großschollen verbunden.

J

Jaspis
Durch Fremdbeimengungen verunreinigter Chalcedon.
Siehe auch Kasten auf Seite 286.

Jungmoränenland
→ Altmoränenland.

Jura
→ Erdgeschichte.

Juveniles Wasser
Unterirdisches Wasser, das durch Neubildung erstmals dem Wasserkreislauf der Erde zugeführt wird.

K

Kalbung
Vorgang des Abbrechens großer Eisblöcke von Gletschern oder Inlandeismassen, die ins Meer münden. Die abgebrochenen Eisblöcke schwimmen als Eisberge im → Packeis.

Kaledonisch
Bezeichnung für eine Gebirgsbildungsphase des Paläozoikums (→ Erdgeschichte), benannt nach der Landschaft Kaledonien (Schottland).

Kalium-Argon-Methode
Methode zur Altersbestimmung eines Gesteins, die sich auf den Zerfall des Kaliumisotops stützt.

Kalkspat
→ Kalzit.

Kalkstein
→ Sedimentgestein, das mindestens 80 % reines → Kalziumkarbonat ($CaCO_3$) enthält.

Kalktuff
→ Tuff.

Kalzit
Auch Kalkspat genannt. Gesteinsbildendes Mineral ($CaCO_3$). Häufiges Vorkommen als Gemengteil von → Kalkstein.

Kalziumkarbonat (= kohlensaurer Kalk)
Gesteinsbildendes Mineral. Hauptbestandteil von → Kalkstein.

Kambrium
→ Erdgeschichte.

Kamm
Verbindet die höchsten Punkte einer Gebirgskette.

Kammeis
In den Polargebieten und Hochgebirgen häufig zu beobachtende nadelförmige Eisbildung am Boden.
Siehe auch Kasten auf Seite 417.

Kaolin
Auch als Porzellanerde bekannt. Es handelt sich um ein → Silikat in der Korngröße des → Tons.

Kapillare
Haardünnes Röhrchen. Wichtig als Teil weitverzweigter kapillarer Hohlräume im → Boden. Diese besitzen nicht immer eine ideale Röhrenform, sondern sie können einen beliebigen Querschnitt aufweisen. In ihnen kann Wasser aus dem Unterboden kapillar in den Oberboden aufsteigen.

Kar
Nischenartige Hohlform mit steilen Seitenwänden in hohen, ehemals vergletscherten Gebirgen. Sie waren die Geburtsstätten von pleistozänen Gebirgsgletschern (→ Eiszeit, → Gletscher).
Siehe auch Kasten auf Seite 289.

Karbon
→ Erdgeschichte.

Karbonate
Salze (H_2CO_3) der Kohlensäure. Häufigstes Vorkommen als Kalk (→ Kalzit).

Kargletscher
In einem → Kar entstehender → Gletscher.

Karren
Besonders in Karstgebieten (→ Karst) ausgeprägte Form der Lösung des Kalkes. Es entstehen schmale, tiefe Rinnen, meist entlang von Gesteinsklüften, deren seitliche Begrenzung sehr scharfkantig ausgebildet ist.
Siehe auch Kasten auf Seite 344.

Karst
Als Karst bezeichnet man die Gesamtheit der durch die Lösung von Gesteinen (hauptsächlich Kalkstein, Gips und Steinsalz) infolge der Einwirkung von Oberflächen- oder → Grundwasser entstandenen ober- und unterirdischen Formen des → Reliefs.
Siehe auch Kästen auf Seite 159, 172, 344 und 418.

Karstschacht
Siehe Kasten auf Seite 159.

Kegelkarst
In den Tropen auftretendes → Relief infolge von Verkarstung (→ Karst).
Siehe auch Kasten auf Seite 418.

Kerbtal
→ Tal.

Kieselgur
In Binnenseen aus den Schalen von Kieselalgen entstandenes → Sediment.

Kieselsäure
→ Silikate.

Kliff
Steilwand einer Steilküste (→ Abrasion).

Klimax
Natürliche Lebensgemeinschaft von Pflanze und Tier als Ergebnis der Anpassung an das Klima, ohne daß der Mensch beeinflussend gewirkt hat.

Kluft
Fuge, die Gesteinskörper glattflächig durchsetzt. Klüfte entstehen durch tektonische Beanspruchung von Gesteinspaketen (Druck, Zerrung), durch Vulkanausbrüche und Erdbeben sowie durch Abkühlung von Lava.

Kluftkarren
→ Karren entlang von Gesteinsklüften (→ Kluft).

Kluse
Siehe Kasten auf Seite 178.

Kohäsion
Der innere Zusammenhalt von Stoffen, der auf den elektrischen Anziehungskräften beruht, den die Moleküle eines Stoffes aufeinander ausüben.

Kohlendioxid
Farb- und geruchloses, säuerlich schmeckendes Gas (CO_2), das als Kohlensäure in Wasser gelöst sein kann.

Kolluvium
Das von den Hängen durch → Erosion flächenhaft abgespülte und am Hangfuß abgelagerte (→ Akkumulation) Abtragungsmaterial.

Kommunizierende Röhren
Untereinander verbundene Röhren, die mit Flüssigkeit gefüllt sind. Der Flüssigkeitsspiegel steigt in allen Röhren gleich hoch.

Kondensation
Durch Abkühlung geht in der Luft enthaltenes Wasser vom gasförmigen Zustand (Wasserdampf) in den flüssigen Zustand über. Als Folge der Kondensation kommt es zu Wolkenbildung und zu Niederschlägen.

Konglomerat
→ Sedimentgestein, das durch Verfestigung (→ Diagenese) von → Schottern entstanden ist.

Konkordant
Gesteinskörper, deren Grenzen parallel

zueinander verlaufen, lagern konkordant. Gegenteil: → diskordant.

Konkretion
Chemische Anreicherung einer Substanz in Höhlungen im → Boden oder in → Gestein. Beispiel: Kalkknollen im → Löß, sogenannte „Lößkindel". Siehe auch Kasten auf Seite 286.

Konsequente Flüsse
Flüsse, die der Abdachungsrichtung einer Schichtstufenlandschaft folgen (→ Schichtrippe). Gegenteil: obsequente Flüsse.

Kontinent
Bezeichnung für die großen zusammenhängenden Festlandmassen der Erde. Sie bestehen aus den Kontinentaltafeln, ihren ältesten Teilen, und den Kulminationszonen (Gipfelungen), d.h. den Kontinentaltafeln angegliederten Gebirgen.

Kontinentalklima
Klima im Landesinnern der großen Kontinente. Charakteristisch sind warme Sommer und sehr kalte Winter. Die meisten Niederschläge fallen im Sommer durch → Konvektion. Das ausgeprägteste Kontinentalklima der Erde herrscht in Ostsibirien.

Kontinentaltafel
→ Kontinent.

Konvektion
Vertikale, d.h. aufsteigende Luftbewegung durch Erwärmung am Boden.

Korngröße
Der Durchmesser von Mineralkörnern eines → Gesteins oder eines → Bodens.

Korrasion
Gesteinsabrieb, der beim Transport (→ Transportkraft) von Material durch eines der Transportmedien Wasser, Gletschereis oder Wind zwischen festem Gesteinsuntergrund und Transportmaterial zustande kommt.

Korrosion
Chemische Zerstörung einer Gesteinsoberfläche durch Lösungsvorgänge des Wassers und der in ihm gelösten Säuren.

Krater
Siehe Kasten auf Seite 119.

Kreide
→ Erdgeschichte.

Kreuzschichtung
Ablagerung von Gesteinsschichten (→ Sedimentation), die verschieden einfallen (→ Fallen und Streichen).

Kristallines Gestein
→ Gestein, dessen mineralische Bestandteile vollständig auskristallisiert sind. Dies geschieht in der Regel in größeren Tiefen der → Erdkruste, und zwar durch langsames Abkühlen von → Magma oder durch → Metamorphose. Das Gegenstück zu kristallinem Gestein ist → Basalt. Er kühlt an der Erdoberfläche schnell ab und weist deshalb keine Auskristallisation auf. Zwischen Basalt und kristallinem Gestein ist der → Porphyr einzuordnen.

Kruste
Rinde über einer Gesteinsoberfläche, durch Ausfällung chemischer Substanzen infolge Verdunstung des Lösungsmittels Wasser entstanden. Je nach Art der Kruste spricht man von Kalk-, Mangan- oder Eisenkrusten.

Krustenbewegung
→ Tektonik.

L

Lagune
Seichtes Wasserbecken an Meeresküsten, oft durch → Nehrungen vom Meer getrennt.

Lahar
→ Schlammstrom.

Lakkolith
Pilzförmige → Intrusion von Magma.

Lakustrisch
Bezeichnet in Seen abgelagerte → Sedimente. Sinnverwandt mit limnisch.

Lapilli
Walnußgroße Lavabrocken, die aus einem Vulkan herausgeschleudert wurden (→ Lockermassen, vulkanische).

Laterit
Bezeichnung für tropische Böden, die aufgrund einer Eisen- oder Aluminiumanreicherung rot gefärbt sind. Bei Austrocknung bilden Laterithorizonte panzerartige Lateritkrusten.

Lava
Bei Vulkanausbrüchen an die Erdoberfläche gelangende glutflüssige Gesteinsschmelze (→ Magma), die chemisch sauer oder basisch reagieren kann (→ pH-Wert). Sie stammt aus dem → Erdmantel, seltener auch aus der tiefen → Erdkruste. Je nach ihrer chemischen Zusammensetzung und ihrem Gehalt an gelösten Gasen ist Lava zäh- oder dünnflüssig und erkaltet rasch oder langsam. Strick- oder Fladenlava ist gasärmer, bewegt sich rascher und bildet eine wulstige, waschbrettähnliche Oberfläche. Block- oder Schollenlava ist gasreicher, bewegt sich langsamer und bildet beim Erkalten ein Chaos von scharfkantigen Blöcken und Schollen.

Lehm
Aus feinen Sandkörnern (→ Sand, → Schluff, → Ton) bestehendes → Sediment, hervorgegangen aus den chemischen Verwitterungsprodukten von Gesteinen (→ Verwitterung). Siehe auch Kasten auf Seite 432.

Lentikular
Gefügeanordnung eines Gesteins (→ Gefüge), bei der linsenförmige Kristallbildungen von einer einheitlichen Grundmasse umgeben sind.

Lessivierung
Vertikale Verlagerung von sehr feinkörnigen Mineralteilchen (ab 0,002 mm) aus den oberen Bodenhorizonten (→ Horizont, → Boden) in darunter gelegene, wo sie sich anreichern. Die Verlagerung geschieht durch einsickerndes Niederschlagswasser.

Leukogranit
Sehr saurer → Granit (→ pH-Wert).

Lias
→ Erdgeschichte.

Limane
Ukrainischer Ausdruck für Meeresbuchten, die im Gegensatz zu den → Lagunen aus vom Meer überfluteten und später von ihnen durch → Nehrungen getrennten Flußmündungen entstehen.

Limnisch
→ Lakustrisch.

Liparit
Rötliches → Ergußgestein mit glasiger Grundmasse.

Lithologie
Lehre der Ausprägung von Gesteinsschichten innerhalb ihrer → Schichtung.

Lithosphäre
Der obere, feste Gesteinsmantel der Erde.

Lockermassen, vulkanische
Aus Lava bestehendes Gesteinsmaterial, das bei Vulkanausbrüchen (→ Vulkan) häufig bis in große Höhen emporgeschleudert wird.

Löß
Durch den Wind infolge Abnahme seiner Transportkraft abgelagertes kalkiges → Sediment. Korngrößen zwischen 0,01 und 0,05 mm.

M

Mäander
Bogen eines Flußlaufes, eine Flußschlinge. Sie bilden sich in ebenem Gelände. Ihre ursächliche Entstehung ist jedoch noch nicht völlig geklärt. An den Außenbögen von Mäandern entstehen Steilufer, sogenannte Prallhänge, an den Innenbögen bilden sich flache Gleithänge. Wird ein mäandrierender Fluß durch Hebung seines Untergrundes zur Tiefenerosion veranlaßt, so behält der sich einschneidende Lauf häufig seine gewundene Form bei. Es entstehen Talmäander.

Macchie
Immergrüne Gebüschformation des Mittelmeergebietes, bestehend aus Ginster, Erikazeen, Pistazien und Wacholder.

Magma
Glutflüssige Gesteinsschmelze mit einer Temperatur von mehr als 1000°C, die die tieferen Bereiche der → Erdkruste und den → Erdmantel bildet. Je nach ihrer chemischen Zusammensetzung basisch oder sauer (→ pH-Wert). Sobald Magma die Erdoberfläche erreicht, bezeichnet man es als → Lava (→ Vulkanismus).

Magmakammer
Großer Hohlraum unter manchen → Vulkanen, der sich vor Ausbrüchen mit → Magma füllt. Die Magmakammer ist durch einen Schlot mit dem Vulkankrater (→ Krater) verbunden, über den sie sich bei Ausbrüchen entleert. Siehe auch Kasten auf Seite 119.

Magmatisches Gestein
→ Gesteine.

Magnetit
Gesteinsbildendes → Mineral, auch Magneteisenstein genannt. Kommt vor allem in → Basalt und → Gabbro sowie in → metamorphen Gesteinen vor.

Magnitude
Eine Maßzahl, die die Stärke eines → Erdbebens beschreibt.

Malm
→ Erdgeschichte.

Mangrove
Eine auf Wurzelstelzen wachsende Pflanzenart, die im Küstenbereich, d.h. im Einflußgebiet der → Gezeiten, in ausgedehnten Wäldern wächst.

Marmor
Kristalliner → Kalkstein, durch → Metamorphose entstanden.

Meeresterrasse
Ehemalige Abrasionsplattform (→ Abrasion) vor einer Küste, die durch Hebung des Landes (→ Tektonik) oder Absinken des Meeresspiegels (→ Regression) trockengefallen ist.

Mergel
Sedimentgestein aus → Ton und Kalk (→ Kalzit), das auch → Sand enthalten kann. Dünnschichtige Mergel bezeichnet man als Mergelschiefer (→ Schiefer).

Mergelschiefer
→ Mergel.

Mesa
Spanischer Ausdruck für einen Tafelberg, d.h. einen Berg, dessen Kuppe durch eine horizontal lagernde Gesteinsschicht gebildet wird.
Siehe auch Kasten auf Seite 145.

Meseta
Spanischer Ausdruck für ausgedehnte Hochflächen.

Mesophil
Organismen, die zur bestmöglichen Lebensentwicklung gemäßigte Temperaturen und Niederschläge benötigen, sind mesophil.

Mesozoikum
→ Erdgeschichte.

Metamorphes Gestein
→ Gesteine.
Siehe Kasten auf Seite 172.

Metamorphose
Siehe Kasten auf Seite 172.

Meteorit
Vom Weltall infolge der → Gravitation auf die Erde auftreffender Himmelskörper.
Siehe auch Kasten auf Seite 246.

Migmatite
Gesteine, deren Umwandlung durch → Metamorphose nicht bis zur Aufschmelzung verlief. Sie stehen zwischen den → metamorphen Gesteinen und den → magmatischen Gesteinen.

Mikrorelief
Die auf kleinen Flächen auftretende Ausbildung des → Reliefs.

Minerale
Physikalisch und chemisch homogene, anorganische Naturkörper der Erde. Sie kommen hauptsächlich in Form von Kristallen vor und sind Bestandteile der → Gesteine.

Mineralogie
Wissenschaftliche Lehre von den → Mineralen.

Miozän
→ Erdgeschichte.

Mofette
Siehe Kasten auf Seite 408.

Mohorovičić-Diskontinuität
Fläche zwischen → Erdmantel und → Erdkruste, von der ab die Erdbebenwellen wesentlich schneller werden. Sie liegt in 40–70 km Tiefe unter den → Kontinenten und unter 10 km Tiefe unter Ozeanböden.

Molasse
Vor den Alpen abgelagertes → Sediment, meist sandig ausgebildet. Molasse entstand im Tertiär (→ Erdgeschichte) und gliedert sich in ein → Konglomerat (Nagelfluh) und eine sandige → Fazies (Flint).

Monokline
→ Flexur.

Monsun
Jahreszeitlich wechselnder Wind in Asien. Seine Entstehung ist gebunden an die Entwicklung und Ausprägung der großen globalen Windsysteme. Im Sommer weht er vom Meer zum Land aus Südwesten (Sommermonsun) und im Winter vom Land aufs Meer aus Nordosten (Wintermonsun). Dieses Windsystem ist entscheidend für die Entwicklung des Lebens in den betroffenen Ländern. Der Sommermonsun bringt die großen Regen, die Monsunregen, der Winter ist mit Trockenheit und Dürre verbunden.

Moränen
Siehe Kasten auf Seite 289.

Morphogenese
Entstehung von Reliefformen (→ Relief) der Erdoberfläche.

Muschelkalk
→ Erdgeschichte.

Muskegs
Ausgedehnte Moore auf dem Kanadischen Schild, bewachsen mit Fichten und Lärchen.

Mylonit
An tektonischen → Bewegungsflächen zermalmtes und anschließend durch ein → Bindemittel wieder verfestigtes Gestein (→ Brekzie).

N

Nährgebiet
Oberer Teil eines → Gletschers (oberhalb der → Firnlinie), wo mehr Schnee fällt als abtaut. Unterhalb der Firnlinie liegt das Zehrgebiet.

Neck
In Schottland vorkommende ehemalige Vulkanschlote, die als → Härtlinge herauspräpariert worden sind.
Siehe auch Kasten auf Seite 145.

Nehrung
Schmale, aus Sand bestehende Landzunge, die von den Wasserströmungen und den Wellen entlang von Meeresküsten aufgeschüttet wurde. Nehrungen schnüren häufig Meeresbuchten völlig von der offenen See ab.
Siehe auch Kasten auf Seite 168.

Neogen
→ Erdgeschichte.

Nephelin
Ein → Mineral aus der Gruppe der → Feldspate.

Nevado
Von ewigem Schnee bedeckter Gipfel der Anden.

Niedrigwasser
Der in einem Meßzeitraum geringste beobachtete → Abfluß eines Flusses.

Nitrat
Ein Salz der Salpetersäure (HNO_3).

Nivales Klima (= Schneeklima)
Klima in den Polargebieten und Hochgebirgen der Erde, das durch Niederschläge in fester Form gekennzeichnet ist. Weite Gebiete sind deshalb schneebedeckt oder vergletschert.

Nivation
Durch abgleitende Schnee- oder → Firnschneemassen (Lawinen) hervorgerufene → Erosion.

Nunatak (Mz. Nunatakker)
Eine aus einem Plateaugletscher (→ Gletscher) herausragende Bergspitze, die vom Eis an allen Seiten abgeschliffen wird.

O

Obsequente Flüsse
→ Konsequente Flüsse.

Ökologie
Wissenschaft von den wechselseitigen Beziehungen zwischen Lebewesen und ihrer natürlichen Umwelt.

Ökosystem
System, das die natürlichen Lebensgemeinschaften an einem Standort und die Eigenschaften des Standortes als Einheit zusammenfaßt.

Oligozän
→ Erdgeschichte.

Olivine
Gruppe olivgrüner Silikatminerale (→ Silikate).

Ombrophil
Bezeichnet regenliebende Pflanzen einer Vegetationsgesellschaft.

Ophiolite
Basische (→ pH-Wert) Magmen (→ Magma), die während einer Gebirgsbildungsphase aufsteigen. Sie erstarren zu grünlichen → Gesteinen (z.B. → Diabas).

Ordovizium
Untere Abteilung des Silurs (→ Erdgeschichte).

Orogene
Die zwischen den → Urkratonen liegenden Faltengebirge (→ Faltung), entstanden in tektonisch mobilen → Geosynklinalen.

Orogenese
Bezeichnung für kleinräumig wirksame tektonische Bewegungen (→ Tektonik) der → Erdkruste, die zur Bildung von → Gebirgen führen.

Orographie
Beschreibende Darstellung des → Reliefs, ohne daß dessen Entstehungsweise berücksichtigt wird.

Orographisch
Bezeichnet geographische Erscheinungen, die durch das → Relief der Erdoberfläche hervorgerufen werden, so z.B. orographische Niederschläge (Steigungsregen durch Luftmassenstau an einem Gebirge).

Os (Mz. Oser)
Siehe Kasten auf Seite 289.

Ozeanisches Klima
Klima der gemäßigten Breiten an den Westseiten der Kontinente. Charakterisiert durch geringe Temperaturschwankungen zwischen Sommer und Winter. Ganzjährig hohe Niederschläge mit Maximum im Winter.

Ozeanschwellen
Untermeerische Gebirgsrücken, die verschiedene Meeresbecken voneinander trennen. Sie sind 1000–4000 km breit und 2–4 km hoch. Wenn sie in der Mitte der Ozeane liegen, spricht man von mittelozeanischen Schwellen oder Rücken.
Siehe auch Kasten auf Seite 202.

P

Packeis
Nahezu geschlossene Eisdecke, die durch das Über- und Gegeneinanderschieben von mit den Meeresströmungen driftenden Eisschollen, dem Feldeis, entsteht.
Siehe auch Kasten auf Seite 59.

Pahoehoe
Hawaiisches Wort für Strick- oder Fladenlava (→ Lava).

Paläobiologie
Teildisziplin der Biologie, die die Verbreitung und die Lebensbedingungen der Organismen auf Festländern und in Meeren in den vergangenen geologischen Zeiträumen erforscht.

Paläontologie
Wissenschaft von den Organismen, die vor der geologischen Gegenwart gelebt haben. Studienobjekte sind die → Fossilien.

Paläozän
→ Erdgeschichte.

Paläozoikum
→ Erdgeschichte.

Pancake-Eis
Siehe Kasten auf Seite 59.

Paralleltextur
→ Gefüge.

Pediment
Siehe Kasten auf Seite 277.

Pegmatit
Gemischt- und großkörniges → Ergußgestein, das meistens bei → Intrusionen gebildet wird.

Pelite
Gesteine, die viel → Ton enthalten. Entstanden durch Verfestigung (→ Diagenese) eines Schlammsediments (→ Sediment).

Penniden
Bezeichnet einen Teil der Westalpen, die durch → Überschiebung von Gesteinsdecken entstanden.

Perennierend
Flüsse mit dauernder Wasserführung, die jedoch jahreszeitlichen Schwankungen unterworfen sein kann.

Peridot
→ Olivin.

Peridotit
Körniges, feldspatfreies (→ Feldspat) Tiefengestein (→ Plutonit), das im wesentlichen aus → Olivin besteht.

Periglaziale Erscheinungen
Siehe Kasten auf Seite 417.

Perm
→ Erdgeschichte.

Permafrost (= Dauerfrostboden)
Boden in → nivalen Klimazonen, der bis in größere Tiefen ewig gefroren bleibt. Lediglich der oberste Horizont taut im Sommer auf.
Siehe auch Kasten auf Seite 432.

Petrographie
Wissenschaft, die sich mit der Entstehung und mineralischen Zusammensetzung der → Gesteine beschäftigt.

Phonolith
→ Ergußgestein mit porphyrischer Struktur (→ Porphyr).

Phreatisch
Bezeichnet Klimabereiche, in denen aus den Niederschlägen → Grundwasser gespeichert werden kann.

pH-Wert
Maß für die Anzahl der H^+-Ionen in einer Lösung. Unterteilung von pH 1 bis pH 6,9 (saure Lösung), pH 7,0 (neutrale Lösung) und pH 7,1 bis pH 14 (basische Lösung).

Phyllit
Feinblättriger, grünseidig glänzender → Schiefer mit viel → Quarz.

Piedmontfläche
Vor einem Gebirge gelegene, mehr oder weniger von Flüssen zerschnittene → Rumpffläche.

Pillowlava (= Kissenlava)
Pillowlava sind kissenförmige Lavakörper, die bei der Erstarrung untermeerischer Lavaströme entstehen (→ Lava).

Pingo
Siehe Kasten auf Seite 226.

Pipcrake
→ Kammeis.

Plagioklas
→ Mineral aus der Gruppe der → Feldspate.

Plateaugletscher
→ Gletscher.

Playa
→ Bolsón.

Pleistozän
→ Erdgeschichte.

Pliozän
→ Erdgeschichte.

Pluton
Gesteinskörper aus → Plutoniten (Tiefengestein) mit oft riesigen Ausmaßen, der unterhalb der Erdoberfläche erkaltet ist und häufig durch spätere → Erosion freigelegt worden ist.

Plutonismus
Plutonismus nennt man alle Vorgänge, die in Zusammenhang mit dem Eindringen von → Magma in die Erdkruste stehen. Im Unterschied hierzu spricht man von → Vulkanismus, wenn → Magma an die Erdoberfläche dringt.

Plutonit (= Tiefengestein)
→ Gesteine.

Pluvialzeit
Während der → Eiszeiten der mittleren Breiten in den heute ariden und semiariden Subtropen (→ arides Klima) eintretende Perioden mit kühlerem Klima und häufig auch höheren Niederschlägen.

Polje
Reliefform des → Karstes.
Siehe auch Kasten auf Seite 344.

Pollenanalyse
Untersuchung von in → Sedimenten vorkommenden Pollen und Sporen, um so Rückschlüsse auf die Pflanzenwelt früherer geologischer Zeiträume zu gewinnen.

Polygenetisch
Bezeichnet eine geographische Erscheinung, die auf mehrere verschiedene Entstehungsursachen zurückgeht.

Polygonal
Vieleckig.

Polygonboden
Siehe Kasten auf Seite 417.

Ponor (= Flußschwinde, Schluckloch)
Versickerungsstelle eines oberirdischen Wasserlaufes in Karstgebieten (→ Karst). Das unterirdisch weiterfließende Wasser tritt an anderer Stelle an Karstquellen wieder aus.
Siehe auch Kasten auf Seite 344.

Porphyr
→ Ergußgestein, das große auskristallisierte → Minerale, sogenannte → Einsprenglinge, in einer einheitlichen Grundmasse enthält (→ kristallines Gestein).

Postglazial (= Nacheiszeit)
Periode der → Erdgeschichte, die nach dem Ende der letzten → pleistozänen → Eiszeit einsetzte.

Postvulkanische Erscheinungen
Siehe Kasten auf Seite 408.

Präkambrium
→ Erdgeschichte.

Prallhang
→ Mäander.

Pultscholle
Schräggestellte Scholle, die an einer Seite entlang einer → Verwerfung gehoben wurde.
Siehe auch Kasten auf Seite 376.

Puna
1. Hochflächen über 4000 m in den bolivischen Anden.
2. Begriff für eine Höhenstufe der Vegetation in tropischen Hochgebirgen.

Pyroklastika
Sammelbegriff für von → Vulkanen ausgeworfene → Lockermassen (z.B. → Tuff).

Pyroxen
Gruppe gesteinsbildender → Minerale.

Q

Quartär
→ Erdgeschichte.

Quarz
Gruppe gesteinsbildender Minerale aus verschiedenen Modifikationen der → Kieselsäure (SiO_2).

Quarzit
→ Metamorphes Gestein, das vorwiegend → Quarz enthält und aus → Sandstein entstanden ist.

Quelle
Stelle an der Erdoberfläche, an der zeitweise oder ständig → Grundwasser zutage tritt.
Siehe auch Kästen auf Seite 172 und 344.

R

Radialspalte
Spalte, die einen → Vulkan in radialer Richtung durchsetzt. Auf Radialspalten bilden sich häufig kleine Nebenkrater oder → Adventivkrater.

Radiokarbonmethode
Methode zur Altersbestimmung von organischen Substanzen, die viel Kohlenstoff enthalten. Man kann aufgrund ihres Gehaltes an ^{14}C (= radioaktives Kohlenstoffisotop) mit einer Fehlerquote von 10 % bis zu 50 000 Jahre zurückverfolgen, wann der untersuchte Organismus abgestorben ist. Damit erhält man gleichzeitig Informationen über das Alter der Sedimentschicht (→ Sediment), in der der Organismus lagert.

Radiolarit
→ Sedimentgestein, entstanden durch → Diagenese von Schlamm aus den Skeletten von Radiolarien, im Meer lebenden Mikroorganismen.

Reg
Arabische Bezeichnung für Geröllflächen in der algerischen Sahara.

Regression
Zurückweichen eines Meeres. Gegenteil: → Transgression.

Relative Höhe
Höhenbetrag, um den eine Erhebung ihre Umgebung überragt.

Relief
Summe der auf der Erde vorkommenden Formen, die ihre Oberflächengestalt bilden. Das Relief ist ein Ergebnis der auf die verschiedenen Gesteine der Erdoberfläche wirkenden Kräfte (→ Tektonik, → Erosion). Ist ein ehemaliges Relief durch → Sedimentation verschüttet, so spricht man von einem verborgenen oder verschütteten Relief. Die Ausprägung des Meeresbodens wird als submarines Relief bezeichnet.

Reliefenergie
Bezeichnung für das Maß zwischen niedrigstem und höchstem Punkt eines untersuchten Reliefs.

Reliefumkehr
Durch die Arbeit der → Erosion werden aus ehemaligen Talböden und Hügeln im neu entstandenen → Relief Hügel und Talböden.
Siehe auch Kästen auf Seite 176 und 324.

Relikt
Lebewesen (Tier, Pflanze) oder anderes Naturphänomen, das sich aus früheren geologischen Epochen bis in die Gegenwart erhalten hat.

Rezent
→ Fossil.

Rhyolith
Granitähnliches (→ Granit) → Ergußgestein.

Riasküste
Küstenform, die infolge von Überschwemmungen ehemaliger Flußtäler entstand.

Riegel
In Gletschertälern (→ Tal) vorkommende Felsschwellen, die zu Talverengungen führen können. Sie entstehen durch die Erosion von Gletschern.

Riff
Eine durch die Schale von Korallen vom Meeresgrund gegen die Wasseroberfläche gewachsene steinerne, wallförmige Barriere, die in tropischen Meeren entsteht. Eine Küste, die aus diesen organischen → Sedimenten aufgebaut ist, wird als Riffküste bezeichnet.
Siehe auch Kasten auf Seite 85.

Rift
Englische Bezeichnung für einen → Bruch. Wird für die großen Gräben der Ozeane und Kontinente verwendet (z.B. Ostafrikanischer Graben).

Rißeiszeit
Geologische Epoche des → Pleistozäns; gehört als → Eiszeit zur Erdneuzeit (→ Erdgeschichte).

Rückschreitende Erosion
Siehe Kasten auf Seite 268.

Rumpffläche
Fast ebene Abtragungsfläche. Sie ist das Endergebnis der Abtragung eines Gebirges (→ Erosion).

Rundhöcker
Ein durch Gletschererosion herauspräparierter → Härtling von der Form eines Wals.

Runse
Durch abfließendes Niederschlagswasser gebildete kurze, steile Erosionsrinne im Hochgebirge (→ Erosion).

Rüschelzone
Zone entlang einer → Verwerfung, in der das Gestein durch die Gegeneinanderbewegung zweier Schollen zertrümmert worden ist.

S

Sahel
Gebiet am südlichen Rand der Sahara mit 100 bis 500 mm Jahresniederschlag. Die Regenzeit dauert nur drei Monate. Die kümmerliche Grasvegetation ermöglicht eine bescheidene Weidewirtschaft.

Salzdom
Siehe Kasten auf Seite 239.

Salzpfanne
Flache Hohlform in abflußlosen Trockengebieten (→ arides Klima), deren Boden von einer Salzkruste überzogen ist.

Salztonebene
Aus abwechselnden Lagen von Salz und Ton bestehende Ebene im Innern → endorheischer Becken der → ariden Klimazonen. Das von den Bächen der randlichen Bergländer eingeschwemmte feine Material vermischt sich nach Verdampfen des Wassers mit den zurückbleibenden Salzen. Im Laufe geologischer Zeiträume wachsen die geringen jährlichen Absätze zu mächtigen Ablagerungen an.

Sand
Siehe Kasten auf Seite 295.

Sander
Ablagerungen von Schmelzwasserbächen im Vorfeld von → Gletschern. Sander bestehen aus → Schottern und Sanden.

Sandstein
→ Sedimentgestein, das durch Verfestigung (→ Diagenese) von Sanden (→ Sand) durch ein → Bindemittel, meist → Kieselsäure, entstand. Hauptbestandteil ist → Quarz.

Sauer
→ pH-Wert.

Savanne
Grasflur mit eingestreuten Gebüsch- und Waldformationen (→ Galeriewald) in den wechselfeuchten Tropen mit ausgeprägter Regen- und Trockenzeit.

Scharnier
Übergangsstelle (Kippstelle) zwischen einer → Geosynklinalen und einer → Antiklinalen.

Schelf
Rand der → Kontinente, der unter dem Meeresspiegel liegt. Der Schelf fällt meerwärts mit einer Steilstufe, dem Kontinentalhang, zum Ozeanboden ab.

Schelfeis
Siehe Kasten auf Seite 50.

Schichtfuge
Fläche, an der sich zwei übereinanderliegende Sedimentschichten (→ Sediment) berühren.

Schichtrippe
Bezeichnet einen langgestreckten Bergrücken mit deutlich ausgebildetem First, der dadurch entstanden ist, daß die Erosion eine härtere, steil abfallende Gesteinsschicht aus dem Verband eines Schichtpaketes herausmodelliert hat. Bei schwach geneigten Gesteinsschichten spricht man von Schichtstufen. Mehrere parallel zueinander verlaufende Schichtrippen oder -stufen bilden eine Schichtrippen- bzw. Schichtstufenlandschaft.
Siehe auch Kasten auf Seite 83.

Schichtstufe
→ Schichtrippe.

Schichtung
Ablagerung von Abtragungsmaterial (→ Erosion) in Schichten. Schichtung entsteht durch → Verfestigung einer Sedimentlage (→ Sediment), bevor eine neue darüber abgelagert wird. Einzelne Schichten sind durch → Schichtfugen oder -flächen voneinander getrennt.

Schiefer
→ Gestein, das sich in dünnen Platten brechen läßt; in weitläufigem Sinne ein Gestein mit plattigem → Gefüge.

Schieferton
Verfestigter → Ton oder → Schluff (→ Diagenese).

Schieferung
Durch auflastenden hohen Druck richten sich die → Minerale eines → Gesteins senkrecht zur Druckrichtung aus. Es entstehen dadurch Gesteinsplättchen, die sich entlang der Schieferungsflächen spalten lassen.

Schill
→ Sediment aus den kalkigen, harten Schalen von Organismen.

Schlacken
Poröse, unregelmäßig geformte Lavabrocken (→ Lava), die sich entweder beim Erkalten von Lavaströmen an deren Unter- und Oberseite bilden oder aber als Lockermaterial während eines Vulkanausbruches ausgeworfen werden (→ Lockermassen, vulkanische).

Schlammstrom
Vulkanische → Aschen, die nach heftigen Niederschlägen mit Wasser durchtränkt wurden, dadurch ins Rutschen gerieten und mit elementarer Gewalt hangabwärts fließen.

Schluff
Mineralkorn mit einem Durchmesser von 0,06–0,002 mm.

Schneegrenze
Grenze zwischen schneebedeckten und schneefreien Gebirgsregionen. Man unterscheidet zwischen temporärer Schneegrenze, die je nach Jahreszeit in der Höhenlage schwankt, und der wirklichen Schneegrenze. Sie entspricht der höchsten Lage der temporären Schneegrenze im Sommer.

Schollenlava
→ Lava.

Schott
→ Salztonebene.

Schotter
Geröllablagerungen eines fließenden Gewässers.

Schutt
Eckiges, nicht durch Wasser, Gletschereis oder Wind transportiertes Verwitterungsmaterial (→ Verwitterung), das sich infolge der → Gravitation in Form von → Schutthalden oder → Schuttkegeln am Fuß eines Hanges ansammelt.

Schutthalde
Infolge der → Gravitation von Felswänden herabgefallenes Verwitterungsmaterial (→ Verwitterung), das sich in Form einer Halde saumförmig entlang der Felswand ansammelt.

Schuttkegel
Halbkegelförmige Anhäufung von → Schutt am Fuß von steilen Felswänden unterhalb von durch Steinschlag entstandenen Rinnen.

Schüttung
Bezeichnet die Wassermenge pro Zeiteinheit (l/s) oder (m³/s), die aus einer → Quelle ausfließt. Wird auch zur Angabe der Förderleistung eines Grundwasserbrunnens verwandt. Über den gemessenen Zeitraum lassen sich Mittelwerte der Schüttung errechnen.

Schwemmfächer
→ Schwemmkegel.

Schwemmkegel
Halbkegelförmige, fächerartige → Akkumulation von Material durch ein Fließgewässer, wenn dessen → Transportkraft nachläßt (→ Delta).

Sebcha (→ Salztonebene)

Sediment
Geologisch langfristig abgelagertes, zuvor meist durch fließendes Wasser, Eis oder Wind transportiertes Abtragungsmaterial unterschiedlicher Mächtigkeit und Zusammensetzung. Bei Verfestigung (→ Diagenese) wird es zum → Sedimentgestein.

Sedimentation
Langfristige Ablagerung von Abtragungsmaterial, das durch Wasser, Gletschereis oder Wind herantransportiert und infolge der Änderung der → Transportkraft abgelagert, d.h. sedimentiert wurde. Zur Sedimentation gehört auch die chemische Ausfällung von Salzen, z.B. Kalk aus den Meeren. Werden die Sedimente durch ein → Bindemittel verfestigt (→ Diagenese), werden sie zu Sedimentgesteinen (→ Gesteine).

Sedimentgestein
→ Gesteine.

Sedimentologie
Wissenschaft von der Bildung der → Sedimente.

Seiches
Schwingungen einer Seeoberfläche (Wellen), die durch permanent aus einer Richtung auf den See wehende Winde hervorgerufen werden.

Seismik
Erdbebenforschung (→ Erdbeben).

Selektiv
=auswählend. In der → Geomorphologie spricht man z.B. von selektiver → Verwitterung, wenn Härteunterschiede in Gesteinen zu verschieden schnellem Fortschreiten der → Verwitterung führen. Entsprechend selektive → Erosion.

Semiarides Klima
→ Arides Klima.

Senon
Geologische Epoche des Erdmittelalters (→ Erdgeschichte).

Sérac (= Gletscherbruch)
Bei sehr starkem Gefälle zerbricht das Eis eines → Gletschers in ein Chaos von Eiszacken und -nadeln. Man spricht von einem Gletscherbruch.

Serpentin
Mineral, das bei der Umwandlung von → Olivin entsteht. Es gehört zur Gruppe der → Silikate.

Silikate
Wichtigste gesteinsbildende → Minerale der → Erdkruste, an deren Aufbau sie zu rund 95 % beteiligt sind. Bekannteste Mitglieder dieser Gruppe sind → Feldspat, → Quarz und → Glimmer. Chemisch handelt es sich um Salze der Kieselsäure (SiO_2).

Sill
Siehe Kasten auf Seite 145.

Silt
In der → Bodenkunde der Oberbegriff für feinkörniges Material.

Silur
→ Erdgeschichte.

Sinterkegel
Siehe Kasten auf Seite 34.

Siphon
Stelle in einer Karsthöhle (→ Karst), an der sich die Decke der Höhle auf den Wasserspiegel eines sie durchfließenden Wasserlaufes senkt.
Siehe auch Kasten auf Seite 159.

Solfatare
Siehe Kasten auf Seite 408.

Solifluktion
Siehe Kästen auf Seite 284 und 417.

Spätglazial
Letzter Abschnitt der → Eiszeit und ihrer Ausläufer.

Speiloch
Siehe Kasten auf Seite 344.

Speläogenese
Entwicklung einer Höhle. Sie ist Forschungsgegenstand der → Speläologie.

Speläologie
Wissenschaft, die sich mit der Untersuchung von Höhlen und ihrer Entstehung beschäftigt.

Staffelbruch
Bezeichnung für mehrere treppenartig hintereinander angeordnete Brüche (→ Bruch, Verwerfung).

Stalagmit
Siehe Kasten auf Seite 286.

Stalaktit
Siehe Kasten auf Seite 286.

Staukuppe
Sehr zähflüssige Lava fließt beim Erreichen der Erdoberfläche nicht die Hänge eines → Vulkans hinunter, sondern erstarrt am Gipfel des Berges zu einem kuppenförmigen Gebilde.

Steilhang
Eine im Gelände auftretende deutliche Änderung des → Reliefs. Seine Entstehung kann durch → Tektonik als Bruchstufe oder durch → Erosion hervorgerufen werden.

Steinsalz
Gesteinsbildendes → Mineral (NaCl). Als → Sedimentgestein wird es häufig in Salzseen oder Flachmeeren ausgefällt.

Stoßkuppe
Fast erstarrter Lavapfropfen in einem Vulkanschlot, der durch hohen Gasdruck als Lavanadel ausgetrieben wird. Die entweichenden Gase bilden dabei gefährliche Glutwolken. Berühmtestes Beispiel für die Entstehung einer Stoßkuppe ist der Ausbruch des Mont Pelé auf Martinique.

Strand
Übergangsgebiet zwischen Meer und Festland, das von den Wellen des Meeres, der Brandung, überspült wird. Je nach der Ausbildung des Materials spricht man von Fels-, Sand- oder Schlickstrand.

Strandterrasse
Eine durch → Abrasion entstandene Brandungsplattform, die über den Meeresspiegel gehoben worden ist.

Strandwall
Durch die Brandung am Strand aufgeworfener Wall.
Siehe auch Kasten auf Seite 168.

Stratigraphie
Teildisziplin der → Geologie, die sich mit dem Auftreten von Gesteinsschichten und deren Entstehung beschäftigt.

Stratovulkan (= Schichtvulkan)
→ Vulkan.

Streichen und Fallen
Streichen und Fallen ermöglichen die Lagebestimmung einer geologischen Fläche (Schichtfläche, Verwerfungsfläche, Kluftfläche). Richtung und Grad der stärksten Neigung einer Fläche gegen die Horizontale bezeichnet man als Fallen oder auch Einfallen; unter Streichen versteht man die Richtung der Horizontalen auf einer geneigten Fläche.

Stricklava
→ Lava.

Strukturformen
Grundformen der Erdoberfläche, in denen sich die Lagerungsverhältnisse der Gesteine widerspiegeln.

Subaerisch
Bezeichnet Formen des → Reliefs, die unter dem Einfluß der Kräfte der Atmosphäre entstanden sind.

Subglazial
Bezeichnet Vorgänge und Erscheinungen, die unter der Eismasse eines → Gletschers auftreten.

Subglaziale Schmelzwasserrinne
Unter dem Gletscher durch → Erosion entstandene schmale, tiefe Rinne, in der Schmelzwasser abgeführt wird.

Sublimation
Vorgang der → Verdunstung, wobei Wasser aus dem gefrorenen Zustand direkt in den gasförmigen Zustand übergeht.

Submersion
Untertauchen des Festlandes während einer Periode des Vordringens des Meeres, d.h. einer → Transgression.

Substrat
Material, aus dem sich → Böden entwickeln.

Subvulkanisch
Kennzeichnet Vorgänge und Materialien, die unter einem Vulkan ablaufen bzw. lagern.

Syenit
→ Tiefengestein, das dem → Granit ähnelt und viel Kalifeldspat (→ Feldspat) enthält.

Synklinale
Siehe Kasten auf Seite 324.

Synklinaltal
Siehe Kasten auf Seite 324.

Synklinorium
Siehe Kasten auf Seite 48.

T

Tal
Von einem fließenden Gewässer oder Gletschereis geschaffene, langgestreckte Hohlform, die je nach ihrer Entstehungsweise unterschiedliche Quer- und Längsprofile aufweist.
Die Talformen sind abhängig von der Wirkungsweise der Tiefenerosion (→ Erosion) und von der Abtragung der Talhänge.
Bei sehr starker Tiefenerosion und äußerst geringer Hangabtragung bildet sich eine *Klamm (Canyon)* mit senkrechten Seitenwänden. Ist neben der Tiefenerosion auch die Seitenerosion wirksam, entsteht ein *Kerbtal* (V-förmiger Querschnitt). Tritt die Tiefenerosion gegenüber der Seitenerosion zurück, schafft ein Fließgewässer eine breite Talsohle, die deutlich gegen die Talhänge abgesetzt ist. Diese Talform heißt *Sohlental*. Ein *Muldental* bildet sich, wenn der Fluß nicht in der Lage ist, das von den Hängen abgetragene Material abzutransportieren und so die Talsohle freizuhalten.
Ein von Gletschern überformtes Tal besitzt einen U-förmigen Querschnitt (→ *Trogtal*). Sonderformen der Talentstehung sind → Durchbruchstäler.
Siehe auch Kästen auf Seite 289 und 398.

Talgletscher
→ Gletscher.

Talkessel
Größere Hohlform mit rundlichem Grundriß. Sie kann das Ende eines → Tals, d. h. ein Talschluß, sein. Ist sie glazialen Ursprungs (→ Gletscher), heißt sie → Kar. Entstanden sind sie durch → Erosion von fließendem Wasser oder Gletschereis.

Talweg
Tiefenlinie im Längsprofil eines Tales.

Tektonik
Bewegungen von Teilen der → Erdkruste in Form von Hebung und Senkung durch Kräfte, die innerhalb der Erde, oft nach außen gerichtet, wirken. Werden Gesteinsschichten bei diesen Bewegungen verbogen und gefaltet, spricht man von → Faltungen. Starre Gesteinspakete können nicht mehr gefaltet werden, sondern zerbrechen in einzelne Schollen. Die Bruchlinien zwischen einzelnen Schollen werden als → Verwerfungen bezeichnet.

Tektonisches Fenster
Eine durch → Erosion entstandene Lücke in einer Gesteinsschicht, die durch → Überschiebung (→ Tektonik) verlagert worden ist.

Terrigen
Aus Festlandmaterial bestehend.

Tertiär
→ Erdgeschichte.

Tethys
Großes Meeressystem, das vom Erdaltertum bis zur Erdneuzeit (→ Erdgeschichte) bestand.

Textur
→ Gefüge.

Tidenhub
Als Tidenhub bezeichnet man den mittleren Höhenunterschied zwischen einem Tidenhochwasser (Flut) und vorausgegangenem und nachfolgendem Tidenniedrigwasser (Ebbe).

Tiefdruckrinne, äquatoriale
Ein den Globus in Äquatorhöhe umspannendes, ganzjährig vorhandenes Tiefdruckgebiet.

Tiefengestein
→ Gesteine.

Tillit
Lehmablagerung (→ Lehm) vorpleistozäner (→ Pleistozän) → Gletscher.

Ton
Lockeres, d. h. unverfestigtes → Sedimentgestein, dessen Gemengteile Korngrößendurchmesser (→ Korngröße) von weniger als 0,002 mm besitzen.

Topographie
Ausstattung eines Gebietes bezüglich seines → Reliefs, seiner → Böden und seiner Besiedlung und sonstiger Kulturausstattung und deren Beschreibung. Außerdem bezeichnet man mit Topographie alle mit Ortsnamen belegten geographischen Objekte.

Totarm
Ehemaliger Teil eines Flußlaufes, der nicht mehr benutzt wird und verlandet.

Toteis
Eisblock, der infolge der → Ablation aus dem Verband eines → Gletschers herausgelöst wurde.

Transgression
Vordringen eines Meeres, wenn sich das Festland durch tektonische Vorgänge (→ Tektonik) absenkt oder der Meeresspiegel ansteigt. Gegenteil: Regression. Für die heutige Form der Nordseeküste war die Flandrische Transgression wichtig, die nach der letzten Eiszeit vor etwa 7000 Jahren einsetzte. Der Meeresspiegel stieg um mehrere Meter an, weil durch das Abschmelzen der Gletscher riesige Wassermengen freigesetzt wurden, die vorher in Form von Eis gebunden waren. Die verheerenden Sturmfluten im Mittelalter waren das Ergebnis.

Transportkraft
Fähigkeit eines Fließgewässers, in Abhängigkeit von seiner Wassermenge und seinem Gefälle durch → Verwitterung anfallendes Gesteinsmaterial abzutransportieren. Auch Fähigkeit von Wind, Verwitterungsmaterial aufzunehmen und fortzuwehen (→ Deflation).

Trapp
Basaltdecken (→ Basalt), die durch flächenhaftes Ausströmen von → Magma entstanden und oft treppenförmig übereinander angeordnet sind.

Travertin
→ Tuff.

Trias
→ Erdgeschichte.

Tributär
Bezeichnet einen Nebenfluß, der Wasser und Transportmaterial einem Hauptfluß zuführt.

Trockengrenze
→ Arides Klima.

Trockenriß
Durch Austrocknung (Wasserentzug) entstehender Schrumpfungsriß in tonigem Schlamm.

Trockental
→ Tal in Karstgebieten (→ Karst), das von seinem früheren Wasserlauf nicht mehr durchflossen wird, weil alles Oberflächenwasser versickert.

Trogschulter
Hangverflachung, die oberhalb der steilen Wände eines → Trogtales liegt.

Trogtal
Ein durch einen → Gletscher geformtes Tal mit U-förmigem Querschnitt.
Siehe Kasten auf Seite 289.

Tropfstein
Siehe Kasten auf Seite 293.

Tsunami
Eine mehrere Meter hohe Flutwelle, die durch untermeerische → Erdbeben hervorgerufen wird und an den Küsten große Verwüstungen anrichtet.

Tuff
1. Gestein aus verfestigten → vulkanischen Lockermassen.
2. Mürbe, meist poröse Ausfällung von → Kalziumkarbonat (Kalktuff) oder → Kieselsäure. Kalktuff, dessen Poren nachträglich mit Kalkablagerungen ausgefüllt wurden, nennt man Travertin. Die Ausfällung von Kalktuff ist häufig an Karstquellen (→ Karst) zu beobachten. Beim Austritt des Wassers entweicht Kohlensäure (→ Kohlendioxid). Die Lösungsfähigkeit des Wassers nimmt augenblicklich stark ab, so daß ein Teil des gelösten Kalkes abgelagert wird.

Turbidite
Sedimentgesteine (→ Gesteine), die durch Ablagerung feinen Materials in Flüssen entstanden sind.

Turmalin
→ Mineral einer Reihe von Mischkristallen.

Turmkarst
Eine Form des → Karstes, der an ein tropisches Klima gebunden ist.
Siehe auch Kasten auf Seite 418.

U

Überflutung
→ Transgression.

Überkippte Falte
Gefaltete Schichten, die während der → Faltung umkippen und über jüngere Gesteinsschichten zu liegen kommen.

Überschiebung
Bei der Überschiebung wird ein Gesteinspaket durch horizontal wirkende Pressung längs einer Überschiebungsfläche (→ Bewegungsflächen) über ein anderes geschoben. Dabei kommen ältere Schichten über jüngere zu liegen.

Übertiefung, glaziale
Überformung von Tälern durch Gletschereis. Die Eismassen haben die ehemaligen Talböden teilweise bis unter die → Erosionsbasis eingetieft.

Ultrabasit
Magmatisches → Gestein, das weniger als 45 % → Kieselsäure enthält.

Urkratone
Urkontinente, die seit ihrer Entstehung in der Erdfrühzeit (→ Präkambrium) in ihrer Lage unverändert blieben und durch Bewegungen der Erdkruste (→ Tektonik) nicht mehr gefaltet wurden. Es bildeten sich lediglich Brüche (→ Verwerfung). An ihren Rändern liegen

die großen geologischen Senken (→ Geosynklinalen). Von den Urkratonen stammt das Verwitterungsmaterial (→ Verwitterung), das durch Flüsse in die Senken transportiert und dort sedimentiert wird.

Urwald
Bezeichnet eine Waldvegetation, die als → Klimax vom Menschen unbeeinflußt entsteht. Man unterscheidet nach der Baumart zwischen Laub-, Nadel- und Mischwald. Von der Lage zum Äquator hin kann man zwischen tropischen und außertropischen Urwäldern unterscheiden.

Uvala
Langgestreckte, großflächige Hohlform auf den Hochflächen von Kalkgebirgen, entstanden durch Einsturz einer unterirdischen Grotte oder chemische Lösung des Kalkes entlang von Klüften. Gehört zum Formenschatz des → Karstes.
Siehe auch Kasten auf Seite 344.

V

Variskische Gebirgsbildung
Gebirgsbildung, die in Mitteleuropa zwischen Unter- und Oberkarbon (→ Erdgeschichte) stattfand. Die Streichrichtung (→ Streichen und Fallen) des Gebirges verläuft von Südwesten nach Nordosten. Das Rheinische Schiefergebirge ist ein Teil des eingerumpften (→ Gebirgsrumpf) und im Tertiär (→ Erdgeschichte) wieder gehobenen Variskischen Gebirges.

Vegetationsperiode
Zeitraum im Laufe eines Jahres, in welchem das Wachstum von Pflanzen aufgrund der klimatischen Bedingungen möglich ist.

Verdunstung
Allmählicher Übergang einer Flüssigkeit (unterhalb des Siedepunktes) in den gasförmigen Zustand. Abhängig vom Sättigungsdefizit der umgebenden Luft, welches mit wachsender Temperatur zunimmt.

Verfestigung
→ Diagenese.

Vergletscherung
Die Ausbreitung von Gletschereis in einem Erdraum.

Verkieselung
→ Vertiefung eines → Sediments durch Anreicherung von Kieselsäure als → Bindemittel.

Versalzung
Durch starke → Verdunstung steigt Wasser aus dem Boden in den → Kapillaren zur Erdoberfläche auf, wo es verdunstet. Die in ihm gelösten Salze bleiben in der oberen Schicht des Bodens zurück.

Verschiebung
Horizontale Verlagerung von Gesteinspaketen entlang von → Verwerfungen.

Verstürzung
Bildung von Hohlformen an der Oberfläche von Karstgebieten (→ Karst), die durch Einsturz unterirdischer Hohlräume zustande kommen.

Verstürzungskegel
Schuttkegel am Boden von Höhlen, der aus Material besteht, das sich von der Höhlendecke gelöst hat.
Siehe auch Kasten auf Seite 159.

Vertikaler Temperaturgradient
Die Lufttemperatur nimmt mit zunehmender Höhe im Normalfall ab. Der Meßwert heißt vertikaler Temperaturgradient. Er schwankt im wesentlichen in Abhängigkeit von der Luftfeuchte. Sein Normalwert beträgt 0,8°C/100 m Höhendifferenz. Er steigt bei abnehmender Luftfeuchte an.

Verwerfung
Verschiebung zweier Gesteinsschollen entlang eines → Bruches. Erscheinung der → Tektonik. Die vertikale Höhe der Verschiebung ist die Sprunghöhe, die horizontale Verschiebung wird als Sprungweite bezeichnet.
Siehe auch Kasten auf Seite 376.

Verwitterung
Auflockerung, Zerstörung und Aufbereitung des anstehenden Gesteins. Sind die auf die Gesteinsoberfläche wirkenden Kräfte überwiegend physikalischer Natur, so spricht man von physikalischer Verwitterung, sind sie überwiegend chemischer Natur, so spricht man von chemischer Verwitterung. Sind hauptsächlich Organismen die Ursache der Verwitterung, so handelt es sich um biologische Verwitterung. Man unterscheidet zwischen Gesteinen, die gegenüber der Verwitterung widerstandsfähig und weniger widerstandsfähig sind. Letztere verwittern schneller als erstere.
Gesteine verwittern physikalisch unter dem Einfluß großer Temperaturunterschiede zwischen Tag und Nacht, durch häufiges Gefrieren und Auftauen von Wasser, das in die → Klüfte eingedrungen ist (Frostverwitterung, Frostsprengung), und durch die Ausdehnung eingeschwemmter Salze (Salzsprengung). Chemische Verwitterung vollzieht sich aufgrund von Lösungsvorgängen im Gestein.

Virgation
Fächerförmiges Auseinanderstreben von Gebirgszügen. Gegenteil: Scharung.

Vollarides Klima
→ Arides Klima.

Vulkan
Austrittsstelle von → Magma an der Erdoberfläche. Im engeren Sinne ein Berg, der durch derartige Materialanhäufung entstanden ist. Den Austritt von Magma und der in ihm gelösten Gase nennt man → Eruption. Aufbau und Form der Vulkanberge hängen davon ab, wie sich das geförderte Material zusammensetzt. Bei reiner Lavaförderung (→ Lava) entstehen Schildvulkane, bei wechselnder Förderung von Lava und → Lockermaterial werden Schicht- oder Stratovulkane gebildet.

Vulkanismus
Sammelbezeichnung für alle Vorgänge, die mit dem Aufdringen von → Magma aus der Tiefe an die Erdoberfläche in Zusammenhang stehen. Die wichtigsten vulkanischen Erscheinungen an der Erdoberfläche sind die → Vulkane. Magmatische Vorgänge unterhalb der Erdoberfläche bezeichnet man als → Plutonismus.

W

Wadi
Trockengefallenes Flußbett in der Wüste, das vorübergehend, nach heftigen Schauern, große Wassermengen führen kann.

Wasserscheide
Trennende Anhöhe zwischen zwei Flußsystemen. Sie bestimmt mit ihrem Verlauf die Größe der → Einzugsgebiete.

Wollsackverwitterung
Verwitterungsform (→ Verwitterung), bei der ein Gesteinskörper entlang seiner → Klüfte durch chemische Zersetzung in feines Verwitterungsmaterial zerfällt. Zwischen den Klüften bleiben abgerundete, frische Gesteinsblöcke erhalten, die die Form von Wollsäcken besitzen.
Siehe auch Kasten auf Seite 385.

Würmeiszeit
Name der letzten → pleistozänen → Eiszeit.

Wüste
Gebiete auf der Erde, in denen Pflanzenarmut bzw. -leere herrscht. Man unterscheidet Trockenwüsten (mit hohen Temperaturen und wenig Regen), Kaltwüsten mit niedrigen Temperaturen und Eiswüsten mit sehr niedrigen Temperaturen (→ Arides Klima).

Wüstenlack
Dünne, meist dunkle → Kruste auf Wüstenböden und -gesteinen. Wüstenlack besteht aus Eisenoxidhydraten, die unter hohen Temperaturen entwässert worden sind.

X

Xerophyten
Pflanzen, die erhöhte Trockenheit vertragen.

Y

Yunga
Tropischer Nebel- und Höhenwald an der Ostseite der bolivianischen Anden. Hier kommen zahlreiche epiphytische (→ Epiphyten) Moose, Flechten, Baumfarne und Orchideen vor.

Z

Zechstein
→ Erdgeschichte.

Zehrgebiet
→ Nährgebiet.

Zeugenberg
Oft kegelförmiger, einzelnstehender Berg in einer Ebene, der bei der Zurückverlegung einer → Schichtstufe stehenblieb, da er aus widerstandsfähigerem Material besteht (→ Härtling).

Register

Die Umlaute ä, ö und ü sind wie a, o und e behandelt, während ae, oe und ue unter a-e, o-e und u-e eingeordnet sind. **Fettgedruckte** Seitenzahlen verweisen auf Einträge oder Abschnitte des Bildlexikons, die dem vom Stichwort angesprochenen Thema oder Gebiet gewidmet sind. *Schrägstehende* Seitenzahlen beziehen sich auf Bildlegenden.

A

Aa, Engelberger (Schweiz) 405
Aa, Sarner (Schweiz) 405
Aare (Schweiz) **25**, 145
Aarmassiv (Schweiz) 25, 115
Abancay (Peru) 53
Aberdare Range (Kenia) 319
Abiad, Bahr el- (Sudan) **269**
Abisch, Hermann 57
Abischgletscher (Türkei) 57
Abisko (Schweden) 357
Åbo (Finnland) 34
Aborrebjerg (Dänemark) 250
Abtragung **31**
Achegour (Niger) 33
Achtuba (UdSSR) 413
Aconcagua (Argentinien) 44, 306, 307
Açúcar, Pão de (Brasilien) *321*
Adamaua (Kamerun/Nigeria) 371
Adamellogruppe (Italien) 38
Addis Abeba (Äthiopien) 347
Adélieland (Antarktis) 49, 50
Adelsberger Grotten (Jugoslawien) 167, **304**, **305**
Adrar Bous (Niger) 33
Adrar-n-Ahnet-Gebirge (Algerien) 55
Adriatisches Meer 141, 199, 264, *397*
Adobe (Bolivien) 207
Adulagruppe (Schweiz) 316
Ägäisches Meer 278, 279, 336
Agalak, Monts (Niger) 33
Agatsuma (Japan) 62
Aggtelek (Ungarn) 29–30
Agia Trias (Griechenland) 245
Agios Stefanos (Griechenland) 245
Ağri Dağı (Türkei) **56**
Aguila, Cerro del (Mexiko) 287
Ahaggar (Algerien) *55*, 78, 368
Ahvenanmaa (Finnland) 35
Aiguille Creuse (Frankreich) 124
Aiguille d'Argentière (Frankreich) 251, 252
Aiguilles de Chamonix (Frankreich) 252
Aiguille de Grépon (Frankreich) 252
Aiguille de Leschaux (Frankreich) 252
Aiguille de Rochefort (Frankreich) 252
Aiguille de Talèfre (Frankreich) 252
Aiguille de Triolet (Frankreich) 252
Aiguille du Chardonnet (Frankreich) 251
Aiguille du Géant (Frankreich) 252
Aiguille du Midi (Frankreich) 252
Aiguille du Plan (Frankreich) 252
Aiguille du Tour (Frankreich) 252
Aiguille Verte (Frankreich) 251, 252
Aioun, Ras el- (Tunesien) 261
Aïr (Niger) 371
Aischylos 123
Aitingsee (China) siehe Aydingsee

Ajdartal (Afghanistan) 74
Ajjer (Algerien) 56
Akademie der Wissenschaften der UdSSR 118
Akademie-der-Wissenschaften-Gebirge (UdSSR) 194
Akadien (Nordamerika) **26**
Akan-Nationalpark (Japan) **229**
Akkajauresee (Schweden) 356, 357
Aklavik (Kanada) 218
Akrotiri (Griechenland) 337
Alabama (USA) 83
Alakapurigletscher (Indien) *166*
Alaknanda (Indien) *166*
Alaotrasee (Madagaskar) 224
Alaska (USA) 59, *220*, 236, 237, 259, *260*, 289, 321, **329**, 334, 350
Alaska, Golf von (USA) 219
Alaskakette (USA) 236, 237, 258
Albay (Philippinen) 236
Albay, Bucht von (Philippinen) 235
Albay, Vulkan von (Philippinen) 235
Alberta (Kanada) 314
Albertnil (Uganda) **269**
Albertsee (Uganda/Zaire) 191, 269, 318, 326
Albertville (Zaire) 363
Alb, Schwäbische (Bundesrepublik Deutschland) 111–112
Alcanadre, Río (Spanien) 229
Aldanbecken (UdSSR) 210
Aldanhochland (UdSSR) 210
Alemán, Banca (Argentinien/Uruguay) 298
Ålesund (Norwegen) 141, *348*
Aletschhorn (Schweiz) 35–36
Algarve (Portugal) 305, **306**, *306*
Algarvisches Gebirge (Portugal) 306
Alghero (Italien) 265
Algier (Algerien) 239
Alicante (Spanien) 134
Alice Springs (Australien) 66–67
Ali, Sadd al- (Ägypten) **269**
Allerheiligensee (Chile) **380**
Alma (Kanada) 329
Almagro, Diego de 42
Almberger, W. 116
Almohaden 306
Alpen (Europa) 35, 51, 111, 115–116, 133, 145, 146, 148, 153, 154, 164, 205, 219, 233, 234, 251, 324, 344, 398, *404*, 405
Alpen, Bayerische (Bundesrepublik Deutschland) 421
Alpen, Dankalische (Äthiopien) 105
Alpen, Neuseeländische (Neuseeland) *361*, 367
Alpen, Ötztaler (Österreich) 38
Alpen, Salzburger (Österreich) *199*
Alpen, Walliser (Schweiz) 38–39
Alpen, Zillertaler (Österreich) 38
Alpes de Provence (Frankreich) 398
Alpidische Faltengebirge **31**, 183
Alpnacher See (Schweiz) **405**
Alpenrhein (Schweiz) 316
Alpenverein, Französischer 297
Alpenvorland (Bundesrepublik Deutschland/Österreich/Schweiz) 25, *333*
Altaigebirge (UdSSR) 274, 275
Altai-Pamir-Expedition 1928 194
Altaussee (Österreich) 333
Alta Verapaz (Guatemala) 95
Altiplano (Bolivien/Peru) 44, 86, 169, 170, 206, 207, 208, *378*, 379
Alton (USA) 249
Altsomma (Italien) **401**

Alunalun (Indonesien) **286**
Alvarado, Pedro de 30
Amadeus, Lake (Australien) 67
Amargosa Range (USA) 105
Amarkantak (Indien) 261
Amazonas (Brasilien/Kolumbien) 53, 91, **141**, 173, 174, 207, 268
Amazonastiefland (Brasilien/Kolumbien/Peru/Venezuela) 39, 155
Amazonien (Brasilien) 39
Ambène (Frankreich) 308
Ambilobe (Madagaskar) 46
Ambregebirge (Madagaskar) 46
Ameln (Marokko) 362
Amerikahochland (Antarktis) 50
Amerikanischer Fall (USA) **267**
Ameryschelfeis (Antarktis) 50–51
Amguid (Algerien) 368
Ammergebirge (Bundesrepublik Deutschland/Österreich) 421
Ammersee (Bundesrepublik Deutschland) 421
Ampato, Nudo de (Peru) 219
Amu-Darja (Afghanistan/UdSSR) 56, 180
Amundsen, Roald 51
Anak Krakatau (Indonesien) *202*
Anak Krakatau IV (Indonesien) *202*
Anatolien (Türkei) 285, 296, 392
Anatolisches Hochland (Türkei) 392
Ancona (Italien) 135
Andalsnes (Norwegen) 225
Andalusien (Spanien) 133
Anden (Südamerika) 27–28, **62**, 132, 206, 207, 289, 290, *377*, 378, 379, 380
Anden, Bolivianische (Bolivien) 169, 170
Anden, Peruanische (Peru) 86
Andernach (Bundesrepublik Deutschland) 204
Anderson, Peter 236
Andrade, Antonio de 166
Angara (UdSSR) *70*–*71*
Angaria 210
Angelfall (Venezuela) 155
Angel, Jim 45
Ang Tsering 167
Anie, Pic d' (Frankreich) 295
Anivorano Nord (Madagaskar) 46
Anjiro (Madagaskar) 224
Ankaray (Madagaskar) 109
Anna, Lange (Bundesrepublik Deutschland) *161*
Annapurna (Nepal) 167
Annapurna I (Nepal) 47
Annapurna II (Nepal) 47
Annapurna III (Nepal) 47
Annapurna Süd (Nepal) 47
Antarktis 121–122, *325*, **329**, 334, 367
Antarktischer Vertrag, Internationaler **28**
Antezedenz **340**
Antiatlas (Marokko) 362
Antigua (Guatemala) 30
Antiklinale **178**
Antiklinaltal **262**
Antiklinorium **48**
Antofagasta (Chile) 302
Antrim, Plateau von (Großbritannien) 143
Antsirabe (Madagaskar) 386
Äolische Abtragung **215**
Äolische Inseln (Italien) 358
Aostatal (Schweiz) 39
Apennin (Italien) 51, 135, 136
Apescheron (UdSSR) 182, 183
Aphaenops **295**

Apostle Islands (USA) 151
Appalachen (USA/Kanada) **83–84**, 150, 291, *292*, *330*, 355, 356
Apt (Frankreich) 396
Apuşenigebirge (Rumänien) 339
Aquae Thibilitanae (Algerien) 159
Äquatorialbecken (Kongo/Zaire) 196, 197
Ara, Río (Spanien) 281
Arabasenke (Israel) 262, 263
Araber 183
Arabisches Meer 215, 261, 410
Arak (Algerien) 55
Arak (Iran/Türkei/UdSSR) 56
Aralsee (UdSSR) **65**
Aralsk (UdSSR) **56**
Arambourg, C. 280
Aranjuez, Serranía de (Bolivien) 207
Ararat, Großer (Türkei) **56–57**, *57*
Ararat, Kleiner (Türkei) **56–57**
Araratebene (Türkei) 56
Araukaner 42, 395
Arazas, Río (Spanien) *282*
Arcachon (Frankreich) 295
Arche Noah 56
Årdalsfjord (Norwegen) **347**, 348
Ardèche (Frankreich) **301**
Ardennen (Belgien) **31**, 160, 339, *340*
Arenas Gordas (Spanien) 227
Arequipa (Peru) 249
Argentera, Cima d' (Italien) 38
Argentière, Aiguille d' (Frankreich) 251, 252
Argentière, Glacier d' (Frankreich) 251
Argentino, Lago (Argentinien) 44, 290
Argonauten (UdSSR) 192
Argun (China/UdSSR) 41
Arizona (USA) 147, 243, 245, 253, 292, 303
Arizona, Wüste von (USA) *245*
Arkansas (USA) 247, 249
Arkona, Kap (DDR) **325**
Arlon (Belgien) 339
Armand, Louis 66
Arphidiahöhle (Frankreich) 295
Arrecife (Kanarische Inseln) 138
Arsenjew, W. 41–42
Artesische Quellen **261**, 262, *282*, **283**
Arthur Valley (Neuseeland) 361, *361*
Artuby (Frankreich) 398
Arun (China/Nepal) 125
Arvida (Kanada) 329
Asahan (Indonesien) 379
Asamajama (Japan) **62–63**
Asaugletscher, Großer (UdSSR) 118
Ascona (Schweiz) 219
Aserbeidschan (Iran) 329
Aspronísi (Griechenland) 336
Asrak, Bahr el- (Sudan/Äthiopien) **269**, *269*
Assalsee (Dschibuti) 104
Assalsenke (Dschibuti) **65**
Assuan (Ägypten) 269
Assuan, Staudamm von (Ägypten) **270**
Assuni, Djebel (UdSSR) **183**
Astor (Pakistan) 260
Astrachan (UdSSR) 413
Atacama (Chile/Peru) 42, 302, *303*
Atakor, Hochland von (Algerien) *31*
Atakoraplateau (Benin) **366**, *366*
Atar (Mauretanien) 41
Athabascagletscher (Kanada) 97–98
Athabasca, Mount (Kanada) *97*
Athabasca River (Kanada) 98
Äthiopien, Hochland von (Äthiopien) 105, 268, 269, 270, 280, 347
Atlanta (USA) 355

Atlantischer Ozean 39, 75, 80–81, 84, 112, 134, 138, 143, 155, 171, 192, 196, 197, 227, 256, 318, 328, 330, 359, 363, 372
Atlantische Schwelle 358, 359, 360
Atlas (Algerien/Marokko/Tunesien) 78, 103–*104*, 110, 232, 261, 383, 420
Atlas, Hoher (Marokko) 40–41, 103, 381, 420
Atlas, Mittlerer (Marokko) 92
Atlas, Riese 372
Atoll **85**
Atrio del Cavallo (Italien) 401
Attersee (Österreich) 333
Augustus, Kaiser 127
Aurès, Djebel (Algerien) **25**, *25*, **26**, 178
Aurlandsfjord (Norwegen) 347, *348*
Australien 39
Australopithecus gracilis 280
Australopithecus robustus 280
Auvergne (Frankreich) 31, **308**
Auvray, J. 157
Auyantepui (Venezuela) **45**
Avdath (Israel) 264
Axalp (Schweiz) 146
Axarfjord (Island) 108
Axel-Heiberg-Insel (Kanada) **59**
Axenstraße (Schweiz) 405
Ayaviri (Peru) 377
Aydatsee (Frankreich) 308
Aydingsee (China) **391**
Ayers Rock (Australien) 278
Aymará 379
Azaouak, Wadi (Algerien) 32
Azoren (Atlantischer Ozean) 138
Azreg, Djebel (Algerien) 26
Azteken 301, 302

B

Baalbek (Libanon) 282
Baba, Kuh-i- (Afghanistan) 34
Bachtschissarai (UdSSR) 203
Badacsony (Ungarn) 72
Bad Aussee (Österreich) 333
Badchy (UdSSR) 180
Bad der Verdammten (Algerien) **158**, *158*
Bad Ischl (Österreich) 332, 333
Badlands *106*, 207, **241**
Bad Water (USA) **105**
Bafing (Guinea) 134
Bagamojo 268
Bagisu **118–119**
Bagratschkul (China) 376
Bagzans, Monts des (Niger) **33**
Bahia (Brasilien) 51
Bahr el-Abiad (Sudan) **269**
Bahr el-Asfahr (Sudan) **269**
Bahr el-Asrak (Sudan/Äthiopien) **269**, *269*
Bahr el-Djebel (Sudan) **269**
Bahr el-Ghazal (Tschad) **269**, 372
Bahr el-Sudd (Sudan) **269**
Bahr en-Nil (Afrika) **268**, **269**, **270**
Baie de Malbaie (Kanada) 292
Baikalgebirge (UdSSR) 210
Baikalsee (UdSSR) 191, 210, 363
Bakonywald (Ungarn) 72
Baksan (UdSSR) *118*
Baku (UdSSR) 183, 184
Balatonfüred (Ungarn) 72
Balchan, Großer (UdSSR) 182
Balchaschsee (UdSSR) 180
Balcons de la Mescla (Frankreich) 398
Balé (Äthiopien) 347
Balearen (Spanien) 133
Balestrand (Norwegen) **347**
Balkan (Bulgarien/Jugoslawien) 75, 111, 171, 172, 209
Ballgletscher (Neuseeland) 368
Balliván, Lago (Bolivien/Peru) 379
Balmat 251
Baltischer Schild (Skandinavien) **35**, **131**, 327, 354
Bamian (Afghanistan) 34, 73
Banater Gebirge (Rumänien) 111

Banca Alemán (Argentinien/Uruguay) 298
Banca Chica (Argentinien/Uruguay) 298
Banca Inglés (Argentinien/Uruguay) 298
Banca Ortiz (Argentinien/Uruguay) 298
Banca Rouen (Argentinien/Uruguay) 298
Bandung (Indonesien) 202
Banff-Nationalpark (Kanada) 97–98
Banfora (Burkina Faso) 194, 195
Bangladesch 141
Baniane (Algerien) **26**
Banovo (Bulgarien) 299
Banza, Kap (Burundi) 363
Baradlahöhle (Ungarn) **29**
Baramula (Indien) 180
Barchane **76**, **78**
Barentssee 59
Bariloche, San Carlos de (Argentinien) 388
Baringosee (Kenia) 319
Barkly East (Südafrika) 113
Baron-Dahnis-Senke (Zaire) 363
Barranco **145**
Barrierriff **85**
Barrington 177
Barth, Heinrich 33, 372
Barunggletscher (Nepal) 126
Baruta (Zaire) 273
Basel (Schweiz) 317
Basra (Irak) 54–55
Basso, Plateau von (Tschad) 120
Bastei (DDR) 328
Basutoland (Südafrika) *113*
Batakland (Indonesien) 379
Bataktumor (Indonesien) **379**
Bat Cave (USA) 91
Batéképlateau (Kongo/Zaire) 196
Batholith **99**
Batian (Kenia) 185
Batna (Algerien) 178
Batok (Indonesien) **373**
Baton Rouge (USA) 247
Batulawang (Indonesien) 242
Batumi (UdSSR) 194
Baumann, O. 268
Bayankaraschan (China) 309, 336
Bayerische Alpen (Bundesrepublik Deutschland) 421
Bayerischer Wald (Bundesrepublik Deutschland) 111
Bayern (Bundesrepublik Deutschland) 112, 198, 380
Bay of Fundy (Kanada) 330, 332
Beardmoregletscher (Antarktis) 50
Béchar (Algerien) 76
Becken, Böhmisches (Tschechoslowakei) **327**
Becken, Großes (China) 173
Becken, Großes (USA) **322**
Becken, Mährisches (Tschechoslowakei) 112
Becken, Rotes (China) **174**
Becken von Eger (Tschechoslowakei) 349
Becken von Sarobi (Afghanistan) 364
Beduinen 55, 264
Beershebabecken (Israel) **262**, 264
Beira (Mosambik) 69
Beka'a (Libanon) **282**, 283
Belém (Brasilien) 40
Belle Coola River (Kanada) 391
Belle Fourche River (USA) 109
Belogorsk (UdSSR) 203
Belo Horizonte (Brasilien) 172
Beltbucht (Australien) 128–129
Belvaux, Höhle von (Belgien) *159*, *160*
Bemmelen, R. W. van 242, 373
Bengalen 141
Bengalen, Golf von 140, 141, 261, 410
Beni Kheddache, Djebel (Tunesien) 232
Berber **26**, 231, 232
Berchtesgaden (Bundesrepublik Deutschland) 198, 199
Berge, Blaue (Indien) **270**

Berge, Blaue (USA) 346
Bergen (Norwegen) 176, 347, *348*, 405
Bergland, Grazer (Österreich) 214
Bergland von Guayana (Brasilien/Guyana/Venezuela) 91, 155, 156, *338*
Bergland, Judäisches (Jordanien) 69
Bergland, Lausitzer (DDR) **327**
Bergland, Ostpatagonisches (Argentinien) **290**, 393
Bergland von Ouro Prêto (Brasilien) *172*
Bergstädte, Freie 161
Beringmeer 177
Bern (Schweiz) 145
Berner Oberland (Schweiz) 25, 37–38, *115*, *145*, 352
Berninagruppe (Schweiz) *38*
Betafo (Madagaskar) 386
Bethencourt, Jean de 138
Bethlehem (Südafrika) 146
Betische Kordillere (Spanien) 385
Beyşehir Gölü (Türkei) 296
Bhagalpur (Bangladesch) 140
Bhagirathi (Indien) *166*
Bhar Chukki (Indien) **343**
Bharuch (Indien) 261
Bhima Shankar (Indien) **410**
Bifurkation **91**
Big Hole (Südafrika) *189*, **190**
Bihargebirge (Rumänien) 54
Bija (UdSSR) 275
Bilma (Niger) 33–34
Bingen (Bundesrepublik Deutschland) 317
Bingham, Tom 412
Biserta (Tunesien) 83
Biskra (Algerien) 26, 178, 179
Bitterrootgebirge (USA) 346
Biwasee (Japan) 138
Bjoreia (Norwegen) **405**
Black Hills (USA) 175, 412
Blagoweschtschensk (UdSSR) 41
Blåhorn (Norwegen) 141
Blantyre (Malawi) 272
Blattverschiebung **79**
Blaue Berge (Indien) **270**
Blaue Berge (USA) 346
Blauer Nil (Afrika) **268**, **269**, *269*, **270**
Blockströme **385**
Bloomfield, K. 383
Blue Mesa (USA) 293
Blue Mountains (Australien) 175
Blue Ridge Parkway (USA) **84**
Blyde River (Südafrika) 113
Bodden **325**
Bodensee (Bundesrepublik Deutschland/Österreich/Schweiz) 37
Bogdo-Ula (China) 391
Bögli, A. 167
Böhmen (Tschechoslowakei) 305, 328, 349
Böhmerwald (Bundesrepublik Deutschland/Tschechoslowakei) 111
Böhmisches Becken (Tschechoslowakei) **327**
Böhmisches Mittelgebirge (Tschechoslowakei) 349
Böhmisches Paradies (Tschechoslowakei) **305**
Boka Kotorska (Jugoslawien) 199
Bolívar (Venezuela) 338
Bolivianische Anden (Bolivien) 169, 170
Bolivien, Hochland von (Bolivien) 42–43
Bolobo (Zaire) 196
Boma (Zaire) 196
Bombay (Indien) 410
Bom Jesus da Lapa (Brasilien) 51
Bonatti, Walter 234
Bonaventure (Kanada) 292
Bonifacio, Straße von (Italien) 283
Bonington, C. 48
Bonn (Bundesrepublik Deutschland) 317
Bonneville, Lake (USA) **151**, **152**

Booué (Gabun) **276**
Bora 201
Borkutiefland (Tschad) 119
Bornu (Nigeria) 372
Borre (Dänemark) 250
Borromäische Inseln (Italien) 218
Borschtschow (UdSSR) 281
Bort **190**
Bossons, Glacier des (Frankreich) 252
Botafogo, Bucht von (Brasilien) *321*
Bottnischer Meerbusen (Ostsee) **35**, 327, **357**
Boumalne (Marokko) 103
Bou Hamdane, Wadi (Algerien) 158
Bou Messaoud, Djebel (Marokko) 93
Bou-Saada (Algerien) 179
Brahmaputra (Bangladesch/China/Indien) 140, 164, 166
Brasilia (Brasilien) 321
Braşov (Rumänien) 88
Braunschweig (Bundesrepublik Deutschland) 160
Brazo de la Torre (Spanien) 227
Brazo del Este (Spanien) 227
Brazo del Medio (Spanien) 227
Brazza (Gabun) 276
Brenta (Italien) 205, 398
Bretagne (Frankreich) 291
Breuil (Italien) 234
Brewer-Carias, Charles 338
Bridgeport (USA) 93
Bridgewater, Kap (Australien) 303
Brienz (Schweiz) 146
Brienzer See (Schweiz) 25, 115, 145, 146
Britische Inseln (Großbritannien/Irland) 78, 143
British Columbia (Kanada) 92, 162, 163, 313, **329**, 391
Broad Peak (Indien) 179
Brocken (Bundesrepublik Deutschland/DDR) 160, 161
Bromo (Indonesien) **373**, *374*
Brooksgletscher (USA) 258
Bruce, James 268
Bryce, Ebenezer 87
Bucht von Albay (Philippinen) 235
Bucht von Botafogo (Brasilien) *321*
Bucht, Deutsche (Bundesrepublik Deutschland) 161
Bucht von Dingle (Irland) 188
Bucht von Guanabara (Brasilien) **320**, **321**
Bucht von Papetoai (Französisch-Polynesien) 256
Bucht von Risan (Jugoslawien) 200
Bucht von San Juan del Norte (Costa Rica) 171
Bucht von Tokio (Japan) *139*
Budapest (Ungarn) 112
Budumaneger 372
Buenos Aires (Argentinien) 28, 298
Buenos Aires, Lago (Argentinien) 44, 290
Buhl, H. 261
Bujumbura (Burundi) 363, 364
Bukarest (Rumänien) 88
Bulawayo (Simbabwe) 72
Bultfontein (Südafrika) **189**
Bunesfjord (Norwegen) 258
Bungbrung (Indonesien) **286**
Bunte Wüste (USA) 148, **292**, *293*
Buregjagebirge (UdSSR) 41
Buren 189
Burhanpur, Senke von (Indien) 261
Burton, Sir Richard Francis 363
Burtonbucht (Zaire) 363
Buşteni (Rumänien) 88
Butte (USA) 101
Byblos (Libanon) 28
Bylotinsel (Kanada) **59**

C

Cabras, Sierra de las (Spanien) 385
Cadibonapaß (Italien) 37
Cadillac (USA) *26*
Cairo (USA) 249

Calama (Algerien) 158
Calbuco (Chile) 380, 381
Caldera (Chile) 89
Camaná (Peru) 219
Cambay, Golf von (Indien) 261
Campanile von San Marco (Italien) 398
Camplain, S. de 266, 328, 330
Candelaria, Río (Guatemala) 95–96
Caño Quiritaire (Venezuela) 91
Caño Seco (Venezuela) 91
Canyon **398**
Canyon d'Ardèche (Frankreich) **301**
Canyon, Roter (Israel) 264
Caprera (Italien) 283
Caraca, Serra de (Brasilien) 172
Cariboocanyon (Kanada) *136*, 137
Cariboo Mountains (Kanada) 162, 163, 217
Carlista, Torca del (Spanien) 295
Carlsbad Caverns (USA) 412
Caroni, Río (Venezuela) 45
Carpentras (Frankreich) 396
Carrantuohill (Irland) 187
Carrao, Río (Venezuela) 45–*46*
Carrara (Italien) 51–52
Cartago (Costa Rica) 171
Cartier, Jacques 328
Carvoeiro, Kap (Portugal) 80
Cascade Range (Kanada/USA) 100, 313, 322
Casteret, Norbert 92
Casterethöhle (Spanien) 339
Catania (Italien) 123
Cataract of King George (Südafrika) **66**
Cathedral Peak (Südafrika) 113
Cathkin Peak (Südafrika) 146
Caura (Venezuela) 155, 338
Caussé Méjean (Frankreich) 66
Cauvery (Indien) **343**, **344**
Cave Exploration Group of East Africa 212
Cave of the Winds (USA) **267**
Cecina (Italien) 208
Cedar Creek (USA) 84
Cenotes 418
Cerknica, Polje von (Jugoslawien) 314
Cerro Cuerno (Argentinien) 27
Cerro de Angalman (Mexiko) 287
Cerro del Aguila (Mexiko) 287
Cerro de los Hornos (Mexiko) 287
Cerro de los Leones (Chile) 388
Cerro de San Marcos (Mexiko) 287
Cerro Duida (Venezuela) 91
Cerro Mercedario (Argentinien) 27
Cerro Pantojo (Chile) 388
Cerro Rico de Potosí (Bolivien) 207
Cerro Rosado (Argentinien/Chile) 133
Cerro Torre (Argentinien/Chile) 132, 133
Cervinia (Italien) 234
Cervino, Pedro 94
Český raj (Tschechoslowakei) **305**
Ceuta (Marokko) 306
Cevennen (Frankreich) *301*
Chabarowsk (UdSSR) 41–42
Chachani, Nevado de (Peru) 249
Chaco (Argentinien) 94
Chaleur Bay (Kanada) 292
Chalzedon **286**
Chamonix (Frankreich) 251, 252
Chamonix, Aiguilles de (Frankreich) 252
Champagne Castle (Südafrika) 113
Chang Jiang (China) siehe Jangtsekiang
Chardonnet, Aiguille du (Frankreich) 251
Chateaubriand 266
Cavallo, Atrio del (Italien) 401
Cheb (Tschechoslowakei) 349
Cheyenne (USA) 321
Cheyenne River (USA) 68
Chica, Banca (Argentinien/Uruguay) 298
Chichén Itzá (Mexiko) 418
Chicoutimi (Kanada) 328
Chilca, Cordillera de (Peru) 219
Chilenische Schweiz (Chile) **388**
Chiloé (Chile) 381

Chimenea, Sierra de la (Spanien) 385
Chinesisches Tiefland (China) *335*, **336**
Chingan, Großer (China) 41
Chingan, Kleiner (China) 41
Chinguetti (Mauretanien) 41
Chisanagletscher (USA) 260
Chomutov (Tschechoslowakei) 349
Chongqing (China) 173, 174
Chucuito, Lago (Bolivien/Peru) **379**
Chungamayos, Río (Bolivien) 170
Chyulugebirge (Kenia) 211
Cima d'Argentera (Italien) 38
Ciudadela (Spanien) 134
Ciudad Vieja (Guatemala) **30**
Clausthal (Bundesrepublik Deutschland/DDR) 161
Clearwater River (Kanada) 162
Clermont-Ferrand (Frankreich) 308
Cliff Dwellings (USA) *243*, **244**
Clifton (Kanada) 267
Cluj (Rumänien) 339
Coast Mountains (Kanada) *322*, 350
Coast Range (USA) **322**, 334
Coata, Río (Peru) 379
Cobán (Guatemala) 95
Cochamó (Chile) **381**
Coimbatore (Indien) 270
Colca (Peru) 219
Col du Géant (Frankreich) 251
Col du Midi (Frankreich) 251
Collie, J. N. 260
Colonia del Sacramento (Uruguay) 298
Colorado (USA) 83, 243, 253
Coloradoplateau (USA) 58, *82*, 83, 253, *254*, 292, 293, **322**
Colorado River (USA) 147, 148
Columbia, Mount (Kanada) 97
Columbiagletscher (Kanada) 97–98
Columbiaplateau (USA) **322**
Columbia River (Kanada/USA) 93, 97, 345, 346
Comer See (Italien/Schweiz) 37
Compagnoni, Achille **179**
Concepción (Nicaragua) *279*, *279*, 280
Constantine (Algerien) 25, 158
Cook, James 86, 163, 332, 368, 411
Cook, Mount (Neuseeland) 135, *367*, **368**
Cookbai (Französisch-Polynesien) 256
Coonoor (Indien) 271
Cooper Creek (Australien) 128–129
Copacabana (Bolivien) 379
Copacabana (Brasilien) 321
Coppens, Y. 280
Corabia (Bulgarien) 171
Corazoncito (Kanarische Inseln) 138
Corcovado (Brasilien) 321
Cordillera Central (Mittelamerika) 171
Cordillera de Chilca (Peru) 219
Cordillera Negra (Peru) 99
Cordillera Norte (Peru) 133, 134
Cordillera Real (Bolivien) 169, 170, 207
Corniche sublime (Frankreich) 398
Corrientes, Kap (Mexiko) 287
Cortez 301
Cotatuero (Spanien) 282
Cowlitzgletscher (USA) 313
Cox, G. 395
Craigpaß (USA) 414
Crişul Repede (Rumänien) 53
Crozon, Halbinsel (Frankreich) **291**
Crucero, Lago (Peru) *42*
Cuenca, Serranía de (Spanien) *95*, **95**
Cuerno, Cerro (Argentinien) 27
Cueva del Viento (Kanarische Inseln) 212
Cuevas, Río de las (Argentinien) **306**, **307**, *307*
Cuitzeosee (Mexiko) 290
Cumbre, Paso de la (Argentinien/Chile) 28
Cunucunuma, Río (Venezuela) 91
Curcubǎta (Rumänien) 54
Curepipe (Mauritius) 390
Curitiba (Brasilien) 318
Cuyoregion (Argentinien) **27**
Cuzco (Peru) 53, 377
Cylindre (Spanien) 282

D

Dach der Welt (Afghanistan/China/UdSSR) **284**
Dachstein, Hoher (Österreich) 103
Dachsteinmassiv (Österreich) 333
Dagestan (UdSSR) 184
Dahar (Tunesien) 232
Dahraouia (Algerien) 179
Dakota (USA) 314
Dalaba (Guinea) 134
Dalai-Lama 125
Dalarna (Schweden) 357
Dalmatien (Jugoslawien) **200**, 264
Dalmatinische Küstenebene (Jugoslawien) 264
Damiette (Ägypten) **269**
Damm des Riesen (Großbritannien) 143
Danakiltiefland (Äthiopien) **104–105**
Danan (Indonesien) **201**, **202**
Dankalische Alpen (Äthiopien) 105
Dante 79
Dappauer Gebirge (Tschechoslowakei) 349
Dapsang (Pakistan) 179
Daressalam (Tansania) 364
Dartmoor (Großbritannien) 385, **386**, *386*
Dartry Mountains (Irland) 75
Darwin, Charles 132
Dasht-e Nawar (Afghanistan) 419
Dauerfrostboden **217**
Daun (Bundesrepublik Deutschland) 204
Davis, Jefferson 356
Deadmen Valley (Kanada) 310
Debar (Jugoslawien) 114
De Beers Consolidated Mines Ltd. **189**, 190
De-Chelley-Sandstein 254
Dehra Dun (Indien) *166*
Dekkanhochland (Indien) 261, 343
Deli (Indonesien) 380
Delta **141**
Dendrochronologie **293**
Denizli (Türkei) 285
Denver (USA) 321
Derbent (UdSSR) 182
Desaguadero, Río (Bolivien) 379
Deutsche Bucht (Bundesrepublik Deutschland) 161
Deutsch-Österreichische Willy-Merkl-Gedächtnis-Expedition 261
Devils Cataract (Simbabwe/Sambia) **403**
Devoninsel (Kanada) **59**
Devre Su (Türkei) **296**
Dhuan-Dhar-Wasserfälle (Indien) 261
Diamant **190**
Diamantina (Australien) 128–129
Diamirflanke (Pakistan) 261
Diaz, Bartholomeii 110
Dikilitas (Bulgarien) 299
Dinariden (Jugoslawien) 264
Dinarisches Gebirge (Jugoslawien) 264
Dingle, Bucht von (Irland) 188
Dioulaplateau (Burkina Faso) **194**, **195**, *195*, **196**
Diskordanz **223**
Ditinn (Guinea) **134**
Djagga 125
Djangal (UdSSR/China/Afghanistan) 285
Djar Ouled Bellil (Algerien) 178
Djebeil (Libanon) 28
Djebel, Bahr el- (Sudan) **269**
Djebel Assuni (UdSSR) *183*
Djebel Aurès (Algerien) **25**, *25*, **26**, 178
Djebel Azreg (Algerien) 26
Djebel Beni Kheddache (Tunesien) 232
Djebel Bou Messaoud (Marokko) 93
Djebel Lkst (Marokko) 362
Djebel Metlili (Algerien) 178
Djebel Nefousa (Tunesien) 231
Djebel Sarho (Marokko) 103
Djeffaraebene (Tunesien) 231
Djelfa (Algerien) 239
Djembangan (Indonesien) **373**

Djerid, Schott-el- (Tunesien) 261
Djurab (Tschad) 372
Djurdjuragebirge (Algerien) 49
Dnjestr (UdSSR) 281
Dobschau, Eishöhle von (Tschechoslowakei) 345
Doğubayazit (Türkei) 57
Dolent, Mont (Frankreich) 252
Dolomieu, Déodat de 205
Dolomiten (Italien) 38, **205**, *206*
Dôme, Puy de (Frankreich) **308**
Dôme du Goûter (Frankreich) 251
Domicahöhle (Tschechoslowakei) **29**
Domilones, Cerro (Chile) 388
Donau (Europa) 38, 171
Dongting Hu (China) 173
Doôn Kinimi (Tschad) 389
Doppelvulkan **400**
Drachenberge (Südafrika) **112**, **113**, *114*, 146, 220
Draganleschka-Doupka-Höhle (Bulgarien) 209
Drakensberge (Südafrika) 146, 220
Drangajökull (Island) 60
Drau (Jugoslawien/Österreich) 39, 154
Dresden (DDR) 328
Drin, Weißer (Albanien/Jugoslawien) **114**
Dringolf (Albanien) 114
Drumcliff (Irland) 75
Drumheller (Kanada) 315
Drumlin **150**
Druse **346**
Dsatschu (China) siehe Za Qu
Dschinal (UdSSR) 285
Dsungarei (China) *376*
Dsungarisches Becken (China) 376
Duascaro (Spanien) 281
Dubrovnik (Jugoslawien) 264
Duida, Cerro (Venezuela) 91
Dûmbovita (Rumänien) 88
Dünen **78**, **81**
Dünensand **295**
Dunnet Head (Großbritannien) 276
Duquesne, Kap (Australien) 303
Durance (Frankreich) 398
Du Toits Pan (Südafrika) **189**

E

Eastern Cataract (Simbabwe/Sambia) **403**
Ebene, Große (China) 335, **336**
Ebene von Karonga (Malawi) 272
Ebene von Kota (Malawi) 272
Ebensee (Österreich) 333
Ebro (Spanien) 320
Eburrumassiv (Kenia) 319
Edelweißspitze (Österreich) 155
Edgeinsel (Spitzbergen) 95
Edmundston (Kanada) 330
Edwardsee (Uganda/Zaire) 191, 269, 326
Edziza, Mount (Kanada) **350**, **351**
Eger (Tschechoslowakei) 349
Eger, Becken von (Tschechoslowakei) 349
Eggegebirge (Bundesrepublik Deutschland) 127
Ehi Sunni (Tschad) **347**
Ehrwald (Österreich) 421
Eibsee (Bundesrepublik Deutschland) 421
Eidfjord (Norwegen) 405
Eifel (Bundesrepublik Deutschland) 204
Eiffelturm (Frankreich) 416
Eigernordwand (Schweiz) 252
Eigg, Insel (Großbritannien) 256
Eikesdal (Norwegen) **227**
Eikesdalsvatn (Norwegen) 225
Einzeldünen **76**, **78**
Eisack (Italien) 205
Eisbach (Bundesrepublik Deutschland) 198
Eisberg **50**, **51**
Eisenbahn, Transsibirische (UdSSR) 70

Eisenerz (Österreich) 137
Eisernes Tor (Jugoslawien/Rumänien) 112
Eisfjord (Spitzbergen) 352
Eishöhle von Dobschau (Tschechoslowakei) 345
Eismeer, Nördliches 98, 210, 211
Eisriesenwelt (Österreich) 209, 339
Elat (Israel) 264
Elatberge (Israel) **263**, *263*, 264
Elbe (Bundesrepublik Deutschland/DDR/Tschechoslowakei) 328
Elbrus (UdSSR) 183, 184
Elbsandsteingebirge (DDR) **327**
Elbursgebirge (Iran) 182
El Capitan (USA) 416
Eldorado 42
El-Goléa (Algerien) 76
Elgon, Mount (Kenia) 319
El-Hai, Wadi (Algerien) 178
Elisseina (Bulgarien) 171
Elmenteitasee (Kenia) 319
Elnaridgegletscher (USA) 258
Ellesmereinsel (Kanada) **59**, 61
El-Lisan (Jordanien) 69
Ellsworthkette (Antarktis) 50
El Sotano (Mexiko) 147
Emba (UdSSR) 183
Emi Kussi (Tschad) 347
Emmerich (Bundesrepublik Deutschland) 317
En Boqeq (Israel) 69
Endemismus **71**
Engelberger Aa (Schweiz) 405
Ennedi (Tschad) 389
Enns (Österreich) 112
Entenschnabel, Finnischer (Finnland) 327
Epilimnion 363
Epworth (Simbabwe) 72
Era Kohor (Tschad) 119
Ercivas Daği (Türkei) 392
Erdpyramide **240**, *241*
Erebus, Mount (Antarktis) 324
Eresfjord (Norwegen) 225
Erg **81**
Erg, Großer Östlicher (Tunesien) 232
Erg Kanem (Tschad) 371
Eriesee (Kanada/USA) 266
Erosion **31**
Erosion, Rückschreitende **268**
Erzgebirge (DDR) **327**
Es-Fumat-Gebirge (Spanien) 134
Esino (Italien) **135**, **136**
Esmeralda, La (Venezuela) 91
Espichel, Kap (Portugal) 61
Essener 69
Essequibo (Guyana) 177
Este, Brazo del (Spanien) 227
Estremadura (Portugal) 80
Etsch (Italien) 39, 205, 398
Euphrat (Irak/Syrien/Türkei) **54**
Europäisches Nordmeer 108
Everest, Mount (China/Nepal) 167, 234
Everglades-Nationalpark (USA) **127**
Eyasiesee (Tansania) 265
Eyre, Edward F. 128
Eyresee (Australien) 342
Ez-Zghalma (Tunesien) 176

F

Fachi (Niger) 33–34
Falkenau (Tschechoslowakei) 349
Falster (Dänemark) 250
Faltengebirge, Alpidische **31**, 183
Faltung **324**
Fassatal (Italien) 205
Fata Morgana **152**
Faule (Belgien) 159
Faya-Largeau (Tschad) 120
Fedjadj, Schott-el- (Tunesien) 110
Fedtschenkogletscher (UdSSR) **194**
Felsburg **385**
Feniat-Bâali (Algerien) 26
Feodossija (UdSSR) 203

Ferganabecken (UdSSR) *376*
Ferret, Kap (Frankreich) 295
Feuergürtel des Pazifiks **62**
Feuerrutsche (Italien) **358**
Feuerstein **286**
Fiescher Bach (Schweiz) 35
Filchnerschelfeismeer (Antarktis) 56–51
Fingal 130
Finiglazial 131
Finsteraarhorn (Schweiz) 115
Firnfeld **152**
Firth **78**
Fish River Canyon (Namibia) **149**
Fitzgerald 28
Fitzroy (Argentinien/Chile) 132
Fitzroy, Río (Argentinien/Chile) 132
Fitzroyturm (Argentinien/Chile) 132
Fjell **141**, *226*
Fjöllum, Jökulsá á (Island) **108**, *108*
Fjordküste **329**
Fjærlandsfjord (Norwegen) **348**
Flagstaff (USA) 245
Flamengo (Brasilien) 321
Flandrische Transgression (Schweden) **355**
Flat, Geysir (Neuseeland) **409**
Flims (Schweiz) **316**
Flint Ridge System (USA) 167
Florenville (Belgien) 340
Florida (USA) 126, 417
Fluß, Gelber (China) **335**, *335*
Fluß, Großer (China) *174*
Fluß, Roter (Vietnam) 157, **205**
Fluß, Schwarzer (Vietnam) **205**
Flußverwilderung **66**
Foggaras **391**
Fontaine de Vaucluse (Frankreich) 396
Fornovolasco (Italien) 53
Forsfjord (Norwegen) 258
Fortaleza (Kanarische Inseln) **372**
Fort Laramie (USA) 93
Fort de Polignac (Algerien) 368
Fort William (Großbritannien) 78
Foum Tatahouine (Tunesien) 232
Foxgletscher (Neuseeland) 135
France, Ile de (Mauritius) 390
Františkovy Lázně (Tschechoslowakei) 349
Franzensbad (Tschechoslowakei) 349
Franz Josef, Kaiser 333
Franz-Josef-Land (UdSSR) **59**
Franz-Josef-Terrasse (Österreich) 154
Franz-Josephs-Höhe (Österreich) 155
Französischer Alpenverein 297
Französisch-Polynesien (Ozeanien) **86**
Fraser, S. 136
Fraserplateau (Kanada) 137, 162, **322**, *391*
Frauenmauermassiv (Österreich) 137
Fredericton (Kanada) 330
Freie Bergstädte 161
Friouato (Marokko) 93
Fudschijama (Japan) 234, 249
Fuente Mascún (Spanien) 229
Fuerte, Río (Mexiko) 96
Fuerteventura (Kanarische Inseln) 138
Fumarole **408**
Fundybay (Kanada/USA) 330, 332
Fuoco, Sciara del (Italien) **358**
Furggengrat (Italien/Schweiz) 234

G

Gabès (Tunesien) 110
Gabès, Golf von (Tunesien) 231, 232
Gafsa (Tunesien) 261
Gagan Chukki (Indien) **343**
Galdhøpigg (Norwegen) 347
Galiläa (Israel) 64
Gallinero (Spanien) 282
Gallura (Italien) 283
Gangapurna (Nepal) 47
Ganges (Indien) *166*, 261
Gangestiefland (Indien) 261
Gansu (China) 336, 340
Gardasee (Italien) 37, 218

Garfagnana (Italien) 52
Garibaldi 283
Garmisch-Partenkirchen (Bundesrepublik Deutschland) 421
Garmo, Pik (UdSSR) 194
Garrigue **265**
Garut, Plateau von (Indonesien) 286
Gasastreifen (Israel) 262
Gasherbrum (Pakistan) 179
Gasherbrum II (Pakistan) 179
Gaspé, Halbinsel (Kanada) 83, **291**, **292**, *292*
Gassi **76**, **81**
Gavarnie, Talkessel von (Frankreich) 281
Géant, Col du (Frankreich) 251
Géant, Glacier du (Frankreich) 252
Gebirge, Algarvisches (Portugal) 306
Gebirge, Dappauer (Tschechoslowakei) 349
Gebirge, Dinarisches (Jugoslawien) 264
Gebirge, Kaledonisches 327, 349
Gebirge Peters I. (UdSSR) 194
Gebirge, Skandinavisches (Schweden/Norwegen) 327, *327*, **356**
Gebirge, Totes (Österreich) 333
Gebirge, Variskisches **31**
Gebirge, Werchojansker (UdSSR) 211
Gebirgsfalte **324**
Gebirgsrümpfe **31**
Geirfuglasker (Island) 359
Gelber Fluß (China) **335**, *335*
Genua, Golf von 37
Geode **286**
Geographischer Südpol (Antarktis) 28
Geologie, Kap (Antarktis) 28
Georgia (USA) 84, 356
Geothermische Tiefenstufe **358**
Gerbault, A. 84
Gersau 405
Gesellschaftsinseln (Ozeanien) **84**
Getzschelfeis (Antarktis) 51
Geysir **178**, **408**
Geysir Flat (Neuseeland) **409**
Geysir, Großer (Island) 357, 358
Ghanzniebene (Afghanistan) 419
Ghardaïa (Algerien) 76
Ghats (Indien) **410**
Ghazal, Bahr el- (Sudan) **269**
Ghost Town **105**
Giant's Castle (Südafrika) 113
Gibraltar, Straße von 372
Gibsonwüste (Australien) 341
Gießbach (Schweiz) 146
Giles, Ernest 278
Ginir (Äthiopien) 347
Gitterdünen **76**
Gjabrice (Albanien) 114
Glace, Mer de (Frankreich) 252, *253*
Glacier d'Argentière (Frankreich) 251
Glacier de Leschaux (Frankreich) 252
Glacier des Bossons (Frankreich) 252
Glacier de Saleina (Frankreich) 252
Glacier du Géant (Frankreich) 252
Glacier du Tour (Frankreich) 252
Glazialer Formenschatz **289**
Glenade (Irland) 76
Glencar (Irland) 76
Gletschertypen **367**
Glocknergruppe (Österreich) 154
Glocknerscharte (Österreich) *154*
Goat Island (USA) 267
Gobi, Wüste (China) 340
Godwin Austen, Mount (Indien/Pakistan) 179
Goethe 352
Goldenes Vlies 192
Goldrausch 105, 136, 236, 324
Golf, Kronozker (UdSSR) 177
Golf, Persischer 54–55, 215
Golfstrom 257, 258, 352
Golf von Aden 319
Golf von Alaska (USA) 219
Golf von Bengalen (Indien/Bangladesch) 140, 141, 261, 410
Golf von Cambay (Indien) 261
Golf von Gabès (Tunesien) 231, 232
Golf von Genua (Italien) 37
Golf von Kalifornien (USA) 322, 334

Golf von Madigan (Australien) 128–129
Golf von Mexiko (Mexiko/USA) 247, 287, 417
Golf von Neapel (Italien) 400
Golf von Nicova (Costa Rica) 171
Golf von Pallanza (Italien) 218
Golf von Tongking (Vietnam) 157, 205
Golobina jama (Jugoslawien) *314*
Gondwanaland **113**, 210
Gordoniadistrict (Südafrika) 65
Göreme (Türkei) **392**
Gosaugletscher (Österreich) *103*
Gosausee (Österreich) *103*
Goslar (Bundesrepublik Deutschland) 161
Gosse, W. C. 67
Gotiglazial 131
Gotthardmassiv (Schweiz) 38, 316
Götzen, von 272
Goûter, Dôme du (Frankreich) 251
Graaff-Reinet (Südafrika) 106–108
Graben **376**
Graben, Ostafrikanischer 104–105, 118, 186, 191, **202**, 212, 241, 265, 269, 272, 318, *319*, 326, 363
Graben, Zentralafrikanischer (Ruanda/Zaire) 191, 272, 318, 363
Graben, Zentralisländischer (Island) **108**
Grabensystem, Syrisch-Ostafrikanisches **69**
Grahamland (Antarktis) 49
Gran Canaria (Kanarische Inseln) 138
Gran Chaco (Argentinien/Bolivien/Paraguay) 94
Grand Canyon (USA) 87, 104, 149, 324, 345, 414
Grand Canyon of the Snake River (USA) 346
Grand Capucin du Tacul (Frankreich) 252
Gran Cono (Italien) **400**, *400*, 402
Grand Dhar (Mauretanien) 41
Grandes Jorasses (Frankreich) 251, 252
Grand Falls (Kanada) 330
Grandfather Mountains (USA) 84
Grand Lac (Kanada) 332
Grand Loop Road (USA) 414
Gran-Paradiso-Nationalpark (Italien) 37
Grant, James A. 268
Grapevine Peak (USA) 105
Graz (Österreich) 214
Grazer Bergland (Österreich) 214
Great Basin (USA) *151*, **322**
Great Plains (Kanada/USA) 321
Great Salt Lake (USA) 324
Gréboun, Mont (Niger) 33
Green River (USA) 222
Gregory, J. W. 185
Grépon, Aiguille de (Frankreich) 252
Grimselpaß (Schweiz) 146
Grödnertal (Italien) 205
Grönland (Dänemark) 59, **329**, 352
Groot Swartberge (Südafrika) 89
Grosnyi (UdSSR) 184
Große Ebene (China) 335, **336**
Große Karru (Südafrika) **106–108**
Große Randstufe (Südafrika) 106–108, **112–113**, 149
Großer Ararat (Türkei) **56–57**
Großer Balchan (UdSSR) 182
Großer Chingan (China) 41
Großer Fluß (China) *174*
Großer Geysir (Island) 357, 358
Großer Kaukasus (UdSSR) 118, 193
Großer Östlicher Erg (Tunesien) 232
Großer Salzsee (USA) **65**, *152*, **153**, 324
Großer Sklavensee (Kanada) 217
Großer Westlicher Erg (Algerien) **76–78**
Großer Winterberg (DDR) 328
Große Sandwüste (Australien) 341
Großes Becken (China) 173
Großes Becken (USA) **322**
Große Seen (Kanada/USA) 247, 267, 321

439

Großer Karakorum (Indien/Pakistan) 179
Große Victoriawüste (Australien) 341
Großglockner-Hochalpenstraße (Österreich) 154
Groß-Meteora (Griechenland) 245
Grotta del Vento (Italien) 53
Grotten, Adelsberger (Jugoslawien) **304**, **305**, *305*
Grotte von Han (Belgien) 304
Grotte von Planina (Jugoslawien) **305**
Grotte von Sopot (Jugoslawien) 201
Grundlsee (Österreich) 333
Grünstein (Bundesrepublik Deutschland) 199
Grusinische Heerstraße (UdSSR) 183
Guadalquivir (Spanien) 227
Guadalupe Mountains (USA) *90*
Guajara (Kanarische Inseln) **372**
Guanabara, Bucht von (Brasilien) **320**, **321**
Guanchen 372
Guangxi (China) 156
Guaqui (Bolivien) 379
Guara, Sierra de (Spanien) 228, **320**
Guara, Tozal de (Spanien) 228
Guarelo (Chile) 290
Guatemala-City (Guatemala) 30
Guayana, Bergland von (Guyana/Venezuela) 91, 155, 156
Gueraguer (Algerien) 179
Guessfeld, Paul 28
Guide (China) 336
Guir, Hammada du (Algerien) 76–77
Guizhou (China) 156
Gujarat (Indien) 261
Gurzuf (UdSSR) 203
Gust Monts, P. de 330

H

Haardt (Bundesrepublik Deutschland) 317
Habeler, P. **126**, 167
Hagengebirge (Bundesrepublik Deutschland) 199
Ha-Ha-Bucht (Kanada) 328, 329
Hohe Schneeberge (DDR) 328
Hájek (Tschechoslowakei) **349**
Halbinsel Crozon (Frankreich) **291**
Halbinsel Gaspé (Kanada) **291**, *292*
Halbinsel Iveragh (Irland) 188
Halbinsel Mangyschlak (UdSSR) 182, 183
Halbinsel Sinai (Ägypten) 262, 263
Halemaumau (Hawaii) **235**
Hallstatt (Österreich) **332**, 333
Hallstätter See (Österreich) 333
Ha-Long-Bucht (Vietnam) **157**, 418
Haltiatunturi (Finnland) **327**
Hamadan (Iran) 143
Hamakhtesh Hagadol (Israel) 262
Hamakhtesh Haqatan (Israel) 263
Hammada du Guir (Algerien) 76–77
Hammøy (Norwegen) 258
Han, Grotte von (Belgien) 304
Hanko, Halbinsel (Finnland) 131
Hanningtonsee (Kenia) 319
Hanoi (Vietnam) 205
Han-sur-Lesse (Belgien) 160
Haparanda (Finnland) 327
Harare (Simbabwe) 71, 342
Hardangerfjord (Norwegen) 405
Hardangergletscher (Norwegen) 405
Hardangervidda (Norwegen) 405
Harpergletscher (USA) 258
Har Ramon (Israel) 263
Harrer, H. **116**
Hartley (Australien) 175
Harz (Bundesrepublik Deutschland/DDR) 160
Hasanabadgletscher (Indien/Pakistan) **179**
Hasan Daği (Türkei) 392
Haslital (Schweiz) 25
Hastings, G. 260

Haston, D. 126
Haukadalur (Island) **357**
Hauptkordillere (Südamerika) 27
Hauptrandstörung (Himalaja) **165**
Hawaii **202**, 234
Hawaiische Inseln (Hawaii) 234
Hayes, Mount (USA) 258
Haytor East (Großbritannien) **386**
Haytor Rocks (Großbritannien) **386**
Haytor West (Großbritannien) **386**
Headless Mountains (Kanada) 310
Hebriden (Großbritannien) 130
Heckmair, A. **116**
Heerstraße, Grusinische (UdSSR) 183
Heiligenblut (Österreich) 154
Heiliger Berg der Lappen (Finnland) **327**, *327*
Heimaey (Island) 360
Helgafell (Island) **360**
Helgoland, Kreuz von (Bundesrepublik Deutschland) 162
Heliktit *175*, **296**
Hell's Gate (Kanada) 310
Hengst (Bundesrepublik Deutschland) *162*
Hennepin, Louis 266
Hercegnovi (Jugoslawien) 199
Hermann der Cherusker 127
Hermannsdenkmal (Bundesrepublik Deutschland) 128
Hermel (Libanon) 282
Hermelinfall (Schweden) **357**
Hermon (Libanon/Syrien) 69
Herodot 372
Herrligkoffer, K. M. 261
Herzegowina (Jugoslawien) 264
Herzog, M. 48, 167
herzynisch **160**
Hiebeler, T. **116**
Hielo Continental (Argentinien/Chile) 132
Hierapolis (Türkei) 286
High Plains (Kanada/USA) 321
Hillary, E. 126
Himalaja (Asien) 47, **125–126**, 140, 179–182, **260**, 261
Hindu 261
Hirse 82
Hochfläche von Hermel (Libanon) 282
Hochhimalaja (Indien/Nepal) **165**, 181
Hochkalter (Bundesrepublik Deutschland) 199
Hochlande, Schottische (Großbritannien) 78–79
Hochland von Äthiopien (Äthiopien) 105, 268, 269, 270, 280
Hochland von Dekkan (Indien) 343
Hochland von Tibet (China) 164, 166, 173, 309
Hochplateau, Madagassisches (Madagaskar) **225**
Hochrhein (Bundesrepublik Deutschland/Schweiz) 316
Hochschwab (Österreich) 137
Hochtal von Soaso (Spanien) 282
Hofsjökull (Island) 60
Högkullen (Schweden) 191
Hoher Atlas (Marokko) 40–41, 103, 420
Hoher Dachstein (Österreich) 103
Hoher Göll (Bundesrepublik Deutschland) 199
Hoher Pamir (UdSSR) 194
Hohe Tauern (Österreich) 38, 154
Höhle der Optimisten (UdSSR) **280**
Höhlenklub des Libanon 175
Höhlenperlen **286**
Hokkaido (Japan) 229
Höllengebirge (Österreich) 333
Höllental (Bundesrepublik Deutschland) 421
Honda, Quebrada (Peru) 99
Hondo (Japan) 62, 139, 233
Honschu (Japan) 62, 139, 233
Hoorn (Niederlande) 168
Hoorn, Kap (Chile) 43, 298
Hope (Kanada) 137
Horcones, Río de los (Argentinien) 27
Horel-Hammar (Irak) 54

Hornád (Tschechoslowakei) 344
Hornfels **99**
Horst **376**
Hot Springs (USA) 412
Hsining (China) 309
Huachón (Peru) 86
Hualalai (Hawaii) **234**
Huandoy, Nevado de (Peru) 99
Huang He (China) siehe Hwangho
Huascarán (Peru) 99
Huata (Bolivien) 379
Hudsonbai (Kanada) 98
Huenque, Río (Peru) 379
Huesca (Spanien) 228, 229, 281
Hufeisenfall (Kanada) 266, **267**, **268**
Huinaymarca, Lago (Bolivien/Peru) **379**
Humboldt, Alexander von 91
Humboldtgletscher (Grönland) 153
Humboldtschacht (Venezuela) **338**, *338*
Hunlenfall (Kanada) **391**
Hunlen River (Kanada) **391**
Huoyen Zhan (China) 391
Hures-la-Parade (Frankreich) 66
Hvidesande (Dänemark) 167
Hwangho (China) **141**, 309, 335, 336, 340, 341
Hypolimnion 363

I

Iberische Masse 81
Iberisches Randgebirge (Spanien) 95
Ibiza (Spanien) 134
Ichang (China) siehe Yichang
Icybucht (USA) 219
Idaho (USA) 101–*102*, 151
Idi-Amin-Dada-See (Uganda/Zaire) siehe Edwardsee
Igapó **40**
Igharghar, Wadi (Algerien) 32
Iguaçu, Rio (Brasilien) **169**
Iguaçufälle (Brasilien) 266
Iguape (Brasilien) 318
Ijsselmeer (Niederlande) **406**
Ile de France (Mauritius) 390
Ile au Haut (USA) 26
Ili-Tekes (UdSSR) 376
Illampu, Nevado de (Bolivien) 379
Illimani (Bolivien) 207
Illizi (Algerien) 368
Imperial Valley (USA) 322, 334
Independence (USA) 93
Indératique (Ozeanien/Neukaledonien) 138
Indian Survey 166
Indischer Ozean 44, 109, 112, 140, 166, 196, 224, 242, 272
Indisches Tiefland (Indien) 165
Indochina 237
Indus (China/Indien/Pakistan) 164, 260
Industiefland (Indien) 181
Industriediamant **190**
Inferno, Valle dell' (Italien) 401
Inga (Zaire) 198
Inglés, Banca (Argentinien/Uruguay) 298
Inka 53, 379
Inka 53, 379
Inlandeis *60*, 152, 153, 154
Inn (Bundesrepublik Deutschland/Österreich/Schweiz) 39, 112
Innerstestausee (Bundesrepublik Deutschland/DDR) 161
Innertkirchen (Schweiz) 25
In-Salah (Algerien) 55
Inselberg **277**, 278, 327
Insel Chiloé (Chile) 381
Insel Eigg (Großbritannien) 256
Inseln, Äolische (Italien) **358**
Inseln, Borromäische (Italien) 218
Inseln, Hawaiische (Hawaii) 234
Inseln, Kanarische (Afrika) 138
Inseln, Liparische (Italien) **358**
Inseln, Nordfriesische (Bundesrepublik Deutschland) 161

Inseln, Ostfriesische (Bundesrepublik Deutschland) 161
Inseln, Westfriesische (Niederlande) 406
Insel Rhum (Großbritannien) 256
Insel Samosir (Indonesien) **379**
Insel Skye (Großbritannien) 78
Insel Staffa (Großbritannien) 130
Insel Victoria (Argentinien) 395
Insel White (Neuseeland) 409
Insolationsverwitterung **87**
Interglazialzeiten (Kanada/USA) **150**
Interlaken (Schweiz) 145, 352
Ipin (China) 173, 174
Iporanga (Brasilien) 318
Iporango, Rio (Brasilien) 318
Iquitos (Peru) 39–40
Irkutsk (UdSSR) 70, 210
Irtysch (UdSSR) 183
Isar (Bundesrepublik Deutschland/Österreich) 112
Ischim (UdSSR) 275
Isère (Frankreich) 39
Isfa Mayor (Spanien) 227
Isla Menor (Spanien) 227
Island **60**, 108, 176, **202**, 209, 235, **329**, 357, 359, 410
Isla Santiago (Argentinien) 298
Isola Bella (Italien) 218
Issyk-kul (UdSSR) 376
Istrien (Jugoslawien) 304
Itabirit **172**
Ithascasee (USA) 249
Ituräer (Libanon) 283
Iveragh, Halbinsel (Irland) 188
Ivohibe, Pic de (Madagaskar) 44
Iwankowostausee (UdSSR) 413
Ixtaccíhuatl (Mexiko) 301, 302

J

Jabalpur (Indien) 261
Jablanica, Stausee von (Jugoslawien) 264
Jablonowygebirge (UdSSR) 210
Jackson Hole (USA) 148
Jackson, Thomas J. 356
Jacques Cartier, Mont (Kanada) 292
Jakutien (UdSSR) 210
Jakutsk (UdSSR) 210
Jalomita (Rumänien) 88
Jalta (UdSSR) 203
Jalungkiang (China) 173
Jamaika 418
Jangtsekiang (China) 270
Janitzio (Mexiko) 290
Jan Mayen (Norwegen) **60**
Jasmund (DDR) **325**
Jasper Forest (USA) 293
Jasper-Nationalpark (Kanada) 97–98
Java (Indonesien) 201, 202, 242, 286, 373
Jenissei (UdSSR) *70*
Jerusalem (Israel/Jordanien) 68
Jhelum (Indien) **180**, 182
Ji Jerra (Tschad) 120
Jitschin (Tschechoslowakei) 305
Joensuu (Finnland) 131
Jökulhlaup **60**, **396**
Jökulsá á Fjöllum (Island) **108**, *108*
Jordan (Israel/Jordanien/Libanon) 55, **69**
Jordanebene (Israel/Jordanien) 69
Jordangraben (Israel/Jordanien/Syrien) **69**, 263, 318, 319
José María Morelos (Mexiko) 290
Jostedalsbre (Norwegen) 348
Jotunheim (Norwegen) 347
Júcar (Spanien) 95
Judäisches Bergland (Jordanien) 69
Jüdischer Krieg 69
Jujuy, Hochland von (Bolivien) 42
Jungfrau (Schweiz) 146, 164, 352, 354
Jungfraubahn (Schweiz) 36, **116**
Jungfraujoch (Schweiz) 35, 115
Jungsomma (Italien) **401**

Junín, Pampa de (Peru) 86
Jünnan (China) siehe Yünnan
Jura, Schweizer (Schweiz) **200**
Jütland (Dänemark) 167, 311

K

K 2 (Indien/Pakistan) 179
Kabul (Afghanistan) **364**, **366**
Kagera (Ruanda/Tansania) **268**, **269**
Kaiménaes (Griechenland) **336**
Kairo (Ägypten) 269
Kaiserquelle (Tschechoslowakei) **349**
Kaiser-Wilhelm-Spitze (Tansania) 186
Kahiltnagletscher (USA) 258
Kakamas (Südafrika) 66
Kalahari (Namibia) 149
Kalambaka (Griechenland) 245
Kaledonisches Gebirge **31**, 78–79, 327, 349
Kalemie (Zaire) 363, 364
Kalemiebecken (Zaire) 363
Kalifornien (USA) 105, 313, **334**, 416
Kalifornien, Golf von (USA) 322, 334
Kali Gandaki (Nepal) 47
Kalkalpen, Nördliche (BRD/Österreich) 103, *199*, 421
Kalkalpen, Steirisch-niederösterreichische (Österreich) 137
Kalkalpen, Südliche (Italien) 205
Kalut **215**, 216
Kama (UdSSR) 413
Kambara (Japan) 62–**63**
Kamet (Indien) **166**
Kammerbühl (Tschechoslowakei) 349
Kampala (Uganda) 318
Kamtschatkatal (UdSSR) 177
Kamui-nupuri (Japan) 231
Kanadischer Schild (Kanada) 217, 328
Kanal von Kumbor (Jugoslawien) 199
Kanarische Inseln (Afrika, Spanien) 138, 372
Kandt, R. 269
Kanem (Tschad) 372
Kanembu (Tschad) 372
Kanga Tima (Kongo) 213
Kangschunggletscher (China) 126
Kansu (China) siehe Gansu
Kantishna (USA) 259
Kanuri (Tschad) 372
Kap Arkona (DDR) **325**
Kap Banza (Burundi) 363
Kap Bridgewater (Australien) 303
Kap Caccia (Italien) 265
Kap Carvoeirao (Portugal) 80
Kap Corrientes (Mexiko) 287
Kap des Bären (Italien) 283
Kap Duquesne (Australien) 303
Kap Espichel (Portugal) 61
Kap Ferret (Frankreich) 295
Kap Geologie (Antarktis) 28
Kap Hoorn (Chile) 43, 298
Kapketten (Südafrika) 106
Kap Kungwe (Tansania) 363
Kap Oštro (Jugoslawien) 199
Kappadokien (Türkei) 392
Kapprovinz (Südafrika) 65, 89, 113, 189
Kap São Vicente (Portugal) 306
Karabil (UdSSR) 180
Kara-Bogas-Gol (UdSSR) **182**
Karakaja (UdSSR) 184
Karakorum, Großer (Indien/Pakistan) 179
Karakul (Afghanistan/UdSSR) 285
Karakumkanal (UdSSR) **180**
Karasee (UdSSR) 59, 275
Karewa (Indien) **180**, 181, **182**
Karibisches Meer 42
Karijado (Japan) 62
Kårlanovo (Bulgarien) 241
Karl der Große 199
Kärnten (Österreich) 154
Karonga, Ebene von (Tansania) 272
Karpaten (Rumänien/UdSSR/Tschechoslowakei) 53–54, 88, 111, 203, 344
Karr (Südafrika) 189

Karru, Große (Südafrika) **106–108**
Karstformen **159**, **344**, **418**
Karthager 372
Kasachstan (UdSSR) 56, 275
Kasai (Angola/Zaire) 196
Kasan (UdSSR) 413
Kasbek (UdSSR) 183, 184
Kaschmir (Indien/Pakistan) 165, *179*
Kaschmir, Schwimmende Gärten von (Indien) 182
Kaschmirbecken (Indien) **181**
Kasparek, F. **116**
Kaspische Senke (UdSSR) 182, 413
Kaspisches Meer 56, **65**, 180, 183, 215, 413
Kastraki (Griechenland) 245
Katalonisches Massiv (Spanien) 134
Katanga (Zaire) 196, 212
Katmandu (Nepal) 165
Kattarasenke (Ägypten) 81, 104
Katun (UdSSR) 275
Kaukasus (UdSSR) 118, 192, *193*, 203
Kaupanger (Norwegen) 348
Kawah Baru (Indonesien) 286
Kawah Manuk (Indonesien) 286
Kawah Mas (Indonesien) 286
Kawah Nanglak (Indonesien) 286
Kayseri (Türkei) 392
Kebili (Tunesien) 110–111
Kebnekajse (Schweden) 60
Keetmanshoop (Namibia) 148, 149
Kef en-Nsoura (Tunesien) 231
Kef Toghobeit (Marokko) 49
Kegelkarst **157**
Kehlstein (Bundesrepublik Deutschland) 199
Kelb, Nahr-el- (Libanon) 174, 175
Kelpinberge (China) 391
Kennicottgletscher (USA) 260
Kenogamisee (Kanada) 328
Kentucky (USA) 220
Kenya, Mount (Kenia) 186, 319
Kerdousfenster (Marokko) 362
Kermanschah (Iran) 143
Kerry (Irland) 188
Kerry Mountains (Irland) 187, *188*
Kertsch (UdSSR) 183
Khaiberpaß (Afghanistan) 364
Khamsin 65
Khanguet el-Melah (Algerien) 239
Khartum (Sudan) 268, 269
Khenifra (Marokko) 309
Khorassan, Türkisminen von (Iran) 271
Khulgar (Nepal) 47
Khumbugletscher (Nepal) 126
Khumbu Himal (China/Nepal) **125–126**
Kibo (Tansania) 184, **186**, *186*
Kibwesa, Kap (Tansania) 363
Kibwezi (Kenia) 212
Kigoma (Tansania) 363, 364
Kikorongo (Uganda) 326
Kikuyuhochland (Kenia) 318
Kilauea (Hawaii) **234**, **235**
Kiliaarm (UdSSR) 112
Kilimandscharo (Tansania) 184, 186
Kilpisjärvi (Finnland) 327
Kilundu (Kongo) 213
Kimberley Mines (Südafrika) **189**
Kimberlit **190**
Kinangop, Mount (Kenia) 319
Kinnert-Negev-Wasserleitung (Israel) 264
Kinshasa (Zaire) 196, 198
Kinshofer, T. **116**
Kipipiri (Kenia) 319
Kirchet (Schweiz) 25
Kirdi (Kamerun/Nigeria) **223**
Kirgisen 284
Kirkefjord (Norwegen) 258
Kirkjufell (Island) 360
Kisangani (Stanleyville) (Zaire) 196
Kis-Balaton (Ungarn) 72
Kitagata (Uganda) 326
Kiuschu (Japan) 79–*80*
Kivas 244
Kiwi (Neuseeland) 246
Kiwusee (Zaire) 272, 363, 364
Kizil Irmak (Türkei) 392

Klamath Falls (USA) 100
Klausenburg (Rumänien) 339
Kleiner Ararat (Türkei) **56–57**
Kleiner Chingan (UdSSR) 41
Kleiner Kaukasus (UdSSR) 193
Kleine Scheidegg (Schweiz) 36
Kleines Natronloch (Tschad) 389
Kleinglockner (Österreich) *154*
Kljutschewskaja Sopka (UdSSR) 177
Kluse **178**
Klute, F. 186
Kohala (Hawaii) 234
Koh-e-Binaloud (Iran) 271
Kohlendioxid **34–35**
Kolakambefall (Indien) 270
Kolb, G. 185
Kölner Bucht (Bundesrepublik Deutschland) 317
Kolumbo (Griechenland) **336**
Komadugu (Nigeria) 371, 372
Komoé (Burkina Faso) **195**
Komotau (Tschechoslowakei) 349
Kongo (Kongo/Zaire) 174, 191, 192, 212, 363
Kongobecken (Zaire) 196, 212
König-Georg-Fälle (Südafrika) **66**
Königin-Maud-Kette (Antarktis) 50
Königin-Maud-Land (Antarktis) 50
Königin Victoria 403
Königstein (DDR) 328
Königstuhl (DDR) **325**
Konjic (Jugoslawien) 264
Konkordiaplatz (Schweiz) 35
Konkouré (Guinea) 134
Konkretionen **286**
Kontinentaltafel, Sibirische (UdSSR) **70**
Kony 118–**119**
Kopet Dagh (UdSSR) 180
Korallenriff **85**
Kordillere, Betische (Spanien) 385
Kordillere, Patagonische (Argentinien/Chile) 393, **395**
Kordilleren (Amerika) 27, 28, 43, 53, 62, 99, 132, 136, 137, 207, 213, 219, 290, **321**, 322, 377, 386, 395
Korei, Kaiser 138
Korsika (Frankreich) 89, 182, 283, 414
Kosovo-Metohija (Jugoslawien) 114
Kota, Ebene von (Tansania) 272
Kotagiri (Indien) 271
Kotoko (Tschad) 372
Kotorska, Boka (Jugoslawien) 199
Kotto (Zentralafrikanische Republik) 297
Koumbala (Zentralafrikanische Republik) 231
Krakatau (Indonesien) 336
Krapf, J. L. 185, 186
Kratie (Kambodscha) 238
Krestowypaß (UdSSR) 183, *184*
Kreuz von Helgoland (Bundesrepublik Deutschland) 162
Krieg, Jüdischer 69
Krimgebirge (UdSSR) 203, *203*
Krim-Riviera (UdSSR) 203
Krippenstein (Österreich) 103
Kronozkaja Sopka (UdSSR) 177
Kronozker Golf (UdSSR) 177
Kronstadt (Rumänien) 88
Krufter Ofen (Bundesrepublik Deutschland) 204
Krüger-Nationalpark (Südafrika) 146
Kuba 418
Kueiteh (China) siehe Guide
Kuh-e-Parau (Iran) 143
Kuhha-ye Sabalan (Iran) 329
Kuh-i-Baba (Afghanistan) 34
Kuibyschewer Stausee (UdSSR) 413
Kukës (Albanien) 114
Kuku-Nor (China) **309**, 336
Kumaebene (UdSSR) 182
Kumanonhimalaja (Indien) *166*
Kumbor, Kanal von (Jugoslawien) 199
Kumran (Palästina) **69**
Kundas (Indien) 270
Kungsleden (Schweden) 357
Kungwe, Kap (Tansania) 363
Kunlungebirge (China) 173, 336

Kunming (China) 418
Kurnub (Israel) 264
Kuruktag-Gebirge (China) 391
Kuskokwim (USA) 258
Küßnacht (Schweiz) 405
Küßnachter See (Schweiz) **405**
Küstenebene, Dalmatinische (Jugoslawien) 264
Küstenkette (USA) 334
Küstenkordillere (Südamerika) 27, 219, 302
Kutcharo (Japan) 231
Kutiahgletscher (Indien/Pakistan) 179
Kwangsi (China) siehe Guangxi
Kweitschou (China) siehe Guizhou
Kykladen (Griechenland) 336
Kyogasee (Uganda) 269
Kysylkum, Wüste (UdSSR) 375

L

Laacher Kopf (Bundesrepublik Deutschland) 204
Labrador (Kanada) **329**
Labradorküste (Kanada) 328
Lacedelli, Lino *179*
Lacus Ligustinus (Spanien) **227**
Lady-Knox-Geysir (Neuseeland) **409**
Lærdalsfjord (Norwegen) 348
La Esmeralda (Venezuela) 91
Laghouat (Algerien) 239
Lago Argentino (Argentinien) 44
Lago Balliván (Bolivien/Peru) 379
Lago Buenos Aires (Argentinien) 44, 290
Lago Chucuito (Bolivien/Peru) 379
Lago Crucero (Peru) *42*
Lago Huinaymarca (Bolivien/Peru) 379
Lago Llanquihue (Chile) **381**
Laguna morta (Italien) **397**
Laguna viva (Italien) **397**
Lagune 168
Lahn (Bundesrepublik Deutschland) 317
Lahti (Finnland) 131
Lakatnik (Bulgarien) 171
Lake Amadeus (Australien) 67
Lake Bonneville (USA) **151**, **152**
Lake Manly (USA) 105–106
Lakkolith 145
Lambertgletscher (Antarktis) 50
Lambese (Algerien) 178
Lancang Jiang (China) 238
Land der 20000 Pyramiden (Türkei) **392**
Landzunge von Perekop (UdSSR) 203
Langasee (Schweden) 357
Lange Anna (Bundesrepublik Deutschland) *161*
Langfjord (Norwegen) 225
Langjökull (Island) 60
Langkofelscharte (Italien) 205
Längsdünen **76**, **81**
Längsspalten **152**
Längstalfurche, Südtibetische (China) *166*
Lantsankiang (China) siehe Lancang Jiang
Lantschou (China) siehe Lanzhou
Lanzarote (Kanarische Inseln) **138**
Lanzhou (China) 336
Lapa, Bom Jesus da (Brasilien) 51
La Paz (Bolivien) 379
La Plata Mountains (USA) 243
Lappeenranta (Finnland) 132
Lappland (Finnland) 327
Laptewsee (UdSSR) 210
La Rambleta (Kanarische Inseln) **372**
La Roqueta (Mexiko) **27**
Larsenschelfeis (Antarktis) 51
Las Cañadas (Kanarische Inseln) **372**
Las Pacayas (Guatemala) 95
La Spezia (Italien) 51
Lassolas, Puy de (Frankreich) 308
Lataband-Karawanenstraße (Afghanistan) 366
Lausitzer Bergland (DDR) **327**
Lauterbrunnen (Schweiz) 352

441

Las Vegas (USA) 105
Latacunga (Ecuador) 99
Leblanc, Maurice 124
Lech (Bundesrepublik Deutschland/Österreich) 112
Lee, Robert E. 356
Le Maire 168
Lemberg (UdSSR) 280
Leningrad (UdSSR) 413
Leones, Cerro de los (Chile) 388
Lépineux, G. 294
Lépineuxschacht (Frankreich) **295**
Lermoos (Österreich) 421
Lesatima (Kenia) 319
Leschaux, Aiguille de (Frankreich) 252
Leschaux, Glacier de (Frankreich) 252
Les Landes (Frankreich) 295
Lesotho (Südafrika) 113–114, 220
Lesse (Belgien) 159
Les Zibans (Algerien) 26
Letosa, Plateau von (Spanien) 229
Levante, Sierra de (Spanien) 133
Lewisgletscher (Kenia) 185
Lexington (USA) 84
Lhasa (China) 125
Lhotse (China/Nepal) 125
Lhotse-Nuptse-Wand (Nepal) 165
Liard River (Kanada) 310, 311
Libanongebirge (Libanon/Syrien) 28, *282*
Lido (Italien) **397**
Ligustinus, Lacus (Spanien) **227**
Likasi (Zaire) 212
Likiang (China) 173
Lilienstein (DDR) 328
Lillooet (Kanada) 137
Lima (Peru) 99, 207
Limagne (Frankreich) 308
Limay, Río (Argentinien) **395**
Linnhe, Loch (Großbritannien) 79
Linz (Österreich) 112
Liparische Inseln (Italien) **358**
Lissabon (Portugal) 62
Livingstone (Sambia) 402
Livingstone, David 402
Livingstonefälle (Zaire) 197, 198
Livingstonegebirge (Tansania) 272
Ljubljana (Jugoslawien) 304
Ljubljanica (Jugoslawien) 305
Ljutibrod (Bulgarien) 172
Lkst, Djebel (Marokko) 362
Llanganuco, Quebrada de (Peru) 99
Llanquihue, Lago (Chile) **381**
Llullhaillaco (Chile/Argentinien) 44
Locarno (Schweiz) 219
Loch **78**
Loch Linnhe (Großbritannien) 79
Loch Lochy (Großbritannien) 78
Loch Ness (Großbritannien) 79
Loch Nevis (Großbritannien) 256
Lodalskåpa (Norwegen) 176
Lofotinseln (Norwegen) *257*, **258**
Loisach (Bundesrepublik Deutschland/Österreich) 421
Lomami (Zaire) 196
Long Beach (USA) 322
Longonot (Kenia) 319
Longyearbyen (Norwegen/Spitzbergen) 352
Lonné-Peyré-Schacht (Frankreich) 295
Lopé (Gabun) 276
Lorelei (Bundesrepublik Deutschland) 317
Los Angeles (USA) 322, **334**
Los Hornos, Cerro de (Mexiko) 287
Loubens, M. 294
Lough Leane (Irland) **188**
Louisville (USA) 220
Lovćen (Jugoslawien) 199
Löw, S. 261
Lowveld (Südafrika) 113
Lozère (Frankreich) 66
Lualaba (Zaire) **196**, 212, 363
Luang Prabang (Laos) 238
Lubéron, Montagne du (Frankreich) 396
Lubumbaschi (Zaire) 212
Lucas Cave (Australien) 175
Luc-Hai (Vietnam) 157

Lüderitz (Namibia) 148
Lufira (Zaire) 212
Lukuga (Zaire) 363, 364
Lule (Schweden) 357
Luna, Valle de la (Bolivien) 207, *208*
Lunan (China) 418
Lupin, Arsène 124
Lurbach (Österreich) 214, 215
Lütschine (Schweiz) 146
Lütschine, Weiße (Schweiz) **352**
Lusaka (Sambia) 342
Lustrafjord (Norwegen) **347**, **348**
Luzern (Schweiz) 405
Luzerner See (Schweiz) **405**
Luzon (Philippinen) 235
Lwow (UdSSR) 280
Lytton (Kanada) 137

M

Maadan (Iran) 271
Maar **204**
Maas (Belgien/Niederlande) 317
Måbødal (Norwegen) **405**
MacDonnellkette (Australien) 278
Macgillicuddy's Reeks (Irland) 187
Mackenzie, Sir Alexander 136, 217
Mackenzie Mountains (Kanada) 310
Mackenzie River (Kanada) 98
MacKinder, H. 185
Maclay, William 267
Macpherson 130
Madagaskar (Afrika) 44–47, 224
Madagassisches Hochplateau 225
Maddalena (Italien) 283
Madeira (Portugal) 138
Maderas (Nicaragua) **279**
Madigan, Golf von (Australien) 128–129
Magadisee (Kenia) 320
Magellanstraße (Chile) 290
Maghreb (Nordafrika) 81
Magnetischer Südpol 324
Magnone, G. 132
Magra (Italien) 51
Maharashtra (Indien) 411
Mahiga (Uganda) 326
Mahipar (Afghanistan) 364
Mährisches Becken (Tschechoslowakei) 112
Maikalgebirge (Indien) 261
Maine (USA) 26, 330
Main Fall (Simbabwe/Sambia) **403**
Mainz (Bundesrepublik Deutschland) 317
Makalu (China/Nepal) **125–126**
Makedonien (Griechenland) 278
Makhtesim (Israel) **263**
Málaga (Spanien) 385
Malagarasi (Tansania) 363
Malaiische Halbinsel (Indonesien) 379, 380
Malakka (Malaysia) 379
Malakkastraße 379
Malawisee (Malawi/Mosambik/Tansania) **271**, 363
Malaysia (Indonesien) 242
Malbaie, Baie de (Kanada) **292**
Mallaig (Großbritannien) **257**
Mallorca (Spanien) 133, 134
Mallory, G. H. L. 125
Maloceli, Lanzelotto 138
Malombesee (Malawi/Mosambik/Tansania) 272
Malparso (Italien) 123
Mamikala (Afghanistan) 419
Mammoth Cave (USA) 167, 412
Mammoth-Cave-Nationalpark (USA) 222
Mammuthöhle (Österreich) 103
Mamore Forest (Großbritannien) 78
Manáus (Brasilien) 40
Mandäer 55
Mandla (Indien) 261
Mandschurei (China) 42

Mangoro (Madagaskar) 224
Mangyschlak, Halbinsel (UdSSR) 182, 183
Manhard, A. **116**
Manjakandriana (Madagaskar) 224
Manly, Lake (USA) **105–106**
Manso, Río (Chile) **388**
Maori 410
Maramba (Sambia) 402
Marañón (Peru) 39, *43*, 53
Marchant, Dieter 234
Marchigianos (Italien) 135
Marco-Polo-Gebirge (China) 336
Marco-Polo-Schaf 285
Mare Dulce (Argentinien/Uruguay) **298**
Margherita (Uganda/Zaire) 326
Maria Laach (Bundesrepublik Deutschland) 204, 205
Mariestad (Schweden) 190
Märjelensee (Schweiz) 35
Markerwaard, Polder (Niederlande) **407**
Markusplatz (Italien) 398
Maroniten **283**
Marques, Manuel 166
Marrakesch (Marokko) 103
Marsyandi Khola (Nepal) 47
Martel, E. 66, 338
Martelschacht (Venezuela) **338**
Martinez, Esteban J. 91
Martín García (Argentinien) 298
Martinique (Kleine Antillen) 236, 378
Marumuli (Uganda) 326
Masaba (Kenia/Uganda) **118**
Mascardisee (Chile) 388
Mashu-ko (Japan) **229**, **231**
Massa (Italien) 51
Massa (Schweiz) **36**
Matadi (Zaire) 197
Mataram, Reich von (Indonesien) 242
Matmati 232
Matopos-Nationalpark (Simbabwe) 72
Matterhorn (Italien/Schweiz) 234, 252
Mau (Kenia) 319
Maudit, Mont (Frankreich) 251
Mau Escarpment (Kenia) 319
Mauna Kea (Hawaii) **234**
Mauritius **374**, *375*, **390**
Mawenzi (Tansania) *186*
Maya 417
Mazama, Mount (USA) 100
Mazaruni (Guyana/Venezuela) 155
M'Chounèche (Algerien) 26
McGill Icefield (Kanada) 59
McKinley, Mount (USA) 258
McKinley River (USA) 258
McKinnon, Quintin 361
McMurdo (Antarktis) 50, 122
Medina, M. C. Dias de 207
Medio, Brazo del (Spanien) 227
Meer, Adriatisches 199, 264, *397*
Meer, Ägäisches (Griechenland) 278, 279, 336
Meer, Arabisches 215, 261, 410
Meer, Karibisches 42
Meer, Kaspisches 56, **65**, 180, 183, 215, 413
Meer, Mittelländisches **65**, 69, 83, **141**, 200, 264, 265, 268, 269, 398
Meer, Ochotskisches 42, 177
Meer, Ostchinesisches (China) 173, *174*
Meer, Rotes **65**, 104–105, 262, 319
Meer, Schwarzes **65**, 183, 184, 193, 202, 203, 209
Meer, Steinernes (Bundesrepublik Deutschland) 199
Meer, Südchinesisches 237
Meer, Thyrrhenisches 51, 358
Meer, Totes (Israel/Jordanien) 64, **65**, 104, 182
Meer, Weißes (UdSSR) 413
Meeralpen (Frankreich/Italien) 38
Meerbusen, Bottnischer (Finnland) 327
Meerbusen, Bottnischer (Ostsee) **35**
Meereis **61**
Meeresspiegelschwankungen **355**
Megalon (Griechenland) 245
Meiringen (Schweiz) 25
Meißen (DDR) 328

Mekong (China/Laos/Kambodscha/Vietnam) 173, 205
Mekongkomitee 237
Melah, Khanguet el- (Algerien) 239
Melili (Kenia) 319
Mendebogebirge (Äthiopien) 347
Mendoza (Argentinien) 28, 44
Mendoza, Río (Argentinien) 27, 306
Menengai (Kenia) 319
Menorca (Spanien) 134
Mercedario, Cerro (Argentinien) 27
Mercedgletscher (USA) 416
Merced River (USA) 416
Mer de Glace (Frankreich) 252, *253*
Mergozzosee (Italien) 219
Meru (Kenia) 319
Mesa **145**
Mescla, Balcons de la (Frankreich) 398
Mesopotamien (Irak/Iran) **54**, 143
Messner, R. **126**, 167, 261
Metalimnion **363**
Metamorphose **172**
Meteorit **246**
Meteoron (Griechenland) 245
Metković (Jugoslawien) 264
Metlili, Djebel (Algerien) 178
Metropolis (USA) 249
Mexico-City (Mexiko) 146, 301
Mexiko, Golf von 247, 287
Meyer, H. **115**, 186
Meyer, R. **115**
Michigansee (USA) 151
Michoacán (Mexiko) 287, 290
Midi, Aiguille du (Frankreich) 252
Midi, Col du (Frankreich/Italien/Schweiz) 251
Mikeno (Zaire) 272
Mikra Kaiméni (Griechenland) **336**, **337**
Milford Sound (Neuseeland) 361
Minas Gerais (Brasilien) 172, 321
Minvielle, Pierre 229
Miristi Khola (Nepal) 47
Mirror Lake (USA) 416
Mississippi (USA) **141**, 173, 182
Missouri (USA) 93, 268
Mistassibi (Kanada) 328
Mittelgebirge, Böhmisches (Tschechoslowakei) 349
Mittelländisches Meer **65**, 69, 83, **141**, *200*, 264, 265, 268, 269, 398
Mittelmoräne **152**
Mittelrhein (Bundesrepublik Deutschland) 316
Mittlerer Atlas (Marokko) 92
Mittlerer Westen (Kanada/USA) 321
Mitumbagebirge (Zaire) 363
Moba (Zaire) 363
Mobber (Tschad) 372
Mobutu-Sese-Seko-See (Uganda/Zaire) siehe Albertsee
Modi Khola (Nepal) 47
Mœllerodden (Norwegen) 258
Mofette **408**
Mohnbucht (Spitzbergen) *352*
Molden (Norwegen) 348
Möll (Österreich) 154
Mombasa (Kenia) 212
Mönchgut (DDR) **325**
Mondarruego (Spanien) 281
Mondsee (Österreich) **333**, *333*
Mongolen 392
Mongolische Tafel (China) 340
Monsun 65, **140**, 173, 174, 210, 238, 270, 364, 410
Montagne du Lubéron (Frankreich) 396
Montana, Hochplateaus von (USA) 249
Montaña Blanca (Kanarische Inseln) 373
Mont-aux-Sources (Südafrika) 113, 146
Montblanc (Frankreich) 37–38, 115
Mont Blanc du Tacul (Frankreich/Italien/Schweiz) 252
Mont Dolent (Frankreich) 252
Montenegro (Jugoslawien) 199
Monte Nuovo (Italien) **402**
Monte Perdido (Spanien) 281, 282

Monte Rosa (Italien/Schweiz) 234
Monterrey (Mexiko) 146
Montes lunae (Afrika) 268
Monte Somma (Italien) **400**, *400*, **401**
Montevideo (Uruguay) 298
Mont Gréboun (Niger) 33
Monthermé (Frankreich) 339
Mont Jacques Cartier (Kanada) 292
Mont Maudit (Frankreich) 251
Mont Pelé (Martinique) 236, 243, 308
Monts Agalak (Niger) 33
Monts des Bagzans (Niger) **33**
Monts de Vaucluse (Frankreich) 396
Monts Tamgak (Niger) 33
Moray Firth (Großbritannien) 79
Morelos (Mexiko) 301
Mörk, Alexander von **116**
Mormonen 324
Morne Brabant (Mauritius) 390
Morros (Brasilien) **321**
Mosel (Bundesrepublik Deutschland/Frankreich) **31**, 317
Moskau (UdSSR) 413
Moskaukanal (UdSSR) 413
Mostar (Jugoslawien) 264
Mouka (Zentralafrikanische Republik) 231
Mount Athabasca (Kanada) 97
Mount Columbia (Kanada) 97
Mount Cook (Neuseeland) 135, *367*, **368**
Mount Desert (USA) 26
Mount Edziza (Kanada) **350**, **351**
Mount Elgon (Kenia) 319
Mount Erebus (Antarktis) 324
Mount Everest (China/Nepal) 167, 234
Mount Godwin Austen (Indien/Pakistan) 179
Mount Hayes (USA) 258
Mount Kenya (Kenia) 186, 319
Mount-Kenya-Nationalpark (Kenia) **186**
Mount Kinangop (Kenia) 319
Mount Mazama (USA) 100
Mount McKinley (USA) 258
Mount-McKinley-Nationalpark (USA) 258
Mount Olga (Australien) 67
Mount Rainier (USA) 322
Mount-Rainier-Nationalpark (USA) **313**
Mount Saint Elias (USA) 219
Mount Saint Helens (USA) 313, 322
Mount Terror (Antarktis) 122, 324
Mount Wrangell (USA) 260
Mourdiniederung (Tschad) 120
Moussobane (Mali/Guinea) 223
Mouydirgebirge (Algerien) 55
Mpioka (Kongo) 213
Muckross Lake (Irland) **188**
Muinak (UdSSR) 56
Muldrowgletscher (USA) 236
Mull (Großbritannien) 79, 130
Mummery, A. F. 260
Muota (Schweiz) 405
Muotatal (Schweiz) 167
Mur (Österreich) 215
Murchisonfälle (Uganda) **269**
Mureş (Rumänien) 53
Murgab (UdSSR) 180
Mürren (Schweiz) 352
Murtle River (Kanada) *162*
Murui-Ussu (China) **173**
Mustagh (Indien/Pakistan) 179
Muttland (DDR) **325**
Mwerusee (Sambia/Zaire) 196
Mýrdalsjökull (Island) 60
Mysore (Indien) 343, 344
Mysore, Plateaus von (Indien) 270, 343

N

Nabatäer 264
Nabesna River (USA) 260
Nachtigal, G. 372
Nahanni Butte (Kanada) 311
Nahanni-Nationalpark (Kanada) **311**
Nahr el-Assi (Libanon) **282**
Nahr-el-Kelb (Libanon) 174
Nährgebiet **35**, **38**
Nahr Ibrahim (Libanon) **28–29**
Nahuel-Huapi-Nationalpark (Argentinien) 44, 380, 393
Nahuel-Huapi-See (Argentinien) 290, 381, 395
Nairobi (Kenia) 186, 211, 212, 318–319
Naivashasee (Kenia) 319
Nakuru (Kenia) 241, 319
Namasagali (Uganda) 269
Namcha Barwa (China) 164
Namib (Namibia) 148, 190
Nam-ma (Vietnam) 205
Nam-meuk (Vietnam) 205
Nandi 119
Nanga Parbat (Indien) 164, 166, 167
Nanjing (China) 173, 174
Nanshan (China) 309
Nanyuki (Kenia) 186
Nares Strait 59
Narices del Teide (Kanarische Inseln) **372**
Nashville (USA) 220
Nasone, Punta del (Italien) **400**
Nasserstausee (Ägypten) **269–270**
Natal (Südafrika) 113
Natchez (USA) 249
National Geographic Society 90
Natron, Petit Trou au (Tschad) 389
Natronloch (Tschad) **389**
Natronloch, Kleines (Tschad) 389
Natronsee (Kenia) 320
Navajoindianer, Reservat der (USA) 253
Navajo Mountains (USA) 312
Ndélé (Zentralafrikanische Republik) 231
N'Djolé (Gabun) **275**, **276**
Néa Kaïméni (Griechenland) **336**, **337**
Neapel (Italien) *400*, 402
Neapel, Golf von (Italien) 400
Nebraska (USA) 93
Neck **145**
Nefousa, Djebel (Tunesien) 231
Negevbergland (Israel) **263**
Negro, Río (Argentinien) 395
Negro, Rio (Brasilien) 40, 91
Nelion (Kenia) 185
Nenana (USA) 258
Nepte (Tunesien) 261
Neptungrotte (Italien) **265**
Ness, Loch (Großbritannien) 79
Neubraunschweig (Kanada) 330
Neufundland (Kanada) 83
Neukaledonien (Ozeanien) 163, 332
Neukastilien (Spanien) 95
Neuquén, Río (Argentinien) 395
Neuseeland 135
Neuseeland, Nordinsel 407, 409
Neuseeland, Südinsel 367
Neuseeländische Alpen (Neuseeland) *361*, *367*
Neusüdwales (Australien) 175
Nevada (USA) 105, 151, 152
Nevado de Chachani (Peru) 249
Nevado Huancarhuas (Peru) 99
Nevado Huandoy (Peru) 99
Nevado de Illampu (Bolivien) 379
Nevado Pomabamba (Peru) 99
Neve Zohar (Israel) 69
Nevis, Loch (Großbritannien) 256
New Mexico (USA) 243, 253, 412
New Orleans (USA) 249
Newtonspitze (Spitzbergen) 352
New York (USA) 267
Ngauruhoe (Neuseeland) 409
Ngirisümpfe (Zaire) 196
Niagarafälle (Kanada/USA) 169, *402*, 403, 416
Niagara Falls (USA) **267**
Niagara River (Kanada/USA) **266**, *266*, **267**, **268**
Niarital (Kongo) 213
Nicaraguasee (Nicaragua) **279**
Nicaragua, Senke von (Nicaragua) 279
Nidumalei (Indien) 270
Niedere Tatra (Tschechoslowakei) 344
Niedere Tauern (Österreich) 38
Niederguineaschwelle (Afrika) 197
Niederrhein (Bundesrepublik Deutschland/Niederlande) 316–317
Niger (Afrika) 223
Nil (Afrika) 39, **141**, 173, 192, 249
Nil, Bahr en- (Afrika) **268**, **269**, 270
Nil, Blauer (Afrika) **268**, **269**, *269*, **270**
Nil, Weißer (Afrika) **268**, **269**
Nilgiri (Nepal) 47
Nilschwelle **270**
Nizana (Israel) 264
Nizinagletscher (USA) 260
Nizza (Frankreich) 38
Njassagraben (Malawi/Mosambik/Tansania) 271
Njassasee (Ostafrika) 318
Njiriwüste (Kenia) 211
Noah, Arche 56
Nærøyfjord (Norwegen) **348**, **349**
Nootka Sound (Kanada) 91
Norddeutsche Tiefebene 127, 160, 161
Nordeste de Resistencia (Argentinien) 94
Nordfjord (Norwegen) 176
Nordfriesische Inseln (Bundesrepublik Deutschland) 161
Nordhalbkugel 198
Nordland (UdSSR) **59**
Nördliche Kalkalpen (Bundesrepublik Deutschland/Österreich) 103, 421
Nördlicher Dwina-Wolga-Kanal (UdSSR) 413
Nördliches Eismeer 98, 210, 211
Nördliches Polarmeer 275
Nordmeer, Europäisches 108
Nordostland (Norwegen) 59
Nordpol 59, 61, 351
Nordpolarmeer 59, 351
Nordsee **141**, 167, 406
Nordterritorium (Australien) 341
Norrbotten (Schweden) 357
North Carolina (USA) 356
North Platte River (USA) 93–94
North West Highlands (Großbritannien) **256**
North West Territories (Kanada) 310
Norwegische See 141
Nouméa (Ozeanien) 332
Nowaja Semlja (UdSSR) **59**
Nowi Port (UdSSR) 275
Nowosibirsk (UdSSR) 275
Nubien (Afrika) 269
Nudo de Ampato (Peru) 219
Nuestra Señora de la Paz (Bolivien) 207
Nueva Palmira (Argentinien/Uruguay) 298
Nullarborebene (Australien) 341
Nunatak (UdSSR) **141**, **152**
Nuptse (Nepal) 125
Nur, Kuh-i- (Türkei) **56**
Nyamlagira (Zaire) 272
Nyamunuka (Uganda) 326
Nyamuragira (Zaire) 191
Nyangwe (Zaire) 196
Nyeri (Kenia) 186
Nyiragongo (Zaire) 191

O

Ob (UdSSR) 183
Obdorsk (UdSSR) 275
Oberaargletscher (Schweiz) 25
Oberaarhorn (Schweiz) 25
Oberaletschgletscher (Schweiz) 35
Oberengadin (Schweiz) *38*
Oberharz (Bundesrepublik Deutschland/DDR) 160
Oberland, Berner (Schweiz) 25, 37–38, *115*, *145*
Oberösterreich (Österreich) 103, 332
Oberrhein (Bundesrepublik Deutschland/Frankreich) 316–317
Obersalzberg (Bundesrepublik Deutschland) 199
Obersee (Bundesrepublik Deutschland) **198**
Occhialini, B. 294
Ochotskisches Meer 42, 177
Odenwald (Bundesrepublik Deutschland) 317
Oderstausee (Bundesrepublik Deutschland/DDR) 161
Ödnis, Tal der (Südafrika) **106**
Ofen, Krufter (Bundesrepublik Deutschland) *204*
Ohio (Fluß) (USA) 247
Ohio (USA) 249
Ohridsee (Albanien/Jugoslawien) 114
Ojos del Salado (Chile/Argentinien) 44
Oka (UdSSR) 413
Okanda, Tore der (Gabun) 276
Okeechobeesee (USA) 126
Okerstausee (Bundesrepublik Deutschland) 161
Old Faithful (USA) 414
Old Red (Irland) **188**
Olga, Mount (Australien) 67
Olifants River (Südafrika) 113
Oljekma (UdSSR) 210
Olstind (Norwegen) 258
Olympia (Griechenland) 278
Olympios 278
Olympische Spiele des Altertums 278
Omsk (UdSSR) 274, 275
Omul (Rumänien) 88
Oni-oshidashi 63
Ontario (Kanada) 267
Ontariosee (Kanada/USA) 266
Oornet es Saouda (Libanon) 282
Ootacamund (Indien) 270, 271
Opunohu (Französisch-Polynesien) 256
Oranje (Südafrika) **65–66**, 149, 190, 220
Oranjefreistaat (Südafrika) 146, 189
Ordaz, Diego de 301
Ordosplateau (China) 336, 340
Ordschonikidse (UdSSR) 183
Oregon (USA) 100–*101*
Oregon Trail 93
Orellana, F. de 39
Orinoco (Venezuela) 91, 155, 338
Orinocotiefland (Venezuela) 338
Orizaba (Mexiko) 302
Orkneyinseln (Großbritannien) **276**
Orohena (Tahiti) 84
Orohena, Pic (Tahiti) 393
Ortahisar (Türkei) 392
Ortiz, Banca (Argentinien/Uruguay) 298
Ortlergruppe (Italien) 38
Os **131**, **155**
Oslo (Norwegen) 405
Osmanen 114
Osorno (Chile) 380, 381
Ossa (China) 391
Ossian 130
Ostafrikanischer Graben 104–105, 118, 186, 191, **202**, 212, 241, 265, 269, 272, 318, 326, 363
Ostalpen (Bundesrepublik Deutschland/Italien/Liechtenstein/Österreich) 37, 154, 205, 214
Ostanatolisches Hochland (Türkei) 56
Ostantarktis 49, 50–51
Ostchinesisches Meer (China) 173, *174*
Ostfriesische Inseln (Bundesrepublik Deutschland) 161
Ostindische Kompanie **166**
Ostkordillere (Südamerika) 53
Östliche Sierra Madre (Mexiko) **97**, 146
Ostpatagonisches Bergland (Argentinien) 290, 393
Ostpazifischer Rücken (USA) 334
Oštro, Kap (Jugoslawien) 199
Ostschelfeis (Antarktis) 51
Ostsee 35, 70, 131, 250, **251**, 325, *326*, **354**, 413
Otumpa (Argentinien) 94
Otway Range (Australien) 303
Ötztaler Alpen (Österreich) 38
Ouadane (Mauretanien) 41

443

Ouadda (Zentralafrikanische Republik) 231
Oudtshoorn (Südafrika) 89
Oued, Ras-el- (Marokko) 93
Oum-er-Rbia, Wadi (Marokko) **309**, *309*
Ouro Prêto (Brasilien) 172
Ouro Prêto, Bergland von (Brasilien) **172**
Ozean **65**
Ozean, Atlantischer 39, 75, 80–81, 84, 112, 134, 138, 143, 155, 171, 192, 196, 197, 227, 256, 318, 330, 372
Ozean, Indischer 44, 109, 112, 140, 166, 196, 224, 242, 272, 374
Ozean, Pazifischer 27, 42, **62**, **84**, 93, 98, 137, 162, 171, 177, 210, 219, *233*, 234, 236, 332, 334, 381, 393, 414
Ozeanischer Rücken **202**

P

Packeis **61**, *61*, **153**
Painted Desert (USA) 148, **292**, *293*
Pakaraima, Serra (Brasilien/Guyana/Venezuela) 177
Pakistanisches Tiefland (Pakistan) 165
Pala (Zaire) 363
Paläa Kaïméni (Griechenland) **336**
Palastunturi (Finnland) 327
Palau (Italien) 283
Palcas, Río (Bolivien) 170
Pallanza, Golf von (Italien) 218
Palma (Spanien) 134
Palmela (Portugal) 61
Palmen, Straße der (Algerien) 76
Pamir (Afghanistan/China/UdSSR) 194, 285
Pamoni, Río (Venezuela) 91
Pampa (Argentinien) 132, 298
Pampa de Junín (Peru) 86
Pampas, Río (Peru) 53
Pampero 298
Pampus, Río (Guatemala) 95
Panamakanal (Panama) 168
Panamerikana (Südamerika) 89
Panamint Range (USA) 105
Pannonisches Becken (Jugoslawien/Rumänien/Ungarn) 111
Pantojo, Cerro (Chile) 388
Pão de Açúcar (Brasilien) **321**, *321*
Paopao (Französisch-Polynesien) 256
Papetoai, Bucht von (Französisch-Polynesien) 256
Paran, Wadi (Israel) 263
Paraná (Argentinien/Brasilien/Uruguay) 169, **298**, *298*
Paraná, Bundesstaat (Brasilien) 318
Paranplateau (Israel) **263**, *264*
Parau, Kuh-e- (Iran) 143
Parima, Serra (Brasilien/Venezuela) 91
Pariou, Puy de (Frankreich) **308**
Park Point (USA) 243
Parksville (Kanada) 91
Parrot, F. 57
Parrotgletscher (Türkei) 57
Parugpug (Indonesien) **286**
Paso de la Cumbre (Argentinien/Chile) 28
Paso del Vuriloche (Chile) 381
Passat 44–45, **76**–**78**, 81, 224, 235, 342, 363, 371, 374
Pastbyschnykette (UdSSR) 184
Pasterze (Österreich) **154**, *154*, 155
Pasterzenkees (Österreich) **154**
Patagonien (Argentinien/Chile) 44, 132, 393
Patagonische Kordillere (Argentinien) 393, *395*
Patagonische Steppe (Argentinien) 133
Paunsauguntplateau (USA) **87**
Pays de Caux *124*
Paz, Río de la (Bolivien) **170**, 206, *207*
Pazifik, Feuergürtel des **62**
Pazifischer Ozean 27, 42, **62**, **84**, 93, 98, 137, 162, 171, 177, 210, 219, *233*, 234, 236, 332, 334, 381, 393, 414

Peary, Robert E. 61
Pearyland (Grönland) 153
Pediment **277**
Peggau (Österreich) 214
Pelé, Mont (Martinique) 236, 308
Pendjari (Benin) **366**, *366*, 367
Peniche, Península de (Portugal) 80
Pennsylvania (USA) 84, 267
Pentland Firth (Großbritannien) 276
Perbuatan (Indonesien) **201**, **202**
Perdido, Monte (UdSSR) 281
Perekop, Landzunge von (UdSSR) 203
Periglaziale Erscheinungen **417**
Persischer Golf 54–55, 215
Peru, Hochland von *42*–*43*
Peruanische Anden (Peru) 86
Peshawar (Pakistan) 364
Peshkopi (Albanien) 114
Peters I., Gebirge (UdSSR) 194
Petersgletscher (USA) 236, 258
Petit Trou au Natron (Tschad) 389
Petrohue, Río (Chile) 380, **381**
Peulla (Chile) **381**
Pfannkucheneis **61**
Phewasee (Nepal) 48
Phlegräische Felder (Italien) 400, **402**
Phnom Penh (Kambodscha) 238
Phöniker 372
Piave (Italien) 205, 398
Pic d'Anie (Frankreich) 295
Pic Boby (Madagaskar) 44
Pico da Tijúca (Brasilien) 320
Picón (Kanarische Inseln) **138**
Pic Orohena (Tahiti) 393
Pico Viejo (Kanarische Inseln) 372
Pic Toussidé (Tschad) 81
Pic Wilcox (Kanada) 98
Piek von Rakata (Indonesien) **201**
Pierre, Saint (Martinique) 378
Pietermaritzburg (Südafrika) 113
Pik Garmo (UdSSR) 194
Pik Pobedy (China/UdSSR) 376
Pik Stalin (UdSSR) 194
Pilatus (Schweiz) 405
Pindar 123
Pindosgebirge (Griechenland) *245*
Pingo **217**
Pinios (Griechenland) *245*
Pinzón, V. Y. 39
Pipe **189**, **190**
Piringebirge (Bulgarien) *240*, 241
Pir Panjal (Indien) 180
Pisa (Italien) 51, 208
Pisolith **286**
Pivka (Jugoslawien) 305, 314
Plan, Aiguille du (Frankreich) 252
Planina, Grotte von (Jugoslawien) **305**, 314
Plateau von Garut (Indonesien) 286
Plateau von Letosa (Spanien) 229
Plateau von Salem (Indien) 344
Plateaus von Mysore (Indien) 270
Playa Honda (Argentinien/Uruguay) 298
Plentybucht (Neuseeland) 411
Plešivec (Tschechoslowakei) 29
Plinius der Jüngere 401, 402
Plutarch 372
Po (Italien) 38, 218, 234, 398
Pobedy, Pik (China/UdSSR) 376
Podelta (Italien) **141**
Podolien (UdSSR) 281
Point Arena (USA) 322, **334**
Pokehta (China) 391
Pokhara (Nepal) 48, 165
Pokharabecken (Nepal) **47**
Polarbecken (Antarktis) 28
Polargebiet 179, 217
Polarmeer, Nördliches 275
Polarplateau (Antarktis) 325
Polder Markerwaard (Niederlande) **407**
Pol der Unzugänglichkeit (Antarktis) 49
Polje von Cerknica (Jugoslawien) 314
Polo, Marco 285
Polynesien (Ozeanien) 84
Pommern (DDR) 325
Pompeji (Italien) **401**
Pont-Saint-Esprit (Frankreich) 301

Poona (Indien) 410
Poopósee (Bolivien) 379
Popocatépetl (Mexiko) 385
Pordoijoch (Italien) 205
Port Albani (Kanada) 91
Port Alfred (Kanada) 329
Port Augusta (Australien) 128
Porta Westfalica (Bundesrepublik Deutschland) 127
Port-Campbell-Nationalpark (Australien) **303**
Portland (Australien) 303
Port Martin (Antarktis) 28
Posselt-Czorich 116
Postojna, Grotten von (Jugoslawien) 167
Postumia (Jugoslawien) 304
Potaro (Guyana) *177*
Potosí, Cerro Rico de (Bolivien) 207
Powell, John Wesley 147
Pozzuoli (Italien) **400**, **402**
Pozzuoli, Serapistempel (Italien) **402**
Prachovské skaly (Tschechoslowakei) *305*
Prahova (Rumänien) 88
Preapatang (Kambodscha) 238
Prärie (Kanada/USA) 321
Prebischtor (DDR) 328
Preßburg (Tschechoslowakei) 112
Pridnestrowskoje-Hügelland (UdSSR) **281**
Prince George (Kanada) 137
Prince of Wales Feathers (Neuseeland) **409**
Provence (Frankreich) 398
Provence, Alpes de (Frankreich) 398
Ptolemäus 268
Pucará, Río (Peru) 377
Puebla (Mexiko) 301
Pueblo **244**
Puerto de Pollensa (Spanien) 134
Puerto Marqués (Mexiko) 27
Puerto Montt (Chile) 380
Puig Mayor (Spanien) 134
Puna (Bolivien/Peru) 44, 213, 379
Puno (Peru) 377
Punta del Este (Uruguay) 298
Punta del Nasone (Italien) **400**
Punta Piedras (Argentinien) 298
Punto Agudo (Chile) 380
Purple Mountain (Irland) 187
Puster (Italien) 205
Puy de Dôme (Frankreich) **308**
Puy de Lassolas (Frankreich) **308**
Puy de la Vache (Frankreich) **308**
Puy de Pariou (Frankreich) **308**
Pygros (Griechenland) **337**
Pyrenäen (Andorra/Frankreich/Spanien) 183, *281*, 294, 320

Q

Qaidambecken (China) 309
Qinghai (China) 173, 309, 336
Quebec (Kanada) 291
Quebrada Honda (Peru) 99
Quebrada de Llanganuco (Peru) 99
Quebrada de Santa Cruz (Peru) 99
Quebrada Ulta (Peru) 99
Queen-Elizabeth-Nationalpark (Uganda/Zaire) 326
Queensland (Australien) 341
Quellen, Artesische 261, *262*, **282**, **283**
Querspalten **152**
Quillsee (Neuseeland) **361**, *361*
Quito (Ecuador) 39
Qurna (Irak) 54

R

Rainbow Bridge (Kanada) 267
Rainbow Fall (Sambia/Simbabwe) **403**
Rainier, Mount (USA) 322
Rakata, Piek von (Indonesien) **201**, **202**
Rakhiotgletscher (Pakistan) **260**

Ramis, Río (Peru) 379
Rammelsberg (Bundesrepublik Deutschland) 161
Ramon (Israel) 63
Ramon de Carbonières (Spanien) 281
Ramsau (Bundesrepublik Deutschland) 199
Randgebirge, Iberisches (Spanien) 95
Randstufe, Große (Südafrika) 106–108, **112**–**113**, 149
Ras el-Aioun (Tunesien) 261
Ras-el-Ma (Marokko) 93
Ras-el-Oued (Marokko) 93
Rassira (Algerien) 26
Rebmann, J. 186
Red River (USA) 249
Reg (Israel) 264
Regensburg (Bundesrepublik Deutschland) 112
Reichenau (Schweiz) 316
Reich von Mataram (Indonesien) 242
Reihendünen **78**
Reine (Norwegen) 257
Reinevannet (Norwegen) 258
Reiss, W. 99
Reka (Jugoslawien) *314*
Reka Devnja (Bulgarien) 299
Reliefumkehr **176**
Reloncavifjord (Chile) 381
Rennickgletscher (Antarktis) 50
Reservat der Navajoindianer (USA) 253
Resistencia, Nordeste de (Argentinien) 94
Réunion (Maskarenen) **202**
Reuß (Schweiz) **405**
Revolcadero (Mexiko) 27
Reykjavík, Naturhistorisches Museum von (Island) 360
Rhein (Mitteleuropa) **31**, 38–39, **141**
Rheinisches Schiefergebirge (Bundesrepublik Deutschland/Belgien/Niederlande) **31**, 317
Rhodes, Cecil 190
Rhone (Frankreich/Schweiz) 35, 36, 38, **141**, 234, 301, 316, 398
Rhoufi (Algerien) **26**
Rhum (Großbritannien) 256
Richardson Mountains (Kanada) 217
Richthofen, Ferdinand Freiherr von 340, 341
Rickmers, W. R. 194
Riese Atlas 372
Rieseneishöhle (Österreich) 103
Rift Valley (Ostafrika) 104, 105, 118, 186, 191, **202**, 212, 241, 265, 269, 272, 318, 326, 363
Rig **215**, 216
Rigi (Schweiz) 405
Rijeka (Jugoslawien) 313
Rilagebirge (Bulgarien) 171
Ringkøbingfjord (Dänemark) 167
Río Alcanadre (Spanien) 229
Río Ara (Spanien) 281
Río Arazas (Spanien) **282**
Río Candelaria (Guatemala) **95**–**96**
Río Caroní (Venezuela) 45
Río Carrao (Venezuela) 45–46
Río Chungamayos (Bolivien) 170
Río Coata (Peru) 379
Rio de Janeiro (Brasilien) 110, 258
Río de la Paz (Bolivien) **170**, 206, **207**
Río de las Cuevas (Argentinien) **306**, **307**, *307*
Río Desaguadero (Bolivien) 379
Río Fitzroy (Argentinien/Chile) 132
Río Fuerte (Mexiko) 96
Río Gállego (Spanien) **320**
Río de los Horcones (Argentinien) 27
Río Huenque (Peru) 379
Rio Iguaçu (Brasilien) 169
Río Iporango (Brasilien) 318
Río Limay (Argentinien) *395*
Río Manso (Chile) **388**
Río Mendoza (Argentinien) 27, 306
Río Negro (Argentinien) 395
Rio Negro (Brasilien) 40, 91
Río Neuquén (Argentinien) 395

Río Palcas (Bolivien) 170
Río Pamoni (Venezuela) 91
Río Pampas (Peru) 53
Río Pampus (Guatemala) 95
Río Petrohue (Chile) 380, **381**
Río Ramis (Peru) 379
Río San Simón (Guatemala) 96
Río Sorata (Bolivien) 169, 170
Río Ucayali (Peru) 53
Río Urique (Mexiko) 97
Río Urubamba (Peru) 53
Río de las Vacas (Argentinien) 306
Río de las Vueltas (Argentinien/Chile) 132, 133
Risan (Jugoslawien) 201
Risan, Bucht von (Jugoslawien) 200
Rittmann, A. 401
Roanoke (USA) 84
Rochefort, Aiguille de (Frankreich) 252
Rochehaut (Belgien) 340
Rocky Mountains (Kanada/USA) 83, 90, 93, 97, 137, 150, 217, 247, 249, 254, 310, 314, 414
Rocky Mountain Trench (Kanada) **162**
Rodellar (Spanien) 229
Roman Kosh (UdSSR) **203**
Römer 264
Romsdal (Norwegen) 225
Rongbukgletscher (China) 126
Roos, Robert de 254
Rooseveltinsel (Antarktis) 325
Roqueta, La (Mexiko) **27**
Rosa, Monte (Italien/Schweiz) 234
Rosado, Cerro (Argentinien/Chile) 133
Rosette (Ägypten) **269**
Ross, Sir James C. **121–122**, 324, 325
Rossbarriere (Antarktis) 122
Rossmeer (Antarktis) 49, 50, 122, *325*
Ross-Schelfeis (Antarktis) 51, **325**
Roter Canyon (Israel) 264
Roter Fluß (Vietnam) 157, **205**
Rotes Becken (China) *174*
Rotes Meer **65**, 104–105, 262, 319
Rotomahanasee (Neuseeland) **407**, **408**
Rotorua (Neuseeland) 410
Rotterdam (Niederlande) 317
Rotuimassiv (Französisch-Polynesien) 256
Rouen, Banca (Argentinien/Uruguay) 298
Rousseau, Jean J. 352
Rožen (Bulgarien) 241
Rschew (UdSSR) 413
Ruapehu (Neuseeland) 409
Rucăr (Rumänien) 88
Rücken, Ostpazifischer (USA) 334
Rücken, Ozeanischer **202**
Rückschreitende Erosion **268**
Rudolfsee (Äthiopien/Kenia) 280, 318, 319
Rüe, Aubert de la 407
Rumänisches Tiefland (Rumänien) 88
Rumpffläche **277**
Rupalflanke (Pakistan) 261
Rupatal (Pakistan) 260
Russische Tafel (UdSSR) 182
Ruthgletscher (USA) 258
Rütli (Schweiz) 404
Ruzizi (Burundi/Ruanda/Zaire) 191, 363
Rybinsker Stausee (UdSSR) 413

S

Sachalin (UdSSR) 42
Sadd al-Ali (Afrika) **269**, **270**
Sagrosgebirge (Iran) 54, 143
Sahara (Nordafrika) 26, 31, **76–78**, **81**, 110, 119–121, **138**, *178*, 232, 261, **261–262**, *346*, 368, 420
Saharaatlas (Algerien/Marokko) 25
Saharische Alpen (Niger) 33
Sahelzone (Afrika) 82, 121, **371**
Saimakanal (Finnland) 132
Saimasee (Finnland) 132
Saint Elias, Mount (USA) 219
Sainte-Engrâce (Frankreich) 294, 295

Saint John (Kanada/USA) 330
Saint John's Head (Großbritannien) 276
Saint Louis (USA) 249
Saint Paul (USA) 247, 249
Saint Pierre (Martinique) 378
Salah, In- (Algerien) 55
Saleina, Glacier de (Frankreich/Italien/Schweiz) 252
Salem, Plateau von (Indien) 344
Salisbury (Simbabwe) siehe Harare
Salmon River Mountains (USA) 346
Salpausselkä (Finnland) **131–132**
Salt Lake City (USA) 151, 324
Salween (Birma/China/Thailand) 205
Salzachtal (Österreich) 154
Salzburg (Österreich) 103, 116, 154, 209, 332
Salzburger Alpen **199**
Salzkammergut (Österreich) 103
Salzsee, Großer (USA) **65**, **152**, 324
Salzstock **239**
Salzwadi (Algerien) **239**
Sambesi (Mosambik/Sambia/Simbabwe) 66, 272, 402, **404**
Samosir, Insel (Indonesien) **379**
San-Andreas-Verwerfung (USA) 322
San Andreas Mountains (USA) 412
San Antonio, Kap 298
San Bartolo (Italien) 358
San Carlos de Bariloche (Argentinien) 44, 388
San Cristóbal (Bolivien) 169
San Cristóbal Verapaz (Guatemala) 95
Sandwüste **81**
Sandwüste, Große (Australien) 341
San Francisco (USA) 322, 334, 335
San Juan del Norte, Bucht von (Costa Rica) 171
San Juan Parangaricutiro (Mexiko) 287
Sankt Bartholomä (Bundesrepublik Deutschland) 199
Sankt-Georgs-Arm (Rumänien) 112
Sankt-Lorenz-Strom (Kanada) 292
San Luis Potosí (Mexiko) 146
San Marco, Campanile (Italien) 398
San Marcos, Cerro de (Mexiko) 287
San Sebastiano (Italien) 402
Sansibar (Tansania) 161
San Simón, Río (Guatemala) 96
San Stefano (Italien) 283
Santa Cruz (Argentinien) 132
Santa Cruz, Quebrada de (Peru) 99
Santatal (Peru) 99
Santiago del Estero (Argentinien) 94
Santos (Brasilien) 321
San Vincenzo (Italien) 358
São Paulo (Brasilien) 318, 321
Saoura, Wadi (Algerien) **76**
São Vicente, Kap (Portugal) 306
Sarajewo (Jugoslawien) 264
Sardinien (Italien) 264, 265, **283**, *283*
Sarho, Djebel (Marokko) 103
Sarkikaraagaç (Türkei) 296
Sarobi, Becken von (Afghanistan) 364
Sarner Aa (Schweiz) 405
Saskatchewangletscher (Kanada) 97–98
Saskatchewan River (Kanada) 98
Săthorn (Norwegen) 141
Satpuraberglang (Indien) 261
Saumriff **85**
Sausure, H. B. de 251
Save (Jugoslawien) 112
Savorgnan de Brazza (Gabun) 275
Scărişoarahöhle (Rumänien) 54
Schaba (Zaire) 212
Schafberg (Österreich) 333
Schanghai (China) 173
Schansi (China) siehe Shanxi
Schären **35**
Schari (Tschad/Zentralafrikanische Republik) 371
Scheidegg, Kleine (Schweiz) 36
Schelfeis **50–51**
Schensi (China) siehe Shaanxi
Schichtstufen **83**
Schichtrippenlandschaft **83**
Schicksalsberg der Deutschen (Pakistan) 166, 260

Schiefergebirge, Rheinisches (Bundesrepublik Deutschland) **31**
Schild, Baltischer (Skandinavien) **35**, **131**, 327
Schild, Kanadischer (Kanada) 217, 328
Schild, Sibirischer (UdSSR) 210
Schilka (UdSSR) 41
Schintotempel (Japan) 138
Schirokko 232
Schlagintweit, Adolf 166
Schlagintweit, Hermann 166
Schlagintweit, Robert 166
Schlangenfluß (USA) **346**
Schmid, Franz 234
Schmid, Toni 234
Schneefernerhaus (Bundesrepublik Deutschland/Österreich) 421
Schoodic (USA) 26
Schönfeldspitze (Bundesrepublik Deutschland) 199
Schong-Kumdan-Gletscher (Indien/Pakistan) 179
Schott-el-Djerid (Tunesien) 261
Schott-el-Fedjadj (Tunesien) 110
Schottische Hochlande (Großbritannien) 78–79
Schottland (Großbritannien) 130, 256
Schouten, Wilhelm 168
Schrader, Franz 281
Schriftrollen des Toten Meeres **69**
Schwäbische Alb (Bundesrepublik Deutschland) 111–112
Schwalbenhöhle (Mexiko) **146**
Schwarzer Fluß (Vietnam) **205**
Schwarzes Meer **65**, 183, 184, 193, 202, 203, 209
Schwarzwald (Bundesrepublik Deutschland) **31**, 317
Schwarzwasserflüsse **40**
Schwefelgrube von Woro (Bulgarien) 243
Schweiz, Chilenische (Chile) **388**
Schweiz, Südafrikanische (Südafrika) 220
Schweizer Jura (Schweiz) **200**
Schwelle, Atlantische (Island) 358, 359, 360
Schwereanomalie 265, **266**
Schwimmende Gärten von Kaschmir (Indien) 182
Schwyz (Schweiz) 167, 404
Sciara del Fuoco (Italien) 358
Scoresbysund (Grönland) 153
Scott (Antarktis) 122
Scott, D. 126
Scott, Robert F. 51
Scott, Sir Walter 130
Scottsbliff (USA) 93
Seattle (USA) 313
Sébékoro (Mali/Guinea) 223
See **404**
See, Norwegische (Norwegen) 141
Seeheim (Namibia) 149
Seeland (Dänemark) 250
Seen, Große (USA) 247, 267, 321
Seidenstraße (China) 376
Seine (Frankreich) 316
Seitenmoränen **152**
Selenga (UdSSR) 70
Sellajoch (Italien) 205
Selwyn Mountains (Kanada) 310
Semeru (Indonesien) **373**, 374
Semliki (Afrika) **269**
Semonkong (Südafrika) 220
Semriach (Österreich) 214
Sendaibucht (Japan) 233
Senegal (Guinea/Mali/Senegal) 134
Senke, Kaspische (UdSSR) 182
Senke von Burhanpur (Indien) 261
Senke von Nicaragua (Nicaragua) 279
Serapistempel von Pozzuoli (Italien) **402**
Serchio (Italien) 51–52
Seret (UdSSR) 281
Serra de Sintra (Portugal) 62
Serranía d'Aranjuez (Bolivien) 207
Serranía de Cuenca (Spanien) 95
Serra Pakaraima (Brasilien/Guyana/Venezuela) 177

Serra Parima (Brasilien/Venezuela) 91
Sertorius (Kanarische Inseln) 372
Sesto-Calende (Italien) 218
Setúbal (Portugal) *61*
Seti Khola (Nepal) 47
Seven Devils (USA) 346
Sewardgletscher (USA) 220
Sewastopol (UdSSR) 203
Shaanxi (China) 336
Shackletonschelfeis (Antarktis) 51
Shaheru (Zaire) 273
Shakalskigletscher (UdSSR) 59
Shanxi (China) 336
Shenandoah-Nationalpark (USA) 84
Sherpa 166, 167
Shira (Tansania) 186
Shire (Malawi/Mosambik/Tansania) 272
Shivta (Israel) 264
Shoshone (USA) 101
Shungura (Äthiopien) 280
Shyok, Tal von (Indien/Pakistan) 179
Sibajak-Pinto (Indonesien) **379**
Sibirien (UdSSR) 59, 70–71, 274
Sibirische Kontinentaltafel (UdSSR) **70**
Sibirischer Schild (UdSSR) 210
Siebengebirge (Bundesrepublik Deutschland) 317
Sieben Schwestern (Norwegen) 143
Siena (Italien) 208
Sierra de Guara (Spanien) 228, **320**
Sierra de la Chimenea (Spanien) 385
Sierra de las Cabras (Spanien) 385
Sierra de Levante (Spanien) 133
Sierra Madre, Östliche (Mexiko) **97**, 146
Sierra Madre, Südliche (Mexiko) 27
Sierra Madre, Westliche (Mexiko) **96–97**
Sierra Nevada (USA) 301, **322**, 324
Sierra de Valle Fértil (Argentinien) 213
Sierra Volcánica (Mexiko) 301
Sierrita (Mexiko/Guatemala/Belize) 417, 418
Silvrettagruppe (Österreich) 38
Simferopol (UdSSR) 203
Sinabung (Indonesien) **379**
Sinai, Halbinsel (Ägypten) 262, 263
Sinaiberge (Ägypten) 264
Sinkiang (China) 375, 391
Sinoia (Simbabwe) 342
Sinter **34**, *34*, **286**
Sintra, Serra de (Portugal) 62
Siouxindianer 412
Sipahiler (Türkei) 296
Sir Wilfrid Laurier, Mount (Kanada) 162
Siwalikketten **165**
Sizilien (Italien) 122–123, 458
Skagen (Dänemark) 311
Skalistykette (UdSSR) 184
Skanden (Norwegen/Schweden) 327, 357, 405
Skandinavien (Europa) 59–60, 225, 325, 327, 347, 348, 349
Skandinavisches Gebirge (Schweden/Norwegen) 327, *357*, 405
Skärgård von Stockholm (Schweden) **35**, **354**
Sklavensee, Großer (Kanada) 217
Skye (Großbritannien) 78
Slaná (Tschechoslowakei) 344
Slantsevo (Bulgarien) 299
Sleeping Bear Point (Kanada/USA) 151
Sligobucht (Irland) 75
Slovenský raj (Tschechoslowakei) **344**
Slowakisches Erzgebirge (Tschechoslowakei) **344**
Slowenien (Jugoslawien) 304, 313, 314
Snake River (USA) 93, *148*, 152
Snake River, Grand Canyon of the (USA) **346**
Snake-River-Plateau (USA) 101
Soaso, Hochtal von (Spanien) 282
Sobat (Afrika) 269
Soda Creek (Kanada) 137
Sodom (Israel) 69
Sofia (Bulgarien) 171, 209, 299

445

Sogndalsfjord (Norwegen) **347**, **348**
Sognefjord (Norwegen) 176, **329**
Sogn-Jotun (Norwegen) **347**
Sokolov (Tschechoslowakei) 349
Solbjørn (Norwegen) 258
Solfatara (Italien) **402**
Solfatare **408**
Solifluktion **284**
Someşul Mic (Rumänien) 53
Somma, Monte (Italien) **400**, *400*, **401**
Somma-Vesuv-Typ **400**
Song Da (Vietnam) **205**
Song He (Vietnam) **205**
Sopot, Grotte von (Jugoslawien) 201
Sorata, Río (Bolivien) 169, 170
Sorghum 82
Sorgue (Frankreich) **396**, *396*, *397*
Sösestausee (Bundesrepublik Deutschland/DDR) 161
Sotano, El (Mexiko) 147
Sotschi (UdSSR) 194
Soum de Ramond (Spanien) 282
South Carolina (USA) 356
South Dakota (USA) 68, 175, 412
South Nahanni River (Kanada) **310**, **311**
South Saskatchewan River (Kanada) 314
Soutpansberg (Südafrika) 113
Speke, John H. 268, 363
Spezia, La (Italien) 51
Spitzbergen (Norwegen) **59**, **329**
Splügen (Schweiz) 37
Staelworth (Kanada) 61
Staffa, Insel (Großbritannien) 130
Stalagmiten **159**
Stalaktiten **159**
Stalden (Schweiz) 167
Stalin, Pik (UdSSR) 194
St. Andreasberg (Bundesrepublik Deutschland/DDR) 161
Stanley, Sir Henry Morton 196
Stanleyfälle (Zaire) 196
Stanley Pool (Kongo/Zaire) **196**
Stanleyville (Kisangani) (Zaire) 196
Stanowoigebirge (UdSSR) 210
Starnberger See (Bundesrepublik Deutschland) 421
Staudamm von Assuan (Afrika) **270**
Stausee von Jablanica (Jugoslawien) 264
Stegosaurus **315**
Steiermark (Österreich) 103, 332
Steilküste *303*
Steinernes Meer (Bundesrepublik Deutschland) 199
Steirisch-niederösterreichische Kalkalpen (Österreich) 137
Stenami (Jugoslawien) 305
Stephens, John 171
Steppe, Patagonische (Argentinien) 133
St-Etienne-de-Lugdarès (Frankreich) 301
St.-Georgs-Kapelle (Türkei) **392**
Sternenmeer (China) 336
Stirling Falls (Neuseeland) 246
St.-Jean-See (Kanada) 328, **329**
St.-Lorenz-Golf (Kanada) 328
St.-Lorenz-Strom (Kanada/USA) 266, 328, *329*
Stockholm (Schweden) 35, 354
Stockholm, Skärgård von (Schweden) 35
Storfjord (Norwegen) 141
St-Pierre (Martinique) 308
Strabo 401
Strandwall **168**
Straße der Palmen (Algerien) 76
Straße von Bonifacio (Italien) 283
Straße von Gibraltar 372
Stratigraphie **293**
Strelasund (DDR) 325
Stresa (Italien) 219
Strombolicchio (Italien) **358**
Strongyle (Griechenland) **336**
Struma (Bulgarien) 241
Stübel, A. 99
Stubbenkammer (DDR) **325**
Stuck, H. 236
Styx (Tschechoslowakei/Ungarn) 29

Subhimalaja **165**
Südafrikanische Schweiz (Südafrika) 220
Südchinesisches Meer (Asien) 237
Sudd, Bahr el- (Afrika) 269
Sudestada 298
Südhalbkugel 198
Südinsel von Neuseeland (Australien/Neuseeland) 367
Südkarpaten (Rumänien) *88*
Südkvark (Ostsee) 34
Südliche Kalkalpen (Italien) 205
Südliche Sierra Madre (Mexiko) 27
Südostasien 237
Südpol, Geographischer (Antarktis) 28
Südpol, Magnetischer 324
Südpolargebiet (Antarktis) **28**
Südtibetische Längstalfurche (Asien) **166**
Sulinaarm (Rumänien) 112
Suludjite (Bulgarien) 299
Sumatra (Indonesien) 201, 202, 379
Sundainseln (Indonesien) 336
Sundarbans (Bangladesch) 141
Sundastraße (Indonesien) 201
Sundays River (Südafrika) *106*–*108*
Sungari (China) 41
Sunnmoregebirge (Norwegen) 141
Sunnylvsfjord (Norwegen) 141, 143
Surgevorstoß **259**
Susitna (USA) 258
Suswa (Kenia) 319
Sutherland, Donald 246, 361
Svartisenplateau (Norwegen) 60
Sverino (Bulgarien) 171
Swartberge, Groot (Südafrika) 89
Sydney (Australien) 175
Synklinorium **48**
Syr-Darja (UdSSR) 56
Syrisch-Ostafrikanisches Grabensystem **69**
Syv Søstre (Norwegen) 143

T

Tabei, Junko 167
Tabellot (Niger) 34
Täbris (Iran) 329, 330
Tacitus 401
Tacul, Grand Capucin du (Frankreich/Italien/Schweiz) 252
Tacul, Mont Blanc du (Frankreich/Italien/Schweiz) 252
Tadei, J. **126**
Tademaït (Algerien) 78
Tadjemout (Algerien) 55
Tadoussac (Kanada) 328
Tadschikistan (UdSSR) 194
Tafel, Mongolische (China) 340
Tafel, Russische (UdSSR) 182
Tafoni **89**, **283**
Tahiti (Ozeanien) 84, 86, 256, 393
Taiga (UdSSR) 42, 275
Takla-Makan (China) 376
Tal der Dinosaurier (Kanada) **314**
Tal der Ödnis (Südafrika) **106**
Tal des Todes (USA) **105**
Talèfre, Aiguille de (Frankreich/Italien/Schweiz) 252
Talkessel von Gavarnie (Frankreich) 281
Tal von Shyok (Indien/Pakistan) 179
Taman (UdSSR) 183
Tamanrasset, Wadi (Algerien) 32
Tamarinbucht (Mauritius) 374
Tamgak, Monts (Niger) 33
Tamil Nadu (Indien) 344
Tamritplateau (Algerien) 56
Tanamiwüste (Australien) 341
Tanana (USA) 258, 260
Tananarivo (Madagaskar) 224, 368
Tanasee (Äthiopien) *269*
Tancitaro (Mexiko) 287
Tandjungbalai (Indonesien) 379
Tanesruft (Algerien) 31

Tanganjikasee (Ostafrika) 70, 191, 196, 271, 318
Tanglagebirge (China) 238
Tanguiéta (Benin) 366
Tapti (Indien) 261
Tarahumaraindianer 96
Tarasken **290**
Tarat (Algerien) 31
Tarawera (Neuseeland) **407**, 408
Tarimbecken (China) 376
Tarouadji, Massif de (Niger) 33
Tasmangletscher (Neuseeland) 135
Tasmansee (Neuseeland) 135, *247*
Tassili (Algerien) **368**
Tassiliergländer (Algerien) **31**–**32**
Tatra, Niedere (Tschechoslowakei) 344
Tatum, R. 236
Tatungho (China) 309
Tauern, Hohe (Österreich) 38, 154
Tauern, Niedere (Österreich) 38
Taunus (Bundesrepublik Deutschland) 317
Taupo-Rotorua (Neuseeland) **411**
Taylor, Billy 236
Taza (Marokko) 92
Tazieff, H. 294
Tbilissi (UdSSR) 183
Te-Anau-See (Neuseeland) 246, 361
Teavanui (Französisch-Polynesien) 84
Téchinebecken (Tunesien) 232, 233
Tedschen (UdSSR) 180
Tefedest (Algerien) 55
Teide Antigur (Kanarische Inseln) **372**
Teide, Narices del (Kanarische Inseln) **372**
Teixeira, P. 39
Tejo (Portugal) 62
Telanganaplateau (Indien) 343
Téleki, Graf von 185
Telescope Peak (USA) 105
Tenaya Creek (USA) 417
Téné (Guinea) 134
Ténéré (Niger) **33**
Teneriffa (Kanarische Inseln) 212, 372, 373
Tennengebirge (Österreich) 116
Tennessee (USA) 220
Tennessee (Fluß) (USA) 249
Tensing Norgay 126
Tepuis (Guyana/Venezuela) **155**
Terekebene (UdSSR) 182
Terga M'Ta Roumi (Algerien) 49
Termitmassiv (Tschad) 82
Terra firme **40**
Terray, L. 132
Terres Mauvaises **68**
Terres Rompues (Kanada) 328
Terror, Mount (Antarktis) 122, 324
Tessin (Schweiz) 39, 218
Testa Grigia (Italien/Schweiz) 234
Tethys 210, 279
Teufelsturm (USA) **109**
Teutoburger Wald (Bundesrepublik Deutschland) 127, *128*
Thabana Ntlenyana (Südafrika) 113
Thamba Kosi (Nepal) 125
Theiß (Türkei) 112
Thelenberg (Bundesrepublik Deutschland) *204*
Thera (Griechenland) *336*, **336**
Thessalien (Griechenland) 244, 278
Thíra (Griechenland) *336*, **336**, **337**
Thirasiá (Griechenland) **336**
Thompson 66, 174
Thufur **284**
Thukla (Nepal) 126
Thuner See (Schweiz) 115, 145
Tibbu **120**, 347
Tiberiassee (Israel) 64, 104
Tibesti (Tschad) **31**, 81–82, 119–120, **202**, 346, 371, 389
Tibet (China) 125, 179, 237
Tibet, Hochland von (China) 164, 166, 173, 309
Tidikeltoasen (Algerien) 32
Tiefenstufe, Geothermische **358**
Tiefland, Chinesisches (China) *335*, **336**
Tiefland, Indisches (Indien) 165
Tiefland, Pakistanisches (Pakistan) 165

Tiefland, Rumänisches (Rumänien) 88
Tiefland von Turan (UdSSR) 180
Tien Shan (China/UdSSR) 391
Tiflis (UdSSR) 183
Tighanimine, Schlucht von (Algerien) **26**
Tigris (Irak/Türkei) **54**
Tihany (Ungarn) 72
Tiirismaa (Finnland) 131
Timia (Niger) 34
Timma (Israel) 264
Timok (Bulgarien) 209
Tinerhir (Marokko) 383
Tiquina (Bolivien) 379
Tivat (Jugoslawien) 200
Tobol (UdSSR) 275
Toce (Italien) 218
Tokasitgletscher (USA) 258
Tokio (Japan) 62
Tokio, Bucht von (Japan) *139*
Tombolo **168**
Tomsk (UdSSR) 274, *275*
Tongariro (Neuseeland) 409
Tongguan (China) 336
Tonking, Golf von (Vietnam) 157, 205
Tonle-Sap-See (Kambodscha) 238
Toplabucht (Jugoslawien) 199
Toplitzsee (Österreich) 333
Topo de la Grieta (Kanarische Inseln) **372**
Torcal del Carlista (Spanien) 295
Torcello (Italien) 398
Tor, Eisernes (Jugoslawien/Rumänien) 112
Tore der Okanda (Gabun) 276
Torla (Spanien) 281
Torre, Brazo de la (Spanien) 227
Torre, Cerro (Argentinien/Chile) 132, 133
Toro (Chile/Argentinien) 44
Torstein (Österreich) 103
Toskana (Italien) 51, 208
Totenmaar (Bundesrepublik Deutschland) 204
Totes Gebirge (Österreich) 333
Totes Meer (Israel/Jordanien) 64, *65*, 104, 182
Totoaschilf (Bolivien/Peru) 379
Toujane (Tunesien) 232
Tour, Aiguille du (Frankreich/Italien/Schweiz) 252
Tour, Glacier du (Frankreich/Italien/Schweiz) 252
Toussidé, Pic (Tschad) 81
Tozal de Guara (Spanien) 228
Tozal del Mallo (Spanien) 282
Tozeur (Tunesien) 110–111
Tragöß-Oberort (Österreich) 137
Tragößthal (Österreich) 137
Traleikagletscher (USA) 258
Transbaikalien (UdSSR) 41
Transgression 406
Transgression, Flandrische **355**
Transhimalaja (Asien) 165, **166**
Transkaukasien (UdSSR) 57
Transsibirische Eisenbahn 70
Transvaal (Südafrika) 113
Trappdecke **169**
Traun (Österreich) 333
Traunsee (Österreich) **333**
Traverse City (Kanada) 151
Triceratops **315**
Triest (Jugoslawien) 304, 313
Triolet, Aiguille de (Frankreich/Italien/Schweiz) 252
Tripoli (Libanon) 174
Trogtal **226**
Tromsø (Norwegen) 327
Tronador (Chile/Argentinien) 44, 380, 381
Tropfsteine **286**
Tsaidambecken (China) siehe Qaidambecken
Tsangpo (Asien) 166
Tschadbecken (Tschad) 120
Tschiengsen (Thailand) 238
Tschomolungma (China/Nepal) **125**–**126**
Tschuja (UdSSR) 275
Tschungking (China) siehe Chongqing

Tsering, Ang 167
Tserovo (Bulgarien) 171
Tsiafajavona (Madagaskar) 386
Tsinghai (China) siehe Qinghai
Tsingy (Madagaskar) **47**
Tuareg 31–32, **34**, 55, 81, 369
Tularosabecken (USA) 412
Tulcea (Rumänien) 112
Tundra 217, 275, 327
Tungkwan (China) siehe Tongguan
Tungtingsee (China) siehe Dongting Hu
Tunturi (Finnland) 327
Tupungato (Argentinien/Chile) 27, 44
Turan, Tiefland von (UdSSR) 180
Turfansenke (China) 376
Turgai, Tafelland von (UdSSR) 56
Türken 392
Turkestan (UdSSR) 179, 375
Türkis **271**, *271*
Türkisminen von Khorassan (Iran) 271
Turkmenen (UdSSR) 180
Turkmenistan (UdSSR) 180
Turku (Finnland) 34
Turmkarst **157**
Tyrannosaurus **315**
Tyrrhenisches Meer 51, 358

U

Ubangi (Kongo) 196
Ucayali, Río (Peru) 39, 53
Ugalla (Tansania) 363
Uiguren **391**
Uitoépassage (Neukaledonien) 332
Ukrainische SSR (UdSSR) 203, 280
Ulan-Ude (UdSSR) 71
Ulan Ula (China) 173
Ulcinj (Jugoslawien) 114
Ulm (Bundesrepublik Deutschland) 112
Ulta, Quebrada (Peru) 99
Umm Qasr (Irak) 55
Unica (Jugoslawien) 305
United States Geological Survey 102
Untersberg (Bundesrepublik Deutschland) 199
Unterwalden (Schweiz) 404
Upington (Südafrika) 65
Upper Lake (Irland) **188**
Uralgebirge (UdSSR) 59
Uri (Schweiz) 404
Urique, Río (Mexiko) 97
Urner See (Schweiz) **405**
Ursambesi (Sambia) **404**
Ursomma (Italien) **401**
Urubamba, Río (Peru) 53
Uruguay (Fluß) (Argentinien/Brasilien/Uruguay) 298
Urvictoriafälle (Sambia/Simbabwe) **404**
Urville, Dumont d' 28
Uvira (Afrika) 364
Usbekistan (UdSSR) 56
Usno (Äthiopien) 280
Ussuri (China/UdSSR) 42
Ust-Kut (UdSSR) 211
Ust-Urt-Plateau (UdSSR) 56, 182
Utah (USA) 58, 87, 151, 243, 253, 303
Utrecht, Vertrag von 26

V

Vacas, Río de las (Argentinien) 306
Vache, Puy de la (Frankreich) **308**
Vaihiriafluß (Tahiti) 393
Vakinankaratra-Vulkankomplex (Madagaskar) 386
Valastro Jr., S. 383
Valle de la Luna (Bolivien) 207, *208*
Valle dell'Inferno (Italien) 401
Vallée Blanche (Frankreich/Italien/Schweiz) 252, *253*
Valle Fértil, Sierra de (Argentinien) 213
Valparaiso (Chile) 28
Valtournanche (Italien) 234
Vancouver (Kanada) 137
Vancouver Island (Kanada) 91–92
Vänersee (Schweden) 190, 191
Variskisches Gebirge **31**
Varlaam (Griechenland) 245
Värmdö (Schweden) 354
Varna (Bulgarien) 299
Varus 127
Várzea **40**
Västergötland (Schweden) 190
Vaucluse, Monts de (Frankreich) 396
Vatnajökull (Island) **60**, 108
Veitskopf (Bundesrepublik Deutschland) *204*
Veld (Südafrika) *220*
Velká Knola (Tschechoslowakei) 345
Vento, Grotta del (Italien) 53
Vera Cruz (Mexiko) 287
Verapaz, Alta (Guatemala) 95
Verich, Alois 167
Verkykerskop (Südafrika) 146
Versilia (Italien) 51–52
Verwerfung **376**
Vescera (Algerien) 178
Vespucci, A. 39
Vestfjord (Norwegen) 258
Vestmannaeyjarinseln (Island) 359, 360
Vicot, P. E. 28
Victoria (Australien) *304*
Victoriafälle (Sambia/Simbabwe) 65, 169, 266
Victoria (Argentinien) 395
Victoria, Königin 403
Victorialand (Antarktis) 50
Victorianil (Afrika) **269**, *269*
Victoriasee (Afrika) 185, 269, 271, 318, 319, 363
Victoriawüste, Große (Australien) 341
Viedmasee (Argentinien/Chile) 132, 133
Viejo, Pico (Kanarische Inseln) 372
Viento, Cueva del (Teneriffa) 212
Vierzig Quellen (Marokko) 309
Viet-tri (Vietnam) 205
Vila Real de Santo António (Portugal) 306
Vindhyagebirge (Indien) 261
Vines 127
Virginia Falls (Kanada) **310**, 311
Virungavulkane (Zaire) 272
Vlădeasagebirge (Rumänien) 54
Vlies, Goldenes 192
Vogesen (Frankreich) **31**, 317
Volta (Burkina Faso/Ghana) 366
Volterra (Italien) 208
Voralpen *333*
Vorderhimalaja (Indien) **165**, 181
Vorderrhein (Schweiz) **316**
Vörg, L. **116**
Vorlandgletscher **219**
Vraca (Bulgarien) 209
Vraza (Bulgarien) 171
Vueltas, Río de las (Argentinien/Chile) 132, 133
Vulkan **62, 202, 272**
Vulkan, verschachtelter 139
Vulkan von Albay (Philippinen) 235
Vuoksi (Finnland) 132
Vuriloche, Paso del (Chile) 381
Vyborg (UdSSR) 132

W

Wackelstein **385**
Wadai (Tschad) 371
Wadi Azaouak (Algerien) 32
Wadi Besor (Israel) 262
Wadi Bou Hamdane (Algerien) 158
Wadi el-Hai (Algerien) 178
Wadi Igharghar (Algerien) 32
Wadi Khola (Nepal) 47
Wadi Oum-er-Rbia (Marokko) 309
Wadi Paran (Israel) 263
Wadi Saoura (Algerien) **76**
Wadi Tamanrasset (Algerien) 32
Wadi Zin (Israel) 263
Waimangu (Neuseeland) **409**
Waiora (Neuseeland) **408**
Wairakei (Neuseeland) 410
Walachei (Rumänien) 111–112
Waldaihöhen (UdSSR) 413
Wallis (Schweiz) 35, 39, 115, 146
Walliser Alpen (Schweiz) 38–39
Wapi (USA) 101
Ward-Hunt-Eisschelf (Kanada) 59
Warrnambool (Australien) 303
Wasatchgebirge (USA) 151, **346**
Washington (USA) 313
Watzmann (Bundesrepublik Deutschland) 199
Webbe Shibeli (Äthiopien) **347**
Weddellmeer (Antarktis) 49, 51
Weggis (Schweiz) 405
Weichseleiszeit 325
Weiße Lütschine (Schweiz) *352*
Weißer Drin (Albanien/Jugoslawien) **114**
Weißer Nil (Afrika) **268**, 269
Weißes Meer (UdSSR) 413
Weißmeer-Ostsee-Kanal (UdSSR) 413
Weißwasserflüsse **40**
Wells Gray (Kanada) 162, 163
Werchojansker Gebirge (UdSSR) 211
Werfen (Österreich) 116
Weser (Bundesrepublik Deutschland) 127
Weserbergland (Bundesrepublik Deutschland) 127
Wesergebirge (Bundesrepublik Deutschland) 127
Wesselton Mines (Südafrika) **189**
Westalpen (Frankreich/Italien/Schweiz) **37**
Westen, Mittlerer (Kanada/USA) 321
Westfriesische Inseln (Niederlande) 406
Westghats (Indien) 270
Westkordilleren (Peru) 377, 379
Westland-Nationalpark (Neuseeland) 135
Westlands (Neuseeland) *135*
Westlicher Großer Erg (Algerien) **76–78**
Westliche Sierra Madre (Mexiko) **96–97**
Westside Valley Road (USA) **105**
Wettersteingebirge (Bundesrepublik Deutschland/Österreich) **421**
Wheeler, Oliver 166
White (Neuseeland) 409
White, Jim 90
White River (USA) 68
Whymper, Edward 234
Wiehengebirge (Bundesrepublik Deutschland) 127
Wien (Österreich) 37, 112
Wiener Becken (Österreich) 112
Wikar, Hendrik 66
Wilcox, Pic (Kanada) 98
Wilkesbecken (Antarktis) 28
Wilkesland (Antarktis) 50
Windabtragung **215**
Wind Cave (USA) 175
Windhuk (Namibia) 149
Windsor Castle, Tafel von (Madagaskar) 109
Winslow (USA) 245
Winterberg, Großer (DDR) 328
Wisconsin (USA) 151
Witimhochland (UdSSR) 210
Wittow (DDR) **325**
Wizard Island (USA) *101*
Wolfgangsee (Österreich) **333**
Wolga (UdSSR) 111, 182, 183
Wolgadelta (UdSSR) 182
Wolga-Don-Schiffahrtskanal (UdSSR) 413
Wolgakraftwerke (UdSSR) 413
Wolga-Ostsee-Wasserweg (UdSSR) 413
Wolgastauseen (UdSSR) 413
Wolgograd (UdSSR) 413
Wonji (Äthiopien) 347
Woro, Schwefelgrube von (Bulgarien) 243
Wrangell, Mount (USA) 260
Wrangellgebirge (USA) 260
Wuhan (China) 173, 174
Wularsee (Indien) 180
Wüste Gobi (China) 340
Wüste Kysylkum (UdSSR) 375
Wyoming (USA) 108, 148, 414

X

Xinantécatl (Mexiko) **383**
Xinjiang (China) 375, 391

Y

Yakutat (USA) 260
Yale (Kanada) 137
Yangshuo (China) 156
Ybbs (Österreich) 112
Yeats, W. B. 75
Yellowstonecanyon (USA) 414
Yellowstone Lake (USA) 414
Yellowstone-Nationalpark (USA) 148, 209, 322, 345, 346, 410
Yellowstone River (USA) 414
Yenişarbademli (Türkei) 296
Yichang (China) 173
Yirriguécaldera (Tschad) 390
Yirriguévulkan (Tschad) **389**
Yosemite Falls (USA) **416**
Younghusband, Francis E. 166
Yukon (USA) 162, 260
Yunga (Bolivien) **170**
Yungay (Peru) 99
Yünnan (China) 156, 205, 238, 418

Z

Zabriskie Point (USA) 106
Zaire (Fluß) (Kongo/Zaire) 174, 191, 192, 196, 212, 363
Zala (Ungarn) 72
Zapportgletscher (Schweiz) 316
Za Qu (China) **238**
Zbruch (UdSSR) 281
Zehrgebiet **38**
Zelengoramassiv (Jugoslawien) 264
Zellerfeld (Bundesrepublik Deutschland/DDR) 161
Zentralafrikanischer Graben (Ruanda/Zaire) 191, 272, 318, 363
Zentralalpen (Frankreich/Italien/Österreich/Schweiz) 25, **37**–38, 116, 234, 316
Zentrale Hauptrandstörung (Himalaja) 165
Zentralisländischer Graben (Island) **108**
Zentralmassiv (Frankreich) **202**
Zeus 183, 278
Zghalma, Ez- (Tunesien) 176
Ziegeninsel (USA) 267
Zillertaler Alpen (Österreich) 38
Zin, Wadi (Israel) 263
Zion Canyon (USA) 87
Zirahuensee (Mexiko) 290
Ziz (Marokko) 381
Zlatarsky 209
Zmertène (Tunesien) 232
Zomba (Malawi) 272
Zongwebecken (Zaire) 363
Zuckerhut (Brasilien) **320**, **321**, *321*
Zugspitzblatt (Bundesrepublik Deutschland/Österreich) **421**
Zugspitzmassiv (Bundesrepublik Deutschland/Österreich) 38
Zuiderzee (Niederlande) **406**

Bildnachweis

Schutzumschlag: *vorne:* K. Owaki/ZEFA-STOCKMARKET *hinten:* Messerschmidt/Bavaria · **25** *oben:* Wurgler; *unten:* Camps · **26** Shostal Assoc. · **27** *oben:* Serraillier/Rapho; *unten:* Shostal Assoc. · **28** Victor/Pitch · **29** *oben:* Rochot/Atlas-Photo; *unten:* Nat. ung. Amt f. Tourismus · **30** Vulcain/Explorer · **31** Vulcain/Explorer · **32** Forge/Explorer · **33** Chourgnoz/Balafon · **34** Maylin · **35** Matti A. Pitkanen · **36** Marmounier · **37** Brosselin · **38** Klammet & Aberl · **39** Hinous/Top · **40** Couvreur · **41** Marenthier/Hoa Qui · **42** Dejouy/Explorer · **43** Lenars · **45** Petit · **46** Shostal Associates · **47** Battistini · **48** Adamini/Cedri · **49** Anderson/Explorer · **50** Mickleburg/Ardea · **51** Tricart · **52** *oben:* Quiresi; *unten:* Dresch · **53** Editura Stiintifica, Bukarest · **54** Lenars · **55** Ramousse · **57** Papigny · **58** Larsen/Photo Researchers · **60** Hunter/Shostal Associates · **61** Leloup · **63** Orion Press · **64** Werner Gartung/Wings · **65** Plowes · **66** Candelier-Brumaire/Cedri · **67** Ray Halin · **68** Rowan/Photo Researchers · **69** Hinous/Top · **70** Maylin · **71** Plowes · **72** Wienke/ZEFA · **73** Tobailen · **74** *oben:* Michaud; *unten:* Lessing/Magnum · **75** Gael · **76–77** Folco/Cedri · **79** Weir · **80** *links:* Vautier-Decool; *rechts:* Mattson/Shostal · **81** Mainguet · **82** Ahrens/Bruce Coleman · **84** Kinne/Photo Researchers · **85** Bottin · **86** Dubois · **87** Vautier-Decool · **88** Editura Stiintifica, Bukarest · **89** *oben:* Laugenie; *unten:* Sugar/Explorer · **90** Ott/Bruce Coleman · **92** Brooks/Bruce Coleman · **93** Tennevin · **94** Jake Rajs/The Image Bank · **95** Marmounier · **96** *oben:* Dreux; *unten:* Darr · **97** Koch/Rapho · **98** Gualco/Bruce Coleman · **100** *oben:* Vautier de Nanxe · **100–101** Kinne/Photo Researchers · **102** Holmes Lebel · **103** Everts/Rapho · **104** Pothier · **105** Englebert/Rapho · **106** Shostal Associates · **107** Cubitt · **108** Charpentier · **109** Shostal Associates · **110** Petit · **111** Naud/A.A.A. Photo · **112** Burri/Magnum · **113** Friedmann/Researchers · **114** Cubitt/Bruce Coleman · **115** van Hoorick · **117** Ziegler/Kinkelin · **118** Radvanyi · **120** Mainguet · **121** Holton/Photo Researchers · **123** Vulcain/Explorer · **124** Edouard/Studio des Grands-Augustins · **124–125** Ommer/Top · **127** F.P.G./Holmes Lebel · **128** Fritz Prenzel · **129** Ray-Halin · **130** Slater · **131** Matti, A. Pitkanen · **132** Gohier · **133** Klammet · **134** Titus/Cedri · **135** Brake/Rapho · **136** *oben:* Quiresi; *unten:* von Baich · **137** Weissensteiner · **138** Guillard · **139** Shostal Associates · **140** Amado · **142** Shostal Associates · **143** Whalley · **144** Chirol · **145** Marmounier · **146** Cubitt · **147** Vautier-Decool · **148** Norton/Photo Researchers · **149** Cubitt · **150** Shostal Associates · **151** Gerster/Rapho · **152–153** P.-É. Victor/Pitch · **154** Klammet & Aberl, Freigabe durch BMfLV Wien, 3702-RAbtB 76 · **155** Petit · **156** Schulthess · **157** Guido Alberto Rossi/The Image Bank · **158–159** Salama · **160** *oben:* D'Ydewalle; *unten:* Klammet · **161** Hans Huber · **162–163** De Visser · **163** Smith · **164–165** Adamini/Cedri · **166** Singh · **167** Imber Laufen · **168** Gohier/Pitch · **169** Huguier · **170** Lozouet · **171** Jangoux/Photo Researchers · **172** Leloup · **174** Schulthess · **175** Jalain/Cedri · **177** Warren/Ardea · **178** Englebert/Photo Researchers · **179** Michaud · **180–181** Ashvin Mehta · **183** Balland · **184** Balland · **185** Weaver/Ardea · **186–187** Pearson/Bruce Coleman · **188** O'Dea/Irish Tourist Board · **189** De Beers Consolidated Mines · **191** Thaning/Tiofoto · **192** *oben:* Pagezy/Explorer; *unten:* Vulcain · **193** Radvanyi · **194–195** Beauvilain · **197** Holmes Lebel · **198–199** Herfort/ZEFA · **200** Loirat/Tetrel · **201** Vulcain/Explorer · **203** Schmidt · **204** Deutsche Luftbild · **206–207** Marmounier · **208** *oben:* Vautier-Decool; *unten:* Quiresi · **209** Quiresi · **210** Billaut · **211** *oben:* Botting/Bruce Coleman; *unten:* Simons · **212** Gohier · **213** Petit · **214** Fischer/Landesfremdenverkehrsamt für Steiermark · **216** Dresch · **217** Koch/Rapho · **218–219** Molteni/S.R.D. · **220** Rychetnik/Photo Researchers · **221** Schwager · **222** Kinne/Photo Researchers · **223** Dragesco/Atlas-Photo · **224** Bleneau · **225** Cormontagne/Explorer · **226** Johnson/Tiofoto · **227** Paisajes Espagnoles · **228** Minviette · **229** Sekai Bunka Photo · **230** Mainguet · **231** Maylin · **232** Vautier-Decool · **233** Marmounier · **234** Hawkes/NHPH · **236** Drews/Photo Researchers · **237** Vautier-de Nanxe · **238** Dumas · **238–239** Prevost · **240** Billaut · **242** Vulcain/Explorer · **243** Bartlett/Bruce Coleman · **244** Charre · **245** Lenars · **247** Serraillier/Rapho · **248** Muench/Shostal Associates · **250** Boireau/Rapho · **251** Gerster/Photo Researchers · **253** *oben:* Hervy/Explorer; *unten:* Marmounier · **254** Lenars · **255** Fields/Photo Researchers · **256** MacAlpine/ZEFA · **257** Widere Photo · **259** Bacon/Photo Researchers · **260** Boisson · **261** Ashvin Mehta · **262** de Châtillon/Rapho · **263** Picou/Fotogram · **264** Loirat/Tetrel · **265** Molteni · **266** Bottin · **266–267** Abron · **269** Bottin · **270** Nou · **271** Bariand · **273** Bellone · **274** Rondière/Rapho · **275** Hoa Qui · **276** Bonington/Bruce Coleman · **277** Lenars · **278** Loirat/Rapho · **279** Kiai Sunlines · **280** Guillemot/Fotogram · **281** Oronoz · **282** Besancon · **283** Molteni · **284** Michaud · **285** Yavuz/Fotogram · **286–287** Vulcain/Explorer · **288** Gohier · **291** *oben:* Marmounier; *unten:* Roux/Explorer · **292** Binois/Pitch · **293** *oben:* Shostal Associates; *unten:* Berrier · **294** Rov/Explorer · **295** Fronval · **296** Landrin · **297** Mainguet · **298** Gerster/Rapho · **299** Reicher/Top · **300** Marmounier · **301** Held · **302–303** Duchêne/Cedri · **304** Béal · **305** Pellegrini · **306** Schneiders/Kinkelin · **307** Shostal Associates · **308** Brosselin · **309** Serraillier/Rapho · **310** Ford · **311** Aistrup · **312** Manley/Shostal Associates · **313** Gerster/Rapho · **314** Turquin · **315** Koch/Rapho · **316** van Hoorick · **317** Silvester/Rapho · **318** Editora Abril · **319** Weaver/Ardea · **320** Ciganović · **321** Manley/Shostal Associates · **322** Held · **325** Smith · **326** *oben:* D. H. Teuffen/ZEFA: *unten:* Battistini · **327** Matti A. Pitkanen · **328** Hektor/ZEFA · **329** R. Vroom · **330** Duboutin/Explorer · **331** Patterson · **333** Klammet & Aberl, Freigabe durch Min. f. LV. Wien, Nr. 9466 · **334** Gerster/Rapho · **335** Volksrepublik China · **336–337** Patel/Pitch · **338** Aubert · **339** Serban/ZEFA · **340** De Brito · **341** Koch/Rapho · **342–343** Mainguet · **343** Pellegrini · **344** Nicod · **345** Shostal Associates · **346** Bruggmann · **347** Sudriez/A.A.A. Photo · **348** Silberstein/Rapho · **349** Aubin · **350** Dezort/CTK · **351** BC Government · **352** Kempf · **353** Schmocker · **354** Boesen/Tiofoto · **354–355** Pelham/Bruce Coleman · **356** Andersson/Naturfotograferna · **357** Edouard/Explorer · **359** Veiller/Explorer · **360–361** Kiai Sunlines · **361** Serraillier/Rapho · **362** Darr · **364** Lawson/Rapho · **365** Balland · **366** Desjeux · **367** Serraillier/Rapho · **369, 370** Mainguet · **371** Maylin · **373, 374** Cros · **375** Maillard/Vloo · **376** Tass · **377** Duchêne/Cedri · **378** Errath/Explorer · **380** Lenars · **381** Dubois · **382** Pierre · **383** Dumas · **384** Salmer · **386** Harding · **387** St-Hilaire/Atlas-Photo · **388–389** Laugenie · **389** Sudriez/A.A.A. Photo · **390** Serraillier/Rapho · **392** Michaud · **393** Rives/Cedri · **394** Terrasse · **395** Edouard/Grands-Augustins · **396** Marmounier/Diatec · **397** Pellegrini · **399** Jalain/Cedri · **400** de Vomécourt/Vloo · **401** Yolka/Atlas-Photo · **402–403** Rawson/Photo Researchers · **404** Eigstler · **405** Koch/Rapho · **406** Pellegrini · **407, 408** Lenars · **409** Renz/IFA-Bilderteam · **410** Ashvin Mehta · **411** Serraillier/Rapho · **412** Vautier-Decool · **413** Shostal Associates · **414** Vautier-Decool · **415** Barrier · **416** Berrier · **419** Balland · **420** Arcis/Rapho · **421** Klammet & Aberl